D1706130

Werner Suerbaum

Handbuch der illustrierten Vergil-Ausgaben 1502-1840

Bibliographien zur Klassischen Philologie

Begründet von Werner Suerbaum

Band 3

Werner Suerbaum

Handbuch der illustrierten Vergil-Ausgaben
1502-1840

Georg Olms Verlag
Hildesheim · Zürich · New York
2008

Werner Suerbaum

Handbuch der illustrierten Vergil-Ausgaben 1502-1840

Geschichte, Typologie, Zyklen und kommentierter Katalog
der Holzschnitte und Kupferstiche
zur Aeneis in Alten Drucken

Mit besonderer Berücksichtigung der Bestände
der Bayerischen Staatsbibliothek München
und ihrer Digitalisate von Bildern zu Werken
des P. Vergilius Maro

sowie mit Beilage von 2 DVDs

Georg Olms Verlag
Hildesheim · Zürich · New York
2008

Gedruckt mit freundlicher Unterstützung der Fritz Thyssen Stiftung, Köln

*

*

Bibliografische Information der Deutschen Nationalbibliothek
Die Deutsche Nationalbibliothek verzeichnet diese
Publikation in der Deutschen Nationalbibliografie;
detaillierte bibliografische Daten sind
im Internet über http://dnb.ddb.de abrufbar

© Georg Olms Verlag AG, Hildesheim 2008
Gedruckt auf säurefreiem und alterungsbeständigem Papier
Umschlagentwurf: Barbara Gutjahr, Hamburg
Herstellung: Strauss Offsetdruck, D-69509 Mörlenbach
Printed in Germany
www.olms.de
Alle Rechte vorbehalten
ISBN 978-3-487-13590-8
ISSN 1611-8286

Inhaltsverzeichnis

A. Zur Konzeption dieses Handbuches

1. Dieses „Handbuch" zu Aeneis-Illustrationen in gedruckten Ausgaben aus den fast dreieinhalb Jahrhunderten zwischen 1502 (oder gar 1483) und 1840 füllt eine bibliographische Lücke und folgt gleichzeitig einer neuartigen Konzeption für die Ergänzung des Textes durch Bilder.

2. Die Erschließung der Bilder zur Aeneis (einschließlich der Frontispize zum Gesamtwerk) in den älteren, bis 1840 gedruckten Vergil-Ausgaben (und schon gar in den jüngeren, bis hin zur Gegenwart erschienenen) ist bisher vollkommen unzureichend. Die allgemeinen, die latinistischen und auch die auf Vergil spezialisierten Bibliographien (wie MAMBELLI, 1954) vermelden in der Regel bestenfalls – aber selbst das nicht verlässlich – die Existenz von Illustrationen in dem betreffenden Buch, wobei offenbleibt, ob es sich um eine einzige oder um Dutzende handelt. Selbst die präzisesten und im Hinblick auf die Beschreibung des enthaltenen Textes detailliertesten Bibliographien (wie KALLENDORF, 1991 und 1994) geben allenfalls die Zahl der enthaltenen Illustrationen an, schweigen aber über Sujet oder Künstler (die für Holzschnitte zwar nur selten, für Kupferstiche aber meist bekannt sind).

Das gleiche Bild bietet sich bei Untersuchungen, die sich mit der Rezeption von Vergil-Themen in der Kunst beschäftigen. Das Gebiet der Druckgraphik, das man doch als das einflussreichste im Hinblick auf die Breite der Rezeption betrachten könnte, wird praktisch übergangen. Ob dafür nur die bisherige mangelnde Erschließung oder aber auch eine gewisse ästhetische Geringschätzung dieser graphischen Arbeiten ausschlaggebend ist, sei dahingestellt.

Typisch ist, dass M.J.H. LIVERSIDGE, Virgil in art, in: Charles MARTINDALE (Hrsg.), The Cambridge companion to Virgil, Cambridge 1997, 91-103 (mit 25 Abb. auf 16 Tafeln) kein Wort zu Illustrationen in gedruckten Vergilausgaben verliert (nur S. 100 erwähnt er Radierungen von Samuel Palmer zu seiner Georgica-Übersetzung von 1883) und sogar allgemein zu seinem Thema sagt: „there is surprisingly little literature" (faktisch nennt er nur FAGIOLO, Rom 1981, und Nigel LLEWELLYN, Virgil and the visual art, in: Charles MARTINDALE (Hrsg.), Virgil and his influence, Bristol 1984, 117-140). Die umfassende, 600-seitige „kommentierte Bibliographie zum Dido-Mythos in Literatur und Musik" von KAILUWEIT, 2005, spart den Bereich der „bildenden Kunst" (trotz S. 425f.) entsprechend dem zitierten Untertitel prinzipiell aus. Die wenigen einschlägigen Publikationen, die oft an entlegenen Orten publiziert sind, stellt kenntnisreich Craig KALLENDORF zusammen: Introduction: Recent trends in the study of Vergilian influences, in: Craig KALLENDORF (Hrsg.), Vergil, (The classical heritage 2), New York/London 1993, 1-20, hier 6f. (allerdings fehlt die wichtigste Vorarbeit für Druckgraphik zu Vergil in franz. und ital. Ausgaben: PASQUIER, 1992).

Diese Lücke in der Aufarbeitung der Vergil-Rezeption möchte ich mit dem vorliegenden „Handbuch der illustrierten Vergil-Ausgaben 1502-1840" schließen.

3. Das vorliegende Handbuch basiert zum einen auf der Auswertung einer Vielzahl von gedruckten oder im Internet zugänglichen Bibliographien. Ich habe mit den gedruckten Quellen begonnen. (Näheres zu allen genannten Büchern und Internetadressen ist dem großen Kapitel B 2 *Symbole, Begriffe, Abkürzungen und abgekürzt zitierte Literatur* zu entnehmen). Als erstes habe ich die für Vergil-Editionen fundamentalen Bibliographien durchgearbeitet: MAMBELLI 1954, die unentbehrliche Bibliographie zu älteren Vergilausgaben; CBItalV 1981, den größten neueren Vergil-Katalog (Rezension: Werner SUERBAUM, Gnomon 56, 1984, 500-503); Wolfenbüttel 1982, den vorbildlichen Ausstellungs-Katalog einer Vergil-Sammlung (leichter zu benützen als der dieselben Bücher verzeichnende OPAC der HAB = Herzog August Bibliothek Wolfenbüttel); PASQUIER, 1992, die erste Monographie über ein Teilgebiet der Vergil-Illustrierung im Buchdruck; dazu die beiden umfassenden Nationalbibliographien für Publikationen des 16. und 17. Jh. aus dem deutschen Sprachbereich, VD 16 und VD 17. In zweiter Linie kamen dann Bamberg 1982, der beste allgemeinere Ausstellungskatalog zum Vergil-Jubiläum 1981/82 (2000. Todesjahr), und zwei kommentierte Buch-Ausstellungskataloge zum gleichen Vergil-Jubiläum hinzu: Napoli 1981 und Mantua 1981; ferner ein stärker auf die piktorale Vergil-Rezeption ausgerichtetes Katalog-Buch von FAGIOLO, Rom 1981. Eine dritte Gruppe bildeten dann kleinere und kaum kommentierte Kataloge zu Buchausstellungen wie Perugia 1980, Pistoia 1981, Straßburg 1981, (Biblioteca Apostolica) Vaticana 1981, London 1982 und Trier 1982. Viertens habe ich auch noch vier Ausstellungskataloge zum früheren Vergil-Jubiläumsjahr 1930/31 (2000. Geburtsjahr) berücksichtigt: Brown University 1930; Frankfurt 1930 (und 1926); New York 1930; Münster 1931. (Alle Kataloge der Gruppe 2-4 sind besprochen von W. SUERBAUM, Gnomon 56, 1984, 208-288.)

4. Ergänzt habe ich die so gewonnenen Informationen durch die Lektüre mehrerer Monographien, die Teilaspekten der Vergil-Bibliographie oder wichtigen illustrierten Einzel-Editionen gewidmet sind. Dazu gehören ODERMANN, 1931 (Kupferstiche); LEMMER, 1979 (▶VP 1502); OSBORNE, 1979 (▶VP 1798A; Frankreich um 1800); GOLDSMITH, 1981 (▶VP 1652C, frühere illustrierte Vergil-Ausgaben); SCHNEIDER, 1983 (▶VP 1502 und Nachwirkung); STIEF, 1986 (▶VP 1798A, ▶VP 1840; Frankreich um 1800); BORSETTO, 1989 (ital. Aen.-Übersetzungen im 16. Jh.); KALLENDORF, 1991 (venezianische Vergil-Editionen 1470-1599), PASQUIER, 1992 (illustrierte franz. und ital. Vergil-Ausgaben seit ▶VP 1502); KALLENDORF, 1994 (ital. Vergil-Übers. 1476-1597). Auch ich selbst habe einige Beiträge zur Vergil-Illustrierung und –Bibliographie veröffentlicht: SUERBAUM, 1984; 1992; 1998, 2006 (▶VP 1804A), 2007/08.

5. Herangezogen habe ich schließlich auch mehrere Internet-Kataloge, selbst wenn diese bestenfalls nur die Tatsache, nicht den Umfang oder gar Einzelheiten der Illustrierung verzeichnen. Viele dieser Internet-Kataloge habe ich nur gezielt, meist zur Ad-hoc-Verifizierung bestimmter Titel, herangezogen. Am nützlichsten darunter war der viele regionale oder gar nationale Kataloge zusammenfassende Karlsruher Virtuelle Katalog (KVK). Systematisch durchgesehen habe ich aber „nur" den Internet-Katalog der reichen „Vergil Collections at Princeton" (Princeton), den Kurztitel-Katalog der British Library für Virgil (der auch über den KVK erreichbar ist) und den ital. Kurztitel-Katalog des Istituto Centrale per il Catalogo Unico (ICCU). Als noch wichtiger erwiesen sich aber die im Internet zugänglichen Sammlung „Early English books online" (EEBO) und deren Fortsetzung „Eighteenth Century Collections online" (ECCO), die alle in England zwischen 1473 und 1800 gedruckten und noch vorhandenen Bücher erfassen und meist in vollständigen Digitalisaten zugänglich machen.

6. Auf diese gewissermaßen abstrakte Weise habe ich über 560 Vergil-Ausgaben aus den rund dreieinhalb Jahrhunderten von 1502-1840 ermitteln können, die in irgendeiner Weise in meinen Quellen als „illustriert" ausgewiesen waren. Es blieb aber zunächst unklar, ob diese Illustrierung eventuell nur in einer einzigen Illustration (dann wohl meist einem Frontispiz oder einem Autorenporträt) zum Gesamtwerk besteht oder ob etwa ein ganzer Zyklus von Illustrationen zur Aeneis enthalten ist.

7. Wenn ich mich auf die Arbeit aus sekundären Quellen beschränkt hätte, würde mein Handbuch nur eine thematisch auf Illustrationen fokussierte Kompilation von bereits existierenden Bibliographien unterschiedlicher Zuverlässigkeit und Reichweite sein. Es würde zwar eine Ahnung von dem zahlenmäßigen Reichtum an existierenden Buchillustrationen zur Aeneis vermitteln, aber keine Anschauung. Deshalb habe ich zweitens die Vergil-Bestände der Bayerischen Staatsbibliothek (BSB) in München und ergänzend auch die der Universitätsbibliothek (UB) München in Autopsie durchgearbeitet. Allein die BSB besitzt mit mehr als 500 zwischen 1502 und 1840 erschienenen Vergilausgaben einen der größten Bestände an Vergiliana auf der ganzen Welt. Die Vergil-Sammlung der UB München enthält unter ihren knapp 160 Bänden nur wenige illustrierte Ausgaben, die nicht auch die BSB besitzt. Gesichtet habe ich alle Ausgaben, in denen die Aeneis enthalten ist, also nicht nur die relativ wenigen Aeneis-Sonderausgaben, sondern auch die Opera-Editionen. Nur reine Eklogen- und/oder Georgica-Ausgaben habe ich grundsätzlich ausgeklammert; von Aeneis-Travestien habe ich nur solche berücksichtigt, die in München vorhanden sind.

8. Durch die Kenntnis der Aeneis-Illustrationen in den Beständen der BSB ist es mir auch vielfach möglich gewesen, Zyklen, die ich nur aus Bibliographien und einzelnen gedruckten Abbildungen kenne, in Beziehung zu den „Münchenern" zu setzen und so zu identifizieren. Außerdem habe ich so Identitäten und Abhängigkeiten zunächst innerhalb der in München vertretenen Aeneis-Zyklen und dann auch für viele „auswärtige" feststellen können. Die Rubrik *Abhängigkeiten* in meinem Handbuch ist unscheinbar, aber vielleicht diejenige, die am wenigsten durch einen Leser, auch einen solchen, der Spezialkenntnisse für bestimmte Ausgaben haben mag, korrigiert (allerdings wohl: ergänzt) werden kann: hier unterbreite ich meine Schlussfolgerungen aus Hunderten von Abbildungszyklen, die ich gesehen und miteinander verglichen habe. (Ich besitze Abdrucke von fast allen Bildern, über die ich schreibe; ihre Zahl dürfte nicht unter 5000 liegen.) Eine Zusammenfassung meiner Erkenntnisse und gleichzeitig ein Zentralstück meines Handbuches stellt das „Verzeichnis der unterschiedlichen

Illustrations-Zyklen zur Aeneis" (Kap. C 2) dar. Es hat sich gezeigt, dass von den 560 ermittelten illustrierten Vergil-Editionen oder –Übersetzungen mehr als die Hälfte nur ein Frontispiz oder ganz wenige Bilder (meist im Titelbereich) bieten. Nur von etwa 270 Ausgaben kann man sagen, dass sie einen Zyklus von Illustrationen zur Aen. (und einer Vita des *Virgilius magus*) aufweisen. Darunter sind aber viele Wiederholungen. Ich habe nur etwa 70 mehr oder weniger selbständige Aen.-Zyklen identifizieren können. In den Ausgaben, für die ich keine Autopsie oder wenigstens nähere Nachrichten hatte, können sich zwar noch weitere eigenständige Aen.-Zyklen verbergen; es dürften aber nur wenige sein.

9.   Durch die Autopsie der Bestände der BSB und der UB München habe zunächst ich selber visuelle Anschauung für die darin enthaltenen Illustrationen gewonnen und sie in diesem Handbuch dem Leser durch meine Texte zu vermitteln gesucht. Aber dadurch allein steht dem Leser noch kein Bild wirklich vor Augen. Auch meine Hinweise in der Rubrik *Abb.* auf Abbildungen von Vergil-Illustrationen, die in einigen wenigen neueren Büchern in größerer Zahl in gedruckter Form zugänglich sind, können nur ein Notbehelf sein. Selbst wenn man meine piktoralen Hauptquellen (FAGIOLO, Rom 1981; GOLDSMITH, 1981; Enciclopedia Virgiliana, 1984-1991; PASQUIER, 1992) durch die utopische Sammlung aller Buchillustrationen zur Aeneis, die irgendwo in modernen Publikationen vorkommen, ergänzen würde, können solche vereinzelten Nachdrucke aus den kostbaren und seltenen Alten Drucken, die vor 1840 erschienen sind, nur einen geringen Prozentsatz der Gesamtzahl aller Illustrationen in gedruckten älteren Vergil-Ausgaben und –Übersetzungen darstellen.

10.   Deshalb habe ich ein Drittes getan. Ein weiterer, für den Benutzer dieses Handbuches entscheidender Schritt bestand in der fast vollständigen Digitalisierung der in den Vergil-Beständen der BSB für 1502 bis 1840 ermittelten Illustrationen. Sie ist auf meinen Vorschlag von der Digitalisierungsstelle der BSB, zum großen Teil unter Mitwirkung von Alexander Cyron (M.A.), durchgeführt worden. Das im vorliegenden Handbuch dokumentierte Projekt ist nämlich ein Kooperationsunternehmen, das gemeinsam von mir (dessen Arbeit durch Mittel der Fritz Thyssen Stiftung unterstützt wurde) und von der BSB durchgeführt worden ist.

Aufgrund meiner wissenschaftlichen Initiative sind praktisch sämtliche Vergil-Illustrationen (nicht nur die zur Aeneis, auch die zu den Eklogen, zu den Georgica und zu den Opuscula, nicht zuletzt auch die Frontispize und andere Illustrationen im Titelbereich) in ihren Beständen für 1502-1840 von der BSB digitalisiert worden (in der Regel nur alle Illustrationen, nicht aber die jeweilige gesamte Vergil-Ausgabe). Diese ‚Teildigitalisate' und zusätzlich einige Volldigitalisate besonders wichtiger und besonders alter illustrierter Vergil-Drucke sind innerhalb der digitalen Angebote der BSB (Näheres dazu unten in Abschnitt 11) der wissenschaftlichen Welt per Internet zugänglich gemacht. Es handelt sich dabei um weit mehr als 4000 digitalisierte Seiten bzw. Doppelseiten, die Illustrationen enthalten oder sich darauf beziehen. Dadurch kann ein näher interessierter Leser alle von mir vorgestellten Illustrationen über das Internet einsehen, meine Darlegungen auf diese Weise nachvollziehen und vielleicht verbessern oder ergänzen.

Die BSB hat zudem großzügig gestattet, dass diesem „Handbuch" zwei von mir zusammengestellte DVDs beigelegt werden, die fast alle Teildigitalisate aus ihren illustrierten Vergil-Ausgaben enthalten, die innerhalb ihres digitalen Angebots bereitgestellt sind. (Näheres dazu s. in Kap. B 2 zum Stichwort „DVD".) Die Qualität der Bild-Dateien auf den beigefügten DVDs ist allerdings meist geringer als die der Original-Dateien, da für die beiden DVDs alle TIF-Dateien in JPG-Dateien umgewandelt worden sind. Außerdem ist, vor allem durch die Existenz mehrerer komplett digitalisierter illustrierter Vergil-Ausgaben als Teile ihrer „Digitalen Bibliothek", der Bestand innerhalb des digitalen Gesamtangebots der BSB reicher. Zudem ist zu hoffen, dass auch nach Erscheinen des „Handbuches" und der zugehörigen DVDs das digitale Angebot der BSB noch Zuwachs an weiteren Digitalisaten von Vergil-Illustrationen erhält. – Für eine Sekundär-Publikation (auch hinsichtlich der diesem Handbuch beigegebenen Bilder) gelten die einschlägigen Bedingungen der BSB.

11. Die Digitalisate der BSB und die daraus abgeleiteten beiden DVDs sind aber nicht die einzigen Möglichkeiten für den Leser, sich ein konkretes „Bild" von den Aeneis-Zyklen in den Alten Drucken bis 1840 zu machen. Es gibt auch (über die BSB hinaus) in aller Welt Ansätze, wenigstens einzelne wichtige Vergil-Ausgaben ganz, einschließlich ihrer etwaigen Illustrationen, zu digitalisieren. Die fortschrittlichsten Unternehmen in dieser Hinsicht sind EEBO und die Fortsetzung ECCO. In dieser Online-Reihe sind systematisch praktisch alle zwischen 1473 und 1800 in England erschienenen Bücher vollständig digitalisiert, darunter auch fast 60 Vergil-Ausgaben mit Illustrationen. Sie enthalten zusätzlich noch etwa 600 bzw. 400 weitere Vergil- bzw. Aeneis-Bilder. Auch noch andere Institutionen haben einzelne Vergil-Ausgaben (etwa ▶VP 1663D) digitalisiert, so die Bibliothèque nationale de France in Paris (BnF) ▶VP 1483 (mit 61 Holzschnitten zur Aen.) und erneut (neben der BSB) ▶VP 1502. Alle diese digitalisierten Vergil-Ausgaben mit Illustrationen sind, soweit ich sie aufgefunden habe (leider existierte auch im Jahre 2007 noch nicht einmal in Deutschland ein Zentralverzeichnis aller Digitalisate), *suo loco* aufgeführt. Auf diese Weise erhält der Leser ein virtuelles Panorama von mehreren Tausend Illustrationen zum Vergil-Text, speziell zur Aeneis. (Wie weit der Plan von ‚Google', Millionen wissenschaftlicher Bücher, vor allem aus amerikanischen Beständen, aber offenbar u.a. auch aus der Bodleian Library in Oxford und aus der BSB, zu digitalisieren, auch alte Vergil-Drucke berücksichtigen wird, bleibt abzuwarten.) Deshalb stellt mein Handbuch einen neuen wissenschaftlichen Darstellungstyp dar: einen gedruckten Katalog zu einer virtuellen Bilder-Sammlung.

12. Es gibt in meinem Handbuch auch einige konkrete Abbildungen, jedoch nur relativ wenige (41 in Kap. E). Sie sollen exemplarisch einen Eindruck von dem jeweiligen Aeneis-Zyklus vermitteln. Ich habe in der Regel nur je ein Beispiel für die Illustrierung der meisten selbständigen Aeneis-Zyklen geboten, sofern diese in der BSB repräsentiert waren oder ich die Möglichkeit hatte, eine Illustration aus anderen Quellen zu publizieren. Wer jeweils den ganzen Zyklus kennenlernen will, kann per Internet auf die Digitalisate der BSB, bei EEBO (19) und ECCO (38) oder in anderen Sammlungen, die ich angegeben habe, zugreifen. Ich habe bei meiner exemplarischen Auswahl unter meist mindestens 12 Aeneis-Bildern (je einem Titelbild zu den einzelnen Büchern) nicht danach gestrebt, eine motivisch möglichst vielfältige Palette, womöglich ein Panorama der am häufigsten abgebildeten Sujets vom ersten bis zum zwölften Aeneis-Buch oder gar die für die Aeneis erfundene Bildwelt in ihrer ganzen Breite zu bieten. Vielmehr habe ich absichtlich immer nur das jeweilige Titel-Bild zum IV. Buch der Aeneis vorgestellt. Nur bei den wenigen Zyklen mit Szenen-Illustrationen, in denen Aen. IV durch mehrere Bilder vertreten ist, habe ich nicht immer das jeweils erste Bild gewählt, sondern eine gewisse Variationsbreite für Bilder zu Aen. IV intendiert. Bei gleichem Sujet (oder jedenfalls bei einer beschränkten Motivauswahl aus Aen. IV) soll so eine bessere Vergleichbarkeit der unterschiedlichen Darstellungen erreicht werden.

13. Ich habe schon ein anderes „Handbuch" herausgegeben und zum größeren Teil verfasst: den 1. Band „Die archaische Literatur" im „Handbuch der lateinischen Literatur der Antike" (München 2002). Der Inhalt jenes Handbuchs hat nicht das Geringste mit dem jetzt hier vorgelegten zu tun. Aber ein Grundprinzip ist gleich: es handelt sich, wenn ich mich der Begrifflichkeit Ciceros im *Brutus* 262 bedienen darf, um *commentarii*, noch nicht um eine wirkliche Geschichte (*historia*) der graphischen Vergil-Rezeption, sondern um eine Materialsammlung für die weitere Forschung. Cicero behauptet jedenfalls für die *commentarii* Caesars, dieser habe anderen Historikern etwas bereitstellen wollen, aus dem sie eine wirkliche Geschichte entwickeln könnten, wenn sie wollten (*voluit alios habere parata, unde sumerent, qui vellent scribere historiam*).

Außerdem ist für das vorliegende Handbuch charakteristisch, dass sein Verfasser (geb. 1933) ein Klassischer Philologe (und kein Kunsthistoriker) und der Autor mehrerer latinistischer Bibliographien im Umfang größerer Bücher ist (zu Vergils Aeneis und Georgica, 1980; Tacitus' Annalen, 1990; Ennius, 2003; Cato Censorius, 2004). Außerdem ist er Verfasser von etwa zwei Dutzend Publikationen zu Vergil und seiner Rezeption, auch seiner visuellen Rezeption.

14. Bei der BSB wird mein Projekt unter dem Namen „Buchillustrationen zu Vergils Aeneis 1502-1840" innerhalb der Abteilung „Quelleneditionen" der „Digitalen Bibliothek" der BSB geführt. Dort werden (nur) alle vollständig digitalisierten Bände dem Benutzer als Sammlung präsentiert. Die Startseite dieser „Digitalen Bibliothek" kann über die Homepage der BSB (über die Felder „Literatursuche" sowie anschließend „Digitale Sammlungen") angesteuert oder direkt unter der Adresse http://mdz1.bib-bvb.de erreicht werden. Dort hat man die Abteilung „Quelleneditionen – Auswahl" anzuklicken; auch über die in blauer Schrift erscheinende Kurzübersicht gelangt man an das gewünschte Ziel. Die Liste der Quelleneditionen ist alphabetisch geordnet; mein Vergilius-pictus-Projekt findet man also unter B („Buchillustrationen"). Dann kann man die digitalisierten Vergil-Titel chronologisch (nach Jahrhunderten gegliedert) oder nach Signaturen geordnet aufrufen (die als dritte angebotene alphabetische Ordnung ist weniger nützlich). Den Bestand bilden die mit derzeit (im Mai 2007) 16 Einheiten relativ wenigen Volldigitalisate, also Digitalisate jeweils der ganzen Vergil-Ausgabe (einschließlich der Buchdeckel, von unbedruckten Seiten u.ä.). Immerhin weisen diese allein insgesamt, selbst wenn man die 767 ‚dokumentarischen' Stiche in ▶VP 1757B nicht rechnet (s. dazu Kap. D 9), über 830 Bilder auf, darunter etwa 590 zu Aen. I-XII (bzw. XIII).

Als Volldigitalisate stehen in der „Digitalien Bibliothek" der BSB derzeit zur Verfügung: ▶VP 1502 (die fundamentale Ausgabe von Sebastian Brant), ▶VP 1507 (die Egnatiana), ▶VP 1509D (*Les Énéydes* des Octovien de Saint-Gelas), ▶VP 1510A, ▶VP 1515F (die erste deutsche Aen.-Übers. von Thomas MURNER), ▶VP 1517, ▶VP 1519, ▶VP 1576B (*Inclyta Aeneis*, Tragicomoedia des Johann LUCIENBERG), ▶VP 1688A (ein fast unbekanntes Nürnberger Bilderbuch zur Aen. von Georg Jacob Lang), ▶VP 1757B (fünf von Henricus JUSTICE herausgegebene Bände mit 767 antiquarischen Illustrationen), ▶VP 1798A (die berühmte Didot Luxus-Ausgabe) und ▶VP 1821A (mit nur einem Vergil-Porträt). – Davon bieten ▶VP 1515F und ▶VP 1517 dieselben und ▶VP 1519 ähnliche Bilder wie ▶VP 1502.

Das eigentliche Fundament dieses Handbuches bilden aber nicht diese (derzeit) 16 komplett digitalisierten Vergil-Ausgaben innerhalb der „Digitalen Bibliothek" der BSB, sondern (neben den in Abschnitt 3-5 und 11 erwähnten Bild-Quellen außerhalb der BSB wie EEBO oder PASQUIER, 1992) die über 200 Teildigitalisate (also Vergil-Ausgaben, aus denen nur die wenigen Seiten mit Illustrationen digitalisiert sind) mit weit über 4000 Bildern. Es ist zu hoffen, dass auch sie in absehbarer Zeit zu einer Sammlung (wie sie ja schon auf den beiden diesem Handbuch beigegebenen DVDs vorliegt) zusammengeführt und durch einen Link mit der eigentliche Projektseite „Buchillustrationen zu Vergils Aeneis 1502-1840" innerhalb der „Digitalen Bibliothek" (http://www.digitale-sammlungen.de) verbunden werden. Dann könnten die Voll- und die Teildigitalisate gemeinsam von einer Oberfläche aus angesteuert werden. Derzeit aber (und weiterhin auch nach Einrichtung einer solchen Sammlungsseite für die Teildigitalisate) steht ein anderer Weg für das Aufrufen aller Vergil-Digitalisate, auch der Teildigitalisate, offen. Dieser Normalweg zur Betrachtung der digitalisierten Illustrationen führt über den OPACplus der BSB zu den einzelnen Vergil-Ausgaben. Über die in dem vorliegenden Handbuch mitgeteilten bibliographischen Angaben (insbesondere das Erscheinungsjahr) oder noch besser über die ebenfalls (in der Rubrik *Zugänglichkeit*) ausgewiesene jeweilige BSB-Signatur (dafür muss natürlich die einschlägige Sucheinstellung gewählt werden) kann jeder einzelne (teil)digitalisierte Band gefunden werden. Wenn man dann die „Vollanzeige" aufruft, stößt man ganz unten (in blauer Farbe) in der Rubrik „sonstige URL" (bei Teildigitalisaten mit dem Zusatz „Info: Illustrationen") auf eine Verbindung (Link) zu den Digitalisaten. Dieser Link ermöglicht es, auf die von der BSB verwalteten Digitalisate aus ihren illustrierten Vergil-Ausgaben zuzugreifen und sie zu betrachten. Zugänglich sind die Digitalisate der BSB auch über den bayerischen Verbundkatalog (BVB) „Gateway Bayern" und zudem über den Karlsruher Virtuellen Katalog (KVK), da dieser auch den BVB mit erfasst. Hier wird am Ende der Katalog-Eintragung unter „Elektron. Zugriff" der Link „Illustrationen" (für Teildigitalisate) bzw. „Revolving System" (bei vollständig digitalisierten Bänden) angeboten, der direkt zu den Vergil-Digitalisaten der BSB führt.

Die Qualität der Vergil-Digitalisate innerhalb des digitalen Angebots der BSB beträgt bei ihren Volldigitalisaten 72 bzw. 180 dpi (bei 150-prozentiger Vergrößerung) sowie 150 dpi bei den Teildigitalisaten. Die dahinter liegenden hochauflösenden Dateien im TIF-Format können bei Bedarf jedoch an der BSB nachbestellt werden. Auf den diesem Handbuch beigefügten zwei DVDs finden sich JPG-Dateien mit einer Auflösung von 150 dpi, die aus den vorhandenen TIF-Dateien konvertiert worden sind. Diese haben neben dem geringeren Speicherbedarf auch den Vorteil, dass man auf sie mit normalen Bildanzeige-Programmen zugreifen kann.

15. Mehreren Menschen und Institutionen habe ich für das Zustandekommen dieses Handbuchs besonders zu danken: zuvörderst der Fritz Thyssen Stiftung für die finanzielle Förderung des Projektes und die Gewährung einer Druckbeihilfe und meinem Kooperationspartner, der Bayerischen Staatsbibliothek München, vertreten durch die Leitende Bibliotheksdirektorin Frau Dr. Claudia Fabian und durch Herrn Bibliotheksrat Dr. Wolfgang-Valentin Ikas in der Abteilung für Handschriften und Alte Drucke, für die sachliche und technische Kooperation (dabei nicht zuletzt Frau Petra Höhenberger); daneben auch den Mitarbeitern der analogen Abteilung in der Universitätsbibliothek München; dann Herrn Alexander Cyron (M. A.) für die wissenschaftliche Mitarbeit am Katalog und besonders für die praktische Arbeit bei der Herstellung der Digitalisate während eines (von der Fritz Thyssen Stiftung finanzierten) Beschäftigungsjahres; Herrn Peter Isépy für studentische Hilfsleistungen (darunter Mitarbeit an der Kompilierung der Indizes G 1-5 und der Einrichtung der Bildbeigaben E) ebenfalls für etwa ein Jahr; Frau Margot Neger für Korrektur- und Verifizierungsarbeiten während zweier Monate; dazu Herrn Erik Danay (M.A.) und Herrn Clemens Durka für (freundschaftliche) Beratung in Computer-Angelegenheiten. (Das EDV-Manuskript, nach dem dieses Handbuch gedruckt wird, habe ich selber erstellt.) Dankbar bin ich auch Prof. Dr. Craig Kallendorf für Auskünfte zu der Vergil-Sammlung in Princeton. Und schließlich gilt mein persönlicher Dank meiner Frau Renate Suerbaum, die drei Jahre der ‚akuten' Phase der Arbeit an diesem Handbuch mitgetragen hat, vielleicht im Sinne des Ratschlages an Aeneas (Verg. Aen. V 710): *Quidquid erit, superanda omnis fortuna ferendo est.*

München, den 14. September 2007   Werner Suerbaum

B. Zur Benutzung des Handbuchs

B 1. Rubriken

Allgemeines

Im vorliegenden Handbuch sind für jedes aufgenommene Buch mindestens drei Abschnitte gebildet:

(a) eine fett gedruckte Überschriftszeile für das Lemma mit Basisinformationen, die mit einer Ordnungsnummer vom Typ ▶VP 1529C beginnt (VP = Vergilius pictus); die Einordnungszahl ist grundsätzlich das Erscheinungsjahr, ein Zusatz A-F unterscheidet mehrere im selben Jahr erschienene Ausgaben oder Übersetzungen;
(b) die bibliographische Aufnahme;
(c) die Rubrik *Bibl.* Die bibliographischen Angaben sind in erster Linie funktional auf Art und Umfang der Illustrierung ausgerichtet.

Für näher beschriebene illustrierte Werke folgen dann noch alle oder zum Teil folgende Rubriken: *Lit(eratur)*, *Beschreibung*, *Würdigung*, *Abhängigkeiten*, *Abb(ildungen)* und *Zugänglichkeit*. Diese Rubriken sind nicht immer in gleicher Weise gereiht. Insbesondere die Rubrik *Zugänglichkeit* ist gelegentlich vorgezogen und mit *Bibl.* kombiniert.

Auf Lemmata, die in diesem Handbuch enthalten sind, wird immer mit der betreffenden Ordnungsnummer vom Typ ▶VP 1529D verwiesen. Das geschieht auch in Zitaten aus der älteren Sekundärliteratur, wenn dort eine Ausgabe gemeint ist, die ich im Handbuch berücksichtige. Das ist zwar sozusagen proleptisch, dient aber der Kürze und leichteren Identifizierung.

Bibl. (Bibliographische Aufnahme)
(a) In der *fettgedruckten (ersten) Orientierungszeile des Lemmas* folgen auf die ▶VP-Nummer Stichworte zum Inhalt der Ausgabe (Opera, Aeneis; deutsche, franz., ital. usw. Übersetzung der Opera bzw. der Aeneis oder einzelner Aeneis-Bücher), Druckort in deutscher Namensform und Erscheinungsjahr (das nur in Sonderfällen nicht identisch ist mit der VP-Nummer), nur wenn zur Unterscheidung nötig auch noch Drucker/Verleger. - Diesen Angaben vorausgestellt sind oft die Siglen ■, □ und/oder +. Diese Kurzhinweise bedeuten: (a) ■ = dieses Buch enthält mehrere Illustrationen oder gar einen ganzen Bilderzyklus zum Aeneis-Text, und zwar als Originalpublikation. (b) □ = dieses Buch enthält mehrere Illustrationen zum Vergil-Text (wie ■), doch handelt es sich um (eventuell im Format veränderte oder leicht abgewandelte) Wiederholungen aus früheren Ausgaben; Näheres kann man der Rubrik *Abhängigkeiten* entnehmen. (Wenn mir Autopsie fehlt, kann es sein, dass einige ■-Auszeichnungen in Wirklichkeit zu einer □-Sigle abgestuft werden müssten). (c) Bei Büchern, die nur im Bereich

des Titels oder zu Para- oder Praetexten, die dem Vergil-Text vorausgeschickt sind (etwa eine Widmung oder eine *Vita Vergilii*), Illustrationen enthalten (etwa ein Frontispiz o.ä., ein Porträt des Autors Vergil oder des Übersetzers), fehlt eine solche Sigle ■ oder ◘. Ebenfalls fehlt diese Auszeichnung, wenn die Ausgabe nur eine Karte (der *navigatio Aeneae*) enthält. (d) + = dieses Buch fehlt bei MAMBELLI, 1954 (der ,Bibel' für die bis ca. 1850 erschienenen gedruckten Vergil-Ausgaben).

(b) Die eigentliche *bibliographische Aufnahme* ist diplomatisch, aber verkürzt. Sie soll vor allem dazu dienen, das Buch in Bibliothekskatalogen identifizieren zu können (was in den EDV-Dateien der OPACs oft nur bei der „Vollanzeige" möglich sein wird). Immer ist eine Namensform des Autors Publius Vergilius Maro zu ergänzen. Neben Ort und Jahr ist immer der Drucker oder Verleger angegeben. Ausladende Titel sind auf wesentliche Elemente verkürzt. Die bibliographischen Angaben sind in erster Linie funktional auf Art und Umfang der Illustrierung ausgerichtet. Immer zitiert sind deshalb die (seltenen) Angaben in der Titelei, die sich auf eine Illustrierung beziehen (wie *cum figuris* oder *ornate da vaghe e bellissime figure* oder *aeneis tabulis illustrata* - wo ein Computer-Suchprogramm fälschlich *Aeneis* verstehen und nicht eine Form des Adjektivs *aeneus* erkennen wird). Formate sind nur für Folio [2°] und Quart [4°] angegeben. - Diese Titelaufnahme beruht entweder auf Autopsie oder ist eine Kompilation/Kombination aus den mir zugänglichen (im Abschnitt *Bibl.* verzeichneten) verschiedenen und unterschiedlich zuverlässigen bibliographischen Quellen. Die gedruckten Bibliographien bieten nicht selten gravierend unterschiedliche Titel-Versionen. Am unzuverlässigsten ist in dieser Hinsicht MAMBELLI, 1954. Als dokumentarisch getreu, aber eben deshalb auch viele in meinem Zusammenhang unnötige Informationen bietend, dürfen VD 16 (für die im deutschen Sprachraum im 16. Jh. erschienenen Bücher) und der von Bernd SCHNEIDER verfasste Katalog Wolfenbüttel 1982 (für die in Wolfenbüttel vorhandenen Vergil-Ausgaben) gelten. Ihre Qualität wird vom CBItalV weithin erreicht: obwohl dieser Gesamtkatalog der Bestände an Vergil-Ausgaben und –Übersetzungen in 35 staatlichen Bibliotheken Italiens logischerweise aus zweiter Hand kompiliert sein muss, macht sich positiv bemerkbar, dass er auch von spezieller Sachkenntnis für Vergil getragen ist. Die Knappheit der Titel-Angaben im CBItalV, die trotzdem mindestens hinreichende Informationen vermittelt, war für mich vorbildlich. Die Spezialbibliographie für die in Frankreich und Italien erschienenen (faktisch wohl aber eher: für die in der Bibliothèque Nationale de France in Paris vorhandenen) illustrierten Vergil-Ausgaben und -Übersetzungen von PASQUIER, 1992, erreicht in etwa den Rang des Katalogs Wolfenbüttel 1982. PASQUIER, 1992, ist für mich das wichtigste Vorbild gewesen. Meine Arbeit will einerseits über PASQUIER hinaus ein Verzeichnis *aller* illustrierten frühen Vergil-Ausgaben bis 1840 geben und andererseits für die in München (oder jedenfalls die in der BSB) vorhandenen Bestände an illustrierten Vergil-Ausgaben einen beschreibenden Katalog bieten.

(c) In dem eigentlichen mit *Bibl.* bezeichneten Abschnitt sind die mir zugänglichen, in erster Linie gedruckten bibliographischen Nachweise für die betreffende Vergil-Ausgabe zusammengestellt. An erster Stelle figuriert immer die Angabe bei MAMBELLI, dem anerkannten bibliographischen Fundamentalwerk für Vergil-Ausgaben und Übersetzungen.

Aus MAMBELLI sind aufgrund seiner (in Petit-Druck gebotenen) Zusatz-Informationen alle illustrierten lateinischen Ausgaben aller drei kanonischen Werke (ecl., georg., Aen.) Vergils und solche der Aeneis sowie von nationalsprachlichen Übersetzungen der Opera Vergils und der Aeneis herausgezogen. Nicht berücksichtigt sind solche Ausgaben oder Übersetzungen, die nur die Eklogen oder die Georgica oder diese beiden Werke zusammen (z. B. als „Ländliche Gedichte") enthalten. - Illustrierte Vergil-Bücher (gemeint sind immer Editionen des lateinischen Textes oder Übersetzungen in die Nationalsprachen, keine „Sekundärliteratur"), die ich in anderen Quellen zusätzlich gefunden habe, die also bei MAMBELLI nicht verzeichnet sind, habe ich mit der vorangestellten Sigle + gekennzeichnet.

(d) Der Abschnitt *Bibl.* ist gleichzeitig im allgemeinen Sinne ein Repertorium dafür, in welcher Bibliothek bzw. Stadt die genannte Vergil-Publikation vorhanden ist (das gilt für Bamberg, London, Mantua, Napoli, Perugia, Pistoia, Straßburg, Trier, Vatikanstadt, Wolfenbüttel). Größere Gebiete decken folgende Kataloge ab: Frankfurt 1930 (Deutschland in Auswahl, doch können seither Kriegsverluste eingetreten sein), New York 1930 (USA), CBItalV (vorbildlicher Gesamtkatalog für Italien, jedoch nur für die 35 erfassten staatlichen Bibliotheken, darunter nicht die Bibliotheca Apostolica Vaticana), FAGIOLO, Rom 1981 (Italien, vorwiegend Rom, in Auswahl), VD 16 und, in statu nascendi, VD 17 (Verzeichnis der im deutschen Sprachbereich – nicht nur in Deutschland – erschienenen Drucke des 16. bzw. des 17. Jahrhunderts, sofern sich Exemplare noch heute nachweisen lassen); PASQUIER, 1992 (illustrierte Vergil-Bücher, die in Frankreich und in Italien erschienen sind, wobei die Grenzen dieser beiden Länder offenbar aus der Sicht von 1992 definiert sind, so dass z. B. auch Straßburg ▶VP 1502 als Nr. 1 verzeichnet ist) - Im Internet zugängliche Bibliotheken (z. B. der OPAC vieler deutscher Universitätsbibliotheken) sind immer wieder (vor allem *via* KVK = Karlsruher virtueller Katalog) herangezogen, aber nur für EEBO (in England erschienen Bücher des 16./17. Jh.) und ECCO (in England erschienene Bücher des 18. Jh.) systematisch durchgearbeitet worden. Ihre Angaben zusammenzuführen und erschöpfend auszuwerten, übersteigt die Arbeitskraft eines einzigen älteren Mannes. (Kataloge wie etwa das VD 16 oder das in Arbeit befindliche VD 17 für das 17. Jahrhundert sind aufwendige, von der DFG geförderte Gemeinschaftsunternehmen.) Es ist ohnehin enttäuschend, um nicht zu sagen ein Manko, dass die EDV-Kataloge, auch die größten, nicht verlässlich eine Illustrierung und schon gar nicht den Umfang einer (allenfalls durch Siglen angedeuteten) Illustrierung verzeichnen. Es ist einseitig und kurzsichtig, wenn die Titel- und Kolophon-Angaben mit einer Ausführlichkeit und

Präzision geboten werden (wörtlich bis zum letzten I-Tüpfelchen), deren Sinn sich einem Nicht-Bibliothekar schwer erschließt, während alle weiteren Informationen, eben auch die für den Umfang der Illustrierung, höchst stiefmütterlich abgetan werden. Das gilt sogar manchmal für hochspezialisierte Vergil-Bibliographien wie die (für italienische Vergil-Übersetzungen von 1476 bis 1597) von KALLENDORF, 1994.

In der Rubrik *Bibl.* sind vor allem dann, wenn keine weiteren Abschnitte folgen, die Informationen aus MAMBELLI für den Umfang der Illustrierung referiert. Überhaupt ist dieser Abschnitt *Bibl.* funktional auf den Spezialaspekt der Illustrierung ausgerichtet.

Lit.. (Literaturhinweise)
In der Rubrik *Lit.* werden Zitate aus den angeführten Katalogen gegeben, wenn sie nicht nur mit Siglen (wie H = Holzschnitt im Text, so das VD 16, oder Ill. = Illustrationen im Text, so der CBItalV) auf eine wie auch immer geartete Illustrierung hinweisen, sondern detaillierter auf die Art der Illustrierung eingehen. Das tun in erster Linie MAMBELLI und Wolfenbüttel 1982, die aber nur äußere Angaben, etwa zur Anzahl der Bilder, machen, während Bamberg 1982 immerhin sporadisch nähere Informationen gibt. Speziell für den Bereich der Kupferstiche sind die scharfen ästhetischen Urteile des fast unbekannten ODERMANN, 1931 aufschlussreich. Für viele der in Frankreich oder Italien erschienenen illustrierten Vergil-Ausgaben und –Übersetzungen bietet PASQUIER, 1992 Sujetangaben (und ausgewählte Abbildungen). Aus diesem Werk, dem wichtigsten Vorläufer des vorliegenden Katalogs, bringe ich in der Regel keine Zitate, sondern begnüge mich jeweils mit dem Hinweis auf eine Besprechung bei PASQUIER und auf eventuelle Korrekturen. Nur wenn ich für solche Publikationen aus Frankreich oder Italien keine Autopsie erreichen konnte, wiederhole ich aus PASQUIER die Basis-Informationen, vor allem in der Rubrik *Beschreibung.* - Im Abschnitt *Lit.* wird ferner auf sonstige (spezialisiertere) Publikationen zu den Illustrationen dieser Ausgabe oder zu dem betreffenden Künstler verwiesen.

Beschreibung
Die Rubrik *Beschreibung* (sc. der enthaltenen Illustrationen zur Aeneis) fußt in der Regel auf Autopsie, also auf Einsicht in die Originalausgaben, auf Digitalisaten (vornehmlich, aber nicht nur der BSB) oder auf den in der Rubrik *Abb.* genannten nachgedruckten Bildern. Wenn ich ausnahmsweise nur die Sujet-Benennungen aus zweiter Hand bieten kann, ist das ausdrücklich vermerkt. Meine *Beschreibung* kann durchaus implizite Korrekturen an den Behauptungen anderer Verfasser enthalten, die in der Rubrik *Lit.* zitiert sind. Sie kann nicht umfassend sein (besonders nicht bei poly-szenischen Bildern und schon gar nicht bei solchen des Argumentum-Typs), sondern soll vor allem der Identifizierung der dargestellten Aeneis-Szene dienen. Mindestens dann, wenn in der Ausgabe selber eine genaue Versangabe geboten wird, ist diese referiert. Hilfsweise kann das dargestellte Sujet im *Index der illustrierten Szenen der Aeneis (Kap. G 5)* gefunden werden. Die Illustrationen in Ausgaben, die demselben Zyklus ange-

hören, werden in der Regel nur einmal, beim ältesten Vorkommen (oder für die älteste mir erreichbare Ausgabe), beschrieben.

Würdigung

Die Rubrik *Würdigung* beschränkt sich auf meine eigenen allgemeinen Urteile oder Beobachtungen; die anderer (besonders die von ODERMANN, 1931) sind in der Rubrik *Lit.* zitiert. Sie betreffen – entsprechend meiner Kompetenz als Klassischer Philologe – meist das Verhältnis der Bilder zum Text Vergils (etwa die Frage, ob es sich um mono– oder poly-szenische Bilder handelt) und die (ungewöhnliche? konventionelle?) Wahl der Sujets. Eine umfassendere Würdigung wäre Aufgabe einer monographischen und stärker kunsthistorisch orientierten Behandlung.

Abhängigkeiten

Wenn eigens eine Rubrik *Abhängigkeiten* gebildet wird (und dieser Bereich nicht schon faktisch durch den Abschnitt *Bibl.* mit abgedeckt ist), werden hier Hinweise einerseits (a) auf Vorlagen, auf das Original oder auf Vorgänger-Ausgaben, andererseits (b) auf spätere Nachdrucke (Ndr., ristampa) oder Wiederholungen (der Illustrationen oft in verändertem Format) oder Nachahmungen des betreffenden Buches bzw. der darin enthaltenen Illustrationen geboten. Für diese Rubrik könnte man, als Parallele zu dem seit einigen Jahrzehnten gängigen Begriff "Intertextualität", den Neologismus „Interpikturalität" einführen. Sie besteht vornehmlich aus Querverweisen. - Vorbildlich erforscht ist der Einfluss der ältesten illustrierten Vergil-Ausgabe, Straßburg ▶VP 1502, durch SCHNEDER, 1983. Für den seit ▶ VP 1654 ähnlich verbreiteten Zyklus von Franz Cleyn fehlt eine entsprechende Vorarbeit.

Abb. (*Abbildungen*)

Die Rubrik *Abb.* enthält Hinweise auf Abbildungen in gedruckten Büchern. Ausgewertet sind in erster Linie die Kataloge von Mantua 1981 (dort meist Abb. der Frontispize), Bamberg 1982 und Wolfenbüttel 1982, auch FAGIOLO, Rom 1981 (ein reicher Thesaurus an Vergil-Illustrationen, allerdings auf Gemälde und besonders Freskenzyklen fokussiert und kaum Buch-Illustrationen berücksichtigend), ferner die EV und vor allem der Abbildungsteil bei PASQUIER, 1992, S. 352-467. PASQUIER bringt dort 354 ausgewählte Illustrationen (meist in stark reduziertem Format) nach den Sujets geordnet, also (etwas vereinfachend gesagt) von der 1. Ekloge bis zum Schluss der Aeneis fortschreitend, dazu Titelbilder, Frontispize und Vergil-Porträts. Ich habe daraus umgekehrt die verstreuten Illustrationen zusammengeführt, die aus einer bestimmten Vergil-Ausgabe stammen. (Leider wird im bibliographischen Teil bei PASQUIER gar nicht auf diesen reichen Abbildungsschatz im Anhang Bezug genommen.)

Zugänglichkeit

Die Rubrik *Zugänglichkeit* enthält zunächst Hinweise auf Exemplare, die in München in der Bayerischen Staatsbibliothek (BSB) oder der Universitätsbibliothek (UB) vorhanden sind, insbesondere auf Digitalisate der BSB, die per

Internet (in der „Digitalen Bibliothek" der BSB) zugänglich sind. Auf diese Digitalisate kann man über die angegebene Signatur der BSB zugreifen. Bei den BSB-Signaturen verweist eine vorangestellte 2 oder 4 auf Folio- bzw. Quart-Format, der Zusatz *ESlg* auf die Einbandsammlung und *Res* auf „reservierte" Exemplare (mindestens Bücher der Signatur *ESlg* und *Res* sind ohnehin nur im Handschriftenlesesaal zugänglich). Die Digitalisate von Vergil-Illustrationen in Alten Drucken der BSB sind auf meine Initiative erfolgt; zum großen Teil sind sie von meinem Mitarbeiter Alexander Cyron vorgenommen worden. – Außerdem werden in dieser Rubrik Hinweise auf sonstige via Internet zugängliche Digitalisate (insbesondere bei EEBO, ECCO und in der BnF) oder aber auf einen modernen Nachdruck des originalen Alten Druckes gegeben. Auf diese Weise ist es möglich, über das vorliegende Handbuch auf Hunderte, ja Tausende von Aeneis-Illustrationen zuzugreifen, die als Digitalisate (etwa 2000 allein in der ‚Digitalen Bibliothek' der BSB) via Internet in aller Welt zugänglich sind oder die als moderne Nachdrucke nicht den restriktiven Sonderbenutzungsbestimmungen unterliegen, durch die die kostbaren Originale der Alten Drucke geschützt werden. Die Existenz von weiteren Exemplaren des originalen Alten Druckes kann man durch die Rubrik *Bibl.* erschließen: die bibliographischen Hinweise in den aufgeführten Katalogen z. B. aus Mantua oder Wolfenbüttel fußen auf in den dortigen Bibliotheken vorhandenen Exemplaren, CBItalV auf solchen in staatlichen Bibliotheken in ganz Italien, PASQUIER, 1992, vornehmlich auf solchen in der BnF. Aber jeder Leser hat die Chance, in den ihm persönlich zugänglichen Bibliotheken weitere Exemplare der von mir aufgeführten illustrierten Vergil-Ausgaben oder sogar - ich hoffe natürlich: nur in seltenen Fällen - zusätzliche Editionen mit Aeneis-Bildern zu entdecken.

B 2. Symbole, Begriffe, Abkürzungen
und abgekürzt zitierte Literatur

■   Original oder erstmals belegtes Vorkommen eines bestimmten Illustrations-Zyklus in dieser Ausgabe (das Symbol wird auch dann verwendet, wenn ein älterer Zyklus wesentlich abgewandelt ist). - Ausgaben, die nur wenige Illustrationen im Text oder nur solche im Titelbereich (wie Antiporta, Frontispiz, Porträt Vergils oder des Übersetzers) oder eine Karte aufweisen, erhalten kein solches Symbol (auch nicht das Symbol ▫, s. anschließend); ein Aen.-Zyklus hat in der Regel 12 oder mehr Bilder.

▫   Wiederholung oder Abwandlung eines älteren Illustrations-Zyklus in dieser Ausgabe.

+   Hinweis, dass diese Ausgabe in der Vergil-Bibliographie von MAMBELLI nicht erfasst ist (also eine Plus-Nennung vorliegt).

Ø   (in einer Bibliographie:) ohne Hinweis auf Illustration (obwohl man nach anderen Quellen einen solchen erwarten würde).

□   ausdrücklicher Hinweis mit „frontispizio figurato" bzw. „engraved t.-p. (title-page)" oder ähnlich (vor allem bei MAMBELLI, im gedruckten Katalog von New York und im Internet-Katalog Princeton) auf ein enthaltenes Frontispiz mit figürlichen Darstellungen.

▶   Querverweis auf eine andere in diesem Handbuch aufgeführte (illustrierte) Vergil-Ausgabe, immer gefolgt von VP = Vergilius Pictus und einer Jahreszahl (also z. B. ▶VP 1502 oder ▶VP 1529D).

KAPITÄLCHEN   verweisen (a) bei Bildbeschreibungen auf entsprechende Namensbänder, etwa ENEAS, oder auf sonstige textuelle Elemente im Bild, (b) innerhalb bibliographischer Angaben auf den Familiennamen eines modernen Verfassers, Kommentators oder Übersetzers.

Kursivschrift   verweist auf Zitate, insbesondere auf originale Über-, Unter- oder Beischriften zu Illustrationen.

In kleinerer Schriftgröße   werden solche Vergil-Ausgaben geboten, in denen kein Zyklus von mindestens 12 Aeneis-Illustrationen enthalten ist, sondern nur ein Frontispiz (oder bei mehrbändigen Ausgaben: 2-4 Frontispize).

Abkürzungen antiker Werke   erfolgen nach den Normen des *Thesaurus linguae Latinae*, z. B. Aen. = Aeneis, georg. = Georgica, ecl. = Eklogen (dafür ist aber synonym auch buc. = Bucolica verwendet); die anderen, nicht-kanonischen bzw. ihm zugeschriebenen Werke Vergils (wie Culex, Catalepton usw.) werden meist als Opusc(ula) angeführt; Aen. XIII (mit oder ohne Anführungszeichen) verweist auf das *Supplementum Aeneidos* des Maph(a)eus Vegius (Maffeo Vegio) von 1428. Römische Ziffern wie Aen. VI bezeichnen die Bücher der Aeneis.

Größenangaben für Bilder   sind Circa-Angaben in cm, Höhe vor Breite (also bedeutet 11,4 x 7,0: ca. 11,4 cm hoch, ca. 7,0 cm breit).

Abb.   Abbildung(en). - S. im übrigen die nähere Beschreibung dieser Rubrik.

Abhängigkeiten   In dieser Rubrik wird sowohl auf Vorlagen wie auf Übernahmen oder Nachahmungen der in dem vorgestellten Buch enthaltenen Illustrationen verwiesen. - S. im übrigen in Kap. B 1 zu dieser Rubrik.

Altar-Typ   Gestaltung der Haupttitelseite wie ein (barocker) Altar; dabei sind die wichtigsten Elemente eine Art Kartusche mit dem Text der Titelei im Zentrum (am Platz eines religiösen Altarbildes) sowie links und rechts davon (allegorische) Statuen auf Postamenten. S. bes. ▶VP 1612B *Abhängigkeiten*; vgl. auch SUERBAUM, 1984B, 36f.

Antiporta   veralteter, aber wegen seiner Prägnanz von mir verwendeter Ausdruck für ein Bild auf der Seite, die der Haupttitelseite gegenübersteht (*anti-porta*: dem Eingang gegenüber), ‚moderner' ausgedrückt: auf dem Verso des ‚Schmutztitels'; eine solche Antiporta wird heute weithin vereinfachend ebenfalls als ‚Frontispiz' bezeichnet, obwohl der Terminus ‚Frontispiz' im engeren Sinne einem Bild vorbehalten bleiben sollte, das die Haupttitelseite selber ausmacht oder auf ihr steht.

Argumentum   lat. Inhaltsangabe, in der Antike zu Aen.-Büchern immer in metrischer Form (in 4, 5, 6 oder 1 + 10 Hexametern, ediert in der Anthologia Latina 654, 591-602, 653 und 1 R.); spätestens seit der Epoche des Buchdrucks auch in lat. Prosa. Vgl. SUERBAUM, 1999, 83-86.

Argumentum-Bild, Argumentum-Typus, Argumentum-Zyklus   ein Bild bzw. ein Bild-Typ bzw. ein Zyklus aus solchen Bildern, in dem poly-szenisch eine bildliche Inhaltsangabe, also ein piktorales Argumentum, des folgenden Aen.-Buches geboten wird; *argumentum* ist an sich ein antiker Begriff für eine textuelle Inhaltsangabe. S. auch unten ‚Frankfurter (Argumentum-) Zyklus' und ‚Züricher (Argumentum-) Zyklus'.

Auftaktbild   Bild, das (nur) die Anfangsszene eines Aen.-Buches illustriert. Ein wirkliches Titelbild würde eine bestimmte wichtige Szene darstellen und damit als repräsentativ für das Buch hervorheben.

Bamberg 1982, Nr.   Werner TAEGERT: Vergil 2000 Jahre. Rezeption in Literatur, Musik und Kunst. Ausstellung der UB Bamberg und der Staatsbibliothek Bamberg 1982-1983, Bamberg 1982, 92 S. mit 141 Katalog-Nr. und 37 Abb. – Rezension: SUERBAUM, 1984, 218-220.

Zu den im Katalog knapp, kenntnisreich und zuverlässig kommentierten Exponaten gehören auch etliche Alte Vergil-Drucke, für die jeweils auch auf eine etwaige Illustrierung hingewiesen wird. Einschlägig sind Nr. 10-21. 25. 27-32. 36-37. 68. - Verzeichnet sind Bamberg 1982 zwanzig Nummern meines Handbuchs. - Eine Ergänzung zu diesem kleinen reichbebilderten Buch, das eine empfehlenswerte Grundlage für Beschäftigung mit Vergil-Rezeption jeder Art darstellt, bietet der Verfasser Werner TAEGERT in dem Aufsatz: Spuren Vergils in und um Bamberg. Nachlese zu einer

Ausstellung von Universitätsbibliothek und Staatsbibliothek Bamberg, in: Buch und Bibliothek in Bamberg. Festschrift ... hrsg. von Dieter KARASEK, Bamberg 1986, 397-444 (mit 10 Abb.).

Beschreibung   Beschreibung der in dem Werk enthaltenen Illustrationen, in der Regel auf Autopsie der Bücher bzw. ihrer Digitalisate selber oder aber auf den verfügbaren gedruckten Abb. beruhend. - S. im übrigen in Kap. B 1 zu dieser Rubrik.

Bibl.   Bibliographische und bibliothekarische Nachweise, an der Spitze immer die einschlägige Nr. bei MAMBELLI (oder Hinweis auf deren Fehlen). In praktisch allen Lemmata ist als Autorname P. Vergilius Maro stillschweigend zu ergänzen. - S. im übrigen in Kap. B 1 zu dieser Rubrik.

BN, BnF   Biblioteca Nazionale; Bibliothèque nationale (de France, Paris = BnF). Die Digitalisate der BnF sind zugänglich unter http://gallica.-bnf.fr, dort beim Recherche-Begriff „Virgile" (nicht „Vergilius").

BORSETTO, 1989   Luciana BORSETTO, L'*Eneida* tradotta. Riscritture poetiche del testo di Virgilio nel XVI secolo, Milano 1989, 217 S. (ohne Abb.).

Brown University 1930   John William SPAETH: Vergiliana. A selected list of books for library exhibits together with suggested material for exhibition labels, 1930 [die mir vorliegende Xerokopie weist keinen Druckort aus; die Brown University liegt in Providence, Rhode Island], 30 S. = American Classical League Publication No. 39.

Katalog einer Buchausstellung der John Hay Library of Brown University im Dezember 1929 (aus eigenen Beständen) mit 112 Nummern. Die bibliographisch ausreichend vorgestellten Bücher werden kurz beschrieben. Der Schwerpunkt liegt auf Publikationen (bes. engl. Übersetzungen) des 19./20. Jh. Illustrationen werden nur ganz selten erwähnt, selbst wenn es sich nachweislich um illustrierte Ausgaben handelt. Nur die folgenden drei eigens als „illustriert" bezeichneten und zudem sonst nicht aufgeführten Bücher sind von mir berücksichtigt: ▶VP 1753C, ▶VP 1827A, ▶VP 1840.

BL   Katalog der British Library (London), Kurztitel, im Internet zugänglich; erfasst auch durch COPAC.

BSB   Bayerische Staatsbibliothek München. Die Vergil-Bestände der BSB sind die Grundlage des vorliegenden Handbuchs. Der OPAC der BSB weist für 1502-1840 unter dem Stichwort „Vergilius Maro" 514 Ausgaben oder Übersetzungen nach. Sie alle - ausgenommen Ausgaben, die nur die Eklogen oder/und die Georgica enthalten - habe ich, zusammen mit Alexander Cyron, M.A., durchgesehen und die illustrierten Seiten darin der BSB zur Digitalisierung vorgeschlagen. Faktisch ist sie für diese ‚Teildigitalisate' in den meisten Fällen durch Alexander Cyron durchgeführt worden. Das vorliegende Handbuch ermöglicht es durch entsprechende Angaben in der Rubrik *Zugänglichkeit* den Interessenten in aller Welt, via Internet auf ungefähr 4000 digitalisierte Seiten oder Doppelseiten aus Vergil-Ausgaben der BSB und anderer Bibliotheken zuzugreifen.

CBItalV Nr.   Primo Catalogo collettivo delle biblioteche italiane: Virgilio XIX a.C. - MCMLXXXI. Redattori: Claudia LEONCINI, Giuliana MARCHIONNE, Gabriella PELOSIO. Roma 1981, 154 S., 16 ungezählte Tafeln [2°]. Die ausführlichste Rezension dazu ist W. SUERBAUM, Gnomon 56, 1984, 500-503.

Von den verzeichneten 3098 Vergil-Büchern waren, nach Ausschluss vieler Publikationen aus chronologischen (nicht 1502–1840 betreffend) oder inhaltlichen (nicht die Aeneis enthaltend) Gründen nicht ganz 800 Titel prinzipiell einschlägig. Die Angaben zur Illustrierung der aufgenommenen Vergil-Bücher beschränken sich auf ein bloßes "ill.". Sie sind, verglichen mit MAMBELLI, keineswegs vollständig. Insbesondere scheinen in diesem ital. Gesamtkatalog Bilder nur im Titelbereich (also z. B. Frontispize) nicht zum Hinweis „ill." zu führen, sondern nur solche innerhalb des Vergil-Textes. - Im CBItalV sind die Vergil-Ausgaben und -Übersetzungen aus 35 staatlichen Bibliotheken Italiens erfasst. Darunter ist nicht nur die BN Centrale in Firenze, sondern u.a. auch die Biblioteca dell'Accademia Virgiliana in Mantova und die BN in Napoli. Eine Auswahl aus den Vergil-Beständen der beiden letztgenannten Bibliotheken ist in zwei Sonderkatalogen (Mantua 1981; Napoli 1981) berücksichtigt, die einerseits weniger Vergil-Ausgaben oder Vergil-Übersetzungen vorführen als der CBItalV, andererseits aber die aufgenommenen Vergil-Bücher näher beschreiben.

Nicht erfasst im CBItalV sind (außer kommunalen ital. Bibliotheken; s.u. zu Perugia 1980 und Pistoia 1981) u.a. die Bestände der (Biblioteca Apostolica) Vaticana, s.u.

COPAC   'Union catalogue' (Verbundkatalog) für 24 größere Universitätsbibliotheken in Großbritannien und in Irland, einschließlich der British Library; zugänglich auch über den KVK.

DVD   Die beiden beigefügten DVDs enthalten Kopien von etwa 5.900 (oder eher etwa 6.800) Vergil-Digitalisaten („Dateien") der BSB aus über 200 Einzelbänden („Ordnern") im JPG-Format (nur für das Voll-Digitalisat von ▶VP 1502 im PDF-Format); ihr Gesamtvolumen beträgt etwa 8,5 Gigabyte.

Die ⎡DVD 1⎤ enthält meist umfangreiche Digitalisate für Ausgaben von 1502 bis 1529, die in der Regel durch offizielle Mitarbeiter der BSB im Zuge einer Voll-Digitalisierung der betreffenden Alten Drucke angefertigt worden sind. Innerhalb der „Digitalen Bibliothek" der BSB liegen derzeit 17 vollständig digitalisierte Vergil-Ausgaben vor. Auf dieser DVD 1 sind aber in der Regel nur die Seiten oder Doppelseiten mit Illustrationen zugänglich. Darüber hinaus wird für ▶VP 1502, die älteste illustrierte Vergil-Gesamtausgabe von S. Brant, und für ▶VP 1515F, die erste deutsche Aen.-Übers. (mit Wiederholung der Holzschnitte aus ▶VP 1502), ein komplettes Digitalisat des ganzen Buches, ferner für ▶VP 1517 (ebenfalls mit Original-Holzschnitten aus ▶VP 1502) sowie für ▶VP 1519, den ältesten Beleg für die gotische Giunta-Adaption, wenigstens der Aen.-Teil vollständig geboten.

Bei der ⎡DVD 2⎤ handelt es sich fast ausschließlich um Digitalisate für Ausgaben von 1531 bis 1835, die mein Mitarbeiter Alexander Cyron (der kein ausgebildeter Techniker ist) 2004/05 in der BSB angefertigt hat. Der Titel des jeweiligen Ordners (Typ: VP 1541B Suerbaum-BSB Res. 2 A.lat.a. 311) ist von mir festgelegt und verweist auf die VP-Nr. in diesem Handbuch. Die Bezeichnung der einzelnen Dateien (= Image-pages) eines solchen Ordners stammt von A. Cyron und die dort an erster Stelle genannte Jahreszahl stimmt nicht immer genau mit der von mir in der VP-Nr. festgelegten überein. Auch im Hinblick auf die offiziellen OPAC-Signaturen der BSB gibt es den Unterschied, dass in der BSB die (ignorierbaren) Standortbezeichnung für „Reserve" oder „Einbandsammlung" für viele Alte Drucke „Res/" oder „ESlg/" ohne folgendes Spatium lautet, im Verzeichnis der DVD aber aus zwingenden technischen Gründen „Res." oder „ESlg." (also mit Punkt statt Schrägstrich und mit folgendem Spatium).

Ein „Ordner" (directory) entspricht einem Buch = Band. Da mehrbändige Vergil-Ausgaben (mit Signaturen wie BSB A.lat.a. 2182-2) mehrere Ordner bilden, sind nicht 21 + 192, sondern „nur" etwa 150 illustrierte Vergil-Ausgaben der BSB auf den beiden DVDs vertreten. Die (laut automatischer Zählung) etwa 5.900 Einzeldateien (zu denen auf DVD 1 aber noch rund 900 weitere Digitalisate von VP 1502 kommen) entsprechen meist der Doppelseite eines Buches. Grundsätzlich (ausgenommen die Volldigitalisate) steht auf einer dieser beiden Seiten eine Illustration. Da ich aber in manchen Fällen auch figürlich ausgeschmückte Initialen, Druckermarken oder sogar Titelseiten ohne ein Bild und für die komplett digitalisierten Ausgaben auch die reinen Textseiten berücksichtigt habe, erreicht die Zahl der wirklich enthaltenen Illustrationen nicht dieselbe Höhe, dürfte aber deutlich über 4.000 liegen. Jedoch handelt es sich auf keinen Fall um 4.000 verschiedene Illustrationen. Ich schätze die Zahl der zugänglichen unterschiedlichen Aen.-Illustrationen auf etwa 1.000. Über Identitäten oder Ähnlichkeiten unterrichtet die Rubrik *Abhängigkeiten*; das Kap. C 2 *Verzeichnis der unterschiedlichen Illustrationszyklen zur Aeneis* stellt eine Art Summe dar.

Unter den auf den beiden DVDs zugänglichen illustrierten Vergil-Ausgaben sind von besonderer Bedeutung: ►VP 1502 und ►VP 1515F (beide komplett vorliegend), ►VP 1517 und ►VP 1519 (beide für den Aen.-Teil komplett vorliegend, mit den Illustrationen aus bzw. nach ►VP 1502), ►VP 1529A, ►VP 1529D, ►VP 1529F, ►VP 1541B, ►VP 1560A, ►VP 1576B, ►VP 1624B, ►VP 1649B, ►VP 1658A, ►VP 1688A, ►VP 1717B, ►VP 1754A, ►VP 1760 und ►VP 1798A.

Die beiden DVDs bieten insgesamt praktisch alle derzeit (Mai 2007) im Digitalisats-Angebot der BSB vorhandenen Vergil-Illustrationen (nur in Auswahl solche aus ►VP 1757B). Innerhalb des originalen Angebots der BSB an Digitalisaten aber ist die Bildqualität besser (vgl. Kap. A 14).

ECCO   Eighteenth Century Collections online (für 1700-1800; Fortsetzung von EEBO). 38 Volldigitalisate für illustrierte Vergil-Ausgaben des 18. Jh. (einschließlich ►VP 1800C).

EEBO   Early English Books online (für 1473-1699; Fortsetzung für 1700-1800 durch ECCO). 19 Volldigitalisate für illustrierte Vergil-Ausgaben des 16./17. Jh.

EV   Enciclopedia Virgiliana, Roma 1984-1991: Vol. 1, 1984; 2, 1985; 3, 1987; 4, 1988; 5.1, 1990; 5.2, 1991.

FAGIOLO, Rom 1981, Nr.   Virgilio nell'arte e nella cultura europea. Roma - Biblioteca Nazionale Centrale 24 sett. – 24 nov. 1981. Catalogo della mostra a cura di Marcello FAGIOLO. Roma 1981, 271 S., zahlreiche Abb.
Dieses Buch ist wohl der bedeutendste Beitrag zur Vergil-Rezeption im Bild aus dem Vergil-Jubiläumsjahr 1981, mit vielen Abb., aber auch (bes. S. 263-268) einschlägigen bibliographischen Hinweisen. Speziell Buch-Illustrationen zu Vergil sind allerdings nur stiefmütterlich behandelt. In dem Katalog von 155 Vergil-Ausgaben im Besitz verschiedener römischer Bibliotheken (die alle auch im CBItalV erfasst, aber von mir zusätzlich genannt sind), der S. 11-20 den Hauptteil von Sezione I 'La fortuna di Virgilio attraverso le opere a stampa' darstellt, werden nur die bloßen Titel ohne zusätzliche

Erläuterungen oder Hinweis auf eine etwaige Illustrierung geboten. Es dominieren in diesem Buch Gemälde, besonders Zyklen von Aeneis-Fresken in italienischen Barockschlössern. Immerhin werden S. 117-119 zwölf der 50 (oder 51) Illustrationen von Bartolomeo Pinelli aus dem Bilderbuch ►VP 1811A vorgeführt.

FINSTERER-STUBER, 1960   Gerda FINSTERER-STUBER (Hrsg.), Geistige Väter des Abendlandes. Eine Sammlung von hundert Buchtiteln antiker Autoren, Stuttgart 1960 [4°].

Von diesen 100 Ausgaben antiker Autoren sind jeweils die Titelblätter abgebildet. Dazu gehören Nr. 55 ►VP 1636, Nr. 57 ►VP 1648C, Nr. 63 ►VP 1767, Nr. 65 ►VP 1757 und Nr. 74 ►VP 1793B.

Frankfurt 1930, Nr. (und **Frankfurt 1926**)   P. Vergilius Maro im Spiegel der literarischen Überlieferung. Verzeichnis der Handschriften und Drucke, die zur Zweitausendjahrfeier des Dichters in … Frankfurt a. M. öffentlich gezeigt werden. (Vorwort von Joachim KIRCHNER.) Frankfurt a. M. 1930, 31 S.

Der Katalog bietet (nach einer von mir eingeführten Zählung) in 182 unnummerierten Lemmata häufig bibliographisch ungenügende Informationen: nur Kurztitel ohne jegliche Erläuterung und ohne Hinweis auf etwaige Illustrationen. Die ausgestellten Vergilbücher stammten nicht nur aus Frankfurt a. M., sondern als über 30 deutschen oder (besonders für nicht-deutsche Übersetzungen) europäischen Bibliotheken. Wie Stichproben ergeben haben, sind viele dieser Bücher - anders als jene im gleichzeitigen Katalog aus New York - im Zweiten Weltkrieg verloren gegangen, so wahrscheinlich z. B. die der Landesbibliothek (LB) Dresden. Die Stadt- und Universitätsbibliothek Frankfurt a. M. (StB Ffm) schrieb mir auf Anfrage am 21.2.1983: „Leider sind die Vergil-Bestände unserer Bibliothek, die 1930 für die Ausstellung herangezogen wurden, fast vollständig im letzten Krieg verbrannt." Beigefügt war als Übersicht über den seinerzeitigen Gesamtbestand an Vergiliana in Frankfurt ein Exzerpt aus dem Katalog ‚Frankfurt 1926': Stadtbibliothek Frankfurt am Main: Katalog der Abteilung Klassische Altertumswissenschaft. Erster Band (von Paul HOHENEMSER), Ansbach 1926, S. 528-535. In diesem sind die bibliographischen Angaben vollständiger. - Der Katalog Frankfurt 1926 muss ganz, der Katalog Frankfurt 1930 zum großen Teil als Verzeichnis von Vergil-Ausgaben betrachtet werden, die einstmals vorhanden waren, aber - jedenfalls in Frankfurt - nicht mehr existieren.

Frankfurter (Argumentum-) Zyklus   erstmals in Frankfurt ►VP 1559A belegter Zyklus von poly-szenischen Titelbildern zu den Aen.-Büchern, die eine piktorale Inhaltsangabe (Argumentum) des Buches darstellen.

Frontispiz   heute (jedenfalls in den meisten gedruckten Katalogen) verallgemeinernd für jegliche Illustrierung im Titelbereich, vor allem für ein Bild (oder auch nur eine figürliche Umrahmung) auf der Haupttitelseite, verwendet. Der Begriff schließt also heute Termini mit an sich engerer Bedeutung wie Antiporta (s. dazu die einschlägige Definition), Kupfertitel, Titelkupfer, Holzschnitt-Titel o.ä. mit ein. Wenn Information aus erster Hand vorliegt, wird in diesem Handbuch aber eine Antiporta (s. dieses Stichwort) vom Frontispiz unterschieden.

GOLDSMITH, 1981   Jane ten Brink GOLDSMITH, Leonaert Bramer's illustrations for Virgil's *Aeneid*, Diss. (Ph. D.) University of California,

Berkeley 1981, © UMI 1982, 472 S. und weitere (ungezählte) 193 Blätter mit je 1 Illustration (BSB Art. 1360 o). Näheres s. zu ▶VP 1652C.

GÖTTE/LEMMER, 1979   s. unten zu LEMMER.

ICCU-Katalog   ital. Internet-Katalog des Istituto Centrale per il Catalogo Unico, Indice SBN; er bietet für 1500-1830 zum Stichwort 'Virgilio Marone' insgesamt 761 Ausgaben, dazu noch weitere 57 für die Jahre 1831-1840; ist generell von mir nach den Kurztitelaufnahmen, in 'Verdachtsfällen' für Ill. auch nach der Volltitelaufnahme geprüft. Dieser Verbundkatalog ist auch über KVK zugänglich.

Ill.   Illustration(en), Illustrierung

KAILUWEIT, 2005   Thomas KAILUWEIT, Dido – Didon – Didone. Eine kommentierte Bibliographie zum Dido-Mythos in Literatur und Musik, Frankfurt a. M. u.a. 2005, 600 S. (ohne Ill.).

KALLENDORF, 1991   Craig KALLENDORF, A bibliography of Venetian editions of Virgil 1470-1599, Firenze 1991 (mit 10 Plates).
Bibliographisch vorbildlich präzise Aufnahme von Titel und Inhalt; für enthaltene Bilder jedoch nur Hinweise auf deren Zahl, in einer Formulierung des Typs (wobei ich Kursivierungen und runde Klammern ignoriert habe): „woodcut initials, scenes for Donatus' Vita 1, Buc. 10, Georg. 4, Aen. 12, Liber XIII 4, Minora 9."

KALLENDORF, 1994   Craig KALLENDORF, A bibliography of Renaissance Italian translations of Virgil. Firenze 1994 = Biblioteca di Bibliografia Italiana 136, 113 S. mit zusätzlichen 20 Tafeln (BSB 94.8393).
Diese Bibliographie führt für 1476 bis 1597 insgesamt 92 ital. Übersetzungen der (oder einzelner) Werke Vergils chronologisch auf (zum Vergleich: für dieselbe Zeit hat MAMBELLI als Haupteintragungen, also Hinweise auf Ristampe/Ndr. nicht gerechnet, die Nr. 746-806, also 63 für opera/Aeneis, zuzüglich der Nr. 937, 951-957, 993-1000, also 16 für ecl. und/oder georg., insgesamt 79). Nur eine einzige davon (Nr. 92: Aen. IV, Aversa 1568) ist außerhalb Italiens gedruckt: - Für den Bereich „Illustration" ist die im übrigen sorgfältige dokumentarische Beschreibung relativ unergiebig: es wird nur jeweils angegeben „no woodcuts", „woodcut initials", „scenes" mit Anzahl der Holzschnitte im Text und deren Verteilung auf die einzelnen Werke Vergils, so z. B. für die ital. Übers. der Opera Vergils, Venetia ▶VP 1588B: „woodcut initials, scenes for Buc. (11), Georg. (4), Aen. (24), printer's device". (Ich habe mir erlaubt, die Zahlenangaben bei KALLENDORF für "scenes" ohne Klammern und vor diesem Stichwort zu bringen.) Es wird jedoch keinerlei Andeutung der Sujets der Frontispize und der Holzschnitte im Text geboten. Von den 20 Tafeln bezieht sich nur eine (Plate 19: wiederum ▶VP 1588B) auf ein Bild zur Aeneis. Ein Manko des Repertoriums ist auch, dass jedes Buch als Einheit für sich dokumentiert wird, ohne dass nach Abhängigkeiten (wie ‚Ndr. von') oder Einflüssen (wie ‚nachgedruckt durch') gefragt wird. – Nützlich sind jeweils die Literaturangaben und die Nachweise, in welchen ital. Bibliotheken das Werk vorhanden ist (von nicht-ital. sind nur die Bibl. Apostolica Vaticana und 4 Bibliotheken in den USA berücksichtigt, nicht aber z. B. die BSB).

KALLENDORF, 1999   Craig KALLENDORF, Virgil and the myth of Venice. Books and readers in the Italian Renaissance, Oxford 1999, VIII, 251 S. (mit 12 Plates).

KVK Karlsruher virtueller Internet-Katalog, ein Verbundkatalog, der nationale und regionale Bibliotheken aus aller Welt erfasst.

LEMMER in GÖTTE/LEMMER, 1979 Vergil, Aeneis. Übersetzt von Johannes GÖTTE. Mit 136 Holzschnitten der 1502 in Straßburg erschienenen Ausgabe. Herausgegeben und kommentiert von Manfred LEMMER, Leipzig und München 1979, 386 [+ 13] S., mit 136 [+ 10] Abb.; die Erläuterungen von M. LEMMER zu den Bildern in ▶VP 1502 dort S. 359-385. – Ndr. Wiesbaden, Fourier, 1987.

li. links (Hinweise auf li. oder r. werden gegeben, damit seitenverkehrte Nachschnitte oder Nachstiche leichter identifizierbar sind).

Lit. speziell für die Illustrierung einschlägige Literaturangaben und Zitate (oder seltener Referate) daraus; durchgängig sind einschlägige Passagen aus MAMBELLI 1954; Napoli 1981; Wolfenbüttel 1982; PASQUIER, 1992 und vor allem ODERMANN, 1931, berücksichtigt. Die in diesen Zitaten gebotenen Informationen werden nicht vollständig in der meist auf Autopsie beruhenden Rubrik *Beschreibung* wiederholt. Umgekehrt können konkrete Aussagen in der Rubrik *Beschreibung* Korrekturen der Angaben in der Rubrik *Lit.* darstellen. - Diese Rubrik *Lit.* wird nur gebildet, wenn es relevante (längere) Aussagen gibt; sonst ist die Rubrik *Bibl.* einschlägig. - S. im übrigen die nähere Beschreibung dieser Rubrik.

London 1982 The British Library: Virgil. The two thousandth anniversary. An exhibition in the British Library from 17 Sept. 1982 to 27 Febr. 1983 to commemorate the 2000th anniversary of the death on 21 Sept. 19 BC of the Roman poet Virgil. London 1982, 12 S., 11 Abb., 4°.
Diese Broschüre stellt einen dürftigen Katalog für die 141 Exponate der Vergil-Ausstellung der British Library London 1982-1983 dar. Ausgewählte Vergil-Druckausgaben von 1469 bis zum 20. Jh. sind unter Nrr. 40-141 rubriziert, ohne jede Erläuterung, aber mit aphoristischen Stichworten in der Überschrift (etwa „A Rococo Virgil" zu ▶ VP 1767). Einen begrenzten Wert hat diese Liste als Nachweis der wichtigsten Vergil-Bücher, die sich im Besitz der British Library (BL) befinden. Unikate sind nicht darunter. - Inzwischen gibt es auch einen Internet-Katalog der BL, der leider keine Nummerierung aufweist. Ich habe ihn ausgewertet, mich aber auf den bloßen Verweis beschränkt. – Die Bestände der BL sind auch über COPAC und KVK zugänglich.

MAGNO, 1982 Pietro MAGNO, Virgilio e la civiltà mediterranea, Fasano di Puglia 1982, 243 S. (mit zahlreichen Abb. aus Alten Drucken ohne Kommentar, Übersicht dort S. 245).

MAMBELLI Nr. Giuliano MAMBELLI, Gli annali delle edizioni virgiliane, Firenze 1954, 375 S. = Biblioteca di Bibliografia Italiana 27 (ohne Abb.).
Dies ist das Fundamentalwerk für die älteren Vergil-Ausgaben bis zum Jahre 1850 und für die Vor-EDV-Zeit eine bewundernswerte Leistung. Ich habe MAMBELLI als erstes Werk durchgearbeitet, um aus seinen in Petit gedruckten Zusatzangaben zu entnehmen, welche der von ihm aufgeführten (mindestens) 1637 Nummern an Vergil-Editionen oder –Übersetzungen Illustrationen bieten, sei es nur im Eingangsteil (Frontispize, Antiporten, Bildertitel, Porträts u.ä.) oder aber im Text verteilt. Da ich mich auf

Aeneis- (und Opera-) Illustrationen aus der Zeit von 1502-1840 beschränke, waren für mich allerdings aus chronologischen oder inhaltlichen Gründen Teile der Bibliographie MAMBELLIS nicht einschlägig (die vor 1502 und die nach 1840 erschienenen Vergil-Bücher; ferner die Abteilungen für Eklogen- und/oder Georgica-Ausgaben). Immerhin verblieben etwa 900 zu prüfende Opera- oder Aeneis-Ausgaben. - MAMBELLIS Angaben zu Illustrationen sind weitgehend verlässlich. Sie beschränken sich aber für solche im Text meist auf Zahlen und eventuell die Nennung der Künstler und bieten keine inhaltlichen Details, etwa die Angabe von Sujets. Die Angaben für Illustrationen im Titelbereich sind jedoch oft präziser. Selten geben Einzelheiten des Originaltitels (wie *ornata di figure in rame*) Hinweise auf eine Illustrierung des Buches, die MAMBELLI in seinem Petit-Teil nicht erwähnt.

Mantua 1981, Nr.   Luigi BOSIO (†) e Giovanni RODELLA: Catalogo di opere a stampa di Virgilio dei secoli XVI-XVII-XVIII. Mantova 19 sett. - 15 ott. 1981, Biblioteca dell'Accademia Nazionale Virgiliana. Mantova o.J. [1981], [94] ungezählte Blätter, zahlreiche Abb. [4°].
Katalog einer Ausstellung von 40 Vergil-Ausgaben, die sich im Besitz der Accademia Nazionale Virgiliana in Mantova befinden, mit Erläuterungen und jeweils mindestens einer Abbildung daraus, meist der Wiedergabe des Frontispizes. (In dieser Hinsicht ist dieser im übrigen maschinenschriftliche Katalog für mein Handbuch grundsätzlich wichtig.) Der Vergil-Bestand in Mantua ist vollständig auch im CBItalV miterfasst.

MORTIMER, 1986   Ruth MORTIMER, Vergil in the light of the sixteenth century: selected illustrations, in: Vergil at 2000: Commemorative essays on the poet and his influence, edited by John D. BERNARD, New York 1986, 159-184.
Vorstellung und Interpretation von 12 Bildern meist aus Vergil-Ausgaben: vier aus ▶VP 1502 (darunter Pict. 59 und Pict. 125), je eines aus ▶VP 1510B (Frontispiz), ▶VP 1522A (Frontispiz), ▶VP 1552B (Aen. III), drei aus ▶VP 1560A (Aen. VI, IX, XII). – MORTIMER, 1974, s. ▶VP 1517 *Bibl.*

Münster 1931   2000 Jahre Vergil in Buch und Bild. Führer durch die im Landesmuseum der Provinz Westfalen von der UB und dem Museum veranstaltete Ausstellung zur Erinnerung an den 2000. Geburtstag des Dichters, Nov.-Dez. 1931. Münster i. W. 1931, 43 S. mit 3 Abb.
Systematisch geordneter Katalog für 325 Exponate. Einschlägig für mein ‚Handbuch' ist theoretisch die Abteilung A II Drucke (von Vergils Werken), Nr. 18-95. Diese Drucke waren teils Leihgaben der Preußischen Staatsbibliothek in Berlin (PrStB Berlin) oder der Bibliothek Warburg in Hamburg (B. Warburg). Der Katalog mit seinen Kurzangaben ist aber für Druckausgaben fast wertlos; er enthält keine Unikate.

Napoli 1981, Nr.   Virgilio. Mostra di manoscritti e libri a stampa. Catalogo. Mostra e Catalogo a cura di Silvana Acanfora QUINTAVALLE u.a. Introduzione: Silvana Acanfora QUINTAVALLE. Napoli 1981, 108 S., 8 ungezählte Tafeln mit Abb. (I quaderni della BN di Napoli, Serie V 5).
Katalog für 199 Exponate; davon beziehen sich die Nummern 55-199 auf Vergil-Drucke. Einteilung: Libri rari e di pregio Nr. 55-84; Critica testuale ed ermeneutica Nr. 85-140 (Editionen); Traduzioni Nr. 141-199. Zu den Büchern werden kurze Erläuterungen, auch Hinweise auf Illustrierung, geboten, die meist von MAMBELLI, 1954 (dessen Nummerierung immer genannt wird), abhängig sind. Der Bestand dieser Bibliothek in Neapel an Vergil-Büchern ist vollständig im CBItalV miterfasst.

New York 1930, Case, Nr.   Katalog: Bimillennnium Vergilianum LXX A C - A D MCMXXX. List of books and manuscripts with an introductory essay by Charles KNAPP, New York 1930, 40 S. (unter den 5 Abb. ist nur eine Textillustration, vor S. 37 aus der Ed. Straßburg 1502).

Zum 2000. Geburtstag Vergils veranstaltete die New York Public Library (NY) eine Buch-Ausstellung, die vor allem mit Leihgaben der Princeton University bereichert war. Die ausgestellten Bücher waren grob systematisch nach „Case" bzw. „Case/Section" gegliedert. Der gedruckte Katalog enthält leider keine Zählung; ich habe sie nachträglich als ungefähren Anhaltspunkt (von der Editio princeps Rom 1469 in Case 2/Section 2 als Nr. 14 bis Nr. 325 laufend) eingeführt. Außer dem abgekürzten Titel enthalten die Lemmata knappe zusätzliche Bemerkungen, u.a. zu Abhängigkeiten und Illustrationen. Wichtig ist dieser Katalog vor allem für den Nachweis der in der New York Public Library (NY) und in der Princeton University (1930) vorhandenen Vergil-Ausgaben und –Übersetzungen; für den Bestand in Princeton ist er inzwischen durch den modernen Internet-Katalog "The Vergil Collections at Princeton" ersetzt, s.u. Princeton. In den meisten Fällen konnte ich das New York 1930 gezeigte und aufgeführte Exemplar in dem aktuellen Princeton-Katalog identifizieren; dann findet sich eine Anführung vom Typ „New York 1930 = Princeton Item". Eventuelle Hinweise auf Illustrationen in beiden Katalogen habe ich berücksichtigt.

ODERMANN, 1931   E. ODERMANN, Vergil und der Kupferstich, Buch und Schrift 5, 1931, 13-25 (ohne Abb.).

Orsini-Typus   Porträt Vergils nach dem Vorbild einer Gemme im Besitz des Humanisten Fulvio Orsini (1529-1600), Antiquar und Bibliothekar der Familie Farnese. Dieser Porträt-Typus Vergils darf als der Standard-Typus im 17./18. Jh. bezeichnet werden. Er zeigt ein Medaillon des jugendlichen Vergil (im Profil mit einer entblößten Schulter) mit einem Lorbeerkranz im Haar, das zum Nacken hinabwallt und dort zusammengehalten wird; Vergil blickt auf eine Art Herme, deren Kopf einen waagerecht vorstehenden Spitzbart hat und aus dessen Hut stilisierte Flügel senkrecht emporwachsen (also eine Hermes-Darstellung); die Blickrichtung Vergils und die Position der Herme bzw. des Pfeilers mit einem Kopf darauf (li. oder r.) wechselt in den einzelnen Darstellungen; die Herme kann auch fehlen. Erster Beleg in meinem Handbuch: ▶VP 1624B, s. dort für weitere Belege. Es ist anzunehmen, dass dieses Standard-Vergil-Porträt in jenen Frontispizen abhängig ist von einem Stich, der eine Gemme oder Medaille mit einer Vergilius-Beischrift aus dem Besitz des Fulvio Orsini zeigt (▶VP 1709: *apud Fulvium Ursinum in gemma)*. Wie umfangreiche Recherchen ergeben haben, trifft diese Vermutung zu.

Ich hatte erwartet, auf den Archetypus in der Erstausgabe der *Imagines et elogia virorum illustrium et eruditorum ex antiquis lapidibus et nomismatibus expressa ex Bibliotheca Fulvi Ursini*, Romae 1570 (BSB Res/2 Arch. 265 h), zu stoßen, doch enthält diese illustrierte Ausgabe keinen Abschnitt zu Vergil (wohl zu Homerus, Hesiodus, Horatius u. a.). Andererseits bringt eine bilderlose franz. Übers. der *Imagines* Paris, Cott, 1710 (BSB 4 Arch. 16 o), S. 131f. einen Abschnitt zu Vergilius und verweist dabei auf einen Karneol im Besitz des Fulvio Orsini, der Vergil mit einer Maske zeige, die (angeblich) ein Emblem der (von maskierten Schauspielern dargestellten) Bukolik sei. (In der Vergil-Vita VSD 26 steht aber nur: *Bucolica eo successu edidit, ut in scae-*

na quoque per cantores crebro pronuntiarentur.) Daraufhin habe ich diesen Prototyp des Orsini-Vergils in der 2. Auflage der *Imagines* ausfindig gemacht: *Illustrium imagines. Ex antiquis marmoribus, nomismatibus et gemmis expressae, quae exstant Romae, maior pars apud Fulvium Ursinum. Editio altera, aliquot imaginibus et I. FABRI ad singulas commentario auctior atque illustrior.*(Kartusche: *Theodorus Gallaeus delineabat Romae ex archetypis incidebat Antverpiae 1598.)* Antverpiae, ex officina Platiniana, 1606 (BSB Res/4 Arch. 210 r). Hier findet sich *VIRGILIUS apud Fulvium Ursinum in gemma* als ovales Medaillon Nr. 148. (r., nach li. auf die Herme blickend). Dem Bild-Teil vorausgestellt ist der *Commentarius* von Joannes FABER, ebenfalls Antverpiae 1606, die Vorlage der franz. Übers. von 1710. Als Quelle zu Nr. 148 nennt FABER „gemma olim anulo inclusa (*Corniolam* vocant) ... quem aliquis Virgilio devotus gestitabat. Haec non absimilis est alteri, quae in tabella marmorea conspicitur" und erwähnt zusätzlich „aliam effigiem in amethysto perpulchra penes Ursinum spectari, quae Virgilii iuvenilem aetatem cum capillitio librum poëseos sua manu tenentis repraesentat". Th. Gallaeus also hat 1598 den Archetypus des Orsini-Vergil gestochen. Dass ▶VP 1750A *apud Fulvium Ursinum in numismate aereo* statt *in gemma* als Quelle nennt, liegt vielleicht an einer Verwechslung mit der 1606 mehrfach für andere Porträts gebrauchten Formulierung. – Der ursprüngliche Sinn der Zusammenstellung Vergils mit jener merkwürdigen Herme ist ungeklärt. Unklar ist ferner, wann und mit welchen Argumenten offenbar erst im 19. Jh. dieses ehedem so verbreitete Vergil-Porträt aus der Diskussion um ein authentisches Vergil-Bildnis verschwunden ist.

OSBORNE, 1979   Carol Margot OSBORNE, Pierre Didot the Elder and French book illustration 1789-1822, Diss. Stanford Univ. 1979 (UMI Ann Arbor 1980), XXII, 436 gez. Bl., mit 334 Abb. von meist unbrauchbarer Qualität [BSB Art. 1215 u].

Paratexte   Texte wie Dedikationsschreiben, Vorworte oder Einleitungen, panegyrische Epigramme, auch eine Vita Vergilii, die dem Haupttext mit den Werken Vergils (meist in der Abfolge ecl. - georg. - Aen.) vorausgehen oder aber (was besonders für ein Register gilt) folgen.

PASQUIER, 1992, Nr.   Bernadette PASQUIER, Virgile illustré de la Renaissance a nos jours en France et en Italie, Paris 1992, 467 S. mit 354 sw-Abb. zu 203 Katalog-Nrr.; Bibliographie S. 314-325.
Der erste Teil des Buches geht systematisch und motivisch auf die Handschriften- und Buch-Illustrationen zu den einzelnen Werken Vergils ein; im zweiten Teil S. 217-313 wird eine Bibliographie der illustrierten Vergil-Editionen geboten, die in Frankreich und Italien im 16., 17., 18., 19. und 20. Jh. erschienen sind (jeweils getrennt, also in 10 Kapiteln; zu 'Frankreich' zählt als Nr. 1 auch Straßburg ▶VP 1502). Dabei wird oft eine knappe Sujet-Angabe für die Bilder gemacht und eine Nummerierung geboten. Leider ist innerhalb dieses bibliographischen Teils nicht angegeben, welche dieser Illustrationen im Bildteil S. 352-467 berücksichtigt sind.
Dieser Bildteil mit 354 sw-Abb. ist nur unzureichend erschlossen durch ein 'Répertoire des illustrations', S. 332-349. Es ist nicht chronologisch nach dem Erscheinungsdatum der Ausgaben angeordnet, sondern systematisch nach den Stellen (Büchern, Szenen) in ecl., georg., Aen., auf die sich die Bilder beziehen. Als Anhang folgen ab Abb. Nr. 291 Sonderabteilungen, nämlich (a) 'Image introductive', d.h. vor allem Frontispize und Vergil-Porträts; (b) 'Illustration documentaire', d.h. vornehmlich zu Buchillustrationen, die nach selbständigen Vergil-Gemälden geschaffen sind, und (c) 'En marge des éditions illustrées', d.h. vor allem zu Vergil-Büchern für Jugendliche. Das Répertoire be-

zieht sich auf die folgenden, der gleichen Systematik folgenden 354 sw-Abb. (zu denen nicht angegeben ist, wie sich ihr Format, das meist sehr klein ist, zum Original verhält). Hinzu kommt ein 'Index des illustrateurs mentionnés dans le Répertoire des illustrations', S. 350f. Daraus kann man aber nur entnehmen, unter welchen Abb.-Nummern Illustrationen von z. B. Cochin fils geboten werden. Um einen Eindruck von einem geschlossenen Illustrationszyklus zu erhalten, muss man die Bilder, soweit sie überhaupt verkleinert nachgedruckt sind, zusammensuchen. - Insgesamt ist das Buch ein vorzügliches Hilfsmittel; ich habe es mir zum Vorbild genommen. –
Der Vergleich mit MAMBELLI und dem CBItalV zeigt allerdings, dass PASQUIER selbst für den Teilbereich der in Frankreich oder Italien erschienenen illustrierten Vergil-Ausgaben alles andere als vollständig ist. Faktisch scheint sich PASQUIER weitgehend auf die in der BN in Paris verfügbaren Vergil-Ausgaben beschränkt zu haben. – PASQUIER, 1992, bietet einen Katalog von insgesamt 203 Nummern. Auf die Zeit von 1502–1840 entfallen davon die Nr. 1-100 und dazu Nr. 110-112; manche dieser Eintragungen betreffen allerdings illustrierte Eklogen- und/oder Georgica-Ausgaben bzw. -Übersetzungen, die ich nicht erfasse. Diese in meinem Handbuch berücksichtigten 22 Vergil-Editionen haben folgende Nummern bei PASQUIER, 1992 (wenn kein Ort angegeben ist, ist Paris der Druckort): Nr. 3 (1516), 4 (1516), 28 (Venetia 1549), 13 (1565), 60 (1708), 61 (1712), 66 (1736), 82 (Parma 1758), 83 (Modena 1758), 86 (Parma 1769), 71 (1770), 88 (Vizenza 1780), 72 (1789), 90 (Venezia 1792), 73 (1794), 91 (1800), 93 (1804), 95 (1806), 96 (1807), 98 (1824), 112 (Prato 1831), und Nr. 99 (Bordeaux 1838). Bei PASQUIER sind also insgesamt (103 - 22 =) 81 illustrierte Vergil– bzw. Aeneis-Ausgaben bzw. –Übersetzungen aufgeführt, die zwischen 1502 und 1840 in Italien oder in Frankreich erschienen sind. - Das ‚Répertoire des illustrations' bei PASQUIER, 1992, S. 332-467 bietet mit insgesamt 354 Abbildungen einen unschätzbaren Thesaurus, auch wenn die Illustrationen meist stark verkleinert sind (oft drängen sich 4 Abbildungen auf einer Buchseite). Sie sind allerdings nicht nach den Ausgaben geordnet, aus denen sie stammen, sondern nach den Bild-Sujets, also nach inhaltlichen Gesichtspunkten (etwa: bestimmten Szenen der Aeneis). Zudem fehlt im darstellenden Katalog jeglicher Hinweis auf diese im letzten Drittel des Buches (nachträglich?) beigefügten Abbildungen. Diesem Manko habe ich in meinem Handbuch durch entsprechende Angaben abgeholfen. PASQUIER, 1992, ist eine Pionierleistung für das Gebiet der illustrierten Vergil-Ausgaben. Ihre Arbeit habe ich dankbar benutzt.

Perugia 1980, Nr.   Bimillenario Virgiliano. Mostra di manoscritti e di antiche edizioni delle opere di Virgilio. Biblioteca comunale Augusta, Perugia 15.12.1980 – 16.1.1981. Catalogo a cura di Maria PECULI FOB, Mario RONCETTI. Perugia 1980, 37 S. (ohne Abb.).

In diesem Ausstellungskatalog mit seinen 108 Nummern (darunter beziehen sich die Nr. 14-98 auf Vergil-Drucke aus der Zeit zwischen 1484 und 1839, für die jeweils eine etwaige Illustrierung vermerkt ist) ist der (gesamte?) Bestand an Vergil-Ausgaben in neun kommunalen Bibliotheken Umbriens und in der Biblioteca Universitaria Centrale di Perugia erfasst. Es sind jeweils die Nummern bei MAMBELLI vermerkt. Überraschenderweise finden sich etliche Unikate. Die kleine Broschüre ist auch deshalb wertvoll, weil diese kommunalen umbrischen Bibliotheken nicht im CBItalV erfasst sind. - Von mir ausgewertet, doch nur aufgeführt, wenn der Katalog Zusatzinformationen (über MAMBELLI hinaus) bietet.

Pict.   Pictura (mit Nr.); gleichbedeutend sind Fig. und Pl(ate).

Pistoia 1981   Biblioteca Comunale Forteguerriana Pistoia: Retaggi Virgiliani a Pistoia. Mostra di libri nel bimillenario della morte di Virgilio. A

cura di Alessandro AIARDI. Pistoia 1981, 36 S. (Strumenti Pistoiesi 2)
(ohne Abb.).

In sorgfältiger Dokumentation werden die (gesamten?) Bestände an Vergiliana dieser
kommunalen Bibliothek (die nicht im CBItalV erfasst sind) mit kurzen Erläuterungen
vorgestellt. Es werden nur sporadisch Verweise auf MAMBELLI gegeben, jedoch immer
auf eine etwaige Illustrierung. Faktisch ohne größeren Wert. Von mir ausgewertet,
doch nur angeführt, wenn der Katalog Zusatzinformationen bietet.

Pius Aeneas (Darstellung der) Szene, die die archetypische Situation des
pius Aeneas darstellt: Aeneas flieht aus dem brennenden Troja mit seinem
Vater Anchises auf dem Rücken (oder den Schultern) und mit seinem
Sohn Ascanius zur Seite (Ende Aen. II).

Princeton (Item 97) dieser Katalog für "The Vergil Collections at Princeton" (nach KALLENDORF, brieflich, verfasst von Mr. Shirley Weber) ist im
Internet unter www.princeton-edu/~ferguson/chrisxrf.htm zugänglich. Die
Liste zu *Vergil/Virgil* (Stand July 1998), enthält 738 Nummern/Items mit
knapper Titelangabe und Hinweisen auf etwaige Illustrierung.

Im vorliegenden Handbuch immer (z.B. als Princeton Item 97) berücksichtigt; zusätz-
lich zitiert sind eventuelle Hinweise auf Illustrationen, z. B. „engraved title-page" (□),
oder aber es wird umgekehrt durch die Sigle Ø signalisiert, dass (auffälligerweise) ein
Hinweis auf Illustrationen fehlt. Für mehr als 30 Titel bin ich ich dem zeitweise in
Princeton arbeitenden Kollegen Craig KALLENDORF (s.o.) für ergänzende briefliche
Auskünfte dankbar.

r. rechts (Hinweise auf r. oder li. werden gegeben, damit seitenverkehrte Nachschnitte oder Nachstiche leichter identifizierbar sind).

SCHNEIDER, 1983 Bernd SCHNEIDER, *Virgilius pictus*. Sebastian Brants
illustrierte Vergilausgabe von 1502 und ihre Nachwirkung. Ein Beitrag
zur Vergilrezeption im deutschen Humanismus, in: Wolfenbütteler Beiträge 6, 1983, 202-262 mit 23 Abb. – Vgl. auch Wolfenbüttel 1982 (s.u.).

STIEF, 1986 Angela STIEF, Die Aeneisillustrationen von Girodet-Trioson.
Künstlerische und literarische Rezeption von Vergils Epos in Frankreich
um 1800, Frankfurt a. M. u.a. 1986, 270 S. und 70 Abb. auf Tafeln (Europäische Hochschulschriften Reihe 28, Bd. 68).

Straßburg 1981 Grüninger et les éditions de Virgile à l'époque humaniste.
Exposition du 10 nov. au 21 nov. 1981. Catalogue. Strasbourg o.J. [1981],
XVI, 18 Blätter [4°] (ohne Abb., nur Umschlagbild).

Im Hauptteil dieses Heftes in Schreibmaschinenschrift werden (von Carla MAINOLDI-
MARELLI) 48 Vergil-Inkunabeln oder Drucke des 16. Jh. vorgestellt (alle im Besitz
vornehmlich der BN et Universitaire de Strasbourg oder zweier anderer elsässischer
Bibliotheken), die den Einfluss der großen illustrierten Vergil-Ausgabe Grüningers
(Johannes Reinhard aus Markgröningen in Württemberg), Straßburg ▶VP 1502,
dokumentieren sollen (vgl. auch Francesco DELLA CORTE, ‚Le Virgile strasbourgeois',
in der Einleitung p. V-XI). Geboten werden nur die bloßen abgekürzten Titel ohne
irgendwelche Zusatzinformationen wie Hinweise auf Illustrationen. Die Broschüre hat
nur einen sehr beschränkten Wert als Katalog der in Straßburg verfügbaren alten
Vergil-Ausgaben, von denen 11 hier im Handbuch verzeichnet sind.

SUERBAUM der Verfasser dieses Handbuchs ist unter der Email-Adresse suerbaum@klassphil.uni-muenchen.de erreichbar.

SUERBAUM, 1984 Werner SUERBAUM, Publikationen zu Vergilausstellungen, Gnomon 56, 1984, 208-228.

SUERBAUM, 1984B Werner SUERBAUM, *Ut poesis pictura?* Bilder zum Titel, zum Anfang und zum Schluß von Vergils Aeneis, in: Tradition und Rezeption, hrsg. von Peter NEUKAM, München 1984 = Dialog Schule/Wissenschaft, Klassische Sprachen und Literaturen Bd. 18, 35-55 (ohne Abb.).

SUERBAUM, 1992 Werner SUERBAUM, *Aeneis picturis narrata - Aeneis versibus picta*. Semiotische Überlegungen zu Vergilillustrationen oder Visuelles Erzählen. Buchillustrationen zu Vergils Aeneis, SIFC 85, 1982, 271-334 mit 54 Abb. (Vortrag 1989).

SUERBAUM, VV 1-5, 1998 Vergil visuell. Beihefte 1-5 zur Münchener Vergil-Ausstellung 1998, hrsg. (und weithin auch verfasst) von Werner SUERBAUM, München (Institut für Klassische Philologie, Universität München), jeweils 64 S., jeweils reich illustriert; Literaturhinweise zur bildlichen Rezeption Vergils u.a. VV 3, 18-22 und bes. 62-64; VV 5, 57-60:
VV 1: Werner SUERBAUM, Katalog der Schautafeln 1 (Poster 001-114);
VV 2: Werner SUERBAUM, Katalog der Schautafeln 2 (Poster 115-230);
VV 3: Werner SUERBAUM, Bilder zu Vergil;
VV 4: Werner SUERBAUM, Zur modernen Rezeption Vergils;
VV 5: Materialien und Illustrationen. Beiträge von Renate PIECHA, Marcus SCHRÖTER, Werner SUERBAUM.

SUERBAUM, 1999 Werner SUERBAUM, Vergils Aeneis. Epos zwischen Geschichte und Gegenwart; Reclam: Stuttgart 1999, 427 S. (Universalbibliothek 17618: Literaturstudium), vgl. darin bes. die Literaturhinweise S. 404-410.

SUERBAUM, 2007/08 Werner SUERBAUM, Titelbilder zu den Aeneis-Büchern vom Humanismus bis zum Neoklassizismus. Geschichte, Typen und Tendenzen der Aeneis-Illustration in gedruckten Vergil-Ausgaben und –Übersetzungen von 1502 bis 1840", mit 90 Abb. (ist 2006 zum Druck akzeptiert für die neue ital. Zeitschrift ‚Philologia antiqua' Vol. 1).

Titelei die gedruckten bibliographischen Angaben zu Beginn einer Ausgabe, im engeren Sinne die textuellen Elemente auf einem Frontispiz oder einer Antiporta.

Trier 1982, Nr. Publius Vergilius Maro. Zur 2000. Wiederkehr seines Todesjahres. Katalog einer Ausstellung in der Stadtbibliothek und in der UB Trier 1982. Bearbeitet von Gunter FRANZ (Teil 1: Handschriften und Drucke des 15. und 16. Jh.) und Ulrich OTT, K.-P. SCHMUTZLER (Teil 2), Trier 1982, 48 S., 14 Abb. = Ausstellungskataloge Trierer Bibliotheken 2.

Die Broschüre stellt aus dem Besitz der beiden Trierer Bibliotheken vor allem alte Drucke des 15.-17. Jhs. (I Nr. 5-23) und ‚Illustrationen zu den Werken Vergils' (II 2/3, Nr. 1-12) sowie ‚Deutsche Vergilübersetzungen des 16.-20. Jhs.' (II 4. Nr. 1-8) vor. Es werden keine Verweise auf MAMBELLI gegeben, jedoch auf eine etwaige Illustrierung. Das Heft ist unprätentiös, aber nicht ohne Wert. - Von mir ausgewertet, aber nur angeführt, wenn der Katalog Zusatzinformationen bietet.

UB   Universitätsbibliothek (z.b. UB München).

UB München   die Vergil-Bestände der Universitätsbibliothek (UB) München. Der OPAC der UB München weist für 1502-1840 unter dem Stichwort „Vergilius Maro" fast 160 Editionen oder Übersetzungen nach.

Auch diese habe ich (wie die der BSB) alle - ausgenommen Ausgaben, die nur die Eklogen oder/und die Georgica enthalten - persönlich durchgesehen und eine etwaige Illustration beschrieben, wenn es sich um Bände handelte, die in der BSB nicht vorhanden waren. In der Rubrik *Zugänglichkeit* habe ich auch auf die Signaturen der UB München verwiesen. Allerdings sind von der UB München keinerlei per Internet zugänglichen Digitalisierungen vorgenommen worden.

(Biblioteca Apostolica) **Vaticana 1981**   Virgilio illustrato nel libro (secc. IV–XIX). Esposizione organizzata in occasione del Bimillenario Virgiliano. Itinerario. Città del Vaticano, Biblioteca Apostolica Vaticana, Agosto 1981, 23 S.

Die Broschüre, der Kurzführer einer Ausstellung von illustrierten Vergil-Handschriften und Drucken, ist mit ihren 142 Nummern und weiteren 84 Nummern eines 'Pannello documentario' ein unzureichender Ersatz eines Spezialkatalogs der Vergil-Bestände in der Vatikanischen Bibliothek. (Diese sind auch nicht im CBItalV berücksichtigt.) Es waren 1981 relativ viele illustrierte Vergil-Handschriften und relativ wenige - Drucke ausgestellt (Drucke: Nr. 126-142, ohne Nr. 132 und Nr. 139). Bei diesen bibliographisch unbefriedigend dokumentierten gedruckten Ausgaben handelte es sich um Rom 1473, Venedig 1472, VP 1501 (Aldina), ▶VP 1536B, ▶VP 1552A, ▶VP 1641A, ▶VP 1663B, ▶VP 1745, ▶VP 1750, ▶VP 1757B, ▶VP 1757A und ▶VP 1793B.

VD 16   Verzeichnis der im deutschen Sprachbereich erschienenen Drucke des XVI. Jahrhunderts - VD 16. Hrsg. von der Bayerischen Staatsbibliothek in München in Verbindung mit der Herzog August Bibliothek in Wolfenbüttel, Stuttgart 1983 ff. (Bd. 25, Register ...., 2000).

Dieses Gesamtverzeichnis der in Deutschland, Österreich oder der Schweiz im 16. Jh. gedruckten Bücher mit dokumentarischer Titelaufnahme, weitgehend offenbar auf Autopsie beruhend, enthält auch als Zusatzangabe einen Hinweis auf eine eventuelle Illustrierung. Allerdings beschränkt sich dieser auf ein karges TH = Titelholzschnitt oder H = Holzschnitt(e) im Text (Hinweise auf TE = Titeleinfassung habe ich nicht berücksichtigt), ohne nähere Informationen. Die Vergil-Bücher findet man in VD 16 befremdlicherweise unter dem Autor-Namen ‚Virgilius' und nicht ‚Vergilius'. Einschlägig für Vergil sind in VD 16 die Nrr. V 1332 - V 1578, also insgesamt 247, speziell für Opera und/oder Aeneis davon die Nrr. V 1332 - V 1433, also 102.

VD 17   Verzeichnis der im deutschen Sprachbereich erschienenen Drucke des XVII. Jahrhunderts - VD 17. Hrsg. von der Bayerischen Staatsbibliothek in München in Verbindung mit der Herzog August Bibliothek in Wolfenbüttel, Stuttgart (work in progress). – Vgl. VD 16.

Vergilius Romanus: spätantike, mit Miniaturen geschmückte Vergil-Handschrift in der Bibl. Apostolica Vaticana, dort cod. Vat. lat. 3867; in modernen textkritischen Vergil-Ausgaben als (cod.) R bezeichnet.

Vergilius Vaticanus: spätantike, mit Miniaturen geschmückte Vergil-Handschrift in der Bibl. Apostolica Vaticana, dort cod. Vat. lat. 3225; in modernen textkritischen Vergil-Ausgaben als (cod.) F bezeichnet.

VP Vergilius Pictus, Sigle mit folgender Jahreszahl (= Erscheinungs-jahr; evtl. mit zusätzlichem Großbuchstaben A-F) für ein Lemma in diesem Handbuch.

Wolfenbüttel 1982 Bernd SCHNEIDER (mit Beiträgen von Susanne NETZER und Heinrich RUMPHORST, eingeleitet von Bernhard KYTZLER): Vergil. Handschriften und Drucke der Herzog August Bibliothek [Wolfenbüttel]. Ausstellung in der Bibliotheca Augusta 5. Oktober 1982 bis 27. März 1983. Wolfenbüttel 1982, 217, zahlr. Abb. [4°] (Ausstellungskataloge der Herzog August Bibliothek 37).
Dies ist ein vorzüglicher beschreibender Katalog der (meisten der) in der Herzog August Bibliothek (HAB) in Wolfenbüttel vorhandenen Vergil-Ausgaben und –Über-setzungen, verfasst von Bernd SCHNEIDER. An Kenntnisreichtum und Zuverlässigkeit wird er von keinem anderen übertroffen. Auch der Umfang einer etwaigen Illustration ist genau beschrieben; allerdings werden keine Angaben zu den Sujets gemacht. Vgl. im übrigen die Rezension Werner SUERBAUM: Gnomon 56, 1984, 208-228, hier 210-213. Dieser gedruckten Vergil-Katalog Wolfenbüttel 1982 ersetzt faktisch den Inter-net-Katalog der HAB mit seinen 507 Eintragungen für ‚Vergilius Maro', darunter Nr. 491-122, also 370, zwischen 1840 und 1502 erschienene Ausgaben.

W.S. nur in unklaren Fällen verwendeter Hinweis auf einen Zusatz des Verfassers Werner SUERBAUM.

Züricher (Argumentum-) Zyklus erstmals in Zürich ▶VP 1561B be-legter Zyklus von poly-szenischen Titelbildern zu den Aen.-Büchern, die eine piktorale Inhaltsangabe (Argumentum) des Buches darstellen.

Zugänglichkeit Zugänglichkeit der Illustrationen des beschriebenen Alten Druckes in Digitalisaten, vornehmlich solchen der BSB, oder in einem Ndr.; ferner Signatur des Originals in der BSB und/oder der UB München. - S. im übrigen die Beschreibung dieser Rubrik.

Zyklus Nr. s. das Verzeichnis der von mir ermittelten Aen.-Zyklen, die (meist) aus mindestens 12 Bildern bestehen, in Kap. C 2.

Spezialliteratur ist *suo loco* oder mit Querverweis auf das Lemma, wo sich die vollständige Literaturangabe findet (z. B. ▶VP 1502), aufgeführt.

C. Eigenständige Zyklen von Aeneis-Illustrationen

C 1. Allgemeines

Das vorliegende Handbuch verzeichnet zwar über 560 Vergil-Ausgaben, in denen irgendeine Illustration vorkommt. Aber oft handelt es sich nur um ein Frontispiz bzw. eine Antiporta (□) oder einige wenige Illustrationen (u.a. ein Porträt) im Titelbereich. Immerhin verbleiben auch dann, wenn man diese – im gedruckten Text in kleinerer Punktgröße gebrachten – Vergil-Ausgaben übergeht, noch immer etwa 270 Bücher, die jeweils einen ganzen Zyklus von meist 12 Holzschnitten oder Kupfer-(bzw. Stahl-) Stichen zur Aeneis (oder einem ‚Volksbuch' zum *Virgilius magus,* einer Pseudo-Vita) enthalten. Sie sind im gedruckten Text in normaler Punktgröße gebracht. Das bedeutet aber nicht, dass ebenso viele unabhängige Illustrationszyklen zur Aeneis existieren. Es gibt vielmehr nur einige Dutzend Original-Versionen. Im ganzen 16. Jh. sind die dafür verantwortlichen Künstler anonym, nur durch ein Monogramm („L") identifiziert oder sie werden mit dem Herausgeber der Edition (so für ▶VP 1502 mit Sebastian Brant) gleichgesetzt. Als ‚verantwortlicher Künstler' hat in diesem Handbuch, wo es um die *inventio* des jeweiligen Sujets geht, der Entwerfer des Bildes zu gelten, also der Zeichner (man könnte auch sagen: Designer), der mit *inv*(enit) oder *del*(ineavit) signiert. Der die Zeichnung ausführende Kunsthandwerker, der Holzschneider oder Kupferstecher, ist in diesem Zusammenhang zweitrangig. Die *inventores* sind seit Beginn des Kupferstich-Zeitalters (für illustrierte Vergil-Ausgaben: seit etwa Beginn des 17. Jh.) meist namentlich bekannt. Solche Original-Zyklen sind dort, wo sie erstmals belegt (oder jedenfalls: mir erstmals begegnet) sind, im Druck mit der Sigle ■ ausgezeichnet. Von diesen relativ wenigen selbständigen (oder jedenfalls mehr oder weniger selbständigen) Bild-Zyklen abhängig sind in der Regel mehrere spätere, mit der Sigle ▢ bezeichnete Nachdrucke, Wiederholungen, Übernahmen, Adaptionen oder Abwandlungen. Die Feststellung solcher Abhängigkeiten gehört zu den wichtigsten Leistungen dieses Handbuches. Sie ist faktisch nur jemandem möglich, der (wie ich) Tausende von Abbildungen aus Hunderten von Zyklen in einem Papierausdruck zur Verfügung hat und so Ähnlichkeiten oder gar Identitäten zwischen zwei oder mehreren Zyklen feststellen kann, selbst wenn zwischen deren Erscheinungsjahren Jahrzehnte liegen mögen. (Wer durch Arbeiten mit den Digitalisaten im Internet diese Arbeit wiederholen wollte, würde lange brauchen.) Natürlich konnte ich nur Vergil-Ausgaben berücksichtigen, für die mir Anschauungsmaterial (in den meisten Fällen: Digitalisate der BSB) zur Verfügung standen. Immerhin habe ich auf diese Weise fast 70 unterschiedliche Bilder-Zyklen zur Aeneis ermitteln können. Ich kann aber nicht ausschließen, dass es unter den Zyklen, für die ich keine Autopsie gewinnen konnte, einige weitere eigenständige Zyklen gibt.

Beim Ansatz von „originalen" Bild-Zyklen zur Aeneis bin ich in der folgenden Übersicht nicht zu engherzig vorgegangen; ich habe auch solche aufgenommen, die von einem älteren Zyklus ausgehen, aber wesentliche Variationen aufweisen.

Wenn mehrere Künstler an der Illustrierung beteiligt waren, ist (soweit feststellbar) derjenige genannt, der (durch Zeichnungen) die Vorlagen für den Aeneis-Zyklus geschaffen hat (*inv.*), nicht etwa der Kupferstecher (*sculp.*).

Diejenigen Ausgaben, für die im vorliegenden Handbuch eine **ausführlichere Beschreibung des** betreffenden **Zyklus** geboten wird, sind im folgenden Verzeichnis **unterstrichen**; die darin enthaltenen Bilder sind im *Index der dargestellten Sujets* (Kap. G 5) berücksichtigt. Da der älteste Beleg für einen Zyklus manchmal von mir nur erschlossen ist, ohne dass er mir zugänglich war, ist die beschriebene Ausgabe nicht immer die erste in der Beleg-Reihe. In der Regel befindet sich für die erste ausführlich beschriebene Ausgabe eines Illustrationszyklus in der Rubrik *Abhängigkeiten* auch eine Übersicht über die Rezeption.

Die exemplarische **Beigabe eines Bildes** ist, wie in Kap. A 12 begründet, auf das Titelbild für Aen. IV oder ein anderes Motiv aus Aen. IV beschränkt.

Einige Zyklen sind durch das Vorsetzen eines ***Sternchens** hervorgehoben. Diese Auszeichnung erhalten nur Bildzyklen, die im engeren Sinne als originale Buch-Illustrationszyklen zur Aeneis anzusprechen sind. Nur sie werden auch in dem folgenden Kapitel über die Geschichte und Typologie der Aeneis-Illustration berücksichtigt.

C 2. Verzeichnis der unterschiedlichen Illustrationszyklen zur Aeneis

Fett und unterstrichen (Beispiel: ▶**VP 1507** in Zyklus Nr. 3): Ausgabe, deren Illustrationen relativ eigenständig, von mir beschrieben und auch für den Sujet-Index (Kap. G 5) ausgewertet sind.

Fett, doch ohne Unterstreichung (Beispiel: ▶**VP 1502** in Zyklus Nr. 2): Ausgabe, deren Illustrationen relativ eigenständig und von mir beschrieben, aber nicht für den Sujet-Index (Kap. G 5) ausgewertet worden sind.

Ein Sternchen (Beispiel: * Inkunabel des Zyklus Nr. 1, ▶VP 1483) verweist auf einen originalen (neuen) Illustrationszyklus zur Aeneis (wichtig für den Überblick über die Geschichte der Aen.-Illustration in Teil D).

1. * **Inkunabel:** Zyklus von 61 Holzschnitten zu einer franz. Paraphrase der Aeneis: ▶VP 1483.

2. * Holzschnittzyklus in der Straßburger Ausgabe von 1502, angefertigt unter der Leitung von Sebastian **Brant**, zur Aeneis in der Standardversion offenbar 137 Holzschnitte enthaltend; Originalausgabe: ▶**VP 1502**, daraus BILD 1; die Originalholzstöcke sind auch in ▶VP 1515F BILD 3 (deutsche Übers. durch Thomas Murner, 108 Holzschnitte zur Aen.), ▶VP 1517 BILD 2 UND BILD 4 und ▶VP 1529A (134 + 1 Holzschnitte zur Aen.) benützt. Gerade weil es sich um den fundamentalen Illustrationszyklus zu Vergil handelt und weil fast alle Szenen der Aeneis darin bildlich berücksichtigt sind, ist er für den *Index der dargestellten Sujets* nicht ausgewertet. - Siehe ferner die Adaptionen dieses Zyklus Nr. 2 in den Zyklen Nr. 3, Nr. 6 und Nr. 8; auch in den Argumentum-Zyklen Nr. 9, Nr. 15 und Nr. 16.

3. erste Venezianische Adaption von ▶VP 1502 (Zyklus Nr. 2), ursprünglich meist mit ‚L' signiert, leicht antikisierende Bearbeitung des gotischen Zyklus Nr. 2 von Sebastian Brant; „humanistische" Version; zunächst mit einer Neuerfindung für Aen. II ≈ Aen. IV, dann in einer Variante, in der auch für Aen. IV die erste Pictura (Nr. 89) aus ▶VP 1502 adaptiert ist; Reduzierung der knapp 140 Holzschnitte zur Aen. in ▶VP 1502 auf einen Titelbild-Zyklus zu den 12 Aen.-Büchern (insgesamt 18 Holzschnitte): ▶VP 1505C, ▶**VP 1507** (nicht mit L signiert) BILD 5, ▶VP 1508B (wohl Variante, in der Aen. IV ersetzt und nicht mehr ≈ Aen. II ist), ▶**VP 1510B** (Variante) BILD 7, ▶VP 1514A (Variante), ▶VP 1515A (Variante; Mailand), ▶VP 1516 ?, ▶VP 1520B ?, ▶VP 1520C, vgl. ▶VP 1527A (Zyklus Nr. 8), ▶VP 1531, ▶VP 1547A ?. - Eine weitere antikisierende Venezianische Version, die auf ▶VP 1502 fußt, scheint in ▶VP 1549 (und vielleicht schon in ▶VP 1545A) vorzuliegen; der Pariser Zyklus Nr. 8 kann als reduzierte Adaption von Zyklus Nr. 3 betrachtet werden.

4. Zyklus (11 Holzschnitte) in den *Eneydes* des Octovien de Sainct Gelaiz ▶**VP 1509D**, erst in Sekundärverwendung als Aen.-Zyklus verwendet.

5. Zyklus (von 18 bzw. 12 Holzschnitten) in der engl. und der holländ. Version des Volksbuches vom ‚Zauberer Virgilius' (keine Illustrationen zu den Werken, sondern zu einer Art Vita Vergils): (▶VP 1512C ?, wohl =) ▶**VP 1518A**, ▶**VP 1518B**, ▶VP 1562D.

6. zweite Venezianische Adaption von ▶VP 1502 (Zyklus Nr. 2), nicht-antikisierende Variante des gotischen Zyklus von Sebastian Brant, ebenfalls oft mit L signiert; gotische „Giunta-Version"; unterschiedliche größere Zahl von übernommenen Holzschnitten, zunächst kein Titelbild-Zyklus: (▶VP 1515D ?), ▶**VP 1519** (112 Holzschnitte zur Aen.), ▶VP 1522A (108 zur Aen.), ▶VP 1532A (70 zur Aen.), ▶VP 1534A (12 zur Aen.), ▶VP 1536B (68 zur Aen.), ▶**VP 1541B** (11 zur Aen.)**,** ▶VP 1542A (13 zur Aen.), ▶VP 1543C (68 zur Aen.) , ▶VP 1546C (13 zur Aen.), ▶VP 1552A (68 zur Aen.) B̲ɪʟᴅ 8.

[6a.] die (soeben vorgestellte) zweite Venezianische Adaption (Zyklus Nr. 6) ist seit ▶VP 1534A und dann in ▶VP 1541B, ▶VP 1542A und ▶VP 1546C auf einen reinen Titelbild-Zyklus von meist insgesamt 12 Holzschnitten zur Aen. reduziert.

Anmerkung zum **Monogrammisten L** (Zyklus Nr. 3 und Zyklus Nr. 6): Viele Holzschnitte auch in diesem zweiten venezianischen („gotischen") Zyklus Nr. 6 sind, wie solche des ersten (Nr. 3), mit dem Monogramm L gezeichnet. Solche L-Signaturen sehe ich belegt in ▶VP 1505C, ▶VP 1508B, ▶VP 1510B, ▶VP 1514A, (▶VP 1515D), ▶VP 1519, ▶VP 1532A, ▶VP 1534A, ▶VP 1536B, ▶VP 1542A, ▶VP 1543C und ▶VP 1552A.

7. * Holzschnitt-Zyklus zum *Virgilio volgare*, einer ital. Übers. (meist aus ▶VP 1502, dem Zyklus Nr. 2, entwickelt): ▶**VP 1528B** (Titelbild-Zyklus von 12 Holzschnitten zu Aen. I-XII), ▶**VP 1540B** (22 Holzschnitte, nur auf Aen. I-VI verteilt), ▶VP 1540C, ▶VP 1544 B̲ɪʟᴅ 9 ᴜɴᴅ B̲ɪʟᴅ 10.

8. Pariser Zyklus, verkleinerte und vereinfachte Version von ▶VP 1502 (Zyklus Nr. 2, doch im Stil dessen Adaption in ▶VP 1507 (Zyklus Nr. 3) näher-stehend, mit einer größeren Zahl von Holzschnitten: Vorstufe Lyon ▶**VP 1527A** (199, davon 129 zur Aen.) und Paris ▶VP 1529C (204, davon 127 zur Aen.); dann Paris ▶VP 1529D (111 zur Aen., doch darunter 50 Dubletten), ▶VP 1529E (116 zur Aen.), ▶VP 1529F (33, davon 12 zur Aen.), ▶VP 1532B (164), ▶VP 1532C ?, ▶VP 1540A (159), ▶VP 1548 ?.

[65.] 12 Kupferstiche von Antonio Gajani nach einem Fresken-Zyklus im Argumentum-Typus von **Nicolò dell'Abate** von ca. 1540: ▶**VP 1821E**.

9. Vorläufer der Argumentum-Zyklen, ‚Figuren' (12 Titelbilder zu den einzelnen Aen.-Büchern) entwickelt aus ▶VP 1502 (Zyklus Nr. 2): Worms ▶**VP 1543B** (danach Rotterdam ▶VP 1609C), Mainz ▶VP 1554A B̲ɪʟᴅ 11, Mainz ▶VP 1556A, Straßburg ▶VP 1559D.

10. * B. **Salomon** zugeschriebener Zyklus im Argumentum-Typus, zuletzt 12 Holzschnitte: (▶VP 1542B), ▶VP 1547B (nur zu Aen. I-II), ▶**VP 1552B** (nur zu Aen. I-IV) BILD 12, ▶VP 1554B, ▶**VP 1560A** (zu Aen. I-XII), (Variante) ▶VP 1626.

11. * kombinierter Holzschnitt-Zyklus aus Venedig, daraus 12 Holzschnitte zur Aen.: ▶**VP 1555** (bei Scotus) BILD 13, teils ▶**VP 1558A** BILD 14.

12. Zyklus von 12 Holzschnitten in einer holländ. Aen.-Übers., offenbar Nachahmung von Worms ▶VP 1543B (Zyklus Nr. 9): ▶VP 1556C ?, ▶VP 1583B, ▶VP 1609C.

13. kombinierter Holzschnitt-Zyklus zu einer lat. Ausgabe aus Venedig, daraus 12 Holzschnitte zur Aen.: ▶**VP 1558A** (bei Bonelli), ▶VP 1562A, ▶VP 1566B, ▶VP 1572B, ▶VP 1574; vgl. ferner ▶VP 1584B (bei Gryphius), ▶VP 1586B (bei Dusinello).

14. *? Zyklus zu einer ital. Opera-Übers., Venedig: ▶VP 1559B (26 Holzschnitte, davon 12 zur Aen.), ▶VP 1559E, ▶VP 1562B (25/12), ▶VP 1567C (25/12), VP 1568A (25/12), ▶VP 1573B (25/12), ▶VP 1586C (26/12)?, ▶VP 1593A (25/12), ▶VP 1613A (25/12). - Keine Autopsie möglich. Da nicht in der BSB vorhanden, hieraus keine BILD-Beigabe.

15. * Frankfurter Argumentum-Zyklus mit 12 Holzschnitten nur zur Aen.: ▶**VP 1559C** BILD 15, ▶VP 1562C, ▶VP 1563 (auch zu ecl./georg.) ?, ▶VP 1567A ?, ▶VP 1572A, ▶VP 1576B, ▶VP 1579A (mit neuem Bild zu Aen. IX), ▶VP 1582A (Köln), ▶VP 1585A (?), ▶VP 1590, ▶VP 1597A (?), ▶VP 1606.

16. * Züricher Argumentum Zyklus (immer Zürich) mit 12 Holzschnitten zur Aen.: ▶**VP 1561B** BILD 16, ▶VP 1564, ▶VP 1567B, ▶VP 1570, ▶VP 1573A, ▶VP 1577A, ▶VP 1581B, ▶VP 1587A; ferner abgewandelt in der durch Leipzig ▶**VP 1581A** begründeten „Leipziger Variante" dieses Züricher Argumentum-Typus, die (in der Regel in Leipzig) in ▶VP 1584A, ▶VP 1588A, ▶VP 1591B, ▶VP 1596B, ▶VP 1598 (Wittenberg), ▶VP 1623B (Goslar = Leipzig 1616) und ▶VP 1624B wiederholt ist.

[16a.] Leipziger Variante des Züricher, seit ▶VP 1561B belegten Argumentum-Typus (Nr. 16) mit 12 Holzschnitten zur Aen.: seit Leipzig ▶**VP 1581A** Bild 17.

17. Zyklus zu einer ital. Opera-Übersetzung von verschiedenen Autoren, Venezia (Sessa): zunächst mit 24 Holzschnitten zur Aen. in ▶VP 1581C (?) und ▶VP 1588B; dann ab ▶VP 1597C offenbar ohne eínen einzigen: ▶VP 1604B, ▶VP 1609B (?), ▶VP 1623B, ▶VP 1641B, ▶VP 1654B, ▶VP 1672A, ▶VP 1683 (?), ▶VP 1710, ▶VP 1726B, ▶VP 1741D (?), ▶VP 1751. In irgendeiner Weise von Zyklus Nr. 2 abhängig, doch wegen mangelnder Autopsie nicht zu klären. – Da nicht in der BSB vorhanden, hieraus keine Bild-Beigabe.

18. * erster anonymer Kupferstich-Zyklus (12 Stiche) zur ital. Aen.-Übersetzung von A. Caro in Varianten: ▶**VP 1601** (Datierung unklar) |BILD 18|, ▶VP 1608C, ▶VP 1621 (Variante; Datierung unklar) |BILD 19|, ▶VP 1622B, ▶VP 1623C, vgl. ▶**VP 1699** |BILD 20| (und vielleicht ▶VP 1700C).

19. * zweiter anonymer Kupferstich-Zyklus zur ital. Aen.-Übers. von A. Caro im Argumentum-Typus (12 Stiche): ▶**VP 1608B** |BILD 21|, ▶VP 1609D, ▶VP 1612C, ▶VP 1613B ?, ▶VP 1630B ? (Holzschnitte).

20. * venezianischer Holzschnitt-Zyklus (daraus 12 zur Aen.): ▶**VP 1610A** |BILD 22|.

21. * Kupferstichzyklus zur Aen. (12 Stiche) von C. **de Passe d. Ä.**: ▶**VP 1612A**, ▶VP 1703. – Da nicht in der BSB vorhanden, hieraus keine Bild-Beigabe.

22. Sebastian **Vrancx** zugeschriebene (mindestens 65) Zeichnungen zur Aen., um 1615: ▶**VP 1615** (im *Index der dargestellten Sujets* sind allerdings nur die 10 in Abb. zugänglichen Fig. erfasst).

23. 7 Kupferstiche von R. **Sadeler** (vermutlich kein Vergil-Zyklus): ▶VP 1617. – Keine Autopsie möglich.

24. * anonymer Holzschnitt-Zyklus (64 Szenen-Bilder zur Aen., zusätzlich zu 12 Buch-Titelbildern in der Leipziger Variante des Züricher Argumentum-Typus, s. Zyklus Nr. 16a) in der Ausgabe von Bersman(n): ▶VP 1623A, ▶**VP 1624B** |BILD 23|.

25. * Kupferstichzyklus zur Aen. (12 Stiche) von **Matheus** bzw. von Jean **de Courbes**: ▶**VP 1626**. - Da nicht in der BSB vorhanden, hieraus keine Bild-Beigabe.

26. * Kupferstichzyklus zur Aen. (12 Stiche) von Abraham **Bosse**: ▶**VP 1648C** und ▶VP 1658D, ▶VP 1664A, ▶VP 1669D. - Da nicht in der BSB vorhanden, hieraus keine Bild-Beigabe.

27. * Kupferstichzyklus von François **Chauveau**, daraus 12 zu Aen.: ▶**VP 1649B** |BILD 24|, ▶VP 1655B, ▶VP 1663C, ▶VP 1681B, ▶VP 1686A, ▶VP 1687, ▶**VP 1697C**, ▶**VP 1706** (beschrieben nur für Aen. VIII-XII), ▶**VP 1712A**; dazu die Nachahmungen von P. **Lochon** (Zyklus Nr. 31) in ▶**VP 1668D** (beschrieben nur für Aen. I-VIII, ▶VP 1695D, ▶VP 1712B, ▶**VP 1726C** (für Aen. I-VIII), ▶VP 1734B.

28. 140 Zeichnungen von Leonaert **Bramer**: bei ▶**VP 1652C** (vgl. bei ▶VP 1646B). – Da nicht in der BSB vorhanden, hieraus keine Bild-Beigabe.

29. * Kupferstichzyklus, entworfen von Franz **Cleyn**, daraus 71 zur Aen.: ▶VP 1654A (71 Stiche zur Aen.), ▶**VP 1658A** |BILD 25| (71), ▶VP 1663B (71), ▶VP 1668B (69) ▶VP 1671A (= ▶VP 1672B ?) in stark verkleinerten

Nachstichen (71), ▶VP 1675B (12 Stiche zur Aen.: Titelbilder zu den einzelnen Aen.-Büchern), ▶VP 1684 (12), ▶VP 1697B (71), ▶VP 1698; seitdem nur noch verkleinerte Nachstiche: ▶VP 1709 BILD 26 (71), ▶VP 1716A, ▶VP 1730D (70), (vgl. auch ▶VP 1731, ▶VP 1735, ▶VP 1737B und ▶VP 1755C mit nur je 2 Antiporten), ▶VP 1748, ▶VP 1757A (?), ▶VP 1763C (70).

30. Bilder-Album zur Aen. (nur zu Aen. II/III) in 12 Kupferstichen von Giuseppe Maria **Mitelli**: ▶**VP 1663D**.

31. (*) Kupferstichzyklus (8 Stiche) in der franz. Aen.-Travestie zu Aen. I-VIII von P. Scarron, der wohl schon seit ▶VP 1668D, spätestens seit ▶VP 1695D, von **P. Lochon** (der einmal 1673 signiert) stammt, der seinerseits von den Kupferstichen von François Chauveau in Zyklus Nr. 27 (seit ▶VP 1649B) abhängig ist: ▶**VP 1668D**, ▶VP 1695D, ▶VP 1712B, ▶**VP 1726C** (beschrieben nur für Aen. I-VIII) BILD 27 , ▶VP 1734B.

32. kompilierter Holzschnitt-Zyklus (10 Stiche) in einer holländ. Version des Volksbuches vom Zauberer Virgilius (vgl. Zyklus Nr. 5): ▶VP 1672C.

33. Nachstiche der Miniaturen im codex Vaticanus Latinus 2325 („Vergilius Vaticanus", Sigle F) durch Pietro Sancte Bartoli: ▶VP 1677B, ▶VP 1725B, ▶**VP 1741C** (58 Nachstiche, davon 46 zur Aen.; darunter auch Nachstiche von Miniaturen im codex Vaticanus Latinus 3867, „Vergilius Romanus", Sigle R), ▶VP 1763A, ▶VP 1776B, ▶VP 1782B. Vgl. auch Zyklus Nr. 54.

34. * Kupferstichzyklus von G. **Apelmans,** daraus 12 zur Aen.; Nachahmung in Zyklus Nr. 38: ▶**VP 1680A** BILD 28 .

35. * Kupferstichzyklus nur zur Aen. (50 Stiche) von Georg Jacob **Lang** (und G. C. Eimmart): ▶**VP 1688A** BILD 29.

36. Zyklus von 24 Kupferstichen (Radierungen) zur Aen. von Johann Andreas **Thelot** († 1734), sine anno (vermutlich im Umkreis von ▶VP 1688A): ▶VP 1700A. – Derzeit nur Kenntis der 5 Stiche zu Aen. IV möglich.

37. * anonymer Kupferstichzyklus (12 Stiche) in der franz. Aen.-Übers. von J. R. De Segrais: (noch nicht in ▶VP 1668C), ▶**VP 1700B** BILD 30 , ▶VP 1719.

[50.] Kupferstichfolge (15) nach einem Gemäldezyklus von Antoine **Coypel** von 1703-1717: ▶**VP 1753F**.

38. * Kupferstichzyklus, dessen ursprüngliche Antiporta von Michael van der Gucht stammt, deren Textbilder (12 zur Aen.) aber von Ferdinand **De la Monce** (ab ▶VP 1714A ?) entworfen sind, doch auf der Grundlage des Zyklus Nr. 34 von G. Apelmans: ▶**VP 1707**, ▶VP 1712C, ▶**VP 1714A** BILD 31 , ▶VP 1716B, ▶VP 1723 ?, ▶VP 1729B, ▶VP 1730C; vgl. ▶VP 1721B.

39. * Kupferstichzyklus (daraus 12 + 9 Stiche zur Aen.) von A. **Houbra-**
ken: ▶**VP 1717B** BILD 32 , ▶VP 1740, ▶VP 1746C, ▶VP 1753C, ▶VP
1759A, ▶VP 1765B.

40. * (anonymer) Kupferstichzyklus in der franz. Übers. von J. Mallemans
(12 zur Aen.): ▶**VP 1717C**. – Da nicht in der BSB vorhanden, hieraus keine
Bild-Beigabe.

41. vier Kupferstich-Frontispize (drei davon zur Aen.) von J. B. **Scotin**:
▶VP 1721B.

42. * dritter anonymer Kupferstichzyklus (jedoch mit einem von L. Tifosi
signierten Frontispiz) zur ital. Aen.-Übers. von Annibal Caro (12 Stiche): ▶VP
1734A, ▶VP 1746B, ▶VP 1750B, (vielleicht ▶VP 1755B), ▶VP 1770A,
▶**VP 1783B**.

43. dekorative Kupferstichleisten von Antonio **Visentini**: ▶VP 1736A.

44. vier anonyme Kupferstiche nur zu Aen. II: ▶**VP 1736B**.

45. * erster Kupferstichzyklus von Charles-Nicolas **Cochin fils** (filius, d.
J.), daraus 12 zur Aen.: ▶**VP 1743**, ▶VP 1754B. - Da nicht in der BSB
vorhanden, hieraus keine Bild-Beigabe.

46. * zweiter Kupferstichzyklus von Charles-Nicolas **Cochin fils** (filius,
d. J.), daraus 12 zur Aen.: ▶**VP 1745**, ▶VP 1754A BILD 33 , ▶VP 1767,
▶VP 1772B, ▶VP 1782A, teils ▶VP 1788A, ▶**VP 1790A**, ▶VP 1792A.

47. * Kupferstichzyklus (daraus 12 zur Aen.) nach Louis Fabritius **Du-**
bourg: ▶**VP 1746A** BILD 34 .

48. 58 (davon 39 zur Aen.) antiquarische Kupferstichillustrationen nach
antiken Gemmen, Münzen, Statuen usw., gestochen von Charles Grignion und
Johann Sebastian Müller: ▶VP 1750A.

49. einzelne Kupferstiche von L. P. **Boitard** in der engl. Übers. von Christopher Pitt, darunter eine graphische Rekonstruktion des Schildes des Aeneas
entsprechend der textuellen Analyse von W. Whitehead: ▶**VP 1753E**, ▶VP
1763B, ▶VP 1778C.

50. Kupferstichfolge (15) nach einem Gemäldezyklus von Antoine
Coypel von 1703-1717: ▶**VP 1753F**.

51. 767 antiquarische Kupferstichillustrationen von Marco Pitteri nach antiken Münzen, Gemmen, Statuen usw., auf Initiative von Henricus Justice: ▶VP
1757B, ▶VP 1800A.

52. virtuelle Entwürfe zu (199) Aen.-Bildern von Anne Claude-Philippe
(Comte) de **Caylus**: ▶VP 1757D.

53. * Kupferstichzyklus von G. **Zocchi**, daraus insgesamt 30 zur Aen.: ▶**VP 1760** BILD 35 , ▶VP 1764, ▶VP 1766, ▶VP 1791B (nur zum Teil), ▶**VP 1796B**.

54. antiquarisch-dokumentarischer Kupferstichzyklus (162 Kupferstiche nach verschiedenen Vorlagen und von verschiedenen Stechern) nach antiken Münzen, Gemmen, Statuen usw., auch nach den Miniaturen der beiden spätantiken illustrierten Handschriften (s.o. Zyklus Nr. 33 von Pietro Sancte Bartoli, zuerst in ▶VP 1677B) und von Landschaften: ▶**VP 1763A** (nur zum Teil beschrieben und im *Index der dargestellten Sujets* erfasst), VP 1776B.

55. bildlose (virtuelle) Hinweise auf eine antiquarische Illustrierung z.B. nach antiken Münzen in einer ‚Dactyliothek' von 1755: ▶VP 1780C, ▶VP 1818A.

56. antiquarische Kupferstich-Illustrierung nach antiken Gemmen, Münzen, Reliefs usw., entworfen von Johann Dominik **Fiorillo** für die Ausgabe von C. G. Heyne: ▶VP 1787A (ed. altera), ▶**VP 1793A** (ed. tertia; nur zum Teil beschrieben und im *Index der dargestellten Sujets* erfasst; 67 Stiche, davon 42 zur Aen.) BILD 36 , ▶VP 1797B, vielleicht auch ▶VP 1821B, ferner ▶VP 1830A (ed. quarta).

57. Kompilation von Holzschnitten des 16./17. Jh. zu einer holländ. Version des Volksbuches vom Zauberer Virgilius, nicht zu den Werken Vergils (vgl. Zyklus Nr. 5 und Nr. 32, ferner auch Nr. 62): ▶VP 1788B.

58. Sieben Radierungen nach Zeichnungen von Vincenz **Kininger**: ▶VP 1790B.

59. * Kupferstichzyklus (zur Aen. insgesamt 12 Bilder) von Anne-Louis **Girodet-Trioson** (zu Aen. I, III, V, VII, IX, XI) und François **Gérard** (zu den anderen 6 Aen.-Büchern): ▶**VP 1798A**, ▶VP 1800C, ▶VP 1802B, ▶VP 1803B, ▶VP 1804B ?, ▶VP 1806B. Vgl. auch Zyklus Nr. 69.

60. (anonyme) dekorative Stahlstich-Kopfleisten: ▶VP **1798B** BILD 37 , ▶VP 1798C, ▶VP 1814B, ▶VP 1822A.

61. 4 Kupferstich-Antiporten zur Aen. von J. M. **Moreau le Jeune**: ▶**VP 1804A** BILD 38 , ▶VP 1804B, ▶VP 1813.

62. Kompilation von Holzschnitten des 16./17. Jh. (?) zu einer holländ. Version des Volksbuches vom Zauberer Virgilius, nicht zu den Werken Vergils (vgl. Nr. 5, Nr. 32 und Nr. 57): ▶VP 1810B.

63. * Zyklus von 51 Kupferstichen nur zur Aen. von Bartolomeo **Pinelli**: ▶**VP 1811A** BILD 39 .

64. Kupferstiche mit Landschaftsdarstellungen verschiedener Künstler zur Aen., finanziert von der Herzogin von Devonshire: ▶VP 1819A, ▶**VP 1827A** (Stahlstiche von C. L. Frommel), wohl auch in ▶VP 1836A.

65. Kupferstiche von Antonio Gajani nach einem Zyklus von 12 Fresken im Argumentum-Typus von **Nicolò dell'Abate** von ca. 1540: ▶**VP 1821E**.

66. 30 (nicht näher bekannte) Umrisszeichnungen nur zur Aen. von Luigi **Ademollo** (1764-1849) in lithographischer Wiedergabe durch C. Motte: ▶VP 1823A. - Da nicht in der BSB vorhanden, hieraus keine Bild-Beigabe.

67. mindestens 172 Zeichnungen zur Aen. aus der Zeit von 1810-1824 von Anne-Louis **Girodet-Trioson** (1767-1824), nie komplett als Vorlage zu Buch-Illustrationen benutzt: siehe bei ▶VP 1798A (*Würdigung: Exkurs*). - Auswahl daraus (über ▶VP 1827D) als ‚Umrisse' in 60 Stahlstichen von E. Schuler in ▶VP 1840, s.u. Zyklus Nr. 69.

68. 70 dokumentarische Lithographien der Miniaturen in den beiden spät-antiken Codices Vaticani Latini 3225 („Vergilius Vaticanus", Sigle F) und 3867 („Vergilius Romanus", Sigle R) von Carlo Ruspi: ▶VP 1835A BILD 40 . - Nicht identisch mit den Nachstichen derselben Miniaturen von Pietro Santi Bartoli seit ▶VP 1677B im Zyklus Nr. 33 bzw. im Zyklus Nr. 54.

69. * 60 Stahlstiche nur zur Aen. von Eduard **Schuler**, Umrisse (vermittelt durch eine lithographische Zwischenquelle) nach Zeichnungen von Anne-Louis **Girodet-Trioson** (aus der Zeit von 1810-1824, s.o. Zyklus Nr. 67): ▶**VP 1840** BILD 41 .

70 ff. Nachträge von Lesern, denen es gelingt, unter den illustrierten Vergil-Ausgaben und –Übersetzungen, für die ich keine Autopsie hatte oder die in diesem Handbuch vielleicht sogar fehlen, zusätzliche eigenständige oder gar neue Zyklen zu identifizieren.

C 3. Umfangreichere Illustrationszyklen zur Aeneis

Wenn man feststellen will, wie viele mehr oder weniger eigenständige Zyklen von mindestens 12 Illustrationen zur Aeneis im Laufe der fast dreieinhalb Jahrhunderte zwischen 1502 und 1840 wirklich Editionen der Opera Vergils oder auch Spezialausgaben der Aeneis und deren Übersetzungen beigegeben worden sind, muss man aus der obigen Liste eine größere Zahl ausklammern. Aus verschiedenen Gründen kommen folgende illustrierte Gruppen von an sich illustrierten Vergil– bzw. Aeneis-Ausgaben nicht als eigenständige piktorale Interpretationen der Aeneis in Betracht, da sie keine Text-Illustrationen darstellen, jedenfalls keine primär für den Text der Aeneis bestimmte Bilder sind:

(a) virtuelle (Nr. 52 ▶VP 1757D und Nr. 55 ▶VP 1780C) oder nicht wirklich mit Vergil-Text verbundene Zyklen (wohl Nr. 66 ▶VP 1823A);

(b) bloße Kompilationen aus bereits vorliegenden Zyklen oder Variationen dazu (Nr. 3 seit ▶VP 1505C und ▶VP 1507; Nr. 6 seit ▶VP 1515D oder spätestens ▶VP 1519; Nr. 8 seit ▶VP 1529D; Nr. 9 mit den Vorläufern des Argumentum-Typus seit ▶VP 1543B; Nr. 11 ▶VP 1555; Nr. 13 ▶VP 1558A);

(c) Zyklen dekorativen Charakters (Nr. 43 ▶VP 1736A; Nr. 60 ▶VP 1798B);

(d) Zyklen, die erst in Sekundärverwendung auf die Aeneis übertragen sind (Nr. 4 ▶VP 1509D),

(e) Nachstiche von Aeneis-Bildern, die ursprünglich keine Graphiken, sondern Gemälde oder Fresken waren (Nr. 50 ▶VP 1753E; Nr. 65 ▶VP 1821E);

(f) die sog. antiquarisch-dokumentarischen (einschließlich der topographischen Nr. 64 ▶VP 1819A) sachorientierten Zyklen (Nr. 48 ▶VP 1750A, Nr. 51 ▶VP 1757B, Nr. 54 ▶VP 1763A, Nr. 56 ▶VP 1793A und ▶VP 1797B);

(g) die ebenfalls antiquarisch ausgerichteten Zyklen, in denen spätantike Handschriften-Miniaturen aus den Vergil-Codices F und R nachgestochen sind (Nr. 33 ▶VP 1677B und ▶VP 1741C, auch Nr. 68 ▶VP 1835A);

(h) die pseudo-biographischen Versionen eines Volksbuches vom Zauberer Virgilius (Nr. 5 ▶VP 1518AB, Nr. 32 ▶VP 1672C, Nr. 57 ▶VP 1788B und Nr. 62 ▶VP 1810B);

(i) kleinere Zyklen, in denen nicht alle Aen.-Bücher berücksichtigt sind; sie enthalten mehrere Frontispize (wie Nr. 41 ▶VP 1721B und Nr. 61 ▶VP 1804A, auch Nr. 49 ▶VP 1753E) oder Illustrationen nur zu einzelnen Büchern (wie Nr. 30 ▶VP 1663D, Nr. 44 ▶VP 1736B und Nr. 58 ▶VP 1790B);

ferner aus äußeren Gründen, weil ich nichts Näheres über sie in Erfahrung bringen konnte:

(j) die für mich nicht erreichbaren (so Nr. 36 ▶VP 1700A Thelot) oder gar nicht mehr existenten (so wohl Nr. 23 ▶VP 1617 Sadeler) Zyklen von Buchillustrationen oder Graphiken zur Aeneis.

Allerdings scheiden damit ausgerechnet auch mehrere der an Bildern reichsten Zyklen zur Aeneis im engeren Sinne als Textillustrationen aus:

(k) die 140 Zeichnungen zur Aen. von Leonaert Bramer (1596-1674), die sich zwar auf eine 1652 erschienene 2. Auflage einer holländischen Aen.-Übersetzung beziehen, aber nie in einer Vergil-Ausgabe publiziert worden sind, s. Zyklus Nr. 28 ▶VP1652C;

(l) die ca. 172 (davon 166 noch nachweisbaren) klassizistischen Zeichnungen von Anne-Louis Girodet-Trioson (1767-1824), die dieser ab etwa 1810 geschaffen hat (Zyklus Nr. 67 bzw. Nr. 69, bei ▶VP 1798A und vor allem bei ▶VP 1840); sie sind zum Teil (72 zur Aen.) in Lithographien umgesetzt, aber nicht in einer zeitgenössischen Aeneis-Ausgabe publiziert worden (auch wenn sie möglicherweise dafür gedacht waren); immerhin sind 60 Stahlstiche nach diesen Lithographien im Zyklus Nr. 69 ▶VP 1840 mit einer Aen.-Nacherzählung gedruckt worden;

(m) die mindestens 65 anonymen Zeichnungen, die Sebastian Vrancx (1573-1643) zugeschrieben und um 1615 datiert werden (Zyklus Nr. 22 ▶VP 1615), sie sind nie in eine Vergil-Ausgabe übernommen worden.

Andererseits wird man im Purismus nicht so weit gehen wollen, auch solche Zyklen nicht als Buchillustrationen zu betrachten, die nicht mit einem vollständigen Aeneis-Text im Original oder einer Übersetzung verbunden sind. Das würde zum Ausschluss zweier weiterer bedeutender Zyklen führen, von Nr. 35 ▶VP 1688A (G. J. Lang) und von Nr. 63 (▶VP 1811, B. Pinelli).

Nach strengeren Maßstäben verbleiben damit nur etwa 30 Zyklen, die als mehr oder weniger eigenständige bildliche Deutungen oder jedenfalls Illustrierungen der Aeneis in einem Zeitraum von fast dreieinhalb Jahrhunderten gewertet werden können. Ich habe sie in dem obigen Gesamtverzeichnis von rund 70 ermittelten Aeneis-Zyklen mit einem * Sternchen ausgezeichnet.

Wenn man aus dieser Liste diejenigen lateinischen Ausgaben und nationalsprachlichen Übersetzungen hervorheben will, die mehr als je 1 Bild (meist ein Titel- oder jedenfalls Auftaktbild) zu jedem der 12 Aen.-Bücher (plus allenfalls einem Frontispiz) bieten, dann schälen sich als die bilderreichsten originalen Zyklen zur Aeneis die folgenden neun heraus, die hier nach der Anzahl ihrer Bilder zur Aeneis geordnet sind:

(1) Die von Sebastian Brant betreute Straßburger Ausgabe ▶VP 1502 (Zyklus Nr. 2) weist in der Standardversion 137 (oder 138) Holzschnitte zur Aen. auf (die Zahl differiert in den einzelnen Exemplaren); die unzähligen Wiederholungen oder Nachahmungen einschließlich der beiden Venezianischen Varianten im 16. Jh. können nicht als eigenständige Serien gewertet werden;

(2) G. BERSMAN(N) bietet in seiner lateinischen Ausgabe Goslar ▶VP 1623A = Leipzig ▶VP 1624B (Zyklus Nr. 24) neben zwölf ‚Argumentum'-Titelbildern noch 64 zusätzliche kleine Szenenbilder zur Aen., insgesamt also 76 anonyme Holzschnitte zum Epos Vergils;

(3) Franz Cleyn hat für die englische Übersetzung von J. Ogilby, London ▶VP 1654A (lateinische Edition London ▶1658A), 71 Kupferstiche zur Aeneis entworfen; auch dieser darauf basierende Zyklus (Nr. 29) ist im 17./18. Jh. häufig in anderen Formaten und leicht verändert nachgestochen worden;

(4) bereits die erste illustrierte Vergil-Inkunabel, ▶VP 1483 (Zyklus Nr. 1), enthält zu einer Art franz. Prosa-Paraphrase der Aeneis nicht weniger als 61 anonyme Holzschnitte zu Szenen der Aeneis (oder ihrer Vor- und Folgegeschichte), mit besonderer Berücksichtigung der Dido-Handlung und der Kampf-Bücher;

(5) „60 Compositionen zu Virgil's Aeneide" sind als Stahlstiche unter der Leitung von Eduard Schuler Karlsruhe ▶VP 1840 innerhalb einer Aeneis-Nacherzählung gedruckt worden (Zyklus Nr. 69); diese Umriss-Bilder basieren (über eine Mittelquelle) auf einer Auswahl aus den fast dreimal so zahlreichen klassizistischen Zeichnungen von Anne-Louis Girodet-Trioson, die ab etwa 1810 bis zum Tod des Künstlers 1824 entstanden sind;

(6) das Bilderbuch zur Aeneis von Georg J. Lang (und G. C. Eimmart), Nürnberg ▶1688A (Zyklus Nr. 35), besteht aus 50 Kupferstichen; beigegeben sind nur textuelle deutsche und lat. Argumenta zu den einzelnen Aeneis-Büchern;

(7) ein weiteres Aeneis-Bilderbuch mit 50 (+ 1) Kupferstichen (Zyklus Nr. 63), dessen Text nur aus Zitaten einzelner Verse einer ital. Übers. besteht, hat Bartolomeo Pinelli Rom ▶VP 1811 geschaffen.

Diese bisher aufgelisteten 7 Zyklen bieten Illustrationen zu einzelnen Szenen innerhalb der 12 Bücher der Aeneis (oder im Falle von Zyklus Nr. 2 ▶VP 1502 zu einer Kombination von Szenen des Epos); die beiden folgenden Zyklen dagegen gehören im Grunde zum Typus der nur aus je einem Titelbild zu den 12 Aeneis-Büchern bestehenden Zyklen, die hier jedoch durch zusätzliche Bilder zum Buchschluss oder –auftakt erweitert sind:

(8) die ital. Aen.-Übers. ▶VP 1760 (Zyklus Nr. 53) bietet neben Titel-Kupferstichen zu den 12 Aen.-Büchern noch jeweils ein zusätzliches Auftaktbild und außerdem für 6 Aen.-Bücher eine Schlussvignette, insgesamt also 30 textbezogene Bilder, deren Entwürfe fast sämtlich von G. Zocchi stammen;

(9) die Ausgabe Leeuwarden ▶VP 1717B (Zyklus Nr. 39) weist neben den von A. Houbraken entworfenen Titel-Kupferstichen zu den 12 Aen.-Büchern noch 9 meist textbezogene Schluss-Vignetten zu allen Aen.-Büchern außer zu Aen. VI, XI und XII auf, insgesamt also 21 Bilder zur Aen.

Insgesamt glaube ich etwa 1.000 verschiedene gedruckte Bilder zur Aeneis ermittelt zu haben. Dabei habe ich die obigen Gruppen (a)–(m), mit Ausnahme von (b) und (i), nicht und für die übrigen ermittelten Zyklen (Kap. C 2) immer nur einen Vertreter berücksichtigt.

D. Geschichte und Typologie der Vergil-Illustration

D 0. Einleitung

Demonstrativ habe ich in der Überschrift den Versuch, eine Geschichte der Vergil-Illustration im Buchdruck vom Anfang des 16. Jh. bis zur Mitte des 19. Jh. zu skizzieren, mit dem Begriff der ‚Typologie' verbunden. Ich glaube nämlich, dass die Entwicklung der Aeneis-Illustrierung stärker durch ihre Typologie – also durch ein formales Element – als durch einzelne Künstler oder durch inhaltliche Veränderungen geprägt worden ist. Zudem kann es nicht die Aufgabe eines knappen Überblicks über die Geschichte der Aeneis-Illustrierung aus der Feder eines Klassischen Philologen sein, eine ästhetisch-künstlerische Würdigung der einzelnen Zyklen zu geben, die ich ermittelt habe. Dafür bedürfte es nicht zuletzt jeweils kunsthistorischer Querverbindungen.

Mein Überblick über die Geschichte der Aeneis-Illustrierung stützt sich auf die Zusammenstellung der knapp 70 unterschiedlichen Illustrationszyklen zur Aeneis, die ich (im vorigen Kapitel) aus einem Gesamtbestand, dessen Katalog mehr als das Achtfache an illustrierten Vergil-Ausgaben verzeichnet, habe ermitteln können. Sie sind aber nicht alle von gleicher Bedeutung. Außerdem war mir nicht für alle erschlossenen Zyklen Autopsie möglich. Im Vordergrund stehen jene rund 30 Zyklen, die sich als eigenständig bezeichnen lassen. Unter ihnen ragen aber einige wenige gerade dadurch hervor, dass sie praktisch unverändert wiederholt oder dass nach ihrem Vorbild oder gar nach ihrer Vorlage abgeleitete, wenig variierte „neue" Illustrations-Zyklen geschaffen worden sind. Eine solche einflussreiche Position haben die von Sebastian Brant inspirierten Holzschnitte im Zyklus Nr. 2 seit ▶ VP 1502 (vor allem in der ersten Hälfte des 16. Jh.) und die von Franz Cleyn entworfenen Kupferstiche im Zyklus Nr. 29 seit ▶ VP 1654A (vor allem in der zweiten Hälfte des 17. Jh.) gewonnen, beides Zyklen von Szenen-Illustrationen. Unter den Zyklen, die nur jeweils ein Titelbild zu den 12 Aen.-Büchern bringen, dominieren in der zweiten Hälfte des 16. Jh. die beiden ‚deutschen' (die Frankfurter und die Züricher) Varianten des neuen Argumentum-Typus (Zyklus Nr. 15 und Nr. 16), in dem ein Simultanbild möglichst viele Szenen des jeweiligen Aen.-Buches vor Augen stellen (eher wohl: an sie erinnern) will. Der ‚normale' Typ eines Zyklus von 12 Titelbildern zu den einzelnen Aen.-Büchern, in dem eine einzige bestimmte Szene des betreffenden Buches zu dessen Titelbild erhöht wird, kommt erst mit dem Aufblühen des Kupferstichs im 17. Jh. auf und beherrscht seitdem die Aeneis-Illustrierung; nur ganz vereinzelt werden noch umfangreichere Zyklen mit Bildern zu mehreren Handlungsmomenten eines Aen.-Buches geschaffen. Unter den Zyklen des Titelbild-Typus hat es aber keiner zu jener Bedeutung gebracht, die Sebastian Brant (Nr. 2) und Franz Cleyn (Nr. 29) jeweils mit ihrem Zyklus im Szenenbild-

Typus erreicht haben. Als relativ einflussreich haben sich immerhin die Titel-bild-Erfindungen zur Aen. von François Chauveau seit ▶ VP 1649B (Zyklus Nr. 27), auch dank ihrer Nachahmung durch P. Lochon (Zyklus Nr. 31, wohl schon seit ▶ VP 1668D, spätestens seit ▶ VP 1695D), erwiesen. Ähnliches gilt auch für den zweiten Kupferstich-Zyklus von Aen.-Titelbildern von Charles-Nicolas Cochin fils seit ▶ VP 1745 (Zyklus Nr. 46). Ästhetisch erreichen seit den letzten Jahren des 18. Jh. mehrere Aen.-Zyklen bedeutender Künstler, die dem Klassizismus zuzurechnen sind, ein höheres Niveau und den endgültigen Durch-bruch zu einer antikisierenden Stilisierung. Dieser Fortschritt ist vor allem mit den Namen Anne-Louis Girodet-Trioson (seit ▶ VP 1798A mit dem Zyklus Nr. 59; ferner besonders mit dem Zyklus Nr. 67 bzw. dem davon abgeleiteten Zyklus Nr. 69) und Bartolomeo Pinelli (▶ VP 1811, Zyklus Nr. 63) verbunden.

Einen wichtigen Teil der Geschichte der Aeneis-Illustration habe ich in dem etwa 60-seitigen, auf 90 zusätzliche Abbildungen gestützten Aufsatz (vom August 2006) behandelt, der in der neuen ital. Zeitschrift ‚Philologia antiqua' erscheinen soll: „Titelbilder zu den Aeneis-Bü-chern vom Humanismus bis zum Neoklassizismus. Geschichte, Typen und Tendenzen der Aeneis-Illustration in gedruckten Vergil-Ausgaben und –Übersetzungen von 1502 bis 1840.“

D 1. Charakteristik und Bedeutung der Straßburger Ausgabe ▶ VP 1502 von Sebastian Brant

Wenn man von dem Vorläufer ▶ VP 1483 absieht, einer reich mit (ad hoc ver-fertigten) Holzschnitten illustrierten Inkunabel, die eher einen französischen Aeneas-Roman als eine Aeneis-Übersetzung darstellt, beginnt die Geschichte der eigentlichen Aeneis-Illustrierung gleich mit einem Höhepunkt: der von Se-bastian Brant betreuten lateinischen Straßburger Vergil-Ausgabe ▶ VP 1502. Sie enthält mit (mindestens) 137 Holzschnitten den umfangreichsten Zyklus, der jemals wirklich geschlossen in einer Ausgabe der Aeneis veröffentlicht worden ist. Es gibt zwar graphische Zyklen zur Aeneis, die zahlenmäßig den in ▶ VP 1502 übertreffen (ca. 172, davon 166 noch nachweisbare klassizistische Zeich-nungen von Anne-Louis Girodet-Trioson, die zwischen ca. 1810 und 1824 ent-standen sind; s. bei ▶ VP 1798A und vor allem bei ▶ VP 1840) oder erreichen (die 140 Zeichnungen zur Aeneis von Leonaert Bramer, 1596-1674, die sich auf eine 1652 erschienene 2. Auflage einer holländischen Aen.-Übersetzung bezie-hen, s. bei ▶ VP 1652C), aber sie sind nie in eine gedruckte Aeneis-Ausgabe oder –Übersetzung eingegangen. Es verdient Erwähnung, dass es sich bei ▶ VP 1502 um eine *lateinische* Vergil-Ausgabe handelt (sogar um eine, wie es im Ti-tel heißt, *cum quinque vulgatis commentariis*, also um eine sogenannte *Vario-rum*-Ausgabe, eine gelehrte Ausgabe *cum notis variorum hominum doctissimo-rum*), nicht etwa um eine nationalsprachliche Übersetzung. (In die erste deutsche Aeneis-Übersetzung von Thomas Murner, ▶ VP 1515F, im gleichen Verlag wie ▶ VP 1502 erschienen, sind die meisten Holzschnitte aus ▶ VP 1502 erst in Se-kundärverwendung, aber von den originalen Holzstöcken gedruckt, übernom-men worden.) Man kann also nicht ohne weiteres behaupten, die Illustrierung eines klassischen Werkes ziele auf eine Popularisierung ab. Allerdings hat Sebastian Brant selber geglaubt oder jedenfalls behauptet, aufgrund der Bebilderung könne auch ein Laie – ein des Lateinischen oder vielleicht sogar des Lesens Unkundiger – den Vergil-Text verstehen. Er führt dafür sogar ein scheinbar schlagendes Beispiel aus dem Epos selber an: Aeneas sei vermutlich Analphabet gewesen, habe aber Bilder ‚lesen' können (wegen *pelligerent oculis* Aen. VI 34 sind wohl die Bilder am Apollo-Tempel in Cumae, Aen. VI 20-33, gemeint). Das sagt Sebastian Brant in seinem Einleitungsgedicht *Ad lectorem operis*, das in 56 Versen (Distichen) fast ausschließlich über den figürlichen Buchschmuck handelt, der eine neue Errungenschaft sei (vgl. dazu auch SUERBAUM, 1992, 271f.):

> 9 Hic legere historias commentaque plurima doctus,
>   nec minus indoctus perlegere illa potest;
> 11 Dardanium Aeneam doctum non legimus usquam:
>   picturam potuit perlegere ille tamen.
>
> 49 … ut has nostras quas pinximus ecce tabellas
>   Virgilio, charas tu quoque habere velis.
> 51 Has tibi nemo ante hac tam plane ostenderat usquam;
>   nemo tibi voluit pingere Virgilium.
> 53 nunc memorare potes monochromata cuncta Maronis
>   quam leviter. Pictis, lector amice, locis
> 55 perlege …

Allerdings handelt es sich um einen Trugschluss. In Wahrheit ‚spricht' ein Bild nicht. Ein Historien-Bild – zu dieser Klasse muss man inhaltlich die Buchillustrationen zur Aeneis rechnen –, zumal ein vielfiguriges Historienbild, basiert auf einer Geschichte: Diese Geschichte muss man kennen, um das Bild – zumal die Beziehungen zwischen seinen einzelnen Elementen – verstehen zu können. Immerhin: es ist bei einer Buchillustration leicht, die dargestellte Geschichte kennenzulernen – sie steht in eben diesem Buch selber. Man braucht nur die Sprache zu verstehen (hier: Latein), in der das Buch gedruckt bzw. die Geschichte erzählt ist. Eine nicht zu unterschätzende Hilfe ist es, wenn die Figuren auf dem Bild durch Namensbeischriften identifiziert sind, wie das in ▶VP 1502 der Fall ist. Eine weitere Hilfe bedeutet es, wenn die Bilder *suo loco* innerhalb des Aeneis-Textes stehen. Auch trifft für ▶VP 1502 zu: die Holzschnitte stehen praktisch ausnahmslos direkt bei der Textpartie, auf die sie sich beziehen. Sie nehmen ganz selten eine ganze Seite ein, sondern sind in den Text (der mehr aus den beigegebenen fünf lateinischen Prosa-Kommentaren als aus den Hexametern der Aeneis besteht) integriert. Es ist bezeichnend, dass ausgerechnet der einzige echte doppelseitige Holzschnitt, Pict. 056 in ▶VP 1502 auf f. CXLI v / CXLII r, in manchen Exemplaren (und in beiden modernen Nachdrucken des Zyklus) fehlt: obwohl die Vorder- bzw. die Rückseite der beiden Blätter mit Text gefüllt ist, konnten solche ganzseitigen Holzschnitte leicht übergangen oder aber herausgetrennt werden.

Dass die Holzschnitte in ►VP 1502 direkt beim zugehörigen Text stehen, ist sozusagen natürlich, weil es sich bei ihnen um Szenen-Illustrationen handelt, genauer gesagt: meist um die Illustration einer Szenen-Kombination. Nicht selten kommt innerhalb des gerahmten Holzschnittes dieselbe Figur zweimal (in sogenannter ‚kontinuierender' Darstellung) vor, wenn zwei Phasen einer zusammenhängenden Handlungssequenz ins Bild gesetzt werden. Da die Holzschnitte in ►VP 1502 selten echte monoszenische Bilder sind, ist die Anzahl der berücksichtigten Szenen oder jedenfalls Sujets weitaus größer als die Zahl der Bilder (in der Standardversion offenbar 137). Man kann ohne große Übertreibung sagen, dass in ►VP 1502 die ganze Handlung der Aeneis kontinuierlich illustriert ist. Allerdings fallen zwei Bereiche der epischen Darstellung grundsätzlich für eine Illustrierung aus (vgl. dazu SUERBAUM, 1992, 290-293). Das ist zum einen der Inhalt der Reden, jedenfalls solcher Reden, die keinen erzählenden Charakter haben, sondern (z.B.) Argumente oder Bitten enthalten. Aus Reden (je nach Ansatz aus 333 oder 290) aber besteht ein großer Teil der Aeneis (zu 37 Prozent, wenn man Aen. II/III nicht als Rede wertet, sonst sogar zu fast 47 Prozent; vgl. SUERBAUM, 1999, 264ff.). Bei nicht-erzählenden Reden kann prinzipiell nur die äußere Situation, die sprechende Person, im Bild gezeigt werden. Bei Reden, in denen rückgreifend erzählt wird, wäre es problematisch, die unterschiedlichen Ebenen von Ort und Zeit für die rahmende Sprechsituation und für den Inhalt der Rede (etwa einerseits König Euander gegenüber Aeneas in Pallanteum und andererseits die Bestrafung des Unholdes und Rinderdiebes Cacus durch Hercules, VIII 184-279) einleuchtend bildlich voneinander zu trennen. Zum andern entzieht sich auch die Parallelwelt der über 100 Gleichnisse, deren Kontext immerhin etwa 12 Prozent der Aeneis ausmacht (vgl. SUERBAUM, 1999, 273ff.), weithin einer überzeugenden Art der Bebilderung. (Um das Beispiel des ersten Gleichnisses in der Aeneis, I 148ff., zu nehmen: niemand würde verstehen, wenn neben dem Gott Neptunus, der das von den entfesselten Winden aufgewühlte Meer beruhigt, irgendwie und irgendwo ein Mann auftauchen würde, dessen Autorität es gelingt, eine aufrührerische Menschenmenge wieder friedlich zu stimmen.) Wenn man solche Partien der Aeneis grundsätzlich außer acht lässt (z.B. die Reaktion des Turnus auf die Metamorphose der trojanischen Schiffe in Gestalt der Rede Aen. IX 118-145), verbleiben nur ganz wenige längere Passagen bzw. wichtige Szenen der Aeneis, die innerhalb der dichten Holzschnittfolge in ►VP 1502 *nicht* berücksichtigt sind. Dazu gehören: die Überwältigung des Palinurus, des Steuermanns des Aeneas, durch den Schlafgott am Schluss von Aen. V (827-871); die Befragung der Sibylle in der Grotte von Cumae (VI 42-123, falls die Reden der Sibylle und des Aeneas nicht doch durch Pict. 113 mit abgedeckt sein sollen); die Überreichung der neuen, von Vulcanus geschmiedeten Waffen für Aeneas durch Venus (VIII 608-625 nebst 729-731, doch taucht der in ►VP 1502 fehlende Holzschnitt Pict. 144/145plus nachträglich in ►VP 1529A auf); die Aristie des Aeneas, nachdem Turnus den Pallas getötet hat, Aen. X 510-605 (doch ist ein Teil davon durch die Pict. 161 abgedeckt, die allerdings nicht zum Standardbestand von ►VP 1502 gehört); der

Endkampf zwischen Aeneas und Mezentius X 833-908 (falls er nicht doch durch Pict. 164 mit dargestellt sein soll); die verhängnisvolle Verfolgung des reichgeschmückten Chloreus durch Camilla XI 768-782 (die in Pict. 176 schwerlich zu entdecken ist); die Aristie des Turnus nach der Verwundung des Aeneas XII 318-383 (doch vgl. Pict. 182); vielleicht auch das Verhalten des Turnus zwischen dem Selbstmord Amatas und der Aufnahme des Duells mit Aeneas XII 614-696 (jedenfalls in Pict. 184 nicht wirklich zu erkennen). Es ist aufschlussreich, dass die längste Partie der Aeneis, die in ▶VP 1502 ohne Bild bleibt, nämlich Aen. VIII 175-305, im wesentlichen in einer Rede besteht, in der schon erwähnten langen Erzählung Euanders von der Befreiungstat des Hercules. Auch dass in ▶VP 1502 für das doppelte Bild der Stadt Rom in der sog. Perihegese VIII 337-368, in der das dürftige derzeitige Pallanteum und die Größe des künftigen Zustandes kontrastiert werden, kein Bild konzipiert worden ist, überrascht nicht.

Aus heutiger Sicht am befremdlichsten ist die spätgotische, zeitgenössische Welt um 1500 n.Chr., in die die (nach verbreiteter Auffassung) im 12. Jh. v.Chr. spielende myth-historische Handlung des Epos in ▶VP 1502 übertragen ist. Aeneas, Turnus und die anderen Trojaner oder Italiker sind spätmittelalterliche Ritter, die in einem nicht-mediterranen Ambiente auftreten.

Die Voraussetzungen für die Entstehung eines so reichen Bildschmuckes in dem Straßburger Druck von ▶VP 1502, zumal Art und Umfang der Anknüpfung an die mittelalterlichen Miniaturen in 22 Vergil-Handschriften (wie sie mit 501 meist schlechten Abbildungen von Pierre und Jeanne COURCELLE, Lecteurs païens et lecteurs chrétiens de l'Énéide, Paris 1984 in Vol. 2: Les manuscrits illustrés de l'Énéide du Xᵉ au XVᵉ siècle, vorgestellt werden), sind noch nicht hinreichend geklärt. Um so deutlicher ist aber der durchschlagende Erfolg dieses ersten Vergilius pictus im weiteren Buchdruck. Die Holzschnitte von ▶VP 1502 haben in unveränderten Wiederholungen (d.h. in Drucken nach den originalen Holzstöcken in ▶VP 1515F, ▶VP 1517, ▶VP 1519, ▶VP 1529A), in leichten Abwandlungen und Nachschnitten vor allem in Venedig sowie in Lyon und Paris und durch die Fortentwicklung zu Aeneis-Buch-Titelbildern des Frankfurter und des Züricher Argumentum-Typus die Vergil-Illustration mehr als ein Jahrhundert lang, bis in das erste Viertel des 17. Jh., beherrscht, und zwar fast ohne Konkurrenz. Schon wenige Jahre nach seinem ersten Auftreten ist der Szenen-Illustrations-Zyklus in ▶VP 1502 zu einem Titelbild-Zyklus verkürzt worden, bei dem jedes der 12 Aeneis-Bücher nur durch ein einziges Auftaktbild illustriert war. Diese zukunftsträchtige Entwicklung, die sich seit dem 17. Jh. als die Normalform (wenn auch nicht als die einzige Form) der Aeneis-Illustrierung durchsetzen sollte, ist jedoch zunächst nur als Reduktionsform der kontinuierlichen Szenen-Illustrierung aufgetreten und dann durch eine andersartige Titelbild-Typik abgelöst worden, eben durch den Argumentum-Typus. Hier bildete das Sujet des Titelbildes zu jedem einzelnen Aeneis-Buch nicht die jeweils erste Szene des Buches, sondern eine Addition mehrerer, gewissermaßen nur piktographisch anzitierter Szenen des Buches. Erst mit dem Sieg der Technik des Kupferstichs seit dem Beginn des 17. Jh. hat sich fast allgemein die neue Konzeption durchgesetzt, dass jedes Aeneis-Buch nur eine einzige Illustration erhält, deren Sujet aber nicht die erste, sondern eine beliebige, natürlich irgendwie (in darstellerischer Hinsicht oder aber aufgrund inhaltlicher Bedeutsamkeit) ‚dankbare' (im Idealfall: repräsentative) Szene dieses Buches ist. Es gibt nur einige wenige Ausnahmen, die die von ▶VP 1502 begründete Tradition der Illustration *mehrerer* Szenen eines Buches fortsetzen. Als echte illustrierte Vergil-Ausgabe (in lateinischer Originalsprache oder in englischer Übersetzung) erfolgreich war davon nur eine einzige: der von Franz Cleyn für ▶VP 1654A entworfene Zyklus von 71 Kupferstichen zur Aeneis, der für rund ein Jahrhundert die in England gedruckten Ausgaben beherrschte. Eine weitere illustrierte lateinische Vergil-Ausgabe, die ebenfalls einen neuen (anonymen) Szenen-Illustrationszyklus von 64 Holzschnitten bot, dazu aber noch je ein Titelbild zu den einzelnen Aeneis-Büchern im Argumentum-Typus brachte, stellt ▶VP 1623A = ▶VP 1624B dar; sie erzielte jedoch praktisch keine Resonanz. Die anderen drei gedruckten großen Szenen-Illustrationszyklen zur Aeneis, der von Georg Jacob Lang in ▶VP 1688A (50 Kupferstiche), der von Bartolomeo Pinelli in ▶VP 1811 (51 Kupferstiche) und der von Eduard Schuler nach Anne-Louis Girodet (ca. 1810-1824) in ▶VP 1840 (60 Stahlstiche), sind zwar in Büchern enthalten, aber nicht in wirklichen Vergil-Ausgaben.

D 2. Die Reduzierung und Umformung von ▶VP 1502 zu einem Zyklus (Nr. 3) von je einem Auftaktbild zu den 12 Aeneis-Büchern

Die Pionierleistung Sebastian Brants bzw. seines Verlegers Johann Grüningers, in Straßburg den Vergilius pictus von ▶VP 1502 (den Zyklus Nr. 2) vorzulegen, fand in Italien sofort Nachfolge. Allerdings übernahm man zunächst nicht seinen Ehrgeiz, eine durchgehende Szenen-Illustrierung der Werke Vergils zu bieten – das geschah erst mit der zweiten Venezianischen Adaption (Zyklus Nr. 6) seit ▶VP 1519 (oder schon in ▶VP 1515D) –, sondern begnügte sich, gewiss auch aus ökonomischen Gründen, mit einer drastischen Reduzierung der Zahl der Holzschnitte aus ▶VP 1502, für die Aeneis von 137 (oder etwas mehr) auf 12. Dies bedeutete gleichzeitig die Erfindung eines neuen Typs in der Aeneis-Illustration im Buchdruck: die Konzipierung eines Zyklus, der aus je einem **Titelbild zu jedem der 12 Aeneis-Bücher** bestand. Er liegt seit ▶VP 1505C (besser zugänglich in ▶VP 1507) als **Zyklus Nr. 3**, in Gestalt der ersten Venezianischen Adaption von ▶VP 1502 vor.

Der venezianische Bearbeiter von ▶VP 1502, der meist (aber nicht in ▶VP 1507) mit dem Monogramm L signiert hat, hat für die Auswahl eines Titelbildes aus dem Angebot, das ihm in ▶VP 1502 in Gestalt mehrerer Szenen– oder Szenen-Kombinationsbilder für jedes Aeneis-Buch zur Verfügung stand (bis zur Maximalzahl von 15 Picturae für Aen. II), den denkbar einfachsten Weg eingeschlagen: er hat immer (außer im Falle von Aen. II und Aen. IV) den ersten Holzschnitt für ein Aen.-Buch in ▶VP 1502 zum Titelbild gemacht. In ▶VP 1502 selber haben die Aen.-Bücher keine Titelbilder; der erste Holzschnitt eines Aen.-Buches steht dort nicht direkt am Buchanfang (ausgenommen im Sonderfall von Aen. I mit Pictura 51, die zum Proömium gehört). Der Monogrammist L aber hat den jeweiligen Auftakt-Holzschnitt eines Aen.-Buches aus Zyklus Nr. 2 zum Titel-Holzschnitt in Zyklus Nr. 3 erhöht und an die Spitze des Buches gerückt (für Aen. I hat er das Bild, mit dem die epische Handlung einsetzt, Pict. 52 zum Seesturm, genommen).

Diese strukturelle Neuerung in Zyklus Nr. 3, in der ersten Venezianischen Adaption von ▶VP 1502, scheint mir wichtiger zu sein als andere Veränderungen beim Nachschnitt der Vorlagen in ▶VP 1502. Die Bilder aus ▶VP 1502 sind für den Zyklus Nr. 3 (z.B. in ▶VP 1507) nicht nur der Zahl nach und auch in der Größe drastisch reduziert, sondern auch inhaltlich-stilistisch bearbeitet worden.

Der Monogrammist L hat für den Zyklus Nr. 3 aus den detailreichen spätgotischen Bildern seines Vorbildes ▶VP 1502 nur einzelne wichtige Elemente herausgegriffen und damit aus den poly-szenischen Bildern von ▶VP 1502 in der Regel durch Selektion und motivische Vereinfachung ein mono-szenisches Bild gemacht. Darüber hinaus wird das in der Vorlage ▶VP 1502 herrschende mittelalterlich-gotische Ambiente reduziert. Man könnte für den Zyklus Nr. 3 von einer antikisierenden oder auch humanistischen, allerdings nicht von einer wirklich historisierenden antiken Stilisierung sprechen.

Etwa 35 Jahre später hat sich die gleiche Reduktion vieler ursprünglicher Szenen-Illustrationen zu einem aus 12 Holzschnitten zur Aeneis bestehenden Titelbild-Zyklus wiederholt, doch diesmal nicht gegenüber dem Original ▶VP 1502, sondern gegenüber der inzwischen in Gestalt des **Zyklus Nr. 6** geschaffenen zweiten venezianischen Adaption von ▶VP 1502, die **seit ▶VP 1519** (oder auch schon seit ▶VP 1515D) belegt ist. Die Nachschnitte von ▶VP 1502 im Zyklus Nr. 6 betreffen im Prinzip alle (im Normalfall: 137) Holzschnitte des Originals, mindestens aber 110 von ihnen. Im Unterschied zu der ersten Venezianischen Adaption im Zyklus Nr. 3 mit der Reduktion auf Titelbilder zu den 12 Aen.-Büchern ist jetzt die spätgotische Stilisierung des Straßburger Originals beibehalten (Näheres s. im nächsten Kapitel). Bei diesen stilistisch getreuen Wiederholungen von ▶VP 1500 mit ihrem mittelalterlichen Ambiente im Zyklus Nr. 6 ist einmal, nämlich in **▶VP 1541B** (ob auch schon vorher in ▶VP 1534A und ▶VP 1536A, ist unklar), dasselbe Prinzip wie bei der ersten, der ‚humanistischen' venezianischen Adaption im Zyklus Nr. 3 angewendet worden: der jeweils erste Holzschnitt eines Aen.-Buches in Zyklus Nr. 2 oder eher in Zyklus Nr. 6 (auf den dort noch viele folgen) wird in ▶VP 1541B als einziges Buch-Titelbild genommen und leicht variiert nachgeschnitten. Im Prinzip sind also die 12 Holzschnitte des Titelbild-Zyklus in ▶VP 1541B zur Aeneis identisch mit den 12 Titelbildern zu den Aen.-Büchern im Zyklus Nr. 3, nur die Stilisierung (damals ‚humanistisch', jetzt in ▶VP 1541B weiterhin, wie in ▶VP 1502 und in ▶VP 1519, spätgotisch) ist unterschiedlich. Das Prinzip, die ursprünglichen Auftaktbilder der Aen.-Bücher zu Titelbildern aufzuwerten, ist in ▶VP 1541B sogar strenger durchgeführt als im Zyklus Nr. 3: die beiden nicht auf ▶VP 1502 zurückgehenden Titelbilder zu Aen. II und Aen. IV im Zyklus Nr. 3 sind getilgt und (für Aen. II) durch eine bloße figürliche Initiale oder (für Aen. IV) durch die spätgotische Adaption von Pict. 89, dem wirklichen Auftaktholzschnitt zu Aen. IV in ▶VP 1502, ersetzt. Sogar für Aen. I ist der ursprüngliche erste Holzschnitt, Pict. 51 in ▶VP 1502 (zum Proömium gehörig) benutzt und nicht der zweite, Pict. 52, wie im Zyklus Nr. 3. Der jetzige ‚reine' aus den Auftaktbildern zu den einzelnen Aen.-Büchern in ▶VP 1502 entwickelte Titelbild-Zyklus besteht also aus den adaptierten Pict. 51 (für Aen. I; für Aen. II wäre eigentlich Pict. 60 einschlägig, ist aber nicht belegt) – Aen. III Pict. 75 – Aen. IV Pict. 89 – Aen. V Pict. 101 – Aen. VI Pict. 112 – Aen. VII Pict. 126 – Aen. VIII Pict. 137 – Aen. IX Pict. 146 – Aen. X Pict. 154 – Aen. XI Pict. 165 und Aen. XII Pict. 177.

D 3. Die beiden L-Adaptionen von ▶VP 1502 (die ‚humanistische' und die ‚spätgotische') in der ersten Hälfte des 16. Jh. (Zyklus Nr. 6 und Nr. 8)

Der beherrschende Einfluss der Straßburger Ausgabe von ▶VP 1502 im 16. Jh. vollzieht sich auf unterschiedliche Weise.

D 3.1. Zum einen werden die originalen Holzstöcke von ▶VP 1502 vom Verleger J. Grüninger selber zum kleineren Teil (53 der Holzschnitte zur Aeneis) in einer deutschen Livius-Übersetzung Straßburg 1507 und zum größeren Teil (107) in der ersten deutschen Aeneis-Übersetzung Straßburg ▶VP 1515F wiederholt. Erneut sind die originalen Holzstöcke nach ihrem Verkauf nach Lyon dort zweimal benutzt worden: zuerst durch den Verleger J. Sachon in ▶VP 1517 der komplette Aen.-Zyklus mit der einzigen Ausnahme der doppelseitigen Pict. 56 (Bilder am Juno-Tempel in Karthago); dann – natürlich in schlechterem Zustand – durch den Verleger J. Crespin in ▶VP 1529A, ebenfalls für die Aen. der komplette Satz (es fehlen gegenüber ▶VP 1502 nur drei Bilder: Pict. 52, wiederum Pict. 56 und Pict. 171; es findet sich aber ein zusätzlicher Holzschnitt Pict. 144/145plus). Diese vier Wiederverwendungen bilden mit dem Original selber den Zyklus Nr. 2.

D 3.2. Zum anderen werden die Holzschnitte von ▶VP 1502 in unterschiedlicher Weise und in unterschiedlicher Größe adaptiert und mehrfach neu geschnitten. Dies geschieht im wesentlichen in vier Ansätzen, die alle auf den Monogrammisten L zurückzugehen scheinen:

(a) die vereinfachende, ‚humanistische' erste Venezianische Adaption des **Zyklus Nr. 3** seit ▶VP 1505C und ▶VP 1507, die sich auf die 12 Auftaktbilder zu den einzelnen Aeneis-Büchern beschränkt (siehe dazu das vorausgehende Kapitel 2);

(b) die Ausdehnung des vereinfachenden, ‚humanistischen' Stils der ersten Venezianischen Adaption, unter gleichzeitiger drastischer Reduzierung des Formats, auf den Großteil der gesamten Holzschnitte zur Aeneis in Gestalt von Lyon ▶VP 1527A (dort sind für Aen. I-VIII immerhin 83 der originalen 95 Holzschnitte aus ▶VP 1502 adaptiert; insgesamt werden aber für Aen. I-XII die 129 auf das gleiche Kleinformat reduzierten Vignetten wegen vieler Dubletten nicht einmal 100 originalen Holzschnitten in ▶VP 1502 entsprechen); dies ist die Vorstufe des sich daraus entwickelnden Pariser **Zyklus Nr. 8** seit ▶VP 1529D (mit 111 ebenfalls stark verkleinerten Holzschnitten zur Aen., von denen aber wegen vieler Dubletten nur 58 Originale sind) bzw. ▶VP 1529E; die Reduzierung der Größe der Holzschnitte bringt erstaunlicherweise keine einschneidende Einbuße an wesentlichen Details mit sich;

(c) die vereinfachende, doch den spätgotischen Stil beibehaltende zweite Venezianische Adaption des **Zyklus Nr. 6** seit (spätestens) ▶VP 1519, die immerhin bis zu 112 von den 137 originalen Holzschnitten übernimmt;

(d) die spätgotische zweite Venezianische Adaption (Zyklus Nr. 6) wird – das Verhältnis zwischen (a) und (b) wiederholt sich, jedoch in umgekehrter Abfolge – zu einem vielleicht seit ▶VP 1534A, sicher seit ▶VP 1541B belegten (wieterhin spätgotischen) Titelbild-Zyklus zu den 12 Büchern der Aen. reduziert, indem wiederum die jeweiligen Auftaktholzschnitte der einzelnen Bücher zu Titelbildern stilisiert werden.

Diese sich in wenig mehr als 30 Jahren ausbildenden Nachschnitte oder Nachahmungen der Originalausgabe ▶VP 1502 beherrschen weitgehend die erste Hälfte des 16. Jh. Da sie keine neuen Bild-Sujets hervorbringen, sondern nur alte wiederholen und meist leicht vergröbern, braucht auf sie in diesem Überblick nicht näher eingegangen zu werden. Wenn noch in ▶VP 1552A die spätgotische zweite venezianische Adaption nachgedruckt wird, müssen ihre Bilder anachronistisch gewirkt haben.

Man darf also nicht etwa glauben, dass die in Kap. 2 und 3 vorgestellten, antikisierenden Bearbeitungen der Auftaktholzschnitte zu den Aen.-Büchern in ▶VP 1502, wie sie in den beiden Titelbildzyklen ▶VP 1507 und ▶VP 1528B vorliegen, das Bild der Aeneis im 16. Jh. geprägt haben. Vielmehr ist die spätgotische Einkleidung der Aeneis, wie sie in ▶VP 1502 begründet und dann immer wieder aufgegriffen worden ist, das ganze 16. Jh. über dominierend geblieben. Sie ist seit der Mitte des 16. Jh. auch in einem neuen Typus von Titelholzschnitten zur Aeneis weitergeführt worden: im Argumentum-Typus.

D 4. Die Ausbildung von Titelbildern
des Argumentum-Typus zu den 12 Aeneis-Büchern
(Zyklus Nr. 10 ▶VP 1560A, Nr. 15 ▶VP 1559C,
Nr. 16 ▶VP 1561B, Nr. 19 ▶VP 1608B)

Noch vor der Mitte des 16. Jh. entwickelt sich ein neuer Titelbild-Typus, zunächst noch immer auf der Basis der Holzschnitte in ▶VP 1502. Die bisherigen Titelbilder zu den 12 Aen.-Büchern waren sowohl in der humanistischen Variante des Zyklus Nr. 3 wie in der beibehaltenen spätgotischen Stilisierung des Zyklus Nr. 6 bloße Initial-Bilder gewesen: der erste Holzschnitt zu einem Aen.-Buch in ▶VP 1502 war zu einem Auftakt-Titelbild erhoben worden. Um die Mitte des 16. Jh. aber wurde ein neuer Titelbild-Typ erfunden: ein Simultanbild sollte als Titelbild den Inhalt des folgenden Aen.-Buches auf einen Blick überschaubar machen. Elemente mehrerer, im Idealfall aller in diesem Buch vorkommenden wichtigen Szenen werden in einem Rahmen zusammengeführt. Dadurch wird mit graphischen Mitteln eine Art Inhaltsangabe des Buches geboten. Solche Inhaltsangaben, lat. *argumenta*, gab es in textueller Form, in 4, 5, 6 oder 10 (+ 1) Hexametern schon seit der Spätantike. Wahrscheinlich hatten sie eine Memorialfunktion: die Leser, am ehesten wohl: die Schüler konnten sich in knapper versifizierter Form den Inhalt eines Buches einprägen. In Analogie zu solchen textuellen Argumenta nenne ich den neuen Typ des vielfigurigen Simultanbildes den **Argumentum-Typus**. Diese graphischen Argumenta sind in einer Aeneis-Ausgabe oder –Übersetzung der 2. Hälfte des 16. Jh. praktisch immer mit textuellen kombiniert, also mit einer lateinischen oder nationalsprachlichen Inhaltsangabe des betreffenden Aeneis-Buches, meist in Versen, gelegentlich auch in Prosa. (Solche Paratexte standen auch in nicht-illustrierten gedruckten Aeneis-Ausgaben oft an der Spitze der einzelnen Bücher.

Zum Wesen eines Argumentum-Titelbildes gehört, dass in ihm mit graphischen Mitteln Elemente mehrerer, und zwar voneinander unabhängiger Szenen kompiliert, im Idealfall sogar zu einem scheinbar zusammenhängenden oder gar gleichzeitigen Handlungskomplex kombiniert sind. Dazu trägt vor allem die Gestaltung einer einzigen Überschau-Landschaft bei, die zu einem kartographischen Bild gesteigert werden kann. In diesem von einem Bildrahmen begrenzten Raum können an verschiedenen Stellen Figuren scheinbar gleichzeitig agieren. Erst der Kenner des Epos kann die einzelnen Handlungen aus einem räumlichen Neben- und Übereinander in ein zeitliches Nacheinander bringen. Die Einheit des (graphisch dargestellten) Ortes simuliert eine scheinbare Einheit der Zeit und der Handlung.

In der Illustrierung der Aeneis ist der Typus des Argumentum-Bildes weitaus früher verbreitet als für die Metamorphosen Ovids, wo die beste Kennerin der Materie diesen neuen „Bildtyp der Sammeldarstellungen" erst innerhalb einer ital. Übersetzung, Venedig 1584, belegt findet.

Ich verweise auf G. HUBER-REBENICH, Verwandlungen/Illustrationen von Ovid-Texten, in: Der Neue Pauly, Band 15/3 Rezeptions- und Wissenschaftsgeschichte, Stuttgart/Weimar 2003, Sp. 1031-1037, hier Sp. 1035 (und weitere Publikationen der Autorin). Gerade auf den Typus der Argumentum-Titelbilder bin ich in meinem eingangs (S. 51) erwähnten, im Druck befindlichen Aufsatz (SUERBAUM, 2007/2008, s.o. S. 34) näher eingegangen.

D 4.1-2. Fast gleichzeitig bilden sich im deutschsprachigen Bereich – nach Vorstufen wie Worms ▶VP 1543B (auch Mainz ▶VP 1554A, Mainz ▶VP 1556A, Straßburg ▶VP 1559A, zusammengefasst als Zyklus Nr. 9) am Mittelrhein – in Frankfurt a. M. (Zyklus Nr. 15 seit ▶VP 1559C) und in Zürich (Zyklus Nr. 16 seit ▶VP 1561B) und unabhängig davon in Lyon in Gestalt des B. Salomon zugeschriebenen Zyklus Nr. 10 (nach früheren nur partiellen Vorstufen für die ganze Aeneis durchgeführt in ▶VP 1560A) drei Zyklen des Argumentum-Typus aus. Vor allem die beiden ,deutschen' nahe miteinander verwandten Frankfurter und Züricher Argumentum-Zyklen Nr. 15 und Nr. 16 beherrschen die Aen.-Illustration der zweiten Hälfte des 16. Jh. Sie werden fast ausschließlich in Frankfurt (später auch in Leipzig) bzw. in Zürich unverändert nachgedruckt oder variiert. Ihre künstlerische Qualität ist gering. Immerhin überragt der Züricher Zyklus Nr. 16 den Frankfurter durch den einheitlichen Charakter, den ihm eine in fast allen Holzschnitten durchgehaltene Perspektive verleiht. Der von oben überschaute Handlungsraum („Überschaulandschaft") ist geradezu kartographisch dargestellt. Generell wirkt der Züricher Typus als eine Verbesserung oder mindestens Weiterentwicklung des Frankfurter Typus. Wenn man die jeweiligen Titelholzschnitte zu demselben Aen.-Buch vergleicht (etwa zu Aen. XII), beobachtet man in dem jüngeren Züricher Typus eine Entwicklung zur Hervorhebung, zur Vergrößerung des Wichtigen.

Motivisch ist für die beiden ,deutschen' Varianten des Argumentum-Typus der Einfluss der Bilderfindungen Sebastian Brants in ▶VP 1502 unverkennbar. Beide zeigen denselben mittelalterlich-spätgotischen Stil wie ▶VP 1502. Sie sind aber naturgemäß für ihre Simultanbilder zunehmend nicht allein von einer einzigen Pictura in ▶VP 1502 abhängig; sie verwenden oder kombinieren damit Details auch aus anderen Bildern aus ▶VP 1502. Ursprünglich herrscht in den ,deutschen' Zyklen des Argumentum-Typs das Prinzip, einen bestimmten Holzschnitt aus ▶VP 1502 zugrundezulegen. Das gilt etwa für das Titelbild zu Aen. IV, in dem die prachtvolle Jagdszene aus Pict. 93 von ▶VP 1502 übernommen ist, die auch das Bildmotiv ,Aeneas und Dido in der Höhle' enthält. Die Vorstufen des Argumentum-Typus und auch noch das Titelbild zu Aen. IV im Frankfurter Argumentum-Typus (▶VP 1559C, Zyklus Nr. 15) gehen noch nicht über diese Szenerie hinaus. Im Züricher Argumentum-Typus (▶VP 1561B, Zyklus Nr. 16) aber nimmt die verkleinerte Jagdszene einschließlich einer vergrößerten und in den Vordergrund gerückten Szene mit ENEAS und DIDO in der Höhle nur mehr die größere Hälfte des Holzschnittes (vorn rechts) ein. Die kleinere Hälfte links hinten ist durch einen (von Vergil nicht erwähnen) Fluss abgeteilt. In der kartographisch überschauten Landschaft kann man dort erkennen (von oben nach unten ,gelesen', was ungefähr dem Text Vergils entspricht): in den Wolken das Komplott der Göttinnen VENUS und IUNO; CARTA(GO) im Aufbau; daneben die ankernde trojanische Flotte; MERC(URIUS) erinnert ENE(AS) an seine ,römische' Sendung; DIDO streitet mit ENE(AS); DIDO bringt ein Opfer dar (der Tod Didos aber ist nicht dargestellt). Die meisten dieser kleinen Figuren sind, wie auch im Frankfurter Zyklus Nr. 15, durch Namensbänder identifiziert. Allein auf dieser kleineren Hälfte des Titelholzschnittes zu Aen. IV sind mindestens 4 selbständige Szenen ,zitiert'.

D 4.3. Der dritte praktisch gleichzeitig in Lyon entstehende Argumentum-Zyklus Nr. 10, dessen Anfänge für Aen. I-II zu ▶VP 1542B und zu ▶VP 1547B (beide in Paris), für Aen. I-IV zu ▶VP 1552B (seitdem Lyon) zurückreichen und der erst in ▶VP 1560A auf alle 12 Bücher der Aeneis ausgedehnt ist, ist nicht von ▶VP 1502 abhängig und wird ob seiner künstlerischen Qualität allgemein (jedoch ohne Beleg) Bernard Salomon (der sich 1557 durch seine Illustrationen zu Ovids Metamorphosen einen Namen gemacht hat) zugeschrieben. Auch hier entwickelt sich der Charakter eines Mosaiks von Motiven, der den Argumentum-Typus ausmacht, erst langsam: Der Holzschnitt zu Aen. I bringt nur einen Szenenkomplex, den Seesturm, berücksichtigt jedoch neben dem Hauptmotiv, dem Schiff des Aeneas mit windgeschwellten Segeln, auch noch Juno im Gespräch mit Aeolus und das Eingreifen des Neptunus. Der Holzschnitt zu Aen. II gibt sogar nur einen einzigen Moment der Handlung wieder, das Hereinziehen des Hölzernen Pferdes durch das Skäische Tor nach Troja. Im Holzschnitt zu Aen. III aber sind bereits vier Szenen der Irrfahrten dargestellt: Das Polydorus-Omen, die Begegnung mit Andromache, die Begrüßung durch Helenus, das Kyklopen-Abenteuer. Für Aen. IV nun steht die Doppelszene im Mittelpunkt, wie Mercurius von Juppiter ausgesandt wird und wie er Aeneas in Karthago die Abmahnung überbringt. Daneben aber sind, auch hier (wie im Züricher Zyklus Nr. 16) in der linken kleineren Bildhälfte, mehrere andere Szenen aus Aen. IV berücksichtigt: Die Auseinandersetzung zwischen Dido und Aeneas, das Opfer Didos, die Abfahrt der trojanischen Flotte und auch der Tod Didos auf dem Scheiterhaufen. Allerdings gelingt es Ps.-Salomon in diesem Titelbild zu Aen. IV weniger als z.B. in den späteren zu Aen. VI-XII, eine geschlossene ,malerische' Überschaulandschaft zu gestalten, in der die Figuren trotz unterschiedlicher Handlungssituationen einigermaßen ,natürlich' nebeneinander agieren. Das Fehlen von Namensbändern trägt dazu bei, dass ein Betrachter, wenn er keine Text-Kenntnis besitzt, die Disparatheit der dargestellten Handlungen nicht direkt durchschaut. Vielleicht gerade wegen des hohen künstlerischen Niveaus hat der Argumentum-Zyklus aus Lyon keine fruchtbare Nachwirkung entfaltet.

D 4.4. Ein vierter selbständiger und ebenfalls von ▶VP 1502 ganz unabhängiger Titelbild-Zyklus im Argumentum-Typus entsteht als Nachzügler (und offenbar bereits im Kupferstich) in Padua: ▶VP 1608B (Zyklus Nr. 19). Er ist, wie auch die drei anderen Argumentum-Zyklen in den meisten ihrer Belege, mit einem textuellen Argumentum, hier einer italienischen Übersetzung der lateinischen spätantiken Pentasticha, einer Inhaltsangabe für jedes Aeneis-Buch in 5

Hexametern, kombiniert. Die Titelbilder sind geprägt von einer Fülle von Personen, die durch italienische Namensbänder identifizierbar sind, in unterschiedlichen Handlungssituationen. Wie diese sich zueinander verhalten, ist nur dem Kenner der Aeneis ersichtlich. Eine verbindliche Leserichtung für die mosaikartig zusammengestellten Einzelsujets ist nicht ersichtlich. Auf keinen Fall sind die zusammengestellten Einzelbildchen sozusagen zeilenweise von links nach rechts zu lesen. Man kann auch nicht sagen, dass die zentrale Szene die wichtigste ist. Die Größe der Figuren pflegt vom Vorder- zum Hintergrund abzunehmen. Ganz allgemein lässt sich sagen, dass der Handlungsverlauf vom Vordergrund zum Hintergrund, von ‚unten' auf dem Bild nach ‚oben' führt. Es herrscht also die Tendenz, frühere Handlungen im Vordergrund des Bildes und womöglich auch in größerem Format darzustellen und spätere Handlungen im Hintergrund. In dem Titelbild zu Aen. IV in ▶VP 1608B z.B. dominieren die Figuren von Dido und Anna im Vordergrund vor allem deshalb, weil das IV. Aen.-Buch mit einem Dialog zwischen Dido und Anna beginnt.

Als (vielleicht prägnante) Bezeichnung eines Argumentum-Titelbildes ist seit Mainz ▶VP 1554A der Begriff *figura* verbreitet (z.B. *libri primi figura*). Titelbild-Zyklen des Argumentum-Typus sind offenbar (es gibt in Einzelfällen Datierungsunklarheiten) bis etwa 1620-1630 belegt.

Heute wirken die Titelbilder des Argumentum-Typus wohl als die befremdlichste Form der Visualisierung der Aeneis. Zuzugeben ist, dass ihre ästhetische Qualität nicht überzeugend ist. Aber als graphische Vermittlungsmedien sind sie in einer Hinsicht gerade wegen ihrer Einfachheit den erzählfreudigen und detailreichen Holzschnitten in ▶VP 1502, die eine spätgotische Welt von letzten Rittern entfalten, überlegen: sie legen die Phantasie des Lesers nicht fest, sie verweisen den Betrachter auf den Text. Wie die textuellen Argumenta haben auch die bildlichen Argumenta eine *memoria*-Funktion. Die Holzschnitte in ▶VP 1502 mögen dem Betrachter die Illusion vermitteln, er könne durch diese Bilder wenigstens die äußere Handlung der Aeneis erkennen - die Titelbilder der Zyklen im Argumentum-Typus gewiss nicht.

D 5. Alternativen zur Darstellungstradition von ▶VP 1502 in Zyklen des 16. Jh. bis Anfang des 17. Jh.

(Zyklus Nr. 7 ▶VP 1528B und ▶VP 1540B, Nr. 11 ▶VP 1555 und Nr. 12 ▶VP 1558A)

Die direkte oder indirekte Rezeption der Holzschnitte von ▶VP 1502 ist im 16. Jh. so dominant, dass daneben so gut wie keine neuen Zyklen geschaffen werden, die sich in Stil und Sujet deutlich von der durch ▶VP 1502 begründeten piktographischen Traditionslinie emanzipieren.

D 5.1. Auch der **Illustrationszyklus Nr.** 7 zum *Virgilio volgare* seit ▶VP 1528B, ursprünglich offenbar ein Zyklus nur von Titelbildern zu den 12 Aen.-Büchern, geht zunächst von ▶VP 1502 (Zyklus Nr. 2) bzw. von dessen zweiter venezianischen Adaption (Zyklus Nr. 6, spätestens seit ▶VP 1519) aus; aber er entwickelt immerhin, bedeutend stärker als die erste venezianische Adaption (Zyklus Nr. 3), eine ausgeprägte Eigenständigkeit. Durch Vereinfachung und Antikisierung, auch durch Kompilierung von Elementen aus verschiedenen Bildern entfernen sich die Holzschnitte im Zyklus Nr. 7 so deutlich von der spätgotischen detailreichen Welt der Originale vom Zyklus Nr. 2 in ▶VP 1502, dass ihre Abhängigkeit davon nur beim direkten Vergleich augenfällig wird. Grundsätzlich stellt der Zyklus Nr. 7 eine Parallelentwicklung zu dem älteren ersten venezianischen Zyklus Nr. 3 (belegt spätestens in ▶VP 1507B) dar. Eine direkte Abhängigkeit von diesem ebenfalls die spätgotische Stilisierung von ▶VP 1502 aufgebenden Titelbild-Zyklus Nr. 3 liegt aber wohl nicht vor. Die Ähnlichkeit zwischen den beiden ,humanistischen' Versionen von Zyklus Nr. 3 und Zyklus Nr. 7 ist wohl eher dadurch begründet, dass beide Zyklen vornehmlich die jeweiligen Auftaktholzschnitte zu den 12 Aen.-Büchern in ▶VP 1502 adaptieren: der Zyklus Nr. 3 ausschließlich (bis auf die neugeschaffenen oder aus anderer Quelle stammenden Holzschnitte zu Aen. II und Aen. IV), der Zyklus Nr. 7 hauptsächlich. Der Zyklus Nr. 7 des *Virgilio volgare* geht ja schon durch die bloße Zahl seiner Holzschnitte (in ▶VP 1540B sind es 22, allerdings wegen zweier Dubletten nur 20 Sujets darstellend; sie sind, obwohl sie sich auch auf die zweite Aen.-Hälfte beziehen, geradezu willkürlich allein auf Aen. I-VI verteilt) über den Umfang des auf 12 Buch-Titelbilder beschränkten Zyklus Nr. 3 hinaus. Aber dass die antikisierende Darstellungsweise des Zyklus Nr. 3 für die Komposition und den Stil des Zyklus Nr. 7 vorbildlich war, liegt klar zutage. Der Zyklus Nr. 7 des *Virgilio volgare* stellt eine noch konsequentere klassizistische Transformation von ▶VP 1502 dar als dessen erste venezianische Adaption im Zyklus Nr. 3.

Eine Bemerkung verdient eine darstellerische Besonderheit im Zyklus Nr. 7 (seit ▶VP 1528B). In den Titelbildern für Aen. I und II wird erstmals versucht (so jedenfalls meine Deutung), die beiden getrennten Ebenen des Vermittlers/Erzählers/Dichters und die der erzählten Handlung in einem Bild zu vereinen: Es ist der Dichter Vergil, der seinen Zuhörern (= Lesern) von Kämpfen (*arma*) erzählt (so das Bild zu Aen. I) oder ihnen das Hölzerne Pferd (in Aen. II) zeigt. Eine solche Konzeption gibt es in Zyklus Nr. 3 (▶VP 1507) noch nicht und auch nicht im Zyklus Nr. 2. In dem originalen Szenen-Illustrationszyklus Nr. 2 von ▶VP 1502 kommt Vergil, der Autor, nur einmal vor: in der Ausnahmesituation des Proömiums in Pict. 51, als ein Professor am Katheder, der das niederschreibt (nämlich die Aeneis), was ihm die davor stehende Muse diktiert.

Aus der gesamten Geschichte der Aeneis-Illustration kenne ich nur noch ein weiteres Beispiel, in dem ebenfalls, wie im Zyklus Nr. 7 zu Aen. I und Aen. II (und im Zyklus Nr. 2 zum Proömium), der Dichter ins Bild gebracht wird: in unscheinbarer Form und an überraschender Stelle in ▶VP 1840 Taf. 45 (STIEF Nr. 103 mit Abb. 34). Die illustrierte Stelle ist nicht etwa eine der ganz seltenen Passagen im Epos, in denen der Dichter (und zwar immer *qua* Autor, nicht *qua* biographisch identifizierbare Gestalt) in Ich-Form spricht (wie etwa Aen. IX 446-449; weiteres bei SUERBAUM, 1999, 364ff.), sondern eine Partie der ‚Heldenschau' in der Unterwelt (Aen. VI 788-886), als Anchises seinem Sohne Aeneas u.a. die „Anfänge des Imperium Romanum" zeigt (so der französische Titel zu dieser von A.-L. Girodet-Trioson entworfenen Lithographie, die in ▶VP 1840 von E. Schuler in seinem Stahlstich leicht verändert ist). Inmitten von drei Figurengruppen (links Sibylle/Anchises/Aeneas; oben Mitte die Darstellung einer Apotheose mit Augustus oder Roma und Marcellus; rechts Caesar/Tochter Julia/Schwiegersohn Pompeius) ist klein, abgesondert innerhalb von Wolken, ein Porträt Vergils im Orsini-Typ (mit gegenübergestellter Herme) eingefügt. Vielleicht wollte Girodet damit andeuten, dass der futurische Ausblick auf die römische Geschichte in der ‚Heldenschau' stärker als andere Partien im Epos die ‚Anwesenheit' des Dichters Vergil spüren lässt.

D 5.2-3. Während im Zyklus Nr. 7 noch immer die Bild-Erfindungen von ▶VP 1502 zugrundeliegen, wenn auch die mittelalterliche Darstellungsweise zugunsten einer antikisierenden ersetzt ist, bedeuten die 12 Titelbild-Vignetten in ▶**VP 1555 (Zyklus Nr. 11)** wirklich einen Neuansatz. Allerdings ist dieser venezianische Titelbild-Zyklus von kleinen, aber detailreichen Holzschnitten keine komplette Neu-Illustrierung durch den Drucker Hieronymus Scotus, sondern textwidrig durch Bilder aus einer nicht-vergilischen Quelle angereichert (Näheres s. im Katalog zu ▶VP 1555. In der Regel herrscht die mono-szenische Darstellung; für Aen. IV und Aen. V sind aber mehrere Szenen berücksichtigt. Die Bilder stehen nicht immer sachentsprechend vor den Aen.-Büchern. Der Zyklus Nr. 11 blieb auch isoliert. Die Weiterführung durch den Verleger Bonelli in Venedig in Gestalt von ▶**VP 1558A (Zyklus Nr. 13)** war zwar äußerlich wegen etlicher Wiederholungen oder Übernahmen erfolgreich, doch gelang es auch Bonelli nicht, einen sachlich und stilistisch geschlossenen Illustrationszyklus zusammenzubringen.

D 5.4. Vollkommen unabhängig vom Einfluss von ▶VP 1502 ist im 16. Jh. auch der seit ▶VP 1542B stufenweise, in ▶VP 1552B auf Aen. I-IV und schließlich in ▶VP 1560A auf alle 12 Aeneis-Bücher ausgedehnte Titelbild-**Zyklus Nr. 10**, der Bernard Salomon zugeschrieben wird. Da er dem neuen Argumentum-Typus (Kap. D 4) angehört, ist er mit den drei anderen Vertretern dieses Typus in Kap. D 4.3 behandelt.

D 5.5. Es ist eine auffällige Erscheinung, dass sogar dann, wenn man die von ▶VP 1502 abgeleiteten Titelbildzyklen und damit auch den Züricher Argumentum-Typus Nr. 16 (seit ▶VP 1561B) mitberücksichtigt, etwa 4 Jahrzehnte lang, bis zum Anfang des 17. Jh., bis zum Zyklus Nr. 18 (mit ▶VP 1601), kein neuer Aeneis-Illustrations-Zyklus konzipiert wird. Im Grunde bieten (von den mir zugänglichen Zyklen) nur der Zyklus Nr. 7 zum *Virgilio volgare* in seiner ursprünglichen Form in ▶VP 1528B (zum Titelbildtypus gehörig) und der in ▶VP 1560A abgeschlossen vorliegende, B. Salomon zugeschriebene Zyklus Nr. 10 (im Argumentum-Typus) im ganzen 16. Jh. echte Alternativen zu der von ▶VP 1502 begründeten und seitdem herrschenden Darstellungstradition.

D 6. Die Zyklen von Kupferstich-Titelbildern zu den 12 Aeneis-Büchern im 17. und 18. Jh.

D 6.1. Allgemeines: Das Aufkommen von Szenen-Illustrationen als Titelbilder zu den Aen.-Büchern

Dieses Unterkapitel lehnt sich eng an meine Ausführungen in dem Beitrag für die *Philologia antiqua* über die ‚Titelbilder zu den Aeneis-Büchern vom Humanismus bis zum Neoklassizismus' an; dort sind die einzelnen Zyklen näher vorgestellt.

Anfang des 17. Jh. beginnt der Kupferstich auch in der Vergil-Illustration seinen Siegeszug als neues Bildmedium, das in wenigen Jahrzehnten den Holzschnitt verdrängt. Mit dem neuen Medium kommt auch ein neuer Typus der Illustrierung auf, der in den fast zweieinhalb Jahrhunderten, die ich genauer überblicke (die Zeit bis 1840), beherrschend bleibt: eine Szenen-Illustration als Titelbild für jedes der 12 Aen.-Bücher. Titelbilder zu den Aen.-Büchern hatte es auch im Holzschnitt-Zeitalter gegeben. Aber diese gehörten entweder zum Argumentum-Typus, also zum Typus des Simultanbildes, das mehrere, der Tendenz nach alle Szenen des jeweiligen Buches graphisch anzitieren will, oder aber die Titelbilder der 12 Aen.-Bücher waren eine Erhöhung des jeweils ersten Holzschnittes aus dem großen Bilderzyklus von ▶VP 1502 zum jeweiligen Buch-Titelbild, das dann gleichzeitig die einzige Illustration des Buches bildete. Der letztere Typ eines Holzschnitt-Titelbildes stellte zwar auch ein Szenen-Bild dar, war aber durch bloße schematische Reduktion aus einer größeren Anzahl von Szenen-Bildern in ▶VP 1502 entstanden: der Initialholzschnitt eines Buches wurde regelmäßig zum Titelholzschnitt umfunktioniert. Das ändert sich mit dem Aufkommen des Kupferstichs. Die Aen.-Zyklen bestehen jetzt in der Regel aus 12 Bildern, den Titelbildern zu den einzelnen Büchern; in einigen wenigen Fällen kommen noch Schluss-Vignetten zu allen oder einzelnen Büchern hinzu. Diese Kupferstiche haben als Sujet aber nicht mehr, wie im Holzschnitt-Zeitalter unter dem Einfluss von ▶VP 1502, die jeweils erste Szene des Buches, sondern eine sozusagen beliebige Szene des Buches. In der ersten Phase der Illustrierung durch Kupferstiche wird es sich um die in den Augen des Künstlers (oder seines Beraters) inhaltlich wichtigste Szene des Buches handeln oder aber um ein für eine bildliche Darstellung besonders lohnendes Motiv. Man darf dann vielleicht von einer Repräsentativ-Illustrierung sprechen. Später, im 18. Jh., lässt sich eine neue Entwicklung beobachten. Da die traditionellen und die wichtigen Themen als verbraucht und als nicht mehr attraktiv für das Publikum betrachtet werden, bemühen sich die Künstler (oder die Verleger), neue, ausgefallenere Motive für das Buch-Titelbild zu finden.

Ein spezielles Problem für Szenen-Bilder, die in die Funktion von Titelbildern einrücken, ist ihre Trennung vom zugehörigen Kontext. (Bei reinen Szenen-Illustrationszyklen, wie ▶VP 1502, sind dagegen die Bilder immer *suo loco* in den Text eingefügt.) Solche Titelbilder können sich auf eine Hunderte von Versen entfernte Partie des Buches beziehen. Nicht selten hat der Betrachter Probleme, den Textbezug solcher Titelbilder, in denen ein Szenen-Bild aus dem Buchinneren nach vorn versetzt ist, genauer zu bestimmen. Ein neu erfundenes Mittel der Verbindung Titelbild – illustrierte Text-Perikope bestand darin, die illustrierten Vergil-Verse (oder deren Anfang) auf Latein oder in Übersetzung unter dem Bild zu zitieren, mit oder ohne genaue Stellenangabe.

Für die Illustrierung einer Opera-Ausgabe Vergils ist im Kupferstich-Zeitalter der 17-Bilder-Zyklus typisch: 1 Bild zu den Eklogen (konkret zur 1. ecl.), 4 Bilder zu den Georgica und 12 Bilder zur Aeneis, jeweils eines zum Beginn der einzelnen Bücher. Nicht selten kommt noch eine Antiporta oder ein Frontispiz dazu. Es kann auch eine Reduktion dieses Standard-Typs auf insgesamt 14 Kupferstiche geben, wenn die Georgica insgesamt nur 1 Bild erhalten, oder eine Vergrößerung durch zusätzliche Schlussvignetten (so in Zyklus Nr. 39 ▶VP 1717B mit insgesamt 21 Bildern zur Aen.; zu diesem Typ gehört auch Zyklus Nr. 53 ▶VP 1760 mit insgesamt 30 Bildern zur Aen., da hier neben die ganzseitigen Titelbilder noch kleine Auftaktbilder zu allen und Schlussvignetten zu einzelnen Aen.-Büchern treten). Eine durchgehende Szenen-Illustrierung, die über Titel- und Schlussbilder hinausgeht, gibt es innerhalb des 17. und 18. Jh. nur dreimal in Vergil-Ausgaben; diese (Zyklus Nr. 24 mit ▶VP 1623A = ▶VP 1624B; Zyklus Nr. 29 mit ▶VP 1654A = ▶VP 1658A und Zyklus Nr. 35 mit ▶VP 1688A) sind in Kap. D 7 behandelt.

Der genaue Beginn des Kupferstichzeitalters für Buchillustrationen zur Aeneis lässt sich nicht zweifelsfrei bestimmen, da die Datierung der Erstpublikation des ersten Illustrationszyklus (Zyklus Nr. 18) zur italienischen Aen.-Übersetzung von Annibal Caro (die ohne Illustrationen erstmals Venedig ▶VP 1581D postum erschienen war), in der die Buch-Titelbilder jeweils eine Szene des Buches beherrschend in den Vordergrund rücken und weitere Szenen in den Hintergrund drängen, nicht recht klar ist: mindestens 1608 (in Gestalt von ▶VP 1608C), vielleicht schon 1601 (in Gestalt von ▶VP 1601 ▶VP 1622B). Praktisch gleichzeitig ist in Gestalt von ▶VP 1608B, ebenfalls schon in Kupferstich-Technik, der bereits in Kapitel D 4.4 besprochene jüngste Zyklus Nr. 19 jenes Argumentum-Typs erschienen, bei dem die Buch-Titelbilder eine synoptisch graphische Überschau über das ganze Buch geben wollen, ebenfalls zu einem Druck der Aen.-Übersetzung von A. Caro.

Es ist kein Zufall, dass Anfang des 17. Jh. ausgerechnet eine Übersetzung zum erstenmal mit einem Kupferstich-Zyklus illustriert wurde: Eine Illustrierung bedeutet eine Art Popularisierung, eine Abwendung von dem einseitigen Vertrauen auf das Verständnis des lateinischen Originaltextes. Man kann sagen, dass eine Illustrierung eine Affinität zu Übersetzungen (oder auch zu Schulausgaben) hat. Noch stärkere Geltung hat der Umkehrsatz: je stärker philologisch eine Vergil-Ausgabe ausgerichtet und je wissenschaftlicher ihr Anspruch ist, desto eher verzichtet sie auf Illustrationen. Heutzutage erscheint es fast undenkbar, dass eine wissenschaftliche, textkritische Vergil-Ausgabe irgendwelche Text-Illustrationen oder auch nur ein Autoren-Porträt aufweist. Dieser auf das originale Wort Vergils gerichtete Purismus duldet keine sekundär erfundene Illustrierung. Ein solcher Purismus herrschte nicht immer, wie schon die Vielzahl der *lateinischen* illustrierten Ausgaben des 16.-19. Jh. beweist. Aber eine Tendenz, dass eher Übersetzungen illustriert werden als lateinische Textausgaben, ist von Anfang an zu erkennen. Und wenn ein und dieselbe Übersetzung in unterschiedlichen Ausgaben erscheint, wie es vor allem bei der geradezu klassischen italienischen Aen.-Übersetzung von Annibal Caro von ▶ VP 1581D an bis zum heutigen Tag immer wieder der Fall ist, dann streben die Verleger danach, sich durch eine andersartige Illustrierung von den bisher vorliegenden Ausgaben abzusetzen.

So kommt es, dass gerade die unzähligen Ausgaben der italienischen Aen.-Übersetzung von A. Caro, die mit und ohne Kommentar, mit und ohne Bilder gedruckt worden sind, ein dankbares Feld für Forschungen zur Vergil-Illustrierung wären. Aber leider sind sie außerhalb Italiens nur selten greifbar, und den Bibliographien sind nicht einmal genauere Angaben über die Art der Illustrierung zu entnehmen, geschweige denn, dass man eine Anschauung davon gewinnen könnte.

D 6.2. Bemerkungen zu einzelnen ausgewählten Titelbild-Zyklen des 17./18. Jh.

Die einzelnen Titelbild-Zyklen des 17./18. Jh., in denen ein bestimmtes Szenen-Bild als einzige Illustration an die Spitze des jeweiligen Aeneis-Buches gestellt ist, sind im Katalog-Teil (F) und in meinem reichbebilderten Spezialaufsatz zu diesen Titelbildern (SUERBAUM, 2007/08) näher vorgestellt. Hier seien nur einige Beobachtungen hervorgehoben, die allgemeineren Charakter haben.

Von der erstmals Venedig ▶ VP 1581D postum publizierten ital. Aen.-Übersetzung von Annibal Caro (1507-1566) ist die erste illustrierte Ausgabe im ersten Jahrzehnt des 17. Jh. erschienen: Rom ▶ VP 1608C (1608 nach dem Titel, 1607 nach dem Kolophon), vielleicht sogar schon Rom ▶ VP 1601 (1601 nach dem Titel, wohl auf das Entstehungsjahr gehend, 1622 nach dem Kolophon, wohl das Publikationsjahr bezeichnend, daher meist 1622 = ▶ VP 1622B angesetzt). Die unklare Chronologie der Ausgaben dieses **Zyklus Nr. 18** wird noch weiter dadurch kompliziert, dass es dazu eine Variante in Gestalt von Padua „▶ VP 1621" gibt, die nicht unabhängig von ▶ VP 1601 = ▶ VP 1622B entstanden sein kann, obwohl sie einige selbständige Sujets bringt. Die Datierung dieser Variante aber ist kryptisch: sie besteht in einer fünfstelligen Zahl, die als 10621, vielleicht aber auch als 16621 zu lesen ist. Zu welcher Jahreszahl sie zu emendieren ist, bleibt unklar; „1621" ist nicht die einzig mögliche Korrektur.

(D 6.2.a) Der erste in Kupferstich ausgeführte Titelbild-**Zyklus Nr. 18** bringt zu den 12 Aen.-Büchern in ▶ VP 1601 = ▶ VP 1622 (ohne Beischriften) folgende

Sujets (ich nenne nur Stichworte): Aen. I die trojanische Flotte im Seesturm; II Flucht des *pius Aeneas* aus Troja; III eine nicht sicher zu identifizierende Irrfahrtenstation (Buthrotum? Kreta?); IV Didos Selbstmord; V Schiffsbrand; VI Betreten der Unterwelt; VII Aufmarsch der Latiner?; VIII Venus in der Schmiede des Vulkan; IX und X Schlachtszenen; XI Siegesmal aus den Waffen des Mezentius; XII Aeneas tötet Turnus.

Der Zyklus Nr. 18 bringt in der Regel ein Ein-Szenenbild als Titelbild der 12 Aen.-Bücher. Die einzige nennenswerte Ausnahme ist der Kupferstich zu Aen. IV, wo neben dem Hauptsujet, dem Selbstmord Didos, noch auf zwei andere Szenen dieses Buches, die Vereinigung Didos mit Aeneas in der Höhle und die Abmahnung durch Mercurius, hingewiesen wird. (Sicher auch bei Aen. IX und X, vielleicht zudem bei Aen. III, ist ebenfalls, allerdings stärker abgeschwächt im Hintergrund, eine zusätzliche Szene neben dem Hauptmotiv dargestellt.) Die zur Illustration ausgewählten Szenen sind (abgesehen von den nicht sicher zu identifizierenden Kampfszenen in IX und X) wirklich Schlüssel-Szenen der jeweiligen Bücher. In nur zwei Fällen, bei Aen. I und Aen. IX ist die dargestellte Szene zugleich die Auftaktszene des Buches. Für Aen. I bietet sich der Seesturm in der Tat als wichtiges, nicht nur als erstes Sujet an. Für Aen. XI ist das Bild von der Errichtung des Tropaions allerdings eher durch die piktorale Tradition begründet, letzten Endes durch den Auftaktholzschnitt Pict. 165 in ▶VP 1502 zu Aen. IX, und nicht durch eine besondere inhaltliche Bedeutsamkeit dieser Handlung. Die in den meisten Fällen vorliegende Konzentration auf wenige Vordergrundfiguren lässt eine gewisse Theatralik entstehen, ermöglicht aber auch emotionale Anteilnahme. Die Gewandung tendiert zum Antikisieren.

Der Paduaner Szenen-Titelbild-Zyklus mit der fünfstelligen Jahreszahl (▶VP 1621) ist zweifellos von dem eben vorgestellten römischen Zyklus Nr. 18 abhängig. In den meisten Fällen handelt es sich um seitenverkehrte, recht grobe Nachstiche, die wie Holzschnitte wirken; sie berücksichtigen meist das Hauptmotiv der Vorlage im Vordergrund. Sie sind aber alle um Elemente erweitert, die zusätzliche Szenen des betreffenden Buches bildlich darstellen oder sozusagen graphisch anzitieren. Dadurch nähert sich dieser Zyklus dem Argumentum-Typus. In einigen Fällen, nämlich für Aen. III, V und VI., ist das in ▶VP 1601 = ▶VP 1622 vorgefundene Vorbild in ▶VP 1621 ganz durch eine Neuerfindung ersetzt. Aufgrund der Tendenz, das jeweilige Buch nicht, wie meist in ▶VP 1601, durch eine einzige Szene zu repräsentieren, sondern durch mehrere, sind die Bilder in ▶VP 1621 ohne überzeugende Komposition gedrängt mit Figuren gefüllt.

(D 6.2.b) Der Kupferstich-**Zyklus Nr. 21** in ▶VP 1612A ist aus einem doppelten Grund bemerkenswert: Es ist der älteste Zyklus, dessen Künstler sich schon im Titel namentlich (als Crispin de Passe d. Ä.) zu erkennen gibt (Sebastian Brant hat zwar eine nicht genauer beschriebene Autorschaft an den Holzschnitten im Zyklus Nr. 2 in ▶VP 1502 reklamiert, sie aber nicht signiert; die Zyklen des Holzschnitt-Zeitalters sind bestenfalls von Monogrammisten, etwa von L, signiert). In der Regel ist fortan bei den Zyklen im Kupferstich angegeben, von wem der Entwurf bzw. die Vorzeichnung stammt (*inv. = invenit* oder *del. = delineavit*) und wer der Stecher ist (*sculp. = sculpsit*, seltener *fec. = fecit*). Ferner ist der Zyklus Nr. 21/▶VP 1612A der erste Beleg für eine auch später (so in Zyklus Nr. 35/▶VP 1688A; im Grunde auch in Zyklus Nr. 63/▶VP 1811A) gelegentlich auftretende Sonderform der Aeneis-Illustration: für ein Bilderbuch ohne Vergil-Text. Es handelt sich nämlich um den 2. Teil des Tafelwerks *Compendium operum Virgilianorum Chrispiani Passaei chalcographi* mit dem Sondertitel *Speculum Aeneidis Virgilianae*. In ihm ist kein lateinischer Text der Opera Vergils enthalten, sondern neben den Bildern existieren nur Inhaltsangaben (Argumenta; konkret sind es die spätantiken lateinischen Decasticha und deren französische Übersetzung) zu den Büchern der Aeneis. Die Kupferstiche selbst gehören zu jenem Titelbild-Typus, der nicht nur eine einzige Szene bringt, sondern mindestens zwei (darunter vorzugsweise die Auftaktszene) und sich damit auch graphisch dem Argumentum-Typus annähert. Die Gewandung der Figuren ist im allgemeinen zeitgenössisch-holländisch.

(**D 6.2.c**) Der einflussreichste französische Kupferstichzyklus des 17. und auch noch 18. Jh., der **Zyklus Nr. 27**, stammt von F. Chauveau und ist erstmals in ▶VP 1649B publiziert, danach aber noch fast ein Dutzend Mal in der Originalform oder aber (seit ▶VP 1681B) in seitenverkehrten Nachstichen mit einer französischen Übersetzung oder in der Nachahmung durch P. Lochon (im Zyklus Nr. 31) mit der Aen.-Travestie von P. Scarron verbunden worden. Bei den 12 ganzseitigen Buch-Titelkupferstichen zur Aeneis handelt es sich ausnahmslos um mono-szenische Bilder, die durch 4 französische Verse, die unter dem Bild stehen, erläutert werden. Diese Kombination des Bildes mit einem Zitat aus der beigegebenen Übersetzung oder des lateinischen Textes ist seit der Mitte des 17. Jh. sehr beliebt und verbreitet sich wohl gerade unter dem Einfluss des Zyklus Nr. 27 in Frankreich und des Zyklus Nr. 29 von Franz Cleyn in England; sie liegt auch in dem deutschen Zyklus Nr. 35/▶VP 1688A vor. – Inhaltlich ist für den Zyklus Nr. 27 von F. Chauveau auffällig, dass sich in ihm eine Reihe ungewöhnlicher Sujets findet. Vermutlich strebt der Graphiker nicht zuletzt deshalb danach, ‚neue' Titelbilder zu den einzelnen Büchern der Aeneis zu erfinden, um sich signifikant von früheren Zyklen abzuheben. Immerhin geht er nicht so weit, Episoden ohne größere Bedeutung zum Titelbild eines Buches zu erheben.

(**D 6.2.d**) Der **Zyklus Nr. 34** von G. Appelmans in ▶VP 1680A, der durch die Nachahmung von F. De la Monce im **Zyklus Nr. 38** seit ▶VP 1707 (und dann noch ein halbes Dutzend Mal) und seine Verbindung mit der seit 1675 für ein ganzes Jahrhundert einflussreichsten Vergil-Ausgabe von C. RUAEUS (Charles DE LA RUE) weitere Verbreitung fand, darf im Hinblick auf seine Sujetauswahl für die Titelbilder zu den einzelnen Aen.-Büchern im Ein-Szenen-Typ geradezu als Standardtyp bezeichnet werden. Wenn man meinen „Überblick über beliebte Sujets für Titelbilder der Aeneis-Bücher" (D 6.3) zum Vergleich heranzieht, zeigt sich, dass im Zyklus Nr. 34/Nr. 38 regelmäßig das üblichste oder eines der gängigsten Motive des jeweiligen Aen.-Buches als Titelbild gewählt ist. Diese Schlüsselszenen sind, in knappster Form ausgedrückt:

Aen. I:	Seesturm;
Aen. II:	Flucht des *pius Aeneas* aus Troja;
Aen. III:	ein Abenteuer während der Irrfahrten (hier: Harpyien);
Aen. IV:	Tod Didos;
Aen. V:	eine Episode der Spiele (hier: Boxkampf);
Aen. VI:	Aeneas mit der Sibylle im Nachen Charons in der Unterwelt;
Aen. VII:	Ausbruch der Feindseligkeiten gegen die Trojaner;
Aen. VIII:	Übergabe der neuen Waffen an Aeneas;
Aen. IX:	Bedrohung und Metamorphose der trojanischen Schiffe;
Aen. X:	Götterversammlung;
Aen. XI:	Tod Camillas;
Aen. XII:	Schlussduell Aeneas – Turnus.

Dieser Motiv-Katalog kann als eine Art Standard betrachtet werden, an den sich spätere Künstler als Norm halten oder aber von dem sie sich im Streben nach Variation oder aber aufgrund der Ansicht, andere Szenen oder Momente seien repräsentativer oder wichtiger, distanzieren konnten.

(D 6.2.e) Während im 17. Jh. neben den Titelbild-Illustrationen immerhin noch drei Szenen-Illustrationszyklen mit 64 (Zyklus Nr. 24/▶VP 1623A/1624B), 71 (Zyklus Nr. 29/▶VP 1654A/1658A, bis weit ins 18. Jh. verbreitet) oder 51 (Zyklus Nr. 35/▶VP 1688A) Szenen-Bildern zur Aeneis entstehen (s. dazu D 7.1–7.3), dominiert im 18. Jh. einseitig der Typus der Titelbild-Illustration für die 12 Aen.-Bücher. Er wird allerdings in wenigen Fällen über die Zahl von 12 Bildern dadurch erweitert, dass neben das ganzseitige Titelbild noch ein kleineres Auftaktbild auf der jeweils ersten Textseite tritt und/oder dass am Ende des Buches eine Schlussvignette eingefügt wird. So können sich immerhin Zyklen mit bis zu 21 bzw. eher 16 (Zyklus Nr. 39/▶VP 1717B von A. Houbraken) oder gar 30 (Zyklus Nr. 53/▶VP 1760 von G. Zocchi) Aen.-Bildern ergeben. Aber diese Kupferstiche stehen immer am Anfang und evtl. am Schluss des Buches, nie *suo loco* (entsprechend dem Bild-Sujet) innerhalb des Textes. Es entsteht im 18. Jh. kein einziger neuer Zyklus aus Szenenbildern, die über den Text des Epos verteilt wären. Die Titelbilder-Zyklen, also der im 18. Jh. einseitig dominierende Illustrations-Typus, darunter die **Zyklen Nr. 37/▶VP 1700B** (anonym), **Nr. 39/▶VP 1717B** (von A. Houbraken), **Nr. 42/▶VP 1734A** (anonym) und **Nr. 47/▶VP 1746A** (von L. F. Dubourg), bieten zunächst keine strukturellen Neuerungen; ihre Sujets sind dem „Überblick über beliebte Sujets für Titelbilder der Aeneis-Bücher" (D 6.3) bzw. der Einzeldarstellung im Katalog-Teil zu entnehmen. Das gleiche gilt für die Zyklen **Nr. 45/▶VP 1743** und **Nr. 46/▶VP 1745**, bei denen immerhin bemerkenswert ist, dass sie beide von demselben Zeichner, von Ch.-N. Cochin fils, entworfen sind – ein singulärer Fall in der Aeneis-Illustration. Trotzdem gibt es zwischen den beiden Reihen von je 12 Titelbildern zu den Aen.-Büchern nur in einem Fall (für Aen. VII: der Tod von Silvias zahmem Hirsch) eine motivische Übereinstimmung (aber keine Identität). Cochin d. J. zeigt also, dass es selbst für denselben Künstler durchaus möglich ist, zwei unterschiedliche Zyklen von Buch-Titelbildern zur Aeneis zu schaffen, die nicht beliebige Sujets zeigen, sondern repräsentative Szenen des jeweiligen Buches illustrieren.

(D 6.2.f) Der künstlerisch ansprechendste Titelbild-Zyklus vor der klassizistischen Wende, die für die Aen.-Illustrierung im letzten Jahrzehnt des 18. Jh. beginnt, stammt von G. Zocchi: der Kupferstich-**Zyklus Nr. 53/▶**VP 1760. Der Bildschmuck dieser Ausgabe der italienischen Aen.-Übersetzung von A. Caro ist ungewöhnlich komponiert. Zocchi hat nicht nur ganzseitige Titelbilder zu den 12 Aen.-Büchern (bis auf das zu Aen. X, das von B. L. Prévost stammt) entworfen, sondern auch für jedes Aen.-Buch noch ein gerahmtes Auftaktbild, das das obere Drittel der jeweils ersten Textseite einnimmt, und dazu für sechs Bücher noch eine etwa halbseitige ungerahmte Schlussvignette. Insgesamt sind also in ▶VP 1760 (Zyklus Nr. 53) 30 textbezogene, immer mono-szenische Kupferstiche enthalten. Sie stehen aber in diesem „erweitert Titelbild-Zyklus" nie innerhalb der Übersetzung eines Buches, sondern immer nur an deren Anfang oder Ende. Die Sujets der eigentlichen Titelbilder sind durchweg konventionell, mehrere der Auftakt- und Schlussbilder dagegen ungewöhnlich. Der Darstellungsstil ist antikisierend, pathetisch, sentimentalisch, von rokokoartiger Eleganz. Die wohlkomponierten Bilder erzielen eine ausgesprochen ‚malerische' Wirkung. Dieser letzte Aen.-Zyklus vor dem Einsetzen des Klassizismus ist zugleich der ästhetisch beste der bisherigen Kupferstich-Epoche.

D 6.3. Überblick über beliebte Sujets für Titelbilder der Aeneis- Bücher

Während im Katalog-Teil (E) jeweils für die einzelnen Ausgaben bzw. Zyklen ein Katalog der enthaltenen Titelbilder zu Aen. I-XII gegeben wird, soll die folgende Zusammenstellung umgekehrt im Überblick erkennen lassen, welche Sujets der einzelnen Aen.-Bücher denn überhaupt in diesen Titelbildern berücksichtigt werden und womöglich besonders beliebt sind. Man kann diesen kleinen Katalog auch als eine Art Auszug aus dem Kapitel „G 5. Index der illustrierten Szenen der Aeneis (Sujet-Katalog)" lesen; er ist aber unabhängig davon entstanden.

Dieser knappe Überblick erfasst folgende Zyklen von Titelbildern zu den 12 Aeneis-Büchern:
▶VP 1507 (Zyklus Nr. 3), ▶VP 1541B (Zyklus Nr. 6), ▶VP 1528B und ▶VP 1540B (Zyklus Nr. 7), ▶VP 1555 und ▶VP 1558A (Zyklus Nr. 11), ▶VP 1608C (= ▶VP 1601 oder ▶VP 1622) und ▶VP 1621 (Zyklus Nr. 18), ▶VP 1610A (Zyklus Nr. 20), ▶VP 1612A (Zyklus Nr. 21, nicht in Digitalisaten der BSB zugänglich), ▶VP 1626 (Zyklus Nr. 25, nicht in Digitalisaten der BSB zugänglich), ▶VP 1648C (Zyklus Nr. 26, nicht in Digitalisaten der BSB zugänglich), ▶VP 1649B (Zyklus Nr. 27), ▶VP 1680A = ▶VP 1714B (Zyklus Nr. 34), ▶VP 1700B (Zyklus Nr. 37), ▶VP 1717B (Zyklus Nr. 39), ▶VP 1734A (Zyklus Nr. 42), ▶VP 1743 (Zyklus Nr. 45), ▶VP 1745 (Zyklus Nr. 46), ▶VP 1746A (Zyklus Nr. 47); ▶VP 1760 (daraus sind nur T = die Titelbilder berücksichtigt) (Zyklus Nr. 53), ▶VP 1798A (Zyklus Nr. 59).

Nicht berücksichtigt sind der Sonderfall ▶VP 1804A (Zyklus Nr. 61 mit nur 4 Bildern, allerdings mit drei neuen Titel-Motiven) und grundsätzlich alle Titelbilder des Argumentum-Typus (Kap. D 4.1-4), weil auf diesen ja mehrere Szenen ‚zitiert' werden.

Folgende Sujets sind als Titelbilder zu den einzelnen Aeneis-Büchern belegt (die Anordnung A – J entspricht der Abfolge im Vergil-Text):

Aen. I:

A   Proömium mit Vergil und Muse - ▶VP 1541B

B   Der Dichter schildert dem Publikum Kämpfe - ▶VP 1528B

C   Seesturm: Juno und Aeolus entfesseln den Seesturm - ▶VP 1507, ▶VP 1608C/▶VP 1610A, ▶VP 1626, ▶VP 1648C, ▶VP 1680A

D   Seesturm: Neptunus besänftigt den Seesturm - ▶VP 1555 und ▶VP 1558A, ▶VP 1700B, ▶VP 1745, ▶VP 1746A, ▶VP 1760

E   Nach dem Seesturm: Portus Libycus, Hirschjagd - ▶VP 1734A

F   Nach dem Seesturm, Begegnung des Aeneas mit Venus - ▶VP 1717B

G   Aeneas und Achates treten vor Dido – ▶VP 1612A, ▶VP 1649B, ▶VP 1743, ▶VP 1798A.

Aen. II:

A   Der Dichter schildert dem Publikum das Hölzerne Pferd - ▶VP 1528B

B   Rahmenszene: Symposion bei Dido; Aeneas erzählt - ▶VP 1507, (▶VP 1540B), ▶VP 1612A, ▶VP 1717B

C   Die Griechen besteigen das Hölzerne Pferd - (▶VP 1541B)

D   Laokoon - ▶VP 1649B, ▶VP 1743

E   Einholung des Hölzernen Pferdes - ▶VP 1555, ▶VP 1610A, ▶VP 1626 ?, ▶VP 1700B

F   Nächtlicher Kampf in Troja; Coroebus will die von den Griechen verschleppte Cassandra retten -▶VP 1648C, ▶VP 1760

G   Creusa sucht Aeneas vom erneuten Kampf abzuhalten - ▶VP 1746A

H   Flucht des Aeneas mit seinen Angehörigen aus Troja - ▶VP 1558A, ▶VP 1608C/-▶VP 1610A, ▶VP 1680A, ▶VP 1717B (S = Schlussbild), ▶VP 1734A, ▶VP 1745, ▶VP 1798A.

Aen. III:

A   Schiffsbau bei Troja - ▶VP 1541B

B   Die aus Troja flüchtenden Trojaner gehen an Bord der Flotte - ▶VP 1507, (▶VP 1540B)

C   Polydorus-Abenteuer - ▶VP 1528B, ▶VP 1555

D   Die Penaten erscheinen Aeneas auf Kreta im Traum - ▶VP 1528B (?; zu Aen. VII gestellt), ▶VP 1798A

E   Harpyien-Szene - ▶VP 1649B, ▶VP 1680A, ▶VP 1743, ▶VP 1746A

F   Aeneas begegnet Andromache in Buthrotum - ▶VP 1745

G   Helenus und Aeneas in Buthrotum - ▶VP 1608C (?), ▶VP 1717B

H   Kyklopen-Szene - ▶VP 1612A, ▶VP 1626, ▶VP 1648C, ▶VP 1700B, ▶VP 1717B (S), ▶VP 1760

J   Tod des Anchises - ▶VP 1734A.

Aen. IV:

A   (aber zu Aen. III gehörig) Aeneas erzählt vor Dido (?) - ▶VP 1507

B   Dido, Anna, Aeneas - ▶VP 1528B, ▶VP 1541B, ▶VP 1612A

C   Aeneas und Dido bei der Höhle - (▶VP 1608C), ▶VP 1700B, ▶VP 1734A, ▶VP 1745, ▶VP 1746A, ▶VP 1760

D   Mercurius mahnt Aeneas in Karthago - (▶VP 1608C), ▶VP 1626, ▶VP 1649B, ▶VP 1743

E   Vorbereitung der Trojaner zur Abfahrt - ▶VP 1717B (S)

F   Tod Didos - ▶VP 1555 und ▶VP 1558A, ▶VP 1608C/▶VP 1610A, ▶VP 1610A, ▶VP 1648C, ▶VP 1680A, ▶VP 1717B, ▶VP 1743, ▶VP 1798A (nach dem Tod).

Aen. V:

A   Abfahrt der Trojaner und Rückblick auf Karthago - ▶VP 1541B, ▶VP 1610A, ▶VP 1612A, ▶VP 1700B

B   Schiffe auf dem Meer, Abfahrt - ▶VP 1507, ▶VP 1528B

C   Empfang der Trojaner durch König Acestes (?) - ▶VP 1734A

D   Opfer am Sarkophag des Anchises - ▶VP 1555 , ▶VP 1626, ▶VP 1717B, ▶VP 1746A, ▶VP 1760, ▶VP 1798A

E   Wettspiele: Wettlauf mit Nisus und Euryalus - ▶VP 1745

F   Wettspiele: Dares und Entellus – (▶VP 1626), ▶VP 1680A, ▶VP 1743

G   Das Trojaspiel - ▶VP 1648C

H   Die Trojanerinnen werden aufgewiegelt, die Schiffe anzuzünden - ▶VP 1608C, ▶VP 1649B.

Aen. VI:

A   Aeneas vor dem Apollo-Tempel mit der Sibylle - ▶VP 1507, ▶VP 1528B, (▶VP 1540B), ▶VP 1541B, ▶VP 1746A

B   Aeneas und die Sibylle am Eingang zur Unterwelt - ▶VP 1558A ▶VP 1608C/▶VP 1610A, ▶VP 1610A, ▶VP 1612A, ▶VP 1626 ?,▶VP 1700B, ▶VP 1717B, ▶VP 1734A

C   Aeneas und die Sibylle im Nachen Charons - ▶VP 1648C, ▶VP 1680A, ▶VP 1745, ▶VP 1760

D   ‚Heldenschau' in der Unterwelt - ▶VP 1649B, ▶VP 1743, ▶VP 1798A.

Aen. VII:

A   Vorbeifahrt an der Insel der Circe - ▶VP 1507, (▶VP 1540B), ▶VP 1541B

B   Göttererscheinung vor Latinus (?) - ▶VP 1528B

C   Aeneas, Ascanius und andere Trojaner begrüßen das *Augurium maximum*, das das Prodigium der ‚verzehrten Tische' bestätigt - ▶VP 1798A

D   Erbauung des trojanischen Lagers - ▶VP 1700B

E   Ilioneus vor König Latinus - ▶VP 1612A, ▶VP 1734A, ▶VP 1760

F   Silvias Hirsch und der Beginn der Feindseligkeiten - ▶VP 1558A ▶VP 1608C/▶VP 1610A, ▶VP 1626, ▶VP 1680A, (▶VP 1700B), ▶VP 1743, ▶VP 1745

G   Juno stößt die Kriegspforten auf - ▶VP 1649B, ▶VP 1717B, ▶VP 1746A

H   Aufmarsch der latinischen Alliierten - ▶VP 1648C

Aen. VIII:

A   Aufmarsch der latinischen Alliierten vor der Stadt des Latinus - ▶VP 1507, (▶VP 1540B), ▶VP 1541B, ▶VP 1610A ??

B   Aeneas opfert die Sau mit den Frischlingen der Juno - ▶VP 1760

C   Aeneas bei Euander - ▶VP 1612A, ▶VP 1700B (?), ▶VP 1734A (?), ▶VP 1745,

D   Hercules und Cacus - ▶VP 1743

E   Schmiede des Vulcanus - ▶VP 1608C (mit Venus)/ ▶VP 1610A, ▶VP 1717B, ▶VP 1746A

F   Waffenübergabe an Aeneas - ▶VP 1626, ▶VP 1648C, ▶VP 1649B, ▶VP 1680A, ▶VP 1798A

Aen. IX:

A   Metamorphose der trojanischen Schiffe (und Angriff auf das Lager der Trojaner) - ▶VP 1507, ▶VP 1528B, ▶VP 1541B, ▶VP 1648C, ▶VP 1680A, ▶VP 1734A, ▶VP 1760

B   Nisus und Euryalus - ▶VP 1649B, ▶VP 1717B, ▶VP 1743

C   Angriff der Latiner auf das Lager der Trojaner oder Schlachtszene - ▶VP 1608C/▶VP 1610A, ▶VP 1612A ?, ▶VP 1700B

D	Apollo und Ascanius nach dessen Pfeilschuss - ►VP 1626 ?, ►VP 1746A, ►VP 1798A
E	Taten des Turnus (im trojanischen Lager) - ►VP 1745
F	Turnus stürzt sich in den Tiber - ►VP 1555 und ►VP 1558A, ►VP 1610A.

Aen. X:

A	Götterversammlung - ►VP 1507, ►VP 1528B, ►VP 1541B, ►VP 1555 und ►VP 1558A, ►VP 1610A, ►VP 1612A, ►VP 1626, ►VP 1649B, ►VP 1680A, ►VP 1717B, ►VP 1760, ►VP 1798A
B	Die Schiffsnymphen begegnen der etruskischen Flotte des Aeneas - ►VP 1746A
C	Rückkehr des Aeneas mit der etruskischen Flotte - ►VP 1648C, ►VP 1734A
D	Turnus nimmt den Schwertgurt des Pallas als Beute - ►VP 1745
E	Kampf des Lausus gegen Aeneas - ►VP 1743
F	Schlachtszene ohne sicher identifizierbare Protagonisten - ►VP 1608C/►VP 1610A, ►VP 1700B, ►VP 1717B (S).

Aen. XI:

A	Aeneas errichtet ein Siegesmal über Mezentius - ►VP 1507, (►VP 1540B), ►VP 1541B, ►VP 1608C/►VP 1610A, ►VP 1612A, ►VP 1626
B	Aeneas mit Acoetes an Leiche des Pallas - ►VP 1528B ?, ►VP 1760, ►VP 1798A
C	Euander an Leiche seines Sohnes Pallas - ►VP 1734A, ►VP 1743, ►VP 1746A
D	Tod der Camilla und Rache durch Opis - ►VP 1648C, ►VP 1649B, ►VP 1680A, ►VP 1745
E	Schlachtszene ohne sicher identifizierbare Protagonisten - ►VP 1610A, ►VP 1700B, ►VP 1717B.

Aen. XII:

A	Gruppe von vier Personen: Turnus erklärt sich vor Latinus, Amata und Lavinia zum Entscheidungsduell mit Aeneas bereit - ►VP 1507, (►VP 1540B), ►VP 1541B
B	Schwur des Aeneas und Turnus vor dem Entscheidungsduell in Anwesenheit des Latinus - ►VP 1528B, ►VP 1745, ►VP 1746A
C	Schlussduell zwischen Aeneas und Turnus - ►VP 1555, ►VP 1608C/►VP 1610A, ►VP 1612A ?, ►VP 1626, ►VP 1648C, ►VP 1649B (Felsblock), ►VP 1680A, ►VP 1700B, ►VP 1717B, ►VP 1734A (zu Ross), ►VP 1743, ►VP 1760, ►VP 1798A.

Aussagekräftig ist die relativ geringe Zahl von Szenen innerhalb eines Buches, die zu Titel-bildern erhoben worden sind. Die Bandbreite schwankt zwischen nur drei (Aen. XII) und acht (Aen. II, V, VII) oder gar neun (Aen. III). Dabei ist schon berücksichtigt, dass im älteren Typ des Titelbild-Typus generell die jeweils erste Szene eines Buches ohne Rücksicht auf ihre in-haltliche Bedeutung eine Illustration erhält. Man darf vielleicht sagen, dass zwar nicht Aen. II, aber Aen. III, V und auch X einen reihenden, fast katalogartigen Charakter (mehrere Irr-fahrtenstationen, mehrere Wettspiele, mehrere Kämpfe) haben und sich keine Szene als klarer Höhepunkt heraushebt. Das ist in den anderen Büchern anders (zumal für Aen. XII gibt es nur die eine Alternative zur Anfangsszene: die rituelle Vorbereitung oder aber den Abschluss des Entscheidungsduells zwischen Aeneas und Turnus zu zeigen). Die obige Liste an titelwürdi-gen Bildern kann kein Gesamtbild der Aeneis ergeben, sondern allenfalls eine Übersicht über ihre Höhepunkte. Titelbilder gibt es nur für ‚Häuptlinge'; für ‚Indianer' können sich nur die Künstler des Szenen-Illustrationstypus interessieren, die im Durchschnitt 4-5 oder aber sogar (im Falle von ►VP 1502) im Durchschnitt fast ein Dutzend Bilder pro Buch bringen können.

Wenn ich mir überlege, welche Schlüsselszene der Aeneis in der Liste von Titel-Motiven für die einzelnen Aen.-Bücher fehlt, fällt mir als erstes diejenige ein, die in der modernen Vergil-Philologie wohl allgemein als die in ideologischer Hinsicht wichtigste des ganzen Epos betrachtet wird: der olympische Dialog zwischen Venus und Juppiter in Aen. I 223-304, bei dem der Göttervater der Mutter des Aeneas die Verheißung eines römischen, aus trojanischen Wurzeln erwachsenden *imperium sine fine* gibt.

Für dieses Manko gibt es aber eine einleuchtende Erklärung: die Szene besteht im wesentlichen aus zwei Reden. Für Reden aber kann der Illustrator im Bilde nur die äußere Situation bieten, nicht den Inhalt. Ein Bild ist prinzipiell stumm. Bei Szenen-Illustrationen, die *suo loco* im Buch stehen, kann der Kontext Vergils die Worte, die dem Sprecher im Bild fehlen, ergänzen. Bei einem Titelbild gibt es diese Verbindung wegen seiner Ausnahmestellung nicht. Deshalb wird ein Künstler, der ein Titelbild zu Aen. I schaffen will, das Sujet ‚Juppiter-Rede' vermeiden. Ohnehin wird er grundsätzlich handlungsintensive Motive (wie es etwa Kampfszenen sind) bevorzugen oder Situationen gestalten, die auch ohne Worte ‚sprechend' sind (wie etwa Klage-Szenen). So kommt es, dass in den Zyklen von Titelbildern und selbst in den viel mehr Text im Bild darstellenden Szenen-Illustrations-Zyklen mehr als ein Drittel der Aeneis grundsätzlich eine bildlose ‚weiße' Region ist: der Inhalt der Reden in der Aeneis nimmt (selbst wenn man Aen. II/III nicht als Rede betrachtet) etwa 37 Prozent aller Verse in Anspruch.

Merkwürdig ist, dass ausgerechnet dasjenige Motiv, das bei den Gebildeten der Gegenwart noch am ehesten mit Vergils Aeneis verbunden werden mag (obwohl es kein speziell ‚vergilisches' Motiv, kein Sondergut der Aeneis, sondern ganz allgemein mit dem ‚Mythos Troja' verbunden ist) und das deshalb aus äußeren Gründen (nicht aufgrund einer textinternen Bewertung) als einziges Umschlagbild eines modernen Aeneis-Buches (wohl kaum für eine lateinische Ausgabe, eher für eine Aeneis-Übersetzung) in Frage käme, eine so geringe Rolle in den historischen Titelbild-Zyklen spielt: das Hölzerne Pferd. Vom 16. bis zum 18. Jahrhundert, aber nicht mehr heutzutage, wurde dieses Motiv noch übertroffen vom Bekanntheitsgrad der Gruppe des *pius Aeneas*, der mit seinem greisen Vater Anchises auf den Schultern und dem kleinen Sohn Ascanius an der Hand aus Troja flüchtet. Ein solches Bild soll Heinrich Schliemann, laut seiner Autobiographie, zur Suche nach dem ‚historischen' Troja verführt haben. Immerhin kann man sagen, dass die Flucht des *pius Aeneas* aus einem Troja, das vom Hölzernen Pferd beherrscht wird, zwar in den Zyklen von Titelbildern zu jedem Aeneis-Buch eine relativ geringe Rolle spielt, dafür aber um so mehr in Ausgaben, die nur ein Frontispiz oder eine Antiporta aufweisen.

D 7. Die drei Szenen-Illustrationszyklen des 17. Jh.
(Zyklus Nr. 24 ▶VP 1623A=▶VP 1624B;
Nr. 29 ▶VP 1654=▶VP 1658B; Nr. 35 ▶VP 1688A)

Neben dem Typus eines Titelbild-Zyklus zu den 12 Aeneis-Büchern gibt es in Einzelfällen sporadisch im 17. Jh. noch immer den von Sebastian Brant in Straßburg ▶VP 1502 begründeten Typus eines umfangreicheren Zyklus von Szenen-Illustrationen. Es dauert allerdings etwa 120 Jahre, bis für ▶VP 1502 ein erster bescheidener und erfolgloser Konkurrent in Gestalt von ▶VP 1623A = ▶VP 1624B (**Zyklus Nr. 24**) mit 64 kleinen Holzschnitten zu Einzelszenen der Aeneis (zusätzlich zu 12 übernommenen Buchtitelbildern des Zürcher Argumentum-Typs in der Leipziger Variante, Zyklus Nr. 16 bzw. Nr. 16a) entsteht. Von dieser Ausnahme abgesehen existiert aber von der Mitte des 16. Jh., als die Rezeption der Szenen-Illustrationen aus ▶VP 1502 auch in Gestalt der zweiten Venezianischen Adaption (Zyklus Nr. 6) ausläuft, bis zur Mitte des 17. Jh., für ziemlich genau ein ganzes Jahrhundert, überhaupt keine Vergil-Ausgabe oder –Übersetzung, die mehr als 12 Bilder zur Aeneis aufweist. Erst die Neuerfindung eines Zyklus von 71 Kupferstichen zu Aeneis-Szenen durch Franz Cleyn, der erstmals in der lateinischen Ausgabe ▶VP 1654A und dann in der englischen Übersetzung ▶VP 1658 erscheint (**Zyklus Nr. 29**), bedeutet für den englischsprachigen Bereich eine Zäsur. Fortan beherrscht dieser Szenen-Illustrationszyklus von Franz Cleyn im Original oder in Adaptionen, die sich eng an das Vorbild halten, die Vergil-Illustrierung. Das gilt jedoch praktisch nur für die in England publizierten Vergil-Ausgaben oder –Übersetzungen. Im übrigen Europa gibt es in dem ganzen von mir überschauten Zeitraum bis 1840 überhaupt keine illustrierte Vergil-Ausgabe oder –Übersetzung, die man als Nachfolgerin von ▶VP 1502 bezeichnen könnte. Das Bilderbuch zur Aeneis mit 50 Kupferstichen von G. J. Lang, Nürnberg ▶VP 1688A (**Zyklus Nr. 35**) blieb offenbar nur Episode. Im ganzen 18. Jh. entstand kein einziger neuer Szenen-Illustrationszyklus in einer gedruckten Vergil-Ausgabe. In der ersten Hälfte des 19. Jh. wurden zwar wieder zwei neue Zyklen mit 51 (Zyklus Nr. 63 von Bartolomeo Pinelli, Rom ▶VP 1811A, wieder eine Art Bilderbuch) bzw. 60 Stahlstichen (Zyklus Nr. 69 von E. Schuler nach A.-L. Girodet-Trioson, Karlsruhe ▶VP 1840, auch dies keine echte Vergil-Ausgabe) geschaffen, doch übten sie anscheinend keinen nachhaltigen Einfluss aus.

Keiner der genannten Szenen-Illustrations-Zyklen erzielt eine solch kontinuierliche bildliche Darstellung der epischen Handlung wie ▶VP 1502. Das liegt zum einen daran, dass selbst der umfangreichste Zyklus Nr. 29 nur etwas mehr als die Hälfte der Bilderzahl von ▶VP 1502 erreicht. Noch wichtiger aber ist, dass alle jüngeren Szenen-Illustrations-Zyklen zum mono-szenische Typ gehören und dazu tendieren, nur einen bestimmten eng begrenzten Moment der Handlung wiederzugeben. Sie ‚springen' also von Szene zu Szene oder besser von Moment zu Moment und können deshalb kein solches Kontinuum bilden, wie es in ▶VP 1502 (Zyklus Nr. 2) faktisch fast erreicht wird, weil die dortigen Holzschnitte nicht nur zahlreicher sind, sondern darüber hinaus meist mehrere Phasen eines Szenenkomplexes darstellen.

D 7.1. Die anonymen Szenen-Illustrationen in der Ausgabe von G. Bersmann ▶VP 1623A=▶VP 1624B (Zyklus Nr. 24)

Unter den in Leipzig seit 1581 erschienenen Vergil-Ausgaben von Gregor Bersmann weisen erst die 5. und 6. Auflage, ▶VP 1623A (Goslar) und ▶VP 1624B, Illustrationen auf, und zwar – in einer Konzeption, die in der gesamten Vergil-Illustrierung singulär ist – gleich einen doppelten Zyklus: ein (bereits etablierter) Zyklus von 12 Titelbildern des Züricher Argumentum-Typs ist kombiniert mit einem (neugeschaffenen) Zyklus von 64 kleinen Szenen-Illustrationen zur Aeneis. Diese Addition zweier Zyklen ist allerdings eine eher äußerliche Technik; man kann nicht etwa sagen, dass der eine Zyklus eine sinnvolle Ergänzung des anderen ist. Die Szenen-Illustrationen, die immer einzelne Handlungsmomente

des Buches wiedergeben, sind nicht etwa detailliertere und vergrößerte Aus-
schnitte aus den poly-szenischen Titelbildern des betreffenden Buches. So hat
etwa von den 10 Szenen-Bildern zu Aen. II nur ein einziges (Nr. 14, die Einholung des Hölzernen Pferdes nach Troja) ein näheres Gegenstück im Argumentum-Titelbild zu Aen. II; so wichtige Szenen wie der Tod des Laokoon (Szenenbild Nr. 13), die Erscheinung Hektors vor Aeneas (Nr. 16) oder der *pius
Aeneas* mit Anchises auf dem Rücken (Nr. 19) sind im Titelbild zu Aen. II nicht
berücksichtigt. Da die Zahl der Szenenbilder zu den einzelnen Aen.-Büchern
stark differiert (zwischen 0 oder 1 und 10 oder 11), sind für das Verhältnis der
Bildelemente in den Titelbildern zu den Szenenbildern beide möglichen Haupt-
Varianten vertreten: teils sind die Titelbilder reicher an Motiven als die Szenen-
bilder zu demselben Buch (etwa zu Aen. IV, für das es nur 2 Szenenbilder gibt)
oder aber es ist gerade umgekehrt so, dass eine größere Zahl von Szenenbildern
den Inhalt des Titelbildes übertrifft (etwa die 10 Szenenbilder zu Aen. VI, obwohl auch das Titelbild dieses Buches vielgestaltig ist). Der Künstler, der die
Szenenbilder entworfen hat, ist also augenscheinlich nicht von einem bildlichen
oder textuellen resümierenden Argumentum, sondern von der Kenntnis des
originalen Aeneis-Textes ausgegangen.

Zu den Sujets und Einzelheiten der Darstellung s. im Katalog zu ▶VP 1624B.
Im jetzigen allgemeinen Kontext verdienen zwei Neuerungen Erwähnung. Zum
einen erhält zum erstenmal in der Geschichte der Aeneis-Illustrierung auch der
Inhalt einer Figuren-Rede des Epos eine Illustration, nämlich Euanders Erzählung von der Befreiungstat des Hercules, der den Unhold Cacus erschlagen hat
(Pict. 44 und wohl auch Pict. 43 in ▶VP 1624B). Zum anderen findet sich unter
den 64 Vignetten zweimal ein Bild (Pict. 1 und Pict. 40 in ▶VP 1624B), das nur
eine einzige Person, doch wohl Aeneas in heldischer oder herrscherlicher Pose,
nicht eigentlich in einem bestimmten Handlungsmoment, präsentiert. Auch dies
ist eine Neuerung in der Illustrationstradition der Aeneis, den Titelhelden isoliert
von einem konkreten Handlungskontext als Ganzfigur zu zeigen. Eine solche
Position haben sonst nur jene Personen – wie Vergil, Augustus, Aeneas oder
eine andere prominente Figur des Epos –, die auf einem Frontispiz des ‚Altartyps' als Standbilder den Text der Titelei flankieren (s. zu ▶VP 1599 und besonders zu ▶VP 1612B). Der nächste Schritt wäre gewesen, eine Büste des
Aeneas zum Frontispiz einer Aeneis-Ausgabe zu machen und so das an dieser
Position verbreitete Autoren-Porträt Vergils im Orsini-Typus zu verdrängen.
Das geschieht aber, soweit ich sehe, nur viel später und nur ein einziges Mal,
nämlich in Vol. 3 von ▶VP 1753B. Man hat sich offensichtlich gescheut, das
fiktive Porträt einer literarischen Figur an jene herausgehobene Stelle zu setzen,
die ein Frontispiz (bzw. hier eine Antiporta) darstellt und die sonst historischen
Persönlichkeiten wie Augustus (in Vol. 2 von ▶VP 1753B, in Vol. 1 Maecenas)
oder eben dem Autor vorbehalten ist. Es ist bezeichnend, dass selbst in ▶VP
1753B kein neugeschaffenes Phantasie-Porträt des Aeneas geboten wird, son-

dern ein Exzerpt aus einer spätantiken Aeneis-Miniatur (dasselbe gilt für die Lavinia als Antiporta in Vol. 4 von ▶VP 1753B).

D 7.2. Der Szenen-Illustrationszyklus von Franz Cleyn in den Kupferstichen von ▶VP 1654A=▶VP 1658A (Zyklus Nr. 29) und seine Rezeption

Dieser von Franz Cleyn entworfene Kupferstich-**Zyklus Nr. 29**, der zunächst für ▶VP 1654A, die englische Vergil-Übersetzung von John Ogilby, bestimmt war, ist wohl das aufwändigste Unternehmen in der gesamten nachantiken Geschichte der Vergil-Illustration. Die 101 Tafeln, davon 71 zur Aeneis, wurden jeweils von einzelnen Subskribenten finanziert. Diesen war dann die entsprechende *tabula merito votiva* unter Nennung des Namens und Einfügung des Wappens unter dem eigentlichen Bild gewidmet. Strukturell wichtiger als diese äußerliche Zutat ist das Zitat jener Passage im lateinischen Original (deren Umfang mehrfach 10, einmal sogar 16 Verse erreichte), die Gegenstand der bildlichen Darstellung war. Die großformatigen Tafeln zeigen immer ein mono-szenisches Bild, allerdings in großer Detailliertheit, oft mit einer Vielzahl von Figuren und mit sorgfältiger ‚Ausmalung' des Ambiente.

Für eine nähere Beschreibung und Würdigung der Bilder dieses Zyklus Nr. 29 sei auf den Katalog-Teil (F) zu ▶VP 1658A verwiesen. Im jetzigen Zusammenhang können nur einige generelle Züge hervorgehoben werden.

Obwohl für Kleidung und Bewaffnung offensichtlich eine antike Stilisierung angestrebt ist, wirkt die Szenerie eher zeitgenössisch-manieristisch. In der Illustrierung besonders der ersten Aeneis-Hälfte zeigt sich, nicht nur in den großen Empfangsszenen (bei Dido in Aen. I/Pict. 35-36, in Buthrotum in Aen. III/Pict. 46 und beim Abschied in Pict. 47, vgl. später noch bei Latinus in Aen. VII/Pict. 72 und die Ratsversammlung in Aen. XI/Pict. 94 und deren kleinere Version in Aen. XII/Pict. 97), ein geradezu höfischer Charakter. Dieser wird bereits durch die Antiporta des Werkes vorbereitet. Dort wird in den breit entfalteten Hofstaat des Augustus bei der Darstellung der „Ohnmacht der Octavia" (ein in Gemälden beliebtes anekdotisches Motiv aus der Vergil-Biographie) sogar der Übersetzer und Initiator der Ausgabe, der Perückenträger Ogilvy selber, in der Rolle Pollios eingeschmuggelt. In Aen. IX-XII fehlt es allerdings nicht an der Darstellung blutiger Kämpfe. Aber auch hier wirken, wie durchgehend, die Bewegungen der Akteure geziert und unnatürlich. Die jeweilige Szenerie ist theatralisch gestaltet und oft (etwa Pict. 35 mit der Begegnung Aeneas-Dido; Pict. 36 mit dem Fest am Hofe Didos; Pict. 44 mit der Befragung des Apollo-Orakels von Delos; Pict. 47 mit dem Abschied von Buthrotum; Pict. 50 mit dem Opfer Didos; Pict. 53 mit der Zurüstung von Didos Scheiterhaufen; Pict. 60 mit dem Troja-Spiel; Pict. 72 mit dem Empfang bei König Latinus; Pict. 94 mit der latinischen Ratsversammlung; Pict. 98 mit dem Beschwören der Bedingungen für das Entscheidungsduell) symmetrisch komponiert. Als kompositorisch besonders gelungen betrachte ich Pict. 33 mit der Jupiter-Venus-Szene, Pict. 34 mit der Dreiergruppe Aeneas-Achates-Venus, Pict. 49 mit dem Zwiegespräch Dido-Anna und vor allem Pict. 79 mit der Überreichung des neuen Schildes an Aeneas – vielleicht ist es kein Zufall, dass dies alles Szenen mit wenigen Figuren sind. In der Regel werden im Vordergrund nur bis zu drei Personen groß herausgestellt; Mittel- und Hintergrund der Bilder sind aber fast immer mit weiteren Figuren und sonstigen Details dicht gefüllt. Da der Horizont in der Regel hoch angesetzt ist, ergibt sich ein großer Handlungsspielraum. Speziell die Gestalt des Aeneas ist in verschiedenen Rollen stark herausgehoben (man vgl. etwa Pict. 31, 32, 34, 35, 36, 41, 42, 43, 44, 45, 26, 47 und besonders 51 sowie 52, um nur Beispiele aus Aen. I-IV zu nennen); aus ihr könnte man eher als aus dem Aeneas in ▶VP 1688A (Zyklus Nr. 35) eine Art Fürstenspiegel (wie er im Titel von ▶VP 1688A angekündigt ist) gewinnen. Die Szenen mit ihren von Emotionen erfüllten Gestalten wirken meist hochdramatisch. Die Wahl der Sujets ist wohlüberlegt. Es sind so gut wie immer wichtige Momente der epischen Handlung dargestellt. Nur ganz selten ist eine wenig bedeutende Szene der Darstellung für würdig erachtet worden. Dazu würde ich Pict. 50 und vielleicht auch schon Pict. 49 aus dem Beginn von Aen. IV rechnen (die aber beide bereits in ▶VP 1502 Pict. 90 bzw. Pict. 89 ein motivisches, auch in der Darstellung relativ nahestehendes Vorbild haben). Es ist auch auffallend, dass der Zyklus von Franz Cleyn neben dem Zyklus Nr. 2 (▶VP 1502) der einzige innerhalb der gesamten Illustrationsgeschichte der Aeneis ist, der für alle fünf Wettspiele in Aen. V (Ruderregatta; Wettlauf; Boxkampf; Zielschießen; Troja-Spiel) jeweils ein eigenes Bild bietet. Da der Zyklus Nr. 2 von Sebastian Brant praktisch alle Handlungsszenen der Aeneis (von den Reden aber nur deren äußere Situation) berücksichtigt, ist es kein Wunder, dass sich in ▶VP 1502 für praktisch alle Bilder von Franz Cleyn im Zyklus Nr. 29 ein Gegenstück findet. Aber in der Regel hat Cleyn ein einzelnes Moment aus dem meist poly-szenischen Holzschnitt in ▶VP 1502 herausgegriffen und bildlich ausgestaltet (so etwa in Pict. 38 die Laokoon-Szene, verglichen mit ▶VP 1502 Pict. 62; in Pict. 40 die Tötung des Königs Priamus durch Pyrrhus, verglichen mit ▶VP 1502 Pict. 70; in Pict. 67 die Begegnung des Aeneas mit Dido in der Unterwelt, verglichen mit ▶VP 1502 Pict. 119; besonders gelungen finde ich Pict. 63, den einzigen Kupferstich in ▶VP 1654A =▶VP 1658A, der nur eine einzige Figur zeigt: die Auffindung des Goldenen Zweiges durch Aeneas, verglichen mit dieser Nebenszene in ▶VP 1502 Pict. 114). Nur ausnahmsweise – nicht, wie in ▶VP 1502, geradezu regelmäßig – ist bei der Darstellung einer bestimmten Situation auch schon eine spätere Phase der Handlung berücksichtigt, etwa in Pict. 51 nicht nur, wie Dido und Aeneas während des Unwetters bei der Jagd die Höhle betreten, sondern auch schon, wie Fama ihre Vereinigung ‚ausposaunt'. (Es ist in diesem und ähnlichen Fällen dann unter dem Bild nicht eine durchgehende Aeneis-Passage zitiert, sondern es sind Verse aus mehreren kombiniert; vgl. etwa noch Pict. 75 und 99.) Die Originalität Cleyns liegt nicht in der Motiv-Erfindung, sondern in der detaillierten und dramatischen Ausgestaltung des Sujets.

Der von F. Cleyn entworfene Kupferstich-Zyklus (Nr. 29) beherrscht seit ▶VP 1654A für mehr als ein Jahrhundert im englisch-sprachigen Raum die Illustration von Vergil-Ausgaben und –Übersetzungen; noch in ▶VP 1763A wird er fast vollständig wiederholt. Zwar erreicht er nicht die Geltung, die Sebastian Brants rund doppelt so umfangreicher Holzschnittzyklus (Nr. 2) seit ▶VP 1502 in ganz Europa (jedenfalls bei deutschen, schweizerischen, französischen und italienischen Druckern und Verlegern – und bei ihren Käufern) und ebenfalls (mindestens indirekt) länger als ein Jahrhundert ausgeübt hatte. Da generell über die Höhe der Auflagen nichts Näheres bekannt ist (und sich auch noch niemand die Mühe gemacht hat, wenigstens die noch heute in aller Welt vorhandenen Exemplare zu zählen), kann man ‚Geltung' und ‚Einfluss' faktisch nur aus der Anzahl und Art der Nachdrucke und Nachahmungen erschließen. In dieser Hinsicht ragen die beiden Zyklen Nr. 2 von Sebastian Brant und Nr. 29 von Franz Cleyn weit aus den sonstigen von mir ermittelten etwa 70 einigermaßen selbständigen Aeneis-Illustrationszyklen heraus. Beide haben eine ähnliche abwechslungsreiche Rezeptionsgeschichte: direkte Übernahmen bzw. Wiederholungen, Austausch des beigegebenen Textes (im Falle des Zyklus Nr. 29: verschiedene englische Übersetzungen oder lateinischer Originaltext), Reduzierung der Zahl der übernommenen Bilder (bis hinab zu 1 Auftaktbild für jedes Aeneis-Buch), vereinfachende und motivisch reduzierende Nachahmungen (dabei speziell im Falle von Zyklus 29: Tilgung der ursprünglich auf den Tafeln beigegebenen lateinischen Bezugsverse und der Nennung der Widmungsträger der einzelnen originalen Kupferstiche samt Beigabe ihrer Wappen), insbesondere für verschiedene kleinere Formate. Allerdings sind die Sujets von Franz Cleyns Zeichnungen von späteren Nachstechern nie so tiefgreifend abgewandelt worden, wie das teils den Holzschnitten von ▶VP 1502 (besonders im Zyklus Nr. 7 des *Virgilio volgare* und im Frankfurter sowie im Züricher Argumentum-Zyklus Nr. 15 bzw. Nr. 16) widerfahren ist. Offenbar war im 17./18. Jh., im Zeitalter des Kupferstichs, das ‚Abkupfern' technisch oder rechtlich schwieriger als im 16. Jh. (bis in den Anfang des 17. Jh. hinein) das Nachschneiden von anonymen Holzschnitten.

D 7.3. Ein Bilderbuch zur Aeneis von Georg Jacob Lang in den Kupferstichen von ▶VP 1688A (Zyklus Nr. 35)

Die 50 Kupferstiche (plus einer allegorischen Antiporta) von Georg Jacob Lang in ▶VP 1688A bilden ein Bilderbuch zur Aeneis, das man unabhängig von einer bestimmten Ausgabe oder Übersetzung benutzen kann und soll. Das Buch enthält außer diesen Bildern keinen Aeneis-Text im lateinischen Original oder in deutscher Übersetzung, sondern – in einem Textblock geschlossen vorausgestellt – ausschließlich Paratexte, vornehmlich Prosa-Inhaltsangaben zu den 12 einzelnen Aeneis-Büchern, und zwar zunächst in deutscher Übersetzung, dann im lateinischen Original, das von Paulus Manutius stammt und deshalb mehr als 100 Jahre alt ist. In der Reihe der deutschen Argumenta wird am Rand auf eine etwaige einschlägige *Figura* vorausverwiesen, die man dann im Bild-Teil finden wird. Unter den Bildern klärt eine Stellenangabe (mit *usque …*) und das lateinische Zitat der ersten 1-3 Verse darüber auf, welche Aeneis-Szene dargestellt ist. Das ist für das Verständnis von Bildern, die nicht *suo loco* im lateinischen oder deutschen Text eingelegt sind, hilfreich, um nicht zu sagen: fast unerlässlich.

Der lateinische Titel von ▶VP 1688A „*Peplus virtutum Romanarum in Aenea Virgiliano ejusque rebus fortiter gestis, ad majorem antiquitatis et rerum lucem, communi juventutis sacratae bono*" und seine deutsche Wiedergabe („Erneuertes Gedächtnüß Römischer Tapferkeit ...") lässt an sich erwarten, dass gerade die Kupferstiche (doch wohl kaum die Inhaltsangaben der Aeneis-Bücher) die Figur des Aeneas als Inbegriff römischer Tugenden und als Vorbild für die zeitgenössischen Jugendlichen darstellen sollen und dass daneben realienkundliches Wissen über das Altertum vermittelt werden soll. Eine entsprechende erbaulich-didaktische Selektion (oder besser: Einschränkung) der Bild-Sujets ist allerdings faktisch nicht konsequent durchgeführt. Es ist z.B. schwer zu sehen, inwiefern sofort die 1. Pictura, auf der die erzürnte Juno den Windgott Aeolus gegen die Trojaner aufhetzt, diesem Programm dient, es sei denn als *Exemplum negativum*. Ähnliche Zweifel hinsichtlich der erbaulichen Wirkung könnte man bei vielen Bildern hegen. Die angestrebte Vermittlung antiquarischer Kenntnisse bezieht sich wohl am ehesten auf die Bewaffnung. Allerdings dürfte es für die „edle Jugend" des 17. Jh. n. Chr. kaum von Nutzen gewesen sein, sich ein Bild von Waffen und Kleidung im 12. Jh. v. Chr. – das ohnehin weithin nur spekulativ sein konnte – zu machen. (Nicht einmal das, was Vergil – wahrscheinlich nach Varro – über das Erscheinungsbild der altitalischen Stämme berichtet, ist genau wiedergegeben: so sieht man in Pict. 34 barfüßige italische Krieger mit Wolfsfellmützen, Schleudern und Speeren – aber Entsprechendes schildert Vergil nicht für die laut Unterschrift im Bild dargestellten Gefolgsleute des Mezentius Aen. VII 648-658, sondern für die des Caeculus VII 685-690.) Für heutige Betrachter ist der faktische Verzicht des Zeichners Lang auf eine strikte Durchführung des ideologischen Programms eher ein Gewinn. Lang hat stattdessen dramatisch bewegte Situationen, oft auch ungewöhnliche Handlungsmomente, dargestellt. Im einzelnen sei auf die Ausführungen im Katalog (Teil F) zu ▶VP 1688A, besonders auf die Rubrik *Würdigung*, verwiesen. Grundsätzliche typologische Neuerungen scheint mir der Zyklus Nr. 35 nicht zu bringen.

D 8. Die klassizistische Wende um 1800 und die beiden Szenen-Illustrationszyklen des 19. Jh.

(Zyklus Nr. 59 ▶VP 1798A; Nr. 61 ▶VP 1804A; Nr. 63 ▶VP 1811; Nr. 69 ▶VP 1840)

Die Aeneis-Illustration des 18. Jh. besteht (wenn man von späten Übernahmen des in D 7.2 besprochenen manieristisch beeinflussten Szenen-Illustrationszyklus Nr. 29 von F. Cleyn absieht, dessen Originalpublikation zu ▶VP 1654A zurückreicht) aus einer Reihe von Zyklen (aus dem Bereich Nr. 37-53), die nurmehr insgesamt 12 Kupferstiche zur Aeneis bringen, nämlich ein Titelbild zu jedem der 12 Aeneis-Bücher. Sie sind in D 6.1-6.3 vorgestellt. Gemeinsam ist ihnen, dass sie die Handlung der Aeneis zwar zunehmend antikisierend darstellen, aber den Einfluss des Zeitstils von Barock oder, so in ▶VP 1760 (G. Zocchi), Rokoko erkennen lassen. Nach dem Zyklus Nr. 53/▶VP 1760 entsteht fast vier Jahrzehnte lang kein neuer Zyklus von Titelbildern zu den Aeneis-Büchern. (Die letzte Szenen-Illustration und damit ein Zyklus von 50 oder noch mehr Bildern zur Aeneis liegt noch wesentlich länger zurück: es ist Zyklus Nr. 35/▶VP 1688A.)

D 8.1. Erst Paris ▶**VP 1798A** erscheint wieder ein neuer **Zyklus** (**Nr. 59**) von Titelbildern zu den Aeneis-Büchern. Mit ihm beginnt gleichzeitig die Epoche des Klassizismus in der Vergil-Illustration. Sie ist fast nur auf Frankreich beschränkt. Außerhalb Frankreichs gibt es vor 1840 für fast ein ganzes Jahrhundert (seit dem Zyklus Nr. 47 von L. F. Dubourg, Amsterdam ▶VP 1746A) keinen originalen Zyklus an Titelbildern zu den Aen.-Büchern. Immerhin wird von Bartolomeo Pinelli in Rom ▶VP 1811A ein neuer großer klassizistischer Szenen-Illustrationszyklus (Nr. 63) mit 50 (plus 1) Stahlstichen geschaffen, der fünfte nach den víer wesentlich älteren Beispielen dieses Typs (Zyklus Nr. 2/-Straßburg ▶VP 1502/; Nr. 24/Leipzig ▶VP 1623A, Nr. 29/London ▶VP 1654A, Nr. 35/Nürnberg ▶VP 1688A). Der ‚deutsche’ klassizistische Zyklus Nr. 69 von Eduard Schuler, Karlsruhe ▶VP 1840 erschienen, ist im Grunde ein französischer. Seine 60 Stahlstiche bieten Umrisse nach Vorlagen, die auf den Franzosen A.-M. Girodet-Trioson, auf eine Auswahl seiner über 160 zwischen 1810 und 1824 entstandenen Zeichnungen zur Aeneis zurückgehen.

Der geistige Vater der klassizistischen Aeneis-Illustration ist Jacques-Louis David (1748-1825). Es sind seine Schüler und Assistenten François Gérard (1770-1837) und Anne-Louis Girodet-Trioson (1767-1824), die den zunächst (1790) David erteilten Auftrag ausführen, die nur in 250 Exemplaren vom Verleger Petrus Didot d. Ä. im Louvre gedruckte Luxus-Vergilausgabe ▶VP 1798A bildlich auszuschmücken. Unter Davids Aufsicht haben Gérard und Girodet-Trioson die Vorlagen für je 6 Titel-Kupferstiche zur Aeneis gezeichnet, Girodet für die 6 Bücher mit ungeraden Zahlen I, III, V, VII, IX und XI, Gérard für die restlichen Bücher. Die klassizistischen Bilder wurden fast sofort verkleinert, aber genau (bis auf zwei) in London ▶VP 1800C nachgestochen und auch in Paris (Maradan) ▶VP 1802 eher ungeschickt nachgeahmt (doch nur acht).

Eine Wende in der Aeneis-Illustrierung bedeutet in ▶VP 1798A nicht schon die Auswahl der Sujets. Diese sind zum größeren Teil konventionell (Aen. I Aeneas und Achates vor Dido; II Flucht aus Troja; IV Tod Didos; V Totenopfer für Anchises; VI Heldenschau; VIII Waffenübergabe an Aeneas; X Götterversammlung; XI Aeneas mit Ascanius an der Leiche des Pallas; XII Schlussduell – vier dieser Motive, die Titelbilder zu Aen. V, X, XI und XII, hat z.B. auch G. Zocchi in Paris ▶VP 1760/Zyklus Nr. 53 dargestellt), wenn auch einige eher ungewöhnlich sind (Aen. III Penatenerscheinung; IX Apollo ehrt Ascanius für seine erste Waffentat und vor allem VII Blitz-Prodigium Juppiters nach dem Tisch-

Prodigium). Eher ist es schon der ideologisch-politische Aspekt, den die beiden Schüler des (damaligen) Jakobiners David dadurch herausarbeiten, dass unter den dargestellten Themen der Aeneis vorzugsweise solche sind, die über den Rahmen der noch unmittelbar nach-trojanischen Gegenwart auf die große römische Zukunft (speziell auch auf das Motiv des ‚Gelobten Landes': Aen. III und VII) vorausweisen, nämlich die Bilder zu Aen. III, VI, VII, VIII und (im weiteren Sinne) auch zu X. In den Bildern zu ▶VP 1798A dominiert die Idee der Sendung des Aeneas, der trotz aller Leiden (Verlust der Heimat: Aen. II; Verlust des Vaters: Aen. V; Verlust des jungen Freundes und Bundesgenossen Pallas: Aen. XI) und Umwege (Dido-Episode, Aen. I und IV) durch eigenen Einsatz (Aen. XII) und vor allem mit Hilfe der Götter (Aen. III, VII, VIII, auch IX, X) die Vorbedingungen für die Gründung des Imperium Romanum (Aen. VI) schafft. Das kann als typologisches Vorbild für die Ziele der Französischen Revolution (allerdings noch nicht für die imperialen Ideen Napoleons) gedeutet werden. Noch sinnfälliger aber ist die Heroisierung der Akteure des Epos. Sie wird gefördert durch die jeweils bildbeherrschende Größe der wenigen dargestellten Gestalten (es gibt keine Massenszenen) und durch den weitgehenden Verzicht auf eine detaillierte Ausführung des Ambientes. Entscheidend aber ist die unrealistische Überhöhung, geradezu Verklärung des Aeneas zu einem nackten Heroen. Aeneas erscheint meist (in Aen. I, II, III, V, VIII, XI), wenn auch nicht immer (nicht in Aen. VI, VII, XII), in heroischer Nacktheit, dasselbe gilt für Ascanius (besonders in der heldischen, geradezu denkmalartigen Pose von Aen. IX, doch auch in II, VII und XI und wohl auch V). In einigen Situationen könnte man sie fast für belebte Statuen klassischer Zeit und klassischer Schönheit halten. Gekoppelt ist diese auf Aeneas und seinen Sohn konzentrierte Heroisierung mit einer Pathetisierung der Gebärden und überhaupt der dargestellten Situation. Es ist so gut wie immer eine Sprech-Situation (Ausnahme: Aen. II). Auch wenn es für praktisch alle Sujets Vorbilder in der Tradition der Titelbilder gibt, so werden sie doch von Gérard bzw. Girodet stärker emotionalisiert. So ist z.B. die Schlussszene des Epos, in der Aeneas den Turnus tötet, ein konventionelles Thema für ein Titelbild zu Aen. XII. Die Ausführung durch Gérard in ▶VP 1798A ist aber höchst eindrucksvoll auf die psychologisierende Darstellung der beiden Protagonisten konzentriert; Aeneas erscheint als von ‚heiligem Zorn' erfüllt. Verglichen mit dem motiv-gleichen Titelbild Dubourgs in ▶VP 1746A/Zyklus Nr. 47 für Aen. IX ist das seltene Thema ‚Apollo und Ascanius nach dessen tödlichem Pfeilschuss auf einen überheblichen Feind' von Girodet in ▶VP 1798A zu einer Glorifizierung des Ascanius gesteigert. Gérard ist in ▶VP 1798A nicht der erste, der die Heldenschau zum Sujet des Titelbildes für Aen. VI macht; aber er ist der erste, der aus der Prozession künftiger römischer Helden die von Vergil an die hervorragendste Stelle der Prophezeiung, deren Schluss, gestellte Figur des jungen Marcellus, des vorzeitig gestorbenen präsumtiven Thronfolgers des Augustus, auch künstlerisch heraushebt und die von Vergil vermittelte Tragik abbildet.

D 8.2. Jean Michel Moreau le Jeune (1741-1814) hat zwar keinen vollständigen Titelbild-Zyklus zu allen 12 Aen.-Büchern geschaffen, aber den vier Bänden einer französischen Aen.-Übersetzung Paris ►**VP 1804A/Zyklus Nr. 61** jeweils eine Antiporta beigegeben. Diese vier Kupferstiche, die jeweils der Titelseite gegenüberstehen, stellen einen qualitätsvollen klassizistischen Miniatur-Zyklus dar. Sie haben (bis auf den zu T. 1, vgl. ►VP 1746A/Zyklus Nr. 47) Sujets, die für Buch-Titelbilder ungewöhnlich sind; die Darstellung der Genreszene in T. 3 ist sogar in der gesamten Aeneis-Illustration ikonographisch ein Unikum: T. 1 Creusa will Aeneas davon abhalten, sich wieder in den Kampf um Troja zu stürzen (zu Aen. II 675); T. 2 Dido macht Aeneas Vorwürfe (zu Aen. IV 369f.); T. 3 Amata protestiert bei ihrem Gatten, König Latinus, dagegen, dass die Tochter Lavinia Aeneas zur Frau gegeben werden soll (zu Aen. VII 359f.); T. 4 Venus heilt die Verwundung ihres Sohnes Aeneas (zu Aen. XII 427f.). Alle vier klassizistischen Kupferstiche geben Momente höchster Emotionalität (abgeschwächt nur bei T. 4) wieder. Bemerkenswert ist, dass in allen vier Situationen (in T. 4 abgeschwächt) Frauen als Widerpart von Männern die Hauptrolle spielen. Man könnte für die drei ersten sagen, dass eine ‚weibliche Sicht' auf das Geschehen vorliegt. Vielleicht konnte sich Moreau in ►VP 1804 größere Freiheiten erlauben, weil er keine echten Buch-Titelbilder zu schaffen hatte, sondern charakteristische Bilder für Buchgruppen.

D 8.3. Bartolomeo Pinelli hat in einer Art Bilderbuch, Rom ►**VP 1811A/Zyklus Nr. 63**, über 120 Jahre nach dem letzten (►VP 1688A/Zyklus Nr. 35) einen neuen Szenen-Illustrationszyklus mit 51 klassizistischen Stahlstichen geschaffen, die relativ unregelmäßig über die 12 Aen.-Bücher verteilt sind. Sie sind figuren- und detailreicher als die 12 klassizistischen Buch-Titelbilder in ►VP 1798 A/Zyklus Nr. 59 und vermeiden die dortige Heroisierung des Aeneas. Eine bestimmte Tendenz der Sujet–Auswahl und –Darstellung, die über die Absicht, den Vergil-Text in antikisierender Manier zu illustrieren, hinausgehen würde, vermag ich nicht zu erkennen. Wenn ich mich ironisch ausdrücken darf: dieser klassizistische Aeneis-Zyklus repräsentiert genau das historisierende museale Antike-Bild, das im ganzen 19. Jh. vorherrschte. Ein näheres Eingehen auf diesen offenbar auch zur Entstehungszeit wenig bekannten Zyklus wäre eher akademisch, weil es in Deutschland nach Ausweis des KVK nur eine einzige Microfiche-Ausgabe von ►VP 1811A in der UB Heidelberg zu geben scheint und diese, wie ich weiß, nur zur Präsenzbenutzung zur Verfügung steht.

D 8.4. Auch der jüngste in meinen Berichtszeitraum fallende **Zyklus Nr. 69**, wiederum ein Szenen-Illustrationszyklus mit 60 Stahlstichen, die unter der Leitung von Eduard Schuler in Karlsruhe ►**VP 1840** geschaffen worden sind, ist heute nur beschränkt und nicht frei im Internet zugänglich. Er verdient aber in jeder Hinsicht Beachtung, weil die zugrundeliegenden Zeichnungen von eben jenem David-Schüler Anne-Louis Girodet-Trioson stammen, der schon sechs der bahnbrechenden klassizistischen Titel-Kupferstiche in ►VP 1798A/Zyklus Nr. 59 entworfen hatte (deren Sujets alle in ►VP 1840 übergangen sind). Girodet hatte von etwa 1810 bis zu seinem Tode 1824 die meisten (mindestens 172) der geplanten 200 Zeichnungen zur Aeneis vollendet und 72 von ihnen waren in ▶VP 1827D, in Lithographien umgesetzt, in einem Tafelwerk publiziert worden. Aus diesen hat E. Schuler nach undurchsichtigen Kriterien 60 ausgewählt (die willkürliche Verteilung der Bilder auf die 12 Aen.-Bücher ist ein Schwachpunkt des Zyklus Nr. 69: ihre Zahl schwankt zwischen 21 für Aen. VI und Null für Aen. II und XI) und in Stahlstiche umsetzen lassen, die einer Prosa-Nacherzählung der Aeneis beigegeben wurden. Dabei wurden die Lithographien, wie schon der Titel andeutete, zu „Umrissen" nach dem Vorbild der Homer-Illustrationen von John Flaxman vereinfacht. Durch die umrisshaften Zeichnungen, die auf Binnenschraffuren oder Schattierungen verzichteten, wird eine klassizistische, heroisch-pathetische Stilisierung erreicht. Auch hier ist, wie in ▶VP 1798A, Aeneas ein nackter Heroe (während sein Gefährte, der treue Achates, auf Taf. 7 neben ihm phrygische lange Beinkleider trägt). Auch andere Figuren werden gelegentlich in ähnlicher Weise verklärt, so Nisus und Euryalus (Taf. 51). Sogar die Königin Dido kann – unerhört in der bisherigen piktographischen Tradition – als nacktes Weib erscheinen (Taf. 21: Traum der Dido – nicht jedoch in der Unterwelt auf Taf. 37). Obwohl die Figuren eindeutig antikisch stilisiert sind, gewinnen sie durch die oft erkennbaren Emotionen, von denen sie geprägt sind, allgemeinere menschliche Qualitäten, vgl. etwa die jubelnden Trojaner beim Anblick Italiens (Taf. 12), den Unmut des Jarbas (Taf. 18), den Appell Didos an die schwesterliche Hilfe Annas, als Aeneas geht (Taf. 19). Eine gewisse aktualisierende Tendenz der Zeichnungen Girodets aus napoleonischer Zeit ist gewahrt, wenn neben originellen Bilderfindungen (für die Fama in Taf. 18, für Sibylle/Apollo in Taf. 27, für den Mantel der falschen Träume in Taf. 47) die Schau der römischen Helden der Zukunft in Aen. VI in zwei Tafeln (44 und 45) zu einer Art Doppel-Triumph und Apotheose Roms (Taf. 45: „Entstehung des römischen Kaiserreichs") gesteigert ist. Allerdings ist diese imperiale Vision in einer für die gesamte Aeneis-Illustrierung einmaligen Weise historisiert, mediatisiert und damit eingeschränkt: in der Mitte der drei Dreiergruppen der ‚Heldenschau' in Taf. 45, zwischen Sibylle–Anchises–Aeneas links und Caesar–Tochter Julia–Schwiegersohn Pompeius rechts und unter der Apotheose des Augustus mit Marcellus (und Octavia) auf dem Adler erkennt man in den Wolken – klein, aber unübersehbar – den schreibenden Dichter Vergil vor einer Herme im Orsini-Typus. Es ist, als ob Girodet (und Schuler, ihn wiederholend) bildlich zeigen wollte: es ist Vergil, der dieses Bild entwirft.

D 9. Nicht-fiktionale (dokumentarische, archäologische, topographische, an spätantike Miniaturen anknüpfende) Zyklen der Aeneis-Illustrierung

Anhangsweise sei noch erwähnt, dass es seit ▶VP 1750A (Zyklus Nr. 48) auch eine Aeneis-Illustrierung gibt, die offenbar beabsichtigt, das subjektive Element der Interpretation der Aeneis durch die Bilder eines gestaltenden Künstlers zu ersetzen durch eine pseudo-dokumentarische Bebilderung. Die Illustration ist hier nicht textorientiert, sondern sachorientiert. Hierzu gehören die Zyklen Nr. 48 mit ▶VP 1750A, Nr. 51 mit ▶VP 1757B, Nr. 54 mit ▶VP 1763A und ▶VP 1776B, Nr. 56 mit ▶VP 1793A und ▶VP 1797B, auch Nr. 64 mit ▶VP 1819A. Angestrebt wird gerade nicht eine kreative Rezeption durch einen Künstler der Gegenwart (oder, bei Nachdrucken sowie Nachahmungen: der wiederbelebten jüngeren Geschichte), sondern eine gewissermaßen objektive Veranschaulichung der geistigen Bilder, die der Text Vergils erzeugen sollte. Das geschieht vor allem durch Rückgriff auf reale Bilder, die noch aus der Antike selber stammen. Teils werden ‚Realien' (wie man früher sagte) der antiken Welt, wie sie in der Aeneis zur Sprache kommen, in Abbildungen vorgeführt; das sachliche Spektrum reicht von Geräten bis hin zu topographischen Details, von Opferriten bis hin zu Gestalten des Mythos. Teils werden Kunstwerke aus der Antike als Illustrationen zur Aeneis geboten, die ursprünglich oder in ihrer Primärverwendung nichts mit diesem Epos zu tun hatten. Im besten Falle führt man die beiden unvollständig überlieferten Zyklen von Miniaturen zur Aeneis vor, die in zwei spätantiken Handschriften (dem Vergilius Vaticanus, cod. F, und dem Vergilius Romanus, cod. R) enthalten sind, doch weniger um zu zeigen, wie die Aeneis im 5. Jh. n. Chr. im Bild aufgefasst wurde, vielmehr eher um die Phantasie des Lesers durch scheinbar authentische antike Bildzeugnisse für die Aeneis festzulegen. Man kann, meine ich, über die Fruchtbarkeit einer solchen nicht-fiktionalen Illustrierung der Aeneis unterschiedlicher Meinung sein. Wenn ich solche nicht-fiktional illustrierten Aeneis-Ausgaben (auch wenn sich der ‚dokumentarische' Zyklus Nr. 56 seit ▶VP 1787A mit dem Namen Ch. G. Heyne schmücken kann) nur zurückhaltend katalogisiert und aus einer ‚Geschichte' der Aeneis-Illustrierung ganz ausgespart habe, so liegt dabei die Auffassung zugrunde, dass eine solche Bebilderung der Aeneis zwar viel über die Kenntnisse und Vorstellungen von Archäologen und Philologen aussagen mag, aber wenig über die Aeneis-Rezeption durch Leser, die keine berufsmäßigen Altertumswissenschaftler sind, durch Kunsthandwerker oder gar durch kreative Künstler. ‚Realien'-Darstellungen zur Aeneis könnte man auch heute noch praktisch unverändert aus Ausgaben der zweiten Hälfte des 18. Jh. nachdrucken; der heutige Leser würde wahrscheinlich gar nicht bemerken, dass sie bereits vor langer Zeit gesammelt worden sind. Immer wieder in eine fremde, in eine je historische Welt versetzt fühlen wird sich aber der heutige Leser, wenn er auch nur die in den wenigen diesem Handbuch beigegebenen exemplarischen Bildbeigaben (E) blättert oder wenn er gar auf den riesigen Schatz der digitalisierten Aeneis-Illustrationen zugreift, die der Katalog (F) erschließt. Das zu ermöglichen, ist dieses Handbuch erarbeitet worden.

Insgesamt ist dieses Handbuch selber eine historische Dokumentation für die Aeneis-Auffassungen, die zwischen 1502 und 1840 in Buchillustrationen, in Holzschnitten und in Kupferstichen, zum Ausdruck gebracht worden sind. Wenn

der Leser oder Benutzer womöglich meinen sollte, er sei auf den letzten paar
Dutzend Seiten, die dem 19. Jh. gewidmet sind, endlich – nach langem anfängli-
chem Verweilen in einer noch spätmittelalterlichen Welt – auf adäquate oder gar
‚wahre' Bilder zur Aeneis vorgedrungen, würde er einem historischen Trugschluss erliegen. Weithin mag das Bild der Antike und der illustrierten antiken
Literatur noch heute von jenem Klassizismus geprägt sein, der Anfang des 19.
Jh. blühte. Aber die Aeneis-Buchillustration ist auch nach 1840 weitergegangen.
Es gibt sie noch heute, unserer Zeit gemäß. Aber das ist nicht mehr Thema dieses Handbuches.

D 10. Rückblick und Ausblick

Die vorliegende Geschichte und Typologie der Aeneis-Illustrierung in gedruckten Vergil-Ausgaben der Zeit von 1502 bis 1840 hat sich auf die allgemeine
Vorstellung solcher mir zugänglicher Zyklen konzentriert, die eine bildliche Interpretation der Aeneis geben wollen. (Die Sondergeschichte der Frontispize
zum Gesamtwerk, auf denen oft ein Vergil-Porträt, am häufigsten im ‚Orsini-
Typus', erscheint, auf denen aber auch oft die Aeneis durch allegorische Figuren
im ‚Altar-Typus' oder durch eine charakteristische Szene, am häufigsten die der
Flucht des *pius Aeneas* aus Troja, repräsentiert wird, ist in diesem Überblick
ganz ausgeklammert worden.) Den Nachvollzug einer solchen bildlichen
Aeneis-Interpretation, der über eine bloße Beschreibung des Bildes und der
Identifizierung des dargestellten Sujets aus der Aeneis hinausgehen müsste, habe
ich im Katalog-Teil F nur in Ansätzen, am ehesten noch für die Selektion der
Sujets, leisten können. Dazu bedürfte es eingehender piktoraler Einzelanalysen.
Aber nicht einmal die beiden einflussreichsten Zyklen der Aeneis-Illustration,
Zyklus Nr. 2 seit ▶VP 1502 von Sebastian Brant und Zyklus Nr. 29 seit ▶VP
1654A und ▶VP 1658A von Franz Cleyn, sind bisher trotz einiger
Bemühungen hinreichend interpretiert. Für den Zyklus Nr. 2 gibt es bisher
immerhin eine ausreichende Beschreibung, für den Zyklus Nr. 29 aber nicht
einmal das. Eine weitere Aufgabe wären piktographische Längsschnitte: die
Behandlung desselben Sujets in mehreren eigenständigen Zyklen. Eine Hilfe
dazu bietet der Sujet-Katalog G 5 (und auch D 6.3). Dieser Sujet-Katalog kann
auch klären helfen, ob etwa bestimmte Gemälde (die grundsätzlich nicht
Gegenstand dieses Handbuches sind) mit Darstellungen aus der Aeneis von
Buchillustrationen abhängig sind. Ich habe den Eindruck, dass das nur sehr
selten der Fall ist. Auch umgekehrt scheint mir die Nachahmung bestimmter Gemälde durch Buchillustrationen nicht häufig zu sein; eine Ausnahme bildet noch
am ehesten ein Gemälde von F. Barocci von 1598 zur Flucht des *pius Aeneas*
aus dem brennenden Troja, das gern in Frontispizen gedruckter Vergil-Ausgaben übernommen wird (etwa in ▶VP 1685). Für die Holzschnittphase der
Buchillustrationen zur Aeneis, mindestens für das frühe 16. Jh., würde sich auch
eine vergleichende Untersuchung der Miniaturen in den spätmittelalterlichen

Vergil-Handschriften lohnen. Wahrscheinlich würde sich nur selten direkte Einflussnahme feststellen lassen. Eher schon dürfte man bereits in den Handschriften-Miniaturen Darstellungs- und Selektionstechniken finden, die auch im Holzschnitt-Zeitalter verbreitet sind, etwa die Berücksichtigung mehrerer Szenen des Epos in einem einzigen Bild oder die Tendenz zur Illustrierung der Auftaktszene eines Aeneis-Buches. Dieses Handbuch stellt für viele Untersuchungen eine Ausgangsbasis bereit. Der Verfasser hofft, dass es nicht abschließend, sondern aufschließend wirkt.

E. Bildbeigaben

Die folgenden Bildbeigaben sollen durch jeweils ein Demonstrations-Beispiel einen ersten Eindruck von jenen rund 40 relativ unabhängigen Illustrationszyklen zur Aeneis vermitteln, die durch Digitalisate der BSB erschlossen sind. Absichtlich ist immer ein Bild zu Aen. IV gewählt worden (das im Falle des Titelbild-Typus jeweils auch das einzige Bild zu diesem Buch ist), um durch die Identität des Sujets (oder wenigstens durch die geringe Anzahl der Motive) die Unterschiedlichkeit der Darstellung um so deutlicher zu machen. Den ganzen Illustrationszyklus kann man sich dank der Großzügigkeit der BSB jeweils mit Hilfe der beigefügten DVDs oder aber durch Zugriff auf die „Digitale Bibliothek" der BSB, dort im Bereich der „Quelleneditionen" unter „Buchillustrationen zu Vergils Aeneis 1502-1840", vor Augen führen. Man kann sich entweder an den Signaturen der BSB orientieren, die im Katalogteil F dieses Handbuches angegeben sind, oder direkt an dem Spezialverzeichnis der „Digitalen Bibliothek".

Da es sich um ein Pilotprojekt handelte, hat es technische Schwierigkeiten bei der Vernetzung der Teildigitalisate mit dem OPAC-Katalog der BSB (durch die BSB) und bei der Herstellung der beiden beigefügten DVDs (durch mich) in Fülle gegeben. Komplikationen beim Zugriff vor allem auf TIF-Dateien sind nicht auszuschließen; vielleicht ist ein Programm wie IRFANview nötig. – Generell kann man davon ausgehen, dass die Qualität der Digitalisate in der „Digitalen Bibliothek" besser ist als die der beigefügten DVDs. Außerdem konnten die Vergil-Digitalisate der „Digitalen Bibliothek" nicht alle auf die DVDs überspielt werden. Vor allem die vollständigen Digitalisate kompletter Vergil-Ausgaben fehlen auf den DVDs. Sie enthalten im wesentlichen nur jene Digitalisate, die mein Mitarbeiter Alexander Cyron 2004-2005 eingescannt hat, nur zum Teil auch solche, die später zusätzlich von den professionellen Technikern in der Photostelle der BSB angefertigt worden sind. Siehe dazu das Lemma „DVD" im Abkürzungsverzeichnis Kap. B 2.

Die 41 Bildbeigaben sind nicht nach dem Erscheinungsjahr der Ausgabe geordnet, aus der sie konkret genommen sind (also nicht nach der ▶VP-Sigle), sondern nach der Nummer des Illustrationszyklus (s. Kap. C 2), den sie repräsentieren. Ihre Abfolge ist also von der Chronologie der Erstausgaben der einzelnen Illustrationszyklen bestimmt. Man kann davon ausgehen, dass das abgedruckte Beispiel (das oft nicht das älteste ist) mehr oder weniger identisch ist mit dem entsprechenden Bild zu Aen. IV in den anderen Ausgaben, die laut Kap. C 2 zu demselben Illustrations-Zyklus gehören. Größere Abweichungen (etwa seitenverkehrte Wiedergabe oder Verkleinerung des Formats) sind dem einschlägigen Lemma im Katalogteil F zu entnehmen. – Innerhalb des Katalogteils F wird auf ein in Teil E beigegebenes Bild mit (z.B.) BILD 14 verwiesen.

Bild 1 • VP 1502 • **Zyklus Nr. 2**, von Sebastian Brant, Pict. 100 •
BSB Res/2 A.lat.a. 292 • Letzte Szenen-Illustration (von 12) zu Aen. IV

coitus:fama facti volat vt dicetur ibi: Fam ñ
malū &c. eneas monitus tūc numine.i.volun
tate diuū.f.louis per Mercuriū:parabat fuge
& classem & socios:dido amans:sensit.f.fugā
parari & conata supple est morari .i. detinere
ipsum precibus.f.suis & sororis.Sed postq̃ fa

Postq̃ fata iubent:nec iam datur vlla facultas:
Conscēditq̃ pyram:dixitq̃ nouissima verba:
Et vitam infelix multo cum sanguine fudit.

ta iubent scilicet eneam abire:nec datur scilicet didoni vlla facultas detinendi enee ipsa q̃ pro &:hoc est
tum conscendit pyram idest struem lignorum incendendorum:& dixit nouissima verba demissura.f. se in
mucronem enee:& ipsa infelix fudit vitam cum multo sanguine:vitā dicit.i.animā cuius sanguis sedes
putatur:vnde dicetur in fine huius.Atq̃ in ventos vita recessit.

ASCEñ.

P.Verg.Maronis Aeneidos Liber. IIII.

T regina graui &c.In hoc quarto
libro quesita occasione describit
poeta vim amoris qui virū pieta
te graue & fataliter in regnū italie
destinarum potuit in muliebribus
complexibus detinere & reginā alloqui gra-
uem & constante impatiētia ad sui necem im
pellere.Id aute facit prudes& cōmodus poeta
quo mortales animos ab amorum illecebris
auertat:cum nemo sit a veneris laqueis tut'
nisi qui omne obiectū procul habuerit & car
nis luxum domuerit:Cum ergo in toto opere
tum hic poeta & delectat& prodest plurimū:
nam simul & iucunda& idonea dicere vite In
stituit vsq̃ adeo aute iucunda est huius libri
lectio vt diuus Augustin* sese ad lachrymas
compulsum Didonis querela cōfiteat.Nihil
enim pretermissum est quod ad amantis mi-
sere officium ptineat.Idq̃ seruato eratū cum
libris ordine facit poeta. Nam i primo libro
infantiam describit:que varijs procellis iacta
tur nihilq̃ certi habet.In secundo pueritiam
que aut

T regina graui iādudū Poeta?
saucia cura
Vulnus alit venis:& cæ-
co carpitur igni,
Multa viri virt' animo:
multusq̃ recursat
Gentis honos:hærent infixi pectore vultus:
Verbaq̃:nec placidam mēbris dat cura quietē.

T regina graui iamdudū saucia cura. Apo SER?
loni' argonautica scripsit:vbi iducit amā
tem Medeā inde totus hic liber translatus
est de tertio.Apollonij.Est aute pene totus
in affectiōe:licet i fine pathos habeat:vbi
abscessus Aeneq̃ gignit dolorē.Sane tot' &
in cōsilijs

Bild 2 • VP 1517 • **Zyklus Nr. 2**, Pict. 89 •
BSB Res/2 A.lat.a. 304 • Erste Szenen-Illustration (von 12) zu Aen. IV

Wie Dido vnleidlichin in lieben wütet vnd brant.

Haroa
tum

Qualis
coilecta

Tune
media

post
vbi

Ch wz hilfft ei solcher rat (hat
   wa lieb irs hertz gwurtzlet
Wz helffen or fier vn die teyel
des sei vns Dido ein exempel
Die lieb die frigt mit weichem flammē
   verzert das hertz heimlich allsamen
Dido vnseligtlichen brāt
   das sie schellig die stat vmbrant
Wie ein hirtz der gschossen wardt
   mit eim pfeil verwundt hart
Schelligtlich durchlaufft die weld
   oder sunst die weiten feld
Vnd der pfeil in ir beleibt
   tödtlichen in zü würen treibt
Also Dido on alles sinnen
   Eneam fürt durch mit der zinnen

Vnd zeugt im iren schatz fürbas
   auch wie die stat gebuwen was
Darnach fieng sie zü reden an
   vnd ließ gleich widerumb dorzan
Sie rüstet vff ein tag da wider
   mit wirtschafft bain sitzen nider
Begeret von im widerumb
   wie Troy doch wer gekeret vm
Vergafft sich aber an seiner rede
   da doch der tag ein ende het
Vnd der mon die finstre bracht
   das es gantz was worden nacht
Das gstirn den schlaff den menschē riet
   allein Dido von lieben wiet
Vnd truret ser/vnd wüt noch baß
   das nit Eneas bei ir waß

H iiii

Bild 3 · VP 1515F · Zyklus Nr. 2, Pict. 91 ·
BSB Res/2 A.lat.a. 349 · Erste Szenen-Illustration (von 10)
zur ersten deutschen Übersetzung zu Aen. IV

Optat aprū: aut fuluū deſcēdere monte leonē.
Interea magno miſceri murmure cœlum
Incipit': inſequif cōmixta grandine nimbus:
Et tyrij comites paſſim & Troiana iuuentus:
Dardaniuſcꝗ nepos Veneris: diuerſa per agros
Tecta metu petiere: ruunt de mōtibus amnes:
Speluncam Dido: dux & Troianus eandem
Deueniunt: prima & tellus: & pronuba Iuno
Dat ſignum: fulſere ignes: & conſcius æther
Cōnubij: ſummoꝗ viularunt vertice nymphæ:
Ille dies primus læti: primuſꝗ malorum
Cauſa fuit: neꝗ enim ſpecie famave mouetur:
                  Nec

ſub verticibus ſunt: cerui trāſmiſi ſunt curſu.i.
tranſeunt celeriter currētes de alia parte: cāpos
patētes.i.patulos & amplos Vñ cāpi quaſi ca-
paces ampliter dicūt. atꝗ glomerāt.i.in for
mā glomeris iūgūt agmina puluerulenta.i.pul
ueris plena.fuga.i.ꝓpter celerē fuga ꝗ ſaltu va
lent & ita campos petunt vt capree rupes.at.i.
ſed puer Aſcanius gaudet in medijs vallibus
acri equo(qd̄ Teren.& Hora: erati epheborum
conuenire docent)& preterit curſu. ſ.equi: iam
hos.ſ.ceruos: et iam illos: & optat votis.i.mul
tis deſiderijs: ſed puerilibus aprum.i.ſuem ſyl-
ueſtrem.ſpumantem.ſ.ex fuga & ira: dari.i.of-
ferri: ſibi inter pecora inertia.i.inter ceruos im
belles: quibus omnis ſpes in fuga conſiſtit aut
optat leonem fuluum.i.fului coloris deſcende-
re monte: vt.ſ.eum agrediatur. Cœlum incipit
interea dum.ſ.ſic venationi intenti eſſent & dū
trepidarēt ale: miſceri magno murmure.ſ.ven
torum & tonitruum: & nimbus.i.nubes vento
                  O   ſa inſequif

Bild 5 • VP 1507 • **Zyklus Nr. 3** •
BSB Res/4 A.lat.a. 658 • Titelbild zu Aen. IV

Bild 6 • VP 1520A • Kompilation; kein eigentlicher Zyklus •
BSB Res/2 A.lat.a. 268 • Titelbild zu Aen. IV (=Aen. II)

Aeneidos

SER. T regina graui iandudum: Apollonius argonautica fcripfit:ubi inducit amantem Medeam:in de totus hic liber tranflatus eft de tertio Apolloniſ eſt aŭt pene totus in affectione: licet in fine pathos habeat:ubi abfceſſus Aeneæ gignit dolorem. Sane totus in confiliis & fubtilitatibus:ñ pene comicus ſtilus eſt:nec mirum ubi de amore tractatur. Iunctus quoɋ fuperioribus eſt: qɗ artis eſſe uidetur:ut frequenter diximus:nam ex abrupto uitiofus eſt tranfitus:licet ſtulte quɪ dam dicant hunc tertio non eſſe coniunctum. In illo enim nauigationem:piculofa:in hoc amo

res exequitur:non uidentes optimam coniunctionē; quum enim tertium fic clauferit:Factoɋ hic fine qɛ́ uit:fubfecutus eſt At regina graui iandudum faucia cura.Item paulopoſt: Nec placidá membris dat cura quietem. Nam quum Aeneam quieuiſſe dixerit,fatis congrue fubiunxit:ut fomno amans careret. ꝗ Iandu dum:aut nimium:ut Terentius: Iandudum te amat. Iandudum illi facile fit quod doleat:aut iandudum a quo tempore uidit Aeneam.legimus enim Obſtupu it primo afpectu fidonia dido. ꝗ Saucia: hinc fubiun git Vulnus alit: & bene alludit ad cupidinis tela: ut paulopoſt ad faculam:& Cæco carpitur igni: nam fa gittarum uolnus eſt facis incendium. ꝗ Cura:amores ab eo quod cor urat:ut Veneris iuſtiſſima cura: item Mea maxima cura. ꝗ Venis:quia per uenas amor cur rit:ficut uenenum.inde dictum Fallafɋ ueneno. Ité Longumɋ bibebat amorem. ꝗ Cæco carpitur igni: agit Virgilius ut inuentas frangat declamationes: ut hoc loco:rem dixit fine declamatione:unde Ouidius, Quoɋ magis tegitur:tanto magis æſtuat ignis. Cæ co igitur igni:ualidiore:cuius hæc natura eſt: ut com preſſus magis conualefcat. ꝗ Multa uiri uirtus ani mo:bene mediam fe facit prebere Didonem inter re galem pudorem & amoris impulfum.fimulat enim fe uirtutem mirari:cuius pulchritudine mouebatur.

ADILON.
Vritur in quarto Dido:flammafɋ fatetur.

Bild 7 • VP 1510B • **Zyklus Nr. 3**, Variante •
BSB Res/2 A.lat.a. 297 • Titelbild zu Aen. IV

GARTHAGO

Virgi.   kk iiij

Bild 8 • VP 1552A • **Zyklus Nr. 6**, Pict 89 •
BSB Res/2 A.lat.a. 314 • Erste Szenen-Illustration (von 6) zu Aen. IV

IL QVARTO DI VERGILIO
di M. Bartolomeo Carli Piccholomini
a Madonna Aurelia Petrucci.

Bild 9 • VP 1544 • **Zyklus Nr. 7** •
BSB A.lat.a. 2338 • Erste Szenen-Illustration (von 3) zu Aen. IV

Bild 10 • VP 1544 • **Zyklus Nr. 7** • BSB A.lat.a. 2338 •
Zweite Szenen-Illustration (von 3) zu Aen. IV

Bild 11 • VP 1554A • **Zyklus Nr. 9** •
BSB A.lat.a. 2150 • Argumentum-Titelbild (Vorstufe) zu Aen. IV

LE IIII. LIVRE
DE L'ENEÏDE DE
VIRGILE.

 MAIS *ce pendant la Royne en sa*
pensee
D'un grief souci durement offensee
Nourrist la playe aux languis-
santes veines:
Seichant d'un feu secret en tristes peines.
De la vertu de l'homme luy souuient
En son esprit : au deuant luy reuient

A T Regina gra-
ui iamdudu sau-
cia cura

vulnus alit venis,
& cæco carpitur
igni.

Multa viri virtus
animo, multusq́ re-
cursat

Bild 12 • VP 1552B • **Zyklus Nr. 10**, B. Salomon zugeschrieben •
BSB 4 A.lat.a. 691 • Argumentum-Titelbild zu Aen. IV

P. VIRGILII MARONIS
AENEIDOS
LIBER QVARTVS.

APollonius Argonautica ſcripſit, & in tertio inducit amantem Medeam. Inde totus hic liber tranſlatus eſt. Eſt autem pene totus in affectione, licet in fine pathos habeat, vbi abſceſſus Aeneæ gignit dolorem. Sane totus in conſilijs & ſubtilitatibus eſt. Nam pene comicus ſtilus eſt: nec mirum, vbi de amore tractatur. Iunctus quoque ſuperioribus eſt: quod artis eſſe videtur, vt frequenter diximus. Nam ex abrupto vitioſus eſt tranſitus: licet ſtulte quidam dicant hunc tertio nõ eſſe coniunctum, (in illo enim nauigationis pericula, in hoc amores exequitur)non vident res optimam coniunctionem. Cum enim tertium ſic clauſerit, Factoꝗ hic fine quieuit: Subſecutus eſt. At regi.graui iãdudum ſaucia cu.) Item paulopoſt. Nec placidam mem. dat cu.quietem.)Nam cũ Aeneam dormire dixerit, ſatis cõgrue ſubiũxit: vt ſomno amãs careret. Iandudum.)Aut nimium:vt Terentius, Iandudum te amat. Iandudum illi facile ſit quod doleat. Aut Ian

T regina graui iandudum ſaucia cura   POETA.
Vulnus alit uenis : & cæco carpitur
igni.
Multa uiri uirtus animo, multuſque
recurſat
Gentis honos, hærent infixi pectore

his abſolute curis. Cura ergo ab eo quod cor vrat,vt Veneris iuſtiſſima cura. Item, Maxima cura. Venis.) Quia per venas amor currit, ſicut venenum: inde dictum, Falſaꝗ veneno. Item, Longũꝗ bibebat amorem. Cæco car. igni.)Agit Virgilius,vt inuentas frangat declamationes: vt hoc loco rem dixit ſine declamatione. Vnde Ouidius,quoque magis tegitur, tanto magis æſtuat ignis. Cæco ergo igni ,validiore : cuius natura eſt,vt compreſſus magis conualeſcat. Multa vi.vir.anim.) Bene mediam ſe facit præbere Didonem inter regalem pudorem & amoris impulſum. Simulat enim ſeuirtutem mirari cuius pulchritudine commouetur.Multa autem virtus figurate dixit.Nam ad numerum tranſtulit quod eſt quantitatis. Recurſat.) Bene frequentatiuo vſus eſt verbo in frequenti amantis cogitatione. Gentis.)Non Aeneæ , vt ſit velut excuſatio , ſed Dardania numinibus,Aut Veneris. Infixi pe.vul.Verbaꝗ.) Tale & illud eſt.Illium abſens abſentéꞇ auditꝗ videtꝗ. Nec

---

vbi de amore tractatur. Iunctus quoque ſuperioribus eſt: quod artis eſſe videtur, vt frequenter diximus. Nam ex abrupto vitioſus eſt tranſitus: licet ſtulte quidam dicant hunc tertio non eſſe coniunctum , (in illo enim nauigationis pericula, in hoc amores exequitur) non videntes optimam cõ iunctionem. Cum enim tertiũ ſic clauſerit, Factoꝗ hic fine quieuit. Subſecutus eſt. [At regina graui iãdudum ſaucia cura] Itẽ paulo poſt. [Nec placidam membris dat cura quietem.] Nam cum Aeneam dormire dixerit, ſatis congrue ſubiunxit : vt ſomno amans caret. [Iandudum] Aut nimium: vt Terentius,Iandudũ te amat. Iandudum illi facile ſit quod doleat. Aut Iandudũ, POE. à quo tempore vidit Aeneam. Legimus enim, Obſtupuit primo aſpectu Sidonia Dido. [Saucia] Hinc ſubiungit.[Vulnus alit]Et bene alludit ad Cupidinis tela,vt paulo poſt ad faculam.[Et cæco carpitur igni] Nam ſagittarum vulnus eſt ſa

P. VIRGILII
MARONIS AENEIDOS
LIBER QVARTVS.

T REGINA graui iandudum
ſaucia cura
Vulnus alit venis, & cæco carpitur igni.
Multa viri virtus animo, multuſque recurſat
Gentis honos : hærent infixi pe-

vmbram,)Quia nox omnis humida eſt,vt,Noctis lentus non deficit humor. Et nihil intereſt vtrum vmbram , aut noctẽ dicat. Nox.n.vmbra terræ eſt, vt ſupra,Inuoluens vmbra magna terramꝙ polumꝙue. Eſt etiam Hyſteron proteron in ſenſu. Aurora enim Solem p̄cedit. [Cum ſic vnanimé) De re pudenda locuturam parum fuerat ſororem eligere, niſi ẽt vnanimem. Dicimus autem & vnanimus, & vnanimis, ſicut inermus & inermis. [Male ſana) Non plane ſana,amore vitiata. Male.n.plerunque non, plerúque minus ſignificat : nõ, vt,Statio male fida carinis. Ali quoties minus ſignificat : ſicut ve,vt,vecors,veſanus. Quanꝗ male & perniscioſe ſignificet,vt Lucanus, Sic male deſerat. [Inſomnia terrent?) Et terret & terrent legitur. ſed ſi terret legerimus,Inſomnia erit vigilia. Hoc.n.maiores inter vigilias, & ea quæ videmus in ſomnijs intereſſe voluerunt : vt inſomnia generis fœminini, numeri ſingularis, vigiliam ſignificaret. Inſomnia vero, ge

Bild 15 • VP 1559C • **Zyklus Nr. 15** •
BSB A.lat.a. 2313 • Argumentum-Titelbild (Frankfurter Typus)
zu Aen. IV

QVARTI LIBRI AENEIDOS FIGVRA,

Bild 16 • VP 1561B • **Zyklus Nr. 16** •
BSB A.lat.a. 2154 • Argumentum-Titelbild (Züricher Typus)
zu Aen. IV

Bild 17 • VP 1581A • **Zyklus Nr. 16a** •
BSB A.lat.a. 2161 • Argumentum-Titelbild
(Leipziger Variante des Züricher Typus) zu Aen. IV

Bild 18 • VP 1601 (1622?) • **Zyklus Nr. 18** •
BSB A.lat.a. 2340 • Titelbild (im Argumentum-Typus)
zu Aen. IV

ARGOMENTO.

Esce à la caccia Dido co'l suo amato
Enea in un'antro sola si raccoglie.
Vola la fama del conuesso fallo.
Per voler del gran Gioue Enea si par-
te;
Ella d'ira, e d'amor vinta s'vccide.

LIBRO QVARTO.

Mà la Regina d'amoroso strale
Già punta il core, & in le vene accese
Pascea fecretamente ardea & fi face.
Et de l'amato Enea fra fe volgendo
Il legnaggio il ualore il fanto & opre.
Et quel che piane fà nel'alma impreffo
Sono ragionar, dalc fortunati.
Tantamente respinfo & nei mei dormi.
Surge l'auroriol mondo, & poi la mede.
Et la piume rugarea gli occhi, & fini

Bild 19 • VP 1621 • Zyklus Nr. 18 •
BSB A.lat.a. 2339 • Titelbild (im Argumentum-Typus) zu Aen. IV

Bild 20 • VP 1699 • vgl. **Zyklus Nr. 18** •
BSB A.lat.a. 2283-1 • Titelbild (im Argumentum-Typus)
zu Aen. IV

Bild 21 • VP 1608B • **Zyklus Nr. 19** •
Privat-Foto • Argumentum-Titelbild zu Aen. IV

P. VIRGILII

MARONIS AENEID.OS.

LIBER QVARTV

T regina graui iandudum saucia cura
Vulnus alit venis, & cæco carpitur
igni.

Bild 22 • VP 1610A• **Zyklus Nr. 20** •
BSB 2 A.lat.a. 326 • Titelbild zu Aen. IV (=Aen. III)

Bild 23 • VP 1624B • **Zyklus Nr. 24** •
BSB A.lat.a. 2169 • Die einzigen Szenen-Illustrationen Pict. 26/27 zu Aen. IV

Aenée, a qui le Ciel destine une autre terre,
Goutoit auec Didon les plaisirs de L'Amour,
Quand Mercure enuoyé par le Dieu du Tonnerre,
Le presse de sa part de quitter ce Sejour

Liure 4°

Bild 24 • VP 1649B • **Zyklus Nr. 27,** von F. Chauveau •
BSB Res/2 A.lat.a. 330 o • Titelbild zu Aen. IV

agnosco vete:
ris vestigia flammæ.
Sed mihi vel tellus op;
tem prius ima dehiscat;
Vel pater omnipotens adi:
gat me fulmine ad umbras,
Pallentes umbras Erebi,
noctemque profundam;
Inte pudor, quam te violem,
aut tua jura resolvam.

Henrico
Osborne Arm:
Tabula merito
votiva
196

Bild 25 • VP 1658A • **Zyklus Nr. 29**, von F. Cleyn; Pict. 49 •
BSB Res/2 A.lat.a. 328 • Erste Szenen-Illustration (von 6) zu Aen. IV

Bild 26 • VP 1709 • **Zyklus Nr. 29**, von F. Cleyn; Pict. 51 •
BSB A.lat.a. 2250-2 • Dritte Szenen-Illustration (von 6) zu Aen. IV

Bild 27 • VP 1726C• **Zyklus Nr. 31**, von P. Lochon, nach F. Chauveau •
BSB P.o.gall. 2024-1 • Titelbild zur Travestie von Aen. IV

Bild 28 • VP 1680A • **Zyklus Nr. 34**, von G. Apelmans •
BSB A.lat.a. 2179-2 • Titelbild zu Aen. IV

LIB.IV. ÆN. ℣ 437.

Talibus orabat: talésq; miserrima fletús
Fertq; refertq; soror. uqq; 440.

Bild 29 • VP 1688A • **Zyklus Nr. 35**, von G. J. Lang, Fig. 16 •
BSB Res/4 A.lat.a. 704 • Dritte Szenen-Illustration (von 4) zu Aen. IV, konkret zu Aen. IV 437–440

Bild 30 • VP 1700B • **Zyklus Nr. 37** •
BSB A.lat.a. 2306-1 • Titelbild zu Aen. IV

Bild 31 • VP 1714A • **Zyklus Nr. 38**, von F. de la Monce, nach G. Apelmans •
BSB A.lat.a. 2188 • Titelbild zu Aen. IV

P. VIRGILII MARONIS

Bild 32 • VP 1717B • **Zyklus Nr. 39**, von A. Houbraken • BSB Res/4 A.lat.a. 667 • Titelbild zu Aen. IV

PUBLII VIRGILII

MARONIS

ÆNEIDOS

LIBER QUARTUS.

AT Regina gravi jamdudum saucia cura
Vulnus alit venis , & cæco carpitur
  igni.
Multa viri virtus animo , multusque
  recursat

Gentis honos : hærent infixi pectore vultus ,
Verbaque, nec placidam membris dat cura quietem.
Postera Phœbea lustrabat lampade terras ,
Humentemque Aurora polo dimoverat umbram ,
Cum sic unanimem alloquitur malesana sororem.

Bild 33 • VP 1754A • **Zyklus Nr. 46**, von Ch.-N. Cochin fils •
BSB A.lat.a. 2200-2 • Titelbild zu Aen. IV

L. F. D. B. inv.

P. Lange sculp.

Bild 34 • VP 1746A • **Zyklus Nr. 47,** von L. F. Dubourg •
BSB 4 A.lat.a. 670-2 • Titelbild zu Aen. IV

DELL'
ENEIDE
DI VIRGILIO.

LIBRO QUARTO.

MA la Regina d'amorofo ftrale
Gia punta il core, e ne le vene accefa
D'occulto foco, inianto arde, e fi sface,
E de l'amato Enea fra fe volgendo
Il legnaggio, il valore, il fenno, e l'opre,
E quel, che piu le fta ne l'alma impreffo,
Soave ragionar, dolce fembiante;

Bild 35 • Zyklus Nr. 53, von G. Zocchi •
BSB A.lat.a. 2342-1 • Titelbild und Auftakt-Bild zu Aen. IV

Unam exute pedem vinclis —
Testatur moritura deos et conscia fati
Sidera . Aen IV. 518.

P. VIRGILII MARONIS

ÆNEIDOS,

LIBER QUARTUS.

Bild 36 • VP 1793A • **Zyklus Nr. 56** •
BSB 4 A.lat.a. 673-4 • Initialbild (Tom. II 2 p. 445) zu Aen. IV

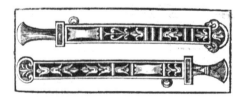

AENEIDOS

LIBER QUARTUS.

Bild 37 • VP 1798B • **Zyklus Nr. 60** •
BSB A.lat.a. 2214-1 • Titelkopfleiste zu Aen. IV

Bild 38 • VP 1804A • **Zyklus Nr. 61**, von J. M. Moreau d. J. •
BSB 4 A.lat.a. 851-2 • Antiporta zu Aen. III-V, konkret zu Aen. IV 369f.

Bild 39 • VP 1811A • **Zyklus Nr. 63**, von B. Pinelli, Pict. 19 •
Privat-Foto • Zweite Szenen-Illustration (von 2) zu Aen. IV

Bild 40 • VP 1835A • **Zyklus Nr. 68** mit Nachstichen der Vergil-Handschriften F und R
• BSB Hbh 2 Km 1101 Bildtafel XXXIIII • Nachstich der Titelminiatur im
spätantiken Codex R zu Aen. IV

DIE FAMA UNTERRICHTET ĬARBUS VON DIDOS LIEBSCHAFT

Bild 41 • VP 1840 • **Zyklus Nr. 69**, Tafel 18, von E. Schuler nach A.-L. Girodet-Trioson •
Privat-Foto • Dritte Szenen-Illustration (von 8) zu Aen. IV, konkret zu Aen. IV 191-197

F. Katalog

Ein früher Sonderfall: eine Inkunabel

VP 1483   ■ **franz. Paraphrase der Aeneis, Lyon 1483**
Le livre des Eneydes (so nur tituliert im Kolophon: Ly finit le livre des eneydes compile par Virgille lequel a este translate de latin en francoys). Lyon, par Guillaume le Roy, 1483 [2°].

Bibl.: MAMBELLI Nr. 1056 ("Edizione assai rara, adorna di numerose incisioni su legno"; anonyme französische Prosa-Paraphrase der Aeneis, die als Vorlage für die erste englische Aen.-Übersetzung von William CAXTON († 1491), Westminster 1490 (= MAMBELLI Nr. 1384; KAILUWEIT, 2005, Nr. 0036), gilt, vgl. Elizabeth NITCHIE, Vergil and the English poets, New York 1919 (Diss. Columbia Univ.), Ndr. 1966, 62-65; New York 1930, Case 16/Sect. 2 and 3, Nr. 177 ("about 60 woodcut illustrations"; Exemplar aus Privatbesitz); London 1982, Nr. 30; bloße Erwähnung bei PASQUIER, 1992, S. 22 ("bois gravés au trait, très primitifs et fort brutalement taillés"). - Martin DAVIES & John GOLDFINCH: Vergil. A census of printed editions 1469-1500, London 1992, Nr. 93 (es ist bedauerlich, dass in diesem Spezialverzeichnis aller - hier: 185 - Vergil-Inkunabeln niemals, soweit ich sehe, auch nicht in diesem Falle, auf etwaige Illustrationen verwiesen wird).

Lit.: Eine Art Wiederentdeckung dieses sehr seltenen Werkes (das es nach DAVIES/GOLDFINCH, 1992, Nr. 93 in der Library of Congress, in der BnF zweimal und in der Bibl. de l'Arsenal, ebenfalls in Paris, gibt; erkennbar benützt wird aber allenfalls ein Exemplar der BnF) bedeutet Eberhard LEUBE, Fortuna in Karthago. Die Aeneis-Dido-Mythe Vergils in den romanischen Literaturen vom 14. bis zum 16. Jahrhundert, Heidelberg 1969, 65-75: Die Wiederentdeckung Vergils im Frankreich des 15. Jahrhunderts: Das ,Livre des Eneydes'. LEUBE gibt eine ausgezeichnete Analyse dieses Werkes; allerdings beschränkt er sich auf die Dido-Erzählung, die aber 95 von knapp 170 Seiten der Inkunabel einnimmt. Das Buch gibt sich zwar als franz. Übersetzung des lat. Originals, ist aber „in Wirklichkeit eine ... volkssprachliche Version einiger hervorragender Episoden von den Irrfahrten des Aeneas und der Begründung seiner Herrschaft in Italien". Die beigefügten Holzschnitte werden von LEUBE mit keinem Wort erwähnt, geschweige denn gedeutet. - Ruth MORTIMER, Vergil in the Rosenwald Collection, in: Sandra HINDMAN (Hrsg.), The early illustrated book. Essays in honor of Lessing J. ROSENWALD, Washington 1982, 211-230, hier S. 212f. auch einige allgemeine Bemerkungen zu den Holzschnitten in ▶VP 1483 mit 1 Abb. = Pict. 1 (Priamus erbaut Troia). - Dasselbe Exemplar der Rosenwald Collection in der Library of Congress benützt Marilynn (Robin) DESMOND, Reading Dido. Gender, textuality, and the medieval Aeneid, Minneapolis/London 1994; sie bietet als Abb. 19 die Pict. 5 (Dido erbaut Karthago) und als Abb. 20 die Pict. 6 = Pict. 23 (Didos Selbstmord), mit Interpretation dieser beiden Holzschnitte S. 169; zum *Livre des Eneydes* (1483) und dessen englische Übersetzung durch William Caxton (gedruckt 1490 als *Eneydos*, ohne Illustrationen) s. DESMOND, 1994, 167-176 (mit weiterer Lit.; dort S. 167f. Zitat aus dem Prolog Caxtons, wo dieser ausdrücklich auf die *Eneydes* als seine Vorlage hinweist, was jedoch nicht unbedingt die Benutzung der gedruckten Fassung von ▶VP 1483 beweist, sondern auch auf eine Handschrift gehen könnte, die Le Roy seinem Druck von ▶VP 1483 zugrundegelegt hat; für DESMOND liegt der Focus der Kompilation in den ENEYDES und entsprechend bei Caxton auf der Rolle Trojas und anderer Städte). Eine Art Vorläufer des Dido-Buches stellt die Dissertation derselben Verfasserin dar: M. R. DESMOND, I wol now singen, yif I kan: The Aeneid in medieval French and English Romances, Diss. Uni. of California Berkeley 1985 (UMI), darin, soweit ich sehe, nicht zu ▶VP 1483. - Zum Verhältnis Caxton / *Livre des Eneydes* s. Jerome E. SINGERMAN, Under clouds of poesy. Poetry and truth in French and English reworkings of the *Aeneid*, 1160-1513, New York/-London 1986, 197-216 (wo in erster Linie Caxton behandelt wird und nur indirekt und vorwiegend in den Anmerkungen seine Quelle oder besser Vorlage, die *Eneydes*; auch SINGERMAN gibt keine durchgehende Inhaltsanalyse von *Eneydes* bzw. Caxtons *Eneydos*, sondern konzentriert sich auf die als Tragödie gestaltete Geschichte des Priamus und seine Sohnes Polydorus, die entsprechend dem *ordo naturalis* der Handlung der Aeneis vorgeschaltet ist, und die Tragödie Didos, also auf die erste Hälfte des Textes; für die Aeneas-Handlung nach der Abfahrt von Karthago ist nach SINGERMAN die *Histoire ancienne jusqu'à César* die Grundlage und das Vorbild für das Übergehen des Besuches der Unterwelt in Aen. VI. Vgl. zu ▶VP 1483 ferner Christopher BASWELL, Virgil in medieval England, Cambridge 1995, 272-276; zum *Livre des Eneydes* und seinen Quellen (u.a. *Histoire ancienne jusqu'à César*; Boccaccio, *De casibus illustrium virorum*) s. neben SINGERMAN auch (ihm unbekannt) Jacques MONFRIN, Les translations vernaculaires de Virgile aux Moyen Age, im Sammelband: Lectures médiévales de Virgile, Rom 1985, 189-249, hier 211-220.

VP 1483 *Beschreibung*: Das Buch enthält 61 unsignierte Holzschnitte (Pict. 1-61 in meiner Nummerierung; jeweils knapp eine halbe Seite füllend, oft unterhalb einer Kapitelüberschrift; ohne Namensbeischriften), von denen drei Wiederholungen darstellen (Pict. 6 = 23, Pict. 7 = 9, Pict. 50 = 58). Sie sind alle auf den Text bezogen und nicht etwa sekundär aus einem anderen Buch übernommen. Allerdings ist der illustrierte Text nicht wirklich eine franz. Übersetzung, sondern eine Art Prosa-Paraphrase der Aeneis, die einerseits ganze Partien übergeht (etwa die Katabasis von Aen. VI, für die auf den „romant de eneas" und eben auf Vergil selbst verwiesen wird: LEUBE, 1969, 69 Anm. 98), andererseits aus anderen Quellen angereichert ist (etwa die in der Aen. nicht vorkommende Erzählung von der Erfindung der Buchstaben durch König Cadmus, der

die entsprechende Pict. 18 vorangestellt ist - sie ist nach LEUBE, 1969, 71 evo-
ziert durch die Erwähnung Thebens in Aen. IV 470). So zeigt z. B. gleich der
erste Holzschnitt (Pict. 1) unter der Überschrift „Comment priame roy trespuis-
sant ediffia la cite de troy e la grant" die Erbauung Trojas durch König Priamus.
Dann folgen Bilder, die wirklich das Ende von Aen. II (Pict. 2: die älteste Darstellung der Gruppe des Pius Aeneas in einem Buch: Aeneas führt Ascanius an
der Hand und trägt auf den Schultern Anchises, der seinerseits ein Hausmodell
in den Händen hat; dahinter folgt an der Spitze einer großen aus dem Tor des
brennenden Troja strömenden Menge Creusa) und die erste Episode aus den Irrfahrten von Aen. III, nämlich das Polydorus-Abenteuer, illustrieren (Pict. 3 und
4). Auch die Erbauung Karthagos durch Dido (Pict. 5, darauf u.a. ein Ochsen-
kopf) kann noch als Aen.-Illustration gelten (vgl. Aen. I 365-369). Dann aber
folgt mit Pict. 6 zum erstenmal ein Bild vom Selbstmord Didos in Gegenwart
zweier Männer und einer Frau - laut Überschrift jedoch nicht etwa nach der Abfahrt des Aeneas nach Italien, sondern um den Werbungen eines „roy voisin de
carige", also des Jarbas, zu entgehen. Hier ist also die quasi-historische Geschichte Didos, wie sie Pompeius Trogus (erhalten in der Epitome des Iustinus)
und danach Boccaccio erzählt, integriert. Diese Pict. 6 wird später als Pict. 23
wiederholt, diesmal *suo loco* gegen Ende von Aen. IV innerhalb der Aen.-Hand-
lung, wie Vergil sie bietet. Dasselbe Bild wird also für die beiden unterschiedlichen und nicht zu harmonisierenden Versionen (vom Motiv) für den Selbstmord Didos benutzt, für die Boccaccios und die Vergils. Pict. 7 (Gebet am Altar) bezieht sich auf die erste Irrfahrtenstation des Aeneas in Aen. III, die Polydorus-Episode; dann folgt mit Pict. 8 ein Holzschnitt zu dem Seesturm, der
Aeneas nach Karthago verschlägt (auf ihm scheint Neptun den Sturm zu erregen
- und in der Tat ist in der französischen Prosafassung Neptun ein Helfer Junos:
LEUBE, 1969, 70) und schließlich beginnt mit Pict. 9 (Wiederholung der Gebets-
Szene von Pict. 7) die Dido-Handlung von Aen. IV, die von Illustrationen bis
Pict. 24 (Iris schneidet der sterbenden Dido eine Locke ab) begleitet wird. - Zum
weiteren Verlauf der Nacherzählung sei nur vermerkt, dass sie mit Picturae 59-
61 (Latinus übergibt die Schlüssel von Laurentum an Aeneas; Huldigung für
seinen Nachfolger, den König Ascanius; dieser lässt Lavinia/ und seinen Halbbruder Silvius nach Laurentum bringen) über das Ende der Aeneis hinausführt.

VP 1483 Es kann hier nicht der Ort sein, alle Picturae vorzustellen; dazu bedarf
es zuerst eines Romanisten, der den zugrundeliegenden mittelfranzösischen Text
analysiert. Die implizite Paraphrase gut der Hälfte des Werkes durch LEUBE,
1969, 65-75 (und auch die bei SINGERMAN, 1985,197-216) ist nicht ausreichend.
Immerhin ist ihr eine Erklärung für die merkwürdige scheinbare Doppelung der
Dido-Geschichte zu entnehmen, die sich auch in der Illustration widerspiegelt
(Pict. 6: Selbstmord Didos in Gegenwart des Jarbas - Picturae 9-24 dagegen
folgen recht getreu der Dido-Geschichte, wie sie Vergil in Aen. IV erzählt). Der
anonyme humanistische französische Prosa-Autor (und ihm folgend Caxton)
kommt nämlich nach der Polydorus-Geschichte zwar auf die Karthago-Episode

zu sprechen, aber er bietet zunächst aufgrund seiner Lektüre von Boccaccios *De casibus illustrium virorum*, woraus er sogar die einschlägigen Kapitel II 10/11 übersetzt, eine (letztlich auf die Epitome Justins der Weltgeschichte des Pompeius Trogus zurückgehende sogenannte „historische") Version der Dido-Geschichte, in der ihr Selbstmord gar nichts mit Aeneas (und damit auch nichts mit seiner römischen Sendung) zu tun hat. Die Version Vergils sei aber der Boccaccios überlegen, und so kehrt der anonyme Autor nach dieser literarkritischen Abschweifung auf Dauer zur freien Nacherzählung der Aen. zurück.

VP 1483 Ich hebe nur einige Aspekte hervor, die mir bei der Betrachtung der 61 Holzschnitte aufgefallen sind:

(a) Pagane Götter sind kaum als solche kenntlich (obwohl sie in der Prosaparaphrase, etwa aufgrund der Einführung einer personifizierten Fortuna, offenbar eine noch größere Rolle als bei Vergil spielen). Auf Pict. 8 (Seesturm Aen. I) stößt eine kleine flammenumhüllte Figur am sternenbesetzten Himmel, die in der einen Hand eine Art Blitzbündel hält, mit der anderen einen Speer in die aufgewühlte See (= Neptun). Auf Pict. 10 nähert sich ein großer geflügelter ‚Engel' in einem eng anliegenden Schuppengewand (Amor?) Dido (?). Pict. 24 bezieht sich auf die letzte Szene von Aen. IV, in der Iris Dido auf dem Scheiterhaufen eine Locke abschneidet, damit sie sterben kann - auf dem Holzschnitt wirkt Iris wie eine Königin mit Schwert und Dido liegt auf dem Schoße Annas, ein Scheiterhaufen ist nicht zu sehen. Unerklärlich wäre hier im Lichte allein des Vergil-Textes die vierte weibliche Gestalt ganz links, in deren herabwallendes Haar Schlangen oder Drachen geflochten zu sein scheinen - LEUBE, 1969, 72f. ist zu entnehmen, dass in dem französischen Text die Höllenfürstin Proserpina hier einen großen Auftritt hat und Anspruch auf die Seele Didos erhebt. Dies ist die einzige Pictura (neben Pict. 8 mit dem winzigen Neptun), in der Gottheiten leibhaftig auftreten; sie agieren hier auf gleicher Ebene wie die Menschen und nicht etwa in einer höheren Wolken-Sphäre. - Opfer und Gebete spielen aber, wie in der Aeneis, auch bildlich eine größere Rolle: Picturae 3. 4. 7=9. 11. 29 beim Eintreten des Tisch-Prodigiums. - Ein Unikum stellt Pict. 44 zu der Szene aus Aen. X (606-688) dar, als Turnus zu seiner Rettung auf Intervention Junos von einem Trugbild des Aeneas auf ein am Tiber-Ufer liegendes Schiff gelockt wird: das Trugbild ist hier ein kleiner reitender Teufel mit Hörnern!

(b) Es gibt zwei inhaltliche Schwerpunkte: zum einen die Dido-Handlung (Picturae 9-24 oder 25), mit dem Schwergewicht auf der Auseinandersetzung zwischen Dido (nebst Anna) und Aeneas (Picturae 12-16. 19-24); zum andern die Kämpfe der zweiten Aen.-Hälfte oder besser des letzten Aen.-Drittels (Picturae 34. 37-46. 50-58; die Kämpfe spielen sich, entgegen dem Vergil-Text, meist zwischen Reitern ab). Unter den Kampfhandlungen ragt der Ausfall des Nisus und Euryalus mit 4 Holzschnitten (Picturae 38-41, darunter Pict. 41 mit ihren auf Lanzen gesteckten abgeschlagenen Köpfen) hervor. Bei der Darstellung der Kämpfe mangelt es nicht an abgeschlagenen Gliedmaßen oder Köpfen (vgl. etwa Pict. 46 oder 52). Da es keine Namensbänder gibt, sind die Kämpfer ohne

den Kontext kaum einmal identifizierbar. Ein einziges Mal (Pict. 56) ist ungeschickt ein Streitwagen in Gestalt eines vierrädrigen Wagens mit vier davorge-
spannten Pferden dargestellt.

(c) Offenbar an unpassender Stelle - jedenfalls von der Kenntnis nur der Aeneis
aus geurteilt - stehen mindestens die Pict. 17 (Aeneas pflückt den Goldenen
Zweig – der Kontext weist auf Aen. IV mit dem Gespräch Dido/Anna) und auch
wohl Pict. 34 (Aeneas tötet Turnus im Fußkampf? *suo loco* in Pict. 58 bestreiten
sie ihren Zweikampf zu Pferd – der jetzige Kontext aber weist auf Aen. VII und
den Zwischenfall mit dem Hirsch bei der Jagd des Ascanius).

(d) Botschaften werden manchmal durch Briefe übermittelt (Pict. 33: Latinus an
Aeneas, ebenso wohl auch Pict. 35; Pict. 48-49 Latinus an Diomedes und umgekehrt).

(e) In der ganzen zweiten Aeneis-Hälfte spielen Frauen so gut wie keine Rolle:
Camilla („la royne Canula") ist als Reiterin (Pict. 52) nur durch den Kontext als
Frau zu erkennen; „Amata" kommt nur als erhängte Selbstmörderin (Nebenfigur
in Pict. 57) vor; Lavinia („Lanime") erst nach Abschluss der Aeneis-Handlung
und nach dem Tod des Aeneas (Pict. 61).

VP 1483 *Würdigung*: Dies ist offenbar die erste zyklische Aeneis-Illustrierung im Buchdruck. Trotzdem ist sie in der Forschung praktisch unbekannt; als
ältester Illustrations-Zyklus zu Vergil gilt allgemein der von Sebastian Brant
Straßburg 1502 = ▶VP 1502 betreute (Nr. 2). Dabei gehört der Aeneis-Zyklus
in ▶VP 1483 (Nr. 1) nach der Anzahl der Illustrationen (61) zu den umfangreichsten überhaupt: Unter den tatsächlich gedruckten Holzschnitten oder Kupferstichen zur Aeneis rangiert es nach dem von Sebastian Brant ▶VP 1502
(meist 137 Holzschnitte), von Franz Cleyn ▶VP 1654A = ▶VP 1658A (71
Kupferstiche) und dem des Anonymus von ▶VP 1623A = ▶VP 1624B (12 +
64 Holzschnitte) an vierter Stele (vgl. oben die Übersicht über die umfangreichsten originalen Aeneis-Zyklen in Kap. C 3).

Die Holzschnitte in ▶VP 1483 illustrieren (anders als die der Straßburger Ausgabe ▶VP 1502) immer nur eine einzige Szene. Sie konzentrieren sich auf jeweils wenige Personen. Das Kolorit (Bewaffnung, Kleidung, Gebäude usw.) ist
zwar gotisch, wirkt aber (heute!) durch die Vereinfachung der Darstellung bei
weitem nicht so unhistorisch wie der Zyklus Nr. 2 in ▶VP 1502. Gut gelungen
ist, trotz der Schlichtheit und ‚Hölzernheit' der Personen, die bildliche Darstellung von Emotionen (z. B. Pict. 12: die Entfremdung zwischen Aeneas und
Dido; Pict. 36: Euander umarmt zum Abschied seinen Sohn Pallas - ein besonders anrührendes Bild).
Nicht nur der Text, auch diese Bilder verdienten eine monographische Würdigung.

VP 1483 *Abhängigkeiten*: Der Zyklus Nr. 1 steht ganz für sich. Die
Holzschnitte sind im allgemeinen so genau auf den Text von 1483 bezogen, dass
allenfalls für einzelne Bilder, auf keinen Fall für den ganzen Zyklus, ein Vorbild

möglich sein könnte. - Soweit ich sehe, hat dieser Illustrations-Zyklus von 1483 (Nr. 1) keinen Einfluss auf spätere ausgeübt. Die Holzschnitte Straßburg ►VP 1502 sind offenkundig unabhängig von ihm entstanden; sie zeigen in meinen Augen keinerlei ikonographische Abhängigkeit, kaum einmal eine nähere motivische Ähnlichkeit (am ehesten noch in den Kampfszenen zu Aen. IX-XII). Eine merkwürdige Übereinstimmung besteht allerdings darin, dass 1483 der Selbstmord des Königs Aegeus von Athen, als er glaubt, sein Sohn Theseus kehre nur als Leiche auf dem Schiff aus Kreta zurück, in Pict. 27 als einziges Sujet dargestellt ist und dass 1502 ebenfalls dieses Motiv, wenn auch nur als eines von acht kleinen Einzelbildern an dem von Daedalus erbauten Apollo-Tempel von Cumae erscheint - dass aber Aen. VI 20-33 zwar von Daedalus und dem Labyrinth die Rede ist, aber weder Theseus noch gar Aegeus erwähnt sind (und Aegeus auch nicht im Servius-Kommentar zu dieser Stelle).

Abb.: Bei DESMOND, 1994, 170f. zwei Abb. aus ►VP 1483.

VP 1483   *Zugänglichkeit*: Die BSB besitzt diese Inkunabel von 1483 nicht. Bei der Recherche im KVK (= Karlsruher Virtuellen Katalog) gibt es zu "Le livre des Eneydes" überhaupt keinen Treffer, auch nicht für die BnF. Die BnF besitzt trotzdem ein Exemplar, und dieses ist vollständig digitalisiert im Internet zugänglich (über http://gallica.bnf.fr, dort beim Recherche-Begriff „Virgile", nicht etwa „Vergilius"). Leider sind die 169 Seiten des Buches nicht paginiert und ebensowenig die „Seiten" der Digitalisierung. Eine punktuell gezielte Benutzung der digitalisierten Fassung (etwa das Aufsuchen einer bestimmten Pictura) ist deshalb unmöglich (anders als in der vorbildlichen EEBO-Digitalisierungs-Serie), eine lineare Durchmusterung sehr langwierig.

16. Jahrhundert, 1. Hälfte

VP 1502   ■ **Opera, Straßburg 1502 („Grüningerscher Vergil",
„Sebastian Brants Vergil", „Straßburger Vergil")**

Opera. Opera cum quinque vulgatis commentariis (cum commentariis Servii
Mauri Honorati grammatici, Aelii Donati, Christofori Landini, Antonii Manci-
nelli et Domicii Calderini) expolitissimisque figuris atque imaginibus nuper per
Sebastianum BRANT superadditis exactissimeque revisis atque elimatis. In civi-
tate Argenten. impressum ... ordinatione, elimatione ac relectione Sebastiani
BRANT, operaque et impensa ... Johannis Grieninger, 1502 [2°].

> *Bibl.*: MAMBELLI Nr. 99 (mit Addendum S. 348); Frankfurt 1930, Nr. 21
> (LB Dresden); New York 1930 = Princeton Item 34 ("illustrations"); Napoli
> 1981, Nr. 61; nicht in CBItalV (!); Straßburg 1981, Nr. 9; Bamberg 1982, Nr.
> 10; London 1982, Nr. 69 und Nr. 70; Wolfenbüttel 1982, D 5 mit ausführlicher
> Beschreibung); VD 16, Nr. V 1332 (TH, H.); PASQUIER, 1992, Nr. 1 (mit aus-
> führlicher Beschreibung und Angabe der Sujets; 217 Holzschnitte, davon 3 wie-
> derholt. Illustration Nr. 51-188 zu Aen. I-XII; leider sind die Angaben zur Origi-
> nalpaginierung der Seiten, auf denen Holzschnitte stehen, weithin unzutreffend);
> BL. - Vgl. auch unten zur deutschen Aeneis-Übers. von Thomas Murner, Straß-
> burg ▶VP 1515F, in der 113 Holzschnitte zur Aeneis aus ▶VP 1502 wieder-
> holt sind (samt der Monographie von BERNSTEIN, 1972). - Der berühmte Straß-
> burger Verleger ‚Grüninger' ist eigentlich Johannes Reinhard aus Markgrö-
> ningen in Württemberg (1482-1531).

VP 1502   *Lit.*: Dies ist - abgesehen von dem Sonderfall der Inkunabel ▶VP
1483 - die erste im Text illustrierte Vergil-Ausgabe überhaupt, bekannt als die
Ausgabe ‚Straßburg 1502' oder als ‚Grüningers(cher) Vergil' oder als der ‚Vergil von Sebastian Brant'. - MAMBELLI Nr. 99: "Numerose incisioni su legno
(217) del genere di quelle delle edizioni del Boezio e del Terenzio dello stesso
stampatore, notevoli per la loro ottima esecuzione. Dopo il titolo, una grande incisione occupa il resto della prima pagina: Calliope alata incorona Virgilio ...
Prima edizione di questa notevole opera virgiliana illustrata; riprodotta a Lione,
chez Jac. Sacon, nel 1517 [MAMBELLI Nr. 136] e nel 1529 chez Jean Crespin
[MAMBELLI Nr. 158], con le stesse figure. - Bamberg 1982, Nr. 10: "Der erste
mit Illustrationen ausgestattete Vergildruck wurde von dem humanistischen Gelehrten und Dichter Sebastian Brant (1458-1521), dem berühmten Verfasser der
Moralsatire 'Das Narrenschiff', herausgegeben ... Den Ruhm der Ausgabe als
‚one of the most wonderful illustrated books ever produced' (Gilbert Richard
Redgrave) begründen wohl die unter Brants beratender Anleitung entstandenen
214 Holzschnitte, die - unter Einschluss des von dem Dichterhumanisten Mapheus Vegius im Jahre 1428 als ‚Supplementum' hinzugedichteten 13. Aeneis-
buches - in anschaulichem Detailrealismus und in bildkompositorischer Fülle

die epische Darstellung in die zeitgenössische Lebensumwelt transponieren. Vielfach sind mehrere Szenen in einem Bild synoptisch nebeneinander dargestellt. Indem die Illustrationen eine zweite, ‚optische' Dimension des Textes eröffnen, sollen sie auch einem ungelehrten oder im Lesen ungeübten Publikum eine Verständnishilfe bieten." - PASQUIER, 1992, S. 99-103 zur Würdigung und S. 104-107 selektiv zur Rezeption von ▶VP 1502.

VP 1502 Vgl. ferner folgende *Spezialliteratur*: Paul KRISTELLER, Die Strassburger Bücher-Illustration im XV. und im Anfange des XVI. Jahrhunderts, Leipzig 1888 = Beiträge zur Kunstgeschichte Neue Folge VII, Ndr. Nieuwkoop 1966, 32f. 42f. 45f. (unterscheidet drei Stilrichtungen unter den 214 Holzschnitten in ▶VP 1502; er bezweifelt trotz der entsprechenden Aussage im Einleitungsgedicht, dass Sebastian Brant wirklich Vorzeichnungen für die Holzschnitte geliefert hat, eher seien es nur Anweisungen zum Sujet gewesen); Maria WOLTERS, Beziehungen zwischen Holzschnitt und Text bei Sebastian Brant und Thomas Murner, Diss. Straßburg, gedr. Baden-Baden 1917 (behandelt das *Narrenschiff*, nicht ▶VP 1502; sie scheint nicht einmal zu wissen, dass die Holzschnitte in Murners dt. Aen.-Übers. ▶VP 1515F aus ▶VP 1502 stammen); Wilhelm WORRINGER, Die altdeutsche Buchillustration, 3. Auflage München 1921, nur S. 108 mit 4 Abb. (darunter zu ▶VP 1502 Pict. 94, 51 und 60); Vladimiro ZABUGHIN, Vergilio nel Rinascimento italiano da Dante a Torquato Tasso. Fortuna - Studi - Imitazioni – Traduzioni e pardodie – Iconographia, 2 Vol., Bologna 1921-1923, Vol. 2, 389-392 mit 436-439 (besonders zu den beiden Venezianischen Adaptionen von ▶VP 1502: Zyklus Nr. 3 und Zyklus Nr. 6); Anna COX BRINTON, The ships of Columbus in Brant's Virgil, Art and Archeology 25, 1928, 83-86 (die Schiffsdarstellungen in ▶VP 1502 sind denen in einem Basel 1493/94 gedruckten Bericht über die Fahrt des Kolumbus nachgebildet); Anna COX BRINTON, *Descensus Averno*. Fourteen woodcuts, reproduced from Sebastian Brant's Virgil (Strassburg, MDII). Elucidated and provided with a foreword by A. C. B., Stanford Cal./London 1930 (zu den Holzschnitten zu Aen. VI in ▶VP 1502); François (bzw. Franz-Josef) RITTER, Histoire de l'imprimerie alsacienne aux XVe et XVIe siècles, Strasbourg 1955, 81-110 zu Grüninger, speziell 90-92 zu ▶VP 1502 (akzeptiert die These KRISTELLERS, 1888, von den drei Stilrichtungen; betont die Zeitgebundenheit der Darstellung, z. B. der Waffen); Théodore K. RABB, Sebastian Brant and the first illustrated edition of Vergil, The Princeton University Library Chronicle 21, 1960, Nr. 4, S. 186-199 (mit 6 Abb.; wertvoll sind weniger die Einzelinterpretationen - zu Pict. 051 ist nicht erkannt, dass hier das Proömium illustriert und nicht etwa eine Allegorie der Aeneis gegeben wird - als einige Einzelbeobachtungen und vor allem die Skizze der Entwicklung der Aen.-Illustrierung im 16. Jh. mit den Schlüssel-Editionen ▶VP 1502, ▶VP 1507, ▶VP 1559C - jedoch noch nicht als Argumentum-Typus erkannt - und ▶VP 1552B sowie ▶VP 1555); Jose Jiminez DELGADO, Primera edición ilustrada de Virgilio (Estrasburgo, 1502), Helmantica 23, 1972, 471-491 (ohne Abb.; in dieser eher äußerlichen Beschreibung von ▶VP 1502 ist den Holzschnitten darin nicht einmal 1 Seite, S. 478f., gewidmet, die nur mit Literaturangaben gefüllt ist); Manfred LEMMER, in GÖTTE/LEMMER, 1979, dort S. 360-385 ausführliche wertvolle Erläuterungen zu den einzelnen Bildern und auch allgemeinere Bemerkungen zu ihnen (darauf fußend BINDER, 1994-2005, s.u. in der Rubrik *Abb.*); Martine GORRICHON, Sebastien Brant et l'illustration des œuvres de Virgile d'après l'édition strasbourgeoise de 1502, in: P. TUYNMAN et alii (Hgg.), Acta Conventus Neo-Latini Amstelodamensis, Proceedings of the Second Intern. Congress of Neo-Latin Studies (Amsterdam 1973), München 1979, 440-452 (Vorläufer der folgenden Publikation von 1982, ebenfalls auf die georg. konzentriert, mit 7 Tafeln, darunter 5 aus ▶VP 1502); GOLDSMITH, 1981, bes. 221-237; E. L. HARRISON, Virgil, Sebastian Brant, and Maximilian I., Modern Language Review 76, 1981, 99-115 (behandelt nicht ▶VP 1502); die unkommentierte Liste von 47 Publikationen in Straßburg 1981, S. 2-11 („Grüninger et les éditions de Virgile à l'époque humaniste") gibt nur implizit Hinweise auf die Rezeption von ▶VP 1502, auch die dortige „Présentation" Le Virgile strasbourgeois von Francesco DELLA CORTE, p. VI-XI, ist wenig gehaltvoll); Martine GORRICHON, Le Virgile de Sébastien Brant, in: histoire et archéologie No. 68 (Sondernummer ‚Virgile'), Novembre 1982, 64-71 (mit Anm. und Literaturangaben, hauptsächlich jedoch Interpretation der 7 beigegebenen Abb. - meist anderen als 1979 - zu den georg., nicht zur Aen.); Eleanor Winsor LEACH, Illustration as interpretation in Brant's and DRYDEN's editions of Vergil, in: Sandra HINDMAN (ed.), The early illustrated book. Essays in honor of Lessing J. ROSENWALD, Washington 1982, 175-210 (mit 23 Abb.; Vergleich der Holzschnitte in ▶VP 1502 mit den Kupferstichen in ▶VP 1697B – vgl. dort *Lit.* b - , nicht eigentlich mit dem Original der von F. Cleyn entworfenen Kupferstiche in ▶VP 1654A = ▶VP 1658A, anhand ausgewählter Beispiele aus ecl. und S. 190-208 mit Fig. 10-23 aus der Aen.; Stichworte zur Charakterisierung von ▶VP 1502 sind „narrative" und „informational", speziell „topographically expansive", sogar „cartographic"; die benutzten Exemplare gehören der Rosenwald Collection); Ruth MORTIMER, Vergil in the Rosenwald Collection, in derselben Festschrift von 1982 (s. auch *Lit.* zu ▶VP 1483), 211-230 (dabei S. 213f. auch zu ▶VP 1502 mit 1 Abb.); Bernd SCHNEIDER, *Virgilius pictus.* Sebastian Brants illustrierte Vergilausgabe von 1502 und ihre Nachwirkung. Ein Beitrag zur Vergilrezeption im deutschen Humanismus, in: Wolfenbütteler Beiträge 6, 1983, 202-262 mit 23 Abb. (wertvoll und kenntnisreich; mit reichen Literaturangaben); Francesco DELLA CORTE, Brant, Sebastian, Enciclopedia Virgiliana 1, 1984, 532f. (eher enttäuschend und ohne Kenntnis der Lit., vgl. schon DELLA CORTE, in: Straßburg 1979, VI-XI); MORTIMER, 1986, 160-167 (zu 4 Holzschnitten aus ▶VP 1502, dabei aus der Aen. Pict. 59 und Pict. 125); KALLENDORF, 1999, 158-162 (zur Rezeption von ▶VP 1502 in venezianischen illustrierten Ausgaben des 16. Jh.); Hans-Ludwig OERTEL, *Argumentum Aeneidos imaginibus illustratum*, in: Peter GRAU / Hans-Ludwig OERTEL, Carmina Illustrata. Zur Veranschaulichung von Odyssee, Aeneis und Metamorphosen, Bamberg 2004 = Auxilia 42, 96-138 (unkommentierte Abb. von 20 Holzschnitten aus ▶VP 1502 - nämlich Pict. 51, 52, 59, 61, 73, 88, 89, 93, 95, 100, 109, 118, 124, 127, 132, 143, 153, 159, 169, 188 - mit Beigabe von selbstgefertigten Prosa-Argumenta und ausgewählten Vergil-Versen). - Eine wirklich befriedigende umfassende Analyse dieses im 16. Jh. einflussreichsten Holzschnitt-Zyklus von ▶VP 1502 (Nr. 2) fehlt (trotz der wertvollen Beiträge von LEMMER, 1979, LEACH, 1982, und besonders SCHNEIDER, 1983) noch immer. –

Zum Vergleich: Die älteste illustrierte Ilias-Ausgabe (neugriechisch; mit 133 unsignierten Holzschnitten) ist Venedig 1526 erschienen; zur Odyssee (einer deutschen Übersetzung) sind die ersten (1 + 18) Holzschnitte von Simon Schaidenraisser Augsburg 1537 publiziert worden: Ingeborg KRUEGER, Illustrierte Ausgaben von Homers Ilias und Odyssee vom 16. bis ins 20. Jh., Diss. Tübingen 1971, 2-4.

▶VP 1502   *Beschreibung*: Die Nummerierung in der folgende Übersicht über die Holzschnitte in ▶VP 1502 folgt der bei PASQUIER, 1992, Nr. 1, dort S. 218-225, obwohl deren Zählung in einigen Punkten zu präzisieren und ihre Nennung der betreffenden Originalseiten in der Straßburger Ausgabe weithin fehlerhaft ist. Auch die Beschreibungen bei PASQUIER enthalten eine Fülle von handgreiflichen Fehlern oder falschen Identifizierungen. Näheres in der folgenden ,Vorbemerkung' bzw. *suo loco* in meiner Liste.

Von den Holzschnitten in ▶VP 1502 beziehen sich *nicht* auf die Aeneis (in der Zählung von PASQUIER, 1992, Nr. 1): der Haupttitel (Pictura 1); auf die Bucolica 10 Picturae (Pict. 002-011), auf die Georgica insgesamt 39 Picturae (Pict. 012-050), nämlich auf Georgica I und II je 10 Picturae (Pict. 012-021 bzw. Pict. 022-031), auf Georgica III 12 Picturae (Pict. 032-043), auf Georgica IV 7 Picturae (Pict. 044-050); auf das Supplementum Aeneidos des Mapheus Vegius („Aen. XIII") 6 Picturae (Pict. 89-94); auf die Carmina minora und die Appendix, also auf Pseudo-Vergiliana, 20 Picturae (Pict. 195-214).

Von den Nicht-Aen.-Holzschnitten sei - neben denen zum Supplementum Aeneidos des Maffeo Veggio von 1428, unten im Anschluss an Aen. XII - nur einer erwähnt:

001   Haupttitel   auf unpaginierter Seite am Anfang
In der Mitte wird VIRGILIUS von der geflügelten Muse CALIOPE mit einem Lorbeerkranz gekrönt; li. stehen in der ersten Reihe die Freunde (von li.) CORNELIUS GALLUS, TUCCA und VARRUS, hinter diesen die Neider BAVIUS und MEVIUS; auf der r. S. (von li.) MECENATES, AUGUSTUS und POLLIO. Im Hintergrund li. VIRGILIUS als Pferdearzt (auf der interpolierten Vita Donatiana, dem Donatus auctus § 8-18, bes. § 10, fußend). - Abb. nach einem kolorierten Exemplar auf dem Umschlag des Katalogs Wolfenbüttel 1982; schwarzweiß bei GÖTTE/LEMMER, 1979, S. 387. – Zum Motiv des *poeta laureatus* in Vergil-Titelbildern vgl. SUERBAUM, 1984B, 36 mit Anm. 10/11.

VP 1502 --- Aeneis

Vorbemerkung zur Beschreibung der Holzschnitte zur Aeneis in ▶*VP 1502:*

1. Bei der motivischen Reichhaltigkeit der Holzschnitte und ihrer Vielzahl kann keine wirkliche Beschreibung geboten werden, sondern nur eine Art Titelangabe. Diese soll vor allem der Identifizierung von Bildern in späteren Ausgaben dienen, die von ▶VP 1502 direkt oder indirekt abhängig sind. Da es sich dabei nicht selten um seitenverkehrte (sv.) Nachschnitte handelt, sind auch Hinweise wie li. = links oder r = rechts auf die Position der Personen oder Dinge (vom Betrachter aus gesehen) in der Originalpublikation ▶VP 1502 notwendig. Namen, die (oft in leicht entstellter Form) auf Bändern innerhalb der Picturae eingelegt (aber nur zum Teil von mir referiert) sind, werden in KAPITÄLCHEN geboten. - Eine ausführlichere Beschreibung bieten LEMMER in GÖTTE/LEMMER, 1979, 365-389 (fundamental, doch ohne Pict. 056, auch die Dublette Pict. 160 ist ausgelassen; die Abb. bieten die Holzschnitte in Originalgröße) und Edith und Gerhard BINDER, auf LEMMER gestützt, doch ihn verkürzend, in den 6 Bändchen ihrer lat.–deutschen Aen.-Ausgabe, Stuttgart (Reclam) 1994-2005, jeweils ganz am Ende: Aen. I/II, 1994, 199-202 (ebenfalls ohne Pict. 056); Aen. III/IV, 1997, 214-217; Aen. V/VI, 1998, 287-291; Aen. VII/VIII, 2001, 248-251; Aen. IX/X, 2003, 253-255; XI/XII, 2005, 289-292 (alle Abb. hier stark verkleinert; außer Pict. 056 und Pict. 160 fehlt auch noch Pict. 092).

2. Meine Nummerierung der Picturae folgt im Prinzip der von PASQUIER, 1992, für Nr. 1 (= ▶VP 1502) eingeführten. Auf die Aeneis beziehen sich bei PAS-QUIER, die Picturae 51-188, also insgesamt 138. Allerdings bringt PASQUIER zweimal, als Pict. 161 und erneut als Pict. 171 (dort allerdings vielleicht irrig), einen Holzschnitt mit der Aristie des Aeneas und dem getöteten HEMONIDES, der nicht zum Normalbestand der Illustrierung von ▶VP 1502 gehört, sondern Sondergut des von PASQUIER benutzten Exemplars in der BnF ist: wie man aus dessen im Internet verfügbarer Digitalisierung erschließen kann, steht Pict. 161 auf einem Blatt mit leerer Rückseite (und Pict. 171 bietet ein anderes Bild als Dublette, nämlich Pict. 160). Andererseits zählt PASQUIER ihre Pict. 145 als einen einzigen Holzschnitt, obwohl es sich um zwei jeweils gerahmte Bilder zur Schildbeschreibung des Aeneas auf zwei einander gegenüberstehenden Seiten handelt (von mir als Pict. 145a und Pict. 145b geschieden). Allerdings betrachtet PASQUIER einen solchen Doppelholzschnitt auch in dem einzigen anderen Falle als eine (1) Pictura: die Pict. 056 mit Aeneas und Achates vor den Tempelbildern in Karthago. Diese Pict. 056 ist aber in der Tat ein einziger zusammenhängender Holzschnitt, der sich über zwei einander gegenüberstehende textlose Seiten (p. CXLI v / CXLII r) erstreckt (während die jeweils andere Seite, also p. CXLI r und CXLII v mit Text gefüllt ist).Wenn die beiden Bildseiten der Pict. 056 zusammenkleben, kann man sie leicht übersehen. Dass ausgerechnet dieser wichtige und dekorative Doppelholzschnitt der Pict. 056 in dem weitverbreiten

modernen Neudruck der Holzschnitte aus ▶VP 1502 durch GÖTTE/LEMMER, 1979, fehlt, liegt allerdings schlicht daran, dass die beiden Blätter p. CXLI und p. CXLII in dem Exemplar der UB Leipzig, auf dem dieser Ndr. beruht, mit Textverlust fehlen (wie mir die UB Leipzig bestätigt). - GÖTTE/LEMMER 1979 bieten demnach und entsprechend dem Untertitel „136 Holzschnitte": von den 138 Picturae der Zählung von PASQUIER, 1992, Nr. 1 fehlen zu Unrecht die doppelseitige Pict. 056 und die Dublette Pict. 160; dagegen fehlt mit Recht Pict. 161; Pict. 171 ist vorhanden, doch zeigt es ein anderes Bild als PASQUIER behauptet; Pict. 145 ist mit Recht auf 2 Bilder (Pict. 145a und Pict. 145b) verteilt; die Dublette Pict. 156 = Pict. 158 ist wiedergegeben.

Als Normalbestand der Illustration in ▶VP 1502 sind (138 oder eher) 137 Holzschnitte zur Aeneis zu betrachten. Zum Normalbestand gehört sicher nicht Pict. 161, wohl aber rechnen dazu die beiden Dubletten Pict. 160 = Pict. 171 (oder besser umgekehrt) und Pict. 156 = Pict. 158. Einen Problemfall stellt die Illustration der Schildbeschreibung dar: Pict. 145 ist grundsätzlich als zwei Bilder, als Pict. 145a und Pict. 145b, zu zählen. Wahrscheinlich gehört Pict. 145b aber nicht zum Normalbestand (s. dazu unten zu Pict. 145b); dieser verringert sich damit auf 137 Bilder.

VP 1502 3. Es gibt daneben aber noch einige Zusatz-Holzschnitte, die nach Sujet und Stil zweifellos ursprünglich ebenfalls für ▶VP 1502 angefertigt, aber nicht dafür verwendet wurden; sie wurden jedoch in Sonderfällen benutzt:

(3a.) In dem ▶VP 1502-Exemplar der BnF ist auf einem Zusatzblatt die (schon erwähnte) Pict. 161 eingelegt, die u.a. den nur Aen. X 537 erwähnten H(A)EMONIDES als Gefallenen zeigt. (Ob in diesem Pariser Exemplar auch Pict. 171= Pict. 161 ist, erscheint zweifelhaft, s.u. zu Pict. 171.) - Auch Pict. 145b (das dem Bezugstext nach zweite, der Position im Buch nach erste Bild zur Schildbeschreibung, mit Catilina vorn r.) dürfte Sondergut bestimmter Exemplare (BnF Paris; auch UB München, vgl. unten zu Pict. 145b) von ▶VP 1502 sein und nicht zur Standardausgabe gehören. Jedenfalls ist handelt es sich um eine nachträgliche Zutat. Für das Exemplar der UB Leipzig, auf dem die Abb. der Pict. 145b im Ndr. bei GÖTTE/LEMMER, 1979, beruht, bestätigt mir die UB Leipzig, dass dieses Zusatzbild tatsächlich auf einem zwischen p. CCCXXV und p. CCCXXVI eingeklebten unpaginierten Einzelblatt mit unbedruckter Rückseite steht.

(3b.) In ▶VP 1515F, der ersten deutschen Aen.-Übers. von Thomas Murner, die im gleichen Verlag, bei Grüninger in Straßburg, erschienen ist wie ▶VP 1502 und in der im übrigen die meisten Holzschnitte aus ▶VP 1502 wiederholt sind, gibt es eine (bisher unbemerkte) Plus-Illustration: in ▶VP 1515F findet sich auf p. III v ein Holzschnitt mit der irreführenden Überschrift „Juno bit künnig Eolum schiff und mann zuo verderben"; er ist fälschlich vor Junos Rachemonolog Aen. I 49ff. (an Stelle der fehlenden ‚richtigen' Pict. 52) eingeordnet. Das Bild bezieht sich in Wirklichkeit auf Aen. I 613-636: DIDO (li. oben in einem Rund-

tempelchen) begrüßt AENEAS (li.) und ACHATES, die aus der Wolke herausgetreten sind; im Vordergrund liegen li. zwei große Fässer mit Schweinen, daneben stehen li. Rinder, offenbar als Geschenke für die landende trojanische Flotte
bestimmt; im Bug des vordersten Schiffes r. reicht eine Gestalt in prachtvoller
Kleidung, wohl Ascanius, einem am Ufer stehenden Mann die Hand. Dieser
Plus-Holzschnitt ist eine Variante zu Pict. 58, doch seitenverkehrt und mit deut-
lichen Abweichungen. Er wird von mir als Pict. 58b bezeichnet.

(3c.) In ▶VP 1529A, einer Opera-Ausgabe, in der im übrigen die Original-
Holzstöcke von ▶VP 1502 benutzt sind, gibt es, und zwar auf p. CCCCX (in
▶VP 1529A sind die Seiten, nicht die Blätter paginiert) normal in den Text vor
Aen. VIII 367-382 integriert, einen weiteren Plus-Holzschnitt, der in ▶VP 1502
kein Gegenstück hat: VENUS li. weist die von r. aus einer Stadt (Pallanteum =
Rom) heranreitenden PALAS und ENEAS r. auf die neuen Waffen für Aeneas hin,
die li. an einem Baum lagern. Die dargestellte Szene ist nicht Aen. VIII 367-
382, sondern Aen. VIII 608-625; das Bild gehört also zwischen Pict. 144 und
145a. Dieses Zusatz-Bild wird von mir als Pict. 144/145plus bezeichnet.

VP 1502 4. In den Sujet-Angaben bei PASQUIER, 1992, zu ihrer Nr. 1 (= ▶VP
1502) gibt es etliche sachliche Fehler (so wird etwa der Pict. 181 ein Element,
„en haut, Juturne et Junon", zugeschrieben, das sich in Wirklichkeit nur in Pict.
180, dort mit der falschen Bezeichnung VENUS und IUTURNA, findet). Gravie-
render ist, dass PASQUIER geradezu konsequent falsche Seitenangaben für die
Bilder auf Verso-Seiten in ▶VP 1502 bietet, weil sie offenbar systematisch
einer irrigen Definition folgt: PASQUIER scheint als v = Verso offenbar diejenige
Seite zu betrachten, die der r = Recto-Seite gegenübersteht und nicht deren
Rückseite. Meine Korrekturen gegenüber PASQUIER erfolgen meist stillschweigend. – Falsche Paginierungen im Original von ▶VP 1502 sind in „Anführungszeichen" gesetzt und dann (mit „eigentlich") korrigiert.

VP 1502 --- Aeneis I --- 9 Picturae

051   Aen. I 12-28   f. CXXI r
Proömium: VIRGILIUS, li. am Katheder, schreibt seine Dichtung unter dem Dik-
tat der vor ihm stehenden geflügelten MUSA. Vorn r. Parisurteil. – Vgl. dazu
SUERBAUM, 1984B, 42 mit Anm. 45.
052   Aen. I 50-156   f. CXXIIII v
Der Seesturm. IUNO (oben r.) bewegt (A)EOLUS dazu, die Winde gegen die trojanische Flotte loszulassen; NEPTUNUS (Mitte li.) beruhigt den Sturm.
053   Aen. I 157-222   f. CXXX v
'Portus Libycus'. Die an der Küste Libyens gelandeten Trojaner bereiten ein
Mahl vor; oben r. ENEAS mit ACHATES auf Hirschjagd.
054   Aen. I 227-296   f. CXXXIII r
Venus-Juppiter-Szene. VENUS moniert in einem ‚*locus amoenus*' vor dem thronenden JUPITER (unten r.) das Schicksal der Trojaner.

055 Aen. I 297-401 f. CXXXVII v

Im Wald vor Karthago. (A)ENEAS (r.) und ACHATES begegnen der als Jägerin verkleideten VENUS (unten r.); oben li. fliegt MERCURIUS nach CARTHAGO.

056 Aen. I 441-493 f. CXLI v / CXLII r (zwei ganze Seiten)

Die Bilder am Juno-Tempel in Karthago. ENEAS (ganz r.) und ACHATES r. betrachten die Szenen aus dem Trojanischen Krieg (u.a. mit HECTOR ganz li., PALLAS-Statue, DIOMEDES, TROILUS, PATESILEA) an den Pforten des Juno-Tempels. - Kein Text auf diesen beiden Seiten; es folgt auf p. CXLII v Aen. I 411-425. - Dieser doppelseitige Holzschnitt wird weithin in der Rezeption von ▶VP 1502 im 16. Jh. übergangen; er fehlt auch bei GÖTTE/LEMMER, 1979, und bei BINDER, 1994.

057 Aen. I 496-560 f. CXLV v

Erster Auftritt Didos. Oben r. spricht DIDO, vor einem Rundtempel sitzend, Recht (und empfängt Ilioneus?); li. scheinen bewaffnete Karthager, allerdings mit ENEAS an der Spitze, ein trojanisches Schiff abzuwehren (die Deutung von LEMMER - ähnlich die von BINDER - befriedigt auch nicht recht: „Aeneas bemerkt mit Freude, dass einige seiner beim Seesturm versprengten Gefährten am karthagischen Gestade gelandet sind").

058 Aen. I 594-630 f. CXLIX r

Dido nimmt Aeneas und die Trojaner freundlich auf. ENEAS r. und ACHATES (ganz r.) treten vor DIDO, die r. mit Gefolge vor einem Rundtempel steht; li. im Meer zwei bemannte und beladene trojanische Schiffe, auf dem oberen ASCANIUS, der einem Mann an Land die Hand reicht.

058b (Plus-Bild) Aen. I 594-630 nicht in ▶VP 1502,
nur in ▶VP 1515F (s. Vorbemerkung 3b)

Dido nimmt Aeneas und die Trojaner freundlich auf. Oben li. treten (A)ENEAS und ACHATES vor DIDO; im Vordergrund werden Geschenke an die Trojaner am Strand bereitgestellt, darunter li. zwei große Fässer mit Schweinen. - Seitenverkehrte Variante zu Pict. 058.

059 Aen. I 631-694 f. CLI r

Das Gastmahl bei Dido. Am Tisch sitzend u.a. ENEAS li., DIDO, BITIAS r., r. davor stehend der Sänger IOPAS; oben li. entführt VENUS den ASCANIUS durch die Lüfte; er ist durch den vorn li. stehenden geflügelten Amor ersetzt.

VP 1502 --- Aeneis II --- 15 Picturae

---

060 Aen. II 1-32 f. CLVI v

Das Hölzerne Pferd I. Die Griechen vor TROIA besteigen vorn r. auf einer Leiter das Hölzerne Pferd; ihre Flotte ist oben li. bei TENEDOS versteckt.

061 Aen. II 32-144 f. CLIX r

Das Hölzerne Pferd II. Laokoon stößt von r. eine Lanze in die Flanke des Hölzernen Pferdes, das vor TROYA steht; Mitte li. wird SINON vor PRIAMUS geführt.

062 Aen. II 154-233 f. CLXII v

Das Hölzerne Pferd III (zum 3. Mal in Vorderansicht nach li. gewendet). Mitte li. LAOCOON und seine Söhne mit den Schlangen, r. SINON vor PRIAMUS.

063   Aen. II 234-249   f. CLXIIII v ("CXIIII v")
Das Hölzerne Pferd IV. Das Hölzerne Pferd wird in die Stadt TROIA gezogen; li. liegt Laokoon mit seinen zwei Söhnen tot da; r. CASSANDRA vor PRIAMUS.

064   Aen. II 254-267   f. CLXVI r
Die Griechen verlassen das auf dem Marktplatz Trojas stehende Hölzerne Pferd. Genannt sind (von li.) STHENELAUS, PYRRHUS, ULISSES, MENELAUS; r. naht AGAMEMNON zu Schiff; Griechen zu Fuß erbrechen r. vorn das Tor der Stadt.

065   Aen. II 268-297   f. CLXVI v
Der tote HECTOR erscheint von li. dem schlafenden ENEAS in dessen Haus, während Troja bereits in Flammen steht; oben li. ein Priester, der ebenfalls als HECTOR (statt als: Panthus) bezeichnet ist.

066   Aen. II 318-346   f. CLXVIII v
Rüstung von Trojanern zum Widerstand. Von r. eilt PANTHUS aus der Zitadelle von TROIA zu einer Reihe von 5 Trojanern (li.) mit CHOREBUS li. und ENEAS. - Zusätzliche Abb. der ganzen Buchseite bei GÖTTE/LEMMER, 1979, S. 392.

067   Aen. II 370-401   f. CLXX r
Nächtlicher Kampf in TROYA (Nyktomachie). Die Trojaner, darunter vorn li. CHOREBUS und Mitte li. ENEAS, erstechen Griechen, darunter ANDROGEOS (r.)

068   Aen. II 402-436   f. CLXXI v
Vergeblicher Versuch der Trojaner, CAS(S)ANDRA zu befreien. Von li. nahen ENEAS, ACHATES und an der Spitze COREBUS; r. eine anonyme Schar von Griechen. Im Vordergrund li. AGAMENO und r. AIAX, der einen gestürzten Krieger (mit unleserlichem Namensband; im Exemplar der UB München von ▶VP 1502 und auch in der nach den Originalholzstöcken gedruckten Ausgabe ▶VP 1529A ist dieses Namensband leer; schwerlich ist es Coroebus) erschlägt.

069   Aen. II 437-482   f. CLXXII v
Die Bestürmung der Zitadelle Trojas (li.) durch die Griechen, mit PYRTUS (Pyrrhus) an der Spitze; oben li. auf einem Turm ENEAS.

070   Aen. II 486-554   f. CLXXIIII v
Das Morden des Pyrrhus. Der greise König PRIAMUS bedroht r. den PIRRHUS mit dem Speer; li. ersticht PIRRHUS den PRIAMUS vor den Augen der Frauen, sein Sohn POLITES liegt bereits tot da. - Klar gegliedertes Zwei-Phasen-Bild mit denselben Akteuren Priamus/Pyrrhus in kontinuierender Darstellung; die Leserichtung ist entsprechend dem epischen Handlungsverlauf von r. nach li.

071   Aen. II 567-623   f. CLXXVI r
Helena-Szene. VENUS li. hält ENEAS davon ab, HELENA r. in einem Tempel zu töten; im Vordergrund wenden sich li. NEPTUNUS und r. JUNO gegen Troja.

072   Aen. II 673-698   f. CLXXVIII r
Der Entschluss zur Flucht aus Troia. Vorn r. (von li.) ENEAS, CREUSA, ASCANIUS mit dem Flammen-Prodigium, ANCHISES r. sitzend; li. die Leichen des kopflosen PRIAMUS und seines Sohnes POLITES vor der Stadt TROIA.

073   Aen. II 707-729   f. CLXXX r
Pius Aeneas. ENEAS flieht mit ASCANIUS li. an der Hand und ANCHISES auf dem Rücken aus dem brennenden Troja, ein Stück hinter ihm r. CRENSA (*sic*).

074   Aen. II 730-794   f. CLXXXI v

Das Schattenbild der CREUSA erscheint dem ENEAS über der Mauer Trojas; innerhalb der Stadt bewachen ULISSES und PHO(E)NIX die Beute.

VP 1502 --- Aeneis III --- 14 Picturae

---

075   Aen. III 1-12   f. CLXXXIII v

ENEAS r. gibt einer Gruppe von Handwerkern am Fuße des Berges IDA Anweisungen zum Bau einer Flott; li. im Hintergrund das brennende TROIA.

076   Aen. III 13-71   f. CLXXXV r

Landung in THRACIA mit dem POLYDORUS-Prodigium. ENEAS kniet oben r. vor den blutenden Sträuchern, unten r. Darbringung eines Opfers, li. ein Schiff.

077   Aen. III 79-117   f. CLXXXII v

Befragung des Orakels von Delos. ANCHISES (li.), ENEAS und REX ANIUS verlassen das TEMPLUM APOLLINIS (r.).

078   Aen. III124-188   f. CXC r

Die Penaten (MERCURIUS, JUPITER, PALLAS) erscheinen dem schlafenden ENEAS (li.) in einem Haus auf CRETA, vor dem (r.) Tote und verendete Tiere liegen.

079   Aen. III 189-204   f. CXCII r

ENEAS verlässt r. zu Schiff PERGAMUM auf CRETA (li.) in Richtung auf die sturmumtosten STROPHAD(ES)-Inseln (r. im Hintergrund).

080   Aen. III 209-288   f. CXCIIII r

ENEAS (r.) landet nach der Vorbeifahrt an mehreren Inseln (ganz li. ITHACA) bei Aktium und veranstaltet dort am Strand Opfer und Kampfspiele.

081   Aen. III 293-354   f. CXCV r

Begegnung des ENEAS mit ANDROMACHE li. am Sarkophag Hektors bei Buthrotum; von li. naht HELENUS; r. auf dem Schiff ASTANIUS (*sic*) und ANCHISES.

082   Aen. III 369-462   f. CXCVII v

HELENUS r. tötet in Epirus zwei Stiere zum Opfer für Apollo zu Füßen seiner Bildsäule; li. ENEAS mit betend erhobenen Armen; li. hinten ein Schiff.

083   Aen. III 463-505   f. CC r

Abschied des ENEAS (r. auf dem r. Schiff) von HELENUS in Buthrotum, während li. ANDROMACHE den ASCANIUS auf dem li. Schiff beschenkt.

084   Aen. III 506-569   f. CCI r

Die Flotte des Aeneas sichtet die Küste von ITALIA (oben r. mit weidenden Pferden); ANCHISES r. bringt ein Trankopfer dar; li. droht CHARYDIS, r. SCYLLA.

085   Aen. III 570-582   f. CCIII r

Vorbeifahrt des ENEAS (oben r.) an Sizilien; unter dem feuerspeiende ETHNA (Aetna) liegt (unbezeichnet) der Riese Enceladus; ganz li. das Kap PELORUS.

086   Aen. III 590-654   f. CCIIII r

Die Begegnung mit Polyphem I. ACHIMENIDES flüchtet auf SICILIA nach r. zu den Schiffen der Trojaner; ganz li. POLIPHEMUS.

087   Aen. III 655-691   f. CCVI r

Die Begegnung mit Polyphem II. POLYPHAMUS verfolgt, li. im Meer mit einem Baumstamm watend, die Schiffe der Trojaner mit ACHIMENIDES an Bord.

088   Aen. III 703-713   f. CCVI v

Am Ufer von DREPANUM auf SICILA stirbt ANCHISES (r.), neben einer Bahre liegend. Auf dem Schiff li. hebt ENEAS klagend oder betend die Hände.

VP 1502 --- Aeneis IV --- 12 Picturae

089   Aen. IV 9-29   f. „CCVII r" (eigentlich CCVIII r)
                                      vgl. BILD 2 und BILD 8

DIDO (im Palast li.) gesteht Anna ihre Liebe zu ENEAS; dieser schläft ganz r. in
einer Kammer; li. Schiffe im Hafen von CARTHAGO. - Deutlich zweigeteiltes
Bild, r. Innenraum, li. Außenraum; doch im Außenraum keine Handlung.

090   Aen. IV 56-64   f. CCXI r

DIDO und ANNA (ganz li.) mit einem Priester im Tempel bei Opfer und Eingeweideschau; davor r. eine Menschengruppe mit AENEAS und ASCANIUS. - Ebenfalls deutlich zweigeteiltes Bild mit Handlung nur im größeren Innerraum li.

091   Aen. IV 84-128   f. CCXII v   vgl. BILD 3

DIDO und ASCANIUS in einer Vorhalle li., davor stehend der blinde Bogenschütze Amor und miteinander sprechend VENUS und JUNO (ganz r. mit Mauerkrone).

092   Aen. IV 129-150   f. „CCXXII r"(eigentlich CCXIIII r)

Aufbruch zur Jagd bei Karthago. Unter den fünf Reitern ganz r. DIDO, li. ENEAS.
- Dieses Bild, vorhanden bei GÖTTE/LEMMER, 1979, fehlt bei BINDER, 1997.

093   Aen. IV 151-172   f. CCXIIII v   vgl. BILD 4

Die Jagd. Im Vordergrund hetzt ASCANIUS r. zu Ross innerhalb eines Gatters mit
Hunden Hirsche und Hasen; hinten r. ENEAS und DIDO in der Höhle.

094   Aen. IV173-238   f. CCXV v

Die FAMA als geflügelte, stehende Gestalt vor CARTHAGO.; li. betet HIARBAS
kniend vor Bildsäulen des MERCURIUS li. und IUPITER.

095   Aen. IV 259-276   f. CCXVII r

Der geflügelte MERCURIUS naht sich fliegend von li. oben dem ENEAS, der den
Aufbau von CARTHAGO beaufsichtigt.

096   Aen. IV 288-387   f. CCXVIII v

Im Vordergrund li. Zurüstung zur Abfahrt von CARTHAGO unter Aufsicht u.a.
des MNESTHEUS; im Palast oben r. streitet DIDO (r.) mit ENEAS.

097   Aen. IV 416-449   f. CCXXII r

Drohende Abfahrt der Trojaner; ENEAS steht bereits li. in einem Schiff; an Land
wendet sich DIDO weinend an ANNA r. mit der Bitte um Vermittlung.

098   Aen. IV 450-570   f. CCXXIIII r

Bei der drohenden Abfahrt der Trojaner, zu der ENEAS oben r. erneut von Mercurius gemahnt wird, stehen ANNA und DIDO r. zwischen einem Scheiterhaufen
ganz r. und einem Altar li. mit einer Priesterin; li. im Hintergrund eine Kammer
mit einem Bett, dessen Überwurf wohl ein Bild des Aeneas (LEMMER und BIN-
DER: Sychaeus, doch vgl. Pict. 100) ziert.

099   Aen. IV 571-629   f. CCXXVI v

DIDO sieht von einem Turm ihres Palastes (oben r.) in CARTHAGO die trojanische Flotte mit ENEAS an Bord des mittleren von drei Schiffen abfahren.

100   Aen. IV 642-705   f. CCXXVIII r   BILD 1

Selbstmord der DIDO auf einer Treppe, die zum bereits brennenden Scheiterhaufen r. hinaufführt, den ein Überwurf mit dem Bild des Aeneas ziert; li. ANNA und weitere Zuschauer; r. schneidet die geflügelte IRIS der Dido eine Locke ab.

VP 1502 --- Aeneis V --- 11 Picturae

101   Aen. V 1-41   f. CCXXX v

Im Vordergrund Landung der Trojaner (die eine Flagge mit den Buchstaben R.S. mitführen) bei König ACESTES li.; im Hintergrund li. brennender Scheiterhaufen, auf dem DIDO nackt liegt, vor den Mauern von CARTHAGO (r.).

102   Aen. V 42-93   f. CCXXXII r

Über den Sarkophag des Anchises auf SICILIA windet sich eine große Schlange (li.); beim Opfer anwesend sind (von li.) ASCANIUS, ENEAS, ACESTES, ACHATES.

103   Aen. V 104-243   f. CCXXXIIII r

Die Ruderregatta. Vier Boote fahren nach li., von oben: CENTAURUS, CHIMERA unter GYAS, der MENETES aus dem Boot stößt, SCYLLA unter CLOANTHUS und PRISTRIS; r. Siegespreise und Zuschauer mit ENEAS und ACESTES.

104   Aen. V 244-285   f. „CCXXXVII v"

Preisverleihung an die Teilnehmer an der Regatta; r. liegen vier Segel(!)boote am Strand, das zweite von oben mit SERGESTUS als letztem; vorn li. lässt ENEAS dem Sieger CLOANTHUS einen Mantel überreichen und drei Stiere herantreiben.

105   Aen. V 286-361   f. CCXXXVIII v

Der Wettlauf mit (von li.) EURYALUS, HELYMUS, SALIUS, der über den liegenden NYSUS stürzt, und DIORES r.; im Hintergrund li. Preise und r. Zuschauer.

106   Aen. V 362-467   f. CCXL r

Zweikampf mit Kampfriemen (‚Boxkampf') zwischen dem Siculer ENTELLUS li. und dem Trojaner DARES r., zu beiden Seiten Zuschauer, u.a. li. ACESTES.

107   Aen. V 485-544   f. CCXLII v

Das Wettschießen auf eine an einen hohen Pfahl gebunden Taube zwischen PANDARUS li. und ACESTES r. und zwei weiteren Schützen r.; li. Zuschauer.

108   Aen. V 553-603   f. CCXLIII v

Das Trojaspiel. Zwei Gruppen von Reitern sprengen gegeneinander an; an der Spitze der rechten ASCANIUS und PRIAMUS, einzeln in der Mitte ATYS.

109   Aen. V 605-675   f. CCXLV r

Schiffsbrand. Die Trojanerinnen werfen, angestiftet von Iris (auf dem Regenbogen), von li. Brandfackeln auf die Flotte; von hinten eilt ENEAS herbei.

110   Aen. V 704-761   f. CCXLVIII v

Abschied von Sizilien I. Eine Gruppe trojanischer Frauen wird bei der Stadt ACESTA und einem Tempel der VENERIS ERUCINE (li.) zurückgelassen; oben li. erscheint ANCHISES dem AENEAS; oben r. die Gruppe NAUTES, ACESTES, ENEAS.

111   Aen. V 762-826   f. „CCXLIX v" (eigentlich CCXLVIII)

Abschied von Sizilien II. Abseits einer Menschengruppe verhandelt r. am Strand VENUS mit NEPTUNUS, der auf einem von Seewesen gezogenen Wagen steht.

VP 1502 --- Aeneis VI --- 14 Picturae

112 Aen. VI 9-41 f. CCLIII r
ENEAS betrachtet, vor dem Eingang des TEMPLUM APOLLINIS in Cumae stehend, die 8 Bilder an dessen Mauern li. und r.; auf den Bildern mehrere erklärende Namensbeischriften, darunter mehrfach DEDALUS, auch ATHENE und THESEUS; vorn r. ein Priester, ACHATES und die SIBYLLA. - Ganzseitiges Bild ohne Text.

113 Aen. VI 106-165 f. CCLVII v
MUSINUS (Misenus) liegt li. tot in einem Schiff am Ufer von Cumae; die SIBYLLA geleitet ENEAS und ACHATES nach r. zu einem Wald.

114 Aen. VI 177-235 f. CCLX r
Holzfällen und weitere Zurüstungen zur Bestattung des Misenus; der Leichnam des MUSENUS wird in der Mitte von drei Männern getragen; seine Trompete liegt li. oben auf der Grabplatte; oben r. im Wald ACHATES und ENEAS.

115 Aen. VI 237-254 f. CCLXII v
Vor dem von Flammen lodernden Eingang zur Unterwelt (Avernus) li. bringen r. die SIBYLLA, ENEAS und ACHATES ein Brandopfer von Stieren dar.

116 Aen. VI 268-294 f. CCLXIIII r
In der Unterwelt I. ENEAS und die SIBYLLA ganz oben li.; allenthalben Monstren wie HYDRA, CHYMERA, GORGONES, HARPYIES, DISCORDIA oder der ,hundertarmige' Riese BRYAREUS; unten r. im Vordergrund eine Art Käfig mit den Furien (EUMENIDES). - Ganzseitiges poly-szenisches Bild ohne Text.

117 Aen. VI 295-383 f. CCLXV v
In der Unterwelt II. Vorn li. Nachen des CHARON beim Zusammenfluss von STYX, ACHERON und COCYTUS; ENEAS und die SIBYLLA oben r., vor ihnen kniend PALINURUS; aus dem Rachen eines vier-nasigen Ungeheuers (in der Mitte) quellen namenlose nackte Unbestattete.

VP 1502 **118** Aen. VI 407-425 f. CCLVIII v
In der Unterwelt III. Li. AENEAS und die SIBYLLA im Nachen des CHARON; in der Mitte der dreiköpfige Hund Cerberus; r. daneben ein riesiger Höllenschlund.

119 Aen. VI 426-476 f. CCLXX r
In der Unterwelt IV. Die Region der vorzeitig Gestorbenen auf den LUGENTES CAMPI. Oben li. AENEAS und die SYBILLA im Höllenschlund, r. daneben die früh verstorbenen Kinder (INFANTES). Ganz vorn r. unter den Selbstmördern, wenig auffällig, DIDO. - Fast ganzseitiges viel-figuriges Bild über nur 1 Verszeile.

120 Aen. VI 477-534 f. CCLXXII r
In der Unterwelt V. Die Region der Krieger (BELLATORES). Die SYBILLA und ENEAS li., vor ihnen der verstümmelte DEIPHOBUS; ganz r. ULISSES.

121 Aen. VI 548-627 f. CCLXXIIII r
In der Unterwelt VI. Der Tartarus, die Region der bestraften Frevler, darunter unten r. TITYUS und der Geier, oben r. der auf das Rad geflochtene IXION. Oben r. die flammende Burg Plutos am Fluss PHLEGETON. - Ganz oben in diesem fast ganzseitigen Bild - darunter nur 2 Kommentarzeilen - ein Band mit „VI ET VII".

122   Aen. VI 638-678   f. CCLXXVII r

In der Unterwelt VII. Die Gefilde der Seligen (FORTUNATA NEMORA). Oben r.
ENEAS mit MUS(A)EUS und der SYBILLA. Vorn li. sitzt ORPHEUS mit der Leier,
vor ihm als Zuhörer u.a. DARDANUS; vorn r. mehrere Wagen und zwei Pferde. -
Ganz unten Mitte ein Band mit „VIII".

123   Aen. VI 684-752   f. CCLXXVIII v

In der Unterwelt VIII. Das Elysium (CAMPUS ELYSEUS). Li. trinken geflügelte
Wesen (Seelen) aus der Lethe (LETHEUS); oben r. begegnet AENEAS ANCHISES.

124   Aen. VI 760-853   f. CCLXXXII r

Heldenschau in der Unterwelt. In der Mitte zeigt ANCHISES dem AENEAS und
der SIBYLLA die zukünftigen Römer, darunter vorn li. LAVINIA mit SYLVIUS und
vorn r. POMPEIUS und IULIUS im Zweikampf mit dem Schwert; oben r. hält CA-
MILLUS ein (deutsches) Reichsbanner mit doppelköpfigem Adler und den Buchstaben „SPQR". - Großes Bild über nur 1 Vers- und 4 Kommentarzeilen.

125   Aen. VI 855-901   f. CCLXXXVI r

Ende der Heldenschau und Verlassen der Unterwelt. In der Mitte wieder die
Dreiergruppe ENEAS, SIBYLLA, ANCHISES, r. davon als größere Figuren eine
Muse (die Aen. VII 37 im ‚Zweiten Proömium' angerufene Erato) vor VIRGILI-
US mit der Harfe. Im Vordergrund vorn (der ältere) MARCELLUS mit gezücktem
Schwert nach r. reitend; in der Mitte li. der junge MARCELLUS (der Neffe des
Augustus), über ihm und neben seiner blumenbestreuten Grabplatte AUGUSTUS
(auf dem Saum seines Gewandes die Aufschrift ROV oder **22 84 89 90**, ROY!).
Oben r. durchschreiten AENEAS und SIBILLA das hintere der beiden Tore der
Unterwelt. - Singuläre Einfügung eines Autorenbildes mit inspirierender Muse
(vergleichbar nur Pict. 051 zum Proömium) in ein Bild, in dem ohnehin schon
zwei Ebenen, Handlung mit den Akteuren Anchises, Aeneas und Sibylle und
Inhalt der Rede des Anchises mit der Erklärung der ‚Heldenschau',
ineinandergeschoben sind.

VP 1502 --- Aeneis VII --- 11 Picturae

---

126   Aen. VII 1-24   f. CCLXXXVIII r

Vorbeifahrt des ENEAS (unten r.) an der Insel der von Käfigen mit Tieren umgebenen spinnenden CIRCE (oben li.); oben r. Grabmal für die Amme CAIETA. -
Zusätzliche Abb. der ganzen Buchseite bei GÖTTE/LEMMER, 1979, S. 393.

127   Aen. VII 29-101   f. CCLXXXIX v

Li. ENEAS zu Schiff auf dem Tiber; r. an Land Bienen-Prodigium für LATINUS,
der mit AMATA und LAVINIA r. an einem brennender Opferaltar steht; r. oben
schlafender LATINUS in einem Hain mit der Bildsäule des FAUNUS.

128   Aen. VII 107-147   f. CCXCI v

Das Tisch-Prodigium. In der Mitte an einem Tisch sitzend speisende Trojaner; r.
dahinter ASCANIUS mit einem Kranz und ENEAS mit betend erhobenen Händen.

129   Aen. VII 152-285   f. CCXCII v

ILIONEUS tritt von li. mit einem Friedenszweig vor König LATINUS, der r. in
einem Palast thront, der mit Bildsäulen, u.a. ganz r. von PICUS, geschmückt ist;

li. davor die trojanischen Gesandten zu Ross mit Olivenkränzen; oben Eneas beim Bau von Troia. - Fast ganzseitiges Bild unter nur 2 Kommentarzeilen.

130   Aen. VII 286-340   f. CCXCVI r
JUNO r. weist ALLECTO, eine der FURI(A)E, die li. in einem zeltartigen Eingang zum Höllenrachen sitzt, auf ENEAS hin, der ganz r. auf einem Turm steht.

131   Aen. VII 341-405   f. CCXCVII v
ALLECTO r. mit Schlangenhaaren auf der Palasttreppe vor LAVINIA li., AMATA und LATINUS; ganz r. AMATA und LAVINIA bacchantisch rasend im Wald.

132   Aen. VII 406-474   f. CCXCIX r
AL(L)ECto fliegt von li. herbei und steht, erneut abgebildet und benannt, in der Mitte vor dem r. schlafenden TURNUS vor den Mauern von ARDEA r.; TURNUS, ebenfalls erneut abgebildet und benannt, legt li. stehend seine Rüstung an.

133   Aen. VII 475-539   f. CCC v
ALLECTO sitzt li. auf dem Dach; ASCANIUS (Mitte) verwundet mit seinem Pfeil den Hirsch, der zu der klagenden SYLVIA li flieht; r. Kampf der Hirten mit Trojanern. - Fast ganzseitiges Bild unter nur 2 Vers- und 5 Kommentarzeilen.

134   Aen. VII 540-562   f. CCCI v
AL(L)ECTO fliegt von r. über dem feuerspeienden Höllenrachen (unten r.) zu der li. thronenden IUNO.

135   Aen. VII 572-640   f. „CCCIII v" (eigentlich CCCII v)
Oben li. öffnet IUNO die BELLI PORTAE, vor denen König LATINUS sitzt; r. davon eine Bildsäule des IANUS mit 2 Schlüsseln; weitere Zurüstungen zum Krieg.

136   Aen. VII 647-817   f. „CCCV r" (eigentlich CCCIIII r)
‚Italiker-Katalog', Aufmarsch der italischen Truppen. Vorn r. LAUSUS und ME-ZENTIUS; im Zentrum TURNUS mit der Chimaera-Fahne; in der obersten Reihe, zwischen (H)AL(A)ESUS und VIRBIUS, mit leerem Namensband Camilla. - Fast ganzseitiges figuren- und fahnenreiches Bild unter nur 3 Kommentarzeilen.

VP 1502 --- Aeneis VIII - 11 Picturae, 9 davon in der Normalversion

---

137   Aen. VIII 1-17   f. CCCVIII v
Zwei Herolde (Trompeter und Bläser) rufen li. vor der Stadt LAURENTUM, über der die Flagge des Turnus mit der Chimaera (vgl. Aen. VII 785) zum Krieg auf; von r. nahen bewaffnete Reiter als Verbündete.

138   Aen. VIII 18-96   f. CCCIX v
Im Vordergrund zwei Schiffe auf dem Tiber, an Bord des linken ENEAS; dahinter an Land ENEAS ruhend, dem von r. der (unbezeichnete) Tiberinus erscheint; oben wird in Vollzug des Sau-Prodigiums ein Opfer dargebracht.

139   Aen. VIII 102-120   f. CCCXI v
PAL(L)AS li. richtet seine Lanze gegen den an Bord eines anlandenden Schiffes stehenden ENEAS; oben r. Mahl bei EUANDER vor der Stadt PA(L)LANTEUM.

140   Aen. VIII 125-174   f. CCCXII v
Vor zwei r. im Tiber liegenden Schiffen begrüßt König EUANDER li. den von PAL(L)AS geleiteten ENEAS r.; hinten Opferaltar und Tisch mit 3 Personen.

141 Aen. VIII 306-336 f. CCCXVII v

PAL(L)AS li., EUANDER, AENEAS r. vor PAL(L)ANT(E)UM; vorn li. zwei Satyrn mit Bockshörnern (Ureinwohner Latiums), zwei Kühe und eine Ziege.

142 Aen. VIII 369-453 f. CCCXIX v

‚Schmiede des Vulkan'. In der li. Hälfte dieses zweigeteilten Bildes arbeiten am Fuße eines Vulkans drei Schmiede (li. BRONTES) am Amboss; im Schlafgemach r. umarmt der bekleidete VULCANUS die nackte VENUS vor einem Bett.

143 Aen. VIII 454-541 f. „CCCXXIII r" (eigentlich CCCXXII r)

In einer Reihe nebeneinander (von li.) ACHATES, ENEAS, EUANDER - der auf das Waffen-Prodigium (‚Zeichen der Venus') li. oben weist - und PAL(L)AS.

VP 1502 **144** Aen. VIII 546-607 f. CCCXXIIII r

Abschied von Pallanteum. PALLAS r. reitet aus dem Tor von „LAURENTUM" (!), ganz r. EUANDER; in der Mitte hinter dem im Tiber ankernden Schiff ENEAS und ACHATES zu Ross; li. oben der Etrusker TARC(H)O(N) an der Spitze von Reitern.

144/145plus (Plus-Bild) Aen. VIII 608-625 nicht in ▶VP 1502,
nur in ▶VP 1529A (s. Vorbemerkung 3c)

Die li. stehende VENUS zeigt PAL(L)AS und ENEAS, die von r. heranreiten (im Hintergrund eine Stadt), die neuen Waffen, die unter einem Baum li. liegen.

145a und 145b Aen. VIII 626-713

Zwei fast ganzseitige Bilder mit Szenen der römischen Geschichte auf dem Schild des Aeneas, die von PASQUIER, 1992, Nr. 1 zu unrecht als eine einzige Pict. 145 gezählt werden. Die ganzseitige Pict. 145b (mit CAHELINA r. vorn) steht in dem digitalisierten Exemplar der BnF von ▶VP 1502 offensichtlich auf einem unpaginierten, zwischen f. CCCXXV v und f. CCCXXVI r eingelegten textlosen Blatt und damit - entgegen dem dargestellten Aen.-Text - *vor* Pict. 145a; das gleiche gilt für das Exemplar der UB Leipzig, s. GÖTTE/LEMMER, 1979, S. 368. Im Exemplar der UB München ist dagegen ein textloses Blatt mit Pict. 145b richtiger Weise erst *nach* f. CCCXXVI v/r und damit nach Pict. 145a eingeklebt. Ein solches nachträglich eingeklebtes Zusatz-Blatt mit Pict. 145b kann leicht verloren gehen.

145a Aen. VIII 626-645 f. CCCXXVI r

Schildbeschreibung: Vorn li. METIUS SUFFETIUS, dessen Leichnam hinter einem Wagen schleift; mit Namensbändern bezeichnet sind die Könige MOSTILIUS r., TACIUS (zweimal) und ROMULUS; oben r. die Wölfin mit ROMULUS und Remus. - Fast ganzseitiges Bild über nur 3 Kommentarzeilen.

145b (Plus-Bild?) Aen. VIII 646-713 auf unpaginiert eingelegter
Seite vor (oder nach) f. CCCXXVI r

Schildbeschreibung: Unten r. CAHELINA im Höllenschlund, darüber CATHO; in der Mitte r. ein Reitertrupp mit TARQUINIUS vor einer Brücke mit COCLES li., oben das CAPITOLIUM mit einer Gans. - Da in zwei der mir bekannten Exemplaren von ▶VP 1502, dem der UB Leipzig und dem digitalisierten der BnF, beidemal dieses Bild auf einer unpaginierten Extra-Seite steht, dürfte es sich um Sondergut bestimmter Exemplare handeln. Es fehlt in allen Münchener Exemplaren und auch in dem der BN Strasbourg. Aufschlussreich ist außerdem, dass

Pict. 145b bei den Adaptionen von ▶VP 1502 in den nächsten Jahrzehnten, genau wie Pict. 161, nicht rezipiert wird: beide fehlen in allen in der Übersichts-Tabelle nach ▶VP 1502 aufgeführten Ausgaben.

VP 1502 --- Aeneis IX --- 8 Picturae

146   Aen. IX 1-122   f. „CCCXIX v" (eigentlich f. CCCXXIX v)
R. Schiffs-Metamorphose. Im Meer r. ein brennendes Schiff, davor zwei Nymphen; li. auf dem Land eine Gruppe von Bauern (mit Bundschuh-Fahne) und ganz li. ein Reitertrupp (dessen Fahne drei Enten zeigt) mit MESSAPUS und TURNUS; im Hintergrund eine Stadt mit Fahne („T & A") und Verteidigern; oben r. kniet TURNUS betend vor Iris auf dem Regenbogen. - Fast ganzseitiges Bild über nur 1 Vers- und 3 Kommentarzeilen.
147   Aen. IX 159-313   f. CCCXXXII v
NYSUS und EURYALUS vor dem Tor von TROIA (dem befestigten Schiffslager); im Vordergrund die entspannt gelagerten Rutuler; oben r. naht MESSAPUS.
148   Aen. IX 314-366   f. CCCXXXVI r
NYSUS und EURYALUS (oben li. am Zelt und beide erneut r. im Feld) richten ein Massaker im Lager der Rutuler vor der Festung TROIA an.
149   Aen. IX 367-449   f. CCCXXXVII r
Im Vordergrund mehrere Zelte (1 li., 3 r.) mit erschlagenen Rutulern; im Hintergrund wird EURYALUS von Reitern im Wald angegriffen; ganz r. NISUS.
150   Aen. IX 461-589   f. CCCXXXIX v
Angriff der Latiner auf die Festung TROIA auf 2 Leitern und mit 2 Kanonen unter Führung des MEZENTIUS r. Die auf Lanzen gespießten Köpfe des NISUS li. und E(U)RYALUS r. werden zur Schau gestellt; auf der Mauer r. die klagende Mutter des Euryalus. - Fast ganzseitiges Bild unter nur 2 Vers-Zeilen.
151   Aen. IX 590-668   f. CCCXLII r
APOLLO r. gebietet ASCANIUS Einhalt, der mit einem Pfeil einen Gegner mit leerem Namensband (= Numanus Regulus) erschossen hat. In der Mitte des Vordergrunds ein Zelt; im Hintergrund TROYA; r. oben TURNUS.
152   Aen. IX 672-716   f. CCCXLIIII v
PANDARUS r. und BITIAS li. kämpfen vor dem Tor von TROYA gegen andrängende Feinde, darunter TURNUS zu Pferd; vorn r. mehrere Tote.
153   Aen. IX 717-818   f. CCCXLVI v
TURNUS zu Pferd (nach li. gewendet) im Fluss (dem Tiber) vor den Mauern der Festung Troja, in der gekämpft wird und eine Fahne mit „T & A" weht.

VP 1502 --- Aeneis X --- 10 Picturae in der Normalversion (darunter 2 Dubletten)

154   Aen. X 1-117   f. CCCXLVIII r
Oben in drei Wolkenringen Götterversammlung mit (von li.) PALLAS, IUPITER, IUNO und der sich nähernden VENUS r.; unten li. TURNUS zu Ross vor Troja.
155   Aen. X 146-162   f. CCCLI v

Li. der Etruskerfürst TARC(H)ON mit Kriegern vor den Mauern von TROIA; r. davor ENEAS und PALLAS in einem Schiff; hinten r. TURNUS in der Schlacht.

156 Aen. X 166-214 f. CCCLII v

Zwei Schiffe auf einem Fluss vor einer Stadt, li. eines mit ENEAS sowie MASSICUS, auf dem anderen r. unter einer APOLLO-Fahne ABAS. - Über dem Bild Aen. X 155-162. - Dieses Bild wird als Pict. 158 vor Aen. X 261-266 wiederholt.

157 Aen. X 219-248 f. CCCLIIII v

Drei Wassernymphen (ehemals trojanische Schiffe) umschwärmen das eine Schiff des ENEA REX; hinten li. eine Stadt.

158 Aen. X 287-307 f. CCCLV v

Dublette zu Pict. 156: Zwei Schiffe mit ENEAS sowie MASSICUS (auf dem li.) und mit ABAS (auf dem r.) vor einer Stadt. - Unter dem Bild die Verse Aen. X 261-266. - Für dieses Bild gibt PASQUIER, 1992, fälschlich dieselbe Legende wie für Pict. 157, nämlich „Les nymphes (anciens vaisseaux) conseillent Enée".

159 Aen. X 276-489 f. CCCLVIII v

Oben li. unbezeichnete Göttin (Juno), die sich an TURNUS wendet; dieser stößt PALLAS (li. im Mittelgrund) eine Lanze in den Leib, während Pallas mit seiner Lanze in den Schild des LAUSUS (richtig wäre: Clausus) sticht. Vorn kämpfen zwei Reiterpaare gegeneinander, dazwischen ein vom Rumpf getrennter Kopf. - Symmetrische 3 + 4 -Komposition, vgl. Pict. 164 mit 3 + 2.

| VP 1502 | **160** | Aen. XI 204-230 | f. CCCLX v |

LATINUS r. vor der Stadt LAURENTUM inmitten von trauernden Frauen sitzend, die Vorbereitungen zur Beerdigung und Verbrennung der Toten (vorn) beaufsichtigend; li. oben Heimkehr der Gesandtschaft an Venulus. - Dieser Holzschnitt ist im Original von ▶VP 1502 (z. B. im Exemplar der UB München, auch in dem der UB Leipzig, s. GÖTTE/LEMMER, 1979, S. 368) fälschlich vor Aen. X 513-516 (mit der Aristie des Aeneas) gestellt; er bezieht sich in Wirklichkeit auf Aen. XI 204-230 und gehört also zwischen Pict. 170 und Pict. 172 als Pictura 171. Dort steht sie auch im Original von ▶VP 1502 erneut, eben als Pictura 171. (Die **Dublette Pict. 160** haben GÖTTE/LEMMER, 1979, getilgt und S. 301 nur Pict. 171 beibehalten, obwohl die Standardausgabe von ▶VP 1502 zweimal dasselbe Bild bringt.) In dem von PASQUIER, 1992, Nr. 1 benutzten Pariser Exemplar von ▶VP 1502 gibt es angeblich statt der Dublette Pict. 160 = Pict. 171 (LATINUS) die Dublette Pict. 161 = Pict. 171 (HEMONIDES), doch s.u. zu Pict. 171.

161 Aen. X 521-542 (**Plus-Bild** im BnF-Exemplar von ▶VP 1502) auf unpaginiertem textlosem Blatt, das nach f. CCCLX einge legt ist (s. Vorbemerkung 3a)

ENEAS schwingt (li. Mitte) sein Schwert gegen einen kniend um Gnade flehenden Feind (Magus); vorn li. liegt tot mit einer Lanze im Rücken HEMONIDES; r. oben bricht ASCANIUS an der Spitze einer Reiterschar aus einer Stadt (= aus dem trojanischen Lager) hervor. Zu Aen. X 521-542 (Haemonides ist nur einmal, in Aen. X 537, erwähnt.) - Dieselbe Legende wie für Pict. 161(u.a.: Haemonides und andere getötete Krieger) gibt PASQUIER, 1992, Nr. 1 für ihre Pict. 171 in

Aen. XI - vielleicht aus Versehen, s.u. zu Pict. 171. - Die Pict. 161 existiert nicht in den Standard-Exemplaren von ▶VP 1502 (z. B. nicht in dem der UB München, der BN Strasbourg und der Leipziger Vorlage für GÖTTE/LEMMER, 1979).

162   Aen. X 606-688   f. „CCCLXIII v" (eigentlich f. CCCLXII v)
In der Mitte r. stößt die gewappnete IUNO das Schiff mit TURNUS li. vom Ufer bei ARDEA (li. oben) ab; r. davon wendet sich die nackte IUNO an den thronenden JUPITER; oben schafft die gewappnete IUNO eine Wolke (Trugbild des Aeneas), die von TURNUS angegriffen wird. - IUNO figuriert dreimal auf diesem Bild; die Abfolge der Szenen im Epos ist: Iuno/Iupiter - Wolken-Phantom - Schiff.

163   Aen. X 689-768   f. CCCLXIIII v
Kampfszene. In der Mitte MEZENTIUS zu Fuß im Schwertkampf mit 3 Gegnern r. und 1 Gegner mit Lanze li.; im Vordergrund tote Krieger.

164   Aen. X 769-830   f. CCCLXVI r
Zweikampf zu Pferd zwischen MEZENTIUS (li.) auf RH(A)EBUS und ENEAS r.; im Hintergrund MEZENTIUS verwundet liegend, ENEAS im Fußkampf mit LAUSUS r.

VP 1502 --- Aeneis XI --- 12 Picturae

165   Aen. XI 1-11   f. CCCLXIX r
ENEAS r. errichtet vor TROIA ein Siegesmal (Tropaion) aus den an einem Baumstrunk li. aufgehängten Waffen des Mezentius; oben r. drei Reiter; vorn Leichen.

166   Aen. XI 34-58   f. CCCLXX v
Die Leiche des PAL(L)AS auf einer Bahre mit prächtigem Überwurf; dahinter li. Trauernde und r. der berittene ENEAS mit 2 Begleitern vor der Festung TROIA.

167   Aen. XI 59-99   f. CCCLXXI
ACESTES (richtig wäre: Acoetes) geleitet zu Pferd den Wagen mit dem Sarg des PALLAS nach li. (vom trojanischen Lager nach Pallanteum); dahinter führen Reiter sein Streitross (A)ETHON; ENEAS oben r.

168   Aen. XI 100-138   f. „CCCLXXVIII v" (eigentlich CCCLXXII v)
ENEAS li. empfängt vor einer Stadt DRANCES r. und zwei weitere LATINI zu Verhandlungen über Abtransport und Bestattung der Toten.

169   Aen. XI 139-181   f. CCCLXXIII v
EUANDER kniet vor PALANTEUM an der mit einer prächtigen Decke bedeckten Bahre mit der Leiche seines Sohnes PALLAS; li. trauernde Frauen, r. Reiter.

170   Aen. XI1 184-202   f. CCLXXIIII v
In der Mitte ein Scheiterhaufen zur Verbrennung der Toten; r. davon stehen TARCHON, ENEAS und (ganz r.) ASCANIUS; im Vordergrund tote Opfertiere.

171   Aen. XI 204-230   f. CCCLXXV v
Dublette zu Pict. 160 (jetzt als Pict. 171 über den Versen Aen. XI 210-214 jedoch passend): LATINUS r. vor der Stadt LAURENTUM inmitten von trauernden Frauen sitzend, die Vorbereitungen zur Beerdigung und Verbrennung der Toten (vorn) beaufsichtigend; li. oben Heimkehr der Gesandtschaft an Diomedes. - Laut PASQUIER, 1992, Nr. 1 ist (in dem von ihr benutzten BnF-Exemplar von ▶VP 1502) die Pict. 171 nicht eine Dublette zu Pict. 160 (LATINUS), sondern zu der nur im Pariser Exemplar vorhandenen Zusatz-Pict. 161 (HEMONIDES) –

wahrscheinlich eine falsche Angabe. Jedenfalls ist in dem digitalisierten BnF-Exemplar Pict. 171, entsprechend dem Normalbestand, eine Dublette zu Pict. 160 (LATINUS).

172   Aen. XI 234-444   f. CCCLXXVIII r
LATINUS bei der Ratsversammlung der Latiner auf dem Thron in der Mitte sitzend, li. vor ihm DRANCES (Namensband auch als ORANTES lesbar) und r. TURNUS, beide sprechend.

173   Aen. XI 446-485   f. CCCLXXXI v
In der Mitte AMATA li. und LAVINIA r. in einem Rundtempel in LAURENTUM; li. davon erhält LATINUS eine Nachricht (über den Angriff des Aeneas) von 2 Boten; li. oben ENEAS mit Reitern.

174   Aen. XI 498-596   f. CCCLXXXIII r
CAMILLA li. und TURNUS r. begegnen sich an der Spitze ihrer berittenen Truppen im Vorfeld von LAURENTUM. Unter Camillas turbangeschmückten Reitern (offensichtlich nicht: Reiterinnen) li. ENEAS (!), den aus einer Wolke die nackte OPIS mit Pfeil und Bogen bedroht (!). Vorn r. ein Hund. - BINDER, 2005, 291 sieht in den turbangeschmückten Reitern li. offenbar Trojaner.

175   Aen. XI 597-777   f. CCCLXXXV r
Kampfszenen. Auf der untersten Ebene zwei Kämpfer zu Fuß mit Hellebarden, auf der mittleren zwei Berittene mit Lanzen, auf der obersten (dort nur Reiter) ersticht ARUNS li. mit der Lanze von hinten CAMILLA, die auf die Truppen des Etruskerfürsten TARCHON r. eindringt, der mit Venulus (VEMILUS) kämpft.

176   Aen. XI 783-915   f. CCCLXXXVII v
Tod der CAMILLA (Mitte). Arruns („ARNUS") r. wird von OPIS' Pfeil aus der Wolke getroffen; li. neben Camilla ENEAS und ASCANIUS (!) auf 1 (!) Pferd; r. oben TURN(US) an der Spitze von Reitern.

VP 1502 --- Aeneis XII --- 12 Picturae

177   Aen. XII 1-80   f. CCCXCI r
Nebeneinander vor Laurentum, von li.: stehend AMATA (mit Krone, weinend) und TURNUS (mit Krone, unbärtig), dann LATINUS (mit Krone und Vollbart) zu Pferd nach li. reitend (so nie im Text), ganz r. stehend LAVINIA (mit Haube).

178   Aen. XII 87-112   f. CCCXCIII r
Rüstung zum Entscheidungsduell. Vorn r. TURNUS, gewappnet und zu Fuß mit einer Lanze, li. und r. werden zwei Pferde herangeführt. Im Hintergrund li. ENEAS, der einen Boten (an Latinus) abschickt, r. LATINUS vor einer Stadt.

179   Aen. XII 113-133   f. CCCXCIIII v
Innerhalb von Schranken trägt ein Priester eine Schale mit Feuer nach r. zum Altar, gefolgt li. von einem Diener mit einer Götterstatuette. Im Hintergrund eine Stadt mit Zuschauern, die li. auf einem Balkon sitzen oder r. zwischen den Häusern stehen. - Das einzige Bild ohne jegliches Namensband.

180   Aen. XII 134-215   f. CCCXCV v
Vorn li. ENEAS zu Ross mit gezücktem Schwert, r. TURNUS auf einem Streitwagen mit einem vorgespannten Pferd, dahinter LATINUS auf einem von 2 Pferden

gezogenen Wagen; oben im Hintergrund VENUS (richtig wäre: Juno) und r. JU-
TURNA.

181   Aen. XII 222-317   f. CCCXCVII r

Der Vertragsbruch. Oben li. verweist der stehende Seher TOLUMNIUS auf das
Adler-Prodigium; r. von ihm fährt LATINUS im Wagen nach r.; in der Mitte li.
kniet TURNUS am Altar; unten r. wiegelt Iuturna in der Gestalt des Camers („CA-
MERTES") die Latiner gegen den berittenen ENEAS (li.) auf. - Großes vielfiguriges Bild unter 3 Vers- und 6 Kommentarzeilen.

182   Aen. XII 384-419   f. CCCXCIX r.

Verwundung des Aeneas. Li. oben reicht VENUS aus einer Wolke das Wunder-
kraut (Dictamnum). In der Mitte führen ACHATES und MNESCHES (Mnestheus)
ENEAS aus dem Kampf zum Arzt Iapyx. TURNUS ersticht r. davon einen Feind.
Vorn r. sich aufbäumendes Pferd. (Weithin falsche Beschreibung bei PASQUIER.)

183   Aen. XII 425-499   f. CCCCI r

Vorn li. ENEAS (mit Krone) im Gespräch mit ASCANIUS, daneben r. eine Kampfszene mit ENEAS, der jetzt aber einen Helm trägt; er wird von MES(S)APUS von
hinten mit einer Lanze bedroht. Oben r. TURNUS und JUTURNA (als Ersatz des
Wagenlenkers Metiscus) im Streitwagen.

184   Aen. XII 505-603   f. CCCCIII r

Im Vordergrund Kampf zwischen zwei Gruppen von Fußsoldaten. Im Hintergrund r. vor einer teils brennenden Stadt einige Krieger mit ENEAS an der Spitze,
der zu LATINUS (nicht, wie PASQUIER will, Turnus) spricht, der zwischen den
beiden Tortürmen steht. Ganz r. in einem Rundtempel die erhängte AMATA.

185   Aen. XII 650-709   f. CCCCV r

Vor LAURENTUM im Hintergrund rüsten sich ENEAS li. und TURNUS r. zum
Duell; dem Aeneas wird ein Pferd zugeführt, dem Turnus ein Streitwagen.

186   Aen. XII 710-765   f. CCCCVI v

TURNUS li. (mit zerbrochenem Schwert) und ENEAS r. beim Duell innerhalb von
Schranken vor LAURENTUM; r. hält eine Hand (Jupiters) Schicksalswaage.

187   Aen. XII 766-842   f. CCCCVII v

Duell zwischen ENEAS li., der sich abmüht, seine Lanze aus einem Baumstumpf
zu ziehen, und TURNUS r., dessen Schwert zerbrochen. ist, vor LAURENTUM;
oben li. in den Wolken JUPPITER im Dialog mit IUNO r.

188   Aen. XII 843-952   f. CCCCVIII v

Kontinuierende Doppelszene aus dem Schlussduell. Innerhalb von Schranken
bedroht ENEAS r. stehend mit der Lanze den einen Felsblock schwingenden, von
einer Dira umflatterten TURNUS; dann stößt li. ENEAS, über dem liegenden TUR-
NUS kniend, diesem das Schwert in die Brust. Oben li. im Wasser (des Numicus)
IUTURNA. - Auch in diesem Bild sind die beiden dargestellten Szenen von r.
nach li. zu lesen.

VP 1502 --- Aen. XIII Mapheus Vegius --- 6 Picturae

Die 6 Picturae zum Supplementum Aeneidos des Maffeo Vegio (Mapheus Vegius, 1407 - ca. 1458) von 1428 in ▶VP 1502 sind bei GÖTTE/LEMMER, 1979,

S. 384f. beschrieben, die Holzschnitte selber dort auf den unpaginierten Seiten (S. 393-399) ganz am Schluss des Bandes in Originalgröße nachgedruckt. Die Stellenangaben für die 630 lat. Hexameter beruhen auf der lat.-deutschen Ausgabe (Das Aeneissupplement des Maffeo Vegio) von Bernd SCHNEIDER, Weinheim 1985. - Alle Namensbeischriften auf den Bildern sind erwähnt.

189 Mapheus Vegius   XIII 23- (48) 72   f. CCCCX v unter dem
   ,Argumentum I' bei SCHNEIDER, 1985, 48
Aeneas (?) li. nimmt kniend dem toten TURNUS das Wehrgehenk ab. Daneben r. spricht ENEAS, innerhalb der für den Zweikampf errichteten Schranken stehend, zu den LATINI. Hinten li. TROIA mit einem brennenden Opferaltar, r. LAURENTUM; vor Troia begraben li. RUTULI (richtiger wäre: *Teucri*) einen Toten.

190 Mapheus Vegius XIII (125ff.) 185-242   f. I v unter XIII 100-124
Der Sarg des TURNUS wird auf einem Wagen von 4 Reitern unter Führung des METISCUS nach li. nach ARDEA geleitet; vor dieser Stadt li. König DAUNUS mit einem Boten, r. davon der Reiher (*ardea*), in den die brennende Stadt verwandelt wird. LATINUS steht vorn r. weinend vor dem Tor der Stadt (Laurentum).

191 Mapheus Vegius XIII 325-401   f. III r über XIII 333-358
ENEAS empfängt, li. oben im Tor von TROIA stehend, von r. eine Gesandtschaft von fünf mit Olivenkränzen geschmückten Reitern mit DRANCES an der Spitze, die ihm die Hand Lavinias anbieten soll; vorn li. ein brennender Scheiterhaufen.

192 Mapheus Vegius XIII 402-477   f. III v unter XIII 359-384
ENEAS, ASCANIUS und zwei weitere Reiter nähern sich von li. LAURENTUM, wo sie von LATINUS r. vor dem Tor empfangen werden. In der Stadt vermählt (in einer späteren Szene) ein Priester LAVINIA und ENEAS r. vor einem Rundtempel.

193 Mapheus Vegius XIII 490-583   f. IV v über XIII 490-507
Festliches Hochzeitsmahl, am gedeckten Tisch r. sitzen von li. LAVINIA, ENEAS, LATINUS, ASCANIUS; vorn li. Gäste und Musikanten. Im Hintergrund li. oben deutet VENUS dem ENEAS das Flammen-Prodigium am Haupt der LAVINIA.

194 Mapheus Vegius XIII 586-630   f. V v über XIII 612-630 (Finis)
VENUS, li. im Wasser des Numicius stehend, vor dem am Ufer (ganz li.) liegenden toten ENEAS, dessen Seele aus dem Mund entflieht; darüber li. LAVINIA und ASCANIUS trauernd. Oben in der Mitte VENUS kniend vor IUPPITER, um die Apotheose des Aeneas bittend. Ganz r. LATINUS auf dem Sterbebett. - Abfolge im Text von Aen. XIII: Tod des Latinus - Venus/Juppiter-Szene - Tod des Aeneas.

VP 1502   *Abb.*: MAMBELLI Nr. 99: "Varie incisioni di questa opera concernenti la discesa di Enea agli Inferi sono state riprodotte nel lavoro di Anna Cox BRINTON, Descensus Averno: Fourteen woodcuts reproduced from Sebastian Brant's Virgil, Palo Alto Calif. (Stanford) 1930."

Die Holzschnitte zur Aeneis sind vollständig in zwei Ausgaben moderner deutscher Übersetzungen zugänglich:

VP 1502 (a) Ein fast vollständiger Abdruck der (nach der Zählung von PASQUIER, 1992, Nr. 1) 138 bzw. eher 137 Holzschnitte zur Aeneis findet sich in der deutschen Übersetzung: Vergil, Aeneis, übersetzt von Johannes GÖTTE. Mit 136 Holzschnitten der 1502 in Straßburg erschienenen Ausgabe, hrsg. und kommentiert von Manfred LEMMER, München 1979 (die Bilderläuterungen von LEMMER dort S. 360-385), offenbar gleichzeitig auch Leipzig 1979. Zugrunde liegt für den Abdruck der Holzschnitte ein Exemplar der UB Leipzig. Es sind nur die Holzschnitte zur Aeneis abgedruckt, also die Pict. 51-188 der Zählung von PASQUIER, 1992, zu ihrer Nr. 1. Es gibt jedoch in der Ausgabe von 1979 leichte Abweichungen gegenüber PASQUIER, 1992, Nr. 1. So fehlt bei GÖTTE/LEMMER 1979 der eine von zwei zweiseitigen Holzschnitten, Aeneas und Achates vor den Bildern am Junotempel in Karthago (zu Aen. I), Pict. 056 der Zählung von PASQUIER. Der andere zweiseitige Holzschnitt mit Szenen auf dem Schild des Aeneas (zu Aen. VIII), der bei PASQUIER nur einmal als Pict. 145 gezählt ist, wird bei GÖTTE/LEMMER 1979 als zwei Bilder gerechnet. PASQUIER gibt für ihre Pict. 157 und Pict. 158 dieselbe Legende (die Nymphen, die ehemaligen Schiffe, geben Aeneas Ratschläge); bei GÖTTE/LEMMER 1979 sind aber (S. 269 und S. 272) zwei verschiedene Szenen abgebildet. PASQUIER Pict. 160 (Latinus bei den Laurentern), Pict. 161 (Kämpfe, gefallene Soldaten, darunter Haemonides) und Pict. 171 (wiederum: Kämpfe, gefallene Soldaten, darunter Haemonides) fehlen bei GÖTTE/LEMMER 1979, dafür ist in dieser Ausgabe auf S. 301 an richtiger Stelle zu Aen. XI 204-230 (gewissermaßen zwischen PASQUIER Pict. 170 und Pict. 172) PASQUIER Pict. 160 (die Laurenter beerdigen ihre Gefallenen, Latinus trauert; die Gesandtschaft an Venulus kehrt zurück) eingefügt. Die Ausgabe von GÖTTE/LEMMER 1979 bringt außerdem im Anhang (S. 387) aus ▶ VP 1502 den Haupttitel (VIRGILIUS wird in Anwesenheit seiner Gönner von der Muse CALIOPE mit dem Lorbeerkranz gekrönt; in der Zählung von PASQUIER Nr. 1), dann (p. CXXI r = S. 389) noch einmal den ersten Holzschnitt zur Aeneis (Proömium; in der Zählung von PASQUIER Pict. 51) in seinem originalen Kontext von 1502, ferner die originalen Text/Bild-Seiten p. CLXVIII v mit Pict. 66 und p. CCLXXXXVIII r mit Pict. 126 (in der Zählung von PASQUIER) und schließlich alle 6 Holzschnitte zum Supplementum Aeneidos(‚Aen. XIII') des Mapheus Vegius (die bei Pasquier als Pict. 189-194 zu zählen wären).

(b) Ebenfalls eine Wiedergabe (fast) aller, jedoch stark verkleinerter Holzschnitte zur Aeneis aus ▶ VP 1502 bietet die zweisprachige Reclam-Ausgabe der Aeneis in 6 Bändchen (mit jeweils zwei Büchern), lat./deutsch, übers. und hrsg. von Edith und Gerhard BINDER, Stuttgart 1994-2005: Aen. I/II, 1994, mit 23 Abb. (ohne Pict. 056); III/IV, 1997 mit 25 Abb. (ohne Pict. 92); V/VI, 1998, mit 25 Abb.; VII/VIII, 2001, mit 22 Abb. (mit Pict. 145b); IX/X, 2004, mit 17 Abb. (ohne Pict. 160 und 161); XI/XII, 2005 (mit 24 Abb.); mit Erklärungen im Anschluss an M. LEMMER, 1979 (a) jeweils auf den letzten Seiten.

VP 1502 *Weitere Abb.:* Im Abb.-Teil bei PASQUIER, 1992 nur 3 Bilder zu ihrer Nr. 1: Abb. 296 (Pict. 12 der Zählung bei PASQUIER, 1992, Nr. 1, die ich ebenfalls zugrundelege), das Frontispiz zu den georg.; Abb. 136 zu Aen. I (Pict. 59); Abb. 225 zu Aen. VII (Pict. 126). - Bei Bamberg 1982, die Abb. Nr. 3 (zu Aen. II; Pict. 60) und Nr. 4 (zur 1. ecl.; Pict. 2). - Der Haupttitel mit der Krönung Vergils durch die Muse CALIOPE auch in Trier 1982, Abb. 5 S. 17 zu Nr. I 9 (als Titelholzschnitt aus der deutschen Eklogen-Übersetzung von Johannes Adelphus Mülich: P. Vergilii Bucolica zu tütsch das Hirten und Buren Werck der X Eglogen Publij Virgilij Maronis zu Mantua. Straßburg, Johannes Grüningerr (?), nach 1502 [2°] = MAMBELLI Nr. 1345; Wolfenbüttel 1982, D 139, dort ebenfalls S. 153 der Titelholzschnitt dieser Ausgabe; bei Wolfenbüttel 1982, D 139 ferner weitere Ausführungen zu dieser „um 1508/12" angesetzten ersten gedruckten deutschen Eklogen-Übersetzung mit weiteren 10 aus der Opera-Ausgabe Straßburg 1502 übernommenen Holzschnitten). - In Bamberg 1982, Abb. 3 (Pict. 60: Hölzernes Pferd) und Abb. 4 (1. ecl.) zu Kat.-Nr. 10. -

Einzelne Abb. aus der Straßburger Vergilausgabe von 1502 finden sich passim in Publikationen zu Holzschnitten und Alten Drucken. Erwähnt seien nur die Abb. in der EV, die (laut EV 5.2, 1991, 599 s.v. Napoli) aus einem Exemplar in Neapel geboten sind: EV 1, 1984, 179. 532. 794. 954, tav. XXVIII; EV 2, 1985, 355; EV 3, 1987, 133. 511; EV 5.2, 1991, 104. 349. - Vgl. ferner oben die Hinweise im Abschnitt *Lit.*

VP 1502 *Abhängigkeiten*: Die Holzschnitte in ▶ VP 1502 sind als Originalarbeiten im spätgotischen Stil selber ohne Vorläufer. Sie haben ihrerseits jedoch in mehrfacher Form einen geradezu beherrschenden Einfluss auf fast die gesamte spätere Aeneis-Buchillustration bis zum Beginn des 17. Jh. ausgeübt: durch Benutzung der originalen Holzstöcke für spätere Drucke, nämlich für die erste deutsche Aen.-Übers. durch Thomas MURNER, Straßburg ▶ VP 1515F in demselben Verlag Grüninger (und zuvor schon für die deutsche Livius-Übersetzung, Straßburg 1507 in demselben Verlag, s.u.) und für die beiden Ausgaben Lyon, Saccon ▶ VP 1517 und Lyon, Crespin ▶ VP 1529A, durch leichte oder stärkere Umarbeitungen in den beiden Venezianischen Zyklen Nr. 3 und Nr. 6 (seit ▶ VP 1505C bzw. ▶ VP 1519), durch andere Nachahmungen (z.B. in ▶ VP 1529D) und am längsten durch den Frankfurter (▶ VP 1559C) und den Züricher (▶ VP 1581B) Argumentum-Zyklus, die beide von ▶ VP 1502 ausgehen. Die Klärung und Interpretation der Abhängigkeitsverhältnisse würde ein eigenes Buch erfordern, das über die verdienstvollen Ansätze von SCHNEIDER, 1983, dort bes. 224-238, hinausführen müsste. Indirekt einschlägig ist auch der dürftige Katalog der Straßburger Vergil-Ausstellung von 1981: Grüninger et les éditions de Virgile à l'époque humaniste. Exposition du 10 novembre au 21 novembre 1981. Catalogue. Strasbourg o. J. [1981], XVI, 18 Blätter[4°] (ohne Abb., nur mit Umschlagbild). Im Hauptteil dieses in Schreibmaschinenschrift verfassten Heftes werden 48 Vergil-Inkunabeln oder Drucke des 16. Jhs. vorgestellt (alle im Besitz vornehmlich der Bibliothèque Nationale et Universitaire de Strasbourg oder zweier anderer elsässischer Bibliotheken), die vor allem den Einfluss von ▶ VP 1502 dokumentieren sollen (vgl. dazu auch Francesco DELLA

CORTE, ‚Le Virgile strasbourgeois', in der Einleitung p. V-XI). Die 48 von Carla MAINOLDI-MARELLI vorgestellten Nummern bieten aber den bloßen abgekürzten Titel ohne irgendwelche weiteren Erläuterungen oder Hinweise auf Illustrationen. Im Anhang S. 13-17 werden knapp die Bildthemen von 50 ausgewählten (aus den gesamten 214) Holzschnitten aus ▶VP 1502 angegeben. Die Broschüre hat nur einen sehr beschränkten Wert als Katalog der in Straßburg verfügbaren alten Vergil-Ausgaben. - PASQUIER, 1992, Anm. 35 auf S. 103f. nennt folgende, alle in Venedig erschienenen Ausgaben mit Übernahmen oder Nachahmungen von Holzschnitten aus ▶VP 1502: ▶VP 1519 (mit 178 Holzschnitten), ▶VP 1522A (170), ▶VP 1532A (115), ▶VP 1534A (14), ▶VP 1536B (115), ▶VP 1542A, ▶VP 1543C (113), ▶VP 1552A (120), ▶VP 1558A (36), ▶VP 1562A und ▶VP 1586B (s. jeweils dort).

VP 1502 Eine bisher fast unbekannte (doch vgl. SCHNEIDER, 1983, 226f.) Übernahme-Variante stellt die Benutzung der Holzschnitte aus dem Grüningerschen Vergil ▶VP 1502 in einer deutschen **Livius-Übersetzung** dar, die in demselben Verlag in Straßburg am 23. März **1507** erschienen ist. (Die Übersetzung stammt laut SCHNEIDER, 1983, 227 von Bernhard SCHÖFFERLIN und Ivo WITTIG, Mainz 1505.) Ich habe diese „Römische history uß T. Livio, gedruckt und vollendet … Straßburg durch sunderlichen fleiß Joannis Grüninger" in dem BSB-Exemplar Res/2 A.lat.a. 459 einsehen können (346 römisch gezählte Blätter). Unter die dortigen Holzschnitte, die direkt auf den Livius-Text bezogen sind, ist eine große Zahl von Holzschnitten eingemischt, die aus ▶VP 1502 stammen und auf denen die Namensbeischriften meist, allerdings oft in beschädigter Form (von ENEAS ist meist nur E.E.S zu lesen) erhalten sind. Natürlich ist es sachlich ausgeschlossen, dass diese Aen.-Holzschnitte bruchlos zur Frühgeschichte Roms bis hin zur Mitte des 2. Jhs. v. Chr. passen. Aber eine rein willkürliche Zuordnung der Aen.-Illustrationen zu einzelnen von Livius dargestellten Szenen der römischen Geschichte liegt nicht vor. Der Kompilator hat in den meisten Fällen unverkennbar an ein gemeinsames Motiv (etwa: Bestürmung einer Stadt; Seefahrt) angeknüpft. Das bedürfte allerdings einer genaueren Analyse. - Nach meiner Identifizierung und Zählung enthält die Livius-Übersetzung von 1507 insgesamt 53 aus ▶VP 1502 übernommene Holzschnitte und 124 andere, zusammen also 177. (Abweichend SCHNEIDER, 1983, 227: etwa 50 aus ▶VP 1502, insgesamt 254 Illustrationen, davon nur 39 neu geschnitten; RITTER, 1955: nur 114 verschiedene unter den insgesamt 254 Holzschnitten, davon 64 aus ▶VP 1502.)

Folgende Holzschnitte aus ▶VP 1502 sind übernommen: Pict. 052 (doch nur die untere Hälfte mit den Schiffen: p. CCCXXX[R]), Pict. 058 (p. XXXIIII[R], p. CCXXV[V]), 067 (p. CI[R], p. CLXXI[R]), 069 (p. LII[V]), 075 (p. LXXXI[R]), 077 (p. CCLXXI[V]), Pict. 081 (p. LXXXIX[R]), 083 (p. CCXII[V]), 084 (p. CXLVI[V], p. CLXXXII[R], p. CC[R]), 089 (p. XCVIII[R]), 096 (p. CXLI[V]), 099 (p. CXLIIII[V]), 101 (p. CXLV[R]), Pict. 103 (p. CCXXXIX[R]), 104 (p. CLV[V]), 108 (p. XVI[R]), 112 (p. XI[R], als eine Art Titelbild zu Beginn der Vorrede des Livius), 122 (p. LXI[V]), 124 (p. CXXXVII[V]), 129 (p. CLX[V]), 136 (p. LXVL[R], p. CXLVI[V]), 144 (p. CCLIX[R]), 149 (p. LXXXVIII[V], p. CXXIIII[R]), 150 (p. CXXI[V], p. CCXCV[V], p. CCCXLIII[R]), 151 (p. LXXXIII[R]), 152 (p. XLI[R]), 155 (p. LXIX[R], p. XCV[R], p. CCXXXVII[R]), 156 (p. CLXXXVI[V], p. CCLV[V], p.

CCLXVIII^R), 165 (p. CXVIII^R), 172 (p. XLIII^v, p. CLXIIII^R, p. CCCXXVII^v), 173 (p. CXCVI^R), 175 (p. CXXVII^R), 181 (p. CLXXIII^R), 184 (p. CXI^R), 185 (p. CCCXVIII^v), 190 (p. XCII^R), 191 (p. CXL^R, p. CCXCVIII^v), 192 (p. CCLXXV^R). Wenn man die Dubletten oder Tripletten abrechnet, sind 38 verschiedene Holzschnitte aus ▶VP 1502 (insgesamt 53mal) übernommen, auch solche zu Aen. XIII.

Auch in der ersten deutschen **Caesar-Übersetzung** (Julius der erst Römisch Keiser von seinen kriegen, erstmals uß dem Latin in Tütsch bracht und nüw getruckt [von] Matthias RINGMANN Philesius, Straßburg, Johann Grüninger, 7.3. **1507**: BSB Res/2 A.lat.b. 59) ist aus ▶VP 1502 mindestens 1 Holzschnitt (Pict. 75) übernommen; weitere stehen denen in ▶VP 1502 stilistisch sehr nahe.

Eine außergewöhnliche Art der Rezeption der Buchillustrationen in ▶VP 1502 oder einer der späteren Wiederholungen stellt die Übertragung vieler dieser Bilder (doch nicht mehr zu Aen. X-XIII) auf farbige **Emailplatten in Limoges** um 1530 dar; vgl. dazu nach der bloßen Aufzählung von 55 Nummern bei PASQUIER, 1992, S. 103 Anm. 34, die auf einer Arbeit von 1912 fußt: Susan L. CAROSELLI, The painted enamels of Limoges. A catalogue of the collection of the Los Angeles County Museum of Art, Los Angeles 1993, darin auch, bes. S. 73-79, zu den im Museum vorhandenen Emaillen aus Limoges vom 'Master of the Aeneid', die 1525/30 nach den Holzschnitten in Straßburg 1502 entstanden seien; Susanne NETZER, Maleremails aus Limoges. Der Bestand des Berliner Kunstgewerbemuseums, Berlin 1999, bes. S. 52-55 und S. 70-73 im Zusammenhang mit den beiden nach Holzschnitten Straßburg 1502 gearbeiteten Emailtafeln des sog. Aeneas-Meisters, „tätig 1. Drittel 16. Jahrhundert", die das Berliner Museum besitzt, doch ergänzt durch eine instruktive Übersicht über sämtliche bezeugten Exemplare: von den 103 Holzschnitten für Aen. I-IX in ▶VP 1502 (d.h. von Pict. 51 - 153 der Zählung von PASQUIER, 1992, Nr. 1; mit dem Ende von Aen. IX brechen die Sujets der Emailplatten ab) lassen sich immerhin bisher 82 (1967 waren es erst 74) auf Emailplatten (vornehmlich im Metropolitan Museum New York, 14, und im Musée du Louvre, 11 Platten) nachweisen; Sophie BARATTE, Les émaux peints de Limoges, Paris 2000 = Musée du Louvre, Département des Objets d'Art, Catalogue, darin auch, bes. S. 56-62, zu den im Museum vorhandenen Emaillen aus Limoges vom 'Maître d'Énéide' the Aeneid', die ca. 1530 nach den Holzschnitten in Straßburg 1502 entstanden sind.

VP 1502 *Zugänglichkeit*: Viermal in der BSB vorhanden: Davon ist das wohl beste Exemplar (das u.a. auch die Pictura 56 mit Aeneas und Achates vor den Tempelbildern enthält), nämlich **BSB Res/2 A.lat.a. 292**, **vollständig digitalisiert** inklusive aller 212 Illustrationen als PDF-Datei; dieses Voll-Digitalisat ist auf **DVD 1** enthalten; außerdem auf DVD 1 zusätzlich ein Ordner, der alle Bilder als JPG-Datei bietet; vgl. ferner (alle drei in der Handbibliothek) BSB Res/2 A.lat.a. 292 a, BSB Res/2 A.lat.a. 293, BSB Res/2 A.lat.a. 293 m (mit 1 Beibd.; daraus ist das Haupttitelblatt fast ganz verloren).

Außerdem ist ein Exemplar der **BnF** digitalisiert im Internet (über http://gallica.bnf.fr, dort beim Recherche-Begriff „Virgile", nicht etwa „Vergilius") zugänglich. Leider werden dort die

Seiten jeweils zweimal geboten, ohne deutlich nach r(ecto) und v(erso) unterschieden zu sein; zwei offenbar nur im BnF-Exemplar vorhandene zusätzliche Holzschnitte (Pict. 145b und Pict. 161) auf Zusatzblättern ohne Text (die zwischen p. CCCXXV v und CCCXXVI r bzw. zwischen p. CCCLX v und CCCLXI r eingelegt sind) sind mit „NP" markiert; am Ende der Aeneis erscheinen (entsprechend der fehlerhaften Paginierung des Drucks) die digitalisierten Blätter CCCCVII und CCCCVIII je zweimal (d. h. die Signaturen CCCCVII und CCCCVIII kommen jeweils viermal vor, statt dass man z. B. CCCCVII-1 r oder CCCCVIII-2 v signiert hätte). –

VP 1502 Im Exemplar der UB München W 2 A.lat. 489 fehlt das Titelblatt; der Band beginnt mit dem ganzseitigen Haupttitel-Holzschnitt (Krönung des VIRGI-LIUS durch die Muse CALIOPE) auf dem Recto des (unpaginierten) ersten Blattes nach dem Titelblatt.

Übersicht über die Zahl der Holzschnitte in den Ausgaben des Zyklus Nr. 2

Die folgende (nicht erschöpfende) Tabelle verdanke ich Alexander Cyron. Sie verzeichnet die Anzahl der Holzschnitte, die in einem Dutzend späterer Ausgaben aus ►VP 1502 (Zyklus Nr. 2) übernommen sind. Für Einzelheiten vgl. die entsprechenden Lemmata im Katalog.

	VP 1502 Straßburg	VP 1510B Venedig	VP 1514A Venedig	VP 1515F Straßbg. Üb.	VP 1517 Lyon	VP 1519 Venedig	VP 1520C Venedig	VP 1529A Lyon	VP 1529D Paris Vidov.	VP 1529F Paris Übers.	VP 1536B Venedig	VP 1541B Venedig	VP 1552A Venedig
Aen. I	9	1	1	10	8	8	1	8	6	1	7	1	7
Aen. II	15	1	1	13	15	15	1	15	7	1	7		7
Aen. III	14	1	1	10	14	14	1	14	14	1	6	1	6
Aen. IV	12	1	1	10	12	12	1	12	6	1	6	1	6
Aen. V	11	1	1	8	11	11	1	11	10	1	6	1	6
Aen. VI	14	1	1	12	14	14	1	14	11	1	8	1	8
Aen. VII	11	1	1	10	11	11	1	11	10	1	6	1	6
Aen. VIII	9	1	1	8	9	9	1	10	6	1	5	1	5
Aen. IX	8	1	1	6	8	7	1	8	7	1	5	1	5
Aen. X	10	1	1	7	10	5	1	9	10	1	5	1	5
Aen. XI	12	1	1	7	12	3	1	11	12	1	4	1	4
Aen. XII	12	1	1	7	12	3	1	12	12	1	3	1	3
Aen. I-XII	137	12	12	108	136	112	12	135	111	11	68	11	68
Aen. XIII	6	1	1	4	6	3		6	9		2		2

VP 1503A   **Opera, Mailand 1503**

Opera. Mediolani, Jo. Aug. Scinzenzeler per fratres de Legnano, 1503.
Bibl.: MAMBELLI Nr. 100: "Al di sopra del titolo vi è una incisione su legno che rappresenta il poeta seduto in cattedra con a lato due saggi" mit Verweis auf Paul KRISTELLER, Die lombardische Graphik der Renaissance, Berlin 1909.

VP 1503B   **Opera, Straßburg ca. 1510? (1508? 1505? 1503?)**
                   Alternativansetzung zu. ▶VP 1510A.

VP 1504   **Opera, Mailand 1504**

Opera. Mediolani, apud Alexandrum Minutianum, 1504.
Bibl.: MAMBELLI Nr. 103 (Ø); New York 1930, Case 4, Nr. 38 („ornamental woodcut initials") = Princeton Item 36.

VP 1505A   **Opera, Straßburg ca. 1510? (1508? 1505? 1503?)**
                   Alternativansetzung zu ▶VP 1510A

VP 1505B   **Opera, Venedig: Aldus 1505**

Bucolica - Georgica - Aeneida. Venetiis, in aedibus. Aldi, 1505
Bibl.: MAMBELLI Nr. 106 ("Frontespizio con l'ancora"); CBItalV Nr. 21; London 1982, Nr. 56 ("the second Aldine Virgil"); BL; KALLENDORF, 1991, Nr. 45. – Diese zweite Aldina ist in Wahrheit nicht illustriert, denn der Anker auf der Titelseite ist das Druckerzeichen des Aldus Manutius, vgl. dazu ausführlich WOLKENHAUER, 2002 (s. ▶VP 1509C), 35-43. – Zum Text dieser Ald.'s. Matteo VENIER, Per una storia del testo di Virgilio nella prima età del libro di stampa (1469-1519), Udine 2001, 77, besonders 98f., u. ö. Auch die erste Aldina, Venetiis 1501, weist entweder gar keinen Buchschmuck aus (so das eine Exemplar BSB A.lat.a. 2240) oder aber nur in verschiedenen Farben ausgefüllte kleine Felder für die Initialen (so das andere Exemplar BSB L.impr.membr. 15).

VP 1505C   **Opera, Venedig: Pincius 1505**

Omnia opera cum figuris nuper additis et expositoribus Servio, Landino, Donato, Ant. Mancinello, Domitio ... Venetiis, a Philippo Pincio, 1505 [2°].
Bibl.: Bei MAMBELLI Nr. 104 als Ndr. der Edition der Opera Venetiis, Phil(ippus) Pincius, 1504 (Ø) bezeichnet ("ristampata dallo stesso nel 1505, ... con inc. su legno"); CBItalV Nr. 20 (Ø, trotz der Erwähnung von Illustr. im Titel; Exemplar der Bibl. Casanatense, Rom; der ICCU-Katalog Nr. 029147 notiert zu demselben Exemplar nur „Ill. sul front.", also □); KALLENDORF, 1991, Nr. 44 (ebenfalls auf dem Exemplar der Bibl. Casanatense fußend; aus der Kombination mit KALLENDORF, 1991, Nr. 43, der von MAMBELLI erwähnten Vorgänger-Ausgabe von 1504, geht hervor, dass die Ausgabe von Pincius Venedig 1504 noch keine Holzschnitte, sondern nur Holzschnitt-Initialien enthielt; die ‚figurae nuper additae' erscheinen also erstmals in ▶VP 1505C); fehlt bei PASQUIER, 1992. - Im KVK sehe ich weltweit nur ein einziges Exemplar in der UB Göttingen nachgewiesen (keines im ital. Verbundkatalog!). Von VENIER, 2001 (s.o. ▶VP 1505B), wird zwar ▶VP 1505B erwähnt, nicht aber ▶VP 1505C (oder eine andere von Pincius gedruckte Ausgabe nach 1491/92).

VP 1505C *Abb./Lit.*: Laut KALLENDORF, 1991, Nr. 44 sind enthalten „scenes for title page 2, Buc. 1, Georg. 4, Aen. 12, Liber XIII 1". Bei KALLENDORF, 1999, S. 159, wird als Plate 5 ein von „L" signierter Holzschnitt zu Aen. X (Götterversammlung) geboten. Dies ist für mich der einzige Anhaltspunkt für die Einordnung der Bilder dieser mir nicht zugänglichen Ausgabe, die die älteste venezianische und überhaupt ital. Vergil-Ausgabe mit Bildern darstellt. Der L-Holzschnitt zu Aen. X in ▶VP 1505C ist nämlich identisch mit dem in ▶VP 1507 (PASQUIER, 1992, Abb. 249) und dem entsprechenden in ▶VP 1510B (digitalisiert in BSB Res/2 A.lat.a. 297). Mithin ist ▶VP 1505C, gewiss nicht nur für das Bild für Aen. X, sondern generell für die Illustration, die Vorlage für ▶VP 1507 und ▶VP 1510B. ▶VP 1505C ist damit die erste venezianische Vergil-Ausgabe mit Holzschnitten. Der Monogrammist „L" geht von den Bildern in ▶VP 1502 aus, adaptiert sie aber in einer klassizistischen Weise. Dies ist die erste, antikisierende venezianische Variante bei der Rezeption der gotischen Holzschnitte in ▶VP 1502, der Zyklus Nr. 3. Auch ZABUGHIN, 1923 (▶VP 1502 *Speziallit.*), II 391 mit Anm. 168 (II 437f.) wertet ▶VP 1505C (ebenfalls auf dem Exemplar der Bibl. Canatense fußend) als ersten Beleg dieser venezianischen Adaption (die er merkwürdiger und unzutreffender Weise „la seconda serie" nennt). Da ich aber nur erst für die offensichtlich von ▶VP 1505C abhängigen Ausgaben ▶VP 1507 und ▶VP 1510B Autopsie besitze, verweise ich für die Charakterisierung dieser ersten venezianischen Adaption von ▶VP 1502, die ich die "humanistische" nennen möchte (Zyklus Nr. 3), grundsätzlich auf die Besprechung von ▶VP 1507.

Vorverwiesen sei hier bereits auf den zweiten venezianischen Zyklus (Nr. 6), der - wie der von ▶VP 1505C begründete erste venezianische Zyklus (Nr. 3) - von ▶VP 1502 abhängig ist, ihn aber in anderer Weise als der erste (▶VP 1505C - ▶VP 1507 - ▶VP 1510B) rezipiert. Er ist seit ▶VP 1519 (vielleicht schon zuvor in ▶VP 1515D, s. dort) und bis ▶VP 1586B belegt. In diesem zweiten venezianischen Zyklus, dem „Giunta-Zyklus", ist die spätgotische Welt der Vorlage von ▶VP 1502 beibehalten und nicht, wie in dem ersten venezianischen Zyklus, in humanistischer Rezeption antikisierend umgeformt; s. dazu ▶VP 1519. -

Merkwürdig ist, dass Ausgaben beider venezianischer Zyklen, sowohl des ersten antikisierenden, als auch des zweiten spätgotischen Typs, Holzschnitte mit dem Monogramm L aufweisen. Solche L-Signaturen sehe ich nämlich belegt in ▶VP 1505C, ▶VP 1508B, ▶VP 1510B, ▶VP 1514A (alle zu Zyklus Nr. 3 oder seiner Variante gehörig), (▶VP 1515D), (alle folgenden Ausgaben gehören zum Zyklus Nr. 6) ▶VP 1519, ▶VP 1532A, ▶VP 1534A, ▶VP 1536B, ▶VP 1542A, ▶VP 1543C und ▶VP 1552A.

VP 1505C KALLENDORF, 1999, 158 Anm. 40 verweist zur allgemeinen Information zu den frühen ital. illustrierten Vergil-Ausgaben auf Victor (MASSENA) Prince D'ESSLING (DUC) DE RIVOLI, (Études sur l'art de la gravure sur bois à Venise:) Les Livres à figures vénitiens de la fin du XVe siècle et du commencement du XVIe …, 3 Teile in 4 Vol., Florence/Paris 1907-1914 (selbst der Ndr. Torino

1967, mit vielen Abb., ist laut KVK nur einmal in Deutschland vorhanden); Max
SANDER, Le Livre à figures italien depuis 1467 jusqu'à 1530. Essai de sa
bibliogaphie et son histoire, 4 Vol. [in 6 Teilen, dazu ein Suppl.-Bd. von Carlo
Enrico RAVA, 1969], Milano 1942 (s. auch ▶VP 1507); Arthur M. HIND, An
introduction to a history of the woodcut, 2 Vol., New York 1963.

VP 1507   ■ **Opera, Venedig 1507 ("Egnatiana")**
Bucolica, Georgica, Aeneis cum Servii commentariis ... Sequitur Probi ... in
Bucolica et Georgica commentariolus non ante impressus. Ad hos Donati fragmenta, Christophori Landini et Antonii Mancinelli commentarii. Venetiis, Ber-
nardinus Stagninus impensam fecit, Ioannes Baptista Egnatius emendavit, 1507
[4°].

Bibl.: MAMBELLI Nr. 110; New York 1930 = Princeton Item 38 ("many
woodcuts"); FAGIOLO, Rom 1981, Nr. 11; CBItalV Nr. 22; Napoli 1981, Nr. 89;
KALLENDORF, 1991, Nr. 46; PASQUIER, 1992, Nr. 16. - Enthalten ist in dieser
‚Egnatiana' die berühmte Erstausgabe des Probus-Kommentars.

Lit.: MAMBELLI Nr. 110: "Al di sotto del titolo, nella I carta una incisione
raffigura Virgilio, tra Mecenate e Pollione, che offre l'Eneide a Ottaviano. ... In
questa edizione rara, adorna di 17 belle incisioni su legno attribuite a Zoan Andrea Vavassore ..."; mit Hinweis auf M. SANDER: Les livres à figure vénitiens,
Vol. 2, Nr. 7652 [ein von mir nach KVK nicht verifizierbares Buch; vermutlich
Verwechslung mit SANDER, 1942, s. gleich, oder eher mit PRINCE D'ESSLING,
Les Livres à figures vénitiens ... (▶VP 1505C), 1907-1914]. - Napoli 1981, Nr.
89: "Si devono a Giovanni Andrea Vavassore, il 'Guadagnino', le vignette
silografate che illustrano il testo e che furono ristampate nell'edizione di Giorgio
de' Rusconi nel 1520" [= Venedig ▶VP 1520C]. - PASQUIER, 1992, Nr. 16: 18
Holzschnitte (1 Titel, 1 ecl., 4 georg., 12 Aen.), alle beschrieben, 11 Abb. (davon 6 zur Aen.); auch PASQUIER, 1992, S. 104 Anm. 36 referiert die Zuweisung
an Giovanni Andrea Vavassore, beruft sich dabei aber auf Max SANDER, Le
livre à figures italien depuis 1467 jusqu'à 1530. Essai de sa bibliographie et de
son histoire, Milan 1969; das ist jedoch nur ein Supplement-Bd. [7; von Carlo
Enrico RAVA] zu der von PASQUIER, 1992, S. 314 gebotenen Originalausgabe
Milan 1943 [so Faszikel 4 mit der Préface; die übrigen 3 Bände Bibliographie
und der Tafelband in 2 Teilen sind Milan 1942 erschienen]; davon gibt es moderne Reprints: Nendeln/Liechtenstein 1969 und Lodi 1996 (vgl. schon zu ▶VP
1505C ganz am Ende). - Nur zu dem von der Egnatiana gebotenen Text, nicht zu
den enthaltenen Illustrationen vgl. VENIER, 2001 (▶VP 1505B), 99-102, auch
106-109.

VP 1507   *Beschreibung*: Titelholzschnitt (5,6 x 8,3): Im Münchener Exemplar
kniet VIRGILIUS li. vor dem in der Mitte thronenden OCTAVIANUS, um ihm ein
Buch, die AENEIDOS, zu überreichen; ganz li. steht MECENAS mit der Beischrift
GEORGICA, auf der r. Seite POLIO mit der Beischrift BUCOLI (diese Konfiguration, mit dem namentlich bezeichneten Pollio nebst Bucolica, findet sich auch in

späteren Übernahmen des Bildes, so in Opera, Venedig ▶1508B, Abb. davon bei Wolfenbüttel 1982, S. 58). Vgl. dazu auch SUERBAUM, 1984B, 36f..

Im Münchener Exemplar sind hinter dem Titelblatt zwei Faltblätter (die sonst nirgendwo erwähnt werden) offenbar sekundär eingebunden: (a) Gerahmtes Porträt-Medaillon (Umschrift: QUID PINGERE LAUDES) mit der Unterschrift *Petrus Victorius aet. suae. an. LXXXVII* (da der Humanist Pietro Vettori von 1499-1585 lebte, kann die Altersangabe nicht korrekt sein); (b) acht Münzbilder (von 4 Medaillen jeweils Verso und Recto) mit der Angabe *Romae ex Museo Victorio*. Das Recto zeigt jeweils nur leicht variiert *P. VICTORIUS* als älteren bärtigen Mann mit der Beischrift *Aet. suae LXXIX / LXXX / LXXX / LXXXI*. Der Terminus post quem ist also 1580. Das jeweilige Verso ist verschieden und bietet die Inschriften: (zu einem Zweig) LABOR OMNIA; (zur nach li. blickenden Athena) INVENTRIX OLEAE ET ALTRIX INGENIOR(UM); (zu Athena und Neptun) CONCEDAT LAUREA LINGUAE 1580; (zur nach r. blickenden Athena) SI MIHI SUSCEPTRUM.

Die kleinen Holzschnitte im Text (je 1 zu den gesamten Buc., den 4 Büchern der georg. und den 12 Büchern der Aen., insgesamt 17) sind fast quadratisch (5,7 x 5,8). Sie weisen im Münchener Exemplar keinerlei Beischriften auf. Das ist offenbar in dem Exemplar der Bibl. Angelica, aus dem die 11 Abb. bei PASQUIER, 1992, zu Nr. 16 stammen, anders. Unter diesen Bildern steht jeweils ein zweiteiliges lat. Argumentum: zunächst ein einzelner, das ganze Aen.-Buch charakterisierender Hexameter mit der Überschrift ADILON (was wohl ‚anonym' bedeuten soll), dann folgen mit der Zuschreibung an MODESTINUS IURISCONSULTUS weitere 10 Hexameter, die spätantiken Decasticha (Anth. Lat. 1 R. und SH.B). Als Autor dieser 1+10 Verse wird in der handschriftlichen Überlieferung allgemein Ovid genannt. Die hier in ▶VP 1507 bezeugte, seitdem häufiger wiederholte (▶VP 1515E, ▶VP 1517, ▶VP 1520A, auch ▶VP 1612A) und von G. PESENTI, RFIC 47, 1919, 81-95 vertretene Zuschreibung an den Juristen Herennius Modestinus (3. Jh.) wird in gängigen Handbüchern wie Der Neue Pauly 8, 2000, s.v. Modestinus, HLL 4, 1997, § 427 oder auch RE VIII 1, 1913, 669 s.v. Herennius Nr. 31 Modestinus, nicht erwähnt.

VP 1507 Die Holzschnitte zur Aen. zeigen folgende Sujets (die Identifizierungen der in den textlosen Bildern anonymen Personen stammen von mir).

Aen. I: Königin Juno li. mit König Aeolus r. vor einer Höhle (der Winde) stehend, li. hinten ein Schiff im Sturm (2 blasende Winde). – Fälschlich hält ZABUGHIN, 1923 (▶VP 1502 *Speziallit.*), II 438 (Anm. 168), der die Beziehung auf ▶VP 1502 Pict. 52 nicht sieht, das Paar für Venus und Aeneas. - Vgl. ▶VP 1502 Pict. 52.

Aen. II: Bankett bei Dido: Aeneas li. erzählt, auf einem Podest hockend, vor Dido r., die ihm in gleicher Haltung gegenüber hockt; um Aeneas stehen zwei Männer, hinter Dido drei Frauen. (Vor dem Podium bellt hier, anders als später in ▶VP 1510B, noch kein Hund.) - Keine Entsprechung in ▶VP 1502. - Dass die Erzählsituation für Aen. II-III dargestellt ist, ist ein ungewöhnliches Bild-Sujet; ausgesprochen einfache, fast schon antikisch wirkende Stilisierung.

Aen. III: Abfahrt von Troja: Vor dem brennenden Troja schickt sich eine Gruppe von fünf Personen an, über eine Planke ein abfahrtsbereites Schiff r. zu besteigen. - Vgl. ▶VP 1502 Pict. 75.

Aen. IV: BILD 5. Li. eine auf einem Stuhl sitzende Königin, r. ein erhöht thronender und sprechender König (offenbar Dido und Aeneas); im Hintergrund fünf Personen, darunter in der Mitte ein barhäuptiger Mann in Harnisch. r. ein Kind (Ascanius?). - Keine Entsprechung in ▶VP 1502. – Dargestellt werden soll offenbar, unter Rückgriff auf das Ende von Aen. III, noch immer die Sprechsituation vor Dido in der Aen. II-III, wo Aeneas die Eroberung Trojas und seine Irrfahrten erzählt (oder jetzt: erzählt hat). Die Bilder zu Aen. II und Aen. IV bilden den Rahmen dieser Erzählung und korrespondieren einander. Aen. IV ist aber keine Wiederholung, sondern eine Variation von Aen. II.

Aen. V: Zwei bemannte Schiffe mit geblähten Segeln auf dem Meer nach r. segelnd, im linken ist ein König (Aeneas) an Bord. - Vgl. ▶VP 1502 Pict. 101. – Darstellt ist gewiss die Fahrt des Aeneas, wohl fort von Karthago; schwerlich, wie PASQUIER, 1992, Nr. 16 will, die Regatta bei den Gedächtnisspiele für Anchises auf Sizilien (denn dabei wird nicht gesegelt, sondern gerudert).

Aen. VI: Eine Menschengruppe li., darunter ein König (Aeneas) und ein Knabe (Ascanius), betrachtet bei einem am Ufer liegenden Schiff eine aus zwei Bildern gebildete Wand, neben der eine gekrönte Frau (die Sibylle) steht; auf der oberen dieser Darstellungen (am Apollo-Tempel von Cumae) stürzt sich ein König (= Aigeus von Athen, doch es gibt auch auf diesem Holzschnitt keinerlei Beischriften) von einem Felsen auf ein Boot (seines Sohnes Theseus) hinab, auf dem unteren fliegt Daedalus über dem ins Meer stürzenden Icarus. - Vgl. ▶VP 1502 Pict. 112.

Aen. VII: Ein Schiff mit einem König an Bord (Aeneas) vor der Insel der li. oben spinnenden Circe, die neben einem Käfig mit einem Tier sitzt. - Vgl. dazu PASQUIER, 1992, S. 105, die ▶VP 1502 Pict. 126 vergleicht.

VP 1507 Aen. VIII: Aufmarsch eines Heeres mit einem Reiter ganz r. und mit zwei Musikanten (Trommler und Trompeter) li. an der Spitze vor einer Stadt (dargestellt sind die ersten Verse von Aen. VIII, die Stadt ist also die des Latinus, 'Laurentum'). – Verständnislos ZABUGHIN, II 438 (Anm. 168): „curiosi cavalieri armati alla medievale, reminiscenza della trad. popolaresca". - Vgl. ▶VP 1502 Pict. 137.

Aen. IX: Eine Gottheit (die Göttin Iris) in einer Wolke naht sich von li. einem knienden Mann (Turnus); im Hintergrund li. brennende Schiffe (Anspielung auf die Schiffsmetamorphose) und r. eine Festung (das Lager der Trojaner), die bestürmt wird. - Vgl. ▶VP 1502 Pict. 146.

Aen. X: Versammlung von 6 nackten Göttern in den Wolken (sitzend li. Juppiter, r. Juno; stehend von li. Venus, Mars, Mercurius und ganz r. offenbar Vulcanus). - Vgl. ▶VP 1502 Pict. 154.

Aen.XI: Eine Gruppe von fünf Kriegern (mit Aeneas an der Spitze) steht r. vor einem Siegesmal li. (Tropaion ob des Sieges über Mezentius). - Vgl. ▶VP 1502 Pict. 165.

Aen. XII. Vier Personen, von denen nur die zweite von r. keine Krone trägt, vor einer Stadt (von li.: Lavinia stehend; Latinus nach r. reitend; Turnus ohne Krone; Amata). - Vgl. ▶VP 1502 Pict. 177 (nur durch die dortigen Namensbeischriften sind die Personen auch hier in ▶VP 1507, einer seitenverkehrten Nachahmung, sicher zu identifizieren).

VP 1507 *Würdigung/Abhängigkeiten*: Dics ist der erste greifbare Beleg (nach dem praktisch unzugänglichen ▶VP 1505C) für die erste Venezianische Adaption (Zyklus Nr. 3) von ▶VP 1502. (ZABUGHIN, 1923, s. ▶VP 1502 *Speziallit.*, II 391 hält die Holzschnitte in ▶VP 1507 für Nachschnitte von ▶VP 1505C von anderer Hand; er weist auf kleine Abweichungen hin, die ich nicht nachprüfen kann.) Sie ist von dem Monogrammisten „L" geschaffen worden. Ich nenne sie den „humanistischen" venezianischen Holzschnitt-Zyklus. Er stellt eine drastische Verkleinerung, Vereinfachung und zahlenmäßige Reduzierung der Holzschnitte aus Straßburg ▶VP 1502 dar und wandelt dabei das gotische Ambiente von ▶VP 1502 in ein antikisierendes um. (ZABUGHIN II 391 will eine Verwandtschaft zu den Holzschnitten zur *Hypnerotomachia Poliphili* des Francesco Colonna von 1499 erkennen; dieses prachtvolle Buch ist vollständig digitalisiert zugänglich unter: http://mitpress.mit.edu/e-books/HP/hyp000.htm.) Außerdem sind die Namensbänder eliminiert, so dass die Personen anonym sind. Dadurch ist die Abhängigkeit der kleinen und wenigen Bilder in ▶VP 1507 von den großen und zahlreichen Holzschnitten in ▶VP 1502 auf den ersten Blick kaum erkennbar. Jedes Buch Vergils erhält in ▶VP 1507 bzw. ▶VP 1505C nur einen einzigen kleinen Auftakt-Holzschnitt. Dieser ist - mit Ausnahme von Aen. II und dessen Pendant Aen. IV - abhängig (teils sv., immer nur einige Elemente des Originals aufnehmend, also mit starker Reduktion) von dem jeweils ersten Holzschnitt zu dem jeweiligen Aen.-Buch, der sich in Straßburg ▶VP 1502 findet; s. bei der Beschreibung den Hinweis auf die entsprechende Pictura in ▶VP 1502. (Übrigens ist jener Künstler, wahrscheinlich I. Drapentier, der aus den 71 Kupferstichen zur Aeneis von Franz Cleyn in dem einflussreichen, zuerst ▶VP 1654A = ▶VP 1658A gedruckten Zyklus [Nr. 29] von Szenenbildern einen Zyklus von nur 12 Titelbildern, je eines zu den 12 Büchern der Aeneis, machte, in ▶VP 1675B = ▶VP 1684 genau so vorgegangen: er hat im Prinzip immer den jeweils ersten Kupferstiche als Titelbild des Buches ausgewählt.) Deshalb passen auch alle Bilder zum jeweiligen Aen.-Buch. Besonders deutlich ist die Abhängigkeit der Bilder in ▶VP 1507 von den Auftaktholzschnitten zu den einzelnen Aen.-Büchern in ▶VP 1502 für Aen. VI, VIII und XII. Für Aen. VI sind in ▶VP 1507 nur zwei der ursprünglich (in ▶VP 1502 Pict. 112) acht Bilder am Apollo-Tempel in Cumae ausgewählt; erst durch den Vergleich mit der Vorlage ▶VP 1502 lässt sich die herabstürzende Figur wegen der originalen Beischrift ATHENE als Theseus' Vater Aegeus identifizieren – im Text von Aen.

VI 20-23 werden weder Theseus noch gar Aegeus genannt; die Bild-im-Bild-Motive in ▶VP 1502 Pict. 112 sind weitgehend Hinzufügungen des gelehrten Sebastian Brant. In Aen. VIII weisen die Figuren der beiden Musiker auf ▶VP 1502 Pict. 137. Für Aen. XII lässt sich die Figuren-Konstellation von drei Stehenden und einem Reiter erst durch Rekurs auf die Vorlage ▶VP 1502 Pict. 177 und die dortigen Beischriften klären; es stellt sich heraus, dass die Anordnung in ▶VP 1507 gegenüber ▶VP 1502 seitenverkehrt ist. - Auffällig ist, dass der Holzschnitt zu Aen. IX Elemente von drei Szenen enthält und damit bereits zum Argumentum-Typus gehört. - Die Herkunft der beiden ‚neuen', dieselbe Situation variierend darstellenden Holzschnitte zu Aen. II und IV ist unklar. Das Bild zu Aen. II passt zum Text, der Rahmensituation für die Erzählung des Aeneas in Aen. II/III. Das ähnliche Bild zu Aen. IV dagegen, das dem König „Aeneas" eine überlegene Position gegenüber der Königin „Dido" zuweist, würde nicht einmal für Aen. III, geschweige denn für Aen. IV (wo es keine derartige Erzählsituation gibt) adäquat sein.

Diese „humanistische" erste venezianische Adaption von ▶VP 1502 (Zyklus Nr. 3) begründet, trotz dieser ikonographischen Abhängigkeit, einen neuen Illustrationstypus: den Zyklus von je einem Titelbild zu den 12 Aeneis-Büchern. Aus dem Szenenbild-Typus von ▶VP 1502 ist ein Titelbild-Typus entwickelt worden, wenn auch nur erst in der schematischen Weise, dass das jeweils erste Szenenbild in ▶VP 1502 als alleiniges Titelbild des betreffenden Aen.-Buches isoliert (man könnte auch sagen: erhöht) wird. Immerhin hat diese Art von Titelbildern, die man besser „Auftaktbilder" nennen sollte, den Vorteil, dass der Bezug des Bildes auf den Text klar bleibt: illustriert ist immer der Auftakt (in der Regel: die erste Szene) des Buches. Vgl. generell Kap. D 2 und vor allem den reichbebilderten Spezialaufsatz W. SUERBAUM, Titelbilder zu den Aeneis-Büchern vom Humanismus bis zum Neoklassizismus, 2007/08.

Man erkennt den reduzierenden und damit entgotisierenden, humanistischen Charakter dieses Zyklus Nr. 3, dessen erster greifbarer Vertreter ▶VP 1507 ist, am besten, wenn man ihn mit dem erstmals durch ▶VP 1519 bezeugten Zyklus Nr. 6 vergleicht, der das gotische Ambiente von ▶VP 1502 (Zyklus Nr. 2), das gemeinsame Vorbild für diese beiden venezianischen Adaptionen, zwar ebenfallls etwas reduziert, aber beibehält.

VP 1507 Spätere Übernahmen oder enge Nachahmungen dieser ersten venezianischen Adaption von ▶VP 1502, der „humanistischen" Variante (Zyklus Nr. 3), sind (immer, bis auf ▶VP 1515A, in Venedig erschienen): ▶1508B, ▶VP 1510B (dort ist aber der Holzschnitt in ▶VP 1507 zu Aen. IV nicht übernommen, sondern durch einen neuen ersetzt; es gibt auch zahlreiche weitere Abweichungen, so dass man von einer Variante der originalen Version sprechen muss), ▶VP 1514A, ▶VP 1515A (Mailand), ▶VP 1520C und ▶VP 1531. PASQUIER, 1992, S. 104 mit Anm. 36 zählt (auf RABB, 1960, s. *Lit.* zu ▶VP 1502, fußend) auch ▶VP 1540B (wozu auch ▶VP 1540C gehört) und ▶VP 1544 zu dieser venezianischen, durch ▶VP 1507 begründeten Tradition, doch zu Unrecht.

VP 1507 *Abb.*: Im Abb.-Teil bei PASQUIER, 1992: Abb. 298 (Frontispiz; allerdings wirkt die Figur rechts hier wie eine allegorische Gestalt: sie ist namenlos, nicht mit ‚Pollio' bezeichnet, und hält mit der einen Hand einen Blütenzweig empor; auch die Beischrift ‚Bucolica' fehlt); ferner Abb. 7 zu der einzigen Illustr. für die ecl., Abb. 58 zu georg. I, Abb. 79 zu georg. II, Abb. 87 zu georg. III; Abb. 119 zu Aen. I; Abb. 226 zu Aen. VII (ohne Namensbeischrift Circe); Abb. 231 zu Aen. VIII; Abb. 247 zu Aen. IX (Namensbeischrift TURNUS, vor Iris kniend, und noch einmal zu den Kriegern vor der Stadt TURNUS und MESSAPUS); Abb. 249 zu Aen. X; Abb. 265 zu Aen. XI (insgesamt also Abb. von 11 der 18 Holzschnitte). - Alle Namensbeischriften fehlen im Münchener Exemplar.

VP 1507 *Zugänglichkeit*: **BSB Res/4 A.lat.a. 658** ist **vollständig digitalisiert**; auf der **DVD 1** sind nur die 17 Holzschnitte enthalten.

VP 1508A **Opera, Straßburg ca. 1510? (1508? 1505? 1503?)**
Alternativansetzung zu ▶VP 1510A

VP 1508B ◻ **Opera, Venedig 1508**
Omnia opera diligenti castigatione exculta aptissimisque ornata figuris commentantibus Servio Donato Probo Dominio Landino Antonioque Mancinello ... Venetiis, per Bartolomeum de Zannis de Portesio, 1508 [4°].
Bibl.: MAMBELLI Nr. 113; CBItalV Nr. 23; Wolfenbüttel 1982, D 6; KALLENDORF, 1991, Nr. 47 (20 Holzschnitte; richtig, da außer der Standard-Verteilung 1 buc., 4 georg. und 12 Aen. hier auf der Titelseite 2 Holzschnitte geboten werden und 1 weiterer zu Aen. XIII); PASQUIER, 1992, Nr. 17 (18 Holzschnitte, fast alle mit dem Monogramm L signiert).
Lit.: MAMBELLI Nr. 113: "A c. 1, sotto al titolo, vi sono due incisioni: la prima raffigura Ottaviano seduto al quale Virgilio presenta l'Eneide alla presenza di Mecenate e Pollione: nella seconda figurano sei personaggi: Servio, Donato, Probo, Domizio, Landino e Mancinelli che scrivono chinati su tre leggii. ... Il volume contiene 18 incisioni su legno (segnate quasi tutte col monogramma L), una per ciascun libro, di un disegno discreto ma di fattura poco curata." - Wolfenbüttel 1982, D 6: "20 Holzschnitte. Initialen (weißer Körper mit Ornamenten auf schwarzem Grund). Unter dem Titel 2 übereinandergesetzte Holzschnitte (oben: der lorbeerbekränzte Virgilius überreicht kniend dem thronenden Octavianus die Aeneis, links und rechts neben Octavian Maecenas und Pollio; unten: die 6 Kommentatoren Servius, Donatus, Probus, Domitius, Landinus, Mancinellus an Schreibpulten sitzend; beide Holzschnitte mit Monogramm L); weitere Holzschnitte jeweils zu Beginn der Bucolica, der einzelnen Bücher der Georgica und Aeneis sowie des Aeneissupplementes des Maphaeus (von den Holzschnitten der Egnatiana, Venedig ▶VP 1507 inspiriert; fast alle mit dem Monogramm L)." Wolfenbüttel verweist u.a. auf Prince D'ESSLING, (▶VP 1505C) 1907, Tom. I 1, 1907. 62-64 mit Abb. des Titelblattes und der Schnitte

zu georg. I und Aen. X und auf M. SANDERS [vielmehr: Max SANDER; s. ▶VP 1505C am Ende und ▶VP 1507 *Lit.*], Le livre à figures italien depuis 1467 jusqu'à 1550, T. III, Mailand 1949 [vielmehr 1942], 1315 (Nr. 7653). *Abhängigkeiten*: Vorlage ist Venedig (Stagnino) ▶VP 1507 (Zyklus Nr. 3); Ndr. ▶VP 1510B = MAMBELLI Nr. 117; Ndr. ▶VP 1514A = MAMBELLI Nr. 125. – Zu den auch in ▶VP 1508B belegten L-Signaturen s. ▶VP 1505C.

Abb.: der beiden übereinandergesetzten Holzschnitte auf dem Titelblatt Wolfenbüttel 1982, S. 58; ebenfalls in EV 5.2, 1991, 103. - Vgl. auch oben zu ▶VP 1517. - Keine Abb. im Abb.-Teil bei PASQUIER, 1992.

$\boxed{\text{VP 1508B}}$ *Zugänglichkeit*: Nicht ▶VP 1508B ist in der BSB vorhanden, wohl aber deren (vermutlicher) Nachdruck Venedig ▶VP 1510B mit Digitalisaten aus $\boxed{\text{BSB Res/2 A.lat.a. 297}}$, s. dort.

VP 1509A ? **Opera ?, Paris 1509**
[Opera?], Parisis, de Marnef, 1509 [16°]
Bibl.: MAMBELLI Nr. 115 (nur in einem Katalog von 1808 erwähnt, das Buch als solches ist nicht nachgewiesen; "con incisioni su legno").

VP 1509B **Aeneis, Straßburg 1509**
Aeneis cum familiari expositione. (Argentinae), Johannes Knoblouch, 1509 [4°].
Bibl.: MAMBELLI Nr. 114 ("di carte 390 n. di testo e 5 per le tavole"); Perugia 1980, Nr. 22 (Ø); Straßburg 1981, Nr. 42; Wolfenbüttel 1982, D 119 (Ø). - Das Vorwort stammt von Io. Schotus Argen. - Zum Verleger Johann Knobloch vgl. Anja WOLKENHAUER, Zu schwer für Apoll. Die Antike in humanistischen Druckerzeichen des 16. Jahrhunderts, Wiesbaden 2002, 250f.
Zugänglichkeit: Mehrere in München vorhandene Exemplare (u.a. UB München W 4 A.lat. 508) und auch das der BN Strasbourg enthalten keine Illustrationen.

VP 1509C **+ Aeneis I, Münster 1509**
Eneidos liber primus cum argumentis ... Augustini Vincentii CAMINADI in margine annotatis. In praeclara urbe Monasteriensi Vestphalie, Georgius Richolff, 1509.
Bibl.: Fehlt bei MAMBELLI; nur VD 16, Nr. V 1408 (TH).
Illustrierung: Auf der Titelseite eine rechteckig gerahmte Holzschnitt-Vignette (7,1 x 5,6), auf der ein Engel, der ein leeres Namensband hält, zur Hölle hinunterfliegt, in deren Flammen mehrere nackte Menschen stehen. (Offensichtlich keine textbezogene Illustration; vermutlich aus einem anderen Buch übernommen.)
Zugänglichkeit: BSB $\boxed{\text{A.lat.a. 2613 e}}$ (Kopie, kein Original), daraus ist die Titelseite digitalisiert; $\boxed{\text{DVD 1}}$.

VP 1509D ■ **franz. Übers. der Aeneis, Paris 1509**
Les Eneydes de Virgille. Translatez de latin en francois par messire OCTOVIAN DE SAINCT GELAIZ en son vivant euesque dangoulesme Reveues et cottez par maistre Iehan diury bacchelier en medecine. Paris, Anthoine Vérard, 1509 [2°].
Bibl.: MAMBELLI Nr. 1057 ("con parecchie incisioni su legno a pagina intera, di cui una sul verso del titolo. Marca tipografica di Antonio Verard, in fine. ... Nella Bibl. Nazionale di Parigi esiste un esemplare di questa edizione impresso su pergamena, con miniature"); PASQUIER, 1992, Nr. 2 ("fig. gr. sur b.

de pleine page, dont une sur le v° (= verso) du titre, marque de A. Verard à la fin" - offenbar nur eine Übersetzung von MAMBELLI Nr. 1057); Princeton Item 389 („woodcut frontispice"). - Vgl. auch (Hinweis bei MAMBELLI Nr. 1059 zur opera-Übers. Paris 1529): Joannes MOHR: Die Aeneisübersetzung von Octavien de Saint-Gelais, (Diss. Leipzig) Weida i. Th. 1911. - S. auch unten den Ndr. Paris 1514. - Auf dem Titelblatt von ▶VP 1509B lese ich als Verleger ‚Verad' statt, wie es richtig wäre, ‚Vérard'. Im Text des Kolophons auf der Schlussseite nennt sich der Verleger einmal ‚Verad' und einmal ‚Verard', auf der Umschrift der beigefügten prachtvollen Druckermarke steht ANTHOINE VERAD. – OCTOVI-AN DE SAINT-GELAIS lebte 1468-1502; seine postum publizierte Übersetzung ist, wie der Titel besagt, von Jean d'Ivry bearbeitet worden.

1509D *Lit.*: Thomas BRÜCKNER: Die erste französische Aeneis. Untersuchungen zu Octovien de Saint-Gelais' Übersetzung. Mit einer kritischen Edition des VI. Buches, Düsseldorf 1981, 395 S., Ill. Dort in der Bibliographie S. 269-286 Hinweise auf weitere philologisch orientierte Untersuchungen, so Margaret Allison COOPER, 1961; Elisabeth GÖTZ, 1957; Johannes MOHR, 1911; Christine SCOLLEN-JIMACK, 1982; vgl. dazu den Forschungsbericht S. 13-26. BRÜCKNER würdigt zwar ausführlich S. 80-93 die 13 Miniaturen (die alle abgebildet sind) der 1500 datierten „Widmungshandschrift" Fr. 861 der BnF dieser Übersetzung (erwähnt bei PASQUIER, 1992, S. 19) - in den drei anderen erhaltenen Handschriften ist zwar Raum für Miniaturen gelassen, sie sind aber nicht ausgeführt -, nicht aber die Holzschnitte der Drucke. (Das entspricht seinem Ziel, aufgrund des Handschriften-Befundes die ‚Korrekturen' des Jean d'Ivry zu erkennen und das Original wiederherzustellen.) Zu den einzelnen Druckausgaben gibt BRÜCK-NER in der Rubrik „Illustration" nur folgende Beschreibung:
(a) (S. 38) zu Paris ▶1509D: „11 ganzseitige Holzschnitte von Guillaume Le Rouge zu Beginn der Gesänge (außer Buch II, vgl. Blattzahlen), deren Bezug zur Aeneis zum Teil unklar bleibt. Einer der Holzschnitte wurde in den Druck von 1532 übernommen, s. unten S. 46, 49." - Keine Abb., doch s. zum Aen.-Titel des Drucks von 1532 (= 1509 zu Aen. IX).
(b) Paris ▶1514B wird nicht beschrieben, da zwar von MAMBELLI Nr. 1058 erwähnt, aber kein Exemplar nachzuweisen sei (Irrtum; s.u. ▶VP 1514B).
(c) (S. 42) zu Paris ▶1529F: „Der Aeneis-Text enthält zu Beginn jeden Gesangs (außer Buch XI und XII, vgl. unten Argumenta [S. 43: zu Aen. XI und XII fehlen auch französische Argumenta]) einen kleinen Holzschnitt; er gehört zu einer ganzen Serie von Vergil-Illustrationen, die sich zu Beginn des 16. Jahrhunderts in vielen Vergil-Ausgaben findet. Die Drucke von 1532 und 1540 bilden die ganze Serie ab (s. unten)."
(d) (S. 46ff) zu Paris ▶1532D: „Der Aeneis-Text enthält zahlreiche kleinformatige (ca. 75 x 55 mm) Holzschnitte zur Aeneis, die in vielen lateinischen Vergil-Ausgaben des beginnenden 16. Jahrhunderts zu finden sind, nachweislich in der Ausgabe von Poncet Le Preux (Paris 1529). Die Holzschnitte nennen lateinisch die Namen der dargestellten Figuren. Auf der Titelseite der Aeneis ist der gleiche Holzschnitt abgebildet, der sich in der Ausgabe von 1509 zu Beginn des IX.

Buches findet. Auf Bl. 1^v ist ein weiterer - im Druck von 1509 nicht vorhandener - Holzschnitt des gleichen Künstlers zu sehen. Laut Beschreibung der British Library auf dem uns zugesandten Mikrofilm der Ausgabe von 1532 sind die beiden letztgenannten Holzschnitte „printed from XVth century blocks made by Guillaume Le Rouge, and [were] used in various books published by A. Vérard" (ohne Titel und Jahr). Le Rouge dürfte demnach auch die anderen in der Ausgabe von 1509 verwandten Holzschnitte hergestellt haben." - Abb. des erwähnten großen Aeneis-Titelblatts = 1509 zu Aen. IX (vor den Mauern einer belagerten und bestürmten Stadt spricht ein König zu seinen Gefolgsleuten) bei BRÜCKNER S. 47. Abb. von Beispielen für einen kleinformatigen Holzschnitt zu Aen. VI bei BRÜCKNER S. 48 und S. 52 (dort 2).

(e) (S. 50) zu Paris ▶1540A: „Illustration: Wie 1532, hier aber zu Beginn der Aeneis (Bl. 1^r) größerer Holzschnitt, der den Übersetzer (?) bei der Arbeit darstellt." - Abb. dieses Titelblatts (Gelehrter/Mönch am Schreibpult) bei BRÜCKNER S. 51.

(f) Die Ausgabe Paris 1548 wird von BRÜCKNER nicht beschrieben, da zwar bei MAMBELLI Nr. 1059 erwähnt, aber kein Exemplar nachzuweisen sei.

VP 1509D   *Beschreibung*: Die ganzseitigen 11 Holzschnitte (23,4 x 14,0), jeweils (bis auf den ersten) Titelbilder zu einem Aen.-Buch, haben alle keinen eindeutigen Bezug zur Aen. Die bisher unerkannte Bedeutung und Herkunft der Hälfte der Bilder kann ich klären: sie stammen aus La Bible des poètes, Métamorphoses/Ovide, Paris, A. Vérard, s.a. (1498 ? - bei M. D. HENKEL, Illustrierte Ausgaben von Ovids Metamorphosen im XV., XVI. und XVII. Jahrhundert, Vorträge der Bibliothek Warburg 6, 1926/27, 48-144 mit 84 Abb. auf Tafeln, hier S. 64 wird diese oder eine ältere Inkunabel 1493 datiert; die Holzschnitte der ‚Bible des poètes' sind ihrerseits Nachahmungen der ältesten Metamorphosen-Illustrierung Bruges/Brügge, Colard Mansion, 1484). Die 32 Holzschnitte dieser Ausgabe von 1498? sind (unter Metamorphoses, Ovide, dort Nr. 9) digitalisiert bei der BnF (www.gallica.bnf.fr) zugänglich (dort Image 1-32); bei der BnF ist auch ▶VP 1509D selber komplett digitalisiert. Es handelt sich bei ▶VP 1509D um den in der Vergil-Illustrierung einmaligen, sonst aber Anfang des 16. Jhs. durchaus nicht ungewöhnlichen Fall, dass praktisch alle Holzschnitte zur Illustrierung eines Werkes weithin willkürlich aus einem anderen Werk, das in der Regel von demselben Verleger publiziert worden ist, übernommen werden. Es ist aufschlussreich, dass bei den späteren Drucken dieser französischen Übersetzung (seit 1529) die unpassenden Holzschnitte durch eine passende Serie ersetzt sind. - Auch wenn nur einige der Holzschnitte in ▶VP 1509D direkt aus der Ausgabe Ov. met. 1498 bei demselben Verleger stammen, ist die Ähnlichkeit auch der anderen Holzschnitte in ▶VP 1509D so groß, dass für sie die Herkunft aus einer ebenfalls Ende des 15. Jh. bei demselben Verleger A. Vérard erschienenen anderen Ausgabe zu vermuten ist. Nach Mary Beth WINN, Anthoine Vérard, Parisian publisher 1485-1512. Prologues, poems, and presentations, Genève 1997 (hier S. 92f. und 127f. zu ▶VP 1509D) hat Vérard allerdings

mehr als 280 Bücher publiziert. Ihr Buchschmuck ist nur unzureichend erschlossen. Unter den (nach meiner Zählung) 86 Abb., die WINN, 1997, ihrer Monographie beigibt (Liste S. 531-540) und die entsprechend ihrem Hauptthema vorwiegend Dedikations-Bilder darstellen, habe ich immerhin einen weiteren Holzschnitt entdecken können (Fig. 5.4a, S. 266, König CHARLES bei seinem Einzug in eine Stadt, zuerst in einem *Josephus* von 1492 gebraucht), der motivische Ähnlichkeiten mit denen zu Aen. VIII und IX in ▶VP 1509D aufweist. Das Prologbild in ▶VP 1509D hat am ehesten Ähnlichkeit mit den Dedikationsbildern des *Orose* (Fig. 4.1, S. 106) und des *Josephus* (Fig. 5.11a, S. 356), beide von 1492 (das zweite erneut benutzt für *Le Miroir historial* von 1495/96).
Die 11 Bilder in ▶VP 1509D haben folgende Sujets (mit Verweis auf ‚Images' in der durch die BnF digitalisierten Ausgabe von Ov. met., Paris 1498, s.o.):

VP 1509D (BSB-Digitalisat 00008): Nach dem Titel, vor dem Prolog: Ein König sitzt auf einem mit den Lilien von Frankreich geschmückten Thron unter einem Baldachin, li. und r. vor ihm stehen Männer, von denen aber keiner herausgehoben ist. Dieses Dedikationsbild hat eine nur vage (am ehesten strukturelle) Ähnlichkeit mit dem Dedikationsbild der oben erwähnten Widmungshandschrift Fr 861 der BnF (Abb. bei BRÜCKNER, 1981, S. 81). - Keine direkte Vorlage in der Ausgabe von Ov. met. 1498, nur verwandt mit Image 18 (das dort aber auch nicht recht zum Thema „Phaethon bittet seinen Vater Apollo um den Sonnenwagen" passt.

Aen. III (00051): Eine Frau zeigt Kriegern das abgeschlagene Haupt eines Mannes; oben r. in einem Turmgemach ist durch ein Fenster die Mordszene selber zu sehen: diese Frau schwingt das Schwert gegen einen im Bett liegenden Mann. - Das ist nicht Judith/Holofernes, sondern als Image 24 Scylla mit dem Kopf ihres Vaters Nisus (Ov. met. VIII).

Aen. IV (00069): Ein Herr (mit 2 Begleitern und einem Bewaffneten) steigt aus einem Boot an Land, wo ihm vor einem Stadttor eine Dame mit einer Begleiterin die Hand gibt. - Dies könnte eine Begrüßungsszene Dido-Aeneas sein, obwohl sie so nicht einmal Aen. I entspricht. Es stellt aber als Image 30 wohl die Landung des Glaucus bei Circe dar (Ov. met. XIV).

Aen. V (00088): Gewappneter König zu Ross an der Spitze eines Reiterheeres vor einer Stadt; im Hintergrund zwei unorganisch einmontierte Fenster mit je drei Zuschauern, je zwei weiblich (darunter eine gekrönte Frau), einer männlich. - Keine Entsprechung in der Ausgabe von Ov. met. 1498.

Aen. VI (00110): Ein zweifelsfrei zu erkennendes Motiv: Orpheus spielt in der Unterwelt vor einem dreiköpfigen Hund die Leier, ein Teufel führt ihm Eurydice zu; in einer Nebenszene wird Eurydice von einem Drachen (= Schlange) gebissen. - In der Tat ist es Image 26 zu Ov. met. X. - Wenn ▶VP 1509D für die Einlage dieses Holzschnittes überhaupt inhaltlich-rationale (und nicht willkürlich-ökonomische) Überlegungen maßgeblich waren, dann die Erwägung, dass sowohl der (von Vergil in georg. IV dargestellte) Orpheus-Mythos als auch Aen. VI mit der Katabasis des Aeneas weitgehend in der Unterwelt spielen. (Umgekehrt ist in der Ausgabe ▶VP

1566B eine Illustration zu Aen. VI mit Aen. und der Sibylle am Eingang zur Unterwelt als scheinbare Orpheus-und-Eurydice-Darstellung auch zu georg. IV benutzt worden.)

VP 1509D Aen. VII (00133):   Im Vordergrund eines prächtigen Innenraums steht eine Königin neben einer riesigen Spinne; im Hintergrund sitzt eine Frau mit einem Miniaturwebstuhl vor einem Bett, vor ihr steht eine alte Frau. - Das ist als Image 22 eine Illustration zur Verwandlung der Arachne, die Pallas Athene in der Webkunst herausgefordert hatte, durch die Göttin eine Spinne, in Ov. met. VI. Als Aen.-Illustration ist dies ein besonders unpassendes Bild.

Aen. VIII (00155): Kampf innerhalb einer gotischen Stadt; vorn r. ist eine Gruppe stehender Krieger um einen Fürsten geschart, auf dessen Waffenrock OLA (oder OIA) G?AI lesbar ist. - Es könnte sich ursprünglich um eine Darstellung der Eroberung Trojas handeln; in Aen. VIII erfolgt noch kein Angriff durch Turnus auf das Schiffslager der Trojaner. - Keine Entsprechung in der Ausgabe von Ov. met. 1498, doch ist der Krieger in Image 19 und Image 23 ganz ähnlich gestaltet wie 1509 der Fürst.

Aen. IX (00175): Vorn li. umsteht vor den Mauern einer Stadt eine Schar von Kriegern einen König; r. wird ein Angriff mit Leitern (und einer Kanone) auf die Stadt dargestellt. - Es könnte sich um ein Bild handeln, das ursprünglich seinem Thema nach direkt vor dem zu Aen. VIII anzusetzen wäre. - Keine Entsprechung in der Ausgabe von Ov. met. 1498.

Aen. X (00198): Drei ältere Personen sitzen auf einer Art Thron; vor den Stufen, auf denen Rüstungsteile liegen, stehen drei Männer, von denen einer einen Dolch gegen die eigene Brust richtet. - Das entspricht Image 29 zu Ov. met. XII, wo der Streit des Ajax mit Odysseus um die Waffen Achills vor den griechischen Fürsten dargestellt ist, bei dem Ajax Selbstmord begeht.

Aen. XI (00224): Wiederholung von Aen. VIII.

Aen. XII (00250): Im Vordergrund r. schwingt ein Ritter zu Fuß ein hocherhobenes Schwert gegen einen Drachen, offenbar auf einem Friedhof; hinter ihm Zuschauer auf den Balustraden eines Turms. Li. hilft ein Edelmann einer nackten jungen Frau, aus dem Badezuber zu steigen. Li. hinten drei Personen in der Stadt, r. hinten ein Paar offenbar auf dem Lande bei einem Baum mit drei Wappenschildern. - Keine Entsprechung in der Ausgabe von Ov. met. 1498, doch sind die Drachen auf Image 19, 23 und 27 ähnlich gestaltet.

Auf der Schlussseite (BSB-Digitalisat 00274) große Druckermarke des „ANTHOINE VERArD" (zu erkennen ist allerdings nur ANTHOINE VERAD A).

VP 1509D   *Zugänglichkeit*: **BSB ESlg/2 A.lat.a. 345** , das unpaginierte Buch ist in 280 Seiten-Images **vollständig digitalisiert.** **DVD 1**. Die 11 Holzschnitte befinden sich auf den Seiten-Images 8, 51, 69, 88, 110, 133, 155, 175, 198, 224 und 250. - Außerdem ist im Internet allgemein zugänglich das digitalisierte Exemplar der BnF (s.o. Rubrik *Beschreibung*).

VP 1510A   Opera, Straßburg ca. 1510? (1508? 1505? 1503?)

Manuale Vergilianum ... Bucolica Georgica et Aeneis Jodoci BADIIJ ASCENSIJ sententiarum dilucidatione inornata. Sine loco, sine anno (Argentorati, Grüninger?); kein Kolophon [1505? 1503? 1502? laut BSB-OPAC: "ca. 1510; Erscheinungsjahr geschätzt nach Angaben im KVK"; so auch BVB].

Bibl.: MAMBELLI Nr. 108 ("1505?"); New York 1930, Case 11, Nr. 121 (1508?; "Place of printing and date unknown, and probably not later than 1508") = Princeton Item 41 ("1508?"; Ø); Bamberg 1982, Nr. 12; London 1982, Nr. 71 (Sebastian Brant's Virgil: 2nd edition; 1503?). - Der KVK weist (unter dem singulären Titel ‚Manuale Vergilianum') Exemplare in der BSB (1510?) sowie (jeweils mit Hinweis auf Holzschnitte) in der BnF (nach BRUNET: Straßburg, Grüninger, 1503?), der BL/COPAC (ebenfalls 1503?) und im GBV (1503?) nach, ohne jedoch einen Ansatz auf 1510 zu erwähnen.

Lit.: MAMBELLI Nr. 108: "Incisioni su legno ... Al di sopra delle incisioni, nella pagina del frontespizio che contiene il titolo, si leggono questi due versi: *Subduxit morti vivax pictura Maronem/ et quem Parca tulit reddit imago virum.* ... È da notarsi la singolarità della iniziale posta al principio dell'Eneide: essa riproduce, come in una specie di rebus, l'emistichio *Arma virumque cano.* Altre due iniziali maiuscole dello stesso genere sono poste al principio delle ecl. e delle georg." - Bamberg 1982, Nr. 12: "Ein Holzschnitt auf dem Titelblatt und am Textbeginn von Georgica und Aeneis zeigt den Dichter in der Kleidung eines Gelehrten des frühen 16. Jh. und mit dem Dichterlorbeer bekränzt an einem gotischen Katheder. An seiner Seite widmen ihm ein Kriegsmann, ein Hirte und ein Bauer andächtige Aufmerksamkeit. Anders als in der Miniatur des Simone Martini da Siena (Kat. Nr. 5) steht Vergil in unmittelbarem (dozierendem) Kontakt zu seinem Publikum."

Beschreibung: Enthalten sind 4 Holzschnitte, davon 3 (Frontispiz, georg. I, Aen. I) identisch. Im Münchener Exemplar ist das Frontispiz (6,0 x 4,4), das unter dem von MAMBELLI zitierten Distichon und über der Überschrift VITAE THEORICAE PRACTICAE ET PHILARGICAE INTEGUMENTA steht, in ungewöhnlich geschmackvoller Weise fast vollkoloriert: VIRGILIUS r. an einem Katheder, vor ihm ein König oder Ritter, ein Bauer und ein Hirte (sozusagen Personifizierungen der *pascua, rura, duces*, die Vergil nach der Formulierung seines Grabepigramms besungen hat). Die Wiederholung dieses Holzschnittes vor georg. I ist nicht koloriert (ebenfalls nicht die Initiale QUID), die vor Aen. I ist wieder ganz koloriert, und zwar etwas anders als das Frontispiz. Nach dem aus 4 Hexametern bestehenden ‚Vorproömium' *Ille ego qui eqs.* wird, wie von MAMBELLI beschrieben, die ersten Hälfte von Aen. I 1 ARMA VIRUMQUE sowie (ausgeschrieben) CANO in Form einer Initiale geboten und dann mit TROIA QUI EQS. fortgefahren. Der Holzschnitt vor der 1. ecl., die ebenfalls mit einer kunstvollen Initiale TITVRE beginnt, zeigt (nur teilweise rot koloriert) AMARVLIS r. vor TITVRUS und MELIBEUS. - Mit dem zweimal wiederholten Frontispiz in ▶VP 1510A vergleichbar ist die verwandte Konzeption des farbigen Frontispizes, das Simone Martini zwischen 1338 und 1344 für den Servius-Kommentar im Besitze Petrarcas (den Vergilius Ambrosianus) gemalt hat, vgl. dazu Joel BRINK, Simone Martini, Francesco Petrarca and the humanistic program of the Virgil frontispice, Mediaevalia 3, 1977, 83-117. BRINK kennt ▶VP 1510A nicht. Vgl. auch noch Margaret A. McMahan FLANSBURG, Landscape imagery in Petrarch's *Canzoniere*: development and characterization ot the imagery and an illustration in the Virgil frontispiece by Simone Martini, Diss. Univ. of Oklahoma 1986, 36-55; außerdem SUERBAUM, 1984B, 36.

Abb.: Bamberg 1982, Abb. 5 (zur Katalog-Nr. 12).

Zugänglichkeit: BSB ESlg/A.lat.a. 2135 , daraus digitalisiert die 4 Einzelseiten mit Holzschnitten. DVD 1.

VP 1510B   ◻ Opera, Venedig 1510

Omnia opera diligenti castigatione exculta aptissimisque ornata figuris commentantibus Servio Donato Probo Dominio Landino Antonioque Mancinello ..., Venetiis, per Bartolomeum de Zannis de Portesio, 1510 [2°].

Bibl.: MAMBELLI Nr. 117 (Ndr. von ▶VP 1508B = MAMBELLI Nr. 113; erneut ▶VP 1514 = MAMBELLI Nr. 125; ohne ausdrücklichen Hinweis auf Illustr., doch siehe eben MAMBELLI Nr. 113); New York 1930 ("woodcuts") = Princeton Item 43, mit Hinweis auf die (beiden) „woodcuts on tile-page" und weitere „illus."; R. MORTIMER, Harvard College Library. Department of printing and graphic arts. Catalogue of books and manuscripts, Part II: Italian 16th century books, Vol 2, Cambridge Mass. 1974, Nr. 524 (mit ausführlicher Beschreibung und 3 Abb., doch nicht zur Aen.); KALLENDORF, 1991, Nr. 48.

Lit.: MORTIMER, 1974, Nr. 524: „Two woodcuts on the title-page, each measuring 92 x 136 mm. The upper one ... is signed "L". The lower block, here unsigned, represents the six commentators ... This is a standard block of commentators. The two figures in the center are inserted. The block appears in the Zanni Ovid of 1507 with an author in the center and the signature "L". ... Zanni's St. Bartholomew device ... on the verso of the title leaf. 18 woodcuts, 78 mm. square, one at the head of each book of the text. The blocks for the second and seventh books of the Aeneid are unsigned; the others are signed "L". These are the blocks cut for the Zanni edition of August 3, ▶1508B. ...The presentation cut and the text cuts are enlarged free copies of illustrations designed for Bernardino Stagnino's quarto edition of June 30, ▶VP 1507. ... The black ground and black detail are characteristic of Zanni's artist and were not in the 1507 blocks. A different subject was chosen for book 4 of the Aeneid. Copies of the Zanni blocks, slightly reduced, were used at Milan in ▶VP 1520A by Giovanni Angelo Scinzenzeler. The Milan cuts are the same in composition but differ in some details. Sander [M. SANDERS, Les livres à figures italien depuis 1467 jusqu'à 1550, T. III, Mailand 1949 (Ndr. Nendeln/Liechtenstein 1969)] (vol. 3, no. 7659) records copies of the Zanni cuts in a 1516 Milan edition by Gottardo da Ponte [= ▶VP 1516], without noting any relationship between the Ponte and Scinzenzeler blocks. There was another Zanni edition in 1514 [= ▶VP 1514A], and in 1519 Agostino de' Zanni printed for Luc' Antonio Giunta an edition [= ▶VP 1519] containing Venetian copies of the famous Strasbourg illustrations [= ▶VP 1502]."

VP 1510B   *Beschreibung*: Grundsätzlich ist ▶VP 1507 das Vorbild (dieser ältere Vertreter des Zyklus Nr. 3 sollte in der Übersichts-Tabelle nach ▶VP 1502 unmittelbar vor und identisch mit ▶VP 1510B ergänzt werden); doch gibt es in ▶VP 1507 - anders als in ▶VP 1510B (und wohl auch schon in ▶VP 1508B) - keinerlei Beischriften. - Auf dem oberen der beiden Titelholzschnitte (je 9,0 x 13,7; eine für ▶VP 1508B bezeugte Signatur L fehlt in ▶VP 1510B für den unteren Holzschnitt) sind folgende Beischriften zu lesen: GEORGICA, VIRGILIUS (mit ENEIDA), MECENEAS, OCTAVIANUS, POLLIO, BUCOLICA. - Auf dem unteren Titelholzschnitt sind die sechs auf Kathedern sitzenden Kommentatoren durch Unterschrift bezeichnet als (von links) SERVIUS, DONATUS, PROBUS, DOMITIUS, LANDINUS, MANCINELLUS. - Auf dem Verso der Titelseite: Druckermarke S. BARTHOLOMEUS. - Zum eigentlichen Text kleine 8 x 8 cm große quadratische Holzschnitte zu Beginn der ecl. 1 und jedes Buches der georg. und der Aen. sowie ‚Aen. XIII', zusammen (1+4+12+1=) 18. Sie sind meist (nicht Aen. II, V, VII) mit L signiert. Zu den auch in ▶VP 1510B belegten L-Signaturen vgl. zu ▶VP 1505C.

| **VP 1510B** | Die Holzschnitte zur Aen. zeigen folgende Sujets (vgl. das |

eng nachgeahmte Vorbild ▶VP 1507, Zyklus Nr. 3):

Aen. I: IUNO li. und EOLUS r. vor einem Felsen mit personifizierten Winden r. (diese Windgötter sind gegenüber ▶VP 1597 nach r. versetzt); li. hinten Flotte im Seesturm.

Aen. II: Aeneas (li. offenbar mit Turban, während er in ▶VP 1507 barhäuptig war), auf einem Podium hockend, bei seiner Erzählung vor Dido r. in gleicher Haltung; um Aeneas und Dido stehen jeweils zwei weitere Personen (bei Dido nicht drei weitere Frauen, wie in ▶VP 1507; außerdem ist die Verteilung der Personen im Raum verändert); vor der Bank bellt li. ein (in ▶VP 1507 noch nicht vorhandener) Hund.

Aen. III: Vor dem brennenden TROIA will eine Gruppe von 5 Personen li., darunter ein einen Turban tragender König (Aeneas), ein Schiff r. besteigen. (In ▶VP 1507 sind alle Personen barhäuptig.)

Aen. IV: BILD 7. Zwei sitzende Frauen im Vordergrund r.; eine Gruppe von Menschen mit einem König in einer Wandelhalle r. dahinter; li. ein Schiff am Ufer (Dido und Anna; Aeneas vor der Abfahrt von Karthago). - Dies ist die einzige Neuerfindung gegenüber ▶VP 1507; sie ist eine freie Nachahmung und Vereinfachung von ▶VP 1502 Pict. 97 zu Aen. IV (oder allenfalls des dortigen ersten Holzschnittes zu Aen. IV, Pict. 89).

Aen. V: Zwei bemannte Schiffe mit geblähten Segeln auf dem Meer, auf dem li. ein König und fünf weitere Männer (Fahrt des Aeneas von Karthago nach Sizilien). (Recht enge Nachahmung von ▶VP 1507, obwohl sich dort nur 4 Männer auf dem li. Schiff befinden.)

Aen. VI: Eine Menschengruppe li. betrachtet bei einem li. am Ufer liegenden Schiff einen Tempel mit (nur) zwei Bildern r. (Aeneas vor dem Tempel von Cumae); auf dem oberen stürzt sich ein König auf ein Boot mit THESEUS, auf dem unteren fliegt ICARUS über DEDALUS (Aeneas - und auch die Sibylle - vor den Darstellungen am Apollo-Tempel von Cumae). (Gegenüber ▶VP 1507 sind der kleine Ascanius getilgt und die Positionen von Daedalus und Icarus vertauscht.)

Aen. VII: Ein Schiff mit einem König an Bord (Aeneas) vor der Insel der CIRCE r. (Recht enge Nachahmung von ▶VP 1507, doch ist der Käfig auf der Insel der Circe versetzt und ▶VP 1510B ein Schwein hinzugekommen.)

Aen. VIII: Aufmarsch eines Heeres, mit zwei Trompetern li. an der Spitze, vor
einer Stadt (dargestellt sind die ersten Verse von Aen. VIII, die Stadt ist
die des Latinus). (Manche Variationen gegenüber ▶VP 1507, wo es einen
Trommler statt eines Trompeters gibt und keine Fahnen.)

Aen. IX: Eine Gottheit in einer Wolke naht sich von li. einem r. knienden
Mann; im Hintergrund li. brennende Schiffe und r. eine bestürmte Festung
(Iris, Turnus, Schiffsmetamorphose). (Kleinere Variationen gegenüber
▶VP 1507.)

Aen. X: Versammlung von sechs nackten Göttern in den Wolken (von li.:
Juppiter, Venus, Juno, Vulcanus; in der 2. Reihe Hermes und Mars).
(Recht getreue Übernahme der Götterversammlung in ▶VP 1507.)

Aen. XI: Eine Gruppe von sechs Kriegern (mit Aeneas) steht li. vor einem
Siegesmal r. (Tropaion des Mezentius). (Das Siegesmal ist gegenüber
▶VP 1507 von li. nach r. versetzt, die Zahl der Personen erhöht.)

Aen. XII: Vier Menschen, alle gekrönt, vor einer Stadt (die Identifizierung ist
nicht sicher; doch da es sich um eine sv. Nachahmung der mit Namensbändern versehenen Pict. 177 in ▶VP 1502 handelt, ist anzunehmen: Lavinia ganz li., Latinus nach r. reitend, Turnus, Amata ganz r., vor Laurentum). (Recht enge Nachahmung von ▶VP 1507.)

VP 1510B *Abhängigkeiten:* Siehe die Angaben oben im Abschnitt *Lit.*
Es handelt sich hier in ▶VP 1510B - mit Ausnahme des Holzschnittes zu Aen.
IV - um vergrößerte und leicht variierte Übernahmen aus ▶VP 1507. Generell
sind die Holzschnitte in ▶VP 1510B reicher an Details sowie an Schraffuren
und wirken darum malerischer. Es gibt viele, aber kleinere Abänderungen gegenüber ▶VP 1507; so sind in ▶VP 1510B auch einige Namensbeischriften
eingefügt. Grundsätzlich sind die Bilder in ▶VP 1510B, wie gewiss auch schon
in ▶VP 1508B und wie sicher in der Vorlage ▶VP 1507 (eine Ausgabe, die
eine Wiederholung von ▶VP 1505C zu sein scheint) Vereinfachungen des
jeweils ersten Holzschnittes zu einem Aen.-Buch in ▶VP 1502. Sie gehören
also zum Titelbild-Typus (s. zu ▶VP 1507). - Das genaue Verhältnis von ▶VP
1510B zu ▶VP 1508B, vielleicht (aber wegen des laxen Sprachgebrauch für
„Ristampa" oder „Nachdruck" nicht sicher) der direkten Vorlage für ▶VP
1510, kann ich wegen fehlender Autopsie nicht bestimmen. - Mit ▶VP 1510B
identisch sind die Holzschnitte in ▶VP 1514A, doch fehlt dort auf dem Verso
des Titelblatts die große Druckermarke mit dem Apostel Bartholomeus.
Ebenfalls mit Venedig (▶VP 1508B =) ▶VP 1510B identisch ist offenbar
Mailand ▶VP 1515A. – ▶VP 1510B (und vielleicht schon ▶VP 1508) gehört
zu der von (▶VP 1505C =) ▶VP 1507 begründeten ersten venezianischen, der
"humanistischen" Adaption von ▶VP 1502 (dort jeweils des Auftakt-Holz-
schnitts der einzelnen Bücher); doch stellt ▶VP 1510B eine (sekundäre) Variante dieses Zyklus dar. Im originalen „humanistischen" venezianischen Titelbild-Zyklus, der durch ▶VP 1507 repräsentiert wird, ist das Bild zu Aen. IV
fast eine Dublette zu dem Bild zu Aen. II; beide zeigen Aeneas bei seiner Erzäh-

lung vor Dido (in der Rahmensituation für Aen. II/III), beide haben, anders als alle anderen 10 Holzschnitte zur Aen., kein Gegenstück in dem jeweiligen Auftaktholzschnitt zu den einzelnen Aen.-Büchern in ▶VP 1502. In der durch ▶VP 1510B repräsentierten jüngeren Variante ist ein neues Bild für Aen. IV eingeführt, das u.a. Dido und Anna vor der Abfahrt des Aeneas zeigt; es stellt einen Rückgriff auf ▶VP 1502 dar, und zwar mindestens auch auf den dortigen Auftaktholzschnitt zu Aen. IV (Pict. 89, noch näher steht allerdings Pict. 97).

VP 1510B   *Zugänglichkeit*: BSB Res/2 A.lat.a. 297 , daraus digitalisiert 20 Doppelseiten mit allen 21 Bildern. DVD 1 .

VP 1511   Opera, Mailand 1511

Ad studiosos. Habetis in hoc volumine Vergilii opera proxime Mediolani edita cum Servii Honorati commentariis … Apposuit quoque in suis locis Sulpitii VERULANI annotationes in sex priores Aeneidis libros … Mediolani, Leonardus Vegius, s. a. (1511) [2°].

Bibl.: MAMBELLI Nr. 119 (mit abweichendem Titel; "con piccole iniziali … Nella pagina del frontespizio illustratione con 2 putti che reggono una ghirlanda"). Das Datum 1511 ist aus dem Titel nicht ersichtlich (kein Kolophon), wird jedoch von MAMBELLI und auch handschriftlich im Münchener Exemplar geboten.

Beschreibung: Keine Illustrierung, nur Initialien (darunter eine größere zu Beginn der Vita: Dichter mit Buch). Das Frontispiz hat eine Rankenumrahmung, in die drei Medaillons eingelassen sind: (unten li.) ORPHEUS IN SILVIS; (unten r.) ARION IN (DE)LPHINAS; (oben r.) AMPHION MUROS THEBANOS LYRA CONSTRUXIT.

Zugänglichkeit: 3 Exemplare in der BSB: BSB Res/2 A.lat.a. 266 , daraus zwei Seiten, darunter das Frontispiz, digitalisiert; ferner BSB 2 A.lat.a. 298; BSB 2 A.lat.a. 299.

VP 1512A   + Opera, Paris 1512

Opera Vergiliana docte et familiariter exposita, docte quidem Bucolica et Georgica a Servio, Donato, Mancinello et Probo nuper addito cum adnotationibus Beroaldinis, Aeneis vero ab iisdem praeter Mancinellum et Probum et ab Augustino Datho in eius principio … Impressa sunt haec omnia rursus ab ipso Ascensio. In inclyta Parrhisiorum academia. Venundantur ab Ioanne Parvo sub Lilio Aureo et Leone Argenteo, 1512 [2°].

Bibl.: Titelaufnahme nach dem Münchener Exemplar; die Bibliographien führen, mit identischem Titel bis "impressa sunt", nur Venedig ▶VP 1512B (s. nächstes Lemma) an.

Beschreibung: Der Haupttitel und der Aen.-Sondertitel ist figürlich verziert, u.a. mit einem Medaillon (oben Mitte): schreibender Dichter mit Lorbeerkranz an drehbarem Schreibpult. Nähere Beschreibung zu Paris ▶VP 1515B.

Abhängigkeiten: Haupttitel und Aen.-Sondertitel sind wiederholt in ▶VP 1515B.

Zugänglichkeit: Aus BSB Res/2 A.lat.a. 300 sind Haupttitel und Aen.-Sondertitel digitalisiert; DVD 1 ; ebenso für ▶VP 1515B aus BSB Res/2 A.lat.a. 302 d (s.u.).

VP 1512B   Opera, Venedig 1512

Opera Vergiliana docte et familiariter exposita, docte quidem Bucolica et Georgica a Servio, Donato et Mancinello cum adnotationibus Beroaldinis, Aeneis vero ab iisdem praeter Mancinellum et ab Augustino Datho … Quae omnia impressa sunt Venetiis, per Georgium Arrivabenum, 1512 [2°, 2 Vol. in 1].

Bibl.: MAMBELLI Nr. 122; CBItalV Nr. 26 (Ø); FAGIOLO, Rom 1981, Nr. 12; Perugia 1980, Nr. 23; Napoli 1981, Nr. 63; Straßburg, 1981 Nr. 11; KALLENDORF, 1991, Nr. 53 (das benutzte Exemplar der BN Napoli weist je 1 Holzschnitt für buc. und Aen. auf, der Platz für einen weiteren für die georg. ist nicht gefüllt); PASQUIER, 1992, Nr. 18.

Lit.: MAMBELLI Nr. 122: "la prima (parte) ... con titolo in grosso gotico rosso e nero e due figure incise in legno, nel testo; la seconda ... con titoli a parte, in grosso carattere gotico, per l'Eneide, e una figura incisa a tratti su legno." - Napoli 1981, Nr. 63: "Sul frontespizio cornice a motivi geometrici; nel testo iniziali e due vignette silografate". - PASQUIER, 1992, Nr. 18 (offenbar nach MAMBELLI: 2 Holzschnitte im Text; hier ohne Beschreibung; doch Genaueres S. 106: "la seule illustration ... représente Didon accueillant Enée et Ilionée").

Beschreibung: Ich konnte ein Exemplar der BN Strasbourg einsehen (und habe danach im Titel die Verweise auf Probus gestrichen). Vol. I enthält je einen Holzschnitt (7,8 x 5) vor ecl. 1 und georg. I, Vol. II nur einen zu Aen. I: AENA und ILIONEO steigen über eine Planke aus einem Schiff; am Ufer begrüßt sie allein Dido – ein von ▶VP 1502 unabhängiges Bild.

VP 1512C ?   ◘? + **holländ. Version eines Volksbuches vom ‚Zauberer Virgilius', *Virgilius magus*, eine Art 'Vita Virgilii', (Antwerpen) 1512 --- Alternativansetzung (?)**

Virgili[us]. Van zijn leven, doot, ende vanden wonderlijcken wercke die hi dede by nigromancien, ende by dat behulve des duvels. (Antwerpen) 1512 [4°].

Bibl.: Die Angaben beruhen allein auf dem COPAC (BL), dort mit dem Hinweis „with woodcuts". Es scheint sich um eine alternative Ansetzung der Ausgabe sine anno ▶VP 1518B zu handeln, s. dort.

VP 1513   + **Opera, Caesaraugst 1513**

Omnia o[per]a ... maxima cura & diligentia impressa. Caesaraugustae, Georgius Coci Theutonicus 1513 [4°].

Bibl.: Die Angaben beruhen allein auf dem COPAC (BL), dort mit dem Hinweis „with a woodcut" (BL; dort auch als Mikrofilm).

VP 1514A   ◘ **Opera, Venedig 1514**

Omnia opera diligenti castigatione exculta aptissimisque ornata figuris ... (gleicher Titel wie ▶VP 1508B). Venetiis, per Bartholomeum de Zannis de Portesio, 1514 [2°].

Bibl.: MAMBELLI Nr. 125 (Ndr. von ▶VP 1508B = Nr. 113 und von ▶VP 1510B = Nr. 117, Ø für ▶VP 1514A, doch s. zu ▶VP 1508B und zu ▶VP 1510B sowie die Erwähnung von Illustr. im Titel); New York 1930, Case 19, Nr. 263 („numerous woodcuts and initials") = Princeton Item 48 (mit Hinweis nur auf die beiden Holzschnitte auf dem Frontispiz, nicht auch auf die Textillustrationen); KALLENDORF, 1991, Nr. 50 (2 Titel + 1 buc. + 4 georg. + 12 Aen. + 1 Aen. XIII).

Beschreibung/Abhängigkeiten: Die Illustrierung ist identisch mit der von (▶VP 1508B =) ▶VP 1510B, also eine Titelseite mit 2 Holzschnitten (je 9,0 x 13,7, ohne die Signatur L) übereinander (es fehlt aber die große Druckermarke auf dem Verso der Titelseite mit S. Bartholomeus), ferner im Text 18 kleine Holzschnitte (je 8 x 8 cm), meist mit L signiert. Es liegt also die sekundäre Variante (mit einem neuen Bild für Aen. IV) der ersten venezianischen, der „humanistischen" Adaption (Zyklus Nr. 3) von ▶VP 1502 vor, die sich auf die Auftaktbilder der einzelnen Bücher beschränkt. Vgl. die Übersichts-Tabelle nach ▶VP 1502

VP 1514A *Zugänglichkeit*: BSB Res/2 A.lat.a. 301, daraus digitalisiert 19 Doppelseiten mit allen Bildern; DVD 1; vgl. ferner die Digitalisate der identischen Illustrationen in ▶VP 1510B, BSB Res/2 A.lat.a. 297.

VP 1514B **franz. Übers. der Aeneis, Paris 1514**
Les Eneydes de Virgille, tanslatez de latin en françois par messir OCTAVIAN DE SAINCT GELAIZ ... Nouvellement imprimez a Paris, par Michel le noir, 1514 [2°].
Bibl.: MAMBELLI Nr. 1058 ("Ristampa dell'ed. precedente del 1509"; Ø); New York 1930, Case 9, Nr. 86 ("woodcut on t.-p.") = Princeton Item 48 ; nicht aufgeführt bei PASQUIER, 1992, zu Nr. 2. - Vgl. generell zur Originalausgabe Paris ▶VP 1509D.

VP 1515A ◻ + **Opera, Mailand 1515**
Bucolica, Georgica, Aeneis (Kolophon: et Iuvenilia) cum Servii commentariis accuratissime castigatis ... eiusdem vita per Tiberium Donatum edita, Philippi BEROALDI in Servium note. Ad hos Iac. CRUCII Bononiensis annotationes). Mediolanum, Io. Angelus Scinzenzeler (= Schinzenzeller), 1515.
Bibl.: Fehlt bei MAMBELLI (der jedoch praktisch denselben Titel als Nr. 120 mit der Datierung 1511 führt, Ø; Illustrationen - unklar, ob die bereits für ▶VP 1515A belegten - erwähnt MAMBELLI erst für seine Nr. 142 = Mailand ▶VP 1520A); fehlt auch in CBItalV und bei PASQUIER, 1992. - Vgl. auch Mailand ▶VP 1516 (ohne Illustr.) und besonders ▶VP 1520A (mit Illustr.).
Beschreibung/Abhängigkeiten: Die Ausgabe enthält 19 Holzschnitte: Frontispiz (der Autor zwischen seinen vier Kommentatoren: BEROALDUS, SERVIUS, VIRGILIUS, DONATUS, IA. CRUCIUS); je 1 Holzschnitt vor ecl. 1, vor jedem der 4 Bücher der georg. und der 12 Bücher der Aen. und vor dem *Maphei Vegii Liber Tertiusdecimus additus*. Bei den Aen.-Bildern herrscht deutlich die Tendenz vor, den Anfang des Buches zu illustrieren. Nur ganz sporadische Namensbeischriften. - Aus meinen provisorischen Aufzeichnungen geht hervor, dass das Bild zu Aen. IV ohne Namensbeischriften Dido und Anna am Ufer sitzend vor einem Schiff zeigt, mit Aeneas nebst Gefolge im Hintergrund in einer Halle. Diese Aufgabe der bisherigen weitgehenden Identität Aen. IV ≈ Aen. II ist das entscheidende Merkmal der seit ▶VP 1510B oder vielleicht schon ▶VP 1508 belegten sekundären Variante der ersten venezianischen, der „humanistischen" Adaption von ▶VP 1502, die sich auf die Auftaktbilder der einzelnen Bücher beschränkt. Die originale erste venezianische Version wird von (▶VP 1505C =) ▶VP 1507 (mit Aen. IV ≈ Aen. II: Aeneas vor Dido erzählend) repräsentiert. Sowohl bei der originalen wie bei der abgewandelten Form handelt es sich um Titelbilder zu den einzelnen Aen.-Büchern. Zur Beschreibung s. ▶VP 1510B.
VP 1515A *Zugänglichkeit*: BSB 4 Bibl. Mont. 445, doch ist das Buch, nachdem ich meine ersten Aufzeichnungen gemacht hatte, nicht mehr greifbar und nicht digitalisiert.

VP 1515B   **Opera, Paris 1515**

Opera Vergiliana docte et familiariter exposita, docte quidem Bucolica et Georgica a Servio, Donato, Mancinello et Probo superaddito cum adnotationibus Beroaldinis. Aeneis vero ab iisdem praeter Mancinellum et Probum et ab Augustino Datho in eius principio (Titel so weit identisch mit ▶VP 1512A) ... Venundantur a Francisco Regnault sub Signo divi Claudii. (Kolophon:) Impressa sunt haec omnia rursus ab ipso Ioanne Barbier in inclyta Parrhisiorum academia 1515 [2°]. Vor der Aeneis Sondertitel: Aeneis Vergiliana cum Servii ... commentariis ... Quae omnia rursus opera Ioannis Barbier coimpressa. Venundantur Parrhisiis ab optimo bibliopola Francisco Regnault (Kolophon) 1515.

Bibl.: MAMBELLI Nr. 1290 (Ø); New York 1930, Case 19, Nr. 264 (mit dem bloßen Titel: 'Vergilius cum commentariis et figuris'; "Title in red and black surrounded by woodcut border picturing ten classical authors. With the woodcuts that first appeared in the Grüninger edition printed at Strassburg in 1502") = Princeton Item 49, mit dem Hinweis „Title in read and black surrounded by illustrations, fine printer's mark"; Trier 1982, Nr. I 10 (S. 18). - Vielleicht bezieht sich New York/Princeton wegen der Erwähnung von 10 klassischen Autoren als Titeleinfassung und den Holzschnitten aus ▶VP 1502 doch auf eine andere Ausgabe als die in Trier und München vorhandene.

Beschreibung: Die Ausgabe hat (im Münchener Exemplar) nur zwei reich ausgeschmückte Frontispize und keine weiteren Holzschnitte. Der Haupttitel (27,4 x 16,5) zeigt im Zentrum die große Druckermarke des Verlegers FRANCOYS REGNAULT, den Buchstaben FR über einem Elefanten. In der figürlich-architektonischen Einfassung sind u.a. auf dem obersten Band in den Ecken zwei Kleriker oder Professoren mit einem Buch in der Hand und in der Mitte (in einem Tondo) ein Professor auf dem Katheder mit einem Buch auf einem Drehpult zu sehen, nicht aber die von New York (= Princeton) erwähnten 10 klassischen Autoren (für sie vgl. aber ▶VP 1522A). Dieser Schmuck hat offenbar nichts direkt mit Vergil zu tun. - Der Sondertitel zur Aen. ist ähnlich gestaltet, wieder mit der großen Druckermarke von FRANCOYS REGNAULT, aber mit veränderter und weniger reich gestalteter figürlich-architektonischer Umrahmung.

Abhängigkeiten: Haupt- und Aen.-Sondertitel sind Wiederholungen von ▶VP 1512A.

Abb.: Der Haupttitel-Holzschnitt in Trier 1982, Abb. 6 S. 19 zu Nr. I 10.

Zugänglichkeit: BSB Res/2 A.lat.a. 302 d , daraus digitalisiert 2 Seiten mit dem Haupttitel und dem Aen.-Sondertitel. DVD 1 .

VP 1515C   **Opera, Venedig: Paganini 1515**

Opera quaecunque extant et in haec annotationes commentariaque complurium doctissimorum virorum doctissima ...Venetiis, Alexander de Paganinis, 1515 [2°] (2 Bde. in 1).

Bibl./Beschreibung: MAMBELLI Nr. 127 (Ø); New York 1930 ("woodcuts") = Princeton Item 50 (□); CBItalV Nr. 29 (Ø); FAGIOLO, Rom 1981, S. 12 Nr. 13; KALLENDORF, 1991, Nr. 53 (im benützten Exemplar der BN Napoli je 1 Holzschnitt für buc. und Aen.; freier Platz für einen weiteren für die georg. - wie in ▶VP 1512B); PASQUIER, 1992, Nr. 19 (2 Holzschnitte, ohne Beschreibung). – Auch das Münchener Exemplar enthält, genau wie das der BN Napoli, insgesamt nur 2 kleine Holzschnitte (4,9 x 7,6) zu Beginn der Buc. bzw. der Aen. und freien Platz vor georg. I.. Der Holzschnitt vor Aen. I (p. I R der Sonderpaginierung für die Aen.) ist eine von dem Pendant in ▶VP 1502 unabhängige Bilderfindung. Er zeigt, wie AENEA (li., mit Krone) und LIONEO über eine Planke ein ankerndes Schiff verlassen und vor die sie am Strand begrüßende DIDO (r. mit Krone) treten. Es handelt sich also um eine Wiederholung des Bildes in ▶VP 1512B.

Zugänglichkeit: BSB Res/2 A.lat.a. 302, daraus nichts digitalisiert.

VP 1515D ?   ■ **? Opera, Venedig: Junta 1515**
Opera cum commentariis, Venetiis, L. A. Junta, 1515 [2°].

Bibl.: MAMBELLI Nr. 131: "Il titolo, con l'effigie di dotti romani, reca il nome di L. A. Giunta. Le altre incisioni sono segnate con la lettera L. Le silografie di questo 'Virgilio' sono giudicate cattive riproduzioni di quelle del 'Virgilio' del Grüninger [= ▶VP 1502]". - Diese Ausgabe existiert wahrscheinlich nicht; KALLENDORF, 1994, S. 176 führt sie unter den "doubtful and spurious editions". Es muss also auch offen bleiben, ob schon in ▶1515D, falls die Ausgabe wirklich je existierte, das Frontispiz mit den 10 römischen Autoren, wie es in ▶VP 1522BA belegt ist, vorgebildet war. – In der Sekundärliteratur spielt diese erste Giuntina, die mit einer Holzschnittserie nach ▶VP 1502, ausgestattet sei, in der das gotische Ambiente beibehalten ist, sehr wohl eine Rolle: s. MAMBELLI Nr. 138 zu ▶VP 1519 und besonders ZABUGHIN, 1923 (▶VP 1502 *Speziallit.*), II 389f. (der aber selber offenbar kein Exemplar von ▶VP 1515D vor Augen hatte; befremdlicher Weise nennt ZABUGHIN dies die „erste" Venezianische Serie nach dem Vorbild von ▶VP 1502, obwohl sie doch deutlich jünger ist als der mit ▶VP 1505C = ▶VP 1507 beginnende Titelbildzyklus Nr. 3). – Ich lasse die gotisierende („zweite") Venezianische Adaption (Zyklus Nr. 6) von ▶VP 1502 mit der Giuntina ▶VP 1519 beginnen; s. generell dort.

VP 1515E   **+ Aen. I-III, Deventer 1515**
Aeneidos libri tres priores examussim recogniti cum argumentis [Herennii] Modestini iurisconsulti. Davetrie, in (a)edibus Alberti Pafraet, 1515 [4°].
Bibl.: Fehlt in den Bibliographien, z.B. bei MAMBELLI; nur angeführt im COPAC mit dem Hinweis „The titlepage and last leaf have woodcuts" (BL).

VP 1515F   □ **deutsche Übers. der Aeneis, Straßburg 1515**
Vergilii Maronis dryzehen Aeneadischen Bücher von Troianischer zerstörung und uffgang des Römischen Reichs. Durch doctor. MURNER vertütst. Straßburg, Ioannes Grüninger, 1515 [2°].

Bibl./Lit.: MAMBELLI Nr. 1305 („numerose incisioni grandi su legno che si ritengono incise da Hans Baldung Grün); New York 1930, Case 12/Sect. 2 and 3, Nr. 128 („numerous woodcuts") = Princeton Item 390; Münster 1931, Nr. 66 („mit den Holzschnitten von Grüningers Ausgaben der Opera"); Straßburg 1981, Nr. 45 (dazu + Nr. 46: derselbe Titel); Wolfenbüttel 1982, D 157: "111 große, teilweise ganzseitige Holzschnitte (Bl. 12ᵛ-13ʳ über zwei Seiten); die Holzschnitte stammen aus der 1502 ebenfalls bei Grüninger in Straßburg erschienenen Vergilausgabe des Sebastian Brant (s. Nr. D 5), die originalen Holzstöcke sind jedoch zum Teil beschnitten"; KAILUWEIT, 2005, Nr. 0039. - Fehlt überraschenderweise bei PASQUIER, 1992. - Das 13. Buch der Aeneis ist das Supplementum des Mapheus Vegius, das mitübersetzt ist. - Das Werk ist Kaiser Maximilian gewidmet. - Wolfenbüttel: „Erste deutsche Aeneisübersetzung des Franziskaners Thomas Murner (1475-1537) in Knittelversen", mit Hinweis u.a. auf Horst GRONEMEYER, Untersuchungen zur Geschichte der deutschen Vergil-

Übertragungen mit besonderer Berücksichtigung Rudolf Alexander Schröders, Diss. phil. Hamburg 1961, Hamburg 1963, 93-99; Eckhard BERNSTEIN, Die erste deutsche Äneis. Eine Untersuchung von Thomas Murners Äneis-Übersetzung aus dem Jahre 1515, Meisenheim am Glan 1974, 117 S. = Deutsche Studien 23 (darin S. 12-15 auch zu den aus der Ausgabe Straßburg 1502 übernommenen 113 Holzschnitten). - Zu warnen ist vor G. L. LUZZATO, Virgilio e la traduzione tedesca di Thomas Murner, Maia 8, 1956, 275-286. (LUZZATO beginnt mit der falschen Behauptung, die 1. Auflage sei 1507 erschienen und macht S. 274f. Bemerkungen über die Illustrationen - die nach ihm offenbar nur jeweils in einer einzigen Titel-Illustration zu Beginn jedes Aen.-Buches bestehen -, die von totalem Unverständnis zeugen; nicht einmal die Herkunft der Holzschnitte in ▶VP 1515F aus ▶VP 1502 ist bekannt).

VP 1515F   *Beschreibung*: Die 108 enthaltenen Holzschnitte unterschiedlichen Formats zu Aen. I-XII (plus 4 zu Aen. XIII) sind mit einer Ausnahme aufgrund der Benutzung der originalen (137) Holzstöcke identisch (bis auf kleinere Beschneidungen) mit denen in ▶VP 1502 (unpräzise KRISTELLER, 1888, s. ▶VP 1502 *Speziallit.*, nach dem ▶VP 1515F 114 Holzschnitte enthalte, von denen 109 aus ▶VP 1502 stammen sollen). Vgl. deshalb die *Beschreibung* für ▶VP 1502. Für die genaue Verteilung auf die einzelnen Bücher s. die Übersichts-Tabelle nach ▶VP 1502. - Enthalten ist in ▶VP 1515F u.a. auch die in manchen Exemplaren von ▶VP 1502 fehlende Pict. 056, nämlich f. XIIv-XIIIr der doppelseitige Holzschnitt, auf dem Aeneas mit Achates die Bilder am Juno-Tempel in Karthago betrachtet; auf f. XIIIv ist sogar die rechte Hälfte, also f. XIIIr, noch einmal wiederholt; dieser Holzschnitt wird als einziger eigens auf der vorausgehenden Seite f. XIIr angekündigt: „Hernach folgt die figur des Troyanschen Kriegs wie er in den tempel gemalt war". - Gegenüber dem Normalbestand von ▶VP 1502 fehlen in ▶VP 1515F 31 Picturae: aus Aen. I Pict. 052 (an deren Stelle jedoch die neue Pict. 058b, s. gleich); aus Aen. II Pict. 068 und 070; aus Aen. III Pict. 080, 082, 084 und 088; aus Aen. IV Pict. 092 und 099; aus Aen. V Pict. 104, 105 und 108; aus Aen. VI Pict. 117 und 120; aus Aen. VII Pict. 128; aus Aen. VIII Pict. 139; aus Aen. IX Pict. 149 und 153, aus Aen. X Pict. 155, 158 und 163; aus Aen. XI Pict. 166, 168, 169, 171 und 174; aus Aen. XII Pict. 178, 181, 182, 184 und 187; aus Aen. XIII Pict. 189 und 191. - Zusätzlich ist in Aen. I zwischen Pict. 056 und Pict. 057 die Pict. 089 aus Aen. IV als Dublette eingefügt. - Neu gegenüber ▶VP 1502 (und singulär bleibend auch in der weiteren Rezeption dieses Zyklus) ist die Einfügung des zweifellos aus derselben Serie stammenden Holzschnittes Pict. 058B, einer teils sv. Variante der originalen Pict. 058. Er zeigt, ähnlich wie Pict. 058, aber deutlich davon abweichend, ebenfalls, wie DIDO ENEAS und ACHATES li. begrüßt, die aus der Wolke herausgetreten sind, und den Trojanern am Strand, darunter ASCANIUS, Stiere, Schweine und Lämmer als Geschenke schickt. Es handelt sich also um eine Illustration zu Aen.I 594-636 und um eine bildliche Variante der dortigen Pict. 058. Die singuläre Pict. 058B ist aber nicht anstelle von Pict. 058 *suo loco* in den Text eingelegt (*suo loco* ist vielmehr die originale Pict. 058 enthalten), sondern hat p. III v nach der deutschen Übersetzung von Junos Rachemonolog Aen. I 49ff und unter der unzutreffenden Überschrift „Juno bit künnig Eolum schiff und mann zuo verderben" (fälschlich) die (jetzt fehlende) Pict. 052 verdrängt; sie steht also zwischen Pict. 051 und Pict. 053. Vgl. die *Vorbemerkung 3b* zur *Beschreibung* der Holzschnitte in ▶VP 1502. –

Scheinbar haben alle Holzschnitte ▶VP 1515F deutsche Überschriften. Es handelt sich aber faktisch immer um eine der zahlreichen Kapitelüberschriften, die die deutsche Übersetzung gliedern und unter die direkt dann der Holzschnitt gerückt ist. (Nur in einem einzigen Fall, nämlich bei Pict. 060, hat der Holzschnitt eine ‚eigene' zusätzliche Überschrift: „Wie das groß Pferd von Troy gemachet ward und heimlich voller gewappneter liit gefült und zuo beschlossen mit bedachtem uffsatz wider di Trojaner".) Direkt auf einen Holzschnitt bezieht sich nur die schon erwähnte Ankündigung des doppelseitigen Holzschnittes der Pict. 056 mit den Tempelbildern in Karthago auf f. XIIr. Im Zusammenhang mit den „Überschriften" sind die Holzschnitte in ▶VP 1515F, konsequenter als in der Originalausgabe ▶VP 1502, immer an den Anfang einer Szene gerückt.

VP 1515F   *Würdigung*: Da die Bilder zu ▶VP 1515F bereits seit 1502 (in ▶VP 1502) existierten, wäre es abwegig, ihr Verhältnis zu der beigegebenen deutschen Aen.-Übers. untersuchen zu wollen. Sinnvoll könnte - über eine bloße Parallelisierung hinaus - die umgekehrte Fragestellung sein: hat sich Thomas MURNER bei seiner ersten deutschen Aen.-Übersetzung etwa von bestimmten Einzelheiten der ihm vielleicht bekannten Holzschnitte in ▶VP 1502 beeinflussen lassen? Immerhin stellt sowohl eine Übersetzung als auch eine Illustration eine Transposition des lat. Originaltextes dar. Und in beiden Fällen, von Thomas MURNER und von der Illustration für ▶VP 1502 (von Sebastian Brant also), ist eine Art Aktualisierung, also eine Entfremdung des antiken Textes angestrebt. Um zwei Beispiele aus dem kulturhistorischen Bereich zu bringen: (a) Auf Pict. 146 (erstes Bild zu Aen. IX) ist Turnus kniend vor der Göttin Iris dargestellt. Hat Thomas MURNER bei seiner Übersetzung das *sedebat* von Aen. IX 4 vielleicht mit „kniete" wiedergegeben? Die Antwort ist: nein, MURNER übersetzt „saß". - (b) Auf Pict. 106 ist der Kampf zwischen Dares und Entellus dargestellt. Mehrfach ist dabei im Vergil-Text (z. B. Aen. V 364. 379. 401-405. 408. 425f.) von *caestus* die Rede, von Kampfriemen aus Leder, die offensichtlich um die Hände gewickelt sind und bleiben. Deshalb wird hier oft von einem „Boxkampf" gesprochen, etwa in dem engl. Spezial-Kommentar zu Aen. V von R. D. WILLIAMS, Oxford 1960, S. 116-126 z. St. von „boxing competition". In dem aus ▶VP 1502 in ▶VP 1515F übernommenen Holzschnitt wirken die *caestus* wie Keulen, jedenfalls werden diese Kampfwerkzeuge mit den Händen geschwungen. Wenn nun MURNER von diesen *caestus* durchweg als „Kolben" spricht, könnte eine Beeinflussung durch die bildliche Darstellung vorliegen.

Abhängigkeiten: Die Holzschnitte sind übernommen aus ▶VP 1502, der bei demselben Verleger erschienenen lat. Ausgabe der Opera. - Die deutsche

Übersetzung von Thomas MURNER ist anonym erneut (leicht bearbeitet) gedruckt Worms ▶VP 1543B; dort ist aber nicht die reiche Szenen-Illustrierung von ▶VP 1515F (= ▶VP 1502) mit übernommen, sondern eine neue Titelbild-Illustrierung für die einzelnen Aen.-Bücher entwickelt worden, eine Vorstufe des Argumentum-Typs; s. Näheres (und zu weiteren anonymen Drucken der Übersetzung MURNERs, nämlich ▶VP 1559C, ▶VP 1559D und ▶VP 1562C) zu ▶VP 1543B. - Die anonyme Rezeption der deutschen Aen.-Übers. von Thomas MURNER hat nicht der weiteren Verbreitung der Holzschnitte aus ▶VP 1502 gedient, sondern der Ausbildung eines neuen Typs der Illustrierung, des Argumentum-Typs, und zwar in der älteren der beiden Varianten, dem „Frankfurter Typus" (s. zu ▶VP 1559C).

Abb.: BILD 3 mit Pict. 91; 1 Holzschnitt (Pict. 063: Einholung des Hölzernen Pferdes nach Troja) bei Wolfenbüttel 1982, S. 163.

VP 1515F   *Zugänglichkeit*: BSB Res/2 A.lat.a. 349 , ist auf 380 Seiten-Images (von denen aber mehrere unbedruckt sind) vollständig digitalisiert, einschließlich aller enthaltenen Holzschnitte; DVD 1 . – In dem Exemplar der UB München W 2 A.lat. 519 von ▶VP 1515F fehlen 7 Blätter mit mehreren Bildern (Pict. 093, 133, 136, 154, 165, 167, 175).

VP 1516   ◻ ? Opera, Mailand 1516

Bucolica, Georgica, Aeneis cum Servij commentariis. Eiusdem vita per Tiberium Donatum edita … Mediolani, in officina libraria Gotardi Pontici (= Gottardo da Ponte) apud Templum Satiri, 1516 [2°].

Bibl.: MAMBELLI Nr. 133: "L'edizione contiene 19 incisioni su legno (mm. 74×79), molte lettere iniziali e la marca tipografica. L'illustrazione della prima carta rappresenta il poeta seduto, con la viola in mano, in mezzo ai due suoi commentatori"; mit Hinweis auf L. S. OLSCHKI, Riche et précieuse collection de livres à figures des XV et XVI siècles, Florenz 1900, Nr. 989; Princeton" Item 51 („illustrated"). Vgl. MORTIMER, 1974, Nr. 524 = ▶VP 1510B zu den Abhängigkeiten. - Vgl. ▶VP 1515A (unklar, ob identisch) und auch ▶VP 1519, ferner ▶VP 1520A.

VP 1517   ◻ Opera, Lyon 1517

Opera Virgiliana docte et familiariter exposita, docte quidem Bucolica et Georgica a Servio, Donato, Mancinello et Probo nuper addito … [Vol. 2 mit Sondertitel:] Aeneis Vergiliana cum Servij … huberrimis commentariis ... .[Vol. 1:] Lugduni, ab Jacobo Sachon, 1517, [Vol. 2:] Ludguni, in officina sua liberatoria Jacobus Saccon, 1517 [2°, 2 Vol. in 1].

Bibl.: MAMBELLI Nr. 136; New York 1930, Case 7, Nr. 74 (dieselben Holzschnitte wie in ▶VP 1502; Exemplar aus New York); Ruth MORTIMER, Harvard College Library, Department of printing and graphic arts. Catalogue of books and manuscripts, Part I: French 16th century books, Cambridge Mass. 1964, Nr. 537 (sorgfältige Beschreibung mit Abb. des Titelblatts mit architektonischem Rahmen); CBItalV Nr. 31 (∅); FAGIOLO, Rom 1981, Nr. 14; London 1982, Nr. 72; Trier 1982, Nr. III 3 S. 31; PASQUIER, 1992, Nr. 5; Princeton Item 52; BL.

    Lit.: MAMBELLI Nr. 136: "Al v. della prima carta: 'Sebastianus Brandt ad lectorem operis'. Nella seconda carta è pubblicata la grande incisione che nell'-edizione Grüninger del 1502 trovasi nella pagina del titolo … Le graziose incisioni su legno sono quelle stesse del Virgilio del 1502 di Strasburgo." - MORTIMER, 1964: "A full-page woodcut … showing Vergil with the muse Calliope and other figures … A total of 207 woodcuts …, 64 in the first and 143 in the the second (part of the text) … These are the blocks designed for Johann Grüninger's Strasbourgh Vergil … 1502 … The blocks must have passed from Grüninger to Sacon at Lyons shortly after the Strasbourg printing of the 1515 edition of Thomas Murner's German translation of the Aeneid … The same set of blocks, with some omissions, appears again at Lyons in Jean Crespin's edition of 1529 [= ▶VP 1529A] ... Another Lyons edition, printed by Jacques Mareschal in 1528 [= ▶VP 1527A], contains copies of the Strasbourgh blocks, considerably reduced and simplified". - Trier 1982, Nr. III 3 S. 31: „In dieser … Ausgabe sind die Druckstöcke wieder verwendet, die nach Angaben Sebastian Brants (1457-1521) von einem unbekannten Künstler geschnitten, in der von Sebastian Brant besorgten, von Hans Grüninger (1455-1532) gedruckten berühmten Straßburger Ausgabe von 1502 enthalten sind." - Vgl. auch Wolfenbüttel 1982, D 7 zu Lyon ▶1529A (s.u.). - PASQUIER, 1992, Nr. 5: 64 Holzschnitte in Teil 1, 143 in Teil 2, keine nähere Beschreibung, da Illustr. wie in ▶VP 1502 = PASQUIER, 1992, Nr. 1. - BÉGUIN, 2005 (▶VP 1821E), S. 272 (mit Beschreibung von Pict. 51 und Abb. von Pict. 63).

VP 1517 *Beschreibung*: Das oben beschnittene (nur mehr 20,9 x 15,5) Hauptfrontispiz (= ▶VP 1502 Pict. 1: Krönung des VIRGILIUS durch die Muse CALIOPE) ist auf dem textlosen Recto des ersten Blattes nach dem Titelblatt enthalten.

Die Aen.-Holzschnitte der Originalausgabe ▶VP 1502 sind, angefangen mit Pict. 051 = BSB-Digitalisat 00455 und einschließlich der Bilder zu Aen. XIII (letzter Holzschnitt Pict. 194 = BSB 01119) vollzählig mit nur einer Ausnahme in ▶VP 1517 übernommen worden (insgesamt also 136). Siehe deshalb die Beschreibung zu ▶VP 1502. Es fehlt in ▶VP 1517 gegenüber der Originalausgabe ▶VP 1502 nur ein einziger Holzschnitt, die Pict. 056 (der doppelseitige Holzschnitt: Aeneas und Achates vor den Bildern am Juno-Tempel in Karthago). Es fehlt zwar auch Pict. 145b, doch gehört dieser zweite Holzschnitt zur Schildbeschreibung in Aen. VIII (neben Pict. 145a) nicht zum Originalbestand, sondern ist Sondergut eines Pariser Exemplars. Die beiden Dubletten Pict. 156 = Pict. 158 und Pict. 160 = Pict. 171 sind in ▶VP 1517 vorhanden, nicht aber eines der Plus-Bilder (s. die Beschreibung zu ▶VP 1502) und entsprechend auch nicht Pict. 161. - Hinsichtlich der *dispositio* ist auffällend, dass bei allen Aen.-Büchern das jeweils erste Szenen-Bild aus dem zugehörigen Text gelöst und vor die ersten Vergil-Verse des Buches (hinter das jeweils vorausgeschickte *argumentum*, die Dekasticha des Modestinus) gerückt ist– vielleicht ein Einfluss der durch (►VP 1505C =) ►VP 1507 begründeten ersten venezianischen Adaption (Nr. 3) von ►VP 1502, eines Zyklus von Buch-Titelbildern, wobei das jeweils erste Szenen-Bild eines Aen.-Buches in ►VP 1502 nicht nur zum Titelbild, sondern zur einzigen Illustration dieses Aen.-Buches erhoben wird. Dass die Holzstöcke (die außer für das Original ►VP 1502 teils auch schon für den Livius von 1507 und für die erste deutsche Aen-Übersetzung ►VP 1515F verwendet worden waren) abgenutzt sind, sieht man am deutlichsten an den oft verstümmelten Namensbändern. Zudem weist die Pict. 117 in ►VP 1517 eine Bruchlinie auf, die in ►VP 1515F noch nicht vorhanden war (die Bruchlinie von Pict. 167 in ►VP 1517 gibt es dagegen bereits in ►VP 1515F).

    Abb.: BILD 2 und BILD 4 mit Pict. 89 bzw. 93; EV 1, 1984, tav. XIII (*Dira, Aetna*); 3, 1987, 636 (Hauptfrontispiz). 809 (Ausschnitt daraus).

VP 1517   *Zugänglichkeit*: BSB Res/2 A.lat.a. 304 ist in 1128 Seiten-Images (von denen aber mehrere, besonders am Anfang und ab 1122 am Schluss leer sind) vollständig digitalisiert, der Aeneis-Teil beginnt mit Image 00439 (Sondertitel mit dekorativer Rahmung). Auf DVD 1 wird der Aen.-Teil komplett geboten, von den anderen Werken nur die Holzschnitte. – 2. Exemplar BSB Res/2 A.lat.a. 303 (Titelblatt fehlt). Ferner: UB München 2 A.lat. 497.

VP 1518A   ■ ? + (englische Version eines Volksbuchs vom ‚Zauberer Virgilius', *Virgilius magus*, eine Art ‚Vita Virgilii'), Antwerpen 1518?

This boke treateth of the lyfe of Virgilius and of his deth and many marvayles that he dyd in hys lyfe tyme by whychcrafte and nygramansye thorowgh the helpe of the devyls of hell. Anwarpe, Joh(an)n(es) Doesborcke, sine anno, unpaginiert, (65 S.) [4°].

    Bibl.: Die obige Titelaufnahme - MAMBELLI und andere Bibliographien zu Vergil verzeichnen das Buch nicht - entsprechend der BSB-Filmversion. Diese beruht auf einem Exemplar der Bodleian Library Oxford. Die mitgefilmte Karteikarte der Bodleian Library gibt im Titel ausdrücklich „treath (sic)" an; SPARGO, 1934 (s. gleich *Lit.*), S. 23 bietet ebenfalls „treath", ebenso die Titelaufnahme für die Online-Version bei EEBO, die wiederum auf dem Exemplar der Bodleian Library fußt. Dabei zeigen der Film und auch die EEBO-Online-Version deutlich „treateth". Allerdings fehlt im Exemplar in Oxford die originale Titelseite (und damit ein Titelholzschnitt mit der ‚Rache Virgils'); der jetzige Titel scheint sekundär von alter Hand nachgetragen zu sein. Aber auch das Exemplar in Princeton (s.u.) hat offensichtlich „treateth". Korrekt ist also „treateth"; bei einer Suche nach diesem anonymen Werk im Internet muss man aber wohl bei der Titelangabe auf das eingebürgerte „treath" zurückgreifen. - Die mitgefilmte Karteikarte der Bodleian Library vermutet als Erscheinungsjahr „1518?". In der Titelaufnahme der Online-Version bei EEBO wird das Erscheinungsjahr 1518 ohne Fragezeichen und sogar ohne Klammern geboten, als ob es in der Ausgabe bezeugt sei; das ist aber nicht der Fall.

VP 1518A *Lit.*: Es handelt sich um eine englische Version des sog. Volksbuches vom Zauberer Virgilius, eine Übersetzung der vermutlichen französischen Originalfassung „Les faictz merveilleux de Virgille", die Anfang des 16. Jh. entstanden (oder jedenfalls im Druck belegt) zu sein scheint (vgl. zur franz. Version G. B. BRONZINI, Leggende Virgiliane, EV 3, 1987, 166-170, hier 169). Es gibt auch eine holländische Version, die als direkte Vorlage dieser engl. Version gilt. Alle drei Versionen liegen in undatierten, aber wegen der Angaben zu ihren Druckern wohl spätestens 1525 publizierten Druckausgaben vor. Eine deutsche Version scheint nicht zu existieren; ihr Auftauchen in deutschen Volksbücher-Sammlungen seit der Mitte des 19. Jh. (Karl SIMROCK, Frankfurt a. M. 1847, Bd. VI 325ff.; nichts Erhellendes bei Paul HEITZ/F. RITTER, Versuch einer Zusammenstellung der deutschen Volksbücher des 15. und 16. Jh. ..., Straßburg 1924, 197) ist irreführend, da es sich dabei offenbar nur um eine moderne Übersetzung einer der französischen, englischen oder holländischen Versionen handelt. (In: Historische Sagen. 1. Bd. Fahrten, Abenteuer und merkwürdige Begebenheiten, hrsg. und erläutert von Leander PETZOLDT, München 1976, sind S. 8-18 auch Sagen vom „Zauberer Virgilius" wiedergegeben, dazu Erläuterungen S. 343-345, doch handelt es sich dabei nur um Auszüge aus SIMROCK.) Über die komplizierten und nicht abschließend geklärten Abhängigkeitsverhältnisse unterrichtet umsichtig das Fundamentalwerk von John Webster SPARGO, Virgil the necromancer. Studies in Virgilian legends, Cambridge Mass. 1934, in seinem Ch. IX ‚The Virgilius romance', S. 236-253 mit den Anm. S. 420-426. SPARGO selber macht S. 238ff. wahrscheinlich, dass die französische Version „Les faictz merveilleux de Virgille", die ihrerseits von Jean d'Outremeuse, *Le Myreur des Histors*, ca. 1400, abhängig ist, die Vorlage der holländischen ist (was allerdings in der Internet-Darstellung, wohl von Luc DEBAENE, 2003 = 1951, s.u., bezweifelt wird) und dass die vorliegende engl. Übersetzung von der holländischen abhängig ist (sie hat mit ihr gemeinsam einen Plus-Bestand von 4 Wundertaten Virgils gegenüber der franz. Urfassung), aber daneben auch das franz. Original kennt. SPARGO akzeptiert für die vorliegende engl. Ausgabe die Datierung in „the masterly study" zu dem Antwerpener Drucker Jan van Doesborgh von Robert PROCTOR, 1894 (s.u. *Beschreibung*), 27ff. 55, nämlich „1518?" (dieser datiert, wie ich gesehen habe, einsichtig vor allem aufgrund der zu unterschiedlichen Zeiten von Jan van Doesborgh verwendeten verschiedenen Druckermarken) und gewinnt damit einen Terminus ante quem für die holländische Übersetzung und die natürlich noch etwas ältere franz. Originalversion (deren Terminus post quem 1500 zu sein scheint). - Die in den französischen „Les faictz merveilleux de Virgille" und seinen holländischen und engl. Übersetzungen enthaltenen Wundertaten Virgils stellt SPARGO S. 67 innerhalb seines Katalog „Table of legends told about Virgil" (S. 60-66) stichwortartig zusammen; es sind 22 plus 4 weitere (darunter die verbreitete *Salvatio Romae*), die nur in den beiden Übersetzungen, nicht in der franz. Version, vorkommen. – Keine Förderung bedeutet Jean CÉARD, Virgile, un grand homme soupçonné de magie, in: R. CHÉVALLIER (Hrsg.), Présence de Virgile, Paris 1978 (= Caesarodunum XIIIbis), 265-278, hier 275f., der SPARGO nicht kennt.

VP 1518A   Die vorliegende engl. Ausgabe von 1518? und ihre verschiedenen Nachdrucke (u.a.: um 1562; 1812; 1828) nennt SPARGO S. 237 mit Anm. 3 S. 421f. (hinzuzufügen ist, nach Mitteilung meines Bruders Ulrich SUERBAUM, die gegenüber 1828 New ed. rev. and enlarged von: Early English prose romances, ed. William John THOMS, London-New York 1904, und die deutsche Übers. in: Richard Otto SPAZIER, Altenglische Sagen und Mährchen, Braunschweig 1830; ferner besitzt die BL laut COPAC eine Ausgabe „[W. Copland? London?] ▶VP 1550). SPARGO fußt ebenfalls, wie der Münchener Film, auf dem Exemplar der Bodleian Library, vermerkt jedoch „The unique perfect copy of this work, formerly in the Britwell collection, is now in the J. P. Morgan Library." Diese von Junius Spencer MORGAN begründete Vergil-Sammlung (im Internet behauptet Luc DEBAENE, De Nederlandse volksboeken 1475-1540, © 2003 = 1951, S. 195 - eine andere Quelle nennt: Hulst 1977 -, das Exemplar gehöre der New York Pierpont Morgan Libr.) ist heute im Besitz der University of Princeton; das von SPARGO gemeinte Exemplar figuriert in der Liste von 738 Vergiliana der „Vergil Collections at Princeton", die im Internet unter http://www.-princeton.edu/~ferguson/chrisxrf.htm zugänglich ist, beim Lemma *Vergil/Virgil* als Item 732 (mit *treateth* im Titel; die mehrfach behauptete und mit dem Zusatz *sic* noch bekräftigte Variante *treath* ist also falsch) und (another copy) Item 733, dort allerdings als Ndr. London, J. M'Creery, 1812; hinzu kommt noch Item 734, ein Ndr. London, William Pickering, 1827. (Princeton besitzt als Item 690 auch die franz. Version als lithographischen Ndr. Paris, Techener, 1831, der Ausgabe Paris, Guillaume Nyuerd, 1528?)

Auf die in der engl. Ausgabe Antwerpen 1518? enthaltenen Holzschnitte geht SPARGO nur kurz S. 242 ein (danach scheinen die Holzschnitte in der holländischen und der engl. Version identisch zu sein, was jedoch nicht zutrifft - die franz. Originalfassung „Les faictz merveilleux de Virgille" weist offenbar keine Illustr. auf) und kaum ausführlicher in dem folgenden Spezial-Kapitel X ‚Iconography' (S. 254-267 mit Anm. S. 426-438), hier S. 258 mit Anm. 21 S. 430 (die Anm. besteht, in der Funktion einer Praeteritio, allein in einem Hinweis auf die Beschreibung dieser Holzschnitte durch PROCTOR, 1894, s.o., obwohl diese umfangreichste und zusammen mit der holländischen Version ▶VP 1518B offenbar älteste zyklische Buchillustration zu einer Version des „Virgilius magus" gerade in dem Werk von SPARGO einen größeren Raum verdient hätte). - Mit dem historischen Autor Vergil hat diese Gestalt des mittelalterlichen Zauberers Virgilius, *Virgilius magus*, - mindestens in den jüngeren Wucherungen solcher seit dem 12. Jh. belegten Legenden - nur den Namen gemeinsam. Deshalb sind Ausgaben solcher „Vergil-Viten" nicht in seriösen Bibliographien zum Literaten P. Vergilius Maro enthalten. So „fehlt" die vielleicht 1518 in Antwerpen erschienene Ausgabe dieser Virgilius-Vita z. B. bei MAMBELLI. Auch in dem vorliegenden Handbuch sind derartige Ausgaben grundsätzlich nicht berücksichtigt. Die jetzige Ausnahme (zusammen mit ▶VP 1518B, der holländischen Version) ist zum einen deshalb gemacht, weil die BSB München einen Film dieses Buches besitzt und der OPAC dieses Werk unter ‚P. Vergilius Maro' führt. Zum anderen scheint es sich um ein Unikum zu handeln: die einzige zyklische Bebilderung einer Ausgabe mit Wundertaten des „Virgilius magus". (Spätere Neudrucke der holländ. Version ▶VP 1518B haben nur mehr einzelne Holzschnitte, die sich wirklich auf den Virgil-Roman beziehen, und diese sind eben aus ▶VP 1518B oder ▶VP 1518A entnommen, s.u. zu ▶VP 1672C, ▶VP 1788B und ▶VP 1810B). - Der bei SPARGO, 1934, 236f. erweckte Eindruck, dass (bereits) die holländische Version dieselben Holzschnitte aufweise wie die (spätere) englische, ist zum Teil unrichtig; vgl. unten die gegenüberstellende Beschreibung der beiden Zyklen und die Analyse der holländ. Version ▶VP 1518B.

VP 1518A   *Beschreibung*: Eine vollständige Beschreibung der in der englischen Version enthaltenen Holzschnitte gibt (laut SPARGO, 1934, Anm. 21 S. 430) Robert PROCTOR, Jan van Doesborgh. Printer at Antwerp. An Essay in bibliography, London 1894, 27ff. 55; doch ist das Buch („Verlust" in der BSB) in Deutschland nur in der UB Bonn vorhanden (vidi).

Der Film und die EEBO-Version zeigen innerhalb des Textes 13 Holzschnitte unterschiedlicher Größe, dazu auf der vorletzten Seite ein Wappen und auf der letzten Seite (es müsste S. 64 sein) einen weiteren (15.) Holzschnitt, eine thronende Gestalt, die von zwei Trompetern flankiert ist (alle drei Personen mit fast unleserlichen Namensbändern), darunter eine Unterschrift in verderbtem Griechisch. - Nicht im Film, sondern allein in der EEBO-Fassung folgen dann noch zusätzlich - als möglicherweise nachträglich auf einem freien Schlussblatt oder dem hinteren Innendeckel des Exemplars der Vorlage aus Oxford eingeklebt -, auf „Image 35" (d.h. digitalisierter Doppelseite) drei weitere Illustrationen (Pict. 16-18). - Die EEBO-Version bietet auch eine Übersicht über 16 Images mit Illustrationen, doch ist die Nummerierung der Images in dieser Tabelle aus mir nicht verständlichen Gründen fast durchgehend falsch. Richtig ist, dass sich je 1 Illustration auf folgenden „Images" (= Doppelseiten) findet: 3, 4, 5, 8, 12, 13, 14, 18, 20, 21, 22, 24, 27, 32 (Wappen), 33 (thronende Gestalt) und die drei zusätzlichen Illustrationen auf Image 34.

Die 13 Text-Illustrationen beziehen sich auf einzelne Geschichten, die vom Zauberer Virgilius erzählt werden, angefangen mit der nur ganz lose mit der Geschichte dieses Virgilius verbundenen Gründung von Reims durch Remus (bevor er nach seiner Rückkehr nach Rom von Romulus erschlagen wird; Virgilius soll von einem Lehnsmann und Verwandten des Remus, aus der Gegend von Reims stammen, aus den Ardennen - eine wohl aus dem überlieferten Geburtsort Andes entstandene verderbte Ortsangabe). Sie stehen immer direkt bei der jeweiligen Überschrift. Ohne die Kenntnis des Inhaltes der entsprechenden Erzählung aus dem Leben des ‚Virgilius magus' sind sie nicht verständlich (leider gibt selbst SPARGO, 1934, 236ff. keine Paraphrase des Inhaltes dieser Episoden aus dem „lyfe of Virgilius" und seinen „many marvayles"; er beschränkt sich auf die 22 + 4 Stichworte S. 67), denn die Illustrationen sind (jedenfalls in der engl. Version) strikt textbezogen. (Die holländ. Version ist inhaltlich besser erschlossen, vor allem durch die Ausgabe von GESSLER , 1950, s. ▶VP 1518B.)

VP 1518A   In der folgenden Übersicht ist stets zuerst das Sujet des Bildes in der engl. Version angegeben und dazu die Nr. in der Beschreibung bei PROCTOR, 1894, S. 55; dann folgt das Sujet des entsprechenden Bildes in der holländ. Version ▶VP 1518B (Ich habe die unpaginierte Faksimile-Ausgabe im Anhang bei GESSLER von S. 1=Frontispiz bis S.38/39 mit zwei Holzschnitten durchgezählt). PROCTOR glaubt, dass nur die Picturae 0 und 3-9 (in seiner Nummerierung 1 und 5-9) zu einem „Set" gehören, jedoch auch Picturae 2 und 12 (seine Nrn. 3 und 13) von derselben Hand stammen könnten, die sie jedoch bereits für das von Jan van Doesborgh publizierte Buch (Nr. 12) „Den oorspronck onser salicheyt", Antwerpen 1517, geschaffen habe. Wenn PROCTOR sagt, 5 der 13 Textillustrationen „are copied in the Dutch edition printed by Vorsterman", stimmt die Zahl der identischen Illustrationen, die Richtung des Abhängigkeitsverhältnisses aber ist umstritten.

VP 1518A Pictura 0 (fehlt in der EEBO-Version, da die originale Titelseite im Exemplar der Bodleian Library Oxford, die diese Pictura enthalten haben muss, ersetzt ist) - Pict. 1 bei PROCTOR: erstes Vorkommen der Pict. 6 mit der ‚Rache Virgils' (s. gleich). --- In der holländ. Version ▶VP1518B S. 1: mit Pict. 6 S. 16 identischer Titelholzschnitt.

Pictura 1 (EEBO Image 3 R.) - 2 bei PROCTOR: Einzug eines Kaisers in eine Stadt (Romulus in Reims). --- In der holländ. Version S. 3 stattdessen: Schlacht zwischen zwei Ritterheeren, das linke mit dem Lilienbanner, vor einer Festung.

Pictura 2 (EEBO Image 4 Li.) - 3 bei PROCTOR: Ein Ritter ersticht einen König (Romulus den Remus). Nach PROCTOR ist dies die Übernahme eines Holzschnittes aus einem anderen, ebenfalls von Jan van Doesborgh verlegten Buch (Nr. 12), wo „Ahnd kills Egion" dargestellt ist. --- In der holländ. Version S. 5 stattdessen: Ein li. stehender gewappneter Kämpfer hat einem zweiten, jetzt am Boden liegenden, den Kopf abgeschlagen; r. naht ein dritter Ritter auf einem Streitross mit gezücktem Schwert.

Pictura 3 (EEBO Image 5 R.) nach der Überschrift „Howe Virgilius was sette to schole" - 4 bei PROCTOR: Ein Professor mit Rute auf der Cathedra mit 3 Schülern (unter diesen Virgil, in Toledo). --- Fehlt ersatzlos in der holländ. Version.

Pictura 4 (EEBO Image 8 Li.) - 5 bei PROCTOR: Ein reichgekleideter Bürger mit Schriftrolle (Virgil) vor dem Kaiser, beide stehend. --- In der holländ. Version S. 10: identischer Holzschnitt, doch ist r. ein schmaler Holzschnitt mit Stadtarchitektur hinzugefügt und außerdem r. und li. eine weitere Leiste mit Skulpturen. --- In der holländ. Version wird dieser ergänzte Holzschnitt „Kaiser und Virgil" später S. 22 (zwischen Pict. 7 und 8) noch ein weiteres Mal mit veränderten seitlichen Ergänzungen geboten (in der engl. EEBO-Version würde ihm Image 16R entsprechen).

Pictura 5 (EEBO Image 12 Li.) - 6 bei PROCTOR: Virgil im Korb, verspottet von Zuschauern. --- In der holländ. Version S. 16: identischer Holzschnitt, doch etwas anders auf der Seite plaziert und diesmal li. ergänzt durch Hinzufügung desselben schmalen Holzschnittes mit Stadtarchitektur wie bei Pict. 4. --- In der holländ. Version ist dieser Holzschnitt noch einmal nach Abschluss des Textes S. 38 (noch vor Pict. 14) wiederholt, doch jetzt ohne die Ergänzung mit andersartiger Rahmung.

▶ VP 1518A Pictura 6 (EEBO Image 13 R,) - nicht gezählt bei PROCTOR, da identisch mit seiner Nr. 1 (Pict. 0): Die obszöne ‚Rache Virgils', wobei das Feuer aus dem aus einem Fenster gestreckten nackten Hintern der Frau, einer gentylwoman, geholt wird. (PROCTOR bietet die harmlose Legende: „The Romans lighting their candles".) --- In der holländ. Version S. 18: identischer Holzschnitt; identisch auch mit Pict. 0 S. 1.

Pictura 7 (EEBO Image 14 R.) nach der Überschrift „Howe Virgilius made salvatio Rome" - 7 bei PROCTOR: Fünf Statuen um eine zentrale Ritter-Statue (= Rom) mit der Beischrift SPQR (diese Konfiguration wird ‚Salvatio Romae' genannt). --- In der holländ. Version S. 20: identischer Holzschnitt, doch etwas anders plaziert.

Pictura 8 (EEBO Image18 Li.) - 8 bei PROCTOR: Zwei Männer pflanzen Bäume = der wunderbare Obstgarten. --- In der holländ. Version S. 25 stattdessen: ein Winzer beschneidet 5 Weinstöcke; in diese ist ein Rundschild mit einem Steinbock eingefügt.

Pictura 9 (EEBO Image 20 Li.) nach der Überschrift „Howe Virgilius had his pleasure with the Sodans dawghter" - 9 bei PROCTOR: Eine nackte Frau im Bett, von einem Mann umarmt; ein zweiter (= derselbe) Mann draußen mit einer Leiter. Nach PROCTOR „Virgil carrying off the Sodan's daughter" (Virgil kommt zu ihr über eine Luft-Brücke aus dem wunderbaren Garten in Rom). --- Fehlt ersatzlos in der holländ. Version.

VP 1518A Außer dieser Entführungs- oder Beischlafszene Virgils mit der Sultans-Tochter der Pict. 9 beziehen sich auch die beiden folgenden Picturae 10/11 und auch noch Pict. 12 auf die Episode mit der Sultans-Tochter.

Pictura 10 (EEBO Image 21 Li.), zwei zusammengestellte Holzschnitte, die bei PROCTOR, wohl zu unrecht, getrennt als seine Pict. 10 und 11 gezählt werden: Auf dem linken eine Gruppe bewaffneter Männer mit einem reichgekleideten Mann an der Spitze, auf dem rechten ein Gemach mit einer nackten Frau im Bett (der Sultan vor dem Schlafgemach seiner Tochter, die von Virgil entführt, aber in den Palast zurückgebracht worden war). --- In der holländ. Version S. 28 der gleiche Doppel-Holzschnitt, doch ist die Bett-Szene links, aber seitenrichtig, plaziert und die Gruppe mit dem Sultan jetzt rechts und spiegelverkehrt; es handelt sich also um eine Holzschnitt-Variante.

Pictura 11 (EEBO Image 22 Li.) - 12 bei PROCTOR: Virgil wird mit gebundenen Händen von den Leuten des Sultans fortgeführt. --- Fehlt ersatzlos in der holländ. Version. --- Daneben ist (Pict. 10b) ein kleines Bildchen eingeklebt, das 5 Personen zeigt: li. ein König mit Szepter auf dem Thron, r. neben ihm 2 Männer, vor ihm r. kniend eine Frau, die die Hand in das Maul eines Löwen legt, dahinter ein Mann mit Narrenkappe und Pritsche (= ‚Bocca della verità'?).

Pictura 12 (EEBO Image 24 Li.) - 13 bei PROCTOR: Zwei Männer auf Leitern erbauen einen Turm = Virgil gründet Neapel. --- Fehlt ersatzlos in der holländ. Version.

Pictura 13 (EEBO Image 27 Li.) nach der Überschrift „Howe Virgilius made in Rome a metall serpente" - 14 bei PROCTOR: Eine Schlange mit Köpfen vorn und hinten, eine weitere drachenartige Schlange = das Wunderwerk der Schlange aus Bronze (die ‚Bocca della verità'). --- Fehlt ersatzlos in der holländ. Version.

Pictura 14 (EEBO Image 32 R.) - 15 bei PROCTOR: Wappen Englands (je zweimal drei Löwen und drei Lilien unter einer Krone). --- In der holländ. Version S. 39, als letztes Bild nach dem Ende des Textes: ein anderes Wappen (Kaiserkrone, darunter ein Doppeladler mit einem Wappenschild auf der Brust, dessen oberes Feld die obere Hälfte eines Doppeladlers und dessen unteres Feld eine vier-türmige Festung zeigt - möglicherweise eine Druckermarke). --- Voraus geht in der holländ. Version auf S. 38 - nach dem ‚Amen' als letztem Wort des Textes S. 37 - eine Wiederholung von Pict. 5 S. 16 ‚Virgil im Korb', doch diesmal ohne die Ergänzung durch eine Stadtarchitektur, dafür mit reicherer Umrahmung.

VP 1518A Pictura 15 (EEBO Image 33 Li.) - 16 bei PROCTOR, abgebildet bei ihm als Plate IV = Device 3B neben der Titelseite, vgl. auch Plate IIIB = Device 3A: Der zunächst rätselhafte Holzschnitt mit einer thronenden Gestalt zwischen zwei Trompetern mit einer griechischen Unterschrift wird bei PROCTOR, 1894, S. 10f. erläutert. Es handelt sich um eine von Jan van Doesborgh mehrfach, in dieser Form erstmals (soweit datierbar) 1517 und letztmals 1530 benutzte Druckermarke 3B. (Das ältere Device 3A bietet dieselbe Druckermarke, doch in vollständigerem Erhaltungszustand.) Sie zeigt eine Königin, die in ihrer Rechten ein Szepter und in ihrer Linken ein Rad trägt; ihre linke Gesichtshälfte ist schwarz maskiert und sie hat eine Binde vor den Augen. Über ihr an dem Baldachin des Thrones steht „Auontuere". Über dem Trompeter zu ihrer Linken (r.) steht „ongeluck", über dem anderen „gheluck". Die missverständlichen griechischen Buchstaben sind als γνοθωωλυτον (oder γνοθωωιαυτον) zu lesen und als Verballhornung der berühmten ‚sokratischen' Devise γνῶθι σεαυτόν (die am Tempel in Delphi stand) zu verstehen (u.a. im griechischen Wortlaut innerhalb eines lat. Hexameters von Juvenal 11,27 zitiert; weitere Belege, auch aus dem Mittelalter, bei Renzo TOSI: Dizionario delle sentenze latine e greche, Milano 1991, ²1992, Nr. 347, S. 160f.). Jan van Doesborgh hat dieses Motto laut PROCTOR S. 44 auch in dem von ihm verlegten Buch Nr. 3 ‚Van der nieuwer werelt', ohne Jahr, c. 1507?, im Kolophon in folgender Form verwendet: „E celo descendit verbum quod ‚gnothochyauton'" - das ist m. E. ein direktes Zitat von Iuv. 11,27! - Die Druckermarke soll offenbar die blinde Herrschaft der Fortuna über Glück und Unglück darstellen. Reiches Anschauungsmaterial auch zu solchen Attributen der Fortuna wie Rad, Binde, schwarz-weißes Gesicht, zumal im 15. Jh., bietet Ehrengard MEYER-LANDRUT, Fortuna. Die Göttin des Glücks im Wandel der Zeiten, Berlin 1997 (240 S.), bes. im Kapitel über die *Fortuna bifrons* S. 123-134. - In der holländ. Version bei Willem Vorsterman fehlt natürlich diese Druckermarke des Jan van Doesborgh. Die holländ. Version hat kein Kolophon oder eigene Druckermarke; in ihr ist das Wappen S. 39 in Analogie zu Pict. 14 die letzte Illustration.

Mit der Pict. 15 (= 16 bei PROCTOR) endet die Illustrations-Liste bei PROCTOR, 1894, S. 55. Nur die Online-Version bei EEBO bringt noch drei weitere Illustrationen des Exemplars der Bodleian Library, die m. E. sekundäre Ergänzungen sind, zumal die beiden letzten auf dem Innendeckel aufgeklebt zu sein scheinen:

Pictura 16 (EEBO Image 34 Li.?): eine (neben Pict. 6) zweite Holzschnitt-Version der ‚Rache Virgils', bei der eine Volksmenge das Feuer mit Fackeln aus der Scham einer nackten Frau holt; rechts im Hintergrund ‚Virgil im Korb'. - Dieser Holzschnitt stammt m. E. gewiss von anderer Hand als der Zyklus innerhalb des Textes. Er ist signiert mit FDAV oder FDM.

Pictura 17 (EEBO Image 34 R.?): Virgil im Korb. Dieser Kupferstich - wie offensichtlich auch der folgende, der direkt darunter geklebt (?) ist - stammt, wie eine entsprechende Signatur erweist, von Jörg/Georg Pencz (1500-ca. 1550); Abb. bei SPARGO, 1934, nach S. 188 (vgl. auch seinen Text S. 429 Anm. 17), und bei FAGIOLO, Röm. Katalog, 1981, S. 68 Nr. 3 (vgl. dort auch Nr. 2).

Pictura 18 (EEBO Image 34 R.?): eine (neben Pict. 6 und 16) dritte Version von der ‚Rache Virgils', bei der eine Volksmenge das Feuer aus dem Hintern einer nackt auf einer Säule hockenden Frau holt. Dieser Kupferstich stammt offensichtlich ebenfalls - wie die unmittelbar darüberstehende Pict. 17 - von Georg Pencz.

VP 1518A *Abb.*: Die Abb. bei SPARGO, 1934, nach S. 236, aus der holländ. Version (Virgil im Korb) entspricht Pict. 5 der vorliegenden englischen. Den Titel der holländischen Ausgabe (Antwerpen: Vorsterman, sine anno, 1518? oder auch 1525? angesetzt, ▶VP 1518B) mit dem Titelholzschnitt der obszönen ‚Rache Virgils', der auch in der engl. Version (von der im Exemplar der Bodleian Library eben das Titelblatt fehlt) vorauszusetzen ist, kann man im Internet finden (offenbar als Auszug aus einer Online-Publikation von Luc DEBAENE, De Nederlandse volksboeken, © 2003 = Antwerpen 1951 – bzw., nach anderer Quelle, Hulst 1977 -, S. 191-196, hier S. 191). Alle Illustrationen der engl. Version sind in der vollständigen Online-Version bei EEBO (s. gleich) zugänglich.

VP 1518A *Zugänglichkeit*: BSB Film R 360-1588 (UMI = University Microfilms International; Ann Arbor Mich., nach dem Exemplar der Bodleian Library Oxford). Außerdem, ebenfalls nach diesem Exemplar der Bodleian Library, ist vielerorts (z. B. bei der BSB München) eine vollständige Online-Version verfügbar bei EEBO (mit insgesamt 35 „Images", d.h. Digitalisierungen von Doppelseiten). - Zu den Bildern der holländ. Version s. ▶VP 1518B.

VP 1518B ■ ? + holländische Version eines Volksbuchs vom ‚Zauberer Virgilius', *Virgilius magus*, eine Art ‚Vita Virgilii', Antwerpen 1518? (oder 1525?)

Virgilius. Van zijn leuen, doot, ende vanden wonderlijcken wercken die hi dede by nigromancien, ende by dat behulpe des duuels. Antwerp, Willem Vorsterman, sine anno (vorhanden im British Museum London mit der Datierung im Katalog „1518?; das Exemplar der BL „with woodcuts" wird laut COPAC „[Antwerp] 1512" = ▶VP 1512C angesetzt; in der niederländischer Literatur zu diesem ‚Volksbuch' herrscht dagegen die Datierung „1525?" vor).

Bibl./Lit.: Vgl. grundsätzlich ▶VP 1518A zur englischen Version dieses Volksbuches; beide Versionen sind bei MAMBELLI nicht verzeichnet. Die vorstehende Titelversion bereits bei SPARGO, 1934 (Titel s. ▶VP 1518A), S. 237 mit Anm. 2 S. 420f., der dort noch weitere Nachweise für Nachdrucke der holländischen (bzw. flämischen) gibt (s. weiter unten die von GESSLER, 1950, 41f. revidierte Liste). Die holländische Fassung kam 1570 auf den (1559 begründeten päpstlichen) Index (librorum prohibitorum). Diese Angaben werden bestätigt durch die einschlägige Monographie: Virgilius. Facsimile van de oudste druk van het Vlaamse volksboek ingeleid door Jan GESSLER. Met kanttekeningen bij de illustratie van de Nederlandse uitgaven door Fr(ank) VAN DEN WIJN-GAERT, Antwerpen, De Vliet, 1950, 80 S. (der Spezialbeitrag zu den Illustrationen dort S. 61-78) plus ungezählte 39 Seiten mit dem Faksimiledruck der holländischen undatierten Version. Dieses Buch ist in Deutschland nur in der Württembergischen Landesbibliothek Stuttgart, vorhanden und als Kopie in meinem Besitz. Dort gibt J. GESSLER eine Einleitung in die holländische, erstmals von Willem Vorsterman ohne Jahr gedruckte Version (Literaturbericht zum ‚Zauberer Virgilius' S. 9-16, zur Rolle Vergils im Mittelalter und speziell in den Volksbüchern S. 17-51, Inhaltsübersicht über die 23 Kapitel des flämischen Volksbuches von 1525?/▶VP 1518B S. 52-60, das im Anhang unpaginiert faksimiliert nach dem einzigen nachweisbaren Exemplar im British Museum vorgelegt wird. GESSLER (z. B. S. 40) folgt der schon von G.D.J. SCHOTEL 1873-74, vertretenen Ansetzung „um 1525". GESSLER S. 42f. hält es mit SPARGO für erwiesen, dass die engl. Version (▶VP 1518A) eine Übersetzung der holländischen ist; ob die holländische Version ihrerseits eine Übersetzung der französischen sei, bezweifelt GESSLER vor allem im Hinblick auf die zusätzlichen 5 Kapitel der flämischen Fassung, die etwa ein Drittel des Textes ausmachen und unter denen zwei der wichtigsten Zauberwerke Virgils sind, die *Salvatio Romae* und die fehlgeschlagene Selbstverjüngung.

GESSLER gibt S. 41f. eine (SPARGO, 1934, S. 420f. präzisierende) Übersicht über die sechs bekannten Drucke des flämischen Volksbuchs, von denen aber zum Teil keine Exemplare mehr nachweisbar sind: 1. Antwerpen, W. Vorsterman, sine anno, ca. 1525 (= ▶VP 1518B); 2. Amsterdam, H.S. Muller, 1552, nur aus zweiter Hand bekannt; 3. (nach dem Kolophon:) Amsterdam, Ot. Barentsz Smient, 1656, kein Exemplar bekannt; 4. Eene schoone ende vermaeckelijcke Historie / van Virgilius leven / doodt / ende van zuijn wonderlijcke wercken ... Amsterdam, Ot. Barentsz Smient, 1672 (1672 im Titel datiert, im Kolophon dagegen 1656, also Übernahme von Nr. 3), nur ein Exemplar im British Museum bekannt; das Frontispiz mit einem Holzschnitt und alle weiteren 9 Holzschnitte zum Text sind bei GESSLER, 1950, abgedruckt; Näheres s. ▶VP 1672C; 5. De Historie van Virgilius zijn leven, ende wonderlyke werke die hy dede door de komst van nigromantie. Amsterdam, S. und W. Koene, 1788, ein Exemplar in der Kon. Bibl. Den Haag bekannt; nur das Frontispiz mit einem Holzschnitt ist bei GESSLER, 1950, nach S. 52, abgedruckt; Näheres s. ▶VP 1788B; 6. um 1810 Ndr. von Nr. 5, jedoch mit veränderten Illustrationen, Amsterdam, W. Koene, sine anno, ca. 1810, mehrere Exemplare bekannt, u.a. in der Kon. Bibl. Den Haag und in der UB Gent; das Frontispiz mit einem Holzschnitt und alle weiteren 7 Holzschnitte sind bei GESSLER, 1950, abgedruckt, Näheres s. ▶VP 1810B.

Zu dieser holländischen Version ist im Internet (auch unter dem englischen Titel „This boeke treath ...") eine ausführliche, stark von SPARGO, 1934, abhängige Darstellung zugänglich, die offenbar aus Luc DEBAENE, De Nedelandse volksboeken, © 2003, S. 191-196, stammt. Dies Buch ist aber nicht 2003 erschienen, sondern Antwerpen 1951, und zwar mit dem Untertitel: Ontstaan en geschiedenes van de Nederlandse prozaromans, gedrukt tussen 1475 en 1540. DEBAENE bietet u.a. eine längere Inhaltsangabe des holländischen Volksbuches von Virgilius. Hier wird außer auf PROCTOR (1894), Domenico COMPARETTI, Virgilio nel Medio Evo, Firenze ²1896, Teil II, S. 282-300, und SPARGO (1934), noch hingewiesen auf: J. STECHER, La légende de Virgile en Belgique, in: Bulletin de l'Académie royale de Belgique, III. Série, 19, 1890, 585-632, und René BAERT - Marc EEMANS, Histoire merveilleuse du magicien Virgil, in: Hermes II. Série, Bruxelles, juin 1936, S. 35-43 (allerdings ein Fehlzitat; der Aufsatz findet sich auch nicht in Hermeneus 8, Zwolle 1936).

VP 1518B *Beschreibung*: Siehe die kontrastierende Beschreibung der Holzschnitte in der engl. und in der holländ. Version bei ▶VP 1518B. Doch sei der Klarheit halber die konkrete Abfolge in der holländ. Version nach der von mir eingeführten Paginierung S. 1 = Frontispiz bis S. 39 (letztes Bild: Doppeladler) der im Faksimile bei GESSLER vorliegenden Ausgabe festgestellt:

Pict. 1, S. 1 (Frontispiz):   Rache Virgils (I).
Pict. 2, S. 3:   Zwei Ritterheere im Kampf vor einer Stadt.

Pict. 3, S. 5:	Kampf zwischen einem Fußsoldaten und einem Ritter, ein dritter Krieger liegt mit abgeschlagenem Kopf zwischen ihnen am Boden.
Pict. 4, S. 10:	Kaiser und Virgilius als reicher Bürger (I), r. Stadtarchitektur angestückt.
Pict. 5, S. 16:	Virgil im Korb (I) ; li. Stadtarchitektur angestückt.
Pict. 6, S. 19:	Rache Virgils (II).
Pict. 7, S. 20:	Salvatio Romae.
Pict. 8, S. 22:	Kaiser und Virgilius als reicher Bürger (II), li. Stadtarchitektur angestückt.
Pict. 9, S. 25:	Winzer mit Rebstöcken (‚Der wunderbare Baumgarten').
Pict. 10, S. 28:	Li. ‚Sultanstochter' nackt im Bett; r. Gruppe von Männern mit ‚Sultan'.
Pict. 11, S. 38 (nach Abschluss des Textes):	Virgil im Korb (II).
Pict. 12, S. 39:	Doppeladler (Druckermarke?).

VP 1518B Der Erklärung der Illustrationen in ▶VP 1518B (aber auch in den späteren Drucken der holländischen Version, s. ▶VP 1672C, ▶VP 1788B und ▶VP 1810B) ist bei GESSLER, 1950, S. 61-78 ein eigenes Kapitel von Frank VAN DEN WIJNGAERT gewidmet. Konkret auf die 11 Holzschnitte plus der Druckermarke am Schluss (Pict. 12) geht VAN DEN WIJNGAERT nur S. 69-71 ein. Er betrachtet nur zwei als direkt auf diesen Text bezogen: Pict. 1 = Pict 6 (Rache Virgils) und Pict. 5 = Pict. 11 (Virgil im Korb). Es ist aber unbezweifelbar, dass auch Pict. 7 (Salvatio Romae) ein nur zu den Legenden vom Zauberer Virgilius passendes Bild darstellt. Bei den übrigen Holzschnitten kann es sich um Übernahmen (Pict. 2 und 3, ebenso Pict. 9, das nach der plausiblen Vermutung von VAN DEN WIJNGAERT/GESSLER S. 70 ein Monatsbild zum Dezember darstellt) oder auch um ad hoc angefertigten Kompilationen zweier Bilder (Pict. 4 = Pict. 6 Kaiser und Virgilius) aus anderen Büchern handeln. Theoretisch könnte auch Pict. 10 eine solche Kompilation darstellen, die sich womöglich ursprünglich auf eine ganz andere Sex-Szene bezieht; aber da es in der engl. Version ▶VP 1518A zwei weitere Picturae (die dortigen Pict. 9 und 11) gibt, die sich direkt auf das Verhältnis Virgil - Sultanstochter - Sultan beziehen, wird es sich eher um Originalbilder oder jedenfalls um direkt auf den Virgil-Roman hin kompilierte Bilder handeln.

Ich hatte gehofft, aus der bisher nicht erfolgten Gegenüberstellung der beiden nur teils identischen Zyklen in der englischen und in der holländischen Version Schlüsse in der strittigen Prioritätsfrage ziehen zu können. Aber ich habe kein überzeugendes, nicht umkehrbares Prioritätskriterium gefunden. (Es scheint in der Ikonologie genau so zu sein wie in der Philologie!) Klar ist, dass die 13 in den Text eingelegten Bilder der engl. Version ausnahmslos zu dem jeweiligen Text passen. In der holländ. Version dagegen fehlen einige Bilder des engl. Zyklus (engl. Picturae 3, 9, 11, 12 und 13). Fünf Bilder sind in der englischen und in der holländischen Version praktisch identisch (engl. Picturae 4, 5, 6, 7, 10), aber eines davon (engl. Pictura 10) ist eine sv. und leicht veränderte Variante (holländ. Pict. 10), und bei zwei Holzschnitten (engl. Picturae 4 und 5) sind in der holländ. Version (dort Pict. 4 und 8) deutlich abgegrenzte Ergänzungen (Stadtarchitektur als Seiten-Füllsel) vorgenommen worden. Auch sonst ist im Hinblick auf die veränderte Umrahmung und die Plazierung der Bilder in der holländischen Ausgabe ein unterschiedliches Verhältnis zur Graphik der Druckseite zu spüren. Außerdem sind die Picturae 1 und 2 der englischen Version, die auch dort offenbar nicht zum originalen Zyklus gehören, in der holländ. Version durch andere Bilder ersetzt, allerdings auch ein drittes (Pict. 8) durchaus passendes (in allen drei Fällen sind die Bilder der engl. Version dem Text angemessener). Theoretisch lässt sich dieser Illustrations-Befund aber ganz unterschiedlich deuten: (A.) die holländ. Version verkürzt die ältere engl. Version um einige Bilder, füllt andere graphisch auf, ersetzt drei durch andere, die aber keineswegs besser passen; (B.) die engl. Version ergänzt die ältere holländ. Version um einige zusätzlich angefertigte, durchaus auf den Text bezogene Holzschnitte und ersetzt drei weitere durch besser passende. Wahrscheinlicher erscheint mir die zweite Variante, nach der also der (unbefriedigendere) holländische Illustrationszyklus älter wäre als der englische, der eine Verbesserung gegenüber der holländ. Bebilderung darstellt.

VP 1518B *Zugänglichkeit*: Die 12 Holzschnitte von ▶VP 1518B in der Faksimile-Ausgabe von J. GESSLER, Antwerpen 1950 (s.o. Rubrik *Bibl*.). - Das Frontispiz mit der ‚Rache Virgils' auch bei Leander PETZOLDT, Virgilius Magus. Der Zauberer Virgil in der literarischen Tradition des Mittelalters, in: Hören Sagen Lesen Lernen. Festschrift für Rudolf SCHENDA, hrsg. Ursula BRUNOLD-BIGLER / Hermann BAUSINGER, Bern u.a. 1995, 549-568, hier S. 555 (in einem eher referierenden Aufsatz, der jedoch eine gute Bibl. aufweist). – Vgl. auch zu ▶VP 1518A *Abb*.

VP 1519   □ **Opera, Venedig 1519**

Vergilius cum commentariis. Opera Vergiliana antea corrupta et mendosa ... familiariter exposita ... expolitissimis figuris et imaginibus illustrata. Venetiis, Aug. de Zannis de Portesio, impensis L. A. de Giunta 1519 [2°].

Bibl.: MAMBELLI Nr. 138 (erwähnt ein Exemplar in der Biblioteca Comunale di Perugia, das jedoch im Katalog Perugia 1980 nicht aufgeführt ist); New York 1930, Case 4, Nr. 43 ("with numerous woodcuts copied from the edition at Strassburg by Grüninger ▶VP 1502") = Princeton Item 53; CBItalV Nr. 32 (Ø); FAGIOLO, Rom 1981, Nr. 15; London 1982, Nr. 73; PASQUIER, 1992, Nr. 20; BL.

Lit.: MAMBELLI Nr. 138: "Edizione marginosa, adorna di molte incisioni su legno, già riprodotte dal ... ▶VP 1502 nella edizione giuntina del ▶VP 1515D." - Vgl. auch Wolfenbüttel 1982, D 9 zu Venedig ▶VP 1532A. – PASQUIER, 1992, Nr. 20: 175 Holzschnitte, Kopien nach ▶VP 1502, daher ohne Beschreibung. - Für KALLENDORF, 1999, ist dies das erste Vorkommen des zweiten venezianischen Zyklus (Nr. 6), der ebenso wie der erste, von „L" signiert und erstmals in ▶VP 1505C = ▶VP 1507 belegte (Nr. 3), von den Holzschnitten in ▶VP 1502 ausgeht, aber diese nicht klassizistisch-humanistisch umformt, wie es L in ▶VP 1505C tut, sondern die mittelalterlich-spätgotische Stilisierung von ▶VP 1502 beibehält. – Viele Holzschnitte auch in diesem zweiten venezianischen Zyklus sind, wie solche des ersten, mit dem Monogramm L gezeichnet. Zu den auch in ▶VP 1519 belegten L-Signaturen vgl. zu ▶VP 1505C.

VP 1519   *Abb.*: Im Abb.-Teil bei PASQUIER, 1992. nur Abb. 212 zu Aen. VI (Pict. 115 der Zählung für ▶VP 1502 bei PASQUIER, 1992, Nr. 1; mit Monogramm L). - Zahlreiche Abb. bietet auch das Buch: Ritorno a Virgilio. Testo e traduzoni di Ridolfo SIGNORINI, Verona (Cassa di Risparmio di Verona Vicenza e Belluno) 1981, nämlich sämtliche 10 Holzschnitte zu den ecl. (Pict. 2-11), 10 der 29 Holzschnitte zu den georg. und 12 der 137 Holzschnitte von ▶VP 1502 zur Aeneis (S. 62 Pict. 51, S. 65 Pict. 52, S. 66 Pict. 60, S. 67 Pict. 61, S. 68 Pict. 67, S. 70 Pict. 94, S. 73 Pict. 100, S. 74 Pict. 107, S. 79 Pict. 116, S. 80 Pict. 117, S. 91 Pict. 134, S. 92 Pict. 175); ferner S. 95 den erster Holzschnitt zum „XIII. Buch" der Aen. Das Monogramm M habe ich auf den Abb. bei SIGNORINI, die oft (besonders unten) beschnitten sind, nur auf Pict. 7 und Pict. 61 erkennen können. - Bei KALLENDORF, 1999, S. 160 Plate 6 = ▶VP 1502 Pict. 89 (doch nach einem Foto der Bibl. Apost. Vaticana aus der sonst nicht beleg ten Ausgabe ▶VP 1546C).

Würdigung/Abhängigkeiten: Da diese zweite („gotische") venezianische Adaption von ▶VP 1502 (die erste ist der „humanistische" Zyklus Nr. 3 mit ▶VP 1505C, ▶VP 1507, ▶VP 1508B, ▶VP 1510B usw.) vorwiegend in Ausgaben, die von oder für Giunta gedruckt worden sind (vgl. schon die dubiosen Fall ▶VP 1515D), vorkommt, nenne ich diesen Zyklus (Nr. 6) den „Giunta-Zyklus". Im Gegensatz zu der ersten venezianischen Adaption von ▶VP 1502 seit ▶VP 1505C (Nr. 3) ist in dieser zweiten (in Zyklus Nr. 6) das spätgotische Ambiente von ▶VP 1502 beibehalten, wenn auch etwas vereinfacht. Beide Adaptionen, die erste „humanistische"(Nr. 3) und die zweite „gotische" des Giunta-Zyklus (Nr. 6), sind offenbar von demselben Künstler, dem Monogrammisten L, geschaffen worden. ZABUGHIN, 1923 (▶VP 1502 *Speziallit.*), II 390 nennt diesen Giunta-Zyklus schwer nachvollziehbar „stilizzata" und „popolaresca"; er meint wahrscheinlich das Straßburger Original ▶VP 1502, dessen gotisches Ambiente von dieser zweiten venezianischen Adaption übernommen worden ist. ZABUGHIN, II 436 (Anm. 164) betrachtet folgende Ausgaben als Nachdrucke des venezianischen Giunta-Zyklus (wenn ich „▶VP" voranstelle, figurieren sie auch in meinem ‚Handbuch' – übrigens unabhängig von ZABUGHIN gefunden und identifiziert), den er mit ▶VP 1515D beginnen lässt: ▶VP 1519, ▶VP 1522, ▶VP 1529A (Lyon bei Crespin – unzutreffend; hier handelt es sich um eine Wiederverwendung der originalen Holzstöcke von ▶VP 1502, nicht um eine Übernahme der zweiten venezianischen Adaption; s. zu ▶VP 1529A); ▶VP 1529C (Paris bei Vidovaeus – von mir nicht kontrollierbar), ▶VP 1532A, ▶VP 1534A, ▶VP 1536B, ▶VP 1542A, 1544 (= ▶VP 1543C), ▶VP 1552A (bisher, bis auf die erwähnten Ausnahmen, alle: Giunta), ▶VP 1558A (Bonelli),

▶VP 1562A (Bonelli), ▶VP 1586B (Bonelli – vielmehr Dusinello). Die drei letzten Ausgaben, die bei Bonelli in Venedig erschienen sind (bzw. sein sollen: ▶VP 1586B) repräsentieren aber nicht wirklich den Giunta-Zyklus, sondern stellen eine Kompilation dar, siehe meine Ausführungen zu ▶VP 1558A. Nach meinen eigenen Forschungen sind der Liste von ZABUGHIN als weitere Belege für die Rezeption des Giunta-Zyklus noch hinzuzufügen: wahrscheinlich ▶VP 1541B (Venedig: de Tortis) und wohl auch ▶VP 1546C (Venedig: Comin de Tridino), schwerlich VP 1547A (Venedig: Gryphius).

▶VP 1519　　Von den 137 Holzschnitten zur Aeneis aus ▶VP 1502 sind in ▶VP 1519 nicht weniger als 112 nachgeschnitten. Zur Verteilung auf die einzelnen Aen.-Bücher s. die Übersichts-Tabelle nach ▶VP 1502. Es fehlen gegenüber ▶VP 1502 folgende 26 Picturae: Pict. 56 (der einzige doppelseitige Holzschnitt mit Aeneas und Achates vor den Bildern am Junotempel in Karthago), 152, 158 (die Dublette zu Pict. 156), 159, 161-164, 166-171, 173, 174, 176, 178-181, 183, 184, 186-188, ferner auch die ohnehin nicht zum Ursprungsbestand zählende Pict. 145b (der 2. Holzschnitt zur ‚Heldenschau'). Während also bis zum Anfang von Aen. X die Holzschnitte von ▶VP 1502 fast lückenlos adaptiert übernommen sind, ist die Illustrierung für Aen. X-XII nur noch sehr sporadisch (enthalten sind in ▶VP 1519 nur mehr Pict. 154-157, 160, 165, 172, 175, 177, 182 und 185). Die meisten Holzschnitte zur Aen. in ▶VP 1519 sind mit „L" signiert; wenn ich recht sehe, fehlt eine solche L-Signatur nur 33mal auf den 112 Holzschnitten (nämlich in Pict. 68, 76, 89, 90, 91, 93, 94, 96, 97, 107, 108, 109, 110, 120, 121, 123, 125, 126, 130, 131, 132, 134, 149, 151, 153, 154, 155, 160, 165, 172, 177, 182, 185). Bei diesem Nachschnitt sind auch die Namensbänder erneuert, doch nicht unbedingt verbessert worden. So wird in Pict. 58 DIDO in ▶VP 1502 zu DIDUS in ▶VP 1519, zu DIDOS in Pict. 89-93 und öfter. In Pict. 100 wird das etwas unklare IRIS in ▶VP 1502 zu TIRS un ▶VP 1519. Eine ähnliche Verlesung führt in Pict. 103 von GYAS zu DYAS. In Pict. 137 wird aus LAURENTUN gar LAURENTIA. Natürlich ist die in ▶VP 1502 falsche Stadtbezeichnung LAURENTU(M) von Pict. 144 in ▶VP 1519 nicht korrigiert, ja sie ist sogar unverständlicher Weise jetzt neu für den aus einem Wald heranreitenden TARCO eingeführt. In Pict. 172 wird aus DRANTES (Drances) ein unverständliches D.ANEV. Ich habe jedoch keine groben Missverständnisse bemerkt.

▶VP 1519　　*Zugänglichkeit*: **BSB Res/2 A.lat.a. 305** ist **vollständig** in 861 Images einschließlich aller Holzschnitte (auch denen zu ecl., georg., opuscula) **digitalisiert**; alle Holzschnitte sind auch auf **DVD 1** enthalten, dazu der gesamte Aen.-Textteil komplett. Die Titelseite dieses Münchener Exemplars ist rechts mit Textverlust beschnitten. Auf den Holzschnitten sind die nackten Körper der Götter schwarz abgedeckt. – Die Illustrationen dieser gotischen „Giunta-Adaption" (Zyklus Nr. 6) von ▶VP 1502 sind auch aus **BSB Res/2 A.lat.a. 310** für ▶VP 1536B und aus **BSB 2 A.lat.a. 314** für ▶VP 1552A digitalisiert.

VP 1520A   ◻ + **Opera, Mailand (1520?)**

Bucolica, Georgica, Aeneis (Kolophon: et Iuvenilia) cum Servii commentariis accuratissime castigatis … eiusdem vita per Tiberium Donatum edita, Philippi BEROALDI in Servium note. Ad hos Iac. CRUCII Bononiensis annotationes … Insuper Iani PARRHASII interpretatio exactissima in primum et (secun?)dum Aeneidos librum. (Kolophon:) Impressium Mediolani, per Augustinum de Vicomercato, ad instantiam domini Nico[lai Gorgonzola], sine anno (1519-1522?) [2°].

Bibl.: Scheint bei MAMBELLI zu fehlen. MAMBELLI führt jedoch praktisch denselben Titel als Nr. 120, aber als „Mediolani exc. Jo. Ant. Scinzenzeler, impensis Joh. Jac. Lignani, 1511, Ø". Ferner bringt MAMBELLI Nr. 142 die vielleicht mit ▶VP 1520A identische Ausgabe „P. Vergilius Maro cum magnete suo Servio … Addidimus praeterea Iani PARRIIASII commentaria Philippi BEROALDI. Mediolani, Jo. A. Scinzenzeler, 1520 [4°]", mit dem Zusatz "con 16 incisioni su legno (5 per le georg. e le ecl. e 11 per l'Aen.) e le iniziali ornate provenienti da opere più antiche" und mit Hinweis auf SANDER, 1942 (▶VP 1507), Nr. 7663. Illustrationen für in Mailand gedruckte Vergil-Ausgaben erwähnt MAMBELLI erst für diese seine Nr. 142 = Mailand ▶VP 1520A - unklar, ob es die bereits für ▶VP 1515A belegten sind. ▶VP 1520A fehlt auch in CBItalV und bei PASQUIER, 1992 (in beiden Bibliographien sind überhaupt keine Mailänder Ausgaben aus dem 16. Jh. angeführt). - Vgl. auch Mailand ▶VP 1516 (ohne Illustr.) und die titelgleiche Ausgabe Mailand ▶VP 1515A, die jedoch andere Illustrationen enthält. - Titelaufnahme nach dem für Frontispiz und Kolophon leicht beschädigten BSB-Exemplar (der defekte Name des Verlegers Nicolaus Gorgonzola im Kolophon ist aus der Druckermarke im Frontispiz ergänzt; ob der originale Kolophon eine weitere Zeile mit dem Erscheinungsjahr aufwies, lässt sich nicht sagen); im BSB-Katalog entsprechend der Tätigkeit des Druckers Augustinus de Vico Mercato „1519-1522" datiert. - Die Ausgabe enthält u.a. die Argumenta (Decasticha) des Modestinus Iurisconsultus.

Beschreibung: Die Ausgabe enthält 10 Holzschnitte: ein Frontispiz und je 1 Holzschnitt zu Beginn der ecl., der georg. und der Aen.-Bücher I-VI sowie zu Aen. XIII. Einige sind mit bräunlicher, verwischter Farbe teilkoloriert. Es handelt sich wegen mehrfacher Dubletten bei den 7 Holzschnitten zu Aen. I-XIII nur um 4 verschiedene Bilder, von denen nur eines, das zu Aen. I = Aen. V (das auch Namensbeischriften enthält) sonst belegt ist.

Frontispiz: Der Holzschnitt über der figürlich gerahmten Titelei zeigt Vergil flankiert von Kommentatoren in dem seit ▶VP 1508B und ▶VP 1510B belegten Typus (Zyklus Nr. 3). In dem beschädigten BSB-Exemplar sind nur 3 Männer zu erkennen, aber 6 Namensüberschriften: DONATUS, SERVIUS, VIRGILIUS, BEROAL., IAC. CRU., PARR. Die Namen aller 6 Männer (Tib. Claudius Donatus, Servius, Vergilius, BEROALDUS, Iacobus CRUQUIUS und Aulus Janus PARRHASIUS, 1450-1522) kommen im Titel vor. – Mit Druckermarke des NICOLAUS GORGONZOLA.

Aen. I = Aen. V (7,1 x 7,8):   IUNO li. und EOLUS r., vor der Höhle der Winde r. stehend, und zwei Koggen im Sturm li. – Nachahmung von ►VP 1507 oder ►VP 1510B, der ersten („humanistischen") venezianischen Adaption von ►VP 1502 (Zyklus Nr. 3), doch keine genaue Wiederholung, außerdem Hinzufügung von Namensbeischriften.

Aen. II = Aen. IV (5,1 x 8,1):   Ein Professor/Mönch sitzt li. vor einem Lesepult, zu einem vor ihm stehenden, halb abgewandten Schüler sprechend; r. stehen mehrere weitere Schüler. - Für die Aen. grundsätzlich unpassendes, sonst nicht belegtes Bild: BILD 6.

Aen. III = Aen. XIII (7,1 x 7,8):   Ein König mit Krone und Schwert (2. von li.) steht zwischen zwei Unbewaffneten; r. am Boden ein getöteter geharnischter Krieger, dem eine Krone vom Haupt gefallen ist; r. eine vor einer Stadt stehende Menschenmenge. - Für Aen. III nicht, sehr wohl aber für Aen. XIII passend: Aeneas und der von ihm im Duell getötete Turnus. Sonst nicht belegtes Bild (keine Nachahmung von ►VP 1502 Pict. 189).

Aen. IV = Aen. II: BILD 6, weder hier noch dort passend.

Aen. V = Aen. I: nur für Aen. I passend.

Aen. VI (5,1 x 8,1):   Ein in einer Bibliothek sitzender Mönch/Professor erteilt einem vor ihm stehenden Mönch einen Auftrag. - Für die Aen. grundsätzlich unpassendes, sonst nicht belegtes Bild; Pendant zu Aen. II = IV.

Aen. VII - XII: ohne Bild.

Aen. XIII = Aen. III: hier zu Aen. XIII passend.

Die Illustrierung für die Aen. ist kompilatorisch: Vielleicht sind alle Holzschnitte (nicht nur Aen. I = Aen. V) aus früheren Ausgaben (Aen. II = IV und Aen. VI nicht aus einer Vergil-Ausgabe) übernommen, auch wenn sich das nicht nachweisen lässt.

Abhängigkeiten: Ein direktes Vorbild lässt sich nicht nachweisen: Die Ausgabe Mailand ►VP 1515A ist zwar bis auf den Drucker/Verleger titelgleich, enthält aber andere Illustrationen. Diese gehören zwar ebenfalls zum Zyklus Nr. 3, der „humanistischen" Venezianischen Adaption von ►VP 1502 (s. zu ►VP 1507), und zwar zur sekundären Variante, in der nicht mehr Aen. IV ≈ Aen. II (s. zu ►VP 1510B) sind. Die Holzschnitte in ►VP 1520A sind aber nicht mit ihnen identisch: Sie sind zudem anders verteilt. Auffällig ist in ►VP 1520A, dass es wieder, wie anfangs in Zyklus Nr. 3, eine Ähnlichkeit zwischen Aen. II ≈ Aen. IV gibt, aber mit einem anderen Bilder-Duo.

VP 1520A *Zugänglichkeit*: BSB 2 A.lat.a. 268, ein (gerade auch für Frontispiz und Kolophon beschädigtes Exemplar), daraus digitalisiert 12 Seiten mit allen 10 Holzschnitten; **DVD 1.**

VP 1520B   ▫ ? + **Opera, (Paris?) (1520)**
Vergiliana opera: Bucolica, Georgica, Aeneis; una cum figuris ad illa multum requisitis ut frequens docet epistola. Item Benedicti Philologi restitutio ... cumque argumentis et scoliis Iodici BADII ... opuscula. (Paris?) P. Viart (1520).

VP 1520B   *Bibl.*: Nicht bei MAMBELLI (der als Nr. 143 nur, und zwar aus zweiter Hand, eine andere Ausgabe der Vergilii opera. Paris, typis Mich. Leschander, 1520, bringt) oder im CBItalV; nur aufgeführt Princeton Item 54a mit obigem Titel, der auf Illustr. weist. Wenn C. KALLENDORF (brieflich aufgrund von Autopsie) 30 Illustrationen (10 buc., 8 georg., 12 Aen.) „from the Brant-Grüninger milieu (sc. ►VP 1502)" zählt, wird das auf den Zyklus Nr. 3, der „humanistischen" ersten Venezianischen Adaption von ►VP 1502 zu verweisen.

VP 1520C   ◻ **Opera, Venedig 1520**
Bucolica, Georgica, Aeneis cum Servii Grammatici commentariis accuratissime emendatis ... Sequitur Probi celebris grammatici in Bucolica et Georgica commentariolus non ante impressus. Ad hos Donati fragmenta, Christophori Landini et Antonii Mancinelli commentarii. Venetiis, in aedibus Georgij de Rusconibus, 1520 [2°].

Bibl.: MAMBELLI Nr. 141; New York 1930 = Princeton Item 54 ("woodcut illustrations"); CBItalV Nr. 33 (Ø); FAGIOLO, Rom 1981, S. 12, Nr. 16; Mantua 1981, Nr. 1; Napoli 1981, Nr. 64; KALLENDORF, 1991, Nr. 55. - Fehlt bei PASQUIER, 1992.

Lit.: MAMBELLI Nr. 141: "Edizione rara…adorna di due incisioni al titolo (la superiore raffigura Virgilio che offre l'Eneide a Ottaviano) e di 17 graziose silografie dell'edizione dello Stagnino del ►VP 1507 (una per le ecl.: Melibeo rivolge i suoi saluti a Titiro, 4 per le georg. e 12 per l'Aen., in relazione al soggetto di ciascun libro" mit Hinweis auf G. FUMAGALLI, Lexicon typographicum Italiae, Firenze 1905, S. 482-486, und PRINCE D'ESSLING, Les livres vénitiens à figures sur bois (1469-1525), Paris 1892 (Fehlzitat? belegt ist ich nur ein Buch mit dem Titel 'Bibliographie des livres à figures vénitiens de la fin du XVe siècle et du commencement du XVIe, 1469-1525', Paris 1892 von Victor MASSÉNA, duc de Rivoli, puis Prince D'ESSLING - wohl der Vorläufer von ESSLING, 1907-1914, s. ►VP 1505C). - Napoli 1981, Nr. 64: "17 silografie, opera di Giovanni Andrea Vavassore, il 'Guadagnino', già stampate da Bernardino Stagnino nel ►VP 1507, precedono ed illustrano le Buc. e e i singoli libri delle Georg. e dell'Eneide. Sul frontespizio due vignette: nella prima, in alto, si vede Virgilio che offre l'Eneide ad Ottaviano, tra Mecenate e Pollione con le opere, Georg. e Buc., a loro rispettamente dedicate; nella seconda, in basso, S. Giorgio che uccide il drago e, sullo sfonda, una donna in preghiera." - Vgl. oben zu ►VP 1507.

Beschreibung/Abhängigkeiten: Enthalten sind kleine (5,6 x 5,8) Holzschnitte mit einfachen Figuren, die an Miniaturen von Initialen in Handschriften erinnern.
Auf der Titelseite zwei Holzschnitt-Vignetten: **(a)** Auf der oberen überreicht VIRGILIUS seine AENEIDO(S) kniend dem in der Mitte thronenden OCTAVIANUS, li. steht MECENAS mit zugeordneter Inschrift GEORGICA, r. POLIO mit BUCOLI(CA). **(b)** Auf dem unteren Holzschnitt tötet der Heilige Georg den Drachen; kniend die zu befreiende Königstochter. Dieser untere Holzschnitt bezieht sich

natürlich nicht auf Vergil, sondern ist die Druckermarke von G. Rusconi, auch verwendet z. B. für die Ausgabe von Ov. met., Venedig 1509, vgl. dazu Bernadette PASQUIER, Caesarodunum Suppl. 55, (Tours) 1986, Abb. 1. Er ist in ▶VP 1507 nicht enthalten.

Im Text dann je ein Holzschnitt vor ecl. 1, vor den 4 georg.- und den 12 Aen.-Büchern, insgesamt also 17 plus den beiden Titelholzschnitten. Sie sind Wiederholungen der Holzschnitte in (▶VP 1505C =) ▶VP 1507 (Beschreibung s. dort); auch der Satzspiegel der jeweiligen Seite ist fast genau identisch. Es liegt also ein Beispiel für die erste venezianische („humanistische") Adaption (Zyklus Nr. 3) von ▶VP 1502 (speziell von dem dortigen jeweiligen ersten Holzschnitt zu einem Aen.-Buch) vor und zugleich für den damit aufgekommenen Typus des Einzelbuch-Titelbildes. Da in der Regel die jeweils erste Szene des Aen.-Buches illustriert ist, könnte man präziser von Auftakt-Bildern sprechen. Die Personen auf den Aen.-Holzschnitten sind anonym; es gibt (wie in der Vorlage ▶VP 1507, anders als in deren Variante ▶VP 1510B) keinerlei Namensbänder. Dass ▶VP 1520C die originale erste venezianische Version von ▶VP 1507 wiederholt und nicht deren Variante in ▶VP 1510B (und wohl schon in ▶VP 1508B), sieht man außerdem vor allem daran, dass in ▶VP 1520C, wie in ▶VP 1507, der Holzschnitt zu Aen. IV eine Abwandlung jenes zu Aen. II ist und diese beiden korrespondieren Bilder die Ich-Erzählung des Aeneas in Aen. II-III einrahmen. In ▶VP 1510B ist dagegen, wieder in Rückgriff auf ▶VP 1502, ein neuer Auftakt-Holzschnitt für Aen. IV eingeführt. – Die Bilder von ▶VP 1520C (= ▶VP 1507) sind übernommen auch in die Ausgabe ▶VP 1531.

Abb.: Bildertitel mit 2 Holzschnitten bei Mantua 1981, Nr. 1.

VP 1520C   *Zugänglichkeit*: Nicht in der BSB vorhanden, wohl aber in der UB München W 8 A.lat.1504a.

VP 1520D   **Opera, Paris 1520**
Vergilius. Si elegantiam, si facundiam, si prudentiam, si exiles, si fecundas, si deni(que) graues sententias scire cupis, Vergilium [l]egito ... Lutetie, Petrus [Baguelier] Gratianopolitanus, 1520.
Bibl.: MAMBELLI Nr. 155 führt diese Ausgabe „sine loco, sine anno" und datiert sie aufgrund der Druckermarke eines unbekannten Druckers auf Paris 1527, mit dem Hinweis: „con 18 incisioni su legno ... Le incisioni hanno la grandezza della pagina e sono così distribuite: 17 per le ecl. e le georg. e una sola per l'Aen." Der genaue Titel mitsamt den Druckangaben nur im COPAC (BL), dort mit dem Hinweis: „Edited by A(ugustinus) CAMYNADUS. With 17 woodcuts". – Da nur 1 Holzschnitt zur Aen. enthalten, nicht als Zyklus zu werten.

VP 1520E   ◻? + **Opera, Lyon (?) 1520**
Bibl.: Einziger Zeuge ist COPAC (BL), der keinen eigentlichen Titel anführt, sondern nur eine Buchbeschreibung gibt: „The works of Virgil, with marginal annotations; the Arguments to the Eklogues by H(umbertus) MONSMORETANUS; to the Aeneid by A. CAMINADUS. With woodcuts" und hinzufügt: „[Per Joannem de Platea? Lugduni?] 1520".

VP 1522A ◻ **Opera, Venedig (de Gregoriis/Giunta) 1522**
Vergilius cum commentariis et figuris, Bucolica, Georgica, Aeneis cum Servii
commentariis accuratissime emendatis ... Res vero totius operis adeo graphice
imaginibus exprimuntur ut non minus geri videantur quam legi possint ...
Venetiis, Gregorius de Gregoriis, impensis vero D. Lucae Antonii de Giunta,
1522 [2°]. - Im Kolophon auf den 20.11.1522 datiert.
>*Bibl.*: MAMBELLI Nr. 146; Perugia 1980, Nr. 25; CBItalV Nr. 35 (Ø, [4°]);
Napoli 1981, Nr. 65; KALLENDORF, 1991, Nr. 58; PASQUIER, 1992, Nr. 21; Princeton Item 55, mit Hinweis „title surrounded by woodcut illustrating ten classical authors, printer's mark of Lucius Antonius di Giunta" (zu den "ten authors"
vgl. ►VP 1515D).

VP 1522A *Lit.*: MAMBELLI Nr. 146: "Magnifica edizione rara, con splen-
dide incisioni copiate dall'edizione di Strasburgo del 1519 [die es bei MAMBELLI
nicht gibt, gemeint ist wohl nicht Straßburg ►VP 1502, sondern Venedig ►VP
1519, also der Zyklus Nr. 6], e con frontespizio inciso con lo stemma dei Giunta,
e 10 medaglioni di poeti e scrittori latini e delle nove muse" mit Hinweis auf
V(ictor) M(assena) PRINCE D'ESSLING, Les livres vénitiens à figures sur bois
(1469-1525), Paris 1892, 63 (falls der Titel richtig ist - ich sehe nur ein Buch mit
dem Titel "Bibliographie des livres à figures vénitiens ... 1469-1525", Paris
1892 belegt - wohl der Vorläufer von ESSLING, 1907-1914, s. ►VP 1505C). -
Napoli 1981, Nr. 65: "Edizione ricca di numerosissime silografie, già usate in
parte nella giuntina del 1519 ed ispirate a quelle dell'edizione di Grüninger
(Strasburgo 1502). Nel frontespizio il titolo è circondato dai ritratti di dieci
autori latini e, in basso, dalla raffigurazione delle nove muse." - KALLENDORF,
1991, Nr. 58: "woodcut scenes for title page, Buc. 10, Georg. 37, Aen. 108,
Liber XIII 3, Minora 8." - PASQUIER, 1992, Nr. 21: Illustr. wie in Venedig ►VP
1519 (= PASQUIER, 1992, Nr. 20), daher nicht näher beschrieben.
>*Abb.*: Titelbild bei MORTIMER, 1986, S. 171.

VP 1522B ◻ **? + Opera, Venedig (de Fontaneto) 1522**
Opera antea corrupta et mendosa nunc vero multorum exemplarium collatione in
integrum restituta ... expolitissimis figuris et imaginibus illustrata ... Venetiis,
per Gulielmum de Fontaneto Montisferrati, 1522 (übrigens, genau wie ►VP
1522A, auf den 20.11.1522 datiert) [4°].
>*Bibl.*: Fehlt bei MAMBELLI und in anderen Bibliographien; aufgeführt
allein von Perugia 1980, Nr. 26 ("ill. ... Front. in car. gotici rossi e neri.
Sconosciuto ai repertori") und (wohl danach) von KALLENDORF, 1991, Nr. 57,
der aufgrund Autopsie schreibt: "woodcut scenes for Buc. 1, Georg. 3, Aen. 12,
Liber XIII 1", dazu Plate 1 (Frontispiz ohne Bild).

VP 1523 **Opera, Straßburg 1523**
Opera omnia in unum volumen congesta. Argentorati, Joa. Knoblouchus, 1523.
>*Bibl.*: MAMBELLI Nr. 149 ("con incisioni su legno").

VP 1527A ◻/◼ **Opera, Lyon 1527 (= 1528)**

Opera Vergiliana cum decem commentis docte et familiariter exposita, docte quidem Bucolica et Georgica a Servio, Donato, Mancinello et Probo nuper addito cum adnotationibus Beroaldinis, Aeneis vero ab iisdem praeter Mancinellum et Probum et ab Augustino Datho ... omnia expolitissimis figuris et imaginibus illustrata. Lugduni, per Iacobum Marescal alias Roland (= Jacques Mareschal), 1528 (rote Datierung auf dem Titelblatt) oder 1527 (so im Kolophon datiert: 19.8.1527) [2 Vol. in 1 Bd., 2°].

Bibl.: MAMBELLI Nr. 154 ("Titolo inciso su legno e impresso in rosso e nero; con molte vignette di stile veneziano", mit Hinweis auf V. R. BRUN, Le livre illustré en France, Paris 1889, 323); MORTIMER, 1964 (▶VP 1517 *Bibl.*), zu Nr. 537, dort 1528 ("contains copies of the Strasbourg blocks, considerably reduced and simplified"); Straßburg 1981, Nr. 12; PASQUIER, 1992, Nr. 6 (kleine Holzschnitt-Vignetten, 4,0 x 7,0, Nachahmungen der Grüningerschen Ed. Straßburg 1502, reduziert auf ein Viertel, im venezianischen Stil; ohne Beschreibung). - Princeton Item 58 bringt eine Ausgabe mit demselben Titel (jedoch mit: „exposita ... ab Iodoco Ascesio") und mit dem Hinweis „many woodcut illustrations", aber (Lugd.) 1528 datiert. - BL (Lugduni, Mareschal, 1528). - Vermutlich ein weiteres Beispiel für die erste venezianische, die ‚humanistische' Adaption von ▶VP 1502 (Zyklus Nr. 3) und damit von ▶VP 1505C bzw. ▶VP 1507 abhängig; doch s. die folgende *Beschreibung*.

Beschreibung/Abhängigkeiten : Ich hatte erst nachträglich die Möglichkeit, das Exemplar der BN Strasbourg kurz und ohne konkrete Vergleichsmöglichkeiten einzusehen. Das Titelblatt weist eine dekorative Umrahmung auf, auf seiner Rückseite findet sich eine stark verkleinerte (11,5 x 9,5) und vereinfachte Adaption des Haupttitels von ▶VP 1502 (die Muse Calliope krönt Vergil); derselbe Holzschnitt ist vor Beginn der Aeneis, nach den Praenotamenta, wiederholt. Der Text enthält vignetten-große Holzschnitte, die von ▶VP 1502 abhängig, aber stark verkleinert und alle einheitlich auf die Größe 4,0 x 7,1 reduziert worden sind. Es sind zu den ecl. 10, zu georg. I 10, II 10, III 10 und IV 7, zu den Opuscula 14; zu Aen. I 8, II 14, III 14, IV 12, V 11, VI 12, VII 10, VIII 6, IX 7, X 10, XI 12, XII 12; zu Aen. XIII 8 Bilder; p. CCLV v nach den *Argumenta et Verg. laudes* noch der Holzschnitt mit dem Sarkophag Vergils. Das sind insgesamt 199 Bilder, davon 129 zur Aen. Allerdings sind in dieser Zahl viele Dubletten enthalten. – Meine Vermutung, hier liege eine Form des Zyklus Nr. 3 vor, hat sich durch die Autopsie nur zum Teil bestätigt. Der Zyklus Nr. 3 bietet seit ▶VP 1505C bzw. ▶VP 1507 zur Aen. nur einen Zyklus von 12 Titelbildern. Hier in ▶VP 1527A jedoch ist die vereinfachende und ‚humanistische' Stilisierung des venezianischen Zyklus Nr. 3 im Prinzip (das für Aen. I-VIII einigermaßen durchgehalten ist) auf alle Holzschnitte von ▶VP 1502 (Zyklus Nr. 2) ausgedehnt worden. Es handelt sich selbst für die jeweils ersten Bilder zu den Aen.-Büchern, wie sie im Zyklus Nr. 3 vorliegen, jetzt in ▶VP 1527A nicht um eine bloße Übernahme, sondern um einen stark reduzierten Neuschnitt (weiterhin mit Namensbändern); für den Großteil der Holzschnitte haben die Adaptionen in ▶VP 1527A kein Vorbild im Zyklus Nr. 3 (▶VP 1507). Auch dass die Bilder in ▶VP 1527A gegenüber den unterschiedlichen, bis zu ganzseitigen Formaten in ▶VP 1502 (Zyklus Nr. 2) und auch in der ersten venezianischen Adaption in ▶VP 1507 (Zyklus Nr. 3) auf ein einheitliches Kleinformat reduziert sind, ist eine schon formal respektable Leistung. Man kann den in ▶VP 1527A vorliegenden Zyklus als Vorstufe und Vorlage des Pariser Zyklus Nr. 8 ansprechen, der in ▶VP 1529D und ▶VP 1529E (evtl. identisch) vorliegt, der aber seinerseits wegen des etwas größeren Formats der Holzschnitte (5,5 x 7,5 gegenüber 4,0 x 7,1 in ▶VP 1527A) kein bloßer Nachschnitt ist. – Nach C. Kallendorf (brieflich) ist ▶VP 1529C (s. dort) ein Ndr. von ▶VP 1527A.

▶VP 1527A Die kurze Einsichtnahme in das Straßburger Exemplar ließ nur wenige Beobachtungen zu, die sich auf den Vergleich mit ▶VP 1502 stützen: Aen. I: es fehlt der ursprünglich doppelseitige Holzschnitt Pict. 056 (Bilder am Juno-Tempel) aus ▶VP 1502, die übrigen 8 sind seitenrichtig nachgestochen. Aen. II: es fehlt Pict. 067 (Nyktomachie), die übrigen 14 sind seitenrichtig nachgestochen. Aen. III: es fehlt Pict. 082 (Opfer in Buthrotum), die übrigen 13 sind alle seitenverkehrt (nur Pict. 075, das erste Bild zu Aen. III, seitenrichtig) nachgestochen; zusätzlich ist eine Dublette aus ecl. 2 eingefügt. Aen. IV und Aen. V: Alle 12 bzw. 11 Picturae sind sv. nachgestochen. Aen. VI: Zunächst sind alle Pict. 112-119 (mit Dido) sv nachgestochen, dann fehlen die Pict. 120 (Deiphobus), 122 (Tartarus) und 124 (erster Teil der Heldenschau), enthalten sind wieder Nachstiche von Pict. 122 (*Fortunata nemora*, verstellt), 123 (*Campus lyseus*), eine Dublette aus Aen. IV und Pict. 125 (zweiter Teil der Heldenschau, eliminiert ist aber die Gruppe VIRGILIUS/Muse), insgesamt sind also von den 14 originalen Picturae aus ▶VP 1502 elf berücksichtigt. Aen. VII: Von den 11 originalen Picturae sind acht sv. berücksichtigt; es fehlen Pict. 129, 132 und 136; hinzu kommen zwei Dubletten aus Aen. VI bzw. V. Aen. VIII: Von den 9 Picturae der Normalversion von ▶VP 1502 sind 6 sv. berücksichtigt; es fehlen Pict. 138 (Tiberinus), 142 (Venus und Vulcanus), 143 (Zeichen der Venus) und außerdem die Plus-Bilder Pict. 144/145 plus (Waffenübergabe) und Pict. 145b (zweites Bild zur Schildbeschreibung). Für Aen. IX-XII bzw. XIII konnte ich keine genaueren Vergleiche mehr anstellen. Es scheint sich meist um an dieser Stelle unsinnige sv. Dubletten aus früheren Aen.-Büchern zu handeln. – Es ist auffällig, dass die Nachstiche für Aen. I/II seitenrichtig, danach immer sv. sind. Bis Aen. VIII sind die meisten Bilder aus ▶VP 1502 wiedergegeben; im letzten Drittel der Aen. dominieren Dubletten. Die Art der verkleinerten Wiedergabe der Holzschnitte von ▶VP 1502 in Paris ▶VP 1529D und ▶VP 1529E (Zyklus Nr. 8) ist ähnlich, aber nicht identisch (auch nicht für das Prinzip einer seitenrichtigen oder aber sv. Wiedergabe).

VP 1527B   + Opera, Straßburg 1527

Opera. Argentorati, Ioannes Cnoblochus [= Johann Knoblochzer], 1527.
Bibl.: Fehlt bei MAMBELLI vor Nr. 155; New York 1930, Case 11, Nr. 124 („title within woodcut border"; Exemplar in Privatbesitz); Straßburg 1981, Nr. 13 (Ø); Trier 1982, Nr. I 11 S. 18 (Straßburg, Johann Knoblochzer, 1527; (Ø) - aber die Abb. 7 S. 21 zeigt zum Ende des Suppl. Aen. = Aen. XIII von Maphaeus Vegius gleich 4 kleine Holzschnitte - wie an gleicher Stelle in ▶VP 1529D -; diese finden sich aber nicht im Exemplar der BSB, das keine eigentliche Illustration enthält, sondern nur eine dekorative Rahmung des Titels; ebensowenig im Exemplar der BN Strasbourg).
Zugänglichkeit: BSB A.lat.a. 2143.

VP 1528A   ◻ Opera, Lyon 1528 (= 1527)

Alternativansetzung zu ▶VP 1527A.

VP 1528B   ■ ital. Übers. der Aeneis, Venedig 1528

Virgilio volgare qual narra le aspre battaglie e li fatti di Enea nuovamente historiato. Vinegia, per Nicolo ditto Zoppino di Aristotile, 1528.
Bibl.: MAMBELLI Nr. 749; Perugia 1980, Nr. 28; CBItalV Nr. 2070; FAGIOLO, Rom 1981, Nr. 17; Mantua 1981, Nr. 2; PASQUIER, 1992, Nr. 22; KALLENDORF, 1994, Nr. 8 ("woodcut initials, 13 scenes"); OPAC der BN Firenze ("ritr. di Virgilio sul front., 12 vignette, una all'inizio di ogni canto").
Lit.: MAMBELLI Nr. 749: "frontespizio ... 12 figure incise in legno (una per ogni libro) e ritratto di Virgilio". - PASQUIER, 1992, Nr. 22 und S. 106: ein Titelholzschnitt mit Vergilporträt und je 1 Holzschnitt zu den 12 Aen.-Büchern, mit Beschreibung. - Ferner: BÉGUIN, 2005 (▶VP 1821E), S. 274 (mit Abb. zu Aen. I).

Beschreibung dieses Zyklus Nr. 7 (aufgrund der Abb. - s.u. in der Rubrik *Abb.* - bei CARBONETTO, ⁶1963, vgl. auch PASQUIER, 1992, Nr. 22; die Übereinstimmungen mit ▶VP 1540B sind von mir ermittelt worden; die Zuordnung der Bilder zu den einzelnen Aen.-Büchern ist weder in der von PASQUIER, 1992, Nr. 22 bezeugten Reihung noch der bei CARBONETTO, ⁶1963, überzeugend).

Aen. I: Der Dichter li. (mit Lorbeerkranz) spricht zu einem jungen Mann (den Loredana CHINES bei BÉGUIN, 2005, 274 für Aeneas hält - was eine sonderbare Vermengung der Ebenen des Erzählens und des Erzählten bedeuten würde) und erzählt ihm offenbar von Kämpfen, die r. dargestellt sind. Offenbar als Bild zum Proömium bzw. zur gesamten Aeneis aufzufassen. - Übernommen in ▶VP 1540B als Aen. V Nr. 2.

Aen. II: Der Dichter r., begleitet li. von einem Mann und r. von einem Jungen (Ascanius?), zeigt auf das Hölzerne Pferd, das auf einem Brett mit Rädern montiert ist (vgl. auch unten zu *Abb.*). - Übernommen in ▶VP 1540B als Aen. II Nr. 1.

Aen. III: ENEA r. mit 2 Gefährten am Grab des POLYDORI; ganz r. Schiffe. - Übernommen in ▶VP 1540B als Aen. III Nr. 2.

Aen. IV: vgl. BILD 9. Dido (ganz li.?) und Anna und r. ENEA mit Speer; auf ihn deutet die r. Frau. - Übernommen in ▶VP 1540B als Aen. IV Nr. 1.

Aen. V: ENEA li. auf einem Schiff, r. auf dem Land eine Gruppe von Kriegern mit zwei Trompetern: offenbar Abfahrt der Trojaner von Sizilien oder eher die (zweite) Ankunft dort. - Übernommen in ▶VP 1540B als Aen. V Nr. 3 = Aen. VI Nr. 4.

Aen. VI: Laut PASQUIER, 1992, Nr. 22: „Énée et deux compagnons près du temple d'Apollon". - Bei CARBONETTO, ⁶1963, ist dieses Bild - ENEA r. mit 2 Gefährten an einem Rundtempel mit einer Statue A(POLLOS) - zu Aen. VIII gestellt, was unadäquat ist; es könnte sich entweder auf den Besuch des Orakels von Delos in Aen. III oder in der Tat auf den des Apollo-Tempels in Cumae in Aen. VI beziehen. Übernommen in ▶VP 1540B als Aen. V Nr. 4. - CARBONETTO, ⁶1963, bringt zu Aen. VI statt dessen das Bild, das laut PASQUIER zu Aen. VIII gehört: ENEA r. vor einem Tempel, li. eine kniende Frau vor der Erscheinung eines Gottes mit einem Speer auf einer Wolke (wenn auf Aen. VI zu beziehen: offenbar die Sibylle und Apollo); übernommen in ▶VP 1540B als Aen. V Nr. 6.

Aen. VII: LATINO r. kniend, li. zwei oder drei Gottheiten auf einer Wolke erscheinend. - Übernommen in ▶VP 1540B als Aen. V Nr. 5 = Aen. VI Nr. 3 (das Bild bezieht sich für Aen. VII offenbar auf Faunus, der seinem Sohn Latinus im Traum erscheint; die drei Götter passen aber eigentlich nur auf die Erscheinung der Penaten vor Aeneas in Aen. III). - Bei CARBONETTO, ⁶1963, aufgrund einer Vertauschung fälschlich am Ende von Aen. XII stehend.

VP 1528B Aen. VIII: Laut PASQUIER, 1992, Nr. 22: „Énée semble prier tandis que Vénus s'adresse à Vulcan" - das ist eine unglaubwürdige Interpretation. Bei CARBONETTO, ⁶1963, ist dieses Bild mit Recht zu Aen. VI gestellt und dann auf ENEA am Apollo-Tempel von Cumae zu beziehen, während sich die Sibylle an Apollo wendet. - Übernommen in ▶VP 1540B als Aen.V Nr. 6. - Bei CARBONETTO, ⁶1963, statt dessen am Ende von Aen. VIII: ENEA r. mit 2 Gefährten an einem Rundtempel mit einer Statue A(POLLOS) - das könnte sich entweder auf den Besuch des Orakels von Delos in Aen. III oder auf den des Apollo-Tempels in Cumae in Aen. VI beziehen, nicht auf Aen. VIII.

Aen. IX: Turnus r. zu Pferd inmitten von Soldaten, li. brennende Schiffe. - Übernommen in ▶VP 1540B als Aen. II Nr. 2 (vgl. dort auch Aen. I Nr. 2).

Aen. X: Götterversammlung, li. und r. von dem über einem Adler sitzenden Jupiter je drei Gottheiten. – Keine Entsprechung in ▶VP 1540B.

Aen. XI: ENEA, r. mit einem Begleiter, zeigt auf die Gefallenen, li. offenbar der trauernde Euander inmitten einer Gruppe von teils knienden Kriegern. - Übernommen in ▶VP 1540B als Aen. IV Nr. 3.

Aen. XII: R(E) LATINO auf dem Thron zwischen ENEA li. und TURNO r. Eine solche Konstellation gibt es in der Aeneis nicht; Aeneas begegnet Latinus nur auf freiem Felde beim Opfer und Schwur auf die Bedingungen des Entscheidungsduells, Aen. XII 161-215 - Keine Entsprechung in ▶VP

1540B. - Bei Carbonetto, [6]1963, aufgrund einer Vertauschung fäschlich am Ende von Aen. VII stehend.

VP 1528B *Würdigung*: Pasquier, 1992, Nr. 22 stellt zu recht fest, dass die Komposition und der Stil den Holzschnitten in ▶VP 1507 ähnelt, also der ersten venezianischen, der „humanistischen" Adaption von ▶VP 1502 (Zyklus Nr. 3). Noch nicht erkannt ist aber, dass in der relativ bekannten Ausgabe ▶VP 1540B = ▶VP 1544 zehn Holzschnitte aus ▶VP 1528B (nicht die Titelbilder in ▶VP 1528B zu Aen. X und XII) wiederholt und teils sinnwidrig umgestellt und nur auf die Aen.-Bücher I-VI verteilt sind; s. dort Näheres, auch zur Würdigung. – Ich nenne diesen Zyklus (Nr. 7) den des „Virgilio volgare".

VP 1528B *Abb.*: Im Abb.-Teil bei Pasquier, 1992: Abb. 318 mit dem Vergilporträt (dieses ebenfalls bei Mantua 1981, Nr. 2); Abb. 147 zu Aen. II (die Beschreibung von Pasquier „Le poète, accompagné d'un homme et d'un enfant (Ascagne?) montre le cheval monté sur roues" weist auf eine eigenartige Vermischung der Ebenen des Vermittlers/Erzählers/Dichters und der erzählten Geschichte; falls man den Holzschnitt allein auf die erzählte Geschichte beziehen will, könnte es sich um den bekränzten Priester Laokoon mit einem Sohn und einem weiteren Begleiter, vielleicht dem zweiten Sohn, vor dem Hölzernen Pferd handeln, das wie ein modernes Spielzeugpferd auf einem mit Rollen versehenen Brett steht; aber diese Deutung ist auch nicht recht überzeugend), dieser Holzschnitt ist identisch mit ▶VP 1540B Aen. II Nr. 1, s. dort; Abb. 250 zu Aen. X. - Die Schlussillustrationen zu den einzelnen 12 Aen.-Bücher in der Auswahl-Übers. L'Eneide nella traduzione di Annibal Caro. Luoghi scelti, coordinati e annotati da Arturo Carbonetto, Firenze, La Nuova Italia editrice, 1950 (= Pasquier, 1992, Nr. 169; CBItalV Nr. 2286: Firenze 1951-1967 ediz. varie; ich besitze [6]1963) stammen (laut p. XV) aus dieser Ausgabe ▶VP 1528B Venedig, Zoppino, 1528 (was auch von Pasquier, 1992, S. 190 erwähnt wird, doch mit "Artura" Carbonetto).

VP 1529A   ◻ **Opera, Lyon 1529**

Opera Virgiliana. (Pars I:) Opera Virgiliana cum decem commentis docte et familiariter exposita … ab Iodoco Badio Ascensio … Omnia quidem tam Bucolica, Georgica, Opusculorumque nonnulla, et Aeneis, quam tertiusdecimus a Mapheo Vegio liber, expolitissimis figuris et imaginibus illustrata … (Pars II mit Sondertitel: Aeneis Virgiliana cum Servii Honorati huberrimis commentariis cum Philippi Beroaldi … annotationibus…; diesem Aeneis-Titelblatt gegenüber steht der letzte Holzschnitt, der in der Ausgabe Straßburg ▶VP 1502 enthalten ist, das Grab des von Augustus beklagten Virgilius vor der Stadt Neapolis mit der Aufschrift Hic Maro docte iaces). Lugduni, in typographaria officina Joannis Crespini, 1529 [2 Teile in 1 Band, 2°].

Bibl.: Mambelli Nr. 158; New York 1930 ("with the woodcuts of the Grüninger edition of 1502 = Princeton Item 61 („3 vols. bound in 1. Copious woodcut illustrations"); Princeton führt daneben als Item 58 noch eine weitere Ausgabe mit "many woodcut illustrations", doch "(Lugd.) per Iacobum Marechal, 1528" = ▶VP 1527A); MORTIMER, 1964 (▶VP 1517 *Bibl.*), Nr. 538 (mit sorgfältiger Beschreibung und Abb. des gerahmten Titelblatts); CBItalV Nr. 39; FAGIOLO, Rom 1981, Nr. 18; Straßburg 1981, Nr. 14; London 1982, Nr. 74; Wolfenbüttel 1982, D 7 [4°]; PASQUIER, 1992, Nr. 7.

Lit.: MAMBELLI Nr. 158: "Ha le stesse incisioni su legno dell'edizione lionese di Jacopo Sachon, stampata nel 1517 [MAMBELLI Nr. 136 = ▶VP 1517] (10 per le ecl., 30 per le georg., 134 per l'Aen.). Contiene pure il XIII libro del Vegio (con 6 incisioni), i Priapeia e i poemetti attribuiti (con 15 incisioni)."- MORTIMER, 1964 (▶VP 1517), Nr. 538: "The wodcuts are the same Strasbourgh blocks used in Jacques Sacon's 1517 Lyons edition ... (= ▶VP 1517). The blocks show considerable wear; some, lost or discarded, have been replaced by repetition of other scenes." - Wolfenbüttel 1982, D 7: "ca. 200 Holzschnitte. Die Holzschnitte, die die Edition schmücken, entstammen der Brantschen Vergilausgabe (Straßburg 1502; Brants Einleitungsgedicht abgedruckt auf dem Verso des Titelblattes); es sind die Originalstöcke, teilweise beschädigt oder zerbrochen, mindestens in einem Fall (CXXXVI zu Aen. 2, 760ff.) ergänzt, verwendet, die Schnitte jedoch des öfteren vertauscht oder mehrfach wiederholt. Die Holzstöcke sind zuvor in Lyon schon für die von Iacobus Sacon 1517 gedruckte Vergilausgabe verwendet worden, mit der diese Ausgabe weitgehend übereinstimmt." - PASQUIER, 1992, Nr. 7: 195 Holzschnitte, darunter 134 zur Aen., dieselben, allerdings in schlechterem Zustand, wie in ▶VP 1517 = PASQUIER, 1992, Nr. 5, daher nicht beschrieben.

VP 1529A *Beschreibung*: Die Seiten (nicht die Blätter) sind römisch paginiert; jeweils Sonderzählungen für buc./georg., opuscula und Aeneis; es folgt noch ‚Aen. XIII' unpaginiert. Neben dem Frontispiz mit figürlich-ornamentalem Rahmen (in dem sich 8 Putti tummeln) insgesamt 203 Holzschnitte zum Text: 10 (Nr. 1-10) Holzschnitte zu den ecl.; 37 (Nr. 11-47) zu den georg.; 16 (Nr. 48-63) zu den Opuscula und dem Grab Vergils (Nr. 63); 134 (Nr. 64-197; u.a. fehlt der doppelseitige Holzschnitt ▶VP 1502 Pict. 056 zu den Tempelbildern in Aen. I) plus 1 (s. gleich) zur Aen.; 6 (Nr. 198-203) zu ‚Aen. XIII'; insgesamt 203. Sämtliche Holzschnitte sind nach den Originalstöcken von ▶VP 1502 gedruckt, die zuvor auch für Lyon ▶VP 1517 benutzt worden waren und inzwischen teils beschädigt sind (vgl. oben Lit. Wolfenbüttel 1982, D 7).

Gegenüber der Originalausgabe Straßburg ▶VP 1502 und den Nachdrucken oder Nachahmungen dieses Zyklus Nr. 2 wie z. B. ▶VP 1507 und ▶VP 1510B, zwei Beispielen für die erste Venezianische Adaption (Zyklus Nr. 3), oder ▶VP 1519, dem ersten Beispiel für die zweite Venezianische Adaption (Zyklus Nr. 6), oder im Zyklus (Nr. 7) des Virgilio volgare in ▶VP 1528B und ▶VP 1540B oder auch im Pariser Zyklus (Nr. 8) von ▶VP 1529D) neu ist der Holzschnitt Pict. Nr. 144/145plus (wenn man die Zählung bei PASQUIER, 1992, Nr. 1 für ▶VP 1502 ergänzt) zu Aen. VIII, der aber zweifellos zu demselben Zyklus gehört: VENUS (Mitte li.) weist den zusammen mit PALLAS als Begleiter von r. vor einer Stadt (Pallanteum = Rom) heranreitenden ENEAS auf die neuen Waffen hin, die li. unter einem Baum liegen. Dieser zusätzliche Holzschnitt bezieht sich auf Aen. VIII 60-625 (wo Aeneas allerdings allein vorausgesetzt wird), ist aber hier auf Aeneis-p. CCCCX (des Aen.-Teils) bereits vor Aen. VIII 367-382 gestellt. Vgl. die *Vorbemerkung 3c* zur *Beschreibung* der Holzschnitte zur Aeneis in ▶VP 1502.

Für eine genauere Beschreibung sämtlicher Aen.-Holzschnitte, immerhin 134 von 137 des Standardbestandes, sei auf das Original ▶VP 1502 verwiesen; für die meisten Bücher sind die Holzschnitte komplett (vgl. die Übersichts-Tabelle nach ▶VP 1502) und (obwohl der enthaltene Kommentartext in ▶VP 1529A wesentlich umfangreicher ist als der in ▶VP 1502) in der richtigen Reihenfolge übernommen. Zu den Beschädigungen der verwendeten Originalstöcke von ▶VP 1502 gehören auch Ausfälle von Buchstaben in den Namensbändern.

VP 1529A Aen. I: Die Pict. 52 fehlt, sie ist durch eine Dublette von Pict. 157 (drei Meeresnymphen vor dem Schiff des Aeneas, im Original zu Aen. X gehörig und dort auch in ▶VP 1529A *suo loco* gebracht) ersetzt. Außerdem fehlt Pict. 056, der doppelseitige Holzschnitt mit den Tempelbildern in Karthago.

Aen. II: Komplett mit Pict. 60-74, doch ist einmal Abfolge der Bilder vertauscht: Pict. 69 ist vor Pict. 68 verstellt.

Aen. VIII: Komplett mit Pict. 137-145A (die fehlende Pict. 145B, das 2. Bild zur Schildbeschreibung, gehört nicht zum Standardbestand); hinzu kommt zusätzlich die neue Pict. 144/145plus (s.o.).

Aen. IX: Komplett mit Pict. 146-153, doch mit 2 Umstellungen, nämlich der Abfolge Pict. 146 - 151 (vorgezogen) - 147 - 152 (vorgezogen) - 148-149-150 - 153.

Aen. X: Vom Standardbestand Pict. 154-164 fehlt (außer der nicht dazu zählenden Pict. 161 mit der Leiche des Haemonides) auch die originale Pict. 158, die als Dublette zu Pict. 156 ausgemerzt ist. Von der anderen originalen Dublette, nämlich Pict. 160 = Pict. 171, ist ausgerechnet Pict. 160 beibehalten worden, während die textgerecht in Aen. XI stehende Pict. 171 dort fehlt. Pict. 157, die bereits als Dublette in Aen. I gebracht worden war, steht erneut *suo loco* in Aen. X.

Aen. XI: Vom Standardbestand Pict. 165-176 fehlt Pict. 171 (eine Dublette zu Pict. 161, die hier in Aen. XI aber an der richtigen Stelle stehen würde). Pict. 168 ist unten stark beschnitten.

Man sieht, dass die Behauptung in Wolfenbüttel 1982, D 7, dass „die Schnitte jedoch des öfteren vertauscht oder mehrfach wiederholt" sind, übertrieben ist. Es gibt nur drei Umstellungen gegenüber dem Original ▶VP 1502 und 1 Dublette (Pict. 157 in Aen. I). Die Zahl der gegenüber ▶VP 1502 fehlenden Holzschnitte ist gering: Pict. 52, 56, 171.

Abb.: Der erste Holzschnitt zu den georg. (p. CIIII) bei Wolfenbüttel 1982, S. 69.

VP 1529A *Zugänglichkeit*: BSB Res/2 A.lat.a. 306 ; das Frontispiz und alle Doppelseiten mit je 1 Illustration sind digitalisiert (auf den Doppelseiten Opuscula LXXVIII-LXXIX, Aeneis CXCIIII-CXCV und Aeneis CCC-CCCI stehen je 2 Holzschnitte), insgesamt also 201 Doppelseiten; ▢DVD 1▢. – Vorhanden auch UB München 2 A.lat. 498. - Die Holzschnitte in ▢VP 1529A▢ sind auch vollständig digitalisiert durch das Istituto Internazionale di storia economica „F. Datini" (Online-Adresse: http://www.istitutodatini.it/biblio/images/en/istit/virgil/), eingeteilt nach Aen.-Büchern und mit ital. Legenden (die einzige dort digitalisierte Vergil-Ausgabe).

VP 1529BCD **Opera, Paris 1529**
Es scheint schwer vorstellbar, dass in derselben Stadt Paris in demselben Jahr 1529 drei (oder sogar, wenn man die offenbar gesonderte Aeneis-Ausgabe ▶VP 1529E mitrechnen darf: vier) illustrierte Ausgaben der lat. Opera Vergils erschienen der lat. In der Tat sind die Angaben in den verschiedenen Bibliothekskatalogen oder Bibliographien verwirrend und widersprüchlich. Offenbar haben alle vier Pariser Ausgaben von 1529, ▶VP 1529B, ▶VP 1529C, ▶VP 1529D und ▶ VP 1529E ein Frontispiz mit ein und derselben, von Urs Graf stammenden figürlichen Einrahmung (die u.a. die ‚Rache Virgils' und das Paris-Urteil zeigt); der eingefügte Titel und die eingefügte Druckermarke sind offensichtlich unterschiedlich. Die BSB besitzt nur eine dieser Pariser Ausgaben von 1529, nämlich ▶ VP 1529D.

VP 1529B **Opera, Paris: Regnault, 1529**
Opera cum commentario Servii. Parisiis, François Regnault, 1529.
Bibl.: MAMBELLI Nr. 160; CBItalV Nr. 38; offenbar nicht identisch mit PASQUIER, 1992, Nr. 8.
Lit.: MAMBELLI Nr. 160: "Un vol. in-8. Frontespizio istoriato con episodi delle note leggende del Virgilio appeso in una cesta e della femmina col prodigio del fuoco" mit Hinweis auf Nello TARCHIANI, L'iconografia della leggenda [di Virgilio], in: ‘Il Marzocco', Firenze, 24.04.1927. - Der Internet-Katalog COPAC Full Records bietet für "Vergilius, 1529" tatsächlich ▶VP 1529B und ▶VP 1529E (▶VP 1529E ist nicht aufgeführt) als zwei verschiedene (in Oxford vorhandene) Ausgaben, und zwar ▶VP 1529B unter dem Titel: Bucolica Georgica Aeneis, cum Servij commentarijs. Addunturque Probi ... comm(entarii), cum I. P. VALERIANI castigationibus, et lucida I. BADIJ expositione, (Par.), ap. F. Regnault, 1529, 2 pt., fol. - MAMBELLI Nr. 178 bezeichnet ▶VP 1537A als Ndr. von ▶VP 1529B.
Abb.: Das erwähnte Frontispiz bei FAGIOLO, Rom 1981, S. 9, aber dort - entsprechend den Titelangaben - für die Ausgabe ▶VP 1529E, Aeneis cum eruditissimis Servii Honorati commentariis ... Parisiis, apud Ioannem Parvum, 1529, angeführt. Offenbar haben alle drei Pariser Ausgaben von 1529, ▶VP 1529B, ▶VP 1529C und ▶VP 1529E, dasselbe Frontispiz; nur die Hinweise auf den Verleger werden verschieden sein.

VP 1529C ▢ **Opera, Paris: Vidovaeus bzw. Gaudoul, 1529**
Opera cum decem commentis docte et familiariter exposita ... Addidimus praetera opusculum aliud in Priapi lusum quod in antea impressis minime reperitur per Iod. BADIUM ASCENSIUM. Parisiis, per Petrum Vidovaeum (vaenundantur apud Petrum Gaudoul), 1529 [2°].
Bibl.: MAMBELLI Nr. 157 ("con incisioni su legno"); Trier 1982, Nr. I 12 (S. 18); Princeton Item 60, mit dem Hinweis „Copious woodcut illustrations. Title-page with monogram of Urs Graf". – Meine Zweifel, ob diese Ausgabe wirklich existiert und nicht eher identisch ist mit ▶VP 1529D, werden durch die Bestätigung von Titel und Drucker durch C. KALLENDORF (brieflich aufgrund von Autopsie) und seine Auskunft zerstreut, ▶VP 1529C sei ein Ndr. von ▶VP

1527A und dessen Holzschnitten, nämlich in Part I 8 im Vorwort, 10 ecl., 37 georg., 14 opera minora, 1 am Schluss, in Part II 127 Aen., 9 Aen. XIII.

VP 1529D ◘ + **Opera, Paris: Poncet le Preux bzw. Vidovaeus, 1529**
(Hauptitel:) Bucolica Georgica Aeneis cum Servii commentariis. Addunturque Probi et Mancinelli in Bucolica et Georgica commentarii et Donati in Aeneida fragmenta cum Io. Pierij VALERIANI castigationibus et lucida Iodoci BADIJ expositione … Item appositae sunt non sine ingenti sumptu suo ubique loco insignes figurae. (Paris), Vaenundantur via Iacobaea apud Poncet le Preux, 1529 [2°]. Dieser Titel ist identisch mit dem Exemplar in Göttingen (Niedersächsische Staats- und UB), doch dort ist als Verlag „(Parisiis), Petrus Gaudoul, 1529" angegeben. - Im BSB-Exemplar Res/2 A.lat.a. 307 hat die Aeneis (mit Sonder-Paginierung) einen Sondertitel: Aeneis. Cum eruditissimis Servii Honorati commentariis, et Ioannis Pierij VALERIANI castigationibus (und weiter wie im Haupttitel, doch ohne Verweis auf die georg.; einschließlich des Hinweises auf die allenthalben hinzugefügten kostspieligen Bilder), die Publikationsangaben sind die gleichen wie im Haupttitel. Im Kolophon (nach Aeneis CCLXII v) findet sich aber der Vermerk „diligenti emendatione per Petrum Vidouaeum Typographum ac librarium adscripticium Parisien(sem)" samt der Jahresangabe für 1529.

Bibl.: Die obige Titelaufnahme basiert auf dem Exemplar der BSB Res/2 A.lat.a. 307, vgl. auch das Zweitexemplar BSB ESlg/2 A.lat.a. 308. Eine genau identische Titelaufnahme habe ich für eine Ausgabe Paris 1529 sonst nicht gefunden. Es ist also möglich, dass das Münchener Exemplar doch identisch ist mit ▶VP 1529B oder eher mit ▶VP 1529C oder auch mit ▶VP 1529E. Das könnte nur durch Autopsie einer dieser Ausgaben und Vergleich mit meiner Beschreibung für ▶VP 1529D geklärt werden.

VP 1529D *Beschreibung*: Die Titeleinfassung ist im BSB-Exemplar sowohl für den Haupttitel wie für den Aeneis-Sondertitel identisch mit der für ▶ VP 1529E (die Aeneis-Ausgabe Paris, Petit, 1529) beschriebenen; siehe dort. Sie stammt also von Urs Graf (u.a. mit den Szenen ‚Virgil im Korb' und der obszönen ‚Rache Virgils'), doch ist in ihrer Mitte eben nicht die Druckermarke von IEHAN PETIT eingelegt, sondern (beidemal) die von Poncet le Preux. Das Vorwort stammt von Petrus Vidovaeus.
Außerhalb des Textes der Opera finden sich 6 Holzschnitte: Auf dem Verso des Haupt-Titelblattes (über der Widmung des Petrus Vidovaeus an den Rektor der Pariser Universität Ludovicus Faber) finden sich 3 kleine Holzschnitte (ohne Namensbänder) nebeneinander: 1. (3,5 x 4,2) Maecenas stehend -Vergil kniend - Octavianus thronend - Pollio stehend; 2. (4,0 x 5,4) thronender König mit Lilien-Wappen, li. 3 und r. 2 vornehme Männer; 3. (3,7 x 5,3; in einem Oval) Gelehrter am Schreibpult. - Innerhalb der dann folgenden Praenotamenta vor Beginn der ecl. zwei kleine (je 5,3 x 7,5) Nachschnitte der Picturae 60sv und 63sv (zu Aen. II, beide mit Hölzernem Pferd) aus ▶VP 1502. - Am Ende des

Index zu buc./georg./opuscula reduzierter Nachstich (5,5 x 7,5) der Pict. 51 (zum Proömium der Aen.; Parisurteil) aus ▶VP 1502.
Zu jeder der 10 Eklogen 1 Holzschnitt (keine Dublette), zu georg. I 10 (davon 3 Dubletten), zu georg. II 10 (davon 3 Dubletten), zu georg. III 9 (davon 4 Dubletten), zu georg. IV 7 (darunter keine Dublette; allerdings ist 1 Bild im Münchener Exemplar zugeklebt); zu den Opuscula 11 (davon 8 Dubletten aus den anderen Opera).

VP 1529D Folgende Holzschnitte zur Aen. - in der Zählung (Pictura) der Ausgabe ▶VP 1502 - sind enthalten (insgesamt 111 Bilder; davon 50 D = Dubletten; alle 5,5 x 7,5; vgl. auch die Übersichts-Tabelle nach ▶VP 1502):
Aen. I: 6 - Pict. 51sv, 52sv, 53sv, 54sv, 58sv, 59sv.
Aen. II: 7 - Pict. 60sv, 62sv, 64sv, 65sv, (68sv erst in Aen. XII), 71sv, 72sv, 73sv.
Aen. III: 14 - Pict. 75sv, 76sv, 77sv, 78, 79, 80, 81, 82, 83, 84, 85, 86, 87, 88 (die komplette Serie für Aen. III).
Aen. IV: 6 - Pict. 89, 90, 51D, 28D (p. LXXXII v ist eine Illustr. zu georg. II), 95, 58svD (aus Aen. I), (100 erst in Aen. XI) (fast die ganze Dido-Geschichte ist nicht illustriert).
Aen. V: 10 - Pict. 101sv, 81D, 103sv, 104, 105sv, 106, 108, 52svD, 75svD, 52svD.
Aen. VI: 11 - Pict. 112, 113, 65svD (aus Aen. II), 116, 117, 118, 78D, 118D, 122sv, 123, 76D.
Aen. VII: 10 - Pict. 126sv (erstes Bild zu Aen. VII), 84D, 59svD, 123D, 134, 134D, 106D, 133, 134D, 135.
Aen. VIII: 6 - Pict. 137 (erstes Bild zu Aen. VIII), 139, 75svD, 112D, 137D, (143 erst in Aen. XII), 145 (signifikant verändert).
Aen. IX: 7 - Pict. 146sv (erstes Bild zu Aen. IX, übrigens ohne Nymphen), 80D, 148, 150, 81D, 106D, 137D.
Aen. X: 10 - Pict. 154 (erstes Bild zu Aen. VII), 79D, 79D, 134D, 83D, 122svD, 106D, 54D, 108D, 108D.
Aen. XI: 12 - Pict. 165 (erstes Bild zu Aen. VII), 165D, 83D, 148D, 148D, 100 (obwohl zu Aen. IV gehörig, erstmals hier in Aen. XI), 134D, 137D, 88D, 108D, 106D, 135D (u.a. fehlen alle Bilder zu Camilla).
Aen. XII: 12 - Pict. 177 (erstes Bild zu Aen. VII), 139D, 80D, 88D, 137D, 105D, 122svD, 68sv (obwohl zu Aen. II gehörig, erstmals hier in Aen. XII), 134D, 143 (obwohl zu Aen. VIII gehörig, hier erstmals), 165D, 108D.
'Aen. XIII': 5 und dazu - wie schon in ▶VP 1527B - weitere vier auf dessen Schlussseite p. CCLXII v, der vorletzten Seite des Bandes. Alle 9 Bilder (wieder 5,5 x 7,5) zu diesem Supplementum Aeneidos durch Maphaeus Vegius sind Dubletten mit einer merkwürdigen Ausnahme: der schöne kleine oberste Holzschnitt auf der Schlussseite ist zwar eine Dublette zum ‚Hortulus' p. CXLVIII r der buc./georg.-Paginierung, die darunter stehende aber ist offenbar ein Holz-

schnitt zum Proömium von georg. III = Pict. 32sv in ▶VP 1502, der aber in ▶VP 1529D *suo loco* nicht benutzt ist, denn dorthin ist Pict. 7, die eigentlich zu ecl. 6 gehört, gestellt).

VP 1529D Manche Picturae kommen in der Aen. als Dubletten mehr als zweimal vor, u.a. 83 (Abschied der trojanischen Schiffe von Helenus, dreimal), 106 (Keulenkampf, fünfmal), 108 (Troja-Reiterspiel, fünfmal), 122 (Orpheus, dreimal), 134 (Juno-Allecto, sechsmal), 137 (zwei Trompeter vor einer Stadt, fünfmal), 165 (Siegesmal des Aeneas, dreimal). Auffallend ist, dass für die Bücher Aen. X-XII nur die jeweilige erste Pictura aus ▶VP 1502 übernommen wird; der Rest der Illustr. wird durch Dubletten bestritten. In manchen Fällen liegt eine Art ‚Tertium comparationis' vor, das die Wiederverwendung eines Bildes bei ähnlicher Situation verständlich macht (wenn auch die beibehaltenen Namensbänder bei einer solchen Übertragung meist nicht passen), etwa wenn in Aen. VII das Mahl beim ‚Tisch-Prodigium' mit der Bewirtung der Trojaner bei Dido (Pict. 59 aus Aen. I) illustriert wird. - Im Münchener Exemplar (BSB Res/2 A.lat.a. 307) sind die nackten heidnischen Gottheiten auf den Holzschnitten (z. B. in Pict. 134) meist überklebt.

Insgesamt enthält diese Ausgabe 6+10+36+11+111+9 = 183 kleine (oft nur 5,5 x 7,5 große) Holzschnitte, davon sind (wenn ich richtig gesehen habe) 80 Wiederholungen. Offenbar ohne Vorbild in ▶VP 1502 sind m. E. die drei Bilder auf dem Verso des Haupttitels (samt einer Wiederholung des ‚Mönchs im Oval' am Schluss der Opuscula), das Titelbild zu ecl. 6 und, ein zweiter Holzschnitt mit ovalem Bild in den Opuscula zu ‚De livore' (p. CLIII-2 r der buc./georg.-Paginierung).

Abhängigkeiten: Abgesehen von der Identität dieses Zyklus Nr. 8 in ▶VP 1529D mit jenem in ▶VP 1529E (zwei nur-lat. Ausgaben der Aen.), s. dort, sind diese stark reduzierten und vereinfachten Holzschnitte, die aus ▶VP 1502 abgeleitet sind, seit 1529 auch in die verschiedenen Pariser Ausgaben einer Gesamtübersetzung der Opera Vergils (buc./georg. von Guillaume MICHEL DE TOURS, Aen. von OCTOVIEN DE SAINT-GELAIS; immer im Format 2°) übernommen worden, und zwar in ▶VP 1529F zunächst nur 11 Aen.-Bilder, in ▶VP 1532B und ▶VP 1540A offenbar praktisch der gesamte Zyklus, noch angereichert durch zahlreiche Dubletten (laut PASQUIER, 1992, Nr. 11 bzw. Nr. 12: 2+162 bzw. 159 Holzschnitte); vgl. auch noch ▶VP 1548. – Wie ich nachträglich sehe, hat dieser „Pariser" Zyklus Nr. 8 einen Vorläufer, fast schon eine Vorlage, in Gestalt von Lyon ▶VP 1527A, s. dort.

VP 1529D *Zugänglichkeit*: BSB Res/2 A.lat.a. 307, daraus digitalisiert 177 Doppelseiten mit allen Illustr. (je zwei Bilder auf den digitalisierten Doppelseiten der Aen.-Paginierung LXXIX v - LXXX r, CCXVIII v - CCXIX r und CCXXXIX v - CCXL r); **DVD 1**. Zweitexemplar: BSB ESlg/2 A.lat.a. 308

VP 1529E   ▫ + **Aeneis, Paris: Parvus/Petit, 1529**

Aeneis cum eruditissimis Servii Honorati commentariis et Joannis Pierii VALE-
RIANI castigationibus et lucida I. BADIJ expositione … Item apposit(a)e sunt non
sine ingenti sumptu suo ubique loco insignes figur(a)e. Parisiis, Johannes Parvus
[= Jean Petit], 1529.

    Bibl.: PASQUIER, 1992, Nr. 8; offenbar bei MAMBELLI fehlend, falls nicht
doch identisch mit MAMBELLI Nr. 160 (Opera cum commentario Servii …, Parisiis, François Regnault, 1529 = ▶VP 1529B); ebenfalls nicht im CBItalV (im
Umkreis von Nr. 705) verzeichnet. Aufgeführt aber in Münster 1931, Nr. 56 mit
dem Hinweis "Titelumrahmung von Urs Graf (linke Seitenleiste: Vergil im Kor-
be)". Diese Paris, apud I. Parvum, 1529 erschienene Ausgabe ist im Internet-Katalog COPAC Full Records als in Oxford vorhanden verzeichnet. - Die nach-
weisliche Identität der Bilder in ▶VP 1529D und ▶VP 1529E (s.u. *Abb.*)
scheint mir doch darauf hinzuweisen, dass ▶VP 1529E mit dem Aeneis-Teil
von ▶VP 1529D identisch ist. Allerdings bleibt mir dann der Unterschied der
Verlagsangaben unerklärlich.

    VP 1529E *Lit.*: PASQUIER, 1992, Nr. 8: Auf ein Viertel reduzierte und verein-
fachte Holzschnitte nach dem Vorbild der Ed. Straßburg 1502 (= Pasquier, 1992,
Nr. 1 = ▶VP1502), insgesamt 116 Holzschnitte in Vignetten-Größe, doch seien
nur Aen. I-III mit 25 Holzschnitten bebildert, die linear dem Text folgen, ab
Aen. IV gebe es nur noch Wiederholungen von 55 Bildern. Keine nähere Beschreibung bei PASQUIER.

    Abb.: Frontispiz bei FAGIOLO, Rom 1981, S. 9, doch ist die Ausgabe, aus
der es stammt, in dem zugehörigen Katalog S. 12f. nicht zu ermitteln (Nr. 18-20
sind nicht einschlägig). Das Frontispiz wird nicht erwähnt in der Beschreibung
der Illustrationen dieser Ausgabe bei PASQUIER, 1992, Nr. 8, obwohl es als Abb.
291 beigegeben ist. Nach dieser Abb. hat es eine figürliche Titeleinfassung mit 5
Szenen: (li. Mitte) ‚Vergil im Korb' und (r. oben) die obszöne Anekdote vom
‚Feuerholen' (auch ‚Rache Virgils" genannt), beide aus dem Sagenbereich des
‚Virgilius magus', ferner das Paris-Urteil (r. unten), David und Goliath (r. Mitte)
und Pyramus und Thisbe (li. unten); vgl. SUERBAUM, 1984B, 40. Eben dieses
oder ein identisches Frontispiz schreibt MAMBELLI Nr. 160 der Ausgabe Parisiis,
Regnault, 1529 = ▶VP 1529B zu. - Das Frontispiz zu Paris, Petit, 1529 = ▶VP
1529E ist auch abgebildet bei SPARGO, 1934 (▶VP 1518A), nach S. 266, und
seine Geschichte ist dort S. 263-266 mit Anm. 32-36 S. 432-434 dargestellt.
Danach wurde die figürliche Titel-Einfassung 1519 (das Datum ist noch lesbar
auf der rechten waagerechten Leiste über dem Paris-Urteil) von Urs Graf (seine
Signatur ist unten r. vor den Göttinnen des Paris-Urteils eingefügt) für eine
Basler Druckerei für eine nicht bekannte Ausgabe geschaffen, aber zunächst
offenbar nicht benutzt. Verwendet wurde sie erstmals für eine Ausgabe des
Asconius Pedianus, Paris, gedruckt von Pierre Vidoue für Conrad Resch, 1520,
und dann für drei weitere Bücher 1521-1522, deren Inhalt ebenfalls nichts mit
den Sujets der Bildleisten zu tun hatte und die teils wieder von Pierre Vidou(e) =
Petrus Vidovaeus in Paris verlegt wurden. Dieser Pierre Vidou(e) hat dann Paris

1529 die Titel-Einfassung von Urs Graf für die Aeneis-Ausgabe bei Jean Petit (eben die vorliegende Ausgabe ▶VP 1529E) und erneut, offenbar letztmals, 1530 für einen Kommentar zu Plinius' Naturalis historia bei Poncet Le Preux und Galliot Du Pré, Paris, benutzt. Daneben aber verwendete der Pariser Philipp Drucker Le Noir eine Kopie der offenbar beliebten Titel-Einfassung von Urs Graf mindestens zehnmal in der Zeit von 1523-1532 für Bücher, die alle keine Vergil-Ausgaben waren. Aber der Bezug der figürlichen Titel-Einrahmung auf Vergil ist ja ohnehin auf zwei (von fünf dargestellten) Episoden aus der fiktiven Welt des *Virgilius magus* beschränkt, und dieser sagenumwobene „Zauberer Virgil" hat zu dem historischen augusteischen Dichter Vergil keine seriöse Beziehung; vgl. oben zu ▶VP 1518B. -

Abgesehen von Abb. 291 (Frontispiz) weitere 12 Bilder im Abb.-Teil bei PASQUIER, 1992: Abb. 120 zu Aen. I (Seesturm); Abb. 137 zu Aen. I (Bankett); Abb. 154 zu Aen. II (Flucht aus Troja); Abb. 179 zu Aen. IV (Dido und Anna); Abb. 190 zu Aen. IV (Tod Didos); Abb. 203 zu Aen. V (Spiele: Wettlauf); Abb. 206 zu Aen. V (Spiele: Kampf mit dem *caestus*); Abb. 219 zu Aen. VI (Aeneas trifft Anchises); Abb. 240 zu Aen. IX (Massaker des Nisus und Euryalus); Abb. 241 zu Aen. IX (aufgespießte Köpfe des Nisus und Euryalus); Abb. 251 zu Aen. X (Götterversammlung und Turnus vor dem trojanischen Lager); Abb. 266 zu Aen. XI (Tropaion nach Sieg über Mezentius). Alle diese Bilder sind, wie ich geprüft habe, identisch mit denen in ▶VP 1529D. Es ist darum doch wahrscheinlich, dass ▶VP 1529E mit dem Aeneis-Teil von ▶VP 1529D identisch ist; mindestens die Bilder sind identisch.

| VP 1529E | *Abhängigkeiten*: Die Bilder in ▶VP 1529E (bei Parvus/Petit) liegen auch in ▶VP 1529D vor, der lat. Ausgabe der Opera, Paris: Poncet le Preux bzw. Vidovaeus, 1529, s. dort. Natürlich sind die beiden identischen Serien nicht unabhängig voneinander entstanden; doch bleibt unklar, welcher der Pariser Verleger der eigentliche Besitzer des Zyklus im Kleinformat (Nr. 8) war. Hinzu kommt, dass 11 dieser auf etwa ein Viertel verkleinerten Nachschnitte der Originalausgabe ▶VP 1502 ebenfalls Paris 1529, aber bei Galliot du Pré, in einer franz. Gesamtübersetzung der Opera Vergils erscheinen, nämlich in ▶VP 1529F. In zwei weiteren Ausgaben dieser franz. Gesamtübersetzung, ▶VP 1532B und ▶VP 1540A, ist dann offenbar praktisch der gesamte Zyklus, noch angereichert durch zahlreiche Dubletten, aufgenommen worden. - Wie ich nachträglich sehe, hat dieser „Pariser" Zyklus Nr. 8 einen Vorläufer, fast schon eine Vorlage, in Gestalt von Lyon ▶VP 1527A, s. dort.

| VP 1529E | *Zugänglichkeit*: Falls ▶VP 1529E mit dem Aeneis-Teil von ▶VP 1529D identisch ist: BSB Res/2 A.lat.a. 307, s. zu ▶VP 1529D.

VP 1529F   □ **franz. Übers. der Opera (mit lat. Text am Rand),**
                    Paris 1529 [2°].

Les œuvres de Virgille, translatees de latin en francoys et nouvellement impri-
mees à Paris ... (Buc. et Georg.) par Maistre Guillaume MICHEL dit DE TOURS,
(Aen.) par OCTOVIAN DE SAINCT GELAIS, nouvellement reveus ... par Nicolas
COUTEAU. Paris, Galliot Du Pré, 1529 [2°].

Bibl.: MAMBELLI Nr. 1059 (im Titel nur „translatées de latin en ryme
françoise"; "con figure incise su legno"); Übers. der ecl. und der georg. von
Guillaume Michel de Tours, bereits separat 1516 bzw. 1519 veröffentlicht,
Übers. der Aen. durch OCTOVIEN (auch: OCTAVIAN) DE SAINT-GELAIS (1468-
1502, Bischof von Angoulême), bereits separat gedruckt Paris 1509 = MAMBEL-
LI Nr. 1057 = ▶VP 1509D und dann ▶VP 1514B veröffentlicht, als Original-
manuskript 1500 (Widmungshandschrift für Ludwig XII, Fr. 861 der BnF), s.
dazu BRÜCKNER, 1987 (▶VP 1509D), 27-52; «erste» französische Aeneis deshalb, weil die Paraphrase von 1483 (▶VP 1483, das erste Lemma dieses Handbuchs) nicht als Übersetzung gelten kann. Die Übersetzung von 1529 (noch
nicht die gedruckte Erstausgabe von 1509) enthält zum ersten Mal Argumenta
zu Aen. I-X (nicht zu Aen. XI-XII) in französischer Sprache. ▶VP 1529F auch
New York 1930 = Princeton Item 59 (Ø), nicht im Umkreis von Item 333 oder
391; PASQUIER, 1992, Nr. 9. - Vgl. generell zur ersten Druckausgabe der franz.
Aen.-Übers. von OCTOVIEN DE SAINT-GELAIS ▶VP 1509D und den späteren
Drucken ▶VP 1514B, ▶VP 1532B (dort auch zur Druckanordnung) und ▶VP
1540A. - BRÜCKNER, 1987, S. 45 benutzt neben einem Exemplar aus Wien auch
das der BSB. Die (philologischen) Untersuchungen zur Aen.-Übers. von OCTO-
VIEN DE SAINT-GELAIS vor BRÜCKNER, 1987, stützen sich in der Regel auf den
Text von 1529, nicht auf den von ▶VP 1509D oder gar auf die handschriftliche
Überlieferung seit der Widmungshandschrift von 1500. - Der am Rande bei-
gegebene lat. Text ist nicht fortlaufend und vollständig, sondern ‚springt'.

VP 1529F *Lit.*: BRÜCKNER, 1987, 42, nur mit der vagen Angabe: „Der Aeneis-
Text enthält zu Beginn jeden Gesangs (außer Buch XI und XII …) einen kleinen
Holzschnitt; er gehört zu einer ganzen Serie von Vergil-Illustrationen, die sich
zu Beginn des 16. Jahrhunderts in vielen Vergil-Ausgaben findet. Die Drucke
von 1532 und 1540 bilden die ganze Serie ab (s. unten)." - PASQUIER, 1992, Nr.
9: Die Aen. ist illustriert nach Kopien der Holzschnitte aus der Straßburger Ausgabe ▶VP 1502 = PASQUIER, 1992, Nr. 1, doch reduziert auf ein Viertel. Die
Eklogen-Illustrationen sind übernommen aus der franz. Bucolica-Übersetzung
von Guillaume MICHEL dit DE TOURS, Paris, Jehan de la Garde, 1516 = PAS-
QUIER, 1992, Nr. 4. Für die Georgica seien aus verschiedenen Quellen Holzschnitte wiederholt. PASQUIER gibt für die Illustrationen von ▶VP 1529F keine
Beschreibung (doch vgl. PASQUIER, 1992, Nr. 10 zu den georg.-Holzschnitten in
▶VP 1532C).

Abhängigkeiten: Die willkürliche, nicht-textbezogene Holzschnitt-Illustra-
tion nur der Aen.-Übers. des OCTAVIEN DE SAINT-GELAIS in ▶VP 1509D ist

jetzt ersetzt durch eine kleine Auswahl von 11 Nachstichen (aber nur 9 verschiedenen Bildern, da ein Holzschnitt dreimal vorkommt) aus dem Straßburger Vergil ▶VP 1502 (vgl. die Übersichts-Tabelle nach ▶VP 1502) plus einem zusätzlichen größeren Holzschnitt. In den späteren Pariser Ndr. ist dieser Zyklus Nr. 8 aus übernommenen, beim Nachschnitt stark reduzierten und vereinfachten Aen.-Holzschnitten, die aus ▶VP 1502 abgeleitet sind, stark erweitert worden, vgl. unten Ndr. der Vergil-Gesamt-Übers., immer [2°] und mit Holzschnitten: ▶VP 1532B (laut PASQUIER, 1992, Nr. 11 mit insgesamt 2 + 162 Holzschnitten nach ▶VP 1502); ▶VP 1540A (laut PASQUIER, 1992, Nr. 12 mit insgesamt 159 Holzschnitten nach ▶VP 1502); ▶VP 1548. - Die jetzigen, gegenüber der Originalausgabe ▶VP 1502 auf etwa ein Viertel verkleinerten Nachschnitte allein zur Aen. in ▶VP 1529F (nur 11) und ▶VP 1532B bzw. ▶VP 1540A (offenbar praktisch der gesamte Zyklus, noch angereichert durch zahlreiche Dubletten) liegen auch in der lat. Ausgabe der Opera Paris: Poncet le Preux bzw. Vidovaeus, ▶VP 1529D vor, s. dort. Natürlich sind die beiden identischen Serien nicht unabhängig voneinander entstanden; doch bleibt unklar, welcher der Pariser Verleger der eigentliche Besitzer des Zyklus im Kleinformat war.

VP 1529F *Beschreibung*: Architektonisch-figürliche Titeleinrahmung u.a. mit 4 anonymen Medaillons.
Im Text insgesamt 33 Illustr., meist kleine Holzschnitte im Format 8,5 x 5,5. Die 21 Holzschnitte zu ecl./georg. bestehen (ausgenommen der erste Holzschnitt, der eine der beiden zusätzlichen gerahmten größeren Holzschnitte vor der ‚Preambule' (Innenmaß 9,0 x 12,5): Professor oder Mönch vor Schülern dozierend) aus stereotypen Stempeln (z. B. einer Figur mit der Beischrift Le POETE), die kombiniert werden können. - Nur im Aen.-Teil handelt es sich um geschickt verkleinerte Nachstiche der Straßburger Ausgabe ▶VP 1502, mit Namensbändern, etwa zur Hälfte sv. - Die Holzschnitte zur Aen. beginnen mit Bild 22 (p. LXXXIX r), dem zweiten der beiden zusätzlichen größeren Holzschnitte (diesmal Professor oder Mönch am Schreibpult, vielleicht von demselben Künstler wie Bild 1; 12,8 x 10,4), die restlichen Holzschnitte (Bild 23-33, je einer zu Beginn eines Aen.-Buches, ausgenommen zu Aen. XI) sind reduzierte und vereinfachte Nachschnitte aus der Straßburger Ausgabe ▶VP 1502. Es handelt sich (wenn man die Dubletten Aen. I und Aen. VII nicht berücksichtigt und Aen. V als Primär-Position betrachtet, also für Aen. II-VI, VIII-X, XII) immer um den ersten Holzschnitt des jeweiligen Aen.-Buches im Straßburger Vergil ▶VP 1502. Die „hier" in ▶VP 1529F stehenden Aen.-Bilder entsprechen folgenden Picturae in der Zählung für ▶VP 1502 (sv. = in ▶VP 1529F seitenverkehrt):

Aen. I:	Pict. 101 sv. (hier unpassend, da erste Pictura zu Aen. V).
Aen. II:	Pict. 60 sv. (passend, da erste Pictura zu Aen. II).
Aen. III:	Pict. 75 sv. (passend, da erste Pictura zu Aen. III).
Aen. IV:	Pict. 90 (passend, da erste Pictura zu Aen. IV).
Aen. V =	Aen. I: Pict. 101 sv. (hier passend, da erste Pictura zu Aen. V).

Aen. VI:	Pict. 112 (passend, da erste Pictura zu Aen. VI; übrigens sind hier trotz aller Vereinfachung und Verkleinerung die acht Bildfelder am TEMPLUM APOLINIS zu identifizieren).
Aen. VII	= Aen. V = Aen. I: Pict. 101 sv. (hier unpassend, da erste Pictura zu Aen. V).
Aen. VIII:	Pict. 137 (passend, da erste Pictura zu Aen. VIII).
Aen. IX:	Pict. 146 sv. (passend, da erste Pictura zu Aen. IX; übrigens sind die Nymphen eliminiert).
Aen. X:	Pict. 154 (passend, da erste Pictura zu Aen. X).
Aen. XI:	kein Bild.
Aen. XII:	Pict. 177 (passend, da erste Pictura zu Aen. XII).

VP 1529F *Zugänglichkeit*: BSB Res/2 A.lat.a. 333 m , daraus digitalisiert sind das Titelblatt und 31 Doppelseiten mit allen 33 Illustrationen (je zwei Bilder auf den Doppelseiten XXXVI v -XXXVII r und XXXVIII v - XXXIX r); DVD 1 .

VP 1529G   Opera, Turin 1529

Opera, Augustae Taurinorum, Nic. de Benedictis et A. Ranotus, 1529 [2°].
> *Bibl.*: MAMBELLI Nr. 159 ("La pagina col titolo è circondata da un ricco fregio a fondo nero tolto dal 'Leggendario dei santi' di Iacopo da Voragine pubblicato nel 1504 e che si trova in varie edizioni del sec. XVI"); CBItalV Nr. 40 (Ø).

VP 1530   ital. Übers. von Aen. VII und VIII, Venedig ca. 1530?

Virgilio. Il settimo e l'ottavo libro del Eneide di Vergilio tradotti in lingua toscana e versi sciolti nuovamente ne più stampati ..., sine loco et anno [Venezia, Nicolò Zoppino, ca. 1530].
> *Bibl.*: MAMBELLI Nr. 750 ("con due bellissime incisioni in legno e 2 capilettere ornate", Aen. VII übersetzt von Aldobrando CERRETANI, Aen. VIII von Alamanno ALTUINI); KALLENDORF, 1994, Nr. 9 ("woodcut initials, scenes on title pages"); KALLENDORF hält die Identifizierung des Druckers durch MAMBELLI für unbegründet).

VP 1531   ◻ Opera, Venedig 1531

Bucolica, Georgica, Aeneis cum Servii commentariis ... Venetiis, in aedibus Aurelii Pincii, 1531 [2°].
> *Bibl.*: MAMBELLI Nr. 163 ("con 18 incisioni su legno"); KALLENDORF, 1991, Nr. 62 ("scenes for title page 1, Buc. 1, Georg. 4, Aen. 12"); nicht bei PASQUIER, 1992.

> *Beschreibung/Abhängigkeiten*: Je ein Holzschnitt zu Beginn der ecl., jedes der 4 Bücher der georg. und der 12 Bücher der Aen. (insgesamt 17, im Münchener Exemplar alle außer denen zu Aen. IX-XII koloriert), dazu je 1 figürliche geschmückte Initiale zu Beginn der Vita und der ecl. (Die Titelseite mit ihren beiden Holzschnitten, die man aus den Vorlagen Venedig ▶VP 1507 oder Venedig ▶VP 1520C rekonstruieren kann, fehlt in dem Münchener Exemplar von ▶VP 1531.) Die Personen auf den Aen.-Holzschnitten sind anonym; es gibt keinerlei Namensbänder.

Es handelt sich um eine Übernahme der erstmals in (▶VP 1505C =) ▶VP 1507 im Zyklus Nr. 3 belegten venezianischen Serie von Auftaktbildern zu den einzelnen Aen.-Büchern, der ersten, der „humanistischen" venezianischen Adaption von ▶VP 1502. Das Fehlen von Beischriften und die Ähnlichkeit der Bilder zu Aen. II//Aen. IV (Aeneas erzählt vor Dido) erweist, dass es sich nicht um die sekundäre (seit ▶VP 1510B, vielleicht schon in ▶VP 1508B belegte) Variante des Zyklus Nr. 3 handelt. S. deshalb die Beschreibung von ▶VP 1507 mit Hinweis auf weitere Übernahmen. Es zeigt sich also durch ▶VP 1531, dass die Variante des Zyklus Nr. 3 zwar in ▶VP 1508B, ▶VP 1510B, ▶VP 1514A und ▶VP 1515A (Mailand) vorliegt, aber auch die ursprüngliche Version (in der das Bild zu Aen. II ≈ Aen. IV ist) von ▶VP 1505C = ▶VP 1507 weiter tradiert wird, nämlich in ▶VP 1520C und eben in ▶VP 1531.

VP 1531   *Zugänglichkeit*: BSB 4 A.lat.a. 659 ; in dem Münchener Exemplar fehlt das Titelblatt; digitalisiert sind 19 Doppelseiten mit den 17 Bildern und mit den großen figürlichen Initialen vor der Vita und zu Beginn der ecl.-Einleitung des Servius; DVD 2.

VP 1532A   ◻ **Opera, Venedig 1532(-1533)**
Opera accuratissima castigata … cum acerrimi iudicii virorum commentariis … Venetiis, in aedibus Luceantonii Juntae, 1532 [2°, 3 Teile in 1 Vol.; in der Titelei zweimal 1533, im Kolophon je einmal 1532 und 1533 datiert].

Bibl.: MAMBELLI Nr. 166; CBItalV Nr. 42 ("1533"); Wolfenbüttel 1982, D 9 ("M.D.XXXIII"); KALLENDORF, 1991, Nr. 63 („scenes for Buc. 10, Georg. 22, Aen. 70, Liber XIII 2, Minora 9"); PASQUIER, 1992, Nr. 23.

Lit.: MAMBELLI Nr. 166: "Nel frontespizio, sotto il 'giglio' in nero dei Giunta … la data è: Venetiis, M.D.XXXIII, mense Januario; tale data è ripetuta anche nel frontespizio particolare dell'Aen. e alla fine del poema. … Al r. della c. segnata ffr, grande silografia che raffigura il sepolcro di Virgilio. La presente edizione è una ristampa, eseguita con cura, di quella di Strasburgo del 1502. Contiene le note silografie (che verranno, poi, riprodotte nella edizione giuntina del 1544 = ▶VP 1543C) di rimarchevole esecuzione, la maggior parte delle quali porta il monogramma L. che appartiene ad un artista ignoto della Scuola Lombardo-Veneta. Esse sono assai interessanti perchè rappresentano il passaggio dell'illustrazione gotica a quella del Rinascimento e recano curiosi anacronismi di guerrieri greci all'assedio di Troia con artiglierie." - Wolfenbüttel 1982, D 9: "mit zahlreichen Holzschnitten. Die Holzschnitte, größtenteils mit dem Monogramm L signiert, sind vergröbernde Nachschnitte der Illustrationen des Grüningerschen Vergil von 1502, die jedoch nicht alle reproduziert sind (übernommen aus der Ausgabe Venedig ▶VP 1519). Die Vertauschungen und Doubletten der Holzschnitte stimmen weitgehend mit denen des Lyoner Druckes [= ▶VP 1529A] überein." - PASQUIER, 1992, Nr. 23: Holzschnitte (Zahl nicht angegeben) aus der Ed. Venetiis ▶VP 1519 (= PASQUIER, 1992, Nr. 20), Kopien nach der Straßburger Ausgabe ▶VP 1502; keine Beschreibung.

Abhängigkeiten: Es handelt sich um die zweite, die gotische venezianische Adaption von ▶VP 1502, die „Giunta-Version" (Zyklus Nr. 6), die erstmals ▶VP 1519 belegt ist; s. dort zu den weiteren Wiederholungen.

VP 1532A | *Abb.*: 2 Holzschnitte (zu georg. IV und Aen. I) Wolfenbüttel 1982, S. 74-75. - Im Abb.-Teil bei PASQUIER, 1992, sieben Bilder: Abb. 297 mit dem Frontispiz zur Aen.; Abb. 10 zu ecl. 1 (Tityrus und Meliboeus); Abb. 121 zu Aen. I (Seesturm); Abb. 149 zu Aen. II (Hölzernes Pferd); Abb. 178 zu Aen. IV (Dido und Aeneas); Abb. 213 zu Aen. VI (Bilder am Apollo-Tempel in Cumae); Abb. 232 zu Aen. VII (Kriegseröffnung). - CBItalV Nr. 2368 verweist auf (teilweisen?) Ndr. der Bilder dieser Ausgabe in: Letture vergiliane. I più belli episodi dell'Eneide nella traduzione di Annibal CARO, commentati e collegati ... a cura die Giuseppe PARISI. Milano, Trevisini, 1932 ("illustrazioni tratti dall'edizione giuntina nel 1533").

VP 1532B   □ + **franz. Übers. der Opera (mit lat. Text am Rande), Paris 1532**

Les œuvres de Virgile, translatées de latin en françois et nouvellement imprimees veues et corrigees oultre la premiere impression. Paris, Jacques le Messier pour Pierre Vidoue, 1532. [2°].

Bibl.: Nähere Beschreibung und danach die Titelaufnahme bei BRÜCKNER, 1987 (Titel s. ▶VP 1509D), 45-49; dieser benutzt ein Exemplar der BL. Die Übers. der buc., georg. und carmina minora stammt von Michel DE TOURS, die der Aen. von OCTOVIEN DE SAINT-GELAIS (wie in ▶VP 1529F). Das S. 47 abgebildete Sonder-Frontispiz zur Aen. hat den Titel „Les Eneydes de virgille Translatees de latin en Francois par Messire Octovian de Sainct Gelais ...". Der franz. Text ist in zwei breiten Kolumnen gedruckt, daneben auf beiden Seitenrändern in kleinerer Type der lat. Text (vgl. die beiden abgebildeten Seiten bei BRÜCKNER, S. 48 und S. 52, mit einem bzw. zwei kleinen Holzschnitten von der Breite einer Kolumne). - Sonst aufgeführt Frankfurt 1930, Nr. 94 [LB Dresden - also gewiss im 2. Weltkrieg verbrannt]; London 1982, Nr. 75 [mit Hinweis auf Illustr.]; BL; PASQUIER, 1992, Nr. 11 (die BRÜCKNER nicht kennt; vgl. daneben auch noch PASQUIER, 1992, Nr. 10 = ▶VP 1532C, s. das nächste Lemma); nicht bei MAMBELLI oder im CBItalV. - Vgl. generell zur ersten Druckausgabe dieser franz. Aen.-Übers. ▶VP 1509D sowie den späteren Drucken ▶VP 1514B, ▶VP 1529F und ▶VP 1540A, sowie ▶VP 1548.

Lit.: PASQUIER, 1992, Nr. 11: 2 ganzseitige und weitere 162 kleinere Holzschnitte, Kopien nach ▶VP 1502; ohne nähere Angaben. - BRÜCKNER, 1987, S. 46ff: „Der Aeneis-Text enthält zahlreiche kleinformatige (ca. 75 x 55 mm) Holzschnitte zur Aeneis, die in vielen lat. Vergil-Ausgaben des beginnenden 16. Jh.s zu finden sind, nachweislich in der Ausgabe von Poncet Le Preux (Paris ▶VP 1529D). Die Holzschnitte nennen lateinisch die Namen der dargestellten Figuren. Auf der Titelseite der Aeneis ist der gleiche Holzschnitt abgebildet, der sich in der Ausgabe ▶VP 1509D zu Beginn des IX. Buches findet. Auf Bl. 1^v ist ein weiterer (in ▶VP 1509D nicht vorhandener) Holzschnitt des gleichen Künstlers zu sehen. Laut Beschreibung der British Library auf dem uns zugesandten Mikrofilm der Ausgabe von 1532 sind die beiden letztgenannten Holzschnitte „printed from XVth century blocks made by Guillaume Le Rouge, and [were] used in various books published by A. Vérard" (ohne Titel und Jahr). Le Rouge dürfte demnach auch die anderen in der Ausgabe von 1509 verwandten Holzschnitte hergestellt haben." – VP 1532B Abb. des erwähnten großen Aeneis-Titelblatts = ▶VP 1509D zu Aen. IX (vor den Mauern einer belagerten und bestürmten Stadt spricht ein König zu seinen Gefolgsleuten) bei BRÜCKNER, S. 47. Offensichtlich beschreibt PASQUIER, 1992, Nr. 10 (!) dasselbe Aen.-Titelblatt mit „des soldats féodaux entourant un roi; ville gothique en construction", auch wenn sie fälschlich von einer ‚im Aufbau befindlichen Stadt' spricht. - Abb. von Beispielen für einen kleinformatigen Holzschnitt (zu Aen. VI) bei BRÜCKNER, S. 48 und S. 52 (dort 2 Holzschnitte).

VP 1532C ?   ◻ + franz. Übers. der Opera, Paris 1532
Les œuvres de Virgile, translatées de latin en François. Parisiis, Ex bibliotheca D. Livrat en la prima Parisiensi Luvia Prisidis, 1532.
   Bibl.: Verzeichnet nur bei PASQUIER, 1992, Nr. 10 (ohne Hinweis auf den Übersetzer); fehlt bei MAMBELLI und im CBItalV. - Ich kann mich des Verdachts nicht erwehren, dass diese Ausgabe in Wahrheit identisch ist mit der vorstehenden ▶VP 1532B, in der die franz. Aen.-Übers. von OCTOVIEN DE SAINT-GELAIS enthalten ist - auch wenn PASQUIER, 1992, Nr. 10 = ▶VP 1532C (nach einem Exemplar aus der Bibl. Mazarin) und Nr. 11 = ▶VP 1532B (nach einem Exemplar aus Tours BM) unterscheidet. Jedenfalls entspricht die Beschreibung des Aen.-Frontispizes bei PASQUIER, 1992, Nr. 10 = ▶VP 1532C „des soldat féodaux entourant un roi; ville gothique en construction" und die folgende allgemeine Beschreibung «les copies, réduites et inversées, des gravures de S. Brant constituent le reste de l'illustration, mais ce sont des reprises constantes, san lien avec le texte» durchaus dem Befund für ▶VP 1532B = PASQUIER, 1992, Nr. 22. Allerdings ist wegen mangelnder Autopsie und mangelnder Beschreibung des Anfangsteils für buc./georg. bei BRÜCKNER, 1987 (Titel bei ▶VP 1509D) für ▶VP 1532B nicht zu entscheiden, ob die Beschreibung von PASQUIER, 1992, Nr. 10 „frontispice de style gothique représentant un roi à cheval et une sorte de madone" und ihr Referat, dass es zu Beginn der georg. mehrere Holzschnitte unterschiedlichen Charakters gebe, auch für ▶VP 1532B zutrifft; die Beschreibung der Holzschnitte für die georg. (in Wahrheit teils für die carmina minora) von PASQUIER, 1992, Nr. 10 passt aber immerhin für die entsprechenden Holzschnitte in ▶VP 1529F (wo es aber im Münchener Exemplar kein derartiges Frontispiz, sondern nur ein architektonisch-gerahmtes Titelblatt gibt). - Bei BRÜCKNER, 1987, ist ▶VP 1532C nicht verzeichnet.

VP 1532D   ital. Übers. der Aeneis, Venedig 1532
La Eneide di Vergilio tradotta in terza rima [Della Eneide … tradotta in rima volgare dal ingenioso poeta M. Thomaso CAMBIATORE; so in der Überschrift zu Beginn der Aeneis]. Vinegia, Bernardino di Vituli, 1532.
   Bibl.: MAMBELLI Nr. 751 ("titolo inquadrato da cornice; con ritratto di Virgilio"); New York 1930 ("Title within woodcut border. Printed in italics. Translated by Tommasso CAMBIATORE and edited by Giovanni Paolo VASIO") = Princeton Item 391, mit dem Hinweis

„Printer's mark. Title in woodcut border. Frontispiece (portr.)"; CBItalV Nr. 2071 (Ø); FAGIOLO, Rom 1981, Nr. 21; BORSETTO, 1989, 175; KALLENDORF, 1994, Nr. 10 mit Hinweis u. a. auf S. WEBER, The Vergil collection in the Princeton University library, Princeton 1956, 391. - Das Vorwort ist verfasst von Giovan Paolo VASIO; laut dem Vorwort ist der Dottore delle leggi Thomaso CAMBIATORE aus Reggio im J. 1430 von Kaiser Sigismund von Luxemburg in Parma mit Lorbeer gekrönt worden.

[VP 1532D]   *Illustrierung*: Außer dem Holzschnitt-Vergil-Porträt (auf Blatt 3 v; VIRGILIUS MARO mit Syrinx und großem Lorbeerkranz) nur Initialen; unter dem Kolophon ein kleiner Holzschnitt (Druckermarke?), auf dem ein Ritter mit geschwungenem Schwert auf einem Stier sitzt; in den vier Ecken die Buchstaben Z M B B.
    Zugänglichkeit: [BSB A.lat.a. 2336]; daraus digitalisiert die Titelseite und die beiden Doppelseiten mit dem Vergil-Porträt am Anfang und der Druckermarke (?) am Ende; [DVD 2].

VP 1534A   □ Opera, Venedig 1534

Contenta P. Virgili Maronis opera. Mauri Servii Honorati grammatici in eadem commentarii ... Venetiis, in aedibus Aurelii Pincii, 1534 [2°].

Bibl.: MAMBELLI Nr. 172; New York 1930 ("woodcuts apparently printed from the same blocks as those in the ▶VP 1519 edition of A. de Zannis") = Princeton Item 66; CBItalV Nr. 45 (Ø); KALLENDORF, 1991, Nr. 64 ("scenes for Buc. 1, Georg. 1, Aen. 12, Minora 1"); PASQUIER, 1992, Nr. 24.

Lit./Abhängigkeiten: MAMBELLI Nr. 172: "Nella pagina del frontespizio marca tipografica col giglio rosso fiorentino. L'opera è adorna di 14 grande silografie dell'edizione del 1519 col monogramma L." - PASQUIER, 1992, Nr. 24: 14 Holzschnitte, jeweils der erste zu den einzelnen Büchern nach der Ed. von 1502. – Wenn diese Angaben zutreffen, gehört ▶VP 1534A zur zweiten, seit ▶VP 1519 belegten Venezianischen Adaption von ▶VP 1502, zum Zyklus Nr. 6, jedoch (in Parallele zu der ersten Venezianischen Adaption, dem Zyklus Nr. 3, s. zu ▶VP 1507) verkürzt zu einem Titelbild-Zyklus (Nr. 6a).

Abb.: Im Abb.-Teil bei PASQUIER, 1992: Abb. 252 (=▶VP 1502 Pict. 154) zu Aen. X (Götterversammlung und Turnus vor dem Lager der Trojaner).

Zugänglichkeit: Diese Ausgabe ist in der BSB nicht vorhanden, doch kann sie vertreten werden durch andere Belege für den Zyklus Nr. 6 und zumal Nr. 6a, etwa durch ▶VP 1541B und den Digitalisaten aus [BSB Res/2 A.lat.a. 311], woraus 116 Doppelseiten mit allen Illustrationen digitalisiert sind.

VP 1534B   ital. Übers. von Aeneis IV, Venedig 1534

Aeneidos liber quartus. Lo quarto libro dell'Eneida vergiliana con verso heroico volgar in lingua thosca tradotto per Messer Nicolo LIBURNIO Vinitiano. Vinegia, Giovanni Antonio di Nicolini da Sabio, 1534 [24].

Bibl.: MAMBELLI Nr. 752 ("La pagina del titolo ha una inquadratura a figure (putti, animali fantastici, ecc.). Al di sotto del titolo, marca tipografica col S. Giorgio che combatte col drago"); CBItalV Nr. 1114 (Ø); Perugia 1980, Nr. 29 ("Front. inquadrato da motivi archit., figure e animali fantastici, marca tip."); FAGIOLO, Rom 1981, Nr. 22; BORSETTO, 1989, 176; KALLENDORF, 1994, Nr. 11 ("no woodcuts").

VP 1536A ◻ **? Opera, Venedig (Pincius) 1536**
Bucolica, Georgica, Aeneis, cum Servii commentariis ... Venetiis, in officina
Aurelii Pincii, 1536.
> *Bibl.*: MAMBELLI Nr. 177 ("con la Vita di Virgilio e 18 incisioni su
> legno"); Perugia 1980, Nr. 30 ("con 18 silografie"); KALLENDORF, 1991, Nr. 67
> ("scenes for the title page 1, Buc. 1, Georg. 4, Aen. 12"), mit Plate 2 (Frontispiz:
> Wiederholung des Titelholzschnittes in ▶VP 1507); CBItalV Nr. 46 (Ø). -
> Vermutlich eine Wiederholung von ▶VP 1534A.

VP 1536B ◻ **Opera, Venedig 1536 (-1537)**
Opera accuratissime castigata cum XI acerrimi iudicii virorum commentariis,
Servio presertim atque Donato nunc primum ad suam integritatem restitutis
excusa ... Venetiis, in officina Lucaeantonii Iuntae, 1536 (in der Titelei zweimal
1537 datiert, im Kolophon je einmal 1536 und 1537), [2°].
> *Bibl.*: MAMBELLI Nr. 179; Perugia 1980, Nr. 31; CBItalV Nr. 47 (Ø); FA-
> GIOLO, Rom 1981, Nr. 23; Bibl. Apost. Vaticana 1981, bei Nr. 126 und Nr. 53*-
> 68*; London 1982, Nr. 76; KALLENDORF, 1991, Nr. 68 ("woodcut scenes for
> title page, Buc. 10, Georg. 25, Aen. 68, Lib. XIII 2, Minora 9"); PASQUIER,
> 1992, Nr. 25 (dort mit dem falschen Titel: Publii Virgilii Maronis mores vita et
> opera cum notis variorum); Princeton Item 69 („woodcut illustrations").
> ⎹VP 1536B⎸ *Lit.*: MAMBELLI Nr. 179: "Nel testo 113 figure incise su
> legno, di cui 35 - magnifiche illustrazioni della vita campestre ed agricola – ad-
> ornano le georg. e le ecl., le altre l'Aen. e le opere attribuite a Virgilio. Le grandi
> silografie, col monogramma L, sono prese dalla edizione del 10 maggio 1519 [=
> MAMBELLI Nr. 138 = ▶VP 1519]". - PASQUIER, 1992, Nr. 25: Holzschnitte, de-
> ren Anzahl nicht genannt ist, mit dem Monogramm L aus der Ed. Venetiis ▶VP
> 1519; keine näheren Angaben.
> *Beschreibung*: Diese Ausgabe wird in dem Auktionskatalog 111 (10.-12.
> Mai 2005, „Wertvolle Bücher") des Hauses Hartung & Hartung, München, als
> Nr. 278 (mit 1 Abb. S. 91) folgendermaßen beschrieben (ich habe die Abkürzun-
> gen aufgelöst): „3 Teile in 1 Band ... mit Titel-Bordüre, 105 teils fast blattgroße
> Holzschnitte von Lucantonio degli Uberti ... Vierte Giunta-Ausgabe. Die Holz-
> schnitte, übernommen aus der Giunta-Ausgabe von 1519, sind Kopien der Illu-
> strationen der Straßburger Grüninger-Ausgabe von 1502". Das Exemplar erziel-
> te einen Zuschlagpreis von 2000 € (plus Aufschläge usw.). -
> Das *Frontispiz* hat eine figürliche Umrahmung. Diese zeigt li. und r. jeweils eine
> Herme mit einem bärtigen Kopf und verschränkten Armen, oben das Motto MU-
> SIS DICATUM und auf den Postamenten unter den Hermen jeweils li. und r. die
> Buchstaben L A, also die Initialen des Verlegers Luca Antonio Giunti. Dieses
> Frontispiz wird, nur mit verändertem Titeltext, in späteren Ausgaben ‚apud
> Giuntas' wiederholt, so in ▶VP 1542A, ▶VP 1543C und ▶VP 1552A.
> Die Aen. hat einen Sondertitel mit Vignette (2 Putti und LA-Monogramm). Die
> Holzschnitte (10,7 x 8,0) sind meist mit L signiert.

Zur Aeneis sind folgende (67 + 1) Illustrationen enthalten (in der Zählung der Picturae in ▶VP 1502, dem Original der Holzschnitte; vgl. auch die Übersichts-Tabelle nach ▶VP 1502):

Aen. I (7 von ursprünglich 9):   Pict. 051-055, 057, 059.
Aen. II (7 von 15):   060, 063, 065, 067, 068, 071, 074.
Aen. III (6 von 14):   075, 079, 080, 082, 084, 087.
Aen. IV (6 von 12):   089, 090, 094, 095, 098, 100.
Aen. V (6 von 11):   101, 103, 106-108, 110.
Aen. VI (8 von 14):   112, 113, 116, 119, 121, 123-125.
Aen. VII (5 von 11):   126, 128, 035 (zusätzliche Dublette aus georg. III), 132, 133, 135.
Aen. VIII (5 von 9):   137, 140, 142, 143, 145a.
Aen. IX (5 von 8):   146-148, 151, 152.
Aen. X (5 von 10):   154-156, 160 (Latinus und Laurenter, gehört eigentlich zu XI 204-230), 164.
Aen. XI (4 von 12):   165, 169, 172, 175.
Aen. XII (3 von 12):   177, 182, 185.
Aen. XIII (2 von ursprünglich 6):   191, 194.

▶VP 1536B   *Abhängigkeiten*: Vorlage ist die Ausgabe ▶VP 1519; die Ausgabe ▶VP 1536B gehört somit zur zweiten, der „gotischen" Veneziani-schen Adaption von ▶VP 1502, der „Giunta"-Version (Zyklus Nr. 6). Ein Ndr. von ▶VP 1519 war offenbar bereits ▶VP 1534A. - Die Aen.-Bilder in ▶VP 1536B sind ihrerseits die direkte Vorlage für die in ▶VP 1543C enthaltenen (vgl. die dortige umgekehrte, negative Aufstellung der in ▶VP 1543C feh-lenden Bilder). Über ▶VP 1543C hinaus (falls meine Kopie der Aen.-Bilder daraus wirklich vollständig ist) enthält ▶VP 1536B noch die Pict. 065, 116, statt der späteren ersten Dublette Pict. 054 (in ▶VP 1543C) in Aen. VII an der-selben Stelle eine andere Dublette, nämlich aus georg. III (Pict. 035 in ▶VP 1502), statt der späteren zweiten Dublette Pict. 152 (in ▶VP 1543C) zu Beginn von Aen. XI richtig die Pict. 165.

Abb.: Im Abb.-Teil bei PASQUIER, 1992: Abb. 248 zu Aen. IX (Schiffs-metamorphose; Kopie von Pict. Nr. 146 in ▶VP 1502).

VP 1536B   *Zugänglichkeit*: BSB Res/2 A.lat.a. 310 , daraus digitalisiert 116 Doppelseiten mit allen Illustrationen; DVD 2 .

VP 1537A   ◻ Opera, Paris 1537

Opera. Parisiis, Franciscus Regnault, 1537.

Bibl.: MAMBELLI Nr. 178: "assai rara, con incisioni su legno. Ristampa dell'edizione pubblicata dallo stesso Regnault nel ▶VP 1529B" (s. dort).

VP 1537B   ◻ Opera, Venedig 1536 (-1537)

Alternativansetzung zu ▶VP 1536B, s. dort

VP 1540A   ◘ + franz. Übers. der Opera (mit lat. Text am Rand), Paris 1540

Les œuvres de Virgile, translatées de latin en françois et nouvellement imprimées, vues et corrigées oultre les precedentes impressions. Paris, (Drucker:) Jean Petit, Maurice de la Porte, Jean André, Galiot du Pré, Jean Longis, Arnoul Langelier, 1540 [2 Teile in 1 Bd., 2°].

VP 1540A *Bibl.*: Nähere Beschreibung bei BRÜCKNER, 1987 (▶VP 1509D), 49-51, danach die Titelaufnahme. Sonst nur bei PASQUIER, 1992, Nr. 12 (die BRÜCKNER nicht kennt und als Drucker nur nennt: Cloz Bruneau à l'enseigne Saint-Claude par Maurice de la Porte, A. Petit); nicht bei MAMBELLI oder im CBItalV. - ▶VP 1540A ist offenbar auch Princeton Item 71 (Paris, par Arnoul Langelier, 1540) mit dem Hinweis „many woodcut illustrations. 2 Vols. bound in 1" angeführt, und zwar unter den lat. Opera, wohl deshalb, weil neben den beiden breiten Kolumnen der franz. Übers. jeweils li. und r. am Rande der lat. Text, jedoch nicht durchlaufend, in kleinen Drucktypen beigegeben ist (so jedenfalls in ▶VP 1532B). - Enthalten ist (mit lat. Text am Rande) eine Übers. der buc., georg. und der opera minora durch Michel DE TOURS wie in ▶VP 1529F, dann mit eigenem Titelblatt „Les Eneydes de Virgille. Translatees de latin en Francoys par Messire OCTOVIAN DE SAINCT GELAIS ...") die Aen.-Übers. des OCTOVIEN DES SAINT-GELAIS. Vgl. generell zur ersten Druckausgabe der franz. Aen.-Übers. von OCTOVIEN DE SAINT-GELAIS ▶VP 1509D und zu den späteren Drucken ▶VP 1514B, ▶VP 1529F und ▶VP 1532B.

VP 1540A *Lit.*: BRÜCKNER, 1987, 50: „Illustration: Wie ▶VP 1532B, hier aber zu Beginn der Aeneis (Bl. 1ʳ) größerer Holzschnitt, der den Übersetzer (?) bei der Arbeit darstellt." - Abb. dieses Aen.-Titelblatts (Gelehrter/Mönch am Schreibpult) bei BRÜCKNER, S. 51. - PASQUIER, 1992, Nr. 12: 159 Holzschnitte nach ▶VP 1502 mit zahlreichen Wiederholungen und einer Mixtur von Holzschnitten aus verschiedenen Edd.; keine näheren Angaben.

VP 1540B   ◘ ■ ital. Übers. von Aeneis I-VI, Venedig (Comin de Tridino) 1540

I sei primi libri del Eneide di Vergilio tradotti à più illustre et honorate donne et tra l'altre à ... Madonna Aurelia Tolomei de Borghesi ... Vineggia, per Comin de Trino, ad instantia de Nicolo d'Aristotile detto Zoppino, 1540 [1 Band in 6 Teilen; alle Teile mit der Übersetzung je eines Buches von Aen. I-VI sind 1540 datiert, doch scheint mindestens das Bändchen mit der ital. Übers. von Aen. II durch den Kardinal Ippolito DE MEDICI bereits früher, 1538 und 1539, erschienen zu sein, s. MAMBELLI Nr. 756 zu ▶VP 1540D; KAILUWEIT, 2005, Nr. 0041]. - Es existiert eine zweite Ausgabe mit demselben Titel, ebenfalls Venedig 1540 erschienen, jedoch bei anderen Verlegern: ▶VP 1540C. Diese andere Ausgabe (Verleger: G. e D. fratelli di Volpini) wird in den Bibliographien meist nicht von der Originalausgabe (Verleger: Comin de Tridino) unterschieden.

Bibl.: MAMBELLI Nr. 757 (1540), mit dem Hinweis „ristampata a Venezia nel 1543 per il Sessa [= MAMBELLI Nr. 760] e nel 1544 per il Padovano [= MAMBELLI Nr. 761 = ▶VP 1544]"; New York 1930 = Princeton Item 393 („title within ornamental woodcut border; many woodcut illustrations"); Perugia 1980, Nr. 33 (nur Aen. II; ill.); CBItalV Nr. 2414 (vgl. Nr. 2506; es existiert auch ein Ndr. Venetia 1541 ohne Illustr.: CBItalV Nr. 2415; beschrieben bei BORSETTO, 2002, s. gleich, p. XLsq.); Pistoia 1981, Nr. 3 (wie MAMBELLI, doch ist richtig von "22 incisioni su legno" die Rede); Napoli 1981, Nr. 142; BORSETTO, 1989, 177-180. 182; KALLENDORF, 1994, Nr. 16 ("woodcut scenes, Book 1 (3), Book 2 (4), Book 3 (2), Book 4 (3), Book 5 (7), Book 6 (3)", insgesamt also 22); KAILUWEIT, 2005, Nr. 0043. - Nicht bei PASQUIER, 1992. - Vgl. generell auch den Ndr. Venedig ▶VP 1544 = MAMBELLI Nr. 761. MAMBELLI Nr. 757 verweist noch auf einen weiteren Ndr. Venetia, Melchiore Sessa, 1543 = MAMBELLI Nr. 760 (Ø, daher nicht in diesem Handbuch aufgeführt). - Einen modernen Ndr. von ▶VP 1540B (nach dem Exemplar der BN Marciana di Venezia) zusammen mit ▶VP 1560B (in der Introduzione p. III-XLVI eine Beschreibung p. XXXXVIII-XLIV der ,Edizioni e ristampe' dieser Originalausgabe ▶VP 1540B, und mit neuen Indices) stellt folgende Faksimileausgabe dar: I sei primi libri de l'Eneide di Vergilio tradotti a più illustre et honorate donne / L'Eneida in toscano del generoso et illustre giovine il Signor Cavalier CERRETANI. (Ristampa anastatica delle edd. Zoppino, 1540 e Tormentino, 1560) a cura di Luciana BORSETTO, Sala Bolognese (Bologna), Arnoldo Forni, 2002 = Archivi del Rinascimento 3 (XLVI, 564, 55 S.; BSB 2002.25970). - Die zu Beginn der einzelnen Bücher genannten Übersetzer sind: für Aen. I: Alessandro SANSEDONI, Aen. II: Hipolito DE MEDICI cardinale, Aen. III: Bernardino BORGHESI, Aen. IV: Bartolameo Carli PICHOLOMINI, Aen. V: Aldobrando (sc. CERETANE oder CERRETANI), Aen. VI: Alessandro PICHOLOMINI.

Lit.: MAMBELLI Nr. 757: "avendo ogni libro frontespizio e numerazione distinti. Con 21 incisioni su legno nel testo e ritratto del Poeta. Il primo frontespizio ha una bellissima inquadratura istoriata riproducente diverse scene di guerrieri." - Napoli 1981, Nr. 142: "Una cornice silografata, con scene di battaglie terrestri e navali, circonda il titolo; il testo è illustrato da 22 vignette silografate, ispirate ad episodi dell'Eneide, e sul frontespizio di ciascun libro tranne il primo, è raffigurato Virgilio intento a scrivere." - Zum Verleger (vgl. auch ▶VP 1528B, ▶VP 1530, ▶VP 1540C und ▶VP 1540D) s. Lorenzo BALDACCHINI, Un editore 'volgare': Nicolò d'Aristotele de' Rossi, detto lo Zoppino (1503-1544), in: Luisa SECCHI TARUGI (Hrsg.), L'Europa del libro nell'età dell'umanesimo. Atti … Chianciano … 2002, Firenze 2004, 233-244 (nicht näher zu ▶VP 1540B, der Nr. 54 der Editionsliste S. 244).

VP 1540B *Beschreibung*: Das von MAMBELLI Nr. 757 nicht näher beschriebene gemeinsame Frontispiz in ▶VP 1540B für alle 6 Teile ist nicht identisch mit dem für den Nachdruck ▶VP 1544 (s. dort und MAMBELLI Nr. 761). Der Text des oben angeführten Gesamttitels ist in ▶VP 1540B auf diesem Haupt-

frontispiz, das zugleich als Frontispiz für die folgende Übersetzung von Aen. I dienen muss, flankiert von zwei Figuren: Li. stützt sich ein Krieger in antikischer Rüstung auf einen Speer; auf dem Sockel steht SP A. Rechts steht ein barhäuptiger Fürst in prächtiger Rüstung mit einem Szepter auf einem Podest mit der Aufschrift AN C. Auf dem unteren Band zwei Schiffe mit gerefften Segeln vor einer brennenden Stadt mit der Aufschrift CAR(thago) und einer auf die Schiffe schauenden Frau (es ist offensichtlich eine Illustration zu IVEnde oder Aen. V Anfang V: Dido schaut der abfahrenden trojanischen Flotte nach). Auf dem oberen Band Kampfszenen zwischen Fußsoldaten. -
Jedes der folgenden Bändchen für Aen. II-VI hat auf der Titelseite dieselbe Holzschnitt-Vignette (Aen. II = Aen. III = Aen. IV = Aen. V = Aen. VI): In einer Art Apsis sitzt ein schreibender, nach r. blickender Dichter, der über einer Kappe einen Lorbeerkranz trägt (= Vergil).
Die 22 kleinen Textillustrationen stehen immer oben auf dem Recto eines Blattes. Nur ganz sporadisch weisen sie Namensbeischriften auf, die die Situation klären (bes. wichtig für Aen. III Nr. 2 und, allerdings vielleicht irreführend, für Aen. V Nr. 5). Ich habe den Eindruck, dass sie nachträglich angebracht sind und die ursprünglich dargestellte Situation verfälschen können. - Im Münchener Exemplar von ▶VP 1540B und dem praktisch identischen von ▶VP 1544 sowie im Faksimile-Ndr. von ▶VP 1540B bei BORSETTO, 2002, finden sich (neben dem Holzschnitt-Titel) 22 Holzschnitte im Text, nämlich je 3 Holzschnitte zu Aen. I, Aen. II und Aen. IV, 2 zu Aen. III, 7 zu Aen. V und 4 zu Aen. VI. (Es muss ein Irrtum bzw. Druckfehler sein, wenn BORSETTO, 2002, p. XXXVIII zu ▶VP 1540B und p. XLII zu ▶VP 1544 noch eine weitere Illustration aufführt, nämlich zu Aen. II einen vierten, nicht beschriebenen Holzschnitt auf Blatt 3r.) Allerdings bieten die 22 Holzschnitte wegen zweier Dubletten (Aen. V Nr. 3 = Aen. VI Nr. 4; Aen. V Nr. 5 =Aen. VI Nr. 3) nur 20 verschiedene Bilder.

| VP 1540B | Aen. I Nr. 1 (5r): Ein barfüßiger geharnischter König spricht zu einer neben ihm unter einem Baldachin sitzenden Frau (Aeneas zu Dido), li. eine Kogge auf dem Meer. - Dargestellt ist die Rahmensituation für Aen. II/III: Aeneas erzählt vor Dido, Auftaktbild zu Aen. II oder Schlussbild zu Aen. I. - Kein Gegenstück in ▶VP 1528B.
Aen. I Nr. 2 (9r): Aufmarsch von Kriegern zu Ross und zu Fuß vor einer Stadt, vorn Fahnenträger und Trompeter. - Das ist eine Adaption des Auftaktholzschnittes zu Aen. VIII in der Straßburger Ausgabe ▶VP 1502 Pict. 137 (also Turnus mit dem latinischen Aufgebot vor der Stadt ,Laurentum'; ein Leitmotiv ist das Auftreten des Trompeters) und passt nicht zu Aen. I. - In der Tat aus ▶VP 1528B übernommenes Titelbild, dort aber nicht zu Aen. VIII, sondern zu Aen. IX.
Aen. I Nr. 3 (17r): Nebeneinander (von li.) ein bärtiger stehender Mann und eine gekrönte jüngere Frau, dann ein gekrönter Mann auf einem Pferd, ganz r. eine gekrönte stehende Frau. - Das ist eine Adaption des Auftaktholzschnittes zu Aen. XII in der Straßburger Ausgabe ▶VP 1502 Pict. 177

(gemeint sind also Lavinia - Turnus - Latinus als Reiter - Amata) und passt nicht zu Aen. I. - Kein Gegenstück in ▶VP 1528B.

Aen. II Nr. 1 (2r): Im Hintergrund brennende Stadt, davor auf einem fahrbaren Untersatz das Hölzerne Pferd, r. davon stehend zwei Männer, davon der eine lorbeerbekränzt, und ein Knabe. - Dies ist eine merkwürdige Kompilation eines Bildelementes, das zweifelsfrei zu Aen. II gehört (Hölzernes Pferd) mit einer Beobachtergruppe. (Dass es sich bei dem lorbeerbekränzten Mann um den Priester Laokoon mit seinen beiden Söhnen handeln soll, ist wenig wahrscheinlich.) Die Zweiergruppe der beiden erwachsenen Zuschauer ist nämlich übernommen aus der Straßburger Ausgabe ▶VP 1502 Pict. 5 (zur 4. ecl.: Vergil und Pollio) und aus Pict. 23 (georg. II), Pict. 24 (georg. II) sowie Pict. 44 (georg. IV), wo das Paar jeweils von Vergil und Maecenas gebildet wird. Das Paar stellt also den Dichter und den jeweiligen Adressaten dar. Innerhalb der Aen. aber ist kein konkreter menschlicher Adressat angesprochen. - Übernahme aus ▶VP 1528B, dort Titelbild zu Aen. II.

Aen. II Nr. 2 (9r): Eine Gruppe von Kriegern, angeführt von einem Reiter in der Mitte, der mit TURNO bezeichnet ist, vor einer Stadt, li. ankern zwei brennende Schiffe. - Das ist eine Teil-Adaption des Auftaktholzschnittes zu Aen. IX (Schiffsmetamorphose) in ▶VP 1502 Pict. 146 und passt nicht zu Aen. II. - Offenbar kein Gegenstück in ▶VP 1528B (denn das dortige Titelbild zu Aen. IX dürfte ▶VP 1540 Aen. I Nr. 2 sein).

Aen. II Nr. 3 (17r): Ein unter einem Baldachin sitzender gewappneter König spricht zu einem neben ihm sitzenden Mann; von r. nahen drei Frauen. - Das Bild passt weder zu Aen. II noch überhaupt zu einer Aen.-Szene. - Kein Gegenstück in ▶VP 1528B (falls es sich nicht doch um das dortige Titelbild zu Aen. XII mit Latinus und Turnus sowie Amata und Lavinia handelt).

VP 1540B Aen. III Nr. 1 (2r): Ein älterer Mann, gefolgt von 6 Personen, darunter einer Frau, ist dabei, ein ankerndes Schiff zu besteigen (Flucht aus Troja; passendes Bild zum Anfang von Aen. III). - Nur vage Verwandtschaft mit dem Auftaktholzschnitt zu Aen. III in ▶VP 1502 Pict. 75. - Übertnahme (offenbar) aus ▶VP 1528B, dort als Titelbild zu Aen. V, wo es also den Abschied der Trojaner von Sizilien und Acestes darstellen soll (doch nicht recht passt).

Aen. III Nr. 2 (9r): ENEA, der aus einem ankernden Schiff ausgestiegen ist, nähert sich mit zwei Gefährten dem Sarkophag des POLIDORI. - Das ist an sich ein zur Polydorus-Episode in Aen. III 19-68 passendes Bild. Trotzdem glaube ich, dass es sich um eine verfälschende Umbenennung handelt. Denn Polydorus hat laut Vergil eben nicht eine würdige Grabstätte erhalten; eben deshalb das Omen der blutenden Sträucher. Es dürfte sich vielmehr ursprünglich um den Kenotaph Hectors handeln, an dem Aeneas in Buthrotum Andromache antrifft (Aen. III 300-345), vgl.

Pict. 81 in ▶VP 1502. - Übernahme aus ▶VP 1528B, dort als Titelbild zu Aen. III.

VP 1540B Aen. IV Nr. 1 (2r): vgl. BILD 9. Zwei vor einer Landschaft stehende Frauen (Dido, wohl ganz links; Anna) sprechen zu einem r. stehenden Krieger mit Lanze (Aeneas) oder mit Zeigegestus über ihn. - Passend zu mehreren Szenen in Aen. IV, vgl. etwa Pict. 89, 96 und bes. 97 in ▶VP 1502. - Übernahme aus ▶VP 1528B, dort als Titelbild zu Aen. IV.

Aen. IV Nr. 2 (9r): vgl. BILD 10. Vier sitzende Personen: li. ein König mit Szepter auf dem Thron, neben ihm ein Knabe und ein gewappneter Krieger, weiter r. eine Königin. (Passt nicht recht zur Erzählsituation Ende Aen. I/Anfang Aen. II bzw. Ende Aen. III mit Aeneas, Ascanius und Dido; es könnte sich um Helenus, Ascanius, Aeneas, Andromache handeln, also eine Szene aus Aen. III; wegen des Knaben ist es nicht möglich, an Latinus, Turnus, Amata und damit eine Szene aus Aen. XII zu denken.) - Kein Gegenstück in ▶VP 1528B.

Aen. IV Nr. 3 (17r): Li. umringen Krieger, teils kniend, einen Gefangenen (?); in der Mitte ein Leichenhaufen; r. spricht ENEA zu einem anderen Krieger. - Keinesfalls zu Aen. IV passend; am ehesten auf den Waffenstillstand zur Bestattung der Toten Aen. XI 100-138 zu beziehen. - In der Tat ist dies eine Übernahme des Titelbildes zu Aen. XI aus ▶VP 1528B; PASQUIER, 1992, Nr. 22 will in der Gruppe li. die ‚Trauer des Euander' erkennen.

VP 1540B Aen. V Nr. 1 (2r): Zwei Schiffe unter Segel auf See, auf dem Bug des li. eine (weibliche?) Figur. - Es kommen Szenen aus mehreren Aen.-Büchern in Frage, aber keine spezifische. Vorbild können mehrere Picturae in ▶VP 1502 sein, etwa Pict. 80, 84, 87, 99, 101 usw. - Kein Gegenstück in ▶VP 1528B.

Aen. V Nr. 2 (5r): Ein lorbeergekrönter Mann unterhält sich mit einem jungen Mann (die Zweiergruppe li. ist sv. aus Aen. II Nr. 1 wiederholt; s. die dortige Erwägung zur Identifizierung Vergil - Adressat); r. tobt eine Reiterschlacht. - Übernahme aus ▶VP 1528B, dort Titelbild zu Aen. I (d.h. wohl: zum Proömium). Es handelt sich wieder, wie in ▶VP 1528B zu Aen. II = 128B zu Aen. II = ▶VP 1540B Aen. II Nr. 1, um die Vermischung von zwei Ebenen, die der Vermittlung (Dichter) und die des dargestellten Stoffes (Kämpfe; vgl. den Titel von ▶VP 1528B ‚Virgilio volgare qual narra le aspre battaglie …').

Aen. V Nr. 3 (9r): ENEA, der auf einem Schiff steht, wird im Hafen einer Stadt von Trompetern und Soldaten begrüßt oder verabschiedet. - Nicht recht in die Aen. einzuordnende Szene. Möglicherweise mit unberechtigter Zufügung des Namens Aeneas aus ganz anderem Zusammenhang übernommen. Das Bild wird als Aen. VI Nr. 4 wiederholt. - Übernahme aus ▶VP 1528B, dort als Titelbild zu Aen. IV. Deshalb wohl als Abschied des Aeneas aus Segesta auf Sizilien zu deuten.

Aen. V Nr. 4 (13r): ENEA, ganz r., mit zwei Begleitern, vor einem Rundtempel mit der Statue Apolls (auf dem Sockel: A). - Die Illustration gehört entweder zum Besuch des Apollo-Orakels auf Delos in Aen. III (doch ist Pict. 77 in ▶VP 1502 kein Vorbild) oder zum Besuch des Apollo-Tempels von Cumae in Aen. VI, wo Aeneas die Sibylle treffen wird. - Übernahme aus ▶VP 1528B, dort Titelbild zu Aen. VI.

Aen. V Nr. 5: (17r): Der kniende LATINO vor einer Erscheinung von zwei oder drei göttlichen Gestalten, die auf einer Wolke schwebend zu ihm sprechen. - Wenn man die Beischrift LATINO ernst nimmt, müsste das Bild das Traumorakel des Faunus für Latinus in Aen. VII darstellen (aber Faunus ist nur 1 Gott). Wahrscheinlicher aber ist, dass es sich um eine Umbenennung für ein Bild mit der Erscheinung der Penaten vor Aeneas in Aen. III handelt. Zu Aen. V passt das Bild in keinem Falle. Es wird Aen. VI Nr. 3 wiederholt. - Übernahme aus ▶VP 1528B, dort in der Tat Titelbild zu Aen. VII.

Aen. V Nr. 6 (21r): ENEA ist im Begriff, die Vorhalle eines Tempels zu betreten; draußen hinter ihm kniet eine Frau, vor ihr, auf einer Wolke schwebend eine Gottheit (?) mit einem langen Pfeil. - Schwerlich ist dies eine Illustration zur Helena-Szene in Aen. II oder zur Erscheinung des toten Gatten Sychaeus vor Dido in Aen. IV; es könnte sich um den Besuch des Aeneas bei der Sibylle von Cumae, der Priesterin Apolls, zu Beginn von Aen. VI handeln (jedoch keine Entsprechung in Pict. 112-115 in ▶VP 1502). Zu Aen. V passt das Bild jedenfalls nicht. - Übernahme aus ▶VP 1528B, dort Titelbild zu Aen. VIII. Nach PASQUIER, 1992, Nr. 22 wendet sich li. (schwer glaublich) Venus an Vulcanus.

Aen. V Nr. 7 (25r): Eine spinnende Frau auf einer Insel, an der zwei Schiffe vorbeifahren; auf dem vorderen Schiff r. steht ein König. - Dies ist offenkundig eine Illustration zum Beginn von Aen. VII, zum Passieren der Insel der Circe durch die Flotte des Aeneas; Vorbild ist Pict. 126 in ▶VP 1502. Zu Aen. V passt sie nicht. - Kein Gegenstück in ▶VP 1528B.

VP 1540B Aen. VI Nr. 1 (2r): Li. eine auf einem Postament stehende Frau, der sich eine Gruppe von Männern nähert, an deren Spitze ein Knabe und ein König gehen. Im Hintergrund will sich ein König mit erhobenen Händen in das Meer stürzen. - Das ist eine Teil-Adaption des Auftaktholzschnittes zu Aen. VI in ▶VP 1502 Pict. 112 (Aeneas nähert sich mit Ascanius der Sibylle von Cumae; der sich zum Selbstmord anschickende Mann ist Aegeus, der König von Athen - eine Einzelheit, die Sebastian Brant in die Ekphrasis der Bilder an dem von Daedalus erbauten Apollo-Tempel von Cumae, über den Text der Aen. hinausgehend, hineingebracht hat) und ist hier passend eingefügt. - Kein Gegenstück in ▶VP 1528B.

Aen. VI Nr. 2 (9r): Li. ein Siegesmal (eine an einem Baum aufgehängte Rüstung: Tropaion), davor ein König und vier Begleiter. - Das ist eine Adaption des Auftaktholzschnittes zu Aen. XI in ▶VP 1502 Pict. 165 (Aeneas errichtet ein Siegesmal aus den Trophäen des Mezentius) und passt nicht zu Aen. VI. - Kein Gegenstück in ▶VP 1528B.

Aen. VI Nr. 3 (17r): Wiederholung von Aen. V Nr. 5 (s. dort), nicht zu Aen. VI passend. - Kein Gegenstück in ▶VP 1528B.

Aen. VI Nr. 4 (25r): Wiederholung von Aen. V Nr. 3 (s. dort), nicht zu Aen. VI passend. - Kein Gegenstück in ▶VP 1528B.

VP 1540B *Würdigung/Abhängigkeiten*: Die an sich ansprechenden Holzschnitte scheinen sich zwar alle auf die Aeneis zu beziehen, nur selten aber auf den Text, bei dem sie stehen. Sie sind fast willkürlich über alle 6 Bändchen zu Aen. I-VI verstreut. Es handelt sich offensichtlich um Illustrationen zu einer Gesamtausgabe der Aen., denn zweifelsfrei beziehen sich einzelne Bilder auf die 2. Aen.-Hälfte. - Viele der Bilder sind freie Übernahmen oder Kompilationen aus entsprechenden in der Straßburger Ausgabe ▶VP 1502. Gerade auf diesem Hintergrund aber wird die Leistung dieses (doch wohl) venezianischen Künstlers deutlich: er hat aus den detail-überladenen spätgotischen Bildern von ▶VP 1502 stark vereinfachte, meist auf wenige Personen konzentrierte antikisierende Darstellungen gemacht, die das Geschehen verdichten. In meinen Augen gehören diese Bilder zu den eindrucksvollsten Aen.-Illustrationen. - Erst nachträglich ist mir aufgrund der Beschreibung von PASQUIER, 1992, Nr. 22 für ▶VP 1528B (und seinen beiden Abb. für Aen. I und Aen. X) klar geworden, dass mindestens 10 der 22 (oder besser, wegen der beiden Dubletten: 20) Bilder in ▶VP 1540B direkte Wiederholungen aus ▶VP 1528B sind, also eine Erweiterung des Zyklus Nr. 7 im ‚Virgilio volgare' darstellen. In ▶VP 1528B bilden sie jeweils die Titelbilder zu den 12 Aen.-Büchern (eindeutig *nicht* in ▶VP 1540B übernommen ist aus ▶VP 1528B das Bild der Götterversammlung zu Aen. X, außerdem nicht das Titelbild zu Aen. XII in ▶VP 1528B mit dem zwischen Aeneas und Turnus thronenden Latinus). Die Funktion als Buch-Titelbilder in ▶VP 1528B erlaubt auch, die dort intendierte Bedeutung zu erschließen; sie braucht aber nicht die originale zu sein. Ich vermute, dass ▶VP 1528B plus ▶VP 1540B eine Vergil-Illustrierung repräsentieren, die sich nicht auf die sechs ersten Bücher (wie es formal ▶VP 1540B tut) und nicht nur auf Titelbilder zu den 12 Aen.-Büchern (wie es ▶VP 1528B tut) beschränkte: denn mindestens ▶VP 1540B Aen. I Nr. 3 bezieht sich eindeutig auf Aen. XII, ist aber nicht das Titelbild zu Aen. XII in ▶VP 1528B; ▶VP 1540B Aen. I Nr. 1 bezieht sich eindeutig auf Aen. II (oder Aen. I Ende), ist aber nicht das Titelbild zu Aen. II in ▶VP 1528B. - In der Komposition und in der Personendarstellung ähneln die Holzschnitte in ▶VP 1528B und ▶VP 1540B = ▶VP 1544 (Zyklus Nr. 7) den Holzschnitten in ▶VP 1507, also der ersten, der „humanistischen" Venezianischen Adaption von ▶VP 1502 (Zyklus Nr. 3). Man darf diesen Bilderzyklus des ‚Virgilio volgare' bzw. einer ital. Übers. der Aen. als eine klassizistische Transformation der spätgotischen deutschen Holzschnitte von ▶VP 1502 bezeichnen, die noch über die erste „humanistische" Venezianische Adaption von (▶VP 1505C =) ▶VP 1507 hinausgeht.

VP 1540B Alle 6 Bändchen von ▶VP 1540B sind text- und bildgleich wiederholt in ▶VP 1544. Die einzige Ausnahme bildet das unterschiedliche Hauptfrontispiz für Bd. 1, s. ▶VP 1544. - BORSETTO, 2002 (s. o. *Bibl.*), p. XXXVIII-XLV verzeichnet neben dieser Originalausgabe **(a)** Vineggia, per Comin de Tridino, ad instantia de Nicolo d'Aristotile detto Zoppino, ▶VP 1540B noch folgende Nachdrucke: **(b)** Vineggia, per Giovanantonio e Dominico fratelli di Volpini ad instantia de Nicolo d'Aristotile detto Zoppino, ▶VP 1540C; **(c)** Venetia, 1541 (mit den Übersetzungen der Originalausgabe, also für Aen. VI von PICCOLOMINI; mit Durchzählung der Seiten; ohne Illustrationen; **(d)** Vinegia, per Giovani Padouano, ad instantia e spesa del … Federico Torresano d'Asola; ▶VP 1544, mit den Illustrationen der Originalausgabe; **(e)** L'opere di Vergilio …, Fiorenza 1556 (mit den Übersetzungen der Originalausgabe nur für Aen. I-III und VI), ohne Illustrationen; ferner (ohne nähere Beschreibung) die immer in Venezia erschienenen Nachdrucke: **(f)** O. de' Farri e fratelli, ▶VP 1559B; D. Farri, ▶VP 1562B; De Cavalli, ▶VP 1568A (?); D. Farri, ▶VP 1573B; Cornetti, ▶VP 1596C; Ugolino, ▶VP 1593A; Tebaldini, 1603; Milocho, ▶VP 1613A.

VP 1540B *Zugänglichkeit*: BSB Res/A.lat.a. 2337 mit 7 Beibänden („1540"), daraus digitalisiert 28 Doppelseiten mit allen Bildern; **DVD 2**. Zu vergleichen sind auch die entsprechenden Digitalisate aus BSB A.lat.a. 2338 , dem Ndr. von ▶VP 1544. - Einen modernen Ndr. von ▶VP 1540B (zusammen mit ▶VP 1560B) bietet BORSETTO, 2002 (s. o. *Bibl.*).

VP 1540C ◘ + **ital. Übers. von Aeneis I-VI, Venedig (fratelli di Volpini) 1540**

I sei primi libri del Eneide di Vergilio tradotti à più illustre et honorate donne et tra l'altre à … Madonna Aurelia Tolomei de Borghesi … Vineggia, per per Giovanantonio e Dominico fratelli di Volpini ad instantia de Nicolo d'Aristotile detto Zoppino, 1540.

Bibl.: Fehlt bei MAMBELLI Nr. 757 (oder bei Nr. 756 bzw. Nr. 758-761) und in anderen Bibliographien; nur bekannt durch die genaue Beschreibung bei BORSETTO, 2002 (s. ▶VP 1540B *Bibl.*), XXXIXsq. nach dem Exemplar der BN Marciana di Venezia. Es handelt sich um eine weithin identische Wiederholung von ▶VP 1540B, ebenfalls Venedig 1540 gedruckt, jedoch bei einem anderen Verleger. Für Aen. I, III und V Ndr. der Originalausgabe ▶VP 1540B, für Aen. II und IV Ndr. der Übers. jeweils aus früheren Separatausgaben von 1539 bzw. 1540, für Aen. VI ist die Übers. von Alessandro PICHOLOMINI in ▶VP 1540B ersetzt durch die Übers. von Giovanni POLLIO POLLASTRINO, ebenfalls nach einer Separatausgabe von 1540. Die Illustrierung einschließlich des Hauptfrontispizes (Aen. I) und der 5 identischen Frontispize für Aen. II-VI scheint nach den (nur Seitenangaben für „incisioni" bietenden) Angaben bei BORSETTO identisch mit der in ▶VP 1540B zu sein, jedoch fehlen gegenüber ▶VP 1540B in der Übersicht (neben dem einen dubiosen zu Aen. II 2R) je ein Holzschnitt zu Aen. I (9R) und Aen. IV (9R) sowie zwei zu Aen. VI (17R, 25R). Die Erwähnungen bei BORSETTO, 2002, führen für ▶VP 1540C auf 18 Holzschnitte im Text. Hinzu kommt allerdings neu am Ende von Aen. IV eine „incisione con prelato che offre doni a una fanciulla". - Vgl. generell und zur Beschreibung ▶VP 1540B.

VP 1540D ◘ ? ital. Übers. von Aeneis II, Venedig 1540

Il secondo [libro] dell'Eneide in lingua volgare, tradotto da Hippolito DE MEDICI cardinale. Vinegia, per Giov. Ant. e Domenico Volpini ad instantia de Nicholo d'Aristotile detto Zoppino, 1540 [4°].

Bibl.: MAMBELLI Nr. 756 ("con piccole incisioni su legno"); CBItalV Nr. 2506 (ill.). - KALLENDORF, 1994, 94 führt diese Publikation unter den "Doubtful and spurious editions", die er nicht habe aufspüren können. - Wahrscheinlich handelt es sich um eine Teilausgabe aus ▶VP 1540B. - Nach MAMBELLI Nr. 756 ist die Übers. von Kardinal Ippolito DE' MEDICI bereits 1538 und 1539 publiziert worden [Roma, Antonio Blado, 1538 = MAMBELLI Nr. 753 = CBItalV Nr. 2503; Vinegia, Bernardino di Vitali, 1539 = MAMBELLI Nr. 755 = CBItalV Nr. 2505; dazu noch Città di Castello, per A. Mazocchi Cremonese e N. de Guccij da Corna, 1539 = CBItalV Nr. 2504], doch sind MAMBELLI und CBItalV dazu immer ohne Hinweis auf Illustr. - Nur erwähnt bei BORSETTO, 2002 (▶VP 1540B *Bibl.*), XXXIX zu ▶VP 1540C, doch 1539 datiert.

VP 1540E ◘ ? ital. Übers. von Aeneis VI, Venedig 1540

Il VI libro dell'Eneide di Virgilio tradotto in lingua Toscana, in versi sciolti da Giov. POLLIO POLASTRINO. Vinegia, Nicolo d'Aristotele detto Zoppino, 1540.

Bibl.: MAMBELLI Nr. 758 ("con 4 incisioni"), der Übersetzer 'Giovanni Pollio' ist Gian Paolo LAPPOLI (1465-1540), Kanoniker von Arezzo. - KALLENDORF, 1994, 94 führt diese Publikation unter den "Doubtful and spurious editions", die er nicht habe aufspüren können. Im ICCU-Katalog Nr. 008327 sind dagegen 3 Exemplare aus Parma, Rom und Venedig aufgeführt. - Es handelt sich um eine Einzelausgabe aus ▶VP 1540C (nicht aus ▶VP 1540B); nur erwähnt bei BORSETTO, 2002 (▶VP 1540B *Bibl.*), XXXIX.

VP 1540F ◘ ? + ital. Übers. von Aeneis IV, Venedig 1540

Il quarto [libro dell'Eneide] di Virgilio tradotto in lingua Toscana, in versi sciolti dal s. Bar. Carli PICCOLOMINI historiato. Vineggia, per Giovanantonio e Dominico fratelli di Volpini, ad instantia de Nicolo d'Aristotile detto Zoppino, 1540.

Bibl.: Aufgeführt als "ill." nur im ICCU-Katalog Nr. 008325 nach 3 Exemplaren aus Parma, Rom und Venedig. - Es handelt sich offenbar um eine Einzelausgabe aus ▶VP 1540C (nicht aus ▶VP 1540B).

VP 1541A Opera, Paris 1541

Bucolica, Aeneis et Georgica, curis P. H. SUSSANAEI emendata, Parisiis, Michael Fezandat, 1541 [4°].

Bibl.: MAMBELLI Nr. 189; New York 1930, Case 7 Nr. 75 (3 Vol. in 1; Ø; Exemplar aus Princeton, im dortigen Katalog jedoch nicht im Umkreis von Item 74 aufgeführt).

Lit.: MAMBELLI: "Edizione ricercata, eseguita su quella del Macè del 1540 [MAMBELLI Nr. 184, Ø] di cui può dirsi una ristampa, con varie correzioni tipografiche, tre frontespizi ... Di questa edizione esistono esemplari con uno o più frontespizi al nome di Oudin Petit (Oudinus Parvus)".

VP 1541B ◘ Opera, Venedig 1541

Universum poema, una cum emendatissimis commentariis Servii Marii [*sic*], et Tiberii Donati ... Addita sunt praetera, quae in hoc ab ASCENSIO ... scripta fuere. Venetiis, apud Aloisium de Tortis, 1541 [2°].

Bibl.: MAMBELLI Nr. 188 ("Frontespizio. Bella edizione ricca di numerose grandi incisioni in legno nel testo, tolte dalla edizione del 1515 [= MAMBELLI Nr. 131 = ▶VP 1515D]"); KALLENDORF, 1991, Nr. 72 ("woodcut scenes for Buc. 1, Georg. 4, Aen. 11, Minora 7"); CBItalV Nr. 51 (Ø). - Dies ist offenbar (nach KVK) das erste Vorkommen des Titels 'Universum poema' für Vergils Werke, dann ▶VP 1545A und öfter, allein im 16. Jh.: ▶VP 1551A, ▶VP 1558A, ▶VP 1562A, ▶VP 1566B, ▶VP 1572B, ▶VP 1574, ▶VP 1578, ▶VP 1580C, ▶VP 1583A, ▶VP 1584B, ▶VP 1586B.

Beschreibung: Enthalten sind 23 Holzschnitte, die aus ▶VP 1502 oder eher aus einer der davon abhängigen Venezianischen Ausgaben der zweiten, der Giunta-Adaption (Zyklus Nr. 6), die die spätgotische Stilisierung beibehalten, wie ▶VP 1519 oder 1536B, übernommen sind, in der Regel einer zu Beginn der ecl. und jedes Buches von georg. und Aen. sowie mehrerer Opuscula. Für die Aen.-Bücher ist jeweils der Auftakt-Holzschnitt des betreffenden Buches aus ▶VP 1502 leicht variiert nachgeschnitten worden, also (in der Nummerierung der Picturae in ▶VP 1502) für Aen. I Pict. 51; für Aen. II fehlt ein Holzschnitt, statt dessen findet sich zu Beginn nur eine figürliche Initiale; Aen. III Pict. 75 (jedoch beschnitten; fälschlich ist der li. oben brennenden Stadt die Bezeichnung TROIA genommen und auf die rechte intakte Stadt, in ▶VP 1502 Antandros, übertragen worden); Aen. IV Pict. 89; Aen. V Pict. 101; Aen. VI Pict. 112; Aen. VII Pict. 126; Aen. VIII Pict. 137; Aen. IX Pict. 146; Aen. X Pict. 154; Aen. XI Pict. 165; Aen. XII Pict. 177. Vgl. auch die Übersichts-Tabelle nach ▶VP 1502.

VP 1541B   *Zugänglichkeit*: BSB Res/2 A.lat.a. 311 , daraus digitalisiert 25 Doppelseiten mit allen 23 Holzschnitten; DVD 2 .

VP 1542A   □ Opera, Venedig 1542

Opera, cum Servii, Donati, et Ascensii commentariis nunc primum suae integritati restitutis ... Venetiis, apud Juntas, 1542 [2° oder 4°].

Bibl.: MAMBELLI Nr. 189bis; New York 1930 (datiert 1543; "with the woodcuts of the Grüninger edition of ▶VP 1502") = Princeton Item 77 (Ø); Perugia 1980, Nr. 35; CBItalV Nr. 52; FAGIOLO, Rom 1981, Nr. 26; Mantua 1981, Nr. 3; Straßburg 1981, Nr. 22; KALLENDORF, 1991, Nr. 73 ("woodcut scenes for frontispice, Buc. 1, Aen. 13, Minora 8"); PASQUIER, 1992, Nr. 26.

Lit.: MAMBELLI Nr. 189bis: "Sul frontespizio, stampato a due colori, ricca inquadratura silografica. Ha 23 incisioni su legno, le stesse dell'ed. del 1537 [= MAMBELLI Nr. 179 = ▶VP 1536B], con la sigla 'L' dell'artista anonimo." - Perugia 1980, Nr. 35 (nach MAMBELLI). - Mantua 1981, Nr. 3: "Sul frontespizio, stampato a due colori, ricca inquadratura xilografica recante in alto la scritta: 'Musis dicatum' e nei due piedestalli dell'architettura, ai lati del giglio araldico fiorentino, le iniziali di Luca Antonio (L. A.) Giunta. All'interno compaiono inoltre dieci incisioni su legno recanti la sigla L dell'artista anonimo e bellissimi capilettera ad ogni libro. Le xilografie sone le stesse della edizione del 1537 [= ▶VP 1536B], che, però, ne conta 23." - PASQUIER, 1992, Nr. 26: 23 Holzschnit-

te und ein Frontispiz, aus der Ed. Venetiis 1537 (= PASQUIER, 1992, Nr. 25 =
▶VP 1536B), mit dem Monogramm L des anonymen Künstlers.

Beschreibung: Ich konnte ein Exemplar von ▶VP 1542A kurz in der BN
Strasbourg einsehen. Es handelt sich um ein weiteres Beispiel der seit ▶VP
1519 (s. dort) belegten zweiten, gotischen venezianischen Adaption von ▶VP
1502, der von L signierten Giunta-Version (Zyklus Nr. 6), und zwar der Reduktion auf einen Titelbild-Zyklus. Enthalten sind somit jeweils die Auftaktbilder
zu den einzelnen Aen.-Büchern, also Adaptionen von Pict. 51 und (zusätzlich)
Pict. 52 für Aen. I, Pict. 60 für Aen. II, dann Pict. 75, 89, 101, 112, 126, 137,
146, 154, 165 und schließlich Pict. 177 für Aen. XII aus ▶VP 1502. Insgesamt
sind (ecl. 1, georg. 0, Aen. 13, Opuscula 9+1) 23+1 Holzschnitt enthalten.

Abb.: Bei PASQUIER, 1992, im Abb.-Teil Nr. 267 zu Aen. XI (Tropaion
nach dem Sieg über Mezentius; Kopie von ▶VP 1502 Pict. 165). - EV 5.2,
1991, S. 255 zu Aen. V 35-103 und 816-871. - Abb. des Frontispizes bei Mantua
1981, Nr. 3. Bis auf den Text der Titelei ist es identisch mit dem Frontispiz in
anderen Giunta-Ausgaben, so ▶VP 1536B, ▶VP 1543C und ▶VP 1552A.

| VP 1542A | *Zugänglichkeit*: Die BSB besaß offenbar ehemals eine in |

Frankfurt 1542 gedruckte Ausgabe, doch ist das Buch nicht mehr vorhanden.

VP 1542B **franz. Übers. von Aen. I-IV, Paris o. J. (nach 1542)**
Les quatre premiers livres de l'Eneyde, traduictz de latin em ürpse françoyse par HELISENNE
DE CRENNE. Paris, Denys Janot, sine anno (1541?, nach 8.3.1542?) [2°].
Bibl.: Aufgeführt nur bei MAMBELLI Nr. 1060 mit der Datierung 1541, aber als Ø;
ferner bei KAILUWEIT, 2005, Nr. 0044 (Ø). Als illustriert erwähnt allein von SHARRATT,
Salomon, 2005 (▶VP 1560A Lit.), S. 88 (mit Abb. 84 zu Aen. I; nach SHARRATT ist die
Übers. undatiert, aber nach 8.3.1542 anzusetzen). SHARRATT erwägt, ob die (offenbar 4) ano-
nymen Holzschnitte dieser Ausgabe nicht Bernard Salomon in ▶VP 1552B (s. dort; bei
SHARRATT Abb. 85 zu Aen. I) als Vorbild gedient haben. Diese Frage ist m. E. beim Vergleich seiner Abb. 84 aus ▶VP 1542B (li. Juno und Aeolus, auf dem Land stehend; in der
Mitte Schiff des Aeneas im Sturm; r. Auftauchen des NEPTUNUS und ein weiteres Schiff) mit
der SHARRATT unbekannten Vorläufer-Ausgabe ▶VP 1547B (s. dort) zu bejahen. Es ist mindestens für den Holzschnitt zu Aen. I eine klare Abhängigkeitslinie ▶VP 1542B (Juno/Aeo-
lus li., mit nicht ausgefüllten Namensbändern) - ▶VP 1547B (Juno/Aeolus li., ohne Namensbänder) - ▶VP 1552B (Juno/Aeolus r.) zu erkennen. Bisher pflegt man nur die 4 Illustrationen in ▶VP 1552B Bernard Salomon (und damit dem Zyklus Nr. 10) zuzuschreiben.

VP 1543A **Opera, Florenz 1543**
Opera utilissimis argumentis et adnotationibus castigata. Florentiae, [Giunta], 1543.
Bibl.: MAMBELLI Nr. 191 ("dopo il titolo del libro, segue la marca tipografica del
Giunta: un giglio fra due bambini, col motto *Nil candidius*").

VP 1543B   ◻ **deutsche Übers. der Aeneis, Worms 1543 (nicht „1545")**
Vergilii Maronis dreyzehen Aeneadische bücher von Troianischer zerstörung
und auffgange des Römischen Reichs. Wormbs, durch Gregorium Hofman,
1543 (Jahreszahl, wie Wolfenbüttel 1982, D 158, zutreffend feststellt, in der
Titeleinfassung, und zwar 1543, nicht 1545) [8°].

    Bibl.: bei MAMBELLI Nr. 1305 als Ndr. der deutschen Aeneis-Übersetzung
von Thomas Murner, Straßburg 1515, erwähnt; zu dieser Originalausgabe s. generell ▶VP 1515F. Die Ausgabe von 1543, in der der Name des Übersetzers
Thomas Murner nicht genannt ist, ist verzeichnet New York 1930 (1543) = Princeton Item 394 (1543; „many woodcut illustrations"); Straßburg 1981, Nr. 45
(dazu + Nr. 46: derselbe Titel), Bamberg 1982, Nr. 25; Wolfenbüttel 1982, D
158; VD 16, Nr. V 1427 (Datierung: „[1543]"; TE.H.). - VD 16, Nr. V 1428
wird derselbe Titel mit identischen Angaben aus einem Exemplar der SB Göttingen aufgeführt, jedoch „[1544]" datiert. VD 16, Nr. V 1429 wird noch ein weiteres Mal derselbe Titel mit identischen Angaben aus drei Exemplaren, einem
weiteren aus der SB Göttingen, einem aus Wolfenbüttel und dem unvollständi-
gen der UB München 8 A.lat. 1578, mit „(TE. H.)" (= Titeleinfassung, Holzschnitte) aufgeführt und wiederum „[1544]" datiert. Wieso es drei separate Ti-
telaufnahmen gibt, obwohl m. E. VD 16, Nr. 1428 und Nr. 1429 identisch sind
(beide Ausgaben haben Paginierung, Nr. 1427 dagegen nicht) und wie die erschlossene Datierung „[1544]" begründet ist, obwohl das Exemplar der UB
München 8 A.lat. 1578 eindeutig „1543" in der Titeleinfassung datiert ist, verstehe ich nicht. Zweifelhaft kann nur sein (s. dazu unten die Rubrik ‚München'),
ob die unpaginierte Ausgabe 1543 oder 1545 erschienen ist; sie weist eine zwei-
deutige Jahresangabe der Titeleinfassung auf, die aber auf keinen Fall auf ‚1544'
führt. - Nach Bamberg 1982, Nr. 25 gibt es, immer bei Gregor Hofmann in
Worms erschienen, zwei Ausgaben aus dem Jahre 1543, die eine mit, die andere
ohne Blattzählung, dazu noch eine zweite Auflage von 1545. Auch das scheint
mir unzutreffend zu sein: die unpaginierte Ausgabe ist entweder 1543 oder 1545
erschienen, nicht in beiden Jahren.

    VP 1543B   *Lit.*: Bei MAMBELLI Nr. 1305 zur ersten deutschen Aeneis-Überset-
zung von Thomas Murner, Straßburg 1515 (= ▶VP 1515F): "questa traduzione
è stata riprodotta, senza nome dell'autore, nel 1543 a Worms da Gregor Hofmann (cc. 335 e incisioni su legno)". - Wolfenbüttel 1982, D 158: "13 Holzschnitte. Überarbeitete Fassung der Übersetzung des Thomas Murner [Straßburg
1515], dessen Name jedoch nicht genannt wird. „Nachdem (freuntlicher lieber
Leser) die Aeneadische bücher Vergilii/ vor vil jaren/ von einem gelerten Man
verteutschet und außgegangen. Seind sie jetz wider auffs new getruckt und an
vil orten corrigiert / die reymen gebessert/ auch ein jedes Buoch mit seim son-
derlichen Begriff / sampt einer schönen Figur darzuo gehörig/ gemeret unnd
gezieret worden welches alles du selbs im lesen/ mehr dann ich dir hia in kürtz
anzeigen kann/ erkennen wiirst. Hiemit sey dem Allmechtigen Gott bevolhen"
(so „eine kurtze vorrede zu dem Leser" auf dem Verso des Titelblattes). Es sind
jetzt also auch gereimte Inhaltsangaben zu den Büchern 5 bis 9 und 11 hinzu-

gefügt worden (nach Anth. Lat. 1) [sc. während in der Originalausgabe ►VP 1515F nur erst solche für Aen. I-IV, X, XII und ‚XIII' enthalten waren]. Die in ihrer Ausführung recht bescheidenen „Figuren" zu Beginn eines jeden Buches sind motivisch stark von den Holzschnitten der Grüningerschen Ausgabe beeinflusst. Der Titel des 13. Buches nennt jetzt auch dessen Verfasser: ‚Das buoch Maphei'". - Bamberg 1982, Nr. 25: „Die blattgroßen Holzschnitte („Figuren") zu Beginn jedes Aeneisbuches illustrieren ausgewählte Szenen und Szenenkomplexe; sie sind motivisch den Abbildungen in der 1502 bei Johann Grüninger erschienenen Straßburger Vergil-Ausgabe (Kat. Nr. 10) verpflichtet".

Eine vergleichende Interpretation der Illustration in ►VP 1543B mit der in ►VP 1502 (Sebastian Brant) bietet GOLDSMITH, 1981, 238-244 (dazu im Abb.-Teil alle Holzschnitte zu Aen. I-XII als Figures 7-14e, doch in schlechter Qualität). Sie geht kaum auf die einzelnen Titelbilder ein, sondern konzentriert sich auf generelle Unterschiede der Illustrierung in ►VP 1543B gegenüber den Szenen-Bildern ►VP 1502. Sie meint fälschlich, dass die Titelbilder in ►VP 1543B „select out one particular narrative vignette from Virgil's text" (S. 240). Vgl. dagegen meine Beschreibung und Würdigung, zumal meinen Hinweis auf die bereits erkennbare „Argumentum"-Struktur der Bilder in ►VP 1543B.

VP 1543B Beschreibung/Abhängigkeiten: Ein Holzschnitt („Figur"; 11,4 x 7,1) nach dem in Knittelversen gereimten „Begriff" (Argumentum) zu Beginn jedes der 12 Aen.-Bücher und vor dem „XIII. buoch", insgesamt also 13. - Die Hauptfiguren haben Namensbänder; diese sind sämtlich von mir aufgeführt und in KAPITÄLCHEN wiedergegeben. Die Gewandung ist nicht antikisch. - Dass diese „Figuren" den Szenen-Holzschnitten in ►VP 1502 „motivisch stark" verpflichtet seien (Wolfenbüttel 1982, D 158), sehe ich nicht; eine gewisse Abhängigkeit (oft sv. = seitenverkehrt) ist anzuerkennen. Bestenfalls sind die Holzschnitte in ►VP 1543B gegenüber Vorbildern in ►VP 1502 stark vereinfacht; oft liegt eine Kompilation verschiedener Bilder in ►VP 1502 vor. -

Aen. I: ENEAS, gefolgt von ACHATES li., tritt vor DIDO, die ganz r. in einer Halle steht; im Hintergrund Seesturm mit AEOLUS li. und IUNO in den Wolken. (Neptunus ist nicht abgebildet.) - Allenfalls sv. zur Gruppe Aeneas/Achates/Dido vgl. ►VP 1502 Pict. 057/058.

Aen. II: Die Eroberung Trojas: das Trojanische Pferd ist bereits in die Stadt gezogen; in Troja toben Kämpfe, ein Teil der Stadt steht in Flammen; r. vorn naht SINON mit einer Fackel in der Hand dem Tor, durch das Soldaten eindringen. - Relativ nahe steht sv. ►VP 1502 Pict. 067.

Aen. III: Überfahrt Troja - Karthago: li. hinten brennt TROIA, vorn li. CARTAGO, dazwischen eine Flotte auf dem Meer. - Keine nähere Entsprechung in ►VP 1502, wo auf den Bildern zu Aen. III nie ‚Carthago' vorkommt, vgl. aber immerhin Pict. 075 (teils sv.).

Aen. IV: vgl. BILD 11. Vorn li. ASCANIUS auf der Hirschjagd, im Mittelgrund li. DIDO und AENEAS in einer viereckigen Höhle, im Hintergrund Unwetter über einer Stadt. - Recht nahe steht sv. ►VP 1502 Pict. 093, vgl. BILD 4.

Aen. V: Die ARMADA AENEAE vor CARTHAGO; innerhalb der Stadt liegt DIDO auf dem brennenden Scheiterhaufen. - Ähnlichkeit besteht zu ▶VP 1502 Pict. 099 (Aen. IV) und besonders Pict. 101 (Aen. V).

Aen. VI: Unterwelts-Szene: in der Mitte r. AENEAS und SIBILLA im Nachen des CHARON vor dem von CERBERUS bewachten Höllentor. Namentlich benannt sind unter den Gestalten SALMONEA, RADAMANTUS, TISIPHONE, TITION und TANTALUS (dieser vorn r. an gedecktem Tisch). - Im unteren Teil deutlich von ▶VP 1502 Pict. 121 abhängig, im oberen Teil von Pict. 117, in beiden Fällen sv.

Aen. VII: Vorn naht sich von li. ILIONIUS mit einem Friedenszweig dem r. thronenden König LATINUS; etwas weiter li. zurückgesetzt ein aufmarschierendes Heer; in der Mitte schießt ASCANIUS mit dem Bogen auf den zahmen Hirsch der SILVIA; erste Kämpfe; im Hintergrund AENEAS am Ufer einer Bucht, in der Schiffe ankern und an der die Stadt TROIA liegt. - Da es sich hier um ein poly-szenisches Bild handelt, kann es sich allenfalls um die Kompilation von Elementen aus verschiedenen Holzschnitten in ▶VP 1502 handeln. Unverkennbar abhängig ist z. B. die Szene Ilioneus/-Latinus von ▶VP 1502 Pict. 129.

VP 1543B Aen. VIII: Im Vordergrund marschieren Fußsoldaten (r., von hinten gesehen) und ein Reiterheer (li., von der Seite gesehen) vor der Festung LAURENTUM (r. im Mittelgrund) auf; im Halbkreis richten sich Kanonen auf den hohen Rundwall von Laurentum; auf diesem stehen ebenfalls Kanonen zur Verteidigung. – Das Bild würde allenfalls zum Angriff der latinischen Alliierten auf das befestigte Lager der Trojaner in Aen. IX passen. Möglicherweise liegt ein Missverständnis der Anfangsverse von Aen. VIII vor, in denen vom Aufmarsch der latinischen Truppen vor ‚Laurentum' (*Laurenti ... arce*) die Rede ist, aber natürlich nicht von einem Angriff auf diese ihre eigene Hauptstadt. - Offenbar eigenständige Erfindung; diese Art des strategischen Überblicks über eine ganze Region ist der Illustration von ▶VP 1502 fremd.

Aen. IX: Vor den Mauern einer Stadt (auf dem mittleren der beiden Türme weht eine Fahne mit einem Krebs) erschlagen NISUS und EURIALUS (r. vorn) Feinde. - Ähnlichkeit mit ▶VP 1502 Pict. 148.

Aen. X: Im Vordergrund durchbohrt der Ritter ENEAS (von r. anreitend) den Ritter MEZENTIUS (li.) mit der Lanze; ganz vorn liegt LAUSUS tot am Boden, In der Mitte ersticht in einer Dreiergruppe TURNUS den PALLAS (li.) mit dem Speer, während von r. LAUSUS mit erhobenem Schwert naht. Das obere Drittel ist weitgehend, bis auf eine Wolke, leer. - Der Vordergrund ist deutlich abhängig von jenem in ▶VP 1502 Pict. 164, der Hintergrund jedoch nicht (obwohl sich auch in Pict. 164 eine Dreier-Gruppe angeboten hätte), vielmehr von der Dreier-Gruppe mit identischen Namensbezeichnungen in Pict. 159.

Aen. XI: Vorn li. ersticht der stehende ARUNS die reitende CAMILLA, wird aber selbst von einem Pfeil der OPIS, die r. oben in den Wolken steht, getroffen (ein ziemlich leer wirkendes Bild). - Deutlich, doch stark vereinfacht abhängig sv. von ▶VP 1502 Pict. 176.

Aen. XII: Innerhalb von Schranken, die ein Sechseck bilden, ersticht AENEAS (r.) den ausgestreckt am Boden liegenden und von einem Käuzchen (li.) umflatterten TURNUS mit dem Schwert; im Hintergrund li. ein Zeltlager und Waldlandschaft. - Deutlich abhängig, doch vereinfacht (keine kontinuierende Doppelszene mehr) und sv., von ▶VP 1502 Pict. 188.

Aen. XIII: AENEAS (li.), LAVINIA, ASCANIUS und LATINUS (r.) sitzen an einem ovalen gedeckten Tisch; vorn stehen zwei Flaschen in einem (Kühl-) Becken; über den Personen ein doppelbögiges Fenster, in dessen rechter Wölbung ein Papagei auf einer Stange sitzt. - Deutlich abhängig, doch vereinfacht und unter anderer Anordnung der Personen von ▶VP 1502 Pict. 193 (wo Lavinia und Ascanius außen sitzen).

VP 1543B *Würdigung:* Der Zyklus (Nr. 9) ist das älteste mir bekannte Beispiel für den Argumentum-Typus, also den Versuch, innerhalb eines einzigen Simultanbildes mehrere, im Idealfall alle wichtigen Szenen des auf dieses Titelbild folgenden Buches zu berücksichtigen. (Möglicherweise ist der in ▶VP1543B dafür verwendete deutsche Begriff „Figur" sogar eine Art Terminus technicus dafür.) Er ist in der Vergil-Illustrierung älter, wenn auch heute unbekannter, als in der in diesem Punkte besser untersuchten Ovid-Illustrierung, um die sich Gerlinde HUBER-REBENICH verdient gemacht hat. Diese derzeit beste Kennerin der Metamorphosen-Illustrierung und Leiterin eines speziellen Forschungsprojektes bezeichnet an versteckter Stelle in einem knappen Lexikonartikel (G. HUBER-REBENICH, Verwandlungen/Illustrationen von Ovid-Texten, in: Der Neue Pauly, Band 15/3 Rezeptions- und Wissenschaftsgeschichte, Stuttgart/Weimar 2003, Sp. 1031-1037, hier Sp. 1035) den venezianischen Kupferstecher Giacomo Franco als Archegeten dieses, wie sie ihn nennt, „Bildtyp der Sammeldarstellungen", in die Metamorphosen-Illustrierung, in Gestalt seiner Bilder zur ital. Met.-Übersetzung. Venedig 1584. Näher dargestellt wird dies in einem Spezialbeitrag von G. HUBER-REBENICH, Visuelle *argumenta* zu den ‚Metamorphosen' Ovids. Die Illustrationen des Giacomo Franco und ihre Tradition, in: Nova de veteribus. Mittel- und neulat. Studien für Paul Gerhardt SCHMIDT, hgg. von A. BIHRER und E. STEIN, München/Leipzig 2004, 989-1023 (war mir schon zuvor in der Umbruchkorrektur zugänglich; in den Anmerkungen dieses Aufsatzes Hinweise auf frühere Beiträge der Verfasserin zur älteren Ovid-Illustrierung). In der Aeneis-Illustrierung aber ist der Argumentum-Typus wesentlich älter und ist um 1560 in Gestalt mehrerer Zyklen fest etabliert: der Frankfurter Argumentum-Zyklus Nr. 15 seit ▶VP 1559C und der Züricher Nr. 16 seit ▶VP 1561B; auch der B. Salomon zugeschriebene (Nr. 10) aus Lyon ist, nach Teilausgaben, in ▶VP 1560A komplett.

VP 1543B Der Argumentum-Typus liegt in ▶VP 1543B allerdings erst in Ansätzen vor. Oft ist faktisch nur eine Szene bzw. Situation im Bild berücksichtigt (so in Aen. III, Aen. V, Aen. VIII, Aen. IX, Aen. XII), manchmal eine Szenenfolge (Aen. II, Aen. VI, Aen. XI), gelegentlich aber auch schon eine Reihe von unabhängigen Szenen (am deutlichsten in Aen. VII: Landung des Aeneas am Tiber; Gesandtschaft an Latinus; Jagd des Ascanius auf den zahmen Hirsch Silvias und erste Kämpfe mit der Landbevölkerung; Aufmarsch der latinischen Alliierten; in Aen. I und Aen. X zwei Szenen). Gerade das Nebeneinander von mono-szenischen und poly-szenischen Bildern zeigt, dass künstlerisch oder jedenfalls kompositionell die mono-szenischen Bilder gelungener sind. Poly-szenische Bilder wie Aen. VI (Unterwelt) wirken additiv. Es gelingt in dem poly-szenischen Bild zu Aen. VII nicht überzeugend, die verschiedenen Handlungen in eine einzige Überschau-Landschaft zu integrieren. Die scheinbare Einheit des Ortes (eine einzige, allerdings oft vielgestaltige Landschaft) soll innerhalb eines fixen Rahmens eine scheinbare Einheit der Handlung suggerieren. Die Unterschiedlichkeit der Zeit wird ignoriert: in der Simultaneität der Bildelemente kann das Nacheinander der epischen Narration nicht abgebildet werden. Um die einzelnen Bildelemente in eine Erzählung zu integrieren, bedarf es des Vorwissens vom Handlungsverlauf im Epos. Ein solches Argumentum-Bild macht nicht den Text des folgenden Aen.-Buches verständlich und erleichtert somit vorweg die Lektüre, sondern es ist umgekehrt: erst wenn man den Text des Aen.-Buches zur Kenntnis genommen hat, versteht man das Argumentum-Titelbild.

VP 1543B *Abb.*: Titel bei Wolfenbüttel 1982, S. 164 (mit deutlich lesbarer Jahreszahl „1543"). - Die „Figur des VI. buochs Verg." als Abb. 9 bei Bamberg 1982, S. 32. - Alle Holzschnitte zu Aen. I-XII auch bei GOLDSMITH, 1981 (s. zu ▶VP 1652C), Figures 7-14e, doch in schlechter Qualität.

Zugänglichkeit: **(a) BSB Res/A.lat.a. 2312**, dabei nur auf eben dieses BSB-Exemplar gestützt, in VD 16, Nr. V 1427, „[1543]" angesetzt, im BSB-OPAC aber lange unter „1545" eingeordnet. In der Tat könnte man die Jahreszahl in der Titeleinfassung leicht als „1545" deuten; es handelt sich aber doch nur um die beschädigte Jahreszahl ‚1543'. Aufgrund meines Hinweises ist im BSB-OPAC die Datierung jetzt auf „1543" korrigiert. Dieses BSB-Exemplar Res/A.lat.a. 2312 hat keine Paginierung und auf der Titelseite nicht den Zusatz *cum gratia et privilegio*; das allerletzte Blatt mit dem Kolophon (ohne Datierung) und Druckermarke (zwei Arme mit gekreuzten Brandpfeilen) ist vorhanden; alle Illustrationen sind teilkoloriert. Dieses BSB-Exemplar ist **vollständig digitalisiert** im Ordner „1545: A.lat.a. 2312 vollständig" und auf der **DVD 2** unter „VP 1543B"; zusätzlich sind die 13 teilkolorierten Illustrationen plus Titelblatt noch einmal digitalisiert im Ordner „1545: A.lat.a. 2312 koloriert" und auf der **DVD 2** ebenfalls unter VP 1543B.
Ferner besitzt die UB München 2 Exemplare. Leider fehlt in beiden Ausgaben (b und c) das letzte Blatt [336] mit dem Kolophon und damit auch die Angabe von Drucker und Druckort:
(b) UB München 8 A.lat. 1578 = VD 16, Nr. V 1429: „[1544]"; auf dem Einband ist in der Tat „1544" geprägt, aber die Jahreszahl in der Titeleinfassung ist

eindeutig ‚1543'; auf dem Titelblatt steht der Zusatz *cum gratia et privilegio*; die Ausgabe hat Blattzählung in arabischen Zahlen.

VP 1543B (c) UB München 8 A.lat. 1577; auf dem Einband ist „1548" geprägt; auf dem Titelblatt fehlt der Zusatz *cum gratia et privilegio*; ohne Paginierung; die Jahreszahl in der Titeleinfassung scheint *1545* zu sein, doch könnte die letzte Ziffer eine beschädigte *3* sein, so dass auch hier das Datum *1543* in entstellter Form vorläge; auch hier fehlt (wie in b) das letzte Blatt mit dem Kolophon, außerdem fehlt das Blatt - es müsste [185] sein - mit dem Titelbild zu Aen. VIII; nicht verzeichnet in VD 16, bei Nr. 1427-1429. Es muss sich bei (c) um dieselbe Ausgabe wie (a) BSB Res/A.lat.a. 2312 handeln, also um VD 16, Nr. V 1427. Es gibt von dieser Ausgabe - wohl von (b) - auch eine Mikrofiche-Ausgabe München, Saur, 1991, Bibliotheca Palatina, Mikrofiche-Nr. F2967/F2968.

VP 1543C   □ **Opera, Venedig: Iunta 1543 (-1544)**
Opera nunc recens accuratissime castigata. Venetiis, apud Iuntas, 1544 (in der Titelei zweimal 1543, im Kolophon 1544 datiert) [2°].

Bibl.: MAMBELLI Nr. 195; New York 1930 ("with the woodcuts of ►VP 1502") = Princeton Item 79 (Ø); MORTIMER, 1974 (►VP 1510B *Bibl.*), Nr. 525 (mit ausführlicher Beschreibung und Abb. des Titelblatts sowie eines Holzschnittes mit dem Hölzernen Pferd); Perugia 1980, Nr. 38; CBItalV Nr. 55; FAGIOLO, Rom 1981, Nr. 31; Napoli 1981, Nr. 67 (1543-1544: "Ristampa dell'-edizione giuntina del 1532-33 [=MAMBELLI Nr. 166 = ►VP 1532A], contiene anch'essa le numerose silografie, spesso stampate dai Giunta, ispirate all'edizione curata da Sebastian Brant (Strasburgo 1502). Queste incisioni segnano il passagio dall'illustrazione di stile gotico a quella di stile rinascimentale; in molte di esse compare il monogramma 'L', firma dell'anonimo autore. Frontespizio inciso con motive a carattere monumentale"); Pistoia, 1981, Nr. 4; London 1982, Nr. 31; KALLENDORF, 1991, Nr. 74 ("woodcut scenes for title page, Buc. 10, Georg. 25, Aen. 68, Lib. XIII 2, Minora 9").

Lit.: MAMBELLI Nr. 195: "È illustrata da 113 silografie riprodotte dal Grüninger (ed. 1502) giudicate di una 'naivité amusante'". - MORTIMER, 1974 (►VP 1510B *Bibl.*) Nr. 525: "Architectural title-border with figures ... 115 woodcuts, including four repetitions and including a cut of the tomb of Vergil, the block placed below the colophon ... The blocks vary in size from 62 x 65 mm. to 217 x 158 mm., and 53 are signed "L." or "L" ... These are from the set designed for a Giunta edition of 1515, an editon cited by ... Mambelli (... Nr. 131 = ►VP 1515D). Essling gives a list of subjects from the 1519 Agostino de' Zanni edition for Giunta [►VP 1519], with reproductions from that edition together with their prototypes from ... ►VP 1502 ... The Giunta blocks are intended to be close copies of the Strasbourg illustrations, but the shading is heavier, the faces are more conventional, and the lettering is thicker on the figure labels. There are obvious errors in copying of labels. The Strasbourg Vergil, edited by Sebastian Brant, is extraordinary in the number and variety of its illustrations. Most of the cuts were copied for Giunta, but not all of the 1515-

1519 blocks were continued to this 1544 edition. … Grüninger's blocks were at Lyons in the hands of Jacques Sacon in ▶VP 1517 and of Jean Crespin in ▶VP 1529A … Crespin was one of the printers who worked for Jacopo Giunta at Lyons and could have passed the blocks directly on to the Giunta family to be held in reserve for their editions." - Napoli 1981, Nr. 67: "Ristampa dell'edizione giuntina del 1532-33, contiene anch'essa le numerose silografie, spesso stampate dai Giunta, ispirate all'edizione curata da Sebastian Brant (Strasburgo 1502). Queste incisioni segnano il passagio dall'illustrazione di stile gotico a quella di stile rinascimentale; in molte di esse compare il monogramma 'L', firma dell'anonimo autore. Frontespizio inciso con motive a carattere monumentale."

VP 1543C *Beschreibung*: Es handelt sich um insgesamt 68 Nachschnitte von etwa der Hälfte der Holzschnitte aus ▶VP 1502. Sie sind meist mit ‚L' signiert. Unter den Abweichungen ist am auffälligsten, dass die Schattierung kräftiger ist und z. B. die Balken des Schiffrumpfes (etwa auf Pict. 052 und 053) schwarz gefüllt sind. - Nennenswerte inhaltliche Veränderungen habe ich nicht bemerkt. Unter den Missverständnissen in den Namensbändern sei die Verschreibung von Letheus zu jetzt Siheus auf Pict. 123 erwähnt; auf Pict. 175 fehlen die Namensbänder für Aruns und Venulus, Tarchon ist zu Tirhin entstellt.

Von den originalen 137 Holzschnitten des Standard-Bestandes zur Aen. sind 64, also fast die Hälfte, enthalten, dazu 2 weitere zu ‚Aen. XIII'. Es gibt ferner zwei Dubletten: Pict. 054 (Venus vor Juppiter) steht sowohl richtig in Aen. I als auch (nach Pict. 128) sinnwidrig in Aen. VII; Pict. 152 (Bitias und Pandarus) steht sowohl richtig in Aen. IX als auch sinnwidrig als erstes Bild in Aen. XI. Es *fehlen* folgende Picturae aus den einzelnen Aen.-Büchern:

Aen. I:	2 von 9:	056 (der doppelseitige Holzschnitt), 058.
Aen. II:	9 von 15:	061, 062, 065, 066, 067, 069, 070, 072, 073.
Aen. III:	8 von 14:	076, 077, 078, 081, 083, 085, 086, 088.
Aen. IV:	6 von 12:	091, 092, 093, 096, 097, 099.
Aen. V:	5 von 11:	102, 104, 105, 109, 111.
Aen. VI:	7 von 14:	114, 115, 116, 117, 118, 120, 122.
Aen. VII:	6 von 11:	127, 129, 130, 131, 134, 136.
Aen. VIII:	4 von 9:	138, 139, 141, 144.
Aen. IX:	3 von 8:	149, 150, 153.
Aen. X:	5 von 10:	157, 158, 159, 162, 163.
Aen. XI:	9 von 12:	165, 167, 168, 169, 170, 171, 173, 174, 176.
Aen. XII:	9 von 12:	178, 179, 180, 181, 183, 184, 186, 187, 188.

VP 1543C Es fehlen insgesamt 73 Bilder zur Aeneis (dafür sind zwei zweimal gebracht). - Für eine Beschreibung der vorhandenen Bilder s. die der Originalausgabe ▶VP 1502. -

Ein Vergleich mit den Aen.-Bildern in ▶VP 1536B (Zyklus Nr. 6) zeigt mir, dass diese die direkte Vorlage für die in ▶VP 1543C sind (vgl. die umgekehrte, positive Aufstellung der in ▶VP 1536B enthaltenen Bilder). Über ▶VP 1543C hinaus (falls meine Kopie der Aen.-Bilder daraus wirklich vollständig ist) enthält ▶VP 1536B noch die Pict. 065, 116, statt der Dublette 054 in Aen. VII damals an derselben Stelle eine andere Dublette, nämlich aus georg. III (Pict. 035 bei PASQUIER, 1992, Nr. 1), statt der zweiten Dublette 152 zu Beginn von Aen. XI damals richtig die Pict. 165.

Das Frontispiz hat eine figürliche Rahmung, das u.a. zwei Hermen mit bärtigen Köpfen und verschränkten Armen, das Motto MUSIS DICATUM und zweimal die Initialen L A (= Luca Antonio Giunta) zeigt, also eine Art Druckerzeichen darstellt. Es erscheint, bis auf den jeweils veränderten Text der Titelei bereits in ▶VP 1536B, ▶VP 1542A und wieder in ▶VP 1552A.

VP 1543C *Zugänglichkeit*: Nicht vorhanden in der BSB oder der UB München. Das Münchener Zentralinstitut für Kunstgeschichte besitzt jedoch einen modernen Faksimile-Ndr. (ZK-Ve 76/3(1-2): New York u.a., Garland, 1976, 2 Bde. (The Renaissance and the gods. A Garland series). Daraus liegt mir eine Xerokopie vor. - Da die Bilder in ▶VP 1543C weitgehend identisch sind mit denen in ▶VP 1536B, können sie durch die Digitalisierungen aus ▶VP 1536B vertreten werden, s.o.

VP 1544 ◻ **ital. Übers. von Aeneis I-VI, Venedig: Padovano 1544**
I sei primi libri del Eneide tradotti à più illustre et honorate donne …, Venetia, Giovanni Padovano. Ad instantia e spesa del … Federico Torresano d'Asola, 1544 (6 separat paginierte Teile in 1 Bd.).

Bibl.: MAMBELLI Nr. 761; Princeton Item 395 („engraved title-page and many illustrations"); Perugia 1980, Nr. 37; CBItalV Nr. 2416; FAGIOLO, Rom 1981, Nr. 32 (1544) und Nr. 25 (aber dort: Venezia, Giovanni Padovano, 1541 - 1543, 2 Vol. wegen der beigebundenen ital. Übers. von Aen. VII und VIII); BORSETTO, 1989, 177-179. 182; KALLENDORF, 1994, Nr. 25; genaue Beschreibung bei BORSETTO, 2002 (s. ▶VP 1540B *Bibl.*), XLIIsq. - Die Übersetzer der einzelnen Bücher sind dieselben wie in ▶VP 1540B (also Aen. VI von Alessandro Picholomini).

Lit.: MAMBELLI Nr. 761 (vgl. MAMBELLI Nr. 757): "con 21 incisioni su legno … Il volume ha un frontespizio istoriato (il quale deve avere servito per altra edizione: di fatti reca in alto le sigle S.P.Q.R., in basso un combattimento di guerrieri e ai lati due statue che rappresenterebbero, seconda la dicitura, M. T. C(icerone) e Catilina) e 20 piccole silografie." - KALLENDORF, 1994, Nr. 25: "woodcut scenes, Book 1 (3), Book 2 (3), Book 3 (2), Book 4 (3), Book 5 (7), Book 6 (4)", insgesamt also 22. Das Titelbild mit Vergil findet sich fünfmal: für Aen. II-VI, doch nicht zu Aen. I.

VP 1544 *Beschreibung*: Die Illustrierung (einschließlich der sporadischen Namensbeischriften auf den Holzschnitten) ist, abgesehen von der für alle 6 Bändchen identischen Datierung 1544, wiederholt aus der Original-Ausgabe Venedig ▶VP 1540B (Zyklus Nr. 7), s. dort die Beschreibung. (Bei BORSETTO, 2002, XLIIsq., wieder, wie bei ▶VP 1540B, der wohl aus der Verwechslung von c. 3r mit c. 2r herrührende Fehler, dass Aen. II offenbar fälschlich 4 statt 3

Holzschnitte zugeschrieben werden; im übrigen verzeichnet BORSETTO für Aen.
I 3, Aen. III 2, Aen. IV 3, Aen. V 7 und für Aen. VI 4 Holzschnitte.) Die einzige
Ausnahme bildet das Hauptfrontispiz in ▶VP 1544 zu Bd. 1 (zugleich Frontispiz für Aen. I), das gegenüber 1540 verändert ist. Der Text des Titels ist jetzt
(1544) flankiert von zwei anderen Figuren: Li. zeigt ein lorbeerbekränzter älterer Mann in langem Gewand (eines Priesters?) auf eine aufgerollte Buchrolle,
die er in seiner Rechten hält; die Inschrift MTC auf dem Podest weist ihn als
Marcus Tullius Cicero aus. R. stützt sich ein Soldat in antikischer Rüstung auf
einen Speer; er ist durch die Inschrift auf dem Podest als CATILINA identifiziert.
In der Mitte des oberen Bandes steht in einer Kartusche SPQR zwischen zwei
Medaillons, von denen das li. die Büste eines lorbeerbekränzten Dichters (zwischen den Buchstaben H - r ? p), das r. die eines bärtigen Mannes mit Krone
zeigt (eher nicht Vergil - Augustus). Auf dem unteren Band kämpfen zwei
Gruppen von antikisch gerüsteten Fußsoldaten mit Speeren und Schwertern gegeneinander. Offensichtlich ist hier das Titelblatt einer anderen Ausgabe, vielleicht mit Ciceros Reden gegen Catilina, verwendet.

Abb.: BILD 9 und BILD 10, die 1. bzw. 2. Szenen-Illustration zu Aen. IV.
Das Hauptfrontispiz (1544) und das Titelbild für Aen. III (lorbeerbekränzter
schreibender Dichter, der in einer Nische sitzt) bei KALLENDORF, 1994, Plate 6
und Plate 7, das Hauptfrontispiz auch bei KALLENDORF, 1999, S. 164 Plate 7.

VP 1544   *Zugänglichkeit*: BSB A.lat.a. 2338, daraus digitalisiert sind
insgesamt 28 Doppelseiten, nämlich alle sechs Titelblätter und 22 Textillustrationen (Aen. I 3, Aen. II 3, Aen. III 2, Aen. IV 3, Aen. V 7, Aen. VI 4); DVD 2.
Ein (anonymes) Vergil-Porträt bietet ▶VP 1544 (wie schon die Originalausgabe
▶VP 1540B) als fünfmal identischen Titelholzschnitt zu Aen. II-VI. Vgl.
generell ▶VP 1540B mit (bis auf das Hauptfrontispiz) identischen Bildern.

VP 1545A   □ Opera, Venedig: Scotus 1545 oder 1544
Universum poema, exactissime castigatum Servii ... integra expositio ... His
quoque addidimus non solum argumenta sub elegantissimis librorum figuris, sed
etiam ... ex Nonio Marcello vocum Virgilianarum expositiones. Venetiis, Hiero-
nimus Scotus, 1545 [2°].

Bibl.: MAMBELLI Nr. 192 (dort bei 1544 eingeordnet, doch 1545 datiert;
"Bella ed. con incisioni su legno ... È stata riprodotta dal Grifio nel ▶VP
1551B"); CBItalV Nr. 56 (1544, Ø, 4°); KALLENDORF, 1991, Nr. 75 (1544,
"woodcut scenes for Buc. 1, Georg. 4, Aen. 12"); PASQUIER, 1992, Nr. 27
(1545) verweist ohne jede Erläuterung auf 17 Holzschnitte. - Vgl. auch ▶VP
1549. - Der Titel *Universum poema* findet sich schon (erstmals) in ▶VP 1541B.

VP 1545B ?? ◻ **deutsche Übers. der Aeneis, Worms 1545 ??**
Vergilii Maronis dryzehen Aeneadische Bücher von Troianischer Zerstörung und auffgange
des Römischen Reichs. Wormbs, durch Gregorium Hofman, 1545.
Zugänglichkeit: BSB A.lat.a. 2312 , im BSB-OPAC bis 2005 fälschlich unter „1545"
eingeordnet, obwohl in der Titeleinfassung ziemlich deutlich „1543" zu lesen ist; das wahre
Erscheinungsjahr ist also 1543 und das Exemplar der BSB ist in Wahrheit identisch mit ►VP
1543B, s.o, die kolorierten Bilder daraus in DVD 2 . Eine Ausgabe dieser deutschen Aen.-
Übers. (von Thomas MURNER) „Worms 1545" existiert mithin nicht. Auf meinen Hinweis hin
ist die Datierung/Identifizierung inzwischen durch die BSB korrigiert.

VP 1545C **ital. Übers. von Aeneis XI, Venedig 1545**
L'undecimo (libro dell'Eneide) di Virgilio, tradotto da Bernardino DANIELLO, Vinegia,
Giovanni de Farri e fratelli, 1545.
Bibl.: MAMBELLI Nr. 762 ("con belle marche tipografiche"); FAGIOLO, Rom 1981, Nr.
35; KALLENDORF, 1994, Nr. 26 ("no woodcuts").

VP 1546A **Opera, Brixen 1546**
Opera cum Servii commentariis. Habes item Io. Pierii Valeriani castigationes … Brixiae,
apud Ludovicum Britannicum, 1546 [2°].
Bibl.: MAMBELLI Nr. 201 (danach Perugia, 1980, Nr. 39): "con belle incisioni. Titolo
con artistico bordo che riproduce ai lati 10 ritratti di poeti latini e in basso le 9 muse" (vgl.
dazu ►VP 1522A); CBItalV Nr. 58 (Ø); Straßburg 1981, Nr. 24..
Beschreibung: Ich konnte ein Exemplar von ►VP 1546A kurz in der BN Strasbourg
einsehen. Der Titel ist figürlich gerahmt: oben in der Mitte eine Geige spielende Muse, unten
alle 9 Musen mit ihren Namen und 2 großen Putti, die das Signet LVB halten; li. die Büsten
von M. TULIUS, SALUSTIUS, T. LIVIUS, VALERIUS M., C. PLINIUS, r. die von VIRGILIUS, ORA-
TIUS, OVIDIUS, LUCRETIUS, TERENTIUS. Vor ecl. 1 (Dudelsack spielender Hirte bei einer
Schafherde), georg. I (Weinbau; Pflügen), Aen. I und Culex (schreibender Mönch in Bibliothek) ist jeweils ein Holzschnitt eingelegt. Der zur Aeneis (6,6 x 16) ist von ►VP 1502 unabhängig und zeigt li. eine in Schrägformation aufgestellte Reihe von Rittern zu Pferd, r. die Bestürmung eines Kastells, das aus Mauer und Innenturm besteht.
VP 1546A *Abb.*: Je 1 Abb. zu ecl. und georg. bei MAGNO, 1982, zwischen S. 32/33.

VP 1546B **ital. Übers. von Aeneis VII, Venedig 1546**
Il settimo (sc. libro dell'Eneide) di Virgilio dal vero senso in versi sciolti tradotto per Messer
Giuseppe BETUSSI. Vinegia, per Comin da Tridino di Monferrato, 1546.
Bibl.: MAMBELLI Nr.763 ("con lo stemma della Signora Collalta Collatta cui il libro
è dedicato"); New York 1930 (Ø) = Princeton Item 397 (Ø); KALLENDORF, 1994, Nr. 28
("woodcut initials").
Abb.: Frontispiz bei KALLENDORF, 1994, Plate 8 und 1999, Plate 11 S. 181.

VP 1546C ◻ + **Opera, Venedig 1546**
Opera cum Servii, Donati, et Ascensii commentariis … Venetiis, apud
Cominum de Tridino Montisferrati. Venetiis 1546 [2°].
Bibl.: Fehlt bei MAMBELLI (obwohl dieser Nr. 197-201 fünf andere 1546
erschienene Opera-Ausgaben nennt); nur erwähnt in CBItalV Nr. 59 (doch Ø);
KALLENDORF, 1991, Nr. 77 (Exemplar der Bibl. Apost. Vaticana; "woodcut
scenes for Buc. 1, Aen. 13, Minora 8" - also genau wie für ►VP 1542A), mit
Plate 3 (= Nachschnitt von ►VP 1502 Pict. 89, dem ersten Holzschnitt zu Aen.

IV); vgl. ferner die Erwähnung bei KALLENDORF, 1999, S. 161 zu Plate 6 (= KALLENDORF, 1991, Plate 3). – $\boxed{\text{VP 1546C}}$ Nach dem einen Beispiel muss es sich um im Stil unveränderte (also spätgotische) venezianische Nachschnitte der jeweiligen Auftaktholzschnitte zu den einzelnen Büchern aus ▶VP 1502 handeln, also um einen Teil der seit (spätestens) ▶VP 1519 belegten zweiten venezianischen Adaption, der Giunta-Version von ▶VP 1502 (Zyklus Nr. 6).

VP 1547A ◘ + Opera, Venedig 1547

Opera, nunc demum scholiis paucis sed optimis illustrata, figuris aptissimis ornata, studioque emendata accuratissimo. Venetiis, apud Ioannem Gryphium, 1547 [2°].

Bibl.: Fehlt in allen Bibliographien; nur aufgeführt von KALLENDORF, 1991, Nr. 78 (Exemplar der UB Cambridge/England; „woodcut scenes for Buc. 8, Georg. 4, Aen. 12"), mit Plate 4 (Frontispiz mit Druckermarke). – Wegen mangelnder Autopsie oder Abbildungen kann ich nicht sagen, ob dies ein weiteres Beispiel für die erste, die „humanistische" (s. zu ▶VP 1507, Zyklus Nr. 3), oder für die zweite, die gotische (s. zu ▶VP 1519) Venezianische Adaption (Zyklus Nr. 6) von ▶VP 1502 ist. Die Zahl der Holzschnitte spricht für den Titelbildzyklus der ersten Adaption (Zyklus Nr. 3).

VP 1547B + franz. Übers. von Aeneis I/II, Paris 1547

Les deux premiers livres de l'Éneide de Virgile translatés de Latin en François par M. Loys DE MASURES. Paris, Chrestien Wechel, 1547.

Bibl.: Fehlt bei MAMBELLI, im CBItalV und bei PASQUIER, 1992. SHARRATT, Salomon, 2005 (s. ▶VP 1560A Lit.), 86 erwähnt ▶VP 1547B in seinem Überblick über die frühen illustrierten Vergil-Ausgaben S. 86f., behauptet aber fälschlich, sie sei „sans illustration; KAILUWEIT, 2005, Nr. 0045 (Ø).

Beschreibung: Je ein Holzschnitt zum Auftakt von Aen. I (Seesturm; zwei personifizierte Winde in den Ecken oben li. und r., Juno mit Aeolus li. stehend am Ufer, auf dem mittleren Schiff vorn Aeneas, r. aus dem Meer auftauchend Neptun) und Aen. II (das Hölzerne Pferd wird auf einem zweirädrigen Untersatz nach li. in die Stadt gezogen, während Handwerker dabei sind, das Tor Trojas einzureißen); die Figuren haben keine Namensbänder. Mindestens für Aen. I ist das Vorbild die erste, etwas einfachere Holzschnitt in der (fast unbekannten) Übers. von Aen. I-IV durch Hélisenne, Dame de Crenne ▶VP 1542 B, s. dort. Offenkundig einen jeweils sv. und leicht veränderten Nachschnitt von ▶VP 1547B stellen die beiden ersten Holzschnitte in der franz. Übers. von Aen. I-IV durch L. DE MASURES, Lion, Jean de Tournes, ▶VP 1552B = MAMBELLI Nr. 1063 (nicht bei PASQUIER, 1992) dar, die offenbar in ▶VP 1554B wiederholt sind. Die beiden Holzschnitte zu Aen. I und II sind dann unverändert (also nach wie vor sv., doch prächtiger und detailreicher gegenüber ▶VP 1547B und schon gar ▶VP 1542B) aus ▶VP 1552B = ▶VP 1554B in der vollständigen franz. Übers. der Aen. durch L. DE MASURES, Lion, Jean de Tournes, ▶VP 1560A = MAMBELLI Nr. 1066 = PASQUIER, 1992, Nr. 14 übernommen worden. Deren 12 Holzschnitte werden allgemein Bernard Salomon (ca. 1505 - ca. 1561) zugeschrieben, s. zu ▶VP 1552B und zu ▶VP 1560A. Dieser Künstler dürfte deshalb auch schon die zwei Holzschnitte in ▶VP 1547B entweder selbst geschaffen oder aber diese eng nachgeahmt haben.

Zugänglichkeit: $\boxed{\text{BSB 4 A.gr.b. 830\#Beibd. 2}}$, daraus digitalisiert die beiden Doppelseiten mit je einem Bild; $\boxed{\text{DVD 2}}$.

VP 1548   ◻ **franz. Übers. der Opera (mit lat. Text am Rand?),**
Paris 1548

Les œuvres de Virgile, translatées de latin en francois …, Paris, Jean Longis et veuve Denys Janot, 1548 [2°].

Bibl.: MAMBELLI bei Nr. 1059 = ▶VP 1529F (mit dem generellen Hinweis zu den Drucken ▶VP 1514B, ▶VP 1529F, ▶VP 1532B und ▶VP 1540A: „tutte in-f., con caratteri gotici, a 2 colonne, e con incisioni su legno". - In dem Standardwerk zu OCTOVIEN DE SAINT-GELAIS (seine Aen.-Übers. von 1500 ist zum erstenmal gedruckt ▶VP 1509D) von BRÜCKNER, 1987 (Titel ▶VP 1509D) wird die Ausgabe Paris 1548 nicht beschrieben, da zwar bei MAMBELLI Nr. 1059 erwähnt, aber kein Exemplar nachzuweisen sei. S. generell die erwähnten früheren Ausgaben.

VP 1549   ◻ + **Opera, Venedig 1549**

Opera, nunc demum scholiis paucis sed optimis illustrata, figuris aptissimis ornata, studioque emendata accuratissimo. Venetiis, apud Hieronimum Scotum, 1549 [2°]. - Identischer Titel, bis auf den Verleger, wie ▶VP 1547A.

Bibl.: Fehlt in allen Bibliographien; nur aufgeführt von KALLENDORF, 1991, Nr. 80 (Exemplar Bibl. Communale Mantua; „woodcut scenes for Buc. 8, Georg. 4, Aen. 12"), mit Plate 5 (Auftaktholzschnitt zu Aen. VI, doch kein Nachschnitt von ▶VP 1502 Pict. 112, vielmehr eine antikisierende, unsignierte Variante von ▶VP 1502 Pict. 142 zu Aen. VIII: Vulcanus und Venus, beide nackt, vor dem Eingang zur Schmiede; in der Position am Anfang von Aen. VI soll das Bild offenbar Aeneas und die Sibylle vor dem Eingang zur Unterwelt darstellen). - ▶VP 1549 bietet, wie diese eine zugängliche Abb. zeigt, die erste, die „humanistische" „Venezianische" Adaption der Holzschnitte in ▶VP 1502, wie sie seit (▶VP 1505C =) ▶VP 1507 in Zyklus Nr. 3 vorliegt, nicht unverändert, denn dieser Zyklus hat an der Spitze von Aen. VIII einen anderen Holzschnitt (Aufmarsch latinischer Truppen), der auf ▶VP 1502 Pict. 137 zurückgeht. - Vgl. auch ▶VP 1545A.

16. Jahrhundert, 2. Hälfte

VP 1550   ◘ **? + engl. ‚Vita' des (Zauberers) Virgilius, (London?) 1550**

Virgilius. This boke treateth of the lyfe of Virgil, and of his death, and many other marvayles that he did in his lyfe tyme by witchecrafte and nygromancy, through the develles of hell.

Bibl.: Die Angaben beruhen allein auf dem COPAC (BL), dort mit dem Hinweis „with woodcuts" und den Angaben „[W. Copland? London?] 1550, 4° (BL)". Vgl. aber ▶VP 1518A.

VP 1551A   ◘ **? Opera, Venedig: Caesanus 1551 (und 1552)**

Universum poema cum absoluta Servii ... et Iodoci Badii Ascensii interpretatione ... Elegantissimae praeterea librorum omnium figurae, argumenta ... Venetiis, apud Bartholomaeum Caesanum 1551 [2°].

Bibl.: MAMBELLI Nr. 205 („ornata di 24 silografie"); FAGIOLO, Rom 1981, Nr. 40; CBItalV Nr. 67; KALLENDORF, 1991, Nr. 81 („woodcut scenes for Buc. 10, Georg. 4, Aen. 12, Minora 6"). KALLENDORF, 1991 führt als Nr. 82 eine weitere, sonst in den Bibliographien nicht verzeichnete Ausgabe (Exemplar der Biblioteca del Seminario, Venedig) mit denselben Angaben, auch hinsichtlich der Illustrierung, jedoch auf der Titelseite 1552 (dagegen im Kolophon ebenfalls 1551) datiert. - Der Titel 'Universum poema' ist bereits Paris ▶VP 1541A und dann in Venezianischen Ausgaben seit ▶VP 1545A belegt.

Abb.: Fig. 3 in CBItalV (kleiner Holzschnitt mit Seesturm zu Beginn der Aeneis) stammt möglicherweise aus dieser Ausgabe Venetiis 1551, denn die angegebene Quelle, Universum poema, Venetiis 1554, existiert offenbar nicht.

VP 1551B   ◘ **Opera, Venedig: Gryphius 1551**

Opera. Venetiis, apud Joann. Gryphium, 1551.

Bibl.: MAMBELLI Nr. 204 („con incisioni su legno"); bei MAMBELLI Nr. 192 als Ristampa der Ed. Venetiis: Scotus, "1544" = ▶VP 1545A bezeichnet. KALLENDORF, 1991, Appendix 3 führt diese Ausgabe nur unter den "Editions not located" (bei KALLENDORF, 1999, S. 215 erscheint sie gar nicht).

VP 1552A   ◘ **Opera, Venedig: Junta 1552**

Opera omnia innumeris pene locis ad veterum Petri Bembi cardinalis et Andreae Naugerii exemplarium fidem postrema hac editione castigata, cum XI commentariis ... Venetiis, apud Juntas, 1552 [2°].

Bibl.: MAMBELLI Nr. 207; Frankfurt 1930, Nr. 36 (StB Ffm); Perugia, 1980, Nr. 42; CBItalV Nr. 68 (Ø); FAGIOLO, Rom 1981, Nr. 41; Mantua 1981, Nr. 4; Straßburg 1981, Nr. 25; Bibl. Apost. Vaticana 1981, Nr. 126; Wolfenbüttel 1982, D 15; KALLENDORF, 1991, Nr. 83 („woodcut scenes for title page,

Donatus' Vita 1, Buc. 10, Georg. 25, Aen. 68, Liber XIII 2, Minora 7"); PAS-
QUIER, 1992, Nr. 29; Princeton Item 86 (∅). - Die Aeneis hat einen Sondertitel
mit Druckermarke.

    Lit.: MAMBELLI Nr. 207: "Magnifica edizione adorna di 120 silografie
delle quali molte a piena pagina. ... Le illustrazioni furono descritte dal PRINCE
D'ESSLING, al n. 61." Vgl. auch MAMBELLI Nr. 219. - Wolfenbüttel 1982, D 15:
"Prachtvolle Ausgabe mit weit über 100 Holzschnitten, wobei es sich zum
größten Teil um die mit dem Monogramm L signierten Nachschnitte der Grüningerschen Vergilillustrationen von 1502 handelt, die sich schon in früheren
Drucken des L. A. Giunta (s. Nr. D 9) finden; jedoch sind für ecl. 2-10 und die
Georgica offenbar die Originalstöcke verwendet worden (mit denselben Vertauschungen und Wiederholungen wie in der Iuntina von 1533)." - PASQUIER,
1992, Nr. 29: 120 Holzschnitte aus ▶VP 1502; keine näheren Angaben.

    VP 1552A *Beschreibung*: Figürliches Frontispiz (Format 29,5 x 15,5; zweimal
mit L.A. signiert; Altar-Typ, dabei li. und r. vom Titel-Text zwei Hermen als At-
lanten-Stützpfeiler für einen Giebel mit allegorischen Figuren und dem Motto
MUSIS DICATUM). Im Text 1 (Ende der Vita, vor Beginn des Index: Sarkophag
Vergils) plus 10 (ecl.) plus 25 (georg.) plus 68 (Aen.) plus 9 (Aen. XIII und Carmina minora) Holzschnitte, insgesamt also 113 (plus das Frontispiz). Speziell
zur Aen. sind 68 Bilder enthalten: Aen. I 7, II 7, III 6, IV 4, V 6, VI 8, VII 6,
VIII 6, IX 4, X 5, XI 4, XII 3 (und XIII 1); vgl. die Übersichts-Tabelle nach
▶VP 1502. Es handelt sich um Szenen-Bilder unterschiedlichen Formats (die
ersten drei z. B. leicht variierend etwa 18,0 x 13,3), die sämtlich Übernahmen
aus Straßburg ▶VP 1502 sind. Bei den Aen.-Bildern fällt auf, dass die Nr. 54
(Juppiter-Venus-Szene in Aen. I) einmal *suo loco*, aber noch ein zweites Mal
unpassend vor Aen. VII 284 (d.h. vor dem Zorn-Monolog der Juno VII 286ff.)
gebracht wird; das gleiche gilt für Nr. 152 (Bitias und Pandarus), *suo loco* für
Aen. IX, aber auch ein zweite Mal an der Spitze von Aen. XI. - Enthalten sind
aus der Aen. (in der Zählung von PASQUIER, 1992, Nr. 1 für ▶VP 1502): (Aen.
I: 7) Nr. 51-56. 59. (Aen. II: 7) 60. 63. 65. 67. 68. 71. 74. (Aen. III: 6) 75. 78.
80. 82. 84. 86. (Aen. IV: 6) 89. 90. 94. 95. 98. 100. (Aen. V: 6) 101. 103. 106-
108. 110. (Aen. VI: 8) 112. 113. 116. 119. 121. 123-125. (Aen. VII: 6) 126. 128.
nochmals 54 als Dublette. 132. 133. 135. (Aen. VIII: 5) 137. 140. 142. 143.
145a. (Aen. IX 5) 146. 147. 148. 151. 152. (Aen. X: 5) 154-156. 160. 164. (Aen.
XI: 4) nochmals 152 als Dublette. 169. 172. 175. (Aen. XII: 3) 177. 182. 185.
Zur Beschreibung der Sujets s. ▶VP 1502. - Die meisten Holzschnitte in ▶VP
1552A sind mit dem Monogramm L signiert.

    Abhängigkeiten: Nachschnitte von ▶VP 1502, konkret Wiederholung von
▶VP 1519 (Zyklus Nr. 6). Dies ist offenbar das letzte getreue einigermaßen
komplette Vorkommen jenes gotischen Zyklus, dessen Original VP 1502 darstellt und dessen Rezeption (entweder durch Benutzung der Originalholzstöcke
oder aber durch die zweite, die gotische Adaption von ▶VP 1502, die Giunta-
Version, die seit ▶VP 1519 belegt ist; indirekt daneben auch durch die erste,
die humanistische Adaption des Zyklus Nr. 3, die seit ▶VP 1505C = ▶VP

1507 vertreten ist) die Vergil-Illustrierung eines halben Jahrhunderts beherrscht hat. Zugleich kommen in ▶VP 1552A letztmals Holzschnitte vor, die mit L signiert sind. Zu solchen L-Signaturen vgl. zu ▶VP 1505C.

Abb.: BILD 8, Pict.89. Zehn Abb. bei MAGNO, 1982, auf den S. 245 angegebenen Tafeln, davon 3 zur Aen (nach S. 128, vor S. 129, vor S. 177); CBItalV Fig. 1 zu Aen. IX; Fig. 2 zu ecl. 1; Frontispiz (MUSIS DICATUM) bei Mantua 1981, Nr. 4 und in Wolfenbüttel 1982, S. 77. In der reich aus diversen, meist nicht angegebenen Quellen illustrierten kommentierten lat. Anthologie *Arma virumque. Antologia dell'Eneide di Virgilio*, von A. RAGAZZONI, Torino, G. B. Petrini, 1962 (PASQUIER, 1992, Nr. 176, ohne nähere Angaben; ich besitze eine Ausgabe Torino 1965) sind aus ▶VP 1552A immerhin 23 Holzschnitte enthalten (in der Zählung für ▶VP 1502): Pict. 53, 60, 74, 78 (z. T. = zum Teil), 80, 98 (z. T.), 100, 102, 110, 119 (z. T.), 123, 125 (z. T.), 135, 140, 143 (z. T.), 147 (z. T.), 148, 152 (fälschlich zu Aen. XI statt zu Aen. IX gestellt), 155, 156, 169, 185, 188.

VP 1552A   *Zugänglichkeit*: BSB 2 A.lat.a. 314 , daraus digitalisiert alle Seiten mit einer Illustration, insgesamt 114 Doppelseiten; DVD 2 . Außerdem liegt ▶VP 1519, der erste zugängliche Beleg dieser gotischen Venezianischen Adaption von ▶VP 1502, vollständig digitalisiert in BSB Res/2 A.lat.a. 305 vor; nur die Illustrationen von ▶VP 1536B in BSB Res/2 A.lat.a. 310 .

VP 1552B   ■ **franz. Übers. von Aeneis I-IV (mit lat. Text am Rand), Lyon 1552**

Les quatre premiers livres de l'Eneide. Translatez de Latin en François par Loys DES MASURES, Lyon, Jean de Tournes, 1552 [4°].

Bibl.: MAMBELLI Nr. 1063 (Ø); New York 1930, Case 9, Nr. 90 („woodcuts") = Princeton Item 370 ("illustrations"); MORTIMER, 1964 (▶VP 1517), Nr. 540 ("Four woodcuts ..., one at the head of each book. The blocks have been attributed to Bernard Salomon. They occur again in the first complete edition of Lous Des Masure's translation, printed by de Tournes in 1560, together with eight new blocks for the added text [= Lyon ▶VP 1560A]"); MORTIMER, 1986, 175 (Illustrator: Bernard Salomon). Vgl. ferner die ▶VP 1560A angeführte Monographie zu Bernard Salomon von SHARRATT, 2005. SHARRATT führt ▶VP 1552B in seinem Katalog als Nr. 19 S. 285f. und würdigt die Holzschnitte zu Aen. I (seine Abb. 85) und zu Aen. III (seine Abb. 86) S. 223f.; er gibt einen Forschungsüberblick über die Zuschreibung der vier Holzschnitte in ▶VP 1552B an Salomon, an der er (anders als für die 8 zusätzlichen der franz. Gesamtübersetzung ▶VP 1560A) nicht zweifelt. - S. auch die Ristampa MAMBELLI Nr. 1064 = Lyon ▶VP 1554B.

Beschreibung: Zu Beginn jedes der vier Aen.-Bücher ein prächtiger Holzschnitt (7,1 x 10,9); sie weisen keinerlei Namensbeischriften auf:

Aen. I: Das Flaggschiff des Aeneas unter vollen Segeln; in der oberen linken und rechten Ecke bläst jeweils ein personifizierter Wind; r. stehend am Ufer Juno und Aeolus, li. auf dem Seetiergespann über das Meer nach li.

fahrend Neptunus. - Seitenverkehrte enge Nachahmung des ersten Holzschnitts in der Übers. nur der ersten beiden Aen.-Bücher durch denselben
DES MASURES, Paris ▶ VP 1547B.

Aen. II: Das Hölzerne Pferd wird auf einem Fahrgestell mit vier Rädern durch
das Skäische Tor, das eingerissen wird, trotz der Warnungen eines Kriegers (Laokoon) in die Stadt Troja gezogen. - Seitenverkehrte freie Nachahmung des zweiten Holzschnitts in der Übers. nur der ersten beiden
Aen.-Bücher durch denselben DES MASURES, Paris ▶ VP 1547B.

VP 1552B Aen. III: Vorn li. bringt Andromache mit Gefolge ein Totenopfer
am Grabmal Hektors, das in einer offenen Apsis steht, dar; vorn r. macht
sich ein Mann an einem Gebüsch zu schaffen (Aeneas beim Polydorus-
Prodigium); dahinter r. Begrüßung von Gelandeten am Strand (Helenus
begrüßt Aeneas und Anchises bei Buthrotum); im Hintergrund li. der feuerspeiende Aetna mit Kyklopen (Polyphem-Abenteuer; SHARRATT, 2005,
224 will hier dagegen die Spiele von Aktium erkennen).

Aen. IV: BILD 12. Vorn li. streitet Dido am Ufer des Meeres, auf dem Schiffe
unter Segel fahren, mit Aeneas; vorn r. tritt der Götterbote Mercurius vor
den vor einem Tor sitzenden Aeneas; derselbe Mercurius wird oben in den
Wolken von Juppiter ausgesandt; im Mittelgrund ersticht sich offenbar
Dido vor einem brennenden Altar, klagende Frauen eilen herbei.

Würdigung: Diese Titelbilder für die vier ersten Aeneis-Bücher, die für
Aen. I noch einen Szenenzusammenhang, für Aen. II sogar nur eine einzige Situation darstellen, entwickeln sich für Aen. III und IV deutlich zu einem Argumentum-Bild, in dem auf mehrere Szenen angespielt wird. (Auch SHARRATT,
2005, 223f. sieht bei der Kontrastierung Aen. I/Aen. III einen ähnlichen Unterschied.) Es handelt sich um sehr qualitätvolle Holzschnitte.

Abhängigkeiten: Die beiden ersten Illustrationen sind an denen der franz.
Übers. desselben Übersetzers nur erst für Aen. I-II, Lyon ▶ VP 1547B orien-
tiert. Alle vier Illustrationen von ▶ VP 1552B sind übernommen offenbar in den
Nachdruck Lyon ▶ VP 1554B und auch in die vollständige Aen.-Übers. desselben Übersetzers Lyon ▶ VP 1560A (Zyklus Nr. 10); sie werden allgemein
(doch ohne Beleg) Bernard Salomon zugeschrieben.

Abb.: Eine Abb. bei MORTIMER, 1986, S. 175: Titelbild zu Aen. III; die
drei weiteren S. 177, 179, 181 ebendort, doch zu der franz. Aen.-Gesamt-Übers.
Lyon, Jean De Tournes, 1560 = MAMBELLI Nr. 1066 = ▶ VP 1560A (s. dort).

VP 1552B   *Zugänglichkeit*: BSB 4 A.lat.a. 691, daraus digitalisiert die
vier Doppelseiten mit je einer Illustration; DVD 2. Ferner UB München 4
Philol. 103#2 (= 1. Beiband zu 4 Philol. 103).

VP 1553 □ ? + **Opera, Venedig 1553**

Opera iam recens multis mendis ... expurgata, scoliis ... pagellarum marginibus adscriptis ... nec non aptissimis figuris ornata. Venetiis, apud Hieronymum Scotum, 1553.

> *Bibl.*: Fehlt bei MAMBELLI und bei PASQUIER, 1992; angeführt aber bei CBItalV Nr. 69 (ill.) und bei KALLENDORF, 1991, Nr. 84 ("woodcut scenes for title page, Buc. 10, Georg. 4, Aen. 12"). - Vgl. ▶VP 1555 (jedoch anderes Format).

VP 1554A □ + **Opera, Mainz 1554**

Vergilius Philippi MELANCHTHONIS scholiis doctissimis illustratus ... Moguntiae, Ivo Scoeffer, 1554.

> *Bibl.*: Fehlt bei MAMBELLI; angeführt in VD 16, Nr. V 1358 (H.); CBItalV Nr. 72 (Ø).

> *Beschreibung/Abhängigkeiten*: Am Buchende prachtvolle Druckermarke „I S" (u.a. mit Hirte und Hund). Je 1 Titel-Holzschnitt (11,5 x 7,0) zu den ecl. insgesamt, zu jedem der 4 georg.- und der 12 Aen.-Bücher (und 1 zu Aen. XIII), zusammen 17 (plus 1). Sie haben alle Überschriften des Typs „Libri IIII Aeneid. figura", BILD 11. Es handelt sich durchweg um Argumentum-Bilder, die aus einzelnen Szenen-Holzschnitten der Straßburger Ausgabe ▶VP 1502 kompiliert sind. Faktisch sind die 12 Aen.-Buch-Titelbilder von 1554 eine unveränderte Übernahme aus der anonymen (von Thomas Murner stammenden) deutschen Aen.-Übersetzung Worms ▶VP 1543B (Zyklus Nr. 9), siehe dort.

> *Zugänglichkeit*: BSB A.lat.a. 2150 ; daraus digitalisiert 18 Doppelseiten mit insgesamt 17 Holzschnitten; DVD 2. (Es fehlt jedoch der Titel-Holzschnitt zu Aen. XIII p. 431.) - UB München 8 A.lat. 1508.

VP 1554B □ **franz. Übers. von Aeneis I-IV (wohl mit lat. Text am Rande), Lyon 1554**

Les quatre premiers livres de l'Eneide, en vers françois par Loys DES MASURES. Paris, Charles L'Angelier, 1554.

> *Bibl.*: MAMBELLI Nr. 1064 („con incisioni. Ristampa dell'edizione Lionese del 1552"). Siehe also ▶VP 1552B mit 4 Holzschnitten, die Bernard Salomon zugeschrieben werden.

VP 1554C **ital. Übers. von Aen. I, Rom 1554**

Della Eneide di Virgilio detta da M. Alessandro GUARNELLI in ottava rima. Libro primo. Roma, Valerio Dorico, 1554 [4°].

> *Bibl.*: MAMBELLI Nr. 765 (Ø; Ristampato nel 1572); CBItalV Nr. 2464 (Ø); BORSETTO, 1989, 186 (erwähnt bei ihrer genauen Beschreibung keine Illustr., abgesehen von "front." und Druckermarken); doch vgl. KALLENDORF, 1994, Nr. 36: „woodcut (1)".

VP 1555 ■ **Opera, Venedig 1555**

Opera omnia innumeris pene locis ad veterum Petri Bembi cardinalis et Andreae Naugerii exemplarium fidem postrema hac editione castigata. Cum XI commentariis, Servii praesertim … Denuo … elaborata. Venetiis, apud Hieronymum Scotum, 1555 [2°].

> *Bibl.*: MAMBELLI Nr. 210 ("con 26 piccole figure incise su legno e grandi e piccole capilettere ornate"); New York 1930 ("woodcuts and initials") = Princeton Item 88 (∅); CBItalV Nr. 74 (∅); FAGIOLO, Rom 1981, Nr. 44; KALLENDORF, 1991, Nr. 87 ("woodcut scenes for Buc. 10, Georg. 4, Aen. 12"); PASQUIER, 1992, Nr. 30.

> *Lit.*: PASQUIER, 1992, Nr. 30: 26 Holzschnitte, darunter zahlreiche Wiederholungen; die Perspektive ist gewahrt; die Architektur ist römisch; die Personen sind antikisch gewandet. Keine nähere Beschreibung oder Identifizierung der Sujets.

VP 1555 *Beschreibung*: Titelseite mit Druckermarke; viele figürliche Initialen, die teils auch einen vagen Bezug zum Text haben (die zu Aen. V zeigt Juno auf ihrem Pfauenwagen, die zu Aen. VII und XIII den Pius Aeneas), kleine Holzschnitte von Vignetten-Größe an der Spitze jeder Ekloge (10, doch wegen mehrfacher Dubletten nur 4 verschiedene Bilder), jedes georg.- (4, davon nur 2 keine Wiederholungen) und jedes Aen.-Buches (12). Keine Namensbeischriften. Zur Aen. folgende Illustrationen (Zyklus Nr. 11):

Aen. I: Flotte im Seesturm vor einer Stadt im Hintergrund, r. taucht Neptunus auf. - Passend zu Aen. I.

Aen. II: Das Hölzerne Pferd wird in die Stadt gezogen. - Passend zu Aen. II.

Aen. III: Ein Schiff liegt am Strand vor einer brennenden Stadt. Im Vordergrund wird ein Toter ausgegraben und ein Brandopfer dargebracht. - Illustriert ist wohl die Polydorus-Episode, dann passend zu Aen. III.

Aen. IV: BILD 13, vgl. BILD 14. Vorn r. sitzen sich zwei Frauen gegenüber (Dido und Anna), in der Mitte stürzt sich Dido in ein Schwert; Aeneas besteigt mit einer Gruppe von Kriegern über einen Laufsteg ein Schiff. - Passend zu Aen. IV.

Aen. V: Li. wird die trojanische Flotte von den Frauen in Brand gesteckt; hinten umstehen Leute einen hausähnlichen Sarkophag (des Anchises), davor hockt ein Mann (Aeneas?). - Passend zu Aen. V.

Aen. VI: Innerhalb einer Stadt stürzt sich Dido bei einem brennenden Scheiterhaufen ins Schwert, Iris fliegt heran; die Flotte des Aeneas sticht in See. - Das ist eine Illustration zum Ende von Aen. IV.

Aen. VII: Vor einer Stadt, die auf einer Anhöhe liegt, ersticht vor Kriegern als Zuschauern ein Krieger von r. einen knienden Feind: Aeneas den Turnus. - Das ist eine Illustration zum Ende von Aen. XII.

Aen. VIII: Turnus stürzt sich in den Tiber, um sich vor den andrängenden Trojanern zu retten. – Die Illustration gehört zu Aen. VIII, nicht zu Aen. IX.

Aen. IX: Li. umarmt ein Mann einen Baum, in der Mitte hat sich eine Frau an einem anderen Baum erhängt (möglicher Weise Hippolytus und Phaedra? oder Demophon und Phyllis?), r. verabschiedet sich ein Krieger von Frau und Kind, bevor er sein Ross besteigt; im Hintergrund eine Flotte unter Segel auf See. – Ob hier eine zusammenhängende Geschichte im Argumentum-Stil bildlich erzählt wird und welche (Hyg. fab. 243 bietet eine lange List von Selbstmörderinnen), ist unklar. Jedenfalls ist dies keine Illustration zur Aen.

Aen. X: In den Wolken eine Götterversammlung über einer Stadt, am Fuße des Stadthügels wird offenbar ein Massaker angerichtet (kein regelrechter Kampf), bei dem r. und li. zwei Krieger zuschauen. - Die Götterversammlung führt auf Aen. X; die Massaker-Szene könnte vielleicht zur Nisus- und-Euryalus-Episode in Aen. IX gehören.

Aen. XI: Li. im Vordergrund schauen Rinder um die Ecke eines Tempels, vor ihnen ein kleiner Drache; im Hintergrund r. zwei Schiffe auf dem Meer; am Strand davor steht aufrecht ein Krieger inmitten von anderen Kriegern, die bis zur Brust in der Erde stecken. - Dies ist keine Illustration zur Aen.. Bei dieser Drachensaat', wo aus ausgesäten Zähnen des erschlagenen Drachens Krieger emporwachsen, handelt es sich (wegen der Schiffe) am ehesten um Jason in Kolchis nach Ov. met. VII 100-158 (kaum um Cadmus bei Theben nach Ov. met. III 1-130).

Aen. XII: Li. vorn ein großer Fisch auf dem Land, daneben ein umgefallenes Zweigespann mit sich aufbäumenden Pferden und herausgeschleudertem Wagenlenker; vorn r. sitzt eine Gestalt mit übergeschlagenem Bein, auf die von hinten ein furienartiges Weib deutet. Auch dies ist keine Illustration zur Aen. Am ehesten handelt es sich um den Mythos von Hippolytus-Phaedra-Theseus. Zu Ov. met. XV 497-546 passt die Illustration allerdings nicht genau, weil nach der dortigen Erzählung des Virbius-Hippolytus es ein Stier, nicht ein fischartiges Meeresungeheuer, ist, der seine Pferde scheuen lässt.

Würdigung: Die Holzschnitte dieses Zyklus Nr. 11 sind trotz ihrer Kleinheit (5,5 x 7,5) detailreich ausgeführt und qualitätvoll. Teils (Aen. IX, X ?, XI, XII) sind sie aus der Illustrierung anderer Werke, u.a. der Metamorphosen Ovids, übernommen. Auch die Illustrationen, die wirklich zur Aen. passen, sind ab Aen. VI alle nicht themengerecht den einzelnen Büchern zugeordnet. Mindestens das Bild zu Aen. IV (vielleicht auch das zu Aen. V) kann man wegen der drei darin dargestellten Szenen zum Argumentum-Typus rechnen.

Abhängigkeiten: Zwei der drei Szenen aus dem Bild zu Aen. IV sind in Venedig ▶VP 1558A übernommen. - Vgl. ▶VP 1553.

VP 1555   *Zugänglichkeit*: ̶B̶S̶B̶ ̶2̶ ̶A̶.̶l̶a̶t̶.̶a̶.̶ ̶3̶1̶5̶ , daraus sind digitalisiert alle Seiten mit einem Bild, insgesamt 32 Doppelseiten; **DVD 2**.

VP 1556A   ◻ + **Opera, Mainz 1556**

Vergilius. Philippi MELANCHTHONIS scholiis doctissimis illustratus ... Moguntiae, Georgius Wagnerus, 1556.

Bibl.: Fehlt bei MAMBELLI; angeführt in VD 16, Nr. V 1360 (H.).

Illustrierung/Abhängigkeiten: Je ein Holzschnitt (11,4 x 7,0) zu Beginn der ecl., jedes der 4 georg.-Bücher, jedes der 12 Aen.-Bücher und von Aen. XIII, insgesamt 18. Sie haben alle Überschriften des Typs „Libri IIII Aeneid. figura". Es handelt sich durchweg um Argumentum-Bilder, die aus einzelnen Szenen-Holzschnitten der Straßburger Ausgabe ▶VP 1502 kompiliert sind. Faktisch sind die 12 Aeneis-Buch-Titelbilder von ▶VP 1556A, wie schon die in ▶VP 1554A, eine unveränderte Übernahme aus der anonymen (von Thomas Murner stammenden) deutschen Aen.-Übersetzung Worms ▶VP 1543B (Zyklus Nr. 9), siehe dort.

VP 1556A   *Zugänglichkeit*: BSB A.lat.a. 2152 , digitalisiert sind alle Seiten mit einem Bild sowie die Titelseite, insgesamt 20 Doppelseiten; **DVD 2** . - Ferner UB 8 A.lat. 1509 [unvollständig].

VP 1556B   **ital. Übers. der Opera, Florenz 1556**
Vergilio. L'opere, cioè la Bucolica, la Georgica e l'Eneida, nuovamente da diversi eccellentissimi autori tradotte in versi sciolti et con ogni diligentia raccolte da Ludovico DOMENICHI, con gli argomenti et sommari del medesimo posti dinanzi a ciascun libro. Fiorenza, appresso i Giunti, 1556.

Bibl.: MAMBELLI Nr. 769 ("con marche tipografiche sul frontespizio e in fine"), mit Aufzählung der zwölf einzelnen Übersetzer der Aen.-Bücher und der zahlreichen Neudrucke; Frankfurt 1930, Nr. 127 (SB Berlin); New York 1930 ("apparently the first edition of the collected works of Vergil in Italian translation";Ø) = Princeton Item 333 aufgeführt, mit dem Hinweis „printer's marks on title-page and at end, ornamental initials and tail-pieces"; CBItalV Nr. 1925 (Ø); FAGIOLO, Rom 1981, Nr. 46; Napoli 1981, Nr. 145; BORSETTO, 1989 (s. ▶VP 1554C), S. 188-190 (sie erwähnt bei ihrer minuziösen Beschreibung keine Illustr., abgesehen mehrfach von „fregio tip."); KALLENDORF, 1994, Nr. 40 ("woodcut initials"). - Vgl. generell den Ndr. Venedig ▶VP 1559B, der bei BORSETTO, 1989, kein eigenes Lemma hat, sondern unter den „Altre edizioni" für ▶VP 1556B aufgeführt ist.

VP 1556C   ■ ? **holländ. Übers. der Aeneis, Antwerpen 1556**
De twaelf boecken van Aeneas ghenaemt in't Latijn Aeneidos nu eerst in onser duytscher talen door Cornelius van GHISTELE retorijckelijcke overgeset. Anvers, veduwe van Jac. van Liesveldt, 1556.

Bibl.: MAMBELLI Nr. 1484: "Questa versione dell'Eneide venne ristampata ad Anversa da N. Soolmans nel 1583, in-8, con incisioni su legno [= New York 1930, Case 14/Sect. 1, Nr. 150], ancora ad Anversa da J. van Waesberghe nel 1589, in-8, con inc.; a Rotterdam pure dal van Waesberghe nel ▶VP 1609C, in-8, con inc."; KAILUWEIT, 2005, Nr. 0050 (Ø).

Lit./Würdigung/Abhängigkeiten/Abb.: Es ist anzunehmen, dass diese sonst nicht erwähnte holländ. Aen.-Übers. von 1556 bereits jene Holzschnitte des Zyklus Nr. 12 enthält, die der Ndr. Rotterdam ▶VP 1609C aufweist (s. dort). Vgl. also die (schlechten) Abb. bei GOLDSMITH, 1981, fig. 15-26, dazu S. 247-249 (zur Einleitung in ▶VP 1609C, ohne näheres Eingehen auf die Holzschnitte).

VP 1558A ◻ **? Opera, Venedig: Bonelli 1558**

Universum poema cum absoluta Servii ... et Iodoci Badii Ascensii interpretatione ..., quibus accesserunt Ludovici Coelii ... annotationes ... elegantissimae praeterea librorum omnium figurae ... Venetiis, apud Ioannem Mariam Bonellum, 1558 [2°].

Bibl.: MAMBELLI Nr. 219; New York 1930 ("woodcuts and initials") = Princeton Item 89 (Ø); CBItalV Nr. 78 (Ø); Napoli 1981, Nr. 94; Trier, 1982, Nr. V 3 S. 41 ("mit ... Illustrationen und Initialen in Holzschnitt"); KALLENDORF, 1991, Nr. 90 ("woodcut scenes for Donatus' Vita 1, Buc. 11, Georg. 5, Aen. 13, Minora 6").

Lit.: MAMBELLI Nr. 219: "con 36 vignette allegoriche, incise sul legno, del genere di quelle pubblicate nella Giuntina del 1552 [= MAMBELLI Nr. 207]." - Napoli 1981, Nr. 94: "Illustrano il volume iniziali e vignette silografate, in alcune delle quali è raffigurato Virgilio intento a scrivere".

Beschreibung: Viele figürliche Initialen; Titelbild mit Druckermarke (Ritter, der einen Löwen reitet) und viele kleine (5,1 x 6,9) Holzschnitte im Text: 1 zur Vita (an einem großen Tisch sitzender und ein auf einem Schreibpult liegendes Blatt (wohl kaum: Buch) beschreibender älterer Gelehrter mit Lorbeerkranz, der Vergil darstellen soll, vorn li. ein Hündchen - diese Vignette wird zu Beginn der ecl., der georg. und der Aen., insgesamt dreimal, wiederholt, zusätzlich zu der jeweiligen individuellen Titel-Vignette), 10 (doch wegen mehrfacher Dubletten nur 4 verschiedene Bilder) zu den Eklogen, 4 (darunter eine Dublette zu der ecl.-Illustration) zu den georg., 12 zur Aen., 6 zu den Opuscula, insgesamt also 36. Diese Vignetten sind keineswegs allegorischer Art (wie MAMBELLI behauptet), sondern beziehen sich auf den Text. Bei der Aeneis hat jedes Buch ein Auftaktbild, Aen. I wegen des wiederholten Autoren-Bildes zwei. Die Vignetten zur Aen. haben folgende Sujets:

| VP 1558A | Aen. I: | Li. Neptunus auf seinem Seepferde-Wagen, r. Schiffe im Sturm (mit betendem Aeneas). |

Aen. II: Der Pius Aeneas mit (li.) Ascanius vor dem brennenden Troja.

Aen. III = Aen. II, natürlich nicht zu Aen. III passend.

Aen. IV: BILD 14 , vgl. BILD 13 . Li. im Vordergrund stürzt sich Dido in ein Schwert, r. zwei einander gegenübersitzende Frauen (Dido und Anna); im Hintergrund im Hafen ankernde Schiffe, davor eine Gruppe von Kriegern (die Trojaner vor der Abfahrt von Karthago).

Aen. V = Aen. I, nur vage zu Aen. V passend, weil auch zu Beginn von Aen. V ein Sturm tobt, in den allerdings Neptun nicht eingreift.

Aen. VI: Vor dem Höllentor nähern sich r. Aeneas und die Sibylle dem Wachhund Cerberus; li. noch einmal Aeneas und die Sibylle, die jetzt offenbar das Tor durchschritten haben. - Diese Illustration gehört in der Tat zu Aen. VI, ist aber bereits zuvor als Titelbild zu georg. IV verwendet, weil auch dort ein Abstieg in die Unterwelt (des Orpheus, um Eurydice wiederzugewinnen) vorkommt.

Aen. VII: Ascanius schießt mit dem Bogen auf den zahmen Hirsch der Silvia. - Diese Illustration gehört in der Tat zu Aen. VII, ist aber unpassend bereits als Titelbild zur 4. und zur 10. Ekloge sowie zu georg. II verwendet.

Aen. VIII: Ein von r. heransprengender Reiter ersticht mit der Lanze den linken Reiter (Aeneas den Mezentius), im Vordergrund liegt ein Toter (Lausus); in den Wolken eine olympische Szene, bei der zwei Göttinnen (Juno und Venus) vor Jupiter erscheinen. - Der Zweikampf Aeneas-Mezentius (und Aeneas-Lausus) und auch die Götterversammlung gehören in Aen. X und passen nur dort.

Aen. IX: Turnus (li.) hat sich vor den ihn bedrängenden Trojanern in den Tiber geworfen. Das ist in der Tat eine Szene aus Aen. IX.

Aen. X = Aen. VIII (s. dort), hier zu Aen. X passend.

Aen. XI = Aen. IX, hier in Aen. XI nicht passend.

Aen. XII = Aen. X = Aen. VIII (siehe dort); das Bild könnte nur mit einiger Großzügigkeit auf das Schlussduell zwischen Aeneas und Turnus (die allerdings nicht zu Ross kämpfen) und den letzten olympischen Dialog zwischen Juppiter und Juno in Aen. XII bezogen werden.

Es gibt zu den 12 Aen.-Büchern also nur 7 verschiedene Holzschnitte: die zu Aen. I = V, zu II = III, zu VIII = X = XII und zu IX = XI sind jeweils identisch, nur die zu Aen. IV, VI und VII kommen innerhalb der Aen. nur einmal vor.

Abhängigkeiten: Vorbild für Aen. IV in ▶VP 1558A ist das entsprechende Bild in der Ausgabe Venedig ▶VP 1555 (Zyklus Nr. 11), für Aen. IX in ▶VP 1558A das Bild zu Aen. VIII in ▶VP 1555, das jetzt 1558 an die richtige Stelle, eben zu Aen. IX, gerückt ist. - Das Bild zu Aen. VIII = X = XII ist abhängig von dem in der deutschen Aen.-Übersetzung Worms ▶VP 1543B (Zyklus NR. 9), übernommen in die lat. Opera-Ausgabe Mainz ▶VP 1554A und Mainz ▶VP 1556A, dort jeweils zu Aen. X. - Die Holzschnitte dieses kombinierten Zyklus Nr. 13 in ▶VP 1558A sind unverändert übernommen in die drei ebenfalls bei Bonelli in Venedig erschienenen Ausgaben ▶VP 1562A, ▶VP 1566B, ▶VP 1572B (Zyklus Nr. 13), ferner in Venedig (Dusinello) ▶VP 1586B.

VP 1558A   *Zugänglichkeit*: BSB 2 A.lat.a. 316 , daraus sind digitalisiert alle Seiten mit einem Bild, insgesamt 34 Doppelseiten; DVD 2 . S. auch die Digitalisierungen aus ▶VP 1562A, ▶VP 1566B, ▶VP 1572B und ▶VP 1586B. - UB München 2 A.lat. 502 [unvollständig; das Titelblatt ist fast vollständig abgerissen; ferner fehlen die Blätter 65-120 mit georg. I Ende, II/III ganz und großem Teil von IV; die 12 Illustrationen zur Aen. sind aber alle vorhanden].

VP 1558B   ital. Übers. von Aen. VI, Florenz 1558

Della Eneide di Virgilio detta in ottava rima da Vincentio MENNI libro sesto. Fiorenza, (ohne Angabe des Druckers), 1558.

     Bibl.: MAMBELLI Nr. 770 ("in fine, una carta con lo stemma Mediceo"); CBItalV Nr. 261 (Ø); BORSETTO, 1989, 190f. (ohne Erwähnung des Stemmas oder einer Illustr.); KALLENDORF, 1994, Nr. 42 meint, dass MAMBELLI Giunta als Drucker nenne, sei unbegründet.

     Abb.: Frontispiz bei KALLENDORF, 1994, Plate 11 (die Abb. zeigt, dass KALLENDORF, 1994, Nr. 42 den Titel richtig, aber unvollständig (ohne „libro sesto") bringt.

VP 1559A   ◻ ? + Opera, Frankfurt 1559

P. Vergilii Maronis opera, d. Philippi MELANCHTHONIS scholiis illustrata ... Francofurti, per Davidem Zephelium [= Zoepfel], 1559.

     Bibl.: Fehlt bei MAMBELLI; angeführt in VD 16 Nr. V 1363 (H.) (UB Erlangen Phil. VIII,811). – Vgl. ▶VP 1559C (Aen.-Übers. im gleichen Verlag).

VP 1559B   ◻ ? ital. Übers. der Opera, Venedig: Farri 1559

L'opere di Vergilio, cioè la Bucolica, Georgica e Eneida, nuovamente da diversi eccellentissimi auttori tradotte in versi sciolti et con ogni diligentia raccolte da Ludovico DOMENICHI. Con figure bellissime et argomenti o sommarij del medesimo poste dinanzi à ciascun libro. Vinegia, Onofrio Farri e fratelli, 1559 [8°].

     Bibl.: MAMBELLI Nr. 772 (trotz der Erwähnung von 'figure bellissime' im Titel kein ausdrücklicher Hinweis darauf im erklärenden Text; es handele sich faktisch um eine Reproduktion der Ausgabe Fiorenza, appresso i Giunti, 1556 [MAMBELLI Nr. 769 = ▶VP 1556B; s. generell dort], einer Sammlung von 12 einzelnen Übersetzungen, die aber keine Holzschnitte enthält). Vgl. auch MAMBELLI Nr. 773 und den Ndr. Vinegia, D. Farri, 1562 [= MAMBELLI Nr. 777]; CBItalV Nr. 1926; BORSETTO, 1989, 179. 182. 184. 185. 190; Princeton Item 334, mit dem bloßen Hinweis „printer's marks on title-page and at end", jedoch korrigiert von KALLENDORF, 1994, Nr. 43 ("woodcut initials, borders, scenes for Buc. 10, Georg. 4, Aen. 12", auch brieflich nach Autopsie bestätigt); PASQUIER, 1992, Nr. 31 (25 Holzschnitte, teils Wiederholungen, meist ohne direkten Bezug zum Text; keine Einzelbeschreibung, nur folgende vage Angaben: „La vignette précédant la première bucolique montre Virgile, tête couronnée de laurier, en train d'écrire de la main gauche (bois sans doute repris à l'envers) dans une sorte de médaillon orné. Pour les autres Bucoliques, il s'agit de reprises. Certaines figures se rencontrent déjà dans l'édition des Géorgiques de 1549, telle que l'unique image des Géorgiques reprise au début de chaque chant. L'illustration de l'Énéide est également sans souci du texte: la même vignette se trouve en tête des deux premiers livres, la neuvième rassemble plusieurs scènes se rapportant à d'autres livres et est répétée pour les livres X et XI; quant au livre XII, il n'a pas de gravure"). - BORSETTO, 1989, die im übrigen minuziöse bibliographische Beschreibungen der ital. Vergil-Übersetzungen von 1532-1624 gibt, beachtet den Unterschied der Illustrierung zwischen Florenz ▶VP 1556B (keine) und den Nachdrucken dieser Ausgabe nicht; sie führt kommentarlos S. 190 als „Altre edizioni" von Florenz ▶VP 1556B an: Venezia, O. Farri e fratelli, ▶VP 1559B;

Venezia, D. Farri, ▶VP 1562B; Venezia, Cavalli, ▶VP 1568A (Farri); Venezia, D. Farri, ▶VP 1573B; Venezia, Cornetti, ▶VP 1586C; Venezia, Ugulino, ▶VP 1593; Venezia, Tebaldini, 1603; Venezia, Milocco, ▶VP 1613A. - Aus BÉGUIN, 2005 (▶VP 1821E), 273f. geht hervor, dass es zur Aen. mehrere Dubletten gibt: Aen. II = III, Aen. IV = VI (mit einem missglückten Versuch, der Verwendung des Bildes zu Aen. VI auch für Aen. IV einen Sinn abzugewinnen), Aen. V = VII = VIII = IX, Aen. X = XI = XII; zur Aen. sind also (Aen. I hinzugerechnet) nur 5 verschiedene Bilder verwendet. Abgebildet ist bei BÉGUIN S. 273 der Holzschnitt zu Beginn der Übers. von Aen. XI (von Bernadin Daniello, s. ▶VP 1545C), der also auch für Aen. X und Aen. XII verwendet ist. Er enthält Elemente zu Aen. X (Götterversammlung) und Aen. XI (Siegesmal über Mezentius), die den Bernard Salomon zugeschriebenen Holzschnitten in ▶VP 1560A ähnlich sind, aber auch eine dort nicht vertretene Schwur(?)-Szene an einem Altar, die zu Aen. XII gehören müsste. Auf jeden Fall enthält dieser Holzschnitt in ▶VP 1559B Elemente mindestens aus Aen. X und XI, wohl auch aus XII gleichzeitig, was m. W. ein Unikum darstellt.

VP 1559B *Abhängigkeiten*: Nach MAMBELLI Nr. 773 noch im gleichen Jahr im gleichen Verlag Wiederholung in reduziertem Format = ▶VP 1559E; sicher Ndr. ▶VP 1562B (MAMBELLI Nr. 777; CBItalV Nr. 1927); ▶1567C (MAMBELLI Nr. 787; nicht im CBItalV); ▶1568A (MAMBELLI Nr. 790; CBItalV Nr. 1929); ▶1573B (MAMBELLI Nr. 796; CBItalV Nr. 1930). Vgl. damit die soeben zitierten, nicht genau übereinstimmenden Angaben bei BORSETTO, 1989, 190. Vgl. jeweils die Beschreibung zu diesen Ausgaben, bes. zu ▶VP 1568A. Aus MORTIMER, 1974 (▶VP 1510B), zu Nr. 526 geht hervor, dass die beiden Holzschnitte (zu georg. I = II = IV und zu georg. III) zu dieser ital. georg.-Übers. von B. Daniello, Venetia, Giovanni Griffio, 1549, in die ital. Gesamtübersetzung der Opera Venedig, Domenico Farri, ▶VP 1568A übernommen worden sind, und zwar „together with illustrations by the same hand for the Eklogues and the Aeneid". Diese Holzschnitte zu ▶VP 1568A sind aber bereits in der Gesamtübersetzung ▶VP 1559B enthalten.

Zugänglichkeit: Leider ist in München weder diese Originalausgabe ▶VP 1559B noch eincr der zahlreichen erwähnten Ndr. dieses Zyklus Nr. 14 vorhanden, so dass der genaue Charakter dieser Holzschnitte und eine eventuelle Identität mit solchen aus anderen Zyklen nicht geklärt werden kann. Den einzigen Anhaltspunkt bietet mir - neben der oben unter *Bibl.* besprochenen Abb. bei BÉGUIN, 2005 (▶VP 1821E *weitere Lit.*), 273 zu Aen. XI - die zu ▶VP 1568A erwähnte Abb. bei MORTIMER, 1974, zu Aen. V (aber, da unpassend, m. E. offenbar aus einem Nicht-Vergil-Zyklus übernommen), die bereits in dem Zyklus von ▶VP 1559B enthalten gewesen sein muss: sie ist nicht identisch mit einem der Bilder zu ▶VP 1555 und zwar ähnlich, aber auch nicht identisch mit den Holzschnitten, z. B. in ▶VP 1560A, die Bernard Salomon zugeschrieben werden.

VP 1559C ■ **deutsche Übers. der Aeneis, Frankfurt 1559**

Vergilii Maronis dreyzehen Bücher von dem tewren Helden Enea, was der zu Wasser und Land bestanden. Jetzund von newem widerumb ubersehen, mit fleiß corrigiert, und schönen Figuren geziert. Franckfurdt am Main, durch David Zöpfeln zum Eysern Huth, 1559.

> *Bibl.*: MAMBELLI Nr. 1306 (nennt den Drucker David Zöffel; „assai notevole per le artistiche silografie di anonimo maestro tedesco. Nel fregio che circonda la pagina col titolo si leggono le iniziali S. F."); New York 1930 ("durch David Zöpffeln, 1559"; "colophon date, 1562. Woodcuts") = Princeton Item 404, mit dem Hinweis "many illustrations", aber trotz der Datierung „1559" scheint es sich wegen „Colophon 1562" um den Nachdruck Frankfurt ►VP 1562C zu handeln, doch vgl. dort; Frankfurt 1930, Nr. 75 (StB Ffm); Münster 1931, Nr. 67 (StB Ffm; "mit je 1 Holzschnitt zu den 12 Büchern der Aeneis"); CBItalV Nr. 2342; Wolfenbüttel 1982, D 159; VD 16, Nr. V 1430 (TE. H.); BL. - Der nirgends im Werk genannte anonyme Übersetzer ist Thomas MURNER (zuerst Straßburg ►VP 1515F). - Wenn eine Ausgabe auf dem Titelblatt 1559, im Kolophon jedoch 1562 datiert ist, handelt es sich um den Nachdruck Frankfurt ►VP 1562C. - Zum Verleger David Zöpfel (auch: Schöffel, Zephelius) vgl. WOLKENHAUER, 2002 (s. ►VP 1509C), 415f.

> *Lit.*: Wolfenbüttel 1982, D 159: "13 Holzschnitte. Gegenüber der Ausgabe Worms [►VP 1543B] erneut bearbeiteter Text der Murnerschen Übersetzung [erstmals Straßburg ►VP 1515F] … Die „Figuren" zu den einzelnen Büchern (motivisch von der Grüningerschen Ausgabe abhängig), sind neu geschnitten, wohl von demselben Holzschneider, der die Titeleinfassung mit dem Monogramm ‚S.F.' signiert hat (zu Buch 8 und 9 dieselbe Figur)."

VP 1559C *Beschreibung*: Frontispiz und Titelbilder (11,1 x 7,0) zu jedem der 12 Aen.-Bücher und zu Aen. XIII, jeweils mit einer Überschrift des Typs „Figur des Dritten Buochs Verg." Bei Argumentum-Bildern wäre eine detaillierte Beschreibung wegen der Vielzahl der piktographisch angedeuteten Szenen zu aufwendig; ich begnüge mich damit, neben dem Hauptmotiv Einzelheiten zu nennen, die für eine Unterscheidung bei späteren Übernahmen wichtig sein können. Die Namensbeischriften erwähne ich sämtlich. - Den Argumentum-Bildern voraus, und zwar auf dem Recto desselben Blattes, auf dessen Verso das Bild steht, geht immer ein gereimtes deutsches Argumentum mit dem Titel „Begriff des (z. B. Fünfften) Buchs Vergilij". Dem Argumentum-Bild steht also nie das textuelle Argumentum gegenüber, sondern der Anfang des jeweiligen Buches in der deutschen Übersetzung (von Thomas Murner).

Frontispiz: Die dekorative figürliche Titeleinfassung zeigt unter dem Titel in einem mit S F signierten Medaillon einen älteren, bärtigen, lorbeerbekränzten nach li. blickenden P. VERGILIUS MARO. (Hier wie im Titel selbst die in Alten Drucken eher ungewöhnliche Namensform *Vergilius*.)

Aen. I: DIDO, li. in einer kleinen Halle oder einem Tempel stehend, empfängt AENEAS; oben in der Mitte des Meeres Neptunus auf einem Seepferd-Gespann; li. oben in den Wolken IUNO und AEOLUS.

Aen. II: Eroberung Trojas (r. oben), das bereits brennt, LAC (Laokoon) ist zweimal abgebildet und benannt: wie er den Speer gegen das Hölzerne Pferd richtet und wie ihn die beiden Schlangen angreifen.

Aen. III: Fahrt vom brennenden Troja, mit Landung an der Insel der HARPIZ (= Harpyien) (li. oben) und am AETNA, wo ARHE (Achaemenides) am Schiff des AEN um Aufnahme bittet, r. POLIP (Polyphem) mit einer Keule im Wasser watend und, li. erneut abgebildet, die Schafe in der Höhle des CIRLO (= Cyclops) prüfend.

Aen. IV: BILD 15. Figurenreiche Jagd-Szenerie mit dem nach li. reitenden ASCANIUS im Vordergrund, DIDO mit AEN in der Höhle r. oben.

Aen. V: Vorn li. AENEAS zu Ross, vor ihm r., in einem Nachen auf dem Meer rudernd, DIDO (ein merkwürdiges Motiv, das im Text der Aen. keine Entsprechung hat); im Hintergrund das brennende CARTH(ago). Bei den winzigen Figuren, die oben li. an den Spielen auf Sizilien beteiligt sind, findet sich zweimal die Beischrift AENE(A) und einmal ACE (= Acestes).

Aen. VI: Unterwelts-Szenerie mit SIBI(lla) und AENEAS im Nachen des CARON (Mitte li.), ferner mit SALMON, RADAMANUS, TISIPHONE (r.), TITION und (li. unten) TANTALUS.

VP 1559C Aen. VII: Vorn r. der trojanische Gesandte ILIONIS (Ilioneus) vor König LATINUS (li.), der im Zelt thront; in der Mitte r. schießt ASCANIU mit dem Bogen auf den Hirsch der SILVIA; oben r. im Hintergrund TROIA (d.h. das Lager der Trojaner) und auf einer weiteren Insel (oben Mitte) AENE vor einer Schar Reiter.

Aen. VIII: Im Vordergrund das Lager eines Heeres mit (li.) einem dreieckigen Feldzeichen, das einen zweiköpfigen Adler zeigt; im Mittelgrund schießen Kanonen von r. auf das li. als Burg mit Mauern und Türmen dargestellte LAURENU (Laurentum ist fälschlich als befestigtes Lager der Trojaner aufgefasst – vgl. ▶VP 1543B zu Aen. VIII). - Das Bild passt nicht zu Aen. VIII, es ist eine vorgezogene Dublette zu dem Bild zu Aen. IX.

Aen. IX = Aen. VIII. - Zu Aen. IX (einigermaßen) passend.

Aen. X: Li. im Vordergrund will ein Reiter (gewiss Mezentius) sein Pferd besteigen, daneben stößt LAUSUS dem PALLAS (ganz r.) sein Schwert in den Mund, zwischen ihnen steht, offenbar gegen Lausus gewendet, TURNUS, weiter hinten, wie eine Statue, ENE. Im Mittelgrund reitet von r. ENE gegen den berittenen MEZ(entius) (li.) an, darüber liegt LAUSUS am Boden. - Bei dem Krieger-Dreieck Lausus-Turnus-Pallas sind die Rollen beim Kampf nicht textgerecht verteilt; es handelt sich um eine fehlerhafte Übernahme der einfacheren Vorlage, des Titelbildes zu Aen. X in Worms ▶VP 1543B = Mainz ▶VP 1554A = Mainz ▶VP 1556A.

Aen. XI: Vorn li. reitet CAMILLA gegen 5 namentlich bezeichnete Gegner (EUN, LIRIS, PEG, AMA, HIPP - alle Aen. IX 666-674 genannt) an; auf dem figurenreichen Bild ist AENEA viermal benannt, einmal davon (Mitte li.), wie er über dem Sarg des PALLAS Beutestücke an einem Baum aufhängt; r. im Hintergrund begegnen sich außerdem zu Ross CAM(illa) und ARUN(s).

Aen. XII: Vorn li. AENE zu Ross vor einem Stadttor (an dem keine Amata abgebildet ist, die sich dort erhängt hätte); in der Mitte kämpft in einem kleinen Viereck, das aus einem Bretterzaun gebildet ist, li. AENE gegen TUR-(nus) r.

Aen. XIII: Im Vordergrund (von li.) ein Hochzeitszug mit AENE und LAVINIA an der Spitze; dahinter an einem ovalen Tisch in einem Rundtempel in LAU-RENTUM sitzend (von li.) LATINUS, AENEAS, LAVINIA, ASCANIUS; auf dem figurenreichen Bild sind außerdem noch AEN (viermal), LATINUS (zweimal), LAV(inia), VENUS (?) (in den Wolken als Bogenschützin) und der Sarg des TURNUS namentlich gekennzeichnet.

VP 1559C *Würdigung*: Dies ist, nach den Vorläufern Worms ▶1543B = Mainz ▶VP 1554A = Mainz ▶VP 1556A (Zyklus Nr. 9), das erste Vorkommen des einen der beiden Zyklen mit 12 Titelbildern zur Aeneis, die im deutschsprachigen Raum verbreitet sind und den Argumentum-Typus repräsentieren. Er stellt eine Neubearbeitung gegenüber 1543 = 1554 = 1556 dar, die sich fortan durchsetzt. Weil fast alle Ausgaben dieses Typs in Frankfurt erschienen sind, nenne ich diesen etwas älteren Argumentum-Zyklus mit je einem Titelbild zu den 12 Aen.-Büchern den „Frankfurter Typus" (Zyklus Nr. 15). Er ist zu unterscheiden von dem anderen ‚deutschen' Typus, der neu oder jedenfalls modifiziert mit Zürich ▶VP 1561B beginnt. Weil dieser zweite, etwas jüngere Argumentum-Zyklus erstmals und fortan oft (aber keineswegs ausschließlich) in Zürich gedruckt wurde, nenne ich ihn den „Züricher Typus" (Zyklus Nr. 16). Ursprünglich (in ▶VP 1559C) sind im „Frankfurter Typus" die Titelbilder für Aen. VIII und IX (mit Kanonen, die die Burg LAURENU li. beschießen) identisch, während der „Züricher Typus" für Aen. VIII und IX zwei unterschiedliche, beide von Frankfurt ▶VP 1559C abweichende Bilderfindungen hat. Ein weiteres leicht ersichtliches Unterscheidungskriterium des Frankfurter Typus gegenüber dem Züricher Typus besteht darin, dass auf dem Titelbild für Aen. IV in Frankfurt ▶VP 1559C die Höhle mit Aeneas und Dido in die Ecke oben r. gerückt ist, während sie Zürich ▶VP 1561B unten r. und größer abgebildet ist. Auf dem Titelbild für Aen. I steht in der Frankfurter Fassung Dido ganz li., in der Züricher Version sv. ganz r. (auf beiden Zyklen, jedenfalls in deren ursprünglichen Fassung, erscheint im Hintergrund auf dem Meer Neptun). Ferner ist auf dem Titelbild für Aen. XII im Vordergrund r. im Frankfurter Typus Aeneas zu Ross (außen) vor dem Torturm von Laurentum zu sehen, während im Züricher Typus statt dessen dort Latinus entsetzt (innen) unter dem Turm steht, an dem sich Amata erhängt hat.

Die Titelbilder dieses Argumentum-Typs sind außerordentlich figurenreich. Es ist ein ausgesprochener Horror vacui zu spüren, außerdem das Bestreben, mehr Szenen des jeweiligen Buches (vor allem für Aen. VIII-XII) zu berücksichtigen, als es bei den Vorläufern Worms ▶1543B = Mainz ▶VP 1554A = Mainz ▶VP 1556A (Zyklus Nr. 9) geschieht.

Abhängigkeiten: Zum "Frankfurter Typus" der Argumentum-Bilder (je ein Titel-Holzschnitt für die 12 Aen.-Bücher), dem Zyklus Nr. 15, gehören folgende spätere Ausgaben, die jedoch teils Variationen aufweisen (s. jeweils die betreffenden Lemmata): Frankfurt ▶VP 1562C, ▶VP 1563C ?, ▶VP 1567A ?, ▶VP 1572A, ▶VP 1576B, ▶VP 1579A (mit neuem Bild zu Aen. IX), ▶VP 1582A (Köln), ▶VP 1585A (?), ▶VP 1590, ▶VP 1597A (?), ▶VP 1606. Zunächst bietet dieser Frankfurter Zyklus Nr. 15 nur 11 unterschiedliche Bilder. Die Dublette betrifft in ▶VP 1559C und ▶VP 1562C (der ‚deutschen' Variante) Aen. IX = Aen. VIII, später jedoch in ▶VP 1572A (der ‚latein.' Variante) Aen. XI = IX. Erst seit ▶VP 1579A gibt es ein eigenes Bild zu Aen. IX und damit einen vollständigen Zyklus von 12 verschiedenen Titelbildern zu den Aen.-Büchern.

Abhängigkeiten: MAMBELLI Nr. 1306: "Nuova traduzione tedesca dell'-Eneide eseguita dal Murner [vielmehr: Erstausgabe Straßburg, Johannes Grü-ninger, 1515 = MAMBELLI Nr. 1305; Thomas MURNER lebte 1475-1537]. Ristampata a Jena [Druckort; Verlagsort: Leipzig] nel 1606 da Johann Weidnern" [= Wolfenbüttel 1982, D 160 = ▶VP 1606]. - Vgl. auch den MAMBELLI unbekannten Nachdruck Frankfurt a. M., durch David Zöpfeln, ▶VP 1562C, s. dort.

VP 1559C   *Zugänglichkeit*: BSB A.lat.a. 2313 , daraus digitalisiert alle 13 Seiten mit einem Bild, dazu die Seiten mit deutschen Argumenta für Aen. I-XIII, insgesamt neben dem Frontispiz noch 24 Doppelseiten; **DVD 2**. - UB München 8 A.lat. 1579 (im Titel und im Kolophon 1559 datiert); die UB München besitzt in 8 A.lat. 1581 auch die Ausgabe von 1562. Es gibt von dieser Ausgabe auch eine Mikrofiche-Ausgabe München, Saur, 1991, Bibliotheca Palatina, Mikrofiche-Nr. F3624/F3625.

VP 1559D   ◪ **+ deutsche Übers. der Aeneis, Straßburg 1559**
Dreyzehen Eneadische Bücher von Troianischer zerstörung. Und auffgange des Römischen Reichs. Mit einem Register ... am end dises Buochs. Straßburg, Christian Müller, 1559.

Bibl.: Fehlt bei MAMBELLI zu Nr. 1306. Nur verzeichnet VD 16, V 1431 (TE, H) mit der Nennung von 4 Exemplaren, darunter eines der UB München W 8 A.lat. 1580. - Der anonyme Übersetzer ist Thomas Murner.

Beschreibung: Außer dem Frontispiz je ein Titelholzschnitt (11,3 x 7,7) zu den 12 Aen.-Büchern und zu Aen. XIII. Es handelt sich um Nachschnitte (Aen. I sv.) der deutschen Übers. Worms ▶VP 1543B (dort Beschreibung) = lat. Opera Mainz ▶VP 1554A = Mainz ▶VP 1556A, also der einfachen Vorform des „Frankfurter Typus" (Zyklus Nr. 9), nicht etwa um einen Paralleldruck zu der figurenreichen Neufassung dieses Argumentum-Typs Frankfurt ▶VP 1559C (Zyklus Nr. 15).

VP 1559D   *Zugänglichkeit*: Nicht vorhanden in der BSB, jedoch in der UB München als W 8 A.lat. 1580.

VP 1559E ?   ◻ **ital. Übers. der Aeneis, Venedig: Farri 1559**
Virgilio. L'Eneide volgarizzata da 12 traduttori, Venetia, Farri, 1559 [24°].
     Bibl.: MAMBELLI Nr. 773 ("con eleganti incisioni su legno ad ogni libro. Ristampa, in formato minore, dell'ed. precedente" [sc. ▶VP 1559B = MAMBELLI Nr. 772], Zyklus Nr. 14). - Bei BORSETTO, 1989, 190 ("Altre edizioni" zu ▶VP 1556B) ist diese Publikation nicht erwähnt (denn mit "1559, Venezia, O. Farri e fratelli ist ▶VP 1559B gemeint), auch KALLENDORF, 1994, S. 94 führt sie nur unter den nicht aufspürbaren "Doubtful and spurious editions".

VP 1559F   **L. HORTENSIUS: Kommentar zu Aen. I-VI und VII-XII**
                               (mit lat. Text), Basel 1559
Lamberti HORTENSII Montfortii Enarrationes in sex priores libros Aeneidos Vergilianae. His acesserunt illustres annotationes in sex eiusdem poetae posteriores libros eodem Lamb. HORTENSIO auctore. Basileae, per Henricum Petrum et Ioannem Oporinum, 1559 [2].
     Bibl.: Titelaufnahme nach dem Münchener Exemplar BSB Res/2 A.lat.a. 334. Der Kommentar zu Aen. I-VI und zusätzlich Aen. VII-VIII enthält auch den lat. Originaltext. - Die Ausgabe enthält keine Illustr., nur eine Druckermarke auf dem Titel (Arion) und eine große Initiale (zwei Putti) zu Beginn der Vorrede und weitere vereinzelte Initialen. - Zum Verleger Johannes Oporinus vgl. WOLKENHAUER, 2002 (s. ▶VP 1509C), 392f., speziell zu seiner Druckermarke S. 387 (2. Variante des Arion, hier ohne jedes Motto).
     Zugänglichkeit: BSB Res/2 A.lat.a. 334 , digitalisiert daraus sind 3 Doppelseiten (Titelblatt und 2 figürliche Initialen); DVD 2.

VP 1560A   ◻ **franz. Übers. der Aeneis (mit lat. Text am Rand),**
                               Lyon 1560
L'Eneïde, translatee de Latin en François par Louis DES MASURES. Lion, Ian De Tournes, 1560 [4°].
     Bibl.: MAMBELLI Nr. 1066 ("con 12 silografie, una all'inizio di ogni libro. Traduzione ristampata dal de Tournes nel 1569, da Jean Borel nel 1567 e dal Micard nel 1575" - alle Ø, daher in diesem Handbuch nicht aufgeführt); New York 1930 ("woodcuts") = Princeton Item 373 (Ø); CBItalV Nr. 709 (Ø); Napoli 1981, Nr. 146; PASQUIER, 1992, Nr. 14.
     Lit.: Napoli 1981, Nr. 146: "con iniziali e finalini silografati; all'inizio di ciascun libro silografia ispirata al testo." - MORTIMER, 1986, S. 175 (illustriert durch Bernard Salomon). - PASQUIER, 1992, Nr. 14 und S. 106f. (dort bes. zu Aen. I und V): 12 Holzschnitte von Bernard Salomon mit Angabe der Sujets (doch irrig für Aen. III und VII). - Die Standardmonographie ist jetzt Peter SHARRATT, Bernard Salomon, illustrateur lyonnais, Genève 2005 = Travaux d'Humanisme et Renaissance 400, mit reicher Bibl. S. 337-370 und 260 Abb. SHARRAT führt ▶VP 1560A in seinem Katalog als Nr. 47 (S. 312f.); er hält die gegenüber (▶VP 1547B und) ▶VP 1552B neu hinzugefügten acht Holzschnitte für Aen. V-XII (Aen. VIII bei SHARRATT Abb. 87, mit fehlerhafter Beschrei-

bung S. 312) nicht für Arbeiten des Meisters Bernard Salomon selber, sondern für solche seiner Schule. - Das mit (c) 2002 im Internet angezeigte Dissertationsvorhaben („prospective online", mit einer Gliederung) von Robert A. BARON, The works of Bernard Salomon, ist offensichtlich auch im März 2007 noch nicht vollendet. - Vgl. schon die illustrierten Teilausgaben dieser franz. Übers. Paris ▶VP 1547B (nur für Aen. I-II) und Lyon ▶VP 1552B = Lyon ▶VP 1554B (jeweils nur für Aen. I-IV).

Beschreibung: Rankengerahmtes Titelblatt. Die unsignierten Holzschnitte (7,0 x 10,8), die allgemein Bernard Salomon (ca. 1506 - ca. 1561) oder mindestens seinem Einfluss zugeschrieben werden (ohne dass es dafür einen äußeren Beweis gäbe), stehen auf paginierten Seiten jeweils zu Beginn eines Aen.-Buches. Es handelt sind um ungewöhnlich malerische Illustrationen, die alle Eigenerfindungen des Künstlers sind, der daran offenbar schon seit ▶VP 1547B (für Aen. I-II) bzw. sicher seit ▶VP 1552B (für Aen. I-IV), wahrscheinlich angeregt durch die 4 anonymen Holzschnitte in ▶VP 1542B (für Aen. I-IV), arbeitete, s. jeweils dort. - Mehrere der Bilder dieses Zyklus Nr. 10 sind poly-szenisch und stellen darum eine Frühform eines Argumentum-Bildes dar.

| VP 1560A | Aen. I: Im wesentlichen mono-szenisches Bild: Schiff im Sturm, li. Neptun, r. Juno mit Aeolus = ▶VP 1547B = ▶VP 1552B. Vgl. dazu PASQUIER, 1992, S. 107.

Aen. II: Mono-szenisches Bild: Das Hölzerne Pferd wird von li. zum Tor Trojas gezogen = ▶VP 1547B = ▶VP 1552B = ▶VP 1554B.

Aen. III: Im wesentlichen mono-szenisches Bild: Li. Opfer Andromaches am Grabmal Hektors, r. Empfang der Trojaner am Strand von Buthrotum durch Helenus (nicht, wie PASQUIER, 1992, Nr. 14 will: Frauen bereiten Opfer für die Bestattung des Polydorus vor) = ▶VP 1552B = ▶VP 1554B.

Aen. IV: Poly-szenisches Bild, Frühform eines Argumentum-Bildes, u.a. tritt r. vorn Mercurius vor Aeneas, oben in den Wolken wird Mercurius li. von Juppiter ausgesandt = ▶VP 1552B mit BILD 12 = ▶VP 1554B.

Aen. V: Poly-szenisches Bild, Frühform eines Argumentum-Bildes, u.a. li. vorn Totenopfer am Sarkophag des Anchises, li. hinten eine Flotte, zu der Iris auf dem Regenbogen heruntergleitet (= Schiffsbrand), r. einzelne Szenen der Spiele (Faustkampf, Ringen, Wettlauf, Schießen auf Taube an Mast). - Vgl. dazu PASQUIER, 1992, S. 107.

Aen. VI: Kombination von mehreren Szenen nur vom Anfang des Buches (nicht von der Unterweltsschilderung) in einer prachtvollen bewaldeten Überschaulandschaft, u.a. li. vorn Aeneas mit der Sibylle in einer Grotte vor dem Sitzbild Apoll; darüber Auffinden des Goldenen Zweiges; vorn in der Mitte Bäumefällen in einem prächtigen Wald für die Verbrennung der Leiche des Trompeters Misenus auf einem Scheiterhaufen r., die r. weiter hinten aufgefunden wird.

Aen. VII: Poly-szenisches (unübersichtliches, schwer erkennbares) Bild, Frühform eines Argumentum-Bildes, wesentliches Motiv ist eine in Gruppen
gegliederte Menschenmasse (aber nicht, wie PASQUIER, 1992, Nr.
14 will: Kampf) vor einer Stadt (= trojanisches Lager); u.a. sind zu erkennen: li.
oben die Furie Allecto vor Juno, li. vorn das Mahl der Trojaner mit dem
Tisch-Prodigium, in der Mitte vorn Klage um den verwundeten zahmen
Hirsch Silvias und den erschlagen Hirten Almo, r. hinten Empfang der
trojanischen Gesandten durch König Latinus.

Aen. VIII: Poly-szenisches Bild, das aber geschlossen wirkt, weil die Nebenszenen (u.a. zweimal Schiffe des Aeneas am Tiber, r. beim Opfer für Hercules bei Pallanteum) in den Hintergrund verlagert sind und der Vordergrund von einer einzigen beherrscht wird: Aeneas (li.) findet an einem
Baum die dort von Venus (r. mit Amor) deponierten neuen Waffen.

Aen. IX: Nur scheinbar ein mono-szenisches Bild, die Bestürmung einer Stadt
(ähnlich gestaltet wie in Aen. VII = trojanisches Lager) durch Fußtruppen,
doch sind auch Anfangs- und Schlussszene von Aen. IX dargestellt: Iris
stachelt Turnus an (oben r.) und der von den Trojanern bedrängte Turnus
stürzt sich in den Tiber (unten r.). Die Nisus-und-Euryalus-Episode ist
auffälligerweise nicht dargestellt.

Aen. X: Ein im wesentlichen zwei-szenisches Bild: im Vordergrund suchen die
Latiner die Flotte des Aeneas r. an der Landung zu hindern, während die
Trojaner aus ihrem befestigten Lager li. einen Ausfall machen; oben in
den Wolken Götterversammlung mit Juppiter beherrschend und allein im
Zentrum.

Aen. XI: Ein im wesentlichen zwei-szenisches Bild: im Vordergrund li. Bestürmung einer Stadt (= trojanisches Lager) durch ein Reiterheer; r. Aeneas
mit anderen Kriegern vor dem Baum, an dem als Siegesmal die Beute-
waffen des Mezentius aufgehängt sind.

Aen. XII: Ein scheinbar mono-szenisches Bild, in dem vor einer größeren Stadt
(der des Latinus) das Schlussduell Aeneas-Turnus in zwei Phasen dargestellt ist, li. sozusagen in einer Totalen inmitten der beiden Heere, r. im
Vordergrund sozusagen in Vergrößerung die beiden Kämpfer allein. Jedoch ist r. oben noch eine weitere Szene berücksichtigt: eine Göttin (Venus) überreicht einem Krieger (doch wohl: dem verwundeten Aeneas
selber) einen Zweig (das Heilkraut Dictamnum).

VP 1560A   *Würdigung*: Der in meinen Augen schönste Holzschnittzyklus (Zyklus Nr. 10) zur Aen. überhaupt. In ihm ist das schwierige künstlerische
Problem, mehrere und oft durchaus heterogene Szenen eines Buches zusammenzuführen und in einem einzigen Bild darzustellen, relativ gut gelungen. Das wesentliche Mittel ist dabei die Erfindung einer reichgegliederten Überschau-Landschaft, in die unauffällig Nebenszenen eingefügt werden können. - Die Klei-
dung/Rüstung ist antikisch. - Gerade die offenbar von ▶VP 1542B beeinflussten Holzschnitte zu Aen. I-IV gelten, neben dem zu Aen. VI, als die besten; die

schwächeren Holzschnitte für Aen. V-XII sind offenbar selbständige Erfindungen ohne direkte Vorlage.

Abb.: Drei Abb. bei MORTIMER, 1986, S. 177: Titelbild zu Aen. VI, S. 179 zu Aen. IX, S. 181 zu Aen. XII. - Neun Bilder im Abb.-Teil bei PASQUIER, 1992: Abb. 122 zu Aen. I (Seesturm); Abb. 148 zu Aen. II (die Trojaner ziehen das Hölzerne Pferd in die Stadt); Abb. 185 zu Aen. IV (Mercurius mahnt Aeneas); Abb. 210 zu Aen. V (Spiele, u.a. mit Grabmal des Anchises); Abb. 214 zu Aen. VI (vor dem Abstieg in die Unterwelt); Abb. 233 zu Aen. VIII (Aeneas entdeckt die von Venus gebrachten Waffen); Abb. 253 zu Aen. X (Götterversammlung); Abb. 268 zu Aen. XI (Tropaion nach dem Sieg über Mezentius); Abb. 277 zu Aen. XII (Schlussduell). - Drei Abb. bei SHARRATT, 2005: Abb. 85 zu Aen. I (1552), Abb. 86 zu Aen. III (1552); Abb. 87 zu Aen. VI (1560). - Auch der Ndr. von 1972 (s.u. Rubrik *Zugänglichkeit*) mit allen Holzschnitten ist allgemein zugänglich.

Abhängigkeiten: Die ersten 2 Holzschnitte sind bereits - was auch in der Spezialliteratur völlig unbekannt ist - in der (von demselben Übersetzer DES MASURES stammenden) franz. Übers. nur für Aen. I-II, Paris ▶VP 1547B enthalten, die ersten vier in der für Aen. I-IV, Lyon ▶VP 1552B = Lyon ▶VP 1554B; sie alle sind offenbar von den anonymen Holzschnitten in ▶VP 1542B abhängig. Die Holzschnitte zu Aen. V-XII sind Neuerfindungen.

| VP 1560A | *Zugänglichkeit*: | BSB Res/4 A.lat.a. 692 |, aus dieser Originalausgabe sind 14 Doppelseiten mit allen Illustr. digitalisiert; | DVD 2 |. - Von ▶VP 1560A existiert auch ein Ndr. (in der Reihe ,Classiques de la Renaissance en France') Paris - The Hague [Montoni] - New York [Johnson] 1972, vorhanden als BSB 4 73.953.

| VP 1560B | ital. Übers. von Aen. I-VI, Perugia 1560-1570; |
| | Alternativansetzung zu ▶VP 1567D |

VP 1560C   ital. Übers. von Aeneis II, Venedig 1560

Il secondo libro dell'Eneida di Virgilio ... tradotto in ottava rima da Giovanni Mario VERDIZOTTI. Venetia, Francesco Rampazetto, 1560.

Bibl.: MAMBELLI Nr. 774 ("con bella incisione su legno"); MORTIMER, 1974 (▶VP 1510B), Nr. 527 ("One woodcut, 55 x 76 mm., of the Trojan horse being drawn into the city", dieser Holzschnitt stammt aus einem Buch von 1545, das keine Vergil-Ausgabe ist; das Exemplar der Übers. von Aen. II in Harvard enthält außerdem zusätzlich drei ganzseitige originale wohl zeitgenössische Federzeichnungen: Sinon vor Priamus; Laokoon mit den Schlangen und zwei toten Söhnen; die Griechen verlassen das Hölzerne Pferd - die beiden letzten sind abgebildet, ebenfalls die Titelseite mit Druckermarke); CBItalV Nr. 2507; BORSETTO, 1989, 192 (erwähnt keinerlei Illustr.; sie gibt im Titel als Übersetzer „G. M. V." an, ohne auf eine Auflösung der Initialen zu verweisen, obwohl sie in der Überschrift diese Ausgabe „Verdizzotti 1560" nennt); KALLENDORF, 1994, Nr. 45 ("woodcut initials, scene").

VP 1561A   **+ Opera, Basel 1561**

Opera, quae quidem extant omnia, cum veris in Bucolica, Georgica et Aeneida commentariis Tib. Donati et Servii Honorati, summa cura ac fide à Georgio FABRICIO Chemnicense emendatis..., Basileae, per Henricum Petri, 1561 [2°].

Bibl.: Fehlt bei MAMBELLI; angeführt in CBItalV Nr. 80 (Ø); VD 16, Nr. V 1365 (H.); Princeton Item 95 (Ø). - Vgl. mit dieser Erstausgabe auch die Ndr. ▶VP 1575A (mit 60 digitalisierten Doppelseiten) und ▶VP 1586A (mit 8 digitalisierten Doppelseiten), jeweils Basel.

Illustrierung: Keine eigentliche Illustrierung; eine größere figürliche Initiale (4 x 4, zwei Putti) und weitere Initialen, ferner auf dem Titel Druckermarke (Hammer aus Sturmwolken zertrümmert Felsen) und in Spalte 2149 zu georg. I 281 eine Graphik zur Lage von Bergen wie Ossa und Pelion.

Zugänglichkeit: BSB 2 A.lat.a. 317 und BSB 2 A.lat.a. 317 a (in diesem zweiten Exemplar ist das Erscheinungsjahr „M.D.LIV" auf dem Titelblatt ein handschriftlicher und deshalb irreführender Zusatz), von beiden Exemplaren sind die Titelblätter (und von BSB 2 A.lat.a. 317 a außerdem die Graphik zu den Bergen) digitalisiert: DVD 2 . - Ferner: UB München 2 A.lat. 503. - Für weitere Digitalisierungen s. ▶VP 1575A (60 Doppelseiten) und ▶VP 1586A (8).

VP 1561B   ■ + **Opera, Zürich 1561**

Poemata quae extant omnia, d. Philippi MELANCHTHONIS scholiis illustrata. Adiectis figuris egregie depictis, una in Bucolica, singulis vero in singulos Georgicorum et Aeneidos libros. Tiguri, apud Christoph. Froschouerum, 1561.

Bibl.: Fehlt bei MAMBELLI; angeführt in VD 16 Nr. V 1366 (H.); BL; Princeton Item 94 (Ø- trotz des Hinweises im Titel, der allerdings dort nicht voll ausgeschrieben ist); Titelaufnahme nach dem Münchener Exemplar.

Beschreibung: Wie es der Titel ankündigt, ein Titel-Holzschnitt zu den ecl. insgesamt und je einer zu den 4 georg.- und den 12 Aen.-Büchern; darüber hinaus aber noch als 18. Bild ein Titelholzschnitt zu Aen. XIII (alle etwa 10,1 x 7,4). Nur für Aen. I und XIII variierte Übernahme aus der deutschen Übers. Worms ▶VP 1543B (siehe dort) = Mainz ▶VP 1554A = Mainz ▶VP 1556A, im übrigen weitgehend eine Neuerfindung eines pictoralen Argumentum-Zyklus, allerdings auch schon beeinflusst von der etwas älteren Parallel-Version des „Frankfurter Typus" in der Ausgabe Frankfurt ▶VP 1559A (s. dort). Ich nenne diesen seit ▶VP 1561B vertretenen Zyklus Nr. 16, der gegenüber dem „Frankfurter Typus" mindestens durch den Ersatz der bisherigen Dublette Aen. VIII = Aen IX durch zwei (!) neue Bilder eine Verbesserung darstellt, den „Züricher Typus" (da fast alle einschlägigen Ausgaben in Zürich erschienen sind). - Der Titel-Holzschnitt jedes Aen.-Buches hat eine Überschrift vom Typus „*Primi libri Aeneidos figura*"; er steht meist (siebenmal) dem Textanfang gegenüber, also auf dem Verso des vorausgehenden Blattes.

Aen. I: Im wesentlichen Übernahme aus ▶VP 1543B (DIDO empfängt, ganz r. stehend, AENEAS, also nicht sv. wie 1559 li. stehend), doch hier, wie ▶VP 1559A, unter Hinzufügung Neptuns auf dem Meer im Hintergrund. Die Beischrift ,Achates' (1543) für den Begleiter des Aeneas fehlt wie 1559. In den Wolken oben r. AEOLUS und IUNO.

Aen. II: Weitgehend angelehnt an 1559, auch hier zweimal das Hölzerne Pferd (einmal vor, einmal in der Stadt; beidemal „lebendig", ohne Fahrgestell), doch nur einmal LAOC(oon), der mit der Lanze darauf einsticht. (LAO erscheint noch einmal als Aufschrift an einem Tempel in Troja.) Neu eingeführt gegenüber 1559 ist die Figur des SINON, der gleich dreimal diese Namensbeischrift aufweist: mit Fackel am Strand, beim Hölzernen Pferd in Troja, dazu vor allem in der neuen Hauptszene unten li., wo er vor PRIAM(us) geführt wird. Die Insel im Mondschein, von der die griechischen Schiffe nahen, heißt TENED(os).

Aen. III: Zwar angelehnt an 1559, aber weitgehend eine geradezu kartographische Neuerfindung. Im Zentrum einer Art Landkarte liegt zwischen MARE EGEUM und MAR IONI (etwa in dem Bereich, in dem auf modernen Karten die zentralen Kykladen eingezeichnet sein würden) die STROPHAD(um) INSULA, auf der in winzigen Figuren zweimal ENE und einmal die HARPIZ zu erkennen sind. Umgeben ist die Harpyien-Insel vom brennenden TROI(a) (oben r.), von (li.) ACHAIA mit MOREA, ITALIA und (unten) SICILIA. Auf Sizilien stößt in der Hauptgruppe des Vordergrunds Odysseus (ULIS) dem POLI(phem) in der von Schafen gefüllten Höhle unterhalb des AETNA den Speer in das eine Auge; daneben watet derselbe POLIPHEMUS r. im Meer und vor dem CYCLOPS bzw. seinen Genossen sucht ACHEM(enides) beim Schiff des AENE Zuflucht.

VP 1561B Aen. IV: BILD 16. Zu zwei Dritteln angelehnt an die Zyklen Nr. 9 (▶VP 1543B) mit BILD 11 bzw. Nr. 15 (▶VP 1559C) mit BILD 15, doch ist der Umfang der Jagdszene zurückgedrängt: im Vordergrund unten r. ENEAS und DIDO in der Höhle, darüber eine Jagdszene mit ENEAS, DIDO und ASCANIUS, alle reitend, und ausbrechendem Gewitter. Neu ist das Drittel oben li., das mit vielen winzigen Figuren gefüllt ist: VENUS und IUNO in den Wolken über dem im Bau befindlichen CARTA(go), dann ENE und MERC(urius), DIDO mit ENE streitend, DIDO opfernd (der Selbstmord Didos ist nicht dargestellt). – Vgl. auch den Zyklus Nr. 6a mit BILD 17.

Aen. V: Weitgehend eine Neuerfindung und zwar wiederum (wie Aen. III) kartographisch konzentriert auf die SICILIA INSU(la), dazu oben li. ITALI(ae) PARS und oben r. das brennende CARTHAG(o). Das ganze Dreieck Siziliens - das wie eine Skizze von Großbritannien wirkt - (mit dem AETNA an der oberen Spitze) wird ausgefüllt von Personen, die an den Gedächtnisspielen für Anchises beteiligt sind: dreimal AENE(as), nämlich einmal opfernd, dann als Schiedsrichter beim Keulen-Kampf, ferner als Reiter; die drei Teilnehmer am Pfeilschießen auf eine Taube als Ziel, nämlich Hippocoon, Mnestheus, Eurytio (hier: EU, HIPO, MENES); ENTELUS und DARET (*Dares* kommt im Epos mehrfach in der Akkusativform *Dareta* vor) beim Kampf mit dem *caestus* (der hier wie üblich als Keule - und nicht als Box-Riemen - aufgefasst ist); die Hauptakteure beim Reiterspiel PRIAMUS, ATIS und IULU(s) = Ascanius. Auf dem Meer r. von Sizilien sind mehrere Szenen dargestellt: das Schiff des AENE vor dem brennenden CARTHAG;

die Ruderregatta, an der sich hier 5 Boote beteiligen, nämlich CENTAU, CLOANT, SERGE, GYA und PRIST (im Epos sind es nur 4: *Chimaera* unter Gyas, *Scylla* unter Cloanthus, *Pristis* unter Mnestheus, *Centaurus* unter Sergestus); der Brand auf der trojanischen Flotte auf Anstiften der IRIS; (ganz im Vordergrund r.) PALINURUS, der vom Schiff des AENE stürzt.

Aen. VI: Unterwelts-Szenerie in sv. Variation und Bereicherung des Holzschnittes von 1559: das Paar (Sibylle) SIB/SIBIL - AENEAS kommt viermal vor, nicht nur wie 1559 das eine Mal im Nachen des CARON, hier 1561 auf dem ACHERON FL(uvius). Weitere namentlich bezeichneten Figuren: ANCHIS(es), RADAMANUS, SALM(oneus), PHLEGIAS, THESEUS, unten li. TITION, unten r. am gedeckten Tisch TANTALUS. Tisiphone ist zu sehen, aber nicht wie 1559 als solche bezeichnet.

Aen. VII: In der Gesamtkomposition vage an 1559 (sv. auch etwas an 1543) angelehnt, doch bereichert um kartographische Elemente und die Berücksichtigung weiterer Szenen aus Aen. VII. Im Vordergrund tritt von r. ILION(eus) vor den li. thronenden König LATIN, im Mittelgrund schießt ASCAN von r. auf den im TIB FL schwimmenden zahmen Hirsch der SILVIA, die an der anderen Seite des Tiber-Flusses klagt. Der Tiber mündet oben in das MAR. TIBERI, in der ganz oben li. die Insel CAIETA liegt. Ferner sind in winzigen Figuren zu erkennen: die Landung des ENE, das Opfer des ENE, ENE und ASCAN beim Tisch-Prodigium, ALE(cto) beim schlafenden TUR(nus); dazu Aufschriften (MEZ, TURN, LAU) an den Zelten.

Aen. VIII: Während 1559 die Titelbilder für Aen. VIII und IX identisch waren (Belagerung der Laurentum-Burg unter Einsatz von Kanonen), sind sie 1561 in beiden Fällen durch Neuerfindungen ersetzt. Die Gesamtkomposition in Aen. VIII ist 1561 an den vorausgehenden Holzschnitt zu Aen. VII angelehnt (Tiber-Fluss als eine Art Mittelachse). Im Vordergrund wird (nach Aen. VIII 9 Venulus =) FENUL aus der Stadt LAUREN(tum) von MESAP(pus) und UFEN(s) ausgesandt, FEN ist noch zweimal auf dem Ritt zur Stadt des DIOM(edes) zu sehen. Dem am Tiber liegenden AENE erscheint in einem Strahlenkranz der Gott TIBERI(nus); auf dem Tiber schwimmt dreimal ein zweimal mit AENEAS bezeichnetes Schiff. Ganz oben li. ENE, EUAND und PALAS, daruter die Epiphanie der VENUS vor dem knienden AENE bei der Überreichung der neuen Rüstung.

VP 1561B   Aen. IX: Neuerfindung. NIS(us) und EURI(alus) werden aus dem Tor des trojanischen Lagers, auf dem oben CAICUS steht, herausgelassen. Bei dem Gemetzel, das sie (dabei noch zweimal namentlich benannt) anrichten, töten sie RAMEN (= Rhamnes). In der Mitte des Bildes, jedoch klein dargestellt, erscheint im göttlichen Strahlenkranz IRIS dem TUR(nus). Vorn r. ist die Metamorphose der vom Brand bedrohten trojanischen Schiffe in Nymphen dargestellt.

Aen. X: In der Gesamtkomposition vage an 1559 (auf keinen Fall an 1543) angelehnt. Landung der Flotte des Aeneas mit den etruskischen Bundesgenossen; auf dem Schlachtfeld toben allenthalben Kämpfe. Die Schiffe des

Aeneas haben alle Namensbeischriften: PHRIGI, MANTUA, CENTAUR, MASIC, AULET und ENEAS, davor die Nymphe CIMOD(ocea). Auf dem Schlachtfeld tötet TURNUS, vorn li. stehend, PALAS mit der Lanze, zwischen beiden liegt LAUSUS tot, ganz r. ANTORES. Darüber reitet AENEA von r. gegen den ebenfalls berittenen MEZENTIUS an. In der Reihe darüber kämpfen ACHAT, PALAS und ENEUS (Caeneus) gegen ihre Gegner, GIAM (= Gyas) und THERON sind bereits erschlagen. Weiter oben wendet sich TUR(nus) gegen die Schiffe und ASCA(nius) bricht an der Spitze eines Heeres aus einer Festung aus, die offenbar LAUR LAT heißt. - Dieser Holzschnitt ist unten r. mit einer Ligatur von X M signiert.

Aen. XI: Eine weitgehend von 1559 und schon gar von 1543 unabhängige Komposition. Vorn li. wird die Reiterin CAMILA von dem berittenen Bogenschützen ARUN(s) in der Brust getroffen; vorn r. hängt AENE die Beuterüstung (des Mezentius) auf. Im Mittelgrund wird der noch einmal abgebildete ARUN(s) von der weit oben r. auf einem Hügel hockenden OPIS getroffen. In der Nähe führt CAMILA eine Reiterschar gegen ebenfalls berittene Feinde.

Aen. XII: In der Gesamtkomposition vage an 1559 (auf keinen Fall an 1543) angelehnt. Vorn li. schaut LATI(nus) klagend zu AMATA auf, die sich an einem Turmfenster erhängt hat. Vorn r. treten TUR(nus) von li. und AENE von r. vor LATINUS, der in einem Spitzzelt thront. Im Mittelgrund kämpft innerhalb eines geschlossenen Holzzaunes, der ein relativ großes Viereck bildet, zweimal das gleiche Paar gegeneinander: einmal bedroht von li. AENE mit dem Schwert den einen viereckigen Felsbock schwingenden TUR(nus), darunter ist AEN dabei, den liegenden TUR zu erstechen.

VP 1561B Aen. XIII: Im Vordergrund r. sitzen (von li. LAVIN(ia), LATIN(us) und AENENS [sic] an der Hochzeitstafel; li. auf dem Hof eilt AENE auf LAVI zu; hinten li. wird der Sarg des TUR(nus) auf einem Pferdewagen gefahren und ein Ring von Kriegern huldigt dem AENEVE; oben in den Wolken wendet sich VEN(us) an IUPIT(er).

Würdigung: Mit dieser Ausgabe wird, bald nach dem durch ▶ VP 1559A etablierten „Frankfurter Typus" (Zyklus Nr. 15), die zweite Standardversion des deutschen Argumentum-Typus begründet. Ich nenne sie nach dem hauptsächlichen (aber nicht ausschließlichen) Verlagsort „Züricher Typus" (Zyklus Nr. 16). Auch der „Züricher Typus" knüpft, wie 1559 der „Frankfurter Typus", an die Frühformen des Argumentum-Typs in der deutschen Übersetzung Worms ▶ VP 1543B = lat. Opera Mainz ▶ VP 1554A = lat. Opera Mainz ▶ 1556A (Zyklus Nr. 9) an, variiert sie aber in anderer Weise als die erste, die Frankfurter Standardversion. Die Neuerfindungen haben oft einen ausgesprochen „kartographischen" Charakter (Aen. III, V, VII, auch VIII). Es herrscht das Bestreben, über die Ausgabe von 1559 hinaus noch weitere Szenen der einzelnen Aeneis-Bücher zu berücksichtigen. Künstlerisch wirkt der „Züricher Typus" schwächer als der „Frankfurter Typus".

Abhängigkeiten: Vgl. die Ndr. dieses Züricher Zyklus Nr. 16: ▶VP 1564, ▶VP 1567B, ▶VP 1570, ▶VP 1573A, ▶VP 1577A, ▶VP 1581B und ▶VP 1587A, aber auch den Ndr. (Zyklus Nr. 6a) in Leipzig ▶VP 1581A.

VP 1561B   *Zugänglichkeit*: BSB A.lat.a. 2154 , daraus digitalisiert sind 20 Doppelseiten mit allen 18 Illustrationen; **DVD 2**. - Ferner: UB München 8 A.lat. 1510.

VP 1562A   ◻ Opera, Venedig: Bonelli 1562

Universum poema cum absoluta Servii ... et Badii Ascensii interpretatione ... elegantissimae praeterea librorum omnium figurae ... Venetiis, apud Ioannem Mariam Bonellum, 1562 [2°].

Bibl.: MAMBELLI Nr. 225 ("con molte incisioni su legno. Ristampata con aggiunte nel ▶VP 1566B [= MAMBELLI Nr. 230]"); Perugia, 1980, Nr. 46; CBItalV Nr.81 (Ø); KALLENDORF, 1991, Nr. 92 ("woodcut scenes for Donatus' Vita 1, Buc. 11, Georg. 5, Aen. 13, Minora 6").

Beschreibung/Abhängigkeiten: Die Holzschnitte sind unverändert übernommen aus der Ausgabe Venedig ▶VP 1558A (s. dort die Beschreibung) und identisch mit den weiteren beiden ebenfalls bei Bonelli in Venedig erschienenen Ausgaben ▶VP 1566B und ▶VP 1572B, ferner mit Venedig (aber: Dusinellus) ▶VP 1580C und ▶VP 1586B.

Zugänglichkeit: BSB 2 A.lat.a. 318 , daraus digitalisiert sind 52 Doppelseiten mit allen Illustrationen; **DVD 2**. S. auch die Digitalisierungen aus ▶VP 1558A, ▶VP 1566B, ▶VP 1572B und ▶VP 1586B.

VP 1562B   ◻ ital. Übers. der Opera, Venedig: Farri 1562

L'opere di Vergilio, cioè la Bucolica, Georgica e Eneida, nuovamente da diversi eccelentissimi auttori tradotte in versi sciolti et con ogni diligentia raccolte da Lodovico DOMENICHI, con figure bellissime et argomenti o sommarii del medesimo poste dinanzi à ciascun libro. Vinegia, Domenico Farri, 1562 [8°].

Bibl.: MAMBELLI Nr. 777 ("con incisioni su legno), Ristampa dell'ed. ▶VP 1559B [= MAMBELLI Nr. 772]; CBItalV Nr. 1927; BORSETTO, 1989, 177. 179. 182. 184. 186. 190; KALLENDORF, 1994, Nr. 50 ("woodcut initials, scenes, Buc. 9, Georg. 4, Aen. 12"). - S. zu ▶VP 1559B, dem ersten Vorkommen dieses Zyklus Nr. 14 (Kap. 3.2), dort auch zu den weiteren Belegen.

VP 1562C   ◻ + deutsche Übers. der Aeneis, Frankfurt 1562

Dreyzehen Bücher von dem tewren Helden Enea, was der zu Wasser und Land bestanden. Jetzund von newem widerumb ubersehen, mit Fleiß corrigiert, und schönen Figuren gezieret, Franckfurdt am Main, durch David Zöpfeln zum Eysern Huth, 1562.

Bibl.: Fehlt bei MAMBELLI zu Nr. 1306; doch siehe Trier 1982, Nr. S. 36 (Ø); VD 16, Nr. V 1432 (TE.H.); Princeton Item 408 (1562), mit dem Hinweis „title in red and black, within woodcut border; illustrations"; vgl. im übrigen die

Angaben zu der Originalausgabe Frankfurt ▶VP 1559C. Die Ausgabe Frankfurt 1562 ist nur im Kolophon so datiert; auf dem aus der Vorlage übernommenem Frontispiz steht weiterhin 1559. Die beiden Ausgaben sind also schwer zu unterscheiden. Die UB München besitzt beide: 8 A.lat. 1579 (im Titel und im Kolophon 1559 datiert); 8 A.lat. 1581 (1562).

Beschreibung/Abhängigkeiten: Es handelt sich um einen unveränderten Ndr. von Frankfurt ▶VP 1559C mit 12 (plus einem weiteren für Aen. XIII) Argumentum-Bildern des „Frankfurter Typs" (11,1 x 7,0); in Aen. IV die Höhle oben r. und klein; Aen. VIII = Aen. IX; siehe darum oben zu ▶VP 1559C. - Zugrunde liegt die Übers. von Thomas MURNER (erstmals ▶VP 1515F).

VP 1562C *Zugänglichkeit*: Die beiden ursprünglich in der BSB vorhandenen Exemplare dieser Ausgabe von 1562, nämlich BSB A.lat.a. 2314 und BSB A.lat.a. 1273 (diese Signatur ist inzwischen neu belegt), sind als Verlust registriert. Für die Bilder kann als Ersatz das Original Frankfurt ▶VP 1559C eintreten, s. dort. - UB München 8 A.lat. 1579 (1559); 8 A.lat. 1581 (1562).

VP 1562D   ▫ + (englische Version eines Volksbuchs vom ‚Zauberer Virgilius', *Virgilius magus*, eine Art ‚Vita Virgilii'), [London 1562]

Virgilius. This boke treateth of the lyfe of Virgil, and of his death and many other marvayles that he did in his lyfe tyme by witchcrafte and nygromancy, through the develles of hell. [London, W. Copland, 1562].

Bibl./Zugänglichkeit: Fehlt in den Bibliographien. Titelaufnahme nach EEBO. Aus der Digitalisierung bei EEBO in 18 Images sind Ort, Verleger und Erscheinungsjahr nicht ersichtlich. Das zugrundeliegende Exemplar der BL ist lückenhaft. - Es handelt sich um einen Ndr. von ▶VP 1518A, der englischen Version eines Volksbuchs vom ‚Zauberer Virgilius', s. dort.

Beschreibung: Die Digitalisierung bei EEBO ist zum einen lückenhaft aufgrund des zugrundeliegenden defekten Exemplars der BL, zum andern ist das Verzeichnis der ‚Illustrations' durch mehrere Fehler entstellt: angeblich gibt es 9 Illustr. auf Page 2, 3, 4, 8, 9, 10, 11, 13 und 14, in Wirklichkeit insgesamt 11 Holzschnitte auf Page 1, 2, 3, 4, 6, 7, (nicht 8), 9, 10, 11, (nicht 13), (nicht 14), 16, 17. Image 15 zeigt eine leere Doppelseite. Die Holzschnitte sind nur teilweise identisch mit denen von ▶VP 1518A.

Pictura 1 (EEBO Image 1; Frontispiz) - neu gegenüber ▶VP 1518A : Eine männliche thronende Gestalt (ein König?) wird von zwei li. und r. neben ihm stehenden Männern mit einem Lorbeerkranz gekrönt.

Pictura 2 (Image 2) - neu gegenüber ▶VP 1518A: Zwei gewappnete Ritter, von li. über Blumen heranreitend.

Pictura 3 (Image 3) - neu gegenüber ▶VP 1518A: Innerhalb von Schranken ist ein Ritter r. dabei, mit der Hellebarde einen li. knienden Ritter zu erschlagen. - Es könnte sich um eine Illustr. der Schlussszene der Aen. handeln.

Pictura 4 (Image 4) - neu gegenüber ▶VP 1518A: Ein aus 4 Teil-Holzschnitten zusammengesetztes Bild: li und r. ein dekoratives Band, auf dem li. Hauptstück ein Baum, auf dem r. eine Figur (Gelehrter?.)

Pictura 5 (Image 6) - neu gegenüber ▶VP 1518A: Ein aus 2 Teilholzschnitten zusammengesetztes Bild: li. ein thronender König, r. ein stehender sprechender Bürger mit leerem Namensband.

Pictura 6 (Image 7) - neu gegenüber ▶VP 1518A: Ein gewappneter Ritter mit einem weiteren Ritter r. bei einem Zeltlager spricht mit zwei Bürgern, die auf der Stadtmauer stehen.

Pictura 7 (Image 9) = Pict. 5 in ▶VP 1518A: Virgil im Korb, verspottet von Zuschauern.

Pictura 8 (Image 10) = Pict. 6 in ▶VP 1518A: Die obszöne ‚Rache Virgils', wobei das Feuer aus dem aus einem Fenster gestreckten nackten Hintern der Frau geholt wird.

Pictrua 9 (Image 11) = Pict. 7 in ▶VP 1518A: Fünf Statuen um eine zentrale Ritter-Statue (‚Salvatio Romae').

Pictura 10 (Image 16) - li. Hälfte identisch mit der li. Hälfte von Pict. 10 in ▶VP 1518A: Ein aus 2 Teilholzschnitten zusammengesetztes Bild: li. eine Gruppe bewaffneter Männer mit einem reichgekleideten Mann an der Spitze, auf der r. Hälfte (nicht eine nackte Frau im Bett, sondern) eine stehende (männliche?) Figur, eine Wiederholung der r. Hälfte von Pict. 4.

Pictura 11 (Image 17) - neu gegenüber ▶VP 1518A: Stadtansicht mit einem großen Stadttor in der Mitte.

VP 1562D Es handelt sich nicht um Aeneis-Illustrationen, sondern um teils aus Versatzstücken oder aus Holzschnitten anderer Provenienz zusammengestellte Illustrationen zu der Vita des ‚Zauberers Virgilius'.

VP 1563   ▫ + Opera, Frankfurt 1563

Poemata, quae extant omnia. Adiectis figuris egregie depictis ... et doctissimorum virorum scholiis ... Frankfurt/Main, Sigmund Feyerabend, 1563.

Bibl.: Fehlt bei MAMBELLI; angeführt in VD 16, Nr. V 1367 (H.; SB Mainz); Frankfurt 1926, S. 528b (sine loco, 1563). - Princeton Item 96 (Ø, doch korrigiert brieflich nach Autopsie von KALLENDORF: 1 ecl., 4 georg., 12 Aen., 1 Aen. XIII). – Offenbar ein weiteres Beispiel für den Frankfurter Argumentum-Zyklus Nr. 15, s. zu ▶VP 1559C, doch erweitert für ecl., georg., Aen. XIII.

VP 1564   ▫ + Opera, Zürich 1564

Op[e]ra. D. Philippi MELANCHTHONIS et aliorum doctissimorum virorum scholiis, annotationibus et novis argumentis illustrata ... Adiectis etiam figuris egregie depictis ... Tiguri, Christophorus Froschouerus iunior, 1564.

Bibl.: Fehlt bei MAMBELLI (vgl. jedoch dort Nr. 253: Tiguri 1581 = ▶VP 1581B); angeführt in New York 1930 ("woodcuts") = Princeton Item 97 ("many illustrations", präzisiert von KALLENDORF, brieflich nach Autopsie); Trier, 1982, S. 32 Nr. III 4 (im Titel mit der Formulierung „Adiectis etiam figuris, una in

Bucolica, singulis vero in singulos Georgicorum et Aeneidos libros"); VD 16
Nr. V 1369 (H; vorhanden u.a. in der SB Augsburg LR 1212).
Lit.: Trier, 1982, Nr. III 4 S. 32: „Dieser für den Gebrauch an protestan-
tischen Gelehrtenschulen bestimmten Ausgabe sind 17 Holzschnitte unbekannter Hand beigegeben. Jedem Buch der Aen. ist ein Bild vorangestellt, das in
mehreren Episoden den Inhalt des ganzen Buches wiedergeben soll."

VP 1564   *Abhängigkeiten/Beschreibung*: Auch diese Ausgabe enthält die 18
Holzschnitte (1 ecl., 4 georg, 12 Aen., 1 ‚Aen. XIII') des ‚Züricher Argumentum-Zyklus' Nr. 16. Vgl. die Erstausgabe ▶VP 1561B (dort Beschreibung) und
die Auflagen ▶VP 1564, = ▶VP 1567B, ▶VP 1570, ▶VP 1573A, ▶VP
1577, ▶VP 1581B und ▶VP 1587A, immer Tiguri/Zürich.

VP 1565   **Opera, Antwerpen 1565**
Opera. Antverpiae, ex officina Christopheri Plantini, 1565.
Bibl.: MAMBELLI Nr. 228, doch dort "Aeneis" (Ø); New York 1930 = Princeton Item
99, mit dem Hinweis „engraved title-page. 4 parts, each with title-page", vgl. dort auch Item
101 = ▶VP 1566A. Nach KNAUER, 1964 (s. ▶VP 1608A), S. 14 und S. 65 Anm. 2 scheinen
die Ausgaben Antwerpen 1565 und Antwerpen 1566 identisch zu sein; sie werden aber im
Princeton-Katalog getrennt.

VP 1566A   **Opera, Antwerpen 1566**
Opera. Pauli MANUTII annotationes brevissimae in margine adscriptae. Homeri loca magis
insignia, quae Vergilius imitatus est. Georgii FABRICII observationes Virgilianae lectionis.
Antverpiae, ex officina Christopheri Plantini, 1565 [4 Teile in 1].
Bibl.: MAMBELLI Nr. 230 (Ø); Princeton Item 101 („individual works have [4] separate
engraved titles with the date 1565"). Es handelt sich also offenbar um einen Ndr. von Antwerpen ▶VP 1565 (s. das vorhergehende Lemma). MAMBELLI zu Nr. 230 verzeichnet noch Ndr.
in demselben Verlag 1568, 1572 (in dieser Ausgabe ist erstmals von Plantin die Verszählung
für Vergils Werke eingeführt worden), 1580, 1586, 1588. - Zu unterscheiden von dieser Ausgabe, die schon im Titel auf eine Sammlung von Homer-Imitationen Vergils hinweist, ist die
ebenfalls in Antwerpen bei Plantin, doch 1567 (oder nach KNAUER, 1964 [▶VP 1608A], S.
14, doch im Widerspruch zu S. 64 Anm. 2: 1568) erschienene berühmte Ausgabe: Virgilius
collatione scriptorum Graecorum illustratus opera et industria Fulvii URSINI, die merkwürdiger Weise bei MAMBELLI fehlt. Fulvio Orsini benutzt dabei die Ausgabe(n) Antwerpen 1565
und/oder 1566. Über die komplizierten bibliographischen Verhältnisse unterrichtet, unter
mannigfacher Kritik an MAMBELLI, ebenfalls kompliziert KNAUER, 1964 (▶VP 1608A), 64ff.
Zugänglichkeit: Im BSB-Opac ist mit der Signatur A.lat.a. 283 scheinbar der Ndr. Antwerpen 1572 aufgeführt, realiter handelt es sich dabei aber um eine andere Vergil-Ausgabe,
sine loco, sine anno, ohne Illustr.

VP 1566B   ◻ **Opera, Venedig 1566**
Universum poema cum absoluta Servii ... et Badii Ascensii interpretatione ...,
elegantissimae praeterea librorum omnium figurae, argumenta, lectionum
denique varietates, quas et Ioannes PIERIUS et alii doctissimi viri hactenus
abservarunt. Quae ... emendata atque ... expolita emisimus. Venetiis, apud
Ioannem Mariam Bonellum, 1566 [2°].
Bibl.: MAMBELLI Nr. 230 ("con piccole silografie nel testo"), vgl. Nr. 225
(Venetiis 1562); CBItalV Nr. 85; FAGIOLO, Rom 1981, Nr. 53; BL; KALLEN-

DORF, 1991, Nr. 96 ("woodcut scenes for Donatus' Vita 1, Buc. 11, Georg. 5, Aen. 13, Minora 6"); nicht bei PASQUIER, 1992.

Beschreibung: Auf der Titelseite prächtige Druckermarke (Ritter, der auf einem Löwen reitet). Im Text viele kleine Holzschnitte (5,0 x 6,9): Das Bild vor der Vita (ein an einem langen Tisch sitzender Gelehrter/Mönch, der kaum als Vergil anzusprechen ist, schreibt in einen Codex) wird jeweils zu Beginn der ecl., der georg., der Aen. und der Opuscula (dort zu Beginn des *Culex*) wiederholt, kommt also insgesamt fünfmal vor; je 1 Holzschnitt vor jeder der 10 Eklogen (ecl. 1; ecl. 2; ecl. 3; ecl. 4 = Aen. VII, nur in Aen. VII passend; ecl. 5 = ecl. 1; ecl. 6 = ecl. 1; ecl. 7 = ecl. 2; ecl. 8 =ecl. 3; ecl. 9 = ecl. 1; ecl. 10 = ecl. 4 = Aen. VII, nur in Aen. VII passend; also nur 3 unterschiedliche ecl.-Bilder), vor jedem der 4 georg.-Bücher (georg. I; georg. II = ecl. 4 = ecl. 10 = Aen. VII, nur in Aen. VII passend; georg. III; georg. IV = Aen. VI, nur in Aen. VI passend; also nur 2 originale georg.-Bilder) und vor jedem Aen.-Buch (aber da die Bilder zu Aen. I = V, II = III, VIII = X = XII, IX = XI identisch sind, gibt es nur 7 verschiedene Holzschnitte zur Aen.); keiner (nur eine T-Initiale mit Festmahl) vor Aen. XIII; der Holzschnitt zu ecl. 1 erscheint erneut vor den *Dirae*, der zu Aen. I vor dem *Aetna*, der zu Aen. VI = georg. IV vor der *Ciris*, der zu georg. I vor dem *Moretum* und der zu Aen. VII = ecl. 4 vor dem *Hortulus*. Enthalten sind also 5+10+4+12+5 = 36 Holzschnitte, doch es handelt sich nur um 12 (3 ecl., 2 georg., 7 Aen.) verschiedene Bilder; sie enthalten keinerlei Beischriften.

VP 1566B Die Aen.-Illustrationen bieten folgende Sujets (Kurzform; eine ausführlichere Beschreibung s. zur Originalausgabe ▶VP 1558A):

Aen. I:	Zwei Schiffe r. im Sturm, li. Neptun auf Zweigespann (nur zu Aen. I passend).
Aen. II:	Ascanius li. vor Aeneas, der seinen Vater vor dem Hintergrund des brennenden Troja trägt (nur zu Aen. II passend).
Aen. III	= II (nicht zu Aen. III passend).
Aen. IV:	Dido stürzt sich li. in ein Schwert und einen brennenden Scheiterhaufen, r. sitzend Anna und Dido, im Hintergrund gehen Trojaner an Bord ihrer Flotte in Karthago (nur zu Aen. IV passend; da 3 Szenen darstellend, ein Argumentum-Bild).
Aen. V	= I (nicht zu Aen. V passend).
Aen. VI:	Aeneas und Sibylle r. vor Cerberus und erneut nach Durchschreiten des Höllentors li. (nur zu Aen. VI passend).
Aen. VII:	Ascanius r. verwundet mit einem Pfeil den zahmen Hirsch, worüber Silvia li. klagt (nur zu Aen. VII passend).
Aen. VIII:	Ein von r. heranpreschender Reiter trifft seinen Gegenüber li. mit der Lanze, li. und r. Heer; in den Wolken li. zwei Göttinnen vor Juppiter (nicht zu Aen. VIII passend, statt dessen zu Aen. X).
Aen. IX:	Turnus li. im Tiber schwimmend, bedroht von Trojanern r. (nur zu Aen. IX passend).
Aen. X	= VIII (doch hier in Aen. X passend).
Aen. XI	= IX (nicht zu Aen. III passend).

Aen. XII   = X = VIII (nicht zu Aen. III passend).

Abhängigkeiten: Die Holzschnitte sind unverändert übernommen aus den Ausgaben ▶VP 1558A oder ▶VP 1562A und identisch mit den beiden späteren ▶VP 1572B und (doch dort in anderer Anordnung) ▶VP 1586B, alle ebenfalls in Venedig und zwar bei Bonelli (nur ▶VP 1580C und ▶VP 1586B bei Petrus Dusinellus) erschienen. - Die Holzschnitte sind nicht identisch mit denen in der Ausgabe ▶VP 1541B, die ebenfalls *Universum poema* betitelt ist.

VP 1566B   *Zugänglichkeit*: BSB Res/2 A.lat.a. 319, daraus digitalisiert 36 Doppelseiten mit allen Illustr.; DVD 2. - UB München 2 A.lat. 504.

VP 1567A   ▯ + Opera, Frankfurt a. M. 1567

Poemata quae extant omnia adiectis figuris egregie depictis ... Francofurti ad Moenum, apud Georgium Corvinum, Sigismundum Feyerabent et haeredes Wigandi Galli, 1567.

Bibl.: Fehlt bei MAMBELLI; angeführt nur in Straßburg 1981, Nr. 27 (die einzige der dort verzeichneten 47 Vergil-Edd., bei der im Titel von Illustrationen die Rede ist; eine Erläuterung wird nicht gegeben); ferner VD 16, Nr. V 1371 (H.). - Vgl. auch ▶VP 1579A. - Vermutlich sind die Bilder dieser lat. Ausgabe identisch mit denen in den beiden deutschen, ebenfalls in Frankfurt erschienenen Übersetzungen ▶VP 1559C und ▶VP 1562C, außer dass die Dublette nicht, wie dort, Aen. IX = VIII betrifft, sondern, wie später in ▶VP 1572A, Aen. XI = IX. Bei beiden Varianten des ,Frankfurter Argumentum-Typus' (Zyklus Nr. 15) gibt es nur dieselben 11 verschiedenen Bilder.

VP 1567B   ▯ + Opera, Zürich 1567

Opera. D. Philippi MELANCHTHONIS et aliorum doctissimorum virorum scholiis, annotationibus et novis argumentis illustrata ... Adiectis etiam figuris egregie depictis ... denuoque ... restituta. Tiguri, Christopherus Froschouerus, 1567.

Bibl.: Fehlt bei MAMBELLI, angeführt nur VD 16, Nr. V 1372 (H.).

Abhängigkeiten/Beschreibung: Auch diese Ausgabe wird die 18 Argumentum-Holzschnitte (1 ecl., 4 georg, 12 Aen., 1 Aen. XIII) des „Züricher Zyklus" (Nr. 16) enthalten. Vgl. die Erstausgabe ▶VP 1561B (dort Beschreibung) und die Neudrucke ▶VP 1564, ▶VP 1567B, ▶VP 1570, ▶VP 1573A, ▶VP 1577A, ▶VP 1581B und ▶VP 1587A, immer Tiguri/Zürich; vgl. ferner den Nachdruck in Leipzig (bei Steinmann) ▶VP 1581A (= ▶VP 1588A).

VP 1567C   ▯ ital. Übers. der Opera, Venedig: Farri 1567

Vergilio. L'opere, cioè la Bucolica, la Georgica e l'Eneida, nuovamente da diversi auttori tradotte in versi sciolti e con ogni diligentia raccolte da Ludovico DOMENICHI. Vinegia, fratelli Farri, 1567 [8°].

Bibl.: MAMBELLI Nr. 787 ("con numerose incisioni riproducenti scene campestri"). Nuova ristampa dell'edizioni del ▶VP 1559B [= MAMBELLI Nr. 772] e del ▶VP 1562B [= MAMBELLI Nr. 777]. Nuovamente riprodotta dal Farri nel ▶VP 1568A [= MAMBELLI Nr. 790]"; KALLENDORF, 1994, Nr. 58 ("wood-

cut initials, scenes, Buc. 9, Georg. 4, Aen. 12"). - Vgl. generell zur Erstausgabe
▶VP 1559B und, auch für Andeutungen zur Illustrierung, den Ndr. ▶VP
1568A. –

VP 1567C *Abhängigkeiten/Zugänglichkeit*: Dieser nur in Venezianischen Ausgaben (zuerst von Farri) seit ▶VP 1559B gebotene Zyklus (Nr. 14)
von 25 Abb. ist in München nicht zugänglich. Die unpräzisen Beschreibungen
von PASQUIER, 1992, Nr. 31 (zu ▶VP 1559B) und bei Wolfenbüttel 1982, D
200 (zu ▶VP 1573B) scheinen mir aber die Möglichkeit nicht auszuschließen,
dass dieser Venezianische Zyklus identisch ist mit dem ebenfalls Venezianischen Zyklus (Nr. 13), der durch ▶VP 1558A, ▶VP 1562A, ▶VP 1566B,
▶VP 1572B und auch ▶VP 1586B repräsentiert wird und in München vertreten ist.

VP 1567D ital. Übers. von Aen. I-VI, Perugia 1567 bzw. 1560-1570
I sei primi libri della Eneide detti in ottava rima da Vincentio MENNI. Perugia, Andrea
Bresciano, 1567 [die einzelnen Bücher haben jedoch verschiedene Datierungen: Aen. I 1567,
II 1570 und 1562, III 1567, IV 1560, V 1567, VI 1567; sie haben auch jeweils Sonderpagi-
nierungen].
    Bibl.: MAMBELLI Nr. 786 ("Ogni libro ha un frontespizio a sé e una numerazione dis-
tinta … [Aen. VI contiene una carta] che ripete l'incisione la quale figura nel frontespizio dei
singoli libri"); FAGIOLO, Rom 1981, Nr. 55 (1567-1570); CBItalV Nr. 2418 (Ø; datiert 1567,
verweist aber auf die Sonderdatierung 1560 für Aen. IV); KALLENDORF, 1994, Nr. 48 ("no
woodcuts"). - BORSETTO, 1989, 196f. führt diese Ausgabe entsprechend dem Haupttitel zum
Jahre 1567, referiert aber die oben gebotenen Datierungen der Übersetzung der einzelnen
Aen.-Bücher im Titel oder Kolophon (allerdings nennt sie für Aen. II nur 1562, nicht auch
1570); sie erwähnt für alle 6 Bücher „front." - KALLENDORF, 1994, Nr. 48 datiert diese Ausgabe auf 1560-1570 und verweist fälschlich auf MAMBELLI Nr. 778 (ital. Übers. nur von Aen.
II) statt richtig auf MAMBELLI Nr. 786. - Die Diskrepanz hinsichtlich der Illustr. zwischen
MAMBELLI Nr. 786 (sechs) und KALLENDORF, 1994, Nr. 48 (keine) ist ohne Autopsie nicht
lösbar. - **VP 1567D** Diese ital. Übers. von Aen. I-VI allein von V. Menni ist nicht identisch
mit der Übersetzung ebenfalls von „I sei primi libri", doch von verschiedenen Übersetzern, in
der Originalausgabe ▶VP 1540B und mit deren Nachdrucken.

VP 1567E ◘ ? + Opera, Venedig : Gryphius 1567
Opera, annotationibus in libri margine brevissimis … illustrata, pulcherrimisque
figuris ornata. Venetiis, apud Ioannem Gryphium, 1567.
    Bibl.: Fehlt bei MAMBELLI und in allen anderen Bibliographien; aufge-
führt nur in ICCU Nr. 024112 und bei KALLENDORF, 1991, Nr. 98 (Exemplar
aus der Bibl. Civica Bergamo; „woodcut scenes for Buc. 10, Georg. 4, Aen.
12". - Vgl. ▶VP 1547A , (▶VP 1551B), ▶VP 1583A, ▶VP 1584B, ▶VP
1585B und ▶VP 1588C (alle bei Gryphius bzw. Gryphius minor erschienen).

VP 1568A ◘ ital. Übers. der Opera, Venedig: Farri 1568
L'opere di Virgilio, cioè la Bucolica, la Georgica e l'Eneida, nuovamente da di-
versi eccellentissimi auttori tradotte in versi sciolti et raccolte da Ludovico DO-
MENICHI. Vinegia, appresso Domenico Farri, 1568 [8°].

VP 1568A   *Bibl.*: MAMBELLI Nr. 790 ("con 25 silografie a mezza pagina ... Quarta ristampa della edizione del ▶1559B [= MAMBELLI Nr. 772], ripubblicata nel ▶1562B [= MAMBELLI Nr. 777] e nel ▶1567C [= MAMBELLI Nr. 787]"; vgl. auch ▶1573B [= MAMBELLI Nr. 796]; MORTIMER, 1974 (▶VP 1510B), Nr. 528 ("Each text division is marked by a woodcut, approximately 55 x 80 mm, a total of twenty-five illustrations by repetition of ten blocks. The first is a portrait of Vergil. The others are composite scenes from the text. The blocks were used by Onofrio Farri for the same texts in ▶VP 1559B"; mit Abb. des Holzschnittes vor Aen. V); CBItalV Nr. 1929; FAGIOLO, Rom 1981, Nr. 56; bei PASQUIER, 1992, Nr. 31 richtig als Ndr. von ▶VP 1559B erwähnt, bei BORSETTO, 1989, 190 unpräzise als Ndr. von ▶VP 1556B; KALLENDORF, 1994, Nr. 62 ("woodcut initials, scenes, Buc. 9, Georg. 4, Aen. 12"); Princeton Item 334a ("printer's mark on t.-p. and on verso of last leaf; initials; head and tail pieces"; präzisiert von KALLENDORF, brieflich nach Autopsie). - Siehe generell zu ▶VP 1559B, der Erstausgabe dieses Zyklus Nr. 14 (Kap. 3.2), dort auch zu den weiteren Blegen. - Dieser nur in Venezianischen Ausgaben (zuerst von Farri ▶VP 1559B) gebotene Zyklus von 25 Abb. ist in München nicht zugänglich.

VP 1568B   **ital. Übers. von Aen. IV, Antwerpen 1568**

Il quarto libro dell'Eneide di Virgilio in ottava rima, di M(esser) Stephano Ambrosio SCHIAPPALARIA ... Anversa, Christophero Plantino, 1568.

Bibl.: MAMBELLI Nr. 789 (Ø); CBItalV Nr. 2569 (Ø); BORSETTO, 1989, 198f. (Ø, doch "front."); KALLENDORF, 1994, Nr. 92 ("2 woodcuts").

VP 1570   ◘ + **Opera, Zürich 1570**

Opera. D. Philippi MELANCHTHONIS et aliorum doctissimorum virorum scholiis, annotationibus et novis argumentis illustrata. Adiectis etiam figuris egregie de pictis, una in Bucolica, singulis vero in singulos Georgicorum et Aeneidos libros denuoque ... omnia restituta ... Tiguri, Christophorus Froschouerus, 1570.

Bibl.: Fehlt bei MAMBELLI; angeführt nur VD 16, Nr. V 1374 (H.).

Beschreibung: Wiederholung der Holzschnitte des „Züricher Argumentum-Typus" seit ▶VP 1561B (Zyklus Nr. 16), s. dort die Beschreibung (u.a. in ▶VP 1570: Aen. I DIDO ganz rechts; in Aen. IV ENEAS und DIDO in der Höhle vorn rechts; Aen. VIII und Aen. IX nicht identisch; in Aen. XII vorn li. die erhängte AMATA), Format 10,1 x 7,5. Die Angaben des Titels sind aber nicht genau: zu georg. II existiert kein Bild (im Münchener Exemplar); zusätzlich ein Bild erhält aber schon seit der Erstausgabe ▶VP 1561B „Aen. XIII"; insgesamt sind also 17 Illustrationen enthalten.

Abhängigkeiten: Vgl. die Erstausgabe mit den Argumentum-Holzschnitten des „Züricher Typs" ▶VP 1561B, ferner die Neudrucke ▶VP 1564, ▶VP 1567B, ▶VP 1570 (die vorliegende Ausgabe), ▶VP 1573A, ▶VP 1577A, ▶VP 1581B und ▶VP 1587A, immer Tiguri/Zürich, aber auch 1581 den Nachdruck in Leipzig (bei Steinmann) ▶VP 1581A (= ▶VP 1588A).

Zugänglichkeit: Nicht in der BSB, aber UB München W 8 A.lat. 1511 (mit teilkolorierten Bildern).

VP 1571   ■? ◻? ital. Übers. oder Bearbeitung der Ilias Homers
und der Aeneis Vergils, Venedig 1571-1572 (1570?)

(DOLCE, Lodovico:) L'Achille et l'Enea di Messer Lodovico DOLCE, dove egli
tessendo l'historia della Iliade d'Homero à quella dell'Eneide di Vergilio, ambedue l'ha divinamente ridotte in ottava rima. Con gli argomenti et allegorie per
ogni canto, et due tavole, l'una delle sentenze, l'altra de i nomi et delle cose più
notabili. Vinegia, Gabriel Giolito de' Ferrari, 1571 und 1572 (1570?) [4°].

Bibl.: MAMBELLI Nr. 793, dort aber 1570 datiert und eingeordnet ("con
figure incise in legno" und mit einem 1561 datierten Porträt Dolces; es finden
sich zwei Versionen, die eine mit einem 1570 oder 1571, die andere mit einem
1572 datierten Frontispiz); fehlt in CBItalV; bei BORSETTO, 1989, 200 wegen
der Datierung auf dem Frontispiz zu 1570 gestellt, sie verweist auf einen Ndr.
(„altre edizioni") Venezia, Giolito, 1572; KALLENDORF, 1994, Nr. 68, datiert
entsprechend zweimaliger interner Erwähnung 1571-1572 („woodcut initials,
borders, arabesques, scenes 56)"; das Buch ist nur in Bibliotheken der USA
vorhanden. - Vgl. auch den Ndr. (?) ▶VP 1572C = MAMBELLI Nr. 794.

Abb.: Frontispiz bei KALLENDORF, 1994, Plate 14 (dort Datierung: 1571).

VP 1572A   ◻ + Opera, Frankfurt 1572

Poemata, quae extant omnia. Adiectis figuris egregie depictis et doctissimorum
virorum scholiis ac annotationibus, partim antehac, partim nunc primum pu-
blicatis. Francofurtum ad Moenum, apud Georgium Corvinum et haeredes
Wigandi Galli, 1572.

Bibl.: Fehlt bei MAMBELLI und auch in VD 16; Titelaufnahme nach dem
Münchener Exemplar; vgl. auch die früheren Frankfurter Ausgaben (deutsche
Übers.) ▶VP 1559C und ▶VP 1562C (und wohl auch ▶VP 1667A). - Das
Buch beginnt mit einer Vorrede „Ad lectorem Philippus MELANCHTHON", es
folgt eine Widmung ‚Christiophero Froschovero Iuniori, typographo insigni,
Ioannes Frisius Tigurinus S. P. D.' und dann ‚Iodoci BADII ASCENSII in Opera
Vergiliana quaedam praeambula', und enthält am Ende (S. 382-389) auch eine
„Difficilium vocabulorum interpretatio Germanica" für georg. I-IV.

Illustrierung: Mit Druckermarke, dekorativen Initialen und 18 ganzseitigen Holzschnitten des Argumentum-Typs, nämlich je einer zu Beginn der ecl.,
der 4 georg.-Bücher, der 12 Aen.-Bücher und des (13. Buches) Liber Maphaei. -
Bei den Aen.-Bildern, die abgekürzte Namensbeischriften aufweisen, sind die zu
Aen. IX und zu Aen. XI identisch; richtig ist wegen des Auftretens Camillas nur
die Zuordnung zu Aen. XI.

Abhängigkeiten/Beschreibung: Die lat. Frankfurter Ausgabe ▶VP 1572A
enthält (wie vermutlich schon die Vorgängerin ▶VP 1567A) dieselben Illustrationen des ‚Frankfurter Argumentum-Typus' wie die beiden deutschen Übersetzungen ▶VP 1559C und ▶VP 1562C (Zyklus Nr. 15), d. h. für die Aen. nur 11
verschiedene Bilder, weil ein originales Bild für Aen. IX fehlt. Das fehlende 12.
Bild wird in der ‚deutschen' Variante durch die Dublette Aen. IX = VIII substi-

tuiert, in der ‚lateinischen' Variante von ▶VP 1572A (wie vermutlich schon in der Vorgängerin ▶VP 1567A) dagegen durch die Dublette Aen. IX = XI. Die Abfolge ist jetzt in ▶VP 1572A also: Aen. VII (Ilioneus vor Latinus), Aen. VIII (Kanonen vor Laurentum), Aen. IX (Reiterschlacht mit Camilla, hier nicht passend), Aen. X (Mezentius, Lausus, Turnus, Pallas), Aen. XI (Reiterschlacht mit Camilla, hier passend) = IX, Aen. XII (Aeneas zu Ross vor dem Stadttor). Erst in ▶VP 1579A – doch nach dem Vorgang von ▶VP 1576B – hat man versucht, für Aen. IX ein eigenes Bild zu schaffen.

VP 1572A   *Zugänglichkeit*: BSB A.lat.a. 2614 u; daraus 20 Doppelseiten mit allen Bildern digitalisiert; DVD 2. - UB München 8 A.lat. 1513.

VP 1572B   □ **Opera, Venedig 1572**
Universum poema cum absoluta Servii ... et Badii Ascensii interpretatione ... quibus accesserunt .... elegantissimae praeterea librorum omnium figurae ... Venetiis, apud haeredes Ioannis Mariae Bonelli, 1572 [2°].
Bibl.: MAMBELLI Nr. 237 ("con iniziali ornate e 36 incisioni su legno"); vgl. Nr. 240 (Venetiis ▶VP 1574); KALLENDORF, 1991, Nr. 100 („woodcut scenes for Donatus Vita 1, Buc. 11, Georg. 5, Aen. 13, Minora 6").
VP 1572B   *Beschreibung/Abhängigkeiten*: Die Holzschnitte sind unverändert übernommen aus den Ausgaben des Zyklus Nr. 13 ▶VP 1558A (s. dort), ▶VP 1562A oder ▶VP 1566B (alle ebenfalls bei Bonelli in Venedig erschienen), vgl. auch noch Venedig (Dusinellus) ▶VP 1580C und ▶VP 1586B.
Zugänglichkeit: BSB 2 A.lat.a. 320, daraus 35 Doppelseiten mit allen Bildern digitalisiert; DVD 2. Vgl. auch die Digitalisate aus BSB 2 A.lat.a. 316 = ▶VP 1558A.

VP 1572C   □ **ital. Übers. oder Bearbeitung der Ilias Homers und der**
          Aeneis Vergils, Venedig 1572
(DOLCE, Lodovico:) L'Achille et l'Enea di messer Lodovico DOLCE, dove egli tessendo l'historia della Iliade d'Homero à quella dell'Eneide di Virgilio, ambedue l'ha divinamente ridotte in ottava rima. Con argomenti et allegorie per ogni canto, e due tavole, l'una delle sentenze, l'altra dei nomi e delle cose piu notabili ... Aggiuntavi nel fine una oratione del Signor. Andrea MENICHINI ... Vinegia, Gabriel Giolito De Ferrari, 1572 [4°].
Bibl.: MAMBELLI Nr. 794 ("con molte incisioni su legno, ritratto a piena pagina del Dolce, testate, iniziali, finali ornati"); vgl. die Ausgabe Vinegia 1571-1572 [= ▶VP 1571 = MAMBELLI Nr. 793, dort 1570 datiert und eingeordnet]; nicht in CBItalV ; erwähnt bei BORSETTO, 1989, 201 als Ndr. von ▶VP 1571; KALLENDORF, 1994, Nr. 70 („woodcut initials, borders, arabesques, scenes 56)"; nur in einer röm. Bibliothek vorhanden). - Vgl. die Vorgänger-Ausgabe 1571-1572 bzw. 1570 = MAMBELLI Nr. 793 ▶VP 1571. In Deutschland ist laut KVK ▶VP 1571 gar nicht, ▶VP 1572C nur einmal (vielleicht und dann auch nur zur Benützung im Lesesaal) vorhanden: in der Staatsbibliothek zu Berlin. In Italien weist der KVK je eine Ausgabe von 1568, 1570, 1571 und 1572 nach.

VP 1573A ◻ + **Opera, Zürich 1573**

Opera. D. Philippi MELANCHTONIS et aliorum doctissimorum virorum scholiis, annotationibus et novis argumentis illustrata ... Adiectis etiam figuris egregie depictis, una in Bucolica, singulis vero in singulos Georgicorum et Aeneidos libros denuoque ... omnia restituta ... Tiguri, Christophorus Froschouerus, 1573.

Bibl.: Fehlt bei MAMBELLI; angeführt nur VD 16, Nr. V 1376 (H.).

Illustrierung/Beschreibung/Abhängigkeiten: Wiederholung der 18 Holzschnitte (1 ecl., 4 georg, 12 Aen., 1 Aen. XIII) des „Züricher Argumentum-Typus" in der Erstausgabe Zürich ▶VP 1561B (Zyklus Nr. 16), s. dort die Beschreibung mit Hinweis auf weitere Wiederholungen; Format immer 10,1 x 7,3.

Zugänglichkeit: ‾BSB Res/A.lat.a. 2614 1‾, daraus digitalisiert 19 Doppelseiten mit allen Bildern; ‾DVD 2‾. - UB München 8 A.lat. 1513.

VP 1573B ◻ **ital. Übers. der Opera, Venedig: Farri 1573**

L'opere di Virgilio, cioè la Buccolica, Georgica e Eneida, nuovamente da diversi eccellentissimi auttori tradotte in versi sciolti. Vinegia, Domenico Farri, 1573 [8°].

Bibl.: MAMBELLI Nr. 796 (Ø), doch vgl. MAMBELLI Nr. 790 ("con 25 silografie a mezza pagina") zu Vinegia ▶VP 1568A: "quarta ristampa della edizione del ▶VP 1559B [= MAMBELLI Nr. 772], ripubblicata nel ▶VP 1562B [= MAMBELLI Nr. 777], e nel ▶VP 1567C [= MAMBELLI Nr. 787]"; CBItalV Nr. 1930; FAGIOLO, Rom 1981, Nr. 56 (1568); Wolfenbüttel 1982, D 200; erwähnt bei PASQUIER, 1992, Nr. 31; KALLENDORF, 1994, Nr. 71 ("woodcut initials, scenes for Buc. 9, Georg. 4, Aen. 12").

Lit.: Wolfenbüttel 1982, D 200: "mit 25 Holzschnitten ... Holzschnittinitialen. Die 25 etwa halbseitigen Holzschnitte bieten nur 9 verschiedene Darstellungen (3 Schnitte viermal, je ein Schnitt fünf-, drei- bzw. zweimal abgedruckt)." - Dieser nur in Venezianischen Ausgaben, zuerst von Farri in ▶VP 1559B (dort weitere Belege) gebotene Zyklus Nr. 14 von 25 Abb. ist in München nicht zugänglich (doch vgl. zu ▶VP 1567C).

VP 1573C + **Opera, Venedig: Hippogryphius 1573**

Opera, additamenta, Maronis vita, argumenta, scholia in margine adscripta ... Venetiis, apud Hippogryphium (im Kolophon: apud Altobellum Salicatium) 1573.

Bibl.: Fehlt bei MAMBELLI und in den anderen Bibliographien; aufgeführt nur bei KALLENDORF, 1991, Nr. 101 (Exemplar aus Assisi; „woodcut scenes for Donatus' Vita 1, Buc. 1, Georg. 1, Aen. 1").

VP 1574   ◻ **Opera, Venedig: Bonelli 1574(-1575)**
Universum poema cum absoluta Servii ... et Badii Ascensii interpretatione ...
quibus acesserunt ... elegantissimae praeterea librorum omnium figurae ...
Venetiis, apud haeredes Ioannis Mariae Bonelli, 1574 (so im Titel, im Kolophon
1575 datiert) [2°].
> *Bibl.*: MAMBELLI Nr. 240 ("ha le medesime incisioni su legno dell'ed. del
> ►VP 1572B [= MAMBELLI Nr. 237]"); Perugia 1980, Nr. 53; CBItalV Nr. 89
> (Ø); Mantua 1981, Nr. 6; KALLENDORF, 1991, Nr. 103 („woodcut scenes for
> Donatus' Vita 1, Buc. 11, Georg. 5, Aen. 13, Minora 6").
> *Lit.*: Mantua 1981, Nr. 6: "Frontespizio con marca fastosa, recante un ca-
> valiere che cavalca un leone. [Nach ICCU Nr. 034720 handelt es sich um Mi-
> nerva; es ist die Druckermarke des J. M. Bonelli, s. noch ►VP 1558A und
> ►VP 1566B.] Ai tre lati il motto: VIRTUTI OMNIA PARENT. Alla base, in centro,
> in una specie di pendente, le quattro lettere: Z M B V, probabili iniziali dell'-
> anonimo incisore. Al principio di ogni libro, il testo è preceduto da una xilogra-
> fia e capolettera ornato. Inoltre, all'inizio di ognuna delle tre opere, Bucoliche,
> Georgiche ed Eneide, è posta una xilografia raffigurante il Poeta mentre sta
> scrivendo, seduto su sedia curule, e, sullo sfondo, la biblioteca personale. Dietro
> di lui sta accovacciato un cagnolino. Le incisioni sone le stesse dell'edizione del
> ►VP 1572B." Nach dieser Beschreibung handelt es sich um den Zyklus Nr. 13,
> der erstmals in ►VP 1558A (s. dort die Beschreibung), dann ►VP 1562A,
> ►VP 1566B, ►VP 1572B (alle ebenfalls bei Bonelli in Venedig erschienen)
> belegt ist, vgl. auch noch Venedig (Dusinellus) ►VP 1580C und ►VP 1586B.

|VP 1574| *Abb.*: Mantua 1981, Nr. 6 mit Frontispiz und der Anfangsseite der
Georgica, die zwei kleine Holzschnitte aufweist, darunter die eines lorbeerbe-
kränzten schreibenden Dichters (oder Gelehrten) in einer Bibliothek (wie z.B. in
►VP 1566B).

VP 1575   **+ Opera, Basel 1575**
Opera, quae quidem extant, omnia, cum veris in Bucolica, Georgica et Aeneida commentariis
Tib. Donati et Servii Honorati summa cura ac fide a Georgio FABRICIO Chemnicense emen-
datis ... Basileae, ex officina Henricpetrina, 1575 [2°].
> *Bibl.*: Fehlt bei MAMBELLI; angeführt CBItalV Nr. 90 (Ø); VD 16, Nr. V, Nr. 1377
> (H.). - Vgl. auch die Erstausgabe ►VP 1561A und ►VP 1586A (mit 8 digitalisierten Dop-
> pelseiten), jeweils Basel.
> *Illustrierung*: Nur figurative Holzschnitt-Initialen (davon eine T-Initiale mit einem
> sterbenden Krieger immerhin 3,6 x 3,5), keine eigentliche Illustration; nur Spalte 2149 (zu
> georg. I 281) eine Textillustration (Berge).
> *Zugänglichkeit*: |BSB 2 A.lat.a. 321|, daraus 60 Doppelseiten mit Initialen digitalisiert;
> |DVD 2|. - Ferner: UB München 2 A.lat. 505.

VP 1576A   **Opera, Venedig 1576**
Bucolica Georgica Aeneis ... doctiss(imorum) virorum notationibus illustra opera et industria
Io. A. MEYEN Bergizomii Belgae. Venetiis, apud Aldum, 1576.
> *Bibl.*: MAMBELLI Nr. 244 (ohne direkten Hinweis auf Illustr; vgl. jedoch seine Bemer-
> kung: „Esistono parecchi esemplari con le date 1580 [= MAMBELLI Nr. 250 Ø = ►VP 1580B]

e 1587 [= MAMBELLI Nr. 264 Ø]; si tratta di questa stessa ed. del 1576 che fu poco diffusa e alla quale fu sostituito altro frontespizio"); Perugia 1980, Nr. 55; CBItalV Nr. 92 (Ø); Mantua 1981, Nr. 8 (mit Abb. des Frontispizes); FAGIOLO, Rom 1981, Nr. 59; Napoli 1981, Nr. 98 (□); Wolfenbüttel 1982, D 20 (vgl. auch Wolfenbüttel 1982, D 34 zu einem Ndr. Frankfurt 1629); KALLENDORF, 1991, Nr. 106 (□, Abb. Plate 7); Princeton Item 107 (□). Wie die Abb. zu Mantua 1981, Nr. 8 und bei KALLENDORF, 1991, Plate 7 zeigen, bietet das Frontispiz mit ornamental-architektonischer Rahmung aber nur ein Medaillon mit dem Porträt des ALDUS PIUS MANUTIUS. – $\boxed{\text{VP 1576A}}$ Hinweise auf zahlreiche Ndr. bei MAMBELLI zu Nr. 244; sie werden aber in diesem Handbuch nicht berücksichtigt (und damit auch nicht die Ausgabe Venedig 1580 = Princeton Item 110).

VP 1576B   □ J. LUCIENBERG: **Aeneis-Dramatisierung,**
                    Frankfurt a. M. 1576

LUCIENBERG [= LÜTZELBERGER], JOHANNES: Inclyta Aeneis. P. Virgilii Maronis poetarum optimi in regiam tragicocomoediam, servatis ubique heroicis versibus non minori industria, quam labore concinne redacat. Qua varii Aeneae … labores, navigationes, errores atque horrida bella … vivis gestibus in proscenium deducuntur, et quasi ob oculos ponuntur … iamque primum in lucem edita a Ioanne LUCIENBERGIO, Francofordiae Moeni, apud Paulum Reffelerum, 1576.

Bibl.: MAMBELLI Nr. 1612 („con inc. su legno"); Bamberg 1982, Nr. 68 („eine geraffte, hexametrisch dialogisierte Fassung der gesamten Aeneis in zehn Akten, die weitgehend auf den Wortlaut des Epos zurückgreift); Trier 1982, Nr. I 20 ("Nachdichtung der Aeneis durch einen Kandidaten der Jurisprudenz mit Widmung an die drei Kaisersöhne und verschiedene deutsche Fürsten"); KAILUWEIT, 2005, Nr. 0414 mit Lit.

Lit.: Bamberg 1982, Nr. 68: "Die Seiten dieses Werks sind durchgängig mit ornamentalen Randleisten eingefasst. Die in den Text eingestreuten Holzschnitt-Illustrationen fanden auch als Titelbilder zu den Aeneisbüchern einer von Christian Egenolph bearbeiteten Frankfurter Vergilausgabe [= ▶VP 1585A] Verwendung (Kat. Nr. 13) … Die Bilder begegnen mit geringfügigen Abweichungen als Nachstiche in: Opera P. Vergilii Maronis … quae exstant omnia, Köln: P. Horst ▶VP 1582A." S. auch unten zu der Ausgabe der Opera Frankfurt a. M. ▶VP 1585A (mit Bamberg 1982, Nr. 13). – Nicht zu den Illustrationen, sondern zur Dramaturgie, bes. zum Verschwinden des epischen Erzählers in der *Inclyta Aeneis*, s. Hélème CAZES, Mises en pièces. Recueils de lieux communs et adaption dramatique d'un auteur classique à la fin du XVIe siècle, in: G. FORESTIER / J.-P. NERAUDAU (Hrsg.), Un classicisme ou des classicismes?, Actes … Reims 1991, Pau 1995, 199-215, hier 209-214 (zu Akt V 2).

$\boxed{\text{VP 1576B}}$ *Beschreibung*: 13 Holzschnitte (einer davon zu Aen. XIII), 11,2 x 7,0, jeweils eine ganze Seite vor einer (nicht jeder) Szene der 10 Akte einnehmend. - Es handelt sich, was bisher offenbar nicht erkannt worden ist, um eine bis auf eine Ausnahme (zu „Aen. IX") unveränderte Übernahme der Holzschnitte des „Frankfurter Argumentum-Typus" (Zyklus Nr. 15), die zuerst in der deutschen Aeneis-Übers. Frankfurt ▶VP 1559C erschienen ist, jetzt (1576) in der Abfolge (die den temporalen ‚ordo naturalis' durch Vorziehen des Inhalts der bisherigen Binnenerzählung des Aeneas in Aen. II/III herstellt) Aen. II, III, I, IV, V, VI, VII. - Ab Aen VIII ist die Anordnung in ▶VP 1576B gegenüber ▶VP 1559C verändert. Von den beiden identischen Holzschnitten in ▶VP 1559C zu Aen. VIII = Aen. IX (Kanonen auf eine Burg gerichtet, die fälschlich LAURENU = Laurentum benannt ist; richtig wäre ‚Troja' = das befestigte Lager der am Tiber gelandeten Trojaner) wird in ▶VP 1576B nur einer, und zwar an der späteren Stelle (zwischen denen zu Aen. XI und Aen. XII), geboten. Beim erstenmal, sozusagen *suo loco* zu Aen. VIII, wird in ▶VP 1576B der bisher fehlende eigene Argumentum-Holzschnitt zu Aen. IX (der ursprünglich in ▶VP 1559C durch eine Dublette zu Aen. VIII oder aber später - so in ▶VP 1572A, vielleicht auch schon in ▶VP 1567A - durch eine Wiederholung von Aen. XI ersetzt worden war) durch eine Neuerfindung geschaffen, die von Reminiszenzen an die schon zu Aen. VIII und XI vorhandenen Bilder geprägt ist: im Vordergrund ein aufmarschierendes Heer zu Fuß (li.) und zu Ross (r.), darüber kämpfen EURIALUS und NISUS gegen Berittene; im Mittelgrund sind Kanonen auf eine große runde Umwallung gerichtet, innerhalb dieses trojanischen Lagers sind außer Zelten und Kriegerscharen eine weitere viereckige Befestigung mit Kanonen und eine zusätzliche runde Festung zu sehen; oberhalb/außerhalb davon sprengen Reiter einher; ganz oben offenbar (schwer erkennbar) das Meer mit der Schiffsmetamorphose. Insgesamt handelt es sich, nicht nur wegen der charakteristischen Nennung von Nisus und Euryalus, um eine passende Illustration für Aen. IX. Sie ist denn auch in der Tat in dieser Form in die späteren lat. Frankfurter Ausgaben ▶VP 1579A und ▶VP 1590 als Illustration zu Aen. IX übernommen worden. - Es folgen in ▶VP 1576B dann wieder direkte Übernahmen aus ▶VP 1559C: Aen. X, XI, VIII = IX, XII, XIII. Innerhalb der Dramatisierung von ▶VP 1576B sind den einzelnen Szenen des Textes die Argumentum-Bilder der Aeneis-Ausgabe ▶VP 1559C in folgender Abfolge zugeordnet: *Actus I Scena I* - Aen. II; *Actus I Scena VII* - Aen. III; *Actus II Scena I* - Aen. I; *Actus III Scena I* - Aen. IV; *Actus IV Scena I* - Aen. V; *Actus V Scena* I - Aen. VI, *Actus VI Scena I* - Aen. VII; *Actus VII Scena I* - Aen. IX (neu gegenüber ▶VP 1559C); *Actus VIII Scena I* - Aen. X; *Actus IX Scena I* - Aen. XI; *Actus X Scena I* - Aen. VIII; *Actus X Scena VI* - Aen. XII; *Actus X Scena IX et ultima* - Aen. XIII (auch ‚Aen. XIII' ist in die Dramatisierung mit einbezogen). Es ist also (abgesehen von Aen. VIII) der sog. *ordo naturalis* hergestellt, indem der Inhalt der Erzählung des Aeneas in Aen. II/III im Drama vorgezogen wurde.

VP 1576B Überblick über die Sujets der viel-figurigen und poly-szenischen Bilder in Kurzform (nähere Beschreibung s. ▶VP 1559C), diesmal in der Abfolge der Aen.-Bücher, nicht des Dramas:

Aen. I: Empfang bei Dido; Seesturm.
Aen. II: Vor und während der Eroberung Trojas.
Aen. III: Irrfahrtenstationen mit Polyphem.
Aen. IV: Jagd mit Ascanius; hinten r. die Höhle mit Dido und Aeneas.
Aen. V: Reitender Aeneas li. vor Dido im Kahn r.

Aen. VI: Unterwelts-Szenen.
Aen. VII: Ilioneus r. vor König Latinus li.
Aen. VIII: Belagerung der Burg Laurentum mit Kanonen.
Aen. IX (neu): Zwei Heere vor dem großen runden Lager der Trojaner.
Aen. X: Kampfszenen mit r. Lausus, Turnus, Pallas.
Aen. XI: Kampfszenen vor kleinem rundem Lager der Trojaner, li. Camilla.
Aen. XII: Aufmarschierende Heeresgruppen, vorn li. Aeneas zu Ross.
   Abb.: Trier 1982, Abb. 8 S. 23 zu Actus primi scena VII (= Aen. III).

VP 1576B *Zugänglichkeit*: BSB ESlg/4 A.lat.a. 706 ist vollständig digitalisiert, DVD 2, darauf noch einmal nur die 13 Holzschnitte. Ferner: BSB Hbh/-MF 16844 (Film, vollständig, 151 Fotos). - UB München 4 P.lat.rec. 327.

VP 1577A ◻ **+ Opera, Zürich 1577**
Opera. D. Philippi MELANCHTONIS [*sic*] et aliorum doctissimorum virorum scholiis, annotationibus et novis argumentis illustrata ... Adiectis etiam figuris egregie depictis, una in Bucolica, singulis vero in singulos Georgicorum et Aeneidos libros, denuoque ... quam diligentissime omnia restituta. Quibus versuum proverbialium ex ERASMI Chiliadibus explicationem inseruimus. Tiguri, Christ(opherus) Frosch(ouerus), 1577.
   Bibl.: Fehlt bei MAMBELLI; nur angeführt VD 16, Nr. V 1379 (H.).
   Abhängigkeiten/Beschreibung: Diese Ausgabe enthält die 18 Argumentum-Holzschnitte (1 ecl., 4 georg, 12 Aen., 1 ‚Aen. XIII') des ‚Züricher Typus' (Zyklus Nr. 16). Vgl. die Erstausgabe ▶VP 1561B (dort Beschreibung und Hinweis auf spätere Wiederholungen). - Hier nur ein Überblick über die Vordergrund-Sujets der viel-figurigen und poly-szenischen Bilder zur Aen. in Kurzform (nähere Beschreibung s. ▶VP 1561B):
Aen. I: AENEAS vor DIDO (r.).
Aen. II: SINON wird vor PRIAMUS (li.) geführt.
Aen. III: Zweimal Polyphem (POLI): in seiner Höhle und (r.) im Meer.
Aen. IV: Zweimal AENEAS und DIDO: auf der Jagd (li.) und in der Höhle (r.).
Aen. V: Troja-Reiterspiel (li.); PALINURUS stürzt vom Schiff (r.).
Aen. VI: Die Büßer TITION (li.) und TANTALUS (r.) in der Unterwelt.
Aen. VII: ILIONEUS vor dem (li.) thronenden König LATINUS.
Aen. VIII: Venulus (FENUL) wird nach li. aus der Burg LAURENTUM entsandt.
Aen. IX: NISUS (li.) und EURIALUS vor dem Tor des trojanischen Lagers.
Aen. X: TURNUS (li.), LAUSUS, PALAS, ANTORES, AENEAS (r.) im Kampf. - Dieser Holzschnitt ist, wie in ▶VP 1561B, unten r. mit einer Ligatur von X M signiert.
Aen. XI: CAMILLA zu Ross (li.); AENEAS errichtet ein Siegesmal (r.).
Aen. XII: LATINUS (li.) beklagt AMATA, die sich erhängt hat; TURNUS und AENEAS (r.) vor dem Zelt des LATINUS.
   Zugänglichkeit: BSB A.lat.a. 2158 , daraus 19 Doppelseiten mit allen Bildern digitalisiert; DVD 2.

VP 1577B   **+ L. HORTENSIUS, Kommentar zur Aeneis, Basel 1577**
Lamberti HORTENSII Montfortii enarrationes ... in XII libros P. Virgilii Maronis Aeneidos.
His accessit Nascimbaeni NASCIMBAENII in priorem P. Virgilii Maronis epopoeiae partem, id
est, in sex primos Aeneidos libros ... explanatio. Basiliae, ex officina Henricpetrina, 1577
[2°].
Bibl.: Fehlt bei MAMBELLI; doch vgl. dort Nr. 220 zu Basileae ▶VP 1559F (Erstausgabe der Aeneis-Ausgabe mit den Erläuterungen des Lambertus HORTENSIUS aus Montfoort,
1500/01-1574) und besonders Nr. 234 zu Basiliae (mit der Explanatio des NASCIMBENE) sine
anno, 1570 entsprechend der Datierung von NASCIMBENES Praefatio eingeordnet (beidemal
ohne Erwähnung von Illustr.). Eine ebenfalls bei MAMBELLI fehlende Wiederholung von
▶VP 1559F bzw. ▶VP 1577B stellt die Ausgabe ▶VP 1596C dar, die in VD 16, Nr. V 1425
(H.) aufgeführt ist. Vgl. außerdem FAGIOLO, Rom 1981, Nr. 60 (1577); CBItalV Nr. 713
(1596; Ø); Wolfenbüttel 1982, D 122 (1559; nur „Holzschnittinitialen") und D 123 (1577, nur
„Holzschnittinitialen"; „die Ausgabe wurde in Basel ▶VP 1596C wiederholt"). - Vgl.
generell zu ▶VP 1559F (Erstausgabe) und ▶VP 1596C.
Illustrierung: Enthält nur Holzschnittinitialen, keine Illustrationen.
Zugänglichkeit: BSB 2 A.lat.a. 377 (1577), daraus keine Digitalisierungen. Vgl. aber
▶VP 1559F mit 3 digitalisierten Doppelseiten aus BSB Res/2 A.lat.a 334 und besonders
▶VP 1596C mit insgesamt 21 digitalisierten Doppelseiten aus BSB 2 A.lat.a. 338 .

VP 1578   ◻ **Opera, Venedig 1578**
Universum poema cum absoluta Servii ... et Badij ASCENSII interpretatione,
Probi et Ioannis VIVIS in Eklogas allegoriis. Venetiis, apud Hippogryphum (im
Kolophon: Petrus Dusinellus excudebat), 1578 [2°].
Bibl.: MAMBELLI Nr. 248 (Ø), vielleicht identisch mit Nr. 247 („Businel-
li"); CBItalV Nr. 95 („Hippogryphius", 4°; Ø), vgl. Nr. 94 („P. Dusinellus", 4°;
Ø); Princeton Item 109 („„illustrations"; präzisiert von KALLENDORF, brieflich
nach Autopsie); KALLENDORF, 1991, Nr. 107 („woodcut scenes for Donatus'
Vita 1, Buc. 11, Georg. 5, Aen. 13, Minora 5"), er vermerkt S. 178 unter den
„Doubtful and spurious editions" zu „1578 apud Hipogryphum": „This is not the
name of a printer, by the identifying sign on the title page of Petrus Dusinellus".
Damit scheint jeweils eine der bei MAMBELLI Nr. 247/248 und CBItalV Nr.
94/95 verzeichneten Ausgaben zu streichen zu sein.

VP 1579A   ◻ + **Opera, Frankfurt a. M. 1579**
Poemata quae extant omnia. Adiectis figuris egregie depictis, et doctissimorum
virorum scholijs ac annotationibus ... Francofurti ad Moenum, (Andreas We-
chel), 1579.
Bibl.: Fehlt bei MAMBELLI; angeführt CBItalV Nr. 97 (nach verstümmel-
tem Exemplar; ill.); VD 16, Nr. V 1380 (H.); Princeton Item 109a (Ø). –
Im Internet wurde im August 2005 unter www.meyerbuch.de ein Exemplar (in dem einer der
18 ganzseitigen Holzschnitte fehlte) für 1.000 Euro angeboten; als Verleger war „Georg
Corvin für Johann Feyrabend" angegeben. Dieselben Verleger (Georg Rabe und Johann
Feyerabend) nennt ICCU Nr. 009669.
Beschreibung/Abhängigkeiten: Enthalten sind 18 Holzschnitte (11,2 x 7,0)
als Textillustrationen. Neben einer großen Druckermarke auf dem Frontispiz

und je 1 Holzschnitt für die gesamten ecl. und die 4 Bücher der georg. sowie für Aen. XIII finden sich als Grundstock für die Aen. die 11 verschiedenen Buch-Titelbilder des seit ▶VP 1559C belegten ‚Frankfurter Argumentum-Typs' (allerdings fehlen im BSB-Exemplar durch Blattverlust die zu Aen. II und Aen. V), des Zyklus Nr. 16. Erstmals in dieser Serie - doch nach dem Vorgang von ▶VP 1576B - ist aber das fehlende Titelbild zu Aen. IX, das bisher in der älteren ‚deutschen Variante' ▶VP 1559C und ▶VP 1562C durch die Dublette IX = VIII, in der wohl schon ▶VP 1567A, sicher ▶VP 1572A belegten ‚lateinischen Variante' aber durch die Dublette Aen. IX = XI substituiert wurde, neu geschaffen worden. Der Zyklus in der vorliegenden Fassung von ▶VP 1579A ist eine Serie, in der erstmals innerhalb dieses ‚Frankfurter Argumentum-Typs' (Zyklus Nr. 16) alle Bilder an passender Stelle stehen. In dieser durch ein eigenes Bild zu Aen. IX vervollständigten Form ist der Frankfurter Zyklus wahrscheinlich in ▶VP 1585A, sicher in ▶VP 1590 übernommen.
Die Argumentum-Bilder enthalten u.a. folgende Sujets (nur Hinweise, um Identifizierung zu ermöglichen, vgl. etwas ausführlicher ▶VP 1559C).

Aen. I: DIDO li. empfängt AENEAS und ACHATES.
Aen. II: (fehlt im BSB-Exemplar) (Eroberung Trojas).
Aen. III: Irrfahrten des Aeneas, mit Polyphem (POLIP) r. im Meer.
Aen. IV: Jagd, mit ASCANIUS vorn nach li. reitend.
Aen. V: (fehlt im BSB-Exemplar): (li. vorn Aeneas reitend vor Dido r. im Nachen).
Aen. VI: Büßer der Unterwelt, darunter TANTALUS li. und TITION.
Aen. VII: Ilioneus (ILIONIS) von r. vor dem li. thronenden LATINUS.
Aen. VIII: Kanonen beschießen von r. LAURENTUM
Aen. IX   (fälschlich in der Überschrift als *Libri XI Aeneidos figura* statt *libri IX* bezeichnet; neu innerhalb dieses Zyklus, doch vgl. schon ▶VP 1576B): vorn zwei gegnerische Heere beim Aufmarsch; im Mittelgrund werden NISUS und EURIALUS von Reitern gestellt; darüber das trojanische Lager, das einen großen Kreis bildet und li. und r. von Kanonen beschossen wird; oben offenbar Metamorphose der Schiffe.
Aen. X: Mezentius besteigt li. sein Pferd, LAUSUS, TURNUS und r. PALLAS kämpfen im Vordergrund.
Aen. XI: Reiterschlacht vor dem trojanischen Lager, das einen kleinen Kreis bildet; vorn li. CAMILLA.
Aen. XII: Vorn li. AENEAS zu Ross vor dem Tor von Laurentum.

VP 1579A   *Zugänglichkeit:* BSB A.lat.a. 2158 m (unvollständig; es fehlen die Blätter 72 und 113 mit - wie aus den Vorgänger-Ausgaben zu erschließen ist - den Titelbildern für Aen. II und für Aen. V), daraus sind 17 Doppelseiten (mit allen restlichen Bildern) digitalisiert; **DVD 2**.

VP 1579B ▯ ? + Opera, Turin 1579

Opera. Pauli Manutii annotationes brevissimae in margine adscriptae Homeri loca magis insignia, quae Virgilius imitatus est. Augustae Taurinorum, sumptibus J. B. Ratteri, 1579.

Bibl.: Fehlt bei Mambelli (ähnlicher Titel aber etwa Nr. 236: Lugduni 1572) und auch bei Pasquier, 1992; angeführt nur CBItalV Nr. 96 (ill.).

VP 1580A ▯ ? Opera, Paris: de Marnef 1580

Opera cum figuris in gratiam studiosae iuventutis nunc primum editis. Parisiis, J. de Marnef, 1580.

Bibl.: Mambelli Nr. 249 ("con numerose silografie nel testo"); Pasquier, 1992, Nr. 15 (eine Vignette zu Beginn jedes Buches, ohne nähere Präzisierung). Unklar, ob die *figurae* identisch mit ▶ VP 1609A.

VP 1580B Opera, Venedig. Aldus (minor) 1580

Buc(olica) Geor(gica) Aeneis doctiss. virorum notationibus illustrata, opera et industria Io. A. Meyen Bergizomii Belgae. Ven(etiis), apud Aldum, 1580.

Bibl.: Mambelli Nr. 1580 (Ø); CatBiblItalVerg. Nr. 98 (Ø); Fagiolo, Rom 1981, Nr. 62; Kallendorf, 1991, Nr. 108 (▯).

Beschreibung: Enthält keine Illustrationen, nur Initialen. Titeleinfassung; unter dem Text der Titelei ein Medaillon mit Büste eines nach r. gewendeten Mannes mit Barett und der Umschrift Aldus pius Manutius.

Zugänglichkeit: BSB Eslg/A.lat.a. 2160 , daraus digitalisiert die Titelseite und die Anfangsseite der Widmung an Vincentius Gonzaga, Sohn des Herzogs Guilelmus von Mantua (mit einem Uhu in einer Q-Initiale); DVD 2 . - Es gibt von dieser Ausgabe auch eine Mikrofiche-Ausgabe München, Saur, 1994, Bibliotheca Palatina, Mikrofiche-Nr. H2606-H2610, vorhanden z. B. in der UB Dresden.

VP 1580C ▯ Opera, Venedig: Dusinellus 1580

Universum poema cum absoluta Servii ... et Badii Ascensii interpretatione ... quibus acesserunt ... elegantissimae praeterea librorum omnium figurae ... Venetiis, apud Petrum Dusinellum , 1580 [2°].

Bibl.: Mambelli Nr. 251 („Businelli", 4°; Ø); CBItalV Nr. 100 (Ø); Kallendorf, 1991, Nr. 109 („woodcut scenes for Donatus' Vita 1, Buc. 11, Georg. 5, Aen. 13, Minora 5"). - Vgl. ▶ VP 1578 und ▶ VP 1586B.

VP 1580D ▯ ? + Opera, Paris: Roger 1580

Opera novis et argumentis et scholiis illustrata ... cum figuris. Parisiis, C. Roger, 1580.

Bibl.: Die Angaben beruhen allein auf dem COPAC (BL), nach dem auch die Opuscula, Aen. XIII und die Vita Vergilii des Aelius Donatus enthalten seien (Ø, trotz des Titels). Unklar, ob identisch mit ▶ VP 1580A.

VP 1581A   ◻ **Opera, Leipzig 1581**

Opera Bucolicon Georgicon Aeneis argumentis et scholiis virorum doctissimorum illustrata cum indicatione diversae scripturae … edita studio et opera Gre-
gor(ii) BERSMANI, Lipsiae, Ioannes Steinmann, 1581 [8°].

Bibl.: MAMBELLI Nr. 254 (Ø; fälschlich als [2°] bezeichnet), dort wird auf
Nachdrucke dieser ‚Bersmanniana' Lipsiae ▶VP 1588A (= Wolfenbüttel 1982,
D 25), 1596 (offenbar nicht identisch mit ▶VP 1596B), 1616 und Goslar ▶VP
1623A (= Wolfenbüttel 1982, D 32) hingewiesen. Hinzu kommt noch die 6.
Auflage ▶VP 1624B, die im Titel Leipzig 1624, im Kolophon Goslar 1623
datiert ist. ▶VP 1581A ist angeführt auch VD 16, Nr. V 1381 (H.).

Lit.: Wolfenbüttel 1982, D 25 (zur Wiederholung Lipsiae ▶VP 1588A):
"mit 17 Holzschnitten … Zu Beginn eines jeden Buches der Georgica und der
Aeneis sowie des Aeneissupplementes jeweils ein Holzschnitt (motivisch von
den Grüningerschen Vergilillustrationen beeinflusst, größtenteils mit dem
Monogramm MB signiert, jedoch S. 356 zu Aen. 8 CM). Holzschnittinitialen." -
Vgl. auch zu Wittenbergae 1598 (D 27) = ▶VP 1598 und zu Goslariae 1623 (D
32) = ▶VP 1623A.

Beschreibung: Vom üblichen 18 Bilder-Zyklus (1 ecl., 4 georg., 12 Aen.,
1 Aen. XIII) solcher Holzschnitt-Zyklen des Argumentum-Typus fehlt hier der
eine Holzschnitt zu den ecl. Alle Argumentum-Holzschnitte in ▶VP 1581A
sind freie, oft seitenverkehrte (sv.) Nachahmungen (keine genauen Wiederholungen) des „Züricher Typs". Die zur Aen. wirken bewegter und etwas malerischer als z. B. die der Originalfassung ▶VP 1561B oder die der Version in
▶VP 1577A. Der Künstler hat eine Vorliebe für Reiterfiguren. Die Bilder zu
Aen. I-VII und Aen. IX/X weisen das Monogramm MB auf, allein das Bild zu
Aen. VIII das Monogramm CM; bei Aen. XI/XII fehlt ein Monogramm (teils
abweichende Monogramme in ▶VP 1624B, wo diese Holzschnitte wiederholt
sind, s. dort). - Nach dem Titelbild beginn nicht sofort der Text des jeweiligen
Aen.-Buches, sondern es folgt ein längeres lat. Prosa-Argumentum. - Wie immer
bei den viel-figurigen und poly-szenischen Holzschnitten des Argumentum-
Typs ist nur eine Kurzbeschreibung der Aen.-Bilder in ▶VP 1581A möglich
und sinnvoll; dabei werden die Abweichungen von der Erstausgabe des „Züricher Typs" ▶VP 1561B hervorgehoben:

VP 1581A Aen. I: DIDO mit Gefolge li. vor den Stufen des Rundtempels,
in dem AENEAS r. sie begrüßt und Achates noch die Wandbilder anschaut;
im Hintergrund Seesturm - sv. Variation zu ▶VP 1561B. Monogramm
MB.

Aen. II: PRIAMUS und SINON vor, das Hölzerne Pferd einmal vor und einmal
in Troja - sv. Variation zu ▶VP 1561B. Monogramm MB.

Aen. III: Irrfahrten des Aeneas, im Vordergrund zweimal POLYPHEMUS: in
der Höhle und im Meer watend - leichte Variation zu ▶VP 1561B.
Monogramm MB.

Aen. IV: BILD 17. Im Vordergrund erlegt ASCANIUS (von r. anreitend) einen
Hirsch (stark vergrößert gegenüber ▶VP 1561B, BILD 16); die Höhle mit
DIDO und Aeneas ist (stark verkleinert gegenüber ▶VP 1561B) an den
mittleren r. Rand gerückt - starke Variation zu ▶VP 1561B. Monogramm
MB.

Aen. V: Verschiedene Szenen der Spiele, mit AENEAS r. vorn zu Ross -
leichte Variation zu ▶VP 1561B. Monogramm MB.

Aen. VI: Szenen mit den Büßern in der Unterwelt, vorn r. TITIOS mit dem
Geier - sv. leichte Variation zu ▶VP 1561B. Monogramm MB.

Aen. VII: Im Vordergrund ILION(EUS) vor König LATINUS (sv. vergrößert
gegenüber ▶VP 1561B), im Hintergrund (in leichter Variation zu ▶VP
1561B) u.a. TIBER, ASCANIUS und der Hirsch. Monogramm MB.

Aen. VIII: Im Vordergrund (Neuerfindung gegenüber ▶VP 1561B) nähern
sich Venulus (VEEN) und MESSAPUS zu Ross einem Tor; im Hintergrund
(in leichter Variation zu ▶VP 1561B) u.a. TIBERIS, der AENEAS erscheint.
Monogramm CM.

Aen. IX: Im Vordergrund r. (Neuerfindung gegenüber ▶VP 1561B) erscheint IRIS dem TURNUS (eine Vergrößerung der Analogie TIBERIS/-
AENEAS in Aen. VIII); im Hintergrund (in starker Variation zu ▶VP
1561B) u.a. NISUS und EURI(ALUS) zu Ross; Schiffsbrand (oben statt
unten r.). Monogramm MB.

Aen. X: Im Vordergrund (Neuerfindung, mindestens Vergrößerung gegen-
über ▶VP 1561B) li. ersticht TURNUS zu Ross den PALAS; im
Hintergrund (in leichter Variation zu ▶VP 1561B) Kampfszenen und
Landung der Flotte des Aeneas. Monogramm MB.

Aen. XI: Im Vordergrund li. errichtet AENEAS ein Siegesmal; CAMILLA ist in
das Getümmel der Reiterschlacht Mitte li. abgedrängt - sv. leichte Variation zu ▶VP 1561B. Ohne Monogramm.

Aen. XII: Im Vordergrund TURNUS (Mitte) vor LATINUS li. und LATINUS r.
zur erhängten AMATA aufschauend; im Mittelgrund Duell AENEAS li.
gegen TURNUS r. - sv. leichte Variation zu ▶VP 1561B. Ohne Monogramm.

VP 1581A   *Abhängigkeiten*: Vgl. die Erstausgabe mit den Argumentum-
Holzschnitten des „Züricher Typs" ▶VP 1561B (Zyklus Nr. 16), ferner die
Neudrucke ▶VP 1564, ▶VP 1567B, ▶VP 1570, ▶VP 1573A, ▶VP 1577A,
▶VP 1581B und ▶VP 1587A, immer Tiguri/Zürich. - Die Bilder der vorliegen-
den „Leipziger Variante" des Züricher Typs in ▶VP 1581A (Zyklus Nr. 16a)
sind wiederholt (in der Regel in Leipzig) in ▶VP 1584A, ▶VP 1588A, ▶VP
1591B, ▶VP 1596B, ▶VP 1598 (Wittenberg), ▶VP 1623A (Goslar) und in
▶VP 1624B.

Abb.: Bei Wolfenbüttel 1982, S. 84-85 das Titelbild zu georg. I, die Titelseite und die Seite mit dem Ende von georg. III mit dekorativer Schlussvignette
der Ausgabe Lipsiae ▶VP 1588A.

VP 1581A   *Zugänglichkeit*: BSB A.lat.a. 2161 („sine loco", 8°); daraus 18 Doppelseiten mit allen Bildern digitalisiert; DVD 2.

VP 1581B   □ **Opera, Zürich 1581**
Opera. D. Philippi MELANCHTHONIS et aliorum doctissimorum virorum scholiis, annotationibus et novis argumentis illustrata … adiectis etiam figuris egregie depictis, una in Bucolica, singulis vero in singulos Georgicorum et Aeneidos libros, denuoque … quam diligentissime omnia restituta. Tiguri, Christ(opherus) Frosch(ouerus), 1581.
   Bibl.: MAMBELLI Nr. 253 ("con curiose incisioni su legno"); VD 16, Nr. V 1382 (H.).
   Beschreibung/Abhängigkeiten: Auch diese Ausgabe enthält den originalen Zyklus an 18 Argumentum-Holzschnitten des „Züricher Typus" (1 ecl., 4 georg, 12 Aen., 1 ‚Aen. XIII') wie in der Erstausgabe ►VP 1561B (dort ausführlichere Beschreibung) oder in einem der Nachdrucke dieses Zyklus Nr. 16, z. B. ►VP 1577A (dort Kurzbeschreibung). Die Druckstöcke sind ►VP 1581B deutlich abgenutzter als ►VP 1561B.
   Zugänglichkeit: BSB A.lat.a. 2614 p , daraus 18 Doppelseiten mit allen Bildern (außer dem zu Aen. II, das mit den Seiten 134-138 verlorenen gegangen ist) digitalisiert; DVD 2.

VP 1581C   □ **Opera mit ital. Kommentar, Venedig: Sessa 1581**
L'opere di Virgilio Mantovano, cioè la Bucolica, la Georgica, e l'Eneide, commentate in lingua volgare toscana da Giovanni FABRINI da Fighine, da Carolo MALATESTA da Rimine, e da Filippo VENUTI da Cortona … nuovamente ornate di vaghe & bellissime figure. Venetia, Gio. Battista Sessa, & fratelli 1581 [2°].
   Bibl.: MAMBELLI Nr. 801 (der aber nur den Titel "L'Eneide commentata in lingua volgare Toscana da Giovanni FABRINI da Fighine e da Filippo VENUTI da Cortona" bringt; Ø); vgl. aber den Rückverweis bei MAMBELLI Nr. 804 zum Ndr. (Opere!) ►VP 1588B; CBItalV Nr. 712 (ebenfalls nur: L'Eneide commentata …; Ø); FAGIOLO, Rom 1981, Nr. 64; PASQUIER, 1992, Nr. 32; OPAC der BN Firenze. - KALLENDORF, 1994, S. 95, führt dieses Buch unter den „doubtful and spurious editions". - Vgl. generell unten zum Ndr. Venetia ►VP 1588B.
   Lit.: PASQUIER, 1992, Nr. 32: Holzschnitte (Zahl nicht genannt) unterschiedlicher Provenienz, die zu ecl. und georg. seien identisch mit denen in ►VP 1584B = PASQUIER, 1992, Nr. 33, die zur Aen. meist Nachahmungen von ►VP 1502, die speziell für Aen. VI seien auf die Hölle Dantes bezogen.
   Abhängigkeiten: Ndr. Venetia ►VP 1588B (MAMBELLI Nr. 804), s. dort, auch zu den späteren Ausgaben, die seit ►VP 1597C offenbar keine Bilder mehr zur Aen. aufweisen.

VP 1581D ital. Übers. der Aeneis, Venedig: Giunti 1581

L'Eneide di Virgilio del commendatore Annibal CARO. Venetia, Bernardo Giunti et fratelli, 1581 [4°].

Bibl.: MAMBELLI Nr. 800 (Ø); New York 1930 ("First edition of the translation of Annibale Caro ... Arms of Charles d'Orléans-Valois, duc d'Angoulême") = Princeton Item 412; Pistoia 1981, Nr. 7; CBItalV Nr. 2076 (Ø); FAGIOLO, Rom 1981, Nr. 63; Napoli 1981, Nr. 149 (nur hier: „sul frontespizio lo stemma della famiglia Medici-Capello"). - (Postume) Erstausgabe (durch CAROS Neffen Lepido) der seitdem in unzähligen Ausgaben verbreiteten ital. Aeneis-Übersetzung von Annibal CARO (1507-1566). BORSETTO, 1989, 201f. (zu ▶VP 1581D, Ø) zählt allein zwischen 1586 und 1631 siebzehn „altre edizioni" auf, wobei allerdings die Frage, welche von ihnen illustriert sind, ungeklärt bleibt. Zu CARO vgl. u.a. A. GRECO, EV 1, 1984, 671-673 (mit Abb. der Titelseite von ▶VP 1581D und Lit.) und die Introduzione von Luigi Enrico ROSSI in: L'epica classica nelle traduzioni di CARO, DOLCE, PINDEMONTE, MONTI, FOSCOLO, LEOPARDI, PASCOLI e altri. Scelta e introduzione di L. E. ROSSI, Roma 2003, 27-32 (mit weiterer Lit.), vgl. dort auch 45f. (die Ausgabe der Aen.-Übers. von CARO dort S. 47-209). Auch die Versione dell'*Eneide* di Annibal CARO, a cura di Arturo POMPEATI, Torino (Classici UTET) 1954, Ndr. 1974 (Introduzione 9-45), bietet nach S. 208 die Titelseite von ▶VP 1581D (mit Druckermarke samt der Devise AMAT VICTORIA CURAM).

VP 1582A ◘ + Opera, Köln 1582

Opera ... quae exstant omnia. Köln, P. Horst, 1582.

Bibl.: Diese Ausgabe ist nur in einer Anmerkung in Bamberg 1982, Nr. 68 (zu der Aeneis-Dramatisierung von Johannes LUCIENBERG, Frankfurt a. M. ▶VP 1576B, deren Holzschnitte hier 1582 mit geringfügigen Abweichungen wiederholt seien; vgl. auch die Ausgabe Frankfurt a. M. ▶VP 1585A) erwähnt; sie fehlt nicht nur bei MAMBELLI und im CBItalV, sondern auch im VD 16. Sie enthält offenbar den Frankfurter Argumentum-Zyklus Nr. 15, s. zu ▶VP 1559C.

VP 1582B ■ ? + Opera, Venedig: Guerraei 1582

Opera novis figuris exornata, Pauli MANUTII annotationes ... Venetiis, ex officina Dominici Guerraei et Ioannis Baptistae fratrum, 1582 (so auf dem Titel, im Kolophon dagegen 1581 datiert).

Bibl.: Fehlt bei MAMBELLI und in den anderen Bibliographien, aufgeführt nur bei KALLENDORF, 1991, Nr. 111 („woodcut scenes for title page, Buc. 10, Georg. 4, Aen. 12"; Exemplar der Bibl. Correr, Venedig), mit Plate 8 (Frontispiz mit figürlicher Rahmung und Druckermarke). - Nach dem Titel müsste es sich um einen „neuen" Illustrationszyklus handeln.

VP 1583A ◘ Opera, Venedig 1583(-1584)

Alternativansetzung zu ▶VP 1584B, s. dort

VP 1583B ■ holländ. Übers. der Aeneis, Antwerpen 1583

Die twaelf boecken van Aeneas ghenaemt int Latijn Aeneidos ... Nu eerst in onser Duytscher talen door Cornelis van GHISTELE ... overgeset. T'Hantwerpen. by Niclaes Soolmans op onse voruwen Kerrhof, 1583.

Bibl.: MAMBELLI bei Nr. 1484: "Questa versione dell'Eneide (= holländ. Übers. der Aen., Antwerpen ▶VP 1556C) venne ristampata ad Anversa da N. Soolmans nel 1583, in-8, con incisioni su legno, ancora ad Anversa da J. van Waesberghe nel ▶VP 1589, in-8, con inc.; a Rotterdam pure dal van Waesberghe nel ▶VP 1609C, in-8, con inc."; New York 1930 (1583; "woodcuts. Translated by Cornelis van Ghistelles. Earliest Dutch translation") = Princeton Item 414 (nur: „printer's mark"; korrigiert von KALLENDORF, brieflich nach Autopsie: Frontispiz mit Vergil-Porträt, 12 Holzschnitte zur Aen.).

<u>VP 1583B</u>　　　*Lit./Abb.*: Zugänglich sind die 12 Holzschnitte dieses Zyklus Nr. 12 zur Aen. (in sehr schlechter Qualität) bei GOLDSMITH, 1981, 245-249 (mit Anm. 307-310 auf S. 289f.), dort im Anhang als Fig. 15-26. Sie stammen allerdings aus dem Nachdruck Rotterdam ▶VP 1609C, Näheres s. dort.

VP 1584A　　　▫ + Opera, Leipzig 1584

Opera indubitata. Bucolicon, Georgicon, Aeneis … Emendata omnia multo … studio et industria Georgii FABRICII Chemnicensis. Lipsiae, Johannes Steinman, 1584.

　　　Bibl.: Fehlt bei MAMBELLI; angeführt nur VD 16, Nr. V 1386 (H.; vorhanden in der UB Würzburg 54/A 100.121). - Vgl. unten Leipzig ▶VP 1591B und ▶VP 1596B.

　　　Beschreibung/Abhängigkeiten/Abb.: Aus Lipsiae ▶VP 1596B (aus einem Exemplar im Besitz der Bibl. Apostolica Vaticana) bringt die EV Abb. des Argumentum-Typus in EV 2, 1985, 702 (Titelseite von ▶VP 1596B); EV 3, 1987, 943 zu Aen. X (u.a. Turnus zu Ross tötet Pallas); EV 5.2, 1991, 224 zu Aen. III (u.a. zweimal Polyphem, in der Höhle und, einen Felsblock schwingend, im Meer); EV 5.2, 1991, 287 (Ausschnitt, worauf angeblich dargestellt ist, wie Ascanius Silvias Hirsch verwundet, was zu Aen. VII gehören würde; in Wirklichkeit ist es ein Ausschnitt des Holzschnittes zu Aen. IV: Ascanius auf der Jagd, bei dem ein Unwetter Aeneas und Dido in eine Höhle treibt); EV 5.2, 1991, 315 zu Aen. IX (u.a. Iris erscheint Turnus). Diese Abb. lassen erkennen, dass es sich bei dem Zyklus in ▶VP 1596B, der gewiss identisch ist mit dem in ▶VP 1584A (und der auch in ▶VP 1591B vorliegt), um eine Wiederholung der Argumentum-Holzschnitte aus ▶VP 1581A handelt (s. dort die ausführliche Beschreibung), also um die „Leipziger Variante", eine freie, oft sv. Nachahmung des Züricher Zyklus Nr. 16, dessen Originalfassung in ▶VP 1561B vorliegt (dort Hinweis auf Nachdrucke).

<u>VP 1584A</u>　　　*Zugänglichkeit*: Die „Leipziger Variante" des Zyklus Nr. 16 ist in München repräsentiert durch Digitalisate aus ▶VP 1581A = <u>BSB A.lat.a. 2161</u> und aus ▶VP 1591B = <u>BSB Res/A.lat.a. 2615 f</u>, s. dort.

VP 1584B　　　▫ + Opera, Venedig (1583-)1584

Universum poema cum absoluta Servii ... et BADII ASCENSII interpretatione … quibus acesserunt … elegantissimae praeterea librorum omnium figurae … Venetiis, apud Ioannem Gryphium, 1584 (im Kolophon 1583) [2°].

Bibl.: MAMBELLI Nr. 257 ("Edizione adorna di graziose incisioni su legno"); vgl. auch Nr. 259 (Venetiis, Gryphius, ▶VP 1585B, 4°; "con numerose incisioni su rame"); CBItalV Nr. 109 ("1584; in fine: 1583"; Ø); KALLENDORF, 1991, Nr. 113 (Gryphius minor; „woodcut scenes for Donatus' Vita 1, Buc. 11, Georg. 5, Aen. 13, Minora 5"); PASQUIER, 1992, Nr. 33 (mit Hinweis auf Ndr. ▶VP 1585B). - Vgl. auch unten zu Venetiis, Petrus Dusinellus, ▶VP 1586B.

VP 1584B   *Lit.*: PASQUIER, 1992, Nr. 33: Mit 33 Holzschnitten, die im einzelnen beschrieben sind. Es seien mehrere Wiederholungen darunter, nämlich Aen. I = V, III = IV = VII; ohne Dublette nur II, VI, VIII, X, XI, XII; keine Angabe zu IX.

Abhängigkeiten: Ndr. ▶VP 1585B (Gryphius); ▶VP 1586B (P. Businellus), s. dort; Zyklus Nr. 13.

Abb./Beschreibung: Im Abb.-Teil bei PASQUIER, 1992: vgl. dort Abb. 319 (aus der Ed. Venetiis, Businello, ▶V 1586B, wo sich die gleichen Illustrationen finden) zur Vita Vergils (Vergil schreibend), Abb. 33 zu ecl. 1; Abb. 60 zu georg. I (Arbeiten); Abb. 155 zu Aen. II (Flucht aus Troja). Das letztere Bild ist identisch mit dem zu Aen. II in ▶VP 1558A und den Wiederholungen in ▶VP 1562A, ▶VP 1572B und ▶VP 1586B. In der Tat zeigt ein Vergleich der knappen Beschreibungen bei PASQUIER, 1992, zu Nr. 33 für ▶VP 1584B mit den oben von mir für ▶VP 1558A (Zyklus Nr. 13) gebrachten, dass es sich in den meisten Fällen um dieselben Bilder handelt, allerdings in anderer Anordnung. Es scheinen sich zu entsprechen:

Aen. I   = V   in ▶VP 1584B; entspricht Aen. I = V in ▶VP 1558A.

Aen. II   in ▶VP 1584B; entspricht Aen. II = III in ▶VP 1558A.

Aen. III   = IV = VII in ▶VP 1584B;   entspricht Aen. IV in ▶VP 1558A.

Aen. VI   in ▶VP 1584B; entspricht Aen. VI in ▶VP 1558A.

Aen. VIII   in ▶VP 1584B (Kampfszenen);
            offenbar ohne Entsprechung in ▶VP 1558A.

Aen. IX   keine Angabe bei PASQUIER, 1992, Nr. 33, doch beziehe sich Aen.
            X mit der Schiffsmetamorphose auch auf Aen. IX.

Aen. X   in ▶VP 1584B (Götterversammlung; Schiffsmetamorphose);
            offenbar ohne Entsprechung in ▶VP 1558A.

   Aen. XI   in ▶VP 1584B;
            entspricht Aen. VIII = Aen. X = Aen. XII in ▶VP 1558A.

Aen. XII   in ▶VP 1584B (Krieger; Duell zwischen Kriegern auf Streitwagen;
            Aeneas tötet Turnus);
            offenbar ohne Entsprechung in ▶VP 1558A.

VP 1585A   ◻ + **Opera, Frankfurt a. M. 1585**
Poemata, lectionum varietatibus … locupletata … studio et opera Christiani EGENOLPHI f., Frankfurt a.M., S. Feyerabend, H. Tack & P. Piscator (= P. Fischer), Druck: Chr. Corvinus (= Chr. Rab), 1585.

Bibl.: Fehlt bei MAMBELLI (natürlich auch bei PASQUIER, 1992) und befremdlicher Weise auch in VD 16; verzeichnet nur in Bamberg 1982, Nr. 13. - Vgl. aber unten Frankfurt a. M. ▶VP 1590 und ▶VP 1597A.

VP 1585A   *Lit.*: Bamberg 1982, Nr. 13: „Die Bucolica und sämtliche Bücher der Georgica sowie der Aeneis (einschließlich der von Mapheus Vegius hinzugedichteten Fortsetzung) werden durch ganzseitige Holzschnitte eingeleitet, die - vielfach in synoptischer Darstellung mehrerer, einander als Haupt- und Nebenhandlungen zugeordneter Vorgänge - repräsentativ ausgewählte Szenen bzw. Szenenkomplexe illustrieren; sie sind motivisch von den Abbildungen in der 1502 bei Johann Grüninger erschienenen Vergilausgabe beeinflusst." Bei Bamberg 1982, Nr. 68 werden zu der Aeneis-Dramatisierung durch Joh. LUCIENBERG, Frankfurt a. M. ▶VP 1576B deren Bilder auch als Vorlagen derjenigen in dieser Ausgabe Frankfurt ▶VP 1585A bezeichnet. Es müsste sich dann in ▶VP 1585A um den seit ▶VP 1559C belegten ‚Frankfurter Argumentum-Zyklus' Nr. 15 handeln, und zwar wahrscheinlich in der seit ▶VP 1579A durch ein eigenes Bild zu Aen. IX vervollständigten Form. Sicher ist dieser verbesserte ‚Frankfurter Argumentum-Zyklus' in ▶VP 1590 übernommen.

VP 1585B   ◻ Opera, Venedig: Gryphius (minor) 1585
Opera, annotationibus in libri margine brevissimis ... illustrata, pulcherrimisque figuris ornata, nunc denuo in lucem edita ... Venetiis, apud Ioannem Gryphium, 1585.
    Bibl.: MAMBELLI Nr. 259 (4°; "con numerose incisioni su rame"); KALLENDORF, 1991, Nr. 113 (Gryphius minor; „woodcut scenes for Buc. 10, Georg. 4, Aen. 12"); PASQUIER, 1992, zu Nr. 33. - Vgl. die anderen Ausgaben bei Gryphius oder Gryphius minor, s. zu ▶VP 1585C.

VP 1585C   ◻ Opera, Venedig: Aldus (Guerraei) 1585
Publius Virgilius Maro, Pauli Manuti notationibus in libri margine ... illustratus ... Venetiis, apud Aldum (so im Titel, im Kolophon: apud Guerraeos fratres), 1585.
    Bibl.: MAMBELLI Nr. 260 (Ø); FAGIOLO, Rom 1981, Nr. 66; CBItalV Nr. 110 (Ø); KALLENDORF, 1991, Nr. 115 (Aldus Manutius minor and Dominicus and Ioannes Baptista Guerraeus; „woodcut scenes for Buc. 10, Georg. 4, Aen. 12") mit Plate 9 (Titelholzschnitt zu Aen. IX: zwei Reiterheere sprengen bei einer Stadt vorn r. gegeneinander an; sv. Nachschnitt in ▶VP 1610A). - Vgl. die älteßre Ausgabe der Brüder Guerraei ▶VP 1582B, auch die Ausgaben bei Gryphius oder Gryphius minor: ▶VP 1547A, (▶VP 1551B), ▶VP 1567E, ▶VP 1583A, besonders ▶VP 1584B, ▶VP 1585B, ▶VP 1588C.

VP 1586A   + Opera, Basel 1586
Opera, quae quidem extant, omnia, cum iustis et doctis in Bucolica, Georgica et Aeneida commentariis Tib. Donati et Servii Honorati ... a Georgio FABRICIO Chemnicense primo collectis et emendatis. Basileae, per Sebastianum Henricpetri, 1586 [2°].

Bibl.: Bei MAMBELLI Nr. 223 (zu ▶VP 1561A; Ø); CBItalV Nr. 112 (Ø); Wolfen-büttel 1982, D 24 ("Holzschnittinitialen"); VD 16, Nr. V 1387 (H.). - Vgl. auch die Erst-ausgabe ▶VP 1561A und ▶VP 1575A (mit 60 digitalisierten Doppelseiten), jeweils Basel.
Illustrierung: Nur figurative Holzschnitt-Initialen, keine eigentliche Illustrierung; Spalte 2149 mit Textillustration (zu georg. I 281: Ossa und andere Berge).
VP 1586A *Zugänglichkeit*: BSB 2 A.lat.a. 323, daraus 8 Doppelseiten, bes. solche mit fi-gürlichen Initialen, digitalisiert; **DVD 2**.

VP 1586B   ▫ Opera, Venedig: Dusinello (1585-)1586

Universum poema cum absoluta Servii … et BADII ASCENSII interpretatione … quibus accesserunt … elegantissimae praeterea librorum omnium figurae … Venetiis, apud Petrum Dusinellum, 1586 (so im Titel, im Kolophon: 1585) [2°].

Bibl.: MAMBELLI Nr. 262 ("con varie figure incise su legno"); CBItalV Nr. 113 (Ø); Mantua 1981, Nr. 10; Pistoia, 1981, Nr. 8; KALLENDORF, 1991, Nr. 116 („woodcut scenes for Donatus' Vita 1, Buc. 11, Georg. 5, Aen. 13, Minora 5") PASQUIER, 1992, Nr. 34; Princeton Item 116 (datiert 1586, doch mit dem Verweis „at end "), mit Hinweis auf „illustrations".

Lit.: PASQUIER, 1992, Nr. 34: Die Ausgabe ist (abgesehen vom Editor) identisch mit der Ed. 1584 und 1585, auch identische kleine Holzschnitte, abweichend allein der zu Aen. VIII [W.S.: unzutreffend, die bisherigen Bilder zu Aen. VIII und IX sind nur vertauscht]].

Abhängigkeiten: Die kleinen Holzschnitte (5,0 x 6,9) sind unverändert übernommen aus den Ausgaben ▶VP 1558A, ▶VP 1562A, ▶VP 1566B oder ▶VP 1572B, alle in Venedig bei Bonelli erschienen (Zyklus Nr. 13).

Beschreibung: Die insgesamt 35 Bilder sind an sich identisch mit denen in ▶VP 1558A, ▶VP 1562A, ▶VP 1566B oder ▶VP 1572B (Zyklus Nr. 13), doch jetzt in ▶VP 1586B in folgender Reihung: Aen. I (Sturm), darüber der Holzschnitt (auch vor der Vita, vor ecl. 1 und georg. I) mit dem am Tisch schrei-benden Gelehrten/Mönch = Vergil); II (*Pius Aenea; auch vor dem Aetna*); III (Dido und Anna, Selbstmord Didos, Trojaner gehen an Bord ihrer Flotte, also zu Aen. IV gehörig);Aen. IV = III, Aen. V = I, Aen. VI (Aeneas und Sibylle vor Cerberus und erneut nach Durchschreiten des Höllentors); Aen. VII= IV = III; Aen. VIII (Turnus im Tiber, bedroht von Trojanern, also zu Aen. IX gehörig); Aen. IX (Reiterduell und Götterversammlung, also zu Aen. X gehörig); Aen. X = I; Aen.XI = IX; Aen. XII = XI = IX. Für die Aen. gibt es also wegen der Du-bletten nur 6 verschiedene Holzschnitte (für die ecl. 4, die georg. 1; für die Opera insgesamt 12).

Abb.: Im Abb.-Teil bei PASQUIER, 1992: Abb. 319 zur Vita („Vergil").
Zugänglichkeit: Nicht in der BSB; doch UB München 2 A.lat. 507.

VP 1586C   ▫ ? ital. Übers. der Opera, Venedig: Cornetti 1586

L'opere di Vergilio, cioè la Buccolica, Georgica e Eneida, nuovamente da diver-si eccellentissimi auttori tradotte in versi sciolti. Vinegia, appresso Giacomo Cornetti, 1586 [3 Teile in 1]. – Der Name des Verlegers ist Cornetti.

VP 1586C   *Bibl.*: MAMBELLI Nr. 801*bis* („marca tipografica, capilettere ornate e silografie nel testo"), nennt hier und im Indice degli editori e stampatori
als Verleger Giacomo Comelli. MAMBELLI Nr. 829 aber bringt, die Angabe "Venetia, Cometti, 1686". Nur bei FAGIOLO, Rom 1981, Nr. 71 ist eine ital. Übers.
als "Venezia, Giacomo Cornetti, 1596" verzeichnet, die wohl die vorliegende
▶VP 1586 meint. PASQUIER, 1992, Nr. 35 nennt als Verleger wieder Giacomo
Comelli. Verlässlich sind aber nur CBItalV Nr. 1932 und KALLENDORF, 1994,
Nr. 84, die „Venetia, appresso Giacomo Cornetti, 1586" angeben, gleichfalls
Princeton Item 336 (Cornetti; "illustrated"). Laut MAMBELLI Nr. 801*bis* sind die
einzelnen Übersetzer dieselben wie in der Übers. Fiorenza, Giunti, ▶VP 1556B
[MAMBELLI Nr. 769] und Vinegia, Farri, ▶VP 1559B [MAMBELLI Nr. 772].

VP 1586C   *Lit.*: PASQUIER, 1992, Nr. 35: 24 Holzschnitte, ohne jede Beschreibung. - BORSETTO, 1989, 190 u.ö.; KALLENDORF, 1994, Nr. 84 (und brieflich zu Princeton Item 336 nach Autopsie): „woodcut initials, borders, scenes for
Buc. 10, Georg. 4, Aen. 12" (also 26); es handelt sich nach KALLENDORF nicht
um den Zyklus Nr. 14, s. zu ▶VP 1559B.

VP 1586D   span. Übers. der Aeneis, Saragossa 1586
La Eneida traduzida en octava rima y verso Castellano, ahora en esta ultima impresion refor-
mada y limada ... Hase anadido a la primera impresion lo siguiente. Las dos Eklogas ... El
libro dredecimo di Mapheo Veggio Poeta Laudenze ... La vida de Virgilio. Zaragoza, Lorenzo
y Diego de Roblés Hermanos, 1586 [der Übersetzer ist nicht angegeben].
    Bibl.: MAMBELLI Nr. 1454 (Ø); CBItalV Nr. 2339.
    Illustrierung: Nur 1 quadratische Vignette am Ende der Vorrede (Professor liest auf
Katheder aus einer Buchrolle vor zwei Schülern).
    Zugänglichkeit: BSB A.lat.a. 2333 , daraus 2 Doppelseiten (Titel und die Vignette)
digitalisiert; DVD 2.

VP 1586E   + ital. Übers. der Aeneis, Mantua 1586
L'Eneide del commendatore Annibal CARO. Di nuovo ricoretta & ristampata. Mantova, per
Francesco Osanna, 1586.
    Bibl.: Aufgeführt nur im ICCU-Katalog Nr. 004777 mit dem Hinweis „Ritratto xil. di
Virgilio sul front". - Vgl. die Erstausgabe der Aen.-Übers. von A. CARO ▶VP 1581D.

VP 1587A   ▫ + Opera, Zürich 1587

Opera. D. Philippi MELANCHTONIS et aliorum doctissimorum virorum scholiis,
annotationibus et novis argumentis illustrata ... adiectis etiam figuris egregie
depictis, una in Bucolica, singulis vero in singulos Georgicorum et Aeneidos
libros, denuoque ... quam diligentissime omnia restitua. ... Quibus versuum
proverbialium ex ERASMI Chiliadibus explicationem inseruimus. Tiguri, in officina Froschoviana, 1587.
    Bibl.: Fehlt bei MAMBELLI doch vgl. dort Nr. 253 zu ▶VP 1581B ("con
curiose incisioni su legno"); VD 16, Nr. V 1388 (H.); Princeton Item 118 („engraved frontispieces").
    Abhängigkeiten/Beschreibung: Auch diese Ausgabe enthält (wie im Titel
angekündigt) die 18 Argumentum-Holzschnitte (1 ecl., 4 georg., 12 Aen., 1

‚Aen. XIII') des ‚Züricher Typus'. Vgl. die Erstausgabe ▶VP 1561B (dort Beschreibung) und die dort genannten weiteren Belege dieses Zyklus Nr. 16. Gegenüber der Erstausgabe ▶VP 1561B sind in ▶VP 1587A gelegentlich Namensbeischriften vervollständigt, z. B. in Aen. III POLI zu POLIPHEM und TROI zu TROIA, in Aen. XI AENE zu AENEAS, in Aen. XII mehrfach TUR zu TURNUS, im übrigen sind die Bilder offenbar identisch.

VP 1587A   *Zugänglichkeit*: BSB A.lat.a. 2163 , daraus sind 19 Doppelseiten mit allen Bildern digitalisiert; DVD 2 . Die Bilder zu ecl., georg. II und IV und Aen. I sind teilkoloriert.

VP 1587B   **ital. Übers. von Aen. IV (mit lat. Text), Mantua 1587**
Il quarto libro de l'Eneide, ridotto in ottava rima dal Sig. Hercole UDINE. Mantova, Francesco Osanna, 1587 [4°].
    Bibl.: MAMBELLI Nr. 803 ("il frontespizio è fregiato e porta, in alto, il titolo con la dedica"); CBItalV Nr. 1115 (Ø); BORSETTO, 1989, 202f. (mit Hinweis auf 4 Nachdrucke innerhalb vollständiger Aen.-Übersetzungen); KALLENDORF, 1994, Nr. 86 ("woodcut initials").

VP 1587C   **+ J. T. FREIG: Aeneis-Tabulae, Basel 1587**
Ioan. Thomae FREIGII, I. V. doctoris in XII. P. Virgilii Aeneid. libros tabulae, omnibus poetica artis studiosis utiles et necessariae, nunc primum in lucem editae (a Thoma COCCIO). Basi-lae, per Sebastianum Henricpetri, 1587, (VIII,) 14 S. [2].
    Bibl.: Nicht bei MAMBELLI; Titelaufnahme nach dem Münchener Exemplar.
    Beschreibung: Das Buch enthält (außer einer großen M-Initiale) keine Illustrationen; die *Tabulae* bestehen in Tabellen, die den Inhalt der Aeneis-Bücher in graphisch-schematischer und hierarchischer Gliederung erfassen wollen.
    Zugänglichkeit: BSB 2 A.lat.a. 352.

VP 1588A   ◻ **Opera, Leipzig 1588**
Opera Bucolicon Georgicon Aeneis argumentis et scholiis virorum doctissimorum illustrata cum indicatione diversae scripturae edita studio et opera Gregor. BERSMANI. Lipsiae, haeredes Iohannis Steinmanni, impensis Henningi Grosii, 1588.
    Bibl.: bei MAMBELLI Nr. 254 (zu Lipsiae ▶VP 1581A); Wolfenbüttel 1982, D 25 ("mit 17 Holzschnitten", Wiederholung der Auflage Lipsiae ▶VP 1581A; s. dort auch Beschreibung); VD 16, Nr. V 1389 (H.). - Es gibt von dieser Ausgabe auch eine Mikrofiche-Ausgabe München, Saur, 1994, Bibliotheca Palatina, Mikrofiche-Nr. H1003-H1006. - Princeton führt als Item 119 (mit dem Hinweis „Frontispieces") eine ebenfalls Lipsiae, imprimebat J. Steinman, 1588 erschienene Ausgabe, die einen anderen Titel hat: Opera indubitata. Bucolicon Georgicon Aeneis ... emendata omnia ... studio et industria Georgii FABRICII.

VP 1588B   ◻ **Opera mit ital. Kommentar, Venedig: Sessa 1588**
L'opere di Virgilio mantovano, cioè la Bucolica, la Georgica, e l'Eneide, commentate in lingua volgare toscana da Giovanni FABRINI da Fighine, da Carlo MALATESTA da Rimine, e da Filippo VENUTI da Cortona ... Nuovamente ornate

di vaghe e bellissime figure. Venetia, appresso gli eredi di Marchiò Sessa, 1588 [2°].

Bibl.: Diese Ausgabe wird von MAMBELLI als Nr. 804 („la prima carta reca la marca tipografica dello stampatore") unter den ital. Übersetzungen geführt und als "ristampa dell'ed. del 1581" [= MAMBELLI Nr. 801 = ▶VP 1581C] bezeichnet. Es fehlt hier ein Hinweis bei MAMBELLI (immerhin eine vage Andeutung bei seiner Nr. 801), ob seine Nr. 804 nicht in Wahrheit identisch ist mit seiner Nr. 266 gleichen Titels, die dort unter Edd. mit lat. Text aufgeführt ist, dort mit dem zusätzlichen Hinweis "con numerose figure incise su legno". Die letztere systematische Einordnung zu den ‚Opera' ist richtig. Denn nach Auskunft meines Freundes Prof. Dr. Mario Geymonat, der in der Biblioteca Marciana in Venedig recherchiert und dort die Ausgabe Venedig ▶VP 1604B (s.u.) eingesehen hat, enthalten die Ausgaben von FABRINI-MALATESTA-VENUTI keine eigentliche ital. Übersetzung, sondern bieten einen Kommentar (als Übers. wertet sie allerdings KALLUWEIT, 2005, Nr. 0056 zur Erstausgabe Vinegia 1575, Ø). In der Tat werden sie von L. BORSETTO, L'Eneida tradotta, Milano 1989, nicht berücksichtigt. - ▶VP 1588B wird verzeichnet auch CBItalV Nr. 117 (bei den Opera; mit Hinweis auf Illustr.) und Nr. 560 (dort bei den Anthologien, denn „contiene solo le Bucoliche e le Georgiche", Format 4°, Ø); Mantua 1981, Nr. 11; Princeton Item 120 („printer's mark, illustrations"). Am ausführlichsten ist KALLEN-DORF, 1994 (venez. Übers.), Nr. 87 ("woodcut initials, scenes for Buc. 11, Georg. 4, Aen. 24, printer's device") mit Hinweis auf KALLENDORF, 1991 (venez. Ausgaben), Nr. 121 (dort die gleichen Angaben zu den Illustrationen); KALLEN-DORF, 1994, Nr. 87 kennt offenbar nur die eine Ausgabe von 1588, die MAM-BELLI als Nr. 266 führt, und nicht auch MAMBELLI Nr. 804. - Vgl. auch Ndr. Venetia ▶VP 1641B = MAMBELLI Nr. 308; ferner Venetia, Appresso gli eredi di Marchio' Sessa, ▶VP 1604B = MAMBELLI Nr. 278, und Venezia, Baglioni, ▶VP 1710 [2°] = MAMBELLI Nr. 363.

Abb.: Frontispiz (mit der Druckermarke des Katers, der mit einer Maus spielt) bei Mantua 1981, Nr. 11. Titelbild zu Aen. VII bei KALLENDORF, 1994, Plate 19 (= erster Holzschnitt zu Aen. VII, d.h. Pict. 126, in ▶VP 1502).

Abhängigkeiten: Offenbar ist der Zyklus Nr. 17 in ▶VP 1588B mit seinen 24 Bildern zur Aen. eine Wiederholung von ▶VP 1581C. Für KALLENDORF (brieflich, nach Autopsie von Princeton Item 120) hängen die Holzschnitte in ▶VP 1588B zur Aen. letztlich von ▶VP 1502, die zu ecl./georg. von Oktav-Ausgaben. - Für die späteren Ausgaben dieses Kommentars von FABRINI–MA-LATESTA-VENUTI wird mehrfach berichtet, dass sie keine Bilder zur Aen. mehr enthalten; s. zuerst ▶VP 1597C, dann ▶VP 1604B, ▶VP 1609B (?), ▶VP 1623B, ▶VP 1641B, ▶VP 1654B, ▶VP 1672A, ▶VP 1683 (?), ▶VP 1710, ▶VP 1726B, ▶VP 1741D (?), ▶VP 1751.

| VP 1588B | *Zugänglichkeit*: In München ist der in ▶VP 1581C oder ▶VP 1588B (und in späteren Ndr.) enthaltene Zyklus Nr. 17 nicht zugänglich.

VP 1588C   ◘ + Opera, Venedig: Gryphius (minor) 1588

Opera, annotationibus in libri margine brevissimis ... illustrata pulcherrimisque figuis exornata, nunc denuo in lucem edita ... Venetiis, apud Ioannem Gryphium, 1588.

Bibl.: Fehlt bei MAMBELLI und in den anderen Bibliographien; aufgeführt allein von KALLENDORF, 1991, Nr. 122 (Exemplar aus Vicenza; Gryphius minor; „woodcut scenes for Buc. 10, Georg. 4, Aen. 12"). - Vgl. die anderen Ausgaben von Gryphius und Gryphius minor, s. zu ▶VP 1585C.

VP 1589   ◘ holländ. Übers. der Aeneis, Antwerpen 1589

(Die twaelf boecken van Aeneas ghenaemt int Latijn Aeneidos ... Nu eerst in onser Duytscher talen door Cornelis van GHISTELE ... overgeset.) Anversa, J. van Waesberghe, 1589.

Bibl.: Nur erwähnt von MAMBELLI, bei Nr. 1484 zu ▶VP 1556C, als Ndr. dieser holländ. Aen.-Übers.; s. Näheres zu dem anderen Ndr. ▶VP 1583B.

VP 1590   ◘ + Opera, Frankfurt a. M. 1590

Poemata, lectionum varietatibus ... locupletata ... studio et opera Christiani EGENOLPHI f. Francofurdi, apud Ioan. Wechel, impensis Petri Fischeri et haeredum Henrici Tackii, 1590.

Bibl.: Fehlt bei MAMBELLI; angeführt nur VD 16, Nr. V 1391 (H.).

Abhängigkeiten/Beschreibung: Enthalten sind 18 ganzseitige Holzschnitte. Es handelt sich in ▶VP 1590 um den seit ▶VP 1559C belegten ‚Frankfurter Argumentum-Zyklus' (Nr. 15) mit je 1 Holzschnitt zu dem ecl.-Buch und den einzelnen Büchern der georg. und der Aen. sowie zu ‚Aen. XIII'. ▶VP 1590 bietet den „Frankfurter Typus" in der seit ▶VP 1579A - doch nach dem Vorgang von ▶VP 1576B - durch ein eigenes Bild zu Aen. IX vervollständigten Form (also sozusagen Aen. IX = IX), wie er wahrscheinlich bereits in ▶VP 1585A übernommen war; damit stehen in diesem verbesserten „Frankfurter Typus" alle Aen.-Titelbilder an der angemessenen Stelle. S. die nähere Beschreibung zu ▶VP 1579A (und zur Originalausgabe ▶VP 1559C = ▶VP 1562C, mit der Dublette Aen. IX = VIII, der älteren ‚deutschen Variante', während die Dublette Aen. IX = XI in der ‚lateinischen Variante' von vielleicht ▶VP 1567A, sicher ▶VP 1572A belegt ist).

Zugänglichkeit: BSB A.lat.a. 2164 , daraus 19 Doppelseiten mit allen Bildern digitalisiert; DVD 2. Dem Münchener Exemplar liegt ein Beiblatt mit (vermutlich) einer Auktionsnotiz bei, in der es heißt, die Aen.-Holzschnitte seien „in the style of Virgil Solis" gehalten.

VP 1591A   □ ? + **Opera, Köln 1591**

Opera quae extant omnia. Adiectis figuris egregie depictis. Coloniae, apud Petrum Horst, 1591.

Bibl.: Fehlt bei MAMBELLI; angeführt nur VD 16, Nr. V 1392 (H.) mit Verweis auf je ein Exemplar in Göttingen und Aschaffenburg. Der Titel lässt auf eine umfangreichere Illustrierung schließen.

Zugänglichkeit: Aus unbekannten Gründen identifiziert der OPAC der BSB einen Teil von ▶VP 1591A mit A.lat.b. 2313 f. Diese Signatur führt auf einen Band, der zunächst zwei Publikationen von Hieronymus WOLF enthält, darunter als erste *Quaestiones maxime necessaria trium librorum Ciceronis de officiis praecepta complectentes*, Basileae, Eusebius Episcopus, 1580. Dann sind ohne Titelblatt (und damit ohne Verlags-, Ort- und Jahresangabe; „ca. 1591" ist offenbar nur erschlossen) beigebunden die p. 288-385 (mit Blattzählung) mit der Überschrift *Annotationes breves in Virgilii Bucolica et Georgica, ex varijs interpretibus Ioanne Frisio Tigurino collectae*. Der ganze Band einschließlich dieser *Annotationes* enthält, abgesehen von einer Druckermarke auf der Titelseite, keine Illustration.

VP 1591B   □ + **Opera, Leipzig 1591**

Opera indubitata. Bucolicon, Georgicon, Aeneis … Emendata omnia multo nunc etiam quam antea accuratius studio et industria Georgii FABRICII Chemnicensis. Lipsiae, Michael Lantzenberger, 1591.

Bibl.: Fehlt bei MAMBELLI und überraschenderweise ebenfalls in VD 16; angeführt nur im OPAC-Katalog der BSB (Ill.). - Vgl. oben Leipzig ▶VP 1584A und unten ▶VP 1596B.

Beschreibung: Druckermarke auf der Titelseite. Je ein ganzseitiger Titelholzschnitt (auf gezählten Seiten) zu den ecl. (= georg. IV, nur dort passend) und den einzelnen Büchern von georg. und Aen. (nicht zu Aen. XIII), insgesamt 1+4+12 = 17 Holzschnitte. Die einzelnen Bücher beginnen meist mit einer großen figürlichen Initiale; die P-Initiale zu Aen. III zeigt die Jahreszahl 1559. Die Holzschnitte zu Aen. I-VII und mindestens auch zu Aen. IX und X sind mit MB signiert, nur der zu Aen. VIII mit CM.

Beschreibung/Abhängigkeiten: Vom üblichen 18 Bilder-Zyklus (1 ecl., 4 georg., 12 Aen., 1 Aen. XIII) solcher Holzschnitt-Zyklen des Argumentum-Typus fehlt hier der eine Holzschnitt zu Aen. XIII; der einzige Holzschnitt zu den ecl. ist eine Dublette zu georg. IV. - Alle Argumentum-Holzschnitte in ▶VP 1591B sind identische, etwas schwächere Wiederholungen von ▶VP 1581A, s. die dortige Beschreibung. Es handelt sich also um freie, oft sv. Nachahmungen (keine genauen Wiederholungen) des „Züricher Typs" Nr. 16, der seit seiner Originalausgabe ▶VP 1561B (dort Beschreibung) in den Neudrucken ▶VP 1564, ▶VP 1567B, ▶VP 1570, ▶VP 1573A, ▶VP 1577A, ▶VP 1581B und ▶VP 1587A, immer Tiguri/Zürich, aber auch 1581 in dem Nachdruck in Leipzig (bei Steinmann) ▶VP 1581A (= ▶VP 1588A) belegt ist.

Zugänglichkeit: BSB Res/A.lat.a. 2615 f , daraus digitalisiert 20 Doppelseiten mit allen 17 Illustr.; DVD 2 .

VP 1593A ◘ **ital. Übers. der Opera, Venedig 1593**
L'opere di Virgilio, cioè la Bucolica, la Georgica, e l'Eneida, nuovamente da diversi eccellentissimi auttori tradotte in versi sciolti. Venetia, Paolo Ugolino, 1593.
Bibl.: MAMBELLI Nr. 806 (Ø, jedoch Hinweis „eseguita sull'edizione giuntina del ▶VP 1556B e del Farri del ▶VP 1559B"; "ristampata nel 1596"); CBItalV Nr. 1933; nicht bei PASQUIER, 1992; BORSETTO, 1989, 159 (vgl. 177. 179. 182. 184. 186. 190), doch ohne genauere Vorstellung; KALLENDORF, 1994, Nr. 89 ("woodcut initials, scenes for Buc. 9, Georg. 4, Aen. 12"). Wahrscheinlich handelt es sich bei ▶VP 1593A um Zyklus Nr. 14, s. Näheres zu ▶VP 1559B.

VP 1593B + **Opera, Auszug durch L. SCHRÖTER, Zerbst 1593**
(SCHRÖTER, Leonhart:) Leonharti SCHROTERI Argeliensis opus epithetorum, phrasium et synonymorum ex Virgilio … collectorum … commentarii vice. Servestae, ex officina Bonaventurae Fabri, impensis Ambrosii Kirchneri, 1593 [4°].
Bibl.: Fehlt bei MAMBELLI; angeführt nur VD 16, Nr. V 1401 (H.) mit der Datierung 1598. Trotz dieses Hinweises auf mindestens einen Holzschnitt ist ▶VP 1593B nicht illustriert. Die Titelseite enthält nur eine Druckermarke, ein Emblem mit der Umschrift UT PIA FATA VOLUNT BONAVENTUR FABER..
Zugänglichkeit: BSB 4 L.lat. 435 (im BSB-OPAC nicht unter ‚Vergilius' geführt), daraus digitalisiert das Titelblatt mit der Datierung Servestae (=Zerbst) 1593; DVD 2. VD 16 Nr. V 1401 datiert, obwohl auch auf BSB 4 L.lat. 435 fußend, auf 1598.

VP 1593C + **Anthologie aus Vergil, Ovid und Horaz, Venedig 1593**
I fiori della poesia, … raccolti … da tutte l'opere di Virgilio, Ovidio et Horatio; con tre … tavole, (herausgegeben von) Marco Antonio MAZZONE DI MIGLIONICO. Venetia 1593.
Bibl.: Die Angaben beruhen allein auf dem COPAC (BL) (Ø, trotz des Titels). .

VP 1596A + **Opera, Ingolstadt 1596**
Opera. Accessit eiusdem vita. Ingolstadii, David Sartorius, 1596.
Bibl.: Fehlt bei MAMBELLI; angeführt nur VD 16, Nr. V 1394 (H.).
Illustrierung: Enthält keine Illustration, sondern nur eine Druckermarke (allegorische weibliche Gestalt, wohl der Fortuna, mit der Inschrift: SAPIENS DOMINABITUR ASTRIS).
Zugänglichkeit: BSB A.lat.a. 2165, daraus digitalisiert die Titelseite; DVD 2.

VP 1596B ◘ + **Opera, Leipzig 1596**
Opera indubitata, Bucolicon, Georgicon, Aeneis … Emendata omnia multo nunc etiam quam antea accuratius studio et industria Georgij FABRICIJ. Lipsiae, impensis V. Voegelini, 1584.
Bibl.: Fehlt bei MAMBELLI und im CBItalV, auch in VD 16. Bekannt nur durch die ungenaue Herkunftsangabe zu den fünf Abb. in der EV 5.2, 1991, 604 s.v. Vaticana und durch die Abb. des Haupttitels in EV 2, 1985, 702 nach einem Exemplar in der Bibl. Apost. Vat. – Es handelt sich, wie sich aus den Abb. schließen lässt, um die „Leipziger Variante" des Züricher Argumentum-Typs, vgl. dazu generell Leipzig ▶VP 1581A mit *Beschreibung* und *Abhängigkeiten*.

VP 1596B   *Abb.*: EV 2, 1985, 702 (Haupttitel); 3, 1987, 943 (Aen. X); 5.2, 1991, 224 (Aen. III), 287 (nicht, wie angegeben, Ausschnitt aus Aen. VII, sondern aus Aen. IV) und 315 (Aen. IV).

VP 1596C   + L. HORTENSIUS, Komm. zur Aeneis, Basel 1596
Lamberti HORTENSII Montfortii enarrationes ... in XII libros P. Virgilii Maronis Aeneidos. His accessit Nascimbaeni NASCIMBAENII in priorem P. Virgilii Maronis epopoeiae partem, id est, in sex primos Aeneidos libros ... explanatio. Basiliae, per Sebastianum Henricpetri, 1596 [2°].

Bibl.: Fehlt bei MAMBELLI; doch vgl. dort Nr. 220 zu Basileae ▶VP 1559F (Originalausgabe der Aeneis mit den Erläuterungen des Lambertus HORTENSIUS aus Montfoort) und besonders Nr. 234 zu Basiliae (mit der Explanatio des NASCIMBENE) sine anno, 1570 entsprechend der Datierung von NASCIMBENES Praefatio eingeordnet (beidemal ohne Erwähnung von Illustr.), vielleicht identisch mit ▶VP 1577B. Die bei MAMBELLI fehlende Wiederholung von ▶VP 1559F bzw. ▶VP 1577B in Gestalt der vorliegenden Ausgabe ▶VP 1596C ist in VD 16, Nr. V 1425 (H.) aufgeführt. Vgl. außerdem FAGIOLO, Rom 1981, Nr. 60 (1577); CBItalV Nr. 713 (1596; Ø); Wolfenbüttel 1982, D 122 (1559; nur „Holzschnittinitialen") und D 123 (1577, nur „Holzschnittinitialen"; „die Ausgabe wurde in Basel 1596 wiederholt"); ▶VP 1596C ist Princeton Item 376 (Ø). - Vgl. generell zu ▶VP 1559F und ▶VP 1577B.
Illustrierung: Enthält nur Holzschnittinitialen, keine Illustrationen.
VP 1596C *Zugänglichkeit*: BSB 2 A.lat.a. 338 mit ▶VP 1596C (angeblich unvollständig, was nicht erkennbar ist), daraus 21 Doppelseiten mit figürlichen Initialen und Bändern digitalisiert; DVD 2. - Aus BSB 2 A.lat.a. 377 mit ▶ 1577B keine Digitalisierungen; vgl. aber noch BSB Res/2 A.lat.a 334 mit ▶VP 1559F und 3 daraus digitalisierten Doppelseiten.

VP 1597A   ◻ ? + Opera, Frankfurt a. M. 1597
Poemata, lectionum varietatibus ... locupletata ... studio et opera Christiani EGENOLPHI f., Francofurti, Ioannes Saurius, 1597.
Bibl.: Fehlt bei MAMBELLI; angeführt CBItalV Nr. 124 (Ø); VD 16, Nr. V 1397 (H.; vorhanden in UB Erlangen Phl VIII, 840). Vgl. die Opera-Ausgaben Frankfurt ▶VP 1585A und ▶VP 1590 (s. dort), beides ebenfalls von Chr. EGENOLPH.

VP 1597B   ◻ ? + Opera, Köln 1597
Opera doctissimorum virorum scholiis ... illustrata. Denuo cum figuris in gratiam studiosae iuventutis editus. Coloniae, Gosvinus Cholinus, 1597.
Bibl.: Fehlt bei MAMBELLI; angeführt nur VD 16, Nr. V 1398 (H.); BL. Das Verhältnis zu (▶VP 1580A,) ▶VP 1591A und auch zu London ▶VP 1597E ist unklar.

VP 1597C   Opera mit ital. Kommentar, Venedig: Sessa 1597
L'opere di Virgilio mantoano, cioè la Bucolica, la Georgica, e l'Eneide, commentate in lingua volgare toscana da Giovanni FABRINI da Fighine, da Carlo MALATESTA da Rimine, e da Filippo VENUTI da Cortona ... con la latina la volgare. Venetia, Giovanni Battista e Giovanni Bernardo Sessa, fratelli, 1597 [2°].

VP 1597C *Bibl.*: MAMBELLI Nr. 270 (Ø; Ristampa, doch wohl der Ausgabe ►VP 1581C); CBItalV Nr. 123 (ill.); KALLENDORF, 1994 (venez. Übers.), Nr. 91 ("woodcut initials, scenes for Buc. 11, Georg. 4, printer's device)" mit Hinweis auf KALLENDORF, 1991 (venez. Ausgaben), Nr. 123 (dort dieselben Angaben zur Illustration). Die Ausgabe enthält danach keine Bilder zur Aen. Ursprünglich, nämlich in ►VP 1581C und ►VP 1588B, s. dort, enthielt der Kommentar von FABRINI—MALATESTA-VENUTI aber auch einen Zyklus (Nr. 17) von 24 Bildern zur Aen. Für die späteren Ausgaben sieht ►VP 1597C aber wird mehrfach berichtet, dass sie keine Bilder zur Aen. mehr enthalten; s. ►VP 1604B, ►VP 1609B (?), ►VP 1623B, ►VP 1641B, ►VP 1654B, ►VP 1672A, ►VP 1683 (?), ►VP 1710, ►VP 1726B, ►VP 1741D (?), ►VP 1751S.

VP 1597D **ital. Übers. der Aeneis, Venedig: Ciotti 1597**
L'Eneide di Virgilio ridotta in ottava rima dal Signor Hercole UDINE. Venetia, Giovanni Battista Ciotti, 1597 [4°].
Bibl.: MAMBELLI Nr. 807 ("□ e medaglione con ritratto del traduttore inciso da Fr. Valesio"); New York 1930, Case 6, Nr. 62 ("Illustrated, □") = Princeton Item 421("□; portrait frontisp."); CBItalV Nr. 2078 (Ø); Napoli 1981, Nr. 150 ("decorata da fregi silografati, contiene anche un ritratto dell'UDINE, opera di Francesco Valesio"); FAGIOLO, Rom 1981, Nr.72; BORSETTO, 1989, 203f. (verweist noch auf einen identischen Ndr. Venezia, Ciotti, 1600 und die "terza impressione riformata", die 1607 zweimal in Venedig erschienen ist; Ø); KALLENDORF, 1994, Nr. 90 ("woodcut initials, scenes" offenbar auf 2 Seiten).
Abb.: Frontispiz bei KALLENDORF, 1994, Plate 20 und bei KALLENDORF, 1999, S. 166 Plate 8 (Wappen zwischen 4 allegorischen Gestalten über dem Titel und zwei Flussgöttern). Dieses Frontispiz auch in: Ritorno a Virgilio. Testo e traduzoni di Ridolfo SIGNORINI, Verona (Cassa di Risparmio di Verona, Vicenza e Belluno) 1981, S. 131.

VP 1597E **□ ? + Opera, London 1597**
Opera, doctissimorum virorum scholiis ... ac ... argumentis ... illustrata. Denuo cum figuris ... editus ... Pauli MANUTIJ annotationes ... Homeri loca magis insignia, quae Virgilius imitatus est, Georgij FABRICIJ Chemnicensis obseruationes Virgilianae lectionis. Londini, Felix Kingston, 1597.
Bibl.: Die Angaben beruhen allein auf dem COPAC (BL) (Ø - trotz des Titels *cum figuris editus*). Vgl. auch ►VP 1597B.

VP 1598 **□ + Opera, Wittenberg 1598**
Opera. D. Philippi MELANCHTHONIS et aliorum doctissimorum virorum scholiis et argumentis ... illustrata una cum versuum proverbialium ex ERASMI Chiliadibus ad calcem eorundem explicatione, adiectis etiam figuris egregie depictis, una in Bucolica, singulis vero in singulos Georgicorum et Aeneidos libros, denuoque ... restituta. ... Wittenbergae, ex officina typographica M. Joannis Cratonis, 1598.
Bibl.: Fehlt bei MAMBELLI; angeführt Wolfenbüttel 1982, D 27; VD 16, Nr. V 1399 (H.).
Lit.: Wolfenbüttel: "mit 17 Holzschnitten ... Holzschnitte (einige handkoloriert) zum Teil ganzseitig als ,Figura' des betreffenden Buches (Ecl., Georg. 1-4, Aen. 2-4, 7, 8, 10-12, Maphaeus), zum Teil etwa halbseitig (innerhalb von Aen. 4 und 5; von einem anderen Holzschneider als die großen Schnitte) ... Die

ganzseitigen Holzschnitte sind offenbar Nachschnitte der Illustrationen der Ausgabe von Bersmann" [= D 25, Lipsiae ►VP 1588A, Wiederholung von Lipsiae ►VP 1581A, s. dort]."

VP 1598   *Abb.*: Ein Holzschnitt zu georg. IV bei Wolfenbüttel 1982, S. 217.

VP 1599   **Opera, Auszug durch Jacobus PONTANUS, Augsburg 1599**
Symbolarum libri XVII, quibus P. Virgilii Maronis Bucolica, Georgica, Aeneis ex probatissimis auctoribus declarantur, comparantur, illustrantur per Jacobum PONTANUM [= SPANNMÜLLER] de Societate Jesu. Augustae Vindelicorum, ad insigne pinus, ex officina typographica Joann(is) Praetorii, 1599 [2°]. (Die Bibliographien schwanken für den Drucker zwischen dem Genitiv Praetorii und Praetoris, das Münchener BSB-Exemplar hat im Kolophon deutlich „Praetorii".)

Bibl.: MAMBELLI Nr. 272 ("Edizione molto pregiata, con frontespizio inciso"); Perugia, 1980, Nr. 57; CBItalV Nr. 128 (Ø); FAGIOLO, Rom 1981, Nr. 73 ("Amburgo: Hans Schultes ad insigne pinus, 1599" - wahrscheinlich Irrtum für Augsburg, Joannes Praetorius = Hans Schultes); Mantua 1981, Nr. 12; Napoli 1981, Nr. 100; Pistoia, 1981, Nr. 9; Trier, 1982, Nr. I 21 S. 22 ("Der Kupfertitel von Johannes von Ach zeigt Aeneas, Augustus, ein Medaillon von Vergil zwischen den Musen Calliope und Clio"); Wolfenbüttel 1982, D 29 (Lugduni ►VP 1604A); VD 16, Nr. V 1402 (TE. H.). - Die "17 Bücher" beziehen sich auf ecl. (I), georg. (II-V), Aen. (VI-XVIII); Verszählung ist durchgeführt. - Vgl. auch Lyon ►VP 1604A.

Illustrierung: Außer Druckermarke im Kolophon (Pinie mit Beischrift: *Honos erit huic quoque pomo*), Initialen, Vignetten und Schmuckleisten zwei Kupferstich-Illustrationen: Frontispiz und Karte. - Der Entwurf für das Frontispiz (32,5 h × 20,6) stammt von Hans von Aachen (1551/52 Köln - 1615 Prag), s. den Katalog: Prag um 1600, Vol. 1, Wien 1988, Nr. 179. Der Kupfertitel ist wie ein barocker Altar gestaltet, dies scheint in der Vergil-Illustrierung das älteste Beispiel für den im 17. Jh. beliebten „Altar-Typ" eines Frontispizes zu sein. Links vom Text der Titelei eine Statue mit der Inschrift AENEAS ANCHISAE FILIUS, rechts ein Pendant mit AUGUSTUS DIVI FILIUS; über der Titelei ein Medaillon des nach li. blickenden P. VIRGILIUS MARO mit Lorbeerkranz und zwei weibliche unbezeichnete allegorische Gestalten (wohl die Musen Calliope und Clio); an dem Statuen-Sockel des Aeneas die Signatur *Ioan. ab. ach Invent.* (also auf den ,Erfinder' Johannes von Ach weisend), an dem des Augustus die Angabe des Druckers *D. Custodis f.*; zwischen den beiden Sockeln eine kartographische Aufsicht auf die Mauern des Verlagsortes Augsburg, der COL. AUGUSTA VIND. - Die Karte mit dem Titel AENEAE NAVIGATIO und dem (abgekürzten) Zitat von Aen. I 382-389 ist zwischen S. 612 und S. 615 eingelegt; in die Karte des Mittelmeerraumes eingefügt sind *suo loco* weitere passende Aeneis-Verse; oben rechts in einem eigenen Kasten 11 Münzen mit der Überschrift ORIGINIS ROM. MONUMENTA EX NUMMIS.

VP 1599   *Zugänglichkeit*: BSB 2 A.lat.a. 324 , daraus 3 Doppelseiten (Titel, Beginn der Widmung, Karte) digitalisiert; **DVD 2** . - Ferner UB München 2 A.lat. 508 und 2 A.lat. 509. - Vgl. auch noch BSB 2 A.lat.a. 325 mit Lyon ►VP 1604A. - Von ►VP 1599 existiert auch ein Faksimile-Neudruck New York (u.a.), Garland, 1976, 3 Vol.

17. Jahrhundert, 1. Hälfte

Vorbemerkung
In dem chronologischen Verzeichnis der illustrierten Drucke, die von 1601-1633 in
Frankreich erschienen sind, bei Jeanne DUPORTAL, Contribution au catalogue général des
livres à figures du XVIIe siècle (1601-1633), Thèse complémentaire, Paris 1914 (706 Nr.) =
Ergänzung zu Jeanne DUPORTAL, Étude sur les livres à figures édités en France de 1601-1660,
Thèse, Paris 1914, beides Ndr. Genève/Paris 1992, figurieren nur 3 Vergil-Ausgaben
(nämlich Nr. 246, Nr. 338 und Nr. 377 = die 3 Bände von ▶VP 1612B). PASQUIER, 1992,
bietet für denselben Zeitraum, zusätzlich zu den 3 Bänden Nr. 37 = ▶VP 1612B, noch drei
weitere illustrierte franz. Vergil-Ausgaben: Nr. 36 = ▶VP 1609A, Nr. 38 = ▶VP 1618 und
Nr. 39 = ▶VP 1626. Mein Handbuch verzeichnet darüber hinaus noch ▶VP 1600, ▶VP
1604A und ▶VP 1625B.

VP 1600   **Opera, Paris 1600**
Bucolicorum Eklogae X. Georgicorum libri IIII, Aeneidos libri XII. Et in ea Mauri Servii …
commentarii ex antiquiss. exemplaribus longe meliores et auctiores ex bibliotheca Petri DANI-
ELIS I. C. … Parisiis, apud Sebastianum Nivellium, via Iacobaea, sub ciconiis, 1600 [2].
  Bibl.: MAMBELLI Nr. 276 (dort fälschlich als 1. Wort des Titels 'Opera' angegeben);
FAGIOLO, Rom 1981, Nr. 74; CBItalV Nr. 134. - In dieser Ausgabe ist erstmals die erweiterte
Fassung des Servius-Kommentars (Serv. auct., auch DServ. oder DS) gedruckt, die nach dem
Herausgeber P. DANIEL auch „Servius Danielis" genannt wird.
  Beschreibung: Auf der Folio-Titelseite eine prachtvolle Vignette mit dem verschränk-
ten Signum SN und mit zwei sich schnäbelnden Schwänen im Mittelfeld (= sub ciconiis), also
eine Druckermarke. In deren vier medaillon-artigen runden Eckfeldern Beispiele für die
abgebildete Devise (,4. Gebot') „*Honora patrem tuum / et matrem tuam // ut sis longaevus /
super terram. Exod. XX*", darunter oben r. der ,Pius Aeneas' mit Anchises auf den Schultern
und dem kleinen nackten Ascanius an der Hand. - Sonst nur Schmuckbänder.
  Zugänglichkeit: BSB Res/2 A.lat.a. 324 t , daraus die Titelseite und 1 Doppelseite
digitalisiert; DVD 2 . - Es gibt von dieser Ausgabe auch eine Mikrofiche-Ausgabe München,
Saur, (1991?), Bibliotheca Palatina, Mikrofiche-Nr. B368/B375.

VP 1601   ■ ? ◘ ? ital. Übers. der Aeneis, Rom 1601 oder 1622
Dell'Eneide di Virgilio del commendatore Annibal CARO. Roma, appresso Gio.
Angelo Ruffinelli, 1601.
  Bibl.: Bei MAMBELLI Nr. 818 ("con 3 incisioni su legno") und auch im
BSB-OPAC zum Jahre 1622 eingeordnet, offenbar wegen des Kolophons "Roma, ad instanza di G. A. Ruffinelli et A. Manni, appresso Guglielmo Facciotto,
1622" - nach beiden Katalogen würde also ▶VP 1601 gar nicht existieren, sondern nur ▶VP 1622B; die obige Titelaufnahme und die Datierung '1601' folgen
der Titelseite des BSB-Exemplars; auch bei CBItalV Nr. 2080 ist diese Übers.
zu 1601 eingeordnet, doch mit Hinweis auf den Kolophon ,1622'. Im BSB-
Exemplar sind auf der Titelseite vom Erscheinungsjahr die drei ersten Zahlen
160 deutlich zu lesen, die letzte Zahl ist überschrieben und nicht eindeutig lesbar, doch wohl als 1 zu deuten (was zusammen also 1601 ergibt; der ICCU-Katalog Nr. 040109 referiert dagegen „16011\i.e. 1622!"; dasselbe steht im OPAC

der BN Firenze). Im Kolophon ist das Münchener Exemplar ebenfalls, wie von MAMBELLI referiert, 1622 datiert. ▶VP 1601 und ▶VP 1622B sind also faktisch ein und dasselbe Buch; nur die chronologische Einordnung schwankt bei den Bibliographen. - Zu der immer wieder abgedruckten ital. Aen.-Übers. von Annibal CARO (1507-1566), die erstmals 1581 in Venedig von seinem Neffen Lepido CARO herausgegeben wurde (= ▶VP 1581D), vgl. Wolfenbüttel 1982, D 201 (zu der Ausgabe Rom ▶VP 1623C). Die verschiedenen Ausgaben der Übersetzung CAROS sind oft mit immer neuen Bilder-Zyklen geschmückt.

VP 1601   *Beschreibung*: Wenn das Erscheinungsjahr als 1601 angenommen wird - mindestens als Entstehungsjahr des Frontispizes und damit auch der anderen Kupferstiche muss es gelten -, wäre ▶VP 1601 Erstpublikation für den darin enthaltenen anonymen Kupferstich-Zyklus Nr. 18; wenn aber 1622 als Publikationsjahr angesetzt werden müsste (= ▶VP 1622B), würde es sich nur um eine genaue Wiederholung des dann in ▶VP 1608C (1608 oder 1607) offenbar erstmals publizierten Kupferstich-Zyklus handeln, der außerdem vor 1622 auch schon in einer Variation in Gestalt von ▶VP 1621 (wo aber das Erscheinungsjahr 1621 eine Konjektur aus einer fünfstelligen Jahreszahl ist) vorlag und variiert in ▶VP 1623C wiederholt wird.

In ▶VP 1601 (= ▶VP 1622B) zeigt das Frontispiz über der Kartusche mit dem Text des Titels zwei Tondi mit den lorbeerbekränzten Köpfen des VIRGILIUS MARO li. und des ANNIBAL CARO r.; unter der Titelei halten zwei ungeflügelte Putti eine Druckermarke mit dem Motto „Festina lente". - Die (nicht antikisierenden) Kupferstiche (ohne Namensbänder; 8,9 x 4,5) zur Aeneis (meist mit eingefügter Buchzahl) haben folgende Sujets (vgl. die leicht abweichende Beschreibung von PASQUIER, 1992, Nr. 55 = ▶VP 1608C und Nr. 57 = ▶VP 1623C):

Aen. I: Zwei blasende Windgötter (unten), die Flotte des Aeneas im Sturm (Mitte), oben in den Wolken Juno (r.) mit Pfau (li.).

Aen. II: Dreier-Gruppe des ‚Pius Aeneas', dabei Ascanius li.; im Hintergrund brennendes Troja mit dem Hölzernen Pferd.

Aen. III: Vorn zwei stehende Figuren: ein Greis mit wallendem Haar und Bart (li.; in Hosen), doch wohl eher Helenus (Aen. 3,374-462) als Anchises (Aen. 3,143f.), spricht zu dem gewappneten Aeneas (r.); im Mittelgrund ankernde Flotte; hinten li. Bau einer Festung (wohl die Irrfahrten-Station Kreta).

Aen. IV: BILD 18, vgl. BILD 19 und BILD 20. Im Vordergrund stürzt sich Dido nach li. gebeugt in ein langes Schwert; hinten li. umarmt Aeneas Dido in einer Felsenhöhle, oben r. eilt Mercurius durch die Lüfte herbei.

Aen. V: Im Vordergrund hetzt eine li. stehende Frau (= Beroe = Iris; wohl kaum Pyrgo) die Trojanerinnen dazu auf, die Schiffe in Brand zu stecken; im Hintergrund Brand der Flotte.

Aen. VI: Im Vordergrund führt die Sibylle r. Aeneas (li.) an der Hand in die Unterwelt; über ihnen fliegen ‚Teufelchen'.

Aen. VII: Ein berittener Feldherr (am ehesten Turnus) spricht zu einem versammelten Heer (doch wohl eine Szene aus dem Katalog der latinischen Alliierten am Schluss von Aen. VII); im Vordergrund steht r. ein Gewappneter (doch wohl Ascanius), auf einen Speer gestützt, neben einem hingestreckt daliegenden Hirsch.

Aen. VIII: Venus (r.) besucht Vulcanus li. beim Schmieden des Schildes in einer Art Höhle; im Vordergrund spielt ein Putto (Amor) mit anderen Teilen der Rüstung.

Aen. IX: Erste nicht genau zu identifizierende Schlachtszene: Kampf von Reitern li. gegen Fußsoldaten; im Hintergrund r. brennende Schiffe (Kombination mit der Schiffsmetamorphose am Anfang von Buch IX und dem ersten Angriff der Latiner auf das Trojanische Lager am Ende von Buch IX?).

Aen. X: Zweite nicht genau zu identifizierende Schlachtszene, an der vor allem drei Reiter beteiligt sind, von denen der eine den zweiten mit dem Speer vom Pferde sticht (wohl: Aeneas den Mezentius); oben in den Wolken Götterversammlung.

Aen. XI: Aeneas, in der Mitte stehend nach r. gewendet, weiht die erbeutete Rüstung des Mezentius an einem Siegesmal, das aus der Figur eines stehenden Kriegers auf einem Podest besteht (kaum Mars darstellend); li. vorn kniend ein (junger?) Krieger; im Hintergrund stehende Soldaten.

Aen. XII: Aeneas (li.) durchbohrt mit dem Schwert die Brust des r. am Boden liegenden, auf seinen li. Arm gestützten Turnus; im Hintergrund stehende Soldaten.

Im ICCU-Katalog, der auf einem Exemplar in Firenze und einem in Rom fußt, und auch im OPAC der BN Firenze wird behauptet, das Bild zu Aen. VIII sei irrig aus Aen. V wiederholt.

VP 1601 *Würdigung*: Der Zyklus (Nr. 18) bringt jeweils ein Ein-Szenenbild (I, II, III?, V, VI, VII?, VIII, XI, XII) oder ein Doppel-Szenenbild (III?, zu Aen. IV sogar 3 Szenen, VII?, IX, X) als Titelbild der 12 Aen.-Bücher. Aen. VII hat, zumal wenn es eine einzige Szene darstellen soll (Turnus verweist beim Aufruf der latinischen Streitkräfte zum Kampf auf den Zwischenfall mit dem Hirsch?), kein genaues Gegenstück im Epos. Die zur Illustration ausgewählten Szenen (abgesehen von den nicht genau zu identifizierenden zu Aen. VII, IX, X) sind in der Tat Schlüssel-Szenen der jeweiligen Bücher (am wenigsten noch Aen. III) und dem Sujet nach konventionell. - Vgl. auch die positive Würdigung bei PASQUIER, 1992, S. 109 (zu ▶VP 1608C): „Ces images sont animées; les scènes de bataille (L. IX, X) offre des exemples remarquables de composition dynamique ... une certaine influence théatrale ...".

Abhängigkeiten: Wenn diese Ausgabe ▶VP 1601 wirklich bereits 1601 (und nicht erst 1622) erschienen ist, wäre sie die Vorlage der späteren Übersetzungen, die dieselben Kupferstiche zeigen: ▶VP 1608C (1608 oder 1607); ▶VP 1621 (wo aber das Erscheinungsjahr 1621 eine Konjektur aus einer fünfstelligen Jahreszahl ist); ▶VP 1622B; ▶VP 1623C; s. jeweils dort. Auch die

Kupferstiche in Neapel ▶VP 1699 sind offenbar von diesem Zyklus Nr. 18 abhängig oder mindestens beeinflusst.

VP 1601 *Zugänglichkeit*: BSB A.lat.a. 2340 , im BSB-OPAC unter 1622 eingeordnet, daraus digitalisiert 13 Doppelseiten mit allen Illustrationen.

VP 1602 ◘ **? + Opera, Venedig 1602**
Universum poema. Cum absoluta Servii … interpretatione … et Joannis VIVIS in Eklogas allegoriis. Venetiis, sub signo Concordiae, 1602 [4°].
Bibl.: Nur in CBItalV Nr. 138 (ill.); fehlt bei MAMBELLI und bei PASQUIER, 1992.

VP 1603 ◘ **? + ital. Übers. der Opera, Venedig 1603**
L'opere di Vergilio, cioè la Bucolica, Georgica, & Eneida, nuouamente da diuersi eccellentissimi auttori tradotte in versi sciolti. Venetia, Nicolo Tebaldini, 1603.
Bibl.: Die Angaben beruhen allein auf dem COPAC (BL), dort mit dem Hinweis „woodcuts" (BL) und der Angabe, dass die Übertragung der ecl. von Andrea LORI, der georg. von Bernardino DANIELLO und der Bücher der Aen. von verschiedenen Übersetzern stamme.

VP 1604A **Opera, Auszug durch J. PONTANUS, Lyon 1604**
Symbolarum libri XVII, quibus P. Virgilii Maronis Bucolica, Georgica, Aeneis ex probatissimis auctoribus declarantur, comparantur, illustrantur per Jacobum PONTANUM de Societate Jesu. Lugduni, apud Ioannem Pillehotte, sub signo nominis Iesu, 1604 [2°].
Bibl.: MAMBELLI bei Nr. 272 (Augustae Vindelicorum ▶VP 1599); CBItalV Nr. 140 (Ø); Wolfenbüttel 1982, D 29 (Wiederholung von ▶VP 1599). - Vgl. generell ▶VP 1599.
Lit.: Wolfenbüttel 1982, D 29: "Kupfertitel … Die in der Praefatio angekündigte ‚Tabula geographica, universam Aeneae navigationem … oculis subijciens' findet sich nicht in der vorliegenden Ausgabe. Der Kupfertitel ist signiert IGHF. Kopf- und Schlussvignetten." In der Tat springt auch im BSB-Exemplar die Seitenzählung von 612 zu 615; damit fehlt in ▶VP 1604A die in der Ausgabe ▶VP 1599 an dieser Stelle eingelegte Karte mit der *Navigatio Aeneae*.
Beschreibung: Einzige Illustration ist ein Frontispiz im Altar-Typ, übernommen aus ▶VP 1599. Es ist aber in ▶VP 1604A gegenüber dem von ▶VP 1599 viel matter und leicht verändert. Die Signatur des Hans von Aachen fehlt und ist (r. unten) ersetzt durch die Signatur IGHF. Das Vergil-Medaillon ist von oben (dort jetzt in ▶VP 1604A statt dessen das Signet IHS) nach unten versetzt und die Namensbeischrift steht jetzt auf dem Rand, statt im Medaillon selbst. - Der Titel ist auch in ▶VP 1604A gerahmt von zwei Statuen, bezeichnet li. AENEAS ANCHISAE FILIUS, r. AUGUSTUS DIVA FILIUS (es müsste für den adoptierten Sohn Caesars richtig heißen, wie es auch in ▶VP 1599 steht:‚divi filius'), dazwischen unter dem Titel ein Tondo mit der Büste des lorbeerbekränzten, nach li. blickenden ‚P. VIRGILIUS MARO'. Über dem Titel zwei gelagerte Genien des Ruhms und ein Schild mit dem Christuszeichen IHS.
Abb.: Der Kupfertitel in Wolfenbüttel 1982, S. 88.
Zugänglichkeit: BSB 2 A.lat.a. 325 , daraus digitalisiert die Titelseite; DVD 2 . - Auch UB München 0001/ 2 A.lat. 511.

VP 1604B   **Opera mit ital. Kommentar, Venedig 1604**
Le opere di P. Virgilio Mantovano, cioè la Bucolica, la Georgica e l'Eneide. Commentate in lingua volgare toscana da Giovanni FABRINI da Fighine, da Carlo MALATESTA da Rimene, e da Filippo VENUTI da Cortona. Nuovamente ornate da vaghe e bellissime figure. Venetia, appresso gli eredi di Marchio' Sessa, 1604 [2°].
> *Bibl.*: MAMBELLI Nr. 278 ("Nel frontespizio la marca tipografica col 'gatto', e piccole incisioni su legno (alcune di esse ripetute) ad ogni ecl. e ad ogni libro delle georg."); Münster 1931, Nr. 27 (Bibl. Warburg; "jede der 10 Eklogen und jedes der 4 Bücher der Georgica mit einem Holzschnitt"); BL; CBItalV Nr. 139 (1604; wegen identischer Seitenzahl offenbar = Nr. 133); vgl. Pistoia 1981, Nr. 14 (ein von MAMBELLI nicht erwähnter Ndr. Venetia 1615, darin „15 piccole incisioni su legno"); ▶VP 1604B ist Princeton Item 126 („illustrated"). Vgl. ferner Venezia, Baglioni, ▶VP 1710 [2°] = MAMBELLI Nr. 363. - Nach Auskunft meines Freundes Prof. Dr. Mario Geymonat, der in der Biblioteca Marciana in Venedig diese Ausgabe ▶VP 1604B eingesehen hat, enthalten die Ausgaben von FABRINI-MALATESTA-VENUTI (z. B. Venedig ▶VP 1597C und ▶VP 1588B, s.o.) keine eigentliche ital. Übers. Jede der 10 Eklogen und jedes der 4 Bücher der Georgica ist mit einem Holzschnitt geschmückt; für die Aeneis aber fehlt jede Illustration (bestätigt von KALLENDORF, brieflich nach Autopsie von Princeton Item 126).

VP 1604C   **ital. Übers. der Aeneis, Rom 1604 (oder 1603)**
L'Eneide tradotta dal comm. Annibal CARO, Roma, Giov. Ang. Ruffinelli, 1604 (Alla Fine: ad instanza di G. A. Ruffinelli appresso Gugl. Facciotto, 1603).
> *Bibl.*: Nur bei MAMBELLI Nr. 810 ("una incisione a piena pagina") und in der BL (□). - Das Verhältnis dieser Ausgabe zu den anderen von G. A. Ruffinelli in Rom verlegten Ausgaben der Aen.-Übers. von A. CARO ist unklar, vgl. ▶VP 1601 (= ▶VP 1622B), die vorliegende ▶VP 1604C (1604 oder 1603), aber auch ▶VP 1608C (1608 oder 1607) und ▶VP 1622B sowie ▶VP 1623C. Alle anderen Ausgaben bieten einen Zyklus von 12 Aen.-Bildern, allein diese ▶VP 1604C laut MAMBELLI nur einen einzigen ganzseitigen Kupferstich.

VP 1606   **□ deutsche Übers. der Aeneis, Leipzig (bzw. Jena) 1606**
Vergilii Maronis zwölff Bücher. Item das Buch Maphei von dem thewren Helden Aenea, was der zu Wasser und Land bestanden. Jetzund von newem widerumb übersehen mit Fleis corrigiret, und schönen Figuren gezieret, Jehna, durch Johan Weidnern (in Verlegung durch Johann Börnern des jungern Buchhändlern in Leipzig), 1606.
> *Bibl.*: Bei MAMBELLI Nr. 1306 zur deutschen Übers. Frankfurt ▶VP 1559C als Ndr. erwähnt; Wolfenbüttel 1982, D 160; BL. - Auch diese anonyme deutsche Aen.-Übers. in ▶VP 1606 stammt von Thomas MURNER, Erstpublikation Straßburg ▶VP 1515F; vgl. dort und zu den anderen älteren anonymen Ausgaben Worms ▶VP 1543B und Frankfurt ▶VP 1559C. (Die nächste deutsche Aen.-Übersetzung wird ▶VP 1610B sein.)
> *Lit.*: Wolfenbüttel 1982, D 160: "13 Holzschnitte. Wiederholung der Ausgabe von ▶VP 1559C (Nr. D 159 [Bearbeitung der Übers. von Thomas MURNER]). Die „Figuren" sind recht genau denen von ▶VP 1559C nachgeschnitten (auch hier [wie in ▶VP 1559C, s. dort] für Buch 8 und 9 derselbe Holzschnitt)."
> *Beschreibung*: Es handelt sich um Holzschnitte des Argumentum-Typs. Für Aen. II-IX (vermutlich auch für Aen. I) handelt es sich um genaue Wiederholungen von ▶VP 1559C, dem "Frankfurter Argumentum-Typ" (hier wie dort

ist Aen. IX eine Dublette zu Aen. VIII); auch die Titel-Holzschnitte für Aen. XII und ‚XIII' sind aus ▶VP 1559C übernommen, jedoch stark vereinfacht, sie wirken mit etlichen geradezu leeren Stellen unfertig, bestenfalls wie eine Art Selektion aus den figurenreicheren Abb. in ▶VP 1559C. Es gibt nur wenige Namensbeischriften, für Aen. VIII-XIII gar keine. - Zur Beschreibung dieses Zyklus (Nr. 15) siehe ▶VP 1559C. Die folgenden Angaben sollen nur der Identifizierung dienen und beziehen sich deshalb in der Regel nur auf die im untersten Segment (Vordergrund) dargestellten Figuren.

Aen. I: fehlt im BSB-Exemplar.

Aen. II: Griech. Flotte vor Troja.

Aen. III: Höhle des Kyklopen (CIRLO) und r. Poliphem (POLIP) im Meer.

Aen. IV: ASCANIUS zu Ross (nach li. gewendet) mit einem Falken.

Aen. V: Li. AENEAS zu Ross vor DIDO r. in einem Boot.

Aen. VI: TANTALUS li. und TITION in der Unterwelt.

Aen. VII: Ilioneus tritt von r. vor den li. thronenden LATINUS.

Aen. VIII: Oben: Kanonen auf eine Burg gerichtet.

Aen. IX   = Aen. VIII.

Aen. X: Li. ein vom Pferd abgestiegener Reiter (Mezentius?) ohne Gegenüber.

Aen. XI: Li. Camilla zu Ross, sich gegen einen Fußsoldaten r. wendend.

Aen. XII: Li. Aeneas zu Ross vor einem Torturm, r. zwei weitere kleinere Reiter.

VP 1606   *Zugänglichkeit*: BSB A.lat.a. 2606 w (das Exemplar ist unvollständig: es fehlen die Titelseiten und die Abb. zu Aen. I; es beginnt mit dem deutschen Text für „Das erste Buch Vergilij"), daraus digitalisiert 13 Doppelseiten mit den Titelbildern zu Aen. II-XII und ‚Aen. XIII'; DVD 2.

VP 1608A   Ecl./georg. = Opera Vol. I (und Vol. II mit Aen. I-VI),
Frankfurt a. M. 1608 (und 1613 oder 1614)

Bucolica et Georgica argumentis, explicationibus, et notis illustrata a Joanne Ludovico DE LA CERDA Toletano e Societate Iesu. (Frankfurt a. M. =) E nobilis Francorum vadi collegio Paltheniano, 1608 [2]. - Nicht Madrid 1608 (Vol. I) bzw. 1613 oder 1614 (Vol. II) erschienen. *Vorbemerkung zur Bibl.*: Die Angaben zu diesen von Palthen in Frankfurt a. M., 1608 (Vol. I) und 1614 oder schon 1613 (Vol. II = ▶VP 1614; Vol. III ist nie bei Palthen in Frankfurt a. M. erschienen) gedruckten Bänden des monumentalen Kommentars von L. DE LA CERDA sind in den Bibliographien geradezu heillos mit denen zu der ersten vollständigen und als Standardausgabe geltenden Ausgabe Lyon, H. Cardon, 1612-1619 (3 Vol.) = ▶VP 1612B kontaminiert und damit verwirrt. Der irrige Publikationsort Matritum = Madrid bei MAMBELLI Nr. 281 und Nr. 602 ist aus der Lokalisierung der Praefatio (datiert Madrid 5.6.1608) und der Facultas imprimendi (datiert Madrid 15.9.1607) abgeleitet. - Die richtigen Daten zu ▶VP 1608A, ▶VP 1612B und ▶VP 1614 sind, nach Recherchen von Rudolf RIEKS, erschlossen worden von Georg Nicolaus KNAUER, Die Aeneis und Homer, Göttingen 1964 = Hypomnemata 7, S. 14f. und bes. S. 84f. Anm. 1 (in seinem Kapitel über „Die Wiederentdeckung Homers durch die Aeneiskommentierung", hier S. 82-86 zu DE LA CERDA), dort vor allem auch Richtigstellungen gegenüber MAMBELLI Nr. 281 („völlig falsch und zu streichen", was ebenso für Nr. 602 gilt) und Nr. 288. - Vgl. auch noch den Neudruck Köln ▶VP 1628.

| VP 1608A | *Bibl.*: Da die Angaben bei MAMBELLI Nr. 281 und Nr. 602 fehlerhaft |

und irreführend sind, verbleibt - neben KNAUER, auf den ich mich stütze - als einigermaßen verlässlicher Nachweis für die Ausgabe von 1608 nur Napoli 1981, Nr. 101 (dort allerdings „[Matriti]" lokalisiert).
Besser bezeugt sind folgende späteren Neuausgaben aller 3 Vol.:
(a) Lyon, H. Cardon, 1612-1619 = MAMBELLI Nr. 288 = ▶VP 1612B;
(b) Köln, B.Gualteri, 1628 = MAMBELLI zu Nr. 288 = ▶VP 1628;
(c) Köln, J. Kinchius, 1642-1647 [2°, 3 Vol.] = MAMBELLI Nr. 311 (Ø); Mantua 1981, Nr. 19 (auch dort ist kein Frontispiz abgebildet); London 1982, Nr. 85; Wolfenbüttel 1982, D 36 (Ø); Princeton Item 379 (Vol. III mit Aen. VII-XII; „ornamental initials; illustrations" = ▶VP 1642B).

Lit.: Napoli 1981, Nr. 101 (1608): "Sul frontespizio un'incisione a piena pagina: sullo sfondo di una costruzione architettonica sono raffigurati Virgilio, Apollo e, più in basso, Teocrito ed Esiodo."

Beschreibung/Abhängigkeiten: Vermutlich ist das Frontispiz für ▶VP 1608A (Vol. I) identisch mit dem des ebenfalls in Frankfurt a. M. bei Palthen erschienenen Vol. II = ▶VP 1614, s. dort (Hauptfiguren Vergil-Apollo, ferner Theokrit-Hesiod, Stadtansicht Frankfurt a. M.). Vgl. auch Köln ▶VP 1628 (identische Figuren, doch Stadtansicht Köln). Das Frontispiz von Lyon ▶VP 1612B (s. dort) dagegen ist zwar auch architektonisch wie ein barocker Altars gestaltet, aber das Schema ist anders ausgefüllt (Hauptfiguren Vergil - Augustus). Zum Altar-Typ des Frontispizes s. zu ▶VP 1612B *Abhängigkeiten*.

Zugänglichkeit: Die BSB besitzt drei Exemplare: BSB 2 A.lat.a. 353; BSB 2 A.lat.a. 353 a und BSB 2 A.lat.a. 354. – Die UB München besitzt zwei Exemplare: 0001/ 2 A.lat. 515(1 und 0001/ 2 WA 199(1.- Es gibt von ▶VP 1608A auch eine Mikrofiche-Ausgabe München, Saur, 1993, Bibliotheca Palatina, Mikrofiche-Nr. B235/B240 (1608).

VP 1608B ■ **ital. Übers. der Aeneis, Padua 1608**
L'Eneide di Virgilio del commendatore Annibal CARO con l'aggiunta delli argomenti e le figure in rame. Padova, appresso Pietro Paolo Tozzi, 1608 [4°].

Bibl.: MAMBELLI Nr. 813 ("con 11 figure incise in rame a piena pagina, □ e ritratto di Annibal Caro. Edizione pregevole, ristampata nel 1612 [= MAMBELLI Nr. 815]"); Perugia 1980, Nr. 58 (wie MAMBELLI); CBItalV Nr. 2086 (= Nr. 2067, wegen der identischen Seitenzahl); Napoli 1981, Nr. 68 (und bei Nr. 149); PASQUIER, 1992, Nr. 56; BL; Princeton Item 424a (dazu KALLENDORF, brieflich nach Autopsie: „engravings"). - Vgl. auch Wolfenbüttel 1982, D 202 zur Quarta impressione, Padova, Donato Pasquardi, 1630 = ▶VP 1630B: „mit 12 Holzschnitten, zu jedem Buch ein Holzschnitt; 'Quarta impressione' bezieht sich nur auf die in Padua erschienenen Ausgaben (zuvor 1608, 1612, 1613)"; gemeint sind die immer bei Tozzi erschienenen Ausgaben der Aen.-Übers. von Annibal CARO ▶VP 1608B (die vorliegende), ▶VP 1612C, ▶VP 1613B; es gibt darüber hinaus aber auch noch die ebenfalls bei Tozzi publizierte Ausgabe Padova ▶VP 1609D. – Wolfenbüttel bezeichnet, im Widerspruch zu MAMBEL-LI/Napoli/PASQUIER und vor allem zum Titel der Originalausgabe ▶VP 1608B die Bilder fälschlich als Holzschnitte, statt richtig als Kupferstiche. - Im ital. ICCU-Katalog sind insgesamt 5 bei Pietro Paolo Tozzi in Padua erschienene Ausgaben der ital. Aen.-Übers. von A. CARO aufgeführt, die alle illustriert sind: zwei nur entsprechend der Datierung der Dedikation zu 1609 eingeordnete

Ausgaben im Format 16°, nämlich eine (1.) mit 697 S. (Exemplar in Mantova) =
▶VP 1609D (sie ist wahrscheinlich identisch mit einem vermutlich falsch 1669
datierten 3. Exemplar in Cesena) und eine weitere (2.) mit 676 S. („□ e illustrazioni nel testo xil.", Exemplar der Bibl. Querini Stampalia in Venezia); ferner
(4.) eine weitere undatierte Ausgabe mit 676 S. (16°, □, Fregi xilogr.; Exemplar
aus Chieri; diese ICCU-Katalog-Nr. 044447 erscheint zwar bei der Internet-Recherche manchmal unter dem Verleger ‚Tozzi', doch nicht auch unter dem
Autor ‚Virgilio Marone'); schließlich (5.), als einzige im Format 4°, eine 1613
datierte Ausgabe („196 p., ill., 1 ritr., □"; Exemplar aus Mantova) = ▶VP
1613B. Dass der Verleger P. P. Tozzi, der (laut ICCU) seit 1596 Bücher (zuerst
in Venedig, ab 1605 in Padua) verlegt, noch 1669 die Aen.-Übers. von CARO
(ICCU-Katalog Nr. 017469) erneut publiziert haben soll, erscheint unglaub-
würdig. Weder ▶VP 1608B noch ▶VP 1612C ist in ICCU verzeichnet.

Lit.: Napoli 1981, Nr. 68: „arricchita da dodici figure a piena pagina incise
su rame ad acquaforte e dal ritratto di Annibal Caro. □ con motivi archettonici.
Nelle incisioni, di probabile scuola tedesca, sono compendiati gli episodi salienti
di ciascun libro". - Perugia 1980, Nr. 58 spricht von 11 Tafeln, einem □ und
einem "ritratto di fantasia del traduttore". - PASQUIER, 1992, Nr. 56 und S. 107:
12 ganzseitige Kupferstiche und Radierungen, offenbar eine zu jedem Aen.-
Buch, keine näheren Angaben (S. 107: inspiriert von ▶VP 1502, Zusammenstellung mehrerer Episoden), dazu ein Frontispiz.

VP 1608B   *Beschreibung*: Vor jedem Aen.-Buch ein ganzseitiger poly-
szenischer Kupferstich des Argumentum-Typs mit zahlreiche ital. Namensbeischriften (die ich alle erwähne). Unter jedem Bild stehen mit der Überschrift
Argomento (die nur für Aen. I fehlt) 5 italienische Zeilen, die wie Prosa wirken,
aber vielleicht als rohe italienische Elfsilbler (versi sciolti) gelten können. Es
handelt sich um eine recht getreue ital. Übers. einer spätantiken Serie von lat.
Argumenta zu den 12 Aeneis-Büchern, der Pentasticha Duodecim Sapientum,
einer Inhaltsangabe in je 5 lat. Hexametern (Anth. Lat. c. 591-602 R). - Wie immer bei Beispielen des Argumentum-Typus, ist es kaum möglich und in einem
Handbuch nicht sinnvoll, eine vollständige Auflistung oder gar Deutung aller
auf diesen Titelbildern zu den 12 Aen.-Büchern in piktoraler Andeutung sozusagen graphisch anzitierten Szenen zu bieten. Ich beschränke mich auf Stichwörter und beginne immer unten r. - nicht nur zur leichteren Identifizierung,
sondern auch deshalb, weil dort grundsätzlich der Anfang des jeweiligen Buches
illustriert ist. Im allgemeinen geht die ‚richtige' (d.h. vom Vergil-Text diktierte)
Leserichtung von unten r. (früheste dargestellte Szene) nach oben li. (letzte dargestellte Szene des Buches). Das lässt sich für Aen. I, II, V, IX, XI und XII, eingeschränkt für Aen. III, VI, VII und VIII, nicht für Aen. IV und X beobachten.
Immer aber geht die Leserichtung von unten (= vorn) nach oben (= hinten) und
immer ist unten r. die früheste Szene (Ausnahme in beiden Fällen: Aen. X).

VP 1608B Aen. I: Unten r. ein offenes Segelboot mit 2 Insassen bei der Landung, davor li. *Enea* und *Acate* bei der Hirschjagd. Ferner u.a. *Giunone* bei *Eolo*; Mahl am Portus Libycus, *Venere* vor *Giove*, *Enea* und *Acate* treffen *Venere*, Empfang durch *Didone* in *Cartagine*. - Darunter das *Argomento*: *Manda Eolo i venti a' preghi di Giunone, / E le navi Troiane à i lidi spinge / De la nova Cartago; ivi riceve / Enea la bella Dido; à cui Cupido / Sotto forma d'Ascanio ispira amore.*

Aen. II: Unten r. besteigen Griechen von li. das große Hölzerne Pferd innerhalb eines Zeltlagers. Ferner: *La(o)coonte* mit den Schlangen, Einholung des Hölzernen Pferdes, Bedrohung der *Cassandra*, *Sinone* vor *Priamo* innerhalb (!) der Mauern Trojas, Erscheinung Hektors vor dem schlafenden *Enea*, brennendes *Troja*, Flucht des Aeneas mit *Anchise* und direkt hinter ihm *Creusa*. - Darunter das *Argomento*: *Racconta Enea le Greche frodi, e l'arti / Del perfido Sinone, onde fù estinto / Di Priamo il regno & Ilio arse e cadeo. / E come egli del Padre il caro peso / Trasse del foco; ma perdeo Creusa.*

Aen. III: Unten r. eine Gruppe von Kriegern mit *Enea* am Strand am Fuße des *Mont Ida* (?), li. davor Schiffsbau. Ferner eine Flotte vor *Tracia*, brennendes *Troja*, *Enea* vor dem *Oracolo di Apollo* in *Delo*, *Arpie* (Harpyien), *Strofadi*, ein Berg in *Epiro* mit landender Flotte und Personen mit zwei unleserlichen Namensbeischriften (zu erwarten wären: Helenus und Andromache). - *Argomento*: *Pria ne' lidi di Tracia, e poscia in Creta / Fondar comincia Enea nova Cittade, / Ma lascia entrambe, e d'Heleno i consigli / Seguendo, fugge da' Ciclopi; e piange / Del Padre il fato, e le fredd' ossa copre.*

Aen. IV: BILD 21. Unten r. (groß) *Anna* im Gespräch mit der Königin *Didone* vor *Cartagine*. Ferner: Jagd mit *Enea* und *Didone*, brennender Scheiterhaufen, stehendes Paar *Didone* und *Enea*, Dido am Ufer dem Schiff des *Enea* nachblickend, *Mercurio* vor *Enea*, *Venere* und *Giunone*. – *Argomento*: *Esce à la caccia Dido, e col suo amato / Enea in un'antro sola si raccoglie. / Vola la fama del commesso fallo. / Per voler del gran Giove Enea si parte; / Ella d'ira, e d'amor vinta s'uccide.*

Aen. V: Unten r. empfängt König *Aceste* mit einem Begleiter den in einem Schiff landenden *Enea* li. Ferner: Ruderregatta mit 6 Booten, Wettlauf, Bogenschießen auf die Taube, Ritter-Turnier, Flottenbrand und Abschied am Ufer, Venus und Neptunus. - *Argomento*: *Tornato Enea in Scilia, le funebri / Pompe al padre rinova. Le Troiane / Incendono le navi. Ivi Enea lascia / La turba imbelle. Venere poi placa / Nettuno. Il sonno Palinuro affoga.*

Aen. VI: Unten r. ein Rundtempel, vor dem li. *Miseno* auf einem brennenden Scheiterhaufen liegt, ganz li. *Enea*. Ferner: *Enea* mit *Acate* pflückt den Goldenen Zweig, *Enea* mit *Sibilla* im Nachen des *Caron*, *Enea* mit *Sibilla* vor dem Cerberus, Gefilde der Seligen. - *Argomento*: *Viene il Troiano à Cuma, e le riposte / Ode de la Sibilla; indi partendo / sepelisce Miseno:*

poi discende / A l'infernal Magione; quivi il padre / Gli mostra l'ombre, e i gesti de' nepoti.

VP 1608B Aen. VII: Unten r. *Enea* (groß) auf einem landenden Schiff stehend, davor li. eine Gesandtschaft von *ambasciatori Troiani* zu Fuß mit Ölzweigen. Ferner: *Ascanio* jagt den zahmen Hirsch, *Giunone* vor *Aletto*, eine kämpfende Gruppe, ein Heer. - *Argomento: Giunta à Laurento la Troiana Armata / Dal Rè Latino hà pace; e nove mura / Dissegna. Aletto di Giunon ministra / Sparge di guerra i semi: Indi di Troia / Contra le genti s'arma il Latio tutto.*

Aen. VIII: Unten r. ein Rundturm mit einer Fahne, davor nach li. zu Fuß gehend zwei *ambasciatori di Turno* (!). Ferner: *Euandro* begrüßt *Enea*, Opfer, *Venere* bei *Vulcano* am Amboss, *Enea* hebt an der Spitze einer Gruppe mit *Euandro* betend die Hände zum Himmel, wo Waffen erscheinen (also nicht die Übergabe der neuen Rüstung, sondern das Waffen-Prodigium des ‚Zeichens der Venus'). - *Argomento: A difesa d'Enea s'unisce Euandro / cò suoi Arcadi in lega. Cithera / cò donnesche lusinghe al figlio impetra / L'armi fatali, in cui il fabro Divino / De' futuri Romani i gesti imprime.*

Aen. IX: Unten r. erscheint *Iride* dem *Turno*, li. davon liegt *Numano* von einem Pfeil getroffen am Boden. Ferner: Angreifer bestürmen einen von *Troiani* verteidigten Turm, die auf Lanzen gesteckten Köpfe des Nisus und Euryalus werden gezeigt, Volcens greift zu Ross den *Eurialo* an, der den hingestreckten *Niso* zu decken versucht (nach dem Vergil-Text müssten die beiden Namen ausgetauscht werden), kämpfende Heere zwischen Zelten und einer Stadt, ein stehendes Heer, *Turno* im Tiber. - *Argomento: Giunone istiga Turno. Egli i Troiani / Rinchiusi assale, e lor navi accende. / Niso, & Eurialo, per notturna strage, / E per rara amicitia illustri e conti, / Cadono al fine, e Turno à' suoi sen' riede.*

Aen. X: Unten r. verteidigen *Troiani* einen großen Rundturm gegen Angreifer, unter denen ein großer Krieger (Turnus) in Rückenansicht und li. *Latini* sind. Ferner: *Eurialo* und *Niso* liegen tot zwischen zwei kämpfenden Heeren (eine weder in Aen. IX noch gar in Aen. X vorkommende Szene!), Nymphen vor Schiffen (nicht Metamorphose in Aen. IX, sondern Begegnung mit der etruskischen Hilfsflotte des Aeneas), Versammlung von 7 Göttern mit *Giove* in der Mitte. - *Argomento: Di Giuno, e Citherea l'alte contese / Giove tenta placare. Enea ritorna / Cinto d'aiuti, à cui nel Lido fanno / Duro incontro i Latin(i): per ma(ni) di Turno / Cade Pallante, e poi d'Enea Mezentio.*

Aen. XI: Unten r. ein Standbild des *Marte*, vor dem *Enea* kniet und eine Beuterüstung darbringt, li. davon Bahre mit der Leiche des *Pallante*. Ferner: Angriff auf ein Lager, *Latino* (!), *Camilla* und *Troiani* im Reiterkampf. - *Argomento: Dassi il supremo honor di sepoltura / A corpi estinti, piange il vecchio padre / Del giovine Pallante il fato acerbo. / Son contrari i pareri di Turno e Drance / La Vergine Camilla à morte è spinta.*

Aen. XII: Unten r. König *Latino* in einer Gruppe von Kriegern, darunter wohl Turnus und Aeneas, li. davon *Enea* und *Idmone* (Aen. XII 75: Bote des Turnus an Aeneas). Ferner: *Venere* heilt den verwundeten *Enea*, kämpfende Heere, Angriff (der Trojaner) auf einen Rundturm (Laurentum), *Amata* erhängt an einem Baum, Duell *Enea - Turno*. - *Argomento*: *L'essercito Latino, i sacri patti / Rompendo, perde la giornata. Enea / Ferito co'l Dittamo è risanato. / Poi con Turno s'abbatte, e lui di vita / Privando fine alle fatiche impone.*

VP 1608B   *Würdigung*: Dies ist das späteste bekannte Beispiel für einen Zyklus des Argumentum-Typus, zugleich aber das klarste überhaupt: Nr. 19. Es liegt offenbar eine völlig selbständige Erfindung vor. Es ist keinerlei Einfluss der beiden älteren „deutschen" Argumentum-Zyklen, des Frankfurter Typus (Nr. 15, zuerst in ▶VP 1559C) und des Züricher Typus (Nr. 16 zuerst in ▶VP 1561B), zu spüren und schon gar nicht ein solcher des B. Salomon zugeschriebenen franz. Zyklus (Nr. 10, erster Teilbeleg in ▶VP 1547B, vollständiger Zyklus in ▶VP 1560A). Zum erstenmal ist ein (hier: italienisches) kurzes textuelles Argumentum direkt unter dem Bild gedruckt. In den beiden deutschen Zyklen war meist (eine Ausnahme bildet die Erstausgabe des ‚Züricher Typus' in ▶VP 1561B, die kein textuelles Argumentum bietet, was jedoch bereits in ▶VP 1564 korrigiert wurde) ein längeres gereimtes deutsches oder prosaisches lat. Argumentum auf der dem Argumentum-Bild vorausgehenden oder folgenden (z.B. in ▶VP 1581A) Seite plaziert, ebenfalls in dem französischen Zyklus ▶VP 1560A. - Die Figuren in ▶VP 1608B sind nicht antikisch gewandet. - Dies ist die Erstausgabe der 'klassischen' italienischen Übersetzung der Aeneis durch A. CARO im Verlag Tozzi in Padua (nicht die Erstausgabe überhaupt, denn die Übersetzung Caros, der 1507-1566 lebte, wurde erstmals Venedig ▶VP 1581D postum gedruckt); es folgten dort noch viele Neuauflagen. Offenbar ist der Argumentum-Zyklus von ▶VP 1608B (Nr. 19) noch mehrfach nachgedruckt worden (s. die Rubrik *Abhängigkeiten,* von mir nicht durch Autopsie nachprüfbar), aber er wurde in ▶VP 1621 (Datierung unklar) von Tozzi in Padua durch einen neuen Kupferstichzyklus (Nr. 18, Variante) ersetzt, der mit dem von 1608 nichts mehr zu tun hat und der sich allein schon durch die relative Größe und die Spärlichkeit der abgebildeten, nie mit Namensbeischrift identifizierten Personen (die deshalb relativ grob wirken) einer Ein- oder allenfalls Mehr-Szenen-Illustration annähert. (Die meisten dieser Titelbilder zu den 12 Aeneis-Büchern zeigen drei heterogene Szenen). Offenbar ist er abhängig von dem dritten (oder chronologisch wohl ersten) italienischen Titelbild-Zyklus dieser Zeit (Nr. 18), der in den ebenfalls nicht sicher datierbaren Ausgaben Rom ▶VP 1601 = ▶VP 1622B und ▶VP 1608C vorliegt; dieser ist noch stärker auf je eine Szene oder eine Doppelszene konzentriert als ▶VP 1621.

Abhängigkeiten: Ndr., immer in Padua erschienen, und zwar bei Tozzi: ▶VP 1609D (MAMBELLI Nr. 814; CBItalV Nr. 2087); ▶VP 1612C (MAMBELLI Nr. 815); ▶VP 1613B (MAMBELLI Nr. 817; CBItalV Nr. 2088); ferner bei D.

Pasquardi: ▶VP 1630B (Wolfenbüttel 1982, D 202) oder/und außerdem 1631 (CBItalV Nr. 2093: ill.). - Vgl. auch oben die Rubrik *Bibl.*

Abb.: Im Abb.-Teil bei PASQUIER, 1992: Abb. 299 Frontispiz; Abb. 150 zu Aen. II (u.a. Hölzernes Pferd); Abb. 180 zu Aen. IV (u.a. Dido und Anna).

VP 1608B *Zugänglichkeit*: (a) Weder ▶VP 1608B noch einer der in der Rubrik *Abhängigkeiten* aufgeführten Nachdrucke ist in München vorhanden. Dieser anonyme Zyklus Nr. 19 im Argumentum-Typus ist nicht identisch mit dem ebenfalls von P.P. Tozzi in Padua mit der ital. Aen.-Übers. von A. CARO verbundenen anderen Zyklus im Szenen-Kombinations-Typus (Nr. 18) , der in München durch ▶VP 1621 (Datierung unklar; zur Problematik dieser Ausgabe s. dort; vgl. auch ▶VP 1601 = ▶VP 1622 und ▶VP 1608C) repräsentiert wird. (b) Alle 12 Abb. sind ohne Herkunftsangabe (identifizierbar nur durch die Identität mit den beiden Abb. 150 und 180 bei PASQUIER, 1992) wieder abgedruckt in der in meinem (W.S.) Besitz befindlichen Ausgabe: Virgilio. Eneide. Nella traduzione di Annibal CARO con introduzione, commento, note e dizionario di mitologia e letteratura a cura di Athos SIVIERI, Messina/Firenze 1960, dort Aen. I - S. 1, II 67, III 13, IV 169, V 223, VI 261, VII 315, VIII 351, IX 383, X 413, XI 447, Aen. XII - S. 477.

VP 1608C ◻ ? (∎ ?) ital. Übers. der Aeneis, Rom 1608 (oder 1607)
Dell'Eneide del commendator Annibal CARO. Roma, Gio. Angelo Ruffinelli, 1608 (im Kolophon: Roma, B. Zanetti, 1607).

Bibl.: MAMBELLI Nr. 812 ("con figure incise in rame, una per ogni libro"); CBItalV 2085 (zu 1608 gestellt; Ø); PASQUIER, 1992, Nr. 55. - Das chronologische Verhältnis dieser zu den anderen von G.A. Ruffinelli in Rom verlegten Ausgaben der Aen.-Übers. von A. CARO ist unklar, vgl. ▶VP 1601 (= ▶VP 1622B), ▶VP 1604C (1604 oder 1603), die vorliegende ▶VP 1608C (1607 oder 1608) und ▶VP 1622B. Jedenfalls enthalten alle diese Editionen der ital. Aen.-Übers. von CARO - mit Ausnahme von ▶VP 1604C (mit nur 1 Illustration) - denselben Zyklus (Nr. 18) von 12 Kupferstichen. Wenn es keine Edition von 1601 (= ▶VP 1601, s. dort) gegeben haben sollte, wäre ▶VP 1608C offenbar die Erstpublikation dieses anonymen Kupferstich-Zyklus Nr. 18.

Lit.: PASQUIER, 1992, Nr. 55 mit S. 108f. (bes. zu den Bildern zu Aen. VII und VIII): Je ein Kupferstich (ohne Angabe des Entwerfers oder Stechers) zu den 12 Büchern der Aen., mit Angabe des Sujets, die allerdings nicht immer sicher ist; vgl. meine Deutungen zu ▶VP 1601. Für die im Abbildungsteil von PASQUIER nicht vertretenen Buch-Titelbilder nennt sie als Sujet: Aen. III: Anchises gibt Aeneas den Rat, wieder (von Kreta nach Delos) auf dem Meer zurückzufahren (Aen. III 143f.); in der Tat verweist der Hintergrund mit der Erbauung einer Festung auf Kreta, doch könnte es sich bei der Zwei-Personengruppe im Vordergrund auch um Helenus handeln, der Aen. III 374-462 dem Aeneas in Buthrotum Fahrtanweisungen gibt. Aen. IX ist nach PASQUIER dargestellt, dass Turnus sich in den Fluss (Tiber) stürzt, um den Pfeilen der

Trojaner zu entgehen. Diese letzte Szene von Buch IX, Aen. IX 802-818, ist aber sicher nicht dargestellt; vielmehr weisen die brennenden Schiffe einerseits auf die Schiffsmetamorphose (bes. Aen. IX 69-75), die Kampfszene im Vordergrund andererseits auf den ersten Angriff der Latiner ab Aen. IX 503 hin. Aen. XI (Errichtung eines Siegesmals aus den erbeuteten Waffen des Mezentius) ist korrekt identifiziert.

Abb.: Neun Bilder im Abb.-Teil bei PASQUIER, 1992: Abb. 124 zu Aen. I (Seesturm); Abb. 156 zu Aen. II (Flucht aus Troja); Abb. 191 zu Aen. IV (Tod Didos); Abb. 208 zu Aen. V (Pyrgo [so PASQUIER; W.S.: eher die zur Brandstiftung aufwiegelnde Beroe/Iris] vor dem Schiffsbrand zu den trojanischen Frauen sprechend); Abb. 215 zu Aen. VI (Aeneas und die Sibylle im Eingang zur Unterwelt); Abb. 227 zu Aen. VII (Tod des zahmen Hirschen der Silvia und Beginn der Feindseligkeit [so PASQUIER zu ihrer Nr. 44, auch S. 109; W.S. eher: Aufmarsch der latinischen Alliierten, nicht etwa Zusammenrottung der latinischen Hirten und Bauern; auch nicht Ascanius bei der Jagd; im Vordergrund ist - als Hinweis auf den Anlass zum Krieg - der zahme Hirsch hingestreckt]; Abb. 234 zu Aen. VIII (Venus in der Schmiede Vulkans; dazu PASQUIER, 1992, S. 109); Abb. 254 (Reiterkampf unterhalb der Götterversammlung); Abb. 279 zu Aen. XII (Schlussduell). - Diese Abb. zeigen, auch ohne Autopsie dieser Ausgabe von ▶VP 1608C, dass die darin enthaltenen Abb. identisch sind mit denen in ▶VP 1601 (= ▶VP 1622B), vielleicht mit Ausnahme von Aen. IX.

Abhängigkeiten: Siehe die Ausführungen oben zur *Bibl.* und zu ▶VP 1601 (= ▶VP 1622B), ferner zu ▶VP 1621? und zu ▶VP 1622B.

[VP 1608C]   *Zugänglichkeit*: Die in ▶VP 1608C enthaltene anonyme Kupferstichfolge ist in der BSB durch [BSB A.lat.a. 2340] = ▶VP 1601 repräsentiert, s. dort.

VP 1609A   + Opera, Paris 1609

Opera, notis et argumentis, et scholiis illustrata .... Cum figuris in gratiam studiosae iuventutis nunc primum editis ac rerum et verborum indice copiosissimo. Parisiis, H. de Marnef, apud Dionysiam Cavellat, 1609.

Bibl.: Nur bei PASQUIER, 1992, Nr. 36 (die aber keinerlei Angaben zur Illustration macht); fehlt bei MAMBELLI und in CBItalV. Unklar, ob die *figurae* identisch sind mit denen in ▶VP 1580A.

VP 1609B   (▫ ?) Opera mit ital. Kommentar, Venedig 1609

Le opere, cioè la Bucolica, la Georgica e l'Eneide. Commentate in lingua volgare toscana da Gio. FABRINI da Fighine, da Carlo MALATESTA da Rimine, e da Fil. VENUTI da Cortona. Con … la latina. Nuovamente ornate di vaghe e bellissime figure. Venetia, gli eredi Sessa, 1609 [2°].

Bibl.: MAMBELLI Nr. 282 ("con figure nel testo. Ristampa"); Perugia 1980, Nr. 59; fehlt im CBItalV (nicht im Umkreis von Nr. 145). - Vermutlich handelt es sich um einen Ndr. von ▶VP 1604B, der dann zur Aen. keine Illustrationen enthalten würde. - Zu weiteren Ausgaben vgl. ▶VP 1597C und ▶VP 1588B.

VP 1609C ◘ **+ holländ. Übers. der Aeneis, Rotterdam 1609**

Die Twaelf boecken van Aeneas, ghenaemt int Latijn Aeneidos, nu eerst in onser duytscher talen door Cornelis VAN GHISTELE retorijckelijcke overgeset, Rotterdam 1609.

Bibl.: MAMBELLI bei Nr. 1484 (zur Erstausgabe dieser ersten holländischen Übers. der Aen. durch Cornelis van Ghistele, Antwerpen ▶VP 1556C); nicht in CBItalV bei Nr. 2331. Vgl. auch ▶VP 1583B zum früheren Nachdruck Antwerpen 1583.

Lit.: Allgemeine Würdigung bei GOLDSMITH, 1981, 245-249 (mit Anm. 307-310 auf S. 289f.), dort im Anhang als Fig. 15-26 auch alle 12 Abb. zur Aen., leider in so schlechter Qualität, dass die Sujets kaum erkennbar sind. GOLDSMITH benutzt ein Exemplar der Universität Leiden (danach die Titelaufnahme). Nach GOLDSMITH handelt es sich bei ▶VP 1609C um den Neudruck einer bereits Antwerpen ▶VP 1583B publizierten Übersetzung („pocket size"), die sie aber offenbar nicht zu Gesicht bekommen hat. Trotz der Beigabe der Bilder geht GOLDSMITH nicht konkret auf diese ein. - Der Übersetzung eines jeden Aen.-Buches vorangestellt ist ein holländisches Prosa-Argumentum. Darunter stehen einige lat. Verse, von denen GOLDSMITH S. 248 sagt: „These Latin texts further reduce the narrative that is already summarized in the vernacular before each book, and the pictures above the Latin are a pictorial translation of what is described in them". Das ist abwegig; es klingt so, als glaube die Kunsthistorikerin, die lat. Verse böten ebenfalls ein Argumentum des jeweiligen Aen.-Buches. In Wirklichkeit besteht die lat. Partie jeweils in den vier Anfangsversen des folgenden Buches.

VP 1609C *Beschreibung/Abhängigkeiten/Abb.*: Wie ein Vergleich der kaum erkennbaren Abb. in GOLDSMITH, 1981, mit den Holzschnitten in der deutschen Übers. Worms ▶VP 1543B (von Thomas MURNER, doch anonym) zeigt, handelt es sich bei den 12 Holzschnitten in ▶VP 1609C (= Antwerpen ▶VP 1583B) – die ich als Zyklus Nr. 12 bezeichne – um vereinfachte und verkleinerte Nachschnitte von ▶VP 1543B (soweit erkennbar, sind 1609 auch die Namensbeischriften getilgt), teils seitenrichtig (Aen. I; Aen. VI; Aen. VIII stark variiert; Aen. IX in ▶VP 1609C entspricht Aen. VIII in ▶VP 1543B; Aen. X; Aen. XI ist gegenüber ▶VP 1543B mit mehr Figuren aufgefüllt, Aen. XII), teils aber 1609 sv. gegenüber 1543 (Aen. II; Aen. III, relativ stark variiert; Aen. IV; Aen. V ist 1609 eine Dublette zu Aen. III, während es sich in ▶VP 1543B um eine Variation handelte; Aen. VII). Neu gegenüber ▶VP 1543B ist der Titelholzschnitt in ▶VP 1609C für Aen. VIII, auf dem ein Heer von li. vor eine Stadt rückt (die die des Latinus sein muss); dies ist gewissermaßen ein Ersatzbild für Aen. IX in ▶VP 1543B (denn das Titelbild zu Aen. VIII in ▶VP 1543B wird in ▶VP 1609C für Aen. IX benutzt), auf dem Nisus und Euryalus vorkamen. Es scheint sich dabei um eine Übernahme aus Leipzig ▶VP 1581A zu handeln. – Insgesamt liegt in ▶VP 1609C weder der Frankfurter Argumentum-Typus (seit ▶VP 1559C) noch der Züricher (seit ▶VP 1561B) vor. - In der holländischen

Übersetzung von ▶VP 1609C ist, anders als in der deutschen von ▶VP 1543B (dort ein Titelbild), Aen. XIII nicht berücksichtigt.

VP 1609D   ▫ **? ital. Übers. der Aeneis, Padua 1609**
Dell'Eneide del commendatore Annibal CARO. Padova, Pietro Paolo Tozzi, 1609.

Bibl.: MAMBELLI Nr. 814 ("con numerose illustrazioni incise in legno"); CBItalV Nr. 2087 (und wegen der identischen Zahl von 676 Seiten wohl auch identisch mit der verstümmelten Nr. 2067); Mantua 1981, Nr. 13; Pistoia 1981, Nr. 13 („All'inizio di ogni libro si trova una graziosa incisione su legno"); bei PASQUIER, 1992, Nr. 56 (zu Padova ▶VP 1608B). S. generell zu ▶VP 1608B. Vgl. auch ▶VP 1630B.

VP 1610A   ■ **+ Opera, Venedig 1610**
Universum poema. Cum absoluta Servii … et BADII ASCENSII interpretatione … elegantissimae praeterea librorum omnium figurae, argumenta, lectionum denique varietates, quas et Ioannes PIERIUS et alii doctissimi viri hactenus observarunt. Venetiis, apud Franciscum Portam, 1610 [4°].

Bibl.: Nur in CBItalV Nr. 149 (ill.); fehlt bei MAMBELLI und bei PASQUIER, 1992. Aufgeführt aber auch Princeton Item 131, doch mit dem Verlag Seb. de Combis („illustrative head-pieces"). - Der Titel *Universum poema* ist seit Paris ▶VP 1541B in Venezianischen Ausgaben seit ▶VP 1545A belegt.

Beschreibung: Vor jeder der 10 Eklogen und vor jedem Buch der Georgica und der Aeneis und zu 5 Werken der Appendix Vergiliana ein kleiner Holzschnitt, darunter viele Dubletten; ferner vor der Vita Vergilii ein ebenso kleiner Holzschnitt mit einem lorbeerbekränzten älteren Dichter, der an einem Schreibpult li. vor einem Baldachin (r. ein Fenster) sitzt und mit der Feder in einen Codex schreibt, dieser Dichter-Holzschnitt ist zusätzlich vor der 1. Ekloge, vor georg. I und vor Aen. I wiederholt. Insgesamt sind also 10 + 4 + 12 + 5 + 4 = 35 Holzschnitte enthalten. - Es liegen folgende Dubletten vor: ecl. 1 = ecl. 6 = ecl. 7 = ecl. 8 = ecl. 9 = Dirae; ecl. 2 = ecl. 3 = ecl. 5 = ecl. 10 = georg. III; ecl. 4 = georg. II = Culex; georg. I = Moretum; georg. IV = Ciris; Aen. I = Aen. V; Aen. II = Aen. VI; Aen. III = Aen. IV; die anderen Aen.-Bilder sind ohne Dubletten. Vor den 12 Aen.-Büchern stehen also nur 9 verschiedene Holzschnitte. Doch bezieht sich zusätzlich (als 10.) der Holzschnitt vor dem *Aetna* auf Aen. II.

|VP 1610A| Aen. I: Vorn r. eine Flotte vor einer ummauerten Stadt; hinten li. an der anderen Seite des Meeres eine offenbar brennende Flotte vor einem gebirgigen Land. - Es könnte sich um die Abfahrt von Karthago und den Schiffsbrand in Aen. V handeln; zu Aen. I schwerlich passend. - Wiederholt zu Aen. V, dort passend.

Aen. II: Vorn r. Opfer in einem Tempel, li. hinten eine Frau und ein Mann in einer grottenartigen Ruine. - Es handelt sich wohl nicht um Dido und Aeneas (Aen. IV), sondern um die Sibylle, die Aeneas zum Eingang der

Unterwelt führt (Aen. VI); auf keinen Fall passt das Bild zu Aen. II. - Wiederholt zu Aen. VI, dort passend.

Aen. III: Vorn li. gehen Trojaner an Bord eines Schiffes; r. ersticht sich Dido auf einem Scheiterhaufen, der auf dem Turm einer Stadt errichtet ist. - Passend allein zu Aen. IV, allenfalls auch noch zum Anfang von Aen. V.

Aen. IV |BILD 22| = Aen. III. - Hier zu Aen. IV richtig plaziert.

Aen. V = Aen. I. - Hier zu Aen. V passend.

|VP 1610A| Aen. VI = Aen. II. - Hier zu Aen. VI passend.

Aen. VII: Ein kleiner Zug von Menschen bewegt sich zu Fuß, von im Hintergrund ankernden Schiffen herkommend, von li. auf eine Stadt zu. - Schwer zu deutendes Bild; es dürfte sich am ehesten um die trojanische Gesandtschaft in Aen. VII handeln, die sich der Stadt des Latinus nähert.

Aen. VIII: Bestürmung einer Stadt li., die von einer hohen Mauer herab verteidigt wird. - Passt nicht zu Aen. VIII, wo in den Eingangsversen nur erst von der Sammlung der latinischen Alliierten vor Laurentum, nicht von einer Bestürmung des trojanischen Lagers die Rede ist.

Aen. IX: Zwischen zwei Städten sprengen zwei Reiterheere aufeinander zu; im Hintergrund werfen bei einer zweiten Stadt Soldaten Speere auf einen Mann, der sich in einen Fluss stürzt: Turnus beim Lager der Trojaner. - Passend zu Aen. IX. - Mindestens dieser Holzschnitt hat ein sv. Vorbild in ▶ VP 1585C.

Aen. X: Vorn nähern sich auf dem Meer Schiffe von r. der Küste; dort sind auf dem Land zwei Heere aufgestellt; oben Götterversammlung. - Passend zu Aen. X.

Aen. XI: Vorn li. sprengt ein von hinten gesehenes Reiterheer auf ein gegnerisches zu, r. eine befestigte Stadt, davor ein Heer aus Fußsoldaten. - Passend zu Aen. XI.

Aen. XII: Vorn greifen von li. Fußsoldaten eine befestigte Stadt an; im Mittelgrund sprengen zwei Streitwagen aufeinander zu. - Passend zu Aen. XII.

Von den übrigen Holzschnitten gehört das vor den *Aetna* (p. 357r) gestellte Bild zweifellos eigentlich zu Aen. II: von li. nähert sich auf dem Meer eine Flotte, r. steht vor einer brennenden Stadt (Troja) das Hölzerne Pferd.

Wenn man die Bilder dieses Zyklus Nr. 20 anders anordnen würde, wären folgende Aen.-Bücher angemessen illustriert: Aen. I: —; Aen. II durch „Aetna"; Aen. III: —; Aen. IV durch "Aen. III"; Aen. V durch "Aen. I"; Aen. VI durch "Aen. II"; Aen. VII: — (oder durch „Aen. VIII" ?); Aen. VIII vielleicht durch „Aen. VII"; Aen. IX-XII durch „Aen. IX-XII". Drei (bzw. wegen des aus dem *Aetna* heranzuziehenden Bildes: zwei) Bücher können kein angemessenes Titelbild haben, weil es drei Dubletten gibt. „Aen. VIII" ist schwer zuzuordnen (evtl. doch zu Aen. VII ?), auch deshalb, weil für Aen. IX-XII passende Bilder vorhanden sind.

Die Illustrationen gehören tendenziell zum ‚Argumentum-Typus', weil sie meist zwei (allerdings auch nicht mehr) Szenen aus dem jeweiligen Buch bieten.

Abhängigkeiten: Dieser Zyklus Nr. 20 steht offenbar ganz für sich. Im Prinzip ähnlich, sowohl in der graphischen Anordnung und in der Größe, als auch durch die Wiederholung des Holzschnittes eines schreibenden Dichters und in Hinsicht auf die Häufigkeit von Dubletten, ist die Illustration in Venedig ▶VP 1566B, doch sind die Bilder selber nicht identisch. Größere Ähnlichkeit zeigen nur ▶VP 1566B Aen. VIII = X = XII und ▶VP 1610A Aen. IX (Reiterduell). - Ebenfalls nach Anordnung und Größe ähnlich ist die Illustration zu ▶VP 1555; doch auch hier unterscheiden sich die Sujets aller Bilder. - Eine sv. Vorlage hat ▶VP 1610A für Aen. IX in ▶VP 1585C; ob der ganze Zyklus in ▶VP 1585C bzw. einer seiner (dort genannten) Vorläufer in ▶VP 1610A nachgeahmt ist, kann ich wegen fehlender Autopsie nicht sagen.

VP 1610A   *Zugänglichkeit*: BSB 2 A.lat.a. 326 (im BSB-OPAC ist als Verlag fälschlich - wie in Princeton - de Combis angegeben), daraus 34 Doppelseiten mit allen Abb. digitalisiert; **DVD 2**.

VP 1610B   deutsche Übers. der Aeneis, Augsburg 1610
Aeneis Virgiliana. Das ist deß fürnembsten Lateinischen Poeten P. Virgilij Maronis XII Bücher Von den Geschichten und Thaten deß Ritterlichen unnd theuren Helden Aeneae ... in artige Teutsche Reimen verfasst durch weilund M. Johann SPRENGEN ... Augspurg, durch Christoff Mangen (in Verlegung Eliae Willers), 1610. (Als zweiter Teil gedruckt) in: Ilias Homeri. Das ist Homeri, deß uralten fürtrefflichen Griechischen Poeten XXIIII. Bücher ... in artliche Teutsche Reimen gebracht von weilund Magistro Johann SPRENGEN ... Augspurg, durch Christoff Mangen (in Verlegung Eliae Willers), 1610 [4°].
Bibl.: MAMBELLI Nr. 1307 (Ø; mit Hinweis auf Ndr. Frankfurt ▶VP 1629); Frankfurt 1930, Nr. 76 (StB Ffm); Wolfenbüttel 1982, D 161 (1610); ferner Wolfenbüttel 1982, D 162 (Ndr., wieder nach der Ilias-Übersetzung, die Franckfurt am Mayn, Gottfried Tampach, 1625, datiert ist, der Aeneis-Teil jedoch 1629) und D 163 (dasselbe, der Aeneis-Teil 1629, der Ilias-Teil 1630 datiert).
Lit.: Wolfenbüttel 1982, D 161 (1610): "1 Kupf. Posthum erschienene Übersetzung des Meistersingers Johannes Spreng aus Augsburg (1524-1601), dessen Portrait, gestochen von Dominic Custos (1560-1612) auf dem Verso des Haupttitels beigegeben ist."
Abb.: Das Porträt des Übersetzers Johannes SPRENG bei Wolfenbüttel 1982, S. 166; die beiden Titelseiten für die Ilias- und für die Aeneis-Übers. Wolfenbüttel 1982, S. 167. Das Porträt Sprengs (13,7 x 11,5) ist mit „Dominic Custos excud. A. V." signiert; es findet sich im vorangestellten Homer-Teil auf der Rückseite des Titelblattes. Unter dem Porträt mit der Überschrift „Viva effigies Ioannis Sprengii" stehen sieben lat. Hexameter, dazu auf der gegenüberliegenden Seite ein längeres deutsches Gedicht mit dem Titel „In effigiem M. Ioannis Sprengii not. immatr." Aus beiden Gedichten geht hervor, dass ihn der Kupferstich im Alter von 74 Jahren darstellt und er danach noch 3 weitere Jahre bis 30. März 1601 gelebt hat.
Zugänglichkeit: BSB Res/2 A.gr.a. 33 , daraus 11 Doppelseiten digitalisiert; ohne eigentliche Illustr., nur mit dekorativen Bändern und Schlussvignetten; **DVD 2**. Das Porträt des Übersetzers J. Spreng ist, da zum Homer-Teil gehörig, nicht digitalisiert. - UB München 0001/ 2 A.gr. 317 (1610). - Es gibt von dieser Ausgabe auch eine Mikrofilm-Ausgabe Woodbridge, Conn., Research Publications, 1969 = Yale Univ. Library collection of German Baroque literature. Reel 6, Nr. 30b.

VP 1612A　　■ **(Bilder zu den) Opera, Utrecht bzw. Arnheim 1612**
Compendium operum Virgilianorum, tam oculis quam auribus omnium expositum, aere ac studio Chrispiani PASSAEI chalcographi. Miroer des oeuvres de le excellent poete Virgile, taillez en rame. Ultraiecti Batavorum, prostant apud Ioannem Iansonium bibliopolam, Arnhemiae ex officina typographica Hermanni Borculoi, 1612 [4°, 2 Teile in 1]. Der zweite Teil dieser Gesamtausgabe hat den Sondertitel 'Speculum Aeneidis Virgilianae. Brief recueil des livres de l'Eneide, in quo argumenta librorum Aeneidos tam verbis qam imaginibus, compendio aereis typis exprimuntur.' Der Drucker ist Herman Borculus, Utrecht.

　　Bibl.: MAMBELLI Nr. 287; CBItalV Nr. 2993 (26 Tafeln); Princeton Item 132 („Borculci"; „engraved illustrations"). Vgl. generell die Angaben zum Wiederabdruck der Stiche von De Passe d. Ä. in der holländischen Übersetzung der Opera Vergils von Dirck DONCKER, s'Gravenhage, Johannes Kitto, ►VP 1703, s.u. - Nach dem Internet-Katalog der British Library London („the second part has a separate title page reading ‚Speculum Aeneidis Virgilianae. Brief recueil des livres de l'Éneide'") stammen die „Latin verse epitomes in part by Christianus Bruningius", deren französische Übersetzungen von Louis Des Masures. Die Zuschreibung an Bruningius (Christian de Bruyn) ist aber falsch, sofern sie sich auf die Zehnzeiler - und nicht auf die direkt unter den Kupferstichen stehenden Vierzeiler - beziehen sollte: es handelt sich bei den Zehnzeilern in Wahrheit (wie die Überschrift des lat. Argumentums zu Aen. I es richtig andeutet) um die Ovid zugeschriebenen, aus der Spätantike stammenden Decasticha, Argumenta zu den 12 Büchern von Vergils Aeneis in je 10 Hexametern plus einem Vorsatzvers (Anth. Lat. 1 R.; PLM = Poetae Latini minores IV 176 B.; SH.-B. I 1,1; sie werden in alten Vergil-Drucken seit ►VP 1507 (s. dort die Rubrik *Beschreibung*), z.B. in ►VP 1515E, ►VP 1517und ►VP 1520A, dem Juristen Herennius Modestinus, 2./3. Jh., zugeschrieben. - Im KVK lassen sich mehrere Exemplare des ‚Compendium' nachweisen, darunter in Deutschland nur zwei im GBV. Die ausführlichste Buchbeschreibung bietet die BnF für ihr 2. Exemplar.

　| VP 1612A |　　*Lit.*: MAMBELLI Nr. 287: "con 26 illustrazioni incise su rame. Dopo le prime 12 carte … che contengono le illustrazioni delle ecl., trovasi un secondo frontespizio: 'Speculum Aeneidis Virgilianae', con breve riassunto dei libri dell'Aen. … Bella edizione contenente le ammirevoli composizioni di Crispino Du Passe." - Mantua 1981, Nr. 26 (zur Übersetzung 1703): "si distingue per le incisioni su rame, di grandissimo pregio, contenute nel testo: la pagina 12 reca un'incisione con effigie di Virgilio (disegno di Chr. Pierson e incisione di H. Barij); ogni libro dell'Eneide à corredato di un riquadro inciso, ad illustrazione degli episodi più salienti del poema." - ODERMANN, 1931, kennt diese beachtliche Kupferstichfolge nicht.

Zu den Bildern in ►VP 1612A vgl. GOLDSMITH, 1981, 249-256 (mit Anm. 311-318 auf S. 290f.), dort im Anhang als Fig. 27-38 auch alle 12 Abb. zur Aeneis, leider in so schlechter Qualität, dass die Sujets praktisch nicht erkennbar sind. Gegenüber den an sich besseren Abb. bei VELDMAN, 1982 (s.u.), bietet GOLD-

SMITH aber für jedes Aen.-Buch die ganze (und zugleich jeweils einzige) diesem gewidmete Seite, auf der unter dem Kupferstich in zwei Spalten ein lat. hexametrisches Argumentum, nämlich die spätantiken Decasticha (hier korrekt eingeleitet als ,*argumentum libri I Aeneidos antiqui cuiusdam scholastici poetae sub Ovidii nomine editum*'), und ein versifiziertes französisches (hier eingeleitet als ,Sonnet continent l'argumentum du primier livre de l'Aeneide de Virgile par Loys de Masure Tournesien') stehen. GOLDSMITH benutzt nur die Teilausgabe (als eigenes Bändchen?) Speculum Aeneidis Virgilianae. Brief recueil des livres de l'Eneide. Arnheim, ex officina chalcographica Crispini Passaei Zel., 1612 (und zwar ein Exemplar des Rijksmuseums in Amsterdam) und spricht immer vom ,Speculum Aeneidis Virgilianae'). Dieses Bändchen (?) besteht nur aus den 13 Illustrationsseiten (die 13. geht auf 'Aen. XIII'); es enthält einen lat. und franz., aber (trotz des holländ. Publikationsortes) keinen holländ. Argumentum-Text. In Wirklichkeit muss es sich um den zweiten Teil des ,Compendium operum Virgilianorum' handeln, das den Sondertitel ,Speculum Aeneidis Virgilianae' hat. Die Kunsthistorikerin ergeht sich gern in Allgemeinplätzen über die angebliche Korrespondenz zwischen Illustration und Text. Sie bespricht von den Illustrationen näher nur die zu Aen. II. Sie scheint fälschlich zu denken, das beigegebene lat. Argumentum beziehe sich auf das Bild. Da die Decasticha aber in Wirklichkeit mindestens 1000 Jahre älter sind als der Kupferstich, kann allenfalls das umgekehrte Verhältnis bestehen. In Wirklichkeit sind aber die Decasticha viel handlungsreicher als die Bilder, auch wenn diese ihrerseits dem ,Argumentum-Typus' angehören und mehr als eine Szene des betreffenden Buches illustrieren. Direkt unter dem Kupferstich befindet sich jeweils ein Doppeldistichon (zweimal Hexameter plus Pentameter). Es handelt sich nicht um die spätantiken Tetrasticha = Vierzeiler (die sind ohnehin, wie alle antiken Vers-Argumenta zur Aeneis, rein hexametrisch), sondern um eine offensichtlich von den Pentasticha = Fünfzeiler der Duodecim Sapientes (Anth. Lat. 591-601 R.) ausgehende Neufassung, möglicherweise von jenem *Hila.*, der das eine Distichon unter dem Vergil-Porträt verfasst hat. -

VP 1612A Eine eher unbefriedigende Spezialabhandlung zu den Illustrationen in Utrecht ▶VP 1612A stellt dar Ilja M. VELDMAN, Een pretenserie van de Aeneis door Crispijn de Passe de Oude (1612), Hermeneus 54, 1982, 304-313. VELDMAN - der GOLDSMITH, 1981, nicht kennt - bespricht allgemein die 12 + 1 (für ,Aen. XIII') kleinformatigen Aeneis-Kupferstiche (8,5 x 12,5) dieses Künstlers (1564-1637, seit 1612 in Utrecht tätig, vorher in Aachen und Köln), etwas näher allerdings nur das zu Aen. I, und bietet kleine Abb. aller 13 Aen.-Bilder (dazu auch des vorangestellten Vergil-Porträts und einer Antiporta) nebst Wiedergabe des jeweiligen lat. Doppeldistichons, zu der neu eine (wohl von VELDMAN stammende) holländische Übersetzung gestellt ist (die zusätzlichen Decasticha samt deren franz. Übers. von L. DE MASURES in der Originalausgabe von 1612 sind nicht wiedergegeben, dafür muss man auf die Abb. bei GOLDSMITH, 1981, Fig. 27-38 zurückgreifen). Die offenbar von VELDMAN stammenden identifizierenden holländischen Bildunterschriften sind teilweise irreführend. - Zu C. de Passe de Oude (*dem Älteren*) gibt es kein Lemma in der EV. - Übrigens betrachtet der OPAC der BN Firenze (der unter http://catalogo.bncf.firenze.-sbn.it für die Zeit von 1500-1840 immerhin 114 Vergil-Ausgaben verzeichnet, darunter ▶ VP 1612A als Nr. 11) fälschlich Crispin van de Passe *den Jüngeren* (1593-1670) als den Künstler der Kupferstiche.

VP 1612A   *Beschreibung* dieses Zyklus Nr. 21:

Das 1. Frontispiz bietet das Porträt eines nach li. blickenden Vergil in einem runden Lorbeerkranz, li. und r. davon landwirtschaftliche Geräte, ferner li. ein Ochse, r. ein Pferd. Darunter rahmen zwei Cornucopiae eine Kartusche mit der Inschrift *Publ. Virgilius Maro Poeta Mantuanus anno 1612* ein. Unter dem Kupferstich steht ein am Ende mit *Hila* (von VELDMAN als J. Hilarius gedeutet) signiertes Distichon: *Subduxit morti vivax pictura Maronem, / et quem Parca tulit, reddit imago virum.*

Das 2. Frontispiz zeigt in der Mitte einen großen Putto, der auf beiden Seiten von Waffen umgeben ist. Unter ihm bringt eine Kartusche die Inschrift: *In quo argumenta librorum Aeneidos tam verbis quam imaginibus, compendio aereis typis exprimuntur* (offenbar liegt hier eine Antiporta zum ‚Speculum' vor). - Wieso der OPAC der BN Firenze behaupten kann, das 2. Frontispiz zeige das „stemma del dedicatorio Janus Gruter", ist mir unverständlich.

Aen. I: Aeneas (mit 2 Soldaten und offenbar Ascanius) wird von Dido und Anna (li.) begrüßt; im Hintergrund ankernde Flotte, auf dem Meer Neptun und in den Wolken (offenbar) Juppiter und Venus.

Aen. II: Aeneas erzählt Dido (li., beide sitzend, mit Gefolge im Hintergrund) vom Untergang Trojas, TROIA ist r. brennend und mit Schiffen vor Anker dargestellt ist.

Aen. III: Der wie ein Hirte gekleidete Kyklop kniet r. im Vordergrund und verwünscht offenbar die sich entfernenden trojanischen Schiffe; ganz r. offenbar die Höhle Polyphems mit 4 Menschen.

Aen. IV: Im Vordergrund li. Dido und Anna nebst Gefolge; r. Aufbruch zur Jagd; im Hintergrund ein absegelndes Schiff

Aen. V: Im Vordergrund li. ersticht sich die nackte Dido mit einem Schwert; ganz li. die klagende Anna; hinter einer Balustrade im Mittelgrund die abfahrende trojanische Flotte; r. hinten eine brennende Stadt (Karthago).

Aen. VI: Aeneas (ganz li.) mit der Sibylle vor einer Porticus und einem Rundtempel; die Sibylle weist nach r., wo die Unterwelt mit mehreren dort spielenden Szenen (z. B. die Überfahrt im Nachen Charons) dargestellt ist.

Aen. VII: Vorn li. eine Empfangsszene: Ilioneus (nicht Aeneas, wie VELDMAN sagt) beugt sein Knie vor König Latinus (li.); r. Landschaft.

Aen. VIII: Im Vordergrund r. führt Euander Aeneas (r.) in ein Zelt. (Die Angabe von VELDMAN, Anlegen der neuen Rüstung durch Aeneas, ist irrig.). Im

Mittelgrund li. sammeln sich die italischen Alliierten; darüber auf einer Wolke Venus mit Amor.

Aen. IX: Im Vordergrund stehen li. ENEAS und in der Mitte der bedeutend kleinere, aber als Soldat gerüstete ASCANIUS. Hinter ihnen Angriff auf eine Stadt (TROIA?). Im Vordergrund r. wird ein Pferd zugerüstet, dahinter (brennende?) Schiffe auf dem Meer. - Nur die Gestalt des Aeneas passt nicht zu Aen. IX, denn Aen. IX ist das einzige Buch, in dem er nie auftritt.

Aen. X: Im Vordergrund r. in Wolken über Streitwagen auf der Erde der bekleidete Juppiter zwischen den nackten Göttinnen Juno (r.) und Venus (li.) mit Amor. Li. im Mittelgrund Schlacht vor einer Stadt.

Aen. XI: (Die Angabe von VELDMAN, Verbrennung der Leiche des Mezentius, ist abwegig.) Vorn li. stößt ein Reiter einen anderen, der keine Frau (also nicht Camilla) zu sein scheint, mit der Lanze vom Pferd herunter. In der Mitte des Vordergrundes ein einzelner Fußkämpfer mit Speer; r. im Mittelgrund Kämpfe vor einer Stadt. Auf dem Stich ist deutlich ‚Lib. 12' zu lesen - VELDMAN hat also die Abb. zu Aen. XI und Aen. XII vertauscht! In der Tat lassen die sehr schlechten Abb. bei GOLDSMITH, 1981, erkennen, dass dieses Kampf-Bild im Original zu Aen. XII gehört. Allerdings gibt es auch in Aen. XII keine entsprechende signifikante Szene. Falls das Duell zwischen Aeneas und Turnus dargestellt sein soll, wäre ihr Kampf zu Ross textwidrig.

Aen. XII: (Die Angabe von VELDMAN, Streit zwischen Aeneas und Turnus, ist irreführend.) Vorn li. ein Scheiterhaufen, auf dem die Leiche des MEZENTIUS verbrannt wird, in dem Rauch entwickelt sich aus den Teilen seiner Rüstung ein Siegesmal; r. Trauernde, darunter offenbar Aeneas und (r.) Latinus. - Das Ineinander von Scheiterhaufen und Tropaion ist eine einzigartige Erfindung. Das Sujet passt aber keinesfalls zu Aen. XII, am ehesten käme der Anfang von Aen. XI in Frage. In der Tat scheint auf dem Stich 'Lib. 11' zu lesen zu sein - wiederum eine Bestätigung dafür, dass VELDMAN die Abb. zu Aen. XI und Aen. XII vertauscht hat. In der Tat lassen die sehr schlechten Abb. bei GOLDSMITH, 1981, erkennen, dass dieses Scheiterhaufen-Bild im Original zu Aen. XI gehört.

VP 1612A　　*Würdigung*: Die detailreichen Bilder sind meist zweigeteilt und zeigen mindestens zwei Szenen; weitere Szenen des Buches sind oft angedeutet. Die Bilder sind reich an Figuren und an Details des Ambientes. Die Gewandung der Figuren ist zeitgenössisch-holländisch, nicht (ausgenommen Aen. X) antikisch. - Einige Personen oder Städte haben Beischriften, die auf den kleinen Abbildungen kaum erkennbar sind. - Insgesamt liegt ein qualitätvoller, weithin eigenständiger Aen.-Zyklus vor (Nr. 21). Heute wirkt er allerdings, aus dem gleichen Grunde wie der über ein Jahrhundert ältere in ▶VP 1502, wegen seiner Zeitgebundenheit historisch verfremdet.

Abb.: Bei Mantua 1981, Nr. 26 Abb. des Titels der Übersetzung von ▶VP 1703 (mit Blumenstrauß-Stich) und des dort in ein holländisches Prosa-

Argumentum zu Aen. V fol. 79 eingelegten Kupferstichs vom Tod Didos am
Ende von Aen. IV und dem (2.) Seesturm zu Beginn von Aen. V mit einem darunter stehenden lat. Doppeldistichon. - Dieser Kupferstich von Ch. de Passe d.
Ä. zu Aen. V findet sich auch bei FAGIOLO, Rom 1981, S. 232 (als einziger zur
Aen.). An anderer Stelle bietet FAGIOLO, Rom 1981, S. 89f. neben 5 Abb. zu den
ecl. und 4 zu den georg. (diese ecl./georg.-Abb. sind von unvergleichlich besserer Qualität als die eine im Katalog von Mantua oder auch die winzigen Wiedergaben der Aen.-Stiche bei VELDMAN) auch ein offenbar auf die georg. bezogenes Titelkupfer mit Medaillon Vergils zwischen Ochs und Pferd und landwirtschaftlichen Geräten. - EV 3, 1987, 497 (zur 4. Ekloge, in unverkennbarer
Übernahme der Topik einer Christi-Geburts-Szene). – ‖VP 1612A‖ Sehr schlechte
Abb. aller 12 Aen.-Kupferstiche bei GOLDSMITH, 1981, Fig. 27-38. - VELDMAN,
1982, bietet als Abb. 3-15 alle Kupferstiche zu Aen. I-XIII (danach meine
Beschreibung), dazu als Abb. 1-2 die beiden Frontispize. - Bei MIGNOT/PACHT
BASSANI, 1998 (s. ▶VP 1648C) ist als Fig. 32 zu S. 29 der Stich von de Passe
zu Aen. XIII abgebildet.

VP 1612B   Opera, Lyon 1612-1619

(Vol. II) Priores sex libri Aeneidos argumentis, explicationibus, notis illustrati auctore Joanne
Ludovico DE LA CERDA Toletano Societatis Iesu. Editio quae non ante lucem vidit cum indicibus necessariis. Lugduni, sumptibus Horatii Cardon, 1612 [2°].
(Vol. III) Posteriores sex libri Aeneidos ... Editio quae non ante lucem vidit. Accessit ad calcem Index Erythraei ... Lugduni, sumptibus Horatii Cardon, 1617 [2°].
(Vol. I) Bucolica et Georgica ... Editio cum accurata, tum locupletata, et indicibus necessariis
insignita. Lugduni, sumptibus Horatii Cardon, 1619 [2°].
  Vorbemerkung zur Bibl.: Die bibliographischen Angaben über diese erste Gesamtausgabe (nur teilweise auch Erstausgabe, nämlich offenbar für Vol. II, wohl noch vor ▶VP 1614
erschienen, und sicher für Vol. III, nicht aber für Vol. I) des monumentalen Kommentars von
L. DE LA CERDA werden von Georg Nicolaus KNAUER, Die Aeneis und Homer, Göttingen
1964 = Hypomnemata 7, S. 84f. Anm. 1 (in seinem Kapitel über „Die Wiederentdeckung Homers durch die Aeneiskommentierung", hier S. 82-86 zu LA CERDA) zu recht als „überall in
vollständiger Verwirrung" befindlich bezeichnet, was nicht zuletzt auch für MAMBELLI Nr.
281 („völlig falsch und zu streichen", was ebenso für Nr. 602 gilt) und Nr. 288 zutreffe. Die
korrekten, meist von Rudolf RIEKS ermittelten Angaben bietet KNAUER auf S. 14f.; sie sind
von mir übernommen. In den Bibliographien sind meist die Daten für ▶VP 1608A nebst
▶VP 1614 mit denen für ▶VP 1612B heillos kontaminiert. Es kommt hinzu, dass die 3
Bände genau genommen nicht Vol. I-III einer Gesamtausgabe sind; deshalb werden manchmal Vol. I als Einzelausgabe von ecl./georg., Vol. II/III als Einzelausgabe der Aen. geführt.
Die Angaben in den jetzt folgenden Bibliographien sind also nur mit Vorsicht zu benutzen.
  Bibl.: MAMBELLI Nr. 288 („bella edizione con frontespizi incisi") mit Hinweis auf
einen Ndr. 1628 nur von Vol. II (= Frankfurt 1926, S. 532b), der zusammen mit Vol. III,
datiert 1628-1617, erschienen sei (dabei müsste es sich um Köln ▶VP 1628 handeln);
Perugia 1980, Nr. 61; CBItalV Nr. 151 (Ø); Trier 1982, Nr. I 22 S. 24 (entsprechend dem
Titelholzschnitt von Vol. III 1617 eingeordnet); PASQUIER, 1992, Nr. 37 (1612-1619). Vol. II
(Aen. I-VI) 1612 ist Princeton Item 377 („engraved title-page, head- and tail-pieces"); Vol. III
(Aen. VII-XII) 1617 ist dort Item 378 (Ø). - Bamberg 1982, Nr. 15 „sine loco (Frankfurt a.
M), Z. Palthen, sine anno (1608)" bezieht sich auf ▶VP 1608A, die Erstausgabe von Vol. I.
Vgl. auch Wolfenbüttel 1982, D 33 (1628) und generell ▶VP 1628.

Lit.: PASQUIER, 1992, Nr. 37 mit ausführlicher Beschreibung des Titelkupfers von Léonard Gaultier (in Bd. 1; es ist in Bd. 2 und Bd. 3 wiederholt). Kurze Titelbeschreibung (mit Abb.) auch bei Trier 1982, Nr. I 22 S. 29. - Die Ausgabe hat Verszählung.

Beschreibung: Die Titelkupfer sind, abgesehen von ganz wenigen Objekt-Zeichnungen wie Blitzbündeln S. 219 zu Aen. VIII 429 oder Fackeln S. 360 zu Aen. IX 534 bei entsprechender Erwähnung im Text, die einzigen Illustrationen. Das Frontispiz (von Vol. III des Münchener Exemplars, 32,8 x 21,3) ist architektonisch-graphisch wie ein barocker Altar gestaltet. Das Mittelfeld mit dem Text des Titels (das einem Altarbild entspricht) wird flankiert von zwei Statuen, die jeweils auf einem Podeste vor einer Säule stehen: li. P. VIRGILIUS MARO mit Lorbeerkranz und Buch, r. ihm zugewendet OCTAV. AUGUSTUS mit langem Szepter. Über der Titelei im Kämpfer in einer Kartusche AENEAS, der seinen Vater Anchises, der *capite velato* in seiner Rechten eine Götterstatue (der Penaten) hält, huckepack trägt; li. von ihm Ascanius mit einer Laterne. Neben diesem Bild des Pius Aeneas sind zwei Musen gelagert: li. CALLIOPE, r. CLIO. Der Kupferstich ist r. unten signiert mit *Léonard Gaultier sculp.*

Abhängigkeiten: Die Gesamtkomposition dieses vor allem in der ersten Hälfte des 17. Jh. beliebten ‚Altartyps‘ eines Frontispizes ist zweifellos abhängig von der Augsburger Ausgabe von PONTANUS ▶VP 1599 (und nicht von dem Vorläufer dieses Typs ▶VP 1552A) bzw. der Übernahme in ▶VP 1604A. Sie wurde schon in der Erstausgabe von Vol. I des Kommentars von DE LA CERDA in Frankfurt a. M. ▶VP 1608A variiert übernommen, die ihrerseits dann auch in Vol. II Frankfurt a. M. ▶VP 1614 und mit Einführung einer neuen Stadtansicht Köln ▶VP 1628 wiederholt wurde. In den verschiedenen Ausfüllungen des architektonischen Altar-Typus stehen sich li. und r. der Titelei folgende Hauptfiguren gegenüber: 1599 Aeneas - Augustus; 1608 = 1614 = 1628 Vergil - Apollo (vielleicht eine Anregung für den Kupferstich von Nicolas Poussin in ▶VP 1641A); 1612-1617 Vergil – Augustus, in ▶VP 1632 Aeneas - Turnus . Alle vier Paarungen sind auf unterschiedlichen Ebenen sinnvoll. Weniger dem Vergil-Text entspricht die Gegenüberstellung von Aeneas - Lavinia im Frontispiz von ▶VP 1626, denn Lavinia ist keine Aeneas auch nur entfernt gleichrangige Figur; im Epos begegnet Aeneas ihr nicht einmal persönlich. Beim Zwang zur Variatio konnte es kaum ausbleiben, dass Aeneas schließlich sogar (in ▶VP 1650B) seinem getreuen Achates gegenübergestellt wird. Fast auffällig ist, dass es m.W. nie (nicht einmal in Sonderausgaben für Aen. IV) die Opposition Aeneas - Dido auf einem Frontispiz gibt. – Für sich steht ▶VP 1630A. - Vgl. zu solchen Gegenüber-Stellungen vgl. SUERBAUM, VV 1, 1998, S. 35 zu T.061.

Abb.: Im Abb.-Teil bei PASQUIER, 1992: Abb. 300 des Titelkupfers (zu Vol. I). - Kupfertitel zu Vol. III (1617) bei Trier 1982, Abb. 9 S. 25.

VP 1612B   *Zugänglichkeit*: Aus ⟦BSB 2 A.lat.a. 339-2⟧ (1617) mit Aen. VII-XII (also dem Bd. III der Gesamtausgabe) sind digitalisiert das Frontispiz und zwei Doppelseiten (mit Abb. von 2 Brandfackeln und einem Blitzbündel); ⟦DVD 2⟧. - Die BSB besitzt von dieser Ausgabe nur 2 Bände (II 1612 und III 1617), nicht auch Vol. I (1619). - Aus ⟦BSB 2 A.lat.a. 340⟧ (BSB-OPAC „1613“= ▶VP 1614) mit Aen. I-VI sind digitalisiert das Frontispiz und eine Doppelseite (S. 37) mit einer Art Karte des ‚Portus Libycus‘ (Aen. 1,159-169), an dem (fälschlich) CARTHAGO NOVA liegt; ⟦DVD 2⟧.

Auf dem Frontispiz in ⟦BSB 2 A.lat.a. 340⟧ mit Aen. I-VI ist unten in der Mitte eine Stadtansicht (Frankfurt am Main) von der Umschrift E NOBILIS FRANCORUM VADI COLLEGIO PALTHENIANO umgeben. Der Widmungsbrief ist unterzeichnet von *Zachariae Palthenio D. ac librario Reip. Francofurtensi*. Ein Erscheinungsjahr dieser also in Frankfurt bei Z. Palthen erschienenen Ausgabe ist (da auch kein Kolophon vorhanden ist) nicht erkenntlich. - Oben wird eine Kartusche mit dem Signet IHS von engelartigen Putti gehalten. Neben dem Titelfeld in der Mitte stehen in Nischen li. VIRGILIUS mit Lorbeerkranz, eine Syrinx in der Hand, r. APOLLO mit Leier und einer langstieligen Blume. Neben dem ovalen Tondo mit der Ansicht von Frankfurt unten sitzen li. THEOCRITUS und r. HESIODUS. Dieses Frontispiz passt nicht zu dem vorliegenden Band mit Aen. I-VI, sondern zu einem mit ecl./georg.

VP 1612C **◘ ital. Übers. der Aeneis, Padua 1612**
L'Eneide del comm. Annibal CARO con l'aggionta delli argomenti e le figure in rame. Padova, Pietro Paolo Tozzi, 1612 [4°].

Bibl.: MAMBELLI Nr. 815 ("□, ritratto del Caro e 11 incisioni su rame fuori testo. Seconda ristampa"), vgl. MAMBELLI Nr. 813 zu Padova ▶VP 1608B; New York 1930 (1613; "title within engraved border") = Princeton Item 425 (1613; „Portrait. Engraved illustration before each book", also 1 + 12 Stiche); Münster 1931, Nr. 91 ("mit Kupfern"). - Dass ▶VP 1612C in Wahrheit identisch ist mit ▶VP 1613B, könnte man vermuten, vermag ich aber beim Fehlen von Autopsie nicht zu entscheiden. - Bei Tozzi in Padua sind folgende Ausgaben der Aen.-Übers. von A. CARO erschienen: ▶VP 1608B (laut KALLENDORF, brieflich nach Autopsie von Princeton Item 425, das Original für ▶VP 1612C; Zyklus Nr. 19), ▶VP 1609D, ▶VP 1612C, ▶VP 1613B, ▶VP 1621?

VP 1613A **◘ ital. Übers. der Opera, Venedig 1613**
L'opera, cioè la Bucolica, la Georgica e l'Eneide, nuovamente da diversi autori tradotti in versi sciolti. Venetia, P. Milocho, 1613.

Bibl.: MAMBELLI Nr. 816 ("con 25 incisioni su legno. Riproduzione dell'-edizione giuntina del ▶VP 1556B [= MAMBELLI Nr. 769]"); CBItalV Nr. 1935. – Da ▶VP 1556B keine Textillustrationen enthält, wird es sich um die Holzschnitte des Zyklus Nr. 14 handeln, die seit ▶VP 1559B oft wiederholt worden sind, s. dort.

VP 1613B **◘ ital. Übers. der Aeneis, Padua 1613**
L'Eneide di Virgilio del comm. Annibal CARO con l'aggionta delli argomenti e le figure in rame. Padova, Pietro Paolo Tozzi, 1613 [4°].

Bibl.: MAMBELLI Nr. 817 ("con frontespizio inciso, ritratto del Caro a piena pagina e figure al principio di ciascun libro incise su rame. Ristampa delle edizioni del ▶VP 1608A [= MAMBELLI Nr. 813] e ▶VP 1612C [= MAMBELLI Nr. 815]"); CBItalV Nr. 2088; Mantua 1981, Nr. 14; bei PASQUIER, 1992, Nr. 56 (zu Padua ▶VP 1608B); Princeton Item 425 („Portrait. Engraved illustration before each book"). - Dass ▶VP 1613B in Wahrheit mit ▶VP 1612C identisch ist, könnte man vermuten, vermag ich aber beim Fehlen von Autopsie nicht zu entscheiden. - Bei Tozzi in Padua sind in folgenden Jahren Ausgaben der Aen.-Übers. von A. CARO erschienen: ▶VP 1608B, ▶VP 1609D, ▶VP 1612C, ▶VP 1613B, ▶VP 1621 ? - Eine Abb. des CARO-Porträts aus ▶VP 1613B in der Ausgabe von Caros Aen.-Übers. von A. POMPEATI, 1954 = 1974 (▶VP 1581D), vor S. 129.

VP 1614 **Opera (Vol. II mit Aen. I-VI), Frankfurt a. M. (nicht: Madrid) (1613 oder) 1614**
Aeneidos libri sex priores. Argumentis, explicationibus, et notis illustrata a Ioanne Ludovico DE LA CERDA Toletano e Societate Iesu. (Frankfurt a. M.) E nobilis Francorum vadi collegio Paltheniano, sine anno (1614 oder allenfalls 1613 nach KNAUER, 1964, 14 und 81 Anm. 1).

Bibl.: Dieser Band gehört zu den beiden ersten Ausgaben des monumentalen Kommentars von DE LA CERDA (a) in Frankfurt a. M. bei Palthen, Vol. I (ecl./georg.) 1608 = ▶VP 1608A, Vol. II (Aen. I-VI) 1614 oder 1613 = ▶VP 1614, Vol. III ist dort nicht mehr erschienen, und (b) in Lyon bei Cardon, Vol. I (ecl./georg.) 1619, Vol. II (Aen. I-VI), 1612 und Vol. III (Aen. VII-XII) 1617 = ▶VP 1612B, für die die Angaben in den Bibliographien heillos kontaminiert und verwirrt sind. Näheres darüber zu ▶VP 1608A und auch zu ▶VP 1612B. - Bei MAMBELLI Nr. 281, Nr. 288 oder Nr. 602 wird dieser Band ▶VP 1614 nicht erwähnt. MAMBELLI macht aus dem *collegio Paltheniano* ein *Collegio Partheniano*. Der Verleger ist Zacharias Palthen.

Beschreibung: Dieser Band (II) mit Aen. I-VI besitzt ein Frontispiz, das nicht identisch (nur im architektonischen Aufbau in der Art eines barocken Altars ähnlich) ist mit dem (zu Vol. III mit Aen. VII-XII) in ▶VP 1612B. Es ist aber vermutlich eine Wiederholung des Frontispizes aus dem mir nicht zugänglichen Band ▶VP 1608A (ecl./georg.), der Vol. I des Kommentars von DE LA CERDA in der Ausgabe bei Z. Palthen in Frankfurt a. M. darstellt (s. dort). Oben wird eine Kartusche mit dem Signet IHS (also dem Monogramm für Iesus in Gestalt der drei Anfangsbuchstaben seines Namens in griechischer Schrift; es wird von Jesuiten auch als Abkürzung für *Iesum habemus socium* gedeutet), faktisch das Emblem der Societas Iesu, von engelartigen Putti gehalten. Das Mittelfeld mit dem Titel wird flankiert von zwei in Nischen stehenden Statuen: li. VIRGILIUS, mit Lorbeerkranz, eine Syrinx in der Hand, r. APOLLO mit Leier und einer langstieligen Blume. Unten sitzen neben dem ovalen Tondo mit einer Stadtansicht li. THEOCRITUS und r. HESIODUS; diese Figurenkonstellation passt in der Tat nicht zu dem vorliegenden Band mit Aen. I-VI, sondern weist auf einen Band (I) mit ecl./-georg., also auf eine Wiederholung aus ▶VP 1608A. Um die ovale Stadtansicht läuft die Umschrift E NOBILIS FRANCORUM VADI COLLEGIO PALTHENIANO, sie zeigt also Frankfurt a. M. (Diese Stadtansicht wird in dem Neudruck Köln ▶VP 1628 ersetzt durch eine solche von Köln.) - Der Widmungsbrief ist unterzeichnet von *Zachariae Palthenio D. ac librario Reip. Francofurtensi*. Ein Erscheinungsjahr dieser also in Frankfurt bei Z. Palthen erschienenen Ausgabe ist (da auch kein Kolophon vorhanden ist) nicht erkenntlich.

VP 1614   *Zugänglichkeit*: BSB 2 A.lat.a. 340, im BSB-OPAC unter „[1613]" geführt, daraus digitalisiert das Frontispiz; DVD 2 . - Es gibt von ▶VP 1614 auch eine Mikrofiche-Ausgabe München, Saur, 1993, Bibliotheca Palatina, Mikrofiche-Nr. B240/B246 (1613).

VP 1615   ■ + **Sebastian Vrancx (zugeschrieben),**
Zeichnungen zur Aeneis, mit holländischer Paraphrase
(Antwerpen, um 1615)

Bibl.: Die dem Antwerpener Maler Sebastian Vrancx (1573-1643) zugeschriebenen (mindestens) 65 Zeichnungen zur Aeneis sind nie (zusammen) in einer Vergil-Ausgabe gedruckt worden; sie erscheinen darum auch nie in einer Vergil-Bibliographie, etwa bei MAMBELLI, 1954. Trotzdem wäre es übertriebener Purismus, diesen großen Zyklus (Nr. 22) in diesem „Handbuch" zu übergehen. Das gleiche gilt für den Zyklus von Zeichnungen Leonaert Bramers (Nr. 28; ▶VP 1652C), ähnliches für die von Anne-Louis Girodet-Trioson (Nr. 69 bzw. Nr. 67; ▶VP 1840).

Grundlage der folgenden Ausführungen ist der Aufsatz von Louisa WOOD RUBY, Sebastiaen Vrancx as illustrator of Virgil's Aeneid, Master Drawings 28, 1990, 54-73 mit 14 Abb. (Fig.), davon 10 nach Aeneis-Zeichnungen. WOOD RUBY weiß von 65 anonymen, aus stilistischen Gründen Vrancx zugeschriebenen Zeichnungen (meist Feder mit brauner Tinte) zur Aeneis, hat für 35 von ihnen

Autopsie gehabt und bildet 10 davon ab. Sie datiert sie aufgrund der malerischen Entwicklung Vrancx' um 1615. - Befremdlich finde ich allerdings, dass von den 10 bei Wood Ruby in Abb. zugänglichen Zeichnungen zwei (Fig. 7 - Nr. 3 und Fig. 13 - Nr. 30) mit dem Monogramm H L (so deutlich Fig. 13; in Fig. 7 offenbar H L^r) signiert sind, was Wood Ruby nicht vermerkt (nach ihr zeigt Fig. 1 das Monogramm H G, was zur Zuschreibung an Hendrick Goltzius führte; ich kann dieses Monogramm aber auf Fig. 1 - Nr. 6 nicht entdecken). ‚Google' bietet unter „Monogramm HL", soweit ich sehe, trotz über 80 Treffern, nichts Erhellendes.

Aus der Beobachtung, dass der versierte Schlachtenmaler Vrancx auf allen einschlägigen Zeichnungen zur Aeneis (z.B. auf Fig. 5) die Helden das Schwert naturwidrig in der Linken halten lässt, schließt Wood Ruby S. 63 wohl zu recht, dass die Zeichnungen als seitenverkehrte Vorlagen für Kupferstiche dienen sollten. Schon die Beigabe einer holländischen „gereimten Paraphrase", wie Wood Ruby sie nennt (es sind jambische Senare mit Kreuzreim, bei denen sich weibliche und männliche Endungen abwechseln; beide abgebildeten Beispiele sind 8 Verse lang), stellen einen so engen textuellen Bezug zur Aeneis her, dass es der Beigabe eines vollständigen lateinischen oder gar holländischen Textes eigentlich gar nicht bedürfte. (Vielleicht war Vrancx, der einer Rhetorik-Gesellschaft in Antwerpen angehörte und auch als Dichter und Dramatiker tätig war, selbst der Verfasser dieser Verse; jedenfalls stammen sie nicht aus der einzigen damals vorhandenen holländischen Aeneis-Übersetzung von Cornelis van de Ghistele, die 1556, 1583, 1596 und 1609 publiziert wurde, und sind auch offenbar keine Übersetzungen aus dem Französischen oder Italienischen: Wood Ruby S. 64f.) Die Zeichnungen mit dem Text (der möglicherweise ursprünglich nicht nur auf den erhaltenen sechs, sondern auf allen Blättern stand, aber auf den meisten weggeschnitten sein mag) könnten ein Bilderbuch in der Art von ▶VP 1612A, dem *Speculum Aeneidis Virgilianae* mit den Kupferstichen des Crispijn de Passe d. Ä. bilden. Vielleicht bot Vrancx in der Regel, und nicht nur für Aen. VIII (die Bezeugung ist ja lückenhaft und die Dokumentation bei Wood Ruby erfasst nur gut die Hälfte der erhaltenen 65 Zeichnungen), je 6 Bilder zu einem Aen.-Buch. Innerhalb der Bilder selber gibt es keine Namensbeischriften. Viele von ihnen sind, ohne dass es das Sujet zwingend erfordern würde, mit einer Vielzahl von Figuren erfüllt (so Fig. 1, 2, 5, 13).

VP 1615 Nach Wood Ruby haben die 35 ihr bekannten Bilder Vrancx' folgende Sujets (ich kann natürlich nur ihre Identifizierungen der 10 Zeichnungen beurteilen, für die sie Abb. beifügt; mit „Text" ist - soweit aus Wood Ruby das zu erschließen ist - darauf verwiesen, dass unter der Zeichnung eine holländische Paraphrase des entsprechenden Aen.-Textes handschriftlich hinzugefügt ist):

1. zu Aen. I 124ff.: *Quos-ego*-Szene; Fig. 14. - Neptunus vorn links auf seinem von Seepferden gezogenen Gespann auf dem wildbewegten und von Seewesen und Schiffen belebten Meer; es könnte in der Tat eine von Wood Ruby S. 68f.vermutete Abhängigkeit von dem *Quos-ego*-Kupfer-

stich Marcantonio Raimondis nach Raffael (von ca. 1515/16) vorliegen, von dem auch, unabhängig von Vrancx, Franz Cleyn in ▶VP 1654A = ▶VP 1658A abhängig sein wird.

2. VP 1615 zu Aen. I 210ff.: Ankunft in Karthago.

3. zu Aen. I 695ff.: Fest bei Dido; Fig. 7 (mit Text, s. Fig. 7.) - Das Bild schildert ein höfisches Fest mit Dutzenden von Figuren in einem Prunksaal mit Kandelabern.

4. zu Aen. II 437ff.: Der Fall Trojas.

5. zu Aen. III 1ff.: Verlassen Trojas (mit Text.)

6. zu Aen. III 147ff.: Die Penaten erscheinen dem Aeneas im Traum; Fig. 1 (mit Text, s. Vorbemerkung). - Eine geschickt komponierte Genre-Szene: links eine Darstellung der Auswirkungen der Pest auf Kreta, rechts treten in einem offenen Zelt drei unterschiedlich, aber antik gewandete Gestalten vor das Lager des wachenden Aeneas.

7. zu Aen. IV 9ff.: Anna und Dido unterhalten sich über Aeneas; Fig. 12. - Wie WOOD RUBY S. 63 mit recht feststellt, eine Art Bühnen-Szene. Sie spielt in einem Renaissance-Palast mit Kassettendecke.

8. zu Aen. IV 305ff.: Aeneas verabschiedet sich von Dido.

9. zu Aen. IV 437ff.: Anna verwendet sich bei Aeneas, dass er Dido nicht verlässt.

10. zu Aen. IV 416ff. oder 478ff.: Anna und Dido.

11. zu Aen. IV 554ff.: Mercurius befiehlt Aeneas, Karthago zu verlassen.

12. zu Aen. V 721ff.: Anchises erscheint dem Aeneas im Traum.

13. zu Aen. V 762ff.: Die trojanischen Frauen werden auf Sizilien zurückgelassen.

14. zu Aen. V 779ff.; Venus verwendet sich bei Neptunus für Aeneas.

15. zu Aen. VI 285ff.: Aeneas betritt die Unterwelt; Fig. 9. - Aeneas ist all'-antica gerüstet, die Sibylle wie eine flämische Matrone um 1600 gekleidet. Die Szene spielt vor einer Ruine.

16. zu Aen. VI 450ff.: Aeneas bittet Dido um Vergebung.

17. zu Aen. VI 548ff.: In der Unterwelt; Fig. 10. - Aeneas mit dem Goldenen Zweig, gefolgt von de Sibylle, am Tor zum Elysium; rechts Frevler im Tartarus, darunter Tityos mit dem Geier und Sisyphus mit dem Mühlrad.

18. zu Aen. VII 95ff.: Faunus spricht zu Latinus und Amata ?

19. zu Aen. VII 290ff.: Die Trojaner bauen sich Häuser.

20. zu Aen. VII 373ff.: Amatas Tanz.

21. zu Aen. VII 413ff.: Allecto erscheint Turnus.

22. zu Aen. VII 483ff.: Ascanius tötet Silvias Hirsch.

23. zu Aen. VIII 31ff.: Der Flussgott Tiberinus erscheint dem Aeneas.

24. zu Aen. VIII 81ff.: Die Sau erscheint an dem Platz, an dem Rom gegründet werden wird; Fig. 2. - Diese Beschreibung lässt nicht erkennen, dass es sich um eine fast humoristisch wirkende Genre-Szene handelt, bei der mehrere Trojaner versuchen, die herumwimmelnden Frischlinge (es sind mindestens ein Dutzend von den 30 zu sehen) einzufangen.

25. zu Aen. VIII 175ff.: Euanders Fest.
26. zu Aen. VIII 366ff.: Euander heißt Aeneas willkommen.
27. zu Aen. VIII 416ff.: Vulcanus schmiedet Waffen für Aeneas; Fig. 1. - Die Szene spielt in Grotten nahe am Meer; an der Küste landen Boote. Entsprechend dem Vergil-Text ist Venus nicht anwesend. - WOOD RUBY S. 66 sieht ein Vorbild in einem Gemälde zu „Venus in der Schmiede Vulkans" von Jan Brueghel d. Ä., mit dem Vrancx befreundet war.
28. zu Aen. VIII 615ff.: Venus übergibt Aeneas die neuen Waffen.
29. zu Aen. IX 314ff.: Euryalus und Nisus? Fig. 5. - Falsche Identifizierung. In Wirklichkeit handelt es sich um das Sujet ‚Turnus verfolgt das Trugbild des Aeneas zu einem Boot hin' Aen. X 643ff. Das Schlachtfeld ist übersät von Leichen, Rüstungsteilen und einem toten Pferd vorn rechts.
30. zu Aen. IX 473ff.: Euryalus' Mutter wird getröstet; Fig. 13. (Mit holländ. Text, s. Fig. 13 und die Umschrift in Anm. 40; dieser ist von WOOD RUBY S. 66 ins Englische übersetzt.) - Zwei Männer, nach dem Aen.-Text und der holländ. Inhaltsangabe Idaeus und Actor, bemühen sich um die zusammengesunkene Mutter des Euryalus, während die anderen Trojaner zum Kampf davonstürzen.
31. zu Aen. X 287ff.: Aeneas kehrt in die Schlacht zurück, um gegen Turnus zu kämpfen.
32. zu Aen. XI 236ff.: Ratsversammlung bei den Latinern?
33. zu Aen. XI: Schlacht zwischen Trojanern und Latinern. (Im Lichte von Anm. 9 zu S. 54: mit Text).
34. zu Aen. XII 134ff,: Juno spricht zu Juturna.
35. zu Aen. XII 173ff.: Aeneas und Latinus beschwören den Friedensvertrag.

VP 1615 *Würdigung:* Die nur 10 (von 65) mir in Abb. zugänglichen Bilder sind keine hinreichende Grundlage für eine eigene Würdigung. WOOD RUBY, 1990, hat aber – aufgrund guter Kenntnisse der anderen größeren Aen.-Zyklen: des früheren von Sebastian Brant (Nr. 2) in ▶VP 1502 (sowie der kleineren in Nr. 11 ▶VP 1555 und Nr. 10 ▶VP 1560A), auch der späteren von Leonaert Bramer Nr. 28 in ▶VP 1652C (nach GOLDSMITH, 1981) und Franz Cleyn in Nr. 29 ▶VP 1654A = ▶VP 1658A – erwiesen, dass Vrancx einen fast ganz eigenständigen Zyklus (Nr. 22) geschaffen hat. Vor allem hat er in seinen Zeichnungen, anders als Sebastian Brant in ▶VP 1502, immer nur eine einzige Aen.-Szene dargestellt. - Wegen der Kleinheit und Vielzahl der abgebildeten Figuren ist m. E. der Zyklus von Vrancx nicht geeignet, zur Verherrlichung des Helden Aeneas zu dienen – vielleicht ist es kein bloßer Zufall, dass er auf den 10 Abb. am prominentesten inmitten einer Schweineherde dargestellt ist (in Bild Nr. 24).

VP 1616 ◻ **Opera, Leipzig 1616**
4. Auflage der Edition von G. BERSMAN (1. Auflage Lipisae ▶VP 1581A), s. zur 5. Auflage Goslar ▶VP 1623A

VP 1617   ■ **? Vergil-Cento, München 1617**
Elegantes variorum Virgilio-Ovidio centones de opificio mundi, Christo Deo, Deique matre, SS. Francisco et Car. Borromaeo. A Raphaelo Sadelero imaginibus exornati ... Monachii, ex formis A. Bergiae viduae, apud Raph. Sadelerum iconographum ducalem venalis, 1617.
Bibl.: MAMBELLI Nr. 1625 ("opera di poco valore letterario, ricercata per le tavole incise dal Sadeler"); CBItalV Nr. 2976 (ill.); BL; Princeton Item 725 („Engraved title-page. Plates [7 laut KALLENDORF, brieflich nach Autopsie]"). – Ich kann wegen fehlender Autopsie über die Kupferstiche von Raphael Sadeler (1560/61-1628/1632) und ihren etwaigen Bezug auf Vergil nichts sagen.
Zugänglichkeit: BSB "Verlust" (ehemals P. o. lat. 319 und P. o. lat. 320).

VP 1618   **franz. Übers. der Aeneis, Paris 1618**
Aeneide de Virgile, où sont déscrites la naissance de l'Empire de Rome, les diverses fortunes, gestes, amours, voyages et combats du magnanime Aenee, prince des reliques de Troie, mise en prose françoise par C. M. S. [= Claude MALINGRE aus Sens]. Paris, Claude Collet, 1618.
Bibl.: MAMBELLI Nr. 1080 ("con una tavola"); Wolfenbüttel 1982, D 189 ("4 Kupf." ohne weitere Erklärung); PASQUIER, 1992, Nr. 38 (Titelkupfer und Kupferstiche an der Spitze der vier Aen.-Bücher II, V, VII und XII, von denen die zu Aen. V und XII mit *Matheus fecit* signiert sind; ohne nähere Beschreibung). - Vgl. aber zur franz. Aen.-Übers. Paris ▶VP 1626.

VP 1619   **Opera, Amsterdam 1619**
Opera studio Th. PULMANNI correcta. Amst(elodami), apud Guilj. Ianssonium, 1619.
Bibl.: Bei MAMBELLI Nr. 291 zur Ausgabe Parisiis, apud Sanlecque, 1616 (Ø); CBItalV Nr. 158 (Ø); Napoli 1981, Nr. 104 („□ a piena pagina con motivi architettonici"). Bei MAMBELLI Nr. 291 Hinweis auf mehrere Ndr. (Ø), darunter die gleichbetitelte Ausgabe ▶VP 1634A = Princeton Item 143 (□).
Beschreibung: Der Text des Frontispizes (8,0 x 4,5), das wie eine Apsis gestaltet ist, wird flankiert von zwei anonymen stehenden allegorischen Gestalten, li. eine Frau mit aufgeschlagenem Buch (Muse?), r. ein antikisch gewandeter behelmter Krieger (Aeneas), darüber eine (Phantasie-)Büste des lorbeerbekränzten Vergil. - Dieses Frontispiz ist in ▶VP 1622A wiederholt, s. dort die ausführliche Beschreibung von ODERMANN, 1931, 14.
Zugänglichkeit: BSB A.lat.a. 2614 t , daraus digitalisiert das Frontispiz; DVD 2 .

VP 1621 ?   □ + **ital. Übers. der Aeneis, Padua 1621 ?**
Dell'Eneide di Virgilio del commendator Annibal CARO. Nova inpressione. Padoa, per Pietro Paulo Tozzi - die Jahreszahl auf dem Frontispiz ist fünfstellig: "16621" (wobei die 2 etwas kleiner ist als die übrigen Zahlen; die erste Sechs gleicht eher einer Null, so dass auch „10621" als Lesung möglich ist).
Verschiedene Deutungen dieser kontaminierten Jahresangabe sind möglich: ein ursprüngliches 1661 könnte von Hand durch Einfügung einer 2 zu 1662 korrigiert sein oder es sollte umgekehrt aus einem ursprünglichen 1662 durch Hinzusetzung einer 1 die Zahl 1661 gemacht werden. Denkbar wäre auch, dass das originale Datum 1621 ist. Unter „1621" führt der BSB-OPAC (und entsprechend auch der BVB-OPAC) diese Ausgabe.
Bibl.: Bei MAMBELLI S. 197f. findet sich weder für 1621 noch für 1661 oder 1662 ein entsprechendes Lemma; ebensowenig in CBItalV S. 108 und im ICCU-Katalog (s. o. zu ▶VP 1608B *Bibl.*). Die Titelaufnahme beruht auf dem

Münchener Exemplar. Der Zusatz ‚nova impressione' beweist, dass Tozzi die Aen.-Übers. von A. CARO schon zuvor publiziert haben muss; der älteste Beleg führt auf ▶VP 1608B. Da Tozzi bereits seit 1596 als Verleger tätig ist (s. zu ▶VP 1608B *Bibl.*), kommt 1661 oder 1662 als Publikationsjahr für die vorliegende Ausgabe sicherlich nicht in Frage. Am wahrscheinlichsten erscheint in der Tat 1621. - Bei Tozzi in Padua sind noch folgende Ausgaben der Aen.-Übers. von A. CARO erschienen (Zyklus Nr. 19): ▶VP 1608B, ▶VP 1609D, ▶VP 1612C, ▶VP 1613B.

Beschreibung: Der anonyme Zyklus bietet vor jedem Aen.-Buch einen ganzseitigen (in der Seiten-Paginierung mitgezählten) Kupferstich, der recht grob und ungewöhnlich großfigurig gestaltet ist; er enthält keine Namensbeischriften. Der Zyklus gehört grundsätzlich zum Szenen-Illustrations-Typus, doch sind mehrfach mehrere Szenen auf einem Bild kombiniert. Die Illustrationen in ▶VP 1621 ? stehen damit dem Szenen-Kombinations-Typus (Zyklus Nr. 18) von ▶VP 1601 = ▶VP 1622B und ▶VP 1608C (1608 oder 1607) nahe. Der Zyklus in ▶VP 1621 ? ist keineswegs identisch mit dem anderen Zyklus des Argumentum-Typs (Nr. 19), der ebenfalls bei P. P. Tozzi in Padua zusammen mit der Aen.-Übers. von A. CARO publiziert ist, s. dazu ▶VP 1608B. Auffällig ist jedoch, dass die ital. Argumenta, die in ▶VP 1621 ? jeweils dem Beginn der Übers. auf der Folgeseite vorausgestellt sind, identisch sind mit jenen, die in ▶VP 1608B auf der Bildseite selber stehen (es handelt sich um eine ital. Übersetzung der lat. Pentasticha der Duodecim Sapientes, Anth. Lat. c. 591-602 R.).

VP 1621   Frontispiz: zweimal drei Figuren übereinander: geflügelter Putto, Jüngling in Tunica, Medaillon eines lorbeerbekränzten Dichters, und zwar li. oben VIRGILIUS MARO, r. oben HANNIBAL CARO.

Aen. I: Zwei blasende Windgötter (unten), die Flotte des Aeneas im Sturm (Mitte), oben in den Wolken Juno (li.) mit Pfau (li.). Soweit liegt eine seitenverkehrte Wiederholung aus ▶VP 1601 vor; hinzugefügt sind oberhalb des Meeres zwei weitere Szenen: li. Aeneas und Achates auf der Hirschjagd; r. Venus mit Amor vor Juppiter.

Aen. II: Dreier-Gruppe des ‚Pius Aeneas', dabei Ascanius li.; im Hintergrund brennendes Troja mit dem Hölzernen Pferd. - Soweit liegt eine im wesentlichen sv. Variation zu ▶VP 1601 vor; hinzugefügt ist li. unten vor Aeneas eine im Boden versinkende Creusa.

Aen. III: Vorn r. zwei behelmte Krieger an der Spitze eines Heeres (wohl Aeneas und Achates); li. zwei vor einem Rundtempel kniende Krieger (Delos?); im Hintergrund ein Schiff auf dem Meer, Schiffsbau und oben li. Andeutung der Harpyien-Szene. - Neuerfindung gegenüber ▶VP 1601.

Aen. IV: BILD 19. Im Vordergrund stürzt sich Dido nach r. gebeugt in ein langes Schwert; im Mittelgrund li. umarmt Aeneas Dido in einer Felsenhöhle, von r. nähert sich Mercurius. Soweit liegt eine teils sv. Variation zu ▶VP 1601 mit BILD 18 vor; hinzugefügt sind oben r. eine Jagd vor den

Mauern einer Stadt und in den Wolken ein Dialog zwischen Juno und Venus mit Amor; ferner vorn r. die klagende Anna. - Vgl. auch BILD 20 .

Aen. V: Im Vordergrund spricht in der Mitte ein König (Neptunus oder Somnus eher als Aeneas oder Acestes) zu einem Mann in einem Boot r. (dem Steuermann Palinurus?) - eine schwer deutbare Szene (vielleicht der Schlafgott Somnus zu Palinurus, dem Steuermann des Aeneas, bevor er ihn ins Meer stürzt; schwerlich Aeneas oder König Acestes zu einem der vier Kapitäne bei der Regatta); im Hintergrund r. ein Boxer-Paar (Spiele) und brennende Schiffe auf dem Meer (Flottenbrand). - Neuerfindung gegenüber ►VP 1601.

Aen. VI: Im Vordergrund r. Aeneas mit Achates vor der nackten Leiche des Misenus; Mitte li. Aeneas den Goldenen Zweig pflückend; im Hintergrund li. die Sibylle mit Aeneas und Cerberus in der Hölle. - Neuerfindung gegenüber ►VP 1601 (allenfalls die Neben-Szene in der Unterwelt ist von ►VP 1601 angeregt).

VP 1621 Aen. VII: Ein berittener Feldherr (es müsste der Stallmeister Tyrrhus sein) r. spricht - nicht wie ►VP 1601 (dort wohl Turnus) zu einem versammelten Heer, sondern - zu einem li. im Vordergrund stehenden gewappneten, auf einen Speer gestützten jungen Mann (Ascanius), zu dessen Füßen ein Hirsch hingestreckt liegt. Soweit liegt eine reduzierende variierte Übernahme aus ►VP 1601 vor. Hinzugefügt sind im Hintergrund Juno und die Furie Allecto, dazu ein weiteres Mal ein Hirsch.

Aen. VIII: Venus (li.) besucht Vulcanus r. beim Schmieden (nicht: des Schildes, sondern) einer Beinschiene; im Vordergrund r. spielt ein Putto mit anderen Teilen der Rüstung. - Soweit eine sv. Variation zu ►VP 1601. Hinzugefügt sind im Hintergrund die Begrüßung zweier Männer (Aeneas-Pallas oder Aeneas-Euander) und ein vor einem Rundaltar mit einem Brandopfer kniender Mann (eine ebenfalls zum Besuch bei Euander gehörige Szene).

Aen. IX: Im Vordergrund eine gegenüber dem Vorbild ►VP 1601 sv. und variierte Schlachtszene, in der Reiter gegen Fußsoldaten kämpfen. Im Hintergrund nicht wie ►VP 1601 brennende Schiffe, sondern li. oben Iris vor Turnus und r. oben zwei Soldaten, die auf Spießen die Köpfe des Nisus und Euryalus tragen.

Aen. X: Zweite nicht genau zu identifizierende Schlachtszene, an der vor allem zwei Reiter und zwei Fußsoldaten beteiligt sind; oben in den Wolken über den Mauern einer Stadt Götterversammlung. - Variierte seitenrichtige Übernahme aus ►VP 1601. Das Bild wirkt wie ein Holzschnitt.

Aen. XI: Aeneas, in der Mitte stehend nach li. gewendet, weiht die erbeutete Rüstung des Mezentius an einem Siegesmal, das aus der Figur eines stehenden Kriegers (= Mars) auf einem Podest besteht; r. vorn kniend ein Krieger; im Hintergrund - nicht wie ►VP 1601 stehende Soldaten, sondern - Leichenzug für Pallas. - Variierte sv. Übernahme aus ►VP 1601.

Aen. XII: Aeneas (r.) durchbohrt mit dem Schwert die Brust des li. am Boden
liegenden, auf seinen r. Arm gestützten Turnus; im Hintergrund nicht wie
▶VP 1601 stehende Soldaten, sondern (li., abgeschnitten) eine Unter-
redung zweier Männer, r. die Heilung des Aeneas durch Venus, oben
Kampf zweier Heere zu Fuß. - Variierte sv. und ergänzte Übernahme aus
▶VP 1601.

Würdigung: Gegenüber dem Vorbild ▶VP 1601 (Zyklus Nr. 18) zeigt
sich hier in ▶VP 1621 (wo Buchangaben fehlen) eine Anreicherung der ursprünglichen Bildmotive durch Berücksichtigung weiterer Szenen, damit eine
stärkere Entwicklung hin zu einem Argumentum-Bild. - Die Bilder in ▶VP
1621 wirken oft so, als ob sie seitlich beschnitten wären.

Abhängigkeiten: Es ist unverkennbar, dass der vielleicht erstmals Rom
▶VP 1601, auf jeden Fall aber Rom ▶VP 1608C publizierte anonyme Kupferstich-Zyklus Nr. 18 Vorbild für ▶VP 1621 ist. Es handelt sich aber bei ▶VP
1621 nicht um Übernahmen, sondern um Variationen, teils (Aen. III, V, VI)
sogar um Neuerfindungen.

VP 1621   *Zugänglichkeit*: BSB A.lat.a. 2339, daraus digitalisiert 13 Doppelseiten mit allen Illustrationen; DVD 2.

VP 1622A   Opera, Leiden 1622
Opera e doct(orum) virorum castigatione, accessit animadversionum liber ... Lugd(uni) Batavorum, apud Abraham(um) Elsevirium, 1622.
Bibl.: MAMBELLI Nr. 295 ("titolo inciso"); CBItalV Nr. 161 (Ø).
Lit.: ODERMANN, 1931, 14: „Als älteste Anwendung des Kupferstiches auf die Werke
unsres Dichters wird bis auf weiteres das Titelblatt der ersten Elzevir-Ausgabe von 1622 gelten müssen [W.S.: was evident unzutreffend ist; Kupferstiche zu Vergil-Ausgaben gibt es z.
B. schon Lyon ▶VP 1604A und besonders Rom ▶VP 1608C und Padua ▶VP 1608B, vielleicht sogar schon Rom ▶VP 1601 oder aber ▶VP 1622B]. Unter Benutzung eines in diesem
Jahrhundert häufig verwerteten Motivs ist hier die lorbeerbekränzte Büste Vergils in die oberste Wölbung einer rundbogigen, von zwei korinthischen Säulen flankierten Nische gestellt,
deren Pfeiler in ihrem unteren Teil li. durch die Gestalt der Muse mit aufgeschlagenem Buch,
r. durch die eines behelmten Kriegers verdeckt werden, während zwei aufeinander zufliegen-
de Genien den Raum über der Rundung ausfüllen. Die breite ... weiß gehaltene Fläche unterhalb der Büste trägt den Titel, der ... Sockel ... das Impressum. Das künstlerisch recht unbe-
deutende, übrigens namenlose Bild erscheint im Grundmotiv ... fast unverändert in der originellen Miniaturausgabe von Jean Jannon in Sedan (1625), hier „Tavernier" gezeichnet [=
▶VP 1625B]) und, unter Umstellung der beiden Gestalten, in dem stark von ihr beeinflussten
Bändchen der Blaeuschen Offizin von 1637 [= Amsterdam ▶VP 1637]."
Beschreibung/Abhängigkeiten: Die Beschreibung von ODERMANN, 1931, 14 für dieses
Titelkupfer (8,0 x 4,6) ist zutreffend, nur weiß er nicht, dass dieses Frontispiz mit anderer
Titelei bereits ▶VP 1619 verwendet worden ist, s. dort. Zu den erwähnten späteren
Übernahmen s. ▶VP 1625B und ▶VP 1637.
Zugänglichkeit: BSB A.lat.a. 2168, daraus digitalisiert das Frontispiz; DVD 2.

VP 1622B □ **ital. Übers. der Aeneis, Rom 1622 [Alternativansetzung]**
Dell'Eneide di Virgilio del commendatore Annibal CARO. Roma, Guglielmo
Facciotto, 1622.

Bibl.: MAMBELLI Nr. 818 ("con 3 incisioni su legno"); CBItalV Nr. 2080
(dort wegen des Titels Roma, appresso G. A. Ruffinelli, 1601 zum Jahre 1601 =
▶VP 1601 eingeordnet, denn nur im Kolophon steht der Hinweis: Roma, ad
instanza di G. A. Ruffinell et A. Manni, appresso Guglielmo Facciotto, 1622).
▶VP 1622B und ▶VP 1601 sind also faktisch ein und dasselbe Buch in
unterschiedlicher chronologischerAnsetzung. Siehe deshalb grundsätzlich, auch
für die Beschreibung des Frontispizes und der 12 anonymen Kupferstiche zur
Aen. und deren Abhängigkeitsverhältnisse (zu ▶VP 1608C und besonders
▶VP 1621), die Angaben zu ▶VP 1601.

Zugänglichkeit: Die in ▶VP 1622B enthaltene anonyme Kupferstichfolge
des Zyklus Nr. 18 ist in der BSB durch A.lat.a. 2340 = ▶VP 1601 repräsentiert
(daraus digitalisiert 13 Doppelseiten mit allen Illustrationen; DVD 2), eine Ausgabe, die im BSB-OPAC (entsprechend dem Kolophon) unter 1622 eingeordnet
ist, obwohl auf dem Titelkupfer die drei ersten Zahlen von 1601 zweifelsfrei zu
lesen und nur die letzte Zahl unklar ist. BSB A.lat.a. 2340 ist also gleichzeitig
▶VP 1601 und ▶VP 1622B.

VP 1623A ■ **Opera, Goslar 1623**
Opera argumentis et scholiis virorum doctissimorum illustrata cum indicatione
diversae scripturae ... studio et opera Gregor. BERSMANI. Editio quinta ab ipso
auctore ante obitum correcta et cum figuris ornata. Lipsiae, tipis Grosianis 1616
(und im Kolophon:) Goslariae, Iohannes Vogtius, impensis haeredum Henningi
Grosii senioris, bibliopolae Lipsensis, 1623 [8°].

Bibl.: MAMBELLI zu Nr. 254, der Originalausgabe der Bersmanniana Lipsiae ▶VP 1581A; ohne jeden Hinweis auf Illustrationen; mit Hinweis auf die
Nachdrucke Lipsiae ▶VP 1588A (= Wolfenbüttel 1982, D 25), ▶VP 1596B,
▶VP 1616 und eben Goslar ▶VP 1623A (= Wolfenbüttel 1982, D 32). Hinzuzufügen ist als Editio sexta Lipsiae ▶VP 1624B. - VD 17, 23:295756D (Wolfenbüttel). - Diese 5. Auflage der Ausgabe von G. BERSMAN (1538-1611) ist
also zuerst Leipzig ▶VP 1616 (wie aus *ab ipso auctore ante obitum correcta*
indirekt hervorgeht: nach dem Tode von BERSMAN † 1611) noch zu Lebzeiten
von Henning Grosse († 1621) von J. Jansonius (der seine Druckerei gepachtet
hatte) gedruckt und dann Goslar 1623 von den Erben Grosses nochmals herausgebracht worden. Die frühere Ausgabe Leipzig ▶VP 1616 ist durch VD 17,
3:307266Q (Gotha; Halle) nachgewiesen. (Ich habe freundliche Hinweise von
Dr. Gisela Möncke, BSB, benützt.)

Lit.: Wolfenbüttel 1982, D 32 (zu Leipzig 1616 = Goslar 1623): „mit 98
Holzschnitten. Neben 18 ganzseitigen Holzschnitten zu Beginn der einzelnen
Bücher (,adumbratio libri'), die zum Teil Nachschnitte (mit BG signiert) der
Illustrationen der Bersmanniana von 1588 [Lipsiae ▶VP 1588A = Wolfenbüttel
1982, D 25; dort sind 17 Holzschnitte erwähnt, jeweils einer zu Beginn der Bü-

cher georg. I-IV, Aen. I-XII, Maphaeus Vergius], teilweise aber auch mit diesen identisch sind, 80 kleinere ovale Schnitte in rechteckigem Rahmen innerhalb der Bücher." - Wolfenbüttel 1982, D 25 (zu Lipsiae ▶VP 1588A): "mit 17 Holzschnitten ... Zu Beginn eines jeden Buches der Georgica und der Aeneis sowie des Aeneissupplementes jeweils ein Holzschnitt (motivisch von den Grüningerschen Vergilillustrationen beeinflusst, größtenteils mit dem Monogramm MB signiert, jedoch S. 356 zu Aen. 8 CM). Holzschnittinitialen." - Vgl. auch Wolfenbüttel 1982, D 27 zu Wittenbergae ▶VP 1598. –

[VP 1623A] Vgl. generell zu der in München vorhandenen Editio sexta Lipsiae ▶VP 1624B (Zyklus Nr. 24), dort auch Beschreibung. - Mit dem Monogramm MB bzw. CM sind schon die Holzschnitte in der Erstauflage der Bersmanniana ▶VP 1581A und deren Nachschnitte in ▶VP 1591B signiert.

VP 1623B   Opera mit ital. Kommentar, Venedig 1623
Le opere, cioè la Bucolica, la Georgica e l'Eneide. Commentate in lingua volgare toscana da Giovanni FABRINI da Fighine per l'Eneide, da Carlo MALATESTA da Rimine per le Bucoliche, e Filippo VENUTI da Cortona per le Georgiche. Con ordine, che l'espositione volgare dichiara la Latina e la Latina la Volgare ... Nuovamente stampate e diligentemente corrette. Venetia, appresso i Sessa, 1623 [2°].
Bibl.: MAMBELLI Nr. 296 ("con piccole incisioni su legno - alcune delle quali ripetute - ad ogni ecl. e ad ogni libro delle georg. Marca del 'gatto' nel frontespizio. Ristampa"), mit Hinweis auf Ndr. ▶VP 1641B und 1737; CBItalV Nr. 163 (Ø); BL (danach am Ende des Titels: „Nuovamente ornate di vaghe ... figure"). - Zu weiteren Ausgaben vgl. ▶VP 1597C und ▶VP 1588B.

VP 1623C   □ ital. Übers. der Aeneis, Rom 1623
L'Eneide di Virgilio del commendatore Annibal CARO. Con gli argomenti ... In ottava rima. Roma, Lodovico Grignani, 1623.
Bibl.: MAMBELLI Nr. 819 ("con 12 tavole silografiche"); CBItalV Nr. 2090 (Ø); Napoli 1981, Nr. 69 („arrichita da dodici tavole silografiche ispirate al contenuto di ogni libro"), vgl. auch Nr. 149; Wolfenbüttel 1982, D 201; PASQUIER, 1992, Nr. 57; BL (?) ("the titlepage is engraved").
Lit.: Wolfenbüttel 1982, D 201: "mit 12 Kupfern ... vor jedem Buch ein Kupfer und ein kursiv gesetztes 'Argomento' ... Aeneisübersetzung des Annibal Caro (1507-1566) in ‚versi sciolti', erst 1581 von seinem Neffen Lepido Caro in Venedig herausgegeben [Venetia, Bernardo Giunti, ▶VP 1581D = MAMBELLI Nr. 800], die erfolgreichste italienische Übersetzung, die bis in die Gegenwart immer wieder neu aufgelegt wurde [MAMBELLI führt laut Index insgesamt 74 Ausgaben an]", mit Verweis auf den Ndr.: Versione dell'Eneide di Annibal CARO, a cura di Arturo POMPEATI, Turin 1954, Nachdruck 1974, 7-45: Introduzione, Nota biografica, Nota bibliografica. - PASQUIER, 1992, Nr. 57: 12 Holzschnitte; davon seien 10 direkt (zu Aen. V, VI, VII, IX, X, XI) oder sv. (zu Aen. I, II, IV, XII) aus der Ausgabe ▶VP 1608C = PASQUIER, 1992, Nr. 55 wiederholt; zwei seien neu, nämlich die zu Aen. III (Bestattung des Polydorus) und Aen. VIII (Kampfszene); keine weitere Beschreibung.

Abb.: Titelseite (mit ‚Engel', der Lorbeerkranz emporhält) bei Wolfenbüttel 1982, S. 185. CBItalV Fig. 4 (zu Aen. IV).

VP 1623C   *Zugänglichkeit*: Die in ▶VP 1623C = ▶VP 1608C enthaltene anonyme Kupferstichfolge (Zyklus Nr. 18) ist durch BSB A.lat.a. 2340 = ▶VP 1601 (= ▶VP 1622B) repräsentiert

VP 1624A   **Opera, Amsterdam 1624**
Opera studio Th. PULMANNI correcta, Amstelodami, J. Janssonius, 1624
Bibl.: MAMBELLI Nr. 299 (□); Ristampa Amstelodami, J. Janssonius, 1628 = MAMBELLI Nr. 301 (Ø).

VP 1624B   **□ + Opera, Leipzig 1624**
Opera argumentis et scholiis virorum doctissimorum illustrata cum indicatione diversae scripturae … studio et opera Gregor. BERSMANI. Editio sexta ab ipso auctore ante obitum correcta et cum figuris ornata. Lipsiae, sumptibus Grosiani, 1624 (und im Kolophon:) Goslariae, Iohannes Vogtius incudebat, impensis haeredum Henningi Grosii senioris, bibliopolae Lipsensis, 1623 [8°].

Bibl.: Vgl. generell zu ▶VP 1623A, der „5. Auflage". Die jetzige „6. Auflage" fehlt sowohl bei MAMBELLI zu Nr. 254 (Lipsiae ▶VP 1581A, 1. Auflage der ‚Bersmanniana'), wie auch bei Wolfenbüttel 1982, D 25 (zu ▶VP 1588A), doch ist sie bei Wolfenbüttel 1982, D 32 (zur 5. Auflage ▶VP 1623A) erwähnt. - Da offenbar die früheren Auflagen ▶VP ^{2}1588A, ▶VP ^{3}1596B und (▶VP) ^{4}1616 wie schon die Erstausgabe ▶VP 1581A zwar Titel-Holzschnitte zu den einzelnen Büchern, aber noch keine zusätzlichen kleinen ovalen Holzschnitte (Vignetten) zu einzelnen Szenen aufwiesen, sondern diese erstmals Goslar ▶VP ^{5}1623 (1616) hinzukamen und dann in Leipzig ▶VP ^{6}1624 übernommen wurden, kann sich der Hinweis im Titel „ab ipso auctore" im Titel der 5. und 6. Auflage nur auf „ante obitum correcta" beziehen (denn Gregor BERSMANN, 1538-1611, war 1616 bzw. 1623/1624 bereits tot) und nicht auch auf „cum figuris ornata". Die vorliegende 6. Auflage ▶VP 1624B ist in Princeton als Item 138 aufgeführt (Ø; die früheren Auflagen der Bersmanniana sind in Princeton nicht vorhanden) und auch in VD 17 als 12:623823U (BSB; Gotha) verzeichnet. - Die Eintragung im Kolophon der 6. Auflage ist wörtlich identisch mit der im Kolophon der 5. Auflage ▶VP 1623A: beidemal ist im Kolophon 1623 datiert. Daher ist anzunehmen, dass ▶VP 1624B nur eine Titelauflage von ▶VP 1623A ist, also ein textidentischer Druck, bei dem nur das Titelblatt neu gesetzt ist. Dann würden alle folgenden Angaben zu den Illustrationen auch schon für Goslar ▶VP 1623A gelten. Diese „5. Auflage" ist sogar in einer ersten Ausgabe bereits Leipzig 1616 publiziert worden (s. zu ▶VP 1623A). Damit ergibt sich für die Entstehungszeit der zusätzlichen 78 Vignetten offenbar das Jahr 1616 als Terminus ante quem. - Auch in der 6. Auflage ▶VP 1624B ist die ursprüngliche Epistula dedicatoria der Erstausgabe ▶VP 1581A an die Brüder Johann Casimir und Johann Ernst, Herzöge von Sachsen, unverändert abgedruckt, in der keine Illustrationen erwähnt sind.

Lit.: Dieser große Illustrations-Zyklus Nr. 24 ist, abgesehen von den Hinweisen bei Wolfenbüttel 1982, D 32 zur „5. Auflage" Goslar ▶VP 1623A, gänzlich unbekannt. Mit den folgenden Ausführungen betrete ich Neuland; alle Benennungen der Figuren und Identifizierungen der Szenen stammen von mir.

VP 1624B *Beschreibung*: (A) Auf der Titelseite ein Medaillon-Porträt im Orsini-Typus (nach r. blickend, doch ohne Herme) mit der Umschrift PUB. VIRGILIUS MARO POETA MANTUANUS. - Dies ist in meinem Handbuch der erste Beleg für den Orsini-Typus des Vergil-Porträts, den man als das Standard-Porträt Vergils in Ausgaben des 17./18. Jh. bezeichnen darf. Das Vorbild ist eine Gemme im Besitz des Antiquars und Bibliothekars Fulvio ORSINI (1529-1600), auf der dem im Profil abgebildeten Kopf Vergils eine Herme mit Spitzbart und geflügeltem Hut gegenübersteht (also wirklich eine Hermes/Mercurius-Darstellung); s. dazu das Abkürzungsverzeichnis (Kap. B 2). Trotz der weiten Verbreitung des Orsini-Typus in Frontispizien spielt er in Untersuchungen zur Vergil-Ikonographie, soweit ich sehe, überhaupt keine Rolle. So fehlt es z. B. unter den 62 Abb., die fast ausschließlich Vergil-Porträts darstellen, in dem kleinen Buch (einer Schrift zum 2000. Todesjahr) von M. G. FIORINI GALASSI / Benvenuto GUERRA / Serafino SCHIATTI, Virgilio alle ricerca del volto, a cura del Comune di Virgilio, Suzzara 1981, 125 S.; ferner auch bei Philippe HEUZÉ, Autour du portrait Virgile, Helmantica 50, 1999, 453-463 (fast nur zum Mosaik von Hadrumetum und zu Luca Signorellis *Vergil* im Dom von Orvieto) und auch bei Jerzy MIZIOLEK, Virgil with panpipes, Fontes 2, 1999, 97-116 mit Abb. 45-55. Zur Problematik der Authentizität von Vergil-Bildnissen vgl. SUERBAUM, VV 1, 1998, 15f. („Suus cuique Vergilius. Vergil-Porträts zur freien Auswahl") und generell dort S. 15-19, u.a. mit Kritik an Erwin BIELEFELD, Zu dem Vergilbildnis des Justus van Gent für Federigo da Montefeltre, Gymnasium 74, 1967, 321-326 (um 1475 entstanden). - Ich rechne zum Orsini-Typus Vergil-Porträts in folgenden Lemmata meines Handbuchs: ▶VP 1646B, ▶VP 1649B, ▶VP 1654A, (▶VP 1677B), ▶VP 1680A, ▶VP 1690A, ▶VP 1709, ▶VP 1750A, ▶VP 1760, ▶VP 1763A, besonders ▶VP 1766, ▶VP 1780A, ▶VP 1783A, ▶VP 1783C, ▶VP 1790D, ▶VP 1796B, ▶VP 1798B, ▶VP 1802B, ▶VP 1821A, ▶VP 1840.

(B) Vor ecl. (1) und den einzelnen Büchern der georg. (4) und der Aen. (12) sowie zu ‚Aen. XIII' jeweils ein ganzseitiges Titelbild (11,0 x 6,9), insgesamt (1+4+12+ 1=) 18. Diese Titelbilder gehören zu dem seit ▶VP 1561B belegten Züricher Argumentum-Typus Nr. 16. Konkret sind sie aus der Erstausgabe der ‚Bersmaniana' Leipzig ▶VP 1581A wiederholt, woraus sie auch in die spätere Bersmaniana Leipzig ▶VP 1588A und in Wittenberg ▶VP 1598 übernommen worden waren. Es handelt sich also um variierte und sv. Übernahmen des Züricher Argumentum-Typus, und zwar in der in ▶VP 1581A belegten Variante. Zur Beschreibung sei auf ▶VP 1581A verwiesen. (In ▶VP 1624A ist allerdings abweichend von ▶VP 1581A das Titelbild zu georg. III = georg. II = Bacchusfest). - Die Aeneis-Titelbilder sind in ▶VP 1624B signiert mit MB für Aen.

I, III, IV, VI, VII, IX (alle wie schon in der Vorlage ▶VP 1581A), mit BG für Aen. V (wie 1581), mit BG neu für Aen. II (statt MB 1581), für Aen. VIII und X (statt jeweils CM 1581) sowie für Aen. XII (in ▶VP 1581A fehlt eine Signatur); Aen. XI ist 1624 wie 1581 ohne Signatur. - In der Ausgabe ▶VP 1581A hatten diese Argumentum-Bilder keine Überschriften, jetzt führen alle den Titel *Adumbratio libri* (z. B. *III*) *Aeneidos* (Ausnahme: vor ecl. 1: *Complexio Eklog. I*). Auf das Titelbild folgt jeweils ein längeres Prosa-Argumentum, dessen Verfasser nicht angegeben ist, und dann ein metrisches Argumentum, nämlich die jeweiligen Pentasticha der Duodecim Sapientes (Anth. Lat. 591-601 R.), z. B. zu Aen. V *In Siculas iterum terras fortuna reducit eqs.* (Anth. Lat. 595 R.).

| **VP 1624B** | (C) Zusätzlich zu diesen Buch-Titelbildern (B) sind im Text *suo loco* insgesamt (5 +3 + 64 + 6 =) 78 textbezogene Holzschnitt-Vignetten (5,6 x 7,2) eingefügt, davon 64 zur Aeneis. Sie illustrieren immer nur 1 Szene des Textes. Dies ist der Zyklus Nr. 24 im engeren Sinne. |

Diese Vignetten mit ihren 1-Szenen-Bildern sind unregelmäßig über den Text verteilt: an der Spitze von ecl. 2, 3, 4 (hier nicht vor 4,1, sondern vor 4,5), 7 und 9; innerhalb von georg. I (vor georg. I 18, 303 und 362) und dann zu Aen. I 11 Bilder (Nr. 1-11), II 10 (Nr. 12-21), III 4 (Nr. 22-25), IV 2 (Nr. 26/27), V 3 (Nr. 28-30), VI 10 (Nr. 31-40), VII 1 (Nr. 41), VIII 3 (Nr. 42-44), IX 7 (Nr. 45-51), X 6 (Nr. 52-57), XI 7 (Nr. 58-64), zu Aen. XII kein Bild, zu Aen. ‚XIII' 6 Bilder (Nr. 65-70). Zur (echten) Aeneis sind also insgesamt 64 zusätzliche Szenen-Bilder enthalten. Sie weisen keine Namensbeschriftungen auf. Das Kostüm ist nicht antikisierend.

| **VP 1624B** | *Einzelbeschreibung*: Die 64 kleinen Textillustrationen des Zyklus Nr. 24 zur Aen., von denen zwei (vor ecl. 2,1; Aen. I 60) mit HG signiert sind, stehen vor folgendem Aeneis-Vers (jeweils von mir identifiziert, denn ▶VP 1624B weist keine Verszählung auf) und haben folgendes von mir erschlossene Sujet: |

▶VP 1624B --- Aen. I - 11 kleine Picturae

Nr. 1 - I 8 -   Aeneas in prächtiger Kleidung und Rüstung, mit einem Stab in der Pose eines Feldherrn, vor einer Stadt am Meer - eindrucksvoller Holzschnitt. Man könnte es als eine Art Titelbild zum Epos betrachten. Ein ähnliches Bild ist Nr. 40 vor VI 872 (‚Heldenschau').

Nr. 2 - I 32 -   Das zunächst rätselhafte Bild gehört nicht in Aen. I (Seesturm), sondern in Aen. V: Am Ufer klagende trojanische Frauen schauen auf ein brennendes Schiff, auf der Wolke darüber die Göttin Iris; in der Tat ist dies eine **Dublette** zu dem an der richtigen Stelle vor Aen. V 616 eingefügten Bild Nr. 30. Vielleicht liegt für die Dublette kein Versehen vor, sondern Absicht: sie ist vielleicht durch die vage vergleichbare Situation in Aen. I 216-222 nahegelegt, wo die an der libyschen Küste gelandeten Trojaner das Schicksal der scheinbar verlorenen anderen Schiffe beklagen.

Nr. 3 - I 60 - Juno weist Aeolus auf die trojanische Flotte hin. (Zu diesem Holzschnitt in der rechten unteren Ecke der Umrahmung die **Signatur** IG mit einem Kreuz, das aus der gemeinsamen Mittelhaste der beiden Buchstaben wächst; auch zwei Wappen - andere als auf dem Bild zu ecl. 2,1 - sind erkennbar.)

VP 1624B Nr. 4 - I 97 - Schiff (Kogge) im Sturm - prächtiges Bild.

Nr. 5 - I 170 - Hier könnte man vielleicht denken, das Bild stelle dar, wie Aeneas von einer Anhöhe aus auf die gelandeten Schiffe im Portus Libycus herabschaut; aber auch hier liegt (wie bei Nr. 2) eine **Dublette** vor: das Bild kehrt als Nr. 33 vor Aen. VI 179 wieder, und nur dort passt es genau: Aeneas schaut nach dem Besuch bei der Sibylle auf das Ufer bei Cumae herab, wo die Gefährten den ertrunkenen Trompeter Misenus auffinden.

Nr. 6 - I 314 - Auch dies ein zunächst unverständliches Bild, das nach seiner Stellung im Text vermuten lässt, dass sich Aeneas mit Achates (der aber wie eine Frau gekleidet wäre) von hinten vor Karthago der göttlichen Mutter Venus nähert; aber auch hier liegt (wie bei Nr. 2 und Nr. 5) eine **Dublette** vor: das Bild kehrt als Nr. 36 vor Aen. VI 469 wieder, und nur dort passt es überhaupt: Dido (mit Krone) wendet sich in der Unterwelt von Aeneas und dessen Begleiterin, der Sibylle, ab, nachdem dieser Dido angesprochen hatte.

Nr. 7 - I 421 - Aeneas und Achates schauen von einem Hügel aus auf Karthago.

Nr. 8 - I 503 - (Komposition stark beeinflusst durch das Titelbild zu Aen. I) Dido nähert sich innerhalb Karthagos von li. dem Rundtempel, in dem Aeneas und Achates die Bilder betrachten; Ilioneus wird gefesselt herangeführt.

Nr. 9 - I 586 - (direkte Fortsetzung von Nr. 8) Aeneas tritt vor Dido, li. und r. Gefolge.

Nr. 10 - I 631 - Nach der Stellung im Text müsste es sich um die Aufnahme des Aeneas durch Dido in ihrem Palast handeln, wobei Dido auch Opfer in den Tempeln anordnet. Die im Bild dargestellte Situation aber, wo die auf dem Rand ihres Bettes unter einem Baldachin sitzende Dido zu dem vor ihr stehenden Aeneas spricht, während im Hintergrund Dido (in kontinuierender Darstellung) ein Brandopfer darbringt, passt nicht zur Situation von I 631ff., sondern nur zur Auseinandersetzung zwischen Dido und Aeneas IV 304-396 samt 450-455 (Opfer). - Solche Zuordnungen von Bildern (wie schon bei Nr. 2, 5 und 6) zu Szenen, zu denen sie nur einen oberflächlichen Bezug haben, lassen vermuten, dass es keine verbindlichen Einfügungsvorschriften für die vorhandenen Holzschnitte gab.

Nr. 11 - I 702 - (r.) Gastmahl bei Dido, im Vordergrund r. der Sänger Iopas; li. von der Mitte bringt ein Mann (Trojaner?) ein Geschenk oder (Diener?) trägt etwas Verhülltes zur Tafel; ganz li. nahen fliegend Venus und Cupido, der Ascanius' Stelle einnehmen soll.

▶**VP 1624B --- Aen. II - 10 kleine Picturae**

Nr. 12 - II 21 -   Die Griechen gehen bei Nacht an Bord ihrer Schiffe, um von Troja (das durch das Hinterteil des Hölzernen Pferdes angedeutet ist) zum Hinterhalt nach Tenedos zu fahren (als **Dublette** in Nr. 15 wiederholt, doch nur hier zu II 21 passend).

Nr. 13 - II 209 -   Laokoon wird vor einem rauchenden Altar von einer Schlange umwunden und von einer zweiten bedroht; seine zwei Söhne liegen bereits tot am Boden.

Nr. 14 - II 235 -   Das Hölzerne Pferd wird in die Stadt Troja gezogen; r. Priamus und trojanische Krieger, die offenbar Sinon (mit Turban) vor den König führen.

Nr. 15 - II 250 -   **Dublette**, Wiederholung von Nr. 12, nur dort passend; wie dort die Einschiffung der Griechen von Troja nach Tenedos dargestellt war, so soll wohl hier bei der Wiederholung die Einschiffung der Griechen von Tenedos nach Troja wiedergegeben werden.

Nr. 16 - II 275 -   r. tritt Hector (nicht als Erscheinung dargestellt) vor das Bett des Aeneas; li. führen die Griechen in Troja weibliche Gefangene ab.

Nr. 17- II 382 -   Kampfszene im brennenden Troja: offenbar trifft die Schar der Trojaner unter Aeneas' Führung während des nächtlichen Kampfes (der Nyktomachie) auf den Griechen Androgeos.

Nr. 18 - II 415 –   weitere Kampfszene im brennenden Troja (mit einem Pfeiler in der Mitte); ein Teil der Krieger ist mit Turban dargestellt.

Nr. 19 - II 487 -   wilde Kampfszene im brennenden Troja.

Nr. 20 - II 543 -   Pyrrhus, der Sohn Achills, verfolgt den fliehenden Polites, einen Sohn des Priamus. **Dublette** zu Nr. 50 vor Aen. IX 778 (Turnus erschlägt Trojaner im Schiffslager), an beiden Stellen passend.

Nr. 21 - II 707 -   Aeneas trägt (allein) Anchises auf dem Rücken aus dem brennenden Troja.

▶**VP 1624B --- Aen. III - 4 kleine Picturae**

Nr. 22 - III 1 -   Abfahrende Schiffe.

Nr. 23 - III 134 -   Die Trojaner erbauen auf Kreta die Stadt Pergama.

Nr. 24 - III 245 -   Die Harpyie Celaeno spricht von einem Felsen aus zu den Trojanern unter Aeneas.

Nr. 25 - III 384 -   **unklares Sujet**; offenbar: Aeneas mit Helenus r. im Gespräch; Helenus gibt dem Aeneas eine Prophezeiung über die weitere Fahrt zum Ziel Italien; auf einer Säule ein trigonometrisches Instrument.

▶**VP 1624B --- Aen. IV - 2 (plus 1) kleine Picturae**

Nr. 26 - IV 153 -   BILD 23 li. Jagdszene mit einem Reiter und einem Krieger zu Fuß im Vordergrund..

Nr. 27 - IV 167 -   BILD 23 r. Aeneas umarmt Dido in der Höhle während des Gewitters.

Nr. 10 - siehe oben.

▶VP 1624B --- Aen. V - 3 kleine Picturae

Nr. 28 - V 99 -   Aus dem Grab des Anchises in Segesta kriecht vor den Augen des Aeneas, des Ascanius und des Königs Acestes eine Schlange hervor; weiter hinten eine spitze Pyramide.

Nr. 29 - V 411 - **unpassendes Bild** für die Szene vor dem Boxkampf mit dem *caestus* zwischen dem Sikuler Entellus und dem Trojaner Dares, denn es zeigt einen Krieger mit erhobenem Schwert vor einem hingestreckt daliegenden Gegner - es könnte sich um ein Bild zur Schlussszene der Aeneis, das Duell zwischen Aeneas und Turnus am Ende von Aen. XII, handeln.

Nr. 30 - V 617 - **Dublette** zu Nr. 2 vor Aen. I 32, siehe dort. Nur hier in Aen. V passend: die trojanischen Frauen setzen die Flotte in Brand.

▶VP 1624B --- Aen. VI - 10 kleine Picturae

Nr. 31 - VI 9 -   Schiffe ankern an einem gebirgigen Ufer, d.h. Aeneas landet bei Cumae.

Nr. 32 - VI 165 -   Kampf vor der Mauer einer Stadt - eine **Dublette** zu Nr. 64 vor XI 875, nur dort, nicht hier vor VI 165 beim Tod des Trompeters Misenus, passend.

Nr. 33 - VI 179 - **Dublette** (hier in VI passend: Aeneas sieht von einem Hügel den toten Misenus am Strand) zu Nr. 5 vor Aen. I 170, siehe dort.

Nr. 34 - VI 384 -   Aeneas und die Sibylle im Nachen des Charon.

Nr. 35 - VI 424 -   Die Sibylle schläfert den dreiköpfigen Höllenhund Cerberus ein.

Nr. 36 - VI 469 -   Dido wendet sich in der Unterwelt von Aeneas (und der Sibylle) ab - **Dublette** (nur hier in VI passend) zu Nr. 6 (vor Aen. I 314).

Nr. 37 - VI 525 -   Der verstümmelte Deiphobus in der Unterwelt vor Aeneas und der Sibylle.

Nr. 38 - VI 641 - **Schwierig** zu erkennendes und **zu deutendes Bild**. Offenbar r. vorn Orpheus (nackt, mit Krönchen auf einem Turban) und eine reich gekleidete Frau (Aen. VI 645) an der Seite des Lethe- Unterweltflusses, hinter dem das Elysium beginnt; auf der anderen Seite des Flusses taucht Aeneas kniend den Goldenen Zweig ins Wasser; neben ihm scheint die Sibylle zu stehen. Auf einem Altar (?) steht der Buchstabe C. Dargestellt ist also (wie im Text *suo loco*) der Eintritt ins Elysium.

Nr. 39 - VI 800 -   Anchises (nackt) zeigt Aeneas und der Sibylle in der ,Heldenschau' kleine nackte, unidentifizierbare Gestalten, die der aufgehenden Sonne (d.h. ihrer künftigen Geburt) zustreben.

Nr. 40 - VI 872 - **unklares Sujet**: li. Rückenansicht eines Königs, im Mittelpunkt ein Krieger in Feldherrnpose (ähnlich wie in Bild Nr. 1 vor I 8); r. ein weiterer Krieger. Vielleicht soll Aeneas bei der ,Heldenschau' dargestellt sein.

▶VP 1624B --- Aen. VII - 1 kleine Pictura

Nr. 41 - VII 373 - An dieser Stelle (Amata unter dem Einfluss der Furie Allecto) **unerklärliches Bild**, auf dem vor einer Stadtmauer ein Krieger (Aeneas) von rechts auf einen anderen (Turnus) eindringt, dessen Schwert zerbrochen ist, während die nackte Venus (mit Amor, der mit einem Bogen spielt) jemandem (Juturna?) ein Schwert zu entreißen scheint - das ist wohl eine Illustration zu XII 786ff. und eine **Dublette** zu Nr. 54.

▶VP 1624B --- Aen. VIII - 3 kleine Picturae

Nr. 42 - VIII 33 - Der Flussgott Tiberinus erscheint dem schlafenden Aeneas.

Nr. 43 - VIII 193 - Ein an dieser Stelle, zu Beginn der Erzählung Euanders von Hercules und Cacus, **nicht recht passendes Bild**: ein gewappneter Krieger mit Schild und Schwert (Hercules?) dringt von r. gegen einen nackten behaarten Riesen (Cacus?) an, der eine Stange schwingt. Eine genau entsprechende Szene gibt es in der Erzählung Euanders nicht; nach dem Text Vergils ist Hercules mit (s)einer Keule bewaffnet und es findet auch kein Kampf auf offenem Felde statt; im folgenden, zum Text passenden Bild Nr. 44 ist Hercules beim Kampf gegen Cacus nackt. Aber auch die Alternativlösung, in Nr. 43 ein Bild für den Angriff des Turnus auf Bitias oder auf Pandarus zu sehen, auf zwei riesige Trojaner, die das trojanische Lager verteidigen (IX 672-755), wäre nicht wirklich überzeugend.

Nr. 44 - VIII 263 - (schwer erkennbares Bild) Hercules, der in der Linken einen Stab (= Keule) schwingt, ist in einer dunklen Felshöhle dabei, den unter ihm liegenden Cacus zu erwürgen; danach schleppt er (li.) die Leiche aus dem Eingang der Höhle.

▶VP 1624B --- Aen. IX - 7 (plus 1) kleine Picturae

Nr. 45 - IX 81 - Nach der Stellung im Kontext müsste dieses Bild darstellen, wie Turnus gegen die trojanischen Schiffe andringt (und diese in Nymphen verwandelt werden). Es zeigt aber einen Krieger beim Sturm auf die Mauern des befestigten trojanischen Lagers, der gerade von einem Verteidiger mit einem Pfeil erschossen wird, also Numanus Regulus, wie er von Ascanius getötet wird; Apollo in der Wolke verbietet dem Ascanius den weiteren Kampf. Das ist ein Bild zu IX 630-658. In der Tat ist das Bild eine **Dublette** zu Nr. 49 (vor IX 621).

Nr. 46 - IX 107 - Die Verwandlung (Metamorphose) der trojanischen Schiffe in Nymphen; am Ufer ein Heer; vorn li. zwei Krieger, wohl Messapus und Turnus; in der Wolke mehrere Götter (darunter Kybele).

Nr. 47 - IX 410 - Nisus und Euryalus richten unter den schlafenden weintrunkenen Rutulern (zwischen denen zwei große Weinfässer liegen) ein Blutbad an. Dieses Bild gehört aber bereits zu der Passage IX 314-366.

Nr. 48 - IX 446 - Das Bild ist am Schluss der Nisus-und-Euryalus-Episode unmittelbar vor deren Seligpreisung (*fortunati ambo eqs.*) eingefügt. An sich spielt hierin kein Bogenschütze eine Rolle. Aber bei dem Krieger, der li. aus einem Hinterhalt mit einem Bogen auf eine Gruppe zielt, die aus

Kämpfern zu Fuß und zu Ross besteht, wird es sich um Nisus handeln, der den Tod des Euryalus an dem Latiner Volcens rächen will.

Nr. 49 - IX 621 - **Dublette** (hier an der richtigen Stelle) zu Nr. 45 vor IX 81, siehe dort: Numanus Regulus schmäht die sich im verschanzten Lager verteidigenden Trojaner und wird von Ascanius mit einem Pfeil erschossen, Ascanius wird von Apollo ermahnt.

Nr. 43 (?) - siehe oben zu Nr. 43 VIII 193.

Nr. 50 - IX 778 - **Dublette** (hier in IX an der richtigen Stelle) zu Nr. 20 vor II 543, s. dort: Turnus verfolgt innerhalb des trojanischen Lagers einen Gegner, nach dem Kontext den Sänger Cretheus.

Nr. 51 - IX 814 - Turnus, der in das trojanische Lager eingedrungen ist, stürzt sich in seiner Bedrängnis in den Tiber.

▶**VP 1624B --- Aen. X - 6 kleine Picturae**

Nr. 52 - X 24 - Venus tritt in der Götterversammlung auf; darunter auf der Erde Angriff auf das trojanische Lager.

Nr. 53 - X 224 - Die Nymphen, die ehemaligen Schiffe der Trojaner (eigenartiger Weise mit Schmetterlingsflügeln dargestellt), begegnen der etruskischen Flotte des Aeneas.

Nr. 54 - X 292 - Ein **nicht** zum Kontext (Tarchon, etruskischer Bundesgenosse des Aeneas, ermutigt seine Leute vor der Landung beim Lager der Trojaner am Tiber) **passendes Bild**, das denn auch nur eine **Dublette** zu Nr. 41 vor VII 733 ist (siehe dort), aber dort ebensowenig passt, sondern zu XII 786ff. gehört: ein Krieger (Aeneas) dringt auf einen anderen (Turnus) ein; Venus macht sich an einem Schwert zu schaffen.

Nr. 55 - X 322 - **Unklares Sujet.** Ein Nr. 48 vor IX 446 sehr ähnliches, wenn auch variiertes Kampfbild mit einem gekrönten Bogenschützen im Mittelpunkt; es passt jedoch hier kaum, denn in der Aristie des Aeneas spielen Pfeil und Bogen keine Rolle. Auch der prominenteste Bogenschütze in den Kampfbüchern der Aen., der junge Ascanius (IX 621ff.), kommt nicht in Frage (ihm ist Nr. 49 gewidmet).

Nr. 56 - X 653 - Turnus verfolgt das (nicht als solches dargestellte) Trugbild des Aeneas auf ein ankerndes Schiff, das (wie eines der Schiffe auf Nr. 31) am Heck einen merkwürdigen bogenförmigen Aufbau aufweist. In den Wolken Juno (r.) und li. Juppiter mit einem Blitzbündel.

Nr. 57 - X 878 - Der auf sein Ross Rhaebus gelehnte alte Mezentius trauert um seinen tot am Boden liegenden Sohn Lausus, neben dessen Leiche Aeneas (li.) steht.

▶**VP 1624B --- Aen. XI - 7 kleine Picturae**

Nr. 58 - XI 5 - Aeneas mit einem Gefährten vor dem Siegesmal (Tropaion), einem Stamm mit der Rüstung des erschlagenen Mezentius.

Nr. 59 - XI 100 - Die Waffenstillstands-Gesandtschaft der Latiner, mit Drances an der Spitze, tritt vor Aeneas. Das Bild wird als Nr. 68 zu Aen. ‚XIII' wiederholt (**Dublette**).

Nr. 60 - XI 168 - Euander fordert Rache, an der Leiche seines Sohnes Pallas stehend, die auf einem niedrigen Wagen liegt. Das Bild wird als Nr. 67 zu Aen. ‚XIII' wiederholt (**Dublette**).

Nr. 61 - XI 336 - Ratsversammlung der Latiner mit Latinus links sitzend, vor ihm der gewappnete Turnus mit Drances und weiteren Männern streitend.

Nr. 62 - XI 794 - Reiterschlacht; li. ein reiterloses Ross; Camilla offenbar in der Mitte reitend, verfolgt von einem männlichen Reiter (Arruns).

Nr. 63 - XI 840 - Die Nymphe Opis erschießt von einem Hügel aus den reitenden Arruns, um seine Tötung Camillas zu rächen.

Nr. 64 - XI 875 - Kampf der Trojaner gegen die fliehenden Latiner vor den Mauern der Stadt des Latinus. Das Bild ist identisch mit Nr. 32 vor VI 165, dort aber nicht passend. (**Dublette**)

▶**VP 1624B --- Aen. XII - keine (plus 2?) Picturae**

Im Text von Aen. XII ist kein Holzschnitt eingefügt. Aber Nr. 41 (vor VII 373) = Nr. 54 (vor X 292) ist in Wahrheit eine Illustration zu XII 786ff. Auch Nr. 29 könnte sich auf Aen. XII beziehen: auf XII 946-952, die Schlussverse des Epos.

VP 1624B Es folgen noch die 6 Bilder Nr. 65-70 zu Aen. XIII. Zwei davon sind Dubletten bereits verwendeter Bilder (Nr. 67 = Nr. 60; Nr. 68 = Nr. 59).

Die Szenen-Illustrierung ist also fehlerhaft. Von den 64 kleinen 1-Szenen-Holzschnitten zur Aen. sind 8 Dubletten (von den insgesamt 70 zu Aen. I-XIII sogar 10), nämlich: (in Klammern das jeweils zweite Vorkommen) : Nr. 2/30, 5/33, 6/36, 12/15, (15/12), 20/50, (30/2), 32/64, (33/5), (36/6), 41/54, 45/49, (49/45), (50/20), (54/41), 59/68, 60/67, (64/32), (67/60), (68/59). Ferner sind 4 dieser Holzschnitte an der Stelle, an der sie eingelegt sind, nicht recht passend: Nr. 29, Nr. 41/54, Nr. 43?, Nr. 55?

Abhängigkeiten: Eine Durchsicht der 354 Abbildungen bei PASQUIER, 1992, ergibt keine Identitäten mit den 64 Szenen-Bildern in ▶VP 1624B. Stilistisch die relativ größte Nähe zeigen die (teilweise bereits in ▶VP 1552B publizierten) Holzschnitte in Lyon ▶VP 1560A = PASQUIER, 1992, Nr. 14, die Bernard Salomon zugeschrieben werden. Ich meine allerdings, dass die Holzschnitte in der Ausgabe von ▶VP 1624B = ▶VP 1623A (= ▶VP 1616) eher aus dem 17. als aus dem 16. Jh. stammen. - Die Tatsache, dass die Illustrierung in ▶VP 1624B, der 6. Auflage von 1624, so viele Dubletten oder verfehlte Plazierungen aufweist, die sich auch bereits in der offenbar textgleichen 5. Auflage von ▶VP 1623A (= ▶VP 1616) finden, lässt vermuten, dass es sich nicht um eine Original-Illustrierung handelt, sondern dass die Bilder aus einer - unbekannten - älteren Ausgabe übernommen sind.

▶**VP 1624B** *Würdigung*: Die im Grunde willkürliche Kombination (B) eines älteren Titelbild-Zyklus (Nr. 16) zu den Aen.-Büchern im (Züricher) Argumentum-Typus (jetzt *adumbratio* genannt) mit (C) einem neuen Zyklus von Vignetten zu Einzelszenen der Aeneis mit ist in der gesamten Aeneis-Ikonographie singulär. Die Titelbilder wollen im Prinzip den Inhalt des ganzen Aen.-Buches umfassen; ein Bezug auf die Vignetten, die mehrere Einzelszenen desselben Buches (mit Ausnahme von Aen. XII), und zwar jeweils nur einen einzigen Moment, darstellen, ist nicht erkennbar. Singulär ist auch die Form der Vignetten, die alle als ovale Medaillons gestaltet sind; sie sind durch dekorative Füllungen in den vier Ecken zur Form eines Rechtecks (ohne Rahmen) erweitert. Diese Ovale wirken oft wie ein Fenster, durch das man auf die abgebildete Szene schaut: die Personen und Dinge sind oft durch den Rahmen des Ovals abgeschnitten und erscheinen häufig in Rückenansicht. – Die Illustration der Aen. durch die Vignetten ist sprunghaft und unregelmäßig. Die Dichte der Bilder pro Buch schwankt extrem zwischen 11 (zu Aen. I) oder 10 (zu Aen. II und VI) Bildern einerseits und 2 (zu Aen. IV), 1 (zu Aen. VII) oder (scheinbar) gar 0 (zu Aen. XII) andererseits. Es gibt mehrere Dubletten und offensichtlich verstellte Illustrationen; bei mehreren anderen ist das Sujet unklar. – Inhaltlich und darstellerisch verdiente der Vignetten-Zyklus in ▶VP 1624B – wie die beiden im Umfang vergleichbaren Kupferstich-Zyklen Nr. 29 in ▶VP 1654A = ▶VP 1658A (70 Bilder zur Aeneis) und Nr. 35 in ▶VP 1688A (50) – eine eigene monographische Behandlung. Hier können nur einige Beobachtungen vorgebracht werden. Die Szenen sind meist auf eine oder zwei Hauptpersonen konzentriert, auch wenn die Bild-Ovale immer dicht mit weiteren figürlichen Elementen gefüllt sind. Die Bilder wirken meist ‚malerisch'. Viele der dargestellten Sujets sind innerhalb der bisherigen Aen.-Ikonographie singulär (etwa Nr. 6 = Nr. 36 Dido wendet sich in der Unterwelt von Aeneas ab; Nr. 16 Erscheinung Hektors; Nr. 23 die friedliche Szene des Aufbaus Karthagos; die Sonne in der Unterwelt in Nr. 39; die – freilich missglückte – Darstellung wohl des Kampfes zwischen Hercules und Cacus in Nr. 43 und – besser gestaltet – in Nr. 44) oder aber in ungewöhnlicher Weise variiert (etwa Laokoon Nr. 13; die dezente Umarmung Aeneas/Dido in der Höhle in Nr. 27; der besänftigte Höllenhund Cerberus in Nr. 35; die Weinfässer im Lager der Rutuler in Nr. 47 – zumal im Vergleich zu ▶VP 1502 Pict. 148). - Es gibt den Versuch, Nachtszenen als solche kenntlich zu machen, so Nr. 12 = Nr. 15, auch Nr. 47; vgl. auch Nr. 44 (Inneres einer Höhle). Die Kleidung und Bewaffnung der Personen ist nicht antikisch, sondern zeitgenössisch. Zeitgenössisch wirken vor allem die koggenartigen Schiffe. Auf Nr. 18 trägt in der Nyktomachie ein Grieche – wie ein Türke – einen Turban; das gleiche gilt für den Griechen Sinon auf Nr. 14. Auffällig sind das trigonometrische Instrument in Nr. 25 und die Spitzpyramide in Nr. 28. Starke perspektivische Verkürzung einer liegenden Figur zeigen Nr. 13 und Nr. 29, vgl. auch Nr. 57. – Aeneas, der meist einen Harnisch und einen Helm mit wallendem Busch trägt, hat einen Schnurrbart und wirkt wie ein älterer Fürst. – Insgesamt betrachte ich diesen Holzschnitt-Zyklus, den ersten und zugleich letzten ganz selbständigen seit ▶VP 1502, als eine beachtliche künstlerische Leistung. Er ist voller Bewegung und wirkt insgesamt dramatisch.

VP 1624B *Abb.*: Es gibt bisher keine Abb. der Text-Illustrationen.

VP 1624B   *Zugänglichkeit*: BSB A.lat.a. 2169 , daraus sind alle Seiten mit Illustrationen (also sowohl die mit den Titelbildern zu den einzelnen Büchern als auch die Szenen-Vignetten), insgesamt 95 Doppelseiten, digitalisiert; DVD 2 .

VP 1624C   ■ ? Opera, Venedig 1624
Opera. Cum absoluta Servii …, BADII ASCENSIJ, Joannis VIVIS et aliorum interpretatione. Venetiis, apud Georgium Valentinum 1624 [2°].
    Bibl.: MAMBELLI Nr. 298 ("Rara e bella edizione illustrata da graziose incisioni nel testo"); CBItalV Nr. 164 (4°; Ø).

VP 1625A   + Opera, Köln 1625
Opera indubitata omnia. Ad doctiss. R. P. Jacobi PONTANI castigationes accuratissime excusa … In florentissima Agrippinensium Colonia, sumtibus Bernhardi Gualteri, 1625.
    Bibl.: Wahrscheinlich ist diese in München vorhandene Ausgabe (danach die Titelaufnahme), die sonst in den Bibliographien nicht verzeichnet ist, identisch mit Trier 1982, Nr. I 23 S. 24: „Opera indubitata omnia. Köln, Heinrich Krafft, 1625", wo der Zusatz gemacht wird: „nach der Ausgabe von Pontanus [Augsburg ▶VP 1599]. Kupfertitel mit Medaillons von Vergil, Augustus und Maecenas sowie den Wappen Kölns und des Reichs". - Das Verhältnis von Köln ▶VP 1625A zu der gleichbetitelten Ausgabe Sedan ▶VP 1625B ist unklar.
    Beschreibung: Einzige Illustr. ist das mit Rankenwerk gerahmte Frontispiz (11,4 x 6,3). Darin eingefügt sind drei Medaillons mit Büsten, oben li. der lorbeerbekränzte CAES. OCT. AUGUS., oben r. der bärtige CAIUS MOECENAS , unten Mitte zwischen zwei Wappen (Köln; Deutsches Reich) der nach r. gewendete lorbeerbekränzte Vergil mit der Umschrift *„sum Maro qui cecini pascua rura duces'*, die wohl einen Pentameter darstellen soll.
    Zugänglichkeit: BSB A.lat.a. 2169 m , daraus digitalisiert das Frontispiz; DVD 2 .

VP 1625B   Opera, Sedan 1625 (und 1628)
Opera indubitata omnia ad doctissimas R.P. Jacobi PONTANI castigationes accuratissime excusa. Sedani, ex typographia Ioan. Iannoni, 1625.
    Bibl.: MAMBELLI Nr. 300 ("si notano esemplari con un nuovo frontespizio recante la data del 1628"); New York 1930 (Ø) = Princeton Item 139 (Ø); CBItalV Nr. 165 (Ø). - Das Verhältnis von ▶VP 1625B zu der gleichbetitelten Ausgabe Köln ▶VP 1625A ist unklar.
    Lit./Beschreibung: S. oben zum Titelbild von Leiden ▶VP 1622A nach ODERMANN, 1931, 14 („einzelne Exemplare sind von 1628 datiert"; der Titelkupfer von 1625 sei von „Tavernier" signiert). Das Exemplar Princeton Item 139 enthält laut KALLENDORF (brieflich nach Autopsie) kein Titelbild.

VP 1626   □ ■ franz. Übers. der Aeneis, Paris 1626
L'Eneide de Virgile, en prose françoise, sçavoir les six premiers livres par le S^r DE LA MOTTE DU TERTRE [Aen. I-VI] et les autres [Aen. VII-XII] par M. DU PELLIEL, avec enrichissement de figures. Paris, Toussaint du Bray, 1626.
    Bibl.: MAMBELLI Nr. 1085 ("con incisioni"); fehlt im CBItalV; PASQUIER, 1992, Nr. 39.
    Lit.: PASQUIER, 1992, Nr. 39 und S. 107f.: Frontispiz (unterschieden von dem der Ausgabe Paris ▶VP 1618 = PASQUIER, 1992, Nr. 38) von Jean de Courbes (= Abb. 301: Aeneas und Lavinia), Vergil-Porträt nach einer Münze umgeben von Szenen aus ecl. und georg.; 12 Kupferstiche (Zyklus Nr. 25),

grundsätzlich einer zu jedem Aen.-Buch, teils aus der Ausgabe ►VP 1618 wiederholt [also von Matheus stammend], teils wie das Frontispiz von J. de Courbes (ca. 1592 - nach 1637) signiert; Angabe der Sujets dieser Stiche (die Zuordnung zu Aen. X und Aen. XI müsste aber vertauscht werden). Nach PASQUIER sind die Illustrationen von denen Salomons (also von ►VP 1560A) abhängig, doch ist deren horizontale Ausrichtung zu einer vertikalen transformiert. In der Tat wird diese Abhängigkeit durch die Gegenüberstellung der Abb. 210 (►VP 1560) und Abb. 211 (►VP 1626) zu Aen. V (trotz der Zusammendrängung auf das neue vertikale Format sind in ►VP 1626 praktisch alle in ►VP 1560 berücksichtigten Szenen wiedergegeben), Abb. 268 (►VP 1560) und Abb. 269 (►VP 1626) zu Aen. XI (Tropaion; nur die r. Hälfte von ►VP 1560), Abb. 185 (►VP 1560) und Abb. 186 (►VP 1626) zu Aen. IV (nur die r. Hälfte von ►VP 1560, und zwar sv.) eindeutig dargetan (vgl. dazu jeweils PASQUIER, S. 107). Für die (?) anderen Kupferstiche in ►VP 1626 liege keine Nachahmung Salomons vor; was jedoch von PASQUIER, S. 107 mit Abb. 239 nur für das Bild zu Aen. IX demonstriert wird. - Das Kostüm ist, nach den Abb. zu schließen, nicht antikisch.

VP 1626	*Beschreibung* (fußt allein auf den Angaben von PASQUIER, 1992, bzw. den von ihr gebotenen Abb.):
Aen. I:	Sturm: das Schiff des Aeneas, von vier personifizierten Winden bedroht (Abb. 123 bei PASQUIER).
Aen. II:	Hölzernes Pferd.
Aen. III:	Polyphem.
Aen. IV:	Mahnung Mercurs an Aeneas (Abb. 186 bei PASQUIER; dazu näher PASQUIER, 1992, S 108).
Aen. V:	Zeremonien am Grabmal des Anchises und mehrere Episoden der Leichenspiele, wobei der Boxkampf zwischen Dares und Entellus merkwürdig beschnitten ist, dazu li. der Schiffsbrand (dazu näher PASQUIER, 1992, S 108).
Aen. VI:	Unterwelt.
Aen. VII:	Beginn der Feindseligkeiten.
Aen. VIII:	Aeneas empfängt von Venus die von Vulcan geschmiedeten Waffen.
Aen. IX:	Ascanius (dazu näher PASQUIER, 1992, S. 108): eine merkwürdige und singuläre Szene, die Ascanius zwar vollständig im Stil des 17. Jh. gewappnet zeigt, aber nicht - wie es der Text nahelegen würde - mit Pfeil und Bogen, sondern mit dem Schwert in der Hand; zudem ist er als kleiner Junge dargestellt, nicht als Jüngling; li. neben ihm zwei erwachsene Krieger, der eine mit Kommandostab; diese drei Trojaner befinden sich textwidrig vor einer befestigten Stadt, aus der eine größere Truppe einen Ausfall macht - ohne die Position an der Spitze von Aen. IX würde man hierin kaum eine Aen.-Illustration erkennen; dargestellt sein soll offenbar der Kriegsrat IX 224ff.

im trojanischen Lager, bei dem Nisus und Euryalus ihr Angebot vortragen, zu Aeneas durchzubrechen (Abb. 239 bei PASQUIER; hier ist die Signatur I. DE COURBES F. erkennbar).

Aen. X: Aeneas mit den Trophäen der Waffen des Mezentius (gehört zu Aen. XI, Beischrift: *Funerailles*) (Abb. 269 bei PASQUIER; dazu näher PASQUIER, 1992, S 108).

Aen. XI: Götterversammlung (gehört zu Aen. X). - Die Bilder zu Aen. X und Aen. XI sind also vertauscht.

Aen. XII: Duell zwischen Aeneas und Turnus (das Bild steht nach PASQUIER, 1992, S. 107 allerdings offenbar an der Spitze von Aen. XIII).

⸢VP 1626⸣ *Abb.*: Im Abb.-Teil bei PASQUIER, 1992, fünf der 12 Bilder zu Aen.-Büchern: Abb. 301 Frontispiz; Abb. 123 zu Aen. I; Abb. 186 zu Aen. IV; Abb. 239 zu Aen. IX; Abb. 269 zu „Aen. X", doch zu Aen. XI gehörig.

VP 1628 **Opera, Köln 1628**

[1] Bucolica et Georgica argumentis explicationibus et notis illustrata a Joanne Ludovico DE LA CERDA e Societate Iesu. Coloniae Agrippinae, sumptibus Bernardi Gualteri, 1628 [4°]; [2] Aeneidos libri sex priores ...; [3] Aeneidos sex libri posteriores. [Erscheinungsort, Verleger, Erscheinungsjahr der 3 Vol. identisch, jeder Band hat einen Kupfertitel].

Bibl.: MAMBELLI zu Nr. 288 (▶VP 1612B = Lyon 1612-1619; „bella edizione con frontespizi incisi"); Münster, 1931, Nr. 28; ODERMANN, 1931, 14 (Anm. 6: „Köln 1 Band 1628, 3 Bände (mit dem gleichen Titelblatt) 1642 bis 1647, sämtlich Folio"); CBItalV Nr. 166 (Ø); Wolfenbüttel 1982, D 33. - Vgl. im übrigen zu (▶VP 1612B = Lyon 1612-1619.

Lit.: ODERMANN, 1931, S.14: „Sachlich wie räumlich in die Nähe der Niederlande gehört auch der vierteilige, in seinem komplizierten Aufbau und seiner Schmuckform ausgeprägt barocke Titel zur Kölner Folioausgabe von 1628 (Textfassung von La Cerda), anscheinend der erste seiner Art in Deutschland [unzutreffend, vgl. Augsburg ▶VP 1599 = Lyon ▶VP 1604A]." - Wolfenbüttel 1982, D 33: "Kupfertitel (in allen drei Bänden identische Einfassung) signiert G. Keller 1628 (?). ... mit einigen Illustrationen (z. B. im Aeneisteil S. 37 Holzschnitt des *Portus in longo secessu* zu Aen. 1, 159ff.)."

Beschreibung: Das Frontispiz ist in ▶VP 1628 bis auf den Text des Titels identisch mit ▶VP 1614 (li. VIRGILIUS, r. APOLLO, li. u. THEOCRITUS, r. u. HESIODUS, doch ist die Stadtansicht unten zwischen li. THEOCRITUS und r. HESIODUS (in ▶VP 1614: Frankfurt a. M.) ersetzt durch eine solche von Köln, deren Umschrift lautet: *Romanae ecclesiae / fidelis filia S. Colonia Dei gratia.*

Abhängigkeiten: In der im übrigen mit ▶VP 1628 satzidentischen Ausgabe Köln, Kinchius, 1642-1647 = ▶VP 1642B sind neue Titelblätter eingesetzt, offenbar ist aber das Frontispiz von ▶VP 1628 = ▶VP 1614 nicht übernommen worden; s. zu ▶VP 1642B. Vgl. ferner die beiden Erstausgaben Frankfurt a. M. ▶VP 1608A und Lyon ▶VP 1612B.

Zugänglichkeit: ⸢BSB 2 A.lat.a. 400 f⸣, daraus digitalisiert das Frontispiz; ⸢BSB 2 A.lat.a. 341⸣, daraus digitalisiert das Frontispiz und die Doppelseite 36-37 mit einer Skizze des *Portus Libycus;* ⸢DVD 2⸣. Weitere Exemplare: BSB 2 A.lat.a. 400 d; BSB 2 A.lat.a. 400 e. - Neuerdings sind ⸢BSB 2 A.lat.a. 400 e⸣ und ⸢BSB 2 A.lat.a. 400 f⸣ vollständig digitalisiert.

VP 1629 **deutsche Übers. der Aeneis, Frankfurt a. M. 1629**

Aeneis Virgiliana. Das ist deß fürnembsten Lateinischen Poeten P. Virgilij Maronis XII Bücher Von den Geschichten und Thaten deß Ritterlichen unnd theuren Helden Aeneae ... in artige Teutsche Reimen verfasst durch weiland M. Johann SPRENGEN ... Franckfurt am

Mayn, Gottfried Tampach, 1629 [4°] (Als zweiter Teil gedruckt) in: Ilias Homeri. Das ist Homeri ... XXIIII. Bücher .... in artliche Teutsche Reimen gebracht von ... Johann SPRENGEN. Franckfurt am Mayn, Gottfried Tampach, 1625.

VP 1629   *Bibl.*: MAMBELLI zu Nr. 1307; Wolfenbüttel 1982, D 162 und D 163 (Wiederholung von Augsburg ▶VP 1610B).

Beschreibung: Näheres s. zur Erstausgabe Augsburg ▶VP 1610B.

Zugänglichkeit: BSB 4 A.lat.a. 695, vgl. auch BSB 4 A.gr.a. 437. Für eine Digitalisierung aus der Erstausgabe s. BSB Res/2 A.gr.a. 33 .

VP 1630A   **+ Opera, Antwerpen 1630.**

Opera. Ex recensione PP. Societatis Iesu. Antverpiae, apud Ioan Cnobbarum, 1630.

Bibl.: Fehlt in den Bibliographien, z. B. bei MAMBELLI oder im CatBiblItalVerg., 1981; auch nicht im KVK zu ermitteln; Titelaufnahme nach dem Münchener Exemplar.

Beschreibung: Nur ein winziges Frontispiz (9,0 x 5,8) im ‚Altar-Typus': Die Kartusche mit dem Text der Titelei ist gekrönt durch eine Phantasie-Büste des lorbeerbekränzten Vergil, li. davon im Rankenwerk Rüstungsteile, r. landwirtschaftliche Geräte und ein Dudelsack. Li. von der Titelei steht auf einem Podest die Statue eines Trompete blasenden Kriegers in antikischem Gewand; r. ein Dudelsackspieler. Unten auf den Postamenten zeigt ein Relief li. ein springendes Pferd, r. einen Bienenkorb, dazwischen ein Fuhrwerks. Die li. Seite insgesamt symbolisiert die Aen., die rechte die georg.

Zugänglichkeit: BSB A.lat.a. 2170 , daraus digitalisiert das Frontispiz; DVD 2 .

VP 1630B   □ **ital. Übers. der Aeneis, Padua 1630 (und 1631)**

Dell'Eneide del commendator Annibal CARO. Quarta impressione. Padova, Donato Pasquardi, 1630.

Bibl.: MAMBELLI Nr. 821 (nennt den Verleger Domenico Pasquardi); CBItalV Nr. 2092 (Ø), doch vgl. Nr. 2093 (Padoa, D. Pasquardi, 1631, mit Hinweis auf Illustr.); Mantua 1981, Nr. 16 (danach stammen die Tafeln aus der Ausgabe Padova ▶VP 1609D = MAMBELLI Nr. 814); vgl. Napoli 1981, Nr. 70 (hat statt „quarta impressione" 1630: „nova impressione" 1631); Wolfenbüttel 1982, D 202; 'Quarta impressione' bezieht sich nur auf die in Padua bei Paolo Tozzi erschienenen Ausgaben der Aeneis-Übers. von Annibal CARO, s. dazu ▶VP 1608B (1608 oder 1607), ▶VP 1609D, ▶VP 1612C, ▶VP 1613B, ▶VP 1621? (Datierung unklar). - ▶VP 1630B ist nicht bei PASQUIER, 1992, aufgeführt (vgl. dort aber Nr. 56 zur Ausgabe Padova ▶VP 1608B).

Lit.: MAMBELLI Nr. 821: "arricchita di 12 tavole incise in legno". - Napoli 1981, Nr. 70: "Edizione di formato minuscolo, adornata da 12 incisioni in legno. Sulla tavola VI compare la sigla "G.roG fe(cit)". □ a piena pagina con i ritratti di Virgilio e del Caro." - Wolfenbüttel 1982, D 202: "mit 12 Holzschnitten, zu jedem Buch ein Holzschnitt".

Zugänglichkeit: In München ist diese Ausgabe nicht vorhanden. Die aus der Rubrik *Lit.* zu entnehmenden Angaben lassen es ausgeschlossen erscheinen, dass der für ▶VP 1630B bezeugte Holzschnitt-Zyklus identisch ist mit dem anonymen Kupferstich-Zyklus Nr. 18, der in Rom ▶VP 1601 = ▶VP 1622B, aber auch in einer in Padua, aber bei Paolo Tozzi, 1621 (doch siehe Näheres zu diesem unsicheren Erscheinungsjahr zu ▶VP 1621) gedruckten Ausgabe der Aen.-Übers. von Annibal CARO enthalten ist. Vgl. oben die Beschreibung von ▶VP 1621 samt den digitalisierten Illustrationen aus BSB A.lat.a. 2339 .

VP 1632 engl. Übers. der Aeneis, (London bzw. Cambridge) 1632
The XII Aeneids of Virgil ... translated into English deca-syllables by Iohn VICARS, sine loco (Cambrige, printed by T. Buck and) are to be sold by Ni. Alsop, (London) 1632.
 Bibl.: MAMBELLI Nr. 1396 (□); New York 1930 ("London, are to be sold by Ni. Alsop, 1632"; Ø) = Princeton Item 431 (Ø); BL (□).
 Beschreibung: Das Kupferstich-Frontispiz (bei EEBO Image 1) gehört zum ‚Altar-Typ': die Titelei ist flankiert von Statuen li. des *Aeneas* und r. des *Turnus*, beide kriegerisch gerüstet mit Lanze und Schild. Unter der Titelei eine Vignette mit der Flucht des *Pius Aeneas*, über der Titelei eine Vignette mit einem Segelschiff im Sturm, flankiert li. von Venus mit Amor und r. von Juno.
 Zugänglichkeit: BSB Film R 360-1043 (Ø). Das ganze Buch einschließlich des Frontispizes ist digitalisiert bei EEBO (Exemplar der Henry E. Huntington Library).

VP 1634A Opera, Amsterdam 1634
Opera studio Th. PULMANNI correcta. Amst(elodami), apud Ioannem Ianssonium, 1634.
 Bibl.: MAMBELLI zu Nr. 291 = ▶VP 1619; Princeton Item 143 (□). Näheres, auch zu diesem Frontispiz, s. zur Erstausgabe ▶VP 1619.

VP 1634B + engl. Übers. von Aen. IV, London, sine anno (1634?)
Dido and Aeneas. The fourth booke of Virgils Aeneis. Now Englished by Robert STAPYLTON. (London,) printed for William Cooke ... in Holborn, ohne Jahr.
 Bibl.: Fehlt in den Bibliographien, etwa bei MAMBELLI oder im CBItalV im Umkreis von Nr. 2566. Die Angaben beruhen auf dem Film nach einem Exemplar in der Henry E. Huntington Library, San Marino Cal. Dort ist kein Erscheinungsjahr ersichtlich. Der Münchener OPAC datiert „[1634?]", EEBO direkt 1634. - Es handelt sich um eine gereimte engl. Übers. ohne lat. Text.
 Beschreibung: Einzige Illustration ist ein Titelkupfer in der oberen Hälfte der Titelseite. Auf diesem Frontispiz stößt sich Dido, auf einem Bett unter einem zeltartigen Baldachin liegend, ein Schwert in die Brust. - Auf der gegenüberstehenden Seite (sozusagen der Antiporta) steht ein engl. Gedicht in 12 Versen mit dem Titel „The Frontispice". Es bietet aber (trotz des ersten Verses: „Here wounded by her owne hand Dido lyes") keine Bildbeschreibung, sondern eine Reflexion über die Motive der Trennung zwischen Aeneas und Dido. Es endet: "What mov'd these princes to their fates? Behold! / A cypress-garland and a crowne of gold" (Embleme für das Reich Karthagos und das römische Imperium).
 Zugänglichkeit: BSB Film R 360-1044. Das ganze Buch einschließlich des Frontispizes ist digitalisiert bei EEBO.

VP 1634C G. STUNRAT: Vergil-Cento, sine loco, 1634
Postilio Virgilianus Latino-Germanicus statum bellicum huius temporis brevissime depingens. Das ist, Newe Advisen und allerley lustige Postzeitungen auß dem alten Lateinischen Heyden und Poeten Publio Virgilio Marone ... entlehnt und in Teutsche Reymen ubersetzet von Gatrosio STUNRATIO, sine loco, [Chronogramm für 1634].
 Bibl.: Die Angaben allein aus dem fehlerhaften OPAC-Eintrag der BSB („Pastilo") für die Signatur BSB P.o.germ. 2085 x („32 S.", Ill."). Das Büchlein mit deutschen Versen zur Zeitgeschichte (u.a. auf den Tod Gustav Adolfs von Schweden 6.11.1632), die immer wieder an Vergil-Zitate anknüpfen, ist nicht, wie der BSB-OPAC will, illustriert, sondern enthält nur ein sekundär eingeklebtes Exlibris von J. G. Droysen.

VP 1636   **Opera, Leiden 1636**

Opera nunc emendatiora. Lugduni Batavorum, ex officina Elzeviriana, 1636.

Bibl.: MAMBELLI Nr. 305 ("una carta, fuori testo, riproducente l'itinerario della navigazione di Enea. □") mit Hinweis auf einen Ndr. ebenfalls Leiden 1636 (in dem viele Druckfehler beseitigt seien), ferner auf Ndr. Leiden 1641(?) und 1649; Frankfurt 1930, Nr. 47 (UB Tübingen); New York 1930 = Princeton Item 144 (□); Perugia 1980, Nr. 62 (1639); BL.

Lit.: ODERMANN, 1931, 14: „Die Elzevier (waren) in ihrem zweiten Vergil [sc. nach ▶VP 1622A], einer ihrer künstlerisch hervorragendsten Leistungen, zu der schöneren und eindrucksvolleren Titeleinfassung des mit mächtigem Flügelschlag emporstrebenden, das gerollte Titelblatt in den Klauen tragenden Schwans übergegangen ... Wie dieses Motiv in den späteren Ausgaben der Familie festgehalten und von den holländischen Verlegern des späteren 17. und des beginnenden 18. Jahrhunderts (Farnabius [vgl. unten Amsterdam ▶VP 1642A], ▶VP 1650A, ▶VP 1677A, ▶VP 1685] und anderen [vgl. etwa Leiden ▶VP 1652B]), meist unter Kombination mit dem älteren Titelbild oder mit Szenen aus Vergils Dichtung, gewöhnlich mit sehr wenig Glück, nachgeahmt wird, tritt von nun an regelmäßig zu Beginn der Äneis die gefaltete Karte auf ..., aber keinerlei begleitende Bilddarstellung." - FINSTERER-STUBER, 1960, Nr. 55 mit Abb. des Frontispizes und ausführlicher Würdigung.

VP 1637   **Opera, Amsterdam 1637**

Opera, studio Th. PULMANNI correcta. Amsterdam, ex officina Blaviorum, 1637.

Bibl.: Fehlt in MAMBELLI (vgl. dort etwa Nr. 299 und Nr. 301); ODERMANN, 1931, 14 (mit Hinweis auf einen Kupfertitel, s.o. zu Leiden ▶VP 1622A); CBItalV Nr. 173 (Ø); Princeton Item 153 („engraved title and tail-pieces").

VP 1640   **poln. Übers. der Aeneis, Krakau 1640**

Virgilii Æneida to iest o Ænaszu Troiáńskim Kśiag Dwánaśćie. Przekíádánia Andrzeia Kochanowskiego ... Krakowie, W Drukárni Lázárzowey, 1640 [4°].

Bibl.: MAMBELLI bei Nr. 1517 (Neuausgabe einer poln. Aen.-Übersetzung, die ursprünglich Cracovia 1590 erschienen ist).

Beschreibung: Keine eigentliche Illustr. Auf der Rückseite des Titels großes Wappen; über dem Kolophon eine Druckermarke mit einem Obelisken zwischen Ruinen.

Zugänglichkeit: BSB 4 A.lat.a. 699 , daraus digitalisiert 3 Doppelseiten; DVD 2 .

VP 1641A   **Opera, Paris 1641**

Opera, Parisiis, e typographia Regia, 1641 [2°]

Bibl.: MAMBELLI Nr. 309 ("frontespizio inciso da Nicola Poussin"); New York 1930 ("□; engraved initials, head- and tail-pieces") = Princeton Item 154 („engraved title and frontispice"); CBItalV Nr. 175 (Ø); FAGIOLO, Rom 1981, Nr. 92; Bibl. Apost. Vaticana 1981, Nr. 140; London 1982, Nr. 84; Wolfenbüttel 1982, D 35; PASQUIER, 1992, Nr. 40. - FAGIOLO, Rom 1981, S. 20, Nr. 152 verzeichnet einen Faksimile-Nachdruck Paris, Imprimerie Nationale, 1948, der Ausgabe Paris, Claude Garamond, 1641.

Lit.: ODERMANN, 1931, 14: „(hier) finden sich zum ersten Male die drei Schmuckelemente des späteren französischen Buches zusammen: Die Kopfleiste ..., die quadratisch in wechselndem Rahmen bald ... schraffierte, bald von einem einfach umrissenen Bild ausgefüllte Initiale, in starkem Gegensatz zu beiden die erheblich reicher, gelegentlich fast wappenartig gestaltete ... Schlussvignette." - Wolfenbüttel 1982, D 35: „Kupfertitel; mit einem von Claude Mellan nach einer Vorlage von Nicolas Poussin gestochenem Kupfertitel (Apollo - der Apoll von Belvedere - überreicht Vergil einen Lorbeerkranz), sowie schönen Initialen und Kopf- und Schlussvignetten zu Beginn bzw. am Ende der einzelnen Bücher". - PASQUIER, 1992, Nr. 40 (nur kurzer Hinweis auf den Kupfertitel; keine Textillustrationen). - Zum Stecher Claude Mellan vgl. die Ausstellungskataloge von (a) M. AGACHE-LECAT, Claude

Mellan, dessinateur et graveur, Musée Boucher de Perthes, Abbeville 1980; (b) Barbara BREJON DE LAVERGNÉE, Claude Mellan 1598-1688, Paris: Galerie de Bayser, o. J. [nach 1980; laut OPAC: 1987] (Katalog zu 54 Planches, nicht zu ▶VP 1641A, unter den biographischen Zeugnissen ist aber ein einschlägiger Brief Poussins vom 29.6.1641 erwähnt: „Monsieur Meslen travaille au frontispice"); (c) Maxime PRÉAUD / Barbara BREJON DE LAVERGNÉE, L'Œil d'or. Claude Mellan: 1598-1688, Paris (BnF, Galerie Mazarin) 1988, hier S. 146 zu Nr. 188 = ▶VP 1641A) (Mellan hat das unsignierte Frontispiz sv. nach einer noch erhaltenen Zeichnung von Nicolas Poussin gestochen; es gibt mehrere einschlägige Briefzeugnisse Poussins dazu). - Kein Bild zur Aen., auch nicht das Frontispiz von ▶VP 1641A, ist erwähnt in dem Ausstellungs-Katalog von Jean Pierre CHANGEUX (Commissaire Général), verfasst von Sylvie BÉGUIN u.a.: De Nicolo dell'Abate à Nicolas Poussin. Aux sources du Classicisme 1550-1650, Musée Bossuet, Meaux 1988.

Beschreibung des Frontispizes (33,5 x 21,3): Apollo r., mit Leier in der Linken, ist dabei, Vergil, mit Buch in der Rechten, einen Lorbeerkranz aufzusetzen; über ihnen schwebt ein geflügelter Putto (Genius), der einen Tondo mit dem Titel PVBLII VIRGILII MARONIS OPERA hält. Vgl. ferner das obige Zitat zu Wolfenbüttel 1982, D 35. - Eine Gegenüber-stellung Vergil - Apollo findet sich bereits im Frontispiz für ▶VP 1608A = ▶VP 1614 = ▶VP 1628, s. zu diesem Darstellungs-Topos zu ▶VP 1612B *Abhängigkeiten*. Vgl. auch das Frontispiz nach einer Zeichnung von Poussin in einer Horaz-Ausgabe von 1642 desselben Verlages, das eine ähnliche Konzeption zeigt (eine Muse r. setzt Horaz eine Maske auf, darüber schwebt ein Putto mit einem Lorbeerkranz herbei), Abb. bei Bei MIGNOT/PACHT BASSANI, 1998 (s. ▶VP 1648C) ist als Fig. 37 zu S. 31.

Abb. des Kupfertitels: DUPORTAL, 1914 = 1992 (s. Vorbemerkung vor ▶VP 1600), Planche XXII mit S. 216; FAGIOLO, Rom 1981, S. 63; Wolfenbüttel 1982, S. 11; EV 4, 1988, 242 (schlechte Qualität); PRÉAUD, 1988, S. 148 (zu Katalog-Nr. 188); PASQUIER, 1992, Abb. 302. - Ferner Wolfenbüttel 1982, S. 117 Abb. vom Beginn der Aeneis mit dem Vor-Proömi-um und Aen. 1,1-4.

VP 1641A   *Zugänglichkeit:* BSB Res/2 A.lat.a. 327 , daraus digitalisiert der Kup-fertitel und die letzte Doppelseite mit einer ornamentalen Vignette; **DVD 2**.

VP 1641B   ◻ **Opera mit ital. Kommentar, Venedig 1641**
Opere di Virgilio Mantoano, cioè Bucolica, Georgica, Eneide, commentate in lingua volgare toscana da G. FABRINI, Carlo MALATESTA, e Filippo VENUTI, Venetia, presso Gherigli, 1641 [2°].

Bibl.: MAMBELLI Nr. 308 ("con diverse piccole silografie. Ristampa dell'ed. del ▶VP 1588B" [= MAMBELLI Nr. 266]); Mantua 1981, Nr. 17; CBItalV Nr. 176 (Ø; 4°); PASQUIER, 1992, Nr. 58.

Lit.: PASQUIER, 1992, Nr. 58 mit Beschreibung: je ein Holzschnitt zu den 10 ecl. (diese meist übernommen aus der Ed. ▶VP 1588B, die aber nicht bei PASQUIER verzeichnet ist, ge-meint ist wohl die ital. Übers. Venedig ▶VP 1581C = PASQUIER, 1992, Nr. 32) und zu jedem der 4 georg.-Bücher; keine Illustration zur Aen. (doch gehöre der Holzschnitt zu ecl. 10 zur Aen.); insgesamt also 14 Holzschnitte.- Vgl. auch PASQUIER, 1992, Nr. 76 zu ▶VP 1710.

Abhängigkeiten: Ndr. ▶VP 1654B (= Mambelli Nr. 322); 1661; 1669; ▶VP 1672A (= Mambelli Nr. 332); ▶VP 1683 (= Mambelli Nr. 347). Zu weiteren Ausgaben vgl. ▶VP 1597C und ▶VP 1588B.

VP 1642A   **Opera, Amsterdam 1642**
Opera, cum notis Thomae FARNABII, Amstelodami, ex officina Janssoniana, 1642.

Bibl.: MAMBELLI Nr. 310 (◻); Frankfurt 1930, Nr. 48; Princeton Item 156 (◻).

VP 1642B **Opera, Köln 1642-1647**

Opera omnia cum argumentis, explicationibus, et notis illustrata a Ioanne Ludovico DE LA
CERDA Toletano e Societate Iesu. Coloniae Agrippinae, apud Ioannem Kinchium, 1642-1647
[3 Vol.: Vol. 1, 1647; Vol. 2 et 3, 1642; 2°].

Bibl.: MAMBELLI Nr. 311 (Ø); Mantua 1981, Nr. 19 (auch dort ist für Vol. II mit Aen.
I-VI kein Frontispiz abgebildet); London 1982, Nr. 85; Wolfenbüttel 1982, D 36 (Ø; „satz-
identisch mit der Kölner Ausgabe von 1628; der neue Verleger Kinchius hat offenbar vor
noch vorhandene Exemplare dieser Ausgabe nur neue Titelblätter gesetzt"); jedoch ist von
dieser Ausgabe Princeton Item 379 Vol. III mit Aen. VII-XII aufgeführt, mit dem Hinweis
„ornamental initials; illustrations"; BL („the general titlepage is engraved"). - Näheres s. zu
Frankfurt a. M. ▶VP 1608A, der Erstausgabe von Vol. I des Kommentars von DE LA CERDA,
und zu Lyon ▶VP 1612B, der ersten Ausgabe aller 3 Bände. Vgl. ferner Köln ▶VP 1628.

VP 1642C ◘ ? + **Opera, Venedig 1642**

Opera. Annotationibus novis ... et commentariorum virorum vicem subeuntibus
... modo illustrata. Hac etiam ultima editione summa cura et diligentia impressa.
Venetiis, Gueriliorum sumptu et opera, 1642.

Bibl.: Verzeichnet nur in CBItalV Nr. 177 (ill.); fehlt bei MAMBELLI und
bei PASQUIER, 1992.

VP 1642D **ital. Übers. der Aeneis, Rom 1642**

Eneide toscana dal sig. Lelio GUIDICCIONI, dedicata ... al Cardinale Antonio Barberino. Roma, Vitale Mascardi, 1642.

Bibl.: MAMBELLI Nr. 822 ("con frontespizio inciso in rame, segnato G. M. I. F.
(Giovanbattista Mercati inventò fece") [und 4 Medaillons mit Vergil, Augustus, Maecenas,
Kardinal Antonio Barberino]; CBItalV Nr. 2094 (Ø); Napoli 1981, Nr. 153 ("Frontespizio a
piena pagina inciso da Giambattista Mercati raffigurante Enea e Didone nell'episodio della
caccia (Libro IV); intorno, in quattro medaglioni, i ritratti di Virgilio, Augusto, Mecenate e
del cardinale Antonio Barbieri, a cui è dedicata la traduzione").

VP 1646A **Opera, Leiden 1646**

P. Virgilii Maronis cum veterum omnium commentariis et selectis recentiorum notis nova
editio inscripta ... Gualtero VALKENIER. (Lugduni Batavorum), ex officina Abrahami Com-
melini, 1646 [4°]. (Die in runde Klammern gesetzten Wörter stehen nicht auf dem Bildertitel.)

Bibl.: MAMBELLI Nr. 314 (□); Münster 1931, Nr. 29 (doch "Amstelodami"); CBItalV
Nr. 184 (Ø); Mantua 1981, Nr. 18; Napoli 1981, Nr. 105 („□ a piena pagina: intorno al titolo
scene ispirate alle Georgiche, alle Bucoliche e all'Eneide"); Wolfenbüttel 1982, D 37 (nur der
Kupfertitel erwähnt, ohne Beschreibung); BL.

Beschreibung des Frontispizes (vgl. SUERBAUM, 1984B, 40 mit Anm. 33): Auf dem
Bildertitel (21,6 x 16,8) rahmen vier Kupferstiche den Text des Titels. Das obere Bildband
bezieht sich auf die Georgica und zeigt u.a. einen von r. mit 2 Pferden pflügenden Bauern.
Das senkrechte r. Bildband bezieht sich auf die Bucolica und zeigt eine sitzende eine Flöte
spielende Hirtin, einen sich ihr nähernden Hirten mit langem Stab und drei Schafe. Das
senkrechte li. Bildband und das waagerechte untere Bildband beziehen sich auf die Aeneis
und zeigen (li.) den Pius Aeneas vor dem brennenden Troja und (unten) die Schlussszene:
Aeneas (von li. auf den liegenden Turnus tretend) ersticht Turnus vor den zuschauenden
Heeren. Es handelt sich um eine polare Darstellung: eine entscheidende Anfangsszene (Auszug des Aeneas mit Anchises und Ascanius aus Troja) und die Schlussszene sollen das ganze
Epos erfassen. - Das Frontispiz ist die einzige Illustration.

Abb. des Frontispizes: Wolfenbüttel 1982, S. 92.

Abhängigkeiten: Der Bilderrahmen ist in die deutsche Übers. Frankfurt ▶VP 1671B und Frankfurt ▶VP 1697A übernommen, für das obere und das untere Band sv. (der Pflüger kommt von li.; Aeneas tritt von r. über Turnus).

VP 1646A   *Zugänglichkeit*: BSB 4 A.lat.a. 663 , daraus digitalisiert der Bildertitel; DVD 2 . - UB München 4 A.lat. 491.

VP 1646B   **holländ. Übers. der Opera, Amsterdam 1646**
PubliusVirgilius Maroos Wercken vertaelt door I. V. [= Joost Van] VONDEL. Amsterdam, Abraham de Wees, 1646, 407 S.

> *Bibl.*: MAMBELLI Nr. 1481 (Ø); Wolfenbüttel 1982, D 207. - Bezeugt sind von dieser holländ. Prosa-Übersetzung durch Joost VAN DEN VONDEL auch ein 2. Druck Amsterdam ▶VP 1652B und ein 4. Druck Amsterdam ▶VP 1659B, weitere Ausgaben ▶VP 1660 und ▶VP 1696, auch ▶VP 1714C (5. Druck), siehe dort.

> *Lit.*: Wolfenbüttel 1982, D 207: „Im Einleitungsteil ein Gedicht zur Erklärung der einzelnen Darstellungen des Kupfertitels ‚Op de Tytelprint van Maroos Werkken'; Übersetzung des Joost van den Vondel (1587-1679), des bedeutendsten Dichters der Blütezeit Hollands, in holländischer Prosa." - Vondels Übersetzung, allerdings nicht das Titelbild, wird kurz gewürdigt von C. L. HEESAKKERS, Vergilius in de Nederlandse Gouden Eeuw, een overzicht, Lampas (Tijdschrift voor Nederlandse classici) 15 (Nr. 1-2, Themanummer Vergilius), 1982, 68-89, hier S. 73f. - Zu Vondels holländischer Prosa-Übersetzung der Aeneis hat der Delfter Maler Leonaert Bramer (1595-1674) einen Zyklus von 140 Zeichnungen angefertigt (s. zu ▶VP 1652C), der zusammen mit den Holzschnitten in der Straßburger Ausgabe ▶VP 1502 die umfangreichste Illustration zur Aeneis darstellt, die jemals angefertigt worden ist. (Allerdings sind Bramers Zeichnungen faktisch nie in eine gedruckte Aeneis-Ausgabe und auch nicht in eine der Ausgaben der holländischen Übersetzung Vondels aufgenommen worden, sondern existieren nur im Original innerhalb eines Sammelbandes des 18. Jh.) Vgl. dazu Jane ten Brink GOLDSMITH, Leonaert Bramer's illustrations for Virgil's *Aeneid*, Diss. Univ. of California Berkeley 1981, (c) UMI 1982, XVIII, 472 S. und weitere 193 Blätter mit je 1 Illustration; ferner von derselben Autorin eine Art Auszug aus ihrer Dissertation in Gestalt des Aufsatzes: Jane Ten Brink GOLDSMITH, From prose to picture: Leonaert Bramer's illustrations for the Aeneid and Vondel's translation of Virgil, Art History 7.1, 1984, 21-37 mit 6 Tafeln (darauf 17 Abb.). GOLDSMITH, 1981, S. 26 Anm. 58 (auf S. 48) und S. 32 mit Anm. 65 (auf S. 49) hat nachgewiesen, dass die Seitenzahlen in dem vom Künstler selber angefertigten Register seiner 140 Zeichnungen sich allein auf den 2. Druck der holländischen Übersetzung Vondels von ▶VP 1652C (und nicht schon auf die Originalausgabe ▶VP 1646B und auch nicht auf die späteren Drucke seit ▶VP 1659B), eine Ausgabe im Duodecimo-Format, beziehen können. (Dass GOLDSMITH gerade in diesem Zusammenhang allerdings von 1652 als „terminus antequem" spricht, ist abwegig; 1652 ist vielmehr gerade aufgrund ihrer eigenen Beweisführung der Terminus *post* quem.) Deshalb behandle ich diesen Aeneis-Zyklus Bramers (Nr. 28) nicht hier bei der Originalausgabe ▶VP 1646B, sondern unten bei dem 2. Druck Amsterdam 1652 = ▶VP 1652C, obwohl mir ▶VP 1652C selber nicht zugänglich ist. Immerhin kann ich bestätigen, dass die Originalausgabe von 1646 in der Tat nur 407 Seiten hat, während Bramer in der erhaltenen Liste seiner 140 Zeichnungen, einem Autograph (abgebildet bei GOLDSMITH, 1981, S. 451-453), z. B. zu seiner letzten Nummer (Nr. 140 mit dem Sujet, in der engl. Übers. von GOLDSMITH, 1981, Fig. 193 des holländischen Originals: „Aeneas embracing Ascanius" XII 582) auf „514", also die Seite 514 einer Ausgabe von Vondels Übersetzung (es muss eben der 2. Druck von 1652 sein, der mir nicht zugänglich ist), verweist.

VP 1646B   *Beschreibung und Würdigung des Frontispizes (Abb.*: bei Wolfenbüttel 1982, S. 189), vgl. dazu SUERBAUM, 1984B, 40f.: Der Bildertitel besteht aus einem oberen und einem unteren waagerechten Band und allegorisch-mythischen Figuren li. und r. vom Titel. Über dem Schild mit dem Text des Titels ein kleines Medaillon mit dem Porträt Vergils (nach r. gewandt im Orsini-Typus, ohne Herme). Auf dem oberen Band huldigen Krieger und gefangene Frauen dem auf einem Adler und einer Weltkugel thronenden Augustus. Auf dem unteren Band schwimmt ein Schwan auf einem Gewässer zwischen zwei am Ufer mit einer Urne gelagerten Flussgöttern; hinter dem rechten Flussgott brennt das Schilf, neben dem linken liegt eine Wölfin, an deren Zitzen die römischen Zwillinge saugen. Li. neben dem Titel steht eine allegorische reichgekleidete Frauengestalt mit einem Pflug in ihrer Rechten und einem Füllhorn voller Blumen und Früchten in ihrer Linken, zwischen Haustieren. Neben dem Titel steht r. eine weibliche Gestalt in kurzer Tunica, doch mit einem Helm auf dem Kopf, in der Rechten eine Trompete, in der Linken zwei Figuren (die Penaten); zu ihren Füßen zwei Löwen, von denen der eine ihren Schild hält. - Dieser Bildertitel wird erklärt durch das auf Blatt 2r/v folgende, zwei Seiten einnehmende holländische paarig gereimte Gedicht „Op de Tytelprint van Maroos Wercken", das aus 16 Strophen zu je vier jambischen Versen besteht. (Bei GOLDSMITH, 1981, die von der mir nicht zugänglichen 2. Auflage ▶VP 1652C ausgeht, wird dieses Gedicht nicht erwähnt; vielleicht fehlt es in ▶VP 1652C. Das würde auch erklären, warum GOLDSMITH, S. 309, nur sehr vage über dieses Frontispiz spricht und zudem die Bedeutung des kleinen Vergil-Porträts darin stark übertreibt: „Located in a central position on the frontispiece for the text is a portait of Virgil which is surrounded by allegorical figures and paraphenalia which refer to the *Eklogues, Georgica* and the *Aeneid*.") Merkwürdigerweise steht für den Verfasser des Bildgedichts die fruchtbare Frauengestalt, als Ceres die Allegorie der Landwirtschaft, die er (nach der Eingangsstrophe) in sieben Strophen besingt, r. und die Göttin des Heldengesangs, der nur eine Strophe gewidmet ist (in der nur Helm, Degen und Kriegstrompete, nicht aber die Statuetten erwähnt sind), li., also sv. Auf dem unteren Bildband, so besagt die Erklärung der Allegorie in den nächsten vier Strophen, schwimmt der „Heldenschwan" Aeneas vom Flussgott Xanthus bei Ilion, dessen Haar von den Griechen versengt wird, entsprechend den Orakel-Weisungen hin zum Tiber mit der römischen Wölfin und den von Mars gezeugten Zwillingen. In der drittletzten Strophe wird dann offenbar die Allegorie der „Heldengesangsgöttin" (r. - bzw. für den Tytelprint-Dichter: li. - neben dem Titel) mit der in Rom verehrten Göttin Kybele mit ihren zahmen Tieren und ihrem Emblem der „Städtekrone" (das aber auf dem Kupferstich fehlt) identifiziert. Nur die vorletzte Strophe ist dem oberen Bildband gewidmet, auf dem Unterworfene den Augustus in den Himmel auffahren sehen. In der letzten Strophe wird auf das Medaillon des Kardinals Orsini (Ursijn) mit dem Bildnis Maros hingewiesen. - Auch wenn nicht erklärt wird, in welchem Zusammenhang die Apotheose des Augustus mit der Aeneis steht, stellen die beiden waagerechten Bildbänder implizit eine Gesamtdeutung der Aeneis dar. Die Allegorie des unteren Bildbandes zeigt den „Heldenschwan" Aeneas (für diese hier in einem holländischen Buch entwickelte Konzeption hat vielleicht der Schwanenritter Lohengrin, der Helga von Brabant gerettet hat, Pate gestanden) zwischen Troja und Rom, den Polen seines Handelns; das obere Bildband mit dem vergöttlichten Augustus kann als Hinweis auf das Ziel der römischen Geschichte verstanden werden, die sich, laut der „Heldenschau" im 6. Buch der Aeneis, in Augustus als dem Erneuerer der Goldenen Zeit erfüllt. Dieser Bildertitel zeigt eine ungewöhnliche Tiefgründigkeit.

VP 1646B   *Zugänglichkeit*: BSB 4 A.lat.a. 680 , daraus digitalisiert die Titelseite und die folgende Seite mit dem Bildertitel; **DVD 2** . Vgl. auch das Exemplar BSB A.lat.a. 2255 mit dem 4. verbesserten Druck Amsterdam 1659, s.u. ▶VP 1659B.

VP 1648A   **Opera, Genua 1648**
Operae praesenti hac editione novo ac multiplici industriae genere illustrata. Genuae, J. D. Peri, 1648.
    Bibl.: MAMBELLI Nr. 317 ("con antiporta incisa su rame"); CBItalV Nr. 186 (Ø).

VP 1648B   **franz. Übers. der Aeneis, Paris: Sommaville 1648**
L'Eneide de Virgile. Traduction nouvelle. Paris, Antoine de Sommaville & Toussainct Quinet au Plais, 1648 [4°].
Bibl.: MAMBELLI Nr. 1088 (Ø; Übers. von Sieur de Tournay); Wolfenbüttel 1982, D 190 („Kupfert."; „Prosaübersetzung des Sieur de Tournay aus Soissons"); PASQUIER, 1992, Nr. 41 (offenbar nur Frontispiz; keine Beschreibung dazu).
Abb.: Im Abb.-Teil bei PASQUIER, 1992: Abb. 309 (nicht Abb. 303) Frontispiz; ferner Abb. des Kupfertitels (geflügelter fliegender Putto, der einen stehenden vornehmen Herrn, wohl eher den Übersetzer als Vergil, mit Lorbeer bekränzt) bei Wolfenbüttel 1982, S. 178.

VP 1648C   ■ **franz. Übers. der Aeneis mit lat. Text, Paris: Moreau**
            1648-1658
(1) L'Eneide de Virgile, traduite en vers françois par l'Abbé Pierre PERRIN. Première partie, contenant les six premiers livres … dediée à Monseigneur l'Eminentisseme Cardinal Mazarin. Paris, P(ierre) Moreau, 1648 [4°]. (2) L'Eneide de Virgile, fidelement traduite en vers heroiques … par l'Abbé Pierre PERRIN, avec le latin a costè … enrichie de figures en taille-douce. Seconde partie, contenant les six dernièrs livre, par P. PERRIN, … dediée à Monseigneur l'Eminentisseme Cardinal Antoine Barberini, Paris, Estienne Loyson, 1658 [4°]. Vol. 2 ist nach CBItalV Nr. 716 Paris, J. Paslé, 1658 erschienen = ▶VP 1658D. - Die Unterbrechung der Publikation hängt mit der damaligen Fronde zusammen.

Bibl.: MAMBELLI Nr. 1089 zu Bd. 1 ("adorna di vignette e carte"), vgl. Nr. 1094; der 2. Teil ist 1658 veröffentlicht = MAMBELLI Nr. 1091 = ▶VP 1658C; New York 1930, Case 9 Nr. 95 (□ "Imprint varies: v. 1, Paris: Chez Iean Paslé, 1658. … Illustrated with engravings") = Princeton Item 380 ("illustrations") und auch New York Case 20, Nr. 273; CBItalV Nr. 716 (Ø); London 1982, Nr. 87; Wolfenbüttel 1982, D 191; PASQUIER, 1992, Nr. 42 (Bd. 1 mit Aen. I-VI, 1648) und Nr. 45 (Bd. 2 mit Aen. VII-XII, 1658).

VP 1648C   *Lit.*: ODERMANN, 1931, 14f.: „12 Stiche von Abraham Bosse, die in Halbseitenhöhe die einzelnen Bücher der eigenartigen, sonst bis in die Ornamente hinein in gedruckter Schreibschrift gehaltenen Ausgabe … eröffnet [*sic*], … wohl die steifste und unlebendigste unter den bildlichen Interpretationen des Dichters, die über die staffagenhafte Anordnung von Bauten, Heeresbewegungen usw. fast nirgends hinauskommt (in verkleinerter Form in der Übersetzung PERRINS von ▶VP 1664A reproduziert)." - FINSTERER-STUBER, 1960, Nr. 57 und Nr. 58. - Wolfenbüttel 1982, D 191: Bd. 1: Kupfertitel, mit 1 Karte und 6 Kupfern; Bd. 2: Kupfertitel, mit 6 Kupfern. „Zu Beginn jeden Bandes die Widmung, gefolgt von der ‚Explication des Emblèmes figurez au frontispice de ce Volume' (diese beziehen sich nicht auf die Aeneis, sondern auf die Person, der der Band gewidmet ist; zu jedem Bild des Kupferstichs ein Sonett). … Im Einleitungsteil des 1. Bandes außerdem die Karte mit der ‚Voyage de'Enée' … Jedem Buch geht ein prosaisches ‚Argumentum' und ein von Abraham Bosse (1611-1678) gestochenes Kupfer voraus. Der lat. Text ist jeweils auf der linken

Seite gedruckt." - PASQUIER, 1992, Nr. 42 bzw. Nr. 45 gibt die Sujets der Kupferstiche von Abraham Bosse für Aen. I-VI bzw. VII-XII an, vgl. ferner PASQUIER, 1992, S. 110-112 (bes. zu Aen. III). - Vgl. auch PASQUIER, 1992, Nr. 47 zum Neudruck dieser franz. Aen.-Übers. Paris ▶VP 1664 in verkleinertem Format (doch mit beigegebenen Tafeln in Originalgröße). - Henry BARDON, L'Énéide et l'Art. XVIᵉ-XVIIIᵉ siècle, Gazette des Beaux-Arts, Juillet-September (37 = A 92) 1950, 77-98, hier 78, bezeichnet die Stiche von Bosse als „justement célèbres" (das ist die einzige Seite, auf der BARDON auf Buchillustrationen eingeht).

VP 1648C Zu Abraham Bosse vgl.: Marianne LE BLANC, D'acide et d'encre. Abraham Bosse (1604? - 1676) et son siècle en perspectives, Paris 2004 (nicht zu den Sujets seiner Stiche, sondern zum Techniker und Theoretiker Bosse, mit reichem Literaturverzeichnis S. 273-308); ferner die beiden Ausstellungskataloge: Abraham Bosse, Musée des Beaux Arts, Tours 1995; Sophie JOIN-LAMBERT, Abraham Bosse, savant graveur, Tours, vers 1604 - 1676, Paris, Paris 2004 (Katalog der Ausstellung in der BnF, Paris, und Musée des Beaux-Arts, Tours 2004), hier S. 49f. zu ▶VP 1648C und ▶VP 1658D, S. 251f. daraus zwei Abb. (Frontispiz von Vol. I und Stich zu Aen. VI).

Vgl. ferner bes. GOLDSMITH, 1981, 257-260 (mit Anm. 319-322 auf S. 291f.), dort im Anhang als Fig. 39-50 auch alle 12 Kupferstiche zur Aeneis in ▶VP 1648C, leider in so schlechter Qualität, dass die Sujets praktisch nicht erkennbar sind. GOLDSMITH interpretiert einige dieser Illustrationen S. 275-284 (nämlich die zu Aen. I-III), schreibt sie aber ohne irgendeinen Beleg dem französischen Maler Claude Vignon zu (über den sie auch nichts Näheres sagt; er stammte, wie Bosse, ebenfalls aus Tours). Was GOLDSMITH über die Bildtradition von Titelbildern zu den einzelnen Aen.-Büchern sagt (etwa S. 276, dass für Aen. I allgemein die Begegnung Dido - Aeneas dargestellt sei), basiert nicht auf wirklicher Kenntnis der älteren Zyklen von Buch-Illustrationen (von denen sie nur die Zyklen in ▶VP 1502, ▶VP 1543B und ▶VP 1612A nennt). - JOIN-LAMBERT, 2004, S. 252 bezeichnet Bosse als Stecher und Erfinder der Aen.-Kupferstiche in ▶VP 1648C und ▶VP 1658D, lässt ihn aber ebenfalls ohne näheren Nachweis von Claude Vignon inspiriert sein. In dem umfassenden Ausstellungskatalog von Paola PACHT BASSANI, Claude Vignon, 1593-1670, Paris 1992 (Ausstellung Tours - Arras - Toulouse 1993/94; 619 S.) in dem mehrfach Bosse als Stecher nach Vorlagen Vignons erwähnt wird und auch Werke aufgeführt werden, die Vignon nur zugeschrieben werden oder in seiner Art konzipiert sind, fehlt, soweit ich sehe, jeder Hinweis auf einen Einfluss Vignons auf ▶VP 1648C (z. B. nicht im Kapitel ‚Chronologie' S. 127ff. zu 1648 oder 1658 erwähnt); das gleiche gilt für den Ergänzungsband (263 S. mit 183 Abb.) ‚Claude Vignon en sons temps'. Actes du Colloque intern. de l'Univ. de Tours ... 1994, réunis par Claude MIGNOT et Paola PACHT BASSANI, Paris 1998 (dort gibt PACHT BASSANI S. 11-30 'Corrections et compléments' zu ihrem Katalog von "1993" und bespricht Véronique MEYER S. 189-208 das Verhältnis von ‚Bosse, Rousselet et Vignon', bes. 195ff., beide ohne Hinweis auf ▶VP 1648C).

VP 1648C   *Beschreibung*: Von Abraham Bosse sind für diese Ausgabe 15 Kupferstiche angefertigt (offenbar nicht nur gestochen, sondern auch entworfen) worden: je ein Frontispiz für die beiden Bände, eine Karte der Fahrt des Aeneas und je ein Titelbild (13,7 x 16,3) für die 12 Aen.-Bücher. - Das li. unten mit A. BOSSE signierte Frontispiz von Vol. I zeigt auf 10 runden Medaillons und einer viereckigen Tafel Taten des Hercules mit kurzen Devisen (etwa für Hercules/Atlas/Erdkugel: GIGAS GIGANTI); ihr emblematischer Gehalt wird auf der folgenden Seite in 12 Sonetten erläutert, bei denen sie mit römischen Tugenden zusammengestellt werden. GOLDSMITH, 1981, 258f. will einen Zusammenhang zwischen Hercules und Aeneas herstellen; Wolfenbüttel 1982, D 191 und JOIN-LAMBERT, 2004, 251f. - die letztere mit genauer Beschreibung - jedoch erklären überzeugend, die Embleme bezögen sich nicht auf die Aen., sondern auf den Widmungsträger, also auf Kardinal Mazarin als ‚neuen Hercules'. - Wie die beiden Beispiele bei PASQUIER, 1992, Abb. 173 zu Aen. III (Begegnung mit dem Kyklopen Polyphem) und Abb. 193 zu Aen. IV (Tod Didos) zeigen, weisen die Kupferstiche zu den Aen.-Büchern jeweils ein Schriftband mit dem französischen Titel auf. - Die Sujets der kleinen Titelbilder zu den Aen.-Büchern I-VI bzw. zu Aen. VII-XII sind aus PASQUIER, 1992, Nr. 43 bzw. Nr. 45 referiert; hilfsweise sind auch die unbrauchbaren Abb. bei GOLDSMITH herangezogen (auf denen immerhin die Titelbänder erkennbar sind):

Aen. I: (Die trojanische Flotte im) Seesturm.

Aen. II: Eroberung Trojas (offenbar: Nyktomachie) .

Aen. III: Der bis zur Hüfte im Wasser watende Polyphem li., mit einem ausgerissenen Baum als Stütze, bedroht die trojanische Flotte (meist r.); an Land weitere Kyklopen (Beschreibung bei PASQUIER, 1992, S. 111 mit Abb. 173).

Aen. IV: Tod Didos: auf dem symmetrisch aufgebauten Bild ist inmitten einer Stadt auf einer Dachterrasse ein altarartiger Scheiterhaufen aufgebaut; auf der oberen Plattform, zu der 5 Treppenstufen führen, sitzen unter einem Baldachin Dido und, sie umarmend, Anna; oben r. fliegt Iris herbei (PASQUIER, 1992, Abb. 193).

Aen. V: Trojaspiel.

Aen. VI: (DESCENTE AUX ENFERS) Im Vordergrund r. Aeneas und die Sibylle im Nachen Charons im Begriff, den Acheron zu überqueren; auf der anderen Seite des Unterweltsflusses wie Heere aufgestellte Scharen von Schatten, ein Wald und zwei festungsartige Gebäude (Tartarus und Zugang zum Elysium), in der Mitte am Ufer eine höhlenartiges Tor mit dem dreiköpfigen Cerberus (Abb. und Beschreibung bei JOIN-LAMBERT, 2004, 252).

Aen. VII: Aufmarsch der Armee der Latiner (vor einem breit ausladenden Palast).

Aen. VIII: Venus übergibt Aeneas die neuen Waffen.

Aen. IX: Bestürmung des trojanischen Lagers durch die Latiner (im Vordergrund offenbar Schiffsmetamorphose).

Aen. X: Landung des Aeneas mit den neuen Bundesgenossen, um das troja-
             nische Lager freizukämpfen.
Aen. XI: Tod der Camilla.
Aen. XII: (COMBAT D'ÉNEE ET DE TURNE) Schlussduell zwischen Aeneas li.
             und dem verwundet und bittend auf das Knie gesunkenen Turnus r.;
             im Hintergrund li. ein Heer, r. eine befestigte Stadt (Abb. bei Wol-
             fenbüttel 1982, S. 180).

VP 1648C   *Würdigung*: Mono-szenische Bilder als Titelbilder der einzelnen Aen.-Bücher. Relativ ungewöhnlich sind die Sujets von Aen. VII (gerade
auch wegen der symmetrischen Gestaltung der Heeresformationen) und Aen. X.
Manche Bilder sind ausgesprochen ,theatralisch' inszeniert (soweit erkennbar,
besonders Aen. IV, V, VII und X).

Abhängigkeiten: Die Stiche zu Aen. I-XII in den beiden franz. Teil-Übersetzungen ▶VP 1648C (Aen. I-VI) und ▶VP 1658D (Aen. VII-XII) sind zusammengeführt (als Zyklus Nr. 26) in der Gesamt-Übers. (Aen. I-XII) Paris
▶VP 1664 = PASQUIER, 1992, Nr. 47 (s. u.); für ▶VP 1664 hat Bosse aber zwei
neue Titelblätter gestochen. Offenbar ist ferner ▶VP 1664 = ▶VP 1669D.

Abb.: Das Kardinal Mazarin gewidmete Frontispiz von Bd. 1 mit insgesamt 11 emblematischen Bildchen bei FINSTERER-STUBER, 1960, Nr. 57, bei
Wolfenbüttel 1982, S. 179, bei PASQUIER, 1992, Abb. 292 und bei JOIN-LAM-
BERT, 2004, S. 257. - Von den Aen.-Kupferstichen finden sich folgende Abb.:
Aen. III und Aen. IV bei PASQUIER, 1992, Abb. 173 bzw. Abb. 193; Aen. IV
auch bei Paola BONO / M. Vittoria TESSITORE, Il mito di Didone. Avventure di
una regina tra secoli e culture, Milano 1998, S. 362 (ohne Bezugstext); Aen. VI
bei JOIN-LAMBERT, 2004, S. 252; Aen. XII bei Wolfenbüttel 1982, S. 180. - Alle
Bilder zu den 12 Aen.-Büchern an sich bei GOLDSMITH, 1981, Fig. 39-50, doch
von praktisch unbenutzbarer Qualität.

VP 1648C   *Zugänglichkeit*: In München ist dieser Zyklus von Abraham
Bosse (Nr. 26), soweit ich sehe, weder in der Originalversion noch in irgendeiner Wiederholung zugänglich.

VP 1649A   **engl. Übers. der Opera, London 1649**
The works of P. Virgilius Maro. Translated by John OGILBY. London, printed by T. R. and E.
M. for John Crook, 1649.
    Bibl.: MAMBELLI Nr. 1364 ("con un ritratto del traduttore inciso dal Marshall"); New
York 1930, Case 17, Nr. 193 ("First edition of the translation of John Ogilby. Added t.-p. en-
graved by W. Marshall") = Princeton Item 339, 340 und 341, mit dem Hinweis zu Item 339
„engraved frontispiece (portr.) and title-page by W. Marshall, frontispiece lacking", doch zu
Item 340 "complete". - Von Abebooks wurde im Sept. 2005 eine diese Ausgabe, ein
vom Autor signiertes Exemplar, zu 20549.79 Euro (*sic*) angeboten. - Laut COPAC-Internet-
Katalog: Ndr. London, printed for Andrew Crook, 1665 (Ø).
    Beschreibung: Dies ist die Erstausgabe der ersten englischen Übers. der Opera Vergils
durch John Ogilby im ,heroic couplet' (d.h. im gereimten jambischen Pentameter), sein sog.
„first Virgil"; im Titel (EEBO Image 2) steht nicht „into English". Sie wurde in ▶VP 1650C

(und erneut 1665) nachgedruckt (2. und 3. Auflage). Erst der Überarbeitung ▶VP 1654A, dem sog. „second Virgil" Ogilby's, wurde erstmals der von Franz Cleyn entworfene prachtvolle Kupferstichzyklus Nr. 29 beigegeben. Ein Übersetzungsvergleich Ogilby/DRYDEN bei PROUDFOOT, 1960 (s. ▶VP 1654A). - Einziger Buchschmuck ist in ▶VP 1649A eine Antiporta, *Will. Marshall sculpsit*: In der Mitte (über dem Titel) Büste des nach li. blickenden lorbeerbekränzten Vergil, hinter und über ihr Szenen der Aeneis: li. zwei sich bekämpfende Heere, r. Seesturm, oben Juppiter zwischen li. Venus mit Amor und r. Juno mit Pfau.

VP 1649A   *Zugänglichkeit*: BSB Film R 361-1077 (London, Crook, 1649). - Bei EEBO ist das ganze Buch digitalisiert, einschließlich der Antiporta (Image 1).

VP 1649B   ■ franz. Übers. der Opera, Paris 1649

Le Œuvres de Virgile, traduites en prose par Michel DE MAROLLES, enrichies de figures, tables, remarques, commentaires, éloges et vie de l'auteur, avec une explication géographique du voyage d'Enée et de l'ancienne. Paris, Toussainct Quinet, 1649 [2 Vol. in 1 Bd., 2°].

Bibl.: MAMBELLI Nr. 1090 (trotz der Erwähnung im Titel kein Hinweis auf Illustr.); Frankfurt 1930, Nr. 96 (LB Dresden); New York 1930 („Illustrations drawn and engraved by François Chauveau") = Princeton Item 342 („illustrations, portraits, folding map; added: engraved title-page"); Münster 1931, Nr. 86 (B. Warburg; „mit Kupfern von François Chauveau"); CBItalV Nr. 1891; Bamberg 1982, Nr. 30; PASQUIER, 1992, Nr. 43.

Lit.: ODERMANN, 1931, 15: „Einfacher und lebensvoller [sc. als die Stiche von Abraham Bosse, Paris ▶VP 1648C], aber in ihrer reizlosen Komposition und nüchternen, skizzenartigen Ausführung wenig anziehend, sind die von François Chauveau hergestellten Tafeln." - PASQUIER, 1992, Nr. 43 mit näherer Beschreibung, die für die Titelei aber unrichtig ist: 4 Frontispize mit Porträts von Claude Mellan; die restlichen Illustrationen (nämlich 22 Kupferstiche) von François Chauveau: vor der Vita Vergilii ein Stich mit Homer und Hesiod, dann zu je 2 ecl., zu den 4 Büchern der georg. und den 12 Büchern der Aen. je ein Kupferstich, darunter jeweils vier frz. Verse; vgl. dazu PASQUIER, 1992, S. 112-114, mit näherer Beschreibung der Bilder zu Aen. III, auch zu Aen. IX und XI. - Bamberg 1982, Nr. 30: „Die großformatige Prachtausgabe ist mit ganzseitigen Kupferstichen des überaus produktiven Graphikers François Chauveau (1613-1676) ausgestattet, die zu Beginn der einzelnen Aeneisbücher, vor den Hirtengedichten ungerader Zählung sowie vor den vier Büchern der Georgica repräsentativ je eine Szene illustrieren." - Zu Claude Mellan, von dem die vier Porträts stammen und der auch das Frontispiz von ▶VP 1641A gestochen hat, vgl. die drei in ▶VP 1641A *Lit.* aufgeführten Ausstellungskataloge.

VP 1649B   *Beschreibung*: Im Münchener Exemplar sind 24 Kupferstiche enthalten, die teils mit „F.C. in. et fec." (*François Chauveau invenit et fecit*), teils nicht signiert sind: Antiporta (darauf unten li. die Signatur *F. C. in. et fe*, die auf François Chauveau weist; PASQUIER, 1992, Nr. 43 schreibt sie durch sein „4 portr. frontisp. de Cl. Mellan" fälschlich offenbar ebenfalls, wie das einzige im Münchener Exemplar vorhandene Porträt, Claude Mellan zu) mit einer allegorischen Präsentation der Übersetzung an Augustus; vor der *Preface* ein Porträt des Übersetzers *Michael de Marolles*, signiert *C.M. del. et f. 1648*, also von Claude Mellan (15,5 x 12,0), darunter vier Verse des Porträtierten auf dieses sein Porträt von *Melan*; das Münchener Exemplar enthält nicht - als 3. Kupferstich im Titelbereich - das von PASQUIER, 1992, Nr. 43 erwähnte „portrait du roi enfant"; vorhanden ist aber dann vor ‚La Vie de Virgile' eine weitere ganzseitige Antiporta (23,5 h x 17,5 b), signiert *F. C. in. et fec.*, also von F. Chauveau stammend, mit li. *Homere* und r. *Hesiode* sitzend, dazwischen ein Medaillon-Porträt mit dem lorbeerbekränzten *Publius Virgilius Maro*. (Innerhalb der unpaginierten Titelei befinden sich also im Münchener Exemplar zwei Antiporten von F. Chauveau und ein Porträt des Übersetzers von C. Mellan, nicht, wie PASQUIER, 1992, Nr. 43, zu sagen scheint, 4 von C. Mellan stammende Frontispize oder Porträts.) - Vor dem *Privilege du Roy* ist übrigens nicht nur ein Porträt des Königs samt der Einfügungsposition angekündigt, sondern auch ein Porträt für „la Reine de Pologne representée en deuil", für S. 438, d.h. zu Beginn des ihr gewidmeten 2. Bandes; aber dieses zweite Porträt wird weder von PASQUIER erwähnt, noch ist es im Münchener Exemplar enthalten. - Im eigentlichen Textteil ist je ein Titel-Kupfer (mit jeweils vier franz. Versen darunter) den fünf ecl.-Paaren und den einzelnen Büchern der georg. und der Aen. vorangestellt, im Text-Teil enthalten sind also 5+4+12 = 21 Kupferstiche. Die im Titel genannte, in Bd. II S. 179 angekündigte und von PASQUIER, 1992, Nr. 43 erwähnte Karte der Fahrt des Aeneas ist im Münchener Exemplar nicht enthalten. - Nach der *Préface* stammen von den französischen kreuzweise gereimten Vierzeilern zu den Aen.-Bildern, die ein Argumentum der dargestellten Szene bieten, nur vier (die zu Aen. III, IX, X und XII) von Marolles (auch alle zu den ecl., georg. und zur Vita Vergilii), die restlichen von Ms. Beys und Ms. Boyer. Die Illustrationen selber und ihr Künstler werden in der Préface nicht erwähnt; die Abkürzung *F. C.* (für François Chauveau) wird nirgends aufgelöst. - Die vorangestellten Paratexte sind nicht paginiert; die Seitenzählung beginnt erst mit dem Aen.-Text. - Gegenüber jedem Bild steht ein umfangreiches Prosa-Argumentum, das im georg.- und Aen.-Teil mindestens 1 Seite einnimmt, so dass neben dem Bild noch nicht die franz. Übersetzung des Vergil-Textes beginnen kann. Das Argumentum z. B. für Aen. I ist in 29 nummerierte Absätze/Punkte eingeteilt.

VP 1649B 1. Antiporta (29 x 20). Auf dem Kupfertitel, der mit *F. C. in. et fe.*, also von F. Chauveau, signiert ist (*invenit et fecit* = sowohl der Entwurf wie die Ausführung stammen von diesem Künstler), bieten in antikischer Gewandung ein bärtiger lorbeerbekränzter MOECENAS (li.) und eine Muse dem (r.) auf einer *sella curulis* thronenden AUGUSTE CAESAR einen großen ovalen Schild dar, auf dem der Titel *Les oeuvres de Virgile traduites en prose, et dediées au Roi par M. de Marolles Abbé de Ville-loin, 1649* steht. Über dem Schild an der Wand zwischen zwei Pilastern die Inschrift UNI VIRGILIO TANTUM. Am Fuße der Stufen im Vordergrund kostbare, teils mit Münzen gefüllte Metallgefäße und eine kleine offene

Truhe, aus der das Inschriftband HOEC NON SUNT MUNERA NOSTRIS quillt. - Ohne die Beischrift *Moecenas* würde man den Stich für eine allegorische Darstellung der (wegen des vorzeitigen Todes Vergils) fiktiven Szene halten, wie der Autor Vergil im Beisein der Muse seine lat. Aeneis Augustus überreicht. So aber ist die Figur li. also Maecenas, der die nachgelassene Aeneis im Beisein der Muse Augustus präsentiert. Durch die Aufschrift auf dem Schild, die auf die französische Übersetzung von Marolles und auf den (jungen) französischen König (Ludwig XIV., 1638-1715, der seit 1643 herrscht) weist, erhält diese Antiporta eine doppelten, nämlich typologischen Bezug: Maecenas/Marolles - Muse der Dichtung/Muse der Prosa - Augustus/Ludwig XIV. Die Inschrift ‚nur allein für Vergil' bzw. ‚nur für Vergil soviel' soll offenbar auf die vom Übersetzer aufgewendete Arbeit im Dienste Vergils deuten. Schwer verständlich ist die Aufschrift auf dem Band. Soll man verstehen ‚dies (= die vorgelegten Übersetzungen) sind nicht Geschenke für unsere Landsleute (sondern für den König)' oder soll man sie auf die dargestellten Kostbarkeiten beziehen im Sinne von ‚dies sind nicht Geschenke für unsere Landsleute (wohl aber die hier vorgelegte Übersetzung)'?

2. Antiporta. Auf dem Kupferstich vor der Vita Vergilii, der ebenfalls mit *F. C. in. et fe.* von F. Chauveau signiert ist, sitzen sich in der unteren Hälfte HOMERE und HESIOD gegenüber, beide mit einem Lorbeerkranz und einem Buch, und sprechen miteinander, offenbar über Vergil; denn zwischen ihnen zeigt ein Medaillon eine Büste des PUBLIUS VIRGILIUS MARO (nach r. blickend, Orsini-Typ). Die obere Hälfte ist durch ein Band mit dem lat. Grabepigramm Vergils MANTUA ME GENUIT CALABRI RAPUERE TENET NUNC / PARTHENOPE: CECINI PASCUA RURA DUCES abgetrennt, das unter dem Kupferstich in vier französischen Versen paraphrasiert wird. Im oberen Drittel zwei Putti mit einem Mischkrug, li. davon Waffen (Aen.) und r. ein Bienenkorb und bäuerliche Arbeitsgeräte (georg.); die Bucolica scheinen nicht symbolisiert zu sein.

VP 1649B Die Illustrationen zur Aen. (23,5 x 18,0), die meist mit *F. C. in. et fe.* signiert sind (Zyklus Nr. 27), zeigen folgende Sujets:

Aen. I: Ilioneus (li.) vor der in der Mitte thronenden Dido; im Hintergrund ein Rundaltar mit einer Sitzstatue der Juno; Aeneas und Achates treten r. aus einer Wolke heraus.

Aen. II: Laokoon und r. zwei junge Männer, die vor einem Altar für Neptunus (r.) von zwei Schlangen umschlungen werden.

Aen. III: Die Harpyien (die größte von ihnen r. oben) belästigen die Trojaner beim Mahl.- Vgl. die Beschreibung bei PASQUIER, 1992, S. 113f.

Aen. IV: BILD 24. Mercurius erscheint (von r.) dem Aeneas, der li. auf einer Treppe steht und den Aufbau Karthagos beaufsichtigt. - Eine originell und eindrucksvoll gestaltete Szene.

Aen. V: Iris gleitet li. auf einem Regenbogen vom Himmel herab und hetzt die Trojanerinnen dazu auf, die Schiffe in Brand zu setzen; r. eine Statue des Neptunus.

Aen. VI: Anchises zeigt dem Aeneas und der Sibylle (r.) seine Nachkommen, die in einer Art Triumphzug an ihnen (nach li.) vorbeiziehen.

Aen. VII. Juno (li.), die von ihrem Pfauenwagen, der r. auf einer Wolke neben der geflügelten Göttin Iris steht, abgestiegen ist, stößt schwebend die Pforten des Janus-Tempels (li.) auf; im Vordergrund sich rüstende Krieger.

Aen. VIII: Venus zeigt, auf einer Wolke schwebend, dem Aeneas (r.) die Waffen, die Vulcanus geschmiedet hat, zumal den neuen Schild, auf dessen unterer Hälfte eine Seeschlacht (die von Aktium), oben offenbar eine Huldigungsszene dargestellt ist; unten li. drei Putti.

Aen. IX: Nisus (r.?) tötet in nächtlichem Kampf den Volcens, um den Tod des Euryalus (r. unten) zu rächen.

Aen. X: Götterversammlung: Venus (li.) beklagt sich vor Juppiter (Mitte) über Juno (r.).

Aen. XI: Camilla sinkt tödlich vom Speer getroffen (nach r.) vom Pferd und wird von ihren Gefährtinnen aufgefangen; aus den Wolken zielt Opis mit dem Bogen auf Arruns (li. hinten), der ihr die Wunde beigebracht hat.

Aen. XII: Duell zwischen Aeneas (li.) mit gezücktem Schwert und Turnus (r.), der einen Felsblock schwingt; in den Wolken (oben li.) drei Götter, darunter Jupiter.

Es handelt sich bei diesem Zyklus Nr. 27 ausnahmslos um mono-szenische Bilder; auch die 4 französischen Verse beziehen sich auf diese Szene und bieten nicht etwa ein Argumentum zum jeweiligen Buch.

VP 1649B   *Abb.*: Im Abb.-Teil bei PASQUIER, 1992: Abb. 304 das 2. Frontispiz mit Homer und Hesiod (vgl. auch Abb. 307 zur franz. Übers. Paris ▶VP 1681B = PASQUIER, 1992, Nr. 54); Abb. 12 zu ecl. 1 (Tityrus und Meliboeus); Abb. 74 zu georg. I; Abb. 81 zu georg. II; 8 Bilder zur Aeneis, nämlich Abb. 141 zu Aen. II, Abb. 166 zu III, Abb. 209 zu V, Abb. 220 zu VI, Abb. 235 zu VIII, Abb. 270 zu XI, Abb. 278 zu Aen. XII (Angabe der Sujets bei PASQUIER, 1992, Nr. 43); für die Bilder zu den anderen Aen.-Büchern I, IV, (nicht aber VII), IX und X, s. die sv. Nachstiche von J. Sauvé in der Ausgabe Paris ▶VP 1681B = PASQUIER, 1992, Nr. 54, s. dort. Aus der Ausgabe Paris ▶VP 1681B bringt PASQUIER, als Abb. 307 auch das 1. Frontispiz mit der Präsentation des Buches vor Augustus.

Abhängigkeiten: MAMBELLI Nr. 1090 verweist auf Ndr. Paris, Quinet, ▶VP 1655B und auf Paris, Jacques et Emanuel Langlois, ▶VP 1663C, 2 Vol. = MAMBELLI Nr. 1093, wo es im Titel ebenfalls bei beiden Teilen heißt „avec ... des tables". - Vgl. ferner die sv. Nachstiche der Kupfer von F. Chauveau in ▶VP 1649B (Zyklus Nr. 27) durch J. Sauvé in der franz. Übers. von De Martignac Paris ▶VP 1681B (Erstpublikation) und Wiederholungen in deren späteren Auflagen, ▶VP 1687 (2. Auflage), ▶VP 1697C (3. Auflage; dort nähere Beschreibung) sowie ▶VP 1712A (4. Auflage). Auch die Kupferstiche des Zyklus Nr. 31 von P. Lochon (wohl seit ▶VP 1695D) sind Nachahmungen des von Chauveau entworfenen Zyklus Nr. 27.

VP 1649B *Zugänglichkeit*: BSB Res/2 A.lat.a. 333 o , daraus digitalisiert 25 Doppelseiten mit allen 24 im Münchener Exemplar enthaltenen Illustr. (Antiporta; Porträt des Übersetzers; Homer/Hesiod; 5 ecl., 4 georg., 12 Aen.); DVD 2. - Vgl. ferner die Digitalisierungen aus den Münchener Exemplaren von ▶VP 1697C und ▶VP 1712A.

17. Jahrhundert, 2. Hälfte

VP 1650A **Opera, Amsterdam 1650**
Opera, cum notis Thomae FARNABII, Amstelaedami, typis Joannis Blaev, sumptibus Socie-tatis, 1650.

Bibl.: MAMBELLI Nr. 319 (□); New York 1930 (□) = Princeton Item 160; CBItalV Nr. 187 (Ø); Mantua 1981, Nr. 20; Pistoia 1981, Nr. 15 („Sul frontespizio è raffigurato Enea che fugge da Troia in fiamme col padre sulle spalle e il figlio per mano"); Wolfenbüttel 1982, D 38 (da das Titelblatt und auch ein etwaiges Frontispiz im Wolfenbütteler Exemplars fehlt, sei die Ausgabe nicht genau zu bestimmen, sie sei vielleicht etwas älter als 1650; es könne sich um die Ausgabe Amsterdam 1646 = MAMBELLI Nr. 315 handeln, die ebenfalls noch keine Verszählung aufweise, wegen abweichender Seitenzahlen aber nicht um die Ausgaben ,cum notis FARNABII' von London 1634 = MAMBELLI Nr. 304, Amsterdam 1642 = MAMBELLI Nr. 310 oder Amsterdam 1677 = MAMBELLI Nr. 339; BL.

Beschreibung: Einzige Illustr. ist das Frontispiz (Kupferstich; 9,4 x 5,8): Die Gruppe des Pius Aeneas (Ascanius li., Aeneas bärtig mit Helm und Panzer, den bärtigen Anchises huckepack tragend) vor dem brennenden Troja; darüber ein Schwan, der ein Tuch mit dem Titel hält; die Daten zur Publikation stehen getrennt vom Bild unter diesem. - Die Personen-gruppe auf diesem Frontispiz und auch der Hintergrund ist eine Übernahme aus Pict. 42 (unter Weglassung der dort mit dargestellten Creusa) des erstmals 1654 veröffentlichten Kup-ferstichzyklus Nr. 29 nach Zeichnungen von Franz Cleyn, s. zu ▶ VP 1654A. - Das Frontispiz von ▶ VP 1650A ist das wohl erfolgreichste einer Aen.-Ausgabe. Möglicherweise (von mir nicht nachprüfbar) war es schon in der Ausgabe Amsterdam ▶ VP 1642A enthalten. Es ist mehrfach in Ausgaben der Opera ,cum notis Thomae FARNABII' wiederholt worden, so in dem ca. 1652 angesetzten undatierten Neudruck Amsterdam, Johannes Janßon, o. J. = ▶ VP 1652A; ferner in den beiden Neudrucken Lipsiae, in Laurenti Sigism. Cörneri bibliopolio, ▶ VP 1673 und Lipsiae, in Iohannis Christiani Cörneri bibliopolio, ▶ VP 1694 (in diesen Nachstichen von 1673 und 1694 scheinen alle drei Männer, anders als in der Fassung von 1650, kurze Pluderhosen zu tragen). Wahrscheinlich (von mir nicht nachprüfbar) ist es auch in der Ausgabe Amsterdam ▶ VP 1677A enthalten. Die Ausgabe ,cum notis Thomae FARNA-BII' Amsterdam ▶ VP 1685 dagegen enthält zwar auch ein Titelkupfer mit der Gruppe des Pi-us Aeneas, aber eine andere Fassung, nämlich den Nachstich eines Gemäldes von Federico Barocci von 1598, s. dort.

Zugänglichkeit: BSB A.lat.a. 2171 (daraus ist das Frontispiz digitalisiert; DVD 2); vgl. BSB A.lat.a. 2171 c (hier: Amsterodami, Ioannes Janßonius, ohne Jahr; kein Kolophon, „ca. 1652" = ▶ VP 1652A) und BSB A.lat.a. 2176 (1673). - UB München A.lat. 1518 (1650; hier ist das Frontispiz mit dem Pius Aeneas teilkoloriert).

VP 1650B **+ Opera, Cambridge (ca. 1650)**
Opera variorum autorum annotationibus illustrata. Cantabrigiae, sine editore, sine anno (ca. 1650).

Bibl.: Fehlt bei MAMBELLI und im CBItalV im Umkreis von Nr. 187. Die Angaben (Verleger und Erscheinungsjahr fehlen) beruhen auf dem Münchener Film, die vermutliche Datierung „ca. 1650" auf dem Münchener OPAC-Katalog und dieser auf dem der Bodleian Library. Die Ausgabe weist keine Verszählung auf. Für die Aen. sind Prosa-Argumenta ent-halten.

Beschreibung: Neben einer Druckermarke (S. 93 nach den georg.) weist die Ausgabe an Illustr. nur ein Frontispiz auf (Image 1 bei EEBO), das mit *D. D. Granges sculp.* signiert ist. Das Frontispiz ist wie ein barocker Altar gestaltet. Auf Postamenten stehen sich auf beiden Seiten des Zentralfeldes, das die Titelei bringt, li. ein jüngerer und r. ein älterer Krieger gegenüber, die auf dem Postament durch Inschrift als (li.) AENEAS (mit Relief: Schiff im Hafen) und als (r.) ACHATES (mit Relief: Bienenkorb) identifiziert sind. Über dem rechteckigen Titelfeld von Sonnenstrahlen glorifiziert die Büste (doch wohl) Vergils (ohne Beischrift) mit Lorbeerkranz und nackten Schultern.

VP 1650B   *Zugänglichkeit*: BSB Film R 361-1391. - Vollständig digitalisiert in 209 Images bei EEBO, ebenfalls wie der Film nach dem Exemplar der Bodleian Library, Oxford.

VP 1650C   **+ engl. Übers. der Opera, London 1650**
The works ... translated by John OGILBY. London, printed by Thomas Maxey for Andrew Crook, 1650 (so die bilderlose Haupttitelseite, Image 2 bei EEBO).
   Bibl.: Fehlt bei MAMBELLI nach Nr. 1364 (= London ▶ VP 1649A) und in CBItalV im Umkreis von Nr. 1895. ▶ VP 1650C ist aufgeführt Princeton Item 344, mit dem Hinweis „Front. (portr.) Added: title-page of 1649 engraved by Will. Marshall"; BL („another edition of that printed in 1649. There is a second titlepage engraved which bears the date 1649").
   Beschreibung: Einziger Buchschmuck ist das Frontispiz mit der Signatur *Will. Marshall sculpsit*, das unverändert (mit beibehaltener Datierung „1649") aus der Erstpublikation London ▶ VP 1649A wiederholt ist (Büste des nach li. gewendeten Vergil, li. zwei Heere, r. Schiffe im Sturm, darüber olympische Szene), und eine neu in ▶ 1650C hinzugefügte Antiporta mit dem Porträt des JOHANNES OGILVIUS (mit Perücke und mit einer Buchrolle in der Rechten) mit der Signatur *Will. Marshall fecit 1649* (nicht identisch mit dem Porträt in der Ausgabe London ▶ VP 1654A).
   Zugänglichkeit: BSB Film R 361-1077. - Vollständig digitalisiert in 213 Images bei EEBO (das Frontispiz dort Image 1) nach dem Exemplar der Henry E. Huntington Library.

VP 1652A   **+ Opera, Amsterdam, ca. 1652? (oder 1642?)**
Opera, cum notis Thomae FARNABII, Amsterodami, apud Ioannem Ianßonium, sine anno (ca. 1652; kein Kolophon).
   Bibl.: Eine Parallelausgabe zu ▶ VP 1650A, siehe generell dort, doch in den Bibliographien, z. B. bei MAMBELLI zu Nr. 319, nicht erwähnt. Es könnte sich aber vielleicht um MAMBELLI Nr. 310 handeln (Amstelodami, Janssonius, ▶ VP 1642A). Die Titelaufnahme basiert auf dem BSB-Exemplar; der BSB OPAC-Katalog datiert ohne nähere Begründung „(ca. 1652)". Das Frontispiz (10,6 x 5,8) mit dem Pius Aeneas und dem Schwan ist mit dem von ▶ VP 1650A identisch, nur die Publikationsangaben unter dem Bild sind geändert.
   Zugänglichkeit: BSB A.lat.a. 2171 c (daraus ist das Frontispiz digitalisiert; DVD 2); vgl. BSB A.lat.a. 2171 und UB München A.lat. 1518 (beide 1650, s.o. zu ▶ VP 1650A).

VP 1652B   **Opera, Leiden 1652**
Opera omnia, cum notis selectissimis variorum, Servii, Donati, Pontani, Farnabii etc. ... Opera et studio Cornelii SCHREVELII. Ludgduni Batavorum, apud Franciscum Hackium, 1652.
   Bibl.: MAMBELLI Nr. 321 („titolo inciso in rame"), mit Hinweis auf Ndr. Leiden 1657 (= Wolfenbüttel 1982, D 39, mit bloßem Hinweis auf den Kupfertitel), Leiden 1661 (= MAMBELLI Nr. 325 = ▶ VP 1661) und Leiden-Rotterdam 1666 (= MAMBELLI Nr. 327 = ▶ VP 1666); New York 1930 (1652; Ø) = Princeton Item 161; CBItalV Nr. 191 (1652; Ø). Vgl. auch noch die Ausgabe Lyon, officina Bourgeatiana, 1669 = ▶ VP 1669A.
   Beschreibung des Frontispizes (Kupfertitel): Im Vordergrund sitzt r. Vergil in einem Sessel mit einem Buch im Schoß (weitere aufgeschlagene Bücher liegen zu seinen Füßen), den Kopf auf die linke Hand gestützt, die rechte im Redegestus. Vor ihm stößt li. ein Schwan seinen Schnabel in ein Tintenfass, das auf einem Quader steht. Ein weiterer Schwan mit

einem Lorbeerkranz im Schnabel hält mit ausgebreiteten Schwingen von oben mit den Fußkrallen ein Banner mit dem Text der Titelei; hinter einer Balustrade (= draußen), auf der in der Mitte eine Säule steht, spielt li. davon eine bukolisch-ländliche Szene (buc./georg.) und r. die Flucht der Gruppe des Pius Aeneas aus Troja (Aen.). - Auf dem Quader ist auf der Abb. bei Wolfenbüttel 1982, S. 93 zu D 39 (der Ausgabe von 1657) die Signatur L zu erkennen; in dem Münchener Exemplar der Ausgabe von 1669 = ▶VP 1669A an derselben Stelle TH. L.

Abhängigkeiten: Dieser Kupfertitel, der erstmals den Autor Vergil mit einem Schwan zeigt, ist nicht nur in den weiteren von C. SCHREVEL in Leiden edierten Ausgaben ▶VP 1657, ▶VP 1661, ▶VP 1666 und ▶VP 1669A wiederholt, sondern auch mit leichten Variationen (und veränderter Titelei) in den Editionen (ebenfalls in Leiden) von N. HEINSIUS ▶VP 1671A und ▶VP 1672B?; vgl. ferner die Ausgaben Amsterdam ▶VP 1655A und London ▶VP 1695A; s. jeweils dort. - Zu einer andersartigen Verwendung des Schwan-Motivs vgl. auch das Frontispiz in der Ausgabe Rotterdam ▶VP 1681A sowie die Konzeption ‚Vergil als *Mantuanus olor*' in Amsterdam ▶VP 1676 und Amsterdam ▶VP 1690A.

Abb.: Der Kupfertitel bei Wolfenbüttel 1982, S. 93 zu D 39 (1657).

VP 1652B   *Zugänglichkeit*: Zwar ist nicht ▶VP 1652B selbst in der BSB vorhanden, aber mehrere von den späteren Ausgaben (▶VP 1666, ▶VP 1671A, ▶VP 1672B), in die das Frontispiz mit Vergil und dem Schwan übernommen ist.

VP 1652C   **+ holländ. Übers. der Opera, Amsterdam 1652**

Publius Virgilius Maroos Wercken vertaelt door I. V. [= Joost Van] VONDEL. De tweede druck op nieu overzien en verbetert, Amsterdam, Abraham de Wees, 1652.

Bibl.: Die Originalausgabe der Übers. ist Amsterdam ▶VP 1646B erschienen (MAMBELLI Nr. 1481; Wolfenbüttel 1982, D 207). Der 2. Druck ist mir nur bekannt durch Jane ten Brink GOLDSMITH (ihr Name wird meist unter G eingeordnet, gelegentlich auch unter B oder gar unter T), Leonaert Bramer's illustrations for Virgil's *Aeneid*, Diss. Univ. of California Berkeley 1981, (c) UMI 1982, XVIII, 472 S. und zusätzliche 193 Blätter mit Figures; darin zu ▶VP 1646B z.B. S. 454, mit Abb. des Bildertitels als (praktisch nicht erkennbare) Fig. 51; offenbar besitzt die BL ein Exemplar. Besser bezeugt ist der 4. Druck Amsterdam ▶VP 1659B.

Lit.: Dieser 2. Druck von VONDELS holländischer Prosa-Gesamtübersetzung ist nicht wegen der einzigen darin wirklich enthaltenen Illustration, also des allegorischen Bildertitels, der nur eine seitenrichtige Wiederholung des Bildertitels der Originalausgabe Amsterdam ▶VP 1646B darstellt, wichtig, sondern als Bezugstext einer der beiden umfangreichsten Aeneis-Illustrations-Zyklen überhaupt: der 140 (überwiegend mit Pinsel und Tinte ausgeführten) Zeichnungen des Delfter Malers Leonaert Bramer (Zyklus Nr. 28).

Diesen Zeichnungen Bramers ist eine der wenigen existierenden Monographien zu einem einzelnen graphischen Aen.-Zyklus gewidmet: GOLDSMITH, 1981 (s. *Bibl.*). In dieser wertvollen kunsthistorischen Dissertation (deren 193 oder besser - da fig. 14 mit der Zählung fig. 14a-14e fünf Blätter beansprucht - 197 ‚Figures' leider in der schlechten UMI-Xerokopie weithin nicht erkennbar sind) untersucht die Autorin die bisher unbekannten 140 Federzeichnungen zur *Aeneis* des Delfter Malers Leonaert Bramer aus der Mitte des 17. Jh.. Sie sind als fig. 55-193 abgebildet; allerdings ist meist in der UMI-Xerokopie kaum das Sujet zu erahnen. Der Künstler hat selber ein Verzeichnis mit den holländischen Titeln zu diesen 140 Bildern angefertigt. Sie wurden nie einem Vergil-Druck beigegeben oder als Vorlage für Kupferstiche benutzt.

Daneben geht GOLDSMITH, 1981, auch auf die Illustration in der Straßburger Ausgabe ▶VP 1502 von Sebastian Brant ein. Ferner bietet sie eine Vorstellung nebst Abbildungen der Illustrationszyklen zu je 12 Bildern in den Vergil-Übersetzungen Worms ▶VP 1543B (deutsch von Thomas MURNER,), Rotterdam ▶VP 1609C (=▶VP 1583B, holländisch), Arnheim ▶VP 1612A (Illustrationen von Crispijn de Passe, Speculum Aeneidis Virgilianae), Paris ▶VP 1648C (franz. Übers. von P. PERRIN), ferner zu den jeweils nur ein Titelbild enthaltenden holländischen Vergil-Übersetzungen von J. van den VONDEL, Amsterdam ▶VP ²1652C (opera), ▶VP 1655C (Aen. II) und ▶VP 1656 (Aen. VI), sowie zu J. Koenderling, Eneas of Vader des Vaderlants, Amsterdam 1664, ebenfalls mit einem Frontispiz. - Eine Art Auszug aus der umfangreichen Dissertation ist der Aufsatz derselben Autorin Jane Ten Brink GOLDSMITH, From prose to pictures: Leonaert Bramer's illustrations for the *Aeneid* and Vondel's translation of Virgil, Art History 7, 1984, 21-37 mit Abb. 7-25. (Die hier beigegebenen 17 Abb. zu Bramer sind die einzig brauchbaren.) - In dem großen Ausstellungskatalog (Delft 1994), der mit von derselben Autorin Jane Ten Brink GOLDSMITH (et alii) verfasst ist: Leonaert Bramer 1596-1674: Ingenious painter and draughtsman in Rome and Delft, Zwolle/Delft 1994 (332 S. mit vielen Illustr.), spielen die Zeichnungen zu Vergils Aeneis (dort S. 316 in der ‚List of drawing‘ als Set 24 geführt, aber ohne Abb.) keine Rolle (vgl. dort die große Bibl. 321-331).

▶VP 1652C Wenn in der ‚offiziösen‘ (Selbst-?)Darstellung in DA 43/06, 1982, 1729A. zu GOLDSMITH, 1981 (der Diss.) behauptet wird, diese Serie von "140 pen and ink drawings" sei für die holländische Prosa-Übers. der Aen. durch Joost van den VONDEL bestimmt gewesen, ist das mindestens missverständlich. Dass sich die Zeichnungen nicht einfach auf die (lat.) Aeneis, sondern in der Tat auf die holländische Aen.-Übers. VONDELS beziehen, wird schon durch die Nennung der dem Sujet entsprechenden Seite in VONDELS Übers. in dem handschriftlichen Register Bramers für die 140 Zeichnungen deutlich. Diese Seitenangaben passen nicht zur Originalausgabe der Über. Amsterdam ▶VP 1646B und auch nicht zu den späteren Nachdrucken (▶VP 1659B, ▶VP 1660, ▶VP 1696, 1714), sondern allein für den 2. Druck ▶VP 1652C (so GOLDSMITH, 1981, Anm. 65 S. 49). Aber sie sind nie, etwa in Form von Kupferstichen, die diese Zeichnungen Bramers als Vorlage benutzt hätten, mit irgendeinem Druck von VONDELS Übers. verbunden worden. Es handelt sich also im engeren Sinne gar nicht um Buch-Illustrationen, sondern eben um einen selbständigen graphischen Zyklus. (Die Einzelblätter wurden im 18. Jh. zu einem Band zusammengebunden: GOLDSMITH, 1981, S. 26. Dieser ist heute im Besitz der Henry E. Huntington Library and Art Gallery, San Marino Cal.) Trotzdem wäre es engstirnig, aus diesem Grunde die von VONDELS Übersetzung angeregten Zeichnungen Bramers in diesem Handbuch von gedruckten Illustrationen gar nicht zu erwähnen.

VP 1652C Es muss hier genügen, einen Überblick über die von Bramer illustrierten Sujets anhand der Identifizierungen von GOLDSMITH, 1981, vgl. dort p. XII-XVIII und Fig. 55-193, zu bieten. Leider gibt GOLDSMITH keine Übersetzung der originalen holländischen Titel, die Bramer selber formuliert hat, sondern faktisch eine eigene Formulierung des jeweiligen Bild-Sujets; diese kann ich nicht wirklich auf ihre Angemessenheit überprüfen, weil die beigegebenen Abb. zu schlecht dafür sind. Die von GOLDSMITH gebotenen Stellenangaben beziehen sich offensichtlich nicht auf die lat. Verse, denn z. B. hat Buch IV der Aeneis nur 705 lat. Verse und selbst das längste Buch der Aeneis, Aen. XII, hat keine vierstellige Verszahl. Worauf sich die Stellenangaben bei GOLDSMITH, 1981, beziehen, ist mir bei fehlender Autopsie für die holländ. Prosa(!)-Übers. Amsterdam ▶VP 1652C nicht klar. Ich habe GOLDSMITH'S Stellenangaben mit ausnahmsweise *arabischer* Buchbezeichnung übernommen; nur für die wenigen identifizierbaren Abb. bei GOLDSMITH, 1984, habe ich den Anfangsvers der illustrierten Passage in der üblichen Verszählung des lat. Originals mit *römischer* Buchzahl geboten. Vorangestellt habe ich ferner die Nr. aus dem handschriftlichen Register von Bramer (bei GOLDSMITH, 1981, S. 451-453, zweispaltig; auch die Zeichnungen selber sind entsprechend nummeriert: GOLDSMITH, 1981, Anm. 55 S. 46). GOLDSMITH scheint nicht bemerkt zu haben, dass sie nicht alle 140 Bilder bietet, sondern nur 139. Sie hat die Nr. 79 des eigenhändigen Registers Bramers übersehen. Den dortigen holländischen Original-Titel von Nr. 79 (und die der anderen Zeichnungen) kann aber nur ein entsprechender Experte entziffern.

Wenn eine Abb. bei GOLDSMITH, 1984, vorliegt, ist das eigens vermerkt, weil nur diese faktisch brauchbar sind, kaum die bei GOLDSMITH, 1981. GOLDSMITH hat in ihrem Aufsatz von 1984 in mehreren Fällen ihre Interpretation und die Legenden zu den Zeichnungen geändert und damit stillschweigend gegenüber ihrer Diss. von 1981 verbessert; außerdem hat sie 1984 für den Bezugstext die Zählung des lat. Originals (und nicht, wie 1981, die der holländ. Übers.) geboten.

VP 1652C --- Aen. I - 7 (minus 1) Zeichnungen		
1	Fig. 55 Juno before Aeolus	(holländ.) 1, 94
2	Fig. 56 Aeneas carrying father from Troy	2,974
3	Fig. 57 Aeneas and men spot three stags	1,260
	Abb. 22 bei GOLDSMITH, 1984, mit der Legende „Aeneas and Achates hunting for stags" und auf Aen. I 186 bezogen	
4	Fig. 58 Venus appeals to Jupiter on behalf of Aeneas	1,318
5	Fig. 59 Venus reveals herself to Aeneas at Carthage	1,444
6	Fig. 60 The Trojans before Dido	1,835
7	Fig. 61 A feast laid before the Trojans	1,889

Abb. 23 bei GOLDSMITH, 1984, mit der Legende "Dido washing her hands and servants laying the table for the feast" und auf Aen. I 704 bezogen.

	VP 1652C --- Aen. II - 4 (plus 1) Zeichnungen		
8	Fig. 62 Sinon, the Greek, offered as a sacrifice	(holländ.)	2,187

        Abb. 7 bei GOLDSMITH, 1984 mit der Legende "Sinon among his captors" und auf Aen. II 129 bezogen

9   Fig. 63 The Trojans dragging the wooden horse into Troy   2,325
        Abb. 8 bei GOLDSMITH, 1984, auf Aen. II 234 bezogen

10   Fig. 64 Pyrrhus killing Priam   2,740
        Abb. 10 bei GOLDSMITH, 1984, auf Aen. II 640 bezogen

11   Fig. 65 Venus advising Aeneas to refrain from killing
        the daughter of Tyndareos [Helena]   2,762
        Abb. 11 bei GOLDSMITH, 1984, auf Aen. II 793 bezogen

[2   Fig. 56 Aeneas carrying father from Troy   (holländ.) 2,974]
        Vgl. die Abb. bei GOLDSMITH, 1984, S. 256, die aber die erste von 50 Zeichnungen (ca. 1655-1660) für eine holländ. Livius-Übers. (bei GOLDSMITH Set Nr. 22) ist.

	VP 1652C --- Aen. III - 7 Zeichnungen	
12	Fig. 66 Trojans giving offerings in memory of Polydorus	3, 80
13	Fig. 67 Funeral games for Anchises in Sicily (wrestling)	3,361

        (wenn diese Legende zutreffend wäre, würde die Zeichnung nicht richtig eingeordnet sein, da sie dann zu den Leichenspielen für Anchises in Aen. V gehören müsste; dort gibt es aber keinen Ringkampf, sondern nur eine Art Boxkampf mit dem *caestus* zwischen Dares und Entellus, Aen. V 362-484; GOLDSMITH, 1984, hat sich aber stillschweigend mit ihrer Legende zu Abb. 24 „Trojan wrestling match in Actium" verbessert und die Zeichnung richtig auf Aen. III 280 bezogen)

14   Fig. 68 Andromache mourning Hector   (holländ.) 3,393
15   Fig. 69 Orestes slaying Pyrrhus   3,429
16   Fig. 70 King Helenus welcomes Trojans   3,457
17   Fig. 71 Anchises summons deities   3,684
18   Fig. 72 Polyphemus with a victim   3,806

	VP 1652C --- Aen. IV - 12 Zeichnungen	
19	Fig. 73 Dido escorting Aeneas through Carthage (Aen. IV 74ff.)	4,98
20	Fig. 74 Dido appears to Aeneas in hunting dress (holländ.)	4,181

        Abb. 14 bei GOLDSMITH, 1984, auf Aen. IV 139 bezogen

21   Fig. 75 Ascanius riding his stallion   4,207
        Abb. 15 bei GOLDSMITH, 1984, mit der Legende "Ascanius hunting" und auf Aen. IV 157 bezogen

22   Fig. 76 King Iarbas appealing to Jupiter   4,270

VP 1652C --- Aen. V - 16 Zeichnungen

VP 1652C --- Aen. VI - 9 Zeichnungen

VP 1652C --- Aen. IX - 22 Zeichnungen

VP 1652C --- Aen. X - 12 Zeichnungen

VP 1652C --- Aen. XI - 17 Zeichnungen

VP 1652C --- Aen. XII - 4 Zeichnungen

Abb. 25 bei GOLDSMITH, 1984, mit der ergänzten Legende
„… as he goes off to war" und auf Aen. XII 432 bezogen.

VP 1652C Man sieht auf den ersten Blick, dass Bramer gerade emotionsgeladene Szenen in mehreren Zeichnungen sozusagen in kontinuierlicher Steigerung illustriert: 12 Zeichnungen (19-30) für die Dido-Tragödie in Aen. IV; fünf (32-36) für die Ruderregatta bei den Kampfspielen in Aen. V; vier (60-63) für die erste Gesandtschaft der Trojaner unter Ilioneus an König Latinus in Aen. VII; elf (70-77 und 80-82) für den Besuch des Aeneas bei König Euander in Aen. VIII; 14 (88-101) und damit eine Rekordzahl für die Nisus-und-Euryalus-Episode in Aen. IX; fünf (121-125) für die Trauer um Pallas am Anfang von Aen. XI; neun (127-135) oder im engeren Sinne immerhin sechs (nämlich 129-132 und 134/135) für die Camilla-Episode am Ende von Aen. XI.

Schon statistisch-numerisch ist die Bebilderung nicht gleichmäßig auf die 12 Aen.-Bücher verteilt; sie schwankt zwischen der Zahl von 4 (Aen. XII) und 22 (Aen. IX) Zeichnungen. Es zeigen sich mehrere auffällige Lücken. Dazu gehört an erster Stelle, dass es für Aen. XII nach den Zeremonien beim Abschluss des Vertrages zwischen Latinus und Aeneas (Nr. 139, zur lat. Aen. XII 175) gegen Anfang des Buches nur noch eine einzige Zeichnung (Nr. 14, zur lat. Aen. XII 432) aus dem Rest dieses mit 952 Versen längsten Buches der Aen. gibt. Auch dass die Eingangsbücher Aen. I-II (und dazu auch III) relativ wenige Bilder aufweisen, ist ungewöhnlich. In Aen. II lässt Bramer (zwischen der Einholung des Hölzernen Pferdes und der Ermordung des Priamus) eine große bildlose Lücke in der Handlung klaffen. Auch die Irrfahrtenstationen in Aen. III sind von Bramer nur sehr selektiv berücksichtigt.

GOLDSMITH, 1981, Anm. 357 (S. 444 zu S. 336) erwähnt übrigens, dass Bramer für die drei Teile seiner 140 Bilder eigene ‚Frontispize' geschaffen habe, sagt aber nichts über deren Position (etwa am Anfang sowie vor Nr. 47, also vor Aen. VI, und vor Nr. 86, also vor Aen. IX?) und Inhalt.

VP 1652C Ein, vielleicht das wichtigste kunsthistorische Problem der offenbar nach 1652 entstandenen Zeichnungen Bramers hat GOLDSMITH, 1981 (oder auch GOLDSMITH, 1984) überhaupt nicht erkannt, geschweige denn erörtert: deren Verhältnis zu den 1654 erstmals gedruckten Kupferstichen Franz Cleyns (in der engl. Übers. der Opera Vergils durch John OGILBY, London ▶VP 1654A, wiederholt zunächst in der heutzutage besser zugänglichen lat. Ausgabe London ▶VP 1658A und dann noch häufiger; zur näheren Beschreibung und Rezeption s. ▶VP 1658A), also das Verhältnis zwischen Zyklus Nr. 28 und Nr. 29. Dass Cleyn spätestens 1654 die in je 1 Exemplar existierenden Original-Zeichnungen Bramers (die frühestens 1652 geschaffen sein können) gekannt haben könnte, ist prinzipiell außerordentlich unwahrscheinlich. Wenn Bramer seine Zeichnungen alle oder zum Teil aber erst nach 1654 (und vielleicht, da er nicht von dem Druck der holländischen Übersetzung von 1659, sondern dem von 1652 ausgeht, vor 1659) geschaffen hätte, wären Anregungen durch die in (vermutlich) Hunderten von Exemplaren gedruckten Kupferstiche nach Zeichnungen von Franz Cleyn möglich, wenn nicht sogar wahrscheinlich.

In der Tat scheinen mir wenigstens bei einigen der 140 Zeichnungen Bramers zur Aeneis Ähnlichkeiten zu den 71 (Pictura 31-101) Kupferstichen Franz Cleyns vorzuliegen, die sich schwerlich allein durch die identische jeweils dargestellte Situation (also die in lat. Versen oder englischer oder holländischer Übersetzung geschilderte epische Handlungssituation) erklären lassen.

Dass Beziehungen zwischen den Illustrationen Bramers (Zyklus Nr. 28) und denen Cleyns (Zyklus Nr. 29) bestehen, scheint mir sicher zu sein. Eine stringente Beweisführung ist mir allerdings schon deshalb nicht möglich, weil das mir in der BSB zugängliche Exemplar der Dissertation von GOLDSMITH, 1981, von den Zeichnungen Bramers nur so schlechte Abbildungen enthält, dass die Sujets auch unter Einbeziehung der englischen Titelangaben und des Hinweises auf den illustrierten Vers der holländischen Übersetzung kaum erkennbar, geschweige denn genauer mit den Kupferstichen Cleyns von 1654 vergleichbar sind. Immerhin sind einige Beobachtungen möglich.

Zwar nicht die Nr. 1, aber schon die als Nr. 2 außer der Reihe von Bramer aufgeführte Illustration zur Flucht des Pius Aeneas (Fig. 56) scheint mir von Cleyns Pict. 042 beeinflusst, weil bei beiden - was in der bildlichen Darstellung selten ist - Creusa noch der männlichen Dreiergruppe Aeneas mit Anchises und Ascanius folgt. Eine ähnliche Gruppierung (doch vielleicht schon durch die Situation bedingt) zeigt Pict. 059 „Venus reveals herself to Aeneas at Carthago" (ich halte das Bild eher für eine Darstellung der Begegnung, nicht der Epiphanie) wie Cleyn Pict. 034. Vielleicht ist es auch kein Zufall, dass die wenigen Bilder Bramers zu Aen. I sämtlich nur solche Handlungsmomente abbilden, die auch bei Cleyn dargestellt sind: Fig. 55/Nebenmotiv bei Cleyn Pict. 031 (Juno/Aeolus), Fig. 57/Folgemotiv in Cleyn Pict. 032 (Hirschjagd---Mahl); Fig. 58/Pict. 033 (Venus/Jupiter); Fig. 59/Pict. 034 (Aeneas/Venus); Fig. 60/Pict. 035 (Empfang); Fig. 61/Pict. 036 (Fest). Die erste ganz von Cleyn unabhängige Bilderfindung ist Fig. 62 („Sinon offered as a sacrifice"), die folgenden wenigen Bilder Bramers zu Aen. II variieren wieder, wie zu Aen. I, Motive, die auch bei Cleyn ausgewählt sind: Fig. 63/Pict. 037 (Hölzernes Pferd): Fig. 64/Pict. 040 („Pyrrhus killing Priam"); Fig. 2/Pict. 042 (Flucht aus Troja); nur Fig. 65 (Helena-Szene) ist originell. Ähnliches gilt auch für Aen. III bei Bramer: recht nahe stehen sich Fig. 66 und Cleyn Pict. 043 (Polydorus-Omen), Fig. 68/Pict. 046 (Aeneas vor Andromache) und Fig. 72/Pict. 048 (Polyphem).

VP 1652C Es gibt jedoch auch originelle Bilderfindungen Bramers: Fig. 69 (Orest erschlägt Pyrrhus); Fig. 70 (Helenus empfängt die Trojaner); Fig. 71 (Anchises begrüßt Italien); Fig. 76 (Ringen). Weithin unabhängig von Cleyn erweist sich Bramer in der Wahl der Sujets für Aen. IV, nur Fig. 78/Pict. 052 (Mercur bei Aeneas) und Fig. 84/Pict. 054 (Anna und Dido auf dem Scheiterhaufen) stehen sich nahe. In Aen. V sind nur Fig. 91 und Pict. 058 (Dares und Entellus) näher verwandt, ebenfalls Fig. 93/Pict. 060 (Troja-Reiterspiel) und vor allem Fig. 98/Pict. 061 (Neptun). Auch für Aen. VI gibt es nur einzelne Übereinstimmungen im Sujet und (aber die sehr schlechte Qualität der Abb. lässt hierfür kaum ein Urteil zu) in der Komposition, so für Fig. 102/Pict. 062 (Aeneas bei der Sibylle), für Fig. 103/Pict. 065 (Aeneas zieht das Schwert gegen die Schatten), Fig. 104/Pict. 066 (Charon, Aeneas, Sibylle), besonders für Fig. 105/Pict. 067 (Aeneas trifft in der Unterwelt auf Dido), Fig. 106/Pict. 068 (Deiphobus). In Aen. VII besteht eine motivische und auch kompositorische

Verwandtschaft zwischen Bramer Fig. 112 und Cleyn Pict. 071 (Tisch-Prodigium), auch bei Fig. 115/Pict. 072 (Empfang der trojanischen Gesandtschaft durch König Latinus), recht deutlich vor allem bei Fig. 118/Pict. 093 (bacchantisches Treiben der Königin Amata), ferner sind ähnlich auch Fig. 122 und Pict. 075 (Camilla im Italikerkatalog). Keine nähere Entsprechung weisen die Bilder für Aen. VIII auf, immerhin spiegeln Fig. 136 und Pict. 079 dieselbe Situation (Venus zeigt Aeneas den neuen Schild). Relativ nahe stehen sich in Aen. IX Bramer Fig. 139 und Cleyn Pict. 080 (allerdings eher durch die identische Situation bedingt: Iris vor Turnus), vielleicht auch Fig. 145/Pict. 082 (Nisus tötet einen Wächter), Fig. 14/Pict. 083 (Reiter umringen Euryalus), Fig. 155/Pict. 084 (Bestürmung des trojanischen Schifflagers auf Leitern). In Aen. X entsprechen sich vielleicht (doch eher durch die Situation bedingt) Bramer Fig. 162 und Cleyn Pict. 086 (Juno spricht in der Götterversammlung). In Aen. XI sind nahe verwandt (wohl nicht nur durch die Situation bedingt) Bramer Fig. 173 und Cleyn Pict. 091 (Aeneas errichtet ein Siegesmal aus den Waffen des Mezentius), vielleicht auch (doch eher durch die Situation bedingt) Bramer Fig. 179 und Cleyn Pict. 094 (Latinus in der Ratsversammlung). In Aen. XII ähneln sich vielleicht (doch eher durch die Situation bedingt) Bramer Fig. 190 und Cleyn Pict. 097 (Turnus spricht zu König Latinus).

Insgesamt besteht für viele der Sujets bei Bramer (nach ▶VP 1652C, wohl vor ▶VP 1659B) in meinen Augen eine so nahe Verwandtschaft mit denen Cleyns (1654) - mindestens in der gleichartigen Selektion der darzustellenden Situationen, oft auch in der Komposition -, dass man annehmen muss, dass Bramer die Kupferstiche nach Cleyns Entwürfen gekannt hat. Aber dass Bramer auch unabhängig erfinden und komponieren konnte, zeigen hinreichend viele originelle Bild-Sujets.

Die Zeichnungen Bramers gehören eindeutig zum mono-szenischen Typus; es ist immer nur ein bestimmter Moment der epischen Handlung dargestellt. Bei olympischen oder unter Göttern spielenden Szenen (Fig. 55; 58; 77; 98; 132; 162; 180) ist die Menschenwelt „unten" ausgeblendet.

Abb.: Sehr schlechte Abb. des Frontispizes (Bildertitel) von ▶VP 1652C bei GOLDSMITH, 1981, Fig. 51. Alle 140 Abb. der Zeichnungen zum Aen.-Text (außer Pict. 79) in schlechter Qualität bei GOLDSMITH, 1981, Fig. 55-193; 17 ausgewählte Abb. bei GOLDSMITH, 1984.

| VP 1652C | *Zugänglichkeit*: Die Originalzeichnungen Bramers selber (Zyklus Nr. 28) sind natürlich nicht in der BSB vorhanden, wohl aber die Diss. von GOLDSMITH, 1981 (BSB 83.68293).

VP 1654A ■ **engl. Übers. der Opera, London 1654**

The works. Translated, adorn'd with sculpture, and illustrated with annotations by John OGILBY. London, printed by Thomas Warren for the author, 1654 [2°].

Bibl.: MAMBELLI Nr. 1365 ("col testo latino a fronte e con belle figure incise dal Faithorn, Lambert, Hollar, ripubblicate poi, nell'edizione londinese del testo, nel 1658 [MAMBELLI Nr. 323; s.u.], 1663, 1675, 1684"); New York 1930, Case 17, Nr. 194 (1654; Ø - trotz des Titels) = Princeton Item 345; ODERMANN, 1931, 15; London 1982, Nr. 95; BL. - S. generell zur Ausgabe London ▶VP 1658A und London ▶VP 1663B, ferner zu den weiteren in Kap. C 2 zusammengestellten Belegen für diesen Zyklus Nr. 29. - Von Abebooks wurde ▶VP 1654A im Sept. 2005 im Internet zu 2725.24 Euro angeboten. - Dass darin neben der engl. Übers. (die keine Verszählung aufweist) auch, wie MAMBELLI, Nr. 1365 behauptet, der lat. Text enthalten sei, ist unzutreffend.

Lit. und Beschreibung: Diese seine engl. Übersetzung wird von John OGILBY (1600-1676) als sein „second English Virgil" bezeichnet, denn sie ist nicht völlig identisch mit seiner ersten engl. Vers-Übers. ▶VP 1649A = ▶VP 1650C, sondern eine Bearbeitung (zum Verhältnis der Übersetzung von John DRYDEN seit ▶VP 1697B zu den beiden Versionen OGILBYS s. L. PROUDFOOT, DRYDEN'S Aeneid and its seventeenth century predecessors, Manchester Engl. 1960, 126-137; PROUDFOOT vergleicht - auch S. 14-93 passim - konkret ▶VP 1650C und ▶VP 1668B mit DRYDEN'S Übersetzung in sprachlicher und stilistischer Hinsicht; auf die Illustrierung geht er nicht ein). Obwohl hier in ▶VP 1654A die Originalausgabe der einflussreichen Serie von 101 Kupferstichen zum Text Vergils (davon 71, nämlich Pictura 031-101 zur Aen.), dazu noch 2 weiteren im Bereich des Titels, nach Entwürfen von Franz Cleyn vorliegt, wird diese berühmte Bilderserie des Zyklus Nr. 29 von mir nicht hier zu ▶VP 1654A beschrieben, sondern erst beim unveränderten Ndr. der Illustrationen innerhalb der lat. Ausgabe London ▶VP 1658A. Denn ▶VP 1658A bietet nicht nur die Kupferstiche originalgetreu ab, sondern ist darüber hinaus auch allgemein zugänglich, da sie digitalisiert vorliegt. S. deshalb generell für alle allgemeinen Aspekte wie *Beschreibung* und Rezeption (*Abhängigkeiten*) ▶VP 1658A.

In der Originalausgabe von 1654 ist die Abfolge der Bilder innerhalb der Titelei folgende: **(a)** li. (= Verso der 1. Seite) Porträt Ogilby (JOHANNES OGILVIUS; zwischen den beiden Namensteilen ein Siegel mit dem gekrönten Löwen Schottlands; *P. Lilly pinxit, Guil. Faithorne sculp.*), keine Wiederholung seines Porträts aus ▶VP 1649A = ▶VP 1650C; **(b)** r. (= Recto der 2. Seite) Antiporta (nach F. Cleyn): Vergil liest vor Augustus und seinem Hof aus der Aeneis (diese Antiporta wird ebenfalls bei ▶VP 1658A beschrieben; bemerkenswert ist, dass in ▶VP 1654A, anders als in ▶VP 1654A, das Porträt Ogilbys direkt der Antiporta gegenübersteht, so dass jener Herr mit Perücke und einer Buchrolle in der Hand, der auf der Antiporta dem im Vordergrund li. sitzenden Vergil r. gegenübersteht, aufgrund der Physiognomie leicht als Ogilby zu identifizieren ist, der hier als Vergil-Übersetzer ahistorisch in die Hofgesellschaft des Augustus eingereiht ist); li. (= Verso der 2. Seite) leer; r. (= Recto der 3. Seite) Haupttitelseite ohne Illustration; li. (= Verso der 3. Seite) leer, dann r. (Recto der 4. Seite) Band mit Putti und Beginn der Widmung an William Seymour Marquis and Earl of Hertford. Zu Beginn (= Recto der 5. Seite) und am Ende des auf die Widmung folgenden *The life of Pub. Virgilius Maro* gibt es keine Illustration (also weder ein Vergil-Porträt noch einen Stich des angeblichen *Vergilij Poetae Sepulchrum*); die nächste Illustration ist Pict. 1 vor ecl. 1.

Für die Textabbildungen sei hier (Näheres zu ▶VP 1658A) nur erwähnt, dass auf Pict. 031, dem ersten Kupferstich zur Aen., hier in der Originalausgabe (identisch mit der Wiederholung in ▶VP 1658A) der Pfauen-Wagen Junos oben r. auf den Wolken steht; in manchen der vielen späteren Ausgaben sind einzelne oder viele der Nachstiche sv.

Die doppelseitige Karte mit *Aeneae Troiani navigatio. Ad Virgilii sex priores Aeneidos. Studio et opera Wenceslai Hollari Bohemi* ist in ▶VP 1654A nach p. 168 (nicht vor, sondern erst einige Seiten nach Pict. 31, dem ersten Kupferstich vor Aen. I) eingelegt. Sie enthält kein Bild, aber unten in der Mitte eine Kartusche mit den Versen Aen. I 378-385a (*Sum pius Aeneas* bis *Asia pulsus*). Auf der Karte ist die Fahrtroute des Aeneas gestrichelt (und sachlich richtig) eingezeichnet; manchmal - etwa bei Tenedos, Creta, Strophaden, Karthago - ist eine Flotte dazu abgebildet.

VP 1654A *Abhängigkeiten*: Neben den von MAMBELLI zu Nr. 1365 erwähnten Ndrr. der Illustrationen in lat. Edd. der Opera ▶VP 1658A, ▶VP 1663B, ▶VP 1675B und ▶VP 1684 sind bei MAMBELLI Nr. 1365 noch ein Ndr. nur der engl. Übers. London, Thomas Roycroft, ▶VP 1668B [= MAMBELLI Nr. 1366] mit den Illustrationen und dessen Vorläufer London, Andrew Crook, 1665 ohne die Illustrationen genannt (die Ausgabe von 1665 erscheint deswegen nicht in diesem Handbuch; sie liegt ganz digitalisiert bei EEBO vor). - Die von Franz Cleyn entworfenen Illustrationen werden seit ▶VP 1697B mit der engl. Übers. von John DRYDEN verbunden, zunächst im Original, später häufig in verkleinerten Nachstichen, Näheres s. zu ▶VP 1697B. - Princeton Item 475 bringt noch folgende Ausgabe: The Aeneid translated into English by Christopher Pearse CRANCH. Boston and New York, Houghton, Mifflin & Co., 1906, 2 Vol. [4°], mit dem Hinweis „Frontisp. and illustrations by Franz Cleyn; large paper cdition limited to 650 copies". - Zur Rezeption dieses Kupferstich-Zyklus Nr. 29 von Franz Cleyn für ▶VP 1654A, der nicht nur innerhalb der englischsprachigen Welt wohl die erfolgreichste zyklische Vergil-Illustration überhaupt ist und z. B. (in Nachstichen) noch in ▶VP 1763C gedruckt wurde, s. besonders zu ▶VP 1658A und ▶VP 1697B.

VP 1654A *Zugänglichkeit*: BSB Film R 361-881. - Bei EEBO existiert von dieser engl. Ausgabe ▶ 1654A nur eine Titelaufnahme (nach dem Exemplar der Henry E. Huntington Library, San Marino Cal.; Ø), keine Digitalisierung; s. statt dessen zu ▶VP 1658A.

VP 1654B **Opera, mit ital. Kommentar, Venedig 1654**

Le opere, cioè la Bucolica, la Georgica e l'Eneide, commentate in lingua volgare toscana da Giovanni FABRINI da Fighine, Carlo - da Rimene, e Filippo VENUTI da Cortona. Venetia, appresso li Guerigli, 1654 [2°].

Bibl.: MAMBELLI Nr. 322 ("piccola silografia alle ecl. e alle georg.") mit Hinweis auf die nuova ristampa 1661, vgl. auch MAMBELLI Nr. 308; CBItalV Nr. 192 (Ø). - Zu weiteren Ausgaben vgl. ▶VP 1597C und ▶VP 1588B.

VP 1655A **+ Opera, Amsterdam, 1655**

P. Virgilius Maro. Iam emendatior. Amstelodami, apud Ioannem Ianssonium, 1655.

Bibl.: Fehlt in allen Bibliographien; aufgeführt nur Princeton Item 162 (□, nach den Andeutungen von KALLENDORF, brieflich nach Autopsie, scheint es sich bei dem Frontispiz nicht um eine Wiederholung von ▶VP 1650A oder ▶VP 1652A, sondern von ▶VP 1652B zu handeln, s. generell dort.

VP 1655B **□ + franz. Übers. der Opera, Paris 1655**

Le Œuvres de Virgile, traduites en prose, enrichies de figures, tables, remarques, commentaires ... par Michel DE MAROLLES. Paris, G. de Luyne, 1655.

Bibl.: Nicht bei MAMBELLI Nr. 1090, der zu der franz. Übers. Paris 1649 nur auf den Ndr. Paris, Quinet, 1655, verweist; auch nicht in CBItalV im Umkreis von Nr. 1891; aufgeführt allein von PASQUIER, 1992, Nr. 44 und der BL.

Lit.: PASQUIER, 1992, Nr. 44: die Illustration ist offenbar identisch mit der in der franz. Übers. Paris ▶VP 1649B = PASQUIER, 1992 Nr. 43 (s.o), siehe dort: 23 Kupferstiche von F. Chauveau (Zyklus Nr. 27), doch fehlen gegenüber der Auflage von ▶VP 1649B drei der vier Porträt-Frontispize.

Abb.: Im Abb.-Teil bei PASQUIER, 1992: Abb. 305 ist offenbar die Antiporta von ▶VP 1655B wiedergegeben: ein Grabmal Vergils. Unter dem Medaillon mit seiner nach li. gewendeten Büste sind drei allegorische Figuren auf dem Sockel dargestellt: li. ein Krieger (ein Hinweis auf die Aeneis), r. eine weibliche Figur, die die Abundantia verkörpern wird (georg.), zwischen ihnen ein geflügelter Amor (ecl.); darunter eine französische Paraphrase des Grabdistichons Vergils in 4 Versen.

VP 1655C **+ holländ. Übers. von Aen. II, Amsterdam 1655**

J. v. VONDELS Ondergang van Troje. Virgilius tweede boeck van Eneas, in Nederduitsch gedicht. Amsterdam, by Thomas Fontein. Voor de Weduwe van Abraham de Wees, 1655.

Bibl.: Diese holländische Versübersetzung von Aen. II durch Joost van den Vondel (von dem Amsterdam 1646 bereits eine Prosa-Gesamtübersetzung Vergils erschienen war, nämlich ▶VP 1646B, und davon ein 2. Druck ▶VP 1652C), ist mir nur bekannt durch GOLDSMITH, 1981, aufgeführt dort z. B. S. 454, besprochen (zusammen mit ▶VP 1656) S. 314-323, Abb. des Titelblatts mit einem kaum erkennbaren Kupferstich (Flucht des Pius Aeneas mit Anchises und Ascanius aus dem brennenden Troja) dort als Fig. 52. - Ein Exemplar besitzt die BL ("illus.").

VP 1656 **+ holländ. Übers. von Aen. VI, Amsterdam 1656**

P. Virgilius Maroos Seste boeck. Eneas hellevaert. In Nederduytsche Rijmen (durch Joost van den VONDEL). Amsterdam, Gerrit van Goedesbergh, 1656.

VP 1656 | *Bibl.*: Diese holländische Versübersetzung von Aen. VI durch Joost van den Vondel (von dem Amsterdam ▶VP 1646B bereits eine Prosa-Gesamtübersetzung Vergils erschienen war und davon ein 2. Druck ▶VP 1652C), ist mir nur bekannt durch GOLDSMITH, 1981, aufgeführt dort z. B. S. 454, besprochen (zusammen mit ▶VP 1665C) S. 313-323, Abb. des Titelblatts mit einem kaum erkennbaren Kupferstich (Aeneas besteigt mit der Sibylle eine mit Segel versehene Barke Charons) dort als Fig. 53.

VP 1657A   Opera, Leiden 1657

Opera omnia, cum notis selectissimis variorum ... Opera et studio Cornelii SCHREVELII. Lugduni Batavorum, apud Franciscum Hackium, 1657.

Bibl.: MAMBELLI bei Nr. 321 = Leiden ▶VP 1652B (□), s. generell dort; Wolfenbüttel 1982, D 39 (mit Abb. des Kupfertitels S. 93).

Beschreibung/Abhängigkeiten: Der Kupfertitel zeigt u. a. Vergil mit einem aus einem Tintenfass trinkenden Schwan und ist (mit veränderter Jahreszahl 1657) wiederholt aus ▶VP 1652B, s. dort. Er ist später noch mehrfach leicht variiert (und mit veränderter Titelei) verwendet worden, s. ebenfalls bei ▶VP 1652B.

Abb.: Der Kupfertitel bei Wolfenbüttel 1982, S. 93 zu D 39 (1657).

VP 1657B ?   + Aen. I-VI, Halle 1657

Clavis anterioris Æneidos itinera Æneæ notis et tabulis reserans. Opera J(osephi) SEIZII. Halae Suevorum 1657.

Bibl.: Die Angaben beruhen allein auf dem COPAC (BL). Die Natur dieser Analyse von Aen. I-VI (mit lat. Text) und die Frage, worin die *tabulae* bestehen, bleibt unklar.

VP 1658A   □ Opera, London 1658

Opera, per Johannem OGILVIUM edita et sculpturis aeneis adornata. Londini, typis Thomae Roycroft, 1658 [2°].

Bibl.: MAMBELLI Nr. 323 mit Hinweis auf Ndr. ▶VP 1663B (= Wolfenbüttel 1982, D 40; Napoli 1981, Nr. 71); ODERMANN, 1931, 15 („1654 mit englischem, 1658 und 1663 mit lateinischem Text"; Anm. 10: „Die Ausgabe von 1658 gilt, der Ausführung der Stiche nach, als die beste"); London 1982, Nr. 97; BL. - Da die Erstausgabe der über 100 Stiche nach Zeichnungen von Franz Cleyn, London ▶VP 1654A, faktisch nicht erreichbar ist, sollte diese leicht zugängliche Ausgabe von 1658 als Basis für Forschungen zu diesem häufig nachgedruckten oder leicht variierten Illustrationszyklus Nr. 29 dienen.

Lit.: MAMBELLI Nr. 323: „Ha 104 incisioni dovute in gran parte a Wenceslao Hollar, riprodotte dalla edizione della traduzione in lingua inglese fatta dallo stesso Ogilvy (Londra 1654 [= MAMBELLI Nr. 1365]). Ristampata nel 1663." -

Alle folgenden Literaturangaben und Zitate beziehen sich an sich auf die offenbar in Buchform bisher leichter zugängliche Ausgabe ▶VP 1663B, in dem die Kupferstiche von ▶VP 1654A = ▶VP 1658A originalgetreu wiederholt sind. Sie sind von mir zu ▶VP 1658A vorgezogen worden.

VP 1658A | ODERMANN, 1931, 15: „Die Übereinstimmung [sc. mit den zeitgenössischen französischen Bearbeitungen] erstreckt sich außer auf Format und typographische Gestaltung vor allem auf den (mit Ausnahme der Schlussvignette) jedem Buch, auch der Bucolica, vorangehenden Buchschmuck, der freilich in der Einzelausführung (... mit zum Teil ziemlich figurenreichen, öfters den Inhalt des Textes berührenden Darstellungen ...) sehr stark von seinem Vorbild abweicht. Roycroft [sc. VP 1663A = VP 1658A] durchaus eigen sind die ganzseitigen Illustrationen, die sich in gleicher Anzahl in keinem späteren Vergildruck wiederfinden. Im ganzen enthält der Band (mit Einschluss der üblichen Karte) 104 Tafeln, die sich ziemlich regelmäßig (je eine auf jede Ekloge, meist 5 bzw. 6 auf jedes Buch der Georgica und der Äneis) über die einzelnen Gedichte verteilen. Dem aristokratisch-repräsentativen Charakter dieser Ausgabe gemäß wird jedem der Blätter, neben dem entsprechenden, in Schreibschrift wiedergegebenen Verse, Name und Wappen der Persönlichkeit beigegeben, der es gewidmet ist. Die Entwürfe gehen auf F. R. Cleyn, die Ausführung auf eine Reihe bekannter, damals in England lebender Künstler zurück: 43 stammen von Wenzel Hollar ..., 36 von P. Lombart; außerdem ist Faithorne mit zwei (darunter das schöne Eingangsbild des wissenschaftlichen Redaktors Ogilby), Carter und Richer mit je einem Bilde vertreten. Ein weiteres wird mit „R. fecit" (vielleicht ebenfalls Richer) bezeichnet, 19 (ein zwanzigstes ist durch Parthey für Hollar gesichert) sind anonym. Eine Würdigung des künstlerischen Gehalts hat zunächst zwischen Vorlage und Stich zu scheiden. Über jene [Vorlage] hat Hollars Bio- und Bibliograph Parthey geäußert [Gustav PARTHEY: Wenzel Hollar. Beschreibendes Verzeichnis seiner Kupferstiche, Berlin 1853, S. IX]: „sie gehöre in der Anordnung zu den geschmacklosesten und geziertesten Vorstellungen, die man finden könne" - in dieser Allgemeinheit zweifellos ein übertrieben hartes Urteil. In Wahrheit stehen den allerdings zahlreichen Zeichnungen Cleyns, die durch konventionelle Leere, Steifheit und Unangemessenheit der Haltung und des Ausdruckes, unorganisches Einmengen moderner Elemente in die Kleidung, gelegentlich bis an die Grenze der unfreiwilligen Komik auffallen, eine Reihe andrer, die diese Züge nur schwach hervortreten lassen und, besonders in den Bucolica wie am Anfang der Georgica, einige wirklich schlicht und wahr empfundene Kompositionen gegenüber ...; ein Vergleich etwa mit Bosses Illustrationen [Paris ▶VP 1648C] würde zweifellos zu einer noch günstigeren Gesamtauffassung führen. Unbestreitbar ausgezeichnet ist großenteils die Ausführung. Der gewöhnlich warme und kräftige, bei Lombart meist noch etwas dunklere Ton ermöglicht eine wirksame Kontrastierung von Vorder- und Hintergrund, die besonders Hollar, dem großenteils die idyllischen Partien zugefallen sind, Gelegenheit zur Entfaltung aller Zartheiten geben, deren seine Landschaftsdarstellung fähig ist; im ganzen weniger fein sind seine Kampfesszenen ausgefallen. Völlig aus dem Rahmen der üblichen Ausführung fallen mehrere ganz weißlich getönte Tafeln sowie, auch in der Gesamtauffassung, der eine Beitrag Richers (Cäsars Ermordung, zu Georgica II). Die heute noch in England geschätzten Illustrationen kehren gegen Ende des Jahrhunderts nochmals vollzählig und mit dem Titelbild der Pariser Edition in der drucktechnisch ähnlich angelegten, übrigens auf den Buchschmuck sonst völlig verzichtenden Übersetzung DRYDENs (1697) wieder, ohne natürlich die Frische und Schärfe der älteren Abzüge zu erreichen." - VP 1658A Napoli 1981, Nr. 71: „arrichita da 104 belle incisioni, tra cui il ritratto dell'Ogilby e una cartina geografica rappresentante il viaggio di Enea. Le incisioni sono dovute a Wenzel Hollar, William Faithorne, Pierre Lombard [sic] su disegni di Franz Cleyn. È una ristampa dell'edizione londinese del 1658." - Wolfenbüttel 1982, D 40: „Mit Frontispiz, Titelkupfer, 101 Kupferstichen, 1 Karte. ... Unter den ganzseitigen Kupfern sind jeweils die Vergilverse ausgeschrieben, auf die sich die Illustrationen beziehen; ferner darunter je eine Widmung mit Wappen (‚Tabula merito votiva'). Nach Aen. 5 (S. 246) doppelseitige Karte: ‚Aeneae Troiani navigatio ad Vergilij sex priores Aeneidos studio et opera Wenceslai Hollari Bohemi' mit der Route des Aeneas ... Prachtausgabe des Vergil, besorgt von John OGILBY (1600-1676), der schon 1649 eine englische Übersetzung des Vergil im ‚heroic couplet' herausgebracht hatte. Diese Übersetzung erschien 1654 in einem Folio-Band, der mit von Vaclav Hollar (1607-1677), Pierre Lombart (ca. 1620-1681) und William Faithorn (1616-1691) nach Zeichnungen von Franz Cleyn (ca. 1590-1658) gestochenen Kupfern illustriert war. Diese Stiche hat OGILBY, dessen Bildnis das von Faithorn nach einem Bild von P. Lilly in Kupfer gestochene Frontispiz zeigt, in seine Ausgabe des lat. Vergiltextes übernommen, die zuerst in London 1658 erschien. Jede Platte war von einem Subskribenten bezahlt worden, dessen Name jeweils unter dem Kupferstich genannt ist. Die Platten wurden später aus OGILBYS Nachlass von DRYDENs Verleger Tonson aufgekauft und für die DRYDENsche Vergilübersetzung (London 1697 und 1698) verwendet. Nach 1698 wurden die Illustrationen für reduzierte Formate nachgestochen und in dieser Weise noch öfter im 18. Jh. wiederholt (s. Nr. D 171 [zur engl. Übers. von Vergils Opera durch John DRYDEN, London, Tonson, ▶VP 1709, 3. Auflage]. OGILBY hat sich offensichtlich bei der Anlage seiner in großer, klarer Antiqua gedruckten, mit schönen Initialen und Kopfvignetten geschmückten Ausgabe von der Vergiledition der Imprimerie royale in Paris inspirieren lassen, deren Text er auch wiederzugeben scheint (s. Nr. D 35 [zu Paris 1641])", mit Hinweis u.a. auf M. SCHUCHARD, A descriptive bibliography of the Works of John Ogilby and William Morgan, Berlin-Frankfurt 1975 = Europäische Hochschulschriften Reihe XIX, Band 23, S. 50 (Nr. 11), vgl. S. 36-39 (Nr. 4 und 5). -

VP 1658A *Weitere Lit.* Bernadette PASQUIER, Du texte à l'image. Bucoliques et Géorgiques, éd. d'Ogilby, Londres, 1663, Tours 1983 = Caesarodunum Suppl. 47 (16 S. plus 16 Bl. mit insgesamt 47 Kupferstichen, bei der Bildbeigabe und auch bei der Interpretation ist ecl. 4 übergangen) bietet eine Einzelinterpretation (fast) aller Illustrationen zu den Eklogen (9, nicht zu ecl. 4 - in dem benutzten Exemplar der Bibl. de la Sorbonne, Paris, fehlt der Kupferstich zu ecl. 4) und zu den Georgica (18, je vier zu zu georg. I und III, je fünf zu georg. II und IV). PASQUIER, 1983, bezieht sich auf die lat. Ausgabe von ▶VP 1663B; deren Bilder sind jedoch identisch mit denen in ▶VP 1658A = ▶VP 1654A. - Dieser Beitrag war bereits zuvor (ohne den Untertitel) in dem Sonderheft ‚Virgile' der Zeitschrift ‚histoire et archéologie' No. 68, Novembre 1982, S. 48-63 (mit 27

guten Abb., auch hier fehlte der Kupferstich zu ecl. 4) erschienen. $\boxed{\text{VP 1658A}}$
Die 1981 bzw. 1982 nicht behandelten Aeneis-Illustrationen hatte dieselbe Autorin zuvor schon in derselben Reihe vorgestellt: Bernadette PASQUIER, Une édition illustrée de Virgile (1663), Tours 1981 = Caesarodunum Suppl. 39 (6 S. plus 31 Planches mit je 2 Illustrationen in sehr schlechter Wiedergabe). Merkwürdiger Weise sind es aber nur 62 Kupferstiche statt der originalen 71. Ein Hinweis auf das benutzte (unvollständige) Exemplar fehlt; wahrscheinlich ist es dasselbe wie das für die ecl./georg. benutzte, also eines der Bibl. de la Sorbonne. Es fehlen folgende 9 Picturae: 31, 33, 34, 67, 69, (Pict. 70 fehlt nicht, ist aber - an sich richtig - zwischen 74 und 75 gestellt), 72, 90, 96, 97. Dadurch wird der Wert der allgemeinen Bemerkungen auf den 6 Textseiten stark beeinträchtigt. Noch misslicher ist, dass PASQUIER nicht zu wissen scheint, dass ▶VP 1663B keine Originalausgabe, sondern (hinsichtlich der Bilder) eine Wiederholung von ▶VP 1654A = ▶VP 1658A ist; über den Editor der lat. Ausgabe ▶VP 1663B sagt sie: „Il semble [!] qu'Ogilvius, dont le vrai nom est John Ogilby, ait été un traducteur de Virgile." Sie kennt also in der Tat ▶VP 1654A (oder gar ▶VP 1649A und ▶VP 1650C) nicht. Unberührt von solcher Kritik bleibt, dass PASQUIER in ihrer knappen Würdigung, die mit dem Hinweis auf Bild-Nummern als Belegen arbeitet (die jedoch nicht mit den vollständigen dieses Handbuches identisch sind), wesentliche Charakteristika der Kupferstiche von Franz Cleyn beschreibt. Sie beobachtet (und rühmt) mit Recht die Detailtreue gegenüber dem Text Vergils (z. B. auch in Hinsicht auf Gesten, Kleidung, Körperbau), ferner die Konzentration der Bilder auf ein zentrales Motiv, die Vorliebe für Massenszenen und bestimmte sich wiederholende Kompositionsmuster, die häufige Einführung von intrapikturalen Beobachterfiguren, die Separierung der Gottheiten von der menschlichen Welt, den Sinn für Schönheit und ‚grandeur' (z. B. in der Architektur) beobachtet. Sie hebt das Effektvolle, Rhetorische, Theatralische der Darstellung hervor, die Atmosphäre von Majestät und Triumph. Das Pittoreske der Illustrationen entspreche der Anschaulichkeit („valeur picturale") des Epos. – Einige treffende Beobachtungen bietet auch Margret SCHUCHARD, 1982 (▶VP 1697B), 196-198: Feldherrengestaltung *all'antica*; höfisches Zeremoniell; theatralische Entfaltung barocker Pracht. Zum Vergleich ausgewählter Illustrationen in ▶VP 1502 mit denen von Franz Cleyn (in ▶VP 1697B = ▶VP 1658A = ▶VP 1654A) s. E.W. LEACH, 1982 (▶VP 1502 *Lit.*). – Die Aufsätze von LEACH, 1982, und SCHUCHARD, 1982, beziehen sich zwar auf ▶VP 1697B (und sind dort in der Rubrik *Lit.* zitiert), sie sind aber (wie auch die ebenfalls dort genannte CD von BENDER/CALIFF, 2004) auch für ▶VP 1658A = ▶VP 1654A einschlägig, weil es sich um dieselben und (bis auf – vielleicht – die Nase des Aeneas) unveränderten Kupferstiche von F. Cleyn handelt. – Vgl. ferner José RUYSSCHAERT, s.v. Cleyn, Franz, EV 1, 1984, 825. - Zu dem wichtigsten Kupferstecher für ▶VP 1658A = ▶VP 1654A s. Katherine S. VAN EERDE, Wenceslaus Hollar. Delineator of his time, Charlottesville Virginia 1970, bes. S. 47 und 61 (mit reicher Bibl. S. 111-115).

VP 1658A   *Beschreibung*: Die Ausgabe (Format etwa 48,7 x 28,5; Seitenpaginierung) enthält, außer den 3 + 101 Tafeln des Zyklus Nr. 29, nur den lat. Text ohne Verszählung, keine engl. Übers. wie ▶ VP 1654A. Die Tafeln mit den Kupferstichen sind nicht paginiert, doch enthalten sie eine Angabe, welcher Text-Seite sie gegenüberzustellen sind. Die freistehenden Blätter mit den Tafeln (das gilt nicht nur für ▶ VP 1658A) sind anfällig für Verlust oder Diebstahl; das wird durch die unterschiedliche Zahl der in konkreten Exemplaren (noch) vorhandenen Tafeln erwiesen.

Die Abfolge der jetzt 3 Bilder in der Titelei ist in ▶ VP 1658A folgende (etwas verändert gegenüber ▶ VP 1654A): li. Seite leer; (a) r. Antiporta: Vergil liest vor Augustus und seinem Hof aus der Aeneis; li. Seite leer; r. Titel ohne Illustration; li. Seite leer; r. leer; (b) li. Seite Porträt des Übersetzers JOHANNES OGILVIUS (in ovalem Rahmen; mit Perücke, nach r. blickend; signiert mit *P. Lilly Pinxit, Guil. Faithorne Sculp*); r. Widmung mit dem in ▶ VP 1658A neu gegenüber ▶ VP 1654A hinzugekommenen (c) Porträt des neuen Widmungsträgers, William Wentworth, second Earl of Strafford, der Sohn des Patrons von ▶ VP 1654A.

VP 1658A   *Die Antiporta* (das Vorsatzblatt mit leerer Rückseite) zeigt die auch in Gemälden oft dargestellte Szene, wie Vergil vor Augustus aus der Aeneis vorliest und wie bei der Passage aus dem VI. Buch der Aeneis, in der vom frühen Tod des jungen Marcellus, der um 23 v. Chr. als „Kronprinz" galt, dessen Mutter Octavia, die Schwester des Augustus, in Ohnmacht fällt. Diese Szene ‚Ohnmacht der Octavia' wird in Gemälden meist in einen intimen Innenraum mit nur drei Personen (Augustus, Octavia, Vergil; allenfalls kommt noch Livia, die Gattin des Augustus und Stiefmutter der Octavia dazu) verlegt. Hier (nach der Erfindung von Franz Cleyn, 1654) spielt sie „bei Hofe". Um den erhöht thronenden Augustus sind mehr als zwei Dutzend Personen in antikisierender Kleidung geschart. Li. (vom Betrachter aus gesehen) vor Augustus steht ein hochgewachsener Mann, der in der Linken eine Buchrolle mit der Aufschrift *Georg.* hält- Es ist also Maecenas, dem Vergil die Georgica gewidmet hatte. Ihm gegenüber sitzt r. Livia, noch weiter r. wird die ohnmächtige Octavia von zwei Frauen aufgefangen. Li. und r. von Augustus stehen weitere männliche und weibliche Mitglieder des Hofes in antikischer Gewandung (darunter unten li. ein jüngerer Mann mit einem Globus). Im Vordergrund (li. von der Mitte) sitzt auf einem Hocker der lorbeerbekränzte Vergil. Er rezitiert aus einer Buchrolle, die er in der Rechten hält, die mit (den erkennbaren Worten) *Tu Marcellus eris* beginnende Marcellus-Passage aus der ‚Heldenschau' (Aen. VI 883-886a), die die (oben r. dargestellte) Ohnmacht der Octavia' ausgelöst haben soll (in ihr war der frühe Tod des Marcellus angekündigt, den seine Mutter Octavia „jetzt", bald nach dem fatalen Jahr 23 v. Chr. – und vor dem Todesjahr Vergils 19 v. Chr. – in frischer Erinnerung hatte. Vor Vergil liegen auf den Stufen etwa ein halbes Dutzend weiterer Buchrollen der Aeneis mit Aufschrift vom Typ *Lib. 1.* Auf der untersten Stufe lässt sich die Aufschrift *Tibi* (?) *Viridis Vallis* erkennen (das ist kein Vergil-Zitat; aus ‚Google' entnehme ich, dass Viridis Vallis = Groenendale oder Val-Vert ein Augustiner-Kloster in Belgien war). Vergil gegenüber steht (im Vordergrund r. von der Mitte) ein hochaufgerichteter Mann mit Perücke, doch im übrigen antikisch gewandet. Er hält ebenfalls einer Buchrolle in der Hand. Auf ihr ist vielleicht als Titel *Bucol.* zu lesen. Durch die Übereinstimmung seiner Physiognomie mit dem Porträt in ovalem Rahmen, das dieser Antiporta in ▶VP 1654A auf dem vorausgehenden Blatt direkt gegenüberstand, in ▶VP 1658A auf dem übernächsten Blatt (nach dem Titelblatt) folgt und das laut Unterschrift *Johannes Ogilvius*, der dort ebenfalls eine Perücke trägt, darstellt, wird deutlich, dass auch der englische Vergil-Übersetzer von 1649ff. in das Bild vom Hofe des Augustus im Jahre 23 v. Chr. eingeführt worden ist, und zwar (wenn die Lesung *Bucol.* richtig ist), in der Rolle des Asinius Pollio, eines Patrons der Bucolica Vergils. - Jedenfalls kann ich weder aus der Darstellung von Margret SCHUCHARD, John Ogilby 1600-1676. Lebensbild eines Gentleman mit vielen Karrieren, Hamburg 1973, 34-40 (Der Übersetzer). 41-47 (Der Dichter), 48-61 (Der Verleger), noch aus Margret SCHUCHARD, A descriptive bibliography of the works of John Ogilby and William Morris, Frankfurt/M 1975 = Europäische Hochschulschriften XIV 25, passim, bes. S. 32f., noch aus dem informationsreichen Buch von Katherine S. VAN EERDE, John Ogilby and the taste of his times, Folkestone Engl. 1976, 29-31. 35-40, erschließen, welches eigene Werk Ogilbys, der seine Tätigkeit als Übersetzer antiker Werke gerade mit Vergil ▶VP 1649A begann, mit der Aufschrift auf der Buchrolle sonst bezeichnet sein könnte. - Über dem thronenden Augustus ist wie eine Kartusche ein Transparent gespannt, auf dem zu lesen ist: *Scalig. Poet. L. 3. Nullis profecto Philosophorum Praeceptis, aut Melior aut civilior evadere potes, quam ex Virgiliana Lectione.* Auf dieses Zitat aus dem 3. Buch der Poetik des Julius Caesar Scaliger (dort in Caput XX *Mores*, p. 104a2 des Faksimile-Ndr. Stuttgart – Bad Cannstatt 1964 nach der postumen Erstausgabe Lyon 1561) folgt die Signatur *F. Cleyn inv., P. Lombart sculpsit Londini.*

VP 1658A Von den 101 von Franz Cleyn entworfenen Kupferstichen zum Text Vergils (Zyklus Nr. 29) beziehen sich Pict. 1-10 auf die ecl., Pict. 11-30 auf die georg. und die Picturae 031-101, also insgesamt 71, auf die Aeneis, und zwar 8 Kupferstiche zu Aen. VI, 7 zu Aen. V, je 6 zu Aen. I-IV, VII, IX und XI, je 5 zu Aen. X und XII sowie 4 zu Aen. VIII. Hinzu kommt eine Karte des Mittelmeerraums (36,4 x 45,0). Sie ist auf einer ungezählten Doppelseite vor Beginn der Aen. eingelegt, in ▶VP 1654A nach S. 168, in ▶VP 1658A nach S. 116; sie enthält die viereinhalb Verse Aen. I 378f. 381. 383. 385a.

Einige der zuerst in ▶VP 1654A veröffentlichten Tafeln haben die Datierung 1652, so Pict. 2, 12 (?), 73, 79; die Karte ist 1653 (?) datiert.

Die englische Ausgabe ▶VP 1654A bietet mit 71 Bildern zur Aen. den vollständigen Satz des Zyklus Nr. 29; die lat. Ausgabe ▶VP 1658A enthält (jedenfalls das Münchener Exemplar) nur 70 Bilder zur Aen. (Pict. 77 fehlt), die lat. Ausgabe ▶VP 1671A und die engl. Ausgabe ▶VP 1709 weist mit 71 Bildern wieder den vollständigen Satz (allerdings in verkleinerten Nachstichen) auf; die englische Ausgabe ▶VP 1730D bringt wiederum nur 70 Bilder (diesmal fehlt Pict. 46). Für die Anzahl der Bilder in weiteren Ausgaben s. die Angaben zu diesem Zyklus Nr. 29 in Kap. C 2.

Unter jeder Aen.-Illustration sind jeweils (ohne Verszählung) die lat. Vergil-Verse ausgeschrieben (zunächst 4-6, in den späteren Aen.-Büchern mehrfach 10, im Extremfall 16 Verse; die zitierten Verse bilden nicht immer eine zusammenhängende Partie), auf die sie sich im engeren Sinne beziehen.

Diese lat. Zitate unter den Bildern in ▶VP 1654A = ▶VP 1658A (in diesen beiden Ausgaben identisch bis hin zur Interpunktion, wie ja überhaupt die Tafeln unverändert übernommen sind) weisen kleine Abweichungen gegenüber dem lat. Text auf, den Ogilby in ▶VP 1658A in der Ausgabe selber drucken lässt. Es handelt sich nach den Feststellungen meines Mitarbeiters Alexander Cyron um folgende 9 Fälle:

(a) Bildlegende in ▶VP 1654A = ▶VP 1658A - (b) Aen.-Text in ▶VP 1658A

Pict. 037	Aen. II 151	(a) *petant*	(b) *petunt*
Pict. 038	Aen. II 223	(a) *aras*	(b) *aram*
Pict. 049	Aen. IV 27	(a) *violem*	(b) *violo*
Pict. 049	Aen. IV 27	(a) *resolvam*	(b) *resolvo*
Pict. 058	Aen. V 438	(a) *movens*	(b) *modo*
Pict. 058	Aen. V 439	(a) *oppugnatque*	(b) *oppugnat qui*
Pict. 067	Aen. VI 457	(a) *Venerat*	(b) *Venera* (Druckfehler)
Pict. 070	Aen. VII 608	(a) *sacra*	(b) *sacrae*
Pict. 074	Aen. VII 485	(a) *Thyrreusque*	(b) *Thyrrhusque*

Ferner sind unter jedem Bild - außer dem Zitat von Vergil-Versen - der latinisierte Name (im Dativ der Widmung), der Titel und das Wappen des meist adeligen Subskribenten, der diese Tafel bezahlt hatte, hinzugefügt mit dem Zusatz *Tabula merito votiva* (Typus: *Illustrissimo Domino* bzw. *Illustrissimae Dominae ... tabula merito votiva*). Jede Tafel hatte in ▶VP 1654A einen anderen Patron (insgesamt 100), nach van Eerde, 1976 (s. oben bei der Beschreibung der *Antiporta*), S. 40, sind aber in ▶VP 1658A nur drei Viertel der alten Subskribenten vertreten.

VP 1658A   *Zählung*: Wenn man unter Übergehung der Illustrationen im Titelbereich (Antiporta mit dem Hof des Augustus; Porträt Ogilbys; in ▶VP 1658A zusätzlich ein Porträt des Widmungsempfängers) die Nummerierung der Text-Illustrationen mit der Illustration zur 1. ecl. als Pict. 1 beginnen lässt (eine solche Zählung vollzieht tatsächlich die Ausgabe ▶VP 1709, dort durchgeführt für Pict. 9-101), erhält (nach Pict. 1-10 zu den ecl. und Pict. 11-30 zu den georg.) die erste Illustration zur Aen. die Nr. 31.

Daraus ergibt sich für die folgende *Übersicht* über die insgesamt 71 Kupferstiche zur Aen. die Nummerierung (Pictura) 31- 101. Die von mir eingeführte Aen.-Stellenangabe soll das Original-Zitat der seit 1654 unter den Bildern ausgeschriebenen, allerdings nicht nummerierten Aen.-Verse (die die im engeren Sinne dargestellte Szene angeben sollen) ersetzen; die Identifizierung und Zählung der Verse stammt von mir; der Zusatz *a* verweist auf Zitat nur des

Anfangs, *b* nur des Endes des Verses. Die von mir stammenden Kurz-Angaben zu den dargestellten Sujets können und sollen keine umfassende Beschreibung sein, sondern eine Hilfe zur Identifizierung, besonders bei späteren (oft sv.) Wiederholungen oder Adaptionen sein (daher auch die sporadischen Hinweise auf li. oder r.).

VP 1658A --- Aen. I - 6 Bilder

Pictura 31, Aen. I 93-96a: 26,0 x 19,0
Aeneas (li. von der Mitte) im Seesturm; oben li. nähert sich Juno von ihrem Pfauen-Wagen von r. her dem auf einem Felsen sitzenden Aeolus.
Pictura 32, Aen. I 210-213:   26,2 x 19,3
Nach der Landung im Portus Libycus r. an Land Vorbereitungen Mahl r.; ganz li. im Vordergrund Achates und daneben (mit Helmbusch) Aeneas.
Pictura 33, Aen. I 257-260:   25,5 x 18,9
Olympische Szene: Venus li. vor Juppiter und r. Mercurius; unten im Dunkeln Landschaft mit Stadt.
Pictura 34, Aen. I 314-320:   25,4 x 19,1
Venus r. als Jägerin vor Aeneas (ganz li.) und Achates; im Hintergrund li. Aufbau Karthagos.
Pictura 35, Aen. I 627-630:   26,0 x 19,3
Aeneas li. vor Dido r. in einem Rundtempel, in dessen Mitte die Statue einer gekrönten Göttin steht (doch wohl: Juno).
Pictura 36, Aen. I 723-724. 748-749:   25,4 x 19,3
Festmahl im Palast mit dem Sänger Iopas vorn r. und hinter dem runden Tisch Mitte li. Aeneas und r. Dido.

VP 1658A --- Aen. II – 6 Bilder

Pictura 37, Aen. II 148-152:   26,0 x 19,2
Im Vordergrund r. plädiert Sinon vor dem li. zu Ross gebieterisch das Szepter hebenden König Priamus; hinten das Hölzerne Pferd (nach li. gewendet).
Pictura 38, Aen. II 220-224:   25,4 x 19,1
Laokoon (r. von der Mitte) am Altar (li.) von Schlangen umwunden, die beiden Söhne tot am Boden; Krieger fliehen zu Fuß oder zu Ross nach beiden Seiten.
Pictura 39, Aen. II 403-406:   26,1 x 18,8
Nächtlicher Kampf (Nyktomachie) in Troja; li. im Mittelgrund wird Cassandra auf einen Platz geschleppt, auf dem das nach li. gewendete Hölzerne Pferd steht.
Pictura 40, Aen. II 550-553:   25,5 x 19,0
Pyrrhus li. ersticht Priamus r. vor den Augen Hecubas, die auf einem Altar kniet, und entsetzter Frauen; ganz li. vorn der zuvor von Pyrrhus getötete Polites.
Pictura 41, Aen. II 673-678:   25,5 x 19,0
Creusa sucht mit Ascanius, an dessen Haupt das Flammen-Prodigium erscheint, Aeneas r. davon abzuhalten, sich wieder in den Kampf zu stürzen; li. im Bett liegend mit abwehrender Geste Anchises. - SUERBAUM, 2006 (s. ▶VP 1804A *Würdigung*), S. 12 mit Abb. 7.

Pictura 42, Aen. II 721-725a: 25,5 x 18,7
Pius Aeneas. Flucht des Aeneas nach li. aus dem brennenden Troja, mit Anchises auf den Schultern, Ascanius (ganz li.) an der Hand und r. Creusa.

VP 1658A --- Aen. III – 6 Bilder

Pictura 43, Aen. III 24-29a: 25,7 x 19,2
Das Polydorus-Prodigium der blutenden Sträucher; Aeneas li. kniend mit einem Zweig in der Hand, vor ihm ein Schild; r. Opferszene mit einem Stier.
Pictura 44, Aen. III 94-98: 25,5 x 19,0
Die Befragung des Orakels auf Delos: li. vor der Statue Apolls kniend Anchises (mit Turban), hinter ihm stehend König Anius, r. kniend (als Krieger) Aeneas.
Pictura 45, Aen. III 247-249. 254-257: 25,5 x 18,6
Das Harpyien-Abenteuer: li. von der Mitte stehend Aeneas, r. auf einer Fels-nadel vor ihm hockend die Harpyie Celaeno; ganz li. Trojaner bei der Abwehr.
Pictura 46, Aen. III 315-320 (fehlt 1730) 25,7 x 19,1
Andromache (li. von der Mitte) begrüßt Aeneas r. am Grabmal Hektors li. bei Buthrotum; aus der Stadt bewegt sich ein Zug nach rechts.
Pictura 47, Aen. III 486-491: 25,4 x 19,3
Abschied aus Buthrotum: Andromache (r. von der Mitte) überreicht, zusammen mit Helenus r., Geschenke an Aeneas li., neben diesem Anchises (mit Turban).
Pictura 48, Aen. III 658-661 (dabei ist der Halbvers III 661 mit *de collo fistula
      pendet* ergänzt): 25,6 x 19,2
Die Trojaner flüchten vor Polyphem r. nach li. zu den Schiffen; Polyphem hat ein einziges Auge mitten auf der Stirn und keine weiteren Augenhöhlen. (Seine Einäugigkeit ist in verschiedenen Nachstichen unterschiedlich gestaltet.)

VP 1658A --- Aen. IV – 6 Bilder

Pictura 49, Aen. IV 23b-27: BILD 25 25,6 x 19,2
Anna li. und Dido r. im Schlafgemach, in dem r. ein Prunkbett steht.
Pictura 50, Aen. IV 60-61. 65-67: 25,4 x 19,1
Dido li. bringt im Tempel ein Opfer dar; r. am Altar ein Priester bei der Eingeweideschau; im Hintergrund vier Götterstatuen (ganz li. Mercurius).
Pictura 51, Aen. IV 165-166a. 174-177: vgl. BILD 26 25,5 x 19,2
Aeneas mit Dido (ganz r.) vor der Höhle; li. beim Unwetter flüchtende Jäger; li. von der Mitte die Fama mit ausgebreiteten Flügeln.
Pictura 52, Aen. IV 265b-270: 25,6 x 19,2
Mercurius nähert sich von li. fliegend dem Aeneas r., der den Aufbau Karthagos beaufsichtigt.
Pictura 53, Aen. IV 507b-511: 25,6 x 19,3
Dido (r. vorn stehend mit magischen Utensilien) rüstet den Scheiterhaufen zu, auf den eine Dienerin (?) ein Bild des Aeneas stellt; vorn li. eine Priesterin.
Pictura 54, Aen. IV 700-703: 25,4 x 19,1
Tod Didos, r. auf dem Scheiterhaufen liegend, von Anna umarmt; Iris, oben r. heranschwebend, schneidet der sterbenden Dido eine Locke ab.

VP 1658A --- Aen. V – 7 Bilder

Pictura 55, Aen. V 44-48: 25,9 x 19,5
Aeneas, r. mit Ascanius an der Hand, kündigt Opfer und Gedächtnisspiele zu
Ehren des Anchises an, li. hinten Schiffe am Strand von Sizilien.

Pictura 56, Aen. V 173-177: 25,5 x 19,2
Start (nach li.) der vier trojanischen Schiffe zur Ruderregatta; li. vorn Zuschauer.
- Die in Aen. V 173-177 speziell entwickelte Szene (Gyas, der Kapitän des Cen-
taurus, stößt seinen Steuermann Menoetes vom Schiff) ist nicht dargestellt.

Pictura 57, Aen. V 331-336: 25,4 x 18,9
Der Sturz beim Wettlauf nach li. (Salius wird von Nisus zu Fall gebracht); bei
den Zuschauern im Hintergrund wird ganz r. ein Pferd (der 1. Preis) gehalten.

Pictura 58, Aen. V 437-442: 25,6 x 18,9
Der Kampf mit dem *caestus* (als Keule dargestellt) zwischen dem Trojaner Dares und dem älteren Siculer Entellus r.; vorn li. Zuschauer als Staffagefiguren.

Pictura 59, Aen. V 519-521. 525-528 25,6 x 19,1
Der Wettkampf zwischen vier Teilnehmern li. im Bogenschießen auf eine
Taube, die oben r. an einen Mast gebunden war; Aeneas eilt von r. auf Acestes
zu, dessen Pfeil sich in einen Kometen verwandeln wird; vorn r. Zuschauer.

Pictura 60, Aen. V 600b-602: 25,6 x 19,0
Das Troja-Spiel (Reiterspiel) mit drei Schwadronen; unter den 7 Zuschauern
sitzt als dritter von r. der König Acestes, in der Mitte mit Barett Aeneas.

Pictura 61, Aen. V 799-802. 817-818: 25,8 x 19,4
Neptunus, li. auf seinem Seepferdwagen stehend, auf dem Meer nach r. fahrend;
in den Wolken Venus auf ihrem Taubenwagen, nach li. fahrend.

VP 1658A --- Aen. VI – 8 Bilder

Pictura 62, Aen. VI 45-51a: 25,5 x 19,2
Aeneas (mit Speer) tritt von li. vor die Sibylle von Cumae, die r. in der Nische
einer mit drei Statuen geschmückten Fassadenwand sitzt.

Pictura 63, Aen. VI 129b-130. 147-148. 187-188a: 25,5 x 19,0
Aeneas r. pflückt den Goldenen Zweig von einem Baum, auf dem zwei Tauben
sitzen; li. ein Gewässer.

Pictura 64, Aen. VI 220-225: 25,4 x 19,2
Leichenzug (von li. kommend) des Misenus, der r. auf einer Bahre liegend von
Dienern mit Fackeln getragen wird.

Pictura 65, Aen. VI 258b-261: 25,4 x 19,0
Aeneas betritt mit der Sibylle, gefolgt von einem Skelett, von r. die Unterwelt
und begegnet dort bei einer Ulme Monstren li. wie (ganz li.) dem hundertarmi-
gen Briareus. - Die Situation speziell von Aen. VI 258b-261 (Opfer und Worte
der Sibylle vor Betreten der Unterwelt) ist nicht dargestellt.

Pictura 66, Aen. VI 402-407:   25,5 x 19,1
Aeneas (ganz r.) und die Sibylle vor dem Nachen Charons li.
Pictura 67, Aen. VI 456-460. 465:   25,8 x 19,2
Aeneas und die Sibylle (ganz r.) begegnen Dido li. in der Unterwelt.
Pictura 68, Aen. VI 494-497:   25,4 x 19,0
Aeneas und die Sibylle (ganz r.) begegnen dem verstümmelten Deiphobus li. in der Unterwelt im Bereich der Kriegshelden.
Pictura 69, Aen. VI 792-795a: 25,5 x 19,1
‚Heldenschau': im Hintergrund stehen li. Anchises (mit Turban), Aeneas und r. die Sibylle und schauen auf eine im Vordergrund von li. heranschreitende Prozession künftiger Helden Roms; nach dem zitierten Text ist der lorbeerbekränzte 4. von li. wohl Augustus (mit Szepter); auffällig ist der ebenfalls lorbeerbekränzte junge Mann hinter ihm (3. von li.) mit einer Buchrolle - etwa Vergil?

VP 1658A --- Aen. VII – 6 Bilder

Pictura 70, Aen. VII 607-610. 620-622:   25,4 x 19,3
Juno, in den Wolken von r. nahend, öffnet die Pforte des Kriegstempels li., in dem eine Statue des doppelköpfigen Janus steht; r. Ausbruch zum Kampf.
Dies ist der einzige Fall unter den Illustrationen dieses Zyklus Nr. 29 zur Aen. (in dieser Ausgabe 1654=1658 und allen ihren späteren Varianten), dass die Anordnung der Bilder nicht der Abfolge im Text entspricht. Eine erst später (zwischen Pict. 74 und Pict. 75) zu erwartende Textillustration ist zum Auftaktbild des Buches aufgewertet worden. Anders als sonst enthält dieser Kupferstich auch keinen Hinweis auf die Seite, vor der er einzufügen ist. Auch in den Nachstichen von 1671, 1709 und 1730 ist diese Illustration als Titelbild oder jedenfalls erstes Bild (1671) für Aen. IX beibehalten und nicht suo loco im Text eingefügt worden.

Pictura 71, Aen. VII 107-116:   25,3 x 19,1
Das Tisch-Prodigium: die Trojaner sind in einer Art Oval am Boden um ländliche Speisen gelagert; vorn r. spricht Iulus/Ascanius zu Aeneas.
Pictura 72, Aen. VII 222-227:   25,5 x 19,1
König Latinus, in der Mitte einer mit Statuen geschmückten Wand thronend, empfängt die trojanische Gesandtschaft unter Ilioneus (r. von der Mitte).
Pictura 73, Aen. VII 396-405:   25,5 x 19,1
Königin Amata (2. von r.) und Lavinia (3. von r.) mit den bacchantisch schwärmenden tanzenden latinischen Frauen; in den Wolken fliegt von li. Allecto zu Juno r. (eine erst Acn. VII 540ff. folgende Handlung).
Pictura 74, Aen. VII 483-486:   25,6 x 19,1
Ascanius (r. zu Ross) verwundet den zahmen Hirsch li. der Silvia mit einem Pfeilschuss; vorn r. Allecto (mit Schlangenhaar) mit zwei Hunden.
Pictura 75, Aen. VII 783-786. 803-807:   25,5 x 19,1
Turnus r. zu Fuß und Camilla li. zu Ross an der Spitze ihrer Truppen; das Bild auf Turnus' Schild ist textentsprechend (mit Io und Argus) gestaltet.

VP 1658A --- Aen. VIII- 4 Bilder

Pictura 76, Aen. VIII 26-34:   25,4 x 19,5
Der Flussgott Tiberinus li. erscheint dem r. am Ufer schlafenden Aeneas.
(1658 S. 304: das einzige Mal, dass ein Kupferstich nicht auf einem ungezählten und
unpaginierten Sonderblatt steht, dessen andere Seite frei ist; S. 303 enthält Aen.-Text.)
Pictura 77, Aen. VIII 306-312
(Pictura 77 fehlt für ▶VP 1658A im Münchener BSB-Exemplar; doch ist in der BSB für die
Originalausgabe ▶VP 1654A ein Film verfügbar, danach die Beschreibung; in ▶VP 1671A
ist die Pictura 77 ein zwar seitenrichtiger, aber vereinfachter Nachstich, auf dem der Krieger
ganz r. fehlt, so dass jetzt Aeneas die Figur ganz r. ist und nicht, wie im Original, 2. von r.)
‚Perihegese Roms': Vor dem Stadttor von Pallanteum li. erklärt König Euander,
(als 3. von r.) zwischen einem jungen Mann (mit Speer; da es nicht Ascanius
sein kann, muss es sich wohl um seinen Sohn Pallas handeln) und Aeneas (mit
Schild, 2. von r.) stehend, die Stätte des nachmaligen Rom; im Vordergrund von
r. zwei Hunde.
Pictura 78, Aen. VIII 424-428. 439-443a: 25,6 x 19,5
Die Schmiede des Vulcanus: drei Gehilfen r. mit Hämmern am Amboss, von li.
humpelt Vulcanus (mit Fußstütze und Mütze) heran.
Pictura 79, Aen. VIII 616-625:   25,5 x 19,1
Venus, r. vor Aeneas li. stehend, übergibt ihrem Sohn die neuen Waffen; in der
Mitte der Schild, textgerecht (allerdings erst in Aen. VI 626-728 beschrieben)
mit einer Seeschlacht und u.a. der Römischen Wölfin verziert.

VP 1658A --- Aen. IX – 6 Bilder

Pictura 80, Aen. IX 2-13:   25,5 x 19,4
Die geflügelte Iris schwebt unter dem Regenbogen von r. zu dem li. sitzenden,
sich zum Kampf rüstenden Turnus.
Pictura 81, Aen. IX 110-118:   25,0 x 19,1
Turnus zu Ross (in der Mitte li.) und seine Gefolgsleute bedrohen li. mit Brand-
fackeln die trojanischen Schiffe r., die jedoch auf Intervention der oben in den
Wolken im Löwengespann nach r. fahrenden Göttin Kybele in Nymphen ver-
wandelt werden.
Pictura 82, Aen. IX 325-328. 345b-348:   25,7 x 19,5
Nisus r. (das Schwert gegen den schlafenden Rhamnes zückend) und Euryalus
li. (einen Krieger durchbohrend) richten im Lager der Rutuler ein Blutbad an.
Pictura 83, Aen. IX 440-443:   25,7 x 19,2
Nisus r. stürzt sich todesmutig auf einen Reitertrupp der Latiner li. unter Füh-
rung des Volcens, der seinen Freund Euryalus (r. vorn liegend) getötet hat.
Pictura 84, Aen. IX 556-562:   25,6 x 19,5
Turnus li. reißt den Trojaner Lycus von der Mauer r. des Schiffslagers herunter,
auf die er sich nach dem Einsturz eines Verteidigungsturmes flüchten wollte; r.
vorn schießen von unten Rutuler auf die trojanischen Verteidiger oben.

Pictura 85, Aen. IX 747-756:   25,5 x 19,2

Turnus spaltet (von r.) dem Trojaner Pandarus li. den Kopf (die Szene spielt textwidrig vor statt in den Mauern des trojanischen Lagers); in den Wolken schickt Juppiter r. Iris zur Abmahnung an Juno li. (IX 802-805).

VP 1658A --- Aen. X – 5 Bilder

Pictura 86, Aen. X 74-80:   25,7 x 19,6

Versammlung von 12 Göttern in den Wolken, ganz li. oben Juppiter, neben ihm (ebenfalls li.) stehend Juno, mit der in der Mitte stehenden Venus streitend.

Pictura 87, Aen. X 322b-332a: 25,7 x 19,4

Kampfszene mit Aeneas in der Mitte mit gezücktem Schwert nach li. gewendet, sein Schild ist wie in Pict. 79 verziert, darüber schwebt Venus von li. heran. Nach dem zitierten Text handelt es sich um eine Episode aus der Aristie des Aeneas, seinen Kampf gegen sieben Brüder (nachdem er Pharus r. getötet hatte); dabei lenkt Venus einen Teil der feindlichen Speere von Aeneas ab.

Pictura 88, Aen. X 495b-502:   24,8 x 18,8

Turnus (von r. auf die Leiche tretend) nimmt dem getöteten Pallas li. das Wehrgehenk (das textgerecht mit dem Mord der Danaiden verziert ist) als Beutestück ab; in den Wolken der traurige Hercules r. vor Juppiter li. (X 464-473).

Pictura 89, Aen. X 794-800. 812-820 (16 Verse):   25,5 x 19,2

Aeneas r. (wieder mit dem wie in Pict. 79 und 87 verzierten Schild) tötet Lausus, der versucht, seinen verwundeten Vater Mezentius li. vor Aeneas zu retten.

Pictura 90, Aen. X 890-896:   24,3 x 19,2

Aeneas li. greift zu Fuß den zu Ross kämpfenden greisen Mezentius r. an.

VP 1658A --- Aen. XI – 6 Bilder

Pictura 91, Aen. XI 5-11. 14-16:   25,3 x 19,4

Aeneas (li. von der Mitte) weist vor dem versammelten Heer auf das Siegesmal (Tropaion) r., das aus der Rüstung und dem Kopf (!) des Mezentius errichtet ist.

Pictura 92, Aen. XI 85-90. 95-98a: 25,5 x 19,4

Der Leichnam des Pallas li. wird auf einem Wagen nach Pallanteum überführt; der greise Arkader Acoetes (r. dahinter) wird von zwei Männern gestützt.

Pictura 93, Aen. XI 188-196:   24,9 x 19,4

Die Trojaner umziehen den Scheiterhaufen, auf dem ihre Gefallenen verbrannt werden; vorn r. ein zum Betrachter gewandter klagender Krieger.

Pictura 94, Aen. XI 368b-376:   25,5 x 19,1

Ratsversammlung der Latiner unter König Latinus; neben seinem Thron steht r. Turnus, ganz li. der ihn angreifende Drances.

Pictura 95, Aen. XI 709b-720:   25,7 x 19,1

Reiterschlacht.: Camilla li. tötet zu Fuß mit dem Schwert den Aunus (ganz li.), der ihr zu Pferd entkommen will; von r. sprengen drei Amazonen heran.

Pictura 96, Aen. XI 823-831: 25,5 x 19,2

Camilla li. sinkt, tödlich getroffen vom Speer des ebenfalls berittenen Arruns r., ihrer Gefährtin Acca in die Arme; in den Wolken Diana mit vier Nymphen.

VP 1658A --- Aen. XII – 5 Bilder

Pictura 97, Aen. XII 14-17. 56-63: 25,4 x 19,3

Turnus li. und Amata mit Lavinia r. vor dem Thron des Latinus.

Pictura 98 (1730 fälschlich in Aen. XI gestellt), 25,5 x 19,0

      Aen. XII 197-205:

Schwur am Altar: von li. Aeneas mit gezücktem Schwert, der junge Ascanius, König Latinus mit erhobenem Szepter und r. Turnus mit 2 Lanzen; in den Wolken spricht Juno r. zur Nymphe Juturna li., XII 134-160.

Pictura 99, Aen. XII 398-401. 411-415: 25,5 x 19,2

Im Vordergrund li. der am r. Oberschenkel verwundete Aeneas mit Ascanius; r. davon hilft die Göttin dem Arzt Iapyx r. bei der wundersamen Heilung. - SUER-BAUM, 2006 (s. ▶VP 1804A *Würdigung*), S. 16 mit Abb. 12.

Pictura 100, Aen. XII 781-787: 25,6 x 19,0

Zweikampf zwischen Aeneas (r.) und Turnus (li., sein Schild ist wie in Pict. 75, 85 und auch 101 verziert): li. reicht Juturna/Metiscus dem Turnus das richtige Schwert, r. zieht Venus die feststeckende Lanze des Aeneas aus dem Baumstumpf; in den Wolken Juppiter und Juno (olympische Szene XII 791-842).

Pictura 101, Aen. XII 936b-938a. 947b-952 25,5 x 19,4

      (Schlussverse der Aeneis):

Aeneas stößt von li. dem auf sein linkes Knie gesunkenen Turnus r. das Schwert in die Brust; darüber flatternd r. ein Käuzchen; in den Wolken offenbar Venus (mit Amor), die aber im Text nicht erwähnt wird.

VP 1658A   *Würdigung*: Dieser in der englischsprachigen Welt am weitesten verbreitete Kupferstich-Zyklus Nr. 29 würde eine monographische Behandlung verdienen, die hier nicht geleistet werden kann. Er wirkt heute durch die zeithistorische, allenfalls teilweise antikisierende Einkleidung befremdend. Zur Würdigung s. vorerst die in der Rubrik *Lit.* bzw. *weitere Lit.* zitierten Urteile, besonders die scharfe Kritik von ODERMANN, 1931, und die zutreffendere Charakterisierung durch den Aufsatz von PASQUIER, 1981; ferner meine Ausführungen oben im Kap. D 7.2. Ein näheres Eingehen auf ▶VP 1658A ist von Alexander Cyron zu erhoffen.

VP 1658A   *Abhängigkeiten*: Dieser von Franz Cleyn (1582-1658) entworfene Kupferstich-Zyklus (Nr. 29) beherrscht seit ▶VP 1654A im englischsprachigen Bereich die Illustration von Vergil-Ausgaben und englischen Vergil-Übersetzungen in einem Maße, wie das zuvor, damals allerdings sogar in ganz Europa, für etwa ein Jahrhundert nur den von Sebastian BRANT inspirierten Holzschnitten der Straßburger Ausgabe ▶VP 1502 gelungen war. Auch dieser Zyklus in ▶VP 1654A mit seinen von Franz Cleyn (1582-1658) entworfenen rund 100 Kupferstichen erlebt, ähnlich wie eineinhalb Jahrhunderte zuvor der

Zyklus Nr. 2 von weit über 200 Holzschnitten in ▶VP 1502, eine abwechslungsreiche Rezeptionsgeschichte: direkte Übernahmen, Austausch des beigegebenen Textes (engl. Übersetzung der Opera Vergils von John OGILBY, lat. Originaltext, engl. Übersetzung von John DRYDEN), Beschneidung der Kupferstiche um die ursprünglich beigegebenen lat. direkten Bezugsverse und um die originale Nennung der Widmungsträger der einzelnen Kupferstiche samt Beigabe ihrer Wappen, Beschränkung der Zahl der übernommenen Kupferstiche (bis hinab zu 1 Auftaktbild für jedes Aeneis-Buch), vereinfachte Nachstiche, insbesondere für verschiedene kleinere Formate. Allerdings sind die Sujets von Franz Cleyns Zeichnungen, die ursprünglich in ▶VP 1654A = ▶VP 1658A von Vaclav Hollar (1607-1677), Pierre Lombart (ca. 1620-1681) und William Faithorne (1616-1691) in Kupfer gestochen worden waren, von späteren Nachstechern nicht so tiefgreifend abgewandelt worden, wie das teils den Holzschnitten von ▶VP 1502 widerfahren ist.

Die wechselvolle Geschichte dieser 101 Text-Illustrationen des Zyklus Nr. 29, die seit der Originalausgabe ▶VP 1654A (= ▶VP 1658A = ▶VP 1663B) zunächst für mehrere Vergil-Editionen, die von John OGILBY (1600-1676) verantwortet wurden, und dann, nachdem der DRYDEN-Verleger Jacob Tonson die Kupferplatten aus OGILBYs Nachlass gekauft hatte, seit ▶VP 1697B in Ausgaben von John DRYDENs englischer Vergil-Übersetzung verwendet wurden, kann man in folgenden Ausgaben verfolgen (in Klammern die Zahl der jeweils enthaltenen Kupferstiche zur Aen. nach Franz Cleyn): ▶VP 1658A (71), ▶VP 1663B (71), ▶VP 1668B (69), ▶VP 1671A (71), ▶VP 1675B (12), ▶VP 1684 (12), ▶VP 1697B (71), ▶VP 1709 (71), ▶VP 1730D (70) = ▶VP 1763C, ▶VP 1731 = ▶VP 1735= ▶VP 1737B = ▶VP 1755C (nur 2 Antiporten zur Aen.), ▶VP 1757A (?).

Abb.: Da für die Stiche in ▶VP 1654A, ▶VP 1658A und ▶VP 1663B die originalen Kupferplatten benutzt sind, macht es faktisch keinen Unterschied, aus welcher dieser drei Ausgaben des Zyklus Nr. 29 die Abb. stammen. Einzelne Kupferstiche daraus finden sich öfters abgebildet. Ich nenne nur: Porträt des Johannes Ogilvius und Antiporta bei Wolfenbüttel 1982, S. 120-121. - Abb. in EV 2, 1985, 972 (Pict. 80); EV 2, 1985, 974 (Pict. 5); EV 5.2, 1991, 357 (Pict. 99). - CBItalV Fig. 5 (Pict. 42). - Napoli 1981, Tafel nach S. 64 (Pict. 66). - SUERBAUM, 2006 (s. ▶VP 1804A *Würdigung*), Abb. 7 mit S. 12 SUERBAUM, 2006 (s. ▶VP 1804A *Würdigung*), Abb. 7 (Pict. 41) und Abb. 12 (Pict. 99). (Pict. 41) und Abb. 12 mit S. 16 (Pict. 99). – Immerhin 62 der 71 Stiche zur Aen. bietet PASQUIER, 1981, s.o. *weitere Lit.*

VP 1658A   *Zugänglichkeit*: **(a)** BSB Res/2 A.lat.a. 328 (1658), daraus digitalisiert (a) 107 Doppelseiten mit allen Illustrationen (ausgenommen die fehlende Pict. 77) und mit der jeweils gegenüberstehenden Seite mit lat. Text, DVD 2; (b) erneut die 102 Bildseiten (auch hier fehlt natürlich Pict. 77 und zudem die doppelseitige Karte), DVD 2. - Außerdem besitzt die BSB für ▶VP 1658A noch den Film R 361-1218. –

(b) Bei EEBO vollständig in 313 Images digitalisiert nach dem Exemplar der Cambridge Univ. Library, allerdings in schlechterer Qualität (dunklere Bilder) als in der BSB. Zudem weist die Digitalisierung durch EEBO (oder das zugrundeliegende Exemplar) mehrere Fehler auf. EEBO verweist bei der Titelaufnahme merkwürdiger Weise nur auf „86 leaves of plates", führt aber bei der speziellen Übersicht über die Tafeln insgesamt 99 „Images" (d.h. Fotos von Doppelseiten, auf denen eine Illustration steht) auf.

VP 1658A Die Abfolge der ersten Illustrationen bei EEBO ist:

Image 1:   Antiporta mit der ‚Ohnmacht der Octavia' am Hof des Augustus - offenbar eine Art Testbild bei EEBO, denn es wird auf dem nächsten Image wiederholt;

Image 2:   auf der li. Seite Porträt Ogilbys, auf der r. Seite erneuter der Kupferstich mit der ‚Ohnmacht der Octavia';

Image 3   Haupttitelseite (ohne Illustration);

Image 4   Wappen (ohne Illustration);

Image 6   erste Textillustration = Pict. 1 zur 1. ecl. (warum bei EEBO zu Image 6 und auch zu Image 49 der übliche Zusatz ‚Coat of arms' fehlt, ist unverständlich: faktisch bieten auch Pict. 6 und Pict. 18 ein Wappen); ab Image 7 immer Illustration mit Wappen. -

Bei EEBO fehlen: (a) die doppelseitige Karte, (b) die Picturae 33, 35, 79, 80 und 83. EEBO bringt also von den 101 Textillustrationen nur 96, von den 71 zur Aen. nur 66. - Die Abfolge der Aen.-Bilder bei EEBO ist: Image 86 = Pict. 31; Image 90 = Pict. 32; Image 93 = Pict. 34; Image 100 = Pict. 36; dann normale Abfolge bis Image 226 = Pict. 78; Image 237 = Pict. 81; Image 241 = Pict. 82; Image 246 = Pict. 84; dann normale Abfolge bis Image 312 = Image 101.

Anmerkung

Es ist kein bloßer Zufall, dass der Aufdruck der DVD 2 einen Teil der Pictura 79 (eines Kupferstiches von Franz Cleyn) aus dieser Ausgabe ▶VP 1658A zeigt. Entsprechendes gilt auch für den Aufdruck der DVD 1, für den ein Teil der Pictura 56 aus ▶VP 1502 (eines Holzschnittes von Sebastian Brant) benutzt ist. Ich habe gerade diese beiden Bilder gewählt, weil sie zwei Szenen der Aeneis illustrieren, in denen innerhalb des Epos Bilder betrachtet werden: auf DVD 1 von Aeneas und Achates Darstellungen am Juno-Tempel von Karthago aus dem zurückliegenden Trojanischen Krieg, den beide kennen; auf DVD 2 von Aeneas in Gegenwart der Venus auf dem von ihr überreichten Schild Episoden der dem Helden noch unbekannten und unerklärten künftigen römischen Geschichte. In gewisser Weise spiegeln diese beiden Bilder das vorliegende Werk und seine Rezipienten. Innerepisch gilt für den Helden auf DVD 2 *miratur* (Aen. VIII 730), für den auf DVD 1 *adgnoscit* (Aen. I 470).

VP 1658B + deutsche Übers. der Aeneis, Stargard 1658 (1659)

Neu Eingekleideter Deutscher Virgilius nach Art der Ariana und Arcadia auß den [sic] Lateinischen übersetzet von D. S. [= Daniel SYMONIS]. Stargard, in Verlegung Jacob Henninges, 1658 (Antiporta: Teutsch eingekleideter Virgilius von D.S., Stargart 1659).

Bibl.: Fehlt bei MAMBELLI; angeführt Bamberg 1982, Nr. 28 (mit Titelvarianten; die zunächst gebotene Titelvariante A führt laut Wolfenbüttel 1982, D 164 auf die Erstausgabe Stargard 1654; Ø); Princeton Item 436; Wolfenbüttel 1982, D 164 („erste barocke deutsche Aeneis, die Daniel Symonis (1637-1683) noch als Student in Königsberg kurz nach 1654 zunächst unter folgendem Titel veröffentlichte: ‚Der Frygier Aeneas, wie er nach Smärzentfündlichen Abläben seiner ädlen Kreusen ...'. Wie der neue Titel der Ausgabe von 1658 erkennen lässt, hat Symonis die Aeneis in das Gewand des barocken Schäfer- bzw. höfisch-historischen Romans gekleidet ..."; keine Illustration außer dem Kupfertitel erwähnt). - Im Münchener Exemplar ist im Haupttitel die Jahreszahl unleserlich: 1658 oder 1659; in der Antiporta dagegen ist deutlich 1659 zu lesen. Die Vorrede („Allgemeine Lobräde an die Durchläuchtige Großmächtig- und unüberwündlichste Königin Deutschinne") ist unterzeichnet mit dem Anagramm „Salemyndonis" (= Daniel Symonis).

Beschreibung: Die einzige Illustration besteht in einer Antiporta (Kupferstich; 11,5 x 7). Deren Titelfeld („Teutsch eingekleideter Virgilius von D.S., Stargart [sic] 1659") ist umgeben von 12 kleinen quadratischen gerahmten allegorischen Bildchen, die Beischriften, meist ein einziges schwer lesbares Wort, haben. So steht z. B. bei dem Bildchen mit Storcheneltern, die ihren Jungen Futter bringen: „Frömmer", bei einem bepackten Wanderer „Mühsamer". - Dass eine Antiporta ein jüngeres Datum (1659) aufweist als das Titelblatt (1658), ist ein ungewöhnlicher Fall. Häufiger ist es, dass ein älteres Frontispiz mit dem ursprünglichen Datum als Antiporta in eine jüngere Ausgabe übernommen wird.

Zugänglichkeit: BSB Res/A.lat.a. 2612 t (nur die Antiporta mit den 12 kleinen Bildchen ist digitalisiert; DVD 2).

VP 1658C engl. Übers. von Aen. IV, London 1658

The passion of Dido for Aeneas as it is incomparably exprest in the fourth book of Virgil, translated by Edmund WALLER and Sidney GODOLPHIN. London, Humphrey Moseley, 1658.

Bibl.: MAMBELLI Nr. 1399 ("ristampata nel 1679"); New York 1930, Nr. 195; London 1982, Nr. 88; Princeton Item 500 ("Frontisp., ornamental border at top and bottom of each page"); BL. Nicht in CBItalV im Umkreis von Nr. 1115.

Beschreibung: An Illustr. ist nur eine Antiporta (wenn ich die Maße im Film richtig umrechne, etwa 14 x 8,8) enthalten: Iris (r. oben) schneidet der hoch auf einem Scheiterhaufen liegenden Dido die Locke ab; die sterbende Dido wird von Anna umarmt. - Es handelt sich um einen etwas vereinfachten und stark reduzierten Nachstich der Pict. Nr. 54 des erstmals ▶VP 1654A = ▶VP 1658A publizierten Kupferstichzyklus Nr. 29 nach Zeichnungen von Franz Cleyn.

Zugänglichkeit: BSB Film R 361-902. - In München nicht als Buch vorhanden, jedoch bei EEBO vollständig digitalisiert (Ø) nach dem Exemplar der Henry E. Huntington Library.

VP 1658D ■ franz. Übers. von Aeneis VII-XII, Paris 1658

L'Eneide de Virgile, fidelement traduit en vers héroïques avec le latin à côté ... Enrichie de fiures en taille-douce. Seconde partie contenant les six dernièrs livres, traduite en vers par Messire Pierre PERRIN. Paris, Estienne Loyson, 1658 [4°], auch Paris, Jean Paslé, 1658.

Bibl.: MAMBELLI Nr. 1091 (Ø - trotz des Titels); zu Teil 1, Paris ▶VP 1648C = MAMBELLI Nr. 1089, s. o.; beide Teile zusammen publiziert, doch in kleinerem Format Paris ▶VP 1664A = MAMBELLI Nr. 1094; PASQUIER, 1992, Nr. 45; Princeton Item 380 (zusammen mit Bd. 1, 1648). - Dies ist der 2. Band zu der mit Bd. 1 = ▶VP 1648C begonnenen Aen.-Übersetzung, dessen Publikation durch die Fronde verzögert war. S. generell oben zum 1. Teil, der franz. Übers. von Aen. I-VI, Paris, P. Moreau, ▶VP 1648C, etwa New York 1930, Nr. 95; London 1982, Nr. 87; Wolfenbüttel 1982, D 191.

Lit.: Neben Wolfenbüttel 1982, D 191 (s.o. zu Paris ▶VP 1648C) s. PASQUIER, 1992, Nr. 45: Frontispiz und je ein Kupferstich von Abraham Bosse zu den sechs Büchern Aen. VII-XII, mit Angabe des Sujets; s. zu ▶VP 1648C (dort auch weitere Lit.).

VP 1658D *Abhängigkeiten*: Die Stiche in den beiden franz. Teil-Übersetzungen ▶VP 1648C (Aen. I-VI) und ▶VP 1658D (Aen. VII-XII) sind zusammengeführt in der Gesamt-Übersetzung (Aen. I-XII) Paris ▶VP 1664 = PASQUIER, 1992, Nr. 47 (s. u.).

VP 1659A   + deutsche Übers. der Aeneis, Stargard 1658 (1659)
Alternativansetzung zu ▶VP 1658B, s. dort

VP 1659B   + holländ. Übers. der Opera, Amsterdam 1659
Publius Virgilius Maroos Wercken vertaelt door I. V. [= Joost Van] VONDEL. De vierde druck, op nies overzien en verbetert. Amsterdam, voor de weduwe van Abraham de Wees, 1659.

Bibl.: Allgemein s.o. zur Erstausgabe Amsterdam ▶VP 1646B (MAMBELLI Nr. 1481, wo nur eine Ristampa Amsterdam, Fontein, ▶VP 1660, vermerkt ist; Wolfenbüttel 1982, D 207) und zum 2. Druck Amsterdam ▶VP 1652C; der vorliegende 4. Druck Amsterdam ▶VP 1659B ist verzeichnet New York 1930 („4. ed. rev. ... □; [Dutch] prose translation by Joost van Vondel") = Princeton Item 346 und wird auch mehrfach von GOLDSMITH, 1981 (s.o. zu ▶VP 1646B und bes. zu ▶VP 1652C) erwähnt (z. B. S. 48 Anm. 58).

Beschreibung: Frontispiz dieser holländischen Prosa-Übersetzung wie in der Erstausgabe ▶VP 1646B (u.a. mit dem allegorischen Schwan, der von Troja nach Rom unterwegs ist), doch stark (auf 10,5 x 6,0) verkleinert. Die holländische Erklärung des Frontispizes von 1646 scheint 1659 nicht mehr enthalten zu sein.

VP 1659B *Zugänglichkeit*: BSB A.lat.a. 2255 (1659), daraus digitalisiert der Bildertitel; **DVD 2**. Vgl. auch BSB 4 A.lat.a. 680 (Originalausgabe ▶VP 1646B).

VP 1660   + holländ. Übers. der Opera, Amsterdam 1660
Publius Virgilius Maroos Wercken in Nederduitsch dicht vertaelt door J. V. [= Joost Van den] VONDEL. Amsterdam, voor de weduwe van Abraham de Weester drucketye van Thomas Fontein, 1660.

Bibl.: Wohl gemeint von MAMBELLI zu Nr. 1481 als Ristampa der Ausgabe Amsterdam ▶VP 1646B (also der Prosaübers.) Amsterdam, Fontein, 1660; aufgeführt bei Princeton Item 347 (□, Printer's mark) und im OPAC der BN Firenze (Ø); ferner bei KAILUWEIT, 2005, Nr. 0079. Im Lichte der Erklärung zu der Wieder-Ausgabe der Übers. Amsterdam ▶VP 1696 bei Wolfenbüttel 1982, D 208 „Wiederholung der zuerst 1660 erschienenen Übersetzung des Joost van den Vondel in paarweise gereimten Alexandrinern" handelt es sich ▶VP 1660 = ▶VP 1696 nicht, wie ▶VP 1646A und ▶VP 1659B, um eine holländische Prosa-Übers., sondern um eine neue in Versen. - Vgl. im übrigen oben zur Erstausgabe Amsterdam ▶VP 1646A und zu deren Neuausgabe Amsterdam ▶VP 1659B. – Ich hatte Gelegenheit, ein

Exemplar von ▶VP 1660 in der BN Strasbourg einzusehen: es handelt sich um eine gereimte Vers-Übers. Die Antiporta ist, bis auf die Datierung 1660, identisch mit der in ▶VP 1646A.

VP 1661   **Opera, Leiden 1661**
Opera omnia. Cum notis selectissimis variorum … Opera et studio Cornelii SCHREVELII. Lugduni Batavorum, apud Franciscum Hackium, 1661.
Bibl.: MAMBELLI Nr. 325: spricht von einer "nuova edizione corretta" (□), doch ohne Hinweis auf die Erstausgabe ▶VP 1652B (= MAMBELLI Nr. 321) oder auf den Ndr. ▶VP 1657 (= Wolfenbüttel 1982, D 39), wohl aber auf den Ndr. ▶VP 1666 (= MAMBELLI Nr. 327); zu ▶VP 1661: CBItalV Nr. 197 (Ø); Napoli 1981, Nr. 106 („Frontespizio inciso a piena pagina in cui scene delle tre opere maggiori fanno da sfondo alle raffigurazione di Virgilio affiancato da un cigno, spesso simbolo del poeta mantovano", vgl. das Frontispiz in der Ausgabe Rotterdam ▶VP 1681A); BL.
Beschreibung/Abhängigkeiten: Das erwähnte Frontispiz mit Vergil und dem Schwan ist offensichtlich eine Übernahme aus der früheren Ausgabe von C. Schrevel in Leiden ▶VP 1652B, s. dort; es wird seitdem mit leichten Varianten (und mit veränderter Titelei im Banner) noch mehrfach benutzt, s. ebenfalls zu ▶VP 1652B.

VP 1662A   **franz. Übers. der Aeneis (faktisch der Opera), mit lat. Text, Paris 1662**
L'Eneide (Les Bucoliques et les Géorgiques) de Virgile en latin et en françois … par M. DE MAROLLES, Abbé de Villeloin. Paris, Guill. de Luyne, 1662 [3 Vol.: I Aen. I-VI, II Aen. VII-XII, III ecl./georg.].
Bibl.: MAMBELLI Nr. 1092 (Ø); PASQUIER, 1992, Nr. 46 (die Titelseite aller 3 Bände mit einer Allegorie der Justitia mit einer Waage, ferner für jeden Bd. ein F. Chauveau entworfenes und gestochenes Frontispiz; Kurzbeschreibung dazu bei PASQUIER, S. 178; keine Text-Illustrationen).
Abb.: Im Abb.-Teil bei PASQUIER, 1992: Abb. 306 mit dem Frontispiz zu Vol. I: es zeigt auf der oberen Hälfte die Flucht des Pius Aeneas aus dem brennenden Troja, in der (von PASQUIER nicht erwähnten) unteren li. die Ermordung des Priamus durch Pyrrhus und r. die Gewalttätigkeit des Ajas gegenüber Cassandra.

VP 1662B   **holländ. Übers. der Aen., Den Haag 1662**
De Aeneis bestaende in XII boecken, uyt het Latijn in Nederduytsche rymen gebracht door Jacob WESTERBAEN. S'Gravenhage, by Iohannes Tongerloo, 1662.
Bibl.: MAMBELLI Nr. 1485 (Ø); Princeton Item 440 (danach die Titelaufnahme), mit dem Hinweis „Added: engraved title-page"; BL (□).

VP 1662C ??   **ital. Übers. der Aeneis, Padua 1621 ? oder 1662 ??**
Alternativansetzung zu ▶VP 1621.
Die Jahreszahl auf dem Frontispiz ist fünfstellig: "10621" oder „16621". Das dürfte eher als 1621 denn als 1662 zu deuten sein. Siehe dazu ▶VP 1621.

VP 1663A   **+ Opera, Köln 1663**
Aeneidos libri sex priores, argumentis explicationibus et notis illustrata [*sic*] a Ioanne Ludovico DE LA CERDA. Coloniae Agrippinae, apud Ioannem Antonium Kinchium, 1663 [2].
Bibl.: Fehlt bei MAMBELLI zu Nr. 288; nur aufgeführt Princeton Item 381, mit dem Hinweis „Large printer's mark. Ornamental head-pieces and initials. Added: □").

VP 1663B   ◻ **Opera, London 1663**

Opera, per Johannem OGILVIUM edita et sculpturis aeneis adornata. Londini, typis Thomae Roycroft, 1663 [2°].

    Bibl.: MAMBELLI zu Nr. 323 (▶VP 1654A); Wolfenbüttel 1982, D 40; CBItalV Nr. 199; Napoli 1981, Nr. 71; Bibl. Apost. Vaticana 1981, Nr. 137/138 mit Nr. 69*-84*; Wolfenbüttel 1982, D 40; als in England erschienene Ausgabe nicht bei PASQUIER, 1992, erfasst. - Die Ausgabe der engl. Vergil-Übers. von J. OGILBY, London, printed for Andrew Crook, 1665 ist in meinem Handbuch nicht berücksichtigt, weil sie ein Ndr. von ▶VP 1649A = ▶VP 1650C ist und nicht den von F. Cleyn für ▶VP 1654A entworfenen Kupferstich-Zyklus Nr. 29 enthält (EEBO: Ø).

    Lit./Beschreibung: ▶VP 1663B enthält erneut und unverändert den von Franz Cleyn für ▶VP 1654A entworfenen und in ▶VP 1658A wiederholten Kupferstich-Zyklus Nr. 29. - Eigentlich beziehen sich gerade auf diese spätere Ausgabe ▶VP 1663B die Ausführungen bei ODERMANN, 1931, 15; Napoli 1981, Nr. 71; Wolfenbüttel 1982, D 40 und auch PASQUIER, Tours 1981 und Tours 1983. Da sie aber faktisch auch für die Kupferstiche der Originalausgaben ▶VP 1654A = ▶VP 1658A gelten, sind sie bereits zu ▶VP 1658A vorgezogen und dort zitiert worden.

Die Ausgabe enthält nur den lat. Text. Die Kupferstiche stehen in Originalgröße und, wie in den Originalen ▶VP 1654A und ▶VP 1658A, jeweils mit den zugehörigen zitierten lat. Aen.-Versen und Namen und Wappen des Sponsors auf einer Tabula merito votiva auf ungezählten Sonderblättern. Die Verteilung der Bilder im Text ist, da ja in der Ausgabe von 1663 wie in ▶VP 1658A (anders als in der Erstausgabe ▶VP 1654A) nur der lat. Text gedruckt ist, praktisch identisch mit der in ▶VP 1654A. Es sind in ▶VP 1663B alle 101 Kupferstiche zum Text Vergils in der richtigen Reihenfolge wiederholt, dazu auch die doppelseitige Karte der *Aeneae Troiani navigatio ad Vergilii sex priores Aeneidos studio et opera Wenceslai Hollari Bohemi* (vor Beginn der Aeneis eingelegt; Image 86-87 bei EEBO). Wenn keine der beiden Originalausgaben ▶VP 1654A oder ▶VP 1658A zur Verfügung steht, ist damit ▶VP 1663B der bestmögliche Ersatz.

Abfolge der Bilder in der Titelei: Antiporta (‚Ohnmacht der Octavia': Vergil liest aus der Aen. am Hof des Augustus vor; nähere Beschreibung s. bei ▶VP 1658A; Image 1 bei EEBO) - bilderlose Titelseite (Image 2 bei EEBO) - Porträt des Johannes Ogilvius (*P. Lilly pinxit, Guil. Faithorne sculp.*; Image 3 bei EEBO). Image 5 zu ecl. 1 ist die erste Text-Illustration.

Die Bilder zur Aen. beginnen (nach der Karte Image 86-87) mit Image 90 = Pict. 31 und laufen ohne Störungen durch bis Image 314 = Pictura 101; z. B. ist Image 121 = Pict. 41, Image 146 = Pict. 51, Image 177 = Pict. 61, Image 202 = Pict. 71, Image 238 = Pict. 81, Image 274 = Pict. 91. Zur Beschreibung der Bilder s. ▶VP 1658A.

Abhängigkeiten/Abb.: Die Illustrationen in ▶VP 1663A = ▶VP 1654A = ▶VP 1658A (Franz Cleyn) sind identisch (Zyklus Nr. 29); für Abb. und für die weitere Rezeption s. zu ▶VP 1658A.

VP 1663B *Zugänglichkeit*: BSB Film R 361-902. - Bei EEBO vollständig in 314 Images digitalisiert (darunter "96 leaves of plates") nach dem Exemplar der Henry E. Huntington Library. Enthalten sind 105 Illustrationen: die 101 des originalen Zyklus zum Text, dazu die beiden Karten-Hälften, die Antiporta und das Porträt Ogilbys.

VP 1663C □ **franz. Übers. der Opera, Paris 1663**
Toutes le Œuvres de Virgile, traduites en vers françois par l'abbé Michel DE MAROLLES, divisées en deux parties. Première partie: Les Bucoliques et les Géorgiques et plusieurs autres poèmes, avec des remarques, des jugements, et des tables très amples. Seconde partie: Les douze livres de l'Enéide avec des remarques et des tables. Paris, Jacques et Emanuel Langlois, 1663.
Bibl.: Angeführt nur von MAMBELLI Nr. 1093, als „ottima riedizione" bezeichnet (∅ - trotz des Titels); in Kombination mit MAMBELLI Nr. 1090 müsste es sich um eine Neuausgabe der Kupferstiche von F. Chauveau in ▶VP 1649B handeln. ▶VP 1649B und ▶VP 1655B enthalten eine franz. Prosa-Übersetzung, ▶VP 1663C dagegen (s. Titel) eine Vers-Übers. von M. DE MAROLLES.

VP 1663D ■ + G. M. MITELLI: **Bilderalbum zur Aeneis, Rom 1663**
L'Enea vagante. Pitture dei Carracci intagliate, e dedicate al Serenissimo principe Leopoldo Medici, da Giuseppe Maria MITELLI Bolognese, in Roma, Gio. Giacomo de Rossi alla Pace all'insegna di Parigi, 1663.
Bibl./Abb./Zugänglichkeit: Da es sich nicht um eine Vergil-Ausgabe handelt, sondern um ein Album mit 12 Kupferstichen des Giuseppe Maria MITELLI (1634-1718) aus Bologna (Zyklus Nr. 30) nach Fresken der Carracci, wird das Buch nicht in den Vergil-Bibliographien aufgeführt. Quelle: Cristina VERSANI / Valeria RONCUZZI: Bologna nei libri d'arte di secoli XVI-XIX (Katalog: Biblioteca dell'Archiginnasio, 16.9-16.10.2004), Bologna 2004, 13f. (Exemplar des Archiginnasio), mit weiterer Lit. - Das dem Fürsten Leopold von Medici (1617-1675) mit einem prächtigen Frontispiz gewidmete Album stellt - gemäß dem Titel (‚Wanderungen des Aeneas') - eine auf Aen. II-III beschränkte Auswahl an Nachstichen Mitellis aus dem wesentlich umfangreicheren Fresken-Zyklus der drei Carracci (Ludovico, Agostino und Annibale) dar, den diese 1584-86 für den Palazzo Fava in Bologna gemalt haben. Die 42 originalen (heute stark verblassten) Fresken der Carracci in vier Sälen behandeln Sujets aus Aen. I-VI (Anfang). Dieser Carracci-Zyklus ist (als 4.) vorgestellt (und zögernd zwischen 1583 und 1590 datiert) von FAGIOLO, Rom 1981, S. 152-160, mit 25 sw-Abb., von denen fünf offensichtlich Stiche Mitellis (ohne Quellenangabe) darstellen. Mitelli gibt alle 12 Fresken der „Sala A" des Palazzo Fava wieder. - Einer der Stiche (Nr. 2 Einholung des Hölzernen Pferdes) ist im Katalog Bologna 2004 abgedruckt. - Der ganze Zyklus Mitellis (einschließlich Frontispiz und der acht

nicht nummerierten Detail-Stiche zum Harpyien-Abenteuer des Aeneas in Aen. III, insgesamt 20) ist im Internet zugänglich auf der Website der Fine Arts Museums of San Francisco (FAMSF) http://search.famsf.org:8080/search.

VP 1663D   *Beschreibung*: Ich gebe im Folgenden eine Übersetzung der engl. Legenden der FAMSF mit eventuellen Korrekturen und Hinweisen auf Abb. bei FAGIOLO, Rom 1981, S. 154-158. Der jeweils genannte, hauptsächlich illustrierte Aen.-Vers (meist nicht wörtlich, sondern abgewandelt zitiert) steht unter dem Stich bzw. in einer Kartusche unter dem Fresko.

1.   Die Trojaner nehmen Sinon gefangen (Abb. A 9 nicht des Stiches von Mitelli, sondern seiner Vorlage, des Carracci-Freskos, bei FAGIOLO, Rom 1981, S. 157; Aen. II 57 abgewandelt).

2.   Das Hölzerne Pferd wird in die Stadt gezogen (Abb. A 10 nicht des Stiches von Mitelli, sondern seiner Vorlage, des Carracci-Freskos, bei FAGIOLO, Rom 1981, S. 157; Aen. II 237 abgewandelt).

3.   Die Griechen zerren Cassandra aus dem Tempel (Abb. A 11 nicht des Stiches von Mitelli, sondern seiner Vorlage, des Carracci-Freskos, bei FAGIOLO, Rom 1981, S. 157; Aen. II 403f. abgewandelt).

4.   Venus führt Aeneas aus den Flammen (Abb. A 12 des Stiches von Mitelli bei FAGIOLO, Rom 1981, S. 158; illustriert ist eine Hilfe der göttlichen Mutter für Aeneas, die in dieser Form in Aen. II 619f. nur angedeutet ist; der unter dem Stich zitierte Hexameter *At Venus Aeneam certantem ex igne recepit* ist weder im Aen.-Text noch in einem spätantiken Aen.-Argumentum belegt).

5.   Aeneas verlässt die Kämpfe (richtig wäre: Creusa fleht zusammen mit dem kleinen Ascanius Aeneas an, sich nicht erneut in die nächtlichen Kämpfe um Troja zu stürzen; Abb. A 8 nicht des Stiches von Mitelli, sondern seiner Vorlage, des Carracci-Freskos, bei FAGIOLO, Rom 1981, S. 156; Aen. II 675 wörtlich).

6.   Aeneas und seine Familie verlassen Troja (Abb. A 7 nicht des Stiches von Mitelli, sondern seiner Vorlage, des Carracci-Freskos, bei FAGIOLO, Rom 1981, S. 156; der zitierte Vers *Eripit Aeneas humeris ex hoste parentem* ist kein wörtliches Zitat, sondern eine Art Quintessenz von Aen. II 705-739; Creusa folgt noch unmittelbar hinter Aeneas, der seinen Vater auf den Schultern trägt; Ascanius ist wesentlich älter dargestellt als auf Nr. 5).

7.   Der Schatten Creusa erscheint Aeneas (Abb. A 3 des Stiches von Mitelli, bei FAGIOLO, Rom 1981, S. 154; Aen. II 772 abgewandelt; Creusa weist hier übrigens auf das Morden in Troja hin, nicht auf die Prinzessin in Latium, die Aeneas heiraten wird).

8.   Aeneas bringt Apollon ein Opfer dar (richtig wäre: dem Jupiter; Abb. A 4 nicht des Stiches von Mitelli, sondern seiner Vorlage, des Carracci-Freskos, bei FAGIOLO, Rom 1981, S. 155; Aen. III 21 mit *mactant* statt *mactabam*).

9.   Die Trojaner opfern Neptun Stiere (Abb. A 5 des Stiches von Mitelli bei FAGIOLO, Rom 1981, S. 155; Aen. III 118 abgewandelt).

10. Aeneas und seine Gefährten kämpfen mit den Harpyien (Abb. A 6 nicht des Stiches von Mitelli, sondern seiner Vorlage, des Carracci-Freskos, bei FAGIOLO, Rom 1981, S. 155; Aen. III 225 abgewandelt).
11. Aeneas gießt Wein in die See, dankbar für seine Ankunft in Italien (richtig wäre: Anchises, beim ersten Sichten Italiens; Abb. A 2 des Stiches von Mitelli bei FAGIOLO, Rom 1981, S. 154; Aen. III 523 wörtlich).
12. Polyphem verfolgt die Flotte des Aeneas (Abb. A 1 des Stiches von Mitelli bei FAGIOLO, Rom 1981, S. 154; nach Aen. III 655-674, doch ist der zitierte Vers allenfalls eine Abwandlung von Aen. III 664).

VP 1663D *Würdigung*: Es handelt sich bei den Vorlagen (den Fresken der Carracci) und bei den Stichen Mitellis um Wiedergaben eines einzigen bestimmten Momentes. Die Szenerie ist dramatisch gesteigert, sogar bei rituellen Handlungen wie den beiden Opfer-Szenen Nr. 8 und Nr. 9. Die Szenen sind figurenreich. Auffällig ist in erster Linie Nr. 4, eine von Vergil (bzw. dem erzählenden Aeneas) so nicht geschilderte Szene ohne weiteres Beiwerk, wie Venus und Aeneas das Flammenmeer durchschreiten wie sonst die Juden das Rote Meer.

VP 1664A   □ **franz. Übers. der Aeneis, Paris 1664**

L'Eneide de Virgile, fidellement traduite en vers héroïques avec le latin a costè et les remarques à chaque livre ... Enrichie de figures en taille douce ... par M. P(ierre) PERRIN. P. 1.2. Paris, Estienne Loyson, 1664 [2 Vol., 8°]. Vgl. die Erstausgabe Paris 1648-1658 [▶VP 1648C].

Bibl.: MAMBELLI Nr. 1094 ("ristampa della traduzione già apparsa nelle edd. del 1648 e 1658, con le stesse incisioni ridotte"), Zusammendruck der beiden separat in Paris erschienenen Teile, ▶VP 1648C = MAMBELLI Nr. 1089 und ▶VP 1658D = MAMBELLI Nr. 1091 (s. generell oben zu ▶VP 1648C); Frankfurt 1926 (S. 532b); Wolfenbüttel 1982, D 192; PASQUIER, 1992, Nr. 47; Princeton Item 382, mit dem Hinweis "Double-page plates. Head- and tail-pieces. □").

Lit.: Wolfenbüttel 1982, D 192: T. 1, Aen. I-VI, Kupfertitel, mit 6 Kupfern; T. 2, Aen. VII-XII, Kupfertitel, mit 6 Kupfern; „Neue Bearbeitung der Pariser Ausgabe von 1648-58 in reduziertem Format, jedoch mit denselben Kupfern, die nun aber wegen des kleineren Formats vor den ‚Arguments' auf eingelegten Doppelblättern gedruckt sind." - PASQUIER, 1992, Nr. 47 (verweist nur auf die Identität mit den Kupferstichen in ▶VP 1648C und ▶VP 1658D = PASQUIER, 1992, Nr. 42 und Nr. 45). - Weitere Lit. s. bei ▶VP 1648C. - Die Titel-Kupferstiche zu Aen. I-XII stammen von Abraham Bosse und sind in Originalgröße, aber auf aufklappbaren Blättern aus den Originalausgaben ▶VP 1648C und ▶VP 1658D wiederholt. Nach JOIN-LAMBERT, 2004 (s. zu ▶VP 1648C), S. 550 hat Bosse für die Neuausgabe ▶VP 1664 zwei neue Titelseiten gestochen. Laut KALLENDORF (brieflich nach Autopsie von Princeton Item 382) sind die Tafeln nicht von A. Bosse signiert.

Abhängigkeiten: Originalausgabe dieses Zyklus Nr. 26: Paris ▶VP 1648C und ▶VP 1658D; Ndr. ▶VP 1669D und 1694.

VP 1664B   Opera, Amsterdam 1664
(P. Vergilius Maro) accurante N(icolao) HEINSIO. Amstelodami, ex officina Elzeviriana, 1664.
> *Bibl.*: MAMBELLI, Nr. 326 (Ø); COPAC (BL, □). Es wird sich um dasselbe Frontispiz wie in ▶VP 1676A = MAMBELLI Nr. 338 handeln (anders ▶VP 1671A).

VP 1666   Opera, Leiden und Rotterdam 1666
Opera omnia. Cum notis selectissimis variorum … opera ac studio Corneli SCHREVELII. Lugd(uni) Batav(orum) et Roterod(ami), ex officina Hackiana, 1666.
> *Bibl.*: MAMBELLI Nr. 327 ("□. Ristampa dell'ed. ▶VP 1661" [= MAMBELLI Nr. 325]), ohne Hinweis auf die Erstausgabe ▶VP 1652B [= MAMBELLI Nr. 321] oder auf den Ndr. ▶VP 1657A [= Wolfenbüttel 1982, D 39]; CBItalV Nr. 205 (1666; Ø); BL (?).
> *Beschreibung/Abhängigkeiten*: Einzige Illustration ist ein Titelkupfer (12,3 x 9,3). Dieses Frontispiz mit Vergil und dem Schwan ist eine Übernahme aus ▶VP 1652B, s. dort; es wird seitdem mit leichten Varianten (und mit veränderter Titelei im Banner) noch mehrfach benutzt, s. ebenfalls zu ▶VP 1652B.
> *Zugänglichkeit*: BSB A.lat.a. 2172 , daraus ist das Frontispiz digitalisiert; DVD 2 . Dies ist die älteste in der BSB vorhandene Ausgabe mit dem vielverwendeten Frontispiz ‚Vergil mit Schwan'.

VP 1668A   + Opera, Paris: Henault 1668
Nicolai ABRAMI Commentarii in Publ. Vergilii Maronis opera omnia. Addita sunt … Eklogarum et librorum ejus soluta oratione latina argumenta. Recognita, emendata et aucta in hac editione novissima. Parisiis, typis et impensis J. Henault, 1668 [2 Teile in 1 Band].
> *Bibl.*: Bezeugt ist diese Ausgabe in dieser Form nur von PASQUIER, 1992, Nr. 49 („frontisp. gr.", also mit einem Frontispiz in Kupferstich), die sie ohne Beschreibung anführt und den Zusatz macht "Réimpression en 1669 (le titre du frontisp. est le même)". Die Bibliographien kennen sonst nur die Ausgabe Paris ▶VP 1669C, die dann offenbar als Neudruck dieser von 1668 zu betrachten wäre. - An sich liegt die Vermutung nahe, dass ▶VP 1668A und ▶VP 1669C ein und dasselbe Buch sind, in dem die Antiporta 1668, der Haupttitel aber 1669 datiert ist. Eben dies ist der Fall im Münchener Exemplar BSB A.lat.a. 2173, das im OPAC, der offensichtlich der Antiporta (und nicht dem Haupttitel) folgt, 1668 angesetzt ist. Aber wenn ▶VP 1668A und ▶VP 1669C dasselbe Buch wären, müsste die Titelei genau identisch sein. Das ist aber, nach Titelangabe von PASQUIER einerseits und Autopsie des Exemplars BSB A.lat.a. 2173 andererseits, nicht der Fall.
> VP 1668A *Zugänglichkeit*: BSB A.lat.a. 2173 wird zwar im OPAC unter 1668 geführt, aber offenbar nur deshalb, weil die Antiporta „1668" datiert ist, während der Haupttitel „1669" hat. Es handelt sich bei BSB A.lat.a. 2173 also in Wahrheit nicht um ▶VP 1668A, sondern um ▶VP 1669C, s.u.

VP 1668B   ◘ engl. Übers. der Opera, London 1668
The works of Publius Virgilius Maro translated, adorned with sculpture [*sic*] and illustrated with annotations by John OGILBY. The second edition. London, printed by Thomas Roycroft for the author, 1668. - Die Paginierung springt von S. 136 zu S. 177.
> *Bibl.*: MAMBELLI Nr. 1366 ("con ritratti e tavole. Ristampa dell'ed. del ▶VP 1654A" [= MAMBELLI Nr. 1365]).
> *Beschreibung*: Es handelt sich bei den rund 100 Kupferstichen dieser Übersetzung um eine Übernahme aus der Ausgabe ▶VP 1654A, die ebenfalls

die engl. Übersetzung bot (während die Ausgabe ▶VP 1658A den lat. Text enthält, allerdings mit den identischen Illustrationen), s. dort. Die Entwürfe stammen von Franz Cleyn (Zyklus Nr. 29).

Enthalten ist auch in ▶VP 1668B das Porträt des Übersetzers Ogilby als Antiporta (Image 1 bei EEBO), die Antiporta (mit der Ohnmacht der Octavia bei Vergils Rezitation aus der Aeneis am Hofe des Augustus) (ebenfalls Image 1 bei EEBO), die doppelseitige Karte der AENEAE TROIANI NAGIVATIO (Image 8-9), die 10 Bilder zu den ecl., die 20 Bilder zu den georg. und die Bilder zur Aeneis. Allerdings fehlen von dem Gesamtzyklus Nr. 29 von 71 Aen.-Bildern zwei (jedenfalls im Münchener Film), nämlich Pict. 53 zu Aen. IV 507B-511 und Pict. 75 zu Aen. VII 783-786. 803-807. - In den Bildern zu den ecl. und den georg. sind die lat. Bezugsverse und Wappen und Name der Stifter der einzelnen Kupferstiche unter den Tafeln übernommen, für die 69 Aen.-Bilder aber sind sie zum Teil weggelassen. Die Tafeln zur Aen. sind ab Aen. V ohne erkennbares System und abwegig verstellt, so dass man diese Ausgabe ▶VP 1668B auf keinen Fall zur Basis einer vergleichenden Bild/Text-Untersuchung machen darf, sondern von der korrekten Position in der Originalausgabe von ▶VP 1654A = ▶VP 1658A ausgehen muss. Dem Vergil-Text entsprechend stehen *suo loco* in Aen. V nur 4 von 3, in Aen. VI nur 4 von 8, in Aen. VII nur 2 von 6, in Aen. VIII nur 2 von 4, in Aen. IX nur 4 von 6, in Aen. X nur 3 von 5, in Aen. XI nur 3 von 6, in Aen. XII nur 1 von 5; die anderen sind in andere Bücher verstellt.

VP 1668B *Zugänglichkeit*: BSB Film R 361-1077 (2. ed. 1668). - Bei EEBO vollständig digitalisiert in 320 Images nach dem Exemplar der Henry E. Huntington Library. Bei EEBO in der Titelaufnahme Hinweis auf „100 leaves of plates". In der Tat bietet die spezielle Übersicht über die Tafeln insgesamt 100 „Images" (d.h. Fotos von Doppelseiten). Für die Images finden sich unterschiedliche Bezeichnungen: „Illustrations" (allein dieser Begriff 13mal, nämlich bei Image 97, 101, 110, 114, 125, 127, 129, 134, 138, 152, 171, 190, 250), „Coat of Arms, Illustration, Portrait" (nur bei Image 1), „Coat of Arms" (allein dieser Begriff dreimal, nämlich bei Image 4, 6 und 58), „Map" (nur bei Image 8, li. Hälfte der Karte), „Chart" (nur bei Image 9, realiter handelt es sich um die r. Hälfte der Karte) und in den meisten (nämlich allen restlichen 81) Fällen „Coat of Arms, Illustrations". Da „Image 1" zwei Kupferstiche erfasst (Porträt von J. Ogilby; Frontispiz mit Lesung der Aeneis durch Vergil vor Augustus und seinem Hof), enthält die Ausgabe offenbar 101 Bilder. Die Stiche zur Aen. beginnen mit Image 97 = Pict. 31. Ab Aen. V sind aber so viele Bilder verstellt, dass es einer eigenen Konkordanz Image/Pictura bedürfte, die in diesem Fall nicht lohnend erscheint. Es sind offenbar nur 67 von den 71 Stichen zur Aen. enthalten.

VP 1668C   **franz. Übers. der Aeneis, Paris: Thierry 1668**
Traduction de l'Enéide de Virgile par Mʳ. [Jean Regnault] DE SEGRAIS. Paris, Denys Thierry et , 1668 [4°].

Bibl.: MAMBELLI Nr. 1098 (Ø; spricht von 2 Vol. (ebenso KAILUWEIT, 2005, Nr. 0086, nach dem Bd. 2 erst 1681 erschienen ist), verweist unpräzise auf „varie ristampe"); Napoli 1981, Nr. 155 (1668-1681); Wolfenbüttel 1982, D 193 („Erster Band der Aeneisübersetzung des Jean Regnauld DE SEGRAIS [1624-1701] in vers héroiques [Alexandrinern]"; es ist offensichtlich nur Bd. 1 beschrieben); PASQUIER, 1992, Nr. 50 (ebenfalls nur Bd. 1). Bd. 2 ist erst Paris 1681 erschienen. - S. ferner unten MAMBELLI Nr. 1104 (Amsterdam, Jean Malherbe, ▶VP 1700B), Nr. 1109 (Nouvelle édition revue et corrigée, Lyon, André Degoin, ▶VP 1719, 2 Vol., „con incisioni e ritratto"). - Wohl nicht identisch mit CBItalV Nr. 2411: Paris, Barbin, 1668 (Ø; 8°). - Diese Erstausgabe der franz. Aen.-Übers. von DE SEGRAIS scheint nur erst ein Frontispiz zu enthalten; in den späteren Ausgaben ▶VP 1700B und ▶VP 1719 findet sich dagegen einer ganzer Illustrationszyklus zur Aen. (Nr. 37), s. ▶VP 1700B.

Lit.: Wolfenbüttel 1982, D 193: "Frontispiz (Aeneas mit Anchises auf der Flucht) nach Vorlage von F. Barat gestochen von Pierre Landry". Vermutlich ist „F. Barat" die falsche Auflösung einer Abkürzung, die F. Barocci meint. - PASQUIER, 1992, Nr. 50 (nennt - mit Recht - als Vorlage ein Gemälde von Federico Barocci von 1598, das sv. von Landry nachgestochen ist). - Zur Übersetzung (nicht zu Illustrationen) vgl. Richard MORTON, DeSegrais' Aeneid. A seventeenth-century reading, Vergilius 45, 1999, 48-72.

Abb.: Frontispiz bei PASQUIER, 1992, Abb. Nr. 308 mit Beschreibung S. 179.

⸢VP 1668C⸣   *Zugänglichkeit*: Die BSB besaß einst diese Übers. ▶VP 1668C unter der Signatur 4 A.lat.a. 694, doch ist diese verloren gegangen (wohl im 2. Weltkrieg). Vgl. immerhin ⸢BSB A.lat.a. 2306⸣ mit ▶VP 1700B, s.u.

VP 1668D   P. SCARRON: franz. Aeneis-Travestie, Paris 1668

Le Virgile travesty en vers burlesques. De Monsieur [Paul] SCARRON. Reveu [*sic*] et corrigé. Suivant la Copie imprimée a [Kolophon: Suijvant la Copie de] Paris, 1668 [2 Vol. in 1].

Bibl.: Nach dem Haupttitel möchte man meinen, das Buch sei ohne Angabe des Verlegers 1668 in Paris gedruckt. MAMBELLI Nr. 1566 nennt aber - ohne dass ich das im BSB-Exemplar verifizieren könnte - als Verleger ,Wolfgang' und als Druckort Amsterdam, 12°, due parti, "ogni libro è adorno di una incisione con frontespizio inciso e figure"; CBItalV Nr. 2696 (nur Vol. I T. 2 mit Aen. I-VII); PASQUIER, 1992, Nr. 193 mit S. 197: Paris, G. de Luyne, 1668, „Front. et pl. gr. par P. Lochon". - Angebunden ist im BSB-Exemplar: Le Romant comique per Mons.ʳ SCARRON divisé en deux parties, 1668 (ohne Ort und Verleger; doch mit einer Druckermarke, die einen an einem Baum hochspringenden Hund zeigt; die Antiporta ist von I. Veenhuysen [?] signiert).

Allgemeine Vorbemerkung: Nach illustrierten Ausgaben der zuerst Paris, Toussaint Quinet, seit 1648 (1648-1653 sukzessive in neun Büchern) erschienenen französischen Travestie für die Aen.-Bücher I-VII bzw. auch noch für den ersten Teil von Aen. VIII (MAMBELLI Nr. 1555; vgl. PASQUIER, 1992, Nr. 191 mit S. 114; KAILUWEIT, 2005, Nr. 0200 mit Lit.) von Paul SCARRON (1610-1660) habe ich nicht systematisch gesucht. Berücksichtigt sind von mir (aus Gründen der Vollständigkeit für die Münchener Bestände) nur diejenigen illustrierten Ausgaben, die die BSB besitzt. Die Ausgabe ▶VP 1668D ist die älteste davon, vgl. später (abgesehen von dem Sonderfall der ,Suite' ▶VP 1706) noch ▶VP 1695D, ▶VP 1712B, ▶VP 1726C, ▶VP 1734B und ▶VP 1752B. - Unter den von MAMBELLI Nr. 1555-1570 aufgeführten Ausgaben der Aen.-Travestie von SCARRON scheint nur diese Ausgabe ▶VP 1668D

Textillustrationen aufzuweisen. Aber PASQUIER, 1992, Nr. 191 stellt doch eine
ältere illustrierte Ausgabe vor, nämlich die Erstausgabe Paris, Toussaint Quinet,
1649-1660 (7 Teile in 1 Bd., 4°) mit „frontisp. et pl. gr. de F. Chauveau" (die
von F. Chauveau signierte Antiporta ist bei PASQUIER, 1992, als Abb. 335 wiedergegeben, ferner der Stich zu Aen. II als Abb. 336); sie ist mir nicht
zugänglich. Immerhin findet sich zu ihren Kupferstichen bei PASQUIER S. 196f.
eine ausführliche Beschreibung. Sie erwähnt ferner, dass die originalen
Kupferstiche sv. in eine (mir ebenfalls nicht zugängliche) Ausgabe von 1675
übernommen seien. - Die Travestie der Aeneis durch P. SCARRON und damit
auch die Illustrierung reicht nur bis zum Anfang von Aen. VIII; erst später
(▶VP 1706) verfasst Jacques MOREAU DE BRASEY eine Weiterführung für Aen.
VIII (Rest) - XII, so dass erst dann das Bedürfnis für Titelbilder auch für Aen.
IX-XII entstehen kann. -
Den Travestien der Aeneis ist bei MAMBELLI eine eigene, doch unvollständige
Abteilung mit den Nr. 1548 - Nr. 1595ter gewidmet; das gleiche gilt für den
CBItalV Nr. 2692-2722 (wo zu Unrecht keine einzige der aufgeführten Bücher,
auch keine der Ausgaben der Travestie von P. SCARRON, als „ill." bezeichnet
wird). PASQUIER, 1992, Nr. 191-193 führt nur drei illustrierte Travestien aus
dem 17. Jh. und keine weiteren aus dem 18. oder 19. Jh. an.
Eine literarhistorische Analyse einzelner Partien der drei wichtigsten älteren
Aen.-Travestien, nämlich der *Eneide travestita* (für die ganze Aen.) von Giovanni Battista LALLI (1633), des *Virgile travesty* von Paul SCARRON (1648-1652, zu
Aen. I-VIII Anfang) und der *Scarronides or Virgil Travestie* von Charles COT-
TON (1664/65, für Aen. I und IV), bietet Thomas STAUDER, Die Reise von Troja
nach Rom in Aeneis-Travestien des 17. Jh., in: Regina LEITHNER (Hrsg.), Reisen
des Barock, Bonn 1991, 88-126 (ohne Eingehen auf etwaige Illustrationen; Lit.
zu Travestien in Anm. 66 S. 108). Die zeithistorischen Vorbedingungen für das
Entstehen der Aeneis-Travestie Scarrons untersucht Eberhard LEUBE, Die tra-
vestierte Aeneis. Zur Antikerezeption im Frankreich des 17. Jh., WJA N.F. 8,
1982, 137-148 (mit weiterer Lit. in Anm. 6). LEUBE rechnet mit etwa 20 Ausgaben Scarrons bis 1700 und etwa 40 bis 1740. Auf Illustrationen geht er nicht
ein.

VP 1668D   *Beschreibung/Abhängigkeiten*: Jeder der beiden Bände von
▶VP 1668D enthält eine identische Antiporta (11,1 x 7,0) und dazu für jedes
der vier Aen.-Bücher einen unsignierten Kupferstich (Format 11,0 x 6,1) als Titelbild auf einer freigestellten, aber mitgezählten Seite, insgesamt also 2+8 = 10
Kupferstiche: Zyklus Nr. 31. Sie sind in ▶VP 1695D seitenrichtig wiederholt. -
Da die seitenrichtigen (▶VP 1712B) und die seitenverkehrten (▶VP 1726C)
späteren Wiederholungen dieser Kupferstiche in ▶VP 1668D = ▶VP 1695D
von P. Lochon signiert sind, ist als Künstler auch für ▶VP 1668D = ▶VP
1695D P. Lochon zu erschließen (wie das schon PASQUIER, 1992, Nr. 193 mit S.
197 für ▶VP 1668D tut). PASQUIER, 1992, S. 197 bezeichnet die Illustrationen
in ▶VP 1668D als „grandement inspirées de celles de F. Chauveau" in der

Erstausgabe Paris, Toussainct Quinet, 1649-1660 = PASQUIER, 1992, Nr. 191 mit S. 196f. (Zyklus Nr. 27). Eine größere Eigenständigkeit besitzen offenbar die Bilder zu Aen. I, IV und V in ▶VP 1668D, denn sie nennt PASQUIER, 1992, S. 197 nur vage „de composition semblable". In der Tat zeigt die bei PASQUIER, 1992, Abb. 335 gebotene Antiporta der Ausgabe Paris 1649-1660 = ▶VP 1649B (Apollo r. krönt den knienden Scarron [PASQUIER: Vergil] in Gegenwart einer Muse li.), dass sie in ▶VP 1668D = ▶VP 1695D (und auch in ▶VP 1712B) sv. übernommen ist, während das Bild zu Aen. II in ▶VP 1668D = ▶VP 1695D gegenüber jenem in der Erstausgabe, das bei PASQUIER, 1992, Abb. 336 geboten wird, starke Abwiechungen zeigt. - Die Bilder in ▶VP 1668D enthalten keinerlei Namensbeischriften.

Antiporta in Tom. 1, wiederholt in Tom. 2:   Apollo, li. in hochgeschürztem Gewand unter einem Baldachin stehend, krönt den vor ihm r. knienden Dichter mit einem Hut, um den ein Blätterkranz läuft; mit der Linken stützt sich der Dichter auf ein großes Buch mit dem Titel *LE VIRGILE travesty de Mr. Scaron* [*sic*]. Hinter dem Dichter, der doch wohl eher Scarron als Vergil (den PASQUIER, 1992, S. 196 favorisiert) ist, steht eine Frau mit derbem Gesicht, wohl eine Muse, die mit ihrer Rechten Apollo eine (Narren-)Maske entgegenhält, in der Linken hat sie offenbar eine Syrinx. (Bei der Wiederholung der Antiporta in Tom. 2 steht auf dem Podest zusätzlich *2. Partie*.)

VP 1668D Aen. I: *Quos-ego*-Szene: Neptunus, r. auf seinem von Pferden gezogenen Wagen stehend, droht einem Gewimmel von personifizierten geflügelten Winden, die Blasebälge in den Händen halten.

Aen. II: Im Vordergrund li. ein prächtiges Hölzernes Pferd mit offener Luke auf einem fahrbaren Untersatz; r. die Gruppe des Pius Aeneas auf der Flucht, dabei Ascanius mit einem Steckenpferd hinter seinem Vater Aeneas gehend, der den eine Peitsche schwingenden Anchises in einem Tragekorb (einer Kiepe) auf dem Rücken trägt. Im Mittel- und Hintergrund das brennende Troja, u.a. mit einem ‚Feuerteufelchen' in einem Brandherd auf einem gewaltigen Turm li.

Aen. III: Das Harpyien-Abenteuer. Gewappnete Krieger wehren drei Harpyien ab, von denen zwei r., eine li. in der Luft schweben und sich an geraubten Speisen gütlich tun. Ein Esstisch im Vordergrund ist nach li. zusammengebrochen.

Aen. IV: Ausritt zur Jagd nach r. Aeneas sitzt mit einer Lanze vorn (r.) auf dem Pferd, hinter ihm auf demselben Pferd im Damensitz Dido. Vorn li. ein schweineartiger Hund mit Halsband. Vgl. BILD 27.

Aen. V: Die Spiele. Im Mittelgrund sitzen r. erhöht auf einem Podium (Felsen?) zwei Preisrichter (Aeneas und Acestes), vor/unter ihnen 9 Personen, die offenbar eine Art Bockspringen und Ringen betreiben; im Hintergrund stechen zwei Reiter nach einem Ring.

Aen. VI: Höllenstrafen mit mehreren Szenen, darunter Pirithous (r. oben unter dem Felsblock). Vorn li. ziehen zwei Frauen (die Danaiden, die aber in Aen. VI gar nicht und Aen. X 497f. nur anonym erwähnt sind) ein durchlöchertes Gefäß aus einem Brunnen; vorn in der Mitte der dreiköpfige Cerberus. - PASQUIER, 1992, S. 197 notiert Abweichungen gegenüber der Vorlage von F. Chauveau in der Originalausgabe 1649-1660.

Aen. VII: Der Beginn der Kämpfe. Primitiv bewaffnete latinische Bauern (li.) wenden sich gegen meist berittene Trojaner (r.), im Vordergrund liegt ein Toter am Boden. Hinten r. sitzt die von Schlangen umwundene Furie Allecto auf dem Dach. Im Hintergrund li. Klage um den verwundeten Hirsch Silvias.

Aen. VIII (in der Komposition Aen. V ähnelnd): Im Vordergrund ein Volksfest, in dessen Mittelpunkt ein Bär mit spitzer Schnauze steht, r. davon Musikanten und Tänzer. Auf einer erhöhten und von einem Baldachin geschützten Bühne r. schauen Schauspieler (?) und ein Hund zu. Im Hintergrund li. landet eine Flotte. - PASQUIER, 1992, S. 197 erwähnt keine Illustration zu Aen. VIII (von F. Chauveau) in der Erstausgabe von 1649-1660. In der Tat könnte es sich in VP 1668D um eine Parallelerfindung zu bzw. Abhängigkeit von Aen. V handeln.

VP 1668D *Würdigung*: Meine Kompetenz reicht nicht dazu aus, diese Bilder des Zyklus Nr. 31 in Bezug zum Inhalt der franz. Travestie zu setzen. Mein allgemeiner Eindruck ist, dass die Bilder eine drastische zeitgenössische Aktualisierung darstellen, nicht nur wegen der nicht-antikischen Bekleidung und Bewaffnung. Dem Sujet nach könnten die Illustrationen auch zu einer ‚normalen' nationalsprachlichen Übersetzung passen. Vor allem die Bilder zu Aen. I, III, VI und VII könnten als ‚normale' aktualisierende Aen.-Illustrationen ohne besondere travestierende Note durchgehen. In den anderen Bildern liegt das Parodistische eher in Details als in der Gesamtauffassung der Szene. Am weitesten vom Vergil-Text entfernt sich das Bild zu Aen. VIII, das vielleicht eine Ausmalung des Herkules-Festes in Pallanteum bei König Euander darstellen soll.

Zugänglichkeit: BSB Res/P.o.gall. 2021 ob , daraus 16 Seiten mit allen (2 + 8 =) 10 Illustrationen digitalisiert; DVD 2 .

VP 1669A   Opera, Lyon 1669

Opera omnia. Cum notis selectissimis variorum …, opera ac studio Cornelii SCHREVELII. Lugduni, ex officina Bourgeatiana, 1669 [2 Vol.].

Bibl.: MAMBELLI Nr. 329 ("con titolo inciso su rame"); CBItalV Nr. 206 (Ø). - Da der Titel nicht ‚Lugduni Batavorum' (was MAMBELLI zu Unrecht behauptet) bietet, muss die Ausgabe aus Lyon stammen, obwohl die früheren Ausgaben von C. SCHREVEL in Leiden publiziert wurden. In der Tat gibt es in Lyon im 17. Jh. einen Buchhändler Claude Bourgeat. Eine andere Vergil-Ausgabe aus der officina Bourgeatiana ist nicht bekannt.

Beschreibung/Abhängigkeiten: Einzige Illustration ist ein Titelkupfer. Dieses Frontispiz mit Vergil und dem Schwan, der aus einem Tintenfass trinkt, ist eine Übernahme aus der früheren Ausgabe von C. SCHREVEL in Leiden ▶VP 1652B, s. dort; es wurde seitdem mit leichten Varianten (und mit veränderter Titelei im Banner) noch mehrfach benutzt, s. ebenfalls zu ▶VP 1652B.

VP 1669A   *Zugänglichkeit*: BSB A.lat.a. 2174 (1669; nicht digitalisiert, aber von mir eingesehen: dort ist das Frontispiz auf dem Block, auf dem das Tintenfass steht, mit TH. L. signiert), doch vgl. BSB A.lat.a. 2172 (1666 = ▶VP 1666), woraus das Frontispiz digitalisiert ist.

VP 1669B   Opera (?), Paris: Benard 1669

P. Virgilius Maro jam emendatior ... (Tib. Claudii Donati ... de P.V.M. vita). Parisiis, apud Simonem Benard, 1669.

> *Bibl.*: Nur verzeichnet bei PASQUIER, 1992, Nr. 51 (mit Hinweis auf ein Frontispiz, ohne nähere Beschreibung; PASQUIER, 1992, Nr. 51 und Nr. 52 nennt den Verleger Benard, MAMBELLI dreimal, für andere Ausgaben, Bernard - wohl fälschlich); nicht bei MAMBELLI und im CBItalV (im Umkreis von Nr. 206).

VP 1669C   Opera, Paris: Henault 1669

Opera cum notis Nicolai ABRAMI et Thomae FARNABII. Addita sunt locupletissima Eklogarum et Librorum ejus soluta oratione, Latina argumenta. Recognita, emendata et aucta in hac editione novissima. Parisiis, typis et impensis Iohannis Henault, 1669 [2 Teile in 1 Band].

> *Bibl.*: MAMBELLI Nr. 330 „Ristampa" - gemeint sein muss: der Ausgabe Paris ▶VP 1668A - (Ø); nicht im CBItalV (im Umkreis von Nr. 206), doch vgl. dort Nr. 185 (Lugduni, N. Gay, 1646-1647; nicht bei MAMBELLI). Vgl. oben zur (offenbar nicht nur scheinbaren) Erstausgabe ▶VP 1668A (PASQUIER, 1992, Nr. 49).
>
> *Beschreibung*: Einzige Illustration in ▶VP 1669C ist eine Antiporta, die offenbar aus der Erstausgabe ▶VP 1668A wiederholt ist, s. dort. Denn diese Antiporta in ▶VP 1669C bietet die Titelei: „P. Virgilii Mar. Opera cum notis R. P. [*sic*] Abraami S. I. et Farnabii. Parisiis, typis et sumptibus Ioannis Henault, 1668." Das unsignierte Bild zeigt die Flucht der Gruppe des Pius Aeneas, li. von Creusa gefolgt, aus dem lichterloh brennenden Troja. Es ähnelt zwar dem in Amsterdamer (▶VP 1650A, ▶VP 1652C) und Leipziger ((▶VP 1673, 1684, ▶VP 1702) Ausgaben belegten Bildtyp des Pius Aeneas, ist aber (nicht nur wegen der Berücksichtigung Creusas) figurenreicher.

VP 1669C   *Zugänglichkeit*: BSB A.lat.a. 2173 (digitalisiert zwei Seiten: der 1669 datierte Haupttitel und die 1668 datierte Antiporta); **DVD 2**. Vgl. auch zu ▶VP 1668A.

VP 1669D   ◘ franz. Übers. der Aeneis, Paris 1669

L'Enéide fidèlement traduite en vers heroiques, enrichie de figures en taille-douce, par Pierre PERRIN. Seconde édition revue par l'auteur, Paris, E. Loyson, 1669.

> *Bibl.*: MAMBELLI Nr. 1099 ("elegante edizione adorna di figure fuori testo di A. de Bosse"); zur 1. Auflage ▶VP 1664A s. MAMBELLI, Nr. 1094. Der Kupferstich-Zyklus Nr. 26 von A. Bosse ist erstmals in ▶VP 1648C belegt, s. dort.

VP 1671A   ◘ + Opera, Leiden 1671

P. Virgilius Maro, accurante Nic(olao) HEINSIO Dan(ielis) fil(io). Lugduni Batavorum, ex officina Hackiana, 1671.

> *Bibl.*: Nicht bei MAMBELLI der als Nr. 333 nur die Ausgabe Lugduni Batavorum 1672 = ▶VP 1672.? (s. dort) führt, die er als "Ristampa" bezeichnet mit

dem Zusatz "con frontespizio inciso e numerose graziose figure allusive in piena pagina"; angeführt in BL ("with plates, titlepage engraved").

Beschreibung/Abhängigkeiten: Neben dem Frontispiz (s. dazu gleich) sind 101 anonyme, zwar ganzseitige, aber sehr kleine Kupferstiche (im winzigen Format 9,7 x 5,0) auf zwar unpaginierten, aber mitgezählten Seiten enthalten: 10 zu den ecl. (je einer zu jeder Ekloge); je 5 zu den 4 Büchern der georg.; zu Aen. I 6, Aen. II 6, Aen. III 6, Aen. IV 6, Aen. V 7, Aen. VI 8, Aen. VII 6, Aen. VIII 4, Aen. IX 6, Aen. X 5, Aen. XI 6, Aen. XII 5 (zur Aen. also insgesamt 71). Es handelt sich, abgesehen vom Frontispiz, immer um stark verkleinerte, seitenrichtige Nachstiche (einzige Ausnahme: die Laokoon-Szene von Pict. 38 ist gegenüber ▶VP 1654A = ▶VP 1658A sv.) der von Franz Cleyn für ein Folio-Format entworfenen Bilder (Zyklus Nr. 29), die ursprünglich in der engl. Übersetzung von J. OGILBY, London ▶VP 1654A und dann in dessen lat. Ausgabe London ▶VP 1658A sowie in vielen weiteren Neudrucken enthalten waren (s. zu ▶VP 1658A), und zwar um die komplette Folge der 101 Kupferstiche zum Vergil-Text. - Dies ist die einzige mir bekannte Ausgabe mit Nachstichen der von Cleyn entworfenen Kupferstiche, die außerhalb von London erschienen ist (unklar: Birmingham ▶VP 1757A). – Offenbar einen Nachdruck stellt ▶VP 1672B dar, falls die Ausgabe wirklich existiert.

Das in ▶VP 1671A (gegenüber ▶VP 1654A = ▶VP 1658A neue) Frontispiz (7,8 x 5,0) mit Vergil und einem aus einem Tintenfass trinkenden Schwan ist eine Übernahme aus einer Ausgabe von C. SCHREVEL in Leiden ▶VP 1652B, s. dort; es wird seitdem mit leichten Varianten (und mit veränderter Titelei im Banner) noch mehrfach benutzt, s. ebenfalls zu ▶VP 1652B.

VP 1671A *Zugänglichkeit*: BSB A.lat.a. 2175 (dort ist das Frontispiz auf 1671 datiert; im Buch ist keine andere Datierung enthalten); daraus sind alle Seiten mit Illustrationen (Frontispiz und die 101 Textillustrationen) digitalisiert; DVD 2. - UB München W 8 A.lat. 1521 (1671). - Nicht in EEBO, da keine englische Ausgabe.

VP 1671B   **deutsche Übers. der Opera, Frankfurt a. M. 1671**
Publii Virgilii Maronis, deß nie gnug gepriesenen latinischen [*sic, erst seit der Ausgabe Frankfurt ▶VP 1705 ist „lateinischen" gedruckt*] Poeten Gedichte ... So in ungebunde Hoch-Teutsche Red übersetzt Johann VALENTIN. Franckfurt, in Verlegung Johann Beyers S. Erben, 1671.

Bibl.: Bei MAMBELLI Nr. 1297 (zur Originalausgabe Frankfurt, Johann Beyer, 1660, mit Hinweis auf diesen Ndr. Frankfurt ▶1671B und weitere Nachdrucke Frankfurt, Stock, ▶VP 1697A, ▶VP 1705, ▶1724B); Frankfurt 1930, Nr. 77 (StB Berlin, 1697) und Nr. 78 (StB Ffm., 1671); Bamberg 1982, Nr. 29 (Frankfurt a. M. ▶1724B; keine Erwähnung von Illustr., doch Abb. des Kupfertitels); Wolfenbüttel 1982, D 133 (Frankfurt, Johann Beyers Erben, ▶1671B) und D 134 (Franckfurt, Johann Adolph Stock, ▶VP 1705) sowie D 135 (Franckfurt am Mayn, Stock, ▶1724B); Princeton Item 349 (Ø); BL. - Vgl. generell die Neuausgabe Frankfurt a. M.▶VP 1697A.

Lit.: Wolfenbüttel 1982, D 133 (1671): "Kupfertitel (bey Johann Beyers Erben). Der Kupfertitel ist im engen Anschluss an den Kupfertitel der Leidener Vergilausgabe des Abraham Commelin von 1646 (s. Nr. D 37) gestochen"; Wolfenbüttel 1982, D 134 (1705): „Kupfertitel wie in der Ausgabe von 1671, jedoch: Bey Johann Adolph Stock"; Wolfenbüttel 1982, D 135 (1724): „Kupfertitel wie in der Ausgabe von 1705".

Beschreibung: Der Titelseite steht als Antiporta ein Bildertitel gegenüber (Format 15 x 8,6). Die rahmenden Kupferstiche sind übernommen aus der Ausgabe Leiden ▶VP 1646A (s. dort), jedoch für die beiden waagerechten Bildbänder (oben und unten) sv.: auf der oberen Bildleiste kommt der Pflüger von li., auf der unteren Leiste tritt Aeneas von r. auf den liegenden Turnus, um ihn zu erstechen. Die Bilder li. und r. von der Titel-Kartusche sind gegenüber 1646 seitenrichtig: der Pius Aeneas auf dem li. Seitenbild wendet sich nach rechts; die ein Blasinstrument spielende Schäferin sitzt auf dem rechten Seitenbild links.

Abhängigkeiten: Vorlage ▶VP 1646A; Übernahmen ▶VP 1705 und ▶VP 1724B.

Abb.: Kupfertitel der Ausgabe Frankfurt 1724 bei Bamberg 1982, S. 35 (Abb. 11), das obere und das untere Bild sind sv. gegenüber dem Frontispiz in Leiden ▶VP 1646A.

VP 1671B   *Zugänglichkeit*: Die BSB besitzt nicht ▶VP 1671B, doch in Gestalt von BSB A.lat.a. 2266 den Ndr. Frankfurt a. M. ▶VP 1697A, in dem die Antiporta aus ▶VP 1671B mit der Datierung 1671 wiederholt ist, s. dort. - ▶VP 1671B ist jedoch vorhanden in UB München 8 A.lat. 1573; vgl. auch UB München 8 A.lat. 1573a (▶VP 1705); in dieser Ausgabe von 1705 ist die Anordnung der Bilder genau so wie in ▶1671B.

VP 1672A   **Opera, mit ital. Kommentar, Venedig 1672 (1671?)**

Le opere. Commentate in lingua volgare toscana da Giovanni FABRINI da Fighine, Carlo MALATESTA da Rimene, e Filippo VENUTI da Cortona. Venetia, (Baglioni) appresso li Guerigli, 1672 [2°].

Bibl.: MAMBELLI Nr. 332 "Ristampa" (nämlich offenbar der Ed. Venedig ▶VP 1654B = MAMBELLI Nr. 322 bzw. deren nuova ristampa 1661) ("con marca tipografica al frontespizio e con una silografia illustrativa ad ogni ecl. e ad ogni canto delle georg."); CBItalV Nr. 211 (datiert 1671; Ø, 4°). - Zu weiteren Ausgaben vgl. ▶VP 1597C und ▶VP 1588B.

VP 1672B ?   ◻ **Opera, Leiden 1672**

Opera, accurante Nicolao HEINSIO Danielis filio. Lugduni Batavorum, ex officina Hackiana, 1672.

Bibl.: MAMBELLI Nr. 333 ("con frontespizio inciso e numerose [100] graziose figure allusive in piena pagina"; Ristampa, doch unklar, welcher Ed., offenbar weder der Ed. von Lugduni Batavorum ▶VP 1636 = MAMBELLI Nr. 305 noch der von Amstelodami 1664 = MAMBELLI Nr. 326), wahrscheinlich der von Lugd. Batavorum ▶VP 1671A (s. generell, auch für eine Beschreibung, dort); CBItalV Nr. 210 (Ø - obwohl über 100 Illustr. enthalten sind!); Mantua 1981, Nr. 21 (dort auch, zur Ausgabe Leiden ▶VP 1672B, Abb. des Frontispizes mit u.a. Vergil und dem aus einem Tintenfass trinkenden Schwan, das offenbar direkt aus der Ausgabe Leiden ▶VP 1671A übernommen ist, da es die Jahreszahl „1671" zeigt). - Es erscheint mir allerdings zweifelhaft, ob es wirklich neben der Ausgabe Leiden ▶VP 1671A noch eine davon verschiedene Ausgabe Leiden ▶VP 1672B gibt.

Zugänglichkeit: Vgl. BSB A.lat.a. 2175 (DVD 2) und UB München W 8 A.lat. 1521, beide mit ▶VP 1671A.

VP 1672C   ■ ? + holländische Version eines Volksbuchs vom ‚Zauberer Virgilius', *Virgilius magus*, Amsterdam 1672

Eene schoone ende vermaeckelijcke Historie / van Virgilius leven / doodt / ende van zuijn wonderlijcke wercken / die hy dede door Nigromantien / ende door de hulpe des Duyvels. Amsterdam, Ot. Barentsz Smient, 1672 (so im Titel datiert, im Kolophon dagegen 1656; s. auch zu ▶ VP 1518B).

    Bibl.: Diese Ausgabe einer romanhaften ‚Vita Virgilii' fehlt bei MAMBEL-LI und in anderen Bibliographien; nur bekannt durch COPAC (Exemplar der BL) und bes. durch: Virgilius. Facsimile van de oudste druk van het Vlaamse volksboek ingeleid door Jan GESSLER. Met kanttekeningen bij de illustratie van de Nederlandse uitgaven door Fr(ank) VAN DEN WIJNGAERT, Antwerpen, De Vliet, 1950, zur ältesten bekannten (undatierten) illustrierten Ausgabe dieser holländischen Version des Volksbuches vom Zauberer Virgilius, s. dazu generell ▶ VP 1518B. GESSLER bietet im Text verstreut, doch in der originalen Reihenfolge neben dem Titelholzschnitt zu ▶ VP 1788B und allen Holzschnitten in ▶ VP 1810B auch alle zu ▶ VP 1672C (Liste mit holländ. Titelangaben bei GESSLER S. 79). Das sind ein Titelholzschnitt auf dem Frontispiz (GESSLER, nach S. 38) mit Virgil im Korb (wiederholt S. 38) und folgende 9 Holzschnitte (Zyklus Nr. 32): S. 17 Belagerung einer Stadt (S. 41 wiederholt); S. 21 Seekarte mit der Insel MADE(I)RA (und HISBANIA und LISBORIA); S. 25 drei Soldaten (mit Lanzen); S. 38 Virgil im Korb (Wiederholung des Holzschnittes auf dem Frontispiz); S. 41 Belagerung einer Stadt (Wiederholung von S. 17); S. 42 galoppierender Reiter (um 90° gedreht); S. 44 Sängerin und Narr; S. 45 der Zauberkünstler; S. 46 Plan einer (befestigten) Stadt (an einem Strom). Alle diese Bilder, bis auf eines, sind neu gegenüber denen der ältesten Ausgabe dieser holländischen Version ▶ VP 1518B (dort Zyklus Nr. 5). Diese einzige Ausnahme (S. 38) ist zugleich das einzige Bild, das sich wirklich auf den Text dieses Romans vom Zauberer Virgilius bezieht: ‚Virgil im Korb' (auf dem Frontispiz und später erneut im Text) = Pict. 5 in ▶ VP 1518B (und auch in der engl. Version ▶ VP 1518A). Alle anderen Holzschnitte sind mehr oder weniger willkürlich aus noch unidentifizierten Quellen in den Text interpoliert. Auch bei der Besprechung dieser Illustrationen durch F. VAN DEN WIJNGART, bei GESSLER, 1950, 71-73, findet man keine konkreten Vermutungen.

VP 1673   + Opera, Leipzig 1673

Opera, cum notis Thomae FARNABII. Lipsiae, in Laurenti Sigism. Cörneri bibliopolio, 1673.

    Bibl.: Titelaufnahme nach dem Münchener Exemplar. Fehlt bei MAMBELLI obwohl dieser viele Ausgaben mit den Anmerkungen von Thomas FARNABY aufführt (S. 381), doch keine in Leipzig erschienene.

    Beschreibung: Die Ausgabe enthält als Illustration nur ein Frontispiz mit der Gruppe des Pius Aeneas. Dieses ist als Nachstich aus der Ausgabe Amsterdam ▶ VP 1650A übernommen, s. dort.

    Zugänglichkeit: BSB A.lat.a. 2176 , daraus das Frontispiz digitalisiert; **DVD 2** .

VP 1675A   **Opera, Paris 1675**

Opera. Interpretatione et notis illustravit Carolus RUAEUS soc. Jesu [= Charles DE LA RUE, SJ], jussu christianissimi regis ad usum serenissimi Delphini. Parisiis, Simon Benard [der Name des Verlegers wird manchmal falsch, z. B. als Bernard, referiert], 1675 [4°].

Bibl.: MAMBELLI Nr. 336 ("con frontespizio inciso sul rame"); New York 1930, Case 8, Nr. 82 ("Titel-vignette, engraved; added □, Initials and head-pieces") = Princeton Item 168 (?; Ø); CBItalV Nr. 212 (Ø); Napoli 1981, Nr. 107 („Antiporta incisa a piena pagina da Louis Coquin [vielmehr: Cossin], frontespizio con vignetta, varie belle testate e iniziali incise"); PASQUIER, 1992, Nr. 52 (erwähnt nur einen Kupfertitel von Louis Cossin, nämlich ein Frontispiz mit einer Vignette und einem Porträt Vergils).

Beschreibung: Diese Erstausgabe der einflussreichen Vergil-Ausgabe „ad usum Delphini" enthält sechs Kupferstiche, die meist mit *L. Cossin sculp./fecit* signiert sind:

1. Antiporta: Darauf als Hauptbild (7,9 x 13,2) Sprung Arions vom Schiff nach li. ins Meer, zwischen Arion und dem Delphin ein Band mit der Aufschrift *dulcedine cantus trahitur* (sc. der Riesenfisch = der Delphin; Anspielung auf den im Titel erwähnten *Delphinus* = Dauphin von Frankreich); unter dem achteckigen Bild ein Medaillon Vergils ohne Lorbeerkranz, nach li. gewendet; über dem Hauptbild zwei Putti oder geflügelte Genien, die ein Wappen (das der Könige von Frankreich) halten (sv. Wiederholung dieser Antiporta in der Ausgabe Venedig ▶VP 1713).

2. Auf dem Titelblatt (als Druckermarke): in einer Vignette (7,6 x 9,3) ein geflügelter Genius mit 2 Trompeten, an denen Fahnen mit Wappen befestigt sind.

3. zu Beginn der Vorrede *Ad serenissimum Delphinum*: Band mit Wappen zwischen zwei Putti.

4. Vor ecl. 1 (S. 1): Band (4,1 x 11,4) mit zwei musizierenden Putti als Hirten, hinter ihnen kämpfen zwei Ziegenböcke gegeneinander.

5. Vor georg. I (S. 91) Band mit drei Putti, die eine liegende Kuh bekränzen (hier nicht nur *L. Cossin fecit*, sondern auch *H. Watelet del.*).

6. Vor Aen. I (S. 5 einer für die Aen. neu beginnenden Paginierung): Band mit der liegenden „Römischen Wölfin" und den Säuglingen Romulus und Remus inmitten von dekorativ aufgeschichteten Waffen (kein eigentliches neues Titelblatt).

Abhängigkeiten: 2. Auflage Paris ▶VP 1682A. - Bei MAMBELLI Nr. 343 (zur Ausgabe Paris ▶VP 1682A) findet sich eine lange Liste von Neudrucken oder Neuausgaben dieser kommentierten Vergil-Ausgabe des Carolus RUAEUS = Charles DE LA RUE. Sie ist wohl die erfolgreichste gedruckte Vergil-Ausgabe überhaupt. Zur Geschichte der Ausgaben von C. RUAEUS seit der Erstausgabe Paris ▶VP 1675A s. zu ▶VP 1682A.

Abb.: Im Abb.-Teil bei PASQUIER, 1992: Abb. 310 mit der Antiporta; ebenfalls bei MAGNO, 1982, vor S. 193 (doch aus ▶VP 1722). - Die Antiporta mit Arion und das Titelblatt mit dem geflügelten Genius bei Mantua 1981, Nr. 22 (aus Paris ▶VP 1682A).

VP 1675A   *Zugänglichkeit*: BSB 4 A.lat.a. 664 , daraus digitalisiert die erwähnten 6 Doppelseiten mit Kupferstichen; DVD 2 . – Ferner UB München 4 A.lat. 492. - Vgl. auch die Secunda editio Paris ▶VP 1682A.

VP 1675B   **◘ engl. Übers. der Opera, London 1675**

The works of P. Virgilius Maro translated, adorned with sculptures, and illustrated with annotations by John OGILBY. The third edition. London, printed by the author for Peter Parker and Thomas Guy ..., 1668.

Bibl.: MAMBELLI bei Nr. 1365 (zu ▶VP 1654A, als Ndr. dieser Originalausgabe); nicht in CBItalV 1981, im Umkreis von Nr. 1895; sonst nur verzeichnet (laut KVK) in COPAC, Exemplar der BL („with plates").

Beschreibung: Ndr. des "second English Virgil" von John Ogilby in ▶VP 1654, nebst Übernahme der dortigen Text-Illustration, s. deren Beschreibung zu ▶VP 1658A. Die Zahl der Tafeln zum Text ist von 101 in ▶VP 1654A = ▶VP 1658A auf 34 herabgesetzt. Es sind nicht die Originaltafeln der Ausgaben ▶VP 1654A (engl. Übers.) oder ▶VP 1658A (lat. Edition) nach den Entwürfen von Franz Cleyn (Zyklus Nr. 29), sondern vereinfachte Nachstiche (wohl, da die in ▶VP 1684 identisch sind, von I. Drapentier, der ▶VP 1684 im Titel genannt ist und dort wenigstens das Frontispiz signiert hat, s. dort); zudem sind die Namen der Widmungsträger und ihre Wappen und auch die lat. Bezugsverse weggelassen. Jedes der 12 Aen.-Bücher hat nur mehr ein Auftaktbild. Es ist – ähnlich wie in der ersten Venezianischen Adaption (Zyklus Nr. 3 seit ▶VP 1505C = ▶VP 1507) von ▶VP 1502 (Zyklus Nr. 2) – immer eine gegenüber ▶VP 1654A = ▶VP 1658A (Zyklus Nr. 29) seitenverkehrte Wiederholung des ersten Bildes zu diesem Buch aus der vollständigen Serie (Ausnahme: Aen. V): die Pict. 31 sv. zu Aen. I (Image 195 bei EEBO), Pict. 37 sv. -Aen. II (Image 226), Pict. 43 sv. - III (Image 253), Pict. 49 sv. - IV (Image 278), Pict. 62 sv. - VI (Image 327), Pict. 70 sv. - VII (Image 362), Pict. 76 sv. - VIII (Image 387), Pict. 80 sv. - IX (Image 413), Pict. 86 sv. - X (Image 437), Pict. 91 sv. - XI (Image 463), Pict. 97 sv. zu Aen. XII (Image 490). Nur als Auftaktbild für Aen. V ist nicht der relativ unsignifikante und schwer identifizierbare Kupferstich zu Aen. V 44-48 (Pictura 55 meiner Zählung) der vollständigen Serie von ▶VP 1654A = ▶VP 1658A genommen, sondern der letzte von Buch IV (Pict. 54 sv., Image 301 bei EEBO) mit dem Tod Didos. - Die Ausgabe enthält kein Frontispiz; die erste Illustration (Image 6) bezieht sich auf die 1. ecl. (Pict. 1). Außer den 12 Kupferstichen zu Aen. I-XII sind je einer zu den 10 Eklogen enthalten (dazu eine technische Dublette, denn Image 40 und Image 41 bilden dieselbe originale Doppelseite ab) und insgesamt 11 zu den georg. (je 2 zu georg. I, III, IV, 5 zu georg. II).

Abhängigkeiten: Die 33 Kupferstiche von ▶VP 1675B werden in ▶VP 1684, ausgenommen einen zu den georg., wiederholt. Vorlage für all diese seitenverkehrten, verkleinerten und vereinfachten Illustrationen sind die in ▶VP 1654A = ▶VP 1658A (Franz Cleyn), der Zyklus Nr. 29.

VP 1675B   *Zugänglichkeit*: In München nicht als Buch vorhanden, jedoch bei EEBO vollständig im 517 Images einschließlich 34 ‚Illustrations' digitalisiert nach dem Exemplar aus Dr. Williams' Library.

VP 1676   Opera, Amsterdam 1676

Opera. Nic(olaus) HEINSIUS Dan(ielis) f(ilius) e membranis compluribus iisque antiquissimis recensuit. Amstelodami, ex officina Elzeviriana, 1676.

Bibl.: MAMBELLI Nr. 338 ("con frontespizio inciso … e con una carta geografica … diversi esemplari, coi fogli chiusi, dell'ed. del Virgilio stampato nel ▶VP 1724A ad Amsterdam (apud Henr. de Sauzet) [= MAMBELLI Nr. 377] ai quali era stato posto un titolo inciso con la dicitura 'Amstelodami, ex officina Elzeviriana, 1676' … esistono esemplari in grand papier"); New York 1930, Case 13, Nr. 144 (□) und auch Nr. 145 ("Large paper impression of the preceding") = Princeton Item 173 und Item 170, vgl. dort auch Nr. 175; CBItalV Nr. 213 (∅); London 1982, Nr. 89; BL (Exemplar der National Library of Scotland).

Beschreibung/Abhängigkeiten: Neben einer Karte zur *Aeneae Troiani Navigatio ad Virgilij sex priores Aeneidos* (zwischen S. 86 und S. 87, 10,5 x 18,5, ohne ein zusätzliches Bild) ist die einzige Illustration ein Frontispiz mit einem Kupferstich (9,6 x 5,2): ein Schwan mit mächtig geöffneten Schwingen, der den Hals nach li. reckt, hält in den Füßen ein Blatt mit der Titelei und ein Band mit der Aufschrift „*Mantuanus olor*". Soweit ich sehe, ist dies das erste Mal, dass Vergil ausdrücklich allegorisch als "Schwan von Mantua" bezeichnet und dargestellt wird. Ausgangsbasis für eine solche an den Glauben, Schwäne seien große Sänger, anknüpfende ehrende Bezeichnung sind Stellen wie Verg. ecl. 9,36 (Gegensatz minderer Dichter - gute Dichter: *argutos inter strepere anser olores*); 8,55 (Adynaton *certent et cycnis ululae*); 9,29 (*Vare, tuum nomen, superet modo Mantua nobis, / ... / cantantes sublime ferent ad sidera cycni*). Eine Zusammenstellung des Dichters Vergil mit einem aus einem Tintenfass trinkenden Schwan gibt es aber bereits in der Ausgabe ▶VP 1652B; dieses Frontispiz ist im 17. Jh. mehrfach wiederholt worden, Näheres s. zu Leiden ▶VP 1652B. - Die ebenfalls bei Elzevir erschienene Ausgabe Amsterdam ▶VP 1690A könnte von ▶VP 1676 angeregt sein, ist aber offenbar mindestens durch die Hinzufügung eines Vergil-Medaillons verändert.

VP 1676 *Zugänglichkeit*: BSB A.lat.a. 2178 , daraus digitalisiert das Frontispiz mit dem *Mantuanus olor* und die Karte; DVD 2 .

VP 1677A Opera, Amsterdam (und London) 1677

Opera cum notis Thomae FARNABII. Amstelodami, Blaev (ex off. Janssonio-Wetsteiniana) apud Henr. Wetstenium, 1677.

Bibl.: MAMBELLI Nr. 339, fälschlich unter "1679" eingeordnet (□); Frankfurt 1930, Nr. 49 (StB Ffm); Perugia 1980, Nr. 64 (□, fälschlich als bei MAMBELLI fehlend bezeichnet); CBItalV Nr. 215 (Ø); BL (jedoch: Londini, typis Guil. Rawlings, pro R. Scott etc., 1677), danach EEBO.

Beschreibung: Die einzige Illustration, das Frontispiz (mit Büste des nach r. blickenden Vergil) ist sv.. und vereinfacht (die Götter in den Wolken sind eliminiert) aus ▶VP 1649A übernommen, s. dort.

VP 1677A Zugänglichkeit: Ganz digitalisiert bei EEBO (nach dem Exemplar der BL).

VP 1677B ■ + Illustrationen zu den Opera, Rom 1677

P. Vergilii Maronis opera quae supersunt in antiquo codice Vaticano ad priscam imaginum formam incisa a Petro Sancte BARTOLI. (Romae) sine tempore, 1677 [2°].

Bibl.: So der Titel im CBItalV Nr. 2994 ("55 tav."); fehlt bei MAMBELLI (doch vgl. dort Nr. 391 zu Rom ▶VP 1741C und im Rückblick auch zu Rom 1677, doch mit abweichendem Titel, s.u.); vgl. bei PASQUIER, 1992, S. 9, wo kein präziser Buchtitel angegeben, sondern nur vage von „un album de gravures dues à Pietro Sancte Bartoli" gesprochen wird; Princeton Item 683 („55 plates"). - Vgl. generell unten zu Rom ▶VP 1741C (Zyklus Nr. 33).

Beschreibung: Es handelt sich um relativ freie Nachstiche der Miniaturen aus dem cod. Vaticanus Latinus 3235 (Sigle F). Diese Handschriften-Illustrationen sind oft beschrieben und behandelt worden, u.a. in der zweisprachigen Ausgabe Vergil, Aeneis, lat.-deutsch, hrsg. und übersetzt von Johannes GÖTTE, München 4. Auflage 1979, S. 598-607 „Die erhaltenen Bilder" (des cod. F).

Abb.: Im Abb.-Teil bei PASQUIER, 1992: Abb. 2, 4 und 6 (Stiche Bartolis aus dem 17. Jh.), darunter Abb. 2 zu Aen. I 419-438 (Aeneas und Achates vor Karthago; nach Pict. Nr. 10 im Codex F, fol. 13r).

VP 1680A ■ **Opera, Leiden und Amsterdam 1680**

Opera in tres tomos divisa. Cum integris notis Servii ..., quibus accedunt obser-
vationes Jacobi EMMENESSII, cum indice Erythraei. Lugd(uni) Batavorum, apud
Jacobum Hackium, (et) Amstelodami, apud Abrahamum Wolfgang, 1680 [3
Vol., Aen. in T. 2-3].

Bibl.: MAMBELLI Nr. 341 ("con 3 frontespizi e 11 belle figure fuori testo
incise sul rame"); New York 1930, Case 13, Nr. und auch Case 20, Nr. 274 146
("with plates and illustrations") = Princeton Item 176; ODERMANN, 1931, 16
("dreibändige Ausgabe mit Titelblatt und 14 Bildtafeln (je eine für Bucolica und
Georgica, 12 für die Äneis: eine Regelung, an der die späteren niederländischen
Ausgaben festhalten, sämtlich von (G.) Appelmans gestochen), die jedoch in
ihrem geistlos-vulgären Ausdruck und ihrer mittelmäßigen Ausführung keinen
künstlerischen Fortschritt bedeuten."); CBItalV Nr. 217; Napoli 1981, Nr. 108
("„i tre volumi sono adornati da belle incisioni su rame di Gonsales Appelman
[*sic*]"); Wolfenbüttel 1982, D 42 (zu allen 3 Bänden, Vol. I ecl./georg., II Aen.
I-VI, III Aen. VII-XII, gebe es jeweils ein Frontispiz und dazu 3 bzw. 5 und 5
Kupfer [was ungenau ist, Bd. 2 und 3 haben kein Frontispiz, dafür aber je 6
Textillustrationen]; ... "Schöne, mit von G. Appelmans gestochenen Kupfern
illustrierte Vergiledition ,cum notis variorum'"; „Der Kommentar in kleineren
Typen zweispaltig unter dem Text, gelegentlich mit Illustrationen (z.T. aus
CERDAS Kommentar übernommen, hauptsächlich Abb. von Münzen"). - Aus-
nahmsweise ist die Beschreibung von Wolfenbüttel ungenau; wie immer präzise
und mit scharfem Urteil ODERMANN. – Im antiquarischen Internet-Buchhandel
wurde ▶ VP 1680A im November 2006 für 1.400 € angeboten.

Beschreibung: Außer je einer identischen Druckermarke auf dem Titelblatt der drei Bände (fliegender Adler mit der Devise „*movendo*") insgesamt 16
ganzseitige Kupferstiche, davon 2 in der Titelei, je 1 zu Beginn der ecl. und der
georg. (in Bd. 1), je 1 zu Beginn jedes Aen.-Buches; alle (der zu den georg. auf
dem Bügel der Pflugschar) signiert mit „*G. Appelmans sculp.*" Die Bilder sind,
bis auf die Antiporta, textlos und haben auch keinen Einfügungsvermerk. Für
die einzelnen Aeneis-Bücher sind es nicht bloße Auftaktbilder (mit einer Illustration der Anfangsszene), sondern wirkliche Titelbilder: sie stellen die in den
Augen des Illustrators wichtigste Szene des Buches dar. - Außer den ganzseitigen Bildern finden sich innerhalb des Sub-linea-Kommentars noch etliche einfache Zeichnungen von Objekten, vornehmlich Münzabbildungen.

VP 1680A Antiporta: Die 9 Musen umringen in einem Tempel ein Denkmal
Vergils mit der Aufschrift *P. VIRGILII MARONI(S) OPER(A),* die vorderste
schmückt seine Büste mit dem Lorbeerkranz; li. dahinter eine Sitzstatue
der Göttin Minerva.

Vor der Vita: Ein Genius (Engel) mit geöffneten Schwingen, in der Linken eine
Trompete haltend, sitzt auf einem Sarkophag mit einem Medaillon des
lorbeerbekränzten Vergil im Orsini-Typus (mit gegenübergestellter
Herme); li. und r. von diesem Medaillon eine Sphinx. - Dieser Kupferstich

ist in London ▶VP 1688C als Kupfertitel, ausgeführt von einem anderen Stecher, übernommen.

ecl. 1: Bukolische Szene mit zwei Hirten, von denen der eine die Flöte, der andere eine Syrinx bläst, unter einer Eiche sitzend.

georg. I: Eine Fruchtbarkeitsgöttin bzw. allegorische Gestalt (Abundantia? Copia? Ceres?) in ländlicher Szenerie inmitten von Haustieren und landwirtschaftlichen Geräten bei einem Bienenkorb.

Aen. I: Seesturm: Juno und eine Nymphe oben in den Wolken, geflügelte Windgötter; li. Aeolus; r. die trojanische Flotte (Aeneas nicht sichtbar).

Aen. II: Flucht der Gruppe des Pius Aeneas aus dem brennenden Troja nach li.; im Torbogen r. folgt noch Creusa; im Hintergrund li. das Hölzerne Pferd.

Aen. III: Das Harpyien-Abenteuer (die über dem Tisch fliegende Harpyie besteht nur noch aus einem blutenden Oberkörper).

Aen. IV: BILD 28 , vgl. BILD 31 . Die Schluss-Szene: Iris, von Juno aus den Wolken entsandt, schneidet der sterbenden Dido auf dem Scheiterhaufen eine Locke ab; klagende Frauen.

Aen. V: Die Spiele: im Vordergrund der Boxkampf (zwischen Dares und Entellus), im Mittelgrund die Preisrichter (darunter Aeneas und Acestes); r. im Hintergrund brennende trojanische Schiffe.

Aen. VI: Vorn im Nachen auf dem Acheron der Fährmann Charon, Aeneas und die Sibylle (alle drei überdimensioniert) mit dem Goldenen Zweig; im Hintergrund Tartarus-Szenen.

VP 1680A Aen. VII: Der Kriegsausbruch: Im Vordergrund beklagen Silvia und andere Frauen den verwundeten zahmen Hirsch; auf dem Dach des Hauses bläst die Furie Allecto die Kriegstrompete; notdürftig bewaffnete Landleute rennen ins Feld gegen trojanische Krieger.

Aen. VIII: Venus zeigt dem Aeneas die neuen Waffen - Panzer, Schild mit Medaillons, Schwert; im Vordergrund li. der Flussgott des Tibers.

Aen. IX: Die Schiffs-Metamorphose: Im Vordergrund wirft Turnus eine Brandfackel auf die trojanischen Schiffe, die in Nymphen verwandelt werden; oben in den Wolken wendet sich Kybele (mit Löwenwagen) mit entsprechender Bitte an Juppiter.

Aen. X: Oben in den Wolken Götterversammlung, Venus beklagt sich vor Juppiter und Juno; in der kleineren unteren Hälfte tobt eine Schlacht an einem Meeresufer, an dem Schiffe liegen.

Aen. XI: Reiterschlacht, Camilla wird gerade von einem Pfeil tödlich verwundet; oben in den Wolken sendet Diana die rächende Nymphe Opis aus.

Aen. XII: Schluss-Szene: Zweikampf zwischen Aeneas und Turnus vor den Mauern der Stadt des Latinus, auf denen sich Menschen drängen und in der bereits ein Turm brennt. Turnus' linker Oberschenkel ist von der Lanze des Aeneas durchbohrt; Turnus bittet Aeneas kniend um Gnade, dieser hält sein Schwert zum tödlichen Stoß bereit.

Würdigung: Die von G. Appelmans (über den ich bei ‚Google' nichts Näheres habe ausfindig machen können, außer dass er in den 60/70er Jahren des

17. Jh. noch weitere Kupferstiche geschaffen hat) entworfenen Bilder zur Aen. (Zyklus Nr. 34) sind figurenreich und zeugen von einem *horror vacui* des Künstlers. Sie sind von Bewegung erfüllt. Auffällig oft sind Aktionen von Göttern dargestellt (Aen. I, IV, VIII-XI), die Szene ist damit dann zweigeteilt. Gut komponiert ist Aen. VIII und die menschliche Aktion (also die untere Hälfte) auf den Bildern zu Aen. XI und Aen. XII.

Abhängigkeiten: Nur scheinbar hat dieser Vergil-Zyklus Nr. 34 von G. Appelmans keine Wirkung entfaltet. Es ist nämlich keine weitere Ausgabe mit Bildern, die seine Signatur aufweisen bekannt. In Wahrheit aber sind seine Kupferstiche von ▶VP 1680A in ▶VP 1707 und ▶VP 1712C von anonymen Stechern nachgeahmt worden. F. de la Monce hat sie ebenfalls mit kleineren Variationen übernommen und sie mit einer ungewöhnlichen Dreistigkeit in ▶VP 1714A, ▶VP 1716B, ▶VP 1729B und ▶VP 1730C mit seinem eigenen Namen neu signiert. – Appelmans selbst ist vielleicht motivisch von einigen der Kupferstiche von Franz Cleyn in ▶VP 1654A = ▶VP 1658A (bzw. in späteren Übernahmen dieses Zyklus Nr. 29 beeinflusst. Das Bild zu Aen. I in ▶VP 1680B ist Pict. 31 in ▶VP 1654A = ▶VP 1658A ähnlich, das gleiche gilt für Aen. II /Pict. 42, Aen. III/Pict. 45, Aen. IV/Pict. 54, Aen. V/Pict. 58, (Aen. VI und Aen. VII haben in ▶VP 1654A = ▶VP 1658A kein Gegenstück), Aen. VIII/Pict. 79, Aen. IX/Pict. 81, Aen. X/Pict. 86, Aen. XI/Pict. 96 und Aen. XII/Pict. 101. Eine Abhängigkeit Apelmans' von Cleyn ist also in den meisten Fällen anzunehmen, doch ist sie nicht besonders stark ausgeprägt.

Abb.: Frontispiz mit Titelseite zu Vol. II (die trojanische Flotte im Seesturm) bei Wolfenbüttel 1982, S. 95; EV 4, 1988, 395 (Aen. VI: Aeneas und die Sibylle im Nachen Charons).

VP 1680A   *Zugänglichkeit*: BSB A.lat.a. 2179 , daraus sind alle Seiten mit Bildern (Antiporta, 3 Titelseiten, 1 Vita, 1 buc., 1 georg., 12 Aen.; insgesamt 19) digitalisiert; DVD 2 .

VP 1680B   + J. FELLER: Auszug aus den Opera Vergils, Leipzig 1680
(Joachim FELLER:) Flores philosophici ex P. Virgilii Maronis Bucolicis et Georgicis, dogmata physica in se continentibus, necnon ex libris XII Aeneidos boni principis ideam, imo ethicam politicamque exhibentibus, collecti a L. Joachimo FELLERO. Lipsiae, Georg Heinrich Frommann, 1680.

Nicht bei MAMBELLI; angeführt nur Wolfenbüttel 1982, D 216 („Kupfert.; Der Polyhistor und Professor für Poesie in Leipzig Joachim Feller (1628-1691) interpretiert in dieser ‚Blütenlese' einzelne Verse oder Versgruppen nach ihrem philosophischen Gehalt").

VP 1681A   Opera, Rotterdam 1681
Opera cum annotationibus Johannis MIN-ELLII. Roterodami, apud viduam (auf der Antiporta stattdessen: Opera quibus selectiss. adiunxit notas Joh. MIN-ELLIUS ... typis viduae) Arnoldi Leers, 1681.

Bibl.: MAMBELLI Nr. 342 ("con antiporto inciso") mit Hinweis auf ristampa 1697, typis Reyneri Leers; CBItalV Nr. 219 (Ø); Mantua 1981, Nr. 23 (1682); Napoli 1981, Nr. 109 (1681; "Bel frontespizio inciso a piena pagina con scene ispirate alle tre opere maggiori; anche qui compare il cigno, simbolo del poeta"); Princeton Item 178. - 1. Auflage Rotterdam

1674, weitere Ndrr. 1751, 1802, 1851. - Die Ausgabe samt der Antiporta wird Rotterdam ▶VP 1682B (mit geändertem Text der Titelei) wiederholt, s. dort. Vgl. auch ▶VP 1704A.

Beschreibung: Die Antiporta (12,0 x 6,8) zeigt in der kleineren oberen Hälfte die Flucht der Gruppe des Pius Aeneas aus dem brennenden Troja; in der Mitte bietet ein Baldachin mit einem En-face-Porträt Vergils den Hauptteil der Titelei; li. daneben eine bukolische, r. eine bäuerliche Szene; unten hält ein stehender Schwan mit ausgebreiteten Schwingen und nach li. gebogenem Hals eine Rolle mit dem Rest des Titels. - Zu dem Motiv des aus einem Tintenfass trinkenden Schwans und Vergil vgl. auch das Frontispiz in der Ausgabe Leiden ▶VP 1652B und dessen vielfache Übernahme (s. zu ▶VP 1652B) sowie die andersartige Konzeption (Vergil als *Mantuanus olor*) in Amsterdam ▶VP 1676 und ▶VP 1690A.

VP 1681A   *Zugänglichkeit*: BSB A.lat.a. 2180 (1681; stark beschädigt), daraus digitalisiert die Antiporta (nicht die Titelseite mit Druckermarke), DVD 2; vgl. BSB A.lat.a. 2186 (= ▶VP 1704A).

VP 1681B   ◻ franz. Übers. der Opera, mit lat. Text, Paris 1681
Virgile, de la traduction de Mr [Étienne Algay] DE MARTIGNAC. Paris, J. B. Coignard, 1681 [3 Vol.].

Bibl.: MAMBELLI Nr. 1102 (Ø); PASQUIER, 1992, Nr. 54 (erwähnt noch eine Séconde édition revue et corrigée, Paris, Guillaume de Luyne, ▶VP 1686A). Vgl. unten zur 3. Auflage Lyon, Molin, ▶VP 1687 = MAMBELLI Nr. 1103. – Dass die Ausgabe auch den lat. Text enthält, geht aus einem kanadischen Katalog hervor.

Lit.: PASQUIER, 1992, Nr. 54 (mit S. 112-114): Dieselben Kupferstiche - eine Zahl ist nicht angegeben - nach Vorlagen von F. Chauveau wie in der franz. Übersetzung ▶VP 1649B [Paris, Toussainct Quinet, 1649 = PASQUIER, 1992, Nr. 43; s. oben], also Zyklus Nr. 27, doch sv. gestochen von J. Sauvé; Ndr. ▶VP 1686A. - Wenn ein Vergleich von ▶VP 1649B mit der späteren Ausgabe ▶VP 1697C auch für die mir nicht zugängliche Ausgabe ▶VP 1681B gelten darf, sind mindestens die Bilder für Aen. I, II, III, VIII und XI sv., nicht die für Aen. V, VI und XII; für Aen. IV, VII, IX und X ist mir kein Urteil möglich.

Abb.: Im Abb.-Teil bei PASQUIER, 1992: Abb. 307 mit dem Frontispiz; ferner vier Bilder zur Aen.: Abb.132 zu Aen. I (Aeneas und Achates vor Dido), Abb. 187 zu Aen. IV (Mercur erscheint Aeneas), Abb. 242 zu Aen. IX (Nisus will Tod des Euryalus rächen) und Abb. 255 zu Aen. X (Götterversammlung).

VP 1681B   *Zugänglichkeit*: Diese Erstausgabe ist in München nicht vorhanden, doch vgl. die Digitalisate aus den von MAMBELLI nicht aufgeführten Nachdrucken Paris ▶VP 1697C = BSB A.lat.a. 2182 und Lyon ▶VP 1712A = BSB A.lat.a. 2187.

VP 1681C   **ital. Übers. der Aeneis, Venedig 1681**
L'Eneide tradotta in ottava rima da Pier Antonio CARRARA, con gli argomenti del mede(si)-mo. Venetia, Gio. Francesco Valvasense, 1681.

Bibl.: MAMBELLI Nr. 827 (◻); CBItalV Nr. 2097 (Ø). - Die Übersetzung ist Francesco II., Herzog von Modena, gewidmet.

Beschreibung: Enthalten ist nur eine allegorische Antiporta (Format 12,0 x 6,4): in der Mitte fährt ein gewappneter Krieger auf einem von zwei Pferden gezogenen Streitwagen, hinter ihm ein Flussgott (?) mit langem Stab bei der römischen Wölfin mit den Zwillingen; darunter im Vordergrund ein weiterer Flussgott mit Wasserurne und blumengefülltem Füllhorn, vor ihm ist li. ein Löwe gelagert. Über dem Zweigespann schwebt ein weiblicher geflügelter Genius des Ruhms mit zwei Trompeten; von der Trompete in ihrem linken Arm wallt eine Fahne mit einem Wappen (in vier Feldern je zweimal drei Lilien und offenbar ein Doppeladler?) herab. Der Kupferstich ist - schwer lesbar - signiert mit „Soror Isabella Picina (?) sculpsit". - Möglicherweise liegt eine Variation der Allegorie im Frontispiz der holländischen Übers. Amsterdam ▶VP 1646B vor: der Held Aeneas bewegt sich (allerdings in falscher Richtung) zwischen Rom und Troja.

VP 1681C   *Zugänglichkeit*: Nicht in der BSB, aber UB München 8 A.lat. 1594.

VP 1682A   Opera, Paris 1682

Opera. Interpretatione et notis illustravit Carolus RUAEUS Soc. Jesu. 'iussu christianissimi regis ad usum serenissimi Delphini. Secunda editio. Parisiis, apud Simonem Benard, 1682 [4°]. - Die Bibliographien schwanken beim Namen des Verlegers (wie für ▶VP 1675A) zwischen Benard und Bernard; richtig ist Benard. - Zur Originalausgabe Paris ▶VP 1675A s. dort.

Bibl.: MAMBELLI Nr. 343 ("con antiporta, vignetta al titolo, con l'arme regale alla dedica e varie belle testate allusive"), 2. Auflage; 1. Auflage ▶VP 1675A = MAMBELLI Nr. 336; ODERMANN1931, 15f. ("zweite Fassung der ‚Editio ad usum Delphini', die unter den drei vorhandenen Ausgaben (erste im ▶VP 1675A, dritte von ▶VP 1726A) von jeher, allerdings zunächst um ihrer typographischen Schönheit und Übersichtlichkeit willen, als die beste gegolten hat"); Mantua 1981, Nr. 22 („antiporta con splendida incisione di L. Cossin, recante in testa lo stemma regale di Francia e alla base l'effigie di Virgilio; frontespizio con piccola incisione e testate allusive all'inizio della dedica al Delfino e delle tre opere. Finissime le incisioni dei capilettera"); CBItalV Nr. 220 (Ø); Princeton Item 179.

Lit.: ODERMANN, 1931, 16: „Der gesamte Buchschmuck gehört dem Entwurf und größtenteils auch dem Stich nach L. Cossin an. Außer dem als Tafel dem Titelblatt vorangehenden Eingangsbild (Rettung Arions durch den Delphin), das nach Erfindung und Technik nicht über den Durchschnitt hinausragt, und der frischen, mit gutem architektonischen Blick in das Textbild eingegliederten Puttendarstellung des Titelblattes erscheint die Illustration nur in Gestalt der (zu Beginn der Vorrede und der drei Gedichte auftretenden) Kopfleisten, deren Gegenstände dem folgenden Text entnommen sind, und der Initiale, die mit ... einfachen, geschmackvollen Illustrationsmotiven in weißer Tönung ebenso regelmäßig eingefügt ist. Künstlerisch wie technisch am höchsten steht der (übrigens nicht von Cossin ausgeführte) Stich der dritten Leiste, der in kräftiger Tönung ... die römische Wölfin mit ihren menschlichen Säuglingen, umgeben von gut gruppierten Waffen, darstellt."

Beschreibung: ▶VP 1682A enthält dieselben 6 Illustrationen wie die Erstausgabe Paris ▶VP 1675A, s. dort.

Abb.: Bei Mantua 1981, Nr. 22: Antiporta (Arion mit Delphin) und das Titelblatt mit einer Vignette der geflügelten, die Trompete blasenden Allegorie des Ruhms.

Zugänglichkeit: BSB 4 A.lat.a. 671 h (daraus keine Digitalisate).

VP 1682A   *Abhängigkeiten*: Bei MAMBELLI Nr. 343, finden sich Hinweise auf "innumerevoli edizioni e ristampe" dieser Edition ▶VP 1682. In der Tat ist die kommentierte Ausgabe von C. RUAEUS die wohl erfolgreichste aller Vergil-Editionen. Einige weisen gar keine Illustrationen auf, viele nur solche im Titelbereich (besonders eine Antiporta) oder nur eine Karte der Fahrt des Aeneas, manche aber auch einen von zwei verschiedenen Kupferstichzyklen.

Als eigenes Lemma sind in diesem Handbuch zusätzlich zur Originalausgabe Paris ▶VP 1675A und der vorliegenden Secunda editio ▶VP 1682A aufgeführt: Amsterdam ▶VP 1690B, London ▶VP 1695A, London ▶VP 1695B, London ▶VP 1707, London ▶VP 1712C, Venedig ▶VP 1713, Paris ▶VP 1714A, Paris ▶VP 1714B, London ▶VP 1715,

Paris ▶VP 1722, Den Haag ▶VP 1723, Paris ▶VP 1726A, Paris ▶VP 1729A, Paris ▶VP 1730C, London ▶VP 1740, London ▶VP 1746C, Bassano ▶VP 1747A, London ▶VP 1753C, London ▶VP 1759A, London 1765B, Dublin ▶VP 1772A, London ▶VP 1777A, London ▶VP 1787B, Dublin ▶VP 1790F, London ▶VP 1817. Siehe jeweils dort die Einzelbeschreibung.

Nicht im vorliegenden Handbuch berücksichtigt, weil keine Illustrationen enthaltend, sind folgende in der BSB vorhandenen Ausgaben von C. RUAEUS:

Monachium/München 1720 (2 vol.):	BSB A.lat.a. 2190;
Monachium/München 1735 (3 vol.):	BSB A.lat.a. 2192;
Turnavia/Tirnau (Ungarn) 1735 (3 vol.):	BSB A.lat.a. 2193;
Ingolstadium/Ingolstadt 1748 (1 vol.):	BSB ESlg A.lat.a. 2606k;
Monachium/München 1760 (1 vol.):	BSB A.lat.a. 2200c;
Venetiae/Venedig 1811A (2 vol.):	BSB A.lat.a. 2222.

VP 1682A   Die Ausgaben von C. RUAEUS scheinen in der Regel Illustrationen zunächst allenfalls im Titelbereich aufzuweisen, so in Paris ▶VP 1675A, Paris ▶VP 1682A, Amsterdam ▶VP 1690B, London ▶VP 1695A, London ▶VP 1695B, Venedig ▶VP 1713, London ▶VP 1715, Paris ▶VP 1722 und Paris ▶VP 1729A.

Zweimal jedoch werden verschiedene Kupferstich-Zyklen integriert:

(a) Offenbar ursprünglich für eine Ausgabe von C. RUAEUS geschaffen ist der Kupferstichzyklus Nr. 38 von F. De la Monce, der unsigniert bereits in London ▶VP 1707 und London ▶VP 1712C belegt ist und erst dann in anderen Ausgaben, nämlich Paris ▶VP 1714A (dort erstmals signiert), vielleicht auch Paris ▶VP 1714B, und sicher Paris ▶VP 1716B sowie ▶VP 1729B übernommen wurde; er taucht wieder in der Ausgabe von C. RUAEUS Paris ▶VP 1730C auf, vielleicht auch in Paris ▶VP 1726A und Den Haag ▶VP 1723. In Wirklichkeit hat aber F. De la Monce nur den Kupferstichzyklus Nr. 34 von G. Appelmans, Leiden/Amsterdam ▶VP 1680A mit kleinen Variationen übernommen.

zu VP 1682A   **(b)** Erstmals in die Ausgabe von C. RUAEUS London ▶VP 1740 wird der von A. Houbraken entworfene Kupferstich-Zyklus Nr. 39 aus Leeuwarden ▶VP 1717B übernommen und dann (mit kleinen Unterschieden in der Vollständigkeit) in den Londoner Ausgaben ▶VP 1746C, ▶VP 1753C, ▶VP 1759A und ▶VP 1765B wiederholt, vielleicht auch in Dublin ▶VP 1772A. Danach schrumpft in den Ausgaben London ▶VP 1777A, London ▶VP 1787B, Dublin ▶VP 1790F und London ▶VP 1817 die Illustration auf die Einlage nurmehr der Karte der *Aeneae navigatio* aus ▶VP 1717B zusammen, ebenso wie schon in Paris ▶VP 1729A und Bassano ▶VP 1747A.

VP 1682B   **+ Opera, Rotterdam 1682**
Opera cum annotationibus Johannis MIN-ELLII. Roterodami, apud viduam Arnoldi Leers, 1682.

Bibl.: Fehlt bei MAMBELLI zu Nr. 342 = Rotterdam ▶VP 1681A; verzeichnet mit Abb. von Antiporta und Titelseite nur Mantua 1981, Nr. 23 (1682); es muss sich um einen Nachdruck von ▶VP 1681A handeln.

Beschreibung: An Illustrationen ist offenbar nur die Antiporta enthalten. Sie ist eine Wiederholung der Antiporta von Rotterdam ▶VP 1681A, doch enthält jetzt (in ▶1682B) das untere Textfeld, das von dem Schwan gehalten wird, die Angabe: Amstelodami, ex officina Stephani Swart, anno 1682. (Die gegenüberstehende Titelseite bietet dagegen den Text: Roterodami, apud viduam Arnoldi Leers, anno 1682.)

VP 1682C   **+ Opera, London 1682**

Opera cum annotationibus Johannis MIN-ELLII. Londini, apud Johannem Gellibrand, biblio-
polum Londinensem, 1682 (so der Haupttitel).

   Bibl./Zugänglichkeit: Fehlt bei MAMBELLI zu Nr. 342 = Rotterdam ▶VP 1681A und
in anderen Bibliographien; bekannt nur durch die vollständige Digitalisierung in 378 Images
bei EEBO nach einem Exemplar der Bodleian Library. Diese Ausgabe ist nicht identisch mit
▶VP 1682B

   Beschreibung: Einzige Illustration ist die Antiporta (Image 1 bei EEBO). Sie ist angelehnt an die Antiporta von Rotterdam ▶VP 1681A und enthält auf dem Titelfeld sogar denselben Text einschließlich der Verlagsangabe *Rotterodami, apud viduam Arnoldi Leers*; ist
aber in wesentlichen Punkten verändert. Gleich geblieben ist nur das obere Bildfeld mit der
Flucht des Pius Aeneas aus dem brennenden Troja. Über dem Titelfeld ist jetzt ein modernes
Porträt (des Johan Minell?) eingefügt, unter dem Titelfeld das Vergils beibehalten. Li. und r.
sind je 2 Wappen angeordnet, mit teils unleserlichen Beischriften, die vielleicht auf vier verschiedene Stecher gehen, denn oben li. ist *Pauls sc.* und unten r. *Winton sc.* zu erkennen. Der
Schwan von ▶VP 1681A ist getilgt, aber es gibt ein zweites unteres Textfeld mit der Aufschrift *Londoni, Apud Johannem Gellibrand, anno 1682*.

VP 1683   □ **Opera, mit ital. Kommentar, Venedig 1683**

L'opere, cioè la Bucolica, la Georgica, e l'Eneide commentate in lingua volgare toscana da
Giovanni FABRINI da Fighine, Carlo MALATESTA da Rimene, e Filippo VENUTI da Cortona,
Venetia, Baglioni, 1683 [4°].

   VP 1683   *Bibl.*: MAMBELLI Nr. 347 ("con incisioni nel testo"), ristampa, nämlich
offenbar der Übers. Venetia, Baglioli, ▶VP 1672A = MAMBELLI Nr. 332; CBItalV Nr. 221
(Ø; 2°). - Zu weiteren Ausgaben vgl. ▶VP 1597C und ▶VP 1588B.

VP 1684   □ **engl. Übers. der Opera, (London) 1684**

The works of P. Virgilius Maro translated by John OGILBY, and adorn'd with
sculptur I. Drapentier sculp.t. (London), sold by Tho(mas) Guy …, 1684.

   Bibl.: Nicht bei MAMBELLI zu Nr. 1364 (1649), Nr. 1365 (1654) oder Nr.
1366 (1668) oder in anderen Bibliographien; aufgeführt allein bei EEBO (danach die Titelaufnahme, EEBO bietet ‚sculptur.') und Princeton Item 350 (mit
dem unpräzisen Hinweis: „Title-page engraved by I. Drapentier. Engraved plate
before each part"); BL (COPAC: „[34] leaves of plates").

   Beschreibung: Neudruck des „second English Virgil" von John OGILBY
(Originalausgabe ▶VP 1654A), jedoch angereichert um Randglossen, so dass
der Satzspiegel verändert ist. Er gilt als 4. Auflage der Übersetzung, nach ▶VP
1654A (1.) - London 1665 wird offenbar übergangen -, ▶VP 1668B (2.) und
▶VP 1675B (3.). Die Zahl der Tafeln zur Textillustrierung ist auch hier, wie in
▶VP 1675B, auf 33 herabgesetzt (in ▶VP 1675B werden bei EEBO nur aufgrund einer technisch bedingten Dublette 34 ‚Illustrations' gezählt): 1 Frontispiz, 10 zu den ecl., 10 zu den georg. (statt 11 in ▶VP 1675B), 12 zur Aen.
Zugrunde liegen die von F. Cleyn entworfenen Kupferstiche für ▶VP 1654A =
▶VP 1658A (Zyklus Nr. 29), s. die Beschreibung bei ▶VP 1658A. Es handelt
sich in ▶VP 1684 (jedenfalls für die Aeneis) um eine direkte Übernahme der
vereinfachten Nachstiche von I. Drapentier (je 1 für jedes der 12 Aeneis-Bücher)
aus ▶VP 1675B. Wie in ▶VP 1675B ist als Titelbild für die 12 Aen.-Bücher

die jeweilige erste Illustration zu diesem Buch in ▶VP 1654A = ▶VP 1658A (Zyklus Nr. 29) als Vorlage genommen (Ausnahme: Aen. V), immer sv.: Aen. I - Image 86 - Pict. 31; Aen. II - Image 99 - Pict. 37; Aen. III - Image 111 - Pict. 43; Aen. IV - Image 123 - Pict. 49; Aen. V - Image 134 - Pict. 54 (letzte zu Aen. IV); Aen. VI - Image 146 - Pict. 62; Aen. VII - Image 161 - Pict. 70; Aen. VIII - Image 173 - Pict. 76; Aen. IX - Image 184 - Pict. 80; Aen. X - Image 196 - Pict. 86; Aen. XI - Image 209 - Pict. 91; Aen. XII - Image 221 - Pict. 97.

Neu ist ▶1684 die Hinzufügung eines Frontispizes (Image 1 bei EEBO): es ist die Übernahme des Frontispizes aus dem „first English Virgil" OGILBYs ▶VP 1649A = ▶VP 1650C (nach li. gewendete Vergilbüste inmitten von drei Aen.-Szenen, li. zwei kämpfende Heere, r. Schiffe im Sturm, oben in den Wolken li. Venus mit Amor, Juppiter, r. Juno), diesmal jedoch mit einer neuen Signatur von I. Drapentier und der Datierung 1684.

Abhängigkeiten: Direkte Vorlage ist ▶VP 1675B; zugrunde liegen sv. Nachstiche von ▶VP1654A = ▶VP 1658A (Franz Cleyn, Zyklus Nr. 29).

VP 1684   *Zugänglichkeit*: In München nicht vorhanden, jedoch bei EEBO vollständig in 233 Images einschließlich der 33 (nicht 34) ‚Illustrations' digitalisiert nach dem Exemplar der University of Illinois, Urbana-Champaign.

VP 1685   Opera, Amsterdam 1685

Opera. Cum notis Thomae FARNABII. Amstelodami, apud Ianssonio-Waesbergios, 1685.

Bibl.: MAMBELLI Nr. 349 (□) bietet als Erscheinungsjahr 1635 (wohl ein Druckfehler), ordnet die Ausgabe aber unter 1685 mit der Angabe „iuxta exemplar Elseviriorum (ex off. Wetsteiniana)" und ohne Hinweis auf FARNABIUS ein. Wahrscheinlich identisch ist CBItalV Nr. 222: Opera cum notis Thomae FARNABII, Amstelodami, apud Ianssonio Waestergios [*sic*] 1685. - Titelaufnahme nach dem Exemplar der BSB.

Beschreibung: Nur Kupferstich-Frontispiz (10 x 7), das den nach li. gewendeten Pius Aeneas mit Ascanius in einem Torbogen bei der Flucht aus Troja zeigt. Vorbild ist gewiss ein diese Szene darstellendes Gemälde (1598) von Federico Barocci (1528 oder 1535 - 1612), das seitenrichtig, aber unter Eliminierung Creusas, wiedergegeben ist; vgl. die Doppel-Abb. 308 bei PASQUIER, 1992, S. 453 mit der sv. Übernahme durch P. Landry in der franz. Aen.-Übers. von Jean Regnauld DE SEGRAIS, Paris ▶VP 1668C = PASQUIER, 1992, Nr. 50. Dies ist der jüngere Typus eines Frontispizes mit der Gruppe des Pius Aeneas (der Typus mit dem Torbogen) gegenüber dem älteren (seit 1650 mehrfach belegten) Typus, der die Gruppe zwischen zwei Säulen zeigt.

Zugänglichkeit: BSB A.lat.a. 2181, daraus digitalisiert das Frontispiz; DVD 2. Ferner UB München 8 A.lat. 1522.

VP 1686A   ◻ franz. Übers. der Opera, Paris 1686

Virgile, de la traduction de Mr [Étienne Algay] DE MARTIGNAC. Séconde édition revue et corrigée. Paris, Guillaume de Luyne, 1686.

Bibl.: Fehlt bei MAMBELLI zu Nr. 1102, der Originalausgabe Paris ▶VP 1681B; nur erwähnt bei PASQUIER, 1992, zu Nr. 54, der Originalausgabe Paris ▶VP 1681B. Näheres s. dort und zu den späteren Auflagen Lyon ▶VP 1687, Paris ▶VP 1697C und Lyon ▶VP 1712A.

VP 1686B ◻ **? ital. Übers. der Opera, Venedig 1686**

Vergilio. Le opere, cioè la Bucolica, la Georgica e l'Eneide, nuovamente da diversi eccellenti autori tradotte in versi sciolti.Venetia, Cometti, 1686.

Bibl.: MAMBELLI Nr. 829 ("stimata edizione con silografie nel testo"), vgl. jedoch MAMBELLI Nr. 801bis zu der Übers. Venetia, appresso Giacomo Comelli, ▶VP 1586C, wonach wohl auch in ▶VP 1686B in Comelli zu verbessern ist; laut MAMBELLI Nr. 801bis sind die einzelnen Übersetzer dieselben wie in der Übers. Fiorenza, Giunti, ▶VP 1556B und Vinegia, Farri, ▶VP 1559B.

VP 1687 ◻ **franz. Übers. der Opera, mit lat. Text, Lyon 1687**

Œuvres de Virgile. Texte et traduction par Etienne Algay DE MARTIGNAC. Lyon, Antoine et Horace Molin 1687 [3 Vol.].

Bibl.: MAMBELLI Nr. 1103: "con incisioni. Terza edizione"; Princeton Item 180 („illustrations"); bei der Erstausgabe MAMBELLI Nr. 1102 (Paris ▶VP 1681B, 3 Vol., Ndr. Paris ▶VP 1686A) und den späteren Ausgaben MAMBELLI Nr. 1105 (Paris, Michel David, 1708) sind keine Illustr. erwähnt. Vgl. oben zur Erstausgabe Paris ▶VP 1681B.

Beschreibung: Eine Beschreibung der (vermutlich) enthaltenen Illustrationen s. bei ▶VP 1697C. (KALLENDORF, brieflich, bestätigt aber für Aen. I nicht die Identität.) Sie gehen auf ▶VP 1649B und damit auf F. Chauveau zurück.

VP 1687 *Zugänglichkeit*: Die BSB besitzt weder die Erstausgabe ▶VP 1681B noch diese ‚3. Auflage' ▶VP 1687, wohl aber zwei in den Bibliographien sonst nicht erwähnten Neudrucke als BSB A.lat.a. 2182 = Paris ▶VP 1697C und als BSB A.lat.a. 2187 = Lyon ▶VP 1712A, s. dort.

VP 1688A ■ **G. J.** LANG / **G. C.** EIMMART: **Aeneis-Bilder, Nürnberg 1688**

Peplus virtutum Romanarum in Aenea Virgiliano ejusque rebus fortiter gestis, ad majorem antiquitatis et rerum lucem, communi juventutis sacratae bono, aere renitens. Inventione G. J. Langii. Opera G. C. Eimmarti. Norimbergae, apud Leonhardum Loschge, 1688, 48 S. [4°] = Erneuertes Gedächtnüß Römischer Tapferkeit an den unvergleichlichen Virgilianischen Helden Aeneas und seinen [*sic*] großmüthigen Thaten. Zu mehrer Erläuterung deß hochschätzbaren Alterthums der edlen Jugend zum gemeinen Besten. In 50 Kupfern vorgebildet von Georg Jacob Lang und Georg Christoph Eimmart. Nürnberg, zu finden bey Leonhard Loschge 1688 (oder: sumptibus Johannis Leonhardi Buggelii bzw. verlegts Johann Leonhard Buggel, Norimbergae bzw. Nürnberg, sine anno).

Bibl.: Dieses Bilderbuch ist in den Vergil-Bibliographien oder -Katalogen nur in New York 1930, Case 20, Nr. 274 genannt („numerous engravings by Georg Christoph Einmart [*sic*]") = Princeton Item 702 und Item 703a (hier richtig mit EIMMART). Die jeweils zwei in Princeton und in der BSB vorhandenen Exemplare zeigen, dass das Buch bei zwei verschiedenen Verlegern (Loschge und Buggel) Nürnberg 1688 erschienen ist.

Lit.: Das nur aus 50 Kupferstichen zur Aeneis (Zyklus Nr. 35) bestehende Buch ist 'wiederentdeckt' worden von meiner Schülerin Maria RUTENFRANZ: Götter, Helden, Menschen. Rezeption und Adaption antiker Mythologie in der deutschen Kinder- und Jugendliteratur, (Diss. München 2002 =) Frankfurt a. M. u.a. 2004 (Kinder- und Jugendkultur Bd. 26), S. 189-195, Exkurs: ‚Der bebilderte Vergil' in dem der Rezeption der Aeneis im Kinder- und Jugendbuch gewidmeten Kapitel 3: Vergil für Kleine - von der Aeneis zum ‚Äneas' (ohne Abb.). RUTENFRANZ ist zunächst auf 30 dieser 50 Kupferstiche, doch ohne präzise Herkunftsangabe, in einem (neben den ‚Schönsten Sagen des classischen Alterthums' von Gustav SCHWAB, erstmals Stuttgart 1838-1840) ‚klassischen' Werk der deutschen Jugendliteratur gestoßen, in Gustav SCHALK: Römische Heldensagen. Für die Jugend bearbeitet von Gustav SCHALK, 4. Auflage mit 16 Vollbildern und vielen Textbildern nach alten Kupfern, Berlin o. J. (ca. 1923); offenbar enthält auch schon die 3. Auflage, Berlin, Neufeld & Henius, ca. 1910, diese „Textbilder nach alten Kupfern"; sie ist laut KVK in der UB Regensburg und (dort besser beschrieben) in der UB Oldenburg vorhanden. - Entsprechend der Ausrichtung ihrer Dissertation würdigt RUTENFRANZ nur die Auswahl von 30 Kupferstichen in der Ausgabe von ca. 1923, nicht die originale Gesamtbebilderung in ▶VP 1688A. - Die Entwürfe der 50 Kupferstiche stammen von dem Nürnberger Maler und Arzt Georg Jakob Lang (1655-1740), gestochen sind sie von Georg Christoph Eimmart (1638-1705). Die mit 1-50 nummerierten Bilder, unter denen auf Latein die Anfangsverse der dargestellten Szene und die Stellenangabe stehen, bilden den Hauptteil des Buches. Das Werk hat keinerlei Paginierung; nach dem letzten Bild steht *Finis*.

VP 1688A   *Äußere Beschreibung*: Auf dem ersten Blatt steht in kursiver Schrift nur *Publii Virgilii Maronis Aeneas* (nicht *Aeneis*). Das 2. Blatt bietet eine allegorische Antiporta (14,6 x 19,2), die etwas größer ist als die folgenden Text-Bilder (normalerweise 12,7 x 18,6); sie zeigt u.a. (Näheres s.u.) den lorbeerbekränzten Vergil in Betrachtung eines Reliefs, auf dem der Pius Aeneas aus Troja flieht. Auf dem 3. Blatt steht der Titel in deutscher Fassung: *Erneuertes Gedächtnüß* ..., auf dem 4. Blatt der Titel in lat. Fassung: *Peplus virtutum Romanarum* ... Dann folgt eine *Vorrede an den Leser* und eine *Anmerckung an den hochgeneigten Leser und kunst-verständigen Betrachter dieses Wercks*. In der *Vorrede an den Leser* heißt es: „Gegenwärtiges Werck ... ist eingerichtet worden nach des höchsten Dichters Virgilii Anleit- und Anweisung welche Er in seinem großen Gedichtes von des Aeneae Schiffarthen und Krieges-Thaten selbe nachmahlen in lebendiger Abmahlung und Kupffer auszuführen und vorzustellen der Nachwelt gleichsam dargegeben und hinterlassen hat." (Vergil ist also gewissermaßen selber der Bild-Entwerfer.) - Aus dem Schluss der Vorrede geht hervor, dass die den 12 Büchern jeweils vorangestellten lat. Argumenta von Paullus MANUTIUS stammen und nur zusätzlich „in unsere hoch-teutsche Sprache" übersetzt sind. Am Rande der deutschen Übersetzung des Argumentums, das jedoch jeweils dem lateinischen vorangestellt ist, wird jeweils *suo loco* auf die diesem Buch beigegebenen Figuren hingewiesen. -

VP 1688A Die auf die *Vorrede* folgende *Anmerckung* beginnt mit folgender Empfehlung: „Großgünstiger Hochgeneigter Leser / auch Kunstliebhabender Betrachter gegenwärtiges kunstreichen Wercks / so nach der Mahler / Zeichner und Kupferstecher artifici, Kunst und Wissenschafft / omnibus numeris vollkommen und perfect hier vor Augen gestellt wird / geduncket mich / dass nicht undienlich sejn werde demselben zur besseren Begreiffung dieses Wercks Schönheit und Nachdenckens / über solches ein und andere dilucidation / wie die Latini also reden / hier anzufügen. Was nun den Poeten Virgilium anlanget, aus dessen Büchern / Aeneida genannt / 52. Kupferblat hier vor Augen stehen: So ist denen Gelehrten bekannt / dass der Poet Virgilius billich / ein Fürst und Vorgeher aller Poeten / sonderlich der Lateiner / mag und könne genannt werden. Er war seiner Geburt nach / ein Mantuaner …" Es folgt eine Vita Vergils mit Rezeptionsdokumenten. Ein Verfasser dieser *Anmerckung* ist nicht genannt. Sie endet mit: „Also wolle der geneigte Leser und Betrachter dieses Wercks / diese Kunst- und Inventions.-reiche Arbeit ihme lassen recommendirt sein / und bleibe dem Verleger dieses Wercks im guten beygetan." Enthalten sind im Buch aber nicht 52 Kupferstiche, wie in der *Anmerckung* angekündigt, sondern (wie im Titel versprochen) nur 50 (bzw. unter Einrechnung der Antiporta 51). Den 50 Kupferstichen, die jeweils auf dem Verso ungezählter Blätter stehen, geht (ebenfalls auf ungezählten Seiten) eine Zusammenstellung von Inhaltsangaben der 12 Bücher voraus. Sie bestehen jeweils in einem etwa 1 Seite einnehmenden lat. Argumentum, das von Paulus MANUTIUS stammt, und einer deutschen Übersetzung dieser Zusammenfassung des Inhalts des betreffenden Buches, jedoch in der Abfolge zuerst das deutsche, dann das lat. Argumentum. Am Rande nur der deutschen Version der Argumenta ist *suo loco* auf die auf die diesem Buch beigegebenen und später folgenden Bilder (*Fig.*) vorausverwiesen.

Einen lat. Vergil-Text enthält dieses Bilder-Buch nicht. Es ist ein selbständiges Illustrationswerk, das als Begleitbuch oder Ergänzung zu einer beliebigen Aeneis-Ausgabe dienen kann.

Den Hauptteil des Bilder-Buches bilden die 50 immer auf dem Recto des Blattes stehenden ganzseitigen Kupferstichen im Querformat (das Verso ist jeweils leer). Unter den Bildern wird genau auf die illustrierten Aen.-Verse hingewiesen (Typus: *Lib. I Aeneid. v. 54 usque 81*; allerdings fehlt die *usque*-Schlussangabe mehrfach) und der oder die lat. Anfangsverse dieser Passage (bis zu zweieinhalb Hexametern) zitiert, auch wenn es keineswegs immer gerade diese Auftaktverse sind, die im Bild wiedergegeben sind.

Nach dem mit *Finis* endenden Bildteil beginnt ein paginierter Teil von 48 S. mit dem Titel: Ioannis Samuelis SCHODERI Germani Franci. De Publ. Virgilii Mar. Editione luminosa communi iuventutis sacratae bono imaginum formis recens exhibita. Epistola praemonitoria ad principes iuventutis summos orbis europaei observanter scripta ... Noribergae, Leonhardus Loschges, 1688. SCHODER geht nicht näher auf die Kupferstiche ein.

VP 1688A *Beschreibung der* **Antiporta.**

Der mit einem Lorbeerkranz geschmückte Dichter (Vergil), li. auf Ackergeräten sitzend, den einen Fuß auf zwei Bücher (die abgeschlossenen *Bucolica* und *Georgica*) gestützt, lauscht auf die Eingebungen der neben ihm stehenden Muse, um sie mit einer Feder in einem Buch, das aufgeschlagen auf seinen Knien liegt, niederzuschreiben. Die Muse, deren rechte Brust entblößt ist, hält ihrerseits ein Buch, aus dem sie offenbar diktiert oder auf das sie den Dichter hinweisen will. Mit einer Lupe kann man wenigstens den Titel im Buch der Muse lesen, es ist das griechisch geschriebene Wort ILIAS; auch der folgende, eindeutig mit Ὡς beginnende Text scheint griechisch zu sein, ist jedoch unleserlich. Über dieser Gruppe schwebt eine Allegorie des Ruhms (ein ‚Engel', der Fanfare bläst; in der anderen Hand trägt er eine kleine Büste). Unter ihm und direkt über dem sitzenden Vergil pflückt ein Putto Lorbeerzweige von einem Baum. Rechts richtet eine geflügelte junge männliche Gestalt mit kleinen Flügeln ein Relief mit der Darstellung des *pius Aeneas* auf, das wie eine Grabplatte von Gras überwuchert ist, und zeigt es Vergil. (Ein vor dem Relief sitzender geflügelter Putto zeigt auf Ascanius, gewissermaßen als Amor auf seinen Halbbruder.) Hinter ihm tut ein (weitgehend verdeckter) zweiter junger Mann dasselbe mit einer weiteren Reliefplatte, auf der nur ein Krieger zu erkennen ist. In Gegenrichtung schleppen ein alter Mann mit großen Flügeln (Chronos?) und ein junger Mann mit kleinen Flügeln einen Schild mit einem Männerkopf (Homer?) fort. Im Mittelgrund - schräg über dem Relief des *pius Aeneas* - ragt rechts eine Panzerstatue (gewiss des Augustus) auf. Noch tiefer im Hintergrund bestellt in friedlicher Landschaft rechts ein mit Pferden (statt, wie es den *Georgica* entspräche, mit Ochsen) pflügender Bauer sein Feld.

Im Buch wird keine Interpretation dieses Frontispizes (etwa in der „Vorrede an dem [sic] Leser") gegeben; es hat keine Überschrift; es gibt keine Namensbänder. (So ist auch die Identifizierung der sitzenden männlichen Gestalt mit einem Buch und der schräg hinter ihm stehenden weiblichen Gestalt, ebenfalls mit Buch, als „Vergil" und „Muse" bereits Interpretation.) Die Deutung dieses allegorischen vielgestaltigen Kupferstiches, des figurenreichsten Vergil-Frontispizes, das ich kenne (es bietet allein im Vordergrund neun größere ‚lebende' Figuren, dazu noch die Statue des Augustus und die Dreiergruppe des *pius Aeneas* auf dem Relief), im einzelnen ist schwierig. Insgesamt stellt er aber zweifellos die „Inspiration Vergils, des Autors von *Bucolica* und *Georgica*, beim Schreiben der Aeneis" dar. Die Muse stellt dem Dichter die Ilias als Vorbild vor Augen; das emphatische, allein lesbare Ὡς soll wohl kaum auf einen bestimmten Versanfang der *Ilias* hinweisen (schon gar nicht kommt ein Vers aus dem Proömium in Frage), sondern eher die programmatische Aufforderung an Vergil, „so" zu schreiben wie Homer in der *Ilias*. Auch die beiden „Ausgrabungen", jene Reliefs, die die beiden Genien Vergil zeigen, sollen auf Quellen oder Vorbilder Vergils hinweisen, besonders auf die Gestalt des (nicht in der *Ilias* geschilderten) Aeneas, der seinen Vater Anchises auf den Schultern und seinen Sohn Ascanius aus Troja rettet. Vielleicht soll das Wegschaffen des Medaillons eines bärtigen Mannes (Homers?) durch eine Personifikation der Zeit (?) bedeuten, dass Homer obsolet geworden ist. Zweifellos soll die Statue des Augustus darauf hinweisen, dass Vergil die Aeneis auch zum Ruhme des Augustus schreibt; ein Beziehungsdreieck verbindet Augustus mit Vergil und diesen wieder mit dem *pius Aeneas*.

VP 1688A	*Beschreibung der Kupferstiche zur Aeneis.*

Auf die Zusammenstellung des jeweiligen lat. *argumentum* und des deutschen *Innhalts* zu den 12 Aen.-Büchern, die jeweils eine Textseite einnehmen, folgen als Hauptteil die insgesamt 50 Kupferstiche, zwischen 3 (Aen. II sowie IX-XII) und 7 (zu Aen. VII) Bilder pro Buch.

Diese 50 Textillustrationen eines Bilderbuches, das keinen Text der Aeneis enthält, sind in doppelter Weise an den Text des Epos gebunden: (a) durch die Unterschrift, in der jeweils eine genaue Stellenangabe vom Typ *Lib. I Aen. v. 130 ... usque 150* geboten und außerdem die ersten 1-3 Verse der jeweiligen illustrierten lat. Textpassage zitiert werden; (b) durch die Angabe „fig(ura) I" (usw.) am Rand *suo loco* der deutschen Inhaltsangabe. Die deutsche Inhaltsangabe stellt laut der *Vorrede* eine Übersetzung der als unübertrefflich gerühmten lat. Argumenta des Paullus Manutius dar. (Ausgaben der Opera Vergils mit *Pauli Manutii brevissimae annotationes* gibt es, gedruckt in Antwerpen bei Christopherus Plantin, seit 1565-1566 = MAMBELLI Nr. 231; Nachdrucke dort 1568, 1572, 1580, 1585, 1588; auch Lyon, Ioannes Tornaesius, 1583 = Wolfenbüttel 1982, D 23.) Aber die deutsche „Übersetzung" ist relativ frei und enthält Erweiterungen gegenüber MANUTIUS' lat. Argumentum, und zwar auch solche, die direkt auf die folgenden *Figurae* berechnet sind - am ehesten deshalb, weil die deutsche Wiedergabe des vorliegenden lat. Argumentum bereits die Bilder berücksichtigt. Auf keinen Fall können die 50 Kupferstiche allein aufgrund der Lektüre nur des lat. Argumentum gestaltet worden sein. Allerdings kann auch die Lektüre der durch Interpolationen angereicherten deutschen Inhaltsangaben nicht ausgereicht haben, um alle Einzelheiten der Bilder zu erklären; die beiden Kupferstecher müssen die Aeneis selbst gelesen haben.

Einen instruktiven Beleg bietet der erste Kupferstich zu Aen. II (fig. 6). Er zeigt eine ungewöhnliche Szene: Pallas Athene, auf einer Wolke schwebend, präsentiert einem stehenden Krieger, der in der Rechten einen Zirkel trägt (es muss sich um Epeos handeln), das Modell des Hölzernen Pferdes auf einem Podest; weitere Männer sind dabei oder bereit, mit Werkzeugen das eigentliche große Holzpferd zu bauen. - In der Aeneis 2,13ff. ist zwar von der Erbauung des Hölzernen Pferdes *divina Palladis arte* durch die Griechen die Rede, nicht aber konkret von einem Modell; Epeos als *doli fabricator* wird erst später nachträglich und nebenbei Aen. 2,264 erwähnt. - Im lat. Argumentum des Paolo Manutio wird Athene gar nicht erwähnt, es heißt nur schlicht *relicto in agro Trojano Equo ligneo*. - Die deutsche Übersetzung des Argumentum aber bringt (entsprechend dem Vergil-Text) die Erweiterung: „ein ungeheuer grosses hölzernes Pferd / so sie auf Angaben der Göttin Pallas verfertigt / hinter sich lassend" und fügt hier am Rande ein „Fig. I". - Bei Servius wird die Mithilfe der Göttin nicht konkretisiert. Soweit ich sehe, ist die Vorstellung, dass Athene dem Epeos ein Modell des Hölzernen Pferdes übergeben habe, nicht in lat. Berichten belegt, die leicht zugänglich wären.

VP 1688A --- Aen. I - 5 Figuren

Die Hinweise auf den zugeordneten Vergil-Text stammen nicht von mir, sondern werden in der Ausgabe selber gegeben.

In Aen. I sind die unter den Bildern genannten Verszahlen jeweils um 4 zu erniedrigen, weil offensichtlich (entgegen heutiger Praxis) das 5 Verse umfassende ‚Vorproömium' (*Ille ego qui eqs.*) mitgezählt ist.

Fig. 1   Aen. I 54-81 (zitiert wird in der Bildunterschrift aber zu recht bereits I 50-52a)
Juno sucht Aeolus (der wie Chronos dargestellt ist: als alter Mann mit Flügeln) durch das Angebot einer Nymphe dazu zu gewinnen, die Winde gegen die Flotte des Aeneas loszulassen. - Gustav SCHALK, Römische Heldensagen, 4. Auflage, Berlin, undatiert, ca. 1923 (s.o. *Lit.*): übergangen. - Fortan ist immer diese 4. Auflage gemeint.

Fig. 2   Aen. I 85-123 (zitiert wird aber bereits I 81-83a)
Die Winde fallen über die trojanische Flotte her, die in Seenot gerät; Schiffbrüchige retten sich ans Ufer. - SCHALK, ca. 1923, S. 43 „Äneas wird im Tyrrhenischen Meer von Aeolus, dem Beherrscher der Winde, überfallen".

Fig. 3   Aen. I 130-150 (zitiert wird aber bereits I 126a-127)
Neptun auf seinem Seepferdwagen und Meereswesen kommen den vom Sturm bedrängten trojanischen Schiffen zu Hilfe; ein Gott im Sonnenglanz mit herrscherlicher Gebärde in den Wolken (Jupiter?). - SCHALK, ca. 1923, Antiporta: „Neptun beruhigt die Winde".

Fig. 4   Aen. I 214-219 (zitiert wird aber zu recht bereits I 210)
Die Trojaner bereiten aus den von Aeneas erlegten Hirschen ein Mahl vor. - SCHALK, ca. 1923: übergangen.

Fig. 5   Aen. I 318-417 (zitiert wird aber bereits I 314-316a)
Venus (als Jägerin mit Köcher) erscheint in den Wolken dem Achates, der auf das Knie sinkt, und dem Aeneas und zeigt ihnen Karthago. - SCHALK, ca. 1923, nach S. 48: „Äneas erblickt Karthago."

VP 1688A --- Aen. II - 5 Figuren

Fig. 6   Aen. II 10-16 (zitiert wird II 10 *Sed si tantus amor casus cognoscere nostros*).
Athene bringt oder zeigt Epeos das Modell des Hölzernen Pferdes; Handwerker sind damit beschäftigt, das Hölzerne Pferd zu bauen. - SCHALK, ca. 1923: übergangen; das SCHALKS Nacherzählung entsprechend dem *ordo naturalis* mit Aeneas' Abfahrt von Troja beginnt, ist das ganze Buch Aen. II nicht berücksichtigt.

Fig. 7   Aen. II 40-50 (zitiert ist II 40f.)
Laokoon schleudert eine Lanze auf das im Vordergrund stehende Hölzerne Pferd; das Gelände vor Troja ist voller Krieger. - SCHALK, ca. 1923: übergangen.

Fig. 8   Aen. II 199-224 (zitiert ist II 199f.).
Laokoon und seine beiden Söhne werden von Schlangen umschlungen; ein Krieger flüchtet in einen Tempel. - SCHALK, ca. 1923: übergangen.

Fig. 9   Aen. II 699-725 (zitiert ist II 699f.).
Aeneas lädt sich Anchises auf die Schultern, um mit Creusa und Ascanius zu fliehen. - SCHALK, ca. 1923: übergangen.

Fig. 10   Aen. II 736-794 (zitiert ist II 738-740a).
Creusa erscheint Aeneas im brennenden Troja auf einer Wolke und weist auf eine Prinzessin hin. - SCHALK, ca. 1923: übergangen.

VP 1688A --- Aen. III - 3 Figuren

Fig. 11   Aen. III 284 (zitiert ist III 284f.)
Aeneas lässt einen Schild an einer Säule anbringen und in eine Steinplatte die Inschrift „*Aeneas haec de Danais victoribus arma*" (= Aen. III 288) einmeißeln; im Mittelgrund verweisen blätterlose Bäume auf die Winterszeit. - SCHALK, ca. 1923: übergangen.

Fig. 12   Aen. III 525-538 (zitiert ist III 525-526a)
Anchises, im Bug eines Schiffes stehend, bringt ein Opfer dar, als man Italien und am Ufer weidende Pferde sichtet. - SCHALK, ca. 1923, nach S. 104 (zu Aen. V 704 gestellt!) „Äneas erblickt die Ufer Italiens."

Fig. 13   Aen. III 708 (zitiert ist III 709-710a).
Anchises stirbt, auf einem Bett liegend, umringt von trauernden Trojanern, darunter Aeneas und Ascanius. - SCHALK, ca. 192, S. 39: „Anchises stirbt zu Drepanum".

VP 1688A --- Aen. IV - 4 Figuren

Fig. 14   Aen. IV 60ff. (zitiert ist IV 60f.).
Dido beim Opfer; sie vollzieht einen Weihguss auf ein Rind. - SCHALK, ca. 1923, nach S. 80 „Dido opfert den Göttern, um Äneas zu gewinnen."

Fig. 15   Aen. IV 136-142 (zitiert ist IV 136).
Dido und Aeneas reiten zur Jagd aus; ein Treiber hält eine Koppel Hunde. - SCHALK, ca. 1923, S. 69: „Dido und Aeneas auf der Jagd."

Fig. 16   Aen. IV 437-440 (zitiert ist IV 437-438a).   BILD 29.
Anna überbringt dem Aeneas die Bitte Didos, er möge noch länger in Karthago bleiben; Merkur hält Aeneas die Ohren zu. - SCHALK, ca. 1923, S. 79: „Didos Schwester bittet Äneas, Karthago nicht zu verlassen." – S. dazu SUERBAUM, 2006 (s. ▶VP 1804A *Würdigung*), S. 13f. mit Abb. 9.

Fig. 17   Aen. IV 659-695 (zitiert ist IV 659f.).
Dido ersticht sich auf dem Scheiterhaufen, Iris fliegt herbei, um ihr eine Locke abzuschneiden; ringsum klagende Frauen. - SCHALK, ca. 192, S. 86: „Didos Tod."

VP 1688A --- Aen. V - 5 Figuren

Fig. 18   Aen. V 70-92 (zitiert ist V 70f.)
Aeneas opfert am Grabe des Anchises, eine riesige Schlange windet sich um den Altar; Entsetzen bei den Zuschauern. - SCHALK, ca. 1923, S. 89: „Äneas veranstaltet eine Gedächtnisfeier zu Ehren seines verstorbenen Vaters."

Fig. 19   Aen. V 109-113 (zitiert ist V 109-110a).
Aeneas stellt die Preise für die Wettspiele aus. - SCHALK, ca. 1923, nach S. 96: „Wettspiele bei der Gedächtnisfeier zu Ehren des Anchises."

Fig. 20   Aen. V 658-677 (zitiert V 657f.).
Aeneas eilt herbei, als die trojanischen Frauen Feuer an die Schiffe gelegt haben; in den Wolken vor einem Regenbogen Iris mit einer Fackel in der Hand. - SCHALK, ca. 1923, S. 103: „Iris, von Juno entsendet, veranlasst die trojanischen Frauen, die Schiffe durch Feuer zu vernichten."

Fig. 21   Aen. V 820 (zitiert ist V 820-821a).
Neptun bricht mit Gefolge zur Fahrt über das Meer auf. - SCHALK, ca. 1923: übergangen.

Fig. 22   Aen. V 841-861 (zitiert ist V 841b-842).
Palinurus stürzt vom Heck eines Schiffes ins Meer, der Schlafgott mit einem Zweig in der Hand fliegt davon. - SCHALK, ca. 1923, S. 109: „Der Steuermann Palinurus, vom Schlafgott eingeschläfert, stürzt ins Meer."

VP 1688A --- Aen. VI - 5 Figuren

Fig. 23   Aen. VI 210ff. (zitiert ist VI 210f.)
Aeneas, zusammen mit Achates vor der Sibylle im Tempel neben einer Höhle kniend, zeigt ihr den Goldenen Zweig. - SCHALK, ca. 1923: übergangen; SCHALK ignoriert in seiner Nacherzählung das ganze Buch Aen. VI vollständig.

Fig. 24   Aen. VI 273-282 (zitiert ist VI 273f.).
Aeneas mit der Sibylle im Vorhof der Unterwelt. - SCHALK, ca. 1923: übergangen.

Fig. 25   Aen. VI 282-294 (zitiert ist VI 282/283a)
Aeneas zückt in der Unterwelt unter der Ulme mit den nichtigen Träumen sein Schwert gegen Erscheinungen von Monstern und wird von der Sibylle zurückgehalten. - SCHALK, ca. 1923: übergangen.

Fig. 26   Aen. VI 426-539 (zitiert ist VI 426f.)
In der Unterwelt sieht Aeneas mit der Sibylle am Ufer des Styx frühverstorbene Kinder. - SCHALK, ca. 1923: übergangen.

Fig. 27   Aen. VI 633ff. (zitiert ist VI 633f.) [die Stellenangabe und das Zitat passen nicht genau, denn Anchises tritt erst ab VI 679 auf; die Gefilde der Seligen werden aber schon ab VI 637ff. geschildert].
Anchises zeigt Aeneas und der Sibylle die Gefilde der Seligen. - SCHALK, ca. 1923: übergangen.

VP 1688A --- Aen. VII - 7 Figuren

Fig. 28   Aen. VII 5-7 (zitiert ist VII 5f.)
Aeneas lässt Totenopfer für seine Amme Caieta darbringen. - SCHALK, ca. 1923: übergangen.

Fig. 29   Aen. VII 107-147 (zitiert ist VII 107f.)
Aeneas und seine Leute sitzen im Rund auf dem Rasen um ein ausgebreitetes Tafeltuch, auf dem eine Schale mit Früchten steht. [Ein Hinweis auf das eigentliche ‚Tisch-Prodigium‘, das Verzehren der ‚Tische‘ = Unterlagen, auf dem die Speisen liegen, ist nicht zu erkennen.] - SCHALK, ca. 1923, S. 113: „Äneas und die Seinen laben sich an den Früchten Italiens."

Fig. 30   Aen. VII 192-248 (zitiert ist VII 192f.)
Die trojanische Gesandtschaft, die mit Olivenkränzen geschmückt ist und Olivenzweige als Zeichen des Friedens mit sich führt, überreicht dem in einer Halle mit Gefolge thronenden König Latinus Geschenke. - SCHALK, ca. 1923, nach S. 112: „Die Boten des Äneas überbringen dem König Latinus Geschenke."

Fig. 31   Aen. VII 445-459 (zitiert ist VII 445)
Allecto verlässt im Kleid einer Priesterin mit einer brennenden Fackel in der Rechten und sich aufbäumenden Schlangen in der Linken den entsetzt auf dem Bett liegenden Turnus. - SCHALK, ca. 1923: übergangen.

Fig. 32   Aen. VII 483-504 (zitiert ist VII 483-485a)
Silvia, umgeben von klagenden Frauen, umarmt ihren zahmen verwundeten Hirsch, die ersten latinischen Männer bewaffnen sich mit Knütteln. - SCHALK, ca. 1923: übergangen.

Fig. 33   Aen. VII 505ff. (zitiert VII 505-506b)
Kampf zwischen ländlich bewaffneten latinischen Bauern und regulär gerüsteten trojanischen Kriegern; im Hintergrund bläst die offenbar auf einem Felsen sitzende Allecto in ein Horn. - SCHALK, ca. 1923, nach S. 128: „Latinische Bauern greifen Askanius und seine Gefährten an."

Fig. 34   Aen. VII 648-658 (zitiert ist VII 648f.)
Aufmarsch des Heeres der Latiner. [Nach der angeführten Vergil-Stelle müssten Mezentius und Lausus im Vordergrund stehen; sie sind aber nicht sicher zu identifizieren.] - SCHALK, ca. 1923, nach S. 176 mit falscher Identifizierung und an das Ende von Aen. X/Anfang Aen. XI (zum Tod des Mezentius) gestellt: „Mezentius mit seinem Spross Lausus, Aventinus und Camilla begeben sich mit Turnus zum Kampf gegen die Trojaner."

VP 1688A --- Aen. VIII - 4 Figuren

Fig. 35   Aen. VIII 26-45 (zitiert ist VIII 26f.)
Aeneas schläft im Sitzen, auf einen Felsblock gestützt, unter Bäumen; Tiberinus, durch eine Urne, aus der Wasser fließt, (nicht etwa durch den Tiber-Fluss) als Flussgott charakterisiert, spricht zu ihm. - SCHALK, ca. 1923, S. 129: „Der Flussgott Tiberinus tröstet Äneas."

Fig. 36   Aen. VIII 81 (zitiert ist eben dieser Vers)

Aeneas, mit Gefolge, entdeckt im Gebüsch in der Nähe des Tibers die Sau mit den Frischlingen. - SCHALK, ca. 1923, S. 131: „Äneas begegnet am Tiber dem weißen Mutterschwein mit seinen Ferkeln."

Fig. 37   Aen. VIII 440ff. (zitiert ist VIII 441a)

Vulkan schmiedet mit drei Gehilfen auf einem Amboss den Schild für Aeneas; weitere Gehilfen sind mit anderen Arbeiten beschäftigt; im Vordergrund rechts ist eine Vielzahl von Putti dabei, Getränke vorzubereiten. - SCHALK, ca. 1923, S. 137: „Vulkan schmiedet auf Bitten der Venus Waffen für Äneas."

Fig. 38   Aen. VIII 608-616 (zitiert VIII 608-609a)

Venus, von ihrem Taubenwagen aus den Wolken niederschwebend, zeigt dem Aeneas die neuen Waffen, vor allem den großen Schild; eine Vielzahl von Putti ist mit diesen Waffen beschäftigt. - SCHALK, ca. 1923, S. 139: „Äneas findet die von Vulkan geschmiedeten Waffen."

VP 1688A --- Aen. IX - 3 Figuren

Fig. 39   Aen. IX 1-15 (zitiert ist IX 1f.)

Die geflügelte Iris, auf einer Wolke mit Regenbogen gelagert, erscheint dem Turnus auf den Stufen eines Palastes. - SCHALK, ca. 1923, nach S. 140: „Juno befiehlt durch Iris dem König Turnus, gegen die Trojaner ins Feld zu ziehen."

Fig. 40   Aen. IX 82-122 (zitiert IX 82-83a)

In den Wolken des Olymp kniet Berecynthia (mit Mauerkrone) bittend vor Jupiter (mit Adler); unten Schiffe mit im Meer sich tummelnden Nymphen. - SCHALK, ca. 1923, S. 143 mit der falschen Identifizierung: „Turnus wird durch eine Stimme aus der Donnerwolke erschreckt" (!); SCHALK übergeht in seiner Nacherzählung die rückgreifende Erzählung Vergils von der Interpellation der Berecynthia (= Kybele) bei Juppiter zugunsten der trojanischen Schiffe.

Fig. 41   Aen. IX 440-445 (zitiert ist IX 440-441a)

Ein Reiter (wohl Volcens) stößt einem niedersinkenden Krieger (wohl Euryalus) das Schwert in die Brust: am Boden liegen einige Leichen; die ganze rechte Hälfte des Kupferstichs ist gefüllt von Reitern mit starrenden Lanzen. [Bei dem Reiter kann es sich nicht um Nisus handeln.] - SCHALK, ca. 1923, S. 153: „Nisus fällt, nachdem er Volcens getötet hat."

VP 1688A --- Aen. X - 3 Figuren

Fig. 42   Aen. X 219-235 (zitiert X 219-220a)

Aeneas, im Bug des Flaggschiffs einer Flotte stehend, begegnet auf dem Meer den Nymphen, den ehemaligen trojanischen Schiffen. - SCHALK, ca. 1923: übergangen.

Fig. 43   Aen. X 487-500 (zitiert X 488f.)

Turnus raubt dem erschlagenen Pallas den Schwertgurt; im Hintergrund Fußsoldaten, Reiter und ein Zweigespann mit Wagenlenker. - SCHALK, ca. 1923, S. 167: „Turnus tötet Pallas."

Fig. 44   Aen. X 783-800 (zitiert X 783a *Tum pius Aeneas hastam iacit*)
Schlachtgetümmel unter Kriegern zu Fuß, doch liegt links ein Pferd am Boden.
Bestimmte Personen sind nicht sicher zu identifizieren, jedenfalls schwingt
Aeneas keine Lanze gegen Mezentius. Am ehesten handelt es sich um die Szene
X 794ff., in der Lausus seinen verwundeten Vater Mezentius gegen den mit dem
Schwert andringenden Aeneas mit den Schild schützt. - SCHALK, ca. 1923, nach
S. 204, zu Aen. XII gestellt, mit der falschen, doch verständlichen Identifizie-
rung: „Der verwundete Äneas verlässt das Schlachtfeld."

VP 1688A --- Aen. XI - 3 Figuren

Fig. 45   Aen. XI 648 (zitiert ist XI 648f.)
Camilla stürzt sich an der Spitze ihrer Reiterinnen auf die Feinde und stößt
einem ungepanzerten berittenen Gegner (also wohl Euneus XI 666ff.) die Lanze
in die Brust. - SCHALK, ca. 1923, S. 187: „Camilla stürmt mit ihren Reitern
gegen die Trojaner."

Fig. 46   Aen. XI 804 (zitiert ist XI 804-805a)
Reiterschlacht: Camilla sinkt, von einem Speer in die Brust getroffen, vom Pferd
und wird von ihren Gefährtinnen aufgefangen; vielleicht ist es der Schütze Arruns, der links im Hintergrund davonprescht; die berittene Figur in der Mitte ist
offenbar eine weitere Amazone. - SCHALK, ca. 1923, S. 191: „Camillas Tod."

Fig. 47   Aen. XI 850 (zitiert ist XI 849b-851)
Die auf einer Wolke schwebende geflügelte Opis hat Arruns mit einem Pfeil erschossen; er ist vom Pferd gestürzt und liegt auf dem Boden. Links im Hintergrund ist ein Grabdenkmal zu sehen, das zu Beginn der Textpassage erwähnt
wird. - SCHALK, ca. 1923, S. 193: „Arruns wird aus Rache von göttlicher Hand
getötet."

VP 1688A --- Aen. XII - 3 Figuren

Fig. 48   Aen. XII 283-308 (zitiert XII 283f.)
Kampfgetümmel am Altar, auf dem noch ein Feuer brennt und neben dem ein
entsetzter Priester steht. Ein Reiter verfehlt mit seiner Lanze einen zu Boden
gestürzten König nur knapp. (Wahrscheinlich ist das kein Trojaner, der Latinus
angreift, sondern Messapus, der den Etrusker Auletes tötet.) Ob der Krieger am
Altar mit dem Beil in der Linken Aeneas sein soll, ist nicht klar. - SCHALK, ca.
1923, S. 201: „Von Iuturna, der Schwester Turnus', angestachelt, beginnt der
Kampf der Rutuler und Latiner gegen die Troer aufs neue."

Fig. 49   Aen. XII 384-422 (zitiert ist XII 384-385a)
Eine figurenreiche Szene mit mindestens 10 Gestalten im Vordergrund: Der verwundete Aeneas, dem man die Rüstung ausgezogen hat, stützt sich, umgeben
von Achates, Mnestheus und (ganz links) Ascanius auf eine Lanze, während der
Arzt Iapyx einen Verband vorbereitet und Krieger (vorn rechts) in einem Arz-
nei-Koffer suchen. Hinter dem Rücken des Arztes schwebt die Venus mit dem
wundertätigen Heilkraut Dictamnum heran. - SCHALK, ca. 1923, S. 203: „Äneas

wird durch die Hilfe der Venus von seinen Wunden geheilt." – S. dazu SUER-
BAUM, 2006 (s. ▶VP 1804A *Würdigung*), S. 16 mit Abb. 13.

Fig. 50   Aen. XII 926 (zitiert ist XII 926f.).
Aeneas stößt – vor zwei lanzenstarrenden Heeren im Hintergrund – dem am Bo-
den liegenden Turnus, der den Schwertgurt des Pallas trägt und über dem ein
Käuzchen flattert, das Schwert in die Brust. Illustriert werden also nicht die
Verse XII 926f. mit der Verwundung des Turnus am Oberschenkel durch den
Lanzenwurf des Aeneas, sondern die Schlussverse XII 950-952. – SCHALK, ca.
1923: übergangen.

VP 1688A   *Würdigung*: Es handelt sich bei diesem Zyklus Nr. 35 um
strikt monoszenische Bilder, die in unregelmäßiger Abfolge einzelne Momente
des Geschehens illustrieren. Die Kupferstiche (a) illustrieren eine Reihe von
sonst nicht der Bebilderung gewürdigten Szenen oder (b) bringen innerhalb von
oft illustrierten Szenen ungewöhnliche Einzelheiten. Umgekehrt (c) fehlen sonst
gern illustrierte Szenen.

Zur Rubrik **(a), ungewöhnliche Szenen**, möchte ich zählen:
Aen. I/4, fig. 4 (erlegte Hirsche für das Mahl am Portus Libycus, doch vgl.
▶VP 1658 Pict. 32); Aen. II/1, fig. 6 (Modell des Hölzernen Pferdes); Aen.
III/1, fig. 11 (Weihung des Schildes des Abas als Symbol des Entkommens aus
der griechischen Welt); Aen. IV/1, fig. 14 (Opfer Didos; doch vgl. ▶VP 1658
Pict. 50); Aen. V/2, fig. 19 (Preise für die Wettspiele); Aen. V /4, fig. 21
(Neptuns Meerfahrt, doch vgl. ▶VP 1658 Pict. 61); Aen. V/5, fig. 22 (Sturz des
Steuermanns Palinurus vom Schiff); Aen. VII/1, fig. 28 (Opfer für Caieta); Aen.
VII/6, fig. 33 (Kampf der Trojaner mit den latinischen Hirten und Bauern); Aen.
IX/2, fig. 40 (Magna Mater vor Jupiter); Aen. XII/1, fig. 48 (Kampf am Altar).

Zur Rubrik **(b), ungewöhnliche Details**, würde ich rechnen:
die Erscheinung Creusas verweist auf eine bildlich sichtbare zukünftige neue
Gattin des Aeneas (Aen. II/fig. 10); Merkur hält Aeneas die Ohren zu, als Anna
ihn beschwört, bei Dido in Karthago zu bleiben (Aen. IV/3, fig. 16 – eine fast
humoristisch wirkende Note, in der die anonyme Aussage Aen. IV 440 *placidas-
que viri deus obstruit auris* gewissermaßen konkretisiert ist; es liegt eine Art In-
terpolation des wirklichen Auftretens des Mercurius in Aen. IV 259ff. vor, als er
bei Aeneas im Auftrage Juppiters die Erfüllung der Mission anmahnt, und der
Passage in der Antwortrede des Aeneas auf das Anliegen Aen. IV 356ff. in der
dargestellten Szene, wo Aeneas an jene durch Mercurius überbrachte Weisung
Juppiters erinnert; der Versuch, die Verwundung des Aeneas mit menschlicher
ärztlicher Kunst zu heilen, ist außerordentlich detailreich ausgemalt (Aen. XII/2,
fig. 49). – Man kann auch auffällig finden, dass auf den nicht-kriegerischen Bildern relativ häufig Hunde erscheinen: ungezwungen bei einer Jagdszene wie
Aen. IV/2, fig. 15 (Dido und Aeneas) und vielleicht auch noch Aen. VII/5, fig.
32 (Silvia), aber nicht unbedingt erwartet in Aen. IV/3, fig. 16 (Dido); Aen.
VII/3, fig. 30 (Latinus); Aen. VII/4, fig. 31 (Turnus). - Auch das Motiv eines
wundertätigen Zweiges wird auffallend häufig ins Bild gesetzt: Aen. V/5, fig. 22

(Schlafgott); Aen. VI/1, fig. 23 (Goldener Zweig); Aen. VII/3, fig. 30 (Olivenzweige der trojanischen Gesandtschaft); Aen. XII/2, fig. 49 (Dictamnum der
Venus). - Gelegentlich finden sich Putti, meist in direktem oder indirektem Bezug auf Venus, so auf dem Frontispiz; Aen. I/1, fig. 1 (Juno); (nicht Aen. I/5,
fig. 5 bei der Epiphanie der Venus als Göttin); Aen. VIII/3, fig. 37 (Schmiede
Vulkans); Aen. VIII/4, fig. 38 (Waffen für Aeneas).

VP 1688A   Einige Aufmerksamkeit verdient auch wohl **(c) das Fehlen
einiger sonst in der Aeneis-Illustrierung beliebter Motive.**
Dazu gehört die ‚klassische' Gruppe des Pius Aeneas (Aeneas mit Ascanius,
Anchises auf den Schultern tragend), an deren Stelle immerhin die Vorphase in
Aen. II/4, fig. 9 tritt. Das Hölzerne Pferd bleibt zwar nicht ohne Bild (neben
Aen. II/1, fig. 6 besonders Aen. II/2, fig. 7), aber seine Einholung nach Troja
wird nicht illustriert. Die Kämpfe in Troja bleiben bildlos.

(d) Die **Auswahl der illustrierten Sujets** ist nicht so einseitig auf die Darstel-
lung von *virtutes Romanae* gerichtet, wie man nach dem Titel erwarten könnte.
Nach beiden Titelversionen, der deutschen „Erneuertes Gedächtnüs Römischer
Tapferkeit an den unvergleichlichen Virgilianischen Helden Aeneas und Seinen
großmüthigen Thaten" und der lateinischen „Peplus virtutum Romanarum in
Aenea Vergiliano" (und schon gar nach dem Sondertitel, in dem das Werk direkt
Publ. Virgilii Maronis Aeneas, nicht *Aeneis,* genannt wird) mit ihrer Hervorhebung des Aeneas als römischen Tugendhelden wäre es nicht verwunderlich,
wenn die Figur des **Aeneas** eindeutig im Zentrum der Bebilderung stehen würde. In der Tat ist er die am häufigsten vorkommende Figur (wenn als Krieger
dargestellt, dann immer mit wallendem Helmbusch), aber er fehlt auf insgesamt
22 der 50 Bilder. Das entspricht zwar immer dem jeweiligen Vergil-Text, ist
aber auch die Folge einer nicht allein auf den Titelhelden konzentrierten Motiv-
Selektion durch die Illustratoren. Umgekehrt zeigt eine Liste dieser 22 Kupferstiche ohne Aeneas andere wichtige Handlungsträger: fig. 1 (Aeolus/Juno), 3
(Neptuns Eingreifen beim Seesturm), 6 (Minerva/Epeos), 7 (Hölzernes Pferd), 8
(Laokoon), 14 (Dido), 17 (Dido), 21 (Neptun), 22 (Palinurus), 30 (Trojaner vor
Latinus), 31 (Allecto/Turnus), 32 (Silvia), 33 (Trojaner/latinische Bauern), 34
(Führer der Latiner), 37 (Vulkan und Gehilfen), 39 (Turnus), 40 (Jupiter/Magna
Mater), 41 (Volcens, Euryalus, Nisus?), 43 (Turnus), 45 (Camilla), 46 (Camilla),
47 (Arruns). Auf allen Bildern eines Buches ist Aeneas nur für Aen. III (3), VI
(5) und XII (3) zu sehen.

(e) Gegenüber der Motiv-Selektion der Original-Illustratoren von ▶VP 1688A
bedeutet die Reduktion der 50 Kupferstiche auf nur 30 in dem Wiederabdruck
bei SCHALK von ca. 1923 (s.o. *Lit.*) eine weitere Einschränkung der dargestellten
Szenen. Zudem sind die Bilder bei SCHALK mit Unterschriften versehen, die
nicht immer zutreffen. Auch die Abfolge bzw. die Zuordnung der Bilder zum
Text ist manchmal abgeändert, so zu Fig. 13, 14, 30, 34 und 44; einige Beobachtungen dazu in einem Exkurs bei RUTENFRANZ, 2004, 189-195. Alle (je 5)
Bilder zu Aen. II und Aen. VI sind 1923 übergangen.

Abb. : 30 der 50 Kupferstiche bietet SCHALK, ca. 1923 (Näheres s. in der Rubrik *Beschreibung*); SUERBAUM, 2006 (s. ▶VP 1804A *Würdigung*), Abb. 9 mit S. 13f. (Pict. 16) und Abb. 13 mit S. 16 (Pict. 49).

▶**VP 1688A**   *Zugänglichkeit*: Das Originalwerk Nürnberg 1688 ist zweimal in der BSB vorhanden und einmal in der UB München (UB München W 4 A.lat. 519). Beide in Formalien (wie der Abfolge der Blätter im Titelbereich) leicht unterschiedlichen Exemplare der BSB, nämlich **BSB Res/4 A.lat.a. 704** (erschienen bei Buggel; nur bei diesem Verleger sind die 50 Stiche im Text durchnummeriert) und **BSB Res/4 A.lat.a. 705** (Verleger: Loschge) sind **vollständig digitalisiert**, also sowohl die Seiten mit allen 1 + 50 Kupferstichen als auch sämtliche 34 Textseiten (Vorrede; *Anmerckung An Den Hochgeneigten Leser und Kunst-verständigen Betrachter dieses Wercks*; die jeweilige deutsche und danach lat. Inhaltsangabe zu Aen. I-XII); auf der **DVD 2** sind nur die 51 Bilder enthalten, nicht auch der Textteil.

VP 1688B   **Opera, Amsterdam 1688**
Opera, accurante Nicolao HEINSIO, Amstelodami, ex officina Elzeviriana, 1688.
    Bibl.: MAMBELLI Nr. 350 (□, "ristampa dell'edizione del 1683", nämlich Lugduni Batavorum, typis Jac. Hackii = MAMBELLI Nr. 348, Ø); BL.

VP 1688C   **+ Opera, London 1688**
Opera quibus selectissimas adjunxit notas Johan. MINELLIUS. Londini, apud Bibliopolas Londinenses, 1688.
    Bibl.: Eine kommentierte Vergil-Ausgabe durch Jan Minell (1625-1683) verzeichnet Wolfenbüttel 1982, D 41 als erstmals Rotterdam 1666 (Ø) erschienen. MAMBELLI dagegen nennt erst als Nr. 334 Rotterdam 1674 (Ø), dann als Nr. 342 Rotterdam ▶VP 1681A („con antiporto inciso", doch ist dieser Kupfertitel nicht mit dem in ▶VP 1688C identisch). Für die weiteren von ihm aufgeführten Ausgaben mit dem Kommentar von J. Minell gibt MAMBELLI keinen Hinweis auf Illustr. Die vorliegende Ausgabe wird weder von MAMBELLI noch Wolfenbüttel erwähnt.
    Beschreibung: Die Ausgabe enthält nur einen Kupfertitel (Image 1 bei EEBO), der von *I. Drapentier sculpsit* signiert ist (und auf der Rückseite des Titels ein Wappen mit dem wiederholten Porträt-Medaillon Vergils). Das Bild des Kupfertitel (10,5 x 7,5) ist identisch mit dem in der Ausgabe Leiden/Amsterdam ▶VP 1690A: geflügelter Genius, der auf einem Sarkophag mit Porträt-Medaillon Vergils im Orsini-Typus sitzt (zum Orsini-Typus s. dieses Lemma oben S. 30f. in Kap. B 2).
    Zugänglichkeit: BSB Film R 361-1297. - Ganz digitalisiert in 260 Images bei EEBO.

VP 1690A   Opera, Amsterdam: Elzevir 1690

Opera, Nic. HEINSIUS ... recensuit. Amstelodami, juxta exemplar Elseviriorum, 1690.

Bibl.: MAMBELLI Nr. 352; Frankfurt 1930, Nr. 50 (StB Ffm); CBItalV Nr. 226; Napoli 1981, Nr. 110.

Lit.: MAMBELLI: „□; riproduzone di una medaglia con l'effigie di Virgilio [mantuanus olor] e di una carta geografica incise in rame." - Napoli 1981, Nr. 110: "Sul frontespizio un cigno stilizzato e un nastro con la scritta *mantuanus olor*; nell'interno una medaglia con l'immagine di Virgilio". - Diese Beschreibung eines Schwans, der als *Mantuanus olor* eine Vergil-Allegorie darstellt, stimmt (wegen des Vergil-Medaillons) nicht genau zu dem Frontispiz von Amsterdam, ebenfalls bei Elzevir, ▶VP 1676, s. dort. Zur Kombination Vergils mit einem Schwan s. im übrigen zu Leiden ▶VP 1652B.

VP 1690B   Opera, Amsterdam: Roger 1690

Opera. Interpretatione et notis illustravit Carolus RUAEUS Soc. Jesu jussu christianissimi regis ad usum serenissimi Delphini. Secunda editio iuxta exemplar Parisinum. Amstelodami, (David Roger), 1690 [4°].

Bibl.: MAMBELLI Nr. 351 ("con frontespizio e vignette al titolo incisi sul rame"), ristampa della seconda ed. del ▶VP 1682A = MAMBELLI Nr. 343; CBItalV Nr. 225; Princeton Item 182 („engraved title-page of the ‚Delphin Classics'").

Beschreibung: Dasselbe Frontispiz (Arion) und dieselbe Titelvignette (Genius des Ruhms) wie in der Secunda editio Paris ▶VP 1682A; s. dort. Keine weiteren Illustrationen.

Zugänglichkeit: BSB 4 A.lat.a. 665. Auch UB München 4 A.lat. 493.

VP 1694   + Opera, Leipzig 1694

Opera, cum notis Thomae FARNABII. Lipsiae, in Iohannis Christiani Cörnerii bibliopolio (im Kolophon jedoch: typis Iohannis Coleri), 1694.

Bibl.: Titelaufnahme nach dem Münchener Exemplar; nicht bei MAMBELLI (vgl. dort S. 381); vgl. oben zu ▶VP 1650A.

Beschreibung: Kupferstich-Frontispiz (9,6 x 5,9) mit der Gruppe des Pius Aeneas zwischen zwei Säulen; Ascanius, Aeneas und Anchises (der Huckepack auf den Schultern des Aeneas sitzt) scheinen alle Pluderhosen zu tragen. Es handelt sich aber um einen Nachstich des erfolgreichen Frontispizes der Ausgabe Amsterdam ▶VP 1650A, s. dort.

Zugänglichkeit: BSB A.lat.a. 2181 p , nur das Frontispiz ist digitalisiert; DVD 2 .

VP 1695A   + Opera, London: Dring 1695

Opera. Interpretatione e notis illustravit Carolus RUAEUS Soc. Jesu jussu christianissimi regis ad usum serenissimi Delphini. Iuxta editionem novissimam Parisiensem. Londini, typis M. C., impensis viduae et haeredum T. Dring & G. Wells, 1695.

Bibl.: Titel nur dem Film der BSB entnommen; vgl. auch BL; es ist wegen der abweichenden Verleger nicht sicher, ob die Ausgabe identisch ist mit MAMBELLI Nr. 354 ("con frontespizio inciso da J. Savage") = ▶VP 1695B.

Beschreibung: Die Ausgabe enthält nur eine Antiporta (Image 2 bei EEBO) mit der im Film praktisch unleserlichen Signatur *L. S???ge sculp.* (doch wohl als J. Savage zu deuten), dazu am Ende eine Karte der *Aeneae Troiani navigatio* (ohne eine eingelegte Illustration). Die Antiporta (u.a. mit dem aus einem Tintenfass trinkenden Schwan) ist eine Übernahme aus Leiden ▶VP 1652B bzw. seinen späteren Wiederholungen, s. bei ▶VP 1652B, dort auch zur weiteren vielfachen Verwendung des Schwan-Motivs. - Zur Geschichte der Ausgaben von C. RUAEUS seit der Erstausgabe Paris ▶VP 1675A s. zu ▶VP 1682A.

Zugänglichkeit: BSB Film R 361-1391. - Ganz digitalisiert in 387 Images bei EEBO .

VP 1695B   **Opera, London: Roycroft, 1695**
Opera. Interpretatione e notis illustravit Carolus RUAEUS. Londini, Th. Roycroft, 1695.
    Bibl.: MAMBELLI Nr. 354 ("con frontespizio inciso da J. Savage"), ristampa dell'ed.
Parisiis ▶VP 1682A = MAMBELLI Nr. 343. Es ist wegen des abweichenden Verlegers nicht
sicher, ob diese Ausgabe identisch ist mit London ▶VP 1695A. - Zur Geschichte der
Ausgaben von C. RUAEUS seit der Erstausgabe Paris ▶VP 1675A s. zu ▶VP 1682A.

VP 1695C   Opera, Padua 1695
P. Virgilii Maronis Opera quibus accessere exercitationes rhetoricae in praeci-
puas … conciones. Patavii, ex typ. Seminarii, 1695.
    Bibl.: *Bibl.*: MAMBELLI Nr. 353 (Ø); CBItalV Nr. 228 (ill.); fehlt bei
PASQUIER, 1992.

VP 1695D   ▣ P. SCARRON: franz. Aeneis-Travestie, Amsterdam 1695
Le Virgile travesty en vers burlesques. De Monsieur Scarron. Revue et corrigé.
Amsterdam, Pierre Mortier, 1695 [2 Vol. in 1].
    Bibl.: MAMBELLI Nr. 1571 (nennt als Verleger aber 'Volfgang'; "con fron-
tespizio inciso e figure"). Fehlt im CBItalV im Umkreis von Nr. 2697. Titelaufnahme nach dem Münchener Exemplar. Tom. 1 enthält die Travestie von Aen. I-
IV, Tom. 2 von Aen. V-VIII. Bd. 2 hat auf der Titelseite einen fast unglaub-
lichen Druckfehler: die Datierung 1595 (MDXCV) - die auch tatsächlich von
einer ital. Internet-Bibliographie akzeptiert worden ist.
    Beschreibung/Abhängigkeiten: Es handelt sich um eine genaue Wieder-
holung der Illustrationen von ▶VP 1668D, s. dort (vgl. dort auch die *Allgemeine Vorbemerkung*). Aus ▶VP 1726C geht hervor, dass P. Lochon 1673 die
dortigen Nachstiche gemacht hat; er dürfte deshalb auch schon für die in ▶VP
1695D verantwortlich sein. (In der Tat nennt ein Antiquariatskatalog ausdrücklich P. Lochon als Künstler der 8 Kupferstiche in ▶VP 1695D.) Das Vorbild ist
der Zyklus Nr. 27 von F. Chauveau in ▶VP 1649B.
    Zugänglichkeit: BSB P.o.gall. 2023 , daraus 11 Doppelseiten mit allen
Illustrationen (2 Antiporten + Titelseite mit einer Stadt-Vignette + 8 Titelbilder
der einzelnen Bücher) digitalisiert; DVD 2. Vgl. auch die Digitalisate aus der
Vorlage ▶VP 1668D BSB Res/P.o.gall. 2021 ob. Vgl. ferner die Digitalisate
aus BSB P.o.gall. 2023 n-1 und n-2 für ▶VP 1712B, eine Ausgabe, deren Illustrationen (mit Ausnahme der Dublette Aen. III = Aen. IV) mit denen in ▶VP
1695D seitenrichtig (Ausnahme: die sv. Antiporta) identisch sind.

VP 1696   holländ. Übers. der Opera, Amsterdam 1696
Publius Virgilius Maroos Werkken, in Nederduitsch dicht, vertaelt door J. V. [= Joost Van]
VONDEL. Amsterdam, Barent Visser, Willem de Coup, Willem Lamsvelt en Andries van
Damme, 1696 [4°].
    Bibl.: MAMBELLI Nr. 1482 (Ø); CBItalV Nr. 1978 (Ø); Wolfenbüttel 1982, D 208 (□);
Princeton Item 350a (□). - Vgl. auch Amsterdam ▶VP 1646B, ▶VP 1659B und ▶VP 1660.
    Lit.: Wolfenbüttel 1982, D 208: "Der Kupfertitel ist von Dirk Matham (1606-1660)
dem Kupfertitel der Ausgabe von ▶VP 1646B sehr sorgfältig nachgestochen. … Wiederho-

lung der zuerst 1660 [▶VP 1660] erschienenen Übersetzung des Joost van den Vondel in paarweise gereimten Alexandrinern."

VP 1697A   **deutsche Übers. der Opera, Frankfurt a. M. 1697**
Publii Virgilii Maronis, deß nie gnug gepriesenen latinischen [*sic*] Poeten Gedichte ... So in ungebundene Hoch-Teutsche Red übersetzt Johann VALENTIN. Franckfurt, Joh. Adolph und Philipp Wilh. Stock, 1697. (Das 1697 vorangestellte Frontispiz ist aus der Ausgabe Frankfurt 1671 übernommen und bietet noch dessen Titelei „Opera Verteutscht durch Johann Valentin, Franckfurth, bey Johann Beyers Erben".)

   Bibl.: S. generell zu ▶VP 1671B oder zu ▶VP 1705. Bei MAMBELLI Nr. 1297 (zur Originalausgabe Frankfurt, Johann Beyer, 1660; dort Hinweis auf Ndr. Frankfurt ▶VP 1671B und weitere Nachdrucke Frankfurt, Stock, ▶1697A - die vorliegende Ausgabe -, ▶VP 1705, ▶VP 1724); Frankfurt 1930, Nr. 77 (StB Berlin, ▶VP 1697A) und Nr. 78 (StB Ffm., ▶VP 1671B); Bamberg 1982, Nr. 29 (Frankfurt a. M. ▶VP 1724; keine Erwähnung von Illustr., doch Abb. des Kupfertitels); Wolfenbüttel 1982, D 133 (Frankfurt, Johann Beyers Erben, ▶VP 1671B) und D 134 (Franckfurt, Johann Adolph Stock, ▶VP 1705) sowie D 135 (Franckfurt am Mayn, Stock, ▶VP 1724).

   Lit.: Wolfenbüttel 1982, D 133 (▶1671): "Kupfertitel (bey Johann Beyers Erben). Der Kupfertitel ist im engen Anschluss an den Kupfertitel der Leidener Vergilausgabe des Abraham Commelin von ▶VP 1646A (s. Nr. D 37) gestochen"; Wolfenbüttel 1982, D 134 (▶VP 1705): „Kupfertitel wie in der Ausgabe von ▶VP 1671B, jedoch: Bey Johann Adolph Stock"; Wolfenbüttel 1982, D 135 (▶VP 1724): „Kupfertitel wie in der Ausgabe von 1705". Autopsie für ▶ VP 1697A und für ▶VP 1705 zeigt, dass Aeneas auf dem unteren Bild von r. her den Turnus ersticht, ▶VP 1646A dagegen von li. her.

   Abb.: Kupfertitel der Ausgabe Frankfurt ▶VP 1724 bei Bamberg 1982, S. 35 (Abb. 11), das obere und das untere Bild sind sv. ▶VP 1724B und auch schon in ▶VP 1705 gegenüber dem Frontispiz in der Ed. der Opera, Leiden ▶VP 1646A, vgl. dessen Abb. in Wolfenbüttel 1982, S. 92. (In den Ausgaben ▶VP 1697A = ▶ VP 1705 = ▶VP 1724B ersticht Aeneas auf dem unteren Bild von r. her den Turnus).

   VP 1697A   *Zugänglichkeit*: BSB A.lat.a. 2266 (▶1697A), daraus ist die Doppelseite Frontispiz/Titelseite digitalisiert; DVD 2. Ferner: UB München A.lat. 1573 (▶1697A); UB München A.lat. 1573a (▶1705).

VP 1697B   □ **engl. Übers. der Opera, London 1697 (zweimal)**
The works of Virgil containing his Pastorals, Georgics and Aeneis, translated into English verse by [John] DRYDEN. Adorn'd with a hundred sculptures. London, printed for Jacob Tonson 1697 [2°]. Es sind offenbar 1697 bei dem Verleger Tonson zwei Parallelelausgaben erschienen: (a) eine mit 47 plus 640 Seiten plus "122 leaves of plates", so die eine Aufnahme bei EEBO nach dem Exemplar der Bodleian Library; (b) eine andere mit 2 plus 690 Seiten plus "103 leaves of plates", so die andere Aufnahme bei EEBO nach dem Exemplar der British Library - der Katalog der BL selbst spricht ebenfalls von „690 pp."; das dritte ebenfalls bei EEBO digitalisierte Exemplar der Harvard University Library hat die gleiche Seitenzahl wie das der BL (b), wird aber unter dem Datum „1698" = ▶VP 1698 geführt. Vgl. unten die Rubrik *Zugänglichkeit*.

   Bibl.: MAMBELLI Nr. 1367 ("con 100 tavole incise"); New York 1930, Case 18, Nr. 207 ("The first edition of DRYDEN's translation. 'Adorn'd with a hundred sculptures'"; NY); London 1982, Nr. 99; Princeton Item 351.

Lit.: Dies ist die Erstausgabe der englischen Vergil-Übersetzung in jambischen Pentametern von John DRYDEN (1631-1700). Zu ihr gibt es eine umfangreiche Sekundärliteratur; vgl. etwa bis 1975 die Bibliographie bei A. M. Luisella FADDA, John Dryden, EV 2, 1985, 143-146; einiges auch bei KAILUWEIT, 2005, Nr. 0088. Eine wichtige Monographie ist Richard E. MORTON, John Dryden's Aeneas. A hero in enlightenment mode. English Literary Studies. Monograph Series Nr. 82, Victoria, BC 2000 (zur Transformation des Aeneas in einer Übersetzung der Restaurationszeit in einen aufgeklärten Helden; Rez. Tanya CALDWELL, University of Toronto Quarterly 71, 2001/2002, 226-228). - Zum Verhältnis der Übers. DRYDENs zu der OGILBYs (in ▶VP 1649A und ▶VP 1650C; in ▶VP 1654A und ▶VP 1668B) vgl. PROUDFOOT, 1960 (▶VP 1654A), 126-137. - Die beigegebenen Kupferstiche von Franz Cleyn werden so gut wie nie gewürdigt, mit gewissem Recht, weil sie sekundäre Übernahmen aus ▶VP 1654A = ▶VP 1658A (Zyklus Nr. 29) sind. Von näherem Interesse für diese Illustrationen scheinen nur folgende Publikationen zu sein:

VP 1697B (a) Sue Warrick DOEDERLEIN, *Ut pictura poesis*: Dryden's *Aeneis* and *Palamon and Arcite*, Comparative Literature 33, 1981, 155-166 (zu DRYDENS Preis von Vergils Piktoralität);
(b) LEACH, 1982 (▶VP 1502 *Lit.*), 175-210 (mit 21 Abb. aus ▶VP 1502 und aus ▶VP 1697B, alle aus den beiden Exemplaren der Rosenwald Collection, dazu Nr. 1 aus ▶VP 1520C und Nr. 23 aus ▶VP 1658A; speziell zu ausgewählten Aen.-Stichen von F. Cleyn im Vergleich zu den entsprechenden Holzschnitten in ▶VP 1502 dort S. 191-207): Stichworte zur Charakterisierung der Stiche in ▶VP 1697B sind ,dekorativ, neoklassizistisch, dramatisch'; LEACH S. 207f. weist nach, dass sich die Darstellung speziell des Aeneas oft, allerdings nicht durchgängig, von einer Auffassung als „homme gallant" und „cavalier" mit der „elegance of the courtly monarch", wie sie sich in den Kupferstichen von ▶VP 1654A bzw. ▶VP 1658 finde, in ▶VP 1697B zu einer figürlichen Konzeption gewandelt habe, in der Aeneas' Gesicht „more Roman and more expressive" erscheine (speziell „the nose is Roman and beaked"), angemessen „to the gravity of the national leader"; diese „ennobling of the face of his hero" stelle eine vielleicht von DRYDEN selber geförderte Anpassung an das Bild dar, das DRYDEN's Übersetzung von Aeneas entwirft.
(c) Margret SCHUCHARD, Das Aeneasbild zur Zeit des John Dryden, WJDA (Würzburger Jahrbücher für die Altertumswissenschaft N.F.) 6, 1982 (= Vergil-Jahrbuch, hrsg. von Antonie WLOSOK), 183-204 mit 5 Tafeln, darin S. 196-204 zu den Illustrationen von Franz Cleyn, mit Abb. von Pict. 42, 35, 63 und 79 (nach der Zählung von ▶VP 1658A) samt kurzen Erläuterungen;
(d) Poet and artist: Imaging the *Aeneid*. Text and CD-Rom prepared by Henry V. BENDER / David J. CALIFF, Wauconda Ill. 2004, XV, 83 S. nebst CD-Rom (BSB 4 MM 2005.313). Diese nützliche für pädagogische Zwecke gedachte Broschüre mit einer Aen.-Anthologie bietet auf der CD-Rom die 71 Aen.-Illustrationen von F. Cleyn aus DRYDENS 2. Auflage ▶VP 1698 mit wertvoller Einleitung p. XI-XV und Liste der Kupferstiche S. 73-83 („all but unknown to

modern classicists") mit einem Titel, Angabe eines Bezugsverses, der Künstler (also neben Cleyn des Stechers) und des (neuen) Empfängers der Dedikation. Sie wurde mir erst nach Erstellung meines eigenen Textes zugänglich.

VP 1697B *Beschreibung*: Im Unterschied zu der englischen Übers. von J. OGILBY ▶VP 1654A weist die 1694-1697 entstandene von J. DRYDEN Verszählung auf. Diese ist aber nicht identisch mit der Zählung der lat. Hexameter des Originals (z. B. entsprechen den 705 lat. Versen von Aen. IV in der engl. Übers. 1.010). Die Aen. beginnt auf S. 201. - In dieser Ausgabe ▶VP 1697B ist im Prinzip (allerdings in den einzelnen Exemplaren nicht realisiert) der komplette Illustrations-Satz von 101 (nicht, wie der präzisierte Titel von ▶VP 1697B glauben machen will: 100) Kupferstichen zum Text (davon 71 zur Aen.) nach Franz Cleyn der Originalausgaben ▶VP 1654A = ▶VP 1658A in der Originalgröße und *suo loco* enthalten; s. deshalb eine Beschreibung der Sujets bei ▶VP 1658A. Die Signaturen der Künstler blieben erhalten, z. B. für Pict. 34 *Cleyn in(venit). Lombart Londini sculpsit.* Tonson ließ auf den Tafeln den Bereich unter der eigentlichen Illustration neu gestalten. Dort sind zwar wieder Namen und Wappen von Sponsoren zu sehen, aber es sind nicht die ursprünglichen von ▶VP 1654A = ▶VP 1658A, sondern neue; in dem Nachdruck ▶VP 1698 = ▶VP 1697B beginnt auf Image 22 der Digitalisierung bei EEBO die Liste mit „The names of the subscribers to the cuts of Virgil. Each subscription being five guineas". Außerdem ließ Tonson immer das Zitat der dargestellten lat. Verse unter dem Bild fort. Stattdessen ist immer ein Verweis auf einen (1) Vers der engl. Übersetzung von DRYDEN beigefügt (z. B. für Pict. 34 statt der Beigabe der lat. Versen Aen. I 314-320 jetzt ein bloßes „Æ 1. l. 435", also ein Hinweis auf Line = Vers 435 der engl. Übers. von Aen. I). Deshalb stehen die Bildtafeln auch im allgemeinen an korrekter Stelle (doch vgl. die Details in der Rubrik *Zugänglichkeit*). - Wolfenbüttel 1982, D 171 (zur 3. Auflage ▶VP 1709) weiß zu berichten: „da Tonson diese Ausgabe William III. [regierte 1689-1702] zu widmen wünschte, ließ er auf den Stichen Aeneas die Hakennase Williams anpassen"; dasselbe referieren BENDER/CALIFF, 2004, XIVf. und KAILUWEIT, 2005, zu Nr. 0074 (▶VP 1654A), der letztere mit Verweis auf Paola BONO / Maria Vittoria TESSITORE, Il mito di Didone. Avventure di una regina tra secoli e culture, Milano1998, 278-283 ‚Il naso di Enea'. In diesem Kapitel untersuchen die beiden Autorinnen das in ihren Augen negative Verhältnis Drydens zur Herrschaftskonzeption Williams III und (S. 279) das gegenläufige Interesse des Verlegers Tonson, Aeneas durch eine neue Hakennase doch als eine Art Vorläufer Williams erscheinen zu lassen. Auf keinen Fall aber ist nach meinen eigenen Beobachtungen das Konzept einer neuen Nase für Aeneas durchgängig durchgeführt worden. Ich habe die ‚neue' Nase des Aeneas durch Vergleich von ▶VP 1697B mit ▶VP 1658A für folgende Picturae zu identifizieren gesucht, auf denen die Figur des Aeneas prominent ist: für Pict. 34, 35, 36, 41, 42, 43, 44, 45, 46, 47, 52 und 55. Eine veränderte Nase des Aeneas glaube ich in ▶VP 1697B einigermaßen deutlich nur in Pict. 35 (erste Begegnung zwischen Aeneas und Dido) - d.h. Image 178/457 der Bodleian Library bzw. Image 177/452 der BL - erkennen zu können, vielleicht auch in Pict. 43 und 47, sonst aber nicht.

Die Illustrierung des Eingangsteils ist in ▶VP 1697B gegenüber ▶VP 1654A und ▶VP 1658A verändert: Als Antiporta dient nicht mehr der Kupferstich nach Franz Cleyn, auf dem Vergil am Hofe des Augustus die Verse über Marcellus vorliest, sondern eine seitenrichtige Übernahme des Kupferstichs nach Nicolas Poussin aus der Ausgabe Paris ▶VP 1641A, auf dem Apollo (r.) Vergil (li.) mit dem Lorbeerkranz krönt, signiert jetzt mit *M. Van der Gucht sculp.* Der ovale Schild, den der Putto hält, trägt jetzt in ▶VP 1697B die Inschrift: DRYDEN's *VIRGIL. Printed for Jacob Tonson.* Das ursprüngliche Porträt OGILBYs fehlt; es ist auch nicht durch ein Porträt des neuen Übersetzers DRYDEN ersetzt.

VP 1697B   *Abhängigkeiten*: Die Illustrationen bestehen (bis auf die Antiporta) in den Kupferstichen, die Franz Cleyn ursprünglich für die engl. Übers. von John OGILBY, London, Roycroft, ▶VP 1654A entworfen hatte und die von dort in die lat. Opera-Ausgabe ▶VP 1658A und in spätere ebenfalls von John OGILBY (1600-1676) verantwortete Ausgaben (z. B. in ▶VP 1663B) übernommen worden waren; s. dazu generell zu ▶VP 1658A, dort auch die *Beschreibung* der Picturae. Im Jahre 1697 wurden diese Kupferstiche erstmals für eine Ausgabe (bzw. sogar zwei Parallelausgaben, s. ▶VP 1697B die Rubrik *Zugänglichkeit*) mit der englischen Übersetzung von John DRYDEN benutzt, dessen Verleger Jacob Tonson die Kupferplatten aus dem Nachlass von OGILBY gekauft hatte. Durch diese neue Kombination der Kupferstiche von 1654 mit der häufig gedruckten Vergil-Übersetzung von John DRYDEN seit 1697 haben die von Franz Cleyn entworfenen Illustrationen einen noch weiteren Verbreitungskreis gefunden. - MAMBELLI Nr. 1367: "il lavoro ebbe numerose edizioni e ristampe fra le quali citiamo" (es folgen jetzt Hinweise auf folgende Ausgaben): London ▶VP 1698, 1701 [2°], ▶VP 1709 (3 Vol., 8°), 1719, ▶VP 1721C, ▶VP 1748, 1758, ▶VP 1763C, 1772 (3 Vol., 12°); Glasgow ▶VP 1769 (3 Vol., 18°); London ▶VP 1772B und ▶VP 1782A (4 Vol., 4°, „con tavole incise dal Collier" - die in dieser Ausgabe enthaltenen Kupferstiche sind mit *J. Collyer sculp.* signiert und nicht von Franz Cleyn London ▶VP 1654 = ▶VP 1658A = ▶VP 1663B, sondern von Cochin filius Paris ▶VP 1745 = ▶VP 1754A = ▶VP 1767 abhängig, s. ▶VP 1782A]; Perth ▶VP 1791B (4 Vol., 12°); London ▶VP 1792A (4 Vol., 12°), ▶VP 1795E, ▶VP 1806B, ▶VP 1811B, 1812 (24°); ▶VP 1818C, 1819 (2 Vol., 12°), Chiswick, Pickering, 1822 (3 Vol.); London ▶VP 1823C, ▶VP 1824C, ▶VP 1825C, New York ▶VP 1825B, London 1830 (3 Vol.), 1842 usw. Es ist unklar, welche dieser Neudrucke die rund 100 Kupferstiche nach Franz Cleyn enthalten oder keine oder andere. Nähere Informationen besitze ich dazu nur für die mit ▶VP gekennzeichneten Ausgaben; außerdem für die nicht von MAMBELLI erwähnten Ausgaben London ▶VP 1716A und ▶VP 1730B; s. jeweils dort.

Verallgemeinernd lässt sich sagen, dass von ▶VP 1697B bis ▶VP 1763C die Illustrationen zu DRYDENs Übersetzung zunächst in den Originalen (▶VP

1697B und ▶VP 1698) oder in zwei Serien von Nachstichen (durch M. van der Gucht bzw. L. du Guernier in ▶VP 1709 und ▶VP 1716A; durch P. Fourdrinier seit ▶VP 1730B) der 101 (davon 71 zur Aen.) von Franz Cleyn für ▶VP 1654A (Zyklus Nr. 29) entworfenen Kupferstiche zum Text bestanden. Nach einem Zwischenspiel in ▶VP 1769 wurden sie aber seit ▶VP 1772B = ▶VP 1782A = ▶VP 1792A von einem Nachstich des Zyklus von Cochin filius für ▶VP 1745 = ▶VP 1754A = ▶VP 1767 (nur je 1 Auftaktbild für die 12 Aen.-Bücher, Zyklus Nr. 46) abgelöst. Neben ▶VP 1769 stellt auch ▶VP 1791B (nur 4 Bilder zur Aen. nach G. Zocchi für ▶VP 1760 = ▶VP 1766) einen Sonderfall dar, ebenfalls vielleicht ▶VP 1806B.

VP 1697B *Zugänglichkeit*: BSB Film R 361-1319. – Die Stiche zur Aen. auf der CD bei BENDER/CALIFF, 2004 (*Lit.* d). - Bei EEBO sind zwei Exemplare von ▶VP 1697B mit unterschiedlichen Seitenzahlen vollständig digitalisiert und ein drittes von ▶VP 1698, s. Näheres oben bei der Titelaufnahme. Beide Digitalisierungen sind allerdings fehlerhaft, wobei unklar ist, ob es sich nur um Fehler bei der technischen Durchführung der Digitalisierung handelt oder ob in der Vorlage tatsächlich bestimmte Bilder fehlen. Keines der beiden Exemplare, weder (a) das der Bodleian Library Oxford, noch (b) das der BL bietet alle 101 Kupferstiche (zum Text plus solchen im Titelbereich) der Originalausgabe ▶VP 1654A = ▶VP 1658A nach Zeichnungen von Franz Cleyn (Zyklus Nr. 29).

(a) Das Exemplar der Bodleian Library (Wing 1319:01) mit seinen „[47], 640 p., [122] leaves of plates" ist bei EEBO in 547 Images, davon 104 „Illustrations" wiedergegeben. Obwohl es sich bei den 104 „Illustrations" tatsächlich um Bilder handelt und nicht etwa auch 2 „Charts" (wie bei dem Exemplar [b] der BL), dazu gerechnet werden, sind nicht alle 101 Kupferstiche zum Text enthalten. Wie ich festgestellt habe, fehlen die Karte der *Aeneae navigatio* zu Beginn der Aeneis sowie die Picturae 31 (die erste zur Aen.), 54 und 84. Außerdem gibt es infolge der Unachtsamkeit bei der Digitalisierung nicht weniger als 5 Dubletten, wo versehentlich dieselbe Seite zweimal gescannt worden ist: Image 40 = Image 41 = Pict. 5, Image 271 = Image 273 = Pict. 62, Image 322 = 323 = Pict. 76, Image 354 = Image 355 = Pict. 83, Image 402 = Image 403 = Pict. 94. Eine weitere Anomalie besteht darin, dass Image 275 = Pict. 66 zwischen Image 273 = Pict. 62 und Image 278 = Pict. 63 vorgezogen ist, sicherlich, weil die Zugehörigkeitsangabe „Æ 7.150" falsch ist und richtig „Æ 7.550" hätte lauten müssen. Der erste enthaltene Stich zur Aen. ist Image 167 = Pict. 32. Danach läuft die Abfolge der Bilder korrekt bis Image 241 = Pict. 53. Anschließend ist Image 247 = Pict. 55, Image 271 = Pict. 62, Image 273 = erneut Pict. 62 sv., Image 275 = Pict. 66, Image 278 = Pict. 63, Image 279 = Pict. 64, Image 281 = Pict. 65, Image 285 = Pict. 67. Danach normale Abfolge bis Image 322 = Pict. 76 = Dublette Image 323. Es folgt Image 331 = Pict. 77 bis Image 354 = Pict. 83 = Image 355, darauf Image 363 = Pict. 85. Der Rest läuft wieder normal, bis auf die Dublette Image 402 = Pict. 94 = Image 403. Das Gesamtergebnis ist also: 103 Textbilder minus 5 Dubletten = 98 Kupferstiche (statt 101).

VP 1697B (b) Das Exemplar der BL (Wing 2159:08) mit seinen „[2], 690 p., [103] leaves of plates" ist bei EEBO in 452 Images, davon ebenfalls (wie im Exemplar [a] der Bodleian Library) 104 „Illustrations", wiedergegeben. Von der Zahl der „Illustrationen" sind aber realiter die Images 2 (Wappen) und die beiden Images 24-25 (beide „Charts", Namenslisten ohne irgendein Bild) abzuziehen. Da auch Image 3 mit der von *M. van der Gucht* gestochenen Antiporta (Apollo krönt Vergil, nach Poussin) nicht zu den ursprünglichen 101 Text-Illustrationen zu rechnen ist, verbleiben in diesem Exemplar 100 Text-Illustrationen. Es fehlt nämlich, wie ich ermittelt habe, Pict. 82 (zwischen Image 346 = Pict. 81 und Image 334 = Pict. 83). Eine weitere Anomalie besteht darin, dass Pict. 17 als Image 277 aus georg. II in Aen. VI (zwischen Image 273 = Pict. 62 und Image 279 = Pict. 63) verstellt ist. Es entsprechen sich für die Aen. mithin: Image 161 = Pict. 31, Image 201 = Pict. 41, Image 233 = Pict. 51, Image 271 = Pict. 61, Image 304 = Pict. 71, Image 315 = Pict. 74, Image 346 = Pict. 81, Image 354 = Pict. 83, Image 397 = Pict. 93, Image 440 = Pict. 101 (die Abfolge der Bilder ist im übrigen normal). - Die Antiporta (Apollo krönt Vergil, nach Poussin) ist hier Image 3. Die Liste der neuen Subskribenten der Tafeln (*The names of the subscribers to the cuts of Virgil*) oder besser des neuen Teils der Tafeln mit Namen und Wappen der Sponsoren unter dem eigentlichen Bild nimmt die Images 24-25 (die Original-Seiten 38-42) ein.

VP 1697C ◻ + franz. Übers. der Opera, Paris 1697

Virgile, de la traduction de M^r [Étienne Algay] DE MARTIGNAC avec des remarques. Troisiéme Edition revue & corrigée. Paris, chez Pierre Herissan (so T. 1; dagegen T. 2 und T. 3: chez Michel Brunet), 1697 [3 Vol.].

Bibl.: Fehlt bei MAMBELLI zu Nr. 1102 oder bei PASQUIER, 1992, Nr. 54, jeweils zur Originalausgabe Paris ▶VP 1681B. Weitere Ausgaben: 2. Auflage Paris ▶VP 1686A und (3. Auflage?) Lyon ▶VP 1687, später außer Paris ▶VP 1697C noch Lyon ▶VP 1712A, s. jeweils dort. Zur Originalausgabe Paris ▶VP 1681B vermerkt PASQUIER, 1992, Nr. 54: „Mêmes illustrations de F. Chauveau que dans l'édition de 1649 (= ▶VP 1649B), mais gravées par Sauvé et inversées", ohne die Zahl der 1681 enthaltenen Kupferstiche zu nennen. Vgl. statt dessen aber die Beschreibung bei PASQUIER, 1992, Nr. 43 zu ▶VP 1649B zur Erstpublikation der Kupferstiche von F. Chauveau (Zyklus Nr. 27).

Beschreibung: Die Illustrationen werden erst hier zur 3. korrigierten Auflage ▶VP 1697C statt zur Originalausgabe dieser franz. Übers. von É. A. DE MARTIGNAC ▶VP 1681B beschrieben, weil mir nur für die Auflage von 1697 Autopsie möglich ist. - Enthalten sind ganzseitige Kupferstiche, alle mit *J. Sauvé fecit* signiert, nur die Antiporta zusätzlich mit *F. Chauveau inv.*; Einfügungsvermerke vom Typus *Livre 6*; keine weiteren Beischriften (die in der Originalausgabe ▶VP 1649B den Illustrationen beigegebenen je vier franz. Verse fehlen also). Außer der Antiporta je ein Kupferstichtitel zu je zwei Eklogen (ecl.1/2,

3/4, 5/6, 7/8, 9/10) und zu den 4 Büchern der georg. und den 12 Büchern der Aen., insgesamt also (5 + 4 + 12 =) 21 Textillustrationen.

Antiporta (als einziges Bild zusätzlich zu dem sonstigen *J. Sauvé fecit* noch mit *F. Chauveau inv.* signiert): Eine von li. herantretende lorbeerbekränzte Figur, den man für einen Dichter halten wird, deutet auf einen fast mannsgroßen ovalen Schild mit der Aufschrift *Virgile de la traduction de Mons.r de Martignac*, auf den sich mit ihrem r. Arm eine weibliche Figur stützt, die mit dem li. Arm auf einen sitzenden König mit Krone weist, der seine Rechte im Redegestus erhoben hat. Die Szene spielt in einem Palast; über dem ‚König' ein von einem Atlanten gehaltener Baldachin, im Hintergrund Soldaten, im Vordergrund kostbare Gefäße mit Goldstücken. Keine der Figuren ist bezeichnet; auch das Band an der Schatztruhe vorn trägt keine Aufschrift. - Dargestellt ist offenbar, wie die Muse (Mitte) dem Kaiser Augustus (r.) die französische Übersetzung der Werke Vergils (li.) präsentiert. Ich sage ‚offenbar', weil in der ursprünglichen Fassung dieser Antiporta in ▶VP 1649B unter anderem die Figur des ‚Dichters' li. durch ein Namensband als *Maecenas* ausgewiesen war; vgl. dazu die Beschreibung der Antiporta in ▶VP 1649B. Das Fehlen der Beischriften auf der Antiporta von ▶VP 1697C ermöglicht und intendiert offenbar eine neue Deutung: der von der Muse unterstützte Übersetzer überreicht sein Werk dem französischen König (also Ludwig XIV, 1661-1715).

VP 1697C Die Sujets der Kupferstiche zu den einzelnen Aeneis-Büchern (wobei allerdings Aen. VII = Aen. I) sind folgende:

Aen. I: Ilioneus (r.) vor Dido. Dido thront in der Mitte erhöht vor einem Tempel und unter einem Baldachin, r. vor ihr mit Redegestus Ilioneus, umgeben von weiteren Gestalten; hinter ihm (r.) auf einem runden Podest und ebenfalls unter einem Baldachin thronend Juno, geradezu wie eine Epiphanie wirkend, obwohl eher als Statue gedacht; li. im Vordergrund, von einer Wolke verhüllt Aeneas (mit Helm) und Achates, der auf die Szene hinweist.

Aen. II: Laokoon (r.) mit seinen beiden Söhnen von Schlangen umringt. Im Hintergrund li. eine Statue des Neptunus auf einem Seepferd.

Aen. III: Die Harpyien stören das Mahl der Trojaner (der alte Mann li. vorn ist wohl Anchises).

Aen. IV: Der von r. heranschwebende Mercurius mahnt Aeneas (li.), der den Aufbau Karthagos beaufsichtigt.

Aen. V: Die auf einem Regenbogen herabschwebende Iris (li.) stachelt die Trojanerinnen dazu an, die Schiffe in Brand zu stecken. Wieder (wie schon bei Aen. II) r. eine Statue des Neptunus auf einem Seepferd.

Aen. VI: Anchises zeigt Aeneas und der Sibylle (alle drei r.) die künftigen Römer.

Aen. VII: = Aen. I: Ilioneus (r.) vor Dido. - Eigentlich dürfte eine solche abwegige Dublette nicht vorkommen, jeder Kupferstich enthält einen Einfügungsvermerk für das einschlägige Buch, so auch hier den Hinweis *Livre premier*. (In der Originalausgabe ▶VP 1649B war hier ein Kupferstich eingelegt, wie Juno die Pforten des Kriegstempels öffnet.)

Aen. VIII: Die von oben heranschwebende Venus zeigt Aeneas (li.) die neuen Waffen.

Aen. IX: Nisus sucht Euryalus (r. liegend) zu retten oder zu rächen.

Aen. X: Auseinandersetzung zwischen Venus und Juno (li.) vor Juppiter in der Götterversammlung.

Aen. XI: Tod der Camilla (li.), die vom Pferd sinkt.

Aen. XII: Schlussduell: Aeneas (li.) dringt mit dem Speer auf Turnus (r.) ein, der einen Felsblock schwingt.

VP 1697C Mono-szenischer Illustrations-Typus. Ein Bild enthält nur selten Elemente verschiedener Phasen der Szene, so bei Aen. XI, oder einen Hinweis auf eine gleichzeitige Handlung, so bei Aen. XII.

Abhängigkeiten: Alle Kupferstiche sind, oft sv., aus der Originalausgabe ▶VP 1649B übernommen (Zyklus Nr. 27) und somit auf F. Chauveau zurückzuführen. Seitenrichtig sind von den Aen.-Bildern die zu Aen. III-VI, IX und XII.

Abb.: Im Abb.-Teil bei PASQUIER, 1992: Abb. 307 (Frontispiz); ferner vier Bilder zur Aen.: Abb. 132 zu Aen. I (Aeneas und Achates vor Dido), Abb. 187 zu Aen. IV (Mercur erscheint Aeneas), Abb. 242 zu Aen. IX (Nisus will Euryalus' Tod rächen) und Abb. 255 zu Aen. X (Götterversammlung) - alle aus Paris ▶VP 1681B bzw. ▶VP 1686A, aber identisch mit denen in ▶VP 1697C.

VP 1697C   *Zugänglichkeit*: BSB A.lat.a. 2182 , daraus 25 Seiten mit allen Illustrationen (zusätzlich die 3 Titelseiten) digitalisiert; DVD 2 . Vgl. auch die Digitalisierungen aus BSB Res/2 A.lat.a. 333 o zu ▶VP 1649B.

VP 1697D   **Opera, Rotterdam 1697**
                    s. ▶VP 1704A (und ▶VP 1681A)

VP 1698   ◻ + **engl. Übers. der Opera, London 1698**
The works of Virgil containing his Pastorals, Georgics and Aeneis, translated into English verse by Mr. [John] DRYDEN. Adorned with a hundred sculptures. London, printed for Jacob Tonson at Judges-Head 1698; [2°], 690 p., [103] leaves of plates.

Bibl.: Diese Angaben beruhen auf der Aufnahme bei EEBO nach dem Exemplar der Harvard Univ. Library. Diese Ausgabe ist sonst nur Princeton Item 351a (mit dem Zusatz „2d ed.") aufgeführt, ferner London 1982, Nr. 100 und BL („adorn'd with sculpture"). - Es scheint sich um einen Nachdruck bzw. eine zweite Auflage einer der beiden Parallelausgaben, die 1697 bei demselben Verleger erschienen sind, zu handeln. Siehe generell ▶VP 1697B. - Die Ausgabe ist vollständig, einschließlich der 104 „Illustrations" (von denen aber die beiden „Charts" keinerlei Bilder enthalten, sondern nur Namenslisten), bei EEBO in 454 Images digitalisiert. Der Satz von 101 Kupferstichen zum Text

Vergils nach Zeichnungen Franz Cleyns für ▶VP 1654A = ▶VP 1658A
(Zyklus Nr. 29) ist vollständig wiedergegeben, s. die Beschreibung zu ▶VP
1658A. Beispielsweise bietet Image 160 den ersten Kupferstich zur Aen. (Pict.
31), Image 165 = Pict. 32, Image 243 = Pict. 53, Image 280 = Pict. 64, Image
282 = Pict. 65, Image 331 = Pict. 77, Image 400 = Pict. 94, Image 442 = Pict.
101 (die letzte Illustration, zur Schlussszene der Aen.). - Mit Image 22 („Chart")
beginnt eine Liste der neuen Subskribenten der Tafeln oder besser des neuen
Teils der Tafeln mit Namen und Wappen der Sponsoren unter dem eigentlichen
Bild (sie reicht bis Image 24 und nimmt die Seiten 39-42 ein). - Auch die Antiporta (Image 1) ist identisch mit der in ▶VP 1697B: Apollo krönt Vergils, nach
Poussin, gestochen von *M. van der* Gucht (1660-1725). – VP 1698 Insgesamt
sind also 101+1 = 102 Illustrationen enthalten. – BENDER/CALIFF, 2004 (▶VP
1697B *Lit.* d) beziehen sich konkret auf ▶VP 1698.

VP 1699   ■ **neapolitanische Übers. der Aeneis, mit lat. Text,**
            Neapel 1699

L'Eneide di Virgilio Marone trasportata dal latino in ottava rima napoletana dal
Signor Giancola SITILLO [= Nicolà STIGLIOLA], dedicata all'illustriss. ed excel-
lentiss. signori Eletti della nobilità e popolo di ... Napoli ... Abbellita con
nobilissime figure intagliate in rame. Napoli, Domenico-Antonio Parrino, 1699
[2 Vol.].

VP 1699   *Bibl.*: MAMBELLI Nr. 1536 (spricht von 3 Vol.; Ø); CBItalV Nr. 717
(Ø); Napoli 1981, Nr. 158; PASQUIER, 1992, Nr. 59 (2 Vol.); BL; KAILUWEIT,
2005, Nr. 0089 (Ø).

Lit.: Napoli 1981, Nr. 158: „I due volumi sono arricchiti da dodici incisioni all'inizio di ogni canto, da un frontespizio (vol. I) con gli stemmi delle sei
famiglie napoletane a cui l'opera è dedicata e da un'antiporta (vgl. II) con un
ritratto di Virgilio e la raffigurazione allegorica di Napoli". - PASQUIER, 1992,
Nr. 59 mit S. 109f. (näher zu den Bildern zu Aen. I und IV): 12 Kupferstiche,
die meist (ausgenommen die zu Aen. V, VII, VIII, X) im Sujet denen in der ital.
Übers. Rom ▶VP 1608C (= PASQUIER, 1992, Nr. 55) entsprechen; dazu ein
Frontispiz (oder besser: eine Antiporta) in jedem der beiden Bände (Vol. 2:
Vergil und Allegorie Neapels). - Mantua 1981, Nr. 24 bringt als Ndr. von ▶VP
1699 eine dem Aristokraten Marcello Celentano gewidmete Ausgabe Neapel,
Carlo Troijsi ▶VP 1700C, s. dort.

Beschreibung: Die neapolitanische Übers. des Jesuiten Nicolà STIGLIOLA
(im Anagramm SITILLO genannt) ist für die einzelnen Bücher jeweils in *Canti* zu
je 8 Versen eingeteilt (so hat z. B. Aen. I 181 und Aen. XII 223 *Canti*. Jedem
Buch geht ein ital. *Argomento* in 8 Versen voraus. Die unsignierten Kupferstiche
sind auf Sonderblättern eingelegt, die aber bei der Paginierung berücksichtigt
sind. - Das Münchener Exemplar enthält - teilweise in Gegensatz zu der Beschreibung bei PASQUIER, 1992, Nr. 59 - in Vol. I zunächst eine Antiporta mit
insgesamt 8 Wappenschildern, wohl von neapolitanischen Adeligen, unten li.

sitzend einen Flussgott mit Wasser-Urne und Spaten, r. davon hinter dem Meer offenbar der Vesuv und davor ein weiterer, nicht feuerspeiender Berg. Es folgt die Titelseite mit einer Blumendekoration; danach neben der Approbatio ecclesiastica ein allegorischer Kupferstich. Auf diesem halten zwei Putti ein großes Medaillon mit einem En-face-Bildnis eines lorbeerbekränzten, ansonsten glatzköpfigen älteren Dichters, offenbar Vergils (eine geradezu singuläre Darstellung); das Medaillon wird außerdem von einer r. sitzenden lorbeerbekränzten Frau, wohl einer Muse, gehalten. Dieser reicht eine in der Mitte vorn aus dem Meer auftauchende Nixe (wahrscheinlich die Nymphe Parthenope als Verkörperung Neapels) ein Buch empor; r. ein rechteckiges Hafenbecken. Ein textbezogener Kupferstich zu Aen. I fehlt im Münchener Exemplar. In Vol. I enthalten sind Titelbilder zu den Aen.-Büchern II-VI. Vol. II enthält kein Frontispiz, sondern nur die Titelbilder zu den restlichen Aen.-Büchern VII-XII. Alle textbezogenen Kupferstiche haben präzise Einfügungsvermerke vom Typ *P. 95 L. II* (auf Pagina 95 einzufügendes Bild zu Aen. II), aber keine Namensbeischriften. In jedem dieser 11 (12?) Kupferstiche ist an mehr oder weniger passender Stelle eines der Wappenschilder aus der Antiporta oder (so für Aen. VII, X, XI, XII; das Wappen in XII zeigt nur ein großes P) ein anderes eingefügt. Diese Aen.-Bilder haben folgende Sujets:

VP 1699 Aen. I: Im Münchener Exemplar keine Illustration. PASQUIER, 1992, bringt aber als Abb. 125 ein Seesturm-Szenario mit blasenden Windgöttern li. und Juno und Aeolus auf den Wolken. Beschreibung bei PASQUIER, 1992, S. 109.

Aen. II: Der Pius Aeneas flieht mit Anchises auf dem Rücken und mit Ascanius nach r. aus dem brennenden Troja; hinter ihm li. im Torbogen Creusa mit den Penaten.

Aen. III: Ein r. stehender bärtiger älterer Mann spricht zu dem von zwei Kriegern begleiteten Aeneas li.; r. ankern Schiffe in einer schlauchartigen Bucht; li. im Hintergrund werden die Mauern einer noch leeren Stadt erbaut. - Es könnte sich bei dieser Irrfahrtenstation um Helenus in Buthrotum handeln, eher aber wohl um Anchises auf Kreta, der zum Verlassen der dortigen Gründung rät.

Aen. IV: BILD 20. Im Vordergrund li. stürzt sich Dido nach r. in ein außerordentlich langes Schwert, das sie durchbohrt. Im Hintergrund eine weitere Szene: li. Aeneas und Dido in einer Höhle sitzend; r. oben auf den Wolken naht Mercurius (eine 3. Szene). - Vgl. die Beschreibung bei PASQUIER, 1992, S. 110. - Vgl. BILD 18 und BILD 19.

Aen. V: Im Vordergrund r. spricht Venus, mit einer Amourette unter einem Baum stehend, zu Neptunus, der auf einem Muschelwagen über das Meer fährt. Oben im Hintergrund eine 2. Szene aus Aen. V: Iris, mit einer Fackel auf den Wolken schwebend, legt Feuer an die trojanische Flotte.

Aen. VI: Aeneas r. folgt der Sibylle, die auf einen Höhleneingang li. mit dem Weg in die Unterwelt weist.

Aen.VII: Ein berittener Fürst - offenbar Turnus im ‚Italiker-Katalog' - spricht
zu Fußsoldaten; im Hintergrund r. eine befestigte Stadt (schwerlich zutreffend PASQUIER, 1992, S. 110: „Ascagne en cavalier devant les guerrieres",
womit offenbar Aen. VII 522 gemeint ist).

Aen. VIII: Kampf zwischen Reitern und Fußsoldaten - passt trotz des Einfü-
gungsvermerks nicht zu Aen. VIII, einem Buch ohne Kampfhandlungen,
sondern eher zu Aen. IX oder allenfalls X-XII (PASQUIER, 1992, S. 110:
„Scène de bataille, Nisus et Euryale"). S. gleich zu Aen. IX.

Aen. IX: Venus r. mit Amor in der Schmiede des Vulkan, der ihr den neuen
Schild (der keine Darstellungen aufweist) zeigt - passt trotz des Einfü-
gungsvermerks nicht zu Aen. IX, sondern nur zu Aen. VIII. - Offenbar
sind die Bilder zu Aen. VIII und zu Aen. IX vertauscht und mit falschen
Einfügungsvermerken versehen worden.

Aen. X: Bei einem Reitergefecht stößt einer der Reiter in der Mitte einen anderen (keine Frau, also nicht die Camilla von Aen. XI) mit dem Speer
vom Pferd auf den Boden – eine relativ unspezifische Szene (den Kampf
mit dem berittenen Mezentius führt Aeneas nach dem Text von Aen. X zu
Fuß aus); auch PASQUIER, 1992, S. 110, spricht nur vage von „combat".
Da der besiegte Reiter einen Schild mit einem Bild eines nackten Mannes,
der eine Keule schwingt, also doch wohl des Hercules, fallen lässt, soll
offenbar der Tod des Pallas durch den Lanzenstoß des Turnus dargestellt
sein, denn Pallas hat Hercules Aen. X 460-463 um Beistand in diesem
Zweikampf angerufen. Allerdings findet dieser nach dem Text von Aen.
X 453f. zu Fuß statt; auch Turnus ist von seinem Streitwagen gestiegen.

Aen. XI: Aeneas, wohl der r. kniende Krieger, weiht an der Statue des Mars
die erbeutete Rüstung des Mezentius als Siegestrophäe.

Aen. XII: Aeneas li. verwundet mit dem Speer Turnus r. am Bein; Turnus
bäumt sich im Stehen auf und schwingt das Schwert; das Duell spielt
Soldaten als Zuschauern, die vor einer Stadtmauer stehen.

VP 1699 Mono-szenischer Illustrations-Typus (Ausnahme: Aen. IV, Aen. V).
Im Prinzip (das aber für Aen. VIII und auch für Aen. IX nur erfüllt ist, wenn
man eine Vertauschung annimmt) ist die Szene des Titelbildes jeweils aus dem
betreffenden Aen.-Buch genommen. Die Sujets sind traditionell; relativ selten
sind die in Aen. III (Kreta?), Aen. V (Venus-Neptunus) und Aen. VIII (Turnus
als Feldherr?).

Abhängigkeiten: MAMBELLI verweist zu seiner Nr. 1536 auf mehrere Ndr.
in Neapel, darunter Napoli, Carlo Troijsi, ▶VP 1700C (auch bei Mantua 1981,
Nr. 24); Napoli, Gessari, 1769-1770; Napoli, Gius. Maria Porciello, 1784. - Den
Kupferstichen in ▶VP 1699 scheint im allgemeinen der anonyme Zyklus Nr. 18
als Vorbild gedient haben, der vielleicht schon in Rom ▶VP 1601, spätestens
aber in ▶VP 1608C (1608 oder 1607), in ▶VP 1621 (wo aber das Erscheinungsjahr 1621 eine Konjektur aus einer fünfstelligen Jahreszahl ist), in ▶VP
1622B und ▶VP 1623C vorliegt; s. jeweils dort. (PASQUIER, 1992, S. 109 sieht

außer für Aen. V, VII, VIII und X das Vorbild in ▶VP 1608C, das jedoch abgewandelt sei.)

Abb.: Im Abb.-Teil bei PASQUIER, 1992: Abb. 125 zu Aen. I (Seesturm -
fehlt im Münchener Exemplar); Abb. 192 zu Aen. IV (Tod Didos); Abb. 280 zu
Aen. XII (Schlussduell). - Bei Mantua 1981, Nr. 24 (aus ▶VP 1700C) Abb. der
neuen Antiporta zu Vol. I, gestochen von Gio. Georgi F. (li. eine Frau mit einer
Krone und einem Schwert in den Händen vor zwei Kriegern r.; über ihr das
Wappen der Celentano – eine Figurenkonstellation, die an die der Begegnung
der Venus mit Aeneas und Achates vor Karthago in Aen. I erinnert); ferner eine
zweite Abb. mit dem Porträt des Marcellus Celentanus, dem das Werk jetzt
gewidmet ist.

VP 1699   *Zugänglichkeit*: BSB 2 A.lat.a. 2283 (2 Vol.), daraus sind 14
Seiten (davon 1 Doppelseite) mit der Antiporta und allen 1 + 11 Kupferstichen
digitalisiert; **DVD 2**.

18. Jahrhundert, 1. Hälfte

VP 1700A (?)   ■ + J. A. Thelot(t): **Kupferstiche zur Aeneis, vor 1734**
Poetae inter Latinos clarissimi Publii Virgilii Maronis Æneis id est, Libri de
Ænea, heroë Trojano, figuris affabre factis atque iconicis expositi et illustrati a
Joh. Andrea Thelot / Des hochberühmten lateinischen Poeten Publii Virgilii Ma-
ronis Bücher von dem Trojanischen Helden Aeneas, gezeichnet und in Kupffer
gebracht von Joh. Andrea Thelot. ... sine loco, sine anno [4°].

Bibl.: CBItalV Nr. 2995 nur mit der lat. Titelversion, offenbar nach einem
verstümmelten Exemplar der BN Milano ("tav. 24. Le tavole sone accompagna-
te da versi in latino e in tedesco"; Ansetzung: 17./18. Jh.); fehlt bei MAMBELLI;
verzeichnet sonst nur noch, mit der deutschen Titelversion, in New York 1930,
(„Latin text above and German below on each plate") = Princeton Item 383 („24
plates. Latin and German Text on plates, 18½ x 24½ cm, oblong"; Ansetzung
„17--?"). - Bei dem Künstler dieses Zyklus Nr. 36 muss es sich um den berühmten Augsburger Goldschmied Johann Andreas Thelot(t) (1655-1734) handeln.
Zu diesem Künstler vgl. Heidi PRAËL-HIMMER, Der Augsburger Goldschmied Johann Andreas Thelot, München 1978 = Forschungshefte 4 hrsg. vom Bayerischen Nationalmuseum München, doch nur zu den Goldschmiedearbeiten (Katalog S. 18-118), nicht zu den Graphiken. -
A. PIGLER, Barockthemen. Eine Auswahl von Verzeichnissen zur Ikonographie des 17. und
18. Jh., Bd. 2, Budapest ²1974, 284 führt unter den Zyklen zur Aen. auch „Radierungen" von
Thelott an und verweist auf „Nagler 2", d.h. auf Georg Kaspar NAGLER, Neues allgemeines
Künstler-Lexikon, Leipzig 3. Auflage o.J. (= 1. Aufl. 1835-1852), Bd. 20, S. 468f. NAGLER
vermerkt unter ‚Eigenhändige Radierungen' (Nr. 2): „Szenen aus der Aeneide, unten deutsche
Verse eingedruckt, 24 gut radierte Blätter in Luykens und Hoogstraatens Manier. Thelott
inv. et fec., qu. 8.' – Im Allgemeinen Lexikon bildender Künstler von der Antike bis zur
Gegenwart, begründet von Ulrich THIEME und Felix BECKER, Bd. 32, Leipzig 1938 (Ndr.
München 1992), 591-593 sind die Stiche Thelotts zur Aen. nicht (mehr) erwähnt. – Die
Princeton Univ. Library teilt mir auf nachträgliche Anfrage mit, dass das Buch anscheinend
um 1700 erschienen sei und je 2 Bilder zu den Aen.-Büchern (z.B. zu Aen. II: Hölzernes
Pferd und Laokoon) aufweise, doch ohne Buchbezeichnung. Die unter www.princeton.edu/-
~ferguson/Virgil/ (eigens für mich?) bereitgestellten 6 Beispiele (neben dem Titel: 1. Prooe-
mium und die Nr. 20-24) zeigen aber, dass sich allein 5 Radierungen auf Aen. IV beziehen:
Dido-Anna; Juno-Venus; Aeneas und Dido in der Höhle; Mercurius-Aeneas; Didos Tod. Über
dem Stich steht immer ein anonymes lat. Doppeldistichon, unter ihm 8 deutsche Alexandriner
(6 Jamben mit Kreuzreim) zu demselben Sujet (doch keine Übers. der 4 lat. Verse). Princeton
weist mir 2 Exemplare in Deutschland nach: Stuttgart, Württemberg. Landesbibliothek („circa
1750"); Stadtbibliothek Mainz („ca. 1690"). Ich behalte "VP 1700A ?" bei: das Titelblatt von
▶VP 1700A ähnelt frappant dem von Nürnberg ▶VP 1688A (bei beiden Verlegern!).

VP 1700B   ▫ **? franz. Übers. der Aeneis, Amsterdam 1700**
Traduction de l'Eneïde de Virgile par Mr. [Jean Regnault] DE SEGRAIS. Seconde
édition revue et corrigée par l'auteur et enrichie de figures. Suivant la copie de
Paris. Amsterdam, Jean Malherbe, 1700 [T. 1.2 = 2 Vol.].

Bibl.: MAMBELLI Nr. 1104 (Ø, auch Ø bei Nr. 1098, der Erstausgabe Paris ▶VP 1688C, doch vgl. Nr. 1109 zu der Nouvelle édition Lyon ▶VP 1719, 2 Vol.: „con incisioni e ritratto"); New York 1930, Nr. Case 10/Sect. 1 and 2, Nr. 101, und auch Case 20, Nr. 277 („2. ed., rev. ... illustrated with engravings") = Princeton Item 447 („portrait front. and illustration at head of each book"); CBItalV Nr. 2052 (Ø; wohl aber Hinweis auf Illustr. bei CBItalV Nr. 2053 = ▶VP 1719); Wolfenbüttel 1982, D 194; nicht bei PASQUIER, 1992. - Vgl. oben zu ▶VP 1688C und unten zu ▶VP 1719. - Es sind die Namensformen Regnault und Regnauld für DE SEGRAIS (1624-1701) belegt.

Lit.: Wolfenbüttel 1982, D 194: "T.1 mit 1 Frontispiz und 6 Kupfern; T.2. mit 1 Frontispiz und 6 Kupfern; ... Wiederholung der zuerst in Paris erschienenen Aeneisübersetzung des Jean Regnauld DE SEGRAIS, dessen Portrait das Frontispiz des 2. Bandes zeigt. ... Hinzugekommen sind die Illustrationen: jeweils ein Kupferstich am Beginn eines jeden Buches der Aeneis."

Beschreibung: Die Angaben bei Wolfenbüttel 1982, D 194 sind für die Titelei (für das BSB-Exemplar) nicht ganz korrekt: In Bd. 1 zeigt die unsignierte Antiporta die Gruppe des *Pius Aeneas* im Barocci-Typus (Anchises, von Aeneas auf den Armen getragen, nach r. gewendet; Ascanius vorn r.) in einem rundbogigen Tor), das Medaillon mit dem Porträt des Übersetzers „IEAN RENAUD DE SE-GRAIS" steht hinter der Titelseite und vor S. 1; Bd. 2 hat weder Frontispiz noch Porträt. - Vor jedem Aen.-Buch ganzseitige, eingelegte und nicht paginierte, unsignierte Kupferstiche mit Einfügungsvermerk vom Typ „Livre 1".

VP 1700B Die Titelbilder zu den 12 Aen.-Büchern haben folgende Sujets:

(Bd. 1) Aen. I: Seesturm mit Neptunus (li.) auf seinem von Seepferden gezogenen Wagen und Einfahrt der Restflotte in den Portus Libycus.

Aen. II: Einholung des Hölzernen Pferdes (von r.) inmitten jubelnder Trojaner in die Stadt.

Aen. III: Eine Gruppe von Kyklopen bedroht (von r.) trojanische Schiffe und Boote (Achaemenides-Episode).

Aen. IV: BILD 30.   Aeneas und Dido mit mehreren Hunden flüchten vor einem Unwetter nach li. in die Höhle.

Aen. V: Auf einem Turm in Karthago r. der brennende Scheiterhaufen Didos; die trojanische Flotte segelt aus dem Hafen.

Aen. VI: Im Vordergrund Aeneas und (li.) die Sibylle vor dem höhlenartigen Eingang zur Unterwelt; r. im Hintergrund verlassen Aeneas und die Sibylle mit dem Goldenen Zweig den Rundtempel Apolls.

(Bd. 2) Aen. VII: Aeneas (vorn li.) lässt sich eine Karte (Latiums?) und einen Bauplan für das Lager zeigen; im unteren Mittelgrund Bauarbeiten im Lager, im oberen Kämpfe zwischen berittenen Trojanern und der latinischen Landbevölkerung; li. im Hintergrund die trojanische Gesandtschaft vor König Latinus (dies ist kein mono-szenisches Bild, sondern ein Argumentum-Bild).

Aen. VIII: Ein junger Mann, der nicht gerüstet, sondern mit einer Tunica und einem Überwurf bekleidet ist, grüßt von einem Schiff (es wirkt muschelartig, doch wird dieser Eindruck von den am Außenbord hängenden Schilden erzeugt; das Heck zeigt die Büste eines geflügelten weiblichen Putto) aus mit einem Friedenszweig eine am Ufer des Tibers stehende Kriegsgöttin (es scheint sich um Pallas/Minerva mit Helm. Schild und Lanze in langem Gewand zu handeln; jedenfalls ist es weder Venus noch Tiberinus); r. im Mittelgrund wohl Empfang des Aeneas und mehrerer (trojanischer) Krieger durch Euander. Die Doppeldarstellung wird sich auf die Begegnung des Aeneas mit den Arkadern bei Pallanteum beziehen. Der junge Mann im Schiff muss Aeneas sein; die Gestalt am Ufer ist dann Pallas (Aen. VIII 110ff.). Der Illustrator hat den Pallas des Aen.-Textes nicht als den Sohn des Arkader-Königs Euander erkannt, sondern in einem singulären Missverständnis auf die Göttin Pallas (Athene) bezogen!

Aen. IX: Angriff der Latiner mit Leitern auf das trojanische Lager, das wie eine Stadt eine hohe Mauer und Türme (ein besonders hoher r.) im Inneren aufweist; die Angreifer zeigen auf einer Lanze den Kopf des Nisus oder des Euryalus; im Hintergrund li. die von Brandfackeln bedrohte trojanischen Schiffe.

Aen. X: Im Vorder- und Mittelgrund Kampfszenen, die eine Art Kreis bilden; in dessen Mitte ersticht ein Kämpfer mit einer Lanze seinen Gegner (offenbar Turnus den Pallas); im Hintergrund li. nähert sich die etruskische Hilfsflotte, und Boote landen am Strand. (Das zentrale Duell spielt nach dem Aen.-Text nach dem Eintreffen der Etrusker und der Arkader auf dem Schlachtfeld am Tiber.)

Aen. XI: Zwei Reiterheere sprengen vor den Mauern einer Stadt mit mehreren hochragenden Kirchen (= Laurentum, nicht das Lager der Trojaner in Aen. IX) aufeinander zu, r. im Vordergrund Camilla zu Ross, diese Szene noch beobachtend.

Aen. XII: Innerhalb eines von berittenen Kriegern gebildeten Ovals ersticht Aeneas li. mit der Lanze Turnus; beide sind von ihrem Zweigespann abgestiegen; im Hintergrund eine Stadt mit einer hohen Mauer, die von zuschauenden Kriegern besetzt ist (Laurentum); Brandwolken über der Stadt.

VP 1700B   *Würdigung*: Es handelt sich bis auf Aen. VII um mono-szenische Bilder, jedenfalls um Bilder, die eine einzige zusammenhängende Episode illustrieren. Diese Episode des folgenden Buches ist zum Titelbild aufgewertet worden. Die ausgewählten Sujets sind meist konventionell, doch offenbar unabhängige Bilderfindungen. Die Kampfbilder in Aen. X-XII mit ihren Massenszenen wirken theatralisch, Aen. XI und XII auch wegen der bildinternen Zuschauer. Am ausgefallensten ist Aen. VII mit Aeneas als Bauherrn (nicht wie sonst in

Aen. IV in Karthago, sondern im Hinblick auf seine erste Niederlassung in Latium, das Lager am Tiber); relativ ungewöhnlich ist auch Aen. III wegen der massenhaft angreifenden Kyklopen. Die „weibliche" Auffassung des Eigennamens *Pallas* im Bild zu Aen. VIII zeugt von einem schweren Missverständnis (das bei Kenntnis der lateinischen Textes mit z.B. *Pallas ... obvius* oder *percussus ... Pallas* in Aen. VIII 111 bzw. 121 nicht nachvollziehbar ist). – Die Figuren und ihre Kleidung bzw. Bewaffnung wirken manieristisch, kaum *all'antica* stilisiert; die Städte (Aen. II, V, IX, XI, XII) zeitgenössisch; die Schiffe (bes. in Aen. III) ebenfalls, doch durch die außen aufgehängten Schilde verfremdet.

Abhängigkeiten: Dieser 12-Bilder-Aen.-Zyklus Nr. 37 zeigt keine signifikante Abhängigkeit von anderen Zyklen und hat offenbar auch seinerseits - abgesehen von der Wiederholung in ▶VP 1719 - keinen erkennbaren Einfluss ausgeübt. In ▶VP 1668C, der Erstausgabe der franz. Aen.-Übers. von DE SEGRAIS, scheint nur erst ein Frontispiz vorhanden gewesen zu sein. Wie der Titel von ▶VP 1700B („seconde édition ... enrichie de figures") zeigt, sind die Textillustrationen erst 1700 hinzugekommen.

| VP 1700B | *Zugänglichkeit*: | BSB A.lat.a. 2306 |; daraus sind digitalisiert 14 Doppelseiten mit allen Illustrationen; | DVD 2 |. - Die Kupferstiche zu Aen. I und V, offenbar aus dieser Ausgabe ▶VP 1700B, kann man auch Internet unter www.gelahn mit den Suchbegriffen *segrais* und *eneide* finden. - Die BSB besaß früher auch unter der Signatur 4 A.lat.a. 694 die Erstausgabe ▶VP 1668C, doch ist sie verloren gegangen.

VP 1700C neapolitanische Übers. der Aeneis, Neapel 1700
L'Eneide di Virgilio Marone trasportata dal latino in ottava rima napoletana dal Signor Giancola SITILLO [= Nicolà STIGLIOLA]. Napoli, per Carlo Trojsi, 1700 [offenbar 1 Vol.].
Bibl.: MAMBELLI bei Nr. 1536; Ndr. der Ausgabe ▶VP 1699 (doch ohne den dortigen Hinweis im Titel auf Illustr.), s. dort (bes. *Abhängigkeiten* und *Abb.*). Nach der Beschreibung bei Mantua 1981, Nr. 24 enthält ▶VP 1700C nicht die 2 + 11 (bzw. 12) Kupferstiche von ▶VP 1699, sondern nur eine neue Antiporta und ein Porträt des neuen Widmungsträgers, des Marcellus Celentanus, „sindico de' Nobili della Città di Giovenazzo".

VP 1701A Opera, Antwerpen 1701
P. Virgilius Maro, accurante Nic. HEINSIO Dan. fil. Antverpiae, sumptibus Joan. Baptistae Verdussen, 1701.
Bibl.: Nur bei Perugia 1980, Nr. 65 (□), aber vielleicht identisch mit MAMBELLI Nr. 274: Opera cum notis Thomae FARNABII. Antverpiae, apud Joannem Baptistam Verduss, sine anno ("senza data, ma del sec. XVI ... con frontespizio inciso"); nicht in CBItalV. Eine Ausgabe der Vergilii Opera notis ad margines illustrata a Th. FARNABIO (ca. 1575-1647) ist erstmals Londini 1634 (MAMBELLI Nr. 304; vgl. Wolfenbüttel 1982, zu D 38) erschienen.

VP 1701B Opera, Cambridge 1701
Bucolica, Georgica, et Aeneis, ad optimorum exemplarium fidem recensita. Cantabrigiae, typis academicis, impensis Jacobi Tonson, 1701 [4°].
Bibl.: MAMBELLI Nr. 359; New York 1930 = Princeton Item 184 (□); Mantua 1981, Nr. 25 (Ø); Bamberg 1982, Nr. 19 (Ø). - Nach MAMBELLI Nr. 359 Ndr. von ▶VP 1680A (MAMBELLI Nr. 341) =; spätere Ndr. 1702, 1707 und 1711. - Ganz digitalisiert einschließlich

der einzigen Page image 1 bei ECCO; dort ist als Editor H. LAUGHTON angegeben. - Eine Editio altera in anderem Format und Umfang, mit im übrigen identischen Angaben ist Cantabrigiae 1702 erschienen und ebenfalls ganz, einschließlich der einzigen Page image 1, digitalisiert bei ECCO.

VP 1701B *Beschreibung:* Enthalten ist in ►VP 1701B nur eine ganzseitige allegorische Antiporta (mit für mich unleserlichen Signaturen, von denen die li. vielleicht *Delinia*, die rechte wohl *G. Valk.* heißen könnte, vgl. ►VP 1646A). In ihrem *Mittelpunkt* steht ein Denkmal zur Verherrlichung der VIRGILII OPERA (Inschrift in einem Lorbeerkranz). Eine von zwei Putti flankierte sitzende lorbeerbekränzte Muse (oder eine Allegorie des Ruhms?) hält und weist auf ein Medaillon mit dem Porträt des nach li. gewendeten Vergil mit Lorbeerkranz; der li. Putto spielt mit einem Helm. Li. vorn symbolisieren zwei Hirten, der eine durch Syrinx und apollinische Gestalt als Sänger charakterisiert, mit Ziegen und Hund die Eklogen, r. zwei Bauern mit Arbeitsgerät und Früchten sowie Blumen die georg. Im Hintergrund weisen zwei Szenen auf die Aen.: r. die Flucht des Pius Aeneas vor dem Hölzernen Pferd aus dem brennenden Troja, davor Verfolgung Cassandras durch Ajax; li. eine erregte Frauenmenge, auf die von einem Podest zwei männliche Gestalten herabsehen (schwer zu deutende Szene, vermutlich ebenfalls noch auf die Eroberung Trojas zu beziehen). - In der Editio altera von 1702 ist statt dessen (als Page image 1 bei ECCO) eine Porträtbüste des nach r. gewendeten Vergil mit Lorbeerkranz im Orsini-Typus enthalten. - Die allegorische Antiporta von ►VP 1701B ist in ►VP 1707 (dort verkleinert und verschmälert) und in ►VP 1712C wiederholt.

VP 1701C   Opera, Padua 1701

Opera cum notis Thomae FARNABII. Patavii, ex typographia seminarii apud Ioannem Manfré, 1701.

> *Bibl.:* MAMBELLI Nr. 360 (Ø); Princeton Item 183 (□).
>
> *Beschreibung/Abhängigkeiten:* Einzige Illustration ist das Frontispiz. Es ist eine in Kleinigkeiten veränderte Nachahmung des Frontispizes von ►VP 1700B oder mindestens des gemeinsamen Vorbildes, des Gemäldes von F. Barocci von 1598. Es zeigt die Gruppe des Pius Aeneas neben einer Säule (der auf seinen Armen getragene Anchises ist nach r. gewendet; Ascanius vorn r.) mit dem brennenden Troja im Hintergrund. Darüber hält ein (nach li. gewendeter) Schwan mit ausgebreiteten Schwingen in seinen Fängen die Titelei. Der Kupferstich ist signiert *1701. Joseph Abbiati sculp.* Das Frontispiz von ►VP 1702 zeigt dasselbe Motiv und ist ähnlich, aber sv. komponiert, gehört jedoch nicht zu dem gleichen Typus.
>
> *Zugänglichkeit:* BSB A.lat.a. 2183, daraus digitalisiert das Frontispiz; DVD 2.

VP 1702   Opera, Leipzig 1702

Opera cum notis ... a Thoma FARNABIO conscriptis ... iterum prodierunt. Lipsiae, impensis Christiani Emmerichii, 1702.

> *Bibl.:* MAMBELLI bei Nr. 360 zu ►VP 1701C, s. dort; Princeton Item 185 (□).
>
> *Beschreibung/Abhängigkeiten:* Einzige Illustration ist eine Antiporta (mit zusätzlicher Titelei) (11,1 x 6,0). Sie ist in Motiv und Komposition eher eine sv. und vereinfachte Variation als eine direkte Nachahmung des Frontispizes von ►VP 1701B oder ►VP 1700B. Sie zeigt die Gruppe des Pius Aeneas mit dem nach li. gewendeten Anchises in Huckepack-Position und Ascanius li. zwischen zwei Säulen, im Hintergrund das brennende Troja. Die drei Figuren tragen scheinbar Pluderhosen; Anchises hat einen Vollbart. Darüber hält ein (nach li. gewendeter) Schwan mit ausgebreiteten Schwingen in den Fängen die Titelei.
>
> *Zugänglichkeit:* BSB A.lat.a. 2184, daraus ist digitalisiert die Antiporta; DVD 2.

VP 1703   □ holländ. Übers. der Opera, Den Haag 1703

P. Vergilius Maroos Herders-kóuten en Land-gedichten midsgaders de XII Boecken van Aeneas. Vertaald en Nederduitsch Rijm, met het zelfde getal der regelen, door Dirck DONCKER. Den darde Druk [3. Druck]. Verçierd met kurieuse kopere Platen. s'Gravenhage, Johannes Kitto, 1703 [4°].

Bibl.: MAMBELLI Nr. 1483 mit nicht-dokumentarischen Titelvarianten ("con belle incisioni su rame, con testo descrittivo in olandese"); CBItalV Nr. 1979 (Ø); Mantua 1981, Nr. 26 (mit Wiedergabe des Frontispizes, danach die Titelaufnahme; die Hinzufügung von „[Gouda]" als Erscheinungsort ist, wie KALLENDORF, brieflich, bestätigt, nicht gerechtfertigt); Princeton Item 352 („printer's mark; illustrations"); BL („Gouda 1703").

Lit.: Mantua 1981, Nr. 26: "si distingue per le incisioni su rame, di grandissimo pregio, contenute nel testo: la pagina 12 reca un'incisione con effigie di Virgilio (disegno di Chr. Pierson e incisione di H. Barij); ogni libro dell'Eneide è corredato di un riquadro inciso, ad illustrazione degli episodi più salienti del poema." - I. M. VELDMAN, *Een presenterie van de Aeneis door Crispijn de Passe de Oude (1612)*, Hermeneus 54, 1982, 304-313, zu den 13 Aeneis-Kupferstichen dieses Künstlers, die erstmals in der Ausgabe der Opera Utrecht ▶VP 1612 (s. dort) erschienen sind; auch das "13." Buch des Maffeo Veggio ist berücksichtigt; bei VELDMAN kleine Abb. aller 13 Bilder, Wiedergabe des jeweiligen lat. Doppeldistichons und dazu eine holländ. Übersetzung. - Zu de Passe de Oude (der Ältere) gibt es kein Lemma in der EV. - FAGIOLO, Rom 1981, S. 89f. bietet 10 Abb. von C. de Passe d. Ä.: neben 5 Abb. zu den ecl. und 4 zu den georg. (keine zur Aen.; diese ecl./georg.-Abb. sind von unvergleichlich besserer Qualität als die eine im Katalog von Mantua oder auch die winzigen Wiedergaben der Aen.-Stiche bei VELDMAN) auch ein offenbar auf die georg. bezogenes Titelkupfer (mit Medaillon Vergils zwischen Ochs und Pferd und landwirtschaftlichen Geräten).

Beschreibung: Siehe die Originalausgabe ▶VP 1612A.

Abb.: Außer den in der Rubrik *Lit.* erwähnten 13 Abb. bei VELDMAN, 1982, und den 10 Abb. bei FAGIOLO, Rom 1981, S. 89f., findet sich bei Mantua 1981, Nr. 26 noch eine Abb. des Titels (mit Blumenstrauß-Stich) und des in das holländische Argumentum zu Aen. V fol. 79 eingelegten Kupferstichs vom Tod Didos am Ende von Aen. IV und dem (2.) Seesturm zu Beginn von Aen. V mit einem darunter stehenden lat. Doppeldistichon. Die letztere Abb. auch bei FAGIOLO, Rom 1981, S. 232.

VP 1704A   + Opera, Rotterdam 1704

Opera cum annotationibus Iohannis MIN-ELLII. Roterodami, typis Regneri [*sic*] Leers, 1704.

Bibl.: Fehlt bei MAMBELLI zu Nr. 342 = ▶VP 1681A; s. dort und zu ▶VP 1682B. Diese Ausgabe ist aufgeführt Princeton Item 186, mit dem Hinweis „added: engraved title-page, with date, 1697".

Beschreibung: Antiporta (11,5 x 6,5) mit ähnlicher Titelei (Opera quibus selectiss. adiunxit notas Joh. MIN-ELLIUS) wie im Haupttitel, doch datiert 1697 (also aus der Ausgabe Rotterdam ▶VP 1697D stammend, einem Ndr. von Rotterdam ▶VP 1681A). Auf der

Antiporta von ▶VP 1704A im oberen Drittel Flucht der Gruppe des Pius Aeneas aus Troja nach r.; über der Titelei Medaillon mit Vergil in Frontalansicht; li. und r. der Titelei Darstellungen, die in allgemeiner Form ecl. /georg. repräsentieren; unter der Titelei: Schwan mit nach r. zurückgebogenem Hals und Kopf, der auf einer Buchrolle steht.

Abhängigkeiten: Vgl. ▶VP 1681A mit dem Hinweis auf den Ndr. ▶VP 1697D; s. auch ▶VP 1682B.

VP 1704A   *Zugänglichkeit*: BSB A.lat.a. 2186 , daraus digitalisiert die Antiporta und die Titelseite (mit einer Druckermarke mit der Devise PRESSA RESURGENT); DVD 2.

VP 1704B   Opera, Utrecht 1704

Opera. Nic(olaus) HEINSIUS … e membranis compluribus iisque antiquissimis recensuit. Ultrajecti, Guil. van de Water, 1704.

Bibl.: MAMBELLI Nr. 361 („□ e una carta geografica"); CBItalV Nr. 240 (Ø); Princeton Item 187 und Item 188 (□); BL („a reprint of the Amsterdam edition of ▶VP 1676; □").

VP 1705   deutsche Übers. der Opera, Frankfurt a. M. 1705

Publii Virgilii Maronis, deß nie gnug gepriesenen lateinischen [*sic*] Poeten Gedichte … So in ungebundene Hoch-Teutsche Red übersetzt Johann VALENTIN. Franckfurt, Johann Adolph Stock, 1705.

Bibl.: S. generell zu ▶ VP 1671B oder zu ▶VP 1697A. Bei MAMBELLI Nr. 1297 (zur Originalausgabe Frankfurt, Johann Beyer, 1660), mit Hinweis auf die Nddr., immer in Frankfurt, ▶VP 1671B, ▶VP 1697A, ▶VP 1705 - die vorliegende Ausgabe -, ▶VP 1724B; Frankfurt 1930, Nr. 77 (StB Berlin, 1697) und Nr. 78 (StB Ffm., 1671); Bamberg 1982, Nr. 29 (▶VP 1724B; keine Erwähnung von Illustr., trotzdem Abb. des Kupfertitels); Wolfenbüttel 1982, D 133 (▶VP 1671B) und D 134 (▶VP 1705) sowie D 135 (▶VP 1724B).

Lit.: Wolfenbüttel 1982, D 133 (1671): „Kupfertitel (bey Johann Beyers Erben) ist im engen Anschluss an den Kupfertitel der Leidener Vergilausgabe des Abraham Commelin von ▶VP 1646A (s. Nr. D 37) gestochen"; Wolfenbüttel 1982, D 134 (1705): „Kupfertitel wie in der Ausgabe von 1671, jedoch: Bey Johann Adolph Stock"; Wolfenbüttel 1982, D 135 (1724): „Kupfertitel wie in der Ausgabe von 1705". Autopsie für 1697 und für 1705 zeigt, dass Aeneas auf dem unteren Bild von r. her den Turnus ersticht, 1646 dagegen von li. her.

Abb./Abhängigkeiten: Kupfertitel der Ausgabe Frankfurt ▶VP 1724B in Bamberg 1982, S. 35 (Abb. 11), das obere und das untere Bild sind sv. 1724 und auch schon 1705 gegenüber dem Frontispiz in der Ed. der Opera, Leiden▶VP 1646A, vgl. dessen Abb. in Wolfenbüttel 1982, S. 92 (1697 = 1705 = 1724 ersticht Aeneas auf dem unteren Bild von r. her den Turnus).

Zugänglichkeit: BSB A.lat.a. 2266 (▶VP 1697A); UB München 8 A.lat. 1573a (▶VP 1705).

VP 1706   □ J. MOREAU DE BRASEY: Ergänzung der franz. Aeneis-Travestie von P. SCARRON, Amsterdam 1706

La suite ou Tome III du Virgil travesty en vers burlesques de Mr. SCARRON par M. Jaques MOREAU … DE BRASEY. Amsterdam, B. Mortier, 1706.

Bibl.: MAMBELLI Nr. 1573. Fehlt im CBItalV im Umkreis von Nr. 2698. - - Im BSB-OPAC wird kaum zu Recht dieses Buch als Bd. 3 (1706) den beiden Bänden 1-2 der franz. Aen.-Travestie von P. SCARRON, Amsterdam 1712 = ▶VP 1712B = BSB P.o.gall. 2023 n-1 bzw. n-2 zugerechnet und diese Gesamtausgabe von 3 Bänden dann unter „1706-1712" geführt. Ich habe ▶VP 1706

(„Bd. 3") von ►VP 1712B (Bd. 1-2) getrennt. - Es handelt sich um eine Vervollständigung der erstmals 1648-1653 nur für Aen. I - VIII (Anfang) durchgeführten Travestierung der Aen., um eine ‚Continuation' für den Rest von Aen. VIII und für Aen. IX-XII durch Jacques MOREAU DE BRASEY.

Beschreibung/Abhängigkeiten: Die Illustrationen sind aus ►VP 1649B übernommen und stammen damit von François Chauveau.

Antiporta: Ein lorbeerbekränzter Dichter (li.) präsentiert in einem Palast einem r. thronenden König einen großen ovalen Schild mit der Aufschrift *LA SUITE DU VIRGILE TRAVESTY DE SCARRON*. Hinter dem Schild steht eine Dame (wohl eine Muse). Der Kupferstich (10,8 x 6,5) ist unsigniert. Es handelt sich faktisch um eine praktisch unveränderte verkleinerte Übernahme der von F. Chauveau entworfenen Antiporta für ►VP 1649B, allerdings unter Tilgung aller originalen Beischriften (wie z. B. MAECENAS zu der Dichter-Figur) und mit Ersatz der originalen Aufschrift auf dem Schild, die sich ursprünglich auf den franz. Übersetzer Michel de Marolles bezog (►VP 1649B) und später, ähnlich wie im Falle der Aen.-Travestie von P. Scarron, auf den franz. Übersetzer É. A. De Martignac (►VP 1681B) übertragen wurde.

VP 1706 Auch die Titelbilder zu den jetzt von J. Moreau de Brasey als Ergänzung zu der nur bis Aen. VIII Anfang reichenden Travestie von Paul Scarron (erstmals publiziert seit 1648) jetzt erstmals ebenfalls travestierten Aen.-Büchern VIII-XII sind (wie die Antiporta) der franz. Übers. von M. de Marolles ►VP 1649B, teils sv. = seitenverkehrt (Aen. VIII, X, XI), teils seitenrichtig (Aen. IX, XII), entnommen und stammen von F. Chauveau (Zyklus Nr. 27).

Aen. VIII: Übergabe der neuen Rüstung, zumal des neuen Schildes durch die auf einer Wolke (Mitte r.) schwebenden Venus an den li. stehenden Aeneas. - Variierte sv. Übernahme aus ►VP 1649B; zwei der drei Putti sind jetzt r. durch die römische Wölfin mit den säugenden Zwillingen Romulus und Remus ersetzt; außerdem ist jetzt li. in einer Nebenszene der opfernde Aeneas eingefügt.

Aen. IX: Nisus stürzt sich von r. auf die meist berittenen Rutuler, um den bereits tot r. am Boden liegenden Euryalus zu retten. - Praktisch unveränderte seitenrichtige Übernahme aus ►VP 1649B.

Aen. X: Götterversammlung, u.a. mit Juno li. und Venus r. sv.- Leicht variierte sv. Übernahme aus ►VP 1649B; hinzugefügt ist jetzt vorn li. ein pyramidenartiges Grabmal.

Aen. XI: Camilla sinkt li. tödlich getroffen vom Pferd; Opis bedroht aus den Wolken Arruns, der zu Ross nach r. entkommen will. - Praktisch unveränderte sv. Übernahme aus ►VP 1649B.

Aen. XII: Aeneas li. bedroht mit einer Lanze Turnus r., der einen Felsblock schwingt. - Leicht variierte seitenrichtige Übernahme aus ►VP 1649B.

VP 1706   *Zugänglichkeit*: BSB P.o.gall. 2023 n-3 , daraus digitalisiert sind 6 Doppelseiten mit allen Illustrationen (Antiporta und die 5 Titelbilder für Aen. VIII-XII); DVD 2.

VP 1707   ■ Opera, London 1707

Opera. Interpretatione et notis illustravit Carolus RUAEUS ... jussu christianissimi regis, ad usum serenissimi Delphini. Juxta editionem novissimam Parisiensem. Londini, apud J. Nicholson, J. Sprint & B. Tooke, 1707

Bibl./Abhängigkeiten/Zugänglichkeit: Fehlt in den Bibliographien (außer im Nachtrag S. 348 zu MAMBELLI Nr. 362bis, Ø), trotz der Vielzahl der Ausgaben von C. RUAEUS, die dort seit der Originalausgabe Paris ▶VP 1675A und der Secunda editio Paris ▶VP 1682A verzeichnet sind; s. zu ▶VP 1682A. Mir bekannt nur durch ECCO, wo das ganze Buch einschließlich aller 15 ganzseitigen Kupferstiche digitalisiert ist. Im Unterschied zu jenen vielen Ausgaben von C. RUAEUS, die allenfalls eine Antiporta oder eine Karte aufweisen, liegt in ▶VP 1707 ein Zyklus (Nr. 38) von Titelbildern zu den einzelnen Büchern vor: 1 Antiporta; je 1 Stich zu den ecl. und den georg. insgesamt und zu jedem der 12 Aen.-Bücher. Nur die Antiporta ist signiert mit *M. V. de Gucht sculp.* (stammt also von Michael Van der Gucht), die übrigen Bilder sind anonym. Bemerkenswert ist, dass dieser Zyklus Nr. 38 von ▶VP 1707 (der in ▶VP 1712C praktisch unverändert übernommen wird, s. dort) ab ▶VP 1714A als von F. De la Monce entworfen gilt; s. dort.

Beschreibung (in Klammern die Nummern der Page Image bei ECCO):
Antiporta (Image 1): Nachstich der Antiporta in ▶VP 1701B (dort gestochen von G. Valk, hier von V. de Gucht) mit der allegorischen Verherrlichung Vergils und mit szenischem Hinweis auf seine drei Werke, s. dort; hier in ▶VP 1717 jedoch verkleinert (von 4° auf 8°) und schmäler.
Für die Aen.-Bilder wird zu ▶VP 1714A, einer besseren Ausführung des Zyklus Nr. 38, eine ausführliche Beschreibung gegeben; hier in ▶VP 1707 beim scheinbar erstmaligen Vorkommen des Zyklus werden nur signifikante Abweichungen wie sv. = seitenverkehrt vermerkt. Grundsätzlich sind in ▶VP 1707 alle Bilder nicht nur insgesamt gröber ausgeführt, sondern auch schmäler als in ▶VP 1714A, weil sie li. und r. beschnitten sind.
Aen. I (Image 203): Der Seesturm mit Aeolus li.; sv. (Dies ist der einzige Kupferstich, der im ganzen sv. gegenüber ▶VP 1714A ist; Aen. X und Aen. XI sind nur teilweise sv.) – Seitenrichtig gegenüber ▶VP 1680A.
Aen. II (Image 244): Die Flucht der Familie des Aeneas aus Troja, nach li. Vorn r. ist nicht ein Teil einer kannellierten Säule (wie in ▶VP 1714A) zu sehen, sondern ein viereckiger Block; die Torkonstruktion ist höher gezogen. – Seitenrichtig gegenüber ▶VP 1714A und ▶VP 1680A.
Aen. III (Image 277): Das Harpyien-Abenteuer. Der Schiffsbug (Mitte r.) ist kaum zu erkennen. – Seitenrichtig gegenüber ▶VP 1714A und ▶VP 1680A.

Aen. IV (Image 316): Der Tod Didos. Die Gesamtdarstellung ist nicht sv. gegenüber ▶VP 1714A und ▶VP 1680A, doch die Haltung der einzelnen Personen, besonders die der stärker aufgerichteten und etwas nach li. geneigten Dido, ist anders. Die Position der Frauen vorn r. ist verändert, die dritte Person ganz r. ist kaum zu sehen.

Aen. V (Image 353): Der Faustkampf zwischen Dares und Entellus. Die Armhaltung der Boxer ist verändert; die r. am Ufer liegende Flotte steht offenbar nicht in Brand. – Seitenrichtig gegenüber ▶VP 1714A und ▶VP 1680A.

VP 1707 Aen. VI (Image 394): In der Unterwelt; Aeneas und der Sibylle r. im Nachen Charons. Die Szenen im Hintergrund sind kaum zu erkennen. – Seitenrichtig gegenüber ▶VP 1714A und ▶VP 1680A.

Aen. VII (Image 443): Kriegsausbruch nach der Verwundung des zahmen Hirsches Silvias. Die Personen am r. Rand sind stark gequetscht. – Seitenrichtig gegenüber ▶VP 1714A und ▶VP 1680A.

Aen. VIII (Image 482): Venus übergibt Aeneas die neue Rüstung. Aeneas ist im Halbprofil zu sehen (nicht, wie ▶VP 1714A, in Rückenansicht); er bewundert nicht den Schild (der ist ganz nach li. versetzt), sondern den Panzer. – Seitenrichtig gegenüber ▶VP 1714A und ▶VP 1680A.

Aen. IX (Image 515): Die Metamorphose der von Brandfackeln bedrohten trojanischen Schiffe. – Seitenrichtig gegenüber ▶VP 1714A und ▶VP 1680A.

Aen. X (Image 546): Götterversammlung; diese seitenrichtig gegenüber ▶VP 1714A und ▶VP 1680A. Die Szenerie unten auf der Erde ist zwar ebenfalls seitenrichtig gegenüber ▶VP 1680A (r. die Festung, li. die Flotte), doch sv. gegenüber ▶VP 1714A angelegt.

Aen. XI (Image 583): Der Tod Camillas. Hier unterscheidet sich die Fassung in ▶VP 1707(wie schon die in ▶VP 1680A) signifikant von der in ▶VP 1714A. Camilla scheint in ▶VP 1707 (und ▶VP 1680A) noch nicht vom tödlichen Pfeil getroffen zu sein, sondern ihn mit ausgebreiteten Armen zu erwarten oder gar eine Ansprache zu halten; Arruns scheint hier, anders als in ▶VP 1714A (und ▶VP 1680A), gar nicht Camilla, sondern einen anderen Gegner anzugreifen; besonders misslich ist, dass (nur) die in den Wolken spielende Szene sv. angelegt ist, so dass Opis jetzt (in ▶VP 1707 und in ▶VP 1680A) von Diana r., die noch den Bogen hält, nach li. und damit zu Camilla und nicht, wie es richtig wäre, gegen Arruns ausgesandt wird.

Aen. XII (Image 618): Das Schlussduell. Starke Abweichungen gegenüber ▶VP 1714A. Es fehlt in ▶VP 1707 und in ▶VP 1680A die gesamte olympische Szene in ▶VP 1714A. Auch die Stadt (Laurentum) im Hintergrund ist jetzt (sv.) r. plaziert und ihre Zitadelle steht textwidrig in Flammen. Das Duell selber im Vordergrund ist zwar seitenrichtig (li. Aeneas), aber anders gestaltet. Aeneas zückt in ▶VP 1707 und ▶VP 1680A ein Schwert in der Rechten, nachdem er mit einem Speer den linken Oberschenkel des Turnus durchbohrt hat; die Haltung des knienden Turnus ist aufrecht. In ▶VP 1714A dagegen zielt Aeneas mit einem Speer in der Rechten auf den knienden Turnus. Hinter Turnus liegen in ▶VP 1707 und ▶VP 1680A r. ein Schild und ein zerbrochenes Schwert, in ▶VP 1714A ist nur, nach li. verschoben, ein Schild zu sehen.

VP 1707 *Abhängigkeiten/Würdigung*: Dies ist nur scheinbar das erste Vorkommen eines Zyklus (Nr. 38) von Titelbildern zu den 12 Aen.-Büchern, der in ▶VP 1712C praktisch unverändert übernommen und dann mit leichten Varianten und teilweise sv. ab ▶VP 1714A von F. De la Monce signiert ist. Diese Version von F. De la Monce, die gegenüber dem anonymen Zyklus in ▶VP 1707 = ▶VP 1712C als Verbesserung (bes. im Hinblick auf Aen. XI) wirkt, wird dann in ▶VP 1716B, ▶VP 1729B und ▶VP 1730C wiederholt, vgl. auch noch ▶VP 1721B. Als ganzes macht dieser Zyklus (wegen der vielen schwarzen Partien, jedenfalls nach den Digitalisaten bei ECCO zu urteilen) in ▶VP 1707 einen düsteren und klobigen Eindruck. Die Originalausgabe aber ist weder ▶VP 1707 noch gar ▶VP 1714A, sondern der Zyklus Nr. 34 von G. Appelmans in ▶VP 1680A. Dass ▶VP 1714A und die späteren Übernahmen mit *F. De la Monce inv.* signiert sind, ist ein so dreistes Plagiat, wie es mir sonst in der Epoche der signieren Kupferstiche nicht begegnet ist. (Bei späteren Nachstichen durch namentlich genannte Stecher wird zwar gern der Name des Inventors verschwiegen, aber nicht einfach durch einen neuen ersetzt.) Die Bilder in ▶VP 1707 = ▶VP 1712C und ▶VP 1714A („F. De la Monce") sind so genaue Nachahmungen jener von G. Appelmans in ▶VP 1680A, dass man nicht von einem eigenständigen Zyklus von F. De la Monce ab ▶VP 1714A sprechen kann.

VP 1709 ◻ **engl. Übers. der Opera, London 1709**
The works of Virgil containing his Pastorals, Georgics and Aeneis, translated into English verse by Mr. DRYDEN. In three volumes. Adorn'd with above a hundred sculptures. The third edition. London, Jacob Tonson, 1709 [3 Vol. in-8°]. - Im Titel ist gegenüber der 1. Auflage ▶VP 1697B („Adorn'd with a hundred sculptures", realiter 101+1) zutreffend präzisiert zu „Adorn'd with above a hundred sculptures", denn es sind 106 Kupferstiche enthalten.

Bibl.: MAMBELLI Nr. 1368 ("con tre differenti ritratti dell'autore e numerose figure incise in rame da M. Vander Gucht. Nuova edizione"); New York 1930, Case 20, Nr. 278 (dieses Exemplar aus Princeton ist jedoch im Princeton-Katalog nicht bei Item 351ff. aufgeführt); Bamberg 1982, Nr. 31 (Ø - trotz des Titel-Zusatzes); Wolfenbüttel 1982, D 171; BL. - Vgl. auch ▶VP 1748 = MAMBELLI Nr. 1372.

Lit.: Wolfenbüttel 1982, D 171: "mit 106 Kupfern. Zu jedem Band Frontispiz mit Portrait DRYDENs. … Dritte Ausgabe der berühmten Vergilübersetzung des John DRYDEN (1631-1700), an der er 1694 bis 1697 gearbeitet hatte und die zuerst 1697 auf Subskription in einem prachtvollen Folioband veröffentlich worden war [= ▶VP 1697B], für den DRYDENs Verleger Tonson aus Ogilbys Nachlass die Kupferplatten der Illustrationen zu dessen Vergilausgabe aufgekauft hatte (da Tonson die Ausgabe William III. zu widmen wünschte, ließ er auf den Stichen Aeneas die Hakennase Williams anpassen). Diese Illustrationen sind für die vorliegende Ausgabe in reduziertem Format von Michael van der Gucht (1660-1725) und anderen nachgestochen worden." - Vgl. generell zu der Originalpublikation des Illustrationszyklus Nr. 29 von F. Cleyn ▶VP 1654A und besonders zu ▶VP 1658A, auch zu ▶VP 1663B.

VP 1709   *Beschreibung*: Innerhalb des gesondert arabisch paginierten paratextuellen Bereichs (vor Einsetzen des Vergil-Textes der ecl.) von Vol. 1 befinden sich folgende Kupferstiche: (**a**, Image 1 bei ECCO) als Antiporta ein erstes Porträt-Brustbild *MR. JOHN DRYDEN, Anno 1683, Aetat. 52. Iohn Ryly pinxit. P. a. Gunst sculp.* [sic]; (**b**, Image 17 bei ECCO) vor S. 13 ein unsigniertes Porträt-Medaillon *VIRGILIUS Apud Fulvium Ursinum in gemma* (Vergil nach li. gewendet, vor einer Herme li.; Orsini-Typus); (**c**, Image 60 bei ECCO) vor S. 55 gegen Ende des „Life of Virgil" ein unsignierter Kupferstich. Er zeigt die Ruine des angeblichen Grabes Vergils bei Neapel, einen viereckigen, konisch auslaufenden steinernen Grabbau, auf dem mehrere Sträucher oder kleine Bäume wachsen; der rundbogige Eingang liegt li. im Schatten. Neben dem konischen Aufbau steht *Vergilij Poetae / Sepulchrum*, unterhalb des Grabbaus und zweier Felsplatten *Ante Neapolim in aditu cavernae Montis Pausilippi* und oberhalb als eine Art Überschrift noch innerhalb des Bildrahmens das Distichon QUI CINERES TUMULI HAEC VESTIGIA CONDITUR OLIM / ILLE HOC QUI CECINIT PASCUA RURA DUCES. Dieses anonyme Distichon ist ohne Interpunktion praktisch unverständlich und mit Interpunktion noch immer unbefriedigend. Zu interpungieren ist am ehesten: *Qui cineres? tumuli haec vestigia? conditur olim / ille, hoc qui cecinit: pascua rura duces.*" Zu verstehen ist also: ‚Welche (= wessen) Asche? Sind dies die Ruinen eines Grabes? Geborgen ist (hier) seit alter Zeit jener, der (oder: jener, der einst) folgendes besungen hat: Weiden, Fluren, Führer." (Dies ist die von Elisabeth KLECKER, Dichtung über Dichtung. Homer und Vergil in lat. Gedichten ital. Humanisten des 15. und 16. Jhs., Wien 1994 = Wiener Studien Beiheft 20, S. 194f. vertretene Interpunktion, dort weitere Lit.) Ich würde an sich lieber *conditus* lesen, aber die Tafel mit der 1554 gesetzten Inschrift ist noch heute am ‚Grab Vergils' erhalten und der Text eindeutig lesbar, s. Tav. 16 S. 162 bei Mario MASSARO, Il sepolcro di Virgilio, Napoli 1983, 54-56, wo dieses Distichon als Nr. VIII von insgesamt 14 heute im ‘Recinto Virgiliano di Mergellina a Napoli' sichtbaren Inschriften behandelt wird. (*Hoc* verstehe ich als Ankündigung des Zitats *pascua rura duces*, MASSARO dagegen als *hoc = tumulo;* KLECKER gibt keine Übers.) Das anonyme Distichon auf diesem (soweit ich sehe, in ▶VP 1709 erstmals belegten) Stich stand also damals schon über 150 Jahre wirklich an der Ruine, die man für das Grab Vergils hielt. Auch Vol. 2 und Vol. 3 haben jeweils eine Antiporta mit dem Porträt DRYDENs, doch jetzt aus dem 62. bzw. 67. Lebensjahr. Vol. 2 (mit dem die Aen. beginnt) hat zwar im Münchener Exemplar keine Antiporta mit einem solchen Porträt, doch zeigt die Abb. bei Wolfenbüttel 1982, S. 170, dass in dem dortigen Exemplar D 171 ein Porträt mit der Unterschrift *Anno 1693. Ætat. 62* vorhanden ist (Vorlage des Stichs von M. Vander Gucht ist ein Gemälde von G. Kneller). Vol. 3 hat als Antiporta (Image 1 bei ECCO) ein Brustbild *MR JOHN DRYDEN, Anno 1698, Aetat. 67. Sr G. Kneller pinxit. I. de Leeuw sculp.* Insgesamt weist also die Ausgabe im Eingangsbereich 5 Kupferstiche auf.

VP 1709   Zum Text finden sich insgesamt 101 Kupferstiche, also der Gesamtbestand des Originals von ▶VP 1654A = ▶VP 1658A= ▶VP 1663B (Zyklus Nr. 29): je 1 vor jeder der 10 Eklogen, je 5 in den 4 Büchern der georg., insgesamt 71 zur Aeneis (Pict. 31 - Pict. 101, der vollständige Satz). Es handelt sich um Nachstiche verschiedener Stecher nach den von Franz Cleyn entworfenen Kupferstichen jedoch in reduziertem Format 17,2 x 10,5. Alle Kupferstiche sind zunächst (bis Pict. 36) signiert und ausgeführt von M. van der Gucht (1660-1725). Die weiteren Kupferstiche Nr. 37-45, 50-65, 70-101 sind nicht signiert. Die Nr. 46-49 und Nr. 66-69 sind mit *L. du Guernier sculp.* signiert. Erstmals sind alle Kupferstiche ab Pict. 9 (bis zur letzten Pict. 101) nummeriert. Alle haben eine Einfügungsangabe vom Typ (Pict. 32) *Ae(neis) 1 l(ine) 295,* denn sie stehen auf unpaginierten Blättern, und zwar der paginierten Textseite mit dem genannten Vers gegenüber. Die Zeilenangabe bezieht sich auf die Verszählung der engl. Übers. von J. DRYDEN, nicht auf den lat. Text (z. B. hat Aen. I in DRYDENs Übersetzung 1065 engl. Verse, das Original hat 756 lat. Hexameter). Näheres und Beschreibung der Bilder in diesem oft wiederholten oder nachgestochenen Kupferstich-Zyklus Nr. 29 von ▶VP 1654A, der seit ▶VP 1697B gern mit der engl. Übers. von John DRYDEN verbunden wird, siehe zu ▶VP 1658A (= ▶VP 1654A). Fast alle Bilder sind in ▶VP 1709 seitenrichtig entsprechend dem Original in ▶VP 1654A = ▶VP 1658A nachgestochen; die einzigen Ausnahmen bilden Pict. 35, 49 und 97. Es fehlen aber alle Beigaben zu den eigentlichen Bildern, also das Zitat der lat. Bezugsverse und Namen, Titel und Wappen der (gegenüber ▶VP 1654A) neuen Sponsoren der Tafeln in ▶VP 1697B. Angegeben ist allerdings der (jeweils eine) Bezugsvers der engl. Übers.

Abb.: Die Titelseite (ohne Illustr.), (das 2.) Porträt John DRYDENs von 1693 und Pict. 34 (Begegnung des Aeneas und Achates mit Venus vor Karthago) bei Wolfenbüttel 1982, S. 169-171.

VP 1709   *Zugänglichkeit*: BSB A.lat.a. 2250 , daraus digitalisiert sind 105 Doppelseiten mit je 1 Illustration (im Münchener Exemplar von Bd. 2 findet sich nicht die von Wolfenbüttel 1982, D 171 erwähnte und S. 170 abgebildete Antiporta mit dem 1693 datierten 2. Porträt DRYDENs); DVD 2 . - Von ▶VP 1709 sind Vol. 1 und 3 (nicht Vol. 2 mit Aen. I-VI) vollständig, einschließlich der enthaltenen ‚Illustrations' (33 in Vol. 1 mit ecl./georg., 33 in Vol. 3 mit Aen. VII-XII, davon als Image 1 das Porträt DRYDENs von 1698 im Alter von 67 Jahren; Image 3 = Pict. 70; Image 302 = Pict. 101), digitalisiert bei ECCO, nach dem Exemplar der BL.

VP 1710   **Opera mit ital. Kommentar, Venedig 1710**

Le opere, cioè la Bucolica, la Georgica, e l'Eneide commentate in lingua volgare toscana da G. FABRINI da Figline, C. MALATESTA da Rimino, e F. VENUTI da Cortona. Con ... la latina la volgare. Nuovamente ristampate e diligentemente corrette. Venezia, Paolo Baglioni, 1710 [2°].

> *Bibl.*: MAMBELLI Nr. 363 ("con eleganti incisioni"; übrigens wird bei MAMBELLI hier erstmals als Herkunftsort des G. Fabrini nicht Fighine, wie zuvor mehrfach, sondern Figline gedruckt), Ristampa (wohl am ehesten von ▶VP 1683); PASQUIER, 1992, Nr. 76 (Illustrationen wie in ▶VP 1641B = PASQUIER, 1992, Nr. 58). Es muss sich also offenbar um eine Ausgabe des Komm. von FABRINI-MALATESTA-VENUTI handeln, die nicht mehr, wie ursprünglich in ▶VP 1581V und ▶VP 1588B (s. dort), auch 24 Holzschnitte zur Aen. (Zyklus Nr. 17) enthielt, sondern, wie seit ▶VP 1597C üblich (dort Hinweis auf weitere Ausgaben), kein Bild mehr zur Aen. aufweist.

> *Lit./Abb.*: Mantua 1981, Nr. 27 mit Abb. des Frontispizes: "in frontespizio riquadro inciso con aquila imperiale bicipite; all'interno fregi decorativi di testata e capilettera di grande finezza; ogni Ekloga è preceduta da una vignetta elegantemente incisa."

VP 1712A   **◻ + franz. Übers. (mit lat. Text) der Opera, Lyon 1712**

Virgile, de la traduction de Monsieur [Étienne Algay] DE MARTIGNAC avec des remarques. Quatrième Edition reveue & corrigée. Lyon, Antoine Molin, 1712 [3 Vol.].

> *Bibl.*: Diese 4. Auflage der franz. Übers. (mit beigegebenem lat. Text) von É. A. DE MARTIGNAC fehlt bei MAMBELLI zu Nr. 1102 = ▶VP 1681B (Erstausgabe dieser Übersetzung, von der es 1686 eine Ristampa gebe) oder zu Nr. 1103 = ▶VP 1687 (2. Auflage); auch die 3. Auflage ▶VP 1697C fehlt bei MAMBELLI, der stattdessen aber als Nr. 1105 eine Ausgabe Paris, Michel David, 1700 führt. Fehlt auch im CBItalV im Umkreis von Nr. 1891 und bei PASQUIER, 1992, zu Nr. 54 = ▶VP 1681B sowie in anderen Bibliographien. Vorhanden jedoch in der BSB, danach die Titelaufnahme.

> *Beschreibung/Abhängigkeiten*: Neben einer Antiporta 21 ganzseitige Kupferstiche als Titelbilder zu den einzelnen Büchern von georg. und Aen. und zu je zwei ecl. (zu ecl. 1/2, 3/4, 5/6, 7/8, 9/10), ohne Angabe des Stechers oder gar Zeichners, jeweils mit allgemeinem Einfügungsvermerk vom Typus „livre 7, Tome III". Im Münchener Exemplar 5 + 4 + 12 = 21 Textillustrationen plus Antiporta. Es handelt sich generell um Übernahmen aus der Erstausgabe der franz. Übers. von De Martignac ▶VP 1681B oder der 2. Auflage ▶VP 1687 bzw. 3. Auflage ▶VP 1697C (nur die letztere ist mir in München zugänglich; s. dort die Beschreibung), die ihrerseits aus der franz. Übers. von M. de Marolles in Paris ▶VP 1649B (s. dort die Beschreibung) abgeleitet sind. Die Zeichnungen stammen mithin von F. Chauveau und die Kupferstiche nach diesen Entwürfen waren schon vor ihrer Verbindung mit der franz. Übers. von E. A. De Martignac in der von Michel de Marolles in ▶VP 1649B verwendet worden.

Die Antiporta ist in ▶VP 1712A etwas vereinfacht jener der Erstausgabe ▶VP 1681B = 2. Auflage ▶VP 1687 = 3. Auflage ▶VP 1697C bzw. der Originalausgabe in der Übersetzung von M. de Marolles ▶VP 1649B nachgestochen, doch sind die Beischriften getilgt. Wenn also in ▶VP 1712A ein junger lorbeerekränzter Dichter (ganz li.) zusammen mit einer Dame (= Muse) dem thronenden König r. (= Augustus) eine schild-große Kartusche mit der Aufschrift „*Virgile de la traduction de Mons.r de Martignac*" dediziert, wird man jetzt den jungen Mann li. mit Lorbeerkranz (statt 1681 und auch schon 1649 für „*Maecenas*") für Vergil halten. - Statt eines Hinweises auf Zeichner (F. Chauveau) oder Stecher steht jetzt unter dem Bild: *A Lyon. Chez Antoine Moulin.*

VP 1712A Die Illustr. zur Aen. haben folgende Sujets (sv. = seitenverkehrt; vgl. generell die Beschreibungen zu ▶VP 1649B und zu ▶VP 1697C, Zyklus Nr. 27):

Aen. I:	Ilioneus r. (er trägt, anders als in ▶VP 1649B und auch in ▶VP 1697C, fälschlich eine Krone - der Nachstecher hat ihn offenbar für Aeneas gehalten) vor Dido, li. vorn Aeneas mit Achates. - Wie ▶VP 1697C, gegenüber ▶VP 1649B sv.
Aen. II:	Laokoon und seine beiden Söhne (diese li.) im Kampf mit zwei Schlangen. - Wie ▶VP 1697C, gegenüber ▶VP 1649B sv.
Aen. III:	Die Harpyien stören das Mahl der Trojaner, darunter ein alter Mann r. - Gegenüber ▶VP 1649B und ▶VP 1697C sv.
Aen. IV:	Mercurius (von r.) mahnt Aeneas, der den Aufbau Karthagos beaufsichtigt, Karthago zu verlassen. - Gegenüber ▶VP 1649B und ▶VP 1697C seitenrichtig.
Aen. V:	Die von der Göttin Iris aufgehetzten trojanischen Frauen werfen von r. Brandfackeln auf die Flotte. - Gegenüber ▶VP 1649B und ▶VP 1697C sv.
Aen. VI:	Anchises zeigt Aeneas (r.) die künftigen Römer. - Gegenüber ▶VP 1649B und ▶VP 1697C seitenrichtig.
Aen. VII:	Die gekrönte Juno stößt oben r. die Pforten des Janus-Tempels auf, während eine geflügelte Gottheit (wohl Iris, vgl. Aen. V) mit zwei Pfauen auf den Wolken sitzend zuschaut; im Vordergrund Rüstung zum Kampf. – In ▶VP 1697C war für Aen. VII eine unpassende Dublette des Stiches für Aen. I eingelegt worden. Der Stich zu Aen. VII in ▶VP 1712A ist aber keine Neuerfindung, sondern eine sv. Übernahme aus ▶VP 1649B.
Aen. VIII:	Venus zeigt dem Aeneas (r.) die Waffen und zeigt dabei auf den Schild. - Seitenrichtig gegenüber ▶VP 1649B (▶VP 1697C ist gegenüber ▶VP 1649B sv.).
Aen. IX:	Im nächtlichen Kampf sucht Nisus Rache für den li. tot daliegenden Euryalus. - Gegenüber ▶VP 1649B und ▶VP 1697C sv.
Aen. X:	Götterversammlung, u.a. mit Juno li., Juppiter, Venus r. Wie ▶VP 1697, gegenüber ▶VP 1649B sv.
Aen. XI:	Camilla r. sinkt tödlich getroffen vom Pferd. - Seitenrichtig gegenüber ▶VP 1649B (während ▶VP 1697C gegenüber ▶VP 1649B sv. ist).
Aen. XII:	Turnus li. schwingt einen Felsblock gegen den von r. andringenden Aeneas. - Gegenüber ▶VP 1649B und ▶VP 1697C sv.

Wegen der unterschiedlich sv. Wiedergabe ist weder ▶VP 1649B noch ▶VP 1697C das jeweils alleinige Vorbild. Die Bilder gehen aber letzten Endes unzweifelhaft auf F. Chauveau (Zyklus Nr. 27) zurück.

VP 1712A *Zugänglichkeit*: BSB A.lat.a. 2187-1/2 und 2187-3 (1712), daraus sind 22 Doppelseiten mit je 1 Illustration (fast immer ohne gegenüberstehendem Text) digitalisiert; DVD 2 . - Vgl. auch die Digitalisierungen aus ▶VP 1697C und aus ▶VP 1649B.

VP 1712B ◻ **P. SCARRON: franz. Aeneis-Travestie, Amsterdam 1712**
Le Virgile travesty en vers burlesques. De Monsieur SCARRON. Revue et corrigé. Amsterdam, chez R. et G. Wetstein, 1712 [2 Vol.].
Bibl.: MAMBELLI Nr. 1574 (nennt fälschlich "Paris" als Erscheinungsort; "con incisioni"). Fehlt in CBItalV im Umkreis von Nr. 2698.
Beschreibung: Tome 1 enthält eine Antiporta und je ein Titelbild zu den 8 travestierten Aen.-Büchern I-VIII. Tome 2 enthält nur die unverändert wiederholte Antiporta (ohne die Beischrift *2. Partie*). Alle Stiche sind unsigniert. Es handelt um genaue, seitenrichtige Wiederholungen aus der Ausgabe ▶VP 1695D. Wie die in ▶VP 1726C vorhandene Signatur zeigt, stammen die Stiche (offenbar sowohl der Entwurf wie auch die Ausführung) von P. Lochon; in ▶VP 1726C ist einer sogar auf 1673 datiert. Der einzige Unterschied gegenüber ▶VP 1695D besteht darin, dass zu Aen. III nicht das Bild vom Harpyien-Abenteuer gebracht wird, sondern eine unpassende Dublette zu Aen. VII (Kampf der latinischen Bauern gegen meist berittene Trojaner). Im übrigen s. die Beschreibung zu ▶VP 1695D.
Zugänglichkeit: BSB P.o.gall. 2023 n-1 und BSB P.o.gall. 2023 n-2 , daraus digitalisiert insgesamt 12 Doppelseiten mit allen Illustrationen.

VP 1712C ◻ **+ Opera, London 1712**
Opera. Interpretatione et notis illustravit Carolus RUAEUS … jussu christianissimi regis, ad usum serenissimi Delphini. Juxta editionem novissimam Parisiensem. Londini, apud J. Tonson, A. & J. Churchill, J. Nicholson (etc.), 1712
Bibl./AbhängigkeitenZugänglichkeit: Fehlt in den Bibliographien (MAMBELLI Nr. 365 führt eine Ausgabe London 1712 „con incisioni" an, die aber bei J. Watts erschienen sei), trotz der Vielzahl der Ausgaben von C. RUAEUS, die dort seit der Originalausgabe Paris ▶VP 1675A und der Secunda editio Paris ▶VP 1682A verzeichnet sind; s. zu ▶VP 1682A. Es handelt sich um eine Wiederholung der ebenfalls kaum bekannten Ausgabe ▶VP 1707, s. dort. Mir bekannt nur durch ECCO, wo sowohl ▶VP 1707 als auch ▶VP 1712C ganz und einschließlich der enthaltenen Kupferstiche digitalisiert sind (laut COPAC besitzt die BL außerdem eine Mikrofilmausgabe). ▶VP 1712C enthält nicht nur dieselben 15 Textillustrationen wie ▶VP 1707, also neben einer Antiporta je 1 Titelbild zu den ecl. und den georg. insgesamt und zu jedem einzelnen der 12 Aen.-Bücher, sondern darüber hinaus noch eine doppelseitige Karte (Page Image 259 und 260 bei ECCO) sowie eine Seite mit einem Wappen (Page Image

1 bei ECCO). Wie in ▶VP 1707 ist nur die Antiporta signiert mit *M. V. de Gucht sculp.*, die übrigen Bilder sind anonym. Bemerkenswert ist, dass dieser Zyklus Nr. 38 in ▶VP 1707 = ▶VP 1712C ab ▶VP 1714A als von F. De la Monce entworfen gilt; s. dort.

Beschreibung: Es handelt sich um genaue Wiederholungen der Kupferstiche in ▶VP 1707 (Zyklus Nr. 38), s. dort (und ferner die ausführlichere Beschreibung zu der späteren verbesserten Ausführung durch F. De la Monce in ▶VP 1714A). Ein grundsätzlicher Unterschied besteht nur darin, dass die Kupferstiche in ▶VP 1712C nicht mehr, wie offensichtlich in ▶VP 1707, an den Seiten beschnitten und die Randfiguren deshalb deutlicher zu erkennen sind. Außerdem wirken die Kupferstiche in ▶VP 1712C generell nicht so düster und schwarz wie in ▶VP 1707. Zur Übersicht werden stichwortartig die Sujets und die Nr. der Digitalisate (Page Image) bei ECCO angegeben; s. im übrigen zu ▶VP 1707.

Antiporta	(Image 2): Allegorische Verherrlichung Vergils.
Aen. I	(Image 211): Der Seesturm.
Aen. II	(Image 254): Die Flucht aus Troja.
Aen. III	(Image 289): Das Harpyien-Abenteuer. Der Schiffsbug (Mitte r.) ist jetzt zu erkennen.
Aen. IV	(Image 332): Der Tod Didos. Der Gesichtsausdruck Didos scheint gegenüber ▶VP 1707 vergröbert zu sein; die dritte Person r. ist voll sichtbar.
Aen. V	(Image 369): Der Faustkampf zwischen Dares und Entellus. Die r. am Ufer liegende Flotte steht offensichtlich teilweise in Brand.
Aen. VI	(Image 412): In der Unterwelt; Aeneas und die Sibylle r. im Nachen Charons. Hinter dem Boot sind jetzt r. zwei Flussgötter zu erkennen.
Aen. VII	(Image 465): Kriegsausbruch nach der Verwundung des zahmen Hirsches der Silvia. Die Personen am r. Rand sind voll sichtbar.
Aen. VIII	(Image 508): Venus übergibt Aeneas die neue Rüstung.
Aen. IX	(Image 541): Die Metamorphose der von Brandfackeln bedrohten trojanischen Schiffe.
Aen. X	(Image 574): Götterversammlung; auf der Erde Kampfszenen.
Aen. XI	(Image 613): Der Tod Camillas.
Aen. XII	(Image 650): Das Schlussduell.

VP 1712C *Abhängigkeiten*: Dieser Zyklus (Nr. 38) ist eine Wiederholung von ▶VP 1707 und geht damit, wie dieser, auf den von G. Appelmans entworfenen Zyklus Nr. 34 in ▶VP 1680A zurück. Die spätere, von F. De la Monce als *inventor* signierte Fassung in ▶VP 1714A kann man als Verbesserung (bes. im Hinblick auf Aen. XI) betrachten. Als ganzes wirkt dieser Zyklus (wegen der vielen schwarzen Partien, jedenfalls nach den Digitalisaten bei ECCO zu urteilen) düster und klobig. - Zur Geschichte der Ausgaben von C. RUAEUS seit der Erstausgabe Paris ▶VP 1675A s. zu ▶VP 1682A.

VP 1713   Opera, Venedig 1713

Opera. Interpretatione et notis illustravit Carolus RUAEUS Soc. Jesu [= Charles De la Rue], jussu christianissimi regis ad usum serenissimi Delphini. Venetiis, Natalis Feltrinus, 1713 [4°, 2 Vol. in 1].

> *Bibl.*: MAMBELLI Nr. 368 ("con antiporta figurata incisa dal Luciani); Perugia 1980, Nr. 67 (ähnlich); CBItalV Nr. 243 (∅); Wolfenbüttel 1982, D 44 ("Frontispiz: Arions Sprung ins Meer, darüber Medaillon mit Bildnis Vergils, gestochen von Ant. Luciani"); nicht bei PASQUIER, 1992.

> *Beschreibung*: Einzige Illustr. ist die Antiporta *Ant(onio) Luciani sculp.*; sie zeigt im Hauptbild (8,8 x 13,0) Arions Sprung vom Schiff li. nach r. in das Meer mit dem Delphin; das Medaillon des nach li. blickenden P. VIRGILIUS MARO wird darüber von zwei geflügelten Genien gehalten; unten ein Medaillon mit einem Monogramm. Der Vergleich mit Abb. 310 im Abb.-Teil bei PASQUIER, 1992, dem Frontispiz der Originalausgabe mit dem Kommentar des C. RUAEUS, Paris ▶VP 1675A, zeigt, dass Antonio Luciani in ▶VP 1713 das Frontispiz Cossins von 1675 sv. und mit Versetzung des Medaillons Vergils von unten nach oben nachgestochen hat. - Zur Geschichte der Ausgaben von C. RUAEUS seit der Erstausgabe Paris ▶VP 1675A, die meistens an Illustrationen bestenfalls eine Antiporta aufweisen, s. generell zur Secunda editio ▶VP 1682A.

> *Abb.*: Wolfenbüttel 1982, S. 96 (Antiporta).

> *Zugänglichkeit*: BSB 4 A.lat.a. 666 , daraus digitalisiert die eine Doppelseite mit der Antiporta und dem Titel; DVD 2 . - UB München 4 A.lat. 494.

VP 1714A   ■ **Opera, Paris: Barbou (1 Vol.) 1714**

Operum editio nova, caeteris omnibus emendatior. Parisiis, apud Ioannem Barbou, 1714 [1 Vol., 24°].

> *Bibl.*: MAMBELLI Nr. 370 ("con incisioni"); New York 1930 ("added, □") = Princeton Item 189, mit dem Hinweis „folding map; □"; Princeton Item 190 ist derselbe Titel aufgeführt, diesmal mit dem Hinweis „folding map; frontispiece, and engraved plate before each section" sowie "Plates drawn by F. De la Monce, engraved by G. Scotin"; CBItalV Nr. 246 (∅). Fehlt bei PASQUIER, 1992, wo als Nr. 62 nur ▶VP 1716B aufgeführt ist.

> *Lit./Abhängigkeiten*: Wie die auch für die lat. Ausgabe ▶VP 1714A passende Beschreibung der Kupferstiche in der franz. Übers. ▶VP 1716B bei PASQUIER, 1992, Nr. 62 zeigt, ist ▶VP 1714A ein praktisch unbekannter Vorläufer von ▶VP 1716B und damit offenbar die erste Ausgabe, in der F. De la Monce (1678-1753) sich als *inventor* des darin enthaltenen Kupferstich-Zyklus (Nr. 38) bezeichnet. Ich habe aber entdeckt, dass es noch zwei ältere Vorläufer dieses Zyklus Nr. 38 gibt, nämlich in den beiden Ausgaben von C. RUAEUS London ▶VP 1707 und ▶VP 1712C, s. dort. Noch gravierender ist, dass diese beiden Vorläufer und auch ▶VP 1714A geradezu Kopien des von G. Appelmans für ▶VP 1680 geschaffenen Zyklus Nr. 34 sind. Ich möchte die von F. De la Monce in ▶VP 1714A und in späteren Ausgaben (▶VP 1716B, ▶VP 1729B und ▶VP 1730C) signierten Kupferstichen des Zyklus Nr. 38 nicht als nennenswerte eigene Leistung bezeichnen, sondern als ein für diese Zeit ungewöhnlich dreistes Plagiat des Zyklus Nr. 34 von G. Appelmans in ▶VP 1680A. - Bei ODERMANN, 1931, fehlt jede Erwähnung der auf F. De la Monce zurückgehen-

den Kupferstiche in ▶VP 1714A, ▶VP 1716B und ▶VP 1729B (Zyklus Nr. 38).

Beschreibung: Diese lat. Ausgabe enthält 18 Kupferstiche (Zyklus Nr. 38), die alle mit *F. De la Monce inv.* (bzw. *del.*; offenbar mit Ausnahme von Aen. I) und *G. Scotin major sculp.* signiert sind: 1 Antiporta, 1 vor den ecl. und je 1 vor den 4 Büchern der georg. und den 12 Büchern der Aen. - Eine Karte ist im Münchener Exemplar von ▶VP 1714A nicht enthalten (jedenfalls nicht digitalisiert), wohl aber in dem Nachdruck ▶VP 1729A.

Die (von PASQUIER, 1992, Nr. 62 nicht beschriebene) Antiporta zeigt ein Grabmal oder Denkmal in Pyramidenform mit einer Büste des lorbeerbekränzten Dichters und der Aufschrift auf dem Postament PUB. VIRG. MARONI. Das Denkmal wird flankiert von zwei trauernden Putti, r. oben schweben dagegen zwei musizierende Putti; im Vordergrund li. weist eine nixen-artige Meernymphe (vielleicht Parthenope, die Verkörperung Neapels) auf das Denkmal hin. Von li. schwebt auf einer Wolke Apollo (mit Köcher und Leier) heran, um der (ohnehin schon lorbeerbekränzten) Büste Vergils einen Kranz aufzusetzen.

VP 1714A Die Bilder zur Aen. bieten folgende Sujets (vgl. auch die Beschreibung von PASQUIER, 1992, Nr. 62 zu ▶VP 1716B):

Aen. I: Der Seesturm. Der gekrönte Windgott Aeolus r. schickt die (mit Schmetterlingsflügeln ausgestatteten) Sturmwinde gegen die trojanische Flotte los; in den Wolken Juno mit einer Nymphe (Deiopea und nicht, wie PASQUIER, 1992, will: mit Venus) und zwei Pfauen.

Aen. II: Die Flucht aus Troja. Die Gruppe des Pius Aeneas verlässt nach li. das Tor des brennenden Troja, in dem li. das Hölzerne Pferd steht. Ascanius geht (Mitte li.) voran, textwidrig tragen er und die hinten folgende Creusa (nicht etwa, wie Vergil schreibt, Anchises) Götterbilder. Anchises wird von Aeneas huckepack getragen und schaut sich nach Creusa um.

Aen. III: Das Harpyien-Abenteuer. Aeneas (vorn li.) zückt sein Schwert gegen die geflügelten weiblichen Mischwesen.

Aen. IV: ABB. 31. Der Tod Didos. Dido sitzt mit gezücktem Dolch auf dem Scheiterhaufen, umgeben von mehreren Frauen. Die von oben an einem Regenbogen nach li. herabgleitende Iris ergreift ihr Haar. Sie ist von der in den Wolken thronenden Juno (mit Pfau) gesandt.

Aen. V: Der Faustkampf zwischen Dares und Entellus im Vordergrund. Im Mittelgrund auf einer Anhöhe unter Bäumen und einem Baldachin die drei Preisrichter. Hinten r. die brennende trojanische Flotte.

Aen. VI: In der Unterwelt. Im Vordergrund die großen Gestalten von Charon li., Aeneas und der Sibylle r. im Nachen auf dem Acheron. Im Hintergrund Szenen aus der Unterwelt, bes. die Bestrafung der Frevler. Vorn r. wohl Dido mit Sychaeus.

Aen. VII: Kriegsausbruch nach der Verwundung des zahmen Hirsches der Silvia. Im Vordergrund viele Menschen beiderlei Geschlechts (ganz r. wohl Silvia) um den waidwunden Hirsch, teils klagend, teils mit provisorischen

Waffen davonstürmend. Auf dem Dach der Hütte bläst die Furie Allecto das Kriegshorn. Im Hintergrund li. ein Heer und ein Schiff.

Aen. VIII: Venus übergibt Aeneas die neue Rüstung. Aeneas umfasst mit beiden Händen den neuen Schild, auf dem offenbar (mindestens im Zentrum) menschliche oder göttliche Figuren dargestellt sind (jedenfalls keine Seeschlacht von Aktium). Venus, auf einer Wolke schwebend, weist auf die neuen Waffen hin. Vorn li. unterhalb von zwei Putti ein Flussgott (Tiberinus) mit zwei Schwänen r.

Aen. IX: Die Metamorphose der trojanischen Schiffe. Die Rutuler mit Turnus an der Spitze vorn li. werfen Brandfackeln auf die trojanischen Schiffe, die in Nymphen verwandelt werden; im Hintergrund eine Festungsmauer. Oben auf den Wolken kniet die von ihrem Wagen, der von geflügelten Löwen gezogen Wagen wird, abgestiegene Göttin Kybele vor Juppiter (mit Adler), um die Rettung der Schiffe zu erwirken.

Aen. X: Götterversammlung. In den Wolken beklagt sich Venus (r. mit Amor) vor Juppiter, Juno und vielen anderen Göttern stehend, über das Geschick der Trojaner. Unten auf der Erde tobt währenddessen vor den Mauern einer Festung li. eine Schlacht; Schiffe (die etruskische Hilfsflotte des Aeneas) landen r.

Aen. XI: Der Tod Camillas. Inmitten eines Getümmels von Reitern sinkt Camilla (Mitte li.) von einem Pfeil getroffen vom Pferd. Oben in den Wolken weist Diana (li.) die Nymphe Opis an, den flüchtenden Arruns zu erschießen.

Aen. XII: Das Schlussduell. Im Vordergrund holt Aeneas li., textwidrig mit dem Speer, gegen den knienden Turnus zum Todesstoß aus; dahinter Zuschauer auf dem Schlachtfeld und auf einer hohen Stadtmauer. In den Wolken eine Götterversammlung, bei der sich r. offenbar Juno (mit zwei Pfauen) und Venus (mit Amor) versöhnen.

VP 1714A *Würdigung*: Die Kupferstiche bieten immer nur 1 Szene bzw. eine zusammenhängende Szenenabfolge (nur in Aen. V ist im Hintergrund eine weitere Szene dargestellt, angedeutet eine solche auch in Aen. VII). Auffällig ist, dass die dazu gehörige, meist parallele göttliche Aktion sehr häufig mit abgebildet ist, so in Aen. I, IV, VII, VIII und besonders ausgeprägt in Aen. IX-XII. Dadurch ergibt sich eine unorganische und kompositionell unbefriedigende Zweiteilung der meisten Bilder. Die Bilder wirken von Figuren überfüllt. Die Gewandung ist antikisch. Die Sujets sind konventionell. Insgesamt einer der künstlerisch schwächsten Aeneis-Zyklen. - Zur Geschichte der Ausgaben von C. RUAEUS seit der Erstausgabe Paris ▶VP 1675A s. zu ▶VP 1682A.

VP 1714A *Zugänglichkeit*: BSB A.lat.a. 2188 , daraus digitalisiert 19 Doppelseiten mit allen Illustrationen; DVD 2 . - Vgl. auch die Digitalisierungen aus ▶VP 1729B.

VP 1714B   **Opera, Paris: Barbou (4 Vol.) 1714**

Opera. Interpretatione et notis illustravit Carolus RUAEUS. Editio novissima auctior et emendatior. Parisiis, apud Ioannem Barbou, 1714 [4 Vol., 8°].

> *Bibl.*: MAMBELLI Nr. 370 ("con incisioni"); CBItalV Nr. 244 (Ø). - Zur Geschichte der Ausgaben von C. RUAEUS seit der Erstausgabe Paris ▶VP 1675A s. zu ▶VP 1682A.

VP 1714C   ■ ? + holländ. Übers. der Opera, Amsterdam 1714

PubliusVirgilius Maroos Wercken vertaelt door J. V. [= Joost Van] VONDEL. De vijfde druck, op nieuw overzien, en met schoone Kunst-plaaten vermeerderd en verbeterd. Amsterdam 1714.

> *Bibl.*: Dieser 5. Druck ist mir nur bekannt durch einen Hinweis im KVK auf ein Exemplar in Dresden (SLUB). Nach dem Titel müsste ein Illustrations-Zyklus enthalten sein und nicht nur, wie in den anderen Ausgaben seit der Erstausgabe von VONDELS Übers. Amsterdam ▶VP 1646B (dort Hinweise auf weitere Drucke), ein Frontispiz.

VP 1715   **Opera, London 1715**

Opera. Londini, ex officina Jacobi Tonson et Johannis Watts, 1715 [2 Vol. in 1].

> *Bibl.*: MAMBELLI Nr. 371 mit dem zutreffenden Zusatz, der aber nicht im Titel steht „ex recensione Mich. MAITTAIRE" ("edizione assai elegante con una incisione fuori testo del Du Guernier"), Ristampa [London] ▶VP 1777B; New York 1930 (1715; Ø) = Princeton Item 191, auch Item 192 und 193 (□); CBItalV Nr. 247; Wolfenbüttel 1982, D 57 (1777, □).
>
> *Beschreibung*: Einzige wirkliche Illustr. ist die Antiporta mit der Signatur *Lud. Du Guernier inv. et sculp.* mit der Unterschrift *Pascua, Rura, Duces.* Der Kupferstich zeigt Apollo mit Strahlenkranz r. auf einer Wolke, der dem vor einem Tempel stehenden lorbeerbekränzten Dichter (Vergil) Bänder mit den Namen Homer, Hesiod, Theocrit, Ennius überreicht; r. im Mittelgrund emblematische Situationen für die drei Werke Vergils: ruhende Hirten, pflügender Bauer, ein Heer im Feld. - Außerdem enthält die Ausgabe noch fünf dem Text angepasste Schmuckbänder zu Beginn der einzelnen Werke: (a) vor der Elegie *Galli Cornelii ad Oct. De morte Virgilii*, die mit *Temporibus laetis tristamur* beginnt (also Anth. Lat. 242 R.), einen leeren Sarg mit offenem Deckel, flankiert von zwei weinenden Putti; (b) vor den ecl. Hirtenszenen in ornamentaler Umrahmung; (c) vor den georg. pflügende und säende Bauern; (d) vor Aen. I eine Schlachtszene mit Reitern und Fußsoldaten; (e) zu Beginn des *Index in Virgilium* in Bd. 2 einen Triumphzug der Göttin Diana, die in einem Hirschgespann sitzt, mit Hunden und 4 Nymphen.
>
> *Abhängigkeiten*: Die Antiporta ist wiederholt in ▶VP 1777B.
>
> *Zugänglichkeit*: BSB A.lat.a. 2189 , daraus digitalisiert 6 Doppelseiten mit der Antiporta und den 5 figürlichen Bändern; DVD 2 . - Ganz digitalisiert bei ECCO , darunter als Page image 1 auch die Antiporta.

VP 1716A   ◻ + engl. Übers. der Opera, London 1716

The works of Virgil, containing his Pastorals, Georgics and Aeneis. Translated into English verse by Mr. DRYDEN. In three volumes. Adorn'd with above a hundred sculptures. The fourth edition. London, printed by Jacob Tonson, 1716 [3 Vol. in-8°].

Bibl./Zugänglichkeit: Fehlt bei MAMBELLI zu Nr. 1367 = ▶VP 1697B und in anderen Bibliographien; nur bekannt durch die vollständige Digitalisierung einschließlich aller Illustrationen (33 in Vol. 1; 40 in Vol. 2; 33 in Vol. 3) bei ECCO nach dem Exemplar der BL.

VP 1716A   *Beschreibung/Abhängigkeiten*: Es handelt sich um eine Wiederholung der 3. Auflage ▶VP 1709, also um reduzierte Nachstiche von M. van der Gucht (und L. du Guernier) der auf Zeichnungen von Franz Cleyn beruhenden Kupferstiche zu ▶VP 1654A = ▶VP 1658A = ▶VP 1663B, s. Näheres und Beschreibung zu ▶VP 1658A (Zyklus Nr. 29). Es sind alle 101 Textabbildungen des Originals wiedergegeben. Die Bilder zur Aen. laufen in Vol. 2 von Image 91 = Pict. 31 bis Image 367 = Pict. 69, in Vol. 2 von Image 3 = Pict. 70 bis Image 302 = Pict. 101. Von den insgesamt 106 Kupferstichen entfallen, wie in ▶VP 1709, insgesamt 5 auf den Eingangsbereich (3 verschiedene Porträts DRYDENs, jeweils Image 1 in Vol. 1-3; Porträt Vergils im Orsini-Typus, Vol. 1 Image 15; Grab Vergils, Vol. 1 Image 58).

VP 1716B   ◻ **franz. Übers. der Opera, Paris 1716**

Virgile. Les Œuvres. Traduction nouvelle en prose poétique … par le Père François CATROU (S.J.). Paris, Jean Barbou, 1716 [6 Vol.: I ecl., II georg., III Aen. I-III, IV Aen. IV-VI, V Aen. VII-IX, VI Aen. X-XII].

Bibl.: MAMBELLI Nr. 1106 ("edizione ristampata, chez les frères Barbou, con correzioni ed aggiunte, nel ▶VP 1729B, in 4 volumi, con varie incisioni"; s.u.); CBItalV Nr. 250 (Ø); Trier 1982, Nr. III 6, S. 33 (1716); PASQUIER, 1992, Nr. 62 (= ▶VP 1716B) und Nr. 65 (= ▶VP 1729B).

Lit.: Trier 1982, Nr. III 6, S. 33: „Zeichner für die Tafeln war der Lyoner Architekt und Maler Ferdinand De la Monce (1678-1753)." - PASQUIER, 1992, Nr. 62, dazu S. 114f.: Frontispiz von G. Scotin dem Älteren (l'aîné) nach F. De la Monce (1678-1753), einem Architekten und Maler aus Lyon; je 1 Illustration (von denselben Künstlern) zu den ecl. insgesamt und zu den 4 Büchern der georg. und den 12 Büchern der Aen., dazu eine Karte der Fahrt des Aeneas, gestochen von P. Ganière; Kurzangabe aller Sujets (vgl. stattdessen meine ausführlicheren Legenden zu ▶VP 1714A).

Abhängigkeiten: Die Illustrationen (Zyklus Nr. 38) stammen aus der lat. Ausgabe desselben Verlegers Paris ▶VP 1714A und sind wiederholt in der franz. Übers. Paris ▶VP 1729B = PASQUIER, 1992, Nr. 65, s. dort. Faktisch sind sie nicht Erfindungen von F. De la Monce, sondern von G. Appelmans in ▶VP 1680A (Zyklus Nr. 34). Eine anonyme Übernahme des Zyklus von Appelmans liegt bereits in ▶VP 1707 und ▶VP 1712C vor; s. jeweils dort.

Abb.: Im Abb.-Teil bei PASQUIER, 1992: Abb. 324 mit der Karte der Route des Aeneas (gestochen von P. Ganière); vier Abb. zur Aen.: Abb. 157 zu Aen. II (Flucht aus Troja, Creusa ist noch im Hintergrund zu sehen); Abb. 194 zu Aen. IV (Tod Didos); Abb. 216 zu Aen. VI (Aeneas und die Sibylle im Nachen Charons); Abb. 281 zu Aen. XII (Schlussduell).

VP 1716B Zugänglichkeit: Zwar ist nicht ▶VP 1716B selber in der BSB vorhanden, wohl aber sind es die beiden anderen Ausgaben BSB A.lat.a. 2188 = ▶VP 1714A und BSB A.lat.a. 2190 i = ▶VP 1729B, in denen ebenfalls, schon zuvor bzw. als Nachdruck, der Kupferstich-Zyklus Nr. 38 von F. De la Monce enthalten ist; aus beiden Exemplaren sind die Illustrationen digitalisiert.

VP 1717A **+ Opera, Amsterdam 1717**

Opera, accurante N. HEINSIO. Amstelodami, apud R. et G. Wetstenios, 1717.

Bibl.: Nur in CBItalV Nr. 252 (ill.); Princeton Item 197 („apud Ianssonio-Waesbergios"), mit dem Hinweis „□, tail-pieces"; BL (□); nicht bei MAMBELLI. - Vgl. ▶VP 1725A.

VP 1717B ■ **Opera, Leeuwarden 1717**

Opera, cum integris commentariis Servii, Philargyrii, Pierii … Ad cod(icem) Ms. Regium Parisiensem recensuit Pancratius MASVICIUS. Cum indicibus absolutissimis et figuris elegantissimis. Leovardiae [Leeuwarden], Franciscus Halma, 1717 [4°; 2 Vol.].

Bibl.: MAMBELLI Nr. 373 ("con tavole geografiche e figure incise su rame dall'Houbraken"); New York 1930, Case 13, Nr. 147 und auch Case 20, Nr. 279 ("with an engraving at the head of each book") = Princeton Item 195 („Illustrations. Printer's mark, folding map, h(e)ad and tailpieces"); Münster 1931, Nr. 30 ("mit prächtigen Kupfern"); ODERMANN, 1931, 16 (Anm. 15: "Ein Nachdruck erschien 1736 in Venedig"; das ist aber nicht ▶VP 1736A); CBItalV Nr. 253; FAGIOLO, Rom 1981, Nr. 108; Napoli 1981, Nr. 111 (Angaben wie bei MAMBELLI); London 1982, Nr. 103; Wolfenbüttel 1982, D 45 ("mit Kupfertitel, Titelvignetten, 20 Kupfern und 1 Karte … Die Kupfer sind nach Vorlagen von A. Houbraken gestochen von M. Pool"). - Aen. I-V ist in Tom. I enthalten, Aen. VI-XII in Tom. II.

Lit.: ODERMANN, 1931, 16 (parallelisiert mit der Ausgabe Amsterdam ▶VP 1746A, s.u.): „Beide (sc. Drucke) benutzen die Illustration zur Gliederung und Belebung der eintönigen, stets mit übereinander gestelltem Text und Kommentar angelegten Seitenmassen und verwenden sie in der Form des jedem Buche vorangeschickten, oft halbseitengroßen Kopfbildes, zu dem im einen Falle [= ▶VP 1717B] die Vignette, im andern [= ▶VP 1746A] die Initiale als Ergänzung hinzutritt … Die von Houbraken entworfenen und von Pool gestochenen breiten Stücke des Leeuwardener Textes (im ganzen 15, da auch die kleineren Gedichte mit je einem Stich bedacht sind) verraten … ihre niederländische Herkunft in der reichlichen und systematisch abgestuften Verwendung des Helldunkels, … ferner durch die stellenweise stark hervorbrechende, freilich auch leicht an das Vulgäre streifende lebendige Natürlichkeit (Gastmahl der Dido, Äneis II), ferner gelegentlich durch die minutiöse Ausführung sachlicher Einzelheiten, besonders in den eigenartigen, in einem Teil der Äneis zu ovalen Bildern von Halbseitengröße entwickelten Vignetten. Darstellung und Ausdruck der Person erscheint … oft auffallend plump und ungenau." -

VP 1717B *Beschreibung*: Auf der Antiporta (20 x 16), die mit *A. Houbraken del. M. Pool sculp.* signiert ist, führt der lorbeerbekränzte Apollo von li. den Chor der Musen unterhalb einer Büste des lorbeerbekränzten Vergil vor den ebenfalls lorbeerbekränzten Augustus; der r. unter einem Baldachin auf einem Podest thront, das mit einem figuralen Teppich geschmückt ist (auf dem eine von 3 Putti umgebene Frau mit einer Buchrolle sitzend dargestellt ist); Apollo weist mit erhobenem rechten Arm auf ein Relief hin (mit 4 offenbar weiblichen Figuren, von denen zwei Rollen mit Darstellungen vorzeigen - es könnte sich um den Wettkampf im Weben zwischen Arachne und Pallas Athene handeln; ein Bezug auf Vergil ist damit aber nicht ersichtlich); li. im Hintergrund die Flucht des Aeneas aus dem brennenden Troja; li. im Vordergrund allegorische Personifikationen des Neides und hinter Apollo ein Schwan). - Auf dem Titelblatt sowohl von Tom. I als auch von Tom. II Kupferstichvignette mit zwei allegorischen Figuren, die ein Schlacht-Relief flankieren, über dem *IN HOC SIGNO* steht und das von einem Medaillon mit der Umschrift *CONSTANTINUS MAG AUG* gekrönt wird (also auf den Sieg Konstantins d. Gr. bei der Milvischen Brücke 312 n. Chr. verweist).

Im Text gibt es außer größeren rechteckig gerahmten 15 Kupferstichen vor ecl. 1, georg. I und allen 12 Aen.-Büchern sowie vor dem Culex (= den Opera minora, S. 1229), die jeweils wie die Antiporta mit der Signatur des Zeichners A. Houbraken und des Stechers M. Pool versehen sind, oft kleinere, aber auch größere meist ovale Vignetten am Schluss von Büchern, so zu ecl. 2, 4, 5; georg. III; zu allen Aen.-Büchern außer zu VI, XI und XII (davon sind die größten und auf den Aen.-Text bezogenen zu Aen. II, III und X ebenfalls von Houbraken und Pool signiert; aber nicht die zu Aen. IV); am Schluss der Opuscula (S. 1308 nach den Catalecta) und auf der letzten Seite des ‚Index in Servium' (dabei handelt es sich um eine Wiederholung der Schlussvignette zu Aen. IV aus Bd. I S. 651). Außerdem ist zu Beginn der Aeneis (zwischen S. 302 und S. 303) eine unsignierte Karte (20,5 x 33,0) der *Aeneae Trojani navigatio* eingelegt, die noch einen Kupferstich zu Aen. I (Aeneas und Achates begegnen Venus vor Karthago - dasselbe Motiv stellt auch der Titelkupferstich zu Aen. I dar, jedoch anders) enthält.

VP 1717B Zur Aen. sind folgende Sujets in diesem Zyklus Nr. 39 abgebildet:

Vor Beginn der Aen. (nach S. 302): Karte der *Aeneae Troiani navigatio ad Vergilii sex priores Aeneidos*: das östliche Mittelmeer mit vielen geographischen Namen, doch ohne eingezeichnete Fahrtroute des Aeneas. An zwei Stellen ist eine Flotte abgebildet: eine kleinere vor Tyros und Sidon, also die Didos (mit Zitat von Aen. 1,362b-364) und eine größere in der libyschen Syrte, also die der Trojaner (mit Zitat von Aen. 5,626-629). In der Ecke oben r. ein kleiner Kupferstich (zu Aen. I) mit der Epiphanie der Venus vor Aeneas und Achates.

Aen. I (Anfang): Li. Flotte im Seesturm, darüber in den Wolken Juno bei Aeolus, der aber einen Dreizack hält. In der rechten äußerlich abgetrennten Bildhälfte weist Venus (in einer Wolke) Aeneas und Achates r. auf die li. Szene hin.

Aen. I (Schluss): Kleine ovale Vignette mit einem sitzenden Hirten, der auf einer Flöte bläst, neben ihm ein Putto.

Aen. II (Anfang): Festmahl bei Dido. In der Mitte hinter dem Tisch sitzt Dido, an die sich der kleine stehende Amor (= Ascanius) schmiegt; li. neben Dido der erzählende Aeneas, ebenfalls sitzend; vorn r. am Tisch stehend der Sänger Iopas mit einer Leier.

Aen. II (Schluss): Große Vignette mit der Flucht des Pius Aeneas (nach r.) aus dem brennenden Troja. Anchises wird huckepack getragen, Ascanius ganz r.

Aen. III (Anfang): Vor dem Mauern von Buthrotum begrüßt der Seher Helenus (li.) den greisen Anchises und Aeneas (r.) am Strand mit Handschlag.

Aen. III (Schluss): Große Vignette mit dem im Meer watenden Polyphem, der die Schiffe der Trojaner verfolgt; auf einem Felsen an Land weitere Kyklopen.

Aen. IV (Anfang): BILD 32. Der Tod Didos. Dido sitzt mit dem Schwert in der Hand auf einem hohen Scheiterhaufen; Iris schneidet ihr eine Locke ab; Anna besteigt klagend ebenfalls den Scheiterhaufen. Vorn li. ein Priester an einem Altar, vorn r. klagendes Gefolge.

Aen. IV (Schluss): Größere Vignette: Die trojanische Flotte wird von unzähligen ameisenhaft wimmelnden Menschen zur Abfahrt aus Karthago gerüstet (wiederholt auf der ungezählten Schlussseite von Bd. II).

Aen. V (Anfang): In der Mitte bringt li. Aeneas mit dem greisen Acestes zusammen ein Totenopfer für Anchises dar, dessen Sarkophag ganz li. auf hohem Podest aufragt; davor windet sich eine Schlange um einen Dreifuß.

Aen. V (Schluss): Sehr kleine Vignette mit einem leierspielenden Satyrn, der auf einem Fass sitzt.

Aen. VI (Anfang): Aeneas r. (mit dem Goldenen Zweig in der Rechten) und die Sibylle in den Grotten der Unterwelt; li. bewacht der dreiköpfige Cerberus den Eingang zu einer Höhle, in der im Hintergrund der Totenrichter seine Urteile fällt.

Aen. VI (Schluss): keine Schluss-Vignette.

VP 1717B Aen. VII (Anfang): Juno, auf Wolken herabschwebend, reißt li. den Torflügel des Janus-Tempels auf; auf der r. größeren Bildhälfte strömen bewaffnete Krieger aus dem Tempel.

Aen. VII (Schluss): Kleine Vignette mit einem geflügelten älteren Genius, der aus einer Trompete offenbar Seifenblasen herausbläst und in seiner Rechten ein Flammenbündel hält.

Aen. VIII (Anfang): Vulcanus r. gibt in seiner grottenartigen Schmiede seinen Gehilfen Anweisungen; die beiden mittleren schmieden auf einem Amboss ein Blitzbündel.

Aen. VIII (Schluss):   Kleine Vignette mit einer sitzenden weiblichen Gestalt (Priesterin?), die an einem Altar opfert.

Aen. IX (Anfang):   Nachtszene: Nisus und Euryalus richten im Zeltlager der Latiner ein Blutbad an.

Aen. IX (Schluss):   Kleine Vignette mit einer Art Stillleben mit Büchern und einem Medaillon mit der Büste eines behelmten Kriegers.

Aen. X (Anfang):   Götterversammlung auf Wolken; in der Mitte plädiert stehend Venus mit Amor vor li. Apollo, Jupiter und Juno.

Aen. X (Schluss):   Große Vignette mit einem Schlachtfeld, auf dem im Zentrum zwei Krieger zu Fuß einander bedrohen, der linke mit einem Schwert, der rechte mit dem Speer (welcher Zweikampf gemeint ist, ist unklar: Lausus - Aeneas oder doch eher Pallas - Turnus?). Im Hintergrund li. eine Flotte, r. eine Festung.

Aen. XI (Anfang):   Ein Krieger stürzt aus einem Streitwagen, dessen zwei Zugpferde scheuen; dahinter wehrt ein Reiter (oder eine Reiterin?) mit einem Beil den Angriff eines anderen Reiters von r. ab. – Die Identifizierung der dargestellten Szene ist schwierig, auch wegen des in Aen. XI nicht erwähnten Streitwagens,. Klar ist, dass es sich um eine Episode aus der Reiterschlacht XI 597ff. handeln muss. Am ehesten kommt der Angriff des Trojaners Orsilochus auf das Pferd des Remulus XI 636-640 in Frage. Denkbar wäre auch die Tötung dieses Orsilochus durch Camilla XI 694-698.

Aen. XI (Schluss):   keine Schluss-Vignette.

Aen. XII (Anfang):   Aeneas li. stößt dem auf das li. Knie gesunkenen, um Gnade bittenden Turnus r. das Schwert in die Brust; im Hintergrund zuschauendes Heer.

Aen. XII (Schluss):   keine Schluss-Vignette.

Ganz am Schluss von Tom. II, am Ende des *Index Auctorum*, ist die Schluss-Vignette zu Aen. IV (Zurüstung der trojanischen Flotte für die Abfahrt von Karthago) unpassend wiederholt.

VP 1717B   *Abhängigkeiten*: Seitenverkehrte (Ausnahme: Aen. III) und im Format veränderte Nachstiche der 14 größeren rechteckigen Titelkupferstiche (sowie der Karte und der Antiporta) aus diesem Zyklus Nr. 39, die von J. Mynde ausgeführt sind, bringen ▶VP 1740 und erneut ▶VP 1746C (dort fehlen die zu Aen. I und IV); ebenfalls (unsigniert, doch von J. Mynde stammend, und ohne die zu Aen. I, II und VI-IX) sowie ▶VP 1753C; s. jeweils dort. - Eine merkwürdige Wiederbelebung haben die meisten Kupferstiche von ▶VP 1717B in einer modernen ital. Schulausgabe erfahren: P. Virgilio Marone, L'Eneide. Larga scelta nella traduzione di A. Caro con introduzione e commento di Carlo DEL GRANDE, Napoli, L. Loffredo editore, [2]1960 [BSB 62.4684]. Diese Ausgabe enthält ohne jegliche Herkunftsangabe antikisierende zweifarbig (rosa und grau neben schwarz und weiß) kolorierte Illustrationen, die wie Linolschnitte wirken. Erst der Vergleich zeigt, dass es sich um vereinfachte Nachahmungen (am stärksten verändert dabei Aen. IX) der Kupferstiche zu Beginn der einzelnen Aen.-Bücher in ▶VP 1717B handelt, jedenfalls für Aen. I, III-V, VII-IX und XI. Die Bilder zu Aen. II, VI, X und auch XII (trotz einer gewissen Ähnlichkeit mit dem zu Aen. XII in ▶VP 1717B) stammen in kompilatorischer Nachahmung aus anderen Quellen: Aen. II (Hölzernes Pferd auf Podest mir Rädern in Stadt) offenbar aus ▶VP 1547B = ▶VP 1552B = ▶VP 1560A (Salomon); Aen. VI aus ▶VP 1811A (Pinelli), Aen. X (Klage um den toten Pallas) aus ▶VP 1798A (der den Leichnam umarmende alte Mann ist nicht Euander, sondern Acoetes), dort Aen. XI (Girodet); Aen. XII aus ▶VP 1798A = ▶VP 1800C = ▶VP 1802B (Gérard). Übrigens sind die Sujet-Angaben von DEL GRANDE teils abwegig (z. B. bezeichnet er den Priester vorn r. in Aen. IV als Bild des rezitierenden Vergil und die Dido r. in Aen. VI als zweite Wiedergabe der Sibylle!).

Abb.: Antiporta nebst Titelblatt und ein Kupferstich zu den ecl. (ecl. 1, dieser auch in Napoli 1981, vor S. 65) in Wolfenbüttel 1982, S. 98-99.

VP 1717B *Zugänglichkeit*: BSB Res/4 A.lat.a. 667 , daraus digitalisiert 29 Doppelseiten mit allen Bildern; DVD 2 . - Ein Exemplar dieser zweibändigen Ausgabe besitzt auch das (ehemalige) Institut für Klassische Philologie der Universität München (Department 13-II) in seiner Präsenzbibliothek.

VP 1717C ■ **franz. Übers. der Opera mit lat. Text, Paris 1717**
Les Œuvres de Virgile. Traduction en prose poétique … par Jean MALLEMANS. Paris, Jean Mariette, 1717 [3 Vol.].
Bibl.: MAMBELLI Nr. 1107 (nennt den Übersetzer fälschlich Mallermans; "col testo latino e 3 incisioni"); CBItalV Nr. 254; PASQUIER, 1992, Nr. 63 (beide: Mallemans). – Laut KVK ist in Deutschland ein nur im Lesesaal benutzbares Exemplar der SB Berlin vorhanden (BnF: „avec le texte latin en regard").
Lit: PASQUIER, 1992, Nr. 63 und S. 120: 18 Kupferstiche, neben einem Frontispiz (allegorische ‚Hommage à Virgile'): einer zu den ecl. insgesamt, je einer zu den 4 Büchern der georg. und den 12 Büchern der Aen.; mit Angabe des Sujets (da PASQUIER keine einzige Abb. aus ▶VP 1717C bietet, beruhen die folgenden Stichwörter allein auf ihren Angaben S. 248):

Aen. I: Venus verlangt von Neptunus, er möge den Seesturm beenden (vielleicht ist das ein Missverständnis von PASQUIER, denn das wäre eine singuläre Bilderfindung - das konventionelle Motiv ist eine Bitte der Juno an Aeolus).
Aen. II: Flucht aus Troja.
Aen. III: Andromache wird beim Anblick des Aeneas ohnmächtig.
Aen. IV: Tod Didos.
Aen. V: Beroe stachelt die Trojanerinnen an, die Flotte in Brand zu setzen.
Aen. VI: Die Sibylle und Aeneas mit dem Goldenen Zweig vor Cerberus.
Aen. VII: Trojanische Gesandtschaft an Latinus.
Aen. VIII: Der Gott Tiberinus. Die Waffen für Aeneas, die Venus gebracht hat; die Göttin entfernt sich auf einem Wagen.

Aen. IX: Turnus und Iris.

Aen. X: Götterversammlung.

Aen. XI: Die Leiche des Pallas, getragen von seinen trauernden Gefährten.

Aen. XII: Schlussduell: Turnus bittet kniend Aeneas um Gnade.

VP 1717C   *Abhängigkeiten*: Eigentlich müssten die obigen Angaben genügen, um diesen Zyklus Nr. 40 in einer älteren oder jüngeren anderen Ausgabe, die in München zugänglich wäre, zu identifizieren. Aber ich habe unter den mir bekannten Zyklen von 12 Aeneis-Bildern keinen ermitteln können, in dem genau diese Sujets kombiniert sind.

VP 1719A   ◻ franz. Übers. der Aeneis, Lyon 1719

L'Enéide. Traduction par Mr. [Jean Regnault] DE SEGRAIS. Nouvelle édition revue et corrigée. Enrichie de Figures en taille-douce, T.1.2. Lyon, André Degoin, 1719 [2 Vol.].

> *Bibl.*: MAMBELLI Nr. 1109 ("con incisioni e ritratto; Terza edizione") mit Hinweis auf 1. Auflage Paris ►VP 1668C, 2. Aufl. Amsterdam ►VP 1700B (s. jeweils dort Näheres: Zyklus Nr. 37); Wolfenbüttel 1982, D 195; Princeton Item 452 (mit Hinweis auf „frontisp. portr.; vol. 1: plates"); fehlt bei PASQUIER, 1992.
>
> *Lit.*: Wolfenbüttel 1982, D 195: „T.1, Aen. I-VI, mit 1 Portrait, Frontispiz und 6 weiteren Kupfern; T. 2, Aen. VII-XII, georg., mit 6 Kupfern; Wiederholung der Ausgabe von ►VP 1700B, deren Kupfer nachgestochen sind (sv.)".

VP 1719B   Opera, Amsterdam 1719

Opera ad editionem P. Maasvicii castigata, cum annotationibus I(ani) MIN-ELLII. Amstelaedami 1719.

> *Bibl.*: Die Angaben beruhen allein auf dem COPAC (BL, ◻). Vgl. ►VP 1730A und auch schon ►VP 1681A und ►VP 1682B.

VP 1721A   Opera, London (Den Haag) 1721

Corpus omnium veterum poetarum Latinorum tam prophanorum quam ecclesiasticorum cum eorum, quotquot reperiuntur, fragmentis. Londini, prostant vero Hagae Comitum, apud Isaacum Vaillant, 1721.

> *Bibl.*: Diese Sammelausgabe ist nicht bei MAMBELLI oder in anderen Vergil-Bibliographien verzeichnet. Titelaufnahme nach dem Münchener Exemplar. Enthalten sind S. 359ff. auch die P. VIRGILII MARONIS OPERA.
>
> *Beschreibung*: Das Sammelwerk enthält neben einer Kupferstich-Vignette auf dem Titelblatt (Athene und Mercurius krönen flügellose Putti mit Lorbeerkränzen), einem prachtvollen Wappen und einer Vignette am Schluss der Dedicatio auch eine Kupferstich-Vignette S. 359 zu Beginn der Opera Vergils. Sie zeigt in der Mitte ein Denkmal mit der Aufschrift VIRGILII OPERA auf dem Podest; darauf hält eine weibliche Sitzstatue, wohl eine Muse, die von zwei Putti flankiert ist, ein Medaillon mit dem Bild des nach li. blickenden lorbeerbekränzten Vergil. Im Hintergrund eine brennende Stadt (Troja) mit (r.) dem Hölzernen Pferd (Aen.); r. und li. jeweils eine Zwei-Personen-Gruppe (eine stehend, die andere sitzend) mit Attributen, die li. die ecl. (zwei Ziegen, ein Hund), r. die georg. (Korb mit Früchten) symbolisiert.
>
> *Zugänglichkeit*: BSB 2 A.lat.c. 2-1 , daraus 4 Doppelseiten mit den Abb. digitalisiert;

DVD 2 .

VP 1721B ■ **franz. Übers. der Opera, mit lat. Text, Lyon 1721**

Les Œuvres de Virgile, traduites en françois avec le texte à coté ... par le père Jean Claude FABRE. Lyon, Louis de Claustre, 1721 [4 Vol.; I ecl./georg., II Aen. I-V, III Aen. VI-IX, IV Aen. X-XII].

> *Bibl.*: MAMBELLI Nr. 1109bis ("con incisioni e carte. Ristampate dal De Claustre nel 1741"); CBItalV Nr. 258 (Ø); Wolfenbüttel 1982, D 175 (Ndr. Lyon, Declaustre, 1741); PASQUIER, 1992, Nr. 64.

> *Lit.*: Wolfenbüttel 1982, D 175 (1741): T.1, ecl./georg., mit Frontispiz; T. 2, Aen. I-V, mit Frontispiz und 1 Karte [diese '*Aeneae Troiani navigatio*' ist laut PASQUIER gestochen nach J. Fornique]; T. 3, Aen. VI-IX, mit Frontispiz; T. 4, Aen. X-XII, mit Frontispiz. Die franz. Übers. des Gesamtwerkes Vergils durch Jean Claude Fabre (1668-1753) sei zuerst 1721 in Paris [vielmehr: Lyon] erschienen. - PASQUIER, 1992, Nr. 64: Jeder der 4 Bände weist ein Frontispiz von J. B. Scotin auf, das die Hauptepisoden zusammenfasst; keine Beschreibung der Sujets dieses Zyklus Nr. 41.

> *Abb.*: Im Abb.-Teil bei PASQUIER, 1992: Abb. 158 (offenbar zu T. 2), Beschreibung dazu S. 180. (W.S.:) Dieses Frontispiz zu dem Band, der Aen. I-V enthält, stellt eine Variante des von mir so genannten „Argumentum-Typs" dar: es kombiniert mehrere Episoden, aber in diesem Falle nicht die eines einzigen Buches, sondern wichtige Episoden aus mehreren Büchern. Im Vordergrund steht hier die Flucht aus Troja (wobei li. Creusa eine und Ascanius zwei Statuetten der Penaten, Anchises dagegen textwidrig keine trägt) mit dem Hölzernen Pferd und dem brennenden Troja im li. Mittelgrund - aus Aen. II; im r. Mittelgrund besänftigt Neptun den durch die Winde erregten Seesturm - aus Aen. I; oben setzt sich Venus mit Juno (und nicht, wie PASQUIER meint, Juno mit Aeolus) auseinander - aus Aen. IV. PASQUIER, 1992, S. 114 Anm. 45 will hier Ähnlichkeiten mit dem von F. De la Monce entworfenen Bild zu Aen. II in ▶VP 1716B (ihre Abb. 157) entdecken und auch Abb. 158 aus ▶VP 1721B dem gleichen Zeichner F. De la Monce zuschreiben; diese Hypothese erscheint mir zu kühn, da nur diese Szene im Vordergrund, und zwar sv., aus ▶VP 1716B übernommen und mit andersartigen Elementen angereichert worden ist.

VP 1721C ◻ + **engl. Übers. der Opera, London 1721**

The Works of Virgil ... Translated into English verse; by Mr. [John] DRYDEN. Adorn'd with ... sculptures ... The fifth edition. London 1721 [3 Vol.].

> *Bibl.*: Die Angaben beruhen allein auf dem COPAC (BL, Ø), doch vgl. ▶VP 1697B. Die Illustr. wird identisch sein mit der in der 4. Auflage ▶VP 1716A bzw. der 5. Auflage ▶VP 1730D.

VP 1722 + **Opera, Paris 1722**

Opera. Interpretatione et notis illustravit Carolus RUAEUS. Nova editio longe auctior et emendatior. Parisiis, sumptibus Fratrum Barbou, 1722 [es folgt ein Indexband mit eigenem Frontispiz].

> *Bibl.*: CBItalV Nr. 262 (ill.); Princeton Item 200 („printer's mark, frontispiece"; KALLENDORF, brieflich: Arions Sprung); vgl. oben Paris ▶VP 1682A = MAMBELLI Nr. 343.

VP 1722   *Abb./Abhängigkeiten*: MAGNO, 1982, bringt vor S. 193 offenbar die Antiporta von ▶VP 1722 mit der eigenartigen Legende "Apoteosi di Virgilio". In Wirklichkeit ist auf dem von L. Cossin signierten Kupferstich der Sprung Arions vom Schiff ins Meer nach li. auf den Delphin dargestellt. Unter diesem Hauptbild halten zwei Seewesen ein Medaillon mit einer Phantasiebüste des nach li. blickenden P. VIRGILIUS MARO. Über dem Hauptbild halten zwei Putti das Wappen von Frankreich. Es handelt sich um eine direkte Übernahme aus der Erstpublikation der kommentierten Ausgabe des Charles DE LA RUE ▶VP 1675A, nicht die des sv. Nachstichs in ▶VP 1713. - Zur Geschichte der Ausgaben von C. RUAEUS seit der Erstausgabe Paris ▶VP 1675A s. zu ▶VP 1682A. - ▶VP 1740 beruft sich im Titel ausdrücklich (wie schon ▶VP 1723) auf ▶VP 1722, ist aber ganz anders illustriert, s. dort.

VP 1723   ▫? **Opera, Den Haag 1723**
Opera. Interpretatione et notis illustravit Carolus RUAEUS ad usum serenissimi Delphini. Editio nova auctior et emendatior … juxta editionem novissimam Parisiensem a. 1722 [also ▶VP 1722]. Hagae Comitium, apud fratres Vaillant & N. Prevost, 1723 [2 Vol.].
  Bibl.: MAMBELLI Nr. 376 ("con figure e una carta geografica"); CBItalV Nr. 263 (Ø); Princeton Item 202 („▫, head- and tail-pieces; plates [KALLENDORF brieflich: 1 ecl., 1 georg., 12 Aen.], folding map"); BL („with ▫ and plates"). - Zur Geschichte der Ausgaben von C. RUAEUS seit der Erstausgabe Paris ▶VP 1675A s. zu ▶VP 1682A. - Mangels näherer Angaben oder gar Autopsie lässt sich nicht sicher sagen, welche Illustrationen ▶VP 1723 aufweist (das Vorbild ▶VP 1723 hat nur eine Antiporta); wahrscheinlich ist es der Zyklus Nr. 38.

VP 1724A   **Opera, Amsterdam 1724**
Opera. Nic(olaus) HEINSIUS Dan(ielis) fil(ius) e membranis compluribus atque antiquissimis recensuit. Amstelodami, Henricus du Sauzet, (1724) (so die Datierung des Stechers des Frontispizes).
  Bibl.: MAMBELLI Nr. 377 (▫) mit Hinweis auf weitere Ausgaben „con altro frontespizio inciso recante la dicitura ‚Amstelodami, ex officina Elzeviriana, 1676' [= ▶VP 1676]"; Mantua 1981, Nr. 28 (1724); Princeton Item 203 (▫); BL (▫).
  Lit./Abb.: Mantua 1981, Nr. 28: "frontespizio recante bella incisione a pagina intera, con temi allusivi all'opera di Virgilio, eseguita nel 1724 da F. M. la Cave, su disegno di I. Goeree; all'interno tavola ripiegata, incisa, raffigurante il Mediterraneo. Vari esemplari della presente edizione furono contrafatti nella prima metà del secolo scorso, con un altro frontespizio" (weiter wie MAMBELLI, Nr. 377); mit Abb. von Frontispiz (wohl verkleinert) und der Karte des *Aeneae Trojani navigatio*. Auf dem 1724 datierten Frontispiz ist die Aeneis durch das Hölzerne Pferd mit den brennenden Troja (li. von einem Postament, auf dem ein gelagerter Genius des Ruhms sich auf ein Medaillon mit einem Porträt Vergils stützt) und den aus Troja mit Anchises und Ascanius fliehenden Aeneas repräsentiert (r.), ecl. und georg. durch entsprechende allegorische Figuren und Tiere.

VP 1724B   **deutsche Übers. der Opera, Frankfurt a. M. 1724**
      s. die Originalausgabe Frankfurt ▶VP 1671B.

VP 1725A   **Opera, Amsterdam 1725**
Opera … Accurante Nicolao HEINSIO Dan. filio. Amstelodami, apud Rich. et Jac. Wetstenios, 1725 [2°].
  Bibl.: MAMBELLI Nr. 378 (▫).

VP 1725B ◻ **Kupferstichausgabe des cod. Vat. 3225,**
einer illustrierten Vergil-Handschrift, Rom 1725
Ndr. der Ausgabe ▶ VP 1677B (s.o.); s. auch zu ▶ VP 1741C
(Zyklus Nr. 33). Vorhanden ist ▶ VP 1725B z.b. in der BL.

VP 1726A ◻ **? Opera, Paris 1726**
Opera. Interpretatione et notis illustravit Carolus RUAEUS … in usum Serenissi-
mi Delphini. Tertia editio accuratior, tabulis denuo elaboratis ornata. Parisiis,
apud Ioannem Barbou, 1726 [3 vol.].
  Bibl.: MAMBELLI bei Nr. 343 (zu ▶ VP 1682A); Bamberg 1982, Nr. 17 (Ø
- trotz des Hinweises auf *tabulae* im Titel, doch zeigt Bamberg Abb. 7 eine
Vignette zu den ecl.). - Zur Geschichte der Ausgaben von C. RUAEUS seit der
Erstausgabe Paris ▶ VP 1675A s. zu ▶ VP 1682A. - Eine ‚Editio nova auctior et
emendatior … juxta editionem tertiam Parisiensem anno 1726', erschienen
Bassani, prostant Venetiis apud Remondini, 1796 und Bassani, ex typographia
Remondiniana, 1804, jeweils in 2 Bänden, verzeichnet der ICCU-Katalog Nr.
011321 und 004358 (jeweils Ø).

VP 1726B **Opera mit ital. Kommentar, Venedig 1726**
Opere, cioè la Bucolica, la Georgica, e l'Eneide commentate in lingua volgare toscana da
Giovanni FABRINI da Figline, Carlo MALATESTA da Rimino, e Filippo VENUTI da Cortona.
Venezia, Giacomo Tommasini, 1726 [2°].
  Bibl.: MAMBELLI Nr. 379 ("con figure"); CBItalV Nr. 266 (Ø); PASQUIER, 1992, Nr.
77: Vignetten für jede der 10 ecl. und jedes der 4 Bücher der georg., doch in praktisch will-
kürlicher Zuordnung zum Text, alles (nicht näher identifizierte) Reprisen aus früheren Aus-
gaben; zur Aen. ist keine Illustr. enthalten. – Zu weiteren Ausgaben s. ▶ VP 1597C.

VP 1726C ◻ **+ P. SCARRON: franz. Aeneis-Travestie, Paris 1726**
Le Virgile travesti en vers burlesques. De Monsieur SCARRON. Paris, chez Michel David et Christophe David, 1726 [2 Vol.].
  Bibl.: Fehlt bei MAMBELLI im Umkreis von Nr. 1573-1577. Aufgeführt bei
Mantua 1981, Nr. 29-30 („I due volumi sono corredati rispettivamente di 4 inci-
sioni a pagina intera, ad illustrazione di ciascun libro, eseguite da P. Lochon, nel
1674") und im CBItalV Nr. 2699 (3 Vol. einschließlich der 'Suite', die wohl
1730 erschienen ist, da die 3-bändige Ausgabe 1726-1730 datiert wird; Inhalt:
Aen. I-X; Ø). Titelaufnahme nach dem Münchener Exemplar. - Vgl. noch ▶ VP
1734B. - Die Ausgabe enthält in Vol. 2 eine Travestierung auch für Aen. IX und
Aen. X (doch ohne Titelbilder), nicht jedoch für Aen. XI-XII.
  Beschreibung/Abhängigkeiten: Beide Bände enthalten jeweils auf freigestellten, nicht mitgezählten Seiten einen Kupferstich als Titelbild zu den travestierten Aen.-Büchern I-IV bzw. V-VIII, Tome 1 außerdem noch eine Antiporta, insgesamt also 9 Kupferstiche (Zyklus Nr. 31). Bis auf die Antiporta sind
alle mit *P. Lochon f.* (oder *sc.*) signiert, Aen. VII zusätzlich datiert: *P. Lo. sc.*
1673. - Alle Bilder zu Aen. I-VIII sind sv. Nachstiche von ▶ VP 1695D (Zyklus
Nr. 31) und stammen von P. Lochon; vgl. deshalb die dortige ausführlichere

Beschreibung. Die Stiche in ▶VP 1695D ihrerseits sind praktisch identisch mit denen in ▶VP 1668D, die auf die von F. Chauveau in ▶VP 1649B (Zyklus Nr. 27) zurückgehen. Neu ist in ▶VP 1726C die unsignierte Antiporta.

Antiporta: Ein Mann mit Hut sitzt in Rückenansicht auf einem Rollstuhl, an dem ein Plakat mit der Aufschrift *Mr. Scaron agé de 30. Ans.* angebracht ist. (30 Jahre alt war P. Scarron im Jahre 1640.) Umgeben ist er auf beiden Seiten von einem offenbar aufgebrachten Publikum. Im Mittelgrund zu Füßen einer Felswand zwei Flöte spielende Hirten (?), darüber ein geflügeltes Ross (Pegasus). Darunter die Unterschrift: *A PARIS chez Michel Etienne David* [dem Verleger auch für ▶VP 1734B, Vol. 3].

Aen. I: Seesturm, *Quos-ego*-Szene (Neptunus li.).
Aen. II: Flucht aus Troja (Pius Aeneas li.).
Aen. III: Harpyien-Abenteuer (Tisch nach r. weggebrochen).
Aen. IV: BILD 27. Ausritt von Aeneas und Dido zur Jagd (nach li.).
Aen. V: Spiele (Preisrichter oben li.).
Aen. VI: Strafen in der Unterwelt (Brunnen-Szene r.).
Aen. VII: Kampf der Bauern gegen die Trojaner li. (Auch dieser Kupferstich ist noch immer mit *P. Lo. fc. 1673* signiert).
Aen. VIII: Volksfest mit zahmem Bären (Bühne oben li.).
Zu Aen. IX und Aen. X: kein Bild; Aen. XI und Aen. XII: nicht enthalten.

VP 1726C   *Zugänglichkeit*: BSB P.o.gall. 2024-1 und BSB P.o.gall. 2024-2, daraus digitalisiert insgesamt 9 Doppelseiten mit allen Illustr.; DVD 2.

VP 1729A   Opera, Paris 1729
Opera. Notis novissimis illustravit Carolus RUAEUS. Nova editio longe auctior et emendatior. Paris, Barbou, 1729.
    Bibl.: MAMBELLI Nr. 381 ("bella antiporta di H.S. Thomassin e una cartina geografica"). - Zur Geschichte der Ausgaben von C. RUAEUS seit der Erstausgabe Paris ▶VP 1675A s. zu ▶VP 1682A.

**VP 1729B   ◻ franz. Übersetzung der Opera, mit lat. Text,
                    Paris 1729**
Les Poësies de Virgile avec des notes … Nouvelle édition revue, corrigée et augmentée … par P(ère) F(rançois) CATROU. Paris, les frères Barbou, 1729 [4 Vol. in 2 Bd.].
    Bibl.: Bei MAMBELLI bei Nr. 1106 (zu der Erstausgabe Paris, Catrou, ▶VP 1716B, 6 Vol.; „Edizione ristampata, chez les frères Barbou, con correzioni ed aggiunte, nel 1729, in 4 volumi, con varie incisioni", die von Ferdinand De la Monce stammen); CBItalV Nr. 269 (∅); PASQUIER, 1992, Nr. 65 (enthält dieselben Illustrationen wie in der franz. Übers. Paris ▶VP 1716 = PASQUIER, 1992, Nr. 62, s.o.).
    Beschreibung/Abhängigkeiten: Die Ausgabe enthält 18 Kupferstiche (13,6 x 8,1), die alle signiert sind *F. De la Monce del(ineavit* bzw. *inv.*) und *G. Scotin major sculp.*: Frontispiz; je einen Kupferstich vor den ecl., den 4 Büchern der

georg. und den 12 Büchern der Aen., dazu (Tome III vor S. 3) eine große Karte der *Aeneae Troiani navigatio ad Vergilij sex priores Aeneidos* (im Vergleich zu der Karte in ▶VP 1717B ohne zusätzliches Bild von der Begegnung der Venus mit Aeneas und Achates und ohne die beiden Flotten-Abbildungen mit Zitaten aus Aen. I und Aen. V, aber mit Einzeichnung einer punktierten Fahrtroute der Trojaner von Antandros bis ‚Troia' am Tiber). - Das Frontispiz zeigt ein Monument mit der Büste des lorbeerbekränzten Vergil mit der Inschrift *Pub. Virg. Maroni*. - Es handelt sich um die unveränderte Übernahme des von F. De la Monce entworfenen und von G. Scotin d. Ä. ausgeführten Zyklus Nr. 38 in ▶VP 1714A (= ▶VP 1716B); s. deshalb die dortige Beschreibung. Er geht aber letzten Endes auf G. Appelmans in ▶VP 1680A (Zyklus Nr. 34) zurück.

VP 1729B   *Zugänglichkeit*: BSB A.lat.a. 2190 i-1/2 und i-3/4 , daraus digitalisiert 27 Doppelseiten mit allen Illustrationen; DVD 2 . Vgl. ferner die 19 Digitalisierungen für die Originalausgabe ▶VP 1714A aus BSB A.lat.a. 2188.

VP 1730A   **+ Opera, Amsterdam 1730**
Opera, ad editionem P. Maasvicii castigata, cum annotationibus Johannis MIN-ELLII. Amstelaedami, apud R. & J. Wetstenios et G. Smith, 1730.
     Bibl.: Fehlt bei MAMBELLI; nur in CBItalV Nr. 270 (ill.); Princeton Item 206 („printer's mark; □"; nach KALLENDORF, brieflich, offenbar identisch mit ▶VP 1652B); BL (□).

VP 1730B   **+ Opera, Leipzig 1730 und 1731**
Opera. Ex recensione potissimum Thomae FARNABII. Welche aus der Lehre derer Alten und insonderheit aus der Mythologie ... deutlich und zulänglich erkläret ... M. Abraham KRIEGEL. Leipzig, Deer, 1730.
     Bibl.: MAMBELLI Nr. 439 verzeichnet nur Opera, mit deutschen Noten von Abr. KRIEGEL, Frankfurt und Leipzig ▶VP 1778A; die Ausgabe von 1730 nur bei Wolfenbüttel 1982, D 46 („1 Frontispiz", ohne weitere Hinweise); eine weitere bis auf eine Ausnahme satzidentische Ausgabe Leipzig, Deer, 1731 = Wolfenbüttel 1982, D 47 („1 Frontispiz").
     Zugänglichkeit: Die BSB besitzt zwar eine Ausgabe Lipsiae, Weidmannus, 1731, mit Anm. von Christian JUNCKER (BSB A.lat.a. 2191), aber diese ist offenbar mit keiner der beiden in Wolfenbüttel 1982, D 46 bzw. D 47 vorhandenen identisch. Vgl. aber BSB A.lat.a. 2202 k = ▶VP 1778A.

VP 1730C   □ **+ Opera, Paris 1730**
Opera. Interpretatione et notis illustravit Carolus RUAEUS ... ad usum Serenissimi Delphini. Nova editio longe auctior & emendatior. Parisiis, apud Fratres Barbou, 1730 [3 vol.].
     Bibl.: Fehlt bei MAMBELLI und in anderen Bibliographien; nur aufgeführt Princeton Item 207, mit dem Hinweis „printer's mark; added: engraved titlepage; plates; map; plates engraved after F. De la Monce; head- and tail-pieces". Zu dem Illustr.-Zyklus Nr. 38 von F. De la Monce s. ▶VP 1714A (dessen Identität mit dem in ▶VP 1730C bestätigt KALLENDORF, brieflich), ▶VP 1716B und ▶VP 1729B, aber auch schon ▶VP 1707 und ▶VP 1712C; ferner zu ▶VP 1682A (Rubrik *Abhängigkeiten*). Zugrunde liegt letztlich der Zyklus Nr.

34 von G. Appelmans in ▶VP 1680A, s. dort. - Zur Geschichte der Ausgaben von C. RUAEUS seit der Erstausgabe Paris ▶VP 1675A s. zu ▶VP 1682A.

VP 1730C *Zugänglichkeit*: Ich besitze aus unbekannter Quelle, wahrscheinlich aus nicht mehr zugänglichem Privatbesitz, Kopien der in ▶VP 1730C Tom I (buc. - Aen. VI) enthaltenen Kupferstiche. Sie sind alle mit *F. De la Monce inv.* (ausgenommen Aen. I) und *G. Scotin major sculp.* signiert. In den Kupferstichen als Titelbilder für Aen. I-VI ist die Vorlage von G. Appelmans in ▶VP 1680A eng nachgeahmt; nur Aen. I ist in ▶VP 1730C sv. gegenüber ▶VP 1680A. Es handelt sich um genaue Wiederholungen des Zyklus Nr. 38 in ▶VP 1714A, ▶VP 1716B und ▶VP 1729B.

VP 1730D ▫ + **engl. Übers. der Opera, London 1730**
The works of Virgil. Containing his Pastorals, Georgics and Aeneis. Translated into English Verse by Mr. DRYDEN. In three volumes. The sixth edition. London, Jacob Tonson, 1730 [3 Vol. in 12°].

Bibl.: Nicht bei MAMBELLI Nr. 1367 (zur Originalausgabe der Übers. von John DRYDEN, London, Tonson, ▶VP 1697B) oder bei Nr. 1368 (zur Third edition, London, Tonson, ▶VP 1709) oder bei Nr. 1372 (zu London, Tonson and Draper, ▶VP 1748) oder bei Nr. 1375 (zu London, Rivington, ▶VP 1772B), doch vgl. die jeweiligen Lemmata. Verzeichnet nur in BL.

Beschreibung: Das Werk enthält (neben Kopf- und Schlussvignetten) auf kleinen eingelegten Tafeln, die nicht schematisch, sondern entsprechend dem Referenz-Text (mit Bezeichnung der Folgeseite) eingefügt sind, stark reduzierte (13,1 x 7,6; also noch kleinere als die in ▶VP 1709) Nachstiche der Bilder, die Franz Cleyn (ca. 1590-1658) ursprünglich für ▶VP 1654A = ▶VP 1658A (Zyklus Nr. 29) im Folio-Format entworfen hatte, s. Näheres zu ▶VP 1658A. Alle Kupferstiche in ▶VP 1730D sind jetzt von P. Fourdrinier gestochen. Nur Vol. 1 enthält eine Antiporta (Image 1 bei ECCO) mit dem Porträt von *Mr. John Dryden* ohne Perücke (es ist ein sv. reduzierter, von *P. Fourdrinier scul.* signierter Nachstich der Antiporta zu Vol. 3 von ▶VP 1709, der DRYDEN im Alter von 67 Jahren zeigt; s. dort); in Vol. 2 und Vol. 3 gibt es (anders als in ▶VP 1709) kein weiteres Porträt DRYDENs. Ferner findet sich in Vol. 1 vor S. 23 (Image 24 bei ECCO) ein Porträt *Virgilius apud Fulvium Ursinum in gemma* (ebenfalls sv. gegenüber ▶VP 1709 Vol. 1) und vor S. 59 (Image 65 bei ECCO) das angebliche Grabmal Vergils bei Neapel (entsprechend dem Programm in Vol. 1 von ▶VP 1709, ebenfalls sv.). Dann folgen (ab Image 118 = Pict. 1) ein Stich vor jeder der 10 ecl., für georg. I-III je 5 und für georg. IV 4 Kupferstiche. Vol. 2 bringt für Aen. I 6, II 6, III 5, IV 6, V 7, VI 8 Kupferstiche. Vol. 3 enthält (ab Image 2 = Pict. 70 bis Image 389 = Pict. 101 für Aen. VII 6, VIII 4, IX 6, X 5, XI 7, XII 4 Kupferstiche (insgesamt also 70 für die Aeneis). Es fehlt aus der vollständigen Serie zur Aen. von ▶VP 1654A zum einen die Karte mit der *Navigatio Aeneae*, zum anderen die eine Pict. 16 zu Aen. III 315-320; außerdem ist Pict. 98 zu Aen. XII 197-205 mit dem Schwur des Latinus in ▶VP 1730D fälschlich in Aen. XI (vor Pict. 94) vorgezogen worden (so kommt es, dass in ▶VP 1730D 7 Kupferstiche zu Aen. XI und 4 zu Aen. XII enthalten sind, statt korrekt (entsprechend der Originalausgabe ▶VP 1654A = ▶VP 1658A) 6 in Aen. XI und 5 in XII).

Abhängigkeiten: Wie in ▶VP 1709 (3. Auflage) = ▶VP 1716A (4. Auflage) jetzt in ▶VP 1730D (6. Auflage) reduzierte Nachstiche der von Franz Cleyn für ▶VP 1654A = ▶VP 1658A entworfenen Kupferstiche, jedoch nicht wie in der 3. und 4. Auflage von M. van der Gucht, sondern von P. Fourdrinier gestochen. Ohne erkennbares System sind es teils seitenrichtige, teils sv. Nachstiche. Wiederholt in der 7. Auflage ▶VP 1748.

VP 1730D   *Zugänglichkeit*: Nicht in BSB oder UB München; das Werk ist in meinem (W.S.) Privatbesitz. - Vol. 1 und Vol. 3 (nicht Vol. 2 mit Aen. I-VI) sind vollständig digitalisiert, einschließlich der Illustrations (je 33 in Vol. 1 und in Vol. 3), bei ECCO. Dass ECCO 33 Illustrations für Vol. 3 bietet (obwohl der reguläre Bestand für Aen. VII-XII nur 32 ist), liegt an einer doppelten Anomalie, die sich erst herausstellt, wenn man Bild für Bild die ‚Illustrations' aufruft: es fehlt Pict. 98, dafür gibt es zwei Dubletten (Image 120 = Pict. 80 = Image 118; Image 277 = Pict. 93 = Image 272). Die Abfolge der Picturae ist in der ECCO-Digitalisierung (sv. = seitenverkehrt): 70sv., 71sv., 72sv., 73sv., 74sv., 75sv., 76, 77sv., 78, 79sv., 80sv., 80sv., 81sv., 82, 83, 84, 85, 86sv., 87, 88, 89, 90, 91, 92sv., 93, 93, 94, 96, 95, 97, 99, 100, 101.

VP 1731   engl. Übers. der Opera, London 1731

The works of Virgil, translated into English blank verse. With large explanatory notes, and critical observations. By Joseph TRAPP ... London, printed for J. Brotherton, J. Hazard (etc.), 1731 [3 Vol.].

Bibl./Zugänglichkeit: MAMBELLI Nr. 1370 (Ø); fehlt in den sonstigen Bibliographien, doch vgl. zur 2. Auflage ▶VP 1735, ferner die 4. Auflage ▶VP 1737B. Bei ECCO ganz digitalisiert, darunter auch jeweils als Page image 1 die jeweilige Antiporta der 3 Bände, die einzigen Illustrationen. Diese Kupferstiche sind alle mit *P. Fourdrinier fecit* signiert.

Beschreibung der drei Antiporten. Vol. I (mit ecl./georg.): Vorn r. Hirte und Hirtin gelagert, daneben li. ein Hund. In der Landschaft verteilt Schafe (li. vorn), Kühe und zwei Pferde (hinten r.). - Vol. II: Die Antiporta hat die Beischrift APPARENT DIRAE FACIES, ein Zitat von Aen. II 622a, das sich auf die Vision der gegen Troja kämpfenden Götter bezieht, die Venus ihrem Sohne Aeneas eröffnet. Auf dem Kupferstich weist vorn r. Venus Aeneas auf zwei Scharen von Soldaten hin, die vor den Mauern Trojas auf einen liegenden Mann einstechen. Eine genau entsprechende Szene fehlt in Aen. II, doch ist das Bild von Pict. 39 (nach F. Cleyn) in ▶VP 1654A = ▶VP 1658A beeinflusst. - Vol. III: Schlussduell. Aeneas li. fasst den Schwertgurt des zu Boden gesunkenen Turnus r.; li. und r. Heere vor den Mauern Laurentums; in den Wolken olympische Szene. Freie Nachahmung von Pict. 101 (nach F. Cleyn) in ▶VP 1654A = ▶VP 1658A.

VP 1734A   ■ ital. Übers. der Aeneis, Venedig 1734 und 1735

L'Eneide del commendatore Annibal CARO. Libri dodici. In questa edizione di vaghe figure in rame adornato. Venezia, Stefano Orlandini, 1734.

Bibl.: MAMBELLI Nr. 835 ("con 12 illustrazioni fuori testo incise su rame, alla maniera del Callot. Ristampata nel 1735"); CBItalV Nr. 2105 (1734) und Nr. 2106 (1735); PASQUIER, 1992, Nr. 78 (bespricht die Ausgabe 1735, verweist aber auf die Ausgabe von 1734).

Lit.: PASQUIER, 1992, Nr. 78 und S. 122f.: je 1 Kupferstich zu jedem der 12 Aen.-Bücher, dazu ein Titel-Frontispiz, das mit L. Tifosi signiert ist; mit Beschreibung der Sujets.

Beschreibung: Eine Beschreibung dieses Zyklus Nr. 42 wird erst zu der einzigen mir direkt zugänglichen Ausgabe mit Nachstichen gegeben, nämlich zu ▶VP 1783B.

VP 1734A   *Abhängigkeiten*: Die Erstausgabe Venedig 1734 ist sofort Venedig 1735 (CBItalV Nr. 2106; PASQUIER, 1992, Nr. 78; auch bei MAMBELLI zu Nr. 835) nachgedruckt worden. Spätere Wiederholungen mit Nachstichen stellen dar: ▶VP 1746B = ▶VP 1750B, ▶VP 1770A und ▶VP 1783B (s. dort).

Abb.: Im Abb.-Teil bei PASQUIER, 1992: Abb. 311 mit dem Frontispiz (unten Flucht aus dem brennenden Troja; oben die Allegorie des Ruhmes, die die Trompete bläst; signiert vom Stecher L. Tifosi); Abb. 181 zu Aen. IV (Aeneas und Dido vor der Grotte); Abb. 282 zu Aen. XII (Schlussduell). - Fig. 6 in CBItalV stammt wohl aus dieser Ausgabe Venedig 1734 (CBItalV Nr. 2105): Karte der Fahrt des Aeneas. - S. im übrigen zu den Ndr., bes. zu ▶VP 1783B.

VP 1734B   ▫ + P. SCARRON: **franz. Aeneis-Travestie, Paris 1734**
Le Virgile travesti en vers burlesques. De Monsieur SCARRON. Paris, chez Michel David et Christophe David, 1734 [3 Vol.].

Bibl.: Fehlt bei MAMBELLI im Umkreis von Nr. 1575; fehlt auch im CBItalV im Umkreis von Nr. 2700. Aufgeführt allein bei Bamberg 1982, Nr. 74 (nur Vol. 1; Ø - doch wird eine Illustr. zu Aen. II als Abb. 18 geboten - eine sv. Wiederholung einer entsprechenden in ▶VP 1695D). - Aufnahme nach dem Münchener Exemplar. Dort hat Vol. 3 einen Titel ohne ausdrücklichen Hinweis auf Scarron: La suite du Virgili travesti. Tome III. Paris, Michel-Etienne David, de l'imprimerie de Pierre Prault, 1730

Beschreibung: Vol. 2 (mit der Travestie von Aen. V-VIII) und Vol. 3 (Aen. IX-X) enthalten keine Illustr., wohl aber Vol. 1 mit 4 Kupferstichen als jeweiligem Titelbild zu Aen. I-IV. Sie sind alle mit *P. Lochon f.* signiert und sind alle, genau wie schon ▶VP 1726C, sv. Wiederholungen aus ▶VP 1695D, s. deshalb die dortige Beschreibung (Zyklus Nr. 31).

Zugänglichkeit: Nur aus Vol. 1, BSB P.o.gall. 2024 h-1 , digitalisiert 5 Doppelseiten mit allen 4 Illustrationen; **DVD 2** .

VP 1735   **engl. Übers. der Opera, London 1735**
The works of Virgil, translated into English blank verse. With large explanatory notes and critical observations. By Joseph TRAPP ... The second edition, corrected ... London, printed for J. Brotherton, J. Hazard (etc.), 1735 [3 Vol.].

Bibl.: MAMBELLI bei Nr. 1370 (zur Erstausgabe ▶VP 1731); Princeton Item 354 („frontispieces in each volume"); BL („plates"). Bei ECCO ganz digitalisiert, darunter auch jeweils als Page image 1 die jeweilige Antiporta der 3 Bände, die einzigen Illustrationen. Diese Kupferstiche sind alle mit *P. Fourdrinier fecit* signiert. Es handelt sich um Wiederholungen aus der Erstausgabe ▶VP 1731; s. dort. Eine weitere Wiederholung ist ▶VP 1737B.

VP 1736A   (■) Opera, Venedig 1736

Opera, cum integris commentariis Servii, Philargyrii, Pierii … Ad codicem Ms. Regium Parisiensem recensuit Pancratius MASVICIUS. Venetiis, Jo. Baptista Paschalius, 1736 [4°; 2 Vol.].

Bibl.: MAMBELLI Nr. 385; Perugia 1980, Nr. 70; CBItalV Nr. 274 (Ø); Mantua 1981, Nr. 31; Pistoia 1981, Nr. 18; PASQUIER, 1992, Nr. 79; BL. - Die Aen. I-XII ist in Tom. II enthalten.

Lit.: MAMBELLI Nr. 385: "con vignette ai frontespizi e varie belle testate, allusive al testo, incise in rame da A. Visentini. Pregevole ed. di buona stampa che copia la nota ed. olandese del ▶VP 171B [= MAMBELLI Nr. 373]". - Perugia 1980, Nr. 70, Mantua 1981, Nr. 31 und Pistoia 1981, Nr. 18 (ähnlich wie MAMBELLI). - PASQUIER, 1992, Nr. 79: Titelkupfer und meist nur dekorative, teils mehrfach wiederholte dekorative Bänder von Antonio Visentini, je 1 zu ecl. und georg. insgesamt und zu jedem der 12 Bücher der Aen., dazu eine Karte der Fahrt des Aeneas; mit kurzer Angabe der Sujets der Bänder zur Aen.

Beschreibung: Allegorische Titelvignette (5,6 x 8,5) der *Litterarum Felicitas* in Tom. I, wiederholt in Tom. II. Dekorative Vignetten am Ende von Abschnitten wie Widmungsbrief, Variae lectiones, Vita, ecl. 2, 4 und 5, Aen. I, II, III, IV, VIII, X, Catalecta, Index. Vage textbezogene Vignetten (6,8 x 13,5) vor ecl. 1, georg. I, allen 12 Büchern der Aeneis und vor den Opuscula. Hinzu kommt eine Karte der *Aeneae Troiani navigatio ad Virgilii sex priores Aeneidos* in Tom. II zwischen S. 302 und 303 vor Beginn der Aen. Diese Karte ist eine Übernahme aus ▶VP 1717B, ebenfalls mit zusätzlichem Bild zu Aen. I (Venus begegnet Aeneas und Achates) und den beiden Flotten-Abbildungen mit Versen aus Aen. I und Aen. V.

VP 1736A Die Kupferstiche nach Vorlagen von A. Houbraken (gestochen von M. Pol) der Ausgabe ▶VP 1717B sind (anders als die Karte) nicht in ▶VP 1736A übernommen, sondern ersetzt durch eher dekorative Bänder zu Beginn jedes Aen.-Buches, die alle mit *Ant(onio) Visentini f(ecit)* signiert sind: Zyklus Nr. 43. Sie zeigen folgende Sujets (jeweils gerahmt von meist architektonischen Dekorationen):

Aen. I: Schiff mit einer Reihe von Rudern; in der Mitte am Mast überdimensionale Waffen.

Aen. II: Sitzender Adler.

Acn. III: Triumphator auf einem Zweigespann.

Aen. IV: Büste eines nach li. blickenden lorbeerbekränzten Vergil.

Aen. V: Innenansicht eines großen Rundtempels bzw. einer Kuppel mit Balustrade und zwei Treppenaufgängen; in der Mitte ein Rundaltar, vor dem Waffen und Gerätschaften liegen.

Aen. VI: Waffen nebst einem Banner mit der Aufschrift S.P.Q.R.

Aen. VII = Aen. II; Aen. VIII = Aen. I; Aen. IX = Aen. III; Aen. X = Aen. IV; Aen. XI = Aen. V; Aen. XII = Aen. VI.

Ein auch nur vager symbolischer Bezug der Vignette zum Text ist vielleicht für Aen. I und Aen. VI anzuerkennen, im übrigen (und schon gar für die Dubletten der 2. Aen.-Hälfte, wo besser für Aen. VIII die Waffen von Aen. VI hätten wiederholt werden können) ist ein solcher nicht ersichtlich.

Abb.: Mantua 1981, Nr. 31: Frontispiz von Tom. I (mit Titel-Vignette der *Litterarum Felicitas*; Auftaktvignette der Bucolica vor ecl. 1 (mit Musikinstrumenten und einem Hund), beide von *Ant. Visentini* signiert.

VP 1736A *Zugänglichkeit*: BSB Res/4 A.lat.a. 668 , daraus 21 Seiten mit allen Illustr. digitalisiert; **DVD 2**.

VP 1736B ■ + engl. Übers. von Aen. II, London [1736]

The second book of Virgil's Aeneid. In four cantos, with notes. [London], printed by J. Hughs, for the author [1736], [4°], VIII, 84 S.

Bibl./Zugänglichkeit: Nicht bei MAMBELLI oder in einer der sonstigen Bibliographien, nur bekannt durch die Digitalisierung bei ECCO (Exemplar der BL). Danach ist der Übersetzer John THEOBALD.

Beschreibung: Enthalten sind laut ECCO 6 "Illustrations", von denen 5 Kupferstiche verschiedenen engl. Adeligen (= Subskribenten) gewidmet sind (etwa Page image 54: *To the Right Honourable The Earl of London this plate is humbly inscribed;* mit Abb. des Wappens), der 6. (Page image 3) ist ein Wappen: Zyklus Nr. 44.

Image 1: Porträt-Medaillon des lorbeerbekränzten, nach r. zu einer r. gegenüberstehenden Herme gewendeten Vergil im Orsini-Typus, jedoch mit der Unterschrift *E corniola apud Leon. Augustini gemmas,* signiert mit *G. F. de Gocke* (?) *sculp.*

Die vier Textillustrationen zu Aen. II, offenbar als Titelbilder zu den 4 Teilen („Cantos") gedacht, offenbar alle von unterschiedlichen Zeichnern entworfen worden, da sie li. mit *inv.* (*et delin.*) signiert sind. Für mich ist leider keiner dieser 4 Namen leserlich (nach am ehesten zu Image 53: *J. Nickshe ? J. Fickshe ?*). Der jeweils r. angegebene Name des Stechers aber ist immer derselbe: (*N. ? H.*) *Toms sculp.* Es handelt sich, wie schon aus *inv.* hervorgeht, um Originalerfindungen. Geradezu ein Unikum stellt das Bild (Image 53) mit der Erscheinung Creusas dar, das übrigens offenbar verstellt ist: es gehört nicht unmittelbar vor das Titelbild zu Canto III (Image 54), sondern mehrere Seiten später (vor Page 60, Image 74) als Titelbild zu Canto IV. - Canto I beginnt mit der Übers. von Aen. II 1, Canto II - Aen. II 195, Canto III - Aen. II 355, Canto IV - Aen. II 567, bis zum Ende mit Aen. II 804 reichend.

Image 11: Vorn li. Laokoon und seine Söhne im Kampf mit den Schlangen (deutlich 'der' Laokoon-Gruppe im Vatikan nachgestochen); r. wird das Hölzerne Pferd durch einen Durchbruch der Mauern Trojas gezogen.

Image 32: Aus einem prachtvollen Innenraum schaut man durch ein zentrales Fenster auf das brennende Troja. Auf dem Bett li. liegt halb aufgerichtet Aeneas mit erhobenem rechten Arm, davor liegt eine Rüstung. Vor dem Bett r. steht im Redegestus die Erscheinung Hektors.

Image 53: Auf einer Waldlichtung erscheint li. in hellem Glanze schwebend Creusa dem gewappneten Aeneas; vorn r. sitzt der greise Anchises mit den Statuetten der Penaten im Schoß, vor ihm stehend der kleine Enkel Ascanius (eine idyllisch wirkende Gruppe); im Hintergrund ist Troja sichtbar.

Image 54: An einem Rundaltar li. eine Gruppe entsetzter Frauen um die Königin Hecuba, r. packt Pyrrhus den liegenden König Priamus am Haar, um ihn mit dem Schwert abzustechen; vorn li. liegt der erschlagene Polites.

VP 1736B Neben diesen vier ganzseitigen Titelbildern für die einzelnen Teile weist ▶VP 1736B (Zyklus Nr. 44) noch zu Beginn (nach dem Titelbild, über dem engl. Prosa-Argumentum, also auf Image 12, 33, 55 und auf Image 74) und zum Schluss aller vier Cantos (also auf Image 31, 52, 74 und auf Image 98) Kupferstich-Vignetten auf. Die bandartigen Vignetten zu Beginn der Cantos haben nur einen vagen Bezug zu Aen. II. Unter den Schlussvignetten ist neben dem Vergil-Porträt auf Image 74 die letzte auf Image 98 nennenswert: die Gruppe des Pius Aeneas mit Ascanius und der nicht-vergilischen Unterschrift *Fert umeris venerabile onus.* Außerdem ist auch das Frontispiz auf Image 2 mit einer Vignette geschmückt, die mit *Giardot* (?) *inv. et delin., Toms sculp.* signiert ist: Aeneas erzählt vor der thronenden Dido im Palast seine Abenteuer, dazu das Zitat des Beginns der Erzählung Aen. II 3 *Infandum, regina, iubes renovare dolorem.*

VP 1737A   **Opera, Venedig 1737**
Opera. Venezia, Nicola Pezzana, 1737.
    Bibl.: MAMBELLI Nr. 386 ("nel frontespizio bella incisione raffigurante Enea che reca sulle spalle il vecchio padre e tiene per mano il figlioletto Ascanio"); nicht im CBItalV. - S. stattdessen Venedig ▶VP 1744B.

VP 1737B   **+ engl. Übers. der Opera, Dublin 1737**
The works of Virgil, translated into English blank verse. With large explanatory notes, and critical observations. By Joseph TRAPP ... The fourth edition, corrected ... Dublin, printed for G. Risk, G. Ewing, and W. Smith, 1737 [3 Vol.].
    Bibl.: Fehlt in den Bibliographien. Bei ECCO ganz digitalisiert, darunter auch jeweils als Page image 1 (bzw. in Vol. 1: image 2) die jeweilige Antiporta der 3 Bände, die einzigen Illustrationen (ecl./georg.; Aen. II: Venus und Aeneas vor Troja; Aen. XII: Schlussduell). Diese Kupferstiche sind alle mit *P. Fourdrinier fecit* signiert. Es handelt sich um Wiederholungen aus der Erstausgabe ▶VP 1731 bzw. der 2. Auflage ▶VP 1735; s. dort. Zu einer weiteren „fourth edition" mit denselben Antiporten s. ▶VP 1755C.

VP 1738A   **Opera (mit deutschen Anmerkungen), Nürnberg 1738**
Bucolica, Georgica et Aeneidos libri XII oder Hirten- Wirthschaffts- und Helden-Gedichte. Mit Teutschen Anmerckungen also erkläret ... Nürnberg, Joh. Paul Krauß in Wien, 1738.
    Bibl.: MAMBELLI Nr. 387 ("titolo rosso e nero, con antiporta figurata"); Wolfenbüttel 1982, D 48 ("1 Frontispiz ... Frontispiz mit der Darstellung der 'Genealogia Romuli'").
    Zugänglichkeit: In der BSB vorhanden ist der Ndr. Nürnberg ▶VP 1747B, s. dort.

VP 1738B   **Opera, Padua 1738**

Opera. Nic(olaus) HEINSIUS Dan(ielis) fil(ius) e membranis compluribus iisque antiquissimis recensuit. Patavii, Josephus Cominus, 1738.

> *Bibl.*: MAMBELLI Nr. 388 ("Buona ed. eseguita 'studio Vulpiorum fratrum', con incisioni nel frontespizio a caratteri rossi e neri e una carta geografica"); Pistoia 1981, Nr. 19; Princeton Item 211, mit dem Hinweis „printer's marks on title-page and at end; folding map".
>
> *Abb.*: Die Karte (zwischen den Seiten 94/95) bei MAGNO, 1982, vor S. 29.

VP 1738C   ■ **? ital. Übers. der Aeneis, Venedig 1738**

L'Eneide del commendator Annibal CARO. Venezia, Domenico Tobacco, 1738.

> *Bibl.*: MAMBELLI Nr. 836 ("con figure. Ristampata nel 1741 e nel 1751 dal Tobacco").

VP 1740   ▫ **+ Opera, London 1740**

Opera. Interpretatione et notis illustravit Carolus RUAEUS ... jussu christianissimi regis, ad usum serenissimi Delphini. Juxta editionem novissimam Parisiensem, A. 1722. Londini, impensis N. Knaplock, D. Midwinter (etc.), 1740.

> *Bibl./Zugänglichkeit*: Fehlt bei MAMBELLI und im CBItalV; nur aufgeführt Princeton Item 212, mit dem Hinweis "plate before each work and before each book of the Aeneid; folding map"; ferner BL (mit dem Titel-Zusatz: "Huic ... editioni accesserunt plurimae novae tabulae aeneae", wobei „novae" allerdings irreführend ist). - Zur Geschichte der Ausgaben von C. RUAEUS seit der Erstausgabe Paris ▶VP 1675A s. zu ▶VP 1682A. - ▶VP1740 liegt ganz digitalisiert einschließlich der 16 Kupferstiche bei ECCO vor.
>
> *Beschreibung/Abhängigkeiten*: Es handelt sich um meist (bis auf Aen. III) sv., zur Ganzseitigkeit vergrößerte und vom ursprünglichen Querformat zum Hochformat gestreckte Nachstiche der von A. Houbraken entworfenen und von M. Pool ausgeführten Kupferstiche in ▶VP 1717B (Zyklus Nr. 39), und zwar nur der dortigen größeren rechteckig gerahmten 14 Kupferstiche vor ecl. 1, georg. I und allen 12 Aen.-Bücher (der 15. vor dem Culex zu Beginn der Opera minora ist in ▶VP 1740 nicht übernommen) und der Antiporta, nicht auch der dortigen Vignetten am Schluss der Bücher. Als 16. Kupferstich (Page Image 207 bei ECCO) kommt zu Beginn der Aen. in ▶VP 1740 eine ebenfalls aus ▶VP 1717B übernommene Karte der AENEAE TROJANI NAVIGATIO mit oben r. eingelegter Vignette der Begegnung des Aeneas und Achates mit Venus im Wald vor Karthago hinzu. - In ▶VP 1740 sind alle Stiche mit *J. Mynde sculp.* signiert. - Dieselben Nachstiche von J. Mynde sind (bis auf die zu Aen. I und IV) in ▶VP 1746C wiederholt, ebenfalls in ▶VP 1753C (jedoch nur die Antiporta und die Titelstiche zu den ecl., den georg. und zu Aen. III-V und X-XII, sowie die doppelseitige Karte; alle unsigniert), in ▶VP 1759A und in ▶VP 1765B (ebenfalls jeweils unsigniert).

VP 1740 Eine nähere *Beschreibung* s. zu ▶VP 1717B (Zyklus Nr. 39), hier nur eine stichwortartige Titelangabe und Nennung der Page Image bei ECCO. Alle Bilder sind (bis auf Aen. III) sv. gegenüber ▶VP 1717B.

Antiporta	(Page Image 1):	Apollo führt von r. den Musenchor vor den thro nenden Augustus li.

VP 1740 Zur Aen. sind folgende Sujets abgebildet:

Vor Beginn der Aen.:		Karte (s. oben) (Image 207).
Aen. I	(Image 208):	Venus li. weist Aeneas und Achates (ganz li.) auf eine Flotte im Seesturm hin.
Aen. II	(Image 249):	Festmahl bei Dido, vorn li. am Tisch stehend der Sänger Iopas.
Aen. III	(Image 282):	Helenus (li.) begrüßt Anchises und Aeneas (r.) bei Buthrotum.
Aen. IV	(Image 323):	Tod Didos; vorn r. ein Priester an einem Altar.
Aen. V	(Image 358):	Totenopfer vor dem Sarkophag des Anchises r.
Aen. VI	(Image 399):	Aeneas li. mit der Sibylle vor Cerberus r.
Aen. VII	(Image 450):	Juno reißt r. das Tor des Janus-Tempels auf.
Aen. VIII	(Image 487):	Schmiede des Vulcanus li.
Aen. IX	(Image 518):	Nachtszene mit Nisus und Euryalus r.
Aen. X	(Image 549):	Götterversammlung mit Jupiter r.
Aen. XI	(Image 586):	Ein Krieger stürzt aus einem Streitwagen nach li.
Aen. XII	(Image 621):	Aeneas ersticht von r. Turnus.

VP 1741A   **Opera, Florenz 1741**

P. Vergilii Maronis Codex antiquissimus a Rufio Turcio Aproniano v. c. distinctus et emendatus, qui nunc Florentiae in Bibliotheca Mediceo-Laurentiana adservatur, bono publico typis descriptus anno 1741. (Antiporta: Pet(rus) Franc(iscus) FOGGINIUS dedicabat). Florentiae, typis Mannianis, 1741 [4°].

Bibl.: MAMBELLI Nr. 392 ("□ e 4 graziose vignette. Questa riproduzione grafica del codice Mediceo è stata curata con intelligenza dal FOGGINI"); ODERMANN, 1931, 18 („die wie ihre Vorlage [sc. der Vergil-Codex M = Codex Laurentianus-Mediceus pl. XXXIX,1] völlig illustrationslose Florentiner Ausgabe benutzt den Kupferstich in der Hauptsache nur für ein noch starke barocke Nachklänge enthaltendes Titelbild"); Perugia 1980, Nr. 19; CBItalV Nr. 276; Napoli 1981, Nr. 112; PASQUIER, 1992, Nr. 80 (verweist nur auf ein Titelbild mit einem Vergil-Porträt); BL („with a second □"); Princeton Item 213 („printer's mark; □").

Beschreibung: Abgesehen von zwei dekorativen Schlussvignetten (p. XVI und p. 459) enthält diese Ausgabe des spätantiken Codex Laurentianus-Mediceus pl. XXXXIX, 1 (des Vergil-Codex M) nur 3 Kupferstiche im Bereich der Titelei: (a) eine wie ein Altarbild gestaltete Antiporta, auf der die Statuen Apolls li. und des Mercurius r. den Text des Titels flankieren; signiert von *AF. C. scul.;* (b) auf der Haupttitelseite ein Medaillon mit einem nach r. gewendeten Vergil-Porträt im Orsini-Typus (hier hält Vergil den Hermenkopf r. mit seiner li. Hand!) und der Unterschrift *Insc. Sarda Ex Mus. Medic.*; (c) auf p. III einen Nachstich des ersten der drei Autorenbildnisse *ex Codice Vaticano 3867*, dem ‚Codex Romanus' = cod. R Vergils, und zwar der Vergil-Miniatur vor der 2. ecl., denn nur auf dieser steht die Bücherkapsel r. (auf den an sich gleichartigen vor der 4. und der 6. ecl. dagegen li; auf derselben p. III eine große figürliche T-Initial.

Abb.: Im Abb.-Teil bei PASQUIER, 1992: Abb. 293: die Antiporta mit dem von Apoll und Mercurius eingerahmten Titel.

Zugänglichkeit: BSB ESlg/4 A.lat.a. 669, daraus digitalisiert 5 Seiten mit allen Illustrationen; **DVD 2**. - Ferner: UB München 4 A.lat. 495.

VP 1741B   Opera, London 1741

Bucolica, Georgica, et Aeneis. Nunc primum edita ad hoc exemplar, interpretatione et notis illustrata, opera et studio Thomae COOKE. Londini, Jac. Hodges, 1741.

Bibl.: MAMBELLI Nr. 393, der allerdings CROKE als Editor bietet ("con una tavola incisa e una carta geografica"). Bei ECCO ganz digitalisiert, darunter auch die beiden Illustrationen, das Porträt des nach r. gewandten lorbeerbekränzten VIRGILIUS *apud Fulvium Ursinum in gemma*, ohne gegenüberstehende Herme (Page image 1, also Antiporta) und die Karte des östlichen Mittelmeeres ohne eingezeichnete Fahrtroute des Aeneas (Page image 27; angeblich, doch aus der Abb. nicht ersichtlich, mit *Aeneae navigatio* betitelt). – Vgl. auch die vermutliche Wiederholung ▶VP 1742.

VP 1741C   ■ Opera, Rom 1741

Antiquissimi Virgiliani codicis fragmenta et picturae ex Bibliotheca Vaticana. Ad priscas imaginum formas a Petro SANCTE BARTHOLI incisae. Romae, ex chalcographia R.C.A. (= Romanae Camerae Apostolicae) apud Pedem Marmoreum, 1741 [2°].

Bibl.: MAMBELLI Nr. 391 ("edizione, col testo, ricercata per le incisioni di cui è adorna"); Frankfurt 1926, S. 533b; CBItalV Nr. 2996 (55 Tafeln); Wolfenbüttel 1982, D 49 ("Kupfertitel, mit 59 Kupfern"); bei PASQUIER, 1992, S. 10 ("Préliminaire") vor dem eigentlichen Katalog aufgeführt; Princeton Item 215 („illustrations, plates, facsimiles"). - Pagina 1 enthält eine Widmung an Papst Benedict XIIII. durch *Jo. Dominicus Campiglia, Chalcographiae C(amerae) A(postolicae) Praef(ectus)*.

Lit.: MAMBELLI Nr. 391: "La prima edizione era stata pubblicata, con le sole incisioni, in numero di 55, nel 1677 (Picturae antiquissimi Virgiliani codicis Bibliotheca Vaticanae, a Petro SANCTE BARTHOLI aere incisae, Romae 1677 [= CBItalV Nr. 2994, doch mit anderem Titel, s.o. ▶VP 1677B]); altra ristampa venne eseguita nel 1725 con le sole incisioni, cui erano state aggiunte tre tavole tolte da un altro manoscritto di Virgilio del Vaticano (Opera quae supersunt in antiquissimo codice Vaticano ad priscas formas incisa ... et demum permissu Marchionis Cavilli Maximi typ. impressione pandita [= ▶VP 1725B]). Nella attuale ristampa [= ▶VP 1741C], la terza, col testo, furono aggiunti alcuni frammenti, note, correzioni e varianti. Le tavole vennero ancora riprodotte (Accedunt picturae aliae veteres quibus celebriora Vergilii loca illustrantur) a Roma nel 1782 dal [V.] Monaldini [= CBItalV Nr. 2998: 124 Tafeln = ▶VP 1782B]. Cfr. RUMHOR, K.: Italien. Forschungen, Berlin 1827, Tomo I, pag. 353." - ODERMANN, 1931, 18: „die erste vollständige Nachbildung" des cod. Vat. Lat. 3225, „erschienen ... auf Anregung des Kardinals Camillo Massimo" ... „die neben dem (außer drei gestochenen Schriftproben) überall typographisch gestalteten Text, dem Titelblatte und einer geschmackvoll als italienische Landschaftsdarstellung ausgeführten Initiale 56 Bildreproduktionen (neun davon aus einem zweiten wichtigen Codex, Vat. 3867) in einer dem Original möglichst entsprechenden Verteilung enthält. Künstlerisch-technisch betrachtet, sind die Illustrationen größtenteils ausgezeichnet und verdienen das Lob, das im Vorwort dem Stecher, Petro San Bartoli von Lucca, gespendet wird, vollauf. ... Nicht unbedingt ist die Frage nach dem dokumentarischen Wert der Illustrationen zu bejahen; bei einem Vergleich mit dem ausgezeichneten phototypischen Faksimile der Vaticana von 1899 treten trotz aller beabsichtigten Treue die Unterschiede sehr deutlich hervor." - Wolfenbüttel 1982, D 49: "Auf Veranlassung des Kardinals Carlo Camillo Massimi hatte Pietro Santi Bartoli (1635-1700) im Jahr 1677 [= ▶VP 1677B] die Bilder des codex Vaticanus 3225, des berühmten Vergilius Vaticanus, der 1602 aus dem Besitz des Fulvio Orsini in die Bibliothek des Vatikan gelangt war, in Kupfer gestochen und die Stiche in geringer Auflagenhöhe in Rom herausgebracht (eine zweite Auflage 1725 [= ▶VP 1725B]) [vgl. dazu PASQUIER, 1992, S. 9-10]. Angeregt durch ein Exemplar dieses Druckes, in das Kardinal Massimo zu jedem Bild die entsprechenden Vergilverse geschrieben hatte, besorgte Giovan Gaetano Bottari (1689-1775) eine neue Ausgabe dieser Stiche [= ▶VP 1741C] mit einem diplomatischen Abdruck (in Kapitälchen) der im Vaticanus 3225 erhaltenen Fragmente der Georgica und Aeneis, denen er am Ende ‚Notae et emendationes' und Kollationen des seit Pierius Valerianus so genannten codex Romanus (Vat. lat. 3865 [W.S.: so im Text S. 187 genannt, in Wirklichkeit ist es Cod. Vat. lat. 3867 = R], der ebenfalls Illustrationen enthält, von denen Santi Bartoli einige in seine Ausgabe übernommen hatte [W.S.: ohne dass sie durch Beischriften von denen in cod. F unterschieden werden]; bei Bottari S. 5, 29, 41, 43) und der Edition des Emmenessius von ▶VP 1680A beigegeben hat." – Vgl. auch noch ▶VP 1835A mit den Nachstichen Carlo Ruspis nach den Miniaturen im Vergilius Vaticanus 3225 (cod. F).

VP 1741C   *Beschreibung*: Insgesamt sind 58 Nachstiche nach Miniaturen im Cod. Vat. Lat. 3225 = F = Vergilius Vaticanus oder im Cod. Vat. Lat. 3867 = R = Vergilius Romanus enthalten: Zyklus Nr. 33. An sich weisen die Reste von cod. F (75 Blätter von ursprünglich ca. 420 oder, nach WRIGHT, 430) noch 50 Miniaturen (von ursprünglich vielleicht 245 oder, nach WRIGHT, 280) auf, davon die Nr. 10-50 zur Aen., die des Cod. R (309 Blätter von ursprünglich ca. 385) noch 19 Miniaturen, davon Nr. 10-19 zur Aen. Eine Kurzbeschreibung dieser Miniaturen in Cod. F und Cod. R bietet z. B. Johannes GÖTTE in seiner zweisprachigen lat.-deutschen Aen.-Ausgabe, München 1958 und öfter, etwa 4. Auflage München 1979, S. 598-607 (F) bzw. S. 613 (R); vgl. auch PASQUIER, 1992, S. 3-6. Vgl. ferner mit genauerer Analyse: J. DE WIT, Die Miniaturen des Vergilius Vaticanus, Amsterdam 1959 (mit sw-Abb. der Originale); STEVENSON, 1983 (▶VP 1835A, mit Abb. der Nachzeichnungen von C. Ruspi); David H. WRIGHT, The Vatican Vergil. A masterpiece of antique art, Berkeley/Los Angeles 1993, auch in deutscher Übers. von Ulrike BAUER-EBERHARDT, Graz 1993 (mit 32 farbigen und 48 sw-Tafeln; die Farbseiten sind Wiederholungen aus der Faksimile-Ausgabe des Vergilius Vaticanus, Codices e Vaticanis selecti 40, Graz 1980, mit Commentarium von D. H. WRIGHT, 1984), hierin auch ein Überblick zum ‚Nachleben' des Cod. F (in der dt. Ausgabe S. 106-121, dabei S. 118-120 auch zu Santi Bartolis Stichen und deren Wiedergabe durch Giovanni Bottari in ▶VP 1741C). Da es im vorliegenden Handbuch nicht um die originalen spätantiken Miniaturen in cod. F (und cod. R) geht, sondern um Nachstiche dieser Originale seit dem 17. Jh., muss die sonstige Spezialliteratur zu den Originalminiaturen (etwa Ofellia MANZI/Francisco CORTI, Los ,Virgilios' ilustrados de la Biblioteca Vaticana, AHAM 23, 1982, 366-408; Florentine MÜTHERICH, Die illustrierten Vergil-Handschriften der Spätantike, in: Vergil-Jahrbuch 1982 = WJA NF 8, 1982, 205-228) unberücksichtigt bleiben. Immerhin sei genannt das vieldiskutierte Buch von Angelika GEYER, Die Genese narrativer Buchillustration. Der Miniaturenzyklus zur Aeneis im Vergilius Vaticanus, Frankfurt a. M. 1989 (Rezz.: F. RICKERT, Gnomon 64, 1992, 507-510; R. WARLAND, GGA 244, 1992, 187-206); GEYER benutzt für ihre Abb. die Faksimile-Ausgabe Graz 1980, ihr Rezensent WARLAND stützt sich dagegen (wie STEVENSON 1983) auf die Nachzeichnungen C. Ruspis in ▶VP 1835A.

Es folgt hier eine Kurzbeschreibung der Sujets der Miniaturen nur zur Aeneis, die Pietro Santi Bartoli 1677 - unter Weglassung der originalen Namensbeischriften im Cod. F - aus den beiden Codices F und R nachgestochen hat, ohne sie aber durch entsprechende Hinweise zu unterscheiden (ein Zwischentitel kündigt irreführend *Virgilii fragmenta ex codice Vaticano* im Singular an). ,Pict.' verweist auf die übliche, hier an GÖTTE, 1979, orientierte Nummerierung der Miniaturen in Cod. F oder R. Darauf folgt in Klammern die jeweils im cod. F illustrierte Aen.-Passage nach den Feststellungen von GÖTTE, 1979. Die S.-Angabe bezieht sich auf die Ausgabe ▶VP 1741C. Die Kurzbeschreibung erfasst die Sujets nicht vollständig; sie soll nur eine Identifizierung ermöglichen:

VP 1741C R Pict. 12 (Aen. I), S. 29	Die trojanische Flotte im Seesturm.
F Pict. 10 (Aen. I 419-438), S. 31	Aeneas und Achates betrachten den Aufbau Karthagos.
F Pict. 11 (Aen. I 586-645), S. 37	Drei Trojaner vor Dido und Anna; ein vierter Trojaner wird zu den Schiffen gesandt.
F Pict. 12 (Aen. I 657-694), S. 39	Venus schickt Cupido aus; der entrückte Ascanius schläft vor den Stufen des Venus-Tempels von Idalium.
R Pict. 13 (Aen. I), S. 41	Dido zwischen zwei Trojanern beim Gastmahl; vorn ein Rundtisch zwischen zwei Dienern.
R Pict. 14 (Aen. II), S. 43	Sinon mit einem Pferd vor Priamus vor einem Tor Trojas; auf der Stadtmauer Trojanerinnen.
F Pict. 13 (Aen. II 199-223), S. 46	Zwei Altäre, an dem linken ein Opferdiener, an dem rechten Laokoon mit seinen beiden kleinen Söhnen im Kampf mit den beiden Schlangen.
F Pict. 14 (Aen. II 254-267), S. 47	Griechen steigen aus dem Hölzernen Pferd innerhalb der Mauern Trojas; Trojaner liegen schlafend am Boden.
F Pict. 15 (Aen. II 268-286), S. 50	Hector steht r. neben dem auf einem Bett schlafenden Aeneas.

F Pict. 16 (Aen. II 673-691), S. 55 Creusa r. bittet Aeneas, sich nicht erneut in den Kampf zu stürzen; ganz li. hebt Anchises betend die Arme zum Himmel, als er das Prodigium der Flammen am Haupt des Ascanius sieht, die zwei Diener zu löschen versuchen.

F Pict. 17 (Aen. III 1-12), S. 57 Die trojanische Flotte (drei Schiffe) vor dem Hintergrund des brennenden Troja.

F Pict. 18 (Aen. III 13-33), S. 60 Aeneas r. erlebt das Polydorus-Omen der blutenden Sträucher, li. Opfer eines Stieres vor einem Tempel.

F Pict. 19 (Aen. III 121-126), S. 65 Menschenleere Stadt r., vor den Mauern Kühe; li. mehrere stilisierte Inseln und eine Flotte.

F Pict. 20 (Aen. III 147-153), S. 67 Zwei Penaten erscheinen nachts dem schlafenden Aeneas.

F Pict. 21 (Aen. III 690-708), S. 74 Ein trojanisches Schiff läuft in den Hafen Drepanum an der Spitze der Insel Sizilien ein.

VP 1741C F Pict. 22 (Aen. IV 56-64), S. 78 Dido und Anna li. mit drei Dienern beim Opfer vor einem Tempel.

R Pict. 15 (Aen. IV), S. 81 Aeneas und Dido während eines Unwetters in der Höhle, davor zwei Pferde, ferner zwei sitzende Trojaner mit Schilden.

F Pict. 23 (Aen. IV 252-265), S. 84 Mercurius li. nähert sich fliegend dem Aeneas, der Anweisungen für den Aufbau Karthagos gibt.

F Pict. 24 (Aen. IV 305-331), S. 86 Dido mit Anna vor Aeneas r., mit ihm sprechend.

F Pict. 25 (Aen. IV 584-590), S. 92 Dido sieht von einem turmartigen Gebäude in Karthago aus die trojanische Flotte auf dem Meer.

F Pict. 26 (Aen. IV 651-662), S. 93 Dido auf dem Scheiterhaufen mit erhobenem Schwert, allein.

F Pict. 27 (Aen. IV 663-667), S. 95 Dido sterbend auf dem Scheiterhaufen, umgeben von sieben klagenden Frauen.

F Pict. 28 (Aen. V 114-131), S. 97 Vier Ruderschiffe, in einer Reihe gestaffelt übereinander, beim Start zur Regatta, im Hintergrund zwei Inseln.

F Pict. 29 (Aen. V 151-177), S. 100 Vier Ruderschiffe, in zwei Reihen übereinander, in voller Fahrt, im Hintergrund zwei Inseln.

F Pict. 30 (Aen. V 815), S. 102 Neptunus li. und Venus r. mit der trojanischen Flotte im Hintergrund.

VP 1741C F Pict. 31 (Aen. VI 45-53), S. 104 Aeneas mit Achates li. vor der Sibylle und dem Apollo-Tempel von Cumae r.

F Pict. 32 (Aen. VI 236-251), S. 106 Aeneas li. bringt mit einem Gehilfen ein Stieropfer da; die Sibylle steht vor mehreren wartenden Stieren und drei Opferdienern.

F Pict. 33 (Aen. VI 273-289), S. 108 Ganz li. Aeneas mit der Sibylle und einem Führer (?) im Hadeseingang; im Hauptteil des Bildes verschiedene Monstren wie Kentauren oder der 100-armige Briareus.

F Pict. 34 (Aen. VI 417-433), S. 110   Aeneas ganz li. mit der Sibylle, die dem dreiköpfigen Cerberus in seiner Höhle einen Kloß zuwirft; im Hintergrund Totengericht.

F Pict. 35 (Aen. VI 494-556), S. 111   Die Sibylle ganz li. mit Aeneas vor dem verstümmelten Deiphobus; Tisiphone sitzend vor der Ringmauer des Tartarus.

F Pict. 36 (Aen. VI 628-655), S. 117   Oben li. die Sibylle und Aeneas mit dem Goldenen Zweig vor dem Palast des Pluto und der Proserpina bzw. vor der Pforte zum Elysium; im Vordergrund (bereits im Elysium) eine Reihe von drei bekleideten Trojanern und vier nackten Männern.

F Pict. 37 (Aen. VI 669-712), S. 120   Oben li. Musaeus mit der Sibylle und Aeneas; li. unten umarmen sich Aeneas und Anchises; r. unten Seelen am Lethe-Strom.

F Pict. 38 (Aen. VI 893-899), S. 127   Anchises vor den beiden Pforten der Unterwelt; Aeneas und die Sibylle verlassen sie durch die r. (elfenbeinerne) Pforte.

F Pict. 39 (Aen. VII 10-24), S. 129   Zwei trojanische Schiffe fahren an der Insel der Circe vorbei.

VP 1741C F Pict. 40 (Aen. VII 59-80), S. 132   Über dem Tempel li. der Bienenschwarm am Lorbeerbaum im Palast des Latinus; r. das Flammen-Prodigium am Haupt Lavinias bei einem Opfer.

F Pict. 41 (Aen. VII 195-211), S. 134   Die trojanische Gesandtschaft (li. fünf Männer) vor dem Tempel, bei dem sie der r. sitzende König Latinus mit einem Gefolgsmann empfängt.

F Pict. 42 (VII 274-285), S. 139   Die trojanische Gesandtschaft (li.) wird von dem r. sitzenden König Latinus (hinter dem ein Gefolgsmann steht) mit Pferden beschenkt, die von Dienern herangeführt werden.

F Pict. 43 (Aen. VII 323-340), S. 142   Juno li. und die Furie Allecto r. mit einer Fackel vor dem Eingang zum Tartarus r.

F Pict. 44 (Aen. VII 503-539), S. 146   Vorn li. Silvia mit dem verwundeten Hirsch; r. Kampf zwischen latinischen Bauern und Trojanern.

F Pict. 45 (Aen. VII 607-622), S. 148   Juno ist dabei, die Pforten eines Tempels zu öffnen.

VP 1741C F Pict. 46 (Aen. VIII 71-83), S. 151   Aeneas li. vor der Sau mit den 30 Frischlingen.

R Pict. 10 (Aen. IX), S. 155   Iris nähert sich mit einem Regenbogen dem gerüsteten Turnus.

F Pict. 47 (Aen. IX 118-127), S. 157   Die trojanischen Schiffe r. werden in Nymphen verwandelt; an Land drei nach li. davonsprengende Reiter und ein Zug von Kriegern zu Fuß.

F Pict. 48 (Aen. IX 159-175), S. 160   Wachen und Nachtlager der Latiner vor der belagerten Festung der Trojaner, auf deren Mauer fünf Verteidiger zu sehen sind.

F Pict. 49 (Aen. IX 234-245), S. 162   Kriegsrat, mit Ascanius sitzend in der Mitte, im Mauerrund des trojanischen Lagers; vorn Nisus und Euryalus sprechend.

F Pict. 50 (Aen. IX 530-541), S. 164   Angriff der Latiner mit Speeren und Brandfackeln auf die viereckige Festung der Trojaner.

Es sind also alle 41 Miniaturen zur Aen. in cod. F und fünf der 10 zur Aen. in cod. R in Nachstichen berücksichtigt.

Das Frontispiz ist architektonisch wie ein Grabmal gestaltet. Vor dem den beiden das Textfeld flankierenden Säulen mit korinthischem Kapitell schweben zwei geflügelte Genien, die jeweils einen Lorbeerkranz halten. Auf dem Dreiecksgiebel sitzt oben li. ein Adler. Vor dem Relief des Postaments bedroht ein Löwe den Betrachter.

VP 1741C Unter den nicht auf die Aen. bezogenen Illustrationen sei der zwischen einem Lesepult li. und einem Buchrollen-Behälter r. sitzende Vergil (p. XXII vor Beginn der Text-Illustrationen) erwähnt: es ist R Pict. 2 vor ecl. 2 (bei den beiden anderen, fast identischen Miniaturen mit Autoren-Porträt, denen vor ecl. 4 und vor ecl. 6, stehen umgekehrt das Lesepult r. - vor ecl. 6 hat dessen Ständer Löcher, vor ecl. 4 nicht - und der Buchrollen-Behälter li.).

Abb.: Der Kupfertitel bei Wolfenbüttel 1982, S. 101, ferner der Nachstich zu cod. F Pict. 13, S. 46 (Laokoon) S. 123. In CBItalV Fig. 7 zu cod. R Pict. 15, S. 81 (Dido und Aeneas in der Höhle).

VP 1741C   *Zugänglichkeit*: BSB 2 A.lat.a. 329 (inzwischen umsigniert zu Hbh/2 Kr 7120) und BSB 2 A.lat.a. 329 a, aus dem letzteren Exemplar sind 56 Doppelseiten mit allen Illustr. digitalisiert; **DVD 2**.

VP 1741D   ▫ **Opera mit ital. Kommentar, Venedig 1741**
L'opera di Virgilio Mantovano, cioè la Bucolica, la Georgica, e l'Eneide, commentata in lingua volgare toscana da Giovanni FABRINI da Figline, Carlo MALATESTA da Rimino, e Filippo VENUTI da Cortona. Nuovamente corrette. Venezia, dalla stamperia Baglioni, 1741 [4°].
Bibl.: MAMBELLI Nr. 390 ("Marca tipografica al frontespizio e artistiche piccole illustrazioni"), Ristampa, nämlich offenbar der Ausgabe Venetia, Baglioli, ▶VP 1672A oder ▶VP 1683. - Zu weiteren Ausgaben s. ▶VP 1597C.

VP 1742   + **Opera, London (Dublin) 1742**
Bucolica, Georgica, et Aeneis ... nunc primum edita ad hoc exemplar interpretatione et notis illustrata, opera et studio Thomae COOKE. Londini impresa et Dublinii venalia prostant apud Jacobum Hoey, 1742.
Bibl.: Fehlt bei MAMBELLI und im CBItalV; nur aufgeführt Princeton Item 217 (wo wohl 'impressa' zu emendieren ist), mit dem Hinweis „portrait frontispiece, map". Es dürfte sich um einen Ndr. oder eine Parallelausgabe von ▶VP 1741B handeln (s. dort) und damit um das Frontispiz mit „Virgilius apud Fulvium Ursinum in gemma".

VP 1743   ■ **franz. Übers. der Opera, mit lat. Text, Paris 1743**

Les Œuvres, traduites en françois, le texte vis-à-vis de la traduction, orné de figures en taille-douce, avec des remarques par M. l'Abbé Guyot DES FONTAINES, Paris, Quillau Père, 1743 [4 Vol., Luxusausgabe].

    Bibl.: MAMBELLI Nr. 1112 ("con 18 tavole, fuori testo, incise da Cochin fils"); New York 1930, Case 10/Sect. 1 and 2, Nr. 104 und auch Case 21, Nr. 280 ("Illustrations engraved by Cochin, the elder, after designs of his son") = Princeton Item 218 ("frontispiece, plates, portraits"); CBItalV Nr. 279 (Ø); PASQUIER, 1992, Nr. 67. Wolfenbüttel 1982, D 176 bringt eine [bei PASQUIER, 1992, Nr. 67 nicht geführte] Ausgabe mit gleichem Titel, aber offenbar ohne „le texte vis-à-vis de la traduction, orné de figures en taille-douce" und in nur 3 Vol. in 8°; bei ihrer Beschreibung werden keine Illustrationen erwähnt. Vgl. auch Wolfenbüttel 1982, D 177 [nicht bei PASQUIER, 1992] Paris, Quillau & Babuty, 1754, 4 Vol. in 8°: „die Vignetten und Initialen sind teilweise dieselben wie in der Ausgabe von 1743" (= ▶ VP 1754B).

    Lit.: ODERMANN, 1931, 17: relativ ausführliche künstlerische Würdigung dieser ersten Illustrationsfolge zu Vergil von Cochin dem Jüngeren [zu seiner zweiten, erheblich abweichende Bilderfolge s.u. Paris ▶ VP 1745], von besonderem „Interesse durch die Mitarbeit des älteren Cochin, der, wie bei vielen andern Arbeiten dieser Periode, die Entwürfe seines Sohnes (hier mit zwei Ausnahmen) im Stich ausführte ...Wo, wie im Harpyienkampf im dritten Buch der Äneis, diese (übrigens verschieden stark ausgeprägte) Manier [nämlich durch bestimmte Techniken den Gegensatz von Vorder- und Hintergrund zu steigern] durch starke Bewegungsmomente unterstützt wird oder (so in der derben Faustkampfszene vor Buch V) die Knappheit der Umrisszeichnung den Gestalten eine fast holzschnittartige Kraft verleiht, hinterlassen die Illustrationen einen stärkeren Eindruck. Doch fehlt es auch diesen Partien und besonders den stärker hervorgehobenen Vordergrundgestalten, besonders dem rokokohaft anmutigen Äneas, an wirklichem dramatischem Leben; andere Stücke (Äneis IV, XII) sind durchaus konventionell ... Einen starken Unterschied gegenüber der Technik Cochins zeigt die gleichmäßigere Gesamtauffassung der beiden von seinem Sohn ausgeführten Stiche (Äneis IX und X), übrigens der dramatisch bewegtesten der Ausgabe." - Nach Henry BARDON, Les peintures a sujets antiques au XVIIIe siècle d'après les Livrets de Salons, Gazette des Beaux-Arts 6, 61, 1963, 217-250, hier 221, waren 8 Zeichnungen Cochins zur Aen. bereits 1742 im Salon gezeigt worden; S. 229f. Übersicht über diese und weitere Zeichnungen oder Gemälde zur Aen., die im 18. Jh. in den Salons ausgestellt waren. - Christian MICHEL, Charles-Nicolas Cochin et le livre illustré au XVIIIe siècle. Avec un catalogue raisonné des livres illustrés par Cochin 1735-1790, Genève 1987, hier zu ▶ VP 1543 = cat. no. 32, S. 204-207 (Beschreibung) mit Figure 30-36. - PASQUIER, 1992, Nr. 67 und S. 115-119 (auch zu ▶ VP 1745): 18 Kupferstiche nach Cochin fils, meist (16) gestochen von Cochin père, zwei aber von Cochin fils selbst [wie aus ODERMANN hervorgeht, sind das die zu Aen. IX und X]; Frontispiz und 1 Kupferstich zu den ecl. insgesamt, dann einer zu jedem der 4 georg.-Bücher und der 12 Aen.-Bücher; mit lat. oder franz. Text; Sujets angegeben.

VP 1743 *Beschreibung*: Der 18-Bilder-Zyklus ist mir nicht direkt in der Originalausgabe zugänglich, doch sind alle Aen.-Bilder (13,2 x 8,2) außer dem zu Aen. X in Abb. bei MICHEL, 1987, oder PASQUIER, 1992, greifbar; hinzu kommen die knappen Sujet-Angaben bei PASQUIER NR. 67 und die etwas ausführlicheren bei MICHEL. - Alle 18 Bilder dieses Zyklus Nr. 45 sind von Charles-Nicolas Cochin fils (1715-1790) entworfen, 16 davon von seinem gleichnamigen Vater Cochin père (1688-1754) gestochen, die zu Aen. IX und X aber von Cochin fils selbst. - Auf den Abb. ist meist nicht sichtbar, doch geht aus der Beschreibung und den Zitaten von MICHEL hervor, dass die meisten Aen.-Stiche „en marge" eine französische gereimte Beischrift (meist in 4 Versen) haben (diese ist nur bei PASQUIER, 1992, Abb. 195 zu Aen. IV, Abb. 221 zu Aen. VI und Abb. 283 zu Aen. XII mit abgedruckt) und offenbar auch eine franz. Überschrift (die letztere zitiere ich nach MICHEL, gleichfalls die Angabe der Stelle der Aen.-Übers.). - Die Aen.-Stiche haben folgende Sujets:

Aen. I: Aeneas und Achates treten unter einer Sitzstatue der Juno von r. vor die unter einem Baldachin li. thronende Dido. - „Aenée sort de la nuée qui l'environnoit, et se fait connoître à Didon", zu I 590f.

Aen. II: Laokoon li. kämpft vor den Mauern Trojas mit den beiden Schlangen. - „Laocoon, Prêtre de Neptune & ses fils, sont tuez par deux Serpens d'une grandeur extraordinaire", zu II 212-219.

Aen. III: Aeneas r. gibt den Befehl zur Abwehr der Harpyien. - „Aenée ordonne à sa troupe de prendre les armes pour chasser les Harpies", zu III 234-244.

Aen. IV: Tod Didos: Iris fliegt von li. oben herbei, um der von Anna umarmten Dido eine Locke abzuschneiden. - „La mort de Didon", zu IV 700-705.

Aen. V: Spiele: Der Kampf mit dem *caestus* zwischen Dares und Entellus; r. oben Aeneas als Kampfrichter. - Offenbar ohne franz. Über- und Beischrift, zu (lat.) V 362-460.

Aen. VI: Anchises zeigt dem Aeneas li. seine Nachkommen r. in der ‚Heldenschau'. - Offenbar ohne franz. Überschrift, zu VI 758f.

Aen. VII: Der von Ascanius verwundete zahme Hirsch stirbt in den Armen Silvias li., über ihr li. Allecto, ein Horn blasend; ringsum Landleute. - „Ascagne & quelques Troyens ayant blessé à la chasse un Cerf appartenant à la Sœur du gardien du troupeau du Roy Latinus, la Discorde excite les Paysans à prendre les armes …", zu VII 483-510.

Aen. VIII: Hercules r. erdrosselt Cacus li. in dessen aufgebrochener Höhle. - Offenbar ohne franz. Überschrift, zu VIII 260f.

Aen. IX: Der berittene Latiner Volcens li. holt zum tödlichen Schwerthieb gegen Euryalus r. aus; Nisus bietet sich mit ausgebreiteten Armen als Opfer für seinen Freund an. - „… le Chef de la Troupe (des Latins) furieux de la mort de ses Gens (tués par les flèches de Nisus) se jette sur Euryale pour le tuer; alors Nisus se montre, & veut en vain détourner sur luy-même le coup qui menace son Amy", zu IX 426-428.

Aen. X: Lausus verteidigt seinen Vater Mezentius gegen Aeneas. - „Lauçus, fils de Mezence, couvre son père avec son Bouclier & s'oppose à la colère d'Aenée", zu X 796-799.

Aen. XI: Euander wirf sich von r. vor den Mauern von Pallanteum r. über die Leiche seines Sohnes Pallas, die li. auf einer Bahre liegt. - „Ce Père (Ev-andre) vient au devant (du corps de son fils Pallas), & est saisi de douleur à la vûe d'un si triste spectacle", zu XI 149-151.

Aen. XII: Schlussduell: Aeneas r. holt vor den Mauern von Laurentum li. zum tödlichen Schlag gegen Turnus li. aus, der kniend um Gnade bittet. - Of-fenbar ohne franz. Überschrift, zu XII 950-952.

Abb.: Im Abb.-Teil bei PASQUIER, 1992: Abb. 312 mit dem einzigen Kup-ferstich zu den ecl., ferner 9 Bilder zur Aeneis: Abb. 133 zu Aen. I; Abb. 142 zu Aen. II; Abb. 168 zu Aen. III; Abb. 195 zu Aen. IV; Abb. 207 zu Aen. V; Abb. 221 zu Aen. VI; Abb. 260 zu Aen. XI ; Abb. 283 zu Aen. XII. Auch die Abb. 243 zu Aen. IX stammt sicher nicht, wie PASQUIER behauptet, aus ▶VP 1767 (s. dort meine Ausführungen), sondern aus ▶VP 1743, ist dann also von Cochin fils sowohl entworfen als auch gestochen (was durch MICHEL, 1987, Fig. 35 be-stätigt wird). - Bei MICHEL, 1987 (s.o. *Lit.*), im Tafel-Teil folgende stark verklei-nerte Abb. (Figure 30-36), darunter 4 zur Aen.: zu den ecl. (Fig. 30); georg. II (Fig. 31); Aen. IV (Fig. 32); Aen. VII (Fig. 33); Aen. VIII (Fig. 36); Aen. IX (Tod des Euryalus, Fig. 35; ein praktisch identisches, aber sv. Gemälde - auf dem Volcens von r. anreitet - von Cochin fils zum gleichen Sujet dort Fig. 34).

VP 1743   *Zugänglichkeit*: In München ist dieser Zyklus Nr. 45 nicht di-rekt zugänglich; unter den Abb. zu PASQUIER, 1992, Nr. 67 und bei MICHEL, 1987, fehlt aber nur die zu Aen. X.

VP 1744A   Opera, Amsterdam 1744
P. Vergilius Maro ex editione Nic. HEINSII et P. BURMANNI. Amstelaedami, Jacobus Wetste-nius, 1744.
Bibl.: MAMBELLI Nr. 398 (Ø); CBItalV Nr. 282 (Ø); Wolfenbüttel 1982, D 50 („mit 1 Kupfertitel; der Kupfertitel ist nach dem Frontispiz dieser Ausgabe [sc. Amstelodami, Wet-stein, ▶VP 1746A = Wolfenbüttel 1982, D 51], das Pieter Tanjé bereits 1744 fertiggestellt hatte, für das reduzierte Format gestochen"); Princeton Item 222 (□: portr.).
Abhängigkeiten: Der erwähnte Kupfertitel von P. Tanjé in ▶VP 1744A ist also sozu-sagen eine verkleinerte Vorwegveröffentlichung des erst später veröffentlichten Originals, der Ausgabe Amsterdam ▶VP 1746A (s. dort und bes. ODERMANN, 1931, 17).

VP 1744B   + Opera, Venedig 1744
Opera ad editionem P. MAASVICII castigata cum notis Joh. MIN-ELLII. Venetiis, apud Nicola-um Pezzana, 1744.
Bibl.: Fehlt bei MAMBELLI, der jedoch als Nr. 386 die Vorgängerausgabe ▶VP 1737A (□) (s. dort) aufführt, ferner als Nr. 455 und Nr. 459 zwei weitere gleichen Titels Venetiis, N. Pezzana, 1788 (Ø) bzw. 1789 (Ø) aufführt; CBItalV Nr. 281 (Ø); Mantua 1981, Nr. 32.

VP 1744B *Abb./Beschreibung*: Das Frontispiz (Abb. bei Mantua 1981, Nr. 32) zeigt oberhalb der Titelei ein Medaillon mit dem Porträt Vergils, unterhalb einen Schwan; die Aeneis ist in der kleineren oberen Hälfte des Frontispizes durch einen Kupferstich des Pius Aeneas vor dem Hintergrund des brennenden Troja repräsentiert, georg. und buc. durch ländliche Szenen li. und r. von der Titelei.

VP 1745 ■ Opera, Paris 1745

Opera. Curis et studio Stephani Andreae PHILIPPE. Lutetiae Parisiorum, sumptibus Ant. Urb. Coustelier, 1745 [3 Vol.].

Bibl.: MAMBELLI Nr. 400 ("con □ e 17 tavole del Cochin incise da C. Duflos, con fregi e finaletti. La presente edizione comparve nel ▶VP 1754A, con un nuovo frontespizio, col nome dello stampatore Barbou di Parigi [= MAMBELLI Nr. 411]"); New York 1930, Case 8, Nr. 84 und auch Case 21, Nr. 281 ("with engravings after Cochin") = Princeton Item 224 („frontispiece; plates"); ODERMANN, 1931, 17f.; CBItalV Nr. 284 (Ø); Bibl. Apost. Vaticana 1981, Nr. 134-136; PASQUIER, 1992, Nr. 68. - Die Aen. ist in T. 2-3 enthalten. - Vgl. auch Paris ▶VP 1754A.

Lit.: ODERMANN, 1931, 17f.: "Nur zwei Jahre später übernahm Cochin [der Jüngere; auch die folgenden Zusätze in eckigen Klammern stammen von W.S.] zum zweiten Male [nach Paris ▶VP 1743] die illustrative Ausstattung einer Vergiledition. Er war inzwischen mit der Firma Barbou in Verbindung getreten, die, nach einem ersten, künstlerisch sehr unbedeutenden Versuche einer illustrierten Ausgabe (1729) [Paris ▶VP 1729B = Paris ▶VP 1716B], unter dem Namen des Verlegers Coustelier einen Vergil in drei Bänden [▶VP 1745] herausbrachte; ihm folgten 1754 und 1767, nunmehr unter Bezeichnung des wirklichen Herausgebers, noch zwei Auflagen" [Paris ▶ 1754A und Paris ▶VP 1767]. Die Ausstattung, die, ebenso wie die ganz gleichartige der Lucretiusausgabe von 1744, auf C. Duflos zurückgeht, bezeichnen [*sic*] den Höhepunkt des Rokokostils in den Ausgaben unsres Dichters ... so erreicht in den Gesängen selbst die Verbindung von Kopfleiste, Initiale und Schlussvignette, wie sie zum ersten Male 1641 aufgetreten war, ihren künstlerischen Höhepunkt ... Diesem Gesamtbild müssen sich auch die Illustrationen Cochins [sc. fils] einfügen, deren Stich gleichfalls von Duflos stammt ... die Motive sind trotz einer gewissen Familienähnlichkeit mancher Stellen (Äneis IX [1745] gegenüber X bei Quillau [▶VP 1743]) von den früheren durchaus verschieden. An Stelle der dramatischen Momente treten vielfach Szenen friedlichen, gleichsam bürgerlichen Charakters (das XII. Buch der Äneis zeigt den Wechsel besonders prägnant ... wie denn auch die ... des V. Buches der Äneis unter ihnen die ausgesprochenste Naturwahrheit zeigen); wirkliche innere Bewegung tritt noch am stärksten in der Eingangsillustration hervor, die den Schmerzausbruch der kaiserlichen Familie bei den erinnerungsschweren Worten „Tu Marcellus eris" in scharfem Gegensatz zur ruhigen Haltung des vorlesenden Dichters vorführt. Die späteren Ausgaben [Paris ▶ 1754A und Paris ▶VP 1767], wie die von 1754, zeigen die Bilder in wesentlich unschärferer Gestalt; den Bänden der Ausgabe von 1767 (mit Ausnahme des ersten) fehlt, der Zeitrichtung entsprechend, bereits jeder Buchschmuck [nicht allerdings die Illustrationen]". - MICHEL, 1987 (s. ►VP 1743), zu ►VP 1745 = cat. 56, S. 225-227 mit 3 Abb. (Figure 52-54, davon nur 1 zur Aen.: Fig. 54 zu Aen. VII). - PASQUIER, 1992, Nr. 68 und S. 115-119 (auch zu ►VP 1743): 1 Frontispiz und 17 Kupferstiche, davon 1 zu den ecl. und je einer zu den 4 Büchern der georg. und den 12 Büchern der Aen., nach Cochin fils gestochen von C. Duflos, jeweils mit lat. erklärendem Text; die Illustrationen sind nicht identisch mit denen von Cochin fils in der franz. Übers. Paris ►VP 1743 = PASQUIER, 1992, Nr. 67; Sujets angegeben. -

$\boxed{\text{VP 1745}}$ *Beschreibung* (kombiniert aus den Angaben bei PASQUIER, 1992, Nr. 68 und der Autopsie des in München zugänglichen Ndr. Paris ►VP 1754A sowie aus den Angaben bei MICHEL, 1987, 225-227). - Die 18 Kupferstiche sind, wie in der jedoch nicht identischen Vorgänger-Ausgabe ►VP 1743, alle entworfen und signiert von Cochin fils; gestochen sind sie von Cl. Duflos, der die zu Aen. I-VI eigens signiert. Es gibt 1 Antiporta (11,1 x 6,5), und je 1 Kupferstich zu den ecl., zu jedem der 4 Bücher der georg. sowie zu jedem der 12 Aen.-Bücher (10,5 x 5,6). - Laut MICHEL, 1987, erklärt „en marge" ein lat. Vers jeweils das Sujet; dieser ist jedoch auf den Abb. bei PASQUIER, 1992, oder MICHEL selber nicht zu sehen und in dem Ndr. ►VP 1754A nicht enthalten.

Antiporta (signiert von *Cochin filius in. Cl. Duflos sculp.*): ,Ohnmacht der Octavia'. Innerhalb eines Festsaals liest vorn r. Vergil aus einer Buchrolle Aen. VI 882f. mit *Tu Marcellus eris* vor; in der Mitte fällt Octavia, die Mutter dieses hier prophezeiten, jung gestorbenen Marcellus, in Ohnmacht, während ihr Bruder Augustus ganz li. Vergil Einhalt zu gebieten scheint. Eine ältere Frau (Livia, die Gattin des Augustus?) fängt Octavia auf; weitere 4 männliche Zuhörer. - Nach MICHEL stehen „en marge" (die beiden Hexameter): *Caesar et ipsa Soror flent, stupent, vate legente; / Quam juvat his modulis horum renovare dolorem.*

$\boxed{\text{VP 1745}}$ Den 12 Stichen zur Aen. ist immer ein lat. Hexameter beigegeben, der aber nur selten ein originaler oder abgewandelter Aen.-Vers ist; sie haben folgende Sujets:

Aen. I: *Quos-ego*-Szene: Neptun li. besänftigt den Seesturm und droht den Winden. - Aen.-Zitat I 135 (wenn MICHEL I 139 nennt, zählt er die Verse des sog. Vorproömiums mit): *Quos ego ... sed motos praestat componere fluctus.*

Aen. II: Die Flucht der Gruppe des Pius Aeneas aus dem brennenden Troja; dabei reitet Anchises auf einer Schulter des Aeneas; hinter Ascanius li. ist noch Creusa zu sehen. - Beischrift (kein Vergil-Vers): *Fert patrem Aeneas; subeunt et filius, uxor.* - Zu II 721-725.

Aen. III: Begegnung des Aeneas li. mit Andromache r. an dem als Pyramide gestalteten Grabmal Hektors. - Beischrift (kein Vergil-Vers): *Hectorem ad Tumulum Andromache, Aeneas simul adsunt.* - Zu III 300-309.

Aen. IV: Dido r. und Aeneas flüchten vor dem Unwetter in die Höhle. - Abgewandeltes Aen.-Zitat IV 165: *Speluncam veniunt Dido et Trojanus eandem.* Vgl. BILD 33.

Aen. V: Der Wettlauf vor Zuschauern und Kampfrichtern im Hintergrund: Euryalus (Mitte) siegt im Wettlauf, weil der gestürzte Nisus den Salius zu Fall bringt. - Abgewandeltes Aen.-Zitat V 337: *Emicat Eurialus, et victor munere Nisi.*

Aen. VI: Aeneas r. und die Sibylle im Nachen des Charon. - Abgewandeltes Aen.-Zitat VI 415: *Trans Fluvium ille Charon ponit Vatemqu. Virumqu.*

VP 1745 Aen. VII: Vorn r. beklagt Silvia den Tod ihres zahmen Hirsches; r. rotten sich die latinischen Landleute zusammen; hinten li. Ascanius zu Ross auf der Jagd; darüber schwebt, nach r. gewendet, die Furie Allecto und bläst das Horn. - Dieser Stich ist nicht, wie PASQUIER, 1992, Nr. 68 will, eine „reprise inversée de 1743", aber immerhin stark (und seitenrichtig) von dem Bild zu Aen. VII in ▶VP 1743 beeinflusst. - Beischrift (kein Vergil-Vers, doch vgl. VII 481): *Cervus ab Ascagno coesus; quae causa malorum est.* - Zu VII 476-515.

Aen. VIII: Pallas (Mitte r.) führt Aeneas (r.) und seine Begleiter vor den li. an einem Opferaltar sitzenden Euander. - Beischrift (kein Vergil-Vers, doch vgl. VIII 115f.): *Evandro Aeneas ramum praetendit Olivae.*

Aen. IX: Turnus ist in das trojanische Lager eingedrungen und wird dort hart bedrängt. - Beischrift (kein Vergil-Vers): *Unus agit Turnus strages impune per Urbem.* - Zu IX 762-777.

Aen. X: Vor versammeltem Heer tritt Turnus li. auf die Leiche des von ihm getöteten Pallas und bemächtigt sich seines Schwertgurtes. - Beischrift (kein Vergil-Vers, doch vgl. X 496): *Avellit Turnus Pallantis pondera baltei.*

Aen. XI: Die tödlich getroffene Camilla wird auf ihrem Pferd von zwei Gefährtinnen gestützt; von oben li. zielt Opis in den Wolken mit Pfeil und Bogen auf den sich davonmachenden Arruns (ganz r.). - Beischrift (kein Vergil-Vers): *Aruns morte luit multatam, morte Camillam.* - Zu XI 799-862. - Nähere Beschreibung bei PASQUIER, 1992, S. 116f.

Aen. XII: Am brennenden Opferaltar, bei dem ganz li. Turnus steht, beschwören Aeneas und Latinus (r.) den Vertrag über das Entscheidungsduell. - Beischrift (kein Vergil-Vers, doch vgl. XII 212): *Foedera sic firmant Aeneas atque Latinus.* - Zu XII 161-215.

Abgesehen von diesen Titelbildern haben die einzelnen Aen.-Bücher (jedenfalls in dem Ndr. ▶VP 1754A, doch ODERMANN bezeugt dies auch schon für ▶VP 1745) auch figürlich-ornamentale Kopfleisten und Schluss-Vignetten (die letzteren zeigen bis Aen. VI immer Putti), die keinen Textbezug haben. - Der jeweils beigegebene eine lat. Hexameter stammt nicht aus den spätantiken lat. Aeneis-Argumenta.

VP 1745   *Würdigung*: Als Titelbilder sind durchweg (Ausnahme am ehesten: Aen. VI) emotional besonders bewegende Momente des jeweiligen Buches gewählt; meist sind es Szenen, die für den Fortgang der Handlung wichtig sind. Unkonventionell sind die Sujets von Aen. III, V, (VIII), IX und X.

Abhängigkeiten: Die Bilder in ▶VP 1745 (Zyklus Nr. 46) sind alle nicht identisch mit denen in ▶VP 1743 (Zyklus Nr. 45) obwohl sie von demselben Künstler, von Cochin fils, entworfen sind. Für alle Aen.-Bücher bis auf Aen. IX (Silvia und der Hirsch) hat Cochin fils in ▶VP 1743 und in ▶VP 1745 ein unterschiedliches Bild-Sujet gewählt. - Ndr. der Bilder aus ▶VP 1745 in ▶VP 1754A und ▶VP 1767, ferner in Nachstichen in ▶VP 1772B, ▶VP 1782A, ▶VP 1788 (nur 3 der 12 Aen.-Bilder), ▶VP 1790A und ▶VP 1792A; s. jeweils dort.

Abb.: Im Abb.-Teil bei PASQUIER, 1992: Abb. 126 zu Aen. I (Neptun besänftigt den Seesturm) [die Legenden für die Abb. 126 und 127 sind bei PASQUIER vertauscht]; Abb. 182 zu Aen. IV (Aeneas und Dido betreten die Höhle) [die Legenden für die Abb. 182 und 183 sind bei PASQUIER vertauscht]. Die Kupferstiche dieses Zyklus Nr. 46 zu Aen. II, III, V, VI, VII, (scheinbar auch IX) und XI sind ebenfalls als Abb. bei PASQUIER zugänglich, doch stammen sie aus dem Ndr. ▶VP 1767 (s. dort). Insgesamt fehlen aus diesem von Cochin fils entworfenen Kupferstich-Zyklus Nr. 46 bei PASQUIER nur Abb. zu Aen. VIII-X und XII. - Bei MICHEL, 1987, Fig. 54 zu Aen. VII (Silvia beklagt den erschossenen zahmen Hirsch).

VP 1745   *Zugänglichkeit*: In der BSB ist zwar nicht diese Erstauflage ▶VP 1745 des Zyklus Nr. 46 vorhanden, wohl aber als BSB A.lat.a. 2200 der Ndr. ▶VP 1754A (mit 27 digitalisierten Doppelseiten, allerdings zum größeren Teil in schlechter Qualität), s. dort.

VP 1746A   ■ Opera, Amsterdam 1746

Opera, cum integris et emendatioribus commentariis Servii, Philargyrii, Pierii ... et aliorum, ac praecipue Nicolai HEINSII notae nunc primum editae, quibus et suas in omne opus animadversiones ... addidit Petrus BURMANNUS, post cuius obitum interruptam editionis curam suscepit et adornavit Petrus BURMANNUS junior. Cum indicibus absolutissimis et figuris elegantissimis. Amstelaedami, Jacobus Wetstenius, 1746 [2°; 4 Vol.; laut BSB 4°, Vol. IV enthält Aen. XII, Appendix Verg., Kommentare, Indices].

Bibl.: MAMBELLI Nr. 401; Frankfurt 1930, Nr. 52 (Stb Ffm); New York 1930, Case 13, Nr. 148 und auch Case 21, Nr. 282 = Princeton Item 229 („printer's mark, frontispiece and illustration before each book"); ODERMANN, 1931, 16f.; CBItalV Nr. 288 (Ø); Napoli 1981, Nr. 113 (Angaben wie bei MAMBELLI); Wolfenbüttel 1982, D 51; BL. - Aen. I-V ist in Vol. 2 enthalten, Aen. VI-XI in Vol. 3, Aen. XII in Vol. 4.

Lit.: MAMBELLI Nr. 401. "Edizione abbastanza rara, con antiporta, cartine e belle incisioni a testata di pagina di Tarijé [*sic*] e Folkema". - ODERMANN, 1931, 16f. (im Vergleich mit der Ausgabe Leeuwarden ▶1717B): "Die 14 im Verhältnis zum Gesamtraum etwas kleineren Kopfleisten (die Vorlagen stammen von Dubourg, ihre Ausführungen meist von Folkema, zum kleineren Teil von Tanjé) legen, unter Verzicht auf stärkere Helldunkel-Wirkung, den Nachdruck auf klarste und genaueste Ausführung der Gestalten, und dieser äußeren Sauberkeit entspricht, trotz des gelegentlich auch hier nicht fehlenden falschen Pathos und einzelner Missgriffe im Ausdruck, eine eigenartig edle Anmut der einzelnen wie der meist einfach gestalteten Gruppen, durch die doch dramatische Kraft, wie sie in dem zürnenden Poseidon (Äneis I) oder der die Flügel des Janustempels öffnenden Juno (VI [vielmehr VII]) sich entlädt, in keiner Weise ausgeschlossen wird ... Jedem der Hauptstücke ist eine ... ihm ebenbürtige mittelgroße Initiale beigegeben, während gestochene Vignetten hier [sc. anders als in ▶VP 1717B] fehlen. Für den Einfluss der kurz vorher in Italien beginnenden wissenschaftlichen Reproduktionsunternehmen zeugt das hier zum erstenmal erscheinende, von Frankendahl gestochene Faksimileblatt nach einer Seite des Mediceo-Laurentianus. Das etwas überladene Titelbild ist aus einer zwei Jahr älteren, im Stil der Elzevier gehaltenen, Oktavausgabe desselben Verlegers [s.o. Amsterdam ▶VP 1744A] übernommen." - Wolfenbüttel 1982, D 51: "T. I mit 1 Frontispiz und 2 Kupfern, T. II mit 1 Karte und 5 Kupfern, T. III mit 6 Kupfern, T. IV mit 1 Kupfer ... Prachtvoller, mit von Pieter Tanjé (1706-1761) und Jacob Folkema (1692-1767) nach Vorlagen des Louis Fabritius geschmückter Vergildruck."

VP 1746A   *Beschreibung*: In der Praefatio des Petrus Burmannus Iunior vom 24. 12. 1745 wird am Schluss auch der Typographus gerühmt, *qui nullis pepercit sumtibus, ut tabulis aeri incisis spendorem editioni conciliaret.* - Alle Kupferstiche (9,5 x 13,5) sind signiert mit *L.F.D.B. inv., P. Tanjé sculp.*, auf der Antiporta ist hinter *sculp.* noch *1744* hinzugefügt. Für Aen. II, V, VI und X ist *I. Folkema* statt *P. Tanjé* als Name des Stechers angeführt, der Stich für Aen. X ist zudem mit *1743* datiert. Der Name des Zeichners für diesen Zyklus Nr. 47 ist als Louis Fabritius Dubourg (1693-1775) herzustellen. -

Antiporta: Die ganzseitige prachtvolle Antiporta zeigt den lorbeerbekränzten Augustus (ganz li.) mit dem glatzköpfigen Maecenas, der auf ein Medaillon des PUB. VIRGILIUS MARO zeigt; darunter ein Relief mit Dido auf dem Scheiterhaufen und klagenden Frauen. Über dem Medaillon zwei Genien des Ruhms und li. ein Putto mit zwei Lorbeerkränzen, neben dem Medaillon r. zwei weitere Putti. Im Vordergrund nähert sich ein vierter Putto dem Maecenas mit einem Lorbeerkranz. Ganz vorn zwei gelagerte Hirten mit Schafen (ecl.) und r. zwei Bauern (georg.). Im Mittelgrund als Anspielung auf die Aen. unter einem Torbogen das Hölzerne Pferd vor dem brennenden Troja und davor die Flucht der Gruppe des Pius Aeneas, wobei Creusa den kleinen Ascanius (noch) an der Hand führt.

VP 1746A Die einzelnen Bände weisen eine identische Druckermarke mit der Devise *Terar dum prosim* ('mag ich abgenutzt werden, solange ich nur nütze') auf. – In Vol. I neben p. XXXVI eine Tafel *Exemplum scripturae vetustissimi codicis Virgilii et epigrammatis ibi autographi Asterii consulis e bibliotheca Medicea.* –

Zu Beginn von Vol. II mit Aen. I eine Karte *Aeneae Trojani navigatio ad Virgilij ex priores Aeneidos*, die eine Wiederholung der von ▶VP 1717B ist (mit zusätzlichem kleinen Kupferstich oben r., wo Venus sich Aeneas und Achates zeigt, und zwei Abb. von Flotten nebst Zitaten aus Aen. I und V).

Im Text Kupferstiche (9,4 x 13,7) vor ecl. 1, georg. I und allen 12 Büchern der Aeneis. Die Kupferstiche zur Aen. haben folgende Sujets:

Aen. I:	Die *quos-ego*-Szene: Neptunus, auf seinem von Seepferden gezogenen Wagen stehend, vertreibt die Winde r.
Aen. II:	Creusa fleht kniend, unterstützt von Ascanius, ihren Gatten Aeneas an, sich nicht erneut in die Kämpfe um das brennende Troja zu stürzen; li. im Hintergrund der sorgenerfüllte Anchises im Bett.
Aen. III:	Das Harpyien-Abenteuer: die aufgesprungenen Trojaner (Aeneas ist wohl der zweite von li.) wehren mit Schwertern die geflügelten Monster ab.
Aen. IV:	BILD 34. Dido (li.) umarmt Aeneas während der Jagd in der Höhle.
Aen. V:	Aeneas bringt auf einem Dreifuß vor dem Sarkophag des Anchises r. mit zwei Bechern ein Trankopfer dar.
Aen. VI:	Aeneas (Mitte li.) spricht zur Sibylle (zweite von r.) und Achates vor dem Apollo-Tempel; im Hintergrund li. bereiten Trojaner ein Opfer vor.

VP 1746A

Aen. VII:	Juno (in der Mitte r.) öffnet das Tor des Kriegstempels, li. und r. kampfbereite Krieger und Trompeter sowie ein Hund.
Aen. VIII:	Eine Doppelszene in der Schmiede des Vulcanus (die Figur ganz r. wird Vulcanus, kaum Aeneas sein). Vorn r. lässt sich Venus, umgeben von Putti und Nymphen, offenbar von Vulcanus den neuen Schild zeigen. (Schwerlich wird es sich hier bereits um die Überreichung des Schildes an Aeneas handeln.) In der linken Bildhälfte ist der (oder: ein) noch am Amboss in Arbeit ist.
Aen. IX:	Apollo erscheint oben li. in den Wolken den Trojanern (zumal dem Ascanius), die ihr befestigtes Lager gegen den Angriff der Latiner verteidigen.
Aen. X:	Die Nymphen, in die die trojanischen Schiffe verwandelt sind, begegnen der etruskischen Hilfsflotte für Aeneas, der in dem ersten Schiff r. steht.
Aen. XI:	Innerhalb einer Menschenmenge wird die Leiche des Pallas, die von seinem Vater Euander umarmt wird, auf einer Bahre bei Nacht nach li. getragen.

Aen. XII: Der Eid des Aeneas li. beim Opfer, bei dem er mit König Latinus (Mitte) die Bedingungen für das Duell mit Turnus r. beschwört. (Obwohl gerade diese Szene auch in ►VP 1745 dargestellt ist, ist kein Einfluss auf ►VP 1746A erkennbar.)

Würdigung/ Abhängigkeiten: Es handelt sich bei diesem Zyklus Nr. 47 um mono-szenische, aber vielfigurige Bilder. Sie sind relativ gut komponiert. Ein ungewöhnliches Sujet haben Aen. IX und X. Die Szenen sind von Pathos und Bewegung erfüllt. Das Kostüm ist antikisch; die Kleidung zeigt reichen Faltenwurf. Es gibt männliche (Aen. I Winde, VIII Schmiede) und weibliche (Aen. VIII Venus, X Nymphen) Aktfiguren. Es ist überraschend, dass dieser eigenständige Zyklus keine Rezeption erfahren hat.

Abb.: Der Kupferstich zur 1. ecl. bei Wolfenbüttel 1982, S. 103. - EV 3, 1987, 638 (Antiporta). - Bei Paul F. DISTLER S.J., Vergil and Vergiliana, Chicago 1966, beschnittene Wiedergabe der Kupferstiche zu ecl. 1, georg. I, Aen. I, II, III und V (auf den dort p. XIII verzeichneten Seiten). – SUERBAUM, 2006 (s. ►VP 1804A *Würdigung*), Abb. 5 mit S. 10f. (Aen. II)

VP 1746A *Zugänglichkeit*: BSB 4 A.lat.a. 670 , daraus digitalisiert 17 Doppelseiten mit allen Illustrationen; DVD 2 .

VP 1746B ◻ **ital. Übers. der Aeneis und der ganzen Opera, Venedig 1746**

L'Eneide di Virgilio tradotta del commendatore Annibal CARO. Libri dodici. Novissima edizione ornata di figure in rame ed arricchita con le traduzioni della Bucolica, Georgica e Vita del medesimo Virgilio. Venezia, editori Gian Maria Lazzaroni e Domenico Tabacco, 1746.

Bibl.: MAMBELLI Nr. 837 ("con … 14 tavole fuori testo … Ristampata per gli editori Lazzaroni-Tobacco nel ►VP 1750B" = CBItalV Nr. 1937); Perugia 1980, Nr. 71 ("14 tav. inc."); CBItalV Nr. 1936. Fehlt bei PASQUIER, 1992, doch vgl. PASQUIER, 1992, Nr. 78 zu Venezia ►VP 1734 = 1735 und Nr. 81 zu Venezia ►VP 1755B.

Abb./Abhängigkeiten: 10 Abb. aus dem Ndr. ►VP 1750B, davon 9 zur Aen., bei MAGNO, 1982, an den dort S. 245 genannten Seiten (ohne Kommentar). Nähere Beschreibung s. zu ►VP 1783B, wo dieser Zyklus Nr. 42 in Nachstichen vorliegt. Die Originalausgabe ist, wie die Beschreibung bei PASQUIER, 1992, Nr. 78 zeigt, ►VP 1734 = 1735 (s. dort); weitere Nachstiche sind ►VP 1750B (= ►VP 1755B ?) = ►VP 1770A = ►VP 1783B (dort Beschreibung).

VP 1746C ◻ **+ Opera, London 1746**

Opera. Interpretatione et notis illustravit Carolus RUAEUS … jussu christianissimi regis, ad usum serenissimi Delphini. Juxta editionem novissimam Parisiensem, A. 1722. Londini, impensis W. Innys, A. Ward (etc.), 1740.

VP 1746C   *Bibl./Zugänglichkeit*: Fehlt bei MAMBELLI und im CBItalV; nur bekannt durch die vollständige Digitalisierung einschließlich der 11 enthaltenen Kupferstiche bei ECCO (Exemplar der BL).

  Beschreibung/Abhängigkeiten: Es handelt sich um eine Wiederholung der von J. Mynde (auch hier) signierten Nachstiche in ▶VP 1740, die auf den von A. Houbraken entworfenen Kupferstichen in ▶VP 1717B (Zyklus Nr. 39) fußen. Enthalten sind allerdings in ▶VP 1746C insgesamt nur 11 Kupferstiche: die Antiporta (Page Image 2 bei ECCO) und die Titelbilder zu Aen. II (Image 244), Aen. III (Image 277), Aen. V (Image 352), Aen. VI (Image 395), Aen. VII (Image 446), Aen. VIII (Image 483), Aen. IX (Image 514), Aen. X (Image 549), Aen. XI (Image 586) und Aen. XII (Image 621). Kurzbeschreibung s. bei ▶VP 1740, ausführlichere Beschreibung bei ▶VP 1717B (Zyklus Nr. 39). - Eine weitere Wiederholung dieser Nachstiche, jetzt allerdings unsigniert, bringt ▶VP 1753C. - Zur Geschichte der Ausgaben von C. RUAEUS seit der Erstausgabe Paris ▶VP 1675A s. zu ▶VP 1682A.

VP 1747A   **Opera, Bassano 1747**
Opera. Interpretatione et notis illustravit Carolus RUAEUS S.J. ad usum serenissimi Delphini. Bassani, Remondini, 1747 [4°; 2 Vol.].
  Bibl.: MAMBELLI Nr. 402 ("con una carta geografica"); fehlt im CBItalV. - Zur Geschichte der Ausgaben von C. RUAEUS seit der Erstausgabe Paris ▶VP 1675A s. zu ▶VP 1682A.

VP 1747B   **+ Opera (mit deutschen Amerkungen), Nürnberg 1747**
Bucolica, Georgica et Aeneidos libri XII oder Hirten- Wirthschaffts- und Helden-Gedichte. Mit Teutschen Anmerckungen also erkläret ... Nürnberg, Joh. Paul Krauß in Wien, 1747.
  Bibl.: Fehlt bei MAMBELLI bei Nr. 387 = ▶VP 1738A; nur bei Princeton (in der Abt. lat. Opera) als Item 230 aufgeführt (□). Vgl. aber die Erstausgabe ▶VP 1738A.
  Beschreibung/Abhängigkeiten: An Illustrationen ist nur eine ganzseitige Antiporta mit der Überschrift *Genealogia Romuli* enthalten. Auf ihr hält ein sitzender Krieger (Aeneas?), flankiert li. von der Römischen Wölfin mit den Zwillingen und r. von einem Flussgott (Tiberinus), einen Stammbaum, der von *Anchises* ausgeht und über *Aeneas* im li. Hauptzweig über die Könige von Alba Longa (erster: *Silvius Posthumius*) schließlich zu *Rea Silvia* und deren Söhne *Remus* und *Romulus* führt. - Diese Antiporta ist offenbar eine Wiederholung der Erstausgabe ▶VP 1738A.
  Zugänglichkeit: BSB A.lat.a. 2616 mit 1 digitalisierten Doppelseite (Antiporta mit Titelseite); DVD 2.

VP 1748   □ **engl. Übers. der Opera, London 1748**
The works of Virgil, containing his Pastorals, Georgics and Aeneis. Translated into English verse by Mr. [John] DRYDEN. In three volumes. The seventh edition. London, J. and R. Tonson and S. Draper, 1748 [3 Vol. in 12°].
  Bibl./Zugänglichkeit: MAMBELLI Nr. 1372 ("con ritratto e numerose incisioni"). Näher bekannt nur durch die vollständige Digitalisierung aller 3 Vol., einschließlich der Illustrationen (33 in Vol. 1, 39 in Vol. 2, 32 in Vol. 3), bei ECCO nach dem Exemplar der BL.

VP 1748 *Beschreibung/Abhängigkeiten*: Es handelt sich um eine Wiederholung von ▶VP 1730D, s. dort, also um reduzierte Nachstiche von P. Fourdrinier der von Franz Cleyn für ▶VP 1654A = ▶VP 1658A entworfenen 101 Kupferstiche zum Text; nähere Beschreibung s. zu ▶VP 1658A (Zyklus Nr. 29). Auch in ▶VP 1748 sind, genau wie in ▶VP 1730B, nur in Vol. 1 im Titelbereich 3 weitere Kupferstiche enthalten (Image 1 = Porträt John DRYDEN; Image 25 = Porträt Vergils im Orsini-Typus; Image 60 = Grab Vergils). - Es gibt kleinere Anomalien: Die erste Illustration in Vol. 2 ist Image 60 = Pict. 46, erst dann folgt Image 106 = Pict. 31, Image 111 = Pict. 32 usw. bis Image 399 = Pict. 69. In Vol. 3 ist die erste Illustration korrekt Image 2 = Pict. 70; doch ist die Abfolge der letzten Illustrationen Image 285 = Pict. 100, Image 316 = Pict. 99, Image 342 = Pict. 101. - Eine weitere Wiederholung der Nachstiche von P. Fourdrinier ist ▶VP 1763C. Später wird mit der Übers. von John DRYDEN ein anderer Illustrations-Zyklus (Nr. 46) verbunden, der von Cochin filius, s. ▶VP 1772B.

18. Jahrhundert, 2. Hälfte

VP 1750A   ■ **Opera, London 1750**

Bucolica, Georgica et Aeneis illustrata, ornata, et accuratissime impressa. Londini, impensis J. et P. Knapton et Gul. Sandby, 1750 [2 Vol.].

Bibl.: MAMBELLI Nr. 406 ("con 58 figure, incise su rame da Ch. Grignion e Seb. Müller in tavole fuori testo, in gran parte copiate da medaglie e bassorilievi antichi"); Frankfurt 1930, Nr. 54 (StB Aachen); New York 1930, Case 15, Nr. 167 und auch Case 22, Nr. 288 ("illustrated with engravings") = Princeton Item 232, mit dem Hinweis „frontispieces, plates including illustrations from coins and gems"; ODERMANN, 1931, 18 (Anm. 21: "Im gleichen Jahre [1750] erschien eine zweite Ausgabe in größerem Oktav"); CBItalV Nr. 294 (Ø); Napoli 1981, Nr. 72; Bibl. Apost. Vaticana 1981, Nr. 133; London 1982, Nr. 107 (Ø); Wolfenbüttel 1982, D 52 (nur Bd. 1; "mit Titelvignette und 29 Kupfertafeln"); BL (Ø).

Lit.: ODERMANN, 1931, 18: „Die Bilder, im ganzen 58, sind ausschließlich in Tafelform eingefügt und stellen, ziemlich unregelmäßig über beide Bände verstreut, als wissenschaftliches Beiwerk zum Text antike Münzen und Gemmen (diese besonders zahlreich), Miniaturen, Statuen usw., öfters mit nur sehr vager Beziehung zum Dichter, nebeneinander. Künstlerische Zwecke werden, im Gegensatz zu den Werken eines Bartoli [s.o. Rom ▶VP 1741C] oder Ambrogi [s.u. Rom ▶VP 1763A-1765], nicht angestrebt. Die Stücke sind schlicht und nüchtern nach Größe und Bedeutung zu drei bis vier oder auch einer Gruppe in einem Bild zusammengefasst … Von Stechern sind J. S. Müller, der im ersten Bande vorherrscht, für die späteren Partien J. Donneau und vor allem der mit einigen guten Leistungen vertretene C. Grignion genannt." - Wolfenbüttel 1982, D 52: "Erster Band einer schönen zweibändigen Vergilausgabe mit von Charles Grignion (1717-1810) und Johann Sebastian Müller (ca. 1715 - ca. 1790) nach antiken Münzen, Gemmen und Statuen und den Bildern des codex Vaticanus 3225 in Kupfer gestochenen Illustrationen, deren Vorlagen in der ‚Tabularum Explicatio' nachgewiesen werden."

VP 1750A   *Beschreibung* dieses einzigen Vorkommens des Zyklus Nr. 48. Die beiden Bände enthalten 58 eingelegte Tafeln mit römischen Nummern, Vol. 1 Nr. I (= Antiporta) - XXIX (zu Aen. IV; die erste Tafel zur Aeneis ist Nr. XIX), Vol. 2 Nr. XXX (zu Aen. V) - LVIII (zu Aen. XII). In Vol. 2 bringt die letzte Seite (S. 289) "Directions to the bookbinder for placing the Cuts of the Royal Paper, Virgil". Dort finden sich also Anweisungen wie für Vol. 1 Nr. I *to front the title*, Nr. II *immediately after the title*, Nr. III *to face page 1*, Nr. IV *to face page 12*, Nr. XIX *to face page 123*, Nr. XXIX *to face page 220*; für Vol. 2

Nr. XXX *to face page 1*, Nr. LVIII *to face page 234*. Die Tafeln, die meist mehrere Teile haben, bieten keine Textillustrationen, sondern von verschiedenen Künstlern stammende (besonders von „I.S.M.", also Johann Sebastian Müller gestochene) Kupferstiche von antiken Münzen, Medaillen, Gemmen, Büsten, Statuen und Statuetten, Reliefs von der Trajans-Säule oder der Säule des Antoninus Pius, Waffen, auch von spätantiken Buchillustrationen aus dem ‚Vergilius Vaticanus' (Cod. Vatic. Lat. 3225) u.ä., die in einem näheren oder weiteren Bezug zur jeweiligen Vergil-Passage stehen bzw. gebracht werden können, so etwa die Laokoon-Gruppe (Tafel Nr. XXIV, mit der lakonischen Explicatio „*Laocoon*") zum Beginn von Aen. II (allerdings nicht genau zum lat. Text von Aen. II 199ff.). Die Herkunft der dargestellten Objekte ist für alle 58 Tafeln in Vol. 1 auf 16 ungezählten Druckseiten (vor dem Einsetzen des paginierten Textes) in der *Tabularum Explicatio* nachgewiesen. In diesem Katalog ist auch jeweils der intendierte Bezugsvers nach dem Typus *spect. Aen. I v. 31* (Hinweis auf Aen. 1,31 - nach moderner Zählung, bei der die 4 Verse des sog. Vorproömiums nicht berücksichtigt werden, also auf Aen. I 27 - für das Paris-Urteil in Tafel Nr. XX) angegeben. Es handelt sich also immer um eine Sekundärverwendung antiker Kunstwerke bzw. antiker Objekte. -

Hier braucht nicht noch einmal ein Gesamtkatalog dieser antiquarischen Bebilderung (Zyklus Nr. 48) gegeben zu werden. Nur einige Beispiele seien genannt.

Auf der Antiporta (Tafel Nr. I) figurieren Homerus (oben), Theocritus (li.) und Hesiodus (r.) als Büste bzw. als Medaillons; auf der Vignette des Titelblattes wird ein Medaillon Vergils mit gegenübergestellter Herme im sog. Orsini-Typus geboten (*est apud Fulvium Ursinum in numismate aereo*). Nicht auf eigener Tafel, sondern als Schlussvignette am Ende der *P. Virgilii Maronis historia* ist ein Kupferstich vom *Sepulch(rum) Maronis* mit der Herkunftsangabe *Ex antiq. Sepulch. Bartoli* eingefügt. Das Bild des sitzenden Vergil auf Tafel Nr. III 1 stammt aus dem „Codex Romanus" (Cod. Vatic. Lat 3867 = R, vgl. dort Picturae 2, 4 und 6), ebenso das Bild der Iris Tafel Nr. LI 1 (in R Pictura 10). Aus dem „Codex Vaticanus" (Cod. Vatic. Lat. 3225 = F) stammen die Tafeln XXVIII (Dido und Anna beim Opfer, in F Pictura 22), XXIX 1 (betender Anchises, segmentiert aus F Pictura 16), XXXV (in F Pictura 32, dort übrigens nicht, wie in der *Explicatio* behauptet, auf Didos Opfer an die Unterweltsgötter, also Aen. IV 509ff., sondern auf Aeneas' Opfer an die Unterweltgötter mit der Sibylle als Priesterin, also auf Aen. VI 236ff., bezogen), XXXVI 2 und 5 (segmentierte Unterweltsszenen aus F Pictura 33 und 34), XXXVII 1 (segmentierte Unterweltsszene aus F Pictura 35) und XL (die trojanische Gesandtschaft vor König Latinus, in F Pictura 41). Die Tafeln XLVI-L beziehen sich auf Darstellungen von Episoden der römischen Geschichte auf dem Schild des Aeneas.

VP 1750A   *Zugänglichkeit:* BSB A.lat.a. 2196 , daraus digitalisiert 68 Doppelseiten mit allen Illustrationen und auch mit dem Text der *Tabularum explicatio* auf 16 Seiten; **DVD 2**.

VP 1750B   ◘ **ital. Übers. der Aeneis und der ganzen Opera, Venedig 1750**

L'Eneide di Virgilio tradotta del commendatore Annibal CARO. Libri dodici. Novissima edizione ornata di figure in rame ed arricchita con le traduzioni della Bucolica, Georgica e Vita del medesimo Virgilio. Venezia, editori Gian Maria Lazzaroni e Domenico Tabacco, 1750.

Bibl.: MAMBELLI bei Nr. 837 (= ►VP 1746B); CBItalV Nr. 1937; BL. Fehlt bei PASQUIER, 1992, doch vgl. PASQUIER, 1992, Nr. 81 zu ►VP 1755B.

Abhängigkeiten/Beschreibung: Es muss sich um eine Wiederholung der ärmlichen Kupferstiche aus ►VP 1746B handeln. – Autopsie erweist, dass der ganze Zyklus in ►VP 1783B dem in ►VP 1750B nachgestochen ist. - Wie die Beschreibung bei PASQUIER, 1992, Nr. 78 zeigt, ist die Originalausgabe dieses Zyklus Nr. 34 ►VP 1734 = 1735 (s. dort); weitere Nachstiche dieses anonymen Kupferstichzyklus Nr. 42 sind ►VP 1746B (= ►VP 1755B ?) = ►VP 1770A = ►VP 1783B (dort nähere Beschreibung aufgrund von Autopsie).

Abb.: 10 Abb. aus ►VP 1750B, davon 9 zur Aen. (nicht die zu Aen. III, X und XII), bei MAGNO, 1982, in willkürlicher Anordnung (ecl. 1, Aen. V, VI, I, II, IX, VII, VIII, XI, IV) an den dort S. 245 genannten Stellen (ohne Komm.).

VP 1751   ◘ **Opera mit ital. Kommentar, Venedig 1751**

L'opere, cioè la Bucolica, la Georgica, e l'Eneide, commentate in lingua volgare toscana da Giovanni FABRINI da Figline, Carlo MALATESTA da Rimini, e Filippo VENUTI da Cortona. Venezia, Baglioni, 1751 [2°].

Bibl.: MAMBELLI Nr. 407 ("con incisioni"), Ristampa, nämlich offenbar der Ausgabe Venetia, Baglioli, ►VP 1672A oder ►VP 1683 oder ►VP 1741D = MAMBELLI Nr. 332 oder Nr. 347 oder Nr. 390; fehlt im CBItalV. - Zu weiteren Ausgaben s. ►VP 1597C.

VP 1752A   **ital. Übers. der Aeneis, Mailand 1752**

L'Eneide di Virgilio tradotta da Annibal CARO. Milano, Giuseppe Marelli, 1752.

Bibl.: MAMBELLI Nr. 839 ("con antiporta incisa"); wohl identisch mit CBItalV Nr. 2108: Milano, Stamp. della Biblioteca Ambrosiana, 1752 (Ø).

VP 1752B   **+ P. SCARRON: franz. Aeneis-Travestie, Paris 1752**

Le Virgile travesti en vers burlesques. De Monsieur SCARRON. Paris, David père, Durand, Pissot, 1752 [3 Vol.].

Bibl.: Fehlt bei MAMBELLI im Umkreis von Nr. 1573-1577, ebenfalls bei PASQUIER, 1992, Nr. 191ff. Aufgeführt in CBItalV Nr. 2701 (Ø; Inhalt angeblich nur Aen. I-VII). Titelaufnahme nach dem Münchener Exemplar.

Beschreibung: Die 3 Bände enthalten jeweils einen einzigen kleinen Kupferstich (jeweils 4,0 x 6,0), der hier erstmals als Illustration zu der franz. Aen.-Travestie von P. Scarron auftaucht. Alle drei Bildleisten sind signiert mit *Deseve* (oder *Deseye*) *in.*, *Baquoy sc.* Ihre Sujets passen zu dem jeweiligen Buch.

in Tome 1 (mit Aen. I-IV) vor Aen. I: *Quos-ego*-Szene: Der r. in einem Boot stehende Neptunus gebietet den geflügelten Winden beim Seesturm; in der Mitte im Meer ein Triton.

in Tome 2 (mit Aen. V-VIII) vor Aen. V: Aeneas mit Ascanius beim Opfer vor dem Grabmal des Anchises in Drepanum, auf dem sich r. eine Schlange windet.

in Tome 3 (mit Aen. IX-X) vor Aen. IX: Turnus li. legt Feuer an ein trojanisches Schiff, dieses wird auf Intervention der r. in den Wolken sichtbaren Göttin Kybele, die in ihrem Löwengespann dahinfährt, in eine Nymphe verwandelt.
Direkte Vorbilder dieser drei Kupferstiche kenne ich nicht. Eine gewisse Ähnlichkeit zu dem Bild zu Aen. IX zeigt das entsprechende in ▶VP 1729B (s. dort zu den Vorbildern) und damit letzten Endes in ▶VP 1680A (Apelmans). Das Sujet des Bildes zu Aen. V ist mehrfach (z.b. in ▶VP 1717B und ▶VP 1746A) dargestellt, das des Kupferstiches zu Aen. I noch häufiger (z.b. in ▶VP 1700B, ▶VP 1745 und ▶VP 1746A), doch in signifikant unterschiedlicher Weise. – Das Kostüm ist nicht antikisch, sondern zeitgenössisch (selbst für einen Gott wie Vulcanus, zu Aen. I). Davon abgesehen wirkt die Darstellung aber nicht parodistisch. Auffällig ist die manieristische Länge und Dürre der Hauptpersonen Aeneas (zu Aen. V) und Turnus (zu Aen. IX).

VP 1752B *Zugänglichkeit*: Die beiden Exemplare BSB P.o.gall. 2025 (Tom. 1-3) und BSB P.o.gall. 2024 n-2 mit P.o.gall. 2024 n-3 (nur Tom. 1-2) sind identisch. Aus BSB P.o.gall. 2025-1 digitalisiert ist 1 Doppelseite mit dem Auftaktbild zu Aen. I; aus BSB P.o.gall. 2024 n-2 und BSB P.o.gall. 2025-2 ist jeweils digitalisiert 1 Doppelseite mit dem Auftaktbild zu Aen. V; aus BSB P.o.gall. 2024 n-3 und BSB P.o.gall. 2025-3 ist jeweils digitalisiert 1 Doppelseite mit dem Auftaktbild zu Aen. IX; DVD 2. Es liegen also alle drei in ▶VP 1752A enthaltenen Kupferstiche als Digitalisate vor.

VP 1753A **Opera, Berlin 1753**
Opera. Argumentis et chrestomathia illustravit Ioannes Petrus MILLERUS. Berolini, sumptibus A. Haude et I. C. Speneri, 1753.
Bibl.: MAMBELLI Nr. 400 (Ø); Frankfurt 1930, Nr. 55; Wolfenbüttel 1982, D 53 (Ø).
Beschreibung: Auf der Titelseite ein Medaillon mit der Büste der gerüsteten Pallas Athene und der Devise "SAPERE AUDE" - wohl eine Druckermarke. Sonst keine Illustr.
Zugänglichkeit: BSB A.lat.a. 2198, daraus digitalisiert ist die Titelseite; DVD 2.

VP 1753B **Opera, La Haye (Den Haag) 1753-1764**
Alternativansetzung zu ▶VP 1757B, s. dort

VP 1753C ▫ + **Opera, London: Innys/Richardson 1753**
Opera. Interpretatione et notis illustravit Carolus RUAEUS … jussu christianissimi regis, ad usum serenissimi Delphini. Juxta editionem novissimam Parisiensem, A. 1722. Huic demum editioni accesserunt plurimae novae tabulae aeneae … Londini, impensis W. Innys & S. Richardson (etc.), 1753.
Bibl./Zugänglichkeit: Fehlt bei MAMBELLI und im CBItalV; erwähnt allein im Katalog Brown University 1930, Nr. 16 mit dem Hinweis: „This Delphin edition contains … also a number of full-page illustrations" und in BL ("with engravings, including a map"); bei ECCO liegt eine vollständige Digitalisierung einschließlich der 11 enthaltenen Kupferstiche vor (Exemplar der BL). - Zur Geschichte der Ausgaben von C. RUAEUS seit der Erstausgabe Paris ▶VP 1675A s. zu ▶VP 1682A.
Beschreibung/Abhängigkeiten: Es handelt sich, trotz des Hinweises im Titel auf *plurimae novae tabulae aeneae,* um eine Wiederholung der dort von J. Mynde signierten Nachstiche in ▶VP 1740 und in ▶VP 1746C, die auf den von A. Houbraken entworfenen Kupferstichen in ▶VP 1717B fußen (Zyklus

Nr. 39). Enthalten sind in VP 1753C allerdings insgesamt nur 11 und jetzt unsignierte Kupferstiche; es sind jedoch teilweise andere als die 11 in ▶VP 1746C aus ▶VP 1740 wiederholten Bilder: die Antiporta (Page Image 1 bei ECCO), ecl. 1 (Image 27), georg. I (Image 94), Karte vor der Aen. (Image 209/210) und die Titelbilder zu Aen. III (Image 287), Aen. IV (Image 330), Aen. V (Image 367), Aen. X (Image 556), Aen. XI (Image 595) und Aen. XII (Image 632). Kurzbeschreibung s. bei ▶VP 1740, ausführlichere Beschreibung bei ▶VP 1717B.

VP 1753D　　　　　**Opera, London: Brindley 1753**
Opera omnia, ad P. MAASVICII editionem castigata … Londini, Brindley, 1753 [2 Vol.].
Bibl.: MAMBELLI Nr. 410 ("con antiporta istoriata"); CBItalV Nr. 301 (Ø).

VP 1753E　　　　　**engl. Übers. der Opera (mit lat. Text), London: Dodsley 1753**
The works of Virgil, in Latin and in English. The original text correctly printed from the most authentic editions collated for this purpose. The Aeneid translated by Christopher PITT. The Eklogues and Georgics, with notes on the whole, by Rev. Mr. Joseph WARTON … Also, a Dissertation on the sixth book of the Aeneid by Mr. WARBURTON. On the Shield of Aeneas by Mr. W. WHITEHEAD … London, printed for R. Dodsley, 1753 [4 Vol.].
Bibl./Abhängigkeiten/Zugänglichkeit: : MAMBELLI Nr. 1373, eingeordnet 1750-1753 (offenbar weil die Aen.-Übers. von PITT 1750 datiert ist; diese war bereits 1740 erschienen; MAMBELLI verweist für ▶VP 1753E noch auf „Ristampe" London 1763 und, ohne den lat. Text, ▶VP 1763B sowie ▶VP 1778C), mit dem Hinweis „con tavole"; ▶VP 1753E auch Princeton Item 237 (mit der bloßen Datierung 1753), mit dem Hinweis „portrait-frontispieces, plates, folding map"; Princeton Item 237a wird eine weitere Ausgabe Dublin, George Faulkner, 1753 aufgeführt (Ø). Alle 4 Bände von ▶VP 1753E (London, Dodsley, 1753) - und auch die von ▶VP 1763B und ▶VP 1778C - sind vollständig, einschließlich der 5+2+2+1 ‚Illustrations' (Zyklus Nr. 49), digitalisiert bei ECCO (Exemplar der BL).
Beschreibung: Es sind in den vier Bänden insgesamt 10 Kupferstiche enthalten, die den Zyklus Nr. 49 (nach meiner Aufstellung in Kap. C 2) bilden.
Vol. 1 bringt als Antiporta (Page image 1) eine Büste des nach r. gewendeten lorbeerbekränzten VIRGIL *e corniola apud Leon Augustini gemmas*, signiert mit *L. P. Boitard sculp.* Diese ist aus dem Vergil-Medaillon in ▶VP 1736B übernommen, jedoch ohne die dort r. gegenüberstehende Herme; sie gehört also ebenfalls zum Orsini-Typus. - Im Text dann später (Image 33) eine Bühnen-Dekoration, (Image 194) eine Porträt-Büste des *MAECENAS ex gemmis Philippi de Stoch,* beide wieder von Boitard gestochen; die Graphik (Image 213) eines Pfluges georg. 1,162 und (Image 221, gestochen von P. Fourdrinier) zwei Tondi mit der Darstellung von Sternbildern.
Vol. 2 enthält als Antiporta (Image 1; *L. P. Boitard sculp.*) eine Porträt-Büste des AUGUSTUS *ex gemmis Philippi de Stoch* und (Page 25) eine Karte der *Aeneae Trojani navigatio* (nach ▶VP 1717B).
Vol. 3 enthält als Antiporta (Image 1; *L. P. Boitard sculp.*) eine Porträt-Büste des bärtigen AENEAS *ex cod. Vatican.* (Vorbild ist gewiss eine der Aeneas-Darstellungen in ▶VP 1741C, den Nachstichen aus Cod. Lat. Vat. 3225 = F, etwa Pict. 10, 11, 15 oder 17) und (Page Image 453, vor dem Beginn des Essays von W. WHITEHEAD ‚On the shield of Aeneas') eine graphische Rekonstruktion des neuen Schildes des Aeneas mit der Unterschrift *Invented by W. Whitehead, design'd and engrav'd by L. P. Boitard.* Diese Schild-Darstellung ist in ihrer Präzision und ihrem Detailreichtum ein Unikum in der Illustrierung der Schild-Beschreibung Aen. VIII 626-728. Zu ihrer Interpretation sollte, neben dem Aen.-Text, auch der Essay von

W. WHITEHEAD auf Page Image 454-490, die der Buchseitenzählung 456-492 entsprechen, herangezogen werden. In der Tat gibt WHITEHEAD nicht nur eine Interpretation der Aeneis-Passage auf den Buchseiten 457-478, sondern entwirft in ‚Section II' S. 478-490 auch das **Programm einer graphischen Umsetzung der Schildbeschreibung Vergils**, nach dem Vorbild von Alexander Popes Darstellung des Schildes Achills, sc. in Ilias XVIII 483-608). Einer vorausgestellten knappen Übersicht folgt eine detaillierte Beschreibung der von WHITEHEAD entworfenen 16 ‚Compartments'. Der ausführende Künstler, L. P. Boitard, hat sich weitgehend an WHITEHEADS Anregungen oder besser Anweisungen gehalten. – $\boxed{\text{VP 1753E}}$ Der Schild ist kreisrund. Sein Mittelkreis ist in vier „Tortenstücke" geteilt; drei davon enthalten Szenen der Seeschlacht von Aktium, das vierte Segment li. unten eine Art Triumphzug (Aen. VIII 675-728, beginnend mit *in medio classis*). Dieser Mittelkreis wird von einem fast genau so breiten Ringband umschlossen, das in 12 Felder eingeteilt ist. Diese sind außen mit römischen Zahlen nummeriert (ihre Abfolge verläuft gegen den Uhrzeigersinn von 6 - 1 - 12 - 7 „Uhr") und zeigen, genau dem Text von Aen. VIII 630-670 folgend: I. Die römische Wölfin mit Romulus und Remus; II. Raub der Sabinerinnen; III. Versöhnung zwischen Sabinern und Römern nach dem Frauenraub; IV. Bündnisopfer zwischen Romulus und dem Sabinerkönig Tatius nach dem Frauenraub; V. Tullus Hostilius lässt Fufetius Mettus durch ein Viergespann zerreißen; VI. Porsenna vor den Mauern Roms; VII. Horatius Cocles verteidigt die Tiber-Brücke, unter dieser Cloelia im Fluss; VIII. Manlius, gewarnt von einer Gans, verteidigt das Kapitol gegen die andrängenden Gallier; IX. tanzende Salier und nackte Luperci und Priester mit spitzen Wollmützen; X. Kult-Prozession, bei der zwei römische Matronen in Sänften getragen werden; XI. Bestrafung der Verbrecher im Tartarus; Catilina hängt an einem Felsen; XII. die *pii* im Elysium mit Cato in der Mitte, dargestellt wie Philosophen. - Mittelkreis und Außenband ist getrennt durch ein schmales Band mit Delphinen im Meer (Aen. VIII 671-674). WHITEHEAD zählt die 4 Teilstücke des Mittelkreis weiter als Compartment 13-16, und in der Tat stehen auf dem zentralen kleinen Buckel der Schilddarstellung die entsprechenden römischen Zahlen: Compartment XIII (unten r.): Aufmarsch der Flotten mit Augustus und Agrippa auf der einen (r.), Antonius und Cleopatra auf der anderen (li.) Seite ; XIV. das Aufeinandertreffen der beiden Flotten; XV. der Sieg über Cleopatra; XVI. der Triumph des Augustus mit unterworfenen Völkern und Flussgöttern. - Auffällig erscheint mir noch am ehesten, dass die Figur des Augustus sowohl in der Schlacht bei Aktium (im Segment XIII. im Bug des ersten Schiffes r. stehend, von einem Stern gekrönt) als auch beim Triumph in Rom (im Segment XVI. hinten r. sitzend) wenig prominent ist. - Die Illustration Boitards zur Schildbeschreibung ist auch insofern ein Unikum, weil in Gestalt des Essays von W. WHITE-HEAD eine genaue textuelle Anweisung (so etwa zu Compartment XIV beim Zusammenprall der beiden Flotten in der Seeschlacht von Aktium: „The gods on each side must be among the ships") an den ausführenden Künstler, also ein Programm, erhalten ist. In diesem Falle hat also nicht ein Zeichner dem Kupferstecher eine graphische Vorlage geliefert, sondern ein Philologe oder Literat eine textuelle Beschreibung. Deshalb ist auch der künstlerische Anteil Boitards größer als der eines bloßen nach graphischer Vorlage arbeitenden Kupferstechers, und er deutet darauf mit seiner Signatur durch „design'd and engraved" hin. - Übrigens wird man sich vielleicht den Einfluss Sebastian Brants auf das Zustandekommen der Holzschnitte in ▶VP 1502 ähnlich vorstellen dürfen wie die Rolle W. WHITEHEADS für die Schilddarstellung in ▶VP 1753E.

$\boxed{\text{VP 1753E}}$ Vol. 4 enthält nur eine Antiporta (Image 1; *L. P. Boitard sculp.*): eine Porträt-Büste der LAVINIA *ex Virg. Vat. lib. 7 v. 52*. Es handelt sich um eine Isolierung aus der einzigen Lavinia-Darstellung im Cod. Lat. Vat. 3225 = F, der Pict. 40 (die zu Aen. VII 52 gehört) im Nachstich in ▶VP 1741C.

VP 1753F (?)   + ■ **Stiche nach einem Gemäldezyklus von A. Coypel zur Aeneis von 1703-1717, Paris 1753**

L'Enéïde de Virgile, peinte dans la Galerie du Palais-Royal. Paris, chez Surugue, 1753 [2°].

Bibl.: Nicht in den Vergil-Bibliographien aufgeführt, jedoch bei Max SANDER, Die illustrierten französischen Bücher des 18. Jahrhunderts, Stuttgart 1926, Nr. 404 unter der Überschrift „Coypel, Antoine" und dem Hinweis: „15 pl., grav. par Beauvais, Deplaces, Surugue, Tardieu, etc." (Zu den übrigen bei SANDER als Nr. 1974-1990 aufgeführten illustrierten Vergil-Ausgaben werden nur Informationen geboten, die auch sonst verfügbar sind). - Leider sehe ich diese (dubiose?) Publikation nirgends sonst nachgewiesen, auch nicht im KVK oder in der umfangreichen Bibliographie S. 287-298 in dem großen Werkverzeichnis von Nicole GARNIER, Antoine Coypel (1661-1722), Paris: Arthena 1989. Die dokumentarischen Stiche selbst existieren aber - im Gegensatz zu den meisten Gemälden von A. Copyel in der Galérie d'Énée, die ihre Vorlagen sind.

Lit.: Ich habe mich zunächst auf Guy DE TERVARENT, La Galerie d'Énée au Palais-Royal, gestützt, in: G. DE TERVAENT (Hrsg.), Présence de Virgile dans l'art, Bruxelles 1967 (Académie Royale de Belgique, Mémoirs, Classe des Beaux-Arts 2. Sér. Tom. XII fasc. 2), 1-10. Dort sind 11 plus 1 (vier Teilbilder des großen zentralen Deckengemäldes) Kupferstiche nach Aeneis-Gemälden von Antoine Coypel in sehr guter Abb.-Qualität vorgelegt und interpretiert. Sie stammen aber nicht aus einer Buchveröffentlichung, also nicht aus ▶ VP 1753F, sondern beruhen auf Museums-Photographien der originalen Stiche. (Das anschließende Kapitel von G. DE TERVARENT, Le Cabinet des Bijous du Duc d'Orléans à Saint-Cloud, S. 11-13 mit Pl. 14-19, bezieht sich auf einen zweiten zerstörten Gemäldezyklus zur Aeneis aus dem 17. Jh. von Jean Cotelle, wohl dem Jüngeren (1642-1708), der ebenfalls, diesmal sogar ausschließlich, durch Kupferstiche dokumentiert sind; aber diese Kupferstiche sind offenbar nie zusammen in einem Buch publiziert worden.) Eine populärwissenschaftliche Vorwegpublikation ist (Guy DE TERVARENT) La Galerie d'Énée, un chef-d'œuvre disparu du Palais-Royal, Connaissance des Arts No. 173, 1966, 56-61. Vgl. ferner Federica PICCIRILLO, s.v. Coypel, EV 1, 1984, 920. Einige Korrekturen an DE TERVARENT (bes. zum Sujet des großen zentralen Deckengemäldes), vor allem aber eine Rekonstruktion des ganzen Ensembles der Galerie d'Énée bringt Antoine SCHAPPER, Antoine Coypel: la galerie d'Énée au Palais-Royal, Revue de l'art Nr. 5, 1969, 33-42 mit 14 Fig. Als Standardwerk darf man den großformatigen Katalog von Nicole GARNIER, 1989 (s.o. *Bibl.*) betrachten (318 S., dazu XXIV farbige „Pl." und 624 sw. „Fig." auf Tafeln); er ist nicht zu verwechseln mit dem gleichnamigen Bildband derselben Verfasserin, ebenfalls Paris 1989, doch im Verlag der Galerie de Bayser erschienen (75 S., ausschließlich mit Zeichnungen Coypels, meist mit Vorstudien zu seinen Gemälden; nicht mit Nachstichen).

__VP 1753F__ *Beschreibung*: Zugrunde liegt diesen Stichen (Zyklus Nr. 50) der Gemäldezyklus zur Aeneis für einen neuen Flügel des Palais-Royal in Paris von Antoine Coypel (Paris 1661 - Paris 1722), mit dem dieser 1702 vom Regenten Philipp II., dem Herzog von Orléans, beauftragt wurde. Es handelte sich bei den insgesamt 14 Bildern zur Hälfte um die zuerst entstandenen Fresken an der Decke (D); die anderen sieben sind Gemälde auf Leinwand an den Wänden (W), die erst in einem zweiten Arbeitsgang konzipiert und entstanden sind. Von den originalen Wandgemälden sind einige noch erhalten, allerdings verstreut in französischen Museen; die anderen (insbesondere alle Deckengemälde) wurden mitsamt der Galerie d'Énée bereits 1781 oder spätestens 1787/88 zerstört. Eine vielleicht größere Wirkung als an originaler Stätte konnten die Bilder Coypels aber durch die Stiche entfalten, die nach ihnen von verschiedenen Stechern angefertigt wurden, zumal wenn sie in ▶VP 1753F publiziert waren.

Die bei DE TERVARENT, 1967, als Planche I-XI abgebildeten Kupferstiche haben folgende Sujets, die jeweils durch ein Vergil-Zitat angedeutet sind, das in einer Kartusche am unteren Rand des Bildes selber oder als Unterschrift angeführt ist (D = Deckengemälde, W = Wandgemälde; dass die Stiche sv. sind, kann man durch Vergleich mit den teils erhaltenen Original-Gemälden oder Entwürfen dazu, auch aus den zahlreichen erhaltenen Vorstudien erschließen):

__VP 1753F__ Planche I zu Aen. I (Stich von Nicolas Tardieu, sv. gegenüber dem D-Original): Juno naht sich in ihrem Pfauen-Wagen, begleitet von Nymphen, dem König Aeolus, der auf einer Felsenhöhle mit personifizierten Winden deutet. Zitat: *Incute vim ventis* (Aen. I 69). – Das erhaltene Originalgemälde von 1703/1706 (Arles, Musée Réattu) als farbige Pl. XXI, außerdem als sw.-Fig. 253 (dazu Vorstudien als Fig. 254-259) bei GARNIER, 1989 (es ist immer das Werkverzeichnis im Verlag Arthena gemeint), zu ihrer Katalog-Nr. 91.

Planche II zu Aen. I (von J. M. Natier entworfener, von B. Picart 1717 ausgeführter Stich, sv. gegenüber dem D-Originalgemälde): Neptunus (der nicht auf einem Seepferde-Wagen steht) droht mit seinem Dreizack den Winden; im Meer spielende Nymphen. Zitat: *Quos ego* (Aen. I 135). - Das Originalgemälde von 1703/06 ist 1781 mit der Galerie zerstört worden, erhalten ist eine Ölskizze (Algier, Musée des Beaux-Arts), danach sw.-Fig. 260 (dazu Vorstudien als Fig. 261-266) bei GARNIER, 1989, zu ihrer Katalog-Nr. 92.

Planche III zu Aen. I (Stich von Simon Thomassin d. J. von 1721, sv. gegenüber dem W-Original): Vor der erhöht thronenden Dido ist eine große Menschenmenge versammelt, darunter der Ilioneus an der Spitze einiger Trojaner; Aeneas tritt mit Achates aus der sie verhüllenden Wolke heraus. Zitat: *Cum circumfusa repente / scindet se nubes* (Aen. I 596f.). - Das erhaltene Originalgemälde von 1715/17 (Arras, Musée des Beaux-Arts) als sw.-Fig. 414 (dazu Vorstudien als Fig. 415-418) bei GARNIER, 1989, zu ihrer Katalog-Nr. 128. – Farb-Abb. des originalen Ölgemäldes in: Vergils

Aeneis, mit Begleittexten und zahlreichen Illustrationen, bearbeitet von Hans-Ludwig OERTEL und Peter GRAU, Bamberg 1997 (ratio Bd. 38), Heft 1 S. 19 (dazu 2 S. 41 und 3 S. 30). - Übrigens ähnelt das Gemälde im Aufbau dem zum gleichen Sujet von Gerard de Lairesse (1640-1711) in der Staatsgalerie von Schloss Schleißheim bei München.

Planche IV zu Aen. II (Hochformat; Stich von Louis Desplaces, sv. gegenüber dem W-Original):   Aeneas nimmt, offenbar in seinem von Flammen bedrohten Palast, seinen greisen Vater Anchises auf die Schultern, flankiert von dem kleinen Ascanius und der die Hände ringenden Creusa. Zitat unter dem Bild: *Nec me labor iste gravabit* (Aen. II 708). - Das erhaltene Originalgemälde von 1715/17 (Montpellier, Musée Fabre) als farbige Pl. XXII und als sw.-Fig. 407 (dazu Vorstudien als Fig. 408-413) bei GARNIER, 1989, zu ihrer Katalog-Nr. 127.

Planche V zu Aen. IV (Hochformat; Stich von Gaspard Duchange von 1719, sv. gegenüber dem W-Originalgemälde):   Dido stirbt, umarmt von Anna, auf dem (nicht brennenden) Scheiterhaufen, während ihr die von oben heranschwebende Iris eine Locke abschneidet. Zitat unter dem Bild: *Atque in ventos vita recessit* (Aen. IV 705, der Schlussvers).- Das erhaltene Originalgemälde von 1715/17 (Montpellier, Musée Fabre) als farbige Pl. XXII bis und als sw.-Fig. 420 (dazu Vorstudien als Fig. 421-425, auch Fig. 419) bei GARNIER, 1989, zu ihrer Katalog-Nr. 129.

Planche VI zu Aen. VI (speziell zu Aen. VI 637-886) (Stich von Louis Surugue von 1740, sv. gegenüber dem W-Originalgemälde):   Inmitten einer heroischen Landschaft, dem Elysium u.a. mit Orpheus, zeigt Anchises dem Aeneas und der Sibylle die Reihe der künftigen großen Römer (,Heldenschau'). Unter dem Bild: *Descente d'Énée aux enfers.* - Das erhaltene, etwas beschädigte Originalgemälde von 1716/17 (Musée du Louvre) als sw.-Fig. 426 (dazu Vorstudien als Fig. 427-438; Fig. 427 und 428 bieten Entwürfe für das ganze Gemälde) bei GARNIER, 1989, zu ihrer Katalog-Nr. 130.

$\boxed{\text{VP 1753F}}$ Planche VII zu Aen. VII (Hochformat; Stich von Louis Desplaces, sv. gegenüber dem W-Original):   Bei der Personifikation des Flussgottes Tiber begrüßt Aeneas kniend (nach dem Mahl der ,verzehrten Tische') das *Augurium maximum*, das der wie ein Sonnengott mit einem Adler erscheinende Juppiter gibt. Zitat unter dem Bild: *Ter caelo clarus ab alto / intonuit* (Aen. VII 141f.) – Das erhaltene Originalgemälde von 1716/17 ist im Musée du Louvre „non localisé"; GARNIER, 1989, bietet zu ihrer Katalog-Nr. 131 (etwas missverständlich als „Jupiter apparaissant à Énée" betitelt) als sw.-Fig. 440 und auch 439 zwei Abb. von Entwürfen des ganzen Gemäldes (dazu Vorstudien für Details als Fig. 441-445).

Planche VIII zu Aen. VIII (Stich von Nicolas Tardieu, sv. gegenüber dem D-Original):   Vulcanus zeigt in seiner Schmiede der göttlichen Gemahlin Venus, die in einem Schwanen-Wagen, vor Amor begleitet, herangeschwebt ist, den neuen für Aeneas gefertigten Schild (auf dem gewiss keine Seeschlacht von Aktium dargestellt ist; es scheint sich um eine Spiegelung von Venus und Vulkan zu handeln). - Zitat: *Vulcani domus* (Aen. VIII 422). - Dieses für Gemälde sehr beliebte Sujet ‚Venus in der Schmiede des Vulcan' gibt es in dieser Form nicht in Aen. VIII. - Das Originalgemälde von 1703/05 ist 1781 mit der ganzen Galerie d'Énée zerstört worden; erhalten hat sich ein Entwurfsgemälde (Angers, Musée des Beaux-Arts), als sw.-Fig. 267 (dazu Vorstudien als Fig. 268-271) bei GARNIER, 1989, zu ihrer Katalog-Nr. 93 (wo ein Asterisk fehlt; GARNIER nennt als Sujet „Venus demandant à Vulcain des armes pour Énée", m.E. ein Missverständnis der dargestellten Situation).

Planche IX zu Aen. IX (Stich von D. Beauvais nach dem D-Original):   Die Göttin Kybele, die auf ihrem von geflügelten Löwen gezogenen Wagen über die Wolken fährt, verwandelt die trojanischen Schiffe in Nymphen. Zitat: *Ite deae pelagi* (Aen. IX 117). - Das Originalgemälde von 1703/06 ist 1781 mit der Galerie zerstört worden, erhalten ist nur dieser Stich, als sw.-Fig. 272 (dazu die Vorstudie einer Nymphe als Fig. 273) bei GARNIER, 1989, zu ihrer Katalog-Nr. 94.

VP 1753F   Zu Aen. X s.u. Planche XII/XIII.

Planche X zu Aen. XI (Stich von Louis Desplaces, sv. gegenüber dem W-Original):   In einer malerischen Nachtszene umarmt der greise König Euander inmitten eines Gewühls von Kriegern und klagenden Frauen die Leiche seines Sohne Pallas vor den Mauern seiner Stadt (Pallanteum); hinter seiner Bahre dessen ungesatteltes Streitross Aethon. Zitat: *Non haec, o Palla, dederas promissa parenti* (Aen. XI 152). - Das Originalgemälde von 1716/17 ist zwar im Musée du Louvre erhalten, jedoch beschädigt und kaum erkennbar; GARNIER, 1989, bietet zu ihrer Katalog-Nr. 132 („Les funerailles de Pallas" betitelt) neben dieser sw-Fig. 447 als bessere (aber sv.) Wiedergabe des Sujets als sw.-Fig. 446 den Stich von Desplaces (dazu Vorstudien für Details als Fig. 448-455).

Planche XI zu Aen. XII (Stich von Poilly, sv. gegenüber dem W-Original): Aeneas fasst Turnus, der am rechten Oberschenkel von einem Pfeil getroffen und aufs Knie gesunken ist, am Schwertgurt und zückt mit der Linken das Schwert, um ihn zu erstechen; im Hintergrund vor den Mauern von Laurentum, über denen die Dira (ein Käuzchen) fliegt, mehrere Gruppen von Zuschauern. Zitat: *Te hoc vulnere pallas / immolat* (Aen. XII 948, natürlich ist *Pallas* zu lesen). - Das erhaltene Originalgemälde von 1716/-17 (Musée du Louvre) als schwer erkennbare sw.-Fig. 456 (dazu Vorstudien als Fig. 457-460, darunter als Fig. 457 und 458 zwei für das ganze Gemälde) bei GARNIER, 1989, zu ihrer Katalog-Nr. 133.

Planche XIIa/XIIb und XIIIa/XIIIb beziehen sich laut DE TERVARENT, 1967, 9f. in vier Detail-Abb. auf die Apotheose des Aeneas. Das wäre eine Episode der Geschichte des Aeneas, die nicht mehr in der Aeneis geschildert ist. SCHALLER, 1969, 41 mit Anm. 51 hat aber überzeugend gezeigt, dass sich dieses zentrale riesige vielfigurige Deckengemälde von 1703, das üblicher Wiese „Assemblée des dieux" heißt, in Wirklichkeit die Interpellation der Venus bei Juppiter in Aen. I 223-304 (u.a. mit Aussendung des Mercurius) darstellt. Die Szene ist von einem Dialog im Olymp zu einer Götterversammlung (aber nicht der von Aen. X !) gesteigert. Zu erkennen sind neben vielen Göttern u.a. die Vestalin Ilias, die Mutter des Romulus und des Remus, und Bellona bzw. der *Furor impius*. Das Deckengemälde wurde, wie alle anderen, in den 80er Jahren des 18. Jh. zerstört. Erhalten hat sich aber ein Entwurfsgemälde von 1702, heute in Angers, Musée des Beaux-Arts, sw-Fig. 184 bei GARNIER, 1989, zu ihrer Katalog-Nr. 90 (dazu Fig. 185-215 weitere Vorstudien zu Details). GARNIER bietet keine hinreichende Beschreibung dieses Gemäldes mit dem Thema „Venus setzt sich vor Juppiter in einer Götterversammlung für Aeneas ein".

VP 1753F Außer den Gemälden, nach denen die 11 oben aufgeführten Stiche (Planches I-XI) angefertigt worden sind, hat es in der Galerie d'Énée - bzw. (c) im Besitz des Herzogs von Orléans - noch drei weitere Gemälde von 1703/06 gegeben, die 1781oder etwas später zerstört wurden, von denen es aber keine dokumentarischen Stiche gibt. (a) Ein weiteres (neben „Didos Tod") aus Aen. IV dargestelltes Sujet war „Mercurius überbringt Aeneas die Weisung Juppiters, nicht in Karthago zu bleiben"; s. GARNIER, 1989, Katalog-Nr. 93 mit Fig. 274-277 (Vorstudien zu Details). (b) Das Sujet aus Aen. VII war „Juno ruft Allecto aus der Unterwelt herbei"; s. GARNIER, 1989, Katalog-Nr. 96 mit Fig. 280-282 (Vorstudien zu Details). (c) Als erstes Sujet aus Aen. VIII (neben der späteren „Venus in der Schmiede des Vulkan"), ja überhaupt aus der Aeneis, hatte Coypel bereits 1699 in einem Gemälde für den Duc d'Orléans „Venus übergibt die neuen Waffen an Aeneas" geschaffen. Meist gilt das heute in Rennes, Musée des Beaux-Arts befindliche Gemälde als das Original. GARNIER, 1989, zu ihrer Katalog-Nr. 66 betrachtet es (Fig. 122) jedoch nur als Werkstatt-Replik; Fig. 123 bietet eine Vorzeichnung des Gemäldes. Vom Original (?) existiert ein Nachstich von J. B. de Poilly, der aber von DE TERVARENT, 1967, nicht berücksichtigt ist, da er nicht zur Galerie d'Énée gehörte.

Der Aeneis-Zyklus Coypels (Nr. 50) enthielt also in einer nicht dem Text der Aeneis folgenden Anordnung (an der Decke, dem „Himmel", gab es nur Götterszenen) 4 Sujets aus Aen. I (einschließlich der ‚Götterversammlung'), 1 aus II, 2 aus IV, 1 aus VI, 2 aus VII und je eines aus VIII, IX, XI und XII.

VP 1753F *Abb.*: 11 sw. Kupferstiche plus 4 weiteren zu dem einen zentralen Deckengemälde bei DE TERVARENT, 1967 (s. *Beschreibung*); zu weiteren Abb., meist bei GARNIER, 1989, s. die Einzel-*Beschreibung* (von den Stichen sind bei GARNIER, 1989, nur zwei, der zur Schiffsmetamorphose in Aen. IX und der zur Klage Euanders um Pallas in Aen. XI, abgebildet, jedoch nach den Originalen der Stiche, nicht nach ihrem eventuellen Druck in ▶VP 1753F).

VP 1754A ◻ **Opera, Paris: Barbou 1754**

Opera. Curis et studio Stephani Andreae PHILIPPE [DE PRÉTOT]. Lutetiae Parisiorum, typis Josephi Barbou, 1754 [3 Vol.].

> *Bibl.*: MAMBELLI Nr. 411 ("con 17 tavole di Ch. N. Cochin, incise da C. Duflos, e un ◻. È accertato che questa del Barbou è la stessa edizione del Coustellier del ▶VP 1745 [= MAMBELLI Nr. 400], cui venne sostituito un nuovo frontespizio col nome dello stampatore Barbou"); CBItalV Nr. 303; Napoli 1981, Nr. 73; Princeton Item 238, mit dem Hinweis „frontispiece and plates drawn by Cochin fils; this is a reproduction of an edition of 1748, published [by] Coustelier [vermutlich eine Verwechslung mit ▶VP 1745]". Enthalten sind in diesem Ndr. die Antiporta und die 17 Kupferstiche (1 zu den ecl. und je einer zu den 4 Büchern der georg. und den 12 der Aen.; zu Aen. IV BILD 33) von ▶VP 1745, die nach Cochin fils von C. Duflos gestochen waren, allerdings jetzt ohne den von PASQUIER für ▶VP 1745 bezeugten jeweils beigegebenen erklärenden lat. Text. Siehe generell oben zur Erstausgabe ▶VP 1745 (Zyklus Nr. 46).
>
> *Zugänglichkeit*: BSB A.lat.a. 2200, daraus sind 27 Doppelseiten mit allen Illustrationen digitalisiert; DVD 2. Allerdings sind nur die Digitalisierungen für die Kupferstiche zu Aen. I-VI technisch befriedigend, da Vol. 1 und 3 in der BSB nur in Xerokopie vorhanden sind.

VP 1754B ◻ **franz. Übers. der Opera, mit lat. Text, Paris: Quillau 1754**

Les Œuvres, traduites en françois, le texte vis-à-vis de la traduction, avec des remarques par M. l'Abbé Guyot DES FONTAINES. Nouvelle édition. Paris, Quillau & Barbuty, 1754 [2 oder 4 Vol.].

> *Bibl.*: MAMBELLI Nr. 1115 (2 Vol., Ø; doch vgl. MAMBELLI Nr. 1112 zur Originalausgabe ▶VP 1743: "con 18 tavole, fuori testo, incise da Cochin fils"; mit Hinweis auf eine „Ristampa" Paris, Quillau, 1775); fehlt im CBItalV im Umkreis von Nr. 303 und bei PASQUIER, 1992, zu Nr. 67 = ▶VP 1743; verzeichnet aber bei Wolfenbüttel 1982, D 177 (4 Vol. in 8°: „die Vignetten und Initialen sind teilweise dieselben wie in der Ausgabe von 1743"). - Vgl. generell ▶VP 1743 (Zyklus Nr. 45).

VP 1754C + **engl. Übers. der Opera (mit lat. Text), London 1754**

The works of Virgil translated into English prose … With the Latin text and order of construction on the same page … The third edition. London, printed by assignment from Joseph Davidson, for C. Hitch, J. Hodges (etc.), 1754 [2 Vol.].

> *Bibl./Zugänglichkeit*: Fehlt bei MAMBELLI und in anderen Bibliographien; nur bekannt durch die vollständige Digitalisierung einschließlich des Frontispizes (Page image 2) bei ECCO (Exemplar der Harvard Univ.). Der Übersetzer ist Joseph DAVIDSON.
>
> *Beschreibung*: Einzige Illustration ist das Frontispiz von Vol. 1. Der Kupferstich zeigt eine Apsis, deren untere Hälfte mit Bücherregalen gefüllt ist. Darüber sind vier Büsten mit HOR., VIRG., OVID., PHAE(drus) angebracht. In der Mitte des Halbrunds steht ein Altar mit der Aufschrift (innerhalb eines Lorbeerkranzes) *Apollinis et Minervae Donum*; auf diesem Altar liegen Bücher mit den Namen derselben vier Autoren. Li. davon steht Apollo mit der Sprech-

blase *Ecce filios meos*, r. Minerva mit der Sprechblase *et meos*. Offenbar handelt es sich bei diesem Kupferstich in VP 1754C um eine Übernahme aus einem älteren Sammelwerk, denn unter dem Bild steht die Titelei: „The works of the above 4 authors Horace, Virgil, Ovid, Phaedrus with a new translation in English with notes all printed for Joseph Davidson ..."

VP 1754D + engl. Übers. von Aen. VI, London 1754

A description of the passage of Æneas through the infernal regions, or poetical hell of the old Romans: explaining a print designed by Mr. Ralph Markham. Illustrated from the Polymetis, and supported by proper authorities from Virgil. London, R. Baldwin, 1754.

Bibl.: Die Angaben beruhen allein auf dem COPAC (BL, Ø). ‚Polymetis' ist der Titel eines 10-bändigen Werkes von Joseph SPENCE: Polymetis or an inquiry concerning the agreement between the works of the Roman poets and the remains of the ancient artists ... London, R. Dodsley, 1747. Der genaue Charakter von ▶ VP 1754D ist ohne Autopsie nicht zu klären.

VP 1755A Opera (doch nur ecl./georg.), London 1755

Opera. Vol. I edidit aerique tabulas incidit Iohannes Pine. Londini, Johannes Pine, 1755 (2 T. in 1 Bd.; mehr nicht veröffentlicht).

Bibl.: Fehlt zwar bei MAMBELLI nach Nr. 412, ist aber als Nr. 608 unter den Ausgaben nur von buc./georg. aufgeführt, da Vol. II mit der Aen. nie erschienen ist; New York 1930, Case 15, Nr. 168 (Ø - trotz der Erwähnung von *tabulae* im Titel) = Princeton Item 239 („frontispieces, illustrations, plates"); BL („the titlepage is engraved; containing the Bucolics and Georgics only; no more published"). - In dieser Originalausgabe ▶ VP 1755A sind zwar viele Illustrationen enthalten, aber keine zur Aen.; ebensowenig in der Neuausgabe durch den Sohn Robert Edge PINE, London ▶ VP 1774B = MAMBELLI Nr. 432; ich gehe deshalb nicht näher darauf ein. - Bei ECCO ist dieser Band ganz digitalisiert, einschließlich der insgesamt (1 Wappen und mehrere Porträts eingeschlossen) 86 Illustrationen. Image page 29 ist die erste Illustr. zu ecl. 1. Die letzten 6 Seiten enthalten eine Beschreibung der Bilder.

VP 1755B ▢ ? ital. Übers. der Aeneis und der ganzen Opera, Neapel 1755 (und/oder Venedig)

L'Eneide di Virgilio del commendatore Annibal CARO. Libri dodici. Novissima edizione ornata di figure in rame ed arricchita con le traduzioni della Bucolica, Georgica e vita del medesimo Virgilio. Napoli, Giusepe Raimondi, 1755.

Bibl.: MAMBELLI Nr. 841 mit leicht variiertem Titel, doch erschienen "Venezia, Remondini, 1755" ("con tavole incise in rame"); CBItalV Nr. 1939 (Venezia, G. Lazzaroni, D. Tabacco, 1755, ill.) und Nr. 1940 (Venezia, Remondini, 1757, Ø), doch vgl. dort schon Nr. 1936 und Nr. 1937 (Venezia, G. Lazzaroni, D. Tabacco, 1746 bzw. 1750); PASQUIER, 1992, Nr. 81 mit obigem Titel und Erscheinungsangaben (trotz des Hinweises im Titel auf „figure in rame" nur die karge Auskunft: „Pl. et frontisp. gr."). - Vermutlich handelt es sich um Übernahmen (Nachstiche) aus ▶ VP 1734A = 1735 (PASQUIER, 1992, Nr. 78, s. dort) = ▶ VP 1746B = ▶ VP 1750B (s. dort zu Abb.) = ▶ VP 1770A = ▶ VP 1783B (nur hier Beschreibung dieses Zyklus Nr. 42).

VP 1755C + engl. Übers. der Opera, London 1755

The works of Virgil, translated into English blank verse. With large explanatory notes, and critical observations. By Joseph TRAPP ... The fourth edition, corrected ... London, printed for W. Meadows, and S. Birt, 1755.

VP 1755C　　*Bibl.*: Fehlt in den Bibliographien. Bei ECCO (nach BL) ganz digitalisiert, darunter auch jeweils als Page image 1 die jeweilige Antiporta der 3 Bände, die einzigen Illustrationen (ecl./georg.; Venus und Aeneas vor Troja; Schlussduell). Diese Kupferstiche sind alle mit *P. Fourdrinier fecit* signiert. Es handelt sich um Wiederholungen aus der Erstausgabe ▶VP 1731 bzw. der 2. Auflage ▶VP 1735 bzw. einer ersten „fourth edition" Dublin ▶VP 1737B; s. dort.

VP 1757A　　　(◻) Opera, Birmingham 1757

Bucolica, Georgica et Aeneis. Birminghamiae, typis Johannis Baskerville, 1757 [4°].

　　　Bibl.: MAMBELLI Nr. 414 („in molti esemplari sono state inserite le illustrazioni dell'edizione londinese del ▶VP 1658A dell'Ogilvy incise da Hollar [= MAMBELLI Nr. 323; es muss sich also um die von F. Cleyn entworfenen Kupferstiche des Zyklus Nr. 29 handeln] … Una edizione posteriore, pubblicata nel 1771, porta la data del 1757, con le stesse illustrazioni"); Frankfurt 1930, Nr. 56 (LB Dresden); New York 1930, Case 15, Nr. 170 (ohne jeden Zusatz, doch vgl. Nr. 171 zu Birmingham ▶VP 1766 "illustrated with numerous engravings", s.u.); ODERMANN, 1931, 20f. („Für die Buchillustration … eine einschneidende Veränderung. Sie steht von nun an, gleichsam als Fremdkörper, der organischen Verbindung mit dem Buchinneren beraubt, neben dem Text"; ohne weitere konkrete Hinweise); CBItalV Nr. 309 (Ø); FINSTERER-STUBER, 1960, Nr. 65; Napoli 1981, Nr. 74; Bibl. Apost. Vaticana 1981, Nr. 141; London 1982, Nr. 102 (Ø); BL. Der Katalog der BnF führt, unter Hinweis auf MAMBELLI Nr. 414, als ‚Description matérielle' an: „In-4°, liste des souscripteurs et 432 pl., pl. gr. d'après F. Cleyn". Der ital. Verbundkatalog spricht von „25 c. di tav." - Vgl. generell unten zu Birmingham ▶VP 1766. -

Zunächst undurchsichtig ist das Verhältnis von ▶VP 1757A zu einem Werk, das nur Princeton Item 241 in folgender Weise aufgeführt ist:

　　Iconicae figurae quae in vetustissimo codice Virgiliano bibliothecae Vaticanae, annum supra
　　millesimum scripto et depicto visuntur … Birminghamiae, typis Johannes Baskerville,
　　1757 (29,5 cm).

Dazu wird der Hinweis gegeben: "Plates from the 1757 edition inset on leaves with appropriate quotations from Vergil". KALLENDORF, brieflich nach Autopsie, zu Item 241: „contains 55 engravings from the 1677 Bartoli edition [▶VP 1677B], with a hand-lettered text below each picture copied from the 1757 Baskerville edition [▶VP 1757A]. The title-page is also hand-lettered."

Die Ausgabe ▶VP 1757A selber wird in Princeton als Item 242 (31,5 cm hoch) und als Item 245 mit dem Zusatz „Plates in 7th state of engraving" aufgeführt; vgl. generell in dem Princeton-Katalog die 6 Exemplare Item 241-245a.

Unter http://catalogo.iris.firenze.it ist der Titel von ▶VP 1757A aufgeführt (mit der Größenangabe 30 cm), aber hinzugefügt: „1757 [i.e. 1771]" und „identified as second edition, commonly said to be printed in 1771". Es wird sich um den von MAMBELLI bei Nr. 441 erwähnten Nachdruck (▶VP 1771) handeln.

VP 1757A　　　*Zugänglichkeit*: BSB 4 A.lat.a. 671 und BSB 4 A.lat.a. 850 s (beide Münchener Exemplar enthalten keine Illustr.; ein Sonderteil mit Illustrationen, wie er in *Bibl.* erwähnt wird, fehlt also).

VP 1757B ■ **Opera, Den Haag 1757 bzw. 1757-1765**

Opera, ex antiquis monimentis illustrata cura, studio et sumptibus Henrici JUSTICE Armigeri, Rufforthii Toparchae. Sine loco, sine anno [Hagae Comitium, 1757] [4 Vol., Vol. 5 sive monumentorum per totum opus sparsorum index].

Bibl.: MAMBELLI Nr. 415: "Rarissima edizione delle opere virgiliane ... interamente stampata con procedimento calcografico, adorna di 767 disegni tratti la più parte da antiche sculture (alcune delle quali per noi perdute), che furono forniti da Fidenzio e Claudio della Traversa ed incisi dal celebre Marco Pitteri ... Una riproduzione delle tavole contenute in questa edizione venne eseguita, senza data, ma sul principio del secolo XIX, a Bruxelles, ... con la seguente indicazione 'Prostant venales apud J.-L. de Boubers, Bruxelles' [= MAMBELLI Nr. 486: Bruxelles 1800]"); New York 1930 (2 Exemplare, eines davon aus Princeton) = Princeton Item 246, mit folgenden Angaben: "Bruxelles, prostant venales apud J.L. de Boubers, [1757-1765], 5 vols." und mit dem Hinweis „Frontispieces in vols. I-IV, illustrations, plates, portraits, folding map"; ferner Princeton Item 247 mit den Angaben „Hagae Comitum, 1757-1765, engraved pages"; ODERMANN, 1931, 19: "Das fünfbändige Werk (die drei mittleren Teile enthalten die Äneis, der letzte, von Chr. Saxius verfasste, den Index) erschien während des Jahres 1757 in einer Oktav- und einer Kleinquartausgabe"; Anm. 22: „Beide Ausgaben enthalten neben dem Vorwort eine Widmungsvorrede an Kaiser Franz I. („Augusto Romanorum Imperatori Francisco"), der in der Quartausgabe (zu Beginn des 5. Bandes) eine weitere an Katharina II., die Kaiserin von Russland, folgt; die Exemplare dieser (älteren) Fassung gingen größtenteils in den Besitz der Kaiserin über. Ein Neudruck wurde 1800 in Brüssel unternommen [= ▶VP 1800A]"); CBItalV Nr. 310 (5 Vol.: 1757-1765 (Ø); Napoli 1981, Nr. 75 („I 767 disegni che arricchiscono i cinque volumi, ispirati per lo più a sculture antiche in parte perdute, furono forniti dal Fidenza e dal Latraverse ed incisi dal celebre Marco Pitteri. Particolarmente elegante e chiaro il testo, inciso in rame da Gérard ed Herman Conder"); Bibl. Apost. Vaticana 1981, Nr. 131 (1757-1767; "L'opera, il cui testo è interamente inciso, è illustrato, in parte, con incisioni copie di quelle del Bartoli"); BL (1757; "engraved throughout"). – Einen Ndr. nach den originalen Druckplatten von ▶VP 1757B mit nur einseitig bedruckten Blättern verzeichnet COPAC (BL): Bruxelles, J. L. de Boubers, 1805.

VP 1757B *Lit.*: ODERMANN, 1931, 19: „... einzige rein chalkographische Ausgabe des Vergil ... das Unternehmen eines Privatmannes, des Rufforther Bürgermeisters Heinrich Justice, der in der gewaltigen Menge seiner Münzen-, Gemmen- und Statuenreproduktionen (die Zahl der Bildbeigaben beträgt im ganzen 767) die Ergebnisse eines begeisterten, großenteils an Ort und Stelle getriebenen Studiums niederlegt ... Nicht vollkommen geklärt ist die Frage nach den beteiligten Künstlern; das ausführliche Vorwort nennt unter den Entwerfern den im Vatikan tätigen Zeichner Fidenza und den französischen Maler Charles de la Traverse, als Stecher den Venetianer Pitteri, der in der Tat einen Teil der

Bilder mit vollem Namen oder seinen Initialen bezeichnet hat …"; mit weiterer allgemeiner Würdigung des künstlerischen und technischen Wertes; „Trotz dieser Schwächen bildet das merkwürdige Werk nicht nur ein im wesentlichen für sich stehendes künstlerisches Kuriosum, sondern auch eine noch heute nicht unwichtige Fundgrube wissenschaftlichen Materials."

Beschreibung/Würdigung: Wegen der Existenz eines riesigen Index zu diesem Zyklus Nr. 51 in Gestalt des 5. Bandes (93 S.) von Christoph SAXIUS ist auf eine nähere Beschreibung der enthaltenen Kupferstiche verzichtet. Es handelt sich um Übernahmen aus bereits vorliegenden Bildern, die sich schon im Original auf die Werke Vergils beziehen oder aber nachträglich beziehen lassen, also im Prinzip um eine Art von dokumentarischer oder sekundärer Illustration. Ikonographisch auffällig ist, dass sich in dieser Kompilation in Gestalt gerade der meisten ganzseitigen Kupferstiche erstmals (?) Bilder finden, die nur eine einzige epische Figur (z.B. DIDO, vor Aen. IV) oder gar nur deren Kopf zeigen (ein besonders gelungenes Bild am Ende von Aen. II: die drei Köpfe Aeneas, Ascanius und offenbar Creusa hintereinander gestaffelt,). Diese Fokussierung auf eine epische Einzelgestalt bzw. deren Kopf ist offensichtlich eine Übernahme der für historische Persönlichkeiten (hier z.B. Vergil, Augustus, Theocritus, Hesiodus, POLLIO, Q. VAR(IUS), auch Homerus usw. vorliegend) schon lange bestehenden, von Büsten oder Münzbildnissen abgeleiteten Praxis.

VP 1757B *Zugänglichkeit*: BSB Chalc. 35 (in der BSB wie hier im Handbuch zu 1757 eingeordnet, mit La Haye als Druckort). Format 21,5 x 19,4. Vol. 1 und 2 sowie Vol. 3 und 4 bilden jeweils 1 Band (ohne Angabe von Ort und Jahr, doch ist das Vorwort, das Christoph. SAXIUS *lectori antiquitatis studioso* widmet, Trajecti Batavorum = Utrecht 1765 datiert). Die Aen. ist in Vol. 2-4 enthalten. Vol. V sive monumentorum per totum opus sparsorum index aere et sumtibus Guilelmi IUSTICE, Henr. F besteht in einem Index von 87 Seiten, in dem Christoph SAX Erläuterungen zu den im ganzen Werk enthaltenen Bildern gibt; die Widmung an die Kaiserin Catharina Alexiowna von Russland ist Hagae Comitum = Den Haag 1765 datiert. - Aus dem Werk sind zunächst nicht alle 767 Illustrationen digitalisiert worden, sondern nur eine Auswahl derer, die mir besonders wichtig erschienen: 50 Seiten aus dem Doppelband 1/2 und weitere 29 Seiten aus dem Doppelband 3/4; sie alle enthalten einen manchmal ganzseitigen Kupferstich. Fast alle diese Kupferstiche sind von Marcus Pitteri mit vollem Namen oder mit seinen Initialen signiert (*s., sculpsit; Venetiis*), keiner von einem anderen Stecher; die einzige Ausnahme bildet die Karte des Mittelmeerraums vor Aen. III mit einer unleserlichen Signatur. - Außer dieser Auswahl aus den Illustrationen in Vol. 1-4 (insgesamt 79 Seiten), die in DVD 2 enthalten ist, ist der ganze Band 5 (BSB chalc. 35-5) mit dem Index und Erklärungen für alle Illustrationen digitalisiert. – Nachträglich hat die BSB auch die Bände 1-4 vollständig digitalisiert, so dass jetzt BSB Chal. 35-1/2, Chalc. 35-3/4 und Chalc. 35-5 vollständig digitalisiert vorliegen.

VP 1757C ital. Übers. der Aeneis (oder der Opera), Venedig 1757

L'Eneide di Virgilio tradotta da Annibal CARO, in: CARO, Annibal, Opere, Vol. 3. Venezia, Remondini, 1757.

Bibl.: MAMBELLI Nr. 842 (Ø; setzt die Aeneis-Übers. in Bd. 3 von 6 der Werke CA-ROs); CBItalV Nr. 1940 (Vol. 1, to. 2; Ø; der angeführte Titel führt auf eine Gesamtübersetzung: L'Eneide tradotta in versi sciolti … oltre la vita del medesimo Virgilio se aggiungono le traduzioni della Buccolica, e della Georgica, Venezia, Remondini, 1757); PASQUIER, 1992, Nr. 84 und S. 123 (setzt die Aen.-Übers. im „Tomo sesto" der Werke CAROs an; sie verweist auf ein Frontispiz mit der Flucht aus Troja).

VP 1757D Comte de CAYLUS: virtuelle Bilder zur Aeneis, Paris 1757

[CAYLUS, Anne Claude-Philippe de Tubières, Comte de Caylus:] Tableaux tirés de l'Iliade, de l'Odyssée d'Homère et de l'Énéide de Virgile. Paris, Tilliard, 1757, CII, 396 S.

Bibl.: Titel nach dem BSB-Exemplar BSB P.o.gall. 349 w. Der Name des Verfassers geht nur aus S. [397] hervor, wo es in einer Protokoll-Notiz der Académie Royale des Inscriptions et Belles-Lettres vom 31.8.1756 heißt: „… un ouvrage de M. Le Comte de Caylus, intitulé ‚Tableaux …'". - Vgl. BARDON, 1950 (▶VP 1648C), 81 und 90; PASQUIER, 1992, S. 83 Anm. 1.

Beschreibung: Es handelt sich um eine virtuelle Bilder-Galerie zu Ilias, Odyssee und (S. 285-396) Aeneis; realiter ist keine einzige Illustration beigegeben. (Trotzdem spreche ich vom Zyklus Nr. 52.) CAYLUS entwickelt (auf jeweils etwa einer halben Druckseite) Bild-Sujets für die drei Epen, die alle piktoral dankbaren Szenen erfassen sollen. Für die Aeneis schlägt er nicht weniger als 199 Bilder vor (eine Zahl, die von keinem einzigen real existierenden Aen.-Zyklus erreicht worden ist – selbst wenn man alle jemals dargestellten Sujets der Aeneis addieren würde, würde man kaum diese Gesamtzahl von fast 200 imaginierten Bildern erreichen, vgl. meinen Sujet-Index G 5), für die er die im Vergil-Text vorhandenen Informationen beibringt oder aber beim Fehlen z. B. von Informationen zur lokalen Situierung von Handlungen selber eigene Vorschläge macht. Er entwirft für Aen. I 19, Aen. II 20, Aen. III 19, Aen. IV 12, Aen. V 16, Aen. VI 22, Aen. VII 21, Aen. VIII 30, Aen. IX 6, Aen. X 10, Aen. XI 10 und für Aen. XII 14 Bilder. Die ungewöhnlich große Zahl der für Aen. VIII vorgeschlagenen Bilder erklärt sich daraus, dass er für den Schild des Aeneas entweder ein Gesamtbild (Nr. 15) oder/und 15 Einzelbilder (Nr. 16-30) für die auf dem Schild dargestellten Szenen vorschlägt. Umgekehrt beschränkt er sich für die Darstellungen am Juno-Tempel in Karthago in Aen. I darauf, ein Gesamtbild (Nr. 13) zu postulieren und im übrigen für Einzel-Bilder auf seine Vorschläge zu den entsprechenden Szenen in der Ilias zu verweisen. Aber aus der von Vergil gebotenen Ekphrasis der Darstellungen am Apollo-Tempel in Cumae (Aen. VI 20-33) gewinnt CAYLUS immerhin 4 Bilder (VI Nr. 3-6: die je 7 athenischen Kinder; Pasiphae; Minotaurus; Labyrinth). Von den 12 plus 1 Führern der latinischen Alliierten im Italiker-Katalog am Ende von Aen. VII hält CAYLUS nur drei (Virbius/Hippolytus, Turnus, Camilla) für bildwürdig. Merkwürdiger Weise ist das erste für die Aeneis von CAYLUS virtuell entworfene Bild nicht Aeolus mit seinen gefesselten Winden (Nr. 2) oder Juno bei Aeolus (Nr. 3), sondern die Rache der Minerva an Aiax, dem Sohn des Oileus (Nr. 1, eigens begründet: „Il faut convenir que ce sujet est épisodique en un sens; mais je le crois trop lié à la persécution d'Enée; c'est-à-dire, aux principaux événements du Poëme de Virgile, pour le supprimer"). Das geht auf eine Einzelheit innerhalb des Auftakt-Monologs der Juno (Aen. I 40-45). Für Aen. I schlägt CAYLUS dann noch folgende Sujets vor (ich gebe jeweils nur eine stichwortartige Andeutung): Nr. 4 die trojanische Flotte im Seesturm; Nr. 5 das Eingreifen Neptuns; Nr. 6 der *portus Libycus* mit den geretteten 7 trojanischen Schiffen; Nr. 7 Beschäftigungen der Trojaner nach der Landung, Aeneas bei der Hirschjagd; Nr. 8 Schließung des Janus-Tempels und Fesselung des *Furor* (eine Einzelheit aus der Prophezeiung Juppiters); Nr. 9 Begegnung des Aeneas und Achates mit Venus als Jägerin; Nr. 10 Sychaeus wird von Pygmalion ermordet (eine Einzelheit aus der informativen Rede der Venus über die Geschichte Didos); Nr. 11 (Fortsetzung von Nr. 9) Entschwinden der Venus; Nr. 12 Aeneas und Achates betreten unter dem Schutz einer sie verhüllenden Wolke das im Aufbau befindliche Karthago; Nr. 13 der Juno-Tempel in Karthago mit den Bildern vom Kampf um Troja; Nr. 14 Dido inmitten ihres Hofstaats im Tempel thronend; Nr. 15 Aeneas und Achates erscheinen vor Dido; Nr. 16 glanzvolles Festdiner für Aeneas im Palast Didos; Nr. 17 Venus spricht in Paphos mit Amor; Nr. 18 Achates führt Ascanius = Amor und Geschenke für Dido von den Schiffen heran; Nr. 19 Ascanius = Amor sitzt auf Didos Knien. Für Nr. 7 vergleicht CAYLUS die von ihm favorisierte Konzeption mit einer Tapisserie von Giulio Romano.

VP 1757D Für Aen. IX regt CAYLUS nur 6 virtuelle Bilder an: Nr. 1 Iris spricht zu Turnus, der an der Spitze seiner Truppen reitet; Nr. 2 Turnus bedroht die trojanischen Schiffe mit Brandfackeln; Schiffsmetamorphose; Nr. 3 Kriegsrat unter dem Vorsitz des Ascanius im trojanischen Lager; Nisus und Euryalus werden hereingeführt; Nr. 4 Angriff der Alliierten auf eine Stadt, d.h. das Lager der Trojaner, ein Turm stürzt brennend zusammen; Nr. 5 Ascanius erschießt von der Festung aus, unter dem Schutz Apollos, einen General der Feinde; Nr. 6 Turnus, innerhalb der trojanischen Festung umzingelt, stürzt sich in den Tiber. Die geringe Zahl von Bild-Vorschlägen für Aen. IX rührt daher, dass CAYLUS es ablehnt (so ausdrücklich zu Aen. IX Nr. 3), die bei Nacht, wenn auch bei Mondschein, spielenden Taten des Nisus und Euryalus darstellen zu lassen. Dieser Einschränkung unterwirft sich z. B. Sebastian Brant in ▶VP 1502 nicht (von seinen 8 Picturae zu Aen. IX beziehen sich drei, Pict. 147-149, auf Nachtszenen). Auffällig ist, dass CAYLUS Bitias und Pandarus kein Bild in Aen. IX einräumt. - Für eine Art dokumentarischem Gegenstück zu dieser virtuellen Aen.-Bilder-Galerie vgl. ▶VP 1780. - Ein singuläres Beispiel für den Entwurf eines Programms für ein bestimmtes Bild zur Aen. (nämlich des Schildes des Aeneas in Aen. VIII) und dessen tatsächlicher Realisierung bietet ▶VP 1753E (virtueller Entwurf durch W. WHITEHEAD, Ausführung durch L. P. Boitard).

VP 1757D   *Zugänglichkeit*: BSB P.o.gall. 349 w (nicht digitalisiert).

VP 1758   (■) [Saverio BETTINELLI:] **fiktive ital. Briefe Vergils,**
Venedig 1758
Versi sciolti di tre eccellenti moderni autori con alcune lettere non più stampate. Venezia, Stamperia di M. Fenzo, si vendono Pietro Bassaglia in Merceria, 1758.

Bibl.: Im OPAC der UB München unter der Signatur "Maassen 4455" zu 'Vergilius Maro' als Autor verzeichnet (nach CORNARO, Andrea, und vor drei weiteren Autoren/Herausgebern/Bearbeitern), da S. 1-62 enthalten sind „Dieci lettere di Publio Virgilio Marone scritte dagli Elisj all'Arcadia di Roma sopra gli abusi introdotti nella Poesia Italiana" mit anschließendem (S. 65-67) "Codice nuovo di leggi del Parnaso Italiano. Promulgate e sottoscritte da Omero, Pindaro, Anacreonte, Virgilio, Orazio, Properzio, Dante, Ariosto ne' Comizj Poetici tenuti in Elisio". Die fiktiv von Vergil verfassten 10 Briefe sind immer gerichtet "*A ' legislatori della nuova Arcadia*". – Nach COPAC, wo zwei Ausgaben (beide BL) der *Dieci lettere di Publio Virgilio Marone* aufgeführt sind (1766 und 1770, nur 1770 „with plates"; beide Male ohne Erscheinungsort) ist der wirkliche Verfasser Saverio BETTINELLI.

Beschreibung: Das Buch enthält eine Antiporta, einen weiteren ganzseitigen Kupferstich vor S. 1 (auf der der erste Brief 'Vergils' beginnt) und sieben Vignetten auf dem Titelblatt sowie auf den Seiten 26, 34, 46, 54, 60 und 64 (jeweils am Schluss von Briefen 'Vergils'), dazu eine weitere kleinere Schlussvignette S. 67. Die Antiporta ist signiert von *Bartolomeus Nazari inv., Petrus Monaco sculpsit*, der zweite größere Kupferstich und die Vignetten von *Petrus Antonius Novelli inv. et del., Petrus Monaco incidebat*. (Pietro Antonio Novelli lebte 1729-1804.) Die Antiporta zeigt auf drei Ebenen den Parnass: oben auf den Wolken Apollo mit Harfe im Kreise der Musen, in der Mitte auf Felsen sitzend antikisch gekleidete Dichter, unten den Berg umstehende zeitgenössisch gekleidete Menschen. Auf dem Kupfertitel oberhalb der Unterschrift „*Ut pictura poesis*" zwei weibliche Allegorien der Malerei (mit Palette) und der Dichtkunst (geflügelt, einen Spiegel haltend). Der zweite größere Kupferstich zeigt wiederum eine Versammlung antiker Dichter (Parnass) und, davon getrennt, zeitgenössisches Publikum oder zeitgenössische Literaten. Auf den Vignetten einmal Apollo (geflügelt mit Leier und Pfeil), sonst (fünfmal) ein Dichter (Vergil) mit einem dicken Buch in verschiedenen Posen oder Situationen. - Zu einer Interpretation Vergils tragen Text und Bilder direkt nichts bei.

Zugänglichkeit: UB München Maassen 4455.

VP 1759A   ◘ + Opera, London 1759

Opera. Interpretatione et notis illustravit Carolus RUAEUS ... jussu christianissimi regis, ad usum serenissimi Delphini. Juxta editionem novissimam Parisiensem, A. 1722. Huic demum editioni accesserunt plurimae novae tabulae ... Londini, impensis C. Hitch and L. Hawes (etc.), 1759.

VP 1759A   *Bibl./Zugänglichkeit*: : Fehlt bei MAMBELLI und im CBItalV; bekannt allein durch die vollständige Digitalisierung einschließlich der 16 Kupferstiche bei ECCO (Exemplar der BL). - Zur Geschichte der Ausgaben von C. RUAEUS seit der Erstausgabe Paris ►VP 1675A s. zu ►VP 1682A.

Beschreibung/Abhängigkeiten: Es handelt sich um eine Wiederholung der dort von J. Mynde signierten Nachstiche in ►VP 1740 und in ►VP 1746C (ferner, doch unsigniert, in ►VP 1753C), die auf den von A. Houbraken entworfenen Kupferstichen in ►VP 1717B (Zyklus Nr. 39) fußen; s. jeweils dort. (Der Hinweis im Titel auf *plurimae novae tabulae* ist also irreführend.) Enthalten ist in VP 1759A der vollständige Satz von 16, nunmehr allerdings unsignierten Kupferstichen in ►VP 1740 einschließlich der Karte: die Antiporta (Page Image 1 bei ECCO), ecl. 1 (Image 25), georg. I (Image 94), Karte vor der Aen. (Image 207) und die Titelbilder zu Aen. I (Image 208), Aen. II (Image 251), Aen. III (Image 288), Aen. IV (Image 327), Aen. V (Image 364), Aen. VI (Image 405), Aen. VII (Image 458), Aen. VIII (Image 497), Aen. IX (Image 530), Aen. X (Image 563), Aen. XI (Image 602) und Aen. XII (Image 639). Kurzbeschreibung s. bei ►VP 1740, ausführlichere Beschreibung bei ►VP 1717B.

VP 1759B ■ **ital. Übers. der Aeneis und der ganzen Opera, Parma 1759**

L'Eneide tradotta da Annibal CARO, divisa in libri dodici. La Bucolica, tradotta da Andrea LORI. La Georgica, tradotta da Bernardino DANIELLO. Parma, F. Borsi, 1759.

Bibl.: so der Titel bei MAMBELLI Nr. 843 ("con 15 tavole incise in rame da Noè Provesi"); in CBItalV Nr. 1941 noch die Titel-Fortsetzung: Novissima edizione ornata di figure in rame, con la traduzione della Bucolica, Georgica e Vita di Virgilio; vgl. Napoli 1981, bei Nr. 149 zur Erstausgabe der Aen.-Übers. von Annibale CARO, Venetia, apresso Bernardo Giunti et fratelli, ►VP 1581D. Vgl. ferner MAMBELLI Nr. 854 zu Parma, Borsi, ►VP 1776A, offenbar ein Ndr. Fehlt bei PASQUIER, 1992. - In München ist keine Ausgabe dieses Bilder-Zyklus von Noé Provesi zugänglich. Er ist in Kap. C 2 nicht berücksichtigt.

VP 1760 ■ **ital. Übers. der Aeneis, Paris 1760**

L'Eneide di Virgilio del commendatore Annibal CARO, Paris, presso la Vedova Quillau, 1760 [2 Vol.].

Bibl.: MAMBELLI Nr. 844; New York 1930, Case 21, Nr. 283 ("engravings after drawings by G. Zocchi") = Princeton Item 455 („portrs., illustrations, plates"); CBItalV Nr. 2109; PASQUIER, 1992, Nr. 69. Der Princeton-Katalog bietet als Item 456 eine weitere Ausgabe mit denselben Angaben, setzt sie aber als "(repr. 1764)" an, weil die Dedikationsnotiz 1764 datiert sei, und verweist auf „Fronts., illustrations, plates; plates designed by Zocchi, Bosse, and others"; s.u. ►VP 1764.

Lit.: MAMBELLI NR. 844: "Bellissima edizione, curata da G. Conti, illustrata da due frontespizi, dai ritratti di Virgilio e del Caro disegnati dallo Zocchi ed incisi dal Ficquet e dal Deferth. Con 12 tavole fuori testo, disegnate dallo Zocchi e dal Prévost e incise da Chenu, Deferth [*sic*], Lempereur, Leveau, Pasquier, Tardieu, con vignette e finaletti". - ODERMANN, 1931, 21: "mit ... sorgfältig ausgeführten Bildnissen (im ersten Band die bekannte Orsinische Gemme, im zweiten das Bild des Übersetzers) ... Die Illustrationen (im ganzen sind es 12, daneben 12 Leisten und 6 Vignetten), die sämtlich wie der gesamte Buchschmuck von Zocchi entworfen und von verschiedenen Stechern (besonders stark ist Tardieu, daneben Defehrt und andere beteiligt) ausgeführt sind, ent-

sprechen denen der Plassanschen Ausgabe von 1796 [= Paris ▶VP 1796B],
soweit sie die Äneis umfasst; nur wird, von drei Ausnahmen abgesehen, das Bild
dort nach der entgegengesetzten Seite gekehrt, die Gesichter schärfer ausgear-
beitet und der Ton sehr viel kräftiger gestaltet. Technisch ist das Werk mit seiner
zarten Färbung und seiner ausgezeichneten Einzelausführung eine sehr erfreuli-
che Leistung und auch seine künstlerischen Motive (sie erinnern öfters an die
Amsterdamer Edition von 1746 [▶VP 1746A]) erscheinen fast überall stark und
anmutig genug, um einen wohltuenden Gesamtausdruck zu erzeugen." - PAS-
QUIER, 1992, Nr. 69 und S. 119f.: 2 Portraits, 2 Frontispize, 12 Vignetten und 6
Schlussvignetten sowie 12 Tafeln, je eine zu jedem der 12 Bücher der Aeneis,
nach Vorlagen von Zocchi und (nur für 1 Tafel) von Prévost gestochen von
Chenu, Defehrt, Lempereur, Le Veau, Pasquier, Jacques und Pierre Tardieu,
Prévost; Sujets angegeben. - Vgl. auch die Angaben zur franz. Übers. Paris
▶VP 1796B = PASQUIER, 1992, Nr. 74.

VP 1760   *Beschreibung*: Alle Kupferstiche bis auf den zu Aen. X (von
B. L. Prevost) sind von Giuseppe Zocchi (1711-1767) entworfen, doch von ver-
schiedenen Stechern ausgeführt: Zyklus Nr. 53. Es gibt unter den insgesamt 30
Kupferstichen drei Typen: je ein ganzseitiges Titelbild (T) für alle 12 Aen.-
Bücher; je ein Auftaktstich (A) als Kopfleiste, ebenfalls für alle 12 Aen.-Bücher;
eine Schlussvignette (S) für die Hälfte der Aen.-Bücher.

(T)   Für jedes Buch der Aeneis ist auf einem ungezählten Blatt ein Kupferstich
als Titelbild eingelegt (Format: 13,3 x 8,5), der mit Hinweis auf dieses Buch und
dazu mit Angabe des Bandes und der Einfügungsseite versehen ist (Typ: Tom. I
- Lib. 6 - Pag. 157). Elf davon sind von G. Zocchi entworfen (*del.* = delineavit);
nur das für Aen. X ist von B. L. Prévost entworfen und auch ausgeführt. Die
Stecher der von Guiseppe Zocchi entworfenen Kupferstiche sind Ficquet für die
1. Antiporta (Vergil-Porträt), J. J. Pasquier für Aen. I und VI, L. Lempereur für
Aen. II und III, J. Tardieu für Aen. IV, Le Veau für Aen. V, Defehrt für die 2.
Antiporta (Annibal CARO), für Aen. VII und XII, B. L. Prevost für Aen. IX und
XI (und auch für das von ihm selbst entworfene Bild für Aen. X); für Aen. VIII
ist kein Stecher angegeben. –

(A)   Abgesehen von diesen Titelbildern wird jedes Aen.-Buch auf der Anfangsseite von einem kleineren, ebenfalls textbezogenen Kupferstich eröffnet.
Diese Auftaktbilder der Bücher sind, soweit die Signaturen erkennbar sind,
ebenfalls von G. Zocchi entworfen und von unterschiedlichen Stechern
ausgeführt (von Pasquier für Aen. I, V und VI, von Tardieu für Aen. II, von
Prevost für Aen. VII und X, von Defehrt für Aen. IX, XI und XII). –

(S)   Die Hälfte der Aen.-Bücher (II, V, VI, IX, XI, XII) weist außerdem eine
(nicht gerahmte) Schlussvignette auf. Diese stammen offenbar nicht alle von
Zocchi. Signiert sind nur Aen. II mit *G. Bodoni* [?] *inv., P. T. Tardieu s.*, Aen. V
und Aen. XI mit *Zocchi del., Prevost sculp.*, Aen. XII mit *G. Zocchi in., Defehrt
fecit*. Wenn PASQUIER, 1992, Nr. 69, dem Aen.-Buch IV eine Schlussvignette

(‚Cul de lampe') zuschreibt, ist das eine Verwechslung mit Aen. V, vgl. die Beschreibung. - Es gibt keinerlei Beischriften. - Die Ausgabe enthält in Vol. 1 nach dem Titel zwei Seiten mit einer Angabe der Sujets der Kupferstiche für Aen. I-VI (*Spiegazione de' rami*), eingeteilt in *Rame volante - capo pagina - finale* (= Titelbild T - Auftaktbild A - Schlussvignette S). Das dort angekündigte Wappen des Herrn Paris di Meyzieu, des Generaldirektors der Scuola Militare in Paris, fehlt an der Spitze der folgenden Widmung.

Antiporta zu Tom. I: Porträt des nach r. gewandten Vergil im Orsini-Typus, mit Herme r. („Busto di Virgilio copiato da un Cammeo antico").
Antiporta zu Tom. II: Porträt von IL COMMENDATORE ANNIBAL CARO.

Die beiden Frontispize zu Tom. I und II (nur dieses ist mit *Zocchi del., P. Chenu sculp.* signiert) sind dekorativ, vorwiegend mit Putti, verziert.

VP 1760 Die Kupferstiche zum Text der Aen. haben folgende Sujets (nach Autopsie, teilweise in Korrektur zu den Angaben bei PASQUIER, 1992, Nr. 69):

Aen. I-T: Neptun, auf seinem Seepferd-Wagen nach r. fahrend, gebietet mit ausgestreckter Rechten den Sturmwinden (*Quos-ego*-Szene); auf den Wolken erscheint Venus r. vor Juppiter li. und Juno (!).
Aen. I-A: Aeneas und Achates r. begegnen der von ihrem Tauben-Wagen abgestiegenen Venus li. im Wald vor Karthago.
Aen. I-S: keine.
Aen. II-T: Coroebus li. sucht mit gezücktem Schwert die von Griechen fortgeschleppte Cassandra r. zu retten; im Hintergrund li. das Hölzerne Pferd im brennenden Troja.
Aen. II-A: Pyrrhus (2. von li.), der Polites getötet hat, packt König Priamus li. an den Haaren; r. entsetzte Frauen, darunter r. kniend Hecuba.
Aen. II-S: Vor einer Tempelruine klagende trojanische Frauen r., davor zwei versklavte halbnackte Trojaner; li. Beutestücke; dahinter li. siegreiche griechische Krieger (die Folgen der Eroberung Trojas).
Aen. III-T: Anchises und Aeneas li. im Vordergrund nehmen den kniend bittenden Achaemenides r. auf, der auf den oben im Felsen-Gebirge mit Schafen nahenden Polyphem hinweist.
Aen. III-A: Die Harpyien (r. in der Luft schwebend) stören das Mahl der Trojaner, darunter Aeneas, r. auf einem Schemel sitzend.
Aen. III-S: keine.
Aen. IV-T: BILD 35. Aeneas und Dido r. vor (!) der Höhle sitzend, darüber Juno, die diese Verbindung heiligt, auf einer Wolke mit Pfauen-Wagen; li. vorn zwei Hunde, li. hinten ein jagender Reiter.
Aen. IV-A: Dido, nach r. gelagert, stirbt auf dem Scheiterhaufen, umringt von klagenden Frauen (fünf li., eine r.); Iris naht im Fluge.
Aen. IV-S: keine. (Das von PASQUIER hier, also zwischen S. 202 mit dem Ende von Aen. IV und S. 203 mit dem Anfang von Aen. V, angesetzte

Bild ,Die Klippen der Sirenen' steht in Wahrheit und auch entsprechend der ,Spiegazione' passend als Schlussvignette zu Aen. V).

Aen. V-T: Aeneas, li. an der Spitze einer bekränzten Menschenmenge, bringt ein Trankopfer am Grabmal des Anchises in Segesta dar, von dem sich eine Schlange herabwindet; r. vorn wird ein Widder getötet.

Aen. V-A: Die trojanische Flotte li. wird von den Frauen r., die Fackeln am Altar entzünden, in Brand gesetzt.

Aen. V-S: Vorbeifahrt eines Kriegsschiffes li. an den Klippen der Sirenen, von denen sich drei im Meer tummeln (passt zu Aen. 5,864).

Aen. VI-T: Aeneas und die Sibylle li. besteigen in einem Felsentor den Nachen Charons r., um den Acheron zu überqueren; im Hintergrund die Flammen des Tartarus.

Aen. VI-A: Aeneas kniet r. an einem Altar vor der von Inspiration erfüllten, li. an einem Tempel stehenden Sibylle.

Aen. VI-S: Anchises li. zeigt Aeneas und der Sibylle r. die Doppel-Pforte zur Oberwelt.

VP 1760 Aen. VII-T: Die trojanische Gesandtschaft li. mit Ilioneus (nicht, wie PASQUIER, 1992, Nr. 69 will, Aeneas) an der Spitze vor dem r. an einem Tempel thronenden König Latinus.

Aen. VII-A: Die Furie Allecto li. mit einer Brandfackel und Schlangen in den Händen am Eingang zur Unterwelt vor Juno, die r. mit Pfau auf einer Wolke sitzt.

Aen. VII-S: keine.

Aen. VIII-T: Aeneas opfert in Gegenwart des Flussgottes Tiberinus r. eine hochbeinige Sau mit Ferkeln vor einem Rundtempel li., vor dem Juno auf einer Wolke über dem brennenden Altar erscheint.

Aen. VIII-A: Aeneas reicht, r. aus einem Schiff steigend, Pallas, dem Sohn Euanders, einen Olivenzweig; im Hintergrund li. Opfer für Hercules.

Aen. VIII-S: keine.

Aen. IX-T: Metamorphose der trojanischen Schiffe zu Meeresnymphen li., an Land r. bestürzte latinische Krieger; darüber in den Wolken Kybele mit Kriegern, in ihrem Löwengespann nach li. fahrend.

Aen. IX-A: Latinische Soldaten r. auf Wache an einem brennenden Feuer li. gelagert, vor der Mauer des trojanischen Lagers im Hintergrund.

Aen. IX-S: Turnus stürzt sich, verfolgt von Trojanern r. an einer hohen Mauer, in den Tiber, li. sitzt der Flussgott Tiberinus mit einer Wasserurne.

Aen. X-T: Götterversammlung mit vielen Gottheiten; im Zentrum plädiert Venus mit Amor r. vor li. Juppiter und Juno.

Aen. X-A: Zwei Krieger mit gezückten Schwertern, die hinter einander nach r. auf ein Boot zulaufen (nicht, wie PASQUIER, will: Nisus und Euryalus), zwischen ihnen schwebend eine geflügelte Göttin: Turnus verfolgt das von Juno erzeugte Trugbild des Aeneas.

Aen. X-S: keine.

Aen. XI-T: Aeneas li. stehend mit dem knienden alten Acoetes (nicht, wie PASQUIER will, Euander) beklagt in einem Palast inmitten einer Menschenmenge den toten Pallas, dessen Leiche im Vordergrund liegt.

Aen. XI-A: Drei Krieger li., davon zwei im Redegestus, vor einem Siegesmal r. aus den Waffen des Mezentius r.

Aen. XI-S: Camilla li. ist vom Pferd gesunken und stirbt, umringt von drei Gefährtinnen; ein Reiter (Arruns) sprengt r. nach li. davon.

Aen. XII-T: Vor einer Reihe von Kriegern schwingt Aeneas li. mit der Rechten sein Schwert hoch gegen den am Boden liegenden, ihn mit dem rechten Arm abwehrenden Turnus r.; im Hintergrund r. Zuschauer auf den Mauern der Stadt des Latinus, darunter der König selber und eine Frau mit Krone (schwerlich Lavinia; eher, wenn auch textwidrig, Amata).

Aen. XII-A: Venus auf einer Wolke r. reicht dem Arzt Iapyx das Wunderkraut Dictamnum, um die Verwundung des Aeneas, der li. auf einem Schemel sitzt, zu heilen.

Aen. XII-S: Zwei Nymphen (darunter Juturna?) li. in einem Fluss, umschwirrt r. oben von einem Käuzchen, der Dira.

VP 1760   *Würdigung*: Alle 30 Textbilder der drei Typen T, A und S passen zu den jeweiligen Büchern und bilden jeweils eine einzige Szene ab. Einige der dargestellten Sujets in A und S sind ungewöhnlich (zu Aen. II-A, II-S, V-S, VI-S, VII-A, VIII-A, IX-A, auch XII-A, ganz besonders und geradezu singulär X-A sowie XII-S). Die Sujets der Titelbilder sind dagegen durchweg konventionell. - Der antikisierende Zyklus ist von pathetischen oder sentimentalischen Szenen mit Figuren in Bewegung geprägt. Die wohlkomponierten Bilder erzielen eine ausgesprochen ,malerische' Wirkung. Dieser Aen.-Gesamtzyklus (Nr. 53) ist zu den besten der Kupferstich-Epoche zu rechnen.

Abhängigkeiten: Es handelt sich bei allen Bildern (bis auf eines) in ▶VP 1760 um Originalerfindungen von G. Zocchi (Zyklus Nr. 53). Ein gewisser motivischer Einfluss von ▶VP 1746A lässt sich in Aen. I-T, III-A, IV-T, V-T und auch XI-T erkennen. Auch die Gesamtauffassung ist ähnlich. - Die Titelbilder auf den Tafeln (nicht jedoch die Auftaktbilder und die Schlussvignetten - also nur T, nicht auch A und S) sind übernommen in die Ausgabe Birmingham ▶VP 1766 (bis auf Aen. VI-T, das dort unadäquat ersetzt ist) und, dort meist sv. nachgestochen (einschließlich des seitenrichtig wiedergegebenen Aen. VI-T), in die franz. Übers. Paris ▶VP 1796B, ferner in Auswahl (4 von 12) in sv. Nachstichen in die engl. Übers. ▶VP 1791B. Außerdem stellt der Aen.-Teil von ▶VP 1764 offenbar eine Wiederholung von ▶VP 1760 dar.

Abb.: Im Abb.-Teil bei PASQUIER, 1992, sechs der eingelegten 12 Tafeln (T): Abb. 127 zu Aen. I (Neptun droht den Winden); Abb. 146 zu Aen. II (Coroebus versucht Cassandra zu befreien); Abb. 183 zu Aen. IV (Juno segnet den Bund zwischen Dido und Aeneas in der Grotte) [die Legenden zu Abb. 182 und zu Abb. 183 sind vertauscht]; Abb. 256 zu Aen. X (Götterversammlung); Abb.

261 zu Aen. XI („Euander", vielmehr Aeneas, an der Leiche des Pallas); Abb. 284 zu Aen. XII (Schlussduell).

VP 1760   *Zugänglichkeit*: BSB A.lat.a. 2342, daraus sind digitalisiert 22 Doppelseiten mit allen Illustrationen und der ‚Spiegazione de' rami' (die beiden Blätter mit dieser Kurzbeschreibung der Stiche, ferner die mit dem Titelbild und mit dem Auftaktbild zu Aen. IV sind nachdigitalisiert); DVD 2. – Vgl. auch die Digitalisate (zur Aen.) aus dem Münchener Exemplar BSB A.lat.a. 2211 von ▶VP 1796B. Vgl. ferner die Beschreibung zu Birmingham ▶VP 1766.

VP 1763A   ■ **Opera (lat.) mit ital. Übers., Rom 1763-1765**

Bucolica Georgica et Aeneis ex cod(ice) Mediceo-Laurentiano [= cod. M; pl. XXXIX, 1] descripta ab Antonio AMBROGI Fiorentino S.J. italico versu reddita, adnotationibus atque variantibus lectionibus et antiquissimi codicis Vaticani [= Cod. Vatic. lat. 3225 = Sigle F] picturis pluribusque aliis veterum monumentis aere incisis et cl(arorum) virorum dissertationibus illustrata. Romae, excudebat Joannes Zempel Venantii Monaldini bibliopolae sumptibus, 1763-1765 [2°; 3 Vol. in 1 Bd., 42 cm hoch; Tom. I mit buc./georg., LXXXVIII, 211 S. 1763; Tom. II mit Aen. I-VI, LVI, 336 S., 1764; Tom. III mit Aen. VII-XII, XXIV, 343 S., 1765; insgesamt umfasst das Werk also 1058 S. mit, wenn ich recht gezählt habe, 162 Illustrationen].

Bibl.: MAMBELLI Nr. 417 ("ha 3 grandi tavole e diverse illustrazioni nel testo ... la versione italiana, pubblicata separatamente sin dal 1758 ..."); s. auch MAMBELLI Nr. 846; New York 1930 ("engraved title-pages") = Princeton Item 251 („illustrations, plates"); ODERMANN, 1931, 19f. (Anm. 23: „Großfolio. 2. Ausgabe (1770) in demselben Verlag. 4°"); Perugia 1980, Nr. 74 ("ricca di belle incisioni"); CBItalV Nr. 316; Napoli 1981, Nr. 114 (nennt die Stecher und teils auch die Künstler der Vorlage, aber nicht die Sujets); FAGIOLO, Rom 1981, Nr. 120; London 1982, Nr. 104; Wolfenbüttel 1982, D 54 und D 204; PASQUIER, 1992, Nr. 85; BL. - Die ital. Übers. ist in kursiven Typen jeweils unter dem lat. Text und oberhalb der ‚Annotationi' abgedruckt. - Die BSB besitzt außer ▶VP 1763A auch noch (als BSB A.lat.a. 2286) eine Ausgabe nur der ital. Aen.-Übers. von A. AMBROGI in 3 Vol., Roma 1760. – Eine verbesserte Neuauflage ist (laut OPAC der BN Firenze) Venezia, Simone Occhi, 1774, in 4 Vol. erschienen (Opere ... tradotti in versi dal Antonio AMBROGI ... accresciute, e corrette in molti luoghi dall autore, lat.-ital.), doch ist nicht ersichtlich, dass sie Illustrationen enthält.

VP 1763A   *Lit.*: MAMBELLI Nr. 846: "L'opera ha tre bellissime antiporte, una per volume, del Carloni, del Vanlò e del Benedetti; medaglioni di Carlo Emanuele re di Savoia, Vittorio Amedeo duca di Savoia e Benedetto Maria Maurizio duca di Chablais, ai quali rispettivamente ogni volume è dedicato. Sotto al titolo i ritratti di Virgilio e del Genio di Roma tolti da antichi cammei, e quello di Augusto e Giulio Cesare da busti. Grandi iniziali ornate, con facsimili di 4 codici virgiliani e testate e finalini in nitidi rami descrittivi ed allegorici. Nel testo vi sono oltre cento rami copiati da pitture antiche, da miniature di codici vaticani, da gemme e antichi monumenti, oltre la carta del viaggio di Enea. I rami soni incisi dal Morghen, Barbazza, Carloni, Bombelli, Benedetti, Giardoni, Ottaviani; ma la maggior parte sono i celebri rami fatti incidere da Pietro Sante Bartoli per commissione del card. Massini, e pubblicati senza testo nel ▶VP 1677B. … Ristampata dallo Zempel nel ▶VP 1770B in 4 voll." - ODERMANN, 1931, 19f.: „Die dem ersten und zweiten Bande vorausgeschickten Widmungsblätter an den König von Sardinien, noch stärker die Kopfleiste der an ihn gerichteten Vorrede, sind ausgeprägtester, prunkhafter Barock. Aber fast unmittelbar, stets mit besonderer Vorliebe in die Anfangspartien verlegt, folgen in sämtlichen Teilen in Initialen oder noch öfter in Leistenform ausgezeichnet schöne Darstellungen italienischer Landschaften, ein in dieser Ausdehnung ganz neues Moment der dokumentarischen Illustration. Den Text begleiten, regelmäßig als längliche Kopfbilder über den Titel oder die Seiten der entsprechenden Dichtung gestellt, die Miniaturen aus Bartolis Werk [s.o. Rom ▶VP 1741C] durchweg in vortrefflicher … Ausführung; die erheblichen Zwischenräume werden in üblicher Weise durch Wiedergabe antiker Gemälde, Statuen oder Münzen (mit Vorliebe ist das Museum Kircher benutzt) ausgefüllt … Die freischaffende Phantasie kommt außer in einem Teil der Initialen in den, nach Verteilung und Höhe ziemlich unregelmäßigen, Schlussvignetten zur Geltung, die besonders die Bucolica und Georgica in großer Menge begleiten … Die Illustrationen, besonders die Reproduktionen nach dem vatikanischen Codex, sind großenteils anonym; unter den Namen, den wir begegnen, treten besonders M. Carloni und I. Benedetti hervor, daneben der Zeichner Paolo Panci, die Stecher J. Beheim, F. Morhyn und noch mehrere andere. Eine zweite Auflage des Werkes erschien in demselben Verlag ▶VP 1770B." - **VP 1763A** Wolfenbüttel 1982, D 54: "T. I (Buc., Georg.) mit einem ganzseitigen und 28 kleineren Kupfern, sowie Titel-, Kopf- und Schlussvignetten; T. II (Aen. I-VI) mit einem ganzseitigen und 46 kleineren Kupfern, 1 Karte, Titel-, Kopf- und Schlussvignetten; T. III (Aen. VII-XII) mit einem ganzseitigen und 43 kleineren Kupfern, Titel-, Kopf- und Schlussvignetten"… „Monumentale, typographisch sehr sorgfältig gestaltete Ausgabe, eine der schönsten des 18. Jh., mit zahlreichen von verschiedenen Künstlern in unterschiedlicher Qualität gestochenen Initialien und Vignetten. Die Illustrationen reproduzieren zum größten Teil die Bilder des Vergilius Vaticanus (3225) nach den Stichen des Pietro Santi Bartoli in der römischen Ausgabe von 1741 (s. Nr. D 49) [= Rom ▶VP 1741C] und geben nach der Meinung des italienischen Jesuiten und gelehrten Dichters Antonio Maria Ambrogi (1713-1788) „idea a noi delle vestiture, dell'armi, de' riti, de' sacrifizii, e quelle cose in somma, delle quali tanto si studia dagli eruditi in questo genere di cognizione" (I, XXVII). - PASQUIER, 1992, Nr. 85: Jeder der 3 Bände hat ein Frontispiz von Carloni, Vanlò und De Benedetti; die 3 Bände enthalten jeweils eine Vielzahl von Kupferstichen von der Hand mehrerer Stecher und nach verschiedenen Vorlagen (7 zu den ecl.; 17 zu den georg.; 9 zu Aen. I, 9 zu Aen. II, 5 zu

Aen. III, 7 zu Aen. IV, 6 zu Aen. V, 8 zu Aen. VI, 9 zu Aen. VII, 7 zu Aen. VIII, 5 zu Aen. IX, 6 zu Aen. X, 6 zu Aen. XI, 6 zu Aen. XII; dazu 1 Karte zur Fahrt des Aeneas); Vorbilder sind oft die Miniaturen im Codex Vat. Lat. 3225 („Vergilius Vaticanus", Sigle F), die ▶VP 1741C in Rom in Nachstichen „a Petro Sancte Bartoli" publiziert waren (s.o. = Wolfenbüttel 1982, D 49, bei PASQUIER, 1992, S. 10 ["Préliminaire"] vor dem eigentlichen Katalog aufgeführt), ferner verschiedene antike Kunstwerke; Tabelle mit näherer Beschreibung und Zuordnung bei PASQUIER, 1992, S. 258-262.

| VP 1763A | *Beschreibung*: Vgl. die im Abschnitt *Lit.* zitierten Angaben von MAMBELLI, ODERMANN, WOLFENBÜTTEL und PASQUIER.

In allen drei Bänden ist ein *Indice de' rami aggiunti all'edizione di Virgilio fatta in Roma nel 1763* (bzw. 1764 bzw. 1765) *per Giovanni Zempel* enthalten: Tom. I p. XXXVIIsq., Tom. II p. XVIsq.; Tom. III p. XVsq.

Abweichend von PASQUIER, 1992, Nr. 85 (s.o. am Ende von *Lit.*) zähle ich folgende Zahl von Kupferstichen zu den einzelnen Aen.-Büchern, von denen für Aen. I-VII und Aen. IX die meisten ihre Vorlagen in Miniaturen des ‚Vergilius Vaticanus' (F = Cod. Vatic. lat. 3225) haben: Aen. I: 9 (davon 5 aus F); Aen. II: 9 (6 aus F); Aen. III: 5 (alle aus F); Aen. IV: 8 (7 aus F); Aen. V: 6 (4 aus F); Aen. VI: 8 (alle aus F); Aen. VII: 10 (7 aus F); Aen. VIII: 8 (1 aus F); Aen. IX: 6 (5 aus F); Aen. X, XI und XII: je 7 (davon keine aus F, da keine Miniaturen für Aen. X-XII aus F erhalten sind).

Aus der Fülle der Kupferstiche (insgesamt 162 im ganzen Werk: Zyklus Nr. 54) können nur einige von besonderem Interesse zur Aen. genannt werden, wobei grundsätzlich die Übernahmen der Nachstiche der Miniaturen im ‚Vergilius Vaticanus' (= F = cod. Vat. Lat. 3225) durch Pietro Santi Bartoli, publiziert in Rom ▶VP 1741C (Zyklus Nr. 33), und auch alle Landschaftsbilder übergangen sind. (Landschaftsbilder gibt es im Aen.-Teil ohnehin nur innerhalb der römisch paginierten Einleitungen, so in Tom. III p. XVII ein Kupferstich der *Ampsancti valles* von Aen. VII 560ff., wo ein *specus horrendum* erwähnt ist, eine Grotte, durch die sich die Furie Allecto wieder in die Unterwelt zurückzieht).

Vignette auf dem Titelblatt von Tom. I: Medaillon des nach r. gewendeten lorbeerbekränzten Vergil (ohne Inschrift) im Orsini-Typus, mit der Beischrift EX ANTIQ. GEM(M)A (im Indice: „è copiato da un antico Cameo").

Ganzseitiger Kupferstich nach dem Titelblatt von Tom. I, signiert *Marco Carloni Romani inv. (et sculp.?)*: Eine allegorische Widmung an den König von Sardinien: Der geflügelte Gott Chronos (mit Sanduhr) meißelt in ein Denkmal die Inschrift ein: ALLA SACRA REAL. MAESTA DI CARLO EMANUELE RE DI SARDEGNA CIPRO E GERUSALEMME & DUCA DI SAVOIA; darüber halten zwei Genien das Wappen und die Krone des Königs. Einzige Anspielung auf die Aen. könnte li. im Hintergrund die römische Wölfin mit Romulus und Remus sein.

Tom I p. 1 (vor ecl. 1,1) laut Indice: "Melibeo, che parla a Titiro, il quale si siede sotto un faggio, come dicesi nell'Egloga stessa. È copiato da uno de'

Codici Vaticani, e fu posto da Santi Bartoli per supplemento alle pitture del Codice Vaticano segnato 3225, che egli incise, e che adesso si daranno in questa edizione." Hiermit wird auf Santi Bartoli und damit auf die Quelle ►VP 1741C für die Nachstiche von Miniaturen aus dem Vergil-Cod. Lat. Vatic. 3225 („Vergilius Vaticanus" = F) verwiesen, aber gleichzeitig angedeutet, dass Bartoli auch noch Miniaturen aus einem anderen Cod. Lat. Vatic. nachgestochen und denen aus Cod. F beigefügt hat. Es handelt sich um einzelne Miniaturen aus dem Cod. Lat. Vatic. 3867 („Vergilius Romanus" = R), die aber in der Ausgabe von Bartoli selber nicht deutlich von denen aus Cod. F geschieden sind. Der Stich hier zu ecl. 1,1 geht tatsächlich auf eine Miniatur in Cod. R (Pict. 1) zurück. Die Wiedergabe von Miniaturen aus Cod. F beginnt erst, wie im *Indice* eigens vermerkt wird, in Tom. 1 p. 140 (bei georg. III 147).

VP 1763A   Vignette auf dem Titelblatt von Tom. II: Medaillon GENIO P(OPULI) R(OMANI).
Ganzseitiger Kupferstich (34,5 x 22,7) nach dem Titelblatt von Tom. II, signiert *Carolus Vanló inv., Franc. Barbazza incidit*: (Allegorie der Inspiration Vergils) Pallas Athene tritt, begleitet von einem Putto, zu dem r. sitzenden lorbeerbekränzten Vergil, der in eine Buchrolle schreibt, in der]*rma virumque cano Troj*[, also der Anfang der Aen., sichtbar ist. Über Vergil 4 Büsten antiker Dichter, auf der ersten steht in großen griechischen Buchstaben der Name Homers (ΟΜΗΡΟΣ). Vorn li. ein Flussgott (Tiber) mit zwei nackten Knaben (Romulus und Remus). Oben li. hält ein geflügelter Genius des Ruhms ein Medaillon mit dem Porträt des Fürsten VICTORIUS SABAUDIAE DUX (die gleich folgende Widmung gilt Vittorio Amadeo Duca di Savoja). - Dieser Kupferstich ist im ,Indice' nicht erwähnt.
Tom. II nach p. LX: Karte der AENEAE TROJANI NAVIGATIO *ad Vergilii sex priores Aeneidos*. Sie ist unverändert übernommen aus ►VP 1717B und zeigt auch deren piktorale Ergänzungen: oben rechts einen kleinen Kupferstich mit der Epiphanie der Venus vor Aeneas und Achates in Aen. I; vor Sidon eine kleine und in den Syrten vor Karthago eine große Flotte mit zwei zugehörigen lat. Zitaten.
Tom. II p. 8 (vor Aen. I 82) laut Indice: „La tempesta, da cui furono i Troiani trasportati nell'Africa. È copiato dal Cod. Vaticano segnato 3225, le pitture del quale furono già incise da Santi Bartoli." Es handelt sich in Wahrheit um eine Miniatur nicht des ,Vergilius Vaticanus' (Cod. Vatic. Lat. 3225 = F), sondern des 'Vergilius Romanus', des Cod. Vatic. Lat 3867 = R (Pict. 12); der Irrtum resultiert daraus, dass zwischen diesen beiden Codices bei der Publikation der Nachstiche Bartolis in ►VP 1741C nicht deutlich unterschieden wird. - Der gleiche Fehler, dass mit "dal codice Vaticano" generell auf den Cod. 3225 verwiesen wird, während die Vorlage in Wirklichkeit der Cod. 3867 ist, liegt auch bei den Stichen Tom. II p. 59 (vor Aen. II 65) und Tom. II p. 170 (vor Aen. IV 169) vor.

Tom. II p. 22 (vor Aen. I 292) laut Indice: „Mercurio mandato da Giove a Cartagine, perché vi sieno accolti i Trojani cortesemente. È copiato da una gemma." Da auf dieser (von Tierkreiszeichen gerahmten) Gemme außer Mercurius li. und Juppiter auch Venus r. mit Amor zu sehen ist, wird es sich in der Tat um eine Illustration der Aen.-Szene handeln.

Tom. II p. 54 (vor Aen. II 1) laut Indice: „L'incendio di Troja, ed Enea, che trasporta Anchise sulle spalle. È capiato da una pittura del Museo Kirkeriano (sc. del Collegio Romano)." In einer runden Nische an der Mauer des brennenden Troja steht eine Gestalt: vermutlich nicht die Erscheinung Creusas, sondern - wie auf dem von Franz Cleyn entworfenen Kupferstich für ▶ VP 1654A = ▶ VP 1658A, Pict. 42 - die Statue einer Göttin, nämlich der *magna deum genetrix* Aen. II 788.

VP 1763A   Tom. II p. 71 (vor Aen. II 236) laut Indice: „Il Cavallo di legno tratto dentro le mura di Troja". Es fehlt die Herkunftsbezeichnung.

Tom. II p. 93 (vor Aen. II 574) laut Indice: „Elena nascosa dietro la statua di Minerva. È tratto da una delle pitture del Museo Kirker." Es handelt sich zweifellos um ein Bild zu der (in ihrer Authentizität umstrittenen) 'Helena-Episode', zumal Venus auf einer Wolke naht, um Aeneas, der Helena mit gezücktem Schwert bedroht, zurückzuhalten. - Die Inschrift am Fuß der Säule mit der Statue der Minerva ist für mich unleserlich.

Tom. II p. 206 (vor Aen. V 1) laut Indice: „La trireme copiata dalle antiche pitture del Tirabullo." Zweifellos kein Bild zu der Situation, wo sich die Trojaner nach ihrer Abfahrt von Karthago schon auf hoher See befinden. Das Bild zeigt den Abschied einer reich gekleideten Frau von einem Jüngling, vor einem abfahrtsbereiten Ruderschiff mit einem Sonnenschirm; li. eine Felsenküste mit einem Miniatur-Turm.

Vignette auf dem Titelblatt von Tom. III: Medaillon des IMP. CAESAR. AUGUSTUS, *ex protone marm. Musei Capitolini, Ignat. Benedetti delin. et sculp.*

Vignette Tom. III p. XIV: Medaillon mit Caesar-Büste, *ex protone marmor. in aedibus Casiliorum.*

Ganzseitiger Kupferstich (34,0 x 22,5) nach dem Titelblatt von Tom. III, signiert *Ignazio Benedetti Scol. in Roma:* Vor antiken Bauten (Säule auf hohem Sockel, Pyramide, Triumphbogen) fliegt ein Genius des Ruhms mit einer Trompete in der Rechten und einem aufgeschlagenen Buch mit dem Text P. VIRGILII MARONIS AENEIDOS *libri sex posteriores,* darüber halten zwei Putti ein Porträt-Medaillon mit der Umschrift BENEDICTUS MARIA MAURITIUS CABALL. DUX (der in der Widmung als *Duca di Chablais* tituliert wird). - Dieser Stich ist nicht im ‚Indice' erwähnt.

Tom. III p. 23 (vor Aen. VII 328) laut Indice: "Giunone, che chiama Aletto dall' Inferno; copiato da un'antica pittura nel Museo Kirker." Auf diesem dunklen Stich sind es aber zwei weibliche Gestalten, die sich der auf einer Wolke schwebenden Juno nähern.

Tom. III p. 71 (vor Aen. VIII 214) laut Indice: „I bovi tratti per la coda da Caco nel suo antro, copiato da una gemma inedita del Sig. Barone de Stosch." Cacus zieht nur 1 Rind am Schwanz, eine Höhle ist nicht sichtbar.

Tom. III p. 86 (vor Aen. VIII 440) laut Indice: „Vulcano alla fucina lavorando le armi per Enea, gemma inedita del Signor Barone de Stosch." Neben dem Amboss und Vulcanus steht die nackte Venus mit Amor an der Hand.

Tom. III p. 159 (vor Aen. X 1) laut Indice: „Il Consiglio degli Dei, tratto da una gemma inedita del Signor Barone de Stosch." Das ist sicher keine spezifische Illustration zum Anfang von Aen. X, da Venus nicht sichtbar ist.

Tom. III p. 191 (vor Aen. X 505, zum Leichenzug des Pallas) laut Indice: „Soldato riportato sull'armi, tratto da ant. pitt. del Museo Kirker." - Ein spezifischer Bezug auf den Leichenzug für Pallas wird nicht behauptet.

Tom. III p. 217 (vor Aen. XI 1) laut Indice: „Trofeo d'armi, ricavato del Montfaucon." Ein spezifischer Bezug auf das Siegesmal (Tropaion) aus Waffen des Mezentius wird nicht behauptet.

Tom. III p. 299 (vor Aen. XII 404) laut Indice: „Enea ferito, e medicato da Iapige, tratto da un sarcofago nel Campidoglio." Da die Bemühungen des Arztes Iapyx um den verwundeten Aeneas nur in der Aen. berichtet werden, muss sich das Bild auf die Aen.-Szene beziehen, auch wenn die hilfreich und entscheidend eingreifende Venus nicht zu sehen ist (wohl aber ein weinender Putto = Amor).

VP 1763A *Abhängigkeiten*: Die Vorlagen der Stiche sind dem *Indice de' rami* in jedem der drei Bände zu entnehmen. Die Nachstiche der Miniaturen aus den Codices F und R stammen von Pietro Sancte Bartoli in dem seit ▶VP 1677B belegten (zu ▶VP 1741C beschriebenen) Zyklus Nr. 33. – 105 der 162 Kupferstiche dieses Zyklus Nr. 54 (darunter auch alle oben in Auswahl beschriebenen) sind übernommen in ▶VP 1776B.

Abb.: Bei Wolfenbüttel 1982, S. 15 (zum Beginn der Aeneis, Parisurteil), S. 104 (Titel von T. III mit Augustus-Porträt), S. 105 (Beginn der 1. ecl.), S. 142 (Karte der Route des Aeneas aus T. II). - Die 12 Eingangsillustrationen zu den einzelnen Aen.-Büchern in der Auswahl-Übers. von A. CARO, hg. durch A. CARBONETTO, Firenze ¹1950 (die Auflage ⁶1963 ist in meinem Besitz; s. im übrigen zu ▶VP 1528B im Abschnitt *Abb.*) stammen (laut p. XV) aus dieser Ausgabe ▶VP 1763A (also aus Tom. II 1764 und Rom. III 1765); vgl. PASQUIER, 1992, Nr. 169 und S. 190.

VP 1763A *Zugänglichkeit:* BSB Res/2 A.lat.a. 330 , daraus digitalisiert aus Tomus primus (mit buc./georg.) 44 Doppelseiten, aus Tomus secundus (mit Aen. I-VI) 52 Doppelseiten, aus Tomus tertius (mit Aen. VII-XII) 48 Doppelseiten, insgesamt 144 Doppelseiten mit allen Illustrationen und auch den 3 Indizes für die Kupferstiche; DVD 2.

VP 1763B   ◻ **engl. Übers. der Opera (C. PITT), London: Dodsley 1763**

The works of Virgil, in English verse. The Aeneid translated by … Christopher PITT. The Eklogues and Georgics, with notes on the whole, by Rev. Mr. Joseph WARTON … Also, a Dissertation on the sixth book of the Aeneid by Mr. WARBURTON. On the Shield of Aeneas by Mr. W. WHITEHEAD … London, printed for R. and J. Dodsley, 1763 [4 Vol.].

Bibl.: Bei MAMBELLI Nr. 1373 (= ▶VP 1753E), offenbar die Ristampa London 1763 ohne lat. Text (es gibt angeblich auch eine Ausgabe London 1763 mit lat. Text, wie später erneut ▶VP 1778C), mit dem Hinweis „con tavole". Alle 4 Bände von ▶VP 1763B - wie schon die von ▶VP 1753E und wieder die von ▶VP 1778C - sind vollständig, einschließlich der 5+2+2+1 ‚Illustrations', digitalisiert bei ECCO (Exemplar der BL). Es handelt sich in ▶VP 1763B um dieselben Illustrationen (allerdings auf anderen Seiten und damit mit anderen Page-Image-Nr.) wie in ▶VP 1753E, s. deshalb die dortige Beschreibung (Zyklus Nr. 49). Sie sind wiederholt in ▶VP 1778C.

VP 1763C   ◻ + **engl. Übers. der Opera (J. DRYDEN),**
London: Tonson 1763

The works of Virgil, containing his Pastorals, Georgics and Aeneis. Translated into English verse by Mr. [John] DRYDEN. In three volumes. London, J. and R. Tonson, 1763 [3 Vol. in 12°].

Bibl./Zugänglichkeit: Fehlt bei MAMBELLI Nr. 1372 und in anderen Bibliographien; nur bekannt durch die vollständige Digitalisierung aller 3 Vol. (Reel Nr. 8568: 364 Images für Vol. 1; 411 Images für Vol. 2, 376 für Vol. 3 einschließlich der Illustrationen (33 in Vol. 1, 39 in Vol. 2, 34 in Vol. 3) bei ECCO nach dem Exemplar der BL.

Beschreibung/Abhängigkeiten: Es handelt sich um eine Wiederholung von ▶VP 1730D = ▶VP 1748, s. dort, also um reduzierte Nachstiche von P. Fourdrinier der von Franz Cleyn für ▶VP 1654A = ▶VP 1658A entworfenen 101 Kupferstiche zum Text; nähere Beschreibung s. zu ▶VP 1658A (Zyklus Nr. 29). Auch in ▶VP 1763C sind, genau wie in ▶VP 1730D und in ▶VP 1748, nur in Vol. 1 im Titelbereich 3 weitere Kupferstiche enthalten (Image 1 = Porträt John DRYDEN; Image 22 = Porträt Vergils im Orsini-Typus; Image 59 = Grab Vergils). Bei den Text-Illustrationen gibt es, wie in ▶VP 1748, kleinere Anomalien: Die erste Illustration in Vol. 2 ist Image 60 = Pict. 46, erst dann folgt Image 106 = Pict. 31, Image 119 = Pict. 32 usw. bis Image 401 = Pict. 69. In Vol. 3 sind in Wahrheit nicht 34, sondern nur die regulären 32 Illustrationen (Pict. 70 - Pict. 101 enthalten), denn Image 129 = Pict. 83 ist eine Dublette zu Image 127 = Pict. 83 und Image 183 ist nur eine Art Durchschlag von Image 182 = Pict. 88 und damit ebenfalls eine Dublette. Die erste Illustration ist korrekt Image 2 = Pict. 70; nach Image 229 = Pict. 94 ist die Abfolge gestört: es folgt Image 230 = Pict. 98, dann Image 259 = Pict. 96, Image 260 = Pict. 95, Image 273 = Pict. 97, Image 298 = Pict. 99, Image 319 = Pict. 100, Image 332 = Pict. 101. - In einer weiteren Digitalisierung von ▶VP 1763C bei ECCO, ebenfalls nach einem Exemplar der BL, doch mit der Reel-Nr. 10243, enthält Vol. 3 korrekt nur 32 'Illustrations'; auch hier ist die Abfolge leicht gestört, denn Image 222 ist die vorgezogene Pict. 98. –

VP 1763C ist - nach 109 Jahren - die letzte Ausgabe des von Franz Cleyn für ▶VP 1654A = ▶VP 1658A entworfenen Illustrations-Zyklus Nr. 29. Ab ▶VP 1772B (s. dort) wird mit der Übers. von John DRYDEN der Illustrations-Zyklus Nr. 46 verbunden.

VP 1764 □ + **ital. Übers. der Aeneis und der ganzen Opera, Neapel 1764**

Dell'Eneide di Virgilio del commendatore Annibal CARO. Libri dodici. Novissima edizione ornata di figure in rame, arricchita della Buccolica tradotta per A. LORI e della Georgica tradotta per B. DANIELLO e colle vite del medesimi Virgilio e CARO. Napoli, C. Migliaccio, 1764.

Bibl.: Diese Ausgabe nur in CBItalV Nr. 1942 (ill.); nicht bei MAMBELLI im Umkreis von Nr. 841. S. ferner die Notiz bei ▶VP 1760 *Bibl.* zu Princeton Item 456; danach handelt es sich offenbar (für den Aen.-Teil) um eine Wiederholung der Kupferstiche von G. Zocchi aus ▶VP 1760 (Zyklus Nr. 53).

VP 1765A **Opera, Den Haag 1757-1765,**
Alternativansetzung zu ▶VP 1757B, s. dort

VP 1765B □ + **Opera, London 1765**

Opera. Interpretatione et notis illustravit Carolus RUAEUS ... jussu christianissimi regis, ad usum serenissimi Delphini. Juxta editionem novissimam Parisiensem, A. 1722. Huic demum editioni accesserunt plurimae novae tabulae aeneae nitidissime sculptae ... Londini, impensis C. Bathurst, J. Rivington (etc.), 1765.

Bibl./Zugänglichkeit: Fehlt bei MAMBELLI, doch verzeichnet im CBItalV Nr. 321 (ill.); bekannt durch die vollständige Digitalisierung einschließlich der 17 enthaltenen Kupferstiche bei ECCO (Exemplar der Bodleian Library Oxford). - Zur Geschichte der Ausgaben von C. RUAEUS seit der Erstausgabe Paris ▶VP 1675A s. zu ▶VP 1682A.

Beschreibung/Abhängigkeiten: Es handelt sich um eine Wiederholung der dort von J. Mynde signierten Nachstiche in ▶VP 1740 und in ▶VP 1746C (ferner, doch unsigniert, in ▶VP 1753C und in ▶VP 1759A), die auf den von A. Houbraken entworfenen Kupferstichen in ▶VP 1717B (Zyklus Nr. 39) fußen; s. jeweils dort. (Der Hinweis im Titel auf *plurimae novae tabulae* ist also irreführend.)

Enthalten ist in ▶VP 1765B der vollständige Satz von 16, jetzt allerdings unsignierten Kupferstichen von ▶VP 1740: die Antiporta (Page Image 1 bei ECCO), ecl. 1 (Image 25), georg. I (Image 90), Karte vor der Aen. (Image 201 und 202) und die Titelbilder zu Aen. I (Image 203), Aen. II (Image 244), Aen. III (Image 277), Aen. IV (Image 318), Aen. V (Image 353), Aen. VI (Image 394), Aen. VII (Image 445), Aen. VIII (Image 482), Aen. IX (Image 513), Aen. X (Image 544), Aen. XI (Image 581) und Aen. XII (Image 616).

VP 1765C   ■ ? ital. Übers. der Aeneis und der ganzen Opera,
                 Venedig 1765

L'Eneide del commendatore Annibal CARO. Libri dodici. Novissima edizione ornata di figure in rame, arricchita con le traduzioni della Bucolica, Georgica et vita del medesimo Virgilio. Venezia, Perlini, 1765.

   Bibl.: MAMBELLI Nr. 848 ("con □ e 14 illustrazioni incise su rame"); CBItalV Nr. 1943; BL.

VP 1766   ◻ **Opera, Birmingham 1766**

Bucolica, Georgica, et Aeneis. Birminghamiae, typis Johannis Baskerville, 1766 [1 Bd.].

   Bibl.: MAMBELLI Nr. 421 ("con frontespizio disegnato da S. Wale [*sic*] e inciso su rame da C. Grignion; Ristampa dell'ed. del ▶VP 1757A [= MAMBELLI Nr. 414]"); New York 1930, Case 15, Nr. 171 ("an octavo edition of the preceding (quarto) volume [sc. ▶VP 1757A], with numerous engravings") = Princeton offenbar Item 254 (Ø), als Item 255 dazu „another copy" mit Hinweis auf „Foreedge painting of Strawberry Hill"); Mantua 1981, Nr. 35 (ähnlich wie MAMBELLI).

   Beschreibung: Im Exemplar der UB München fehlt eine Antiporta (doch s. die Rubrik *Abb.*) und ein Bild zum Auftakt der Buc.; für die georg. gibt es nur einen unsignierten allegorischen Kupferstich zwischen S. 28/29 vor dem Anfang von georg. I (ein Putto zeigt einem sitzenden Kavalier/Gärtner ein Band mit der Aufschrift „*lege Fruges*"; eine weibliche Gestalt verweist im Hintergrund auf ein anderes Schriftband mit der Devise *lege et Fruges et Flores* in einem Zier-Baum). Für die Aeneis ist für jedes Buch auf einem ungezählten Blatt ein Kupferstich eingelegt (Format: 13,3 x 8,5), der (bis auf den für Aen. VI) mit Hinweis auf dieses Buch und dazu mit Angabe einer Seitenzahl versehen ist, die nicht zur vorliegenden Ausgabe passt, also aus einer früheren Ausgabe (nämlich der ital. Übers. Paris ▶VP 1760) wiederholt ist. Zehn davon sind von G. Zocchi entworfen (*del.*), nur der für Aen. X ist von B. L. Prévost entworfen und auch ausgeführt, ferner ist der zu Aen. VI versetzte, an sich zu georg. IV gehörige Kupferstich (Orpheus und Eurydice in der Unterwelt) von Le Bouteux entworfen und von L. J. Masquier gestochen. Die Stecher der von G. Zocchi entworfenen Kupferstiche sind J. J. Pasquier für Aen. I, L. Lempereur für Aen. II und III, J. Tardieu für Aen. IV, Le Veau für Aen. V, Defehrt für Aen. VII und XII, Prevost für Aen. IX und XI; für Aen. VIII ist kein Stecher angegeben. - Es gibt keinerlei Beischriften (außer für das aus anderer Quelle stammende Bild zu Aen. VI). –

Katalog der Sujets (mit Angabe der Seiten, zwischen denen das Blatt mit dem Kupferstich eingelegt ist):

Aen. I (94/95):   Neptunus auf seinem Seepferd-Wagen besänftigt die Sturmwinde; auf den Wolken wendet sich Venus an Juppiter und Juno (!).

Aen. II (114/115):   Coroebus sucht Cassandra zu retten; im Hintergrund das Hölzerne Pferd im brennenden Troja.

Aen. III (140/141)   Anchises und Aeneas nehmen Achaemenides auf, der auf den im Gebirge nahenden Polyphem hinweist.

Aen. IV (162/163):   Aeneas und Dido in der Höhle sitzend, darüber Juno, vorn li. zwei Hunde; draußen ein jagender Reiter.

Aen. V (202/203):   Opfer am Grabmal des Anchises in Segesta.

Aen. VI (208/209):   offenbar aus anderer Quelle stammender, hier falsch plazierter Kupferstich (Le Bouteux inv., L. J. Masquier sc.; beide Künstler sind bei PASQUIER, 1992, nicht erwähnt), als einziger ohne Buch- und Seitenangabe und als einziger mit einem Beitext: *„Ce Dieu lui reprit Euridice / Pour prix de ses devins accord*s". Das Bild zeigt Orpheus und Eurydice in der Unterwelt im Augenblick der endgültigen Trennung, die hier durch eine geflügelte dunkle Gestalt (die wie ein Satan, nicht wie Hermes wirkt) vollzogen wird. Das Bild gehört nicht zu Aen. VI, sondern zu georg. IV.

Aen. VII (236/237):   Die trojanische Gesandtschaft mit Ilioneus (nicht, wie PASQUIER, 1992, Nr. 69 will, Aeneas) an der Spitze vor König Latinus; Ilioneus weist auf die mitgebrachten Geschenke, darunter eine Krone (*sacerque tiaras* VII 247).

Aen. VIII (260/261):   Aeneas opfert in Gegenwart des Flussgottes Tiberinus eine Sau mit Ferkeln vor dem Altar der Juno.

Aen. IX (280/281):   Metamorphose der trojanischen Schiffe zu Meeresnymphen; darüber Kybele in ihrem Löwengespann.

Aen. X (306/307):   Götterversammlung mit Venus vor Juppiter und Juno.

Aen. XI (332/333):   Aeneas mit dem alten Acoetes (nicht, wie PASQUIER, 1992, Nr. 69 will, Euander) beklagt in einem Palast den toten Pallas.

Aen. XII (360/361, auf dem Bild jedoch steht *p. 276, tomo II*): Aeneas schwingt das Schwert gegen den am Boden liegenden Turnus.

VP 1766   *Abhängigkeiten*: Die Bilder sind identisch mit den Tafeln, also den Titelbildern (nicht den Auftaktbildern oder Schlussvignetten) in der ital. Übers. der Aeneis, Paris ▶VP 1760 = PASQUIER, 1992, Nr. 69 (mit teils fehlerhafter Beschreibung); sie stammen also von G. Zocchi (Zyklus Nr. 53). Eine Ausnahme bildet der neu eingefügte, eigentlich zu georg. IV gehörige Kupferstich von Le Bouteux zu Aen. VI.

Abb.: Im Abb.-Teil bei PASQUIER, 1992: Abb. 146 (Aen. II), 182 (Aen. IV), 256 (Aen. VI), 261 (Aen. XI), 284 (Aen. XII) (jeweils für die ital. Übers. Paris ▶VP 1760 angeführt, doch mit den Bildern in der Ausgabe ▶VP 1766 identisch; die Zuschreibung von Abb. 127 zu Aen. I an ▶VP 1760 ist unzutreffend). - Bei Mantua 1981, Nr. 35 und in EV 3, 1987, 639 eine Abb. des ganzseitigen Contro-Frontispizes (also der Antiporta), der in dem Exemplar der UB München fehlt. (W.S.:) Auf diesem mit *S. Wale* [sic] *del., C. Grignion sculp.* signierten Kupferstich bekränzt eine Muse (?), die unter einer hohen Arkade und neben einem Steinpodest li. steht, auf der drei Codices liegen, ein Medaillon mit der Umschrift PUBLIUS VIRGILIUS MARO. Dem hier nach li. gewendeten Kopf der Vergil-Büste gegenübergestellt ist im Medaillon eine Stele, die einen spitzbärtigen Hermes-Kopf trägt. Dieses Porträt eines jugendlichen lorbeerbekränzten Vergil im Profil ist, wie die Abb. 320 bei PASQUIER, 1992 zeigt, durch den 1677 veröffentlichten Band [▶ VP 1677B] mit den Nachstichen der Illustrationen des Codex Vergilius Vaticanus 3225, die S. Bartoli angefertigt hatte, verbreitet worden; im dortigen Original ist Vergil jedoch nach r. zur Herme r. gewendet. Jener Codex befand sich im Besitz des Fulvio Orsini, und dieser besaß offenbar auch ein Medaillon Vergils, das Bartoli ebenfalls nachgestochen hat. Ein Nachstich (18. Jh.?) offenbar von Bartolis Stich des Vergil-Medaillons findet sich in: Ritorno a Virgilio. Testo e traduzioni di Rodolfo SIGNORINI, Verona 1981, S. 4. - Ich nenne ein Porträt Vergils, das nach einer Gemme (*apud Fulvium Ursinum in gemma*) im Besitz Orsinis (mit oder ohne gegenübergestellte Herme, wie im Original nach r. gewendet oder aber sv.) gestaltet ist, den "Orsini-Typus." Die Büste Vergils im „Orsini-Typus" darf als das im 17./18. Jh. verbreitetste Porträt Vergils gelten; vgl. das *Abkürzungsverzeichnis* (Kap. B 2) s.v. Orsini-Typus und dessen erstes Vorkommen in ▶ VP 1624B. Der Stich Bartolis in ▶ VP 1677B ist also nicht der erste Beleg für den Orsini-Typus.

VP 1766 *Zugänglichkeit*: Nicht in der BSB; vgl. aber stattdessen die in BSB A.lat.a. 2342 vorliegende Erstausgabe Paris ▶ VP 1760 (Zyklus Nr. 53). Die Ausgabe ▶ VP 1766 ist vorhanden in der UB München W 8 A.lat. 1529a (in diesem Exemplar fehlt allerdings die Antiporta; sie ist ausgeschnitten; vgl. stattdessen die Abb. in Mantua 1981, Nr. 35 und in EV 3, 1987, 639). - ▶ VP 1766 liegt ganz digitalisiert bei ECCO vor. Allerdings bietet ECCO unerklärlicher Weise als einzige Illustration (Page image 1; auch bei der Beschreibung ist nur von 388 S. und „plate" im Singular die Rede) die Antiporta mit der unter einer hohen Bogenkonstruktion stehenden Muse (?), die ein Medaillon Vergils im Orsini-Typus hält (s. nähere Beschreibung in der Rubrik *Abb.*).

VP 1767 ◻ **Opera, Paris 1767**
Opera. Parisiis, typis Barbou, 1767 [2 Vol.].
Bibl.: MAMBELLI Nr. 422 (der hier gebotene ausführlichere Titel "Opera pristino nitori restituta, cum notis ..." ist aber, wie Autopsie zeigt, unzutreffend); vgl. MAMBELLI Nr. 411 (zu Paris ▶ VP 1754A); CBItalV Nr. 324 (Ø); London 1982, Nr. 113; Trier 1982, Nr. III 7 S. 33; PASQUIER, 1992, Nr. 70; Princeton Item 258 („frontispiece and plates, drawn by Cochin fils"). PASQUIER, 1992, Nr. 70 verweist auf einen Ndr. Paris, typis Barbou, ▶ VP 1790A = MAMBELLI Nr. 460; s. dort.

Lit./Abhängigkeiten: MAMBELLI Nr. 422: "con 18 eleganti incisioni su rame, fuori testo, disegnate da Cochin junior e incise da C. Duflos". - Trier 1982, Nr. III 7 S. 33: "Mit den erstmals ▶VP 1745 publizierten Stichen nach Vorlage des berühmten Zeichners und Kupferstechers Charles Nicolas Cochin d. J. (1715 - 1790)." - FINSTERER-STUBER, 1960, Nr. 63. - PASQUIER, 1992, Nr. 70: 18 Kupferstiche (fuori testo) nach Cochin fils gestochen von C. Duflos. Keine Angabe des Sujets. (W.S.:) Doch die beigegebenen Abbildungen zeigen immerhin, dass diese Kupferstiche in ▶VP 1767 identisch sind mit jenen in der Edition Paris ▶VP 1745 = PASQUIER, 1992, Nr. 68. - In der Tat bezeichnet ODERMANN, 1931, 17, die Ausgabe Paris ▶VP 1767 als eine Neuauflage von Paris ▶VP 1745 (= ▶VP 1754A). – Es handelt sich also um einen Beleg des Zyklus Nr. 46.

Abb.: Im Abb.-Teil bei PASQUIER, 1992, sieben Bilder (von 12) zur Aen.: Abb. 160 zu Aen. II (Flucht aus Troja) [die Legenden zu Abb. 159 und zu Abb. 160 sind bei PASQUIER vertauscht]; Abb. 176 zu Aen. III (Aeneas und Andromache); Abb. 204 zu Aen. V (Spiele: Wettlauf); Abb. 217 zu Aen. VI (Charon); Abb. 229 zu Aen. VII (Hirsch Silvias); Abb. 243 zu Aen. IX (Nisus und Euryalus) - doch siehe gleich; Abb. 271 zu Aen. XI (Tod Camillas). - Die Abb. zeigen, dass die Kupferstiche in ▶VP 1767 identisch sind mit denen in ▶VP 1745 (s. dort eine nähere Beschreibung). Eine nur scheinbare Ausnahme bildet der Kupferstich zu Aen. IX. In der ▶VP 1767 zugeschriebenen Abb. 243 zu Aen. IX wird Euyralus r. vorn von latinischen Kriegern zu Fuß überwältigt und von Reitern li. bedroht, während ‚von oben' Nisus zu seiner Rettung herbeistürzt. In dem Bild zu Aen. IX in ▶VP 1745 dagegen ist Turnus in das trojanische Lager eingedrungen und wird dort von allen Seiten bedrängt. Aber es liegt ein Irrtum in der Zuschreibung bei PASQUIER, 1992, vor. In Wirklichkeit ist das Bild zu Aen. IX in ▶VP 1767 identisch mit dem in ▶VP 1745 = ▶VP 1754A (Turnus im trojanischen Lager), s. gleich in der Rubrik *Zugänglichkeit*. Ich vermute, dass die Abb. 243 zu Aen. IX bei PASQUIER, 1992 in Wirklichkeit aus ▶VP 1743 stammt, also von Cochin fils sowohl entworfen als auch gestochen ist.

VP 1767 *Zugänglichkeit*: Die beiden Bände dieser Ausgabe ▶VP 1767 sind in meinem (W.S.) Privatbesitz. Die Antiporta zeigt die ‚Ohnmacht der Octavia', als Vergil aus Aen. VI die sich auf ihren jung verstorbenen Sohn beziehenden Verse *Tu Marcellus eris* (Aen. VI 882f., im Stich sichtbar) vorliest. - Zu den ecl. insgesamt und zu jedem Buch der georg. gibt es einen Kupferstich. Die Aeneis beginnt schon in Tom. I S. 133. Die von PASQUIER nicht abgebildeten Auftakt-Kupferstiche zu den einzelnen Aeneis-Büchern haben folgende Sujets: Aen. I: Neptun besänftigt die Sturmwinde; Aen. IV: Aeneas und Dido betreten die Höhle; Aen. VIII: Aeneas wird von Pallas vor den opfernden König Euander geführt; Aen. X: Turnus raubt dem Pallas, den er im Kampf getötet hat, den Schwertgurt; Aen. XII: Aeneas und König Latinus schwören am Altar bei der Vereinbarung des Schlussduells. - Die Abb. 243 zu Aen. IX (Nisus verteidigt Euryalus gegen die andrängenden Rutuler), die bei PASQUIER, 1992, ihrer Nr. 70 (Paris 1767-1790, gemeint ist ▶VP 1767 = Ndr. ▶VP 1790A) zugeschrieben wird, stammt, wie Autopsie beweist, nicht aus ▶VP 1767. In ▶VP 1767 zeigt das Titelbild zu Aen. IX vielmehr (wie in ▶VP 1754A = ▶VP 1745) Turnus, der in das Lager der Trojaner eingedrungen ist. - ▶VP 1767 Die Kupferstiche sind wiederholt in der engl. Übers. London ▶VP 1772B und ▶VP 1782A, doch jetzt von J. Collyer gestochen, s. dort. - Vgl. generell die Originalausgabe Paris ▶VP 1745 und die Ausgabe Paris ▶VP 1754A (Zyklus Nr. 46).

VP 1768   **ital. Übers. der Aeneis und der ganzen Opera, Bassano 1768**
L'Eneide del commendatore Annibal CARO. Libri XII. In questa novissima edizione oltre alla vita dell'autore e a quella del poeta latino si aggiungono le traduzioni della Buccolica e della Georgica. Bassano, Remondini, 1768.
 Bibl.: MAMBELLI Nr. 850 ("con una incisione"); CBItalV Nr. 1944 (Ø); fehlt bei PASQUIER, 1992.

VP 1769   **+ engl. Übers. der Opera, Glasgow 1769**
The works of Virgil, translated by John DRYDEN, Esq. In three volumes ... Glasgow, Robert and Andrew Foulis, 1769 [3 Vol.].
 Bibl./Zugänglichkeit: Fehlt bei MAMBELLI Nr. 1372 und in anderen Bibliographien; nur bekannt durch die vollständige Digitalisierung aller 3 Vol. bei ECCO (Exemplar der BL).
 Beschreibung/Abhängigkeiten: Nur Vol. 1 enthält unter seinen 205 Images 2 Illustrationen: Als Antiporta (Image 1) das Medaillon eines nach li. zu einer Herme gewendeten VIRGILIUS im Orsini-Typus (doch in dieser Form neu) und als Image 42 eine neue Karte *The voyage of Aeneas as described by Virgil* mit eingezeichneter Fahrtroute, aber ohne Vignetten oder Aen.-Zitate. Dies ist eine Art Zwischenspiel zwischen der Phase von ▶VP 1697B bis ▶VP 1763C, in der die engl. Übers. von J. DRYDEN mit dem von F. Cleyn für ▶VP 1654A entworfenen Illustrations-Zyklus Nr. 29 verbunden war, und der neuen Phase, in der ihr in ▶VP 1772B, ▶VP 1782A und ▶VP 1792A der Illustrations-Zyklus Nr. 46 von Cochin filius (▶VP 1745 = ▶VP 1754A = ▶VP 1767) beigegeben wurde.

VP 1770A   ◻ **ital. Übers. der Aeneis und der ganzen Opera,**
                          Neapel 1770
Dell'Eneide di Virgilio del commendatore Annibal CARO. Libri dodici. Novissima edizione ornata di figure in rame, arricchita della Bucolica, Georgica tradotte da Andrea LORI e Bernardino DANIELLO, e delle vite de' medesimi Virgilio e CARO. Napoli, a spese di Vincenzo e Gaetano Migliaccio, 1770.
 Bibl.: MAMBELLI Nr. 852 ("11 tavole fuori testo"); Perugia 1980, Nr. 75 ("11 tav. ... incise da Ciro Tipaldi"); CBItalV Nr. 1945; fehlt bei PASQUIER, 1992. Allerdings verzeichnet PASQUIER, 1992, zu ihrer Nr. 78 (Venedig ▶VP 1734 und 1735; s. dort) auch einen Ndr. 1770, also ▶VP 1770A.
 Abhängigkeiten/Abb.: Die Originalausgabe dieses anonymen Aen.-Zyklus Nr. 42 ist offenbar, wie die Beschreibung bei PASQUIER, 1992, Nr. 78 zeigt, ▶VP 1734 = 1735; weitere Nachstiche sind ▶VP 1746B = ▶VP 1750B (= ▶VP 1755B ?) = ▶VP 1770A = ▶VP 1777C = ▶VP 1783B (dort nähere Beschreibung). - Zehn Abb. aus dem Ndr. ▶VP 1750B, davon neun zur Aen., bei MAGNO, 1982, an den dort S. 245 genannten Seiten (ohne Kommentar).

VP 1770B   ◻ **+ Opera mit ital. Übers., Rom 1770**
                          Ndr. (in 4 Bänden) von ▶VP 1763A, s. dort *Bibl.*

VP 1771   □ **Opera, Birmingham (1771)**
Ndr. von ▶VP 1757A, s. dort.

VP 1772A   □ **? Opera, Dublin 1772**
Opera, interpretatione et notis illustravit Carolus RUAEUS, iuxta editionem novissimam Parisiensem. Dublini, Typographia Academica, 1772.

    Bibl.: MAMBELLI Nr. 428 ("17 tavole incise"); CBItalV Nr. 330 mit Addendum S. 153: Editori: J. Exshaw, T. Ewing, W. Smith, W. Wilson. - Zur Geschichte der Ausgaben von C. RUAEUS seit der Erstausgabe Paris ▶VP 1675A s. zu ▶VP 1682A.

VP 1772B   □ **engl. Übers. der Opera, London 1772**
The works of Virgil, translated into English verse by Mr. [John] DRYDEN. In four volumes. London, printed for J. and F. Rivington, Hawes, Clarke (etc.) 1772 [4 Vol. in 12°].

    Bibl./Zugänglichkeit: MAMBELLI Nr. 1375 ("con incisioni … Ristampa"). Näher bekannt nur durch die vollständige Digitalisierung aller 4 Vol., einschließlich der jeweils 4 (Vol. 3: 6) Illustrationen, bei ECCO nach dem Exemplar der BL.

    Beschreibung/Abhängigkeiten: Diese Ausgabe der engl. Übers. von John DRYDEN enthält nicht mehr, wie seit ▶VP 1697B und zuletzt ▶VP 1763C = ▶VP 1748 (= MAMBELLI Nr. 1372) oder auch z. B. ▶VP 1709 (= MAMBELLI Nr. 1368), den ursprünglich für ▶VP 1654A von F. Cleyn entworfenen Illustrations-Zyklus (Nr. 29) von Szenenbildern, sondern einen anderen, der für die ecl., die 4 georg.- und die 12 Aen.-Bücher nur mehr je ein Auftaktbild bringt. Alle 18 Kupferstiche (zu den 1+4+12 Titelbildern kommt noch eine Antiporta) sind signiert mit *J. Collyer sculp(si)t*. Es handelt sich um seitenrichtige Nachstiche der von Cochin filius für ▶VP 1745 (dort nähere Beschreibung) = ▶VP 1754A = ▶VP 1767 entworfenen (und ursprünglich von C. Duflos gestochenen) Illustrationen des Zyklus Nr. 46, s. jeweils dort. In ▶VP 1772B gibt es keine lat. Beischriften. Eine Wiederholung von ▶VP 1772B ist ▶VP 1782A.

    Antiporta (Vol. 1, Image 2 bei ECCO): ,Ohnmacht der Octavia'. Vergil liest hier aus einer Buchrolle nicht den Höhepunkt der Marcellus-Passage, Aen. VI 882f. mit *Tu Marcellus eris,* vor (wie in ▶VP 1745), sondern deren Anfang Aen. VI 868 *O nate, ingentem luctum ne quaere tuorum.*

Die 12 Auftakt-Stiche zu den Aen.-Büchern sind getreue Nachstiche aus ▶VP 1745 = ▶VP 1754A = ▶VP 1767 (einschließlich des Bildes zu Aen. IX mit dem ins Lager der Trojaner eingedrungenen Turnus), s. ▶VP 1745 (Zyklus Nr. 46); sie stammen also von Cochin fils: Aen. I - Vol. 2 Image 238 bei ECCO; Aen. II - Vol. 2 Image 324; Aen. III - Vol. 3 Image 21; Aen. IV - Vol. 3 Image 60; Aen. V - Vol. 3 Image 113; Aen. VI - Vol. 3 Image 172; Aen. VII - Vol. 3 Image 234; Aen. VIII - Vol. 3 Image 262; Aen. IX - Vol. 4 Image 23; Aen. X - Vol. 4 Image 85; Aen. XI - Vol. 4 Image 165; Aen. XII - Vol. 4 Image 186.

VP 1772B MAMBELLI Nr. 1375 verweist zu ▶VP 1772B noch auf eine Reihe weiterer Neuausgaben (nicht auf London ▶VP 1782A), ohne dass klar würde, ob und welche Illustrationen sie aufweisen: "Una nuova edizione, in 3 voll., 'printed J. D. Cornish', fu pubblicata nel 1779 nella collezione 'The works of the English poets', voll. XVII-XIX [bei Napoli 1981, Nr. 161, wird diese Ausgabe 1773 datiert]. L'opera fu riprodotta ancora nel ▶VP 1795E a Londra "printed for Martin and Bain" in due volumi. L'edizione londinese del ▶VP 1806 … è giudicata una delle migliori della presente traduzione".

VP 1774A   **Opera, Leipzig 1774**
Opera in duas partes distributa, ex recensione et cum animadversionibus Petri BURMANNI. Lipsiae, G. T. Georgius, 1774 [in 2 Teilen].
Bibl.: MAMBELLI Nr. 430 nennt als Verleger ‚Fritsch'; Ø); CBItalV Nr. 332 (Ø); Wolfenbüttel 1982, D 56 („mit Frontispiz", ohne Beschreibung).

VP 1774B   **Ecl./georg. (opera?), London 1774**
Bucolica et Georgica (Opera?) aeneis tabulis olim a John PINE illustrata. Opus paternum in lucem profert Robert Edge PINE. Londini, Bensley, 1774 [2 Vol.].
Bibl.: MAMBELLI Nr. 432 (Ø - trotz des Titels; „nel 1755 era stato pubblicato un volume del lavoro di John PINE comprendente solo le ecl. e le georg. [= MAMBELLI Nr. 608 = ▶VP 1755A]"). Nach dem von MAMBELLI referierten Titel ‚Opera aeneis tabulis eqs.' sollte man vermuten, dass in dieser Neuausgabe jetzt, anders als in der Originalausgabe ▶VP 1755A, auch die Aen. enthalten wäre; aber BL bringt den vermutlich präziseren Titel: ‚Bucolica et Georgica tabulis aeneis eqs.' - Ein Computer-Programm wird *aeneis* nicht als Form von *aeneus* erkennen, sondern als *Aeneis* identifizieren.

VP 1776A   ◻ **ital. Übers. der Aeneis und der ganzen Opera,**
                          Parma 1776
Eneide. Libri XII, Tradotta da Annibal CARO, aggiuntavi la traduzione della Buccolica e Georgica colla vita dell'autore. Edizione novissima corredata da figure incise su rame da N. Provesi. Parma, F. Borsi, 1776.
Bibl.: MAMBELLI Nr. 854 ("con 14 rami a piena pagina"), ohne Hinweis darauf, dass es sich offenbar um einen Ndr. von Parma, Borsi, ▶VP 1759B = MAMBELLI Nr. 843 handelt, wo die Kupferstiche ebenfalls von Noé Provesi stammen. MAMBELLI Nr. 866 bezeichnet ferner eine Ausgabe im gleichen Verlag von 1793 (Ø) als Ndr. von ▶VP 1776A.

VP 1776B   ◻ **Bilderbuch zu den Opera, Rom 1776**
Antiquissimi Virgiliani codicis Bibliothecae Vaticanae picturae a Petro Sancte BARTOLI aere incisae, accedunt ex insignioribus pinacothecis picturae aliae veteres, gemmae et anaglypha quibus celebriora Virgilii loca illustrantur. Romae, apud Venantium Monaldini, 1776 [4°].
Bibl.: Bei MAMBELLI Nr. 391 (zu Rom ▶VP 1741C); CBItalV Nr. 2997 ("tav. 118"); vgl. bei PASQUIER, 1992, S. 10, dort Nr. 4 ("118 pl. effigie de Virgile et titre à encadrement gravé"). - Vgl. generell oben zu Rom ▶VP 1677B und zu Rom ▶VP 1741C (Zyklus Nr. 33).

Beschreibung: Das ganze Buch enthält, abgesehen von der Titelei, spärlichen Herkunftsangaben vom Typ *ex Museo Kirkeniano* und Signaturen von Stechern, keinerlei Text und auch keine Paginierung. Die Antiporta (**a**) zeigt Vergil im Orsini-Typus mit der Herme li. und der Beischrift *Virgilius smaragdo insculptus Romae in Museo Kirkeriano*. Es folgen dann ohne Nummerierung 118 Stiche: zunächst (**b**) ohne Signaturen und Herkunftsangaben, aber auch ohne erkennbare Ordnung (jedenfalls ist das Anordnungsprinzip nicht der Aen.-Text) 56 Stiche nach den Miniaturen in den beiden spätantiken(Vergil-Codices F (Vaticanus) oder (davon nicht geschieden) R (Romanus); dann (**c**) 45 meist signierte Stiche nach unterschiedlichen Vorlagen, die sich entsprechend dem Titel des Buches (in Sekundärverwendung) auf berühmte Vergil-Stellen beziehen lassen; das Sujet ist jedoch nie benannt und deshalb oft unklar; ferner (**d**) 5 meist unbezeichnete Porträt-Stiche historischer Persönlichkeiten; (**e**) 10 Stiche zu Prometheus, Scylla, Ganymed, Hercules, einer Nymphe mit dem Bacchus-Knaben, Achilles, einer Muse; (**f**) ein Vergil-Porträt, der Nachstich von M. Carloni *ex codice Vaticano 3867*, also Cod. R (das Autorenbild vor der 2. ecl.); schließlich (**g**) ein Doppel-Münzporträt CAESAR IMP. – ANTONIUS IMP.

Abhängigkeiten: Da es sich nicht um eine Originalillustration handelt, sondern um eine Art von schein-dokumentarischer Illustrierung, bin ich der Herkunft dieser Stiche nicht intensiv nachgegangen. Hinzu kommt, dass beim Fehlen von Digitalisaten die Arbeitsbedingungen für mich schwierig und meine Ergebnisse für den Leser nicht nachprüfbar sind. - Es ist schon aus dem Titel klar, dass es sich bei den Stichen der Gruppe (**b**) um Wiederholungen der Stiche von Pietro Sancte Bartoli im Zyklus Nr. 33 handelt, der seit ▶VP 1677B, dann in ▶VP 1725B und ▶VP 1741C (dort nähere Beschreibung) belegt ist. Das hat eine Überprüfung bestätigt. Ein weiterer Vergleich zeigte, dass sämtliche Stiche der Gruppe (**c**), die beiden ersten der Gruppe (**d**) und die beiden letzten Stiche (**f**) und (**g**) aus der dreibändigen Ausgabe ▶VP 1763A (Rom 1763-1765; Zyklus Nr. 54) stammen. (Deren Bilder sind aber nicht alle übernommen.) Im wesentlichen handelt es sich bei ▶VP 1776B um ein aus ▶VP 1763A zusammengestelltes reines Bilderbuch. Allerdings fehlt in ▶VP 1776B nicht nur die in ▶VP 1763A vorhandene Anbindung an den Vergil-Text, sondern irgendein erkennbares Bezugssystem. Die 105 (von 162) Stiche aus ▶VP 1763A sind aus ihrem dortigen sinnvollen Zusammenhang gerissen und zu neuen Gruppen, vor allem zu (**b**) und (**c**), zusammengestellt worden.

VP 1776B   *Zugänglichkeit*: BSB 4 Chalc. 139 (bisher keine Digitalisierungen daraus, doch später möglich).

VP 1777A   **+ Opera, London: Bathurst u.a. 1777**

Opera. Interpretatione et notis illustravit Carolus RUAEUS ... jussu christianissimi regis, ad usum serenissimi Delphini. Juxta editionem novissimam Parisiensem. ... Londini, impensis C. Bathurst, J. F. & C. Rivington (etc.), 1777.

    Bibl./Zugänglichkeit: Fehlt bei MAMBELLI und in anderen Bibliographien; nur bekannt durch die vollständige Digitalisierung einschließlich einer Karte als einziger Illustration (Page Image 202) bei ECCO (Exemplar der BL).

    Beschreibung/Abhängigkeiten: Es ist nicht mehr, wie in den früheren Ausgaben von RUAEUS ▶VP 1740, ▶VP 1746C, ▶VP 1753C, ▶VP 1759A und ▶VP 1765B, der Zyklus von Nachstichen der von A. Houbraken entworfenen Kupferstiche in ▶VP 1717B (Nr. 39) enthalten, sondern nur noch die ebenfalls aus ▶VP 1717B stammende Karte. Eine Wiederholung von ▶VP 1777A ist ▶VP 1787B und faktisch auch ▶VP 1790F. - Zur Geschichte der Ausgaben von C. RUAEUS seit der Erstausgabe Paris ▶VP 1675A s. zu ▶VP 1682A.

VP 1777B   **Opera, London: Rivington u.a. 1777**

Opera. Londini, J. F. & C. Rivington, T. Longman & T. Cadell, 1777.

    Bibl.: bei MAMBELLI Nr. 371 zur Originalausgabe ex recensione Michael Maittaire, London, Tonson et Watts, ▶VP 1715, s.o.; Wolfenbüttel 1982, D 57 („mit Frontispiz"); BL („plate"). - Ganz digitalisiert bei ECCO, darunter auch als einzige Illustration (neben zwei Wappen) als Page image 3 die Antiporta mit der Beischrift *Pascua, Rura, Duces* und der Signatur *Lud. Du Guernier inv. et sculp.* Sie ist eine Wiederholung aus ▶VP 1715, s. dort.

VP 1777C   □ ital. Übers. der Aen. und der ganzen Opera, Bassano 1777

L'Eneide di Virgilio del Commendatore Annibale CARO libri dodici. Novissima edizione, ornata di figure in rame, arricchita con le traduzioni della Bucolica [per Andrea LORI], Georgica [per Bernardino DANIELLO], e vita del medesimo Virgilio [per Tommaso PORCACHI]. Basano, Remondini, 1777.

    Bibl.: MAMBELLI, Nr. 855 (Ø, trotz des Titels *ornata di figure in rame*), mit dem Hinweis, dass Neapel ▶VP 1770A die Vorlage sei; s. dort; COPAC (BL, Ø, trotz des Titels). Vgl. ▶VP 1783B mit Beschreibung.

VP 1778A   **Opera mit deutschen Anm., Frankfurt und Leipzig 1778**

Opera. Welche aus den Schriften der alten und neuern Wortforscher, Und insonderheit aus der Mythologie und aus den Geschichten deutlich und zulänglich erkläret ... Abraham KRIEGEL. Vierte Auflage, welche dem Texte der Ausgabe des berühmten P. BURMANNI folgt ... Frankfurt und Leipzig, Heinrich Ludwig Brönner, 1778.

    Bibl.: MAMBELLI Nr. 439 (1778; Ø); Wolfenbüttel 1982, D 46 (1730; Ø) und D 47 (1731; Ø); CBItalV Nr. 343 (1778; Ø). Als 1. Auflage ist die in Wolfenbüttel vorhandene Ausgabe ▶VP 1730B zu betrachten.

    Beschreibung: Die Ausgabe von 1778 enthält nur eine zweigeteilte Kupferstich-Antiporta ohne Textelemente. Auf der oberen Hälfte flieht der Pius Aeneas mit Anchises in Huckepack-Position und mit Ascanius vorn r. aus dem brennenden Troja, vor (!) dessen Tor das Hölzerne Pferd steht. Auf der unteren Hälfte eine ländlich-bukolische Szenerie mit zwei Bauern (neben einem Pferd und einem großen Bienenkorb li.) und drei Hirten (mit Schafen r.). In der Mitte ein Medaillon mit einem En-face-Porträt des lorbeerbekränzten Vergil.

    Zugänglichkeit: BSB A.lat.a. 2202 k (1778), daraus digitalisiert 1 Doppelseite mit Antiporta und Titelseite; **DVD 2**.

VP 1778B   ◘ **? ital. Übers. der Aeneis, Neapel 1778**
L'Eneide tradotta da Annibal CARO. Libri XII. Napoli, Manfredi, 1778.
    Bibl.: MAMBELLI Nr. 856 ("con figure incise su rame").

VP 1778C   ◘ **engl. Übers. der Opera (mit lat. Text), London 1778**
The works of Virgil, in Latin and in English. The Aeneid translated by ... Christopher PITT.
The Eklogues and Georgics, with notes on the whole, by Rev. Mr. Joseph WARTON ... Also, a
Dissertation on the sixth book of the Aeneid by Mr. WARBURTON. On the Shield of Aeneas by
Mr. W. WHITEHEAD ... London, printed for R. and J. Dodsley, 1778 [4 Vol.].
    Bibl.: Bei MAMBELLI Nr. 1373 (= ▶VP 1753E), mit dem Hinweis „con tavo-
le". Alle 4 Bände von ▶VP 1778C - wie schon die von ▶VP 1753E und ▶VP 1763B - sind
vollständig, einschließlich der 5+2+2+1 ,Illustrations', digitalisiert bei ECCO (Exemplar der
John Rysland Univ. Libr. Manchester). Es handelt sich in ▶VP 1778C um dieselben Kupfer-
stiche (allerdings auf anderen Seiten und damit mit anderen Page-Image-Nr., zudem ist in
Vol. 1 die Abfolge der Illustrationen umgestellt) wie in ▶VP 1753E, s. deshalb die dortige
Beschreibung (Zyklus Nr. 49). Sie waren bereits wiederholt in ▶VP 1763B.

VP 1779A   **Opera, Mannheim 1779**
Opera. Tomus primus (et) secundus. Mannhemii, cura et sumptibus Societatis litteratae, 1779
[2 Tom. in 1 Vol.].
    Bibl.: MAMBELLI Nr. 440 (Ø); Perugia 1980, Nr. 76 (□); CBItalV Nr. 345 (Ø).

VP 1779B   **ital. Übers. der Aeneis, Vicenza 1779**
L'Eneide tradotta in ottava rima dal nob. sig. co(nte) Arnaldo Arnaldi I. TORNIERI Vicentino,
con gli argomenti del rev. Vincenzo CARRARO. Vicenza, Antonio Veronese, 1779.
    Bibl.: MAMBELLI Nr. 857 ("antiporta disegnata da Antonio Vecchia e incisa in rame e
una tavola con ritratti del traduttore e famiglia"); CBItalV Nr. 2110 (Ø); Mantua 1981, Nr. 36;
PASQUIER, 1992, Nr. 87 (verweist fälschlich auf MAMBELLI Nr. 858).
    Lit.: Mantua 1981, Nr. 36: „controfrontespizio con incisione su rame a pagina intera,
disegnata da Antonio Vecchia, raffigurante due divinità fluviali (probabili personificazioni dei
fiumi Mincio e Po), ai piedi del busto di Virgilio; sullo sfondo s'intravede parte del porticato
e della Basilica di Monte Berico di Vicenza. All'interno altra tavola incisa su rame, con i
ritratti del traduttore e dei quattro figli." - PASQUIER, 1992, Nr. 87: 2 Tafeln, davon eine von
Antonio Vecchia: ein allegorisches Frontispiz und Porträts der Familie des Übersetzers: der
Graf mit 4 Kindern.
    Abb.: Im Abb.-Teil bei PASQUIER, 1992: Abb. 314 mit dem allegorischen Contro-
Frontispiz von Antonio Vecchia (zwei Flussgötter mit zwei Schwänen, zu Füßen einer Büste
des lorbeerbekränzten Vergil); diese ganzseitige Antiporta auch bei Mantua 1981, Nr. 36.

VP 1780A   **Opera, Kopenhagen 1780**
Opera perpetua adnotatione illustrata in usum scholarum Daniae et Norvagiae edidit Iacobus
BADEN. Hauniae, sumptibus Severini Gyldendal, 1780 [2 Bde.].
    Bibl.: MAMBELLI Nr. 445 (Ø); nicht im CBItalV im Umkreis von Nr. 350-352.
    Beschreibung: In Bd. 1 eine Kupferstich-Antiporta mit einem relieffartig ausgeführten
Medaillon des P. VIRGILIUS MARO (nach r. blickender junger Mann mit Lorbeerkranz, dem
Orsini-Typus nahestehend); unter dem mit einem Lorbeerkranz geschmückten Medaillon lie-
gen eine Buchrolle und eine Leier mit einem Zweig.
VP 1780A   *Zugänglichkeit*: BSB A.lat.a. 2204-1 (und 2204-2), aus dem 1. Bd. digitalisiert
eine Doppelseite mit der Antiporta und der Titelseite; DVD 2 .

VP 1780B   Opera, München 1780-1782

Opera. Perpetuam adnotationem adiecit Henricus BRAUN. Monachii, typis Ioan. Paul. Vötter, (Bd. 1:) prostat apud Ioannem Georgium Ruprecht, bzw. (Bd. 2-4) sumptibus Ian. Georg. Ruprecht, 1780-1782 (4 Bde.).

    Bibl.: MAMBELLI Nr. 444 (Ø); nicht im CBItalV im Umkreis von Nr. 349-354. - Im OPAC verschiedener UBs in Bayern ist Bd. 1/2, 1781 und Bd. 3/4, 1782 angegeben; im Münchener Exemplar ist jedoch Bd. 1, 1780 erschienen, Bd. 2, 1781, Bd. 3 und 4, 1782.

    Beschreibung: Das Werk insgesamt enthält nur einen Kupferstich, in Bd. 1 eine hinter das Titelblatt gestellte Widmungs-Antiporta (*Scheüffele delin., Söckler sculp.*) im Format 13,6 x 7,7. Sie ist wie ein Grabmal oder Denkmal gestaltet. Unter einem Medaillon von Kurfürst (1777-1799) Karl Theodor von Bayern ist ein Blatt gestochen mit der Aufschrift = Widmung „*IMMORTALI / CAROLO THEODORO / IMMORTALEM / P. VIRGILIUM MARONEM / D.D.D. / H.B.*".

    Zugänglichkeit: BSB A.lat.a. 2205-1 bis 2205-4; auch BSB Seppiana 225, aus dem letzteren Exemplar sind drei Seiten, darunter die Widmungs-Antiporta, digitalisiert; DVD 2.

VP 1780C   deutsche Übers. der Aeneis, Hamburg 1780

Virgils Aeneas [*sic*]. Deutsch. Mit einem Versuch erläuternder Anmerkungen für junge Leute vorzüglich aus Lipperts Dactyliothek, Herrn Hofrath Heyne in Göttingen zugeeignet. Hamburg, Heroldsche Buchhandlung, 1780 [2 Vol.].

    Bibl.: MAMBELLI Nr. 1314 (deutsche Prosaübersetzung von Vinzenz SEEHUSEN; Ø), Wolfenbüttel 1982, D 166 (1780, nur Bd. 1), vgl. D 169 (1818).

    Lit.: Wolfenbüttel 1982, D 166: „... anonym erschienene Prosaübersetzung des Hamburger Kaufmannes Lucas Vincent Seehusen (1750-?) ... Seehusen hat ... am Ende den Text erläutert vor allem durch Beschreibungen von Abbildungen in der ‚Dactyliothek' des Philipp Daniel Lippert (1702-1785; die Daktyliothek ist eine Sammlung von Abdrücken antiker Gemmen, zunächst in einer lat. Ausgabe in drei Abteilungen von 1755 bis 1762 erschienen, dann in den Jahren 1767/68 in deutscher Sprache umgearbeitet und mit Vorbericht, vor allem über die Technik der geschnittenen Steine, versehen), die auch schon Heyne herangezogen hatte. Seehusens besonderes archäologisches Interesse zeigt sich auch darin, dass er daneben noch weitere antike Denkmäler zur Erklärung der Aeneis heranzieht und häufig Winckelmann und Robert Wood zitiert. Seine Aeneisübersetzung ist noch drei weitere Male aufgelegt, 1805 von Reichenbach neu bearbeitet und in dieser Bearbeitung noch einmal 1818 nachgedruckt worden (s. Nr. D 169)."

    Abhängigkeiten: MAMBELLI Nr. 1314: "ristampata a Lipsia in 2 voll. nel 1794 ... riveduta e rifusa da J. F. Reichenbach che la pubblicò a Lipsia nel 1805"; ferner auch 6. Auflage Leipzig, Sommer, 1818 = Wolfenbüttel 1982, D 169 = ▶VP 1818A.

    Beschreibung: In Bd. 1, S. 219-292 „Erläuterungen über einige der vorzüglichsten Stellen in Virgils Aeneas aus Lipperts Dactyliothek", in dem (in Wolfenbüttel fehlenden) Bd. 2, S. 227-278 solche speziell zu ‚Gesang VII-XII'. Dabei wird immer wieder, z. B. zur Darstellung von Gottheiten wie Juno oder Helden wie Achilles auf Nummern in der Dactyliothek verwiesen und die dortigen Abbildungen werden aufgeführt und teils beschrieben. Eher selten sind die Darstellungen ursprünglich direkt auf eine Aen.-Szene bezogen. So habe ich auf den Seiten 220-235 von Bd. 1, die Aen. I behandeln, die Beschreibung nur einer einzigen Abb. bemerkt, die sich offenbar nicht auf mehr oder weniger beliebige Darstellungen der mythologischen Figuren bezieht, sondern wirklich auf eine Situation der Aen.: das Auftreten des (nur in Verg. Aen. vorkommenden) Sängers Iopas Aen. 1,740 (S. 234). - In den beiden Bänden der vorliegenden deutschen Aen.-Übers. selber finden sich aber keinerlei Illustrationen. Es handelt sich also in ▶VP 1780C um eine nur virtuelle Illustrierung der Aen. in Gestalt einer empfohlenen Auswahl aus einem nicht auf die Aen. bezogenen Bilder-Sammelwerk: Zyklus Nr. 55. Man könnte diese virtuelle Selektion vergleichen mit der realisierten, aber nicht auf Lippert fußenden Illustration in ▶VP 1763A; auch ▶VP 1793A gehört zum gleichen Typus. - Das Werk, auf das sich der anonyme Übersetzer (L. V. Seehusen) bezieht, ist Philipp D. LIPPERT, Dactyliothecae universalis … chilias, stilum accomodabat J(ohann) Fr. CHRISTIUS, Lipsia 1755 (die lat. Originalausgabe = BSB Num.ant. 34 h; von der deutschen Übers. Lipperts durch Jean DASSIER besitzt die BSB unter derselben Signatur nur den Teil: Erklärung von Schaumünzen, deren Gepräge eine Reihe Begebenheiten aus der Röm. Geschichte vorstellen … Leipzig, Breitkopf, 1763, 90 S.).

VP 1780C   *Zugänglichkeit*: BSB A.lat.a. 2317-1 und A.lat.a. 2317-2 (allerdings im OPAC nicht unter „Vergilius" verzeichnet); daraus sind digitalisiert Bd. 1, S. 219-292 und Bd. 2, S. 227-278 (also die vorwiegend bild-bezogenen, wenn auch bildlosen Erläuterungen) sowie jeweils das Titelblatt der beiden Bände; insgesamt sind 39 + 28 = 67 Doppelseiten digitalisiert; DVD 2.

VP 1782A   ◘ + **engl. Übers. der Opera, London 1782**
The works of Virgil, translated into English verse by Mr. [John] DRYDEN. London, printed for C. Bathurst, J. F. and C. Rivington (etc.), 1782 [4 Vol.].
      Bibl.: Nicht bei MAMBELLI Nr. 1375 (London ▶VP 1772B); auch nicht in CBItalV bei Nr. 2059; wohl aber BL („„plates").
      Beschreibung/Abhängigkeiten: Enthalten sind 18 Kupferstiche (Format 11,5 x 6,0), die alle mit *J. Collyer sculp(si)t* signiert sind. Wer sie entworfen hat, ist nicht angegeben. Es handelt sich um seitenrichtige Nachstiche der von Cochin filius für ▶VP 1745 = ▶VP 1754A = ▶VP 1767 entworfenen (und ursprünglich von C. Duflos gestochenen) Illustrationen, s. jeweils dort, zumal die nähere Beschreibung zu ▶VP 1745 (Zyklus Nr. 46). Insgesamt ist ▶VP 1782A eine Wiederholung von ▶VP 1772B, s. dort. Die Stiche stehen auf unpaginierten eingelegten Tafeln bei den Seiten, die auf den Stichen selbst angegeben sind (Typus dieser Hinweise: „Geo. II Vol. I p. 312" oder „Aen. I Vol. II p. 233"). Obwohl jedes Buch nur jeweils eine Illustration erhält (ecl. 6, georg. I-IV, Aen. I-XII), hat diese nicht die Funktion eines Titelbildes, sondern steht suo loco beim englischen Bezugstext. Vol. 1 enthält eine Antiporta mit der ‚Ohnmacht der Octavia', während Vergil aus seiner Rolle Aen. VI 868 vorliest (wie in ▶VP 1772B).

| VP 1782A | *Zugänglichkeit*: | BSB A.lat.a. 2251 |; digitalisiert sind alle 18
Bilder samt den gegenüberstehenden Textseiten, also insgesamt 18 Doppelsei-
ten; | DVD 2 |. - Ferner sind alle 4 Bände vollständig, einschließlich der 4+4+6+4
Illustrationen, digitalisiert bei | ECCO | (Exemplar der BL.) Die Kupferstiche
stehen für ▶VP 1782A (außer in Vol. 1) weithin auf genau denselben Page
Images (oder um 2 Seiten verschoben) wie auf jenen für ▶VP 1772B, s. dort.

VP 1782B   ◻ **Illustrationen zu den Opera, Rom 1782**
Picturae antiquissimi Virgiliani codicis Bibliothecae Vaticanae a Petro Sancte
BARTOLI aere incisae. Accedunt ex insignioribus pinacothecis picturae aliae veteres, gemmae et anaglypha quibus celebriora Virgilii loca illustrantur, compen-
daria explanatione apposita a singulas tabulas. Romae, apud Venantium Monaldini, 1782 [4°].
     Bibl.: Bei MAMBELLI Nr. 391 (zu Rom 1741); New York 1930 ("Consists
of 124 plates engraved by Pietro Santi Bartoli. Title and frontispice within ornamental engraved borders") = Princeton Item 680 (34 cm) und Item 681 (Item
682 ist zu tilgen laut KALLENDORF, brieflich); CBItalV Nr. 2987 ("tav. 124");
vgl. bei PASQUIER, 1992, S. 10, dort Nr. 5 ("32 p. et CXXIV, pl. gr. effigie de
Virgile et titre à encadrement gravé par G. Carattoni"). - Vgl. generell oben Rom
▶VP 1677B, ▶VP 1741C (darin 58 Tafeln) und ▶VP 1776B (Zyklus Nr. 33).

VP 1783A   **Opera, Zweibrücken 1783**
Opera, accedunt M. Manilii Astonomicon, cum notitia litteraria studiis Societatis Bipontinae.
Editio accurata. Biponti, ex typographia Societatis, 1783 [2 Vol., die Opera Vergils in Bd. 1].
     Bibl.: MAMBELLI Nr. 448 (Ø; mit Hinweis auf eine seconda ed. Straßburg 1808 und
einen Ndr. Wien, datiert Biponti 1817); Wolfenbüttel 1982, D 59 (Ø); nicht im CBItalV im
Umkreis von Nr. 355.
     Beschreibung: Auf der Titelseite von Bd. 1 Medaillon (5,5 x 4,5) mit nach li. gewen-
deter Büste des lorbeerbekränzten VIRGILIUS MARO im Orsini-Typus, doch ohne gegenüberstehende Herme. - Auf der Titelseite von Bd. 2 Medaillon (von ca. 4,6 cm Durchmesser) mit
nach li. gewendeter Büste des mit Lorbeer bekränzten, sonst kahlköpfigen *Maecenas*.
     Zugänglichkeit: | BSB Bibl. Mont. 446-1 und 446-2 |, daraus jeweils die Titelseite digi-
talisiert; | DVD 2 |.

VP 1783B   ◻ **ital. Übers. der Aeneis und der ganzen Opera,**
                              Venedig 1783
L'Eneide di Virgilio del commendatore Annibal CARO. Libri dodici. Novissima
edizione ornata di figure in rame, arricchita con le traduzioni della Bucolica, Georgica, e Vita del medesimo Virgilio.Venezia, Antonio Comin, 1783.
     Bibl.: MAMBELLI Nr. 860 ("quattordici tavole e frontespizio inciso raffigu-
rante Enea col padre Anchise. Edizione eseguita sulla remondiniana del ▶VP
1777C [= MAMBELLI Nr. 855; vgl. auch Bassano, Remondini, 1768 = MAMBELLI
Nr. 850]"); CBItalV Nr. 1948; fehlt bei PASQUIER, 1992. Allerdings verweist
PASQUIER, 1992, zu ihrer Nr. 78 (Venedig ▶VP 1734 und 1735, s. dort) auf
Ndr. ▶VP 1770A und ▶VP 1783B.

VP 1783B   *Beschreibung*: Insgesamt 15 ganzseitige unsignierte Kupferstiche (Format 11,4 x 6,1), die jeweils auf einem eingelegten ungezählten Blatt stehen: Antiporta, je ein Titelbild zu den 12 Büchern der Aen., danach je ein Auftaktbild zu den angefügten Buc.-Übers. von Andrea Lori (mit Hirtenszenen) und der georg.-Übers. von Bernardin Daniello (mit Feldarbeiten). Für die Aen.-Bilder ist jeweils oben links das betreffende Buch (Typus: „L. 8") angegeben; im übrigen gibt es keine textuellen Elemente wie Namensbänder. Der ital. Übers. der einzelnen Aen.-Bücher ist jeweils eine ital. Übers. der (lat.) Pentasticha vorausgestellt. Die Figuren auf den Aen.-Bildern sind nicht antikisch kostümiert. Nach der Beschreibung von PASQUIER, 1992, zu ihrer Nr. 78, sind die Aen.-Bilder in ▶VP 1783B identisch mit denen der Originalausgabe Venedig ▶VP 1734 und 1735. Sie haben folgende Sujets:

Antiporta: Oben schwebt ein geflügelter Genius des Ruhms, der eine Trompete bläst, von der eine Fahne mit der Aufschrift ENEIDE DI VIRGILIO herabwallt. Unten Flucht des Pius Aeneas mit Ascanius nach r. zu einem bereitliegenden Schiff; im Hintergrund das brennende Troja. (Ein Hinweis auf den Stecher L. Tifosi, der nach PASQUIER, 1992, Nr. 78 in der Originalausgabe ▶VP 1734 enthalten ist, findet sich in ▶VP 1783B nicht.)

VP 1783B Aen. I: Aeneas und Achates li. bei der Hirschjagd (am Portus Libycus); im Hintergrund in einer Bucht ankernde Schiffe. (MAGNO, 1982, 245 spricht nur vage von „Peregrinazioni di Enea").

Aen. II: (Nicht identisch mit der Antiporta, obwohl auch dort der Pius Aeneas dargestellt ist.) Vor dem Hintergrund des brennenden Troja trägt Aeneas li. Anchises zum Strand, wo ein Ruderboot mit drei Insassen darauf wartet, sie an Bord eines r. bereitliegenden Segelschiffes zu bringen. Oben r. wallt unmotiviert eine Fahne ins Bild.

Aen. III: Vier Männer tragen innerhalb einer Stadt (in der PASQUIER, 1992, zu ihrer Nr. 78 zu Unrecht das Rom des 18. Jh. erkennen will) auf ihren Schultern eine Bahre mit einem Kranken oder Toten nach r.; voran schreitet r. ein jüngerer Krieger; mehrere Personen folgen der Bahre. - Ein singuläres Bild-Motiv. Es kann sich nur um den Tod des Anchises in Drepanum auf Sizilien handeln, der am Schluss von Aen. III von dem erzählenden Aeneas allerdings nicht geschildert, sondern konstatiert und beklagt wird. Eine ikonographisch vergleichbare Szene gibt es sonst nur noch für die Überführung der Leiche des Pallas vom Schlachtfeld nach Pallanteum/Rom in Aen. XI oder allenfalls bei der Bestattung des Trompeters Misenus im Anfangsteil von Aen. VI.

Aen. IV: Aeneas und Dido mit zwei li. kauernden Hunden stehend vor einer senkrechten Felswand r.

Aen. V: Herzliche Begrüßung von Trojanern (darunter ein Junge, also Ascanius), die aus einem Schiff li. ausgestiegen sind, am Strand vor den Mauern einer Stadt r. - Es muss sich um den Empfang der Aeneaden durch König Acestes auf Sizilien handeln. Ikonographisch ähnlich gestaltet wird sonst der Empfang der Trojaner (damals noch mit Anchises an der Spitze) durch Helenus an der Küste von Epirus in Aen. III. In der Tat wird auch hier auf dem Bild zu Aen. V ein älterer Mann - der Anchises sein muss, obwohl der bereits vor einem Jahr gestorben ist - von dem begrüßenden König umarmt. Vielleicht war dieses Bild ursprünglich für Aen. III bestimmt; dann fehlt allerdings Andromache.

Aen. VI: Aeneas li. und die Sibylle in einer Grotte am Ufer des Acheron in der Unterwelt; im Hintergrund die hochlodernden Flammen der ‚Hölle'.

VP 1783B Aen. VII: Die trojanische Gesandtschaft (angeführt von Ilioneus im Redegestus) vor dem im Freien r. auf einem Felsblock sitzenden, vom Gefolge umgebenen König Latinus.

Aen. VIII: Ansprache eines Heerführers li. vor versammelten, teils sitzenden, meist aber stehenden Kriegern; vor ihm liegen eine Rüstung und ein Schwert. - Singuläres und nicht sicher zu identifizierendes Motiv (auch PASQUIER, 1992, zu ihrer Nr. 78 ist ratlos: Pakt zwischen Aeneas und Euander gemäß Aen. VII 150f.? Aufbruch des Pallas in den Krieg?). Es gibt in Aen. VIII und auch sonst in der Aen. keine genau entsprechende Situation. Eine vage Verwandtschaft besteht zu einer Rüstungsszene wie etwa Aen. XII 81ff., wo sich Turnus für eine neue Kampf-Phase rüstet. Vielleicht soll global das Ende von Aen. VIII dargestellt sein, wo Aeneas das Lager der Etrusker erreicht (VIII 603ff.), ohne dort allerdings eine Ansprache zu halten, und dann (VIII 608-731 Buchende) in dessen Nähe am Tiber von seiner Mutter Venus eine neue Rüstung erhält. Oder Aeneas vor Euander und Pallas? - (MAGNO, 1982, 245 spricht nur vage von „Preparativi di guerra".)

Aen. IX: Metamorphose der in hochlodernden Flammen brennenden trojanischen Schiffe in Nymphen li. In den Wolken fährt die Göttin Kybele auf ihrem von zwei geflügelten Löwen gezogenen Wagen nach li.

Aen. X: Landung des am Bug eines Schiffes stehenden Aeneas mit der etruskischen Flotte von li. am Strand des Tibers r. (Aen. X 258ff.). – Ungewöhnliches Sujet; eher wird die Begegnung der etruskischen Flotte des Aeneas mit den Nymphen, die früher seine trojanischen Schiffe waren, dargestellt.

Aen. XI: Die trojanische Geleitmannschaft bringt die Leiche des Pallas (li. auf dem Boden liegend; sein Kopf wirkt wie der eines alten Mannes) zu seinem Vater, dem König Euander li., der von unbewaffneten, mit Kapuzen-Mänteln bekleideten Männern umgeben ist und in einem von Wolken erfüllten (was unmotiviert wirkt, da keine Gottheit zu sehen ist) Rundbau steht. - Nicht die dargestellte Szene, aber das Ambiente ist ungewöhnlich.

Aen. XII: Während im Hintergrund noch eine Reiterschlacht (zwischen Rutulern und Trojanern) tobt, stößt im Vordergrund der von r. heransprengende Aeneas dem ebenfalls berittenen Turnus li. den Speer (?) in die Seite. - Das Schlussduell ist hier in ungewöhnlicher und textwidriger Weise als Kampf zwischen zwei Reitern dargestellt.

VP 1783B   *Würdigung*: Offenbar handelt es sich bei diesen künstlerisch unbefriedigenden Kupferstichen (des Zyklus Nr. 42) um mono-szenische Bilder, die zum Titelbild des betreffenden Buches erhöht sind. Es sind durchweg dürftige und steife Kompositionen mit mehrfach (Aen. III, VIII, auch XII) textfernen Darstellungen. Die Wahl der Sujets scheint zum Teil darauf berechnet zu sein, gängige Motive zu vermeiden (Aen. III, V, VIII, X). Die Bilder erzeugen kaum Stimmung (nicht einmal die pathetischen Szenen in Aen. III und XI). Kleidung und Rüstung sollen wohl antikisierend wirken, erreichen aber diesen Eindruck kaum, am ehesten noch die Schiffe (Aen. II, IX, X).

Abhängigkeiten: Es handelt sich um Übernahmen (Nachstiche) aus ▶VP 1746B = ▶VP 1750B (= ▶VP 1755B) = ▶VP 1770A, und diese wiederum stammen, wie die Beschreibung bei PASQUIER, 1992, Nr. 78 zeigt, aus der anonymen Originalausgabe ▶VP 1734 = 1735 (s. dort) des Zyklus Nr. 42.

Abb.: CBItalV Fig. 8 zu Aen. VI (Aeneas und die Sibylle am Ufer des Acheron). Außerdem bietet MAGNO, 1982, neun der 12 Bilder zur Aen. (nicht die zu Aen. III, X und XII), jedoch aus ▶VP 1750B.

Zugänglichkeit: Nicht in der BSB, jedoch UB München 8 A.lat. 1596.

VP 1783C   **deutsche Übers. der Aeneis, Luzern (und Basel) 1783**
Virgils Aeneis, von Franz Regis CRAUER. Luzern, J. A. Salzmann. 1783 [2 Vol. in 1 Band].
Bibl.: MAMBELLI Nr. 1316 (Ø); CBItalV Nr. 2343 (Ø); Wolfenbüttel 1982, D 167 („Jeder Bd. mit Titelvignette; … metrische Übersetzung des Rhetorikprofessors Franz Regis Crauer (1739-1806) in Hexametern"). - Alle drei Quellen geben als Druckort Luzern und als Drucker Salzmann an, die BSB aber besitzt eine andere Ausgabe (Basel, J. J. Flick, 1783).
Beschreibung: Die Titelseite beider Bände zeigt jeweils als Vignette ein ovales Medaillon mit dem nach links gewendeten Kopf des lorbeerbekränzten Vergil im Orsini-Typus (doch wirkt der Kopf wie der eines älteren Mannes).
Zugänglichkeit: BSB A.lat.a. 2318-1 und 2318-2 (aber: Basel, Johann Jakob Flick, 1783); digitalisiert ist die Titelseite von Bd. 1; DVD 2.

VP 1784   **Opera, Venedig 1784**
Opera. Ex recensione N. HEINSII et P. BURMANNI, ad Chr. Gottl. HEYNE editionem accuratissime exacta. Venetiis, Tommaso Bettinelli, 1784 [3 Vol.].
Bibl.: MAMBELLI Nr. 451 (□); New York 1930, Case 5, Nr. 4 (Ø) = Princeton Item 270 (□); als Verleger ist hier "apud Thomam Pettinelli" angegeben; Perugia 1980, Nr. 78 ("Ritratto del poeta e finissima cornice sui front., incisi da Alessandri e Scattaglia"); CBItalV Nr. 359; PASQUIER, 1992, Nr. 89 (Frontispiz mit Bildnis Vergils nach Alessandri und Scattaglia).
Abhängigkeiten: Ndr. in 2 Vol. ▶VP 1796A = MAMBELLI Nr. 476, s.u.
Abb.: Im Abb.-Teil bei PASQUIER, 1992: Abb. 321 mit dem Frontispiz (Medaillon mit der Büste Vergils). - Dieses Frontispiz ist identisch mit dem Contro-Frontespizio (= der Antiporta) der Aen.-Übersetzung Venedig (ebenfalls bei T. Bettinelli) ▶VP 1790E.

VP 1787A   ■ **Opera, Leipzig 1787-1789**

Opera varietate lectionis et perpetua annotatione illustrata a Chr. Gottl. HEYNE.
Editio altera emendatior et auctior. Lipsiae, Caspar Fritsch, 1787-1789 [4°, 4
Vol., 1788-1787-1787-1789, in 8 Bänden gebunden.].

Bibl.: MAMBELLI Nr. 456 (datiert 1788-1789; "con tavole e figure tolte da
monumenti antichi, disegnate da G. D. Fiorillo e incise da Geyser ... edizione
assai migliorata sulla prima del [Lipsiae, Fritsch] 1767-1775 [= MAMBELLI Nr.
423] ... edizione riprodotta a Londra nel ▶VP 1793A e nuovamente ristampata
nel 1800"); CBItalV Nr. 366 (4 Vol., 1788-1789); Wolfenbüttel 1982, D 60 und
(ohne die Kupfer) D 61. - Vgl. auch die 3. Auflage Lipsiae, Fritsch, 1797-1800
= MAMBELLI Nr. 485 = Wolfenbüttel 1982, D 66 = ▶VP 1797B.

Einen Sonderfall bildet New York 1930, Case 22, Nr. 292 (Titel fälschlich erschlossen als
„Illustrations to Vergil by Johann Dominik Fiorillo, Leipzig? 1788?" mit den Zusatzangaben:
"Title-page missing. Consists of 74 plates designed by Fiorillo and engraved by Christian
Gottlieb Geyser, apparently from C. G. Heyne's edition of Vergil published in 1788") =
Princeton Item 273 („front. illus. plates"),vgl. Princeton Item 274 ("another copy, without the
illustrations"). Dazu KALLENDORF, brieflich nach Autopsie: "It is not accurate to say that Item
274 has no illustrations; it is a smaller, cheaper version of Item 273. For Item 274 the engravings of Item 273 were removed and replaced by a series of different illustrations in a smaller
format, with one at the beginning of ecl. and of each book of georg. and Aen."

Lit.: Wolfenbüttel 1982, D 60: "T. I Bucolica et Georgica, mit Frontispiz,
Titelvignette, 1 Dedikationskupfer und 24 Vignetten; T. II Aen. I-VI, mit Titelvignette und 18 weiteren Vignetten; T. III Aen. VII-XII, mit Titelvignette und 9
weiteren Vignetten; T. IV Carmina minora, mit Titelvignette und 18 weiteren
Vignetten" ... "Obwohl Heyne von dem typographischen Luxus, in dem sich
seine Zeit gefiel, nichts hielt, weil dadurch für das Verständnis des Textes nichts
gewonnen werde und solche kostbaren Ausgaben nur von reichen Leuten gekauft werden könnten, die sie dann doch nur als Dekoration ungelesen in ihre
Bücherschränke stellen (Bd. 1, XIX), hat er sich den Wünschen seines Verlegers
nicht entziehen wollen, der die neue Ausgabe [die erste Auflage war Lipsiae,
Fritsch, 1767-1775 = MAMBELLI Nr. 423 = Wolfenbüttel 1982, D 55 ohne Illustrationen erschienen] mit Kupfern ausstatten wollte. Er hat darum selbst antike
Denkmäler, die sich zur Illustration des Vergiltextes zu eignen schienen, ausgewählt, die dann von Christian Gottlieb Geyser (1740-1803) nach Vorlagen des
Schriftstellers und Malers G. Domenico Fiorillo (1748-1821) in Kupfer gestochen wurden: Zyklus Nr. 56. Ein Quellennachweis für diese Abbildungen, der
Recensus parergorum et ornamentorum caelo expressorum, ist im 4. Band (S.
235-256) beigegeben.

Beschreibung: Siehe die der Editio tertia, London ▶VP 1793A.

Zugänglichkeit: Die BSB besitzt mit der Signatur 4 A.lat.a. 673 nur die
Ausgabe (3. Auflage in 8 Bänden) London ▶VP 1793A. Siehe generell dort.

VP 1787B   + **Opera, London 1787**

Opera. Interpretatione et notis illustravit Carolus RUAEUS ... jussu christianissimi regis, ad
usum serenissimi Delphini. Juxta editionem novissimam Parisiensem. ... Londini, ex officina
M. Brown, impensis J. F. & C. Rivington, T. Longman (etc.), 1787.

Bibl./Zugänglichkeit: Fehlt bei MAMBELLI und in anderen Bibliographien; nur bekannt durch die vollständige Digitalisierung einschließlich einer Karte als einziger Illustration (Page Image 203, 204 und 205) bei ECCO (Exemplar der National Library of Scotland).

VP 1787B *Beschreibung/Abhängigkeiten*: Es ist nicht mehr, wie in den früheren Ausgaben von RUAEUS ▶VP 1740, ▶VP 1746C, ▶VP 1753C, ▶VP 1759A und ▶VP 1765B, der Zyklus von Nachstichen der von A. Houbraken entworfenen Kupferstiche in ▶VP 1717B (Nr. 39) enthalten, sondern nur noch, wie bereits in ▶VP 1777A und später in ▶VP 1790F, die ebenfalls aus ▶VP 1717B stammende Karte. - Zur Geschichte der Ausgaben von C. RUAEUS seit der Erstausgabe Paris ▶VP 1675A s. zu ▶VP 1682A.

VP 1788A □ + engl. Übers. der Opera, London [1788? 1790?]

The whole genuine works of Vergil, ... All carefully translated ... Illustrated with notes ... Embellished with ... copper-plates ... The whole revised, corrected, and improved by William Henry MELMOTH ... London, printed for Alex. Hogg, [1788?]. [4°]

Bibl./Zugänglichkeit: Fehlt bei MAMBELLI und in anderen Bibliographien; bekannt nur durch die vollständige Digitalisierung einschließlich der 5 Illustrationen bei ECCO (Exemplar der BL), dort auch die Ansetzung „[1788]". Der COPAC (BL) setzt dagegen „1790" (ohne Klammern) an.

Beschreibung/Abhängigkeiten: Enthalten sind 5 Kupferstiche, jeweils mit doppelter Umrahmung, signiert von verschiedenen Stechern.

Die Antiporta (Page Image 1 bei ECCO; *Noble sculp*.) zeigt in einem Medaillon das Brustbild eines nach r. blickenden Vergil in Toga und mit Lorbeerkranz, dem Orsini-Typus nahestehend. Unter diesem Oval drei kleine rechteckige Vignetten für li. Aen. (Pius Aeneas), georg. (pflügender Bauer) und r. ecl. (Schafhirte). Darunter die Beischrift: VIRGIL, THE FAMOUS ROMAN POET, *author of those celebrated works, the Aeneid, Georgics, & Pastorals*.

Bei den folgenden drei Kupferstichen zur Aen. handelt es sich immer um sv. Nachstiche aus dem von Cochin fils für ▶VP 1745 entworfenen Zyklus, der in ▶VP 1754A und dann in ▶VP 1767 (und wieder in ▶VP 1790A) wiederholt ist, s. jeweils dort (Zyklus Nr. 46).

Aen. II (Image 30; *Taylor sculp*.): Flucht des Pius Aeneas aus Troja nach li., r. ist hinter Ascanius deutlich Creusa zu sehen. - Unterschrift: *The celebrated Trojan prince Aeneas, at the burning of the City of Troy, in Phrygia, in Asia the Lefa, taking his father, Anchises, on his shoulders & his young son, Ascanius, in his hand, conveys them safe into Sicily*.

Aen. V (Image 83; *Reynolds sculp*.): Sturz beim Wettlauf nach li. - Unterschrift: *Aeneas, being kindly received by Acestes in Italy, celebrates the memory of his father, & institutes funeral games etc.*

Aen. XII (Image 230; *Lowry sculp*.) König Latinus und Aeneas (beide li. vom Altar) beschwören die Vereinbarungen über das Duell mit Turnus (r.). - Unterschrift: *Aeneas, being chalanged to single combat by Turnus, they both appear before the altar invoking the gods.*

VP 1788A ecl. 4 (Image 345; *Noble sculp.*): Eine Amme li. hält ein Baby auf dem Arm, das freudig die mittlere von drei Frauen r. begrüßt. – Unterschrift: *Salmius* (richtig wäre: Saloninus), *the infant son of Pollio, being brought before his mother, smiles & singles her out from others.* – Das ist eine rührende und naiv-wörtliche Illustration von ecl. 4,60 *Incipe, parve puer, risu cognoscere matrem.* Dieser Kupferstich stammt, soweit ich sehe, nicht von Cochin fils. Ich habe mich allerdings nicht näher mit Illustrationen zu den ecl. beschäftigt.

VP 1788B   ■ ? + **holländische Version eines Volksbuchs vom ,Zauberer Virgilius', *Virgilius magus*, Amsterdam 1788**

De Historie van Virgilius, zyn Leven / Dood ende wonderlycke werken / die hy dede door de konst van nigromantie. Amsterdam, S. und W. Koene, 1788.

Bibl.: Diese Ausgabe einer romanhaften ,Vita Virgilii' fehlt bei MAMBELLI und in anderen Bibliographien; nur bekannt durch: Virgilius. Facsimile van de oudste druk van het Vlaamse volksboek ingeleid door Jan GESSLER. Met kanttekeningen bij de illustratie van de Nederlandse uitgaven door Fr(ank) VAN DEN WIJNGAERT, Antwerpen, De Vliet, 1950 (▶VP 1518B *Bibl./Lit.*). GESSLER bespricht nicht nur die älteste bekannte (undatierte, vom Anfang des 16. Jh. stammende) illustrierten Ausgabe dieser holländischen Version des Volksbuches vom Zauberer Virgilius (s. dazu generell ▶VP 1518B), sondern bietet im Text verstreut, doch in der originalen Reihenfolge neben den Holzschnitten in ▶VP 1810B auch die zu ▶VP 1672C (Liste mit holländ. Titelangaben bei GESSLER S. 79). Von der Ausgabe ▶VP 1788B bringt GESSLER jedoch nur nach S. 52 das Frontispiz mit dem Titelholzschnitt: einen Offizier („bevelhebber") mit Kommandostab, der nach li. reitet. ▶VP 1788B (offenbar nur in Den Haag vorhanden) enthält aber noch weitere Holzschnitte, von denen laut GESSLER, S. 42 fünf anders sind als die in dem Nachdruck (bei demselben Verleger) ▶VP 1810B und zwei aus ▶VP 1672C stammen. Eine Beschreibung fehlt bei GESSLER. Auch der speziellen Besprechung der Illustrationen durch F. VAN DEN WIJNGAERT, bei GESSLER, 1950, 73-75, kann man nur allgemein entnehmen, dass es sich um eine Kompilation von Holzschnitten des 16./17. Jh. handelt, die keine Beziehung zum Text haben (Zyklus Nr. 57).

VP 1790A   □ **Opera, Paris 1790**

Opera pristino nitori restituta, cum notis et variis lectionibus ... Parisiis, typis Barbou, 1790 [2 Vol.].

Bibl.: MAMBELLI Nr. 460 ("con frontespizio, vignette e 14 tavole fuori testo incise dal Cochin"), vgl. MAMBELLI Nr. 422 (Parisiis, typis Barbou, ▶VP 1767); CBItalV Nr. 372 (1790); PASQUIER, 1981 (siehe gleich) (18 ganzseitige Kupferstiche); PASQUIER, 1992, bei Nr. 70 (als Ndr. von ▶VP 1767); Princeton Item 277 („head- and tail-pieces, plates by Cochin fils"). Zu dem Kupferstich-Zyklus Nr. 46 von Ch. -N. Cochin d. J. s. o. zu ▶VP 1745, ▶VP 1754A, ▶VP

1767, ▶VP 1772B, ▶VP 1782A, auch ▶VP 1788, und nach ▶VP 1790A noch ▶VP 1792A.

Lit./Abhängigkeiten: Die 12 Kupferstiche in dieser Ausgabe zur Aen. sind abgebildet und detailliert analysiert von Bernadette PASQUIER, Une édition illustrée de Virgile (1790), Tours 1981 = Caesarodunum Suppl. 40 (17 S. plus der ungezählten 12 Abb.-Seiten in schlechter Wiedergabe). Zwar sind die Bilder, gewissermaßen intra-piktural, genau beschrieben und mit dem Vergil-Text verglichen, es fehlt aber jede kunsthistorische Dimension, etwa ein Eingehen auf den Künstler Cochin filius (der wird nur im ersten Satz erwähnt, wo ▶VP 1790A „l'édition de Cochin" genannt wird). Dass alle Kupferstiche mit *Cochin filius inv. Cl. Duflos sculp.* signiert sind, wird nicht verzeichnet. Es scheint PASQUIER 1981 auch noch nicht bekannt gewesen zu sein, dass ▶VP 1790A keine Originalausgabe dieser Stiche ist, sondern ein Ndr. aus ▶VP 1745 = ▶VP 1754A = ▶VP 1767 = Nachstiche in ▶VP 1772B = ▶VP 1782A und teils in ▶VP 1788 (Zyklus Nr. 46) sind. Umgekehrt ist merkwürdig, dass PASQUIER, 1992, Nr. 70 die Ausgabe ▶VP 1767 aufführt und den Ndr. ▶VP 1790A erwähnt, aber keinerlei Angaben zu den Illustrationen macht, weder den Künstler Cochin fils nennt, noch dort auf die eigene Interpretation von 1981 hinweist. - Im *Index des noms des artistes* ist bei PASQUIER, 1992, S. 330 nicht zwischen Cochin pater und filius unterschieden. Im *Index des illustrateurs mentionnés dans le Répertoire des Illustrations* bei PASQUIER, 1992, S. 350 aber figurieren Cochin fils und Cochin père getrennt. Wenn man Abbildungen zu ‚Cochin fils' prüft, stellt man fest, dass von den Aen.-Bildern nur Abb. 204 (Aen. V), Abb. 217 (Aen. VI) und Abb. 228 (Aen. VII - fälschlich der Ausgabe ▶VP 1743 zugeschrieben; die Legenden zu Abb. 228 und 229 sind vertauscht) aus der Ausgabe „1767-1790" stammen. -

In dem Avant-propos (p. I-III) zu der Broschüre von 1981 (Caesarodunum Suppl. 40) verweist R. CHEVALLIER sehr vage auf Analysen von B. PASQUIER zu Vergil-Zyklen in den Editionen von 1529 (es kommen mehrere in Frage), 1663 (= ▶VP 1663B; da in London erschienen, nicht bei PASQUIER, 1992, berücksichtigt), 1750 (= ▶VP 1750A ??; nicht bei PASQUIER, 1992, erfasst), 1790 (die vorliegende Ausgabe ▶VP 1790A, dazu der Aufsatz von 1981) und 1968 (= ??) - die meisten dieser angeblichen Publikationen sind nicht auffindbar; in der eigenen Bibliographie von PASQUIER, 1992, S. 314-325 ist davon nur (S. 324) ihr Aufsatz von 1981 zu ▶VP 1790A aufgeführt.

VP 1790A *Beschreibung*: Die 12 Titelbilder zur Aen. haben in der Ausgabe von ▶VP 1790A wie in der Originalausgabe ▶VP 1745 folgende Sujets:

Aen. I: Seesturm: Neptun li. gebietet den Winden Einhalt. Trojanische Schiffe sind nicht zu sehen.

Aen. II: Pius Aeneas (im Barocci-Typus) mit Ascanius li. hinter diesem ist Creusa noch sichtbar.

Aen. III: Aeneas (li.) und Andromache vor der Grabmal-Pyramide Hektors.

Aen. IV: Aeneas li. und Dido betreten die Höhle.

Aen. V: Wettlauf. Nisus bringt Salius (r.) zu Fall.

Aen. VI: Aeneas und die Sibylle auf dem Nachen Charons (li.).

Aen. VII: Silvia beklagt ihren verwundeten Hirsch (r.); darüber schwebt Al-
              lecto.

Aen. VIII: Aeneas und die Trojaner treten mit Friedenszweigen in den Händen
              vor Euander, der li. an einem brennenden Opferaltar sitzt.

Aen. IX: „Hélènor s'elance au milieu des ennemis" - so die Deutung von
              PASQUIER, 1981, S. 14. Es ist aber so gut wie sicher, dass hier nicht
              die nur in einer einzigen Episode der Aen. (beim Sturm auf einen
              Turm des trojanischen Schiffslagers, Aen. IX 530-555) auftretende
              Nebenfigur Helenor dargestellt sein soll, sondern Turnus (auch we-
              gen der Ähnlichkeit mit dem Turnus des Titelbilds zu Aen. X und
              auch zu XII), der sich (nach r. gewendet) innerhalb des trojanischen
              Lagers der Feinde zu erwehren sucht (Aen. IX 789-814).

Aen. X: Turnus (li.) nimmt dem erschlagenen Pallas das Wehrgehenk ab.

Aen. XI: Camilla wird im Reiterkampf tödlich verwundet; in den Wolken
              (li.) zielt Opis mit Pfeil und Bogen auf den entfliehenden Arruns.

Aen. XII: Latinus (r.) und Aeneas beschwören am brennenden Altar die Ab-
              machungen über das Duell mit Turnus (li.).

Abb.: Im Abb.-Teil bei PASQUIER, 1992, keine Abb. aus ▶VP 1790A, jedoch sind alle 12 Titelbilder zu den Aen.-Büchern in der Sonder-Publikation von
PASQUIER, 1981 (Caesarodunum 1981, Suppl. 40; s.o.) abgebildet.

──────

|VP 1790A| *Zugänglichkeit*: Die BSB besitzt die Ausgabe ▶VP 1790A
nicht, doch vgl. statt dessen die identischen Illustrationen in ▶VP 1782A, ferner
die anderen Ausgaben dieses Zyklus Nr. 46 (s. o, *Lit./Abhängigkeiten*).

VP 1790B   ■ **deutsche Übers. der Aeneis, Wien 1790**
Virgils Aeneis verdeutscht von Thaddäus PLAZZARY, Professor in der freyen
Reichsstadt Biberach. Wien 1790 [2 Bde. in 1].

Bibl.: Verzeichnet nur in Frankfurt 1930, Nr. 82 (StB Ffm) und Trier
1982, Nr. III 8, S. 34; MAMBELLI Nr. 1315 führt jedoch eine frühere Ausgabe
Biberach 1783 auf (Ø). Der KVK verzeichnet für ▶VP 1790B u.a. ein Exemplar der SB Berlin mit dem Hinweis „zahlr. Ill. (Kupferst.)", erwähnt für die
Ausgabe Biberach 1783 aber keine Abb.

Lit.: Trier 1982, Nr. III 8, S. 34: „Mit sieben Radierungen nach Vorzeichnungen des Wiener Malers und bekannten Porträtisten Vincenz Kininger (1767-
1851)": Zyklus Nr. 58.

VP 1790C   ◻ + **ital. Übers. der Aeneis und der ganzen Opera,
Neapel 1790**
Dell'Eneide di Virgilio del commendatore Annibal CARO. Libri dodici. Novissima edizione ornata di figure in rame, arricchita della Bucolica e della Georgica
tradotte per Andrea LORI e Bernadino DANIELLO. E colle vite de' medesimi Virgilio e CARO. Napoli, P. Severino, 1790.

VP 1790C   *Bibl.*: Diese Ausgabe nur in CBItalV Nr. 1949 (ill.); bei MAMBELLI im Umkreis von Nr. 860 nicht auffindbar. - Vgl. auch oben Napoli ▶VP 1764.

VP 1790D   **ital. Übers. der Aeneis, Parma 1790-1793**
L'Eneide tradotta in versi italiani da Clemente BONDI. Parma, Stamperia Reale, 1790-1793 [2 Bde., 4°].
    Bibl.: MAMBELLI Nr. 863; New York 1930, Nr. 66; CBItalV Nr. 2113 (mit Druckfehler "1970-1973"); Napoli 1981, Nr. 164 (alle Ø).
    Beschreibung: Auf der Titelseite beider Bände (Tomo 1, 1790, Aen. I-VI; Tomo 2, 1793, Aen. VII-XII) eine runde Kupferstich-Vignette (4 cm Durchmesser) des nach r. gewandten, lorbeerbekränzten Vergil-Kopfes (dem Orsini-Typus ähnelnd) mit der Umschrift MANTUA ME GENUIT EX ANTIQ. GEMMA.
    Zugänglichkeit: BSB A.lat.a. 2343-1 (daraus digitalisiert die Titelseite; DVD 2) und BSB A.lat.a. 2343-2.

VP 1790E   **ital. Übers. der Aeneis, Venedig 1790-1795**
L'Eneide tradotta in versi italiani da Clemente BONDI. Edizione prima veneta. Venezia, Tommaso Bettinelli, 1790-1795 [4°; 2 Vol.].
    Bibl.: MAMBELLI Nr. 870 (unter dem alleinigen Erscheinungsjahr 1795, Ø); CBItalV Nr. 2112 (unter dem alleinigen Erscheinungsjahr 1790, Ø); Mantua 1981, Nr. 39 („Nel controfrontespizio del primo tomo, incisione, a piena pagina, con l'effigie di Virgilio, eseguita da Alessandri e Scattaglia").
    Abb.: Mantua 1981, Nr. 39: Die Antiporta zeigt einen: Tondo mit Büste eines lorbeerbekränzten Vergil, darunter Buchrolle und Harfe; identisch mit dem Frontispiz der Ausgabe Venedig, ebenfalls bei T. Bettinelli, ▶VP 1784.

VP 1790F   **+ Opera, Dublin 1790**
Opera. Interpretatione et notis illustravit Carolus RUAEUS ... jussu christianissimi regis, ad usum serenissimi Delphini. Juxta editionem novissimam Parisiensem. ... Dublini, impensis J. Exshaw & P. Wogan, 1790.
    Bibl./Zugänglichkeit: Fehlt bei MAMBELLI und in anderen Bibliographien; nur bekannt durch die vollständige Digitalisierung einschließlich einer Karte als einziger faktischer Illustration (Page Image 1) bei ECCO (Exemplar der BL).
    Beschreibung/Abhängigkeiten: Es ist nicht mehr, wie in den früheren Ausgaben von RUAEUS ▶VP 1740, ▶VP 1746C, ▶VP 1753C, ▶VP 1759A und ▶VP 1765B, der Zyklus von Nachstichen der von A. Houbraken entworfenen Kupferstiche in ▶VP 1717B (Nr. 39) enthalten, sondern nur noch, wie bereits in ▶VP 1777A und in ▶VP 1787B, die ebenfalls aus ▶VP 1717B stammende Karte. - Zur Geschichte der Ausgaben von C. RUAEUS seit der Erstausgabe Paris ▶VP 1675A s. zu ▶VP 1682A.

VP 1790G   ◘ **+ engl. Übers. der Opera, London [1788? 1790?]**
          Alternativansetzung zu ▶VP 1788A, s. dort

VP 1791A   **Opera, Paris 1791**
Bucolica, Georgica et Aeneis. Editio omni prorsus typographico mendo, typographi saltem iudicio, expurgata. Parisiis, Petrus Didot natu maior, 1791 [2°].
    Bibl.: MAMBELLI Nr. 463 ("con figure incise dal Gérard"); vgl. MAMBELLI Nr. 477 (Paris ▶VP 1798A); CBItalV Nr. 373 (1791, Ø); Princeton Item 280 („2 plates") und Item 281 („Frontispiece and plates").

Beschreibung: Der Folio-Band enthält (außer einer Titelvignette im Format 5,5 x 9,5, die eine Druckermarke zu sein scheint) keine Illustrationen; bei der Angabe von MAMBELLI Nr. 463, es seien Stiche von Gérard enthalten, muss es sich um eine Verwechslung (mit MAMBELLI Nr. 477 = ▶VP 1798A oder sogar mit MAMBELLI Nr. 478 = ▶VP 1798B) handeln.

VP 1791A   *Zugänglichkeit*: BSB Res/2 A.lat.a. 331 (Exemplar 25/100), daraus ist die Titelseite digitalisiert; DVD 2. Ferner UB München 2 A.lat. 545.

VP 1791B   ◻ + engl. Übers. der Opera, Perth (Edinburgh) 1791

The works of Virgil, translated into English verse by Mr. [John] DRYDEN. In four volumes. With elegant copper-plates. Perth, printed by R. Morrison Junior for R. Morrison and Son, Perth, and G. Mudie, Edinburgh, 1791 [4 Vol.].

Bibl./Zugänglichkeit: Fehlt bei MAMBELLI und in anderen Bibliographien; bekannt nur durch die vollständige Digitalisierung aller 4 Vol. einschließlich der Illustrationen (jeweils 1, doch 2 in Vol. 3) bei ECCO nach dem Exemplar der Bodleian Library Oxford.

Beschreibung/Abhängigkeiten: Enthalten sind insgesamt 5 Kupferstiche: Vol 1 Image 1 (Antiporta): Porträt von JOHN DRYDEN, mit zwei unleserlichen Signaturen li. und r. (sicher ist aber, dass li. der Name des Zeichners oder Malers nicht G. Kneller lautet). Es ist das dritte der in ▶VP 1709 = ▶VP 1716A enthaltenen Porträts DRYDENs (DRYDEN 1698 im Alter von 67 Jahren; nach r. gewendet), doch hält DRYDEN in ▶VP 1791B nicht mehr einen Lorbeerzweig in der Hand, sondern eine Buchrolle. Unterschrift des Porträts: *Murison's* [?] *Edition of DRYDEN's Virgil*. - Vol. 2 Image 202 zu Aen. II: Coroebus r. sucht Cassandra li. aus der Gewalt des Ajax zu befreien, li. hinten das Hölzerne Pferd. - Vol. 3 Image 36 zu Aen. IV: Dido li. mit Aeneas vor der Höhle, ganz r. zwei Hunde; in den Wolken Juno mit ihrem Pfauenwagen. Vol. 3 Image 195 zu Aen. VIII: Aeneas bringt vor der Kultstatue r. der sitzenden Juno ein Suovetaurilien-Opfer dar; ganz li. der Flussgott Tiberinus. - Vol. 4 Image 88 zu Aen. XI: Aeneas r. klagend an der Leiche des Pallas stehend. - Diese 4 Kupferstiche zu Aen.-Szenen sind sv. Nachstiche aus Paris ▶VP 1760 (nach G. Zocchi; Zyklus Nr. 53), s. dort eine nähere Beschreibung, oder aus Birmingham ▶VP 1766.

VP 1791C   + griech. Übers. der Aeneis mit lat. Text, St. Petersburg 1791-1792

Aeneidis … libri XII, Graeco carmine heroico expressi notisque perpetuis illustrati studio ac labore Eugenii DE BULGARIS. Petropoli, in Academia Scientiarum, 1791-1792 [2°; 3 Vol.].

Bibl.: Fehlt bei MAMBELLI; jedoch verzeichnet CBItalV Nr. 725 (ill.); Princeton Item 384 (Ø). – Ich konnte ein Exemplar von ▶VP 1791C in der BN Strasbourg einsehen. Die Ausgabe enthält zu Beginn jedes Aen.-Buches zwei immer unverändert wiederholte Vignetten, die dekorativ-allegorischen Charakter haben (Aeskulap-Stab bzw. Harfe), ferner in Vol. I nach dem Titelblatt das Zaren-Wappen, aber keine Text-Illustrationen.

VP 1792A □ + engl. Übers. der Opera, London 1792

The works of Virgil, translated into English verse by Mr. [John] DRYDEN. London, printed for J. Rivington and Sons, J. Robson (etc.), 1792 [4 Vol.].

Bibl./Zugänglichkeit: Nicht bei MAMBELLI oder in anderen Bibliographien; bekannt nur durch die vollständige Digitalisierung aller 4 Vol., einschließlich der Illustrationen, bei ECCO nach dem Exemplar der BL.

Beschreibung/Abhängigkeiten: Enthalten sind 18 Kupferstiche (eine Antiporta mit der ‚Ohnmacht der Octavia' und Auftaktbilder zu den ecl. insgesamt sowie zu den 4 + 12 Büchern von georg. und Aen.), die alle mit *J. Collyer sculp.* signiert sind. Wer sie entworfen hat, ist nicht angegeben. Es handelt sich um seitenrichtige Nachstiche der von Cochin filius für ►VP 1745 = ►VP 1754A = ►VP 1767 entworfenen (ursprünglich von C. Duflos gestochenen) Illustrationen des Zyklus Nr. 46, s. jeweils dort, zumal die nähere Beschreibung zu ►VP 1745. Insgesamt ist ►VP 1792A eine Wiederholung von ►VP 1782A = ►VP 1772B, s. dort. Die Kupferstiche stehen für ►VP 1792A weithin auf genau denselben Page Images (oder um 1-2 Seiten verschoben) wie auf jenen für ►VP 1782A oder ►VP 1772B, s. dort. (Bei ECCO hier: Page Image = Buchseite).

VP 1792B ital. Übers. von Aeneis V und VI, Venedig 1792

Virgilio. Traduzione del V e VI [libro] dell'Eneide in versi sciolti del fu nobil giovine Benedetto Qm. Gian-Alvise SANGIANTOFFETTI. Venezia, Antonio Zatta, 1792.

Bibl.: MAMBELLI Nr. 864 ("con due illustrazioni"); CBItalV Nr. 2420 (Ø).

VP 1793A ■ Opera, London 1793

Opera varietate lectionis et perpetua annotatione illustrata a Chr. Gottl. HEYNE. Editio tertia emendatior et auctior. Londini, typis T. Rickaby, impensis T. Payne, B. et J. White, R. Faulder et J. Edwards, 1793 [4°, 4 Vol. in 8 Bänden, z. B. Tomus I - Pars 1 Prolegomena. Bucolica; Tomus II 1: Aen. I-II; Tomus II 2: Aen. III-VI; Tomus III 1: Aen. VII-X; Tomus III 2: Aen. XI-XII]; Tomus IV 1 Carmina minora, Index A-E; Tomus IV Pars 2: Index F-X).

Bibl./Zugänglichkeit: MAMBELLI Nr. 467 ("con 77 incisioni su rame disegnate da Fiorillo e scolpite dal Geyser", "nel 1794 se ne fece una ristampa. Gli editori londinesi … acquistarono gli esemplari su carta speciale dell'edizione di Lipsia del 1788 [= MAMBELLI Nr. 456 = ►VP 1787A] e le tavole che l'adornavano"); Frankfurt 1930, Nr. 58 (StB Ffm); CatBiblItVerg. 1981, Nr. 375. Vgl. den Text zu Wolfenbüttel 1982, D 66 ("eigentliche dritte Ausgabe … Lipsiae 1797-1800" = ►VP 1797B). ►VP 1793A ist Princeton Item 282, 283 und 286 mit dem Verleger „impensis T. Payne" aufgeführt, mit dem Hinweis „Head-pieces" bzw. „front., illustrated title-pages" bzw. „plates, engraved title-page added". - Die Aen. ist enthalten in den vier Teilbänden Tom. II 1-2 und Tom. III 1-2. - Bei ECCO sind alle Bände einschließlich der enthaltenen Illustrationen vollständig digitalisiert, und zwar zweimal: (a) die oben aufgeführte 8-bändige Ausgabe im Quartformat (4°) nach dem Exemplar der Harvard Univ.; (b) eine 4-

bändige, im übrigen offenbar identische Ausgabe im Oktavformat (8°) mit denselben Illustrationen nach dem Exemplar der BL.

Lit.: Zur Geschichte der Illustrierung der kommentierten Vergil-Ausgabe von C. G. HEYNE s. Wolfenbüttel 1982, D 66 zu ▶VP 1797B, der eigentlichen 3. Auflage, Leipzig 1797-1800.

Beschreibung: Das Werk enthält (wie seine direkte Vorlage Leipzig ▶VP 1787) keine eigentlichen Textillustrationen und schon gar keine eigenen künstlerischen Schöpfungen, sondern (als Zyklus Nr. 56) nur dokumentarische Nachstiche antiker Gemmen, Münzen, Reliefs, Monumente usw., zu deren Sujets ein Bezug im Vergil-Text hergestellt und meist mit einem Originalzitat verdeutlicht (scheinbar: belegt) wird. Nur für ganz wenige dieser Bilder nach antiken Darstellungen ist tatsächlich eine intendierte direkte Beziehung auf Vergils Aeneis wahrscheinlich. In den meisten Fällen werden Objekte gezeigt, die man (oft erst: nachträglich) mit dem Epos in Verbindung bringen kann, aber nicht muss. Der Sinn und die Herkunft der Abbildungen werden in Vol. IV 1 S. 237-259 vom Kommentator C. G. HEYNE erklärt; dieser (wie das gesamte Werk auf Latein geschriebene) *Recensus* kann als Gesamtkatalog der Abbildungen dienen. Insgesamt habe ich 78 Kupferstiche unterschiedlicher Größe gezählt, von denen 4 (die Titelvignetten zu Bd. I 1-2, II 1-2, III 1-2, IV 1-2) je zweimal vorkommen.

Die Digitalisierung bei ECCO weist für die 8-bändige Ausgabe an „Illustrations" auf: 3 in Vol. 1, 8 in Vol. 2, 4 in Vol. 3, 12 in Vol. 4, 4 in Vol. 5, 3 in Vol. 6, 16 in Vol. 7, für Vol. 8 wird merkwürdiger Weise keine „List of illustrations" geboten, obwohl auf den insgesamt 521 (bis S. 704 gezählten) Buchseiten zweifellos auch etliche Illustrationen zu finden wären (z. B. bereits auf der Titelseite, auch auf S. 695) und bei der *Physical description* auf „plates, ill." verwiesen wird, insgesamt sind deshalb nur 50 Illustrationen für die 8-bändige Ausgabe nachgewiesen; für die 4-bändige Ausgabe sind verzeichnet: 25 in Vol. 1, 16 in Vol. 2, 11 in Vol. 3, 15 in Vol. 4, insgesamt 67. Übrigens fehlen in der Liste der Illustrationen bei ECCO die Titelseiten, die immer Vignetten aufweisen. - Die bei ECCO wiedergegebenen lat. Legenden haben teilweise einen geradezu abenteuerlichen Wortlaut (etwa für Aen. I 28 *rapti Gampmeois honor*; für IV 518 *pedom viaolis*; für VII 389 *euoc Bache suemens* usw.); es ist offenbar kein Vergil-Text eingesehen worden.

VP 1793A   *Beschreibung ausgewählter Kupferstiche* (fußend auf den Angaben im *Recensus* Vol. IV 1, S. 237-259), hinzugesetzt ist die Page Image der Digitalisate bei ECCO, und zwar die der 4-bändigen Ausgabe (Vol. 1 = 1/4):

Antiporta: Laut *Recensus* S. 238 ist dem ganzen Werk eine Tafel vorgeschaltet, die vorn r. die Göttin Roma mit Lanze, sitzend auf einen Schild gestützt, zeigt; diese Antiporta ist aber im Münchener Exemplar nicht enthalten oder jedenfalls nicht digitalisiert, wohl aber bei ECCO Vol. 1 (der 4-bändigen Ausgabe) als Page Image 1. (Vgl. aber auch die im Münchener Exemplar vorhandene Schlussvignette zur Aen. in Tom. III 2 p. 710.)

Diese mit *Fiorillo del. Geyser sc.* signierte Antiporta (Format 16,4 x 8,9) weist hinter der Roma zwei Inschrifttafeln auf: (a, hinten) IMP. CAES. DIVI. FIL. AUGUSTO TERRA. MARIQ. VICT. (b, davor, verkantet) TITYRUS ET SEGETES AENEIAQUE ARMA LEGENTUR / ROMA TRIUMPHATI DUM CAPU(T) ORBIS ERIT, ein aus Ov. am. 1,15,25f. stammendes Distichon.

Vignette auf der Titelseite von Vol. I 1 und von Vol. I 2:
Die Muse Clio r. mit einer Buchrolle in der Linken vor einer Säule sitzend, auf der ein Schild mit der Aufschrift (ein Distichon des Properz 2,34,65f. über die in Arbeit befindliche Aeneis) befestigt ist: CEDITE, ROMANI SCRIPTORES, CEDITE GRAI, / NESCIO QUID MAIUS NASCITUR ILIADE.

Tafel vor der dem Dedikationsgedicht in Vol. I 1 (ECCO 1/4 Image 43): Im Zentrum ein Clipeus mit den umlaufenden Tierkreiszeichen sowie der Widmungsinschrift: ERNESTO AUGUSTO / AUGUSTO FRIDERICO / ADOLPHO FRIDERICO / M. BRITAN. REGIS AUG. / SOBOLI FAUSTISS(IMAE) / IUVENT(UTIS) PRINCIP(IPIBUS). Der Schild wird gehalten von einer liegenden weiblichen Gestalt (Terra mater) mit einem Füllhorn. Oben li. über dem Schild ein Viergespann mit dem Sonnengott Apollo, oben r. ein Adler. Das alles sind Allegorien einer glücklichen Herrschaft. Die Tafel hat als Unterschrift: INCENDITQUE ANIMUM FAMAE VENIENTIS AMORE mit hinzugefügter Quellenangabe *Aen. VI 890.*

VP 1793A Vignette (6,4 x 8,3) auf der Titelseite von Vol. II 1 und von Vol. II 2: Zwei einander gegenübergestellte Büsten, li. die Homers, r. die Vergils (aus dem Kapitolin. Museum).

Vignette auf der Titelseite von Vol. III 1 und von Vol. III 2:
Aeneas mit dem kleinen Ascanius an der Hand ist aus einem Schiff r. gestiegen; li. von ihm eine Stadt (des Latinus) mit einem Lorbeerbaum (,Laurentum') und eine Sau mit Frischlingen.

Vignette auf der Titelseite von Vol. IV 1 und von Vol. IV 2: (Allegorisches Titelbild für die beiden Halbbände mit den Carmina minora, die den strengen Ansprüchen der Muse Vergils nicht genügen können) Wettstreit einer geflügelten Sirene r. mit einer Muse li., bei der die siegreiche Muse Federn aus den Flügeln der Sirene zupfen darf.

Tom. II 1 p. XCIV (am Schluss der *Disq. II. de rer. in Aen.*, vor Beginn des Aen.-Textes; bei ECCO 2/4 Image 93):
Ein kreisförmiger Lorbeerkranz, darin ein Adler mit ausgebreiteten Flügeln sitzend und in großen griech. Buchstaben als Inschrift die beiden prophetischen Verse über die künftige Herrschaft der Nachkommen des Aeneas aus Ilias XX 307f.

VP 1793A *Textillustrationen zu Aen. I-XII*: In der Regel weisen die Aen.-Bücher eine Anfangs- und eine Schlussvignette auf (die letztere fehlt für Aen. XI und XII), oft auch eine dritte Vignette zum Abschluss der den einzelnen Büchern beigegebenen Excursus von Chr. G. HEYNE. Die Anfangsvignette hat meist eine Größe von mindestens 6 x 8 cm. - Für die Aen. sind alle darauf bezogenen Illustr. in Vol. 2/4 und 3/4 verzeichnet.

Tom. II 1 p. 1 (Anfang Aen. I; bei ECCO 2/4 Image 94): *Quos-ego*-Szene: Neptunus bedroht innerhalb einer kreisrunden Scheibe (= Münze) mit dem Dreizack die Winde; li. ein Triton, r. eine Meernymphe auf einem Delphin sitzend. Unterschrift: *Maturate fugam, Aen. 1,137.* - Dieses Bild ist nicht untypisch für die Herstellung von scheinbar text-adäquaten Illustrationen in ▶VP 1793A: es ist eine Kompilation aus verschiedenen Quellen, die an sich nichts mit der Aen. zu tun haben. Der Neptunus z. B. stammt von einer hellenistischen Münze. Der Bezug zur Aen. wird erst durch die Zusammenführung und Ergänzung einzelner Elemente hergestellt, hier vor allem durch Hinzufügung r. oben von zwei Wind-Personifikationen. Besiegelt wird der Bezug dann durch ein jetzt passendes Zitat einer Aeneis-Stelle.

Tom. II 1 p. 120 (Ende Aen. I; bei ECCO 2/4 Page 213): Venus auf ihrem von zwei Amoretten gezogenen Wagen, mit dem Zitat: *Ipsa Paphum sublimis abit Aen. I 415.*

Tom. II 1 p. 167 (Anfang Aen. II; bei ECCO 2/4 Page 260): Aeneas trägt Anchises im Schultersitz und führt Ascanius mit der Linken; li. von dieser kreisrunden Scheibe (= Münze) das Hölzerne Pferd, r. davon das brennende Troja. Darunter wörtliches Zitat und Stellenangabe für *Aen. II 723* (723b-724).

Tom. II 1 p. 318 (Ende der Exkurse zu Aen. I; bei ECCO 2/4 Page 241): Ganymed wird vom Adler emporgetragen, mit dem Zitat: *rapti Ganymedis honores Aen. I 28* (9,0 x 8,3).

VP 1793A Tom. II 2 p. 319 (Anfang Aen. III; bei ECCO 2/4 Page 412): Zwei Scyllae mit Zitat von drei Versen und Stellenangabe *Aen. III 426*

Tom. II 2 p. 411 (Ende Aen. III; fehlt im Verzeichnis der Illustr. bei ECCO 2/4): Kopf der Arethusa (Münze) mit dem Zitat *ore, Arethusa, tuo Aen. III 696.*

Tom. II 2 p. 444 (Ende der Exkurse zu Aen. III; bei ECCO 2/4 Page 537): Flussgott, gemeint ist Alpheus (Aen. III 694).

Tom. II 2 p. 445 (Anfang Aen. IV, bei ECCO 2/4 Page 538) BILD 36 : Dido sitzend mit einem Dolch in der Rechten, mit dem Zitat *unum exuta pedem vinclis -- testatur moritura deos et conscia fati / sidera Aen. IV 518*(-520a).

Tom. II 2 p. 535 (Ende Aen. IV; bei ECCO 2/4 Page 628): Amor auf einem Löwen reitend.

Tom. II 2 p. 544 (Ende der Exkurse zu Aen. IV; bei ECCO 2/4 Page 637): Vier Frauen und ein Knabe bringen Pan ein Opfer dar, mit dem Zitat *o bona pastoris ! Cul. 57* (Bezug auf Culex 114f.).

Tom. II 2 p. 545 (Anfang Aen. V; bei ECCO 2/4 Page 638): Ein nackter Knabe vor einem Rundaltar, der von einer Schlange umwunden ist, mit Zitat und Stellenangabe *Aen. V 91* (vielmehr V 92f.).

Tom. II 2 p. 643 (Ende Aen. V; bei ECCO 2/4 Page 736):
Eine auf einer Leier sitzende Eule mit einer griech. Umschrift in großen Buchstaben, die in lat. Übers. *Fortuna primigenia Colossensium* bedeutet. Emblematische Darstellung der Attribute von Apollo und Minerva zur notwendigen Verbindung von Verständnis für Dichtung und Philosophie bei der Interpretation von Dichtern.

Tom. II 2 p. 652 (Ende der Exkurse zu Aen. V; bei ECCO 2/4 Page 745):
Vase, Dreifuß, Palmzweig (Kampfpreise Aen. V 110f.).

Tom. II 2 p. 653 (Anfang Aen. VI; bei ECCO 2/4 Page 746):
Zusammen thronend Proserpina und Pluto, li. stehend ein Genius oder Cupido mit Fackel, r. stehend eine junge Frau (Psyche?) mit der Hand auf einer Vase. Beigeschrieben ist das Zitat und die Stellenangabe *casta licet patrui servet Proserpina limen Aen. VI 402. Recensus*: „Quem animi sensum artifex exprimere voluerit, difficile dictu est."

Tom. II 2 p. 779 (Ende Aen.VI; bei ECCO 2/4 Page 872):
Aschenurne (mit Bezug auf Aen. VI 226f.).

Tom. II 2 p. 820 (Ende der Exkurse zu Aen. VI; bei ECCO 2/4 Page 913):
Minotaurus (mit Bezug auf Aen. VI 25f.), jedoch ungewöhnlich als Stier mit Menschenkopf.

VP 1793A Tom. III 1 p. 11 (Anfang Aen. VII; bei ECCO 3/4 Page 12):
Bacchantin, mit Zitat und Stellenangabe *euoe, Bacche, fremens Aen. VII 389.*

Tom. III 1 p. 120 (Ende Aen. VII; bei ECCO 3/4 Page 121):
Furie mit Schlange an der Linken und Fackel in der Rechten (ovales Relief, umringt von zwei Schlangen) (zu Allecto Aen. VII 341ff.).

Tom. III 1 p. 172 (Ende der Exkurse zu Aen. VII; bei ECCO 3/4 Page 173):
Janus-Bogen in Rom (mit Bezug auf Aen. VII 620-622, Druckfehler im *Recensus*: 120).

Tom. III 1 p. 173 (Anfang Aen. VIII; bei ECCO 3/4 Page 174):
Venus mit Amor bittet Vulcanus um Waffen für Aeneas, mit Zitat und Stellenangabe *arma rogo, genetrix nato Aen. VIII 383.*

Tom. III 1 p. 276 (Ende der Exkurse zu Aen. VIII; bei ECCO 3/4 Page 279):
Minerva gibt dem von Prometheus li. aus Lehm geformten menschlichen Körper die Seele ein (das wahre Leben entsteht ‚e litteris et Sapientia': Allegorie für die Wichtigkeit des Geistes, auch im Hinblick auf das Werk von Künstlern). (Offenbar ohne konkrete Beziehung zum Aen.-Text.)

Tom. III 1 p. 277 (Anfang Aen. IX; bei ECCO 3/4 Page 280):
Nereus und die Nereide Doto mit zwei Knaben (alle mit Fischschwanz), hinter Amor und einem Delphin im Meer schwimmend, mit Zitat und Stellenangabe *qualis Nereia Doto / et Galatea secant spumantem pectore pontum Aen. IX 102.*

Tom. III 1 p. 376 (Ende der Exkurse zu Aen. IX; bei ECCO 3/4 Page 379):
Pallas Athene mit Schild und Lanze, mit Zitat und Stellenangabe *Pallas parmamque ferens hastamque trementem Aen. II 175.*
Tom. III 1 p. 377 (Anfang Aen. X; bei ECCO 3/4 Page 380):
Ein verwundeter oder sterbender nackter Krieger wird von drei Gefährten über einem Schild nach r. getragen, hinter ihm ein alter Mann, der seine Linke hält, und eine trauernde Frau, mit Zitat und Stellenangabe *At socii multo gemitu lacrimisque / imposito scuto referunt Pallanta frequentes Aen. X 505.*
Tom. III 1 (Ende Aen. X): kein Bild.

VP 1793A Tom. III 2 p. 497 (Anfang Aen. XI; bei ECCO 3/4 Page 500):
Siegesmal (Tropaion), mit Zitat und Stellenangabe *tibi, magne, tropaeum / Bellipotens Aen. XI 7.*
Tom. III 2 (Ende Aen. XI): kein Bild.
Tom. III 2 p. 605 (Anfang Aen. XII; bei ECCO 3/4 Page 608):
Ein Kaiser bringt, umgeben von einem Opferdiener, Jünglingen, Trompetenbläsern und Soldaten ein Suovetaurilien-Opfer dar, mit Zitat und Stellenangabe *saetigeri fetum suis intonsamque bidentem Aen. XII 170.*
Tom. III 2 p. 710 (Ende Aen. XII; bei ECCO 3/4 Page 713):
Sitzende Göttin Roma mit Lanze (mit allegorischem Bezug auf Aen. XII 827).

Tom. IV 1 p. 259 (*Recensus*-Ende; fehlt bei ECCO in der Liste der Illustr.):
Rundaltar mit Relief eines Schiffes mit Steuermann und der Aufschrift ARA TRANQUILLITATIS (allegorischer Wunsch des Verfassers HEYNE).
Tom. IV 1 p. 695 (Ende des Index und des Gesamtwerkes; fehlt bei ECCO in der Liste der Illustr. für 4/4):
Pallas Athene (die bei unentschiedenen Abstimmungen des Richterkollegiums in Athen das entscheidende Votum hatte) mit der Abstimmungsurne (nach dem *Recensus* Tome IV 1, S. 258f.: allegorische Reflexion des Kommentators HEYNE über die Rezeption seines Werkes, insbesondere auch über die unterschiedlichen Ausdrucksmöglichkeiten eines Dichters und eines illustrierenden Künstlers).

Abhängigkeiten: Die Illustrationen dieses Zyklus Nr. 56 sind Wiederholungen aus der von den englischen Verlegern gekauften Ausgabe Leipzig ▶VP 1787, s. generell dort. Sie sind also nach Zeichnungen von Joh. Dom. Fiorillo von Christian Gottlieb Geyser gestochen worden.

VP 1793A *Zugänglichkeit*: BSB 4 A.lat.a. 673-1 bis 4 A.lat.a. 673-8 (die 8-bändige Ausgabe); ferner BSB Bibl. Mont. 447-1 bis 447-4 (die 4-bändige Ausgabe). Aus dem erstgenannten Exemplar, der 8-bändigen Ausgabe, sind digitalisiert alle Doppelseiten, auf denen sich Illustrationen befinden, und zwar aus Tomus I Pars 1 (I 1 Prolegomena. Buc.) 17, aus I 2 (georg.) 8, aus II 1 (Aen. I-II) 5, aus II 2 (Aen. III-VI) 10, aus III 1 (Aen. VII-IX) 6, aus III 2 (Aen. X-XII)

5, aus IV 1 (Carmina minora, Index A-E) 23, darunter die bildlosen S. 237-259 mit dem *Recensus parergorum et ornamentorum caelo expressorum*, IV 2 (Index F-X) 1 (Titelblatt); DVD 2. - Bei ECCO sind sowohl die 8-bändige (Reel 1503) als auch die 4-bändige (Reel 3935) Ausgabe von VP 1793A ganz, einschließlich der Illustrationen, digitalisiert.

VP 1793B   **Opera, Parma 1793**
Opera, Parmae, in aedibus Palatinis, typis Bodonianis, 1793 [2°, 2 Vol.].
Bibl.: MAMBELLI Nr. 465 ("un es. su pergamena che aveva tutte le incisioni del Virgilio del Didot e quelle della traduzione francese del Delille 'avant la lettre', era posseduto dal bibliografo A.A. Renouard"); New York 1930 (Ø) = Princeton Item 284 (Ø); FINSTERER-STUBER, 1960, Nr. 74; CBItalV Nr. 374 (Ø) und Nr. 195; Napoli 1981, Nr. 77; Bibl. Apost. Vaticana 1981, Nr. 142; London 1982, Nr. 112.
Zugänglichkeit: BSB Rar. 2023 (Parma, typis Bodonis, 1793). Daneben gibt es noch die Ausgabe BSB Res/A.lat.a. 2208: Parma, ex regio typographeo, 1795, ebenfalls 2 Vol., doch nicht im Folio-Format, sondern im Format 22 x 14 = Princeton Item 288, mit dem Hinweis „fronts. (portr. in vol. 2)". Beide Ausgaben der BSB enthalten jedoch keine Illustrationen und sind deshalb nicht digitalisiert.

VP 1794   **+ Kommentar zur Aeneis, Braunschweig 1794**
Erklärende Anmerkungen zu der Enzyklopädie der lateinischen Classiker, hrsg. von Georg Heinrich NÖHDEN. Des fünften Theils erster Band: Erklärende Anmerkungen zu Vergils Aeneis in zwölf Büchern, hrsg. von Georg Heinr. NÖHDEN. Erster Theil. Braunschweig, in der Schulbuchhandlung 1794.
Bibl.: Fehlt bei MAMBELLI und im CBItalV im Umkreis von Nr. 726.
Beschreibung: Innerhalb dieser Anmerkungen zu Aen. I-V keine Illustration, nur auf der letzten Seite (S. 373) des 1. Bandes eine Graphik des Troja-Spiels.
Zugänglichkeit: BSB A.lat.a. 2287-2, daraus die 4 Schlussseiten 370ff. mit Beschreibung und einer Graphik des Troja-Spiels Aen. V 545-603 digitalisiert; DVD 2.

VP 1795A   **Opera, Oxford 1795**
Opera, locis parallelis ex antiquis scriptoribus e annotationum delectu illustrata,. Accedunt tabulae geographicae … a Phinea PITT. Oxoniae, e typographeo Clarendoniano, 1795 [2 Vol.].
Bibl.: MAMBELLI Nr. 472 ("con 3 carte geografiche"); CBItalV Nr. 381 (ill.); BL.

VP 1795B   **Opera, Parma 1795,**
s. Opera, Parma ▶ VP 1793B.

VP 1795C   □ ? **ital. Übers. der Aeneis und der ganzen Opera, Venedig 1795**
L'Eneide del commendator Annibal CARO. Libri dodici. In questa novissima edizione con somma diligenza corretta si aggiungono le traduzioni della Buccolica e della Georgica. Venezia, Giuseppe Zorzi, 1795.
Bibl.: MAMBELLI Nr. 869 ("con 12 tavole incise su rame, e antiporta figurata"); Perugia 1980, Nr. 81 (mit dem Hinweis, dass in diesem Exemplar aus Città di Castello die - von MAMBELLI bezeugten - Illustrationen fehlen); CBItalV Nr. 1951; fehlt bei PASQUIER, 1992.

VP 1795D   ital. Übers. der Aeneis, Turin 1795
L'Eneide tradotta in versi italiani da Clemente BONDI. Torino, G. Fea, 1795 [2 Vol.].
Bibl.: MAMBELLI Nr. 868 ("con frontespizio inciso su rame"); CBItalV Nr. 2114 (Ø).

VP 1795E   ◻ ? engl. Übers. der Opera, London 1795
The works of Virgil translated into English verse, by John DRYDEN. London,
Martin & Bain, 1795 [4 Vol.].
Bibl.: Die Angaben beruhen auf dem COPAC (BL), dort mit dem Hinweis
auf „plates, portr(ait)s" und die Herausgeber John CAREY und William WALSH.
Vgl. aber auch MAMBELLI zu Nr. 1375, wo ►VP 1795E (2 Vol.) offenbar als
Ndr. von ►VP 1772B bezeichnet wird, s. dort. Nicht bei ECCO.

VP 1796A   Opera, Venedig 1796
Opera. Ex recensione Nicolai HEINSII et Petri BURMANNI, ad Chr. Gottl. HEYNE ... Venetiis,
Bettinelli, 1796 [2 Vol.].
Bibl.: MAMBELLI Nr. 476 ("con ritratto e frontespizio incisi su rame"); vgl. MAMBELLI
Nr. 451 = PASQUIER, 1992, Nr. 89 (Venetiis, Bettinelli, ►VP 1784), s.o. Fehlt im CBItalV.

VP 1796B   ◻ franz. Übers. der Opera, mit lat. Text, Paris 1796
Œuvres de Virgile, traduites en françois, le texte vis-à-vis la traduction, avec des
remarques par M. l'abbé DES FONTAINES. Nouvelle édition. Paris, P. Plassan, an.
IVᵉ (1796). [2°, 4 Vol. ; das Münchener Exemplar hat kein Folio-Format].
Bibl.: MAMBELLI Nr.1127; New York 1930, Case 21, Nr. 284 ("illustrated
with engravings") = Princeton Item 293-295 (jedesmal Ø); CBItalV Nr. 384;
PASQUIER, 1992, Nr. 74. - Der Prosa-Übersetzer heißt Guyot DES FONTAINES.
Lit.: MAMBELLI Nr. 1127: "bellissima edizione su papier vélin, illustrata
da 17 belle tavole del Moreau junior e dello Zocchi, incise dal Baquoy, Dambrun, Delignon, Delvaux, Duhamel, Halbou, Pons e Thomas". - ODERMANN,
1931, 22: "Für die Aeneis hatte Zocchi seine Entwürfe von 1760 [s.o. Paris
►VP 1760] zur Verfügung gestellt; die beiden andern Dichtungen ... bearbei-
tete Moreau le Jeune", mit anschließender Kontrastierung dieser beiden Künstler. - PASQUIER, 1992, Nr. 74: insgesamt 17 Illustr., teils von Jean-Michel Moreau le Jeune (1 Kupferstich mit einem von der Muse inspirierten schreibenden
Vergil für die ecl. und 4 Kupferstiche für die georg.), teils von G. Zocchi (die 12
für die Aeneis, nach der ital. Übers. Paris ►VP 1760 = PASQUIER, 1992, Nr.
69), gestochen von (nach meiner Lesung) Bacquois (Aen. I, V) bzw. Bacquoy
(Aen. VII, X, XI), Dambrun (georg. II), Delignon (Aen. II, III), Delvaux (georg.
III), Duhamel (Aen. IX), J.B.M. Dupréel (Antiporta und georg. I), L. M. Halbou
(Aen. VI), Pons (N. Ponce, georg. IV), J. B. Simonet (ecl., mit Datierung 1795)
und M. Thomas (Aen. IV, VIII, XII); Sujets angegeben.
Beschreibung: Für die Sujets der Kupferstiche zur Aen. müsste eigentlich
die Beschreibung der Titelbilder der einzelnen Aen.-Bücher in der ital. Übers.
Paris ►VP 1760 (Zyklus Nr. 53) gelten, deren Grundlage ja dieselben Zeichnungen von G. Zocchi sind. Aber es gibt, abgesehen von den leichten Variationen, die die neuen Stecher gegenüber jenen von 1760 zu verantworten haben,

noch drei grundsätzliche Unterschiede zwischen den Aen.-Stichen in ▶VP 1796B gegenüber jenen in ▶VP 1760: (a) die meisten (8 von 12) sind sv.; (b) zu allen Kupferstichen ist unten ein Zitat aus der Aen. samt Stellenangabe hinzugefügt; (c) sie fungieren nicht als Titelbilder vor dem Beginn des jeweiligen Buches, sondern stehen innerhalb des Buches neben der Seite, auf der die zitierte Stelle gedruckt ist. - Alle hier erstmals den Bildern beigeschriebenen Zitate sind gut gewählt und treffen die im Bild dargestellte Situation; auffällig ist allenfalls, dass aus der Rede der Venus vor der Götterversammlung in Aen. X gerade die Verse 60b/61a genommen sind. Überraschend ist, dass die Stellenangabe präzise den ersten Vers des Zitats nennt, obwohl die lat. Ausgabe selbst keine Verszählung aufweist. - Die Stiche zur Aen. haben meist das Format 13,1 x 8,4.

[VP 1796B] Antiporta zu Tom. I: Porträt des nach r. gewandten Vergil im Orsini-Typus, mit Herme r. Wie in ▶VP 1760.

Der einzige Kupferstich zu den ecl. zeigt (vgl. PASQUIER, 1992, Nr. 74) einen von der Muse inspirierten Vergil, und zwar als einen in einer bukolischen Landschaft r. unter einer Eiche sitzenden lorbeerbekränzten Dichter mit Schreibtafel in der Linken und einem Griffel in der Rechten; an einem Steinblock lehnt eine Leier; vor ihm liegen Hirtenflöte und ein Reif. Ihm naht sich eine weibliche Gestalt, die in der Linken einen langen Hirtenstab hält. Unter dem Bild das Zitat *pastorem, Tityre, pingues / pascere oportet oves, deductum dicere carmen* und die Stellenangabe *ecl. 6,4*. In der Tat steht der Stich in Vol. 1, neben S. 96 mit dem Beginn der 6. ecl. Im Text ist es allerdings Apollo, der den Dichter mit *Tityre* anredet und zur Hirtendichtung mahnt.

Aen. I: Neptun auf seinem Seepferd-Wagen gebietet mit ausgestreckter Linken den Sturmwinden (*Quos-ego*-Szene); auf den Wolken erscheint Venus li. vor Juppiter und Juno (!). Unter dem Bild das Zitat *Quos ego* und die Stellenangabe *Aen. I 139*. Nachstich von ▶VP 1760, doch sv.

Aen. II: Coroebus r. sucht mit gezücktem Schwert Cassandra zu retten, die von Griechen fortgeschleppt wird; im Hintergrund das Hölzerne Pferd im brennenden Troja. Unter dem Bild das Zitat *Ecce trahebatur passis Priameia virgo / crinibus a templo Cassandra* und die Stellenangabe *Aen. II 403*. Nachstich von ▶VP 1760, doch sv.

Aen. III: Anchises und Aeneas li. nehmen den kniend bittenden Achaemenides r. auf, der auf den im Gebirge mit Schafen nahenden Polyphem hinweist. Unter dem Bild das Zitat *Vix ea fatus erat, summo cum monte videmus / ipsum inter pecudes vasta se mole moventem / pastorem Polyphemum* und die Stellenangabe Aen. *III 655*(-657). Nachstich von ▶VP 1760.

Aen. IV: Aeneas und Dido vor der Höhle sitzend, darüber Juno, die diese Verbindung heiligt, auf einer Wolke mit Pfauen-Wagen; r. vorn zwei Hunde, r. hinten ein jagender Reiter. Unter dem Bild das Zitat *Speluncam Dido, dux et Troianus eandem / deveniunt* und die Stellenangabe *Aen. IV 165*. Nachstich von ▶VP 1760 (seitenrichtig).

Aen. V: Aeneas r. bringt ein Opfer am Grabmal des Anchises in Segesta dar, von dem sich eine Schlange herabwindet. Unter dem Bild das Zitat *Salve, sancte parens, eterum* [sic] *salvete, recepti / nequic quam cineres animae que umbrae que paternae* und die Stellenangabe *Aen. V 80*. Nachstich von ▶VP 1760, doch sv.

Aen. VI: Aeneas und die Sibylle li. besteigen den Nachen Charons r. Unter dem Bild das Zitat *At ramum hunc (aperit ramum, qui veste latebat,) / agnoscas* und die Stellenangabe *Aen. VI 406*. Nachstich von ▶VP 1760.

VP 1796B Aen. VII: Die trojanische Gesandtschaft mit Ilioneus (nicht, wie PASQUIER, 1992, Nr. 69 will, Aeneas) an der Spitze vor dem li. thronenden König Latinus. Unter dem Bild das Zitat *Dat tibi praeterea fortunae parva prioris / munera, relliquias Troia ex ardente receptas* und die Stellenangabe *Aen. VII 243*. Nachstich von ▶VP 1760, doch sv.

Aen. VIII: Aeneas opfert in Gegenwart des Flussgottes Tiberinus li. eine Sau mit Ferkeln vor einem Rundtempel, vor dem Juno auf einer Wolke erscheint. Unter dem Bild das Zitat *tibi, maxima Iuno, / mactat, sacra ferens, et cum grege sistit ad aram* und die Stellenangabe *Aen. VIII 84*. Nachstich von ▶VP 1760, doch sv.

Aen. IX: Metamorphose der trojanischen Schiffe zu Meeresnymphen r., li. bestürzte latinische Krieger; darüber in den Wolken Kybele in ihrem Löwengespann. Unter dem Bild das Zitat *vos ite solutae / ite Deae pelagi: Genetrix iubet* und die Stellenangabe *Aen. IX 116*. Nachstich von ▶VP 1760, doch sv.

Aen. X: Götterversammlung; im Zentrum Venus li. vor Juno und r. Juppiter. Unter dem Bild das Zitat *Xanthum & Simoenta / redde, oro, miseris* und die Stellenangabe *Aen. X 60*. Nachstich von ▶VP 1760, doch sv.

Aen. XI: Aeneas r. mit dem knienden alten Acoetes (nicht, wie PASQUIER will, Euander) beklagt in einem Palast den toten Pallas. Unter dem Bild das Zitat *Tene, inquit, miserande puer, cum laeta veniret / invidit fortuna mihi, ne regna videres / nostra* und die Stellenangabe *Aen. XI 42(-44)*. Nachstich von ▶VP 1760, doch sv.

Aen. XII: Aeneas (li.) schwingt das Schwert mit seiner Rechten hoch gegen den am Boden liegenden, ihn mit dem rechten Arm abwehrenden Turnus; im Hintergrund r. Zuschauer auf den Mauern der Stadt des Latinus. Unter dem Bild das Zitat *Hoc dicens, ferrum adverso sub pectore condit / fervidus* und die Stellenangabe *Aen. XII 950*. Nachstich von ▶VP 1760.

VP 1796B   *Abhängigkeiten*: Die Kupferstiche zur Aen. in ▶VP 1796B sind (meist sv.) Nachstiche der bereits in ▶VP 1760 benutzten Zeichnungen von G. Zocchi durch andere Stecher.

Zugänglichkeit: BSB A.lat.a. 2211 , daraus digitalisiert sind 18 Doppelseiten mit allen Illustrationen; DVD 2 .

VP 1796C + **deutsche Übers. der Aeneis, München 1796**

Virgils Aeneis ins Deutsche übersetzt von Joseph SPITZENBERGER. München, (a) bey Joseph Lindauer, 1796; (b) verlegt und zu finden, bey Joseph Lindauer, 1796.

Bibl.: Fehlt bei MAMBELLI zu Nr. 1320 (1789, sonst nicht bezeugt). Titelaufnahme nach den beiden Münchener Exemplaren (a) und, nur in der Formulierung für den Verleger abweichend, einen zweiten Druck darstellend (b); sonst nur noch Frankfurt 1930, Nr. 84 (1796) erwähnt. Vgl. noch die 2. Auflage Straubing 1809-1811= ▶VP 1809A und die 3. Auflage Straubing 1827-1828 = ▶VP 1827C.

Beschreibung: Einzige Illustration ist ein Kupferstich auf der Titelseite, der mit *Fischer del(ineavit) et sc(ulpsit) Mon(achii)* signiert ist. Er zeigt vor dem Hintergrund des brennenden Troja vorn li. an einer abgebrochenen Säule die Gruppe des Pius Aeneas: Ascanius li. wird von Aeneas an der Hand geführt; Aeneas trägt Anchises Huckepack; dahinter in einer Bodensenke winkend Creusa.

Zugänglichkeit: (a) BSB A.lat.a. 2319 und (b) BSB A.lat.a. 2319 a , daraus digitalisiert jeweils die Titelseite; **DVD 2**.

VP 1797A **ital. Übers. der Aeneis, Venedig 1797**

L'Eneide ridotta in ottava rima dal sr. Hercole UDINE. Venezia, G. Zatta, 1797 [4°].

Bibl.: MAMBELLI Nr. 872 ("con ritratto, fuori testo, del traduttore").

VP 1797B ■ Opera, Leipzig 1797-1800

P. Vergilius Maro varietate lectionis et perpetua annotatione illustratus a Chr. Gottl. HEYNE. Editio novis curis emendata et aucta. Lipsiae, Caspar Fritsch, 1797-1800 [8°, 6 Vol., 1800-1797-1797-1798-1798-1800]. – Da mir Autopsie fehlt, kann ich nicht entscheiden, ob zwischen *Editio* und *novis curis* das Wort *tertia* einzufügen ist, wie MAMBELLI Nr. 485 und Princeton Item 303/304 (beide datieren die Ausgabe 1800) referieren, oder ob dieser ausdrückliche Hinweis auf die 3. Auflage, wie z.B. Wolfenbüttel 1982, D 66 zu beweisen scheint, fehlt.

Bibl.: MAMBELLI Nr. 485 (datiert 1800; "edizione interamente rifusa, con frontespizio e ritratto designati dal Fiorillo e scolpiti dal Geyser, e 204 illustrazioni nel testo"); ODERMANN, 1931, 20 ("In den Jahren 1767 bis 1775 war in Leipzig die wissenschaftlich epochemachende, noch für die heutige Textkritik maßgebende Ausgabe von Chr. G. Heyne erschienen. Die erste Auflage ... verwendet keinerlei Illustrationen. Erst 1800 entschloss sich der Verleger Caspar Fritsch, der in diesem Jahre erscheinenden dritten Fassung eine Anzahl von Stichen, natürlich ausgesprochen wissenschaftlichen Charakters, beizufügen"); CBItalV Nr. 396 („1800", Ø); Bamberg 1982, Nr. 20 (führt nur Bd. 1, 1800, an); London 1982, Nr. 116 (1800); Wolfenbüttel 1982, D 66; Princeton Item 303 und 304 (zum Jahre 1800), mit dem Hinweis „front., illustrations, plates". - Vgl. auch die 2. Auflage, Lipsiae, Fritsch, 1787-1789 = ▶VP 1787A und die 4. Auflage Lipsiae 1830-1841 = ▶VP 1830A; vor allem aber die in London erschienene „erste" *Editio tertia,* nämlich ▶VP 1793A, s. jeweils dort (Zyklus Nr. 56).

Lit.: ODERMANN, 1931, hier 20: „Die 204 Illustrationen (erscheinen) in der Hauptsache als Kopfleisten oder Schlussvignetten, allerdings im ungewöhnlichen Ausmaße; sie stehen breit, oft halbseitengroß und meist ohne Trennung durch einen Rand, über dem typographischen Teil ... (... eigenartiges Turmbild im dritten Exkurs zu Buch I der Äneis) ... Die statuarische Haltung und die Anspruchslosigkeit der (durchweg anonymen) meisten Beigaben rücken sie ... öfters in die Nähe des reinen Ornaments, über das sie freilich ihre sachliche Bedeutung weitgehend erhebt. Es liegt in diesen bescheidenen Bildern, die von dem Pathos eines Gérard und Girodet [s.u. Paris ▶1798A], wie von dem bewegteren Klassizismus des etwas späteren Pinelli [s.u. Rom ▶1811A] gleich weit entfernt sind, zum mindesten der Absicht nach, etwas von der „edlen Einfalt und stillen Größe", die der deutsche Neuhumanismus in der Antike verkörpert fand." – VP 1797B Wolfenbüttel 1982, D 66: "Vol. I: Bucolica et Georgica, 1800, mit Frontispiz, Titelvignette und 41 weiteren Vignetten; Vol. II: Aen. I-IV, 1797, mit Titelvignette und 41 weiteren Vignetten; Vol. III, Aen. V-VIII, 1797, mit Titelvignette und 39 weiteren Vignetten; Vol. IV, Aen. IX-XII, 1798, mit Titelvignette und 31 weiteren Vignetten; Vol. 5, Carmina minora, 1798, mit Titelvignette und 37 weiteren Vignetten; Vol. VI, Indices, 1800, mit Titelvignette und 7 weiteren Vignetten." „Der 1. Band enthält ... ein Portrait Heynes (Büste von Ruhl, nach einer Zeichnung von Fiorillo gestochen von Geyser)" ... „Prachtausgabe, die eigentliche dritte Ausgabe des Heyneschen Vergil. Eine ‚erste' dritte Auflage war bereits 1793 in London erschienen [= ▶VP 1793A]. Die Londoner Buchhändler Payne und White begannen nämlich sogleich nach dem Erscheinen der zweiten Ausgabe des Heyneschen Vergil [Lipsiae 1787-1789 = ▶VP 1787A], ohne sich um Verfasser und Verleger zu kümmern, mit den Vorbereitungen zu einem Nachdruck. Nur mit Mühe kam es zu einem Vergleich, der dahin ging, dass sie dem Leipziger Verleger Fritsch die Exemplare auf feinem Papier und die Kupferplatten abkauften. Heyne wurde um Verbesserungen und Zusätze gebeten, die er auch zusammen mit einer kurzen Praefatio übersandte. Die Londoner Verleger ließen es jedoch bei ihrer Prachtausgabe [▶VP 1793A] an der nötigen Sorgfalt fehlen. So sind die Vignetten, die Heyne als Illustrationen zu ganz bestimmten Textpartien ausgewählt hatte, nun an andere Stellen gerückt und haben damit den Textbezug verloren ... Heyne war über dieses Vorgehen sehr erbost, und so ist es kein Wunder, dass er, als Fritsch seinerseits eine neue Prachtausgabe veranstalten wollte, trotz seiner Abneigung gegen derartige Ausgaben sich diesem Wunsch nicht entzog ... Er hat also seine Ausgabe erneut durchgesehen ... und vor allem die Bucolica und Georgica noch einmal gründlich durchgearbeitet. Zusammen mit Fiorillo wählte er die Gegenstände für die Illustrationen, fast alle nach Antiken, aus, die dann nach Fiorillos Zeichnungen wiederum von Geyser in Leipzig gestochen wurden. Ihre Zahl ist nun auf insgesamt 209 angewachsen." - Bamberg, 1982, Nr. 20: „Die vorliegende Prachtausgabe erschien zwischen 1797 und 1800 in sechs Bänden, die mit 209 (künstlerisch anspruchslosen) Kupferstichen zumeist in Form von Kopfleisten oder Schlussvignetten illustriert sind. Als Bildgegenstände wählte Heyne gemeinsam mit dem Maler und Kunstschriftsteller Johann Dominik Fiorello (1748-1821), dem Zeichner der Vorlagen für die Stiche, fast durchweg archäologische Objekte der Antike aus. Die Illustrationen sollten die wissenschaftliche Texterläuterung im jeweiligen Zusammenhang sinnvoll ergänzen."

Abb.: Titelvignette zu Vol. II (Büsten Homers und Vergils) bei Wolfenbüttel 1982, S. 114.

VP 1797B   *Zugänglichkeit*: In der BSB ist nur als BSB 4 A.lat.a. 673 (8 Vol.) die in London erschienene „erste" 3. Auflage ▶VP 1793A vorhanden, s. dort (außerdem von einer Tertia editio novis curis emendata et aucta nur Vol. IV, Lipsiae 1803, mit den Carmina minora und Indices als BSB 4 A.lat.a. 2218-4, ohne Abb.).

VP 1798A   ■ **Opera, Paris: Didot (Luxusausgabe) 1798**
Bucolica, Georgica et Aeneis. Parisiis, in aedibus Palatinis Petrus Didot natu maior, 1798, reip. VI [2°] [Luxusausgabe, XII, 572 S., ca. 47 cm hoch].

Bibl.: MAMBELLI Nr. 477; New York 1930 ("illustrated with engravings after drawings by Gérard and Girodet, … 250 copies printed") = Princeton Item 300 („Frontisp. and plates by Gerard and Girodet, 51½ cm"); CBItalV Nr. 390; Napoli 1981, Nr. 78; Trier 1982, S. 34; London 1982, Nr. 108; PASQUIER, 1992, Nr. 75. - Vgl. auch MAMBELLI Nr. 483 (London 1800). - Vgl. generell neben dieser ‚großen' Ausgabe die beiden folgenden, die ebenfalls in Paris 1798 bei Didot erschienen sind: die kleine Ausgabe ▶VP 1798B (in zwei in nur einer Einzelheit verschiedenen Drucken) und die damit faktisch identische, aber ausdrücklich als Editio stereotypa bezeichnete zweite kleine Ausgabe ▶VP 1798C.

Lit.: MAMBELLI Nr. 477: "Edizione di gran lusso … Le illustrazioni sono 23, e cioè: 7 del Girodet e 16 del Gérard incise dal Baquoy, Blisson [*sic*], Marais, Massard, Patas, Simonet, Viel. … Il solo esemplare su pergamena, coi disegni originali, trovasi al British Museum". - ODERMANN, 1931, 23 (mit relativ ausführlicher Würdigung; enthalten seien 24 ganzseitige Illustrationen, 8 für die ecl., 4 für die georg., 12 zur Aen.). - PASQUIER, 1992, Nr. 75 und S. 121f.: ein Frontispiz und 24 Illustrationen [die Durchzählung ergibt aber insgesamt nur 23, so auch MAMBELLI Nr. 477] nach François Gérard (die meisten, nämlich 14) und Anne-Louis Girodet (nur für das Frontispiz und Aen. I, III, V, VII, IX, XI, also für 7); für die Stiche zu Aen. VIII und XII sei die Vorlage (Girodet oder Gérard) nicht angegeben [alle diese Angaben sind nicht verlässlich]. Von den (23) Kupferstichen gehören 6 zu den ecl. (zu ecl. 1-3 und 5-7), je 1 für die 4 georg.-Bücher und für die 12 Aen.-Bücher; sie sind gestochen von Baquoy (Acn. IV), Beisson [so zweimal richtig geschrieben] (georg. I und IV), Copia (Frontispiz, ecl. 1, 3, 5, Aen. I, VI, VIII, XII), Delignon (ecl. 6), François Godefroy (ecl. 7, Aen. III), Marais (ecl. 2, Aen. XI), Massard (Aen. V, VII, X), J. Mathieu (Aen. IX), Patas (Aen. II), Simonet (georg. II), Viel (georg. III); Sujets und Zuordnung von Vorlage und Stecher sind bei PASQUIER, 1992, S. 253f. angegeben. Speziell zu Girodet vgl. noch PASQUIER, 1992, S. 202-206. - Speziell auch zur vorliegenden Ausgabe ▶VP 1798A vgl. Carol Margot OSBORNE, Pierre Didot the Elder and French book illustration 1789-1822, Diss. Stanford Univ. 1979 (UMI Ann Arbor 1980), XXII, 436 gez. Bl., darunter 334 Abb. von meist unbrauchbarer Qualität, hier bes. im Katalog S. 244-257 (mit Abb. 285-333), auch S. 106-139 und S. 34f., 45f. u.ö., mit zusätzlichen Interpretationen. - Vgl. ferner, unabhängig von OSBORNE (vgl. S. 252 Anm. 1), Angela STIEF, Die Aeneisillustrationen von Girodet-Trioson. Künstlerische und literarische Rezeption von Vergils Epos in Frankreich um 1800, Frankfurt a. M. 1986, hier bes. S. 93-97 und 251-253.

VP 1798A *Beschreibung:* Die neoklassizistischen Kupferstiche (Format 21,4 x 15,5) dieses Zyklus Nr. 59 stehen auf ungezählten Blättern. Alle Stiche zu ecl. (6) und georg. (4) sind von François Gérard entworfen und von verschiedenen Stechern ausgeführt. Von den 12 Stichen zur Aen. stammt die eine Hälfte, jene zu allen gerad-zahligen Aen.-Büchern, ebenfalls von F. Gérard (entgegen der Behauptung von PASQUIER, 1992, Nr. 75 sind auch Aen. VIII und Aen. XII signiert, und zwar von Gérard); die anderen 6 sind von Anne-Louis Girodet-Trioson (1767-1824) entworfen (nämlich die zu Aen. I, III, V, VII, IX und XI; von Girodet stammt auch die von Copia gestochene Antiporta); auch für die Aen. sind die Bilder von verschiedenen Stechern ausgeführt. - Ich zähle insgesamt 23 Stiche, davon 6 + 4 + 6 = 16 von Gérard, 1 + 6 = 7 von Girodet. – Unter den Stichen stehen jeweils 1-4 lat. Vergil-Verse ohne Stellenangabe, die helfen sollen, die dargestellte Situation zu identifizieren (hier mit „Zitat" eingeleitet).

Antiporta (Girodet - Copia): Vergil, in heroischer Pose mit langem Szepter unter einem Baum auf einem Thron sitzend (auf dessen Bodenplatte P. VERGILIO MARONI steht), wird von drei Musen, die jeweils eine Buchrolle mit der Aufschrift AENEDOS (li.), GEORGICON oder BUCOLICON (ganz r.) in der Hand halten, gemeinsam mit einem Lorbeerkranz gekrönt. Unter dem Bild steht: *cecini pascua, rura, duces,* also ein Zitat aus dem angeblich selbstverfassten Grabepigramm Vergils. (OSBORNE, 1979, S. 134 betrachtet die Figur des thronenden Vergil als eine Praefiguration der Ikonographie des Kaisers Napoleon.) - Diese Antiporta ist, von Weinrauch leicht variiert nachgestochen, als Frontispiz benutzt auch in: Des Publius Virgilius Maro Ländliche Gedichte samt Anhang [sc. ecl., georg., Culex, Moretum, Copa] übersetzt von Johann Heinrich Voß, Wien und Prag, bey Fanz Haas, 1800 [in meinem Besitz]; ferner, nachgestochen von Fr. Bolt (?) als Antiporta in Vol. 1 von ▶VP 1799.

VP 1798A Die Titelbilder zu den 12 Aen.-Büchern haben folgende Sujets:

Aen. I (Girodet-Copia): Aeneas, nur mit Überwurf und phrygischer Mütze bekleidet, tritt, gefolgt von Achates, von r. aus einer Wolke vor die li. mit langem Szepter thronende Dido. - Vgl. dazu die Interpretation, im Vergleich mit einer späteren Zeichnung Girodets, bei STIEF, 1986, 93. - Zitat: *Restitit Aeneas claraque in luce refulsit, / os, humerosque Deo similis* (Aen. I 588f.).

Aen. II (Gérard - Patas): Flucht der Gruppe des Pius Aeneas nach r. aus dem brennenden Troja; Anchises sitzt auf der linken Schulter des Aeneas, Ascanius li. schaut sich um. Zitat: *... genitorque per umbram / prospiciens: Nate, exclamat, fuge, nate; propinquant* (Aen. II 742f.).

Aen. III (Girodet - *Godefroy sculp., M. perfecit*):   Die als Hermen gestalteten Penaten erscheinen Aeneas, der li. auf einem Lager ruht, auf Kreta in einer Mondnacht im Traum. Zitat: *Effigies sacrae --- adstare jacenti / in somnis* (Aen. III 148-151).

Aen. IV (Gérard - Baquoy):   Anna (li. mit ausgebreiteten Armen) und die Frauen finden Dido, die sich ein Schwert in die Brust gestoßen hat, auf ihrem Lager (das nicht als Scheiterhaufen zu erkennen ist) vor. Zitat: *Accipite hanc animam, meque his exsolvite curis* (Aen. IV 652).

Aen. V (Girodet - *R. Urb. Massard sculp.*):   Aeneas bringt auf einem Altar vor dem Grabmal des Anchises r. ein Opfer dar; um den Altar windet sich eine große Schlange, r. neben Aeneas steht ein Priester oder eher König Acestes, der auf die Inschrift in großen griechischen Buchstaben auf dem Grabmal weist. Zitat: *Ille agmine longo --- altaria liquit* (Aen. V 90-93).

Aen. VI (Gérard - Copia):   Heldenschau: Anchises zeigt dem Aeneas r. seine Nachkommen, darunter ganz li. den zu Boden blickenden gewappneten jungen Marcellus. Zitat: *Heu, miserande puer! si qua fata aspera rumpas, / tu Marcellus eris* (Aen. VI 882f.).

VP 1798A Aen. VII (Girodet - R. U. Massard):   Nach dem Tisch-Prodigium der ‚Verzehrten Tische' (deren Überreste in der Mitte noch auf der Erde liegen) begrüßen Aeneas r. mit ausgebreiteten Armen und weitere Trojaner, darunter li. der junge Ascanius, das Augurium maximum, das von Juppiter, der durch einen Adler symbolisiert ist, als Blitz-Prodigium gegeben wird. - Vgl. dazu die Interpretation, im Vergleich mit einer späteren Zeichnung Girodets, bei STIEF, 1986, 252f. - Zitat: *Hic Pater --- ab aethere nubem* (Aen. VII 141-143).

Aen. VIII (Gérard - Copia):   Der von Venus (li.) umarmte Aeneas hält bewundernd den neuen Helm in der Linken (beide Figuren sind praktisch nackt); im Mittelgrund r. gelagert der Flussgott Tiberinus. - Zitat: *Mixaturque* [sic] *interque manus et brachia* [sic] *versat / terribilem cristis galeam* ... (Aen. VIII 619f.). - Vgl. dazu PASQUIER, 1992, S. 121.

Aen. IX: (Girodet - J. Mathieu):   Nicht (wie PASQUIER, 1992, Nr. 75 will) Nisus und Euryalus im Kampf mit den Rutulern, sondern: Apollo r. bekränzt den erfolgreichen Bogenschützen Ascanius li. - der in heroischer Nacktheit soeben den die Trojaner verhöhnenden Numanus Remulus erschossen hat - mit einem Lorbeerkranz; vorn r. schwingen Krieger einen Felsblock. - Vgl. dazu die Interpretation, im Vergleich mit einer späteren Zeichnung Girodets, bei STIEF, 1986, 94-96 („Début d'Ascagne dans les combats"). - Zitat: *Macte nova virtute puer: sic itur ad astra, / Diis genite; et geniture Deos* ... (Aen. IX 641f.).

Aen. X (Gérard - *Malbeste inc., R. U. Maßard perf.*):   Götterversammlung mit sieben Göttern, darunter dem thronenden Juppiter mit langem Szepter in der Mitte, li. von ihm u.a. Juno, r. stehend die nackte Venus mit Amor. - Zitat: *Rex Juppiter omnibus idem --- Olympum* (Aen. X 112-115). - Vgl. dazu PASQUIER, 1992, S. 121.

Aen. XI (Girodet - Marais):   Ein alter bärtiger Mann li. (man wird ihn auf den ersten Blick für den greisen König Euander halten, den Vater des Pallas; nach dem Vergil-Text kann es aber nur der alte Arkader Acoetes, eine Art Waffenmeister des Pallas, sein - aber vielleicht hat schon Girodet die Apostrophe des Aeneas, die sich an den nicht hier, im Feldlager anwesenden, sondern in Pallanteum/Rom zu Hause weilenden Euander in Aen. XI 45-57 richtet, als Anrede an einen anwesenden Euander missverstanden) umarmt die Leiche des Arkader-Prinzen Pallas; Aeneas, hier wie meist (so auch in Aen. II, III, V und VII; nicht in Aen. I, VI und XII) in heroischer Nacktheit, nur mit einem Überwurf bekleidet und einen Helm tragend, tröstet r. den weinenden kleinen Julus/Ascanius. Zitat: *Hei mihi, quantum / praesidium, Ausonia, et quantum tu perdis, Iule!* (Aen. XI 57f.).

Aen. XII (Gérard - Copia):   Schlussduell; Aeneas li. fasst mit der Linken den auf sein linkes Knie gestürzten Turnus r. am Schwertgurt und schwingt oder zückt mit der Rechten das Schwert. Zitat: *Tune hinc spoliis --- ex sanguine sumit* (Aen. XII 947-949).

VP 1798A   *Würdigung/ Abhängigkeiten:* STIEF, 1986, 252 will innerhalb dieses Zyklus Nr. 59 von 12 Aen.-Bildern „drei bis dahin in Zyklen ungebräuchliche Szenen, die sich alle dem gleichen Inhalt unterordnen" erkennen, nämlich der Tendenz, die Aeneis als (ursprünglich auf Augustus bezogenes) „Reichsgründungsepos" auf Napoleon umzudeuten. Gemeint sind die Illustrationen zu Aen. III (Penaten-Erscheinung - statt, z. B. , Harpyien-Abenteuer), zu Aen. VI (Heldenschau - statt der üblichen Überfahrt in Charons Nachen) und zu Aen. VII (Juppiters Blitz-Prodigium - statt der Verwundung von Silvias Hirsch). Allerdings scheitert m. E. diese „napoleonische" Interpretation an chronologischen Schwierigkeiten, denn STIEF, 1986, 72 Anm. 1 mit Bibliogr., vermerkt selber, dass das 1798 publizierte Werk bereits 1790 begonnen wurde. Das hat aufgrund archivalischer Studien überzeugend OSBORNE, 1979, bes. 34f. nachgewiesen (S. 108: aus einem Brief Girodets an seinen Meister David vom 18.1.1791 geht sogar hervor, dass diesem schon damals u.a. Entwürfe mit diesen Sujets für Aen. III und VI unterbreitet wurden). OSBORNE hat auch erstmals den wesentlichen Anteil von Jacques Louis David an den Illustrationen in ►VP 1798A deutlich gemacht (obwohl sich David selber nie dazu bekannt hat und auch die Kunstkritik des 18./19. Jh. nichts davon wusste). Pierre Didot d. Ä. (1761-1853) hat den Kontrakt auf Lieferung von 27 Bildern für die Vergil-Ausgabe (gedruckt wurden 1798 aber nur 23) schon vor 1791 mit David abgeschlossen. Dieser hatte offensichtlich die Aufsicht über die Arbeit seiner Schüler Gérard und Girodet, die er mit der Durchführung des Projektes beauftragte, und David erhielt 1791/1792 dafür zweimal 1.200 Livres von dem Verleger Didot. Es bestehen nicht nur zitat-ähnliche Anspielungen auf Gemälde Davids in den Vergil-Illustrationen, sondern es sind sogar noch 6 Probeabzüge für Bilder der Druckausgabe erhalten, die der Meister mit *David invenit* signiert hat, nämlich die für ecl. 6 und die

Aen.-Bücher II, IV, VI und VIII (OSBORNE, 1979, S. 116 und S. 245) - auch wenn dann in der publizierten Folio-Ausgabe ▶VP 1798A in allen diesen Fällen doch der Name von Gérard eingesetzt ist. Für OSBORNE, 1979, S. 111-113 sind besonders die Bilder zu Aen. VI und Aen. XI ideologisch aufschlussreich. Sie bezeugen durch Anspielungen auf Gemälde Davids (der ohnehin als eine Art geistiger Vater vieler der Aeneis-Illustrationen in ▶VP 1798A zu betrachten ist) den revolutionären Geist nach dem Sturm auf die Bastille. In der Illustration zu Aen. VI wird, in Anspielung auf Aen. VI 817-823, der die Freiheit gegen die römischen Könige erstreitende Brutus, der dafür sogar seine mit den Tarquiniern kollaborierenden Söhne opfert, aus Davids Gemälde „Liktoren bringen Brutus die Leichen seiner Söhne" von 1789 zitiert (als sitzende Gestalt). In der aufgebahrten Leiche des Pallas im Bild zu Aen. XI wird nicht nur Davids Gemälde „Andromache betrauert Hektor" von 1793 zitiert, sondern auch das seinerseits davon abhängige andere Gemälde, das die Ermordung Le Peletiers, eines Martyrers der Französischen Revolution, am 20.1.1793 darstellt. - Dass die Aen.-Illustrationen den Titelhelden meist in heroischer Nacktheit zeigen (s. die Beschreibung zu Aen. XI), ist von David 1799 in seinem Beitrag „Sur le nudité de mes Héroes" ausdrücklich begründet worden (OSBORNE, 1979, S. 113).

Die Beziehungen der Illustrationen in ▶VP 1798A zu Vorbildern untersucht OSBORNE, 1979, besonders in ihrem Katalog S. 245-257, aber auch z. B. S. 112-118. Vorbilder sind vor allem Gemälde von Jacques Louis David, doch auch andere Zeichnungen oder Gemälde von Girodet selber (dazu bes. S. 124-134).

Exkurs zu den Aeneis-Illustrationen von **Anne-Louis Girodet-Trioson**

Speziell zu **Anne-Louis Girodet-Trioson** (1767-1824) s. die große Monographie von STIEF, 1986 (s.o. *Lit.*); sie ist offenbar PASQUIER, 1992, S. 202-206, unbekannt. Das kenntnis- und aspektreiche Buch von STIEF ist auch allgemein für das Thema ‚Vergil in der Kunst' wichtig (wobei die bisher kaum erschlossene Buchillustration allerdings mehr oder weniger ausfällt) und enthält u.a. auch ein allgemein für die bildliche Aeneis-Rezeption wichtiges umfangreiches Literaturverzeichnis S. 295-314 und einen 166 Nummern umfassenden Katalog der Zeichnungen Girodets (auch der nicht abgebildeten). Die in einem eigenen Tafelteil beigegebenen 70 Abb. sind allerdings von schwacher Qualität.

Zu unterscheiden sind zwei Serien von Bildern zur Aeneis, die von Anne-Louis Girodet-Trioson stammen:

(a) ein Teil der Entwürfe (der größere Teil, nämlich 16, stammt aber von François Gérard) zu den von verschiedenen Künstlern ausgeführten 23 neoklassizistischen Kupferstichen (die Zahl schwankt bei PASQUIER zwischen 24+1, 24 und 23 Nummern, richtig ist die Zahl 23) in der berühmten großen Didot-Ausgabe (PASQUIER, 1992, Nr. 75), der nur in 250 Exemplaren gedruckten Luxus-Edition ▶VP 1798A. Girodet hat die Vorlagen für 7 Stiche geliefert: für die Antiporta und die Stiche zu den (ungerad-zahligen) Aen.-Büchern I, III, V, VII, IX und XI. Auf diese (frühen) Stiche geht STIEF allerdings nur zu Vergleichszwecken ein (bes. im Kap. II V 4 ‚Rückgriff auf die Illustrationen der Vergilausgabe Didots 1798' S. 93-96 und IV B 2 ‚Napoleon und Vergil' S. 251-253); im ‚Katalog der Zeichnungen (Girodets)' S. 315-369 sind sie nicht mit erfasst. Vgl. aber den Gesamtkatalog der Stiche in ▶VP 1798A bei OSBORNE, 1979, S. 245-257.

(b) Außer diesen erstmals Paris ▶VP 1798A gedruckten 6 Kupferstichen von Girodet zur Aen. (im Zyklus Nr. 59)stammen von ihm auch die - nach den Forschungen von STIEF - (mindestens) 172 bekannten (von 200 geplanten), nach 1810 bis zu seinem Tod 1824 entstandenen (davon ist eine einzige, Nr. A 2 nach Nr. 100, auf 1820 datiert) neoklassizistischen Illustrationen zur Aeneis, der Zyklus Nr. 67. (PASQUIER, 1992, S. 202, weiß nur von 161 Illustrationen.) Sie wurden offenbar nie komplett veröffentlicht: PASQUIER bringt daraus nur die beiden Abb. 353/354; STIEF bietet, wenn ich richtig zähle, auch nur 43 Abb. von den 166 noch nachweisbaren bekannten Bildern; OSBORNE nur ganz vereinzelte. Schon gar nicht sind sie je zusammen mit einem Aeneis-Text verbunden und publiziert worden. Heute sind sie in alle Welt zersplittert. Dieser Zyklus, dessen Einzelbilder in verschiedenen Stadien der Vollendung vorliegen (von lithographierten großformatigen Bildern bis zu kleinen Entwurfszeichnungen) ist der eigentliche Gegenstand der Monographie von STIEF, 1986. Girodets Zeichnungen werden von ihr in die piktographische Tradition eingeordnet und dabei besonders mit den Werken der Maler Michelangelo, Raffael und seiner Schüler (darunter Marcantonio Raimondis *Quos-ego*-Stich nach Raffael, S. 148-150), Poussin und der seines Meisters David und mit denen der Zeichner John Flaxman (1755-1826), Luigi Ademollo (▶VP 1823A) und Bartolomeo Pinelli (s. ▶VP 1811A), aber auch mit den Girodet nachweislich aus den Nachstichen Bartolis in ▶VP 1741C bekannten Miniaturen des Vergilius Vaticanus (cod. F, 2125) und Vergilius Romanus (cod. R, 2867) verglichen. – Ein vollständiges Verzeichnis dieser Zeichnungen Girodets (nach STIEF, 1986: 166 Nummern) wird zu ▶VP 1840 geboten.

Diese zweite Serie (b) von Illustrationen Girodets zur Aeneis (der Zyklus Nr. 67) ist in doppelter Weise rezipiert worden:
(c) direkt durch ▶VP 1827D, eine Publikation der Lithographien, die von einem Teil der Zeichnungen Girodets von seinen Schülern angefertigt worden sind;
(d) durch ▶VP 1840, eine von E. SCHULER organisierte Publikation von 60 Stahlstichen, die auf den Lithographien nach Girodet (c) beruhen: Zyklus Nr. 69.

Offenbar auf (c) ▶VP 1827D (PANNETIER) bezieht sich Princeton Item 693:
> Eneide. Suite de compositions dessinées au trait par Girodet; lithographiées par ... sed élèves. Paris, chez Noël ainé et C., 182?, mit der Beschreibung „79 plates (incl. portr.). In portfolio. 61½ x 45½ cm. Author was Anne Louis Girodet de Roussy, kown als Girodet-Trioson".

In der großen Bibliographie bei STIEF, 1986, 295-314, in dem sicher mehr als 400 Titel aufgeführt sind, scheint damit identisch zu sein die Eintragung S. 308:

(M.) PANNETIER, Enéide. Suite de compositions dessinées au trait par Girodet. Lithographiées par MM. Aubry-Lecomte, Chatillon, Counis, Coupin, Dassy, Dejuinne, Delorme, Lancrenon, Monanteuil, Pannetier, ses élèves. Paris 1827 (= ▶VP 1827D).

Im 'Katalog der (166) Zeichnungen (Girodets)' bei STIEF, 1986, 315-369 wird immer wieder auf „Pannetier, Enéide Tf." als Quelle für Lithographien hingewiesen. Damit scheint ▶VP 1827D gemeint zu sein.

PASQUIER, 1992, S. 202-206 gibt einen Katalog der 76 Lithographien (davon 72 zur Aen.: zu I 12, II 1, III 7, IV 11, V 4, VI 17, VII 3, VIII 1, IX 9, X 6, XI 0, XII 1), die PANNETIER zur Faksimilierung ausgewählt habe. PASQUIER bietet, soweit ich sehe, nie eine präzise bibliographische Angabe zu dieser Ausgabe, also der *Suite* ▶VP 1827D; sie datiert sie S. 205 auf 1827 und nennt als Verleger Firmin Didot; außerdem erwähnt sie noch zwei weitere Ausgaben der *Suite*: Paris, imp. Noël ainé, sine anno, 1839?, Folio, 82 Taf.; Paris, Henri Gaugain, Lambert et C., sine anno, ca. 1885, Folio.

(d) Im Katalog der Zeichnungen Girodets erscheint bei STIEF häufiger der zunächst rätselhaft wirkende Hinweis auf „Stich von Schuler", denn ein Lemma „Schuler" fehlt in ihrer Bibliographie. Gemeint ist das Buch, das STIEF S. 311 unter dem Titel aufführt: SCHMIDT, K.-L.: 60 Compositionen nach Girodet aus Virgil's Aeneide. Gestochen unter Leitung von Eduard Schuler, Karlsruhe 1840. Im Originaltitel von ▶VP 1840 fehlt jedoch der Hinweis *nach Girodet*. Zu den „unter der Leitung von Eduard Schuler" ausgeführten 60 Stichen, die wirklich auf Vorlagen von Girodet beruhen, s. Näheres bei ▶VP 1840 (Zyklus Nr. 69).

Die Illustrationen Girodets zur Aeneis, sowohl (a) die sechs (mit der Antiporta: sieben) von ihm entworfenen Kupferstiche in ▶VP 1798A als auch (b) die nicht in eine Vergil-Ausgabe eingegangenen (mindestens) 172 Zeichnungen zu Aeneis, die nur zum Teil in Lithographien (c) umgesetzt worden sind, finden auch (nicht zuletzt infolge der Arbeit von STIEF, 1986) in der sehr reichen Sekundärliteratur zu Girodet Beachtung. Gesehen habe ich die drei Ausstellungskataloge (A) Jacqueline BOUTET-LOYER, Girodet. Dessins du Musée [sc. Girodet à Montargis]. Paris 1983, mit den Abb. 53-85 zu den Zeichnungen Girodets zur Aen., von den 33 abgebildeten sind 14 in Lithographien umgesetzt; nicht zu ▶VP 1798A; (B) Musée Girodet à Montargis: Au-delà du maître - Girodet et l'atelier de David (commisariat de l'exposition: Richard DAGORNE; alphabetisch erster Autor: Valérie BAJOU), Paris 2005, darin S. 126-131 mit Fig. 119-128 Maria Teresa CARACCIOLO: Les images et les mots de l'Énéide (1798-1827); (C) Sylvain BELLENGER, Girodet 1767-1824. Paris, Musée du Louvre 2005, mit Beiträgen von Marc FUMAROLI u.a., mit Biochronologie von Bruno CHENIQUE auf CD-ROM, darin S. 450-455 mit mehreren Abb.

Ende des Exkurses zu den Aeneis-Illustrationen von A.-L. Girodet-Trioson
---

VP 1798A *Abhängigkeiten*: Nachstiche von ▶VP 1798A enthalten:
(a) die lat. Ausgabe London, A. Dulau, ▶VP 1800C (getreue, jedoch verkleinerte Nachstiche, meist von J. Fittler, auch hier mit Zufügung von jeweils 1-4 Vergil-Versen, die die gemeinte Stelle identifizieren; Aen. VIII fehlt, Aen. IX ist ersetzt - von PASQUIER, 1992, nicht erfasst, da in England erschienen);
(b) die franz.-lat. Ausgabe Paris, Maradan, 1802 = PASQUIER, 1992, Nr. 92 = ▶VP 1802B (auch hier fehlt der Stich zu Aen. VIII und ist Aen. IX ersetzt);
(c) die franz. Aen.-Übers. Paris 1804 = PASQUIER, 1992, Nr. 94 = ▶VP 1804A.

Außerdem verweist ODERMANN, 1931, S. 23f. auf einen weiteren Ndr. **(d)**: „Die Illustrationen der beiden Künstler (sc. Gérard und Girodet) ... sind ferner (1806) der lat.-franz. Bucolica-Ausgabe von Giguet & Michaud (demselben Verlag, der 1804 die kleine, mit Moreaus Stichen geschmückte Äneis veröffentlichte [= ▶VP 1804B]) zum Teil eingefügt, im Wechsel mit fünf, den Beleuchtungsmotiven nach ihnen nachgebildeten Tafeln von Huet." Wenn MAMBELLI Nr. 1225 von dieser Bucolica-Ausgabe von 1806 sagt „col testo e con 10 incisioni all'Acquaforte su disegno dell'Huet e del Fragonard figlio, e incise dal Copia", werden darunter keine Stiche zur Aen. sein.

Abb.: Im Abb.-Teil bei PASQUIER, 1992, insgesamt 12 Bilder, davon 7 zur Aeneis: Abb. 317 mit der Antiporta (Bekränzung Vergils durch 3 Musen); Abb. 13 und 35 zur 1. bzw. 6. ecl.; Abb. 62 und 85 zu georg. I bzw. II; Abb. „159" zu Aen. II (Flucht aus Troja - die Legende zu Abb. 159 steht fälschlich bei Abb. 160); Abb. 196 zu Aen. IV (Tod Didos); Abb. 222 zu Aen. VI (Heldenschau); Abb. 236 zu Aen. VIII (Übergabe der neuen Waffen an Aeneas); Abb. 244 zu Aen. IX (Apollo bekränzt Ascanius - bei PASQUIER, 1992, falsche Identifizierung: Nisus und Euryalus im Kampf mit Rutulern), Abb. 257 zu Aen. X (Götterversammlung); Abb. 285 zu Aen. XII (Schlussduell). - Thomas E. COW, Emulation. Making artists for revolutionary France, New Haven/London 1995, bietet S. 243 Aen. II (Flucht aus Troja) als Abb. 170 mit der Erklärung "François Gérard and Jacques-Louis David, pen with sepia wash on paper", ferner S. 134 Aen. III (Penaten-Erscheinung für Aeneas) als Abb. 100. - Alle 23 Stiche in ▶VP 1798A (und zusätzliche Vergleichsbilder) sind bei OSBORNE, 1979, als Abb. 285-333 wiedergegeben, aber in unzureichender Qualität. - STIEF, 1986, reproduziert in ihrem Abb.-Teil Aen. I (Aeneas vor Dido) als Abb. 24, Aen. III als Abb. 26, Aen. IX (‚erster Kampf des Askanius') als Abb. 28 und Aen. VII (‚Die Trojaner landen an der Tibermündung', besser: Das Augurium maximum nach dem Tisch-Prodigium) als Abb. 69. - In dem oben genannten Ausstellungskatalog (B) des Musée Girodet à Montargis, 2005, sind aus ▶VP 1798A unter den Fig. 119-128 die Antiporta und der Kupferstich zu Aen. XI (gestochen von Henri Marais), die wirklich Girodets Werk sind, abgebildet, merkwürdiger Wiese aber auch die in Wirklichkeit von Gérard stammenden Bilder zu Aen. II, VI (angeblich ebenfalls von Marais gestochen, in Wirklichkeit von Copia) und X.

VP 1798A *Zugänglichkeit*: **BSB Rar. 2033** ist **vollständig digitalisiert**, einschließlich aller 23 Illustrationen. Auf **DVD 2** nur die Antiporta und die 12 Kupferstiche zur Aen. - (BSB A.lat.a. 2214 = ▶VP 1798B.)

VP 1798B ■ **Opera, Paris: Didot (kleine Ausgabe) 1798**

Bucolica, Georgica, et Aeneis. Parisiis, excudebam Petrus Didot natu maior, in aedibus Palatinis scientiarum et artium, anno reip. VI [= 1798] (2 Vol., XXVIII, 390 durchgezählte S.).

Vorbemerkung: Dies ist, neben der großen Luxusausgabe ▶VP 1798A und der ausdrücklich als Editio stereotypa bezeichneten Ausgabe ▶VP 1798C die mit der letzteren offenbar an sich identische kleine Ausgabe (ohne Verszählung). Im Jahre (rei publicae VI =) 1798 sind bei Didot in Paris gleich drei Vergil-Ausgaben publiziert worden: ▶VP 1798A, ▶VP 1798B und (faktisch mit ▶VP 1798B identisch) ▶VP 1798C. In den Bibliographien werden sie nicht immer deutlich unterschieden. Im Princeton-Katalog sind Item 297-301 einschlägig: Item 300 (51,5 cm) ist ▶VP 1798A, Item 301 ist ▶VP 1798C. ▶VP 1798B ist mit Item 297-299 in drei Exemplaren in Princeton vertreten. Laut dem Princeton-Katalog gibt es zwei Drucke von ▶VP 1798B. Beim ersten Druck (Item 297 und Item 298) stehe - vgl. Mambelli Nr. 478 - in der 1. Zeile von S. 178 ein *ne* statt *nec* (nämlich Aen. IV 307 *nec te noster amor nec te data dextera quondam ... tenet*), er enthalte „Illustrations, folding map" (er ist zu Item 297 aber fälschlich „anno reipub. VII" datiert). Beim 2. Druck (Item 299, 17 cm), in dem der Fehler korrigiert und *nec* eingesetzt ist, werden nur „front., port., map" erwähnt. Wolfenbüttel besitzt nur ▶VP 1798B (als D 64) und ▶VP 1798C (als D 65). Die BSB besitzt alle drei Ausgaben dieser sog. ‚Louvre-Editions' (Ausgaben, die in der Zeit von 1797-1804 gedruckt wurden, als Didot seinen Verlagssitz im Louvre hatte): ▶VP 1798A als Rar. 2033, ▶VP 1798B (Format 13,4 x 8,2) als A.lat.a. 2154-1 (mit dem erwähnten Fehler *ne* in Aen. 4,307) bzw. A.lat.a. 2154-2 und ▶VP 1798C als A.lat.a. 2213. Im BSB-OPAC sind sie allerdings nicht richtig identifiziert und unterschieden. – Zum Verleger P. Didot und zur franz. Buchillustration 1789-1822 s. Osborne, 1979, die allerdings auf die Stereotyp-Ausgabe, die sie gar nicht von der ‚kleinen Ausgabe' scheidet, nur flüchtig S. 64 und 69f. eingeht; Osborne ist an den Künstlern David, Gérard und Girodet interessiert, deren Anteil aber nur an der Folio-Ausgabe ▶VP 1798A kenntlich ist.

VP 1798B *Bibl.*: Mambelli Nr. 478; Perugia 1980, Nr. 84; Pistoia 1981, Nr. 24; Wolfenbüttel 1982, D 64 (kleine Ausgabe = ▶VP 1798B); vgl. noch D 65 (Editio stereotypa= ▶VP 1798C) und die weiteren (bei ▶VP 1798C aufgeführten) Abdrucke D 68 (1814) und D 72 (1822). - Vol. I enthält buc., georg. und Aen. I-V, Vol. II Aen. VI-XII.

Lit.: Mambelli Nr. 478: "con una carta geografica; edizione adorna di belle vignette disegnate dal Gérard e incise dal Marais [das ist eine offenbar unbelegte, falsche Behauptung], giudicata la prima e la più bella di tutte le edizioni stereotipe del Didot". - Perugia 1980, Nr. 84: "Le vignette sono disegnate da M. Gérard e incise da P. H. Marais." - Wolfenbüttel 1982, D 64: "Mit 1 Karte, Titelvignette und weiteren Vignetten im Text. ... Die schönen Vignetten sind Stahlstiche von Bertrand Andrieu (1761-1822), die Karte der ‚Aeneae Troiani navigatio' (zwischen S. 102 und 103 zu Beginn der Aeneis [im BSB-Exemplar jedoch nach S. 214 am Schluss von Vol. I]) ist signiert ‚Picquet Sculp.‘'.- ODER-MANN, 1931, 24: "Den ausgeprägtesten Gegensatz zu der anspruchsvollen Ausgabe des Jahres 1798 [sc. der Luxusausgabe ▶VP 1798A] bildet die des nächsten Jahres [W.S.: Irrtum: nicht 1799, sondern ebenfalls noch 1798 erschienen], der erste und schönste der Stereotypiebände der Firma Didot. Der Stich ist hier, unter Verzicht auf jede Illustration, lediglich als geschmackvoll abwechselndes Ornament in Kopfleistenform verwendet: meist antike Gefäße und andre Gebrauchsgegenstände von edlen Formen, die an die belehrenden Illustrationen, etwa der Fritschschen Ausgabe [Leipzig 1787-1789 = ▶VP 1787], erinnern, aber im übrigen keinerlei wissenschaftliche Ansprüche stellen." [Es ist unklar, ob ODERMANN die „kleine" Didot-Ausgabe ▶VP 1798B kennt und meint oder die eigentliche Ed. stereotypa ▶VP 1798C.]

VP 1798B *Beschreibung*: Es handelt sich bei diesem Zyklus Nr. 60 nicht um eigentliche Textillustrationen, sondern die einzelnen Aen.-Bücher (Sonderfall Aen. II) werden von ornamentalen Kopfleisten eingeleitet, die antike Waffen, einen Kranz oder ein Schiff zeigen. Nur die Kopfleiste zu Aen. II - die allerdings einen Sonderstatus hat - ist mit *Andrieu sc.* signiert, woraus man schließt, dass alle von Bertrand Andrieu gestochen sind. - Die ganzseitige Karte (10,5 x 17,7) „AENEAE TROIANI NAVIGATIO" nach S. 214 in Bd. I (am Schluss von Vol. I und von Aen. V) - so jedenfalls im Münchener Exemplar - enthält nur geographische Angaben, keine bildlichen Elemente. Sie ist signiert *Picquet sculp.* und gehört zu dem in ▶VP 1716B begründeten Typ (eine Variante mit hinzugefügten bildlichen Elementen stellt ▶VP 1717B dar). - Zur Technik des Zusammendrucks von Kopfleiste (‚headpiece') und Text vgl. OSBORNE, 1979, 82 Anm. 28: die Stahlstiche scheinen zunächst als Holzschnitte ausgeführt worden zu sein.

Die Stahlstich-Vignette (13,5 x 8) auf der *Titelseite* zeigt einen jugendlichen lorbeerbekränzten Vergil (P.V.M.) mit vollem Gesicht nach r. blickend vor einer bärtigen Herme, die eine Art Krone trägt - eine Variante des Orsini-Typus. Vor allen 10 Eklogen dekorative Bänder, meist schmal und mit Weinreben (ecl. 4, 6, 8, 9) oder Weinblättern (ecl. 7 und 10), gelegentlich auch mit Vögeln (ecl. 3) oder Syrinx-Schlange-Schale-Korb (ecl. 2 und 5) geschmückt. Vor der 1. ecl. eine größere Kopfleiste (Format 2,4 x 5,9) mit zwei Putti, die die Leier bzw. die Syrinx spielen.

Vor den georg.-Büchern II, III und IV ebenfalls dekorative, etwas breitere Bänder, wiederum nur vor georg. I eine größere Kopfleiste mit einem Bauern, der mit einem Ochsengespann pflügt, und einem Bienenkorb unter einer Palme.

Die Kopfleisten (Format 2,8 x 6,0) für die 12 Aen.-Bücher sind vage inhaltsbezogen. Zusätzlich weisen die Bücher IV und XI eine identische Schlussvignette auf: die Römische Wölfin in einer Grotte, die Zwillinge Romulus und Remus säugend (eine VIII 630-634 auf dem Schild des Aeneas dargestellte Szene); eine andere Schlussvignette hat Aen. VII (Vase).

Aen. I: Schild, Panzer, Speer (schräg querend), Schwert, Helm, zwei Bein-
              schienen (von li.). - Eher zu Aen. VIII passend, wo Aeneas eine
              neue Rüstung erhält. Als Dublette zu Aen. VIII und XII wiederholt.

Aen. II: (ein ausnahmsweise narrativer, nicht - wie sonst - gegenständlich-
              ornamentaler Stich; außerdem ist nur diese Kopfleiste signiert:
              Andrieu sc.) Achill schleift auf seinem Zweigespann den Leichnam
              Hektors vor den Mauern Trojas (vgl. Aen. II 270-280).

Aen. III: Ein Ruderschiff (allgemein zum Inhalt von Aen. III passend). Als
              Dublette zu Aen. VI wiederholt.

Aen. IV: BILD 37 Zwei Schwerter (kein näherer Bezug zu Aen. IV). Als Du-
              blette zu Aen. VII und XI wiederholt.

Aen. IV: Schlussvignette: Römische Wölfin mit Romulus und Remus (nicht
              passend).

Aen. V: Ein Eichenkranz (*corona civica*) zwischen zwei Helmen, der linke
              ist mit einem Pegasus verziert (vielleicht vager Hinweis auf die bei
              den Spielen Aen. V 309 und 314 ausgesetzten Preise). Als Dublette
              zu Aen. IX und X wiederholt.

Aen. VI: Dublette zu Aen. III (allenfalls zu den ersten Versen von Aen. VI
              passend).

Aen. VII: Dublette zu Aen. IV (vage passend).

Aen. VIII: Dublette zu Aen. I (hier passend).

Aen. IX: Dublette zu Aen. V (vage zu diesem Kampfbuch passend).

Aen. X: Dublette zu Aen. V und IX (vage zu einem Kampfbuch passend).

Aen. XI: Dublette zu Aen. IV und VII (vage passend).

Aen. XII: Dublette zu Aen. I und VIII (vage passend).

Abb.: Titel mit Medaillon Vergils (Orsini-Typus), Schlussvignette von
Aen. XI (Römische Wölfin mit Romulus und Remus) und Kopfvignette von
Aen. XII (Waffen) bei Wolfenbüttel 1982, S. 112-113. - 6 Kopfleisten aus ▶VP
1798C werden in schlechter Qualität als Abb. 285 bei OSBORNE, 1979, S. 383
geboten.

VP 1798B   *Zugänglichkeit*: BSB A.lat.a. 2214-1 und 2214-2, daraus digitalisiert 29 Doppelseiten mit allen Illustrationen; DVD 2. Ferner UB München
8 A.lat. 1536 und 8 A.lat. 1536a.

VP 1798C   ◻ + Opera, Paris: Didot (Ed. stereotypa) 1798
Bucolica, Georgica et Aeneis. Editio stereotypa. Parisiis, ex officina stereotypa
Petri Didot maj(oris), anno reip. VI [= 1798] (XXVIII, 390 S.; 8°).

Bibl.: *Vorbemerkung*: Dies ist, neben der großen Luxusausgabe ▶VP
1798A und kleinen Ausgabe ▶VP 1798B, die dritte Vergil-Ausgabe, die Paris
1798 bei Didot publiziert worden ist. Sie ist an sich mit der ‚kleinen Ausgabe'
▶VP 1798B identisch, doch wird nur ▶VP 1798C ausdrücklich als Editio stereotypa bezeichnet. In den Bibliographien werden die drei Ausgaben nicht
immer deutlich unterschieden. Vgl. generell zu ▶VP 1798A und ▶VP 1798B. -

| VP 1798C | *Bibl.*: *Nachweise*: MAMBELLI Nr. 478 bezieht sich auf die |

kleine Ausgabe ▶VP 1798B (die er aber auch als „edizione stereotya" bezeichnet), die eigentliche Editio stereotypa ist nicht verzeichnet; die letztere aber ist aufgeführt in CBItalV Nr. 389 (Ø); FAGIOLO, Rom 1981, Nr. 133 (?); ICCU-Katalog Nr. 004709 (ill., 18°); Wolfenbüttel 1982, D 65 (Editio stereotypa; „Abdruck der kleinen Vergilausgabe von 1798" [= D 64 = ▶VP 1798B], ebenfalls "mit 1 Karte, Titelvignette und weiteren Vignetten im Text"). Wolfenbüttel führt ferner zwei bei MAMBELLI nicht verzeichnete spätere Abdrucke an: **(a)** Wolfenbüttel 1982, D 68: Editio stereotypa, Parisiis, Didot, 1814, "neuer Abdruck der Editio stereotypa von 1798 ..., mit Titelvignette und weiteren Stahlstichvignetten im Text" (das Wolfenbütteler Exemplar ist unvollständig); **(b)** Wolfenbüttel 1982, D 72: Editio stereotypa, Parisiis, Didot, 1822, "erneuter Abdruck der Didotschen Stereotyp-Ausgabe von 1798, ... mit Titelvignette und weiteren Stahlstichvignetten zum Text". Enthalten sein muss also Zyklus Nr. 60. - Zum Verleger P. Didot und zur franz. Buchillustration 1789-1822 s. OSBORNE, 1979, die aber auf die Stereotyp-Ausgabe nur flüchtig S. 69f. eingeht.
Zugänglichkeit: BSB A.lat.a. 2213.

VP 1799   **deutsche Übers. der Opera, Braunschweig 1799**
Des P. Vergilius Maro, Werke, von Johann Heinrich VOSS. Braunschweig, Friedrich Vieweg, 1799 [3 Vol.].
Bibl.: MAMBELLI Nr. 1299 (Ø); Frankfurt 1930, Nr. 85 (StB Ffm); New York 1930 (Ø) = Princeton Item 358 („frontisp. vol. I"); CBItalV Nr. 1984 (ill.); BL. - Eine 2. verbesserte Ausgabe, ebenfalls in 3 Bänden, ist Braunschweig, Vieweg, 1820-1821 erschienen = Wolfenbüttel 1982, D 136 und D 137, im Ndr. als 3. Ausgabe Braunschweig, Vieweg, 1822 = Wolfenbüttel 1982, D 138. - Einen Hinweis auf Illustr. gibt nur CBItalV Nr. 1984.
Beschreibung: Bd. 2/3 mit Aen. I-VI/VII-XII enthalten keine Abb.; nur der 1. Bd. (Ländliche Gedichte) weist eine Antiporta auf: Vergil, in heroischer Pose und mit Szepter unter Bäumen sitzend, wird von drei Musen bekränzt. Das ist ein Nachstich von *Fr. Bolt* (?); die unbezeichnete Vorlage ist die Antiporta von Anne-Louis Girodet-Trioson in ▶VP 1798A, s. dort.
Zugänglichkeit: BSB Film P 91.33-27(3 Mikrofiches); ferner München: Saur, 1990-1994, Bibliothek der deutschen Literatur 3.598-53064-1 FN 12244/002.003.004: Mikrofiches.

19. Jahrhundert bis 1840

VP 1800A ◻ **Opera, Brüssel 1800 (-1805?)**

Opera, ex antiquis monimentis illustrata cura, studio et sumptibus Henrici JUSTICE Armigeri Rufforthii Toparchae. Bruxelles, prostant venales apud J. L. De Boubers, 1800 [5 Vol.; der letzte Band: Vol. 5 sive monumentorum per totum opus sparsorum index, von C. SAXIUS].

Bibl.: MAMBELLI Nr. 486 ("Ristampa dell'Ed. del ▶VP 1757B [MAMBELLI Nr. 415]; opera originale completamente incisa su tavole in rame e impressa su carta filigranata a tutto margine. Con bellissimi frontespizi, fregi, ritratti e figure del veneziano G. Marco Pitteri"); CBItalV Nr. 395; BL. - Vgl. oben zu Den Haag ▶VP 1757B (Zyklus Nr 51). – COPAC (BL) datiert diese 5-bändige Ausgabe auf 1805 (vermutlich, weil in diesem Jahr der letzte Band erschienen ist) und vermerkt: "Printed, on one side of the leaf only, from the original plates of the edition von 1757-65" (= ▶VP 1757B). Nur wegen dieser Ansetzung ist unten das Lemma ▶VP 1805 gebildet worden, das faktisch mit ▶VP 1800A identisch ist.

VP 1800B ■ **Opera, Leipzig 1797-1800**
Alternativansetzung zu ▶VP 1797B, s. dort

VP 1800C ◻ **Opera, London 1800**

Bucolica, Georgica, et Aeneis. Londini, apud A. Dulau & Co., T. Bensley printer, 1800 [2 Vol.].

Bibl.: MAMBELLI Nr. 483 ("con 15 illustrazioni. Graziosa e nitida ristampa dell'edizione Didot del ▶VP 1798A [=MAMBELLI Nr. 477], con le tavole in formato ridotto incise in rame da Bartolozzi, Fittler, Neagle e Sharp su disegni di Gérard e Girodet"); New York 1930 ("Reprint of Didot's folio edition, Paris, ▶VP 1798A, with 15 plates engraved) = Princeton Item 305 und 306 („plates; with scenes of the Bay of Naples painted on the fore-edges"); CBItalV Nr. 394; BL („with illustrations"). - S. generell oben zur Luxusausgabe Paris ▶ 1798A.

Beschreibung/Abhängigkeiten: Die Stiche zur Aen. in ▶VP 1800C sind (bis auf den zu Aen. IX) aus ▶VP 1798A seitenrichtig übernommen und verkleinert (Format 14,1 x 9,9); sie stammen also als getreue Kopien von F. Gérard (für Aen. II, IV, VL, VIII, X und XII) oder von A.-L. Girodet-Trioson (für die ungeraden Aen.-Bücher), s. ▶VP 1798A (Zyklus Nr. 59). Sie sind hier (in ▶VP 1800C) von Ja(me)s Fittler (Aen. I, II, III, V, VI, VII, XI, XII), von F. Bartolozzi R.A. (Aen. IV, auch die neue Illustration zu Aen. IX) oder von Sharp (Aen. X) gestochen. (Der englische Stecher Francesco Bartolozzi war von J. L. David bereits 1791 dem Verleger Didot für seine Vergil-Ausgabe ▶VP 1798A empfohlen worden: OSBORNE, 1979, s. ▶VP 1798A, S. 109). Beigegeben sind den Bildern, wie in der Vorlage ▶VP 1798A, jeweils 1-4 Vergil-Verse, die die gemeinte Stelle identifizieren. Von den Aen.-Stichen fehlt der zu Aen. VIII. Im übrigen sind in meinem Exemplar (einer Kopie unklarer Provenienz) noch zwei weitere Stiche enthalten: (a) eine bukolische Landschaft mit mehreren Hirten r. im Vordergrund (*J. M. Moreau inv. - E. De Ghendt sculp.*) und dem Zitat *Si canimus silvas, silvae sint consule dignae* (ecl. 4,3); (b) ein nur mit einem Lendenschurz bekleideter Hirte (Corydon), der eine eigenartig wie ein Dreieck geformte Syrinx in der Rechten hält, und das Zitat *O Crudelis Alexi, nihil mea carmina curas; / nil nostri miserere; mori me denique coges* (ecl. 2,6); dies ist die Übernahme eines von F. Gérard entworfenen Kupferstichs in ▶VP 1798A. Mein Exemplar enthält also insgesamt nur 2 + 11 = 13 Kupferstiche.

| VP 1800C | Für eine *Beschreibung* der Kupferstiche zu Aen. I-VII und X-XII in ▶VP 1830C, genauen verkleinerten Kopien von denen in ▶VP 1798A, s. die *Beschreibung* dieser Vorlage ▶VP 1798A (Zyklus Nr. 59). |

Aen. VIII (nach Gérard; fehlt in dem mir zugänglichen Exemplar, nicht aber in dem einen der beiden bei ECCO digitalisierten Exemplare): Übergabe der neuen Waffen. Venus (ganz li.) umarmt Aeneas, der in seiner Linken den neuen Helm hält und ihn bewundert; r. der Flussgott Tiberinus und, an einen Baum ganz r. gelehnt, die anderen Teile der Rüstung, darunter der Schild.

Aen. IX (neu gegenüber ▶VP 1798A und damit nicht von Girodet, sondern - entsprechend der Signatur - von *Vieira Portuensis* entworfen, also einem Stecher namens Vieira aus der Stadt Porto in Portugal): Der von r. heraneilende Nisus sucht den Freund Euryalus vor dem Angriff des Rutulers Volcens, der ihn von li. mit dem Schwert bedroht, zu schützen. Zitat: *Me, me; adsum qui feci; in me convertite ferrum, / o Rutuli ...* (Aen. IX 427f.).

| VP 1800C | *Zugänglichkeit*: Mir sind aus dieser Edition ▶VP 1800C (die, |

da in London erschienen, von PASQUIER nicht erfasst ist) 11 Stiche zur Aeneis (und die beiden weiteren Stiche) in einer Kopie aus unbekannter Quelle zugänglich. - Beide Bände sind bei ECCO vollständig digitalisiert, und zwar zweimal (also insgesamt 4 Bände). In dem einen Exemplar (ESTC-Nr. T 138815; Microfilm Reel 9094; Vol. 1, 263 S.; Vol. 2, 303 S.) sind die Bilder verstellt; in Vol. 1 sind 5 Kupferstiche in folgender Reihung eingelegt: georg. I (Vol. 1, Page image 1), Aen. II (Image 134), Aen. IV (Image 167), Aen. III (Image 202); in Vol. 2 dagegen 8 Kupferstiche: Aen. XII (Vol. 2, Page image 1), ecl. 2 (Image 5), Aen. XI (Image 43), Aen. I (Image 82), Aen. VI (Image 117), Aen. IX (Image 149), Aen. X (Image 186), Aen. VII (Image 225); von den Aen.-Illustrationen fehlt die zu Aen. VIII. In dem anderen Exemplar (ESTC-Nr. T 138814; Microfilm Reel 9447; Vol. 1, 262 S.; Vol. 2, 286 S.) sind die Bilder richtig gereiht: 7 Kupferstiche in Vol. 1: ecl. 2 (Vol. 1, Page Image 5), georg. I (Image 45), georg. IV (Image 134), Aen. I (Image 139), Aen. II (Image 170), Aen. III (Image 205). Aen. IV (Image 234); als Page Image 1 wird außerdem ein (vermutlich eingeklebtes) Exlibris berücksichtigt, das aus einem Holzschnitt (!) besteht, der eine mittelalterliche Gelehrtenstube mit einem Gelehrten und einem Besucher zeigt, der einen Codex mit dem Titel EXLIBRIS am Buchrücken in den Händen hält; unten li. steht der Name des Besitzers *Luis Bardon.* $\boxed{\text{VP 1800C}}$ Vol. 2 dieser Ausgabe bietet 8 Kupferstiche in der korrekten Abfolge zu Aen. V (Vol. 2, Page Image 4), Aen. VI (Image 40), Aen. VII (Image 77), Aen. VIII (Image 110), Aen. IX (Image 140), Aen. X (Image 175) und Aen. XI (Image 212); von den Aen.-Illustrationen fehlt in dieser Serie also nicht die zu Aen. VIII, wohl aber die zu Aen. XII.

VP 1802A ■ **? franz. Übers. der Opera mit lat. Text,**
Paris: Plassan 1802

Œuvres (de Virgile), traduites en françois, le texte vis-à-vis la traduction, ... par M. l'Abbé Guyot DES FONTAINES. Paris, Plassan (impr. de P. Catineau), an X (1802) [4 Vol.].

Bibl.: MAMBELLI Nr. 1131 ("con ritratto di Virgilio ed incisioni ad ogni canto"); vgl. auch zur Nouvelle édition, Paris, P. Plassan, an. IV (▶VP 1796B) [4 Vol.] MAMBELLI Nr. 1127; CBItalV Nr. 399 (1802; ill.); Napoli 1981, Nr. 166 ("Un ritratto di Virgilio e 15 tavole incise da J. B. Compagnie"). Fehlt bei PASQUIER, 1992.

VP 1802B ◻ **+ franz. Übers. der Opera mit lat. Text,**
Paris: Maradan 1802

Œuvres de Virgile, en latin et en françois. Nouvelle édition revue, corrigée et or- née de gravures. Paris, Maradan, an X, 1802 [3 Vol.].

Bibl.: Nur bei PASQUIER, 1992, Nr. 92 (ohne Hinweis auf den Übersetzer); fehlt bei MAMBELLI und im CBItalV. Es handelt sich um eine anonyme franz. Prosaübersetzung. Der Übersetzer bleibt auch im kurzen ‚avertissement' unge- nannt. An deren Ende wird auf die neuen Illustrationen hingewiesen: „On a fait exécuter les gravures d'apres des dessins nouveaux, qui donneront encore un prix à cette édition."

Lit.: PASQUIER, 1992, Nr. 92 und S. 123: Mit Vergil-Bildnis und 12 an- onymen Illustrationen ausschließlich [was unrichtig ist] zur Aen., die denen von Gérard und Girodet (in der Ausgabe Paris ▶ 1798A = PASQUIER, 1992, Nr. 75) ähneln und von lat. Versen begleitet sind, je eine zu den 12 Aen.-Büchern; de- plaziert ist die Illustration zu Aen. VIII [die aber im Münchener Exemplar fehlt], die aus der ital. Übersetzung, Paris ▶1760 = PASQUIER, 1992, Nr. 69, genom- men ist, dort ist es die Illustration von Zocchi zu Aen. IV. - S. generell oben zu der Luxusausgabe Paris ▶ 1798A.

Beschreibung/Abhängigkeiten: Die Beschreibung von PASQUIER, 1992, Nr. 92 ist ungenau. Das Werk enthält insgesamt 16 ganzseitige unsignierte Kup- ferstiche auf freigestellten ungezählten Blättern (mit Einfügungsvermerk, der aber nicht immer beachtet ist: das mit „Tom. I, Pag. 193" bezeichnete Bild wäre zu Beginn von georg. IV einzufügen gewesen, fälschlich ist es aber vor S. 19 und damit zu Beginn der 3. ecl. eingelegt worden; vgl. ferner gleich zu Aen. IX), und zwar in T. 1 eine Antiporta und je einen Stich vor ecl. 2, ecl. 3 (der vor georg. IV gehört) und georg. I; in T. 2 je einen zu Beginn von Aen. I-VI und einen weiteren innerhalb Aen. IV; in T. 3 je einen zu Beginn von Aen. VII, IX, X und XII und einen weiteren innerhalb von IX (eigentlich das Titelbild zu Aen. XI). Unter jedem Bild stehen 1-4 Vergil-Verse ohne genaue Versangabe, doch mit Hinweis auf das Buch. Genau diese Zitate, allerdings ohne Buchangabe (und im Fall von Aen. III um 1 Vers gekürzt), sind bereits den Kupferstichen von ▶VP 1798A und ▶VP 1800C beigegeben. - Es handelt sich faktisch meist – bis auf die Stiche zu Aen. IV, VI und IX - um variierte und vereinfachte, oft sv. Nachstiche der von F. Gérard oder Anne-Louis Girodet-Trioson entworfenen Stiche zur großen Ausgabe von P. Didot Paris ▶VP 1798A (Zyklus Nr. 59), vgl. generell dort. Wegen des gleichen neu eingefügten Bildes zu Aen. IX steht noch näher die ebenfalls auf ▶VP 1798A fußende Ausgabe London ▶VP 1800C.

VP 1802B Antiporta (13,0 x 8,4): VIRGILE mit Lorbeerkranz nach r. gewandt im Orsini-Typus, vor einer Herme r. - Ziemlich getreue Wiedergabe der Originalpublikation in ▶VP 1677B (vgl. Abb. 320 bei PASQUIER, 1992), doch mit dekoraktiver Hinzufügung von Lorbeerkranz, Bändern und Codex.

Aen. I (11,9 x 7,2): Aeneas (mit phrygischer Mütze) tritt von li. vor die r. thronenden Dido. Darunter das Zitat: *Restitit Aeneas claraque in luce refulsit / os umerosque deo similis* (Aen. I 498f.). - Übernahme aus ▶VP 1798A (Girodet), doch sv.

Aen. II: Flucht der Gruppe des Pius Aeneas aus Troja, das in Rauchwolken gehüllt ist (li. oben ein Tempel), nach r.; Anchises wird huckepack getragen, der nackte kleine Ascanius folgt li. Darunter das Zitat: *genitorque per umbram / prospiciens. Nate, exclamat, fuge, nate, propinquant* (Aen. II 732f.). - Ob dieses Bild noch als Übernahme aus ▶VP 1798A (Gérard) betrachtet werden kann (s. die Abb. „159" bei PASQUIER, 1992), ist eher fraglich; die Abweichungen sind doch beträchtlich.

Aen. III: Die als Kriegerstatuen gestalteten Penaten (oben li.) erscheinen dem auf einem Bett liegenden fast nackten Aeneas auf Kreta im Traum. Zitat: *Effigies sacrae --- in somnis* (Aen. III 148-151) - Übernahme aus ▶VP 1798A (Girodet), doch sv.

Aen. IV (als Titelbild): Aeneas und Dido r. vor einer Grotte sitzend; über ihnen auf Wolken schwebend Juno mit ihrem Pfauen-Wagen; vorn li. zwei Hunde. Zitat: *Speluncam Dido, dux et Troianus eandem / deveniunt* (Aen. IV 165f.) - Das ist keine Übernahme aus ▶VP 1798A (Gérard), sondern aus ▶VP 1760 (G. Zocchi); Abb. 183 bei PASQUIER, 1992, doch mit falscher, zu Abb. 182 gehöriger Legende.

Aen. IV (als einziger Stich nicht neben dem franz., sondern dem lat. Text eingefügt): Anna und eine weitere Frau r. finden Dido, die sich ein Schwert in die Brust gestoßen hat; vorn li. ein Opferaltar. Zitat: *Accipite hanc animam, meque his exsolvite curis* (Aen. IV 652; nicht recht passend). - Seitenrichtige, aber stark variierte und vereinfachte Übernahme aus ▶VP 1798A (Gérard), vgl. Abb. 196 bei PASQUIER, 1992.

Aen. V: Aeneas r. bringt vor dem Grabmal des Anchises li. ein Totenopfer dar, bei dem sich eine Schlange um den Altar windet; li. ein junger Flötenspieler, in der Mitte ein Priester oder Acestes. Zitat: *ille agmine longo --- altaria liquit* (Aen. V 90-93). - Variierte Übernahme aus ▶VP 1798A (Girodet), doch sv.

Aen. VI: Die Sibylle li. und Aeneas nahen sich dem Nachen Charons r. auf dem Acheron, im Hintergrund Höllenfeuer. Zitat: *At ramum hunc (aperit ramum qui veste latebat) / adgnoscas* (Aen. VI 406f.). - Das ist keine Übernahme aus ▶VP 1798A (Gérard), sondern - samt dem lat. Zitat - aus ▶VP 1796B (G. Zocchi), zuerst - ohne das lat. Zitat - in ▶VP 1760.

VP 1802B Aen. VII: Aeneas r. begrüßt mit Ascanius und anderen Trojanern das von Juppiter (der durch einen Adler oben li. symbolisiert ist) gesandte Augurium maximum, ein Blitz-Prodigium; li. liegen trojanische Schiffe im Tiber vor Anker. Zitat: *Hic pater omnipotens --- ab aethere nubem* (Aen. VII 141-143). Seitenrichtige, variierte und vereinfachte Übernahme aus ▶VP 1798A (Girodet).

Aen. VIII: Ein Stich zu Aen. VIII fehlt.

Aen. IX (als Titelbild): Volcens bedroht zu Ross li. mit dem Schwert Euryalus (Mitte), dem Nisus von r. zu Hilfe eilt. Zitat: *Me, me, adsum qui feci, in me convertite ferrum, / o Rutuli* (Aen. IX 427f.). - Das ist keine Übernahme aus ▶VP 1798A (Girodet) und auch nicht aus ▶VP 1796B (G. Zocchi), sondern eine bereits in ▶VP 1800C belegte Neuerfindung von Vieira Portuensis.

Aen. IX (der Stich steht im Text neben S. 127; er gehört aber laut Einfügungsvermerk zu S. 227 und damit zu Aen. XI): Euander, li. sitzend, umarmt die Leiche seines Sohnes Pallas (so scheint es jedenfalls; nach dem Text kann es sich aber bei dem alten Mann nicht um Euander, sondern nur um den Arkader Acoetes, den Begleiter des Pallas, handeln); Aeneas r. (bekleidet, nicht in heroischer Nacktheit) tröstet den weinenden kleinen Julus/Ascanius. Zitat: *Hei mihi! quantum / praesidium Ausonia, et quantum tu perdis, Iule* (Aen. XI 57f.). - Seitenrichtige (bis auf die Figur „Euanders"), aber stark variierte und vereinfachte Übernahme aus ▶VP 1798A (Girodet), vgl. Abb. 262 bei PASQUIER, 1992.

Aen. X: Götterversammlung; sechs Götter, von li.: Venus und Amor stehend, Juppiter, Neptunus, Juno sitzend. Zitat: *Rex Iuppiter omnibus idem --- tremefecit olympum* (Aen. X 112-115). - Stark variierte, sv. und vereinfachte Übernahme aus ▶VP 1798A (Gérard), vgl. Abb. 257 bei PASQUIER, 1992.

Aen. XI: fälschlich in Aen. IX eingefügt, s. dort.

Aen. XII: Schlussduell; Aeneas r. fasst mit der Linken den aufs Knie gestürzten Turnus li. (der seinen linken Arm hebt) am Schwertgurt und zückt mit der Rechten das Schwert (schwingt es aber nicht über den Kopf). Zitat: *Tunc hinc spoliis indute meorum --- ex sanguine sumit* (Aen. XII 947-949). - Stark variierte, sv. und vereinfachte Übernahme aus ▶VP 1798A (Gérard), vgl. Abb. 285 bei PASQUIER, 1992.

Würdigung: Die Figuren und die Komposition wirken steif und statuarisch. Gegenüber den Originalen in ▶VP 1798A bedeuten sie einen starken Qualitätsabfall.

Abb.: Im Abb.-Teil bei PASQUIER, 1992: Abb. 245 zu Aen. IX (Nisus kommt Euryalus zu Hilfe); Abb. 258 zu Aen. X (Götterversammlung).

VP 1802B *Zugänglichkeit*: BSB A.lat.a. 2217, daraus digitalisiert 16 Doppelseiten mit allen Illustrationen; **DVD 2**.

VP 1803A Opera, Leipzig 1803

P. Vergilius Maro varietate lectionis et annotatione illustravit Chr. Gottl. HEYNE. Editio tertia novis curis emendata et aucta. Lipsiae, Casp. Fritsch, 1803 [4 Vol.].

Bibl.: MAMBELLI Nr. 488 ("non contiene le illustrazioni che adornano l'edizione del 1800 in sei voll. [= MAMBELLI Nr. 485] e di cui la presente è la ristampa"); CBItalV Nr. 402 (Ø); Wolfenbüttel 1982, D 67.

Zugänglichkeit: BSB A.lat.a. 2218 (bilderlos).

VP 1803B ◘ + engl. Übers. der Opera, London 1806

The works of Virgil, translated into English verse by Mr. [John] DRYDEN ... A new edition, revised and corrected by John Carey ... London, printed by James Swan for Vernor and Hood (et al.), 1806 [3 Vol.].

Bibl.: Mit der Datierung 1803 nur bei Princeton Item 359, mit dem Hinweis „Plates engraved by Bartolozzi, Sharp, and others [Fittler]". Andere Bibliographien bringen eine offenbar praktisch identische Ausgabe mit der Datierung 1806, s. u. ▶VP 1806B. Es muss sich um eine Wiederholung von ▶VP 1800C und damit um Kupferstiche nach Girodet und Gérard aus ▶VP 1798A (also um Zyklus Nr. 59) handeln.

VP 1804A ■ ? franz. Übers. der Aeneis mit lat. Text, Paris (größeres Format) 1804

Aeneis. L'Enéide, traduite par Jacques DELILLE. T. 1-4. Paris, Giguet et Michaud, 1804 (An XII) = Oeuvres de Jacques DELILLE. L'Énéide, traduite en vers françois, avec des remarque sur les principales beautés du texte [in-8 ; 4 Vol., doch gibt es aus demselben Jahr 1804 noch Nachdrucke ebenfalls in 4 Vol., aber in anderen Formaten, s.u. *Lit.*].

Bibl.: MAMBELLI Nr. 1135; New York 1930 ("illustrated with engravings") = Princeton Item 386, mit dem Hinweis „fronts. plates designed by Moreau, Gerard, Girodet"; 37 x 28½ cm [also 2°?]; „Half-title: Œuvres de Jacques Delille"; CBItalV Nr. 729 (2°); Napoli 1981, Nr. 79; Wolfenbüttel 1982, D 197; PASQUIER, 1992, Nr. 94. Vgl. Bamberg 1982, Nr. 36 (Coburg, Leipzig: J. C. Sinner, 1806; Ø).

Lit.: MAMBELLI Nr. 1135: "bella edizione con 4 antiporte figurate e 13 figure ... disegnate dal Moreau le jeune, Girodet, Gérard, incise dal Baquoy, Simonet, Thomassin, Patas, Massard, Marais, Trière e Godefory ... Col testo a fronte ... Nello stesso anno 1804 si ebbero tre ristampe di questa pregiata traduzione: una, in-12, senza il testo, una seconda, in-8, col testo e la terza, in-4, della quale si tirarono vari esemplari su papier vélin con 16 tavole ... [zu den erwähnten Nachdrucken vgl. generell ▶VP 1804B]. Una nuova ristampa fu eseguita, nel 1805, a Basilea (2 tomi, in-8). In seguito le riedizioni e ristampe furono numerose." - Napoli 1981, Nr. 79 erwähnt - ohne Formatangabe - nur vier Antiporten, die von Baquoy, Bovinet und Delignon gestochen seien (= ▶VP 1804B?). - Wolfenbüttel 1982, D 197: alle 4 Bände jeweils mit Frontispiz; „Frontispize nach Vorlagen von Jean Michel Moreau le jeune (1741-1814) gestochen von P. Ch. Baquoy, N. Thomas, J. B. Simonet und J. L. Delignon". - PASQUIER, 1992, Nr. 94 und S. 123: 4 Frontispize nach J. M. Moreau le Jeune gestochen von Bacquoy (Vol. 1, zu Aen. II), Simonet (Vol. 2, zu Aen. IV), N. Thomas (Vol. 3, zu Aen. VII) und Friere (Vol. 4, zu Aen. XII), alle erstmals veröffentlicht, und 13 eingeschaltete Illustrationen von Gérard und Girodet aus der Ausgabe Paris ▶VP 1798A = PASQUIER, 1992, Nr. 75 (im Wolfenbütteler Katalog zu D 197 nicht erwähnt); Beschreibung der 4 neuen Frontispize, die jeweils von ein oder zwei lat. Versen samt franz. Wiedergabe begleitet sind (im Münchener Exemplar sind es immer nur zwei franz. Verse). Die Zuweisung der vier Frontispize nach den Vorlagen von Moreau d. J. an bestimmte Stecher differiert bei PASQUIER, 1992: sie nennt zunächst Baquoy, Delignon, Simonet und Thomassin; dann aber bei der Vorstellung der 4 Bände richtig (wie im Münchener Exemplar) Baquoy (T. 1), Simonet (2), Thomas (3), Friere (4). - SUERBAUM, 2006 (s.u. *Würdigung*).

VP 1804A   *Beschreibung*: Das Münchener Exemplar (4°; Format 34,5 x 26) enthält nur je eine ganzseitige Antiporta in den 4 Bänden und keine weiteren Illustrationen im Text (Zyklus Nr. 61). Die jeweils mit *J. M. Moreau le Jeune* signierten Antiporten sind gestochen (*sculp.*) von Baquoy (T. 1), Simonet (T. 2), N. Thomas (T. 3), Friere (T. 4). Unter jedem Bild stehen zwei französische Verse (Zitate aus der Aen.-Übers. von DELILLE) ohne Stellenangabe; die entsprechende lat. Stelle ist von mir identifiziert. - Der lat. Text (mit traditioneller Verszählung) steht jeweils auf der geraden, die franz. Übers. (mit impliziter abweichender Verszählung) auf der ungeraden (rechten) Seite.

Antiporta zu Tom. 1 mit Aen. I-II (19,9 x 15,4) zu Aen. II 675: Creusa li. sucht kniend zusammen mit Ascanius ihren Gatten Aeneas davon abzuhalten, sich wieder in den Kampf um Troja zu stürzen; ganz li. eine traurig kauernde Dienerin; im Hintergrund r. Anchises im Bett sitzend mit einer Penaten-Figur in den Händen. Zitat: *Cher et cruel époux, si tu cours au trépas, / me dit-elle, à la mort traine-nous sur les pas!*
Antiporta zu Tom. 2 mit Aen. III-V (19,5 x 15,3) zu Aen. IV 369f. BILD 38:
Vor einer Halle macht Dido li. mit anklagender Linken Aeneas r. Vorwür-

fe, der seinen linken Arm zum Protest oder zum Schwur erhebt. Zitat: *Auteur de tous mes maux, a-t-il plaint mes alarmes? / Ai-je pu de ses veux arracher quelques larmes?*

Antiporta zu Tom. 3 mit Aen. VI-IX zu Aen. VII 359f.: Amata, die (ohnmächtig?) zusammensinkende Lavinia li. in den Armen, protestiert stehend bei dem r. sitzenden, die Linke in Widerrede erhebenden König Latinus gegen dessen Absicht, Lavinia Aeneas zur Gattin zu geben. Zitat: *Hélas! est-il donc vrai? vous donnez Lavinie / au misérable chef d'une race bannie!*

Antiporta zu Tom. 4 mit Aen. X-XII zu Aen. XII 427f.: Der in der Mitte kniende Arzt Iapyx bemüht sich, den am linken Oberschenkel verwundeten nackten Aeneas (der sich sitzend auf eine Lanze stützt) zu heilen; li. und r. Krieger und r. ein Diener, im Hintergrund Kämpfe; über der Szene nach r. schwebend die nackte Venus. Zitat: *Reconnoissez les dieux; oui, croyez quem a main / ne tirt que l'instrument d'un pouvoir plus qu'humain.*

Würdigung: Die neoklassizistischen Kupferstiche der vier Antiporten dieses Zyklus Nr. 61 geben Momente höchster Emotionalität (abgeschwächt nur für T. 4) wieder. In allen vier Situationen spielen Frauen als Widerpart von Männern die Hauptrolle (auch dieser Aspekt ist in der Antiporta für T. 4 abgeschwächt). Die Antiporta zu T. 3 (Aen. VII 359f.) ist, soweit ich sehe, ikonographisch ein Unikum. Die Antiporta zu T. 4 (Aen. XII 427f.) wirkt in jeder Hinsicht, auch durch die Überfülle an Personen, schwächer als die dramatischen anderen drei Antiporten. - Eine eingehende Interpretation insbesondere dieser 4 Kupferstiche in ▶VP 1804A (Zyklus Nr. 61) gibt Werner SUERBAUM in dem Aufsatz: „Vier (und mehr) Frauen-Bilder zu Vergils Aeneis", DASIU = Die Alten Sprachen im Unterricht 54, 2006, Heft 3/4, S. 5-32, mit 15 Abb.

Abhängigkeiten: Die vier Antiporten sind Neuschöpfungen von J. M. Moreau d. J. Sie sind in ▶VP 1804B und wohl auch ▶VP 1813 wiederholt.

Abb.: Nur die Antiporta zu Tom. 1 bei Wolfenbüttel 1982, S. 183. - Alle 4 Antiporten finden sich bei SUERBAUM, 2006 (s. oben *Würdigung*) als Abb. 1-4 und im Abb.-Teil bei PASQUIER, 1992 (alle als von J. M. Moreau le Jeune stammend bezeichnet, doch ohne Angabe des Stechers und ohne das franz. Text-Zitat): Tom. 1 Abb. 153 zu Aen. II 675 (Creusa mit Ascanius - Aeneas); Tom. 2 Abb. 188 zu Aen. IV 369 (Dido - Aeneas); Tom. 3 Abb. 230 zu Aen. VII 359-360 (Amata mit Lavinia - Latinus); Tom. 4 Abb. 274 zu Aen. XII 427-428 (Aeneas wird mit Hilfe der Venus von Iapyx geheilt).

VP 1804A *Zugänglichkeit*: BSB 4 A.lat.a. 851-1 bis BSB 4 A.lat.a. 851-4 , aus allen vier Bänden ist jeweils eine Doppelseite mit der Antiporta digitalisiert (weitere Illustrationen sind in dieser Ausgabe nicht enthalten); **DVD 2**.

VP 1804B   □ **franz. Übers. der Aeneis mit lat. Text, Paris**
                      (kleineres Format) 1804

L'Enéide, traduite [en vers français, avec des remarques …] par Jacques DE-
LILLE …, T. 1-4. Paris, Giguet et Michaud, 1804 (An XII) [in-8 ; 4 Vol.].
      Bibl.: Bei Mambelli Nr. 1135; Wolfenbüttel 1982, D 198. - S. allgemein
zur vorstehenden (größeren) Ausgabe ▶VP 1804A; vgl. auch ▶VP 1813.
      Lit.: Wolfenbüttel 1982, D 198: "Weitere Wiederholung der Aeneisüber-
setzung des Jacques Delille aus dem Jahr ihrer Erstveröffentlichung 1804 in
kleinerem Format. Sie entspricht im Text der vorigen Ausgabe [Wolfenbüttel
1982, D 197 = ▶VP 1804A], jedoch fehlen die ‚Arguments' zu den einzelnen
Aeneisbüchern. Die [4] Frontispize sind nach denselben Vorlagen des Jean Michel Moreau le jeune für das reduzierte Format gestochen von Ba(quoy), Bovinet (t. 2.3) und Delignon." - Eine weitere Ausgabe derselben Aen.-Übers. aus
demselben Jahr 1804 bei denselben Verlegern, jedoch in 2 Bänden und ohne den
lat. Text, verzeichnet Wolfenbüttel 1982, D 199; diese Ausgabe enthält keine
Frontispize. - Von den stark verkleinerten (jetzt 14 x 9,2) und im Druck schwächeren Antiporten in ▶VP 1804B nach den Vorlagen von Moreau dem Jünger-
en (immer signiert *J. M. Moreau le J^{ne} inv.*) ist nur die zu T. I ebenfalls, wie in
▶VP 1804A, von Ba(quois) gestochen, die anderen drei Nachstiche stammen
jetzt von A. Thomas (T. II), B. Simonet (T. III) und J. L. Delignon (T. IV).
Unter den Bildern stehen jeweils dieselben franz. Verse wie in ▶VP 1804A.

▶**VP 1804B**   *Zugänglichkeit*: BSB A.lat.a. 2288-1 bis A.lat.a. 2288-4 und
auch BSB Bibl.Mont. 449-1 bis Bibl.Mont. 449-4, nicht digitalisiert; vgl. stattdessen BSB 4 A.lat.a. 851-1 bis BSB 4 A.lat.a. 851-4 mit den Original-Illustr.
in größerem Format aus ▶VP 1804A (Zyklus Nr. 61).

VP 1804C   **holländ. Übers. von Aen. I, Amsterdam 1804-06**
Proeve eener nieuwe overzetting vn den Enéas, naar het Latyn, door Pieter van WINTER.
Amsterdam, Pieter Johannes Uylenbroek, 1804-1806 [4 Teile].
      Bibl.: MAMBELLI Nr. 1486 (∅); COPAC (BL, □). Es scheint sich um eine Übers. nur
für Aen. I zu handeln.

VP 1805   □ **Opera, Brüssel 1805**
                      Alternativansetzung zu ▶VP 1800A, s. dort

VP 1806A   **Opera, Paris 1806**
Bucolica, Georgica, et Aeneis. Parisiis, ex officina stereotypa Herhan, 1806.
      Bibl.: MAMBELLI Nr. 491 (∅).
      Beschreibung: Die Ausgabe enthält als einzige Illustration eine unsignierte ganzseitige
Antiporta (9,1 x 7,0), die eine bukolische Landschaft mit mehreren Hirten zeigt, dazu die Unterschrift: *Si canimus silvas, silvae sint consule dignae* (das ist ein Zitat von ecl. 4,3).
      Zugänglichkeit: BSB A.lat.a. 2219 d, daraus digitalisiert 1 Doppelseite mit Antiporta
und Titel; **DVD 2**.

VP 1806B ◻ **engl. Übers. der Opera, London 1806**

The works of Virgil, translated in English verse by John DRYDEN. London, prin-ted by James Swan for Vernor, Hood, and Sharp, 1806 [3 Vol.].

    Bibl.: MAMBELLI bei Nr. 1375 (zur engl. Übers. London ▶VP 1772B; dort "con incisioni … Ristampa"): "L'edizione londinese del 1806, in tre volumi, in-8, riveduta e corretta da John Carey è giudicata una delle migliori della presente traduzione"; New York 1930, Case 21, Nr. 287 ("A new edition of DRYDEN's translation, revised and corrected by John Carey. Illustrated with engravings") = Princeton offenbar Item 359, mit dem Hinweis „Plates engraved by Bartolozzi, Sharp, and others", jedoch dort 1803 datiert, s. ▶VP 1803B. - Vgl. generell oben zu ▶VP 1772B. - Es muss sich bei den Bildern um eine Wiederholung von ▶VP 1800C oder eher ▶VP 1803B und damit um Kupferstiche nach Girodet und Gérard aus ▶VP 1798A (Zyklus Nr. 59) handeln.

VP 1807 + **engl. Übers. der Opera, London 1807**

The works of Virgil, translated into English verse by John DRYDEN. London, Ellerton and Byworth, 1807.

    Bibl.: Fehlt bei MAMBELLI im Umkreis von Nr. 1411, doch vgl. dort Nr. 1413: Aeneis translated by John DRYDEN, With frontispiece and engraved title, London 1818; Titelaufnahme nach dem Exemplar der BSB..

    Beschreibung: Vor dem Titelblatt mit dem oben angegebenen Titel (1807) ist ein offenbar aus einer älteren (undatierten) Ausgabe übernommenes Doppelblatt mit einer Antiporta und einem Frontispiz mit dem Titel: Virgil's Aeneis, translated by John DRYDEN. London, J. Walker and J. Harris, sine anno, eingefügt. Diese ganzseitige Antiporta und der Kupferstich auf diesem Frontispiz sind die einzigen Illustrationen in der Ausgabe von 1807. Die mit *T. Uwins del., C. Warren sculp.* signierte Antiporta (7,7 x 5,1) zeigt eine mondän wirkende junge Frau mit einem Kind auf den Armen innerhalb einer blühenden Landschaft in einem Bach watend, mit zwei Tauben vorn r.; darunter die Beischrift: *Lull'd in her lap, amidst a train of Loves, / she gently bears him to her blissful groves. Aeneis Book 1.* Es muss sich um eine Illustration zu Aen. I 691-694 handeln, wo Venus Ascanius nach Idalia auf Zypern bringt (und in Karthago Amor seine Stelle einnehmen lässt). - Das Titelkupfer auf dem Frontispiz (5,2 x 5,6), das ebenfalls mit *T. Uwins del., C. Warren sc.* signiert ist, zeigt ein mit zwei Schlangen kämpfendes Baby, das auf einem Schild liegt, und ein weiteres Baby li.; darunter die (fast unleserliche) Beischrift: *The serpents strangled with his infant hands. Aeneis Book VIII.* Dargestellt ist offensichtlich die Aen. VIII 288f. erwähnte erste Tat des Hercules, sein Erwürgen der Schlangen, die von der Stiefmutter Juno gesandt waren.

    Zugänglichkeit: BSB A.lat.a. 2253 , daraus digitalisiert 1 Doppelseite mit Antiporta und Titel; DVD 2.

VP 1809A **deutsche Übers. der Aeneis, mit lat. Text,**
Straubing 1809-1811

Virgils Aeneis, deutsch und lateinisch in dreyen Bänden, herausgegeben von Joseph SPITZEN-BERGER. Zweyte ganz verbesserte Ausgabe. Straubing, im Verlage der Buchhandlung von Ignaz Heigl und Kompagnie, 1809-1811 [3 Vol.: 1, 1809; 2, 1810; 3, 1811].

    Bibl.: MAMBELLI bei Nr. 1320 (1789, sonst nicht bezeugt). Titelaufnahme nach dem Münchener Exemplar. Vgl. auch die Erstausgabe München ▶VP 1796C und die 3. Auflage Straubing 1827-1828 = ▶VP 1827C.

VP 1809A   *Beschreibung*: Einzige Illustration ist ein mit *Fischer del(ineavit) et sc(ulpsit) Mon(achii)* signierter Kupferstich auf der Titelseite mit der Gruppe des Pius Aeneas, eine genaue Wiederholung aus der Erstausgabe München ▶VP 1796C, s. dort
      Zugänglichkeit: BSB A.lat.a. 2290 , daraus digitalisiert die Titelseite; DVD 2. Ein zweites Exemplar ist BSB A.lat.a. 2290 a. - Vgl. auch die Digitalisierung ebenfalls der Titelseite der Erstausgabe München ▶VP 1796C und der 3. Auflage Straubing 1827-1828 = ▶VP 1827C.

VP 1809B   **franz. Übers. der Aeneis mit lat. Text, Paris 1809**
L'Enéide, traduite (en vers français) ... par Jacques DELILLE. Nouvelle édition revue et corrigée ... (Œuvres de Jacques Delille) Paris, Giguet et Michaud, 1809 [4 Vol.].
      Bibl.: MAMBELLI Nr. 1150 ("con ritratti di Virgilio e del traduttore e tavole incise"); CBItalV Nr. 732 (Ø). – Ich konnte das Exemplar der BN Strasbourg einsehen: es enthält in allen 4 Vol. (anders als ▶VP 1804A) keinerlei Illustrationen.

VP 1810A   **+ engl. Übers. der Opera, London 1810**
The works of Virgil, translated by John DRYDEN. London, J. Sharpe, 1810 [4 Vol.].
      Bibl.: Napoli 1981, Nr. 80 ("Le antiporte dei quattro volumi, incise da Golding, Noble e Smith, su disegni di H. e W. Thomson, rappresentano immagini delle georg. e dell'Aen."). Fehlt bei MAMBELLI; doch vgl. MAMBELLI Nr. 1375 zu ▶VP 1772, auch Nr. 1368 zu ▶VP 1709 und Nr. 1372 zu ▶VP 1748 (alle: London).

VP 1810B   ■ **? + holländische Version eines Volksbuchs vom**
                      ‚Zauberer Virgilius', *Virgilius magus*,
                      Amsterdam 1810?
De historie van Virgilius, zyn leven, dood en wonderlyke werken, die hy deed door de konst der nigromantie. Amsterdam, S. und W. Koene, sine anno, ca. 1810.
      Bibl.: Diese Ausgabe einer romanhaften ‚Vita Virgilii' fehlt bei MAMBEL-LI und in anderen Bibliographien; nur bekannt durch die Faksimile-Ausgabe der ältesten (undatierten) illustrierten Ausgabe dieser holländ. Version ▶VP 1518B durch GESSLER., 1950 (s. dazu ▶VP 1518B ▶VP 1788B). GESSLER bietet im Text verstreut neben den Holzschnitten in ▶VP 1672C auch die zu ▶VP 1810B (Liste mit holländ. Titelangaben bei GESSLER S. 79): Zyklus Nr. 62. Das sind ein Titelholzschnitt auf dem Frontispiz (GESSLER, nach S. 60) mit einem Offizier („bevelhebber") mit Degen, der nach r. reitet (sv. Nachahmung des Titelholzschnittes in der Vorläuferausgabe ▶VP 1788B), und folgende 7 Holzschnitte: S. 64 Befehlshaber zu Pferd; S. 66 Die Geburt eines Königskindes; S. 69 Der Handkuss; S. 70 Virgil und die Sultanstochter; S. 72 Der verhexte Baum; S. 73 Der Frauenmord (ein ungewöhnlich qualitätvoller Holzschnitt); S. 74 Die fürstliche Mahlzeit.
Alle diese Bilder dieses Zyklus Nr. 62, bis auf eines, sind neu gegenüber den früheren Ausgaben dieser holländischen Version ▶VP 1518B, ▶VP 1672C und auch ▶VP 1788B, dem bei demselben Verleger erschienenen Vorläufer. Diese einzige Ausnahme (S. 70) ist zugleich das einzige Bild, das sich wirklich auf den Text dieses Romans vom Zauberer Virgilius bezieht: der Holzschnitt zeigt

li. eine Gruppe von Männern mit dem ‚Sultan' an der Spitze vor einem Doppel-
bett mit zwei nackten Gestalten, ganz r. die Sultanstochter, li.. daneben Virgilius. Dies ist aber nicht, wie man erwarten sollte, eine Wiederholung von Pict. 10
aus der holländ. Version ▶VP 1518B, sondern eher eine Variante von Pict. 10
aus der engl. Version ▶VP 1518A. Dass hier ein Druck des 16. Jh. von „De Historie van Floris ende Blancefleur" zugrunde liegt, wie F. VAN DEN WIJNGAERT,
bei GESSLER, 1950, 73-75, bei der speziellen Besprechung der Illustrationen in
▶VP 1810B unter Berufung auf GESSLER selber behauptet, kann schwerlich
zutreffen. VP 1810B Alle anderen Holzschnitte sind willkürlich aus noch un-
identifizierten Quellen in den Text interpoliert. „Der Frauenmord" (S. 73) soll
nach VAN DEN WIJNGAERT/GESSLER, S. 74, aus einem Druck des 18. Jh. des
Volksbuches „Valentijn en Ourson" stammen.

VP 1811A   ■ **Bilderbuch zur Aeneis mit Aeneis-Versen in ital. Übers.,
Rom 1811**

L'Eneide tradotta da Clemente BONDI, inventata ed incisa all'acquaforte da Bartolomeo Pinelli. Roma, Luigi Fabri, 1811 [2°].

    Bibl.: MAMBELLI Nr. 886; CBItalV Nr. 2999 (vorhanden in der BN Mila-
no); PASQUIER, 1992, Nr. 110; BL („fifty engraved plates, with a line from Bondi's translation under each"). Dem Internet-Katalog „COPAC Full Records" entnehme ich noch folgende Angaben: „[1] leaf, 50 leaves of plates: all ill. (engravings); obl., fol. 50 engraved plates with a corresponding line from Bondi's
translation under each." Danach enthält also diese Ausgabe nicht die vollständige, erstmals Parma, Stamperia Reale, 1790-1793 (Mambelli Nr. 863) publizierte
Aen.-Übersetzung von C. BONDI (1742-1821), sondern besteht nur in von B.
Pinelli (1781-1835) entworfenen und gestochenen Tafeln mit je einem ital.
Verweis-Vers (oder auch zwei Versen).

    Lit.: MAMBELLI Nr. 886:"Col testo latino e 50 magnifiche aristiche tavole
incise con testo spiegativo, giudicate il capo d'opera del Pinelli". - ODERMANN,
1931, 24 (relativ ausführliche allgemeine Würdigung; "Die geistige Struktur des
Künstlers liegt durchaus in der Nähe eines Canova oder Thorwaldsen, an die
einzelne Motive geradezu anzuknüpfen scheinen"). - PASQUIER, 1992, Nr. 110
und S. 124-126: Luxus-Ausgabe in Folio mit 50 Kupferstichen (7 davon abgebildet) von B. Pinelli zur Aen., mit beigegebenem ital. Text und Hinweis auf
Buch und Seite; 8 zu Aen. I (daraus Abb. 128, Abb. 131 und Abb. 138), 7 zu
Aen. II (daraus Abb. 143 und Abb. 161), 2 zu Aen. III, 2 zu Aen. IV (daraus
Abb. 197), 1 zu Aen. V, 7 zu Aen. VI (daraus Abb. 218), 4 zu Aen. VII, 6 zu
Aen. VIII, 5 zu Aen. IX, 3 zu Aen. X, 4 zu Aen. XI, 1 zu Aen. XII (Abb. 286);
nummerierter Katalog mit Angabe der Sujets bei PASQUIER, 1992, S. 277f. -
Federica PICCIRILLO, s.v. Pinelli, Bartolemeo, EV 4, 1988, 111 (wenig ergiebig).
- STIEF, 1986 (s.o. ▶VP 1798A), 183-188 vergleicht einige Aen.-Zeichnungen
von Girodet-Trioson (allerdings nicht die in ▶VP 1798A) mit motivgleichen
von Pinelli (bes. zu Nr. 2 und zu Nr. 40 in der Zählung von PASQUIER, 1992, Nr.
110). - Nicht zugänglich war mir u.a.: Maurizio FAGIOLI / Maurizio MARINI: Bar-

tolomeo Pinelli, 1781-1835, e il suo tempo. (Catalogo di una mostra a Roma, 1983). (Catalogo a cura di Mario APOLLONI), Roma, Centro iniziative culturali Pantheon: Rondanini, 1983 (346 S. und 18 Tafel-Seiten) [nicht in deutschen Bibliotheken vorhanden]. – Die kommentierte und verkleinerte (1:4) Faksimile-Ausgabe: Istoria romana di Bartolomeo Pinelli (Roma 1819), a cura e con introduzione di Giovanni COLONNA, Roma 2006 (mit Abb. aller 101 Stiche "all'-acqua forte" von 1818/19 zu Episoden der römischen Geschichte von Romulus und Remus bis zum Tod des Marc Anton 30 v. Chr.) erwähnt die nach Stil und Inhalt verwandten Stiche in ▶VP 1811A nicht einmal; auch die Bibliografia S. 45-47 enthält keinen einschlägigen Hinweis.

VP 1811A *Beschreibung*: Aus den drei mir zugänglichen Quellen PASQUIER = PASQUIER, 1992, Nr. 110 mit 8 Abb., Fa = FAGIOLO, Rom 1981, S. 117-119 mit 12 Abb. und C-P = der CARO-Ausgabe durch CASTELLINO und PELLOSO, 1946 =1936 mit 34 Abb. (s.u. *Abb.* Abschnitt f) kann ich den Gesamtbestand an Aen.-Illustrationen Pinellis in ▶VP 1811A erschließen, habe aber nicht für alle Autopsie. Die Zählung bezieht sich auf die von C-P zitierten und angegebenen Verse der ital. Aen.-Übersetzung von A. CARO, nicht auf die dem Original beigegebenen Verse der Übersetzung von C. BONDI (diese sind bei Fa nur zum Teil mit abgebildet, aber auch dann faktisch zu klein, um lesbar zu sein) und schon gar nicht auf den lat. Aeneis-Text. Ich habe jedoch am Schluss der Legende die offenbar einschlägigen Verse des lat. Originals ergänzend genannt.

VP 1811A --- Aen. I - 8 Illustr.

Nr. 1 (Abb. bei C-P S. 16 und bei Fa zu Aen. I 136-138): Juno bittet Aeolus, die Sturmwinde gegen die Flotte des Aeneas loszulassen; lat. Text I 81-83.

Nr. 2 (Abb. 128 bei PASQUIER): *Quos-ego*-Szene: Neptunus, auf seinem von Seepferden gezogenen Wagen stehend, vertreibt die Winde vom Meer; lat. Text I 124ff.

Nr. 3 (Abb. 131 bei Pasquier, Abb. auch bei Fa): Die nackte Venus (mit Amor) vor Juppiter (mit Adler) in den Wolken des Olymp; lat. Text I 227ff.

Nr. 4 (Abb. bei C-P S. 22, I 311-312): Aeneas und Achates auf der Hirschjagd; lat. Text I 192f.

Nr. 5 (keine Abb. zugänglich): Venus (mit Amor) erscheint Aeneas und Achates; lat. Text I 312ff.

Nr. 6 (keine Abb. zugänglich): Venus verlangt kniend von Amor, dass er Ascanius ersetze; lat. Text I 657ff.

Nr. 7 (Abb. bei Fa): Venus (mit Amor) entrückt im Flug den schlafenden Ascanius nach Zypern; lat. Text I 691-694.

Nr. 8 (Abb. bei C-P S. 54, I 1162-1164, und Abb. 138 bei PASQUIER, auch bei Fa): Dido umarmt Amor/Ascanius beim Bankett, ihr zugewandt sitzt in kriegerischer Rüstung Aeneas; lat. Text I 717f.

VP 1811A --- Aen. II - 7 Illustr.

Nr. 9 (Abb. 143 bei PASQUIER, auch bei Fa): Laokoon mit seinen beiden Söhnen, von denen einer bereits tot am Boden liegt, am Altar im Kampf mit den Schlangen; lat. Text II 203ff. - Vgl. dazu PASQUIER, 1992, S. 125.

Nr. 10 (Abb. bei C-P S. 102, II 901-903): Pyrrhus erschlägt Priamus am Altar vor den Augen der Hecuba; lat. Text II 551f.

Nr. 11 (Abb. bei C-P S. 104, II 963-965): Venus hält Aeneas davon ab, Rache an Helena zu nehmen; lat. Text II 589f.

Nr. 12 (Abb. bei Fa): Der tote Hektor (in heroischer Nacktheit) erscheint dem schlafenden Aeneas, lat. Text II 268ff. [gehört zwischen Nr. 9 und Nr. 10].

Nr. 13 (keine Abb. zugänglich): Aeneas und Creusa flehen Anchises an, aus Troja zu flüchten; lat. Text II 634ff.

Nr. 14 (Abb. bei C-P S. 114, II 1188-1190, Abb. 161 bei PASQUIER): Flucht des Pius Aeneas aus Troja, mit Anchises auf seiner r. Schulter sitzend, Ascanius an seiner li. Hand führend; Creusa r. wendet sich zum brennenden Troja um; lat. Text II 733f.

Nr. 15 (Abb. bei C-P S. 116, II 1252-1254, und bei Fa): Der Schatten Creusas erscheint dem Aeneas, der nach seiner Frau sucht; lat. Text II 772f.

VP 1811A --- Aen. III - 2 Illustr.

Nr. 16 (Abb. bei C-P S. 144, III 408-410): Kampf der Trojaner gegen die Harpyien; lat. Text III 240f.

Nr. 17 (Abb. bei C-P S. 148, III 508-510): Andromache wird beim Anblick des Aeneas ohnmächtig; lat. Text III 308f.

VP 1811A --- Aen. IV - 2 Illustr.

Nr. 18 (keine Abb. zugänglich): Dido umarmt Aeneas in der Höhle; im Hintergrund Jagdszene, lat. Text IV 160ff.

Nr. 19 (C-P S. 224, IV 1016-1018, und Abb. 197 bei PASQUIER, auch bei Fa): BILD 39 . Anna umarmt die sterbende Dido auf dem Scheiterhaufen; lat. Text IV 686f.

VP 1811A --- Aen. V - 1 Illustr.

Nr. 20 (Abb. bei C-P S. 260, V 683-684): Der im Zweikampf mit dem *caestus* siegreiche Entellus tötet mit einem Faustschlag einen Stier, seinen Kampfpreis; lat. Text V 479.

VP 1811A --- Aen. VI - 7 Illustr.

Nr. 21 (Abb. bei C-P S. 312, VI 390-392, und bei Fa): Aeneas und die Sibylle am Eingang zur Unterwelt; lat. Text VI 268f.

Nr. 22 (Abb. 218 bei PASQUIER): Charon mustert, in seinem Nachen stehend, die zur Überfahrt herandrängenden (Schatten der) Toten; lat. Text VI 298ff.

Nr. 23 (Abb. bei C-P S. 320, VI 608-610): Aeneas und die Sibylle vor Cerberus; lat. Text VI 417f.

Nr. 24 (Abb. bei C-P S. 324, VI 669-671): Aeneas spricht die sitzende Dido an, die eine abwehrende Geste macht; lat. Text VI 456f.

Nr. 25 (Abb. bei C-P S. 332, VI 888-890): Die Bestrafung der Frevler im Tartarus: ein Geier hackt Tityos die Leber aus; lat. Text VI 597f.

Nr. 26 (keine Abb. zugänglich): Eine Furie mit zwei Fackeln an einem Tisch mit Frevlern wie Pirithous und Ixion; lat. Text VI 600ff.

Nr. 27 (keine Abb. zugänglich): Griechen unter Führung des Odysseus erschlagen Deiphobus in Troja; lat. Text VI 520ff. [gehört dem Sujets nach zwischen Nr. 24 und Nr. 25; mir unverständlich PASQUIER: „vengeance contre Ulysse"].

VP 1811A --- Aen. VII - 4 Illustr.

Nr. 28 (Abb. bei C-P S. 386, VII 601-605): Amata mit einer Fackel an der Spitze eines bacchantischen Zuges von Frauen; lat. Text VII 397.

Nr. 29 (keine Abb. zugänglich): Kampf zwischen latinischen Landbewohnern mit Ascanius und Trojanern; lat. Text VII 519ff. (?) [gehört, wenn die Identifizierung des Sujets richtig ist, hinter Nr. 30].

Nr. 30 (Abb. bei C-P S. 392, VII 766-768): Silvia beklagt den Tod ihres zahmen Hirsches, lat. Text VII 503f.

Nr. 31 (Abb. bei C-P S. 396, VII 871-873): Die Leichen des Almo und des Galaesus werden vor die Stadt des Latinus getragen; lat. Text VII 575f.

VP 1811A --- Aen. VIII - 6 Illustr.

Nr. 32 (Abb. bei C-P S. 422, VIII 48-50): Der Flussgott Tiberinus erscheint dem schlafend auf seinen Schild gestützten Aeneas; lat. Text VIII 31f.

Nr. 33 (keine Abb. zugänglich): Cacus zieht einen Stier am Schwanz fort, während Hercules schläft; lat. Text VIII 205ff.

Nr. 34 (Abb. bei C-P S. 436 und bei Fa, VIII 397-399): Hercules erschlägt Cacus mit der Keule; lat. Text VIII 260f.

Nr. 35 (Abb. bei C-P S. 446, VIII 659-660): Vulcanus gibt in der Schmiede den Cyclopen Anweisungen; lat. Text VIII 439.

Nr. 36 (keine Abb. zugänglich): Venus wendet sich bittend an Vulcanus, lat. Text VIII 369ff. [gehört dem Sujet nach vor Nr. 35].

Nr. 37 (Abb. bei Fa): Venus weist im Flug den Aeneas auf die neuen, von zwei Putti herangebrachten Waffen hin; Aeneas sucht sie zu umarmen; lat. Text VIII 608ff.

VP 1811A --- Aen. IX - 5 Illustr.

Nr. 38 (Abb. bei C-P S. 476, IX 19-20): Iris erscheint dem opfernden Turnus und fordert ihn zum Kampf auf; lat. Text IX 12.

Nr. 39 (keine Abb. zugänglich): Kybele (PASQUIER fälschlich: Venus) bittet Juppiter (mit Adler und Ganymed) um die Rettung der trojanischen Schiffe; lat. Text IX 80ff.

Nr. 40 (Abb. bei C-P S. 494, IX 502-503): Nisus und Euryalus erschlagen im Lager der Rutuler den schlafenden Rhamnes; lat. Text IX 324f.

Nr. 41 (Abb. bei C-P S. 500, IX 658): Nisus wirft sich auf die Feinde, um Euryalus zu retten [oder nach dem Bild eher: seinen Tod zu rächen]; lat. Text IX 427.

Nr. 42 (Abb. bei C-P S. 504, IX 735-737): Ein Bote [nicht: die Fama] meldet der Mutter des Euryalus den Tod der beiden Freunde; lat. Text IX 475f.

VP 1811A --- Aen. X - 3 Illustr.

Nr. 43 (Abb. bei C-P S. 564, X 806-808): Die Leiche des Pallas wird von seinen Gefährten auf dem Schild weggetragen; lat. Text X 505f.

Nr. 44 (Abb. bei C-P S. 566, X 852-854, und bei Fa): Aeneas tötet den um Schonung flehenden, auf die Knie gesunkenen Magus; lat. Text X 535f.

Nr. 45 (Abb. bei C-P S. 584, X 1307-1309): Aeneas hebt die Leiche des von ihm erschlagenen Lausus empor; lat. Text X 831f.

VP 1811A --- Aen. XI - 4 Illustr.

Nr. 46 (Abb. bei C-P S. 640, XI 1137-1139): Camilla zu Fuß ist dabei, den Sohn des Aunus, der zu Ross entkommen will, zu töten [so die von C-P zitierte Stelle, lat. Text XI 718-720, und eindeutig auch das Bild; PASQUIER dagegen bezieht es auf Camilla und Chloreus].

Nr. 47 (Abb. bei C-P S. 642, XI 1175-1177): Tarchon im Kampf zu Ross mit Venulus; lat. Text XI 746f. [PASQUIER: Aeneas und Tarchon kämpfen zu Ross].

Nr. 48 (Abb. bei C-P S. 646, XI 1266-1268): Zwei Gefährtinnen bei der tödlich vom Pfeil des Arruns verwundeten Camilla; lat. Text XI 805f.

Nr. 49 (Abb. bei C-P S. 648, XI 1344-1345): Die Nymphe Opis zielt mit dem Bogen auf Arruns [PASQUIER fälschlich: Volcens], um den Tod Camillas zu rächen; lat. Text XI 858f.

VP 1811A --- Aen. XII - 1 + 1 Illustr.

Nr. 49a, nicht von PASQUIER verzeichnet (Abb. bei C-P S. 678, XII 471-472): Kampfszene nach dem Bruch des Vertrags über das Schlussduell durch den Speerwurf des Tolumnius; lat. Text XII 282.

Nr. 50 (Abb. bei C-P S. 716 und Abb. 286 bei Pa, XII 1511-17): Beim Schlussduell wendet sich der auf das Knie gesunkene Turnus bittend an Aeneas, der das Schwert gezückt hat; lat. Text XII 936f.

VP 1811A *Würdigung:* Die 51 klassizistischen Stahlstiche dieses eigenständigen Zyklus Nr. 63 sind als Szenen-Illustrationen unregelmäßig über die 12 Aen.-Bücher verteilt (Extreme: 8 Illustrationen zu Aen. I, nur eine zu Aen. V). Sie sind nicht so monumental und heroisch wie die 12 klassizistischen Buch-Titelbilder in ▶VP 1798 A (Zyklus Nr. 59), illustrieren den Vergil-Text aber pathetisch in dezidiert antikisierender Manier. Obwohl der Zyklus Nr. 63 in ▶VP 1811A zu den umfangreichsten in der Aen.-Illustrierung gehört (vgl. Kap. C 3), sind keine ganz ungewöhnlichen Szenen dargestellt; die illustrierten Szenen gehören in der Regel in der Tat zu den wichtigsten des Epos. Am ehesten fallen Nr. 42 (die Mutter des Euryalus erfährt vom Tod der beiden Freunde) und Nr. 44 (der rachedürstende Aeneas tötet Magus wie ein Schlachtopfer) nach Sujet und Gestaltung auf. Insgesamt vermitteln die Stahlstiche ein historistisch wirkendes Bild des antiken Epos. Es ist nicht verwunderlich, dass der Zyklus ursprünglich eine Art Bilderbuch bildete und seine Rezeption (s. die folgende Rubrik *Abb.*) in eher populären Ausgaben bis zur Mitte des 20. Jh. erfolgte.

VP 1811A   *Abb.* (die genannten Nummern sind die der obigen *Beschreibung* und zugleich des Katalogs bei PASQUIER, 1992, Nr. 110): Im Abb.-Teil bei PASQUIER, 1992, acht Abb.: Nr. 2, 3, 8, 9, 14, 19, 22 und 50. – Zwölf Abb. bei FAGIOLO, Rom 1981, S. 117-119: Nr. 1, 3, 7, 8, 9, 12, 15, 19, 21, 34, 37, 44. – In der EV 4, 1988, auf Tav. X zwei Abb. (Nr. 1 und 9). – Bei Giuseppe D'ARRIGO, Bartolomeo Pinelli. "Er pittor de Trestevere". La Vita e l'opera, Roma: Nuova Spada, sine anno (nach 1977, ca. 1979), der nicht näher auf die Aeneis-Illustrationen von 1811 (S. 88 nur erwähnt) eingeht, finden sich drei Abb. daraus: Nr. 14 (S. 49), Nr. 49a (S. 51), Nr. 21 (S. 53). – Bei STIEF, 1986 (s.o. ▶VP 1798A), im Tafelteil zwei Abb.: Abb. 58 (Nr. 2) und Abb. 59 (Nr. 40).
Eine Auswahl der Vergil-Illustrationen Pinellis (Zyklus Nr. 63) sind auch in spätere Publikationen übernommen worden:
Nicht zugänglich sind mir davon die folgenden Titel (a) – (e), die bei Giuliano MAMBELLI, Gli studi virgiliani nel secolo XX, Firenze 1940 (993 S.) als Nr. 286, 450, 467 und 470 aufgeführt sind:
(a) Alfred J. CHURCH: Stories from Virgil. With twenty-four illustrations from Pinelli's designs. London, Seeley & Co., 1878 (nach dem Katalog der BL: vii, 266 S. [24] leaves of plates) und London and Chilworth, Seeley, Jackson & Halliday, 1879.
(b) Vgl. auch den Ndr. der Illustrationen Pinellis in einer Ausgabe des 20. Jh. für die Jugend bei CBItalV Nr. 2677 und Nr. 2678: L'Eneide … (con le illustrazioni del Pinelli). Roma, Soc. Editr. Laziale, 1906 (ill.) = Biblioteca della rivista Minerva: I grandi classici narrati alla gioventù.
(c) L'Eneide (di) Virgilio nella traduzione di Annibal CARO ed illustrata all'acquaforte da Bartolomeo Pinelli. Milano, Rizzoli, 1931 [4°] = CBItalV Nr. 2237 (nur in 300 Exemplaren gedruckt).
(d) Eneide. Traduzione di Annibal CARO. Edizione espurgata per le scuole … Introduzione e commento di Giuseppe PARISI. Sedeci tavole fuori testo di B. Pinelli. Milano, Trevisini, 1937 = CBItalV Nr. 2378.
(e) Einige der Illustrationen Pinellis sind auch aufgenommen unter die 96 Kunstwerke, die enthalten sind in: Eneide nel testo latino e nella traduzione di Annibal

CARO. Introduzione die Ettore ROMAGNOLI. Illustrata dalle migliori opere degli artisti antichi e moderni, Bergamo 1938 = PASQUIER, 1992, Nr. 162.

(f) In meinem (W.S.) Privatbesitz befindet sich aber eine Ausgabe, die eine sehr große Zahl an Nachdrucken der Illustrationen von Pinelli, nämlich insgesamt 34, aufweist: die ital. Übersetzung: Virgilio, Aeneide. Tradotta da Annibal CARO. A cura di Onorato CASTELLINO e Vincenzo PELOSO. Quarta edizione. Torino 1946. Das ist offenbar ein Ndr. der Ausgabe, die CBItalV zu 1936 als Nr. 2254 mit „1936-1951 (ediz. varie)" aufführt; bei PASQUIER, 1992, Nr. 160 ist eine ‚Edizione minore', wohl die Erstausgabe, unter Torino 1936 (mit 32 Ill. und Porträt Vergils) verzeichnet. Die 34 aufgenommenen Bilder (der Ausgabe von 1946) entsprechen folgenden Nummern meines (= PASQUIERs) Katalog: Nr. 1, 4, 8, 10, 11, 13, 15-17, 19-21, 23-25, 28, 30-32, 34, 35, 38, 40-49, 49a (im Katalog von PASQUIER nicht verzeichnet), 50.

Wenn ich die drei mir zugänglichen Bild-Repertorien (CARO/CASTELLINO-PELOSO, 1946 = 1936; FAGIOLO, Rom 1981; PASQUIER, 1992) kombiniere, sind von den 50 (oder genau genommen: 51) Illustrationen Pinellis nur folgende zehn Nummern der Zählung von PASQUIER, 1992, Nr. 110 *nicht* repräsentiert: Nr. 5, 6, 13, 18, 26, 27, 29, 33, 36, 39. (Für Hinweise zur Verifizierung des Sujets dieser 10 Bilder im Exemplar der UB Heidelberg (Microfiche-Ausgabe) danke ich Dr. Christoph Leidl.)

VP 1811A *Zugänglichkeit*: In Deutschland scheint ▶ VP 1811A bisher nur in der UB Heidelberg, und auch dort nur zur Präsenzbenutzung, vorhanden zu sein, und zwar die Mikrofiche-Ausgabe: Urbana, Ill.: The Cicognara Program (1761 = 1760 <2>), Undergraduate Library, Univ. of Illinois, [1998], 4 Mikrofiches. Eine Anschaffung durch die BSB erscheint möglich.

VP 1811B + engl. Übers. der Opera, London 1811

The works of Virgil translated by [John] DRYDEN. Virgil's Æneid, translated by [Christopher] PITT. London, Weybridge, 1811 (Part of 'Walker's British Classics').
   Bibl.: Die Angaben beruhen allein auf dem COPAC (BL, □).

VP 1812A ital. Übers. der Aeneis, Mailand 1812

L'Eneide tradotta dal commendatore Annibal CARO. Milano, Società tipografica de' Classici Italiani, 1812 = Opere del commendatore Annibal CARO Volume VIII.
   Bibl.: MAMBELLI Nr. 887 ("con ritratto del Caro inciso dal Caronni"); CBItalV Nr. 2123 (Ø).
   Zugänglichkeit: BSB P.o.it. 280-81 - das Münchener Exemplar enthält keinerlei Illustration, auch kein Porträt Caros.

VP 1812B + Opera, Edinburgh 1812

Opera. Interpretatione et notis illustravit Carolus RUÆUS ... juxta editionem novissimam Parisiensem. ... Edinburgi, apud Bell & Bradfute, 1812.
   Bibl.: Die Angaben beruhen allein auf dem COPAC (BL), dort mit dem Hinweis „with a map".

VP 1813 □ **franz. Übers. der Aeneis mit lat. Text, Paris 1813**
(und Basel 1815)

L'Enéide, traduite en vers français par Jacques DELILLE. Seconde édition revue et corrigée. Paris, Michaud frères 1813 [4 Vol.].

Bibl.: MAMBELLI Nr. 1152 ("con 4 tavole del Moreau … Ristampata a Basilea nel 1815"); CBItalV Nr. 735 (Ø). – Ich konnte das Exemplar der BN Strasbourg einsehen: es handelt sich um eine Wiederholung der vier Antiporten von J. M. Moreau d. J. (Zyklus Nr. 61) aus ▶VP 1804A (von denselben Stechern und mit denselben franz. Versen), jedoch in kleinerem Format (16 x 11,1).

VP 1814A (■ ?) + **R.J. THORNTON, Illustrationen zu Vergil (ecl.?),**
London 1814

Robert John THORNTON, Illustrations of the school-Virgil in copper plates, and wood-cuts; whereby boys will learn with greater facility … London 1814.

Bibl.: Die Angaben beruhen allein auf dem COPAC (BL), dort mit dem Hinweis „A series of woodcuts designed for insertion in a school edition of Virgil, with a few woodcuts on other subjects." Einem Hinweis zu einem Exemplar doch wohl desselben Buches in Cambridge (London, Rivington, Johnson and Newberry, 1814) ist zu entnehmen, dass es sich um von THORNTON ausgewählte Illustrationen (nur) zu den ecl. handelt.

VP 1814B □ + **Opera, Paris: Didot (Ed. stereotypa) 1814**
zu diesem Ndr. von VP 1798C (Zyklus Nr. 60) s. dort

VP 1816A **deutsche Übers. der Aeneis, Reutlingen, auch Heidelberg**
und an anderen Orten 1816

Aeneis im Versmaß der Urschrift neu verdeutscht von Christian Ludwig NEUFFER, Reutlingen, Mäcken, 1816; Wien, C. Gräffer und Härter, 1816; Norden & Leipzig: Stahl 1816; Heidelberg 1816 [2 Vol.].

Bibl.: MAMBELLI Nr. 1321 (nennt als Druckort Frankfurt a. M., doch existiert eine solche Ausgabe laut KVK unter den mehreren in deutschen Bibliotheken vorhandenen Exemplaren nicht; „con incisioni. Traduzione tedesca riprodotta nello stesso anno a Reutlingen"). Die Ausgabe Reutlingen 1816 besitzt die BSB. Der Film BSB Film P 91.33-f 18863 nennt Heidelberg 1816, 2 Vol. Die Ausgabe Heidelberg 1816 ist auch die Vorlage für die 10 Microfiches München, Saur, 1990-1994 = Bibliothek der deutschen Literatur F. 9160-9161.

Beschreibung: Einzige Illustration ist in beiden Bänden jeweils eine ganzseitige Antiporta. Die zu Bd. 1 (Erster Theil. Erster bis sechster Gesang) ist mit *Loder del., J. Blascher sc.* signiert. Sie zeigt den gewappneten Aeneas, wie er Dido, deren Brüste entblößt sind, in einsamer Berglandschaft vor einer Felsengrotte umarmt - eine Neugestaltung der an sich häufig dargestellten Szene in Aen. IV. - Die Antiporta zu Bd. 2 (Zweyter Theil. Siebenter bis zwölfter Gesang) ist nur mit *J. Blascher sc.* signiert. Sie zeigt, wie die fast nackte Venus, die in einsamer Berglandschaft von einer Wolke umflossen ist, Aeneas den neuen Schild mit eingravierten Darstellungen überreicht. - KVK bezeugt für die Ausgabe Wien 1816 „mit 2 Kupfertiteln und 2 Kupferstichen".

Zugänglichkeit: BSB A.lat.a. 2321 (Reutlingen, in der G. G. Mäcken'schen Buchhandlung, 1816; Tübingen, gedruckt bei Hopfer de l'Orme, 2 Teile mit 413 durchgezählten Seiten in 1 Bd.), daraus digitalisiert 2 Doppelseiten, jeweils Antiporta und Titelseite der beiden Bände; DVD 2. - UB München 0012/Mfch. 60 und 1403/GE 6701 B582.

VP 1816B ital. Übers. der Aeneis, Mailand 1816
L'Eneide tradotta da Annibal CARO. Milano, Sonzogno e C., 1816.
    Bibl.: MAMBELLI Nr. 888 ("con ritratto dcl Caro inciso dal Dall'Acqua").

VP 1817 Opera, London 1817
Opera. Interpretatione et notis illustravit Carolus RUAEUS. Accessit insuper: Clavis metrico-virgiliana, studio et opera Jo. CAREY. Londini, M. Brown, 1817.
    Bibl.: MAMBELLI Nr. 500 ("con una carta geografica"). - Zur Geschichte der Ausgaben von C. RUAEUS seit der Erstausgabe Paris ▶VP 1675A s. zu ▶VP 1682A.

VP 1818A deutsche Übers. der Aeneis, Leipzig 1818
Virgils Aeneide. Deutsch. Nebst einem Versuche aus Lipperts Dactyliothek gezogener erläuternder Anmerkungen. Vorzüglich zum Gebrauch für Schüler und andere junge Leute umgearbeitet und verbessert von M. Joh. Friedr. Jac. REICHENBACH, 6. Auflage. Leipzig, Sommer, 1818 [2 Vol in 1 Bd. gebunden].
    Bibl.: Bei MAMBELLI Nr. 1314 (Erstausgabe der Bearbeitung Leipzig 1805); Wolfenbüttel 1982, D 169: „Wiederholung der Neubearbeitung der Seehusenschen Aeneisübersetzung [erstmals Hamburg 1780 publiziert] durch Johann Friedrich Jacob Reichenbach (1760-1839) von 1805 … Die Erläuterungen am Ende der beiden Bände sind unverändert geblieben". - Auch dieser Neudruck wird sich zwar auf Illustrationen beziehen, aber selber keine solchen enthalten; s. Näheres zur Originalausgabe Hamburg ▶VP 1780C (Wolfenbüttel 1982, D 166), Zyklus Nr. 55.

VP 1818B + franz. Übers. der Aeneis, mit lat. Text, Paris 1818
                        und Ndr. Paris 1819
L'Énéide de Virgile, traduite en prose, avec le texte en regard, par C.-L. [= Charles-Louis] MOLLEVAUT. Paris, Arthus Bertrand, 1818 [4 Vol.].
    Bibl.: Nur bei PASQUIER, 1992, Nr. 97 (1818, mit Hinweis auf Ndr. 1819; sie erwähnt nur einen Stich mit Vergil-Porträt von Aug. Delvaux in Vol. 1); fehlt bei MAMBELLI und im CBItalV. Die BSB besitzt eine Ausgabe Paris 1819, bei der Tome 1 den Untertitel hat: Orné du buste de Virgile, d'après l'antique.
    Beschreibung: Einzige Illustration ist eine von *Aug. Delvaux* (im Münchener Exemplar kaum lesbar) signierte Antiporta (nur) in Tome 1, die Büste eines jugendlichen Vergil mit langwallenden Locken ohne Lorbeerkranz mit der Unterschrift: VIRGILE *d'après le buste du Musée.* Welches Museum gemeint ist, bleibt unklar. Faktisch könnte das Vorbild eine im 18. Jh. gefundene röm. Büste sein, die im Palazzo Ducale di Mantova aufgestellt ist; vgl. M. G. FIORINI GALASSI / Benvenuto GUERRA / Serafino SCHIATTI, Virgilio alla ricerca del volto, Suzzara (Mantova) 1981, S. 91, auch S. 111 und S. 123 (in dem kleinen Buch sind über 50 Vergil-Darstellungen der von der Antike bis 1930 gesammelt).
    Zugänglichkeit: BSB A.lat.a. 2292 (1819), daraus (aus A.lat.a. 2992-1) digitalisiert 1 Doppelseite mit Antiporta und Titel; DVD 2.

VP 1818C + engl. Übers. der Opera, London 1818
The works of Virgil. Translated into English verse by John DRYDEN. London, J. Walker, 1818.
    Bibl.: Die Angaben beruhen allein auf dem COPAC (BL, □), dort mit dem Hinweis auf die Herausgeber John CAREY und William WALSH.

VP 1819A   ■ **ital. Übers. der Aeneis, Rom 1819**

L'Eneide recata in versi italiani da Annibal CARO. Roma, De Romanis, 1819 [2°, 2 Vol., Luxusausgabe].

> *Bibl.*: MAMBELLI Nr. 891; New York 1930, Case 22, Nr. 293 ("numerous engraved plates") = Princeton Item 465 und 466 (Ø; einmal „added: plate of the Plain of Troy in vol. 1); CBItalV Nr. 2127; PASQUIER, 1992, Nr. 111 (S. 278-282); BL (mit der Titelangabe: Dell'Eneide di Virgilio del Commendatore Annibal CARO).

> *Lit.*: MAMBELLI Nr. 891: "con 37 tavole grandi incise su rame ed altre illustrazioni a fine capitolo, in parte disegnate dal Camuccini e Canova [*sic*] e incise dal Bettelini, Fabri, Fontana, Marchetti, Testa". - PASQUIER, 1992, Nr. 111 (S. 278-282): 37 Tafeln (so die Angabe bei der Titelaufnahme, bei der Analyse werden aber 18 + 28, also 46 Stiche vorgestellt) mit Bildbeigaben in Gestalt von Landschaftsbildern verschiedener Künstler, die von mehreren Stechern, besonders von W. F. Gmelin (23 der 46, 3 davon sind von Gmelin auch entworfen) und P. Parboni (14), in Kupferstich ausgeführt worden sind; genauere Identifizierung der Sujets, der entsprechenden Aen.-Verse in der Übersetzung CAROs, der beteiligten Künstler für Entwurf und Kupferstichausführung bei PASQUIER, 1992, S. 278-282. Neben diesen geographischen Illustrationen gibt es (offenbar zusätzlich zu zählen) noch 6 figürliche Illustrationen als Auftakt- oder Schlussbild bestimmter Aen.-Bücher: Ende Aen. I (Venus und Amor, nach Lady Carolina Stuart Wortley gestochen von Bettelini), am Ende von Aen. VI (drei büßende Frevler, darunter Sisyphus und Ixion), zu Beginn von Aen. VII (Ohnmacht der Octavia, nach einem Gemälde von Vincenzo Camuccini gestochen von Pietro Bettelini), am Ende von Aen. IX (Romulus und Remus und die Wölfin, nach Philip Ferrari gestochen von Aloy Fabri), am Ende von Aen. X (Pallas' Leiche von seinen Gefährten getragen, nach Riepenhausen gestochen von Angelo Festa), am Ende von XII (Aeneas und Lavinia, nach Minardi gestochen von P. Fontana; doch bietet PASQUIER daneben auch „A. Canora [*sic*] inv. e scolpi [*sic*]"). - ODERMANN, 1931, 24 mit Anm. 35 (hier wird fälschlich, behauptet, dieses Werk - mit italienischem Titel! - sei 1819 in London erschienen): „auf Veranlassung der Herzogin von Devonshire sind ihr (sc. der Ausgabe der Übersetzung von CARO) eine Reihe schöner Landschaftsillustrationen, die sämtlich mit Vergils Dichtung und Leben in Verbindung stehen, beigegeben"; „einige der schönen Illustrationen sind nach Zeichnungen von Camuccini und Canova [*sic*] gestochen; am Schluss jedes Bandes ein Kolophon mit dem Namen der Herzogin. Die Zahl der veröffentlichten Exemplare wird verschieden (164 oder 230) angegeben." - BL S. 11: „with 102 plates after the designs of the Duchess of Devonshire, Catel, Eastlake, Canova, Sir W. Gell, etc.; of the plates ... about one-half are duplicates, chiefly proofs, and in one instance the plate is in four different states". – Bei den drei, nicht nur zwei (Item 465 und 466, s.o.) in Princeton vorhandenen Exemplaren glaubt KALLENDORF, brieflich nach Autopsie, „three different states" unterscheiden zu können. „The illustrations are of topographical subjects, numbering 40 plus a title page and frontispiece. Item 466 has the same

number of illustrations but a different colophon. Item 465 has different front matter, with a portrait of Caro and Elisabeth Duchess of Devonshire added. It is possible that Item 465 is extra illustrated, but I have not had a chance to pursue this yet." – Die Tafeln bilden den Zyklus Nr. 64.

Von den Tafeln dieser Luxusausgabe hat Johann Wolfgang von Goethe Probeabzüge erhalten. Er äußert sich dazu in seinen „Tag- und Jahreshefte" 1820 folgendermaßen (Goethes Poetische Werke. Vollständige Ausgabe, 8. Bd. Autobiographische Schriften, 1. Teil, Cottasche Buchhandlung Nachfolger, Stuttgart, S. 1291; den genauen Nachweis des Zitats verdanke ich Andreas Patzer): „Der wackere, immer fleißige, den Weimarischen Kunstfreunden immer geneigt gebliebene Friedrich Gmelin sendete von seinen Kupfern zum Virgil der Herzogin von Devonshire die meisten Probeabdrücke. So sehr man aber auch hier seine Nadel bewunderte, so sehr bedauerte man, dass er solchen Originalen habe seine Hand leihen müssen. Diese Blätter, zur Begleitung einer Prachtausgabe der ‚Aeneis' von Annibal[e] Caro bestimmt, geben ein trauriges Beispiel von der modernen realistischen Tendenz, welche sich hauptsächlich bei den Engländern wirksam erweist. Denn was kann wohl trauriger sein, als einem Dichter aufhelfen zu wollen durch Darstellung wüster Gegenden, welche die lebhafteste Einbildungskraft nicht wieder anzubauen und zu bevölkern wüßte? Muss man denn nicht schon annehmen, dass Virgil zu seiner Zeit Mühe gehabt, sich jenen Urzustand der lateinischen Welt zu vergegenwärtigen, um die längst verlassenen, verschwundenen, durchaus veränderten Schlösser und Städte einigermaßen vor den Römern seiner Zeit dichterisch aufzustutzen? Und bedenkt man nicht, dass verwüstete, der Erde gleichgemachte, versumpfte Lokalitäten die Einbildungskraft völlig paralysieren und sie alles Auf- und Nachschwungs, der allenfalls noch möglich wäre, sich dem Dichter gleichzustellen, völlig berauben?"

Abhängigkeiten: Nach den Sujet-Angaben bei PASQUIER, 1992, Nr. 111 für ▶VP 1819A zu schließen, müssen die 50 Bilder in ▶VP 1827A (s. dort) Nachstiche aus dieser Luxusausgabe sein (jedenfalls zum größten Teil). Das gleiche scheint für ▶VP 1836A zu gelten.

Abb.: Keine Bilder im Abb.-Teil bei PASQUIER, 1992. - Nach PASQUIER, 1992, S. 190 sind die (16) Tafeln der Ausgabe: L'Eneide nella traduzione di Annibal CARO. Introduzione, commento … a cura di Giuseppe RANIOLO, 12. ristampa con 16 tavole fuori testo. Firenze, Casa editrice Marzocco, 1956 (= PASQUIER, 1992, Nr. 173) aus der Ausgabe ▶VP 1819A übernommen. - In der Aen.-Anthologie von A. RAGAZZONI, Torino 1962 (1965; s. zu ▶VP 1552A *Abb.*) sind ohne nähere Herkunftsangabe, doch gewiss aus ▶VP 1819A, sechs topographische Stiche von 1819 abgedruckt (S. 33, 59, 186, 238, 243, 262), daneben noch 3 weitere Stiche von 1822 (S. 55, 68, 103).

VP 1819A   *Zugänglichkeit*: Nach KVK in Deutschland nicht vorhanden.

VP 1819B   **Opera, Paris 1819-1822**

P. Vergilius Maro, qualem omni parte illustratum tertio publicavit Chr. Gottl. HEYNE cui Servium pariter integrum et variorum notas cum suis subiunxit N. E. LEMAIRE. Parisiis, colligebat Nicolaus Eligius Lemaire, excudebat Petrus Didot natu maior, 1819-1822 [8 Vol. in 9 Bänden].

Bibl.: MAMBELLI Nr. 512 (Ø); CBItalV Nr. 421 (Ø); Napoli 1981, Nr. 118 („Il Vol. VII è arricchito da tre ritratti incisi da Audouin, Allais e Sisco").

Zugänglichkeit: BSB A.lat.a. 2608 z-1 bis z-8.

VP 1820   **Opera, Oxford 1820**
Opera, locis parallelis ex antiquis scriptoribus et annotationum delectu illustrata in usum juventutis. Accedunt tabulæ geographicæ et index Maittairianus. Oxoni, typis Clarendonianis, 1820.
     Bibl.: MAMBELLI, Nr. 505 («accedunt tabella geographica et …»); COPAC (BL).

VP 1821A   **Opera, London: Pickering 1821**
Opera. Londini, impensis Gul. Pickering, 1821.
     Bibl.: MAMBELLI Nr. 511 („ha frontespizio inciso con un ritratto").
     Beschreibung: Kleinformatige Ausgabe (8,0 x 4,5). Antiporta mit einem Medaillon (3,4 x 3,0) des nach li. blickenden VIRGILIUS, signiert *R. Grave sc.* Sie ähnelt dem Orsini-Typus; Vergil trägt einen Reif, nicht einen Lorbeerkranz im Haar. - Auf der Titelseite eine Vignette: Harfe mit Lorbeerkranz.
     Zugänglichkeit: BSB Rar. 17 b ist aus konservatorischen Gründen, nicht wegen der einen Illustration, vollständig digitalisert; auf DVD 2 nur die Antiporta und die Titelseite.

VP 1821B   **Opera, London: Priestley (Dove) 1821**
P. Virgilius Maro varietate lectionis et pepetua annotatione illustratus a Chr. Gottl. HEYNE. Accedit index uberrimus. Editio nova accurata. Londini, apud Richardum Priestley, typis excudit J. F. Dove, 1821 [4 Vol.].
     Bibl.: MAMBELLI Nr. 509 („P. Virgilii M. Opera … illustrata"; Ø); Princeton Item 313, mit dem Hinweis „fronts., plates; portrait after front. in vol. 1, and several plates inserted", 26½ cm, also 4°. – Meine Vermutung, es handele sich um (teilweise?) Wiederholung der antiquarischen Kupferstich-Illustration aus ►VP 1787A, ►VP 1793A oder ►VP 1797B (Zyklus Nr. 56), wird von KALLENDORF, brieflich nach Autopsie von Princeton Item 313, nicht bestätigt: „illustrated with a different series from the one in Item 273" [= ►VP 1787A].

VP 1821C   **Opera, Paris 1821**
Opera quae exstant omnia ex Heynio-Brunckiana recensione edidit J. A. AMAR, Parisiis, apud Lefèvre bibliopolam excudebat P. Didot, 1821 [2 Vol.].
     Bibl.: MAMBELLI Nr. 510 (Ø); CBItalV Nr. 427 (ill.); Perugia 1980, Nr. 87 ("ritr. dell'A.").

VP 1821D   **deutsche Übers. der Aeneis, Zwickau 1821-1822**
Virgils Aeneide. In deutschen Jamben von Dr. Joseph Emil NÜRNBERGER. Zwickau, Brüder Schumann, 1821-1822 [4 Vol., in der Reihe „Taschenbibliothek der ausländischen Klassiker in neuen Verdeutschungen"].
     Bibl.: MAMBELLI Nr. 1300, als 2. Teil einer 3-teiligen Vergil-Übers. von J. NÜRNBERGER, Prenzlau-Zwickau-Danzig 1820 (ecl.), 1822 (Aen.), 1825 (georg.) aufgeführt (Ø). In dem kleinen Katalog: „Studia humaniora. Lateinische Schulautoren in alten Drucken. Ausstellung in der Stiftsbibliothek Schäftlarn 11.-27. Mai 1995", ist aus dieser Ausgabe als Nr. 27 („aus einer Privatsammlung"; „vier winzige Bändchen") abgebildet das Frontispiz von Bd. 2: Dido und Aeneas fliehen vor dem Gewitter in die Höhle (Aen. IV). Nach KVK haben alle 4 Bändchen von 1821-1822 ein Titelkupfer. - Vgl. auch die „2., verbesserte Auflage, mit dem [lat.] Text zur Seite" in 2 Vol., Kempten, Tobias Dannheimer, 1841, bei MAMBELLI Nr. 1325 („con incisioni in acciaio"). In dieser Ausgabe sind die Bilder offenbar ausgetauscht. Bd. 1 enthält 2 Stahlstiche, jeweils von „P. C. Geißler gez(eichnet)". Die Antiporta mit dem Hin-

weis auf „I. Buch, Seite 50" (gemeint ist Strophe 87 - die Übersetzung ist in Strophen zu je acht meist sechshebigen Jamben eingeteilt -, d.h. Aen. I 586-593) zeigt Aeneas, wie er mit sentimentalem Blick und im Harnisch in einem Palast aus der Wolke vor Dido tritt; diese trägt - im Sinne des Diana-Gleichnisses Aen. I 498-504 - in der Linken einen halben Speer und auf dem Rücken einen Köcher mit Pfeilen, ansonsten aber ein langwallendes Kleid. Der 2. Stahlstich zu „Buch VIII S. 102" ist fälschlich nach S. 102 in Bd. 1 statt in Bd. 2 eingelegt; er bezieht sich auf Aen. VIII 256-261 und zeigt Hercules, der mit der Keule in der Rechten in der aufgesprengten Höhle über Cacus kniet und ihn mit der Linken erwürgt. Bd. 2 ist bildlos.

| VP 1821D | *Zugänglichkeit*: BSB A.lat.a. 2296-1 bzw. A.lat.a. 2296-2 (2. Auflage 1841).

VP 1821E   ■ **+ Aeneis-Stiche nach Aeneis-Fresken von Nicolò dell'Abate (ca. 1540), Modena 1821**

(Giambattista VENTURI:) L'Eneide di Virgilio dipinta in Scandiano dal celebre pittore Niccolò Abbati con vari intermezzi, tutto rappresentato in disegni imitati dall'originale dal Signor Giuseppe Guizzardi bolognese ..., incisi dal fu Signore Antonio Gajani bolognese ... ed illustrati con una memoria del Signor Cavaliere Giambattista VENTURI nobile reggiani. Modena, per G. Vincenti e Compagno, 1821, Großfolio [2°, in vier Lieferungen erschienen]. - Ndr. davon als Ed. anast. con un saggio di Giuseppe ANCESCHI, Novara 2004. Vgl. auch die seltene Ausgabe (nicht von BÉGUIN, 1969, wohl aber von BÉGUIN, 2005, 535 - s.u. *weitere Lit.* - erwähnt): Aeneis. Riproduzione delle pitture di Niccolò dell'Abate già nella Rocca Boiardo a Scandiano, e dell'autoritratto dell'autore, con note. Modena, U. Orlandini, 1930, 14 S. und 13 Tafel-Seiten (34 cm), erschienen 'Nel ventesimo centenario virgiliano".

Bibl.: Fehlt bei MAMBELLI und im CBItalV im Umkreis von Nr. 426 oder Nr. 2128; erwähnt nur von ODERMANN, 1931, 24 mit Anm. 36, und in der ‚Bibliografia' in dem Katalog von FAGIOLO, Rom 1981, S. 268 [danach der bei ODERMANN nur verkürzt gebotene Titel]; s. ferner unten *weitere Lit.,* bes. BÉGUIN, 2005, 398-400.

Lit.: ODERMANN, 1931, 24: „1821 folgt dieser Arbeit [sc. der illustrierten Aeneis-Übersetzung Rom ▶VP 1819A] ein letztes Werk gleicher Art, die zum Gedächtnis Giambattista Venturis veröffentlichte illustrierte Ausgabe Nicolao Abbatis in Modena. Mit ihr erreicht die Kupferstichillustration größeren Stils, obwohl gestochene Titel sich auch für die nächsten Jahre noch wiederholt nachweisen lassen, ihr Ende." - Diese Darstellung ist (zumal gekoppelt mit der verkürzten Titelangabe bei ODERMANN) mindestens missverständlich. Es handelt sich um Nachstiche (1817-1819 ausgeführt) von Antonio Gajani (1789-1820) - und auch von Giulio Tomba - nach den um 1540 entstandenen Fresken des Nicolò dell'Abate (1509-1571) für das Studierzimmer des Giuliano Boiardo (eines Nachkommen jenes Matteo Maria Boiardo, der den *Orlando innamorato* verfasst hatte) im Schloss Scandiano bei Reggio bzw. Modena, doch Stiche nicht direkt nach den Originalgemälden, sondern, wie es der Titel anzeigt, aufgrund von Zeichnungen von Giuseppe Guizzardi (1779-1861). Wahrscheinlich sind in der Folio-Ausgabe Modena 1821 die Nachstiche für alle 12 Gemälde des Nicolò dell'Abate geboten worden. In dem römischen Katalog FAGIOLO, Rom 1981, S.

123-135 wird dieser Freskenzyklus Nr. 65 in einer ausführlichen Dokumentation mit 21 Schwarzweiß-Abb. vorgestellt (verfasst von R. P. B. = Rita PARMA BAU-DILLE). Es sind dort S. 128 für jene drei Bilder zu Aen. III, IV und XI in schlechten Reproduktionen die Nachstiche von Gajani abgebildet, deren Originale, die Fresken von Nicolò del'Abate aus dem 16. Jh., bei einem Brand 1815 zugrunde gegangen sind. Für die übrigen 9 Aen.-Bücher werden Schwarzweiß-Abb. der Fresken selber oder vielmehr der nach ihnen von G. Rizzoli angefertigten Gemälde mit beigegebenen schematischen Umrisszeichnungen geboten. Schon die Originalfresken (die 1772 nach Modena überführt wurden) bzw. die Leinwandfassungen (die sich heute in der Galleria Estense in Modena befinden), noch deutlicher aber diese stark vereinfachten Umrisszeichnungen und auch die Stiche Gajanis zeigen, dass Nicolò dell'Abate in seinen Aen.-Gemälden nur vordergründig eine einzige Szene darstellt, vielmehr ein Vertreter des Argumentum-Typus ist, also von Bildern, die innerhalb eines Rahmens mehrere Szenen mit zusätzlichen Momenten und Personen aus dem jeweiligen Aen.-Buch bieten, wenn auch mit unterschiedlicher Gewichtung. Unter den ungefähr zwei Dutzend Zyklen von Aeneis-Fresken oder -Gemälden in europäischen Schlössern, die ich kenne (vgl. dazu W. SUERBAUM, VV 3, 1998, 4-22; dort S. 4 zu Abate; dazu in VV 1, 1998, 43), ist dies der einzige, der deutlich zum Argumentum-Typus gehört, wie er in Holzschnitten, nach Vorläufern wie Worms ▶VP 1543B, besonders im „Frankfurter Typus" seit ▶VP 1559C, im „Züricher Typus" seit ▶VP 1561B und in Padua ▶VP 1608B, ferner in der französischen, B. Salomon zugeschriebenen Version seit (▶VP 1547B) ▶VP 1552B (abgeschlossen ▶VP 1560A) vorliegt. - Im vorliegenden Handbuch sind grundsätzlich keine Gemälde berücksichtigt. Hier ist eine Ausnahme gemacht, weil es sich um Nachstiche handelt (Zyklus Nr. 65), die in Buchform publiziert sind und in dieser Form rezipiert werden konnten.

VP 1821E   *Weitere Lit.*: Sylvie M. BÉGUIN, Mostra di Nicolò dell'Abate. Catalogo critico, Bologna 1969, S. 56-58 mit Tafel 5 zu Aen. VII, Taf. 6 zu Aen. XII (falsch BÉGUIN: X) und Taf. 7 zu Aen. X (falsch BÉGUIN: XII) und umfangreicher chronologischer Bibl. S. 133-147; Erika LANGMUIR, Arma virumque ... Nicolò Dell'Abate's Aeneid Gabinetto for Scandiano, Journal of Warburg and Courtauld Institutes 38, 1976, 151-170 (für Aen. I-VI, doch nicht mehr für Aen. VII-XII die beste inhaltliche Interpretation; mit Abb. aller erhaltenen Fresken und der Nachstiche für Aen. III, IV und XI); Dokumentation bei RITA PARMA BAUDILLE, in: FAGIOLO, Rom 1981, S. 123-135 (s.o. *Lit.*), mit weiteren Literaturhinweisen; Federica PICCIRILLO, Nicolò dell'Abate (1509-1571), EV 3, 1987, 720-723 (mit Farbtafel LI zu Aen. XI und sw-Abb. S. 721 zu Aen. VI); Sylvie BÉGUIN / FRANCESCA PICCININI, Nicolò dell'Abate. Storie dipinte nella pittura del Cinquecento tra Modena e Fontainebleau, (Katalog) Modena 2005, bes. 263-277 (dort bes. S. 266-269 mit Abb. 53a-53i zu Aen. I, II, V-X und XII) und 398-400 (Lidia Righi GUERZONI, mit detaillierter Darstellung der Entstehungsgeschichte der in ▶VP 1821E publizierten Stiche sowie ihrer restaurierten Vorlagen und mit Abb. der Stiche für Aen. IV und XI; ohne Beschreibung; reiche

Bibl.; S. 403-405 werden von derselben Autorin für Aen. XII und III die anonymen Gemäldekopien vorgestellt, die Anfang des 19. Jh. nach den Originalfresken des Nicolò dell'Abate angefertigt worden sind); vgl. auch die Abb. 8 S. 53 zu Aen. X (mit falscher Legende); ferner S. 403-405 zu je einer anonymen und bisher unedierten Gemälde-Kopie aus dem 19. Jh. der Gemälde Abates zu Aen. XII und zu dem im Original verlorenen zu Aen. III (!) darstellt; umfangreiche chronologische Bibl. S. 529-551. - Weitere Bibl. von Lidia RIGHI GUERZONI bei BÉGUIN, 2005, 400.

Beschreibung: Auf eine nähere Beschreibung dieses Zyklus Nr. 65 ist angesichts der vorliegenden Lit. verzichtet. Das besagt allerdings nicht, dass die dortigen Beschreibungen durchgehend korrekt wären. So ist etwa jene bei FAGIOLO, Rom 1981, S. 129 zu Aen. VI mehrfach (z. B. im Hinblick auf die Lokalisierung der Bestattung des Misenus „A") evident fehlerhaft; auch manche ihrer Identifizierungen auf den anderen Gemälden sind nicht überzeugend. Eine Kurzbeschreibung des Inhalts (und auch des damaligen Zustandes) bietet bereits ein Inventar vom 28.9.1811 aus Modena (zitiert bei BÉGUIN, 2005, 525f., dort sind einschlägig die Nrr. 1, 4, 7, 10, 13, 16, 19, 22, 25, 28, 31 und 34). Merkwürdiger Weise sind dort nicht selten vor der Floskel „ed altri fatti contenuti nel (e. g.) terzo libro dell'Eneide" Einzelheiten genannt, die nur im Hintergrund und oben dargestellt sind, so zu Aen. I und V; aus den für Aen. IV, VI, VII oder IX-XI angeführten Sujets würde man kaum zutreffend den wirklichen Inhalt der Gemälde erschließen; nur für Aen. II und XII, auch für III, ist wirklich das Hauptmotiv benannt. - Ich nenne im wesentlichen nur die Szene im Vordergrund, neben der es aber auf dem Bild immer noch mehrere weitere gibt. Gerade diese poly-szenische Darstellung macht Nicolò dell'Abate um 1540 zu einem weiteren Vorläufer (nach Raffaels Zeichnung zu Aen. I, der Vorlage für Marcantonio Raimondis berühmten *Quos-ego*-Kupferstich von 1515/16) für die Zyklen von Holzschnitten des Argumentum-Typus.

VP 1821E Aen. I: Die Reste der trojanischen Flotte sind r. in den Portus Libycus verschlagen und rüsten dort li. eine Mahlzeit aus den Hirschen zu, die Aeneas erlegt hat.

Aen. II: Das Hölzerne Pferd (in Rückenansicht) wird von Mitte li. nach Troja gezogen.

Aen. III: Vorn li. wird Aeneas von Achaemenides um Hilfe gegen Polyphem (darüber li.) angefleht; die Trojaner stechen r. eilends wieder in See. Auch die Fahrtstationen Thrakien mit dem Polydorus-Omen, Delos, die Strophaden-Insel mit den Harpyien, die Begegnung mit Andromache am Grabmal Hektors (mit Doppelpyramide) in Buthrotum sind identifizierbar.

Aen. IV: Vorn li. Dido mit Anna und einem Priester beim Opfer, r. (kleiner dargestellt) mahnt Mercurius den Aeneas zur Abfahrt.

Aen. V: Vorn li. wendet sich Venus an den auf einem von Seepferden gezogenen Gespann sitzenden Neptunus; r. stürzt Palinurus vom Schiff.

Aen. VI: Vorn li. Aeneas (und ein weiterer Krieger) mit der Sibylle vor der Hydra in der Unterwelt, nackte Tote, die auf die Überfahrt über den Acheron warten.

Aen. VII: Im Vordergrund Aufmarsch der latinischen Bundesgenossen: li. reitend Turnus, in der Mitte zu Fuß die weißgekleidete Camilla.

Aen. VIII: Vorn li. nebeneinander gelagert der Flussgott Tiberinus und der ruhende Aeneas.

Aen. IX: Aufmarsch der latinischen Alliierten vor der Festung (kein Schiffslager) der Trojaner; r. im Vordergrund nicht identifizierbare, nach li. gewendete Reiter, darunter vermutlich Turnus.

Aen. X: Schlacht vor der trojanischen Festung; im Vordergrund sprengt von li. Aeneas zu Ross mit gezücktem Schwert gegen Mezentius r., dessen Pferd zusammengebrochen ist.

Aen. XI: Schlacht vor den Mauern Laurentums (r. im Hintergrund); im Vordergrund mehrere Berittene, die gewiss die noch unverwundete Camilla und ihre Gefährtinnen darstellen sollen. Sie sind aber nicht amazonenhaft stilisiert. Oben r. in den Wolken offenbar Diana und Opis.

Aen. XII: Aeneas li. ist im Begriff, dem auf das Knie gesunkenen Turnus im Schlussduell den Todesstoß zu versetzen; opernartige Szenerie.

VP 1821E Leider ist von den Stichen in ▶VP 1821E in neueren Publikationen kein solcher abgebildet, der ein noch erhaltenes Gemälde wiedergibt; so kann man die Genauigkeit, mit der die Stiche vom Anfang des 19. Jh. die Originalfresken von ca. 1540 wiedergeben, nicht überprüfen. Immerhin lässt sich der Stich (von G. Tomba) zu Aen. III (bei FAGIOLO, Rom 1981, S. 128) mit einer Gemäldekopie von ca. 1815 (bei BÉGUIN, 2005, S. 405) vergleichen.

VP 1822A ▫ + **Opera, Paris: Didot (Ed. stereotypa) 1822**
zu diesem Ndr. von VP 1798C (Zyklus Nr. 60) s. dort

VP 1822B ital. Übers. der Aeneis, Florenz 1822
L'Eneide tradotta da Annibal CARO, Firenze, Caselli, 1822 [2 Vol.].
Bibl.: MAMBELLI Nr. 897 ("con il ritratto del Caro"); CBItalV Nr. 2423 (nur Vol. 2 mit Aen. VII-XII, Ø).

VP 1823A ■ + **L. Ademollo: Bilder zur Aeneis, Paris ca. 1823**
(Luigi ADEMOLLO:) Énéïde: Dessins, bas-reliefs au trait d'après les compositions originales de Luigi Ademollo. Publiés par Mendoze, éditeur propriétaire; auxquels on a joint un croquis (HBZ: corpus) en vers de l'Énéïde pour servi de texte aux sujets. Lithographiés de C. Motte. (Paris) Mendoze, de l'imprimerie de Constant-Chanpie, sine anno (ABES: ca. 1823; HBZ: ca. 1825), [6] p., 30 pl., 2° (29 x 58 cm).
Bibl.: Nicht erwähnt von MAMBELLI; ebensowenig in anderen Vergil-Bibliographien. Aufgeführt ist dieser Zyklus Nr. 66 allein bei STIEF, 1986 (▶VP 1798A), 295. Eine Internet-Recherche weist je 1 Exemplar (nach ABES) in

Frankreich und (nach HBZ-Verbundkatalog) in Deutschland auf. STIEF, 1986, vergleicht S. 180-183 Zeichnungen von Girodet-Trioson (allerdings nicht solche aus ▶VP 1798A) mit motivgleichen unter den 30 Umrisszeichnungen von Luigi Ademollo (1764-1849; der Aeneis-Zyklus Nr. 66 ist nicht sicher datierbar) und bietet dazu als Abb. 57 eine einzige Abbildungsprobe aus dem seltenen Werk Ademollos VP 1823A (seine Tafel IV: Illustration zu Aen. I mit der *Quos-ego-* Szene).

VP 1823B   ital. Übers. von Aeneis VI, Neapel 1823
Viaggio di Enea all'Inferno ed agli Elisii secondo Virgilio. Del canonico Andrea DE JORIO. Napoli, dalla Reale stamperia, 1823.
   Bibl.: Nur in CBItalV Nr. 2616 (tav.), nicht bei MAMBELLI und PASQUIER, 1992.

VP 1823C   + engl. Übers. der Opera, London 1823
The works of Virgil translated into English verse by John DRYDEN. London, Allman, 1823.
   Bibl.: Die Angaben beruhen allein auf dem COPAC (BL, □).

VP 1824A   Opera, London 1824
Opera. Ad fidem editionis Chr. Gottl. HEYNII. Londini, C. Corrall, 1824.
   Bibl.: MAMBELLI Nr. 519 ("titolo del frontespizio inciso"). Diese Ausgabe ist vielleicht identisch mit Princeton (4 Exemplare) Items 315-318 („Londini, Harding, Mavor et Lepard, 1824; Colophon: Londini, typis D.S. Maurice"), mit dem Hinweis „engraved title", bei Item 316 zudem „with fore-edge painting of the Bay of Naples".

VP 1824B   ital. Übers. der Aeneis, Mailand 1824
L'Eneide tradotta da Annibal CARO. Coi cenni sulla vita dell'autore e del traduttore. Milano, ed. Silvestri, 1824.
   Bibl.: MAMBELLI Nr. 903 ("con un ritratto inciso del Caro"); CBItalV Nr. 2130 (Ø).

VP 1824C   + engl. Übers. der Opera, London 1824
The works of Virgil. Translated by John DRYDEN. London, N. Hailes, 1824.
   Bibl.: Die Angaben beruhen allein auf dem COPAC (BL), dort mit dem Hinweis "There is also a second engraved titlepage" und auf den Herausgeber William WALSH.

VP 1825A   + Anthologie aus der Aeneis, Nürnberg 1825
Aeneas. Ein zur Ausübung der Pflichten des vierten Gebotes ermunterndes Lesebuch. Herausgegeben von J. P. PÖHLMANN, Pfarrer. Mit Kupfern. Nürnberg, Riegel und Wießner, 1825.
   Bibl.: Nicht bei MAMBELLI. Titelaufnahme nach dem Münchener Exemplar.
   Beschreibung: Einschlägig für die Aen. ist unter den Kupferstichen nur die ganzseitige Antiporta, die von *Heideloff (?) del., Falchen Nbg.* signiert und *Aeneas* betitelt ist: sie zeigt die Gruppe des Pius Aeneas vor einem Rundtor Trojas, aus dem Brandwolken nach li. dringen. Der bärtige Aeneas trägt den glatzköpfigen Anchises auf den Armen, der kleine Ascanius läuft li. voraus.
   Zugänglichkeit: BSB Paed. pr. 2705, daraus keine Digitalisierungen.

VP 1825B   + engl. Übers. der Opera, New York 1825
The works of Virgil. Translated by [John] DRYDEN. York 1825 [2 Vol.].
   Bibl.: Die Angaben beruhen allein auf dem COPAC (BL, □).

VP 1825C **+ engl. Übers. der Opera, London 1825**

The works of Virgil, translated into English verse by John DRYDEN. London, T. & J. Allman, 1825.

Bibl.: Die Angaben beruhen allein auf dem COPAC (BL), dort mit dem Hinweis „plate; port(rait); with an additional titlepage, engraved".

VP 1826A **Opera, Weimar (Vinaria) 1826**

Opera ad fidem novem Codicum MST. nondum adhibitorum Bibliothecae Regiae Bambergensis, ... collata cum optimis editionibus, praecipue illa C. HEYNII, aucta lectionum varietate perpetuaque adnotatione, et scholarum in usum edita a Joachimo Henrico JAECK. Vinariae, in novo Bibliopolo, vulgo Landes-Industrie-Comptoir, 1826 (XVI, 596 S.).

Bibl.: MAMBELLI Nr. 527 (wo der Editor fälschlich JAECH genannt wird; Ø).

Beschreibung: Im OPAC der UB München 8 A.lat. 1718 als „Ill." (= illustriert) bezeichnet. Die Ausgabe enthält jedoch keine Textabbildungen, sondern nur am Ende nach S. 596 ein Klappblatt mit „Specimen scripturarum ad editionem ... adhibitarum" mit farbig illustrierten Schriftproben.

Zugänglichkeit: BSB A.lat.a. 2229; UB München 8 A.lat. 1718.

VP 1826B **ital. Übers. der Aeneis, Florenz 1826**

L'Eneide tradotta da Annibal CARO. Firenze, Ronci, 1826.

Bibl.: MAMBELLI Nr. 907 ("col ritratto del traduttore"); vielleicht identisch mit CBItalV Nr. 2132: Firenze, sine editore, 1826 (Ø).

VP 1826C **ital. Übers. der Aeneis, Mailand 1826**

L'Eneide tradotta da Annibal CARO. Milano, Società tipografica de Classici italiani, 1826.

Bibl.: MAMBELLI Nr. 908 ("col ritratto del Caro"); CBItalV Nr. 2131 (Ø).

VP 1826D **Aeneis, Wien 1826-1827**

Aeneis, mit Wortstellung und Sacherläuterung herausgegeben von E. Th. KOHLER, Wien 1826-1827 [2 Vol. in 4 Teilen].

Bibl.: MAMBELLI Nr. 528 ("col ritratto di Virgilio e una carta geografica").

VP 1827A **◘ (■?) + C. L. FROMMEL: 50 Bilder zur Aeneis, Karlsruhe 1827 (oder 1828)**

50 Bilder zu Virgils Aeneide, gestochen unter der Leitung von C. [= Carl Ludwig] FROMMEL. Carlsruhe, Aug. Klose und C. Frommel, 1827. In den Bibliographien heißt es „[52] Blätter, [40] S., überwiegend Illustrationen", doch das BSB-Exemplar hat nur 53 ungezählte Blätter mit Bildern (1 Frontispiz, 51 Bilder, 1 Karte) ohne zusätzliche Textseiten.

Bibl.: Fehlt bei MAMBELLI. Angeführt (mit dem unzutreffenden englischen Untertitel „engraved under the direction of Carl FROMMEL") in dem Katalog Brown University 1930, Nr. 84, aber auch im KVK, dort z. B. im SWB online-Katalog mit dem Zusatz „Enth(ält) außerdem: Erklärung der Fünfzig Bilder zu Virgils Eneide" und mit der Identifizierung des verantwortlichen Künstlers als Carl Ludwig FROMMEL (1789-1863). Das Buch ist in 5 deutschen Bibliotheken vorhanden. Die dort angegebenen Erscheinungsdaten und Umfangsangaben schwanken; es werden neben 1827 auch 1828 und 1830 genannt. Es existiert auch ein Neudruck in demselben Verlag Carlsruhe (1856), 73 Bl., 8°. - Ich (W.

S.) besitze in Xerokopie eine Broschüre, die nicht nur das auf allen vier Seiten von einem „Panorama von Rom" gerahmte Titelblatt enthält, dessen Text oben ausgeschrieben ist (das Jahr der Publikation ist aber daraus nicht ersichtlich), sondern auch noch ein weiteres, vorgeschaltetes dekorativ gerahmtes Titelblatt mit dem Text: „Fünfzig [sic, dort also nicht 50] Bilder zu Virgils Aeneide. Mit erläuterndem Texte und einer Charte. Die darin beschriebenen Gegenden und Monumente darstellend, wie sie jetzt noch vorhanden sind. Carlsruhe, im Kunst-Verlag." Meine Kopie umfasst, wie das BSB-Exemplar, nur Bilder, nicht auch Erläuterungen. Die Fernleihe eines der in Deutschland vorhandenen Exemplare ist laut Mitteilung der UB München aus konservatorischen Gründen nicht möglich. - Die 50 Bilder zur Aen. in ▶VP 1827A dieses Zyklus Nr. 64 sind keineswegs identisch mit den 60 Bildern des Zyklus Nr. 69 in ▶VP 1840; die dargestellten Sujets sind grundsätzlich verschieden.

Lit.: Carl Ludwig Frommel 1789-1863. Zum 200. Geburtstag. Aquarelle, Zeichnungen und Druckgraphik …, Ausstellung 22. April - 18. Juni 1989, Staatliche Kunsthalle Karlsruhe, Karlsruhe 1989 (der Katalog S. 71-180 und die meisten Beiträge stammen von Rudolf THEILMANN; ▶VP 1827 ist nur in der ‚Lebenschronik' S. 18 kurz erwähnt; eine Abb. daraus - Nr. 32 Tivoli - S. 62 im Beitrag von Sabine BÜCHEL über die Geschichte des Stahlstichs, vgl. dort noch Anm. 25 S. 70).

VP 1827A *Beschreibung*: Enthalten sind auf Blättern ohne Zählung 50 (oder im BSB-Exemplar: 51) Stahlstiche (eine in England seit 1820, in Deutschland erst von Frommel und eben mit ▶VP 1827A eingeführte Reproduktionstechnik) zu Orten, die in der Aeneis erwähnt oder berührt werden, mit Hinweis auf die jeweilige Aeneis-Stelle (z. B. *Carthago/Tunis Aen. lib. I 17* usw. bis hin zu *Lavinium/Pratica Aen. XII 194*); eine Zählung ist von mir eingeführt. Dargestellt ist der derzeitige Zustand („wie jetzt"). Auf das Frontispiz folgt (1.) eine Planskizze des TROIAE CAMPUS mit nicht nur mythischen (wie *Hectoris Tum.*), sondern auch modernen (wie *Bournabachi*) Ortsangaben. Als erster Stahlstich eröffnet dann (2.) TROIAE CAMPUS - *Aen. lib. II* den Zyklus. Es folgen dann zwei Stahlstiche (3./4.) zu CARTHAGO. *Tunis - Aen. lib. I* (wenn der moderne Name abweicht, ist er immer zum antiken Namen hinzugefügt; die zweite Ansicht Karthagos, die vom Meer her, ist spezifiziert mit *Aen. lib. I 17*, knüpft also an die Erwähnung Karthagos im Proömium an). Die weiteren Stahlstiche (5-50) sind offenbar im großen ganzen nach der Fahrtroute des Aeneas angeordnet, teils aber auch entsprechend der ersten Erwähnung des Ortes im Vergil-Text. (Die - wahrscheinlich neu gegenüber ▶VP 1819A hinzugefügten - Stellenangaben beziehen sich auf den lat. Text, nicht die Verse der Übersetzung von A. CARO.) Es folgen nämlich: (5) ZACYNTHUS - *Zante - Aen. lib. III* (270); (6) ITALIA - *Italia - Aen. lib. III* (gemeint 521ff.); (7) SCYLLAEUM - *Scilla -Aen. lib. I 200* [also nicht III 420ff.]; (8) ITHACA - *Theaki - Aen. lib. III 272;* (9) CHARYBDIS - *Stretto di Messina - Aen. lib. III 420;-* (10) CYCLOPUM SCOPULI - *Isole della Trizza - Aen. lib. III 569*; (11) AETNA - *Mont'Etna, Monte Gibello - Aen. lib. III 571*; (12) AGRIGENTUM - *Girgenti - Aen. lib. III 703*; (13) SELINUS - *Selinunto -*

Aen. lib. III 705. VP 1827A Mit einem Sprung wird zum 2. Sizilien-Aufenthalt und weiter zur Überfahrt zur Westküste Italiens übergegangen: (14) ERIX - *Me San Giuliano - Aen. lib. V 23*; (15) SCOPULI SIRENUM - *Li Galli - Aen. lib. V 864*; (16) CUMAE EUBOICAE - *Cittadella di Cuma - Aen. lib. VI 2*; (17) ARCES APOLLINIS - *Cittadella di Cuma - Aen. lib. VI 9*; (18) SIBYLLAE ANTRUM - *Grotta della Sibilla - Aen. lib. VI 10*, (19) LACUS AVERNI - *Lago Averno - Aen. lib.. VI 202*; (20) MISENUM - *Miseno - Aen. lib. VI 234*. Nicht entsprechend der Fahrtroute des Aeneas, doch entsprechend den Erwähnungen im Text folgen (21) PALINURUM - *Palinuro - Aen. lib. VI 337*; (22) ALBA LONGA - *Aen. lib. VI 766* und (23) GABII - *Aen. lib. VII* [richtig wäre: VI] *773*. Dann schließen sich wieder von Aeneas berührte Lokalitäten an: (24) CAJETA - *Molo di Gaeta - Aen. lib. VII 2*; (25) CAJETAE ARX - *Cittadella di Gaeta - Aen. lib. VII 2*; (26) CIRCAEA TERRA - *Monte Circello - Aen. lib. VII 20* und (27) TIBERIS - *Tevere - Aen. lib. VII 30*. Entsprechend den Erwähnungen im Text (oft Herkunftsangaben für die Führer der latinischen Alliierten im ‚Italiker-Katalog') folgen: (28) ALBUNEA - *Lago d'aqua dolce - Aen. lib. VII 83*; im BSB-Exemplar dann als offenbar unter den „50" im Titel genannten nicht mitgezähltes Bild (28b) NUMICUS - *Aen. lib. VII 150*; dann (29) OSTIA - *Aen. lib. VII 151. 157* (nicht als Ortsname im Vergil-Text genannt; sachlich ist die Tibermündung gemeint); (30) LAURENTUM - *Torre Paterno - Aen. VII 171* (im Vergil-Text ist die Stadt des Latinus nicht direkt Laurentum benannt, sondern faktisch anonym), (31) ARDEA - *Ardea - Aen. lib. VII 411*; (32) TIBUR - *Tivoli - Aen. lib. VII 630*; (33) AVENTINUS - *Monte Aventino - Aen. lib. VIII 228* [vielmehr VIII 231 - ein singulärer Vorgriff; in ►VP 1819A jedoch richtig nach meiner Nr. 39 eingereiht]; (34) SORACTE - *Soratte - Aen. lib. VII 696*, (35) SEBETHUS - *Fiume della Madalena - Aen. lib. VII 734*; (36) CAPREAE - *Isola di Capri - Aen. lib. VII 735*; (37) SARNUS - *Sarno - Aen. lib. VII 738* [mit rauchendem Vesuv] und (38) ANXUR - *Terracina - Aen. lib. VII 799*. Für den von Aeneas in Aen. VIII besuchten Bereich des nachmaligen Rom (Pallanteum) werden folgende Illustrationen geboten: (39) PALLANTEUM - *Monte Palatino - Aen. lib. VIII 54*; (40) TARPEIA - *Rupe Tarpea - Aen. lib. VIII 547*; (41) CAPITOLIUM - *Campidoglio, Foro Romano - Aen. lib. VIII 347*; (42) FORUM ROMANUM - *Campo Vaccino - Aen. lib. VIII 361*; dasselbe erneut (als 43), diesmal jedoch in einer Rekonstruktions-Ansicht; (44) CARINAE - *I Pantani - Aen. lib. VIII 361.* VP 1827A Es folgen dann noch die im Text erwähnten Herkunftsorte einiger Personen des Epos: (45) CAPUA - *Capua Vechia - Aen. lib. X 145*; (46) ILVA - *Isola d'Elba - Aen. lib. X 173*; (47) MANTUA - *Mantua - Aen. lib. X 200* und (48) BENACUS - *Lago di Garda - Aen. lib. XII 159* [vielmehr X 205]. Für sich steht dann noch (49) MONS ALBANUS - *Monte Cavo - Aen. lib. XII 134*. Der letzte Stahlstich ist absichtsvoll (50) LAVINIUM - *Pratica - Aen. lib. XII 194* gewidmet (obwohl Lavinium schon Aen. I 258 und 270 genannt war). Es folgt dann noch (offenbar ebenfalls, wie Nr. 28b, nicht zu den „50" Bildern gezählt) eine unbetitelte Karte des östlichen Mittelmeerraums, von Troja bis Mantua, mit relativ wenigen Ortsnamen.

VP 1827A   *Abhängigkeiten*: Ob die Publikation von 1827/28 einen Vorläufer gehabt hat, geht aus dem Buch selber nicht hervor. Denkbar wäre es, dass es sich um Nachstiche nach den von Goethe in den Tag- und Jahresheften 1820 kritisierten Kupfern von W. Fr. Gmelin, Karlsruhe 1820 („zur Begleitung einer Prachtausgabe der 'Aeneis' von Annibale Caro bestimmt"; s. dazu ▶VP 1819A *Lit.*) handelt (so ein anonymer Hinweis in meiner Xerokopie). Dann würde es sich um die Luxusausgabe ▶VP 1819A handeln. In der Tat wird die Vermutung, dass es sich bei ▶VP 1827A größtenteils um Nachstiche aus ▶VP 1819A (Zyklus Nr. 64) handelt, durch einen Vergleich mit den Sujet-Angaben für die Kupferstiche in ▶VP 1819A bei PASQUIER, 1992, Nr. 111 zur Gewissheit: sie sind weithin identisch. (In ▶VP 1819A war bereits ein Kupferstich, der zu Selinunt, von jenem Frommel entworfen worden, der jetzt für ▶VP 1827A insgesamt verantwortlich ist.) Die Abfolge der Bilder in ▶VP 1827A variiert in einigen Punkten leicht gegenüber ▶VP 1819A. Da in der Liste bei PASQUIER, 1992, Nr. 111 für ▶VP 1819A einige Stahlstiche von ▶VP 1827A fehlen (nämlich Nr. 7 Scyllaeum, 9 Charybdis, 10 Kyklopen-Felsen, 11 Aetna, 12 Agrigent; 22 Alba Longa; 32 Tibur/Tivoli; dagegen scheint meine Nr. 29 Ostia identisch mit Nr. II 5 Il fonte di Numico bei PASQUIER, 1992, Nr. 111 und meine Nr. 30 Laurentum identisch mit Nr. II 5 Stadt des Latinus, Aen. VII 160, zu sein), könnten diese jetzt neu geschaffen sein; bei fehlender Autopsie für ▶VP 1827A möchte ich das aber nicht als sicher behaupten (das von PASQUIER benützte Exemplar könnte ja eventuell Blattverluste aufweisen). Umgekehrt scheint es zu PASQUIER Nr. I 6 (Phäaken-Insel, Aen. III 291), I 7 (dreifacher *Italia*-Ausruf, Aen. III 523), I 17 (Misenum, Aen. VI 234) und II 6 (Lager der Trojaner am Tiber, Aen. VII 159) keine Entsprechung in ▶VP 1827A zu geben. PASQUIER I 9 bietet zu ihrer Nr. I 9 mit „molto da lungo il gran Monte Agagante / vedemmo" ein unverständliches Zitat; es ist vielmehr 'Agragante' zu lesen; somit ist Aen. III 703 gemeint, also meine Nr. 1. - Einen weiteren Zyklus von Nachstichen der Landschaftsbilder in ▶VP 1819A (Zyklus Nr. 64) scheint ▶VP 1836A darzustellen.

Würdigung: Zur Interpretation der Aeneis tragen diese Stahlstiche vom Anfang des 19. Jh., die die Stelle moderner Landschaftsfotografien vertreten, direkt nichts bei. Immerhin können die Stiche italienischer Örtlichkeiten (wenn man sich die meisten menschlichen Errungenschaften, insbesondere die Bauten, wegdenkt) einen Eindruck von der Topographie vermitteln, wie Vergil sie gekannt haben mag und wie sie in seine Darstellung in der Aeneis eingeflossen sein kann. Goethes Kritik (s.o. ▶VP 1810A *Lit.*) ist noch schärfer.

VP 1827A   *Zugänglichkeit*: BSB Chalc. 225 (Hb-Bestand), dort aber mit dem franz. Titel, der auf allen vier Seiten von einem «Panorama de Rome» umgeben ist: Collection de 50 gravures tirées de l'Eneide de Virgile, gravé sous la direction de C. Frommel, Carlsruhe, Klose, [53] Bl. Diese Ausgabe enthält weder Datierung (vielleicht wegen eines fehlenden vorgeschalteten deutschen Titelblatts) noch Blattzählung. Das Format ist 24,5 x 31,5 cm, doch sind die 52 unsignierten Stahlstiche, die auf das franz. Titelblatt folgen, nur 6,9 x 10,7 cm groß und wirken wie (sind aber nicht) eingeklebt. Sie weisen die referierten Unterschriften (etwa Nr. 25 CAJETAE ARX - *Cittadella di Gaeta* - *Aen. lib. VII 2*) in ital. Sprache auf. - Außerdem besitze ich selber eine Kopie (s.o. *Bibl.*).

VP 1827B   **Opera, Turin 1827-1832**
Opera ex recensione Chr. Gottl. HEYNE recentioribus WUNDERLICHII et RUHKOPFII curis illustrata. Augustae Taurinorum, Josephus Pomba, 1827-1832 [4 Vol.].
    Bibl.: MAMBELLI Nr. 529 (1827; Ø); Perugia 1980, Nr. 90; CBItalV Nr. 439 (Ø); Napoli 1981, Nr. 119 („Nel primo dei quattro volumi un ritratto di Virgilio"); Pistoia 1981, Nr. 28 ("Il primo volume ... contiene, fuori testo, una tavola raffigurante Virgilio 'ex antiquo desumptum'").

VP 1827C   **deutsche Übers. der Aeneis, mit lat. Text, Straubing 1827-1828**
Virgil's Aeneis, deutsch und lateinisch in drey Bändchen, herausgegeben von Joseph SPIT-ZENBERGER. Dritte viel verbesserte Auflage. Straubing, Schorner, 1827-1828 [3 Vol.: 1 und 2, 1827; 3, 1828].
    Bibl.: MAMBELLI bei Nr. 1320 (1789, sonst nicht bezeugt). Titelaufnahme nach dem Münchener Exemplar. Vgl. auch die Erstausgabe München ▶VP 1796C und die 2. Auflage Straubing 1809-1811 = ▶VP 1809A.
    Beschreibung: Einzige Illustration ist ein Kupferstich auf der Titelseite mit der Gruppe des Pius Aeneas, wie in den anderen Ausgaben dieser Übersetzung.
    Zugänglichkeit: BSB A.lat.a. 2294 (nicht im OPAC s.v. ‚Vergilius 1827' auffindbar, da es sich um ein mehrbändiges Werk handelt), daraus (aus A.lat.a. 2294-1) digitalisiert die Titelseite mit dem Stich; DVD 2 . Vgl. auch die entsprechende Digitalisierung der Erstausgabe München ▶VP 1796C, der 2. Auflage Straubing ▶VP 1809A und der „wohlfeilen Ausgabe" Straubing ▶VP 1835B.

VP 1827D   ◻ + M. PANNETIER: **Lithographien nach A.-L. Girodet-**
                                    Trioson zur Aeneis, Paris 1827
(M.) PANNETIER, Enéide. Suite de compositions dessinées au trait par Girodet. Lithographiées par Aubry-Lecomte, Chatillon, Counis, Coupin, Dassy, Dejuinne, Delorme, Lancrenon, Monanteuil, Pannetier, ses élèves, Paris 1827.
        s. ▶VP 1798A *Würdigung,* dort (b), besonders (c), auch (d); vgl. auch ▶VP 1840 *Bibl./Abhängigkeiten*

VP 1829   ital. Übers. der Aeneis, Lucca 1829
L'Eneide di Virgilio volgarizzata in ottave da Bartolomeo BEVERINI. Lucca, Benedini e Rocchi, 1829 [2 Vol.].
    Bibl.: MAMBELLI Nr. 912 ("con un ritratto inciso dal Biondi"); CBItalV Nr. 2136 (Ø).

VP 1830A   ◼ ? **Opera, Leipzig und London 1830-1841**
P. Vergilius Maro varietate lectionis et perpetua annotatione illustratus a Christian Gottlob HEYNE. Editio quarta, curavit Georg Philipp Eberhard WAGNER. Lipsiae, Hahn; Londinii, Black, Young & Young (bzw. Vol. 5, 1841: Black & Armstrong), 1830-1841 [5 Vol.: T. I, Bucolica et Georgica, 1830; T. II, Aen. I-VI, 1832; T. III, Aen. VII-XII, 1833; T. IV, Carmina minora ..., 1832; T. 5 mit dem

Titel: Publii Vergilii Maronis carmina ad pristinam orthographiam quoad eius fieri potuit revocata edidit Philippus WAGNER ..., 1841].

VP 1830A *Bibl.*: MAMBELLI Nr. 544; Frankfurt 1930, Nr. 59 (UB Tübingen); New York 1930, Case 2 C, Nr. 254 (Ø) = Princeton (doch im Katalog "The Vergil Collections at Princeton" nicht auffindbar); Perugia 1980, Nr. 99; CBItalV Nr. 448 (Ø); Napoli 1981, Nr. 120; Wolfenbüttel 1982, D 77. - Vgl. auch oben zur ‚dritten' Auflage Lipsiae 1797-1800 = ▶VP 1797B = MAMBELLI Nr. 485 (dort zu 1800 eingeordnet) = Wolfenbüttel 1982, D 66.

Lit./Abhängigkeiten: MAMBELLI Nr. 544: "Di questa edizione furono tirati esemplari su carta pergamenata, adorni di graziose vignette che in parte già servirono per l'edizione del 1800, e cioè 58 nel I tomo, 68 nel II, 42 nel III, 36 nel IV" (insgesamt also 204). - Napoli 1981, Nr. 120: „213 incisioni di Geyser (su disegno di Fiorillo) e Frenzel, tratte in gran parte dall'edizione heyniana del 1800 e descritte nel ‚Recensus Parergorum' (Vol. V)". Mit der ‚Ausgabe von 1800' ist immer die Editio tertia Leipzig 1797-1800 = ▶VP 1797B gemeint, s. dort und schon die Editio altera ▶VP 1787A (Zyklus Nr. 56). - Wolfenbüttel 1982, D 77 gibt zunächst keinen Hinweis auf Illustr. und erwähnt als einzige Neuerung gegenüber der 3. Auflage, dass in Bd. I „sich zwischen S. 386/87 eine Tafel mit von Frenzel gestochenen Abbildungen römischer Pflüge und Pflugteile" findet. Später folgt aber der Hinweis, ähnlich wie bei MAMBELLI: „Die ersten vier Bände sind übrigens auch in einer in 8 Teilen gebundenen Prachtausgabe erschienen, die noch reicher als die 3. Auflage illustriert war." – Ndr. des ‚Heyne-Wagner' Hildesheim 1968, doch ohne Illustrationen.

VP 1830A *Zugänglichkeit*: BSB A.lat.a. 2230-1 bis BSB A.lat.a. 2230-5, daraus aus Bd. 3 BSB A.lat.a. 2230-3 nur die eine Doppelseite digitalisiert, die in einem Excursus *De topographia castrorum Aeneae et Nisi Euryalique profectione* (auf der unpaginierten Seite nach S. 414) eine Karte des rekonstruierten *Latium vetus* zur Zeit des Aeneas zeigt; **DVD 2**.

VP 1830B engl. Übers. der Opera, London 1830
The works of Virgil. The Eklogues translated by E. WRANGHAM, the Georgica by W. SOTHEBY and the Aeneid by John DRYDEN, London, Valpy, 1830 [2 Vol.].
Bibl.: MAMBELLI Nr. 1381 ("con ritratto").

VP 1835A ■ + Exzerpte aus Vergil-Mss.: Miniaturen, Rom 1835
Virgilii picturae antiquae ex codicibus Vaticanis. Romae, sine editore [Angelo MAI], 1835 [20 S., 72 Ill.].
Bibl.: Nur aufgeführt im CBItalV Nr. 2 (72 Tafeln; das Buch ist in 3 ital. staatlichen Bibliotheken vorhanden) und im ICCU-Katalog Nr. 0175120; fehlt bei MAMBELLI. Erwähnt aber bei PASQUIER, 1992, S. 10; vorhanden auch in der BSB und der BL. - Soweit ich sehe, ist der faktische Editor Angelo MAI (1782-1854, seit 1819 Praefect der Bibl. Apost. Vat., Kardinal, S.J.) nirgends im Werk erwähnt.

Beschreibung: Der Band umfasst nach einem architektonisch verzierten Frontispiz zunächst einen Textteil, einer lat. Einleitung von 20 Seiten: S. 1-8 *De Virgilii codicibus duobus pictis Bibliothecae Vaticanae* (nämlich Cod. Vat. Lat. 3225 = cod. F = Vergilius Vaticanus und Cod. Vat. Lat. 3867 = Cod. R = Vergilius Romanus); S. 9-20 *Picturarum codicum Virgilii duorum descriptio historica et critica* mit einer Beschreibung der folgenden 67 Bildtafeln (dabei bezieht sich der Zusatz A zu der römischen Zahl auf den cod. Vat. lat. 3225 = F und B auf den cod. Vat. lat. 3867 = R). Der Tafel-Teil (mit Lithographien auf insgesamt 72 Tafeln) besteht aus zwei Gruppen. An der Spitze stehen 5 Schrifttafeln mit je einer Seite aus einem Vergil-Codex (meist) der Bibl. Apost. Vatic., nämlich aus A = cod. Vat. lat. 3256 [fälschlich aber in der Überschrift 3226 genannt; der ‚Augusteus'] Tafel 5, vgl. im Text-Teil S. 4ff.; aus F = cod. Vat. lat. 3225 Tafel 2, vgl. S. 1ff.; aus R = cod. Vat. lat. 3867 Tafel 3, vgl. S. 2ff.; aus P = cod. Vat. Palat. 1631 [doch ohne entsprechende Überschrift] Tafel 4, vgl. S. 4f.; aus M = cod. Laurentianus-Mediceus pl. XXXIX 1, also einem cod. Florentinus, Tafel 1, vgl. S. 4ff. Den Hauptteil bilden 67 römisch nummerierte Bildtafeln ohne jegliche sonstige Beischriften: Zyklus Nr. 68.

Das *Frontispiz* ist architektonisch wie ein Denkmal mit seitlichen Pilastern und reliefgeschmücktem Sockel und Architrav gestaltet, als eine Titelumrahmung mit 6 kleinen Bildern. Auf dem Architrav sind abgebildet li. EX MARMORE RO-M(ANO) das Hölzerne Pferd mit einem Trojaner, dann in der Mitte (unbezeichnet) die Laokoon-Gruppe, r. EX ARCHETYPO CAP(ITOLINO) die römische Wölfin mit den Zwillingen. Auf dem Sockel li. EX MUSEO VAT(ICANO) eine schwer erkennbare, offenbar bacchische Gruppe mit einem von mehreren Jünglingen begleiteten Mann mit erhobenem rechten Arm (trunkener Silen); in der Mitte die mit Beischriften in großen griechischen Buchstaben bezeichnete Gruppe des ASCANIOS, AINEIAS mit ANCHISES und dem kleinen r. vorausgehenden HERMES vor den Mauern Trojas (ein Ausschnitt aus den ‚Tabulae Iliacae' bzw. aus der berühmtesten von ihnen, die eine Fülle von Szenen aus Homers Ilias, aber u.a. auch aus der Kleinen Ilias des Lesches zeigt); r. EX VASE ETRUSCO eine Zwei-Personen-Gruppe, bei der sich offenbar eine Bacchantin auf einen Dichter mit Leier (Orpheus) stürzt.

VP 1835A Die 65 Bildtafeln dieses Zyklus Nr. 68 zeigen Lithographien von Miniaturen allein aus den Codices F und R (insgesamt 70, denn die Bildtafel II bringt eine Zusammenstellung von 6 verkleinerten Wiedergaben von Miniaturen aus cod. F). Nur das erste Bild (Vergil zwischen einem Lesepult li. und einem Buchrollen-Behälter r.) aus cod. R (dort Pict. $2 \approx 4 \approx 6$) ist signiert mit: *Ruspi delineavit, Degenhart litog. expressit*. Es handelt sich also nicht um eine Wiederholung der älteren Nachstiche von Pietro Santi Bartoli (▶VP 1677B, ▶VP 1725B, ▶VP 1741C), sondern um eine neue, von Carlo Ruspi entworfene Serie (nach PASQUIER, 1992, S. 10, wurde sie 1829 unter der Verantwortung von Angelo Mai ausgeführt), die Degenhart in Lithographien umgesetzt hat. Die große Ähnlichkeit der Stiche Ruspis und jener Bartolis erklärt sich aus der gemeinsamen Vorlage, eben die Miniaturen der beiden Handschriften F und R. Der wesentlichste Unterschied besteht darin, dass Ruspi auch die originalen Namensbeischriften der Miniaturen im cod. F (die Miniaturen im cod. R haben keine) wiedergibt, die Bartoli ausgelassen hatte.

Die Anordnung der Bilder folgt in ▶VP 1835A dem Vergil-Text und damit faktisch dem cod. F. Die Bilder aus dem cod. R sind *suo loco* an der sachlich richtigen Stelle in die Serie eingefügt. Da die aus cod. F erhaltenen 41 Miniaturen zur Aen. (Pict. 10 – Pict. 50 = Bildtafel XIX – Bildtafel LXV) mit einer zu Aen. IX 530-541 (Pict. 50) enden, folgen darauf in ▶VP 1835A noch zwei aus cod. R: eine der beiden Miniaturen zu einer Götterversammlung (Pict. 18 mit Juppiter in der Mitte), also zu Aen. X, und eine Miniatur mit zwei sich gegenüberstehenden Heeren (Pict 17; nicht sicher zuzuordnen, aber gewiss einem der ‚Kampfbücher' Aen. IX-XII zuzuschreiben).

VP 1835A Die 10 Miniaturen zur Aen. in cod. R (Pict. 10-19) sind in ▶VP 1835A alle in Lithographien repräsentiert (Lit. zu den Miniaturen dieser beiden Codices s. in ▶VP 1741C *Beschreibung*):

Bildtafel XVII	Pict. 12 R. mit der trojanischen Flotte im Seesturm (Aen. I);
Bildtafel XVIII	Pict. 19 R. mit dem 2. Bild einer Götterversammlung, hier mit Neptunus in der Mitte (es passt an sich nicht zum Anfang von Aen. X mit der einzigen Götterversammlung im Epos, bei der Neptunus nicht erwähnt ist; noch weniger aber zur jetzigen Stelle, sinngemäß zu Aen. I, denn in Aen. I gibt es bestenfalls eine olympische Szene mit Juppiter, Venus und Mercurius, aber keine Götterversammlung);
Bildtafel XXII	Pict. 13 R. mit Aeneas und Dido beim Gastmahl (Aen. I);
Bildtafel XXIII	Pict. 14 R. mit Priamus, drei Begleitern, Sinon und dem Hölzernen Pferd vor der Stadtmauer von Troja (Aen. II);
Bildtafel XXXIV	BILD 40. Pict. 13 R. mit Dido und Aeneas während des Unwetters in der Höhle (Aen. IV);
Bildtafel XL	Pict. 11 R. mit drei Kampfrichtern (Aeneas, Acestes, Elymus) der Spiele (Aen. V);
Bildtafel LVII	Pict. 16 R. mit Ascanius, der auf den Hirsch der Silvia schießt (Aen. VII);
Bildtafel LXI	Pict. 10 R. mit Iris samt Regenbogen und Turnus (Aen. IX);
Bildtafel LXVI	Pict. 18 R. mit dem 1. Bild einer Götterversammlung (Aen. X);
als Bildtafel LXVII	Pict. 17 R. mit Kampf zweier Heere (Aen. X ??).

Würdigung: Es handelt sich bei den Lithographien Degenharts nach Vorlagen von Carlo Ruspi in ▶VP 1835A (Zyklus Nr. 68) nicht um eine intendierte Vergil-Illustrierung, sondern um die dokumentarische Reproduktion (ausgeführt im Medium der Lithographie und des Buchdrucks) einer historischen, aus dem 4./5. Jh. stammenden Illustrierung zweier spätantiker Vergil-Handschriften..

Abb.: Im Abb.-Teil bei PASQUIER, 1992 keine Abb. aus ▶VP 1835A zur Aen. Instruktiv ist jedoch die Gegenüberstellung von Abb. 3 (Ruspi in ▶VP 1835A) mit Abb. 4 (Bartoli in ▶VP 1677B, ▶VP 1725B oder ▶VP 1741C). Es handelt sich um unterschiedliche Wiedergaben der Miniatur Pict. 9 in cod. F (von PASQUIER als ,schlafender Orpheus' angesprochen; entsprechend der Stellung der Miniatur im Text unter georg. IV 528-530 ist jedoch Proteus abgebildet, der sich wieder ins Meer stürzt). - Thomas B. STEVENSON, Miniature decoration in the Vatican Virgil. A study in late antiquity iconography, Tübingen 1983, bringt bei seinen 50 Text-Abb. zu den Miniaturen im Vergilius Vaticanus 3225 nicht Fotos des originalen cod. F, sondern (wegen ihrer größeren Klarheit) ohne präzise Stellenangabe laut S. 9 (Preface) „Carlo Ruspi's nineteenth-century line-engravings", also die Kupferstiche Carlo Ruspis in ▶VP 1835A.

VP 1835A   *Zugänglichkeit*: BSB Hbh 2 Km 1101 (frühere Signatur: BSB Hbh X 2), daraus digitalisiert (in schwacher Qualität) 73 Doppelseiten (von denen aber fast immer die gerade Seite leer ist) mit allen Illustrationen; DVD 2. Weiteres Exemplar: BSB 2 A.gr.a. 56 a (Beibd. 1).

VP 1835B   **+ deutsche Übers. der Aeneis, Straubing 1835**
Virgil's Aeneis, deutsch in drey Bändchen, herausgegeben von Joseph SPITZENBERGER. Neue wohlfeile Ausgabe. Straubing, im Verlage der Schorner'schen Buchhandlung, 1835 [3 Vol.].
Bibl.: Fehlt bei MAMBELLI zu Nr. 1320 (1789, sonst nicht bezeugt). Titelaufnahme nach dem Münchener Exemplar. Vgl. auch die Erstausgabe München ▶VP 1796C, die 2. Auflage Straubing 1809-1811 = ▶VP 1809A und die 3. Auflage Straubing 1827-1828 = ▶VP 1827C.
Beschreibung: Einzige Illustration ist ein Kupferstich (7,3 x 10,4) auf der Titelseite mit der Gruppe des Pius Aeneas, eine genaue Wiederholung aus der Erstausgabe München ▶VP 1796C bzw. der 2. Auflage Straubing ▶VP 1809A, s. dort, doch jetzt ohne die Signatur von Fischer.
Zugänglichkeit: BSB A.lat.a. 2322 , daraus digitalisiert die Titelseite; DVD 2. - Vgl. auch die Digitalisate ebenfalls der Titelseite der Erstausgabe München ▶VP 1796C und der 2. Auflage Straubing ▶VP 1809A.

VP 1836A   ◻ ? **ital. Übers. der Aeneis, mit lat. Text, Florenz 1836**
L'Eneide volgarizzata dal comm. Annibal CARO col testo a piede e con l'ornamento di 54 incisioni in acciaio. Firenze, David Passigli e soci, 1836 [2 Vol.].
Bibl.: MAMBELLI Nr. 922; Frankfurt 1926, S. 533a; CBItalV Nr. 740; Napoli 1981, Nr. 81; ICCU-Katalog Nr. 2587674 ("25 cm"); BL; wohl nicht identisch mit CBItalV Nr. 2141, wo Firenze, Moro, 1836, 2 Vol. ("tav.") angegeben ist. - Vgl. auch die Parallelausgabe ▶VP 1836B.

Lit./Abhängigkeiten: MAMBELLI Nr. 922 ("Due frontespizi, 2 ritratti e 50 vignette incise in acciaio: I vol.: libri I-VI, con 22 incisioni e ritratto del Caro; II vol.: libri VII-XII, con 28 incisioni e ritratto di Virgilio. Edizione di Crusca, con il testo latino a piè di pagina. Vi sono esemplari in carta distinta; ve ne sono altri impressi senza vignette e coi soli frontespizi istoriati". - Napoli 1981, Nr. 81: "Le 50 incisioni in acciaio, raffiguranti i luoghi più famosi descritti da Virgilio, ripetono quelle eseguite da noti artisti del tempo per l'edizione romana del ▶VP 1819A della traduzione del Caro, finanziata da Elisabeth Harvey, duchessa di Devonshire. Completano i due volumi due vignette incise sui frontespizi dal Viviani e dal Lauro su disegni del Gonin ed i ritratti di Virgilio e del Caro incisi dal Lauro, in primo desunto da un'antica gemma, il secondo dal busto scolpito dal Dosio". - Es handelt sich bei den topographischen Bildern im Text offensichtlich, wie die Erläuterungen eindeutig erweisen, um Nachstiche aus der Ausgabe ▶VP 1819° (Zyklus Nr. 64). Vgl. auch oben zu ▶VP 1827A, zu C. L. FROMMEL, Bilder zur Aeneis, Karlsruhe 1827, wo ebenfalls solche Nachstiche aus ▶VP 1819A vorzuliegen scheinen.

VP 1836A   *Abb.*: CBItalV Fig. 9 Antiporta zu Vol. I (Aeneas und Dido vor der Höhle, Aen. IV) und Fig. 10 Antiporta zu Vol. II (Schlussduell, Aen. XII). Diese beiden von MAMBELLI Nr. 922 eigens genannten „due vignette incise sui frontespizi dal Viviani e dal Lauro su disegni del Gonin" sind auf die Handlung der Aen. bezogen und nicht, wie die aus ▶VP 1819A übernommenen Bilder, auf die Orte. Es muss sich um eine Zusatz-Illustrierung handeln.

VP 1836B   ▫ ? + ital. Übers. der Aeneis, mit lat. Text, Florenz 1836
L'Eneide volgarizzata dal commendatore Annibal CARO col testo a piedi e con l'ornamento di ritratti e vignette. Firenze, D. Passigli, 1836 [2 Vol., 24 cm].
     Bibl.: Aufgeführt nur im ICCU-Katalog Nr. 0272584 neben ▶VP 1836A, vorhanden in 4 ital. Bibliotheken. Nach dem Titel zu urteilen, scheint es sich um eine Parallelausgabe zu ▶VP 1836A, wohl mit den 50 topographischen Stahlstichen („vignette"), zu handeln.

VP 1839   ■ ? + Opera mit franz. Übers., Baume 1839
Œuvres complètes de Virgile. Édition classique publiée par P. F. MAIRET. Baume, V. Simon, 1839 [4°].
     Bibl.: Nur bei PASQUIER, 1992, Nr. 100 (mit Bildnis Vergils und mit dokumentarischen Illustrationen; ohne Beschreibung); fehlt bei MAMBELLI und im CBItalV. - Unklar, ob mit einem der früheren dokumentarischen Zyklen, etwa ▶VP 1819A oder ▶VP 1787A oder ▶VP 1763A, (bzw. deren Nachdrucken) identisch. – Laut KVK ist das Buch in Deutschland nicht vorhanden und besitzt nur die BnF ein noch dazu unvollständiges Exemplar (nur mit *Vita Vergilii* und ecl. 1-7), „fig., effigies de Virgile". Faktisch ist diese Schulausgabe (mit lat. Text und franz. Prosa- und Vers-Übers.) also nicht mehr existent.

VP 1840   ◻ + E. SCHULER: **60 Bilder zu einer Nacherzählung
der Aeneis durch K. L. SCHMIDT, Karlsruhe1840**

60 Compositionen zu Virgil's Aeneide, gestochen unter Leitung von Eduard
SCHULER, mit begleitendem, erzählendem Texte von K. L. SCHMIDT. Carlsruhe,
Kunst-Verlag, 1840. IV, 202 S. und 60 ungezählte Tafeln mit 60 Ill.

Bibl./Abhängigkeiten: Fehlt bei MAMBELLI. Angeführt nur in dem Katalog
der Brown University 1930, Nr. 85 (mit dem englischen irreführenden Vermerk
„compiled by R. L. SCHMIDT"); doch vgl. den Karlsruher virtuellen Internet-Katalog KVK, der mehrere in Deutschland vorhandene Exemplare (u.a. in Wolfenbüttel HAB; UB Wuppertal, UB Regensburg) verzeichnet. Der Zusatz im Titel
bei STIEF, 1986 (s. ▶VP 1798A), 311 „60 Compositionen *nach Girodet* aus Virgil's Aeneide" ist bibliographisch falsch, sachlich aber richtig. Denn bei den in
▶VP 1840 enthaltenen 60 unter der Leitung von Eduard Schuler (1806-1882)
angefertigten Stichen handelt es sich faktisch um Nachstiche von Vorlagen, die
A.-L. Girodet-Trioson zwischen 1810 und 1824 gezeichnet hat (s. zu ▶VP
1798A, dort in der *Würdigung*'zu Punkt *b*). Merkwürdiger Weise enthält ▶VP
1840 keinerlei Hinweis (auch nicht in den ‚Noten und Erläuterungen' S. 189-
201, die rein inhaltsbezogen sind) auf die Vorlage Girodet; auch die Stecher, die
unter der Leitung Schulers gearbeitet haben, werden nicht erwähnt; die Stiche
sind unsigniert. - Gewiss hat Schuler nicht direkt Zeichnungen Girodets als Vorlagen genommen, sondern die meisten der Stiche kopieren lassen, die bereits
1827 (oder 182?) in der Sammlung: (M.) PANNETIER, Enéide. Suite de compositions dessinées au trait par Girodet. Lithographiées par ... ses élèves, Paris ▶VP
1827D (s. auch zu ▶VP 1798A *Würdigung,* dort *b, c* und *d*) nach Zeichnungen
Girodets vorlagen. Jedenfalls sind die Bilder aller 60 Tafeln in ▶VP 1840 ausnahmslos bereits in den signierten (79 bzw. laut PASQUIER, 1992, S. 202-206: 72
zur Aen.) Lithographien jener Sammlung von ▶VP 1827D enthalten (s. die
Hinweise im Katalog bei STIEF, 1986, 315-366). - Eine größere Anzahl (14) der
in ▶VP 1827D geschlossen publizierten Lithographien nach Entwürfen Girodets sind auch in dem Girodet-Ausstellungskatalog (A) von BOUTET-LOYER,
1983 (s. ▶VP 1798A), als Nr. 53-85 enthalten. Mit Ausnahme von drei Stichen
(die zu Aen. I 408f., IX 641 und zu XII 289-310) finden sich in ▶VP 1840
diese Bilder wieder, aber eben nicht als originale Lithographien, sondern in
Nachstichen „unter der Leitung von Eduard Schuler". Das gilt für die 11 Tafeln
Nr. 5, 11, 14, 21, 29, 32, 33, 47, 51, 53, 55 aus der gleich folgenden Liste.

VP 1840   *Beschreibung*: Die 60 ungezählten Tafeln sind an vier Stellen
in Blöcken (nach S. 48, 80, 128 und 202) eingelegt (so jedenfalls in dem einen
mir zugänglichen Exemplar; in einem anderen sind die Tafeln in einem einzigen
Block dem Text beigebunden). Sie enthalten alle einen deutschen Hinweis auf
das Aen.-Buch und eine deutsche Legende, z. B. hat die Tafel 52 zu „Buch IX"
die (allerdings unpräzise) Unterschrift „Nisus und Euryalus holen den Aeneas"
(statt: „Nisus und Euryalus ziehen aus, Aeneas zu holen"). In den Sujet-Angaben gibt es noch zwei weitere kleine Fehler: zu Taf. 6 heißt es „Dido entflieht

aus Cyrus" (statt: „Tyrus"); zu Taf. 17 ist von „Iarbus" (statt, wie im erzählenden Text S. 42 richtig referiert, von „Iarbas" die Rede). Auf Einheitlichkeit der Orthographie ist bei den deutschen Unterschriften kein Wert gelegt: ‚Sybille' und ‚Sibille' stehen neben ‚Sibylle'.

Im Katalog bei STIEF, 1986, 315-369 ist bei ihren 166 Nummern für die nachweisbaren Zeichnungen Girodets zur Aen. jeweils auch angegeben, welche davon als „Stich von Schuler" zugänglich sind; gemeint ist mit dieser nicht näher erklärten Angabe: in ▶VP 1840. (Bei STIEF auch Hinweise auf weitere Quellen und auf die von ihr selber gebotenen Abb.) STIEF übersetzt die französischen Angaben der Sujets jeweils selber ins Deutsche. Bei meiner Beschreibung ist dagegen jeweils die originale deutsche Unterschrift in ▶VP 1840 zitiert; in runden Klammern stehen erklärende Hinzufügungen von mir.

VP 1840 Die 60 Bilder des Zyklus Nr. 69 in ▶VP 1840 verteilen sich in folgender unregelmäßiger Weise auf die Aen.-Bücher:

8 zu Aen. I: Tafel 1-8 (im Katalog bei STIEF, 1986, 315-369 dagegen Nr. 1-19; *Suite* 1827, Lithographien Nr. 1-12);

0 zu Aen. II: keine Tafel (im Katalog bei STIEF, 1986, 315-369 dagegen Nr. 20-38; *Suite* 1827, Lithographie Nr. 13);

7 zu Aen. III: 9-15 (im Katalog bei STIEF, 1986, 315-369 dagegen Nr. 39-51; *Suite* 1827, Lithographien Nr. 14-20);

8 zu Aen. IV: 16-23 (im Katalog bei STIEF, 1986, 315-369 dagegen Nr. 52-69; *Suite* 1827, Lithographien Nr. 21-31);

3 zu Aen. V: 24-26 (im Katalog bei STIEF, 1986, 315-369 dagegen Nr. 70-80; *Suite* 1827, Lithographien Nr. 32-35);

21 zu Aen. VI: 27-47 (im Katalog bei STIEF, 1986, 315-369 dagegen Nr. 81-104; *Suite* 1827, Lithographien Nr. 36-52);

2 zu Aen. VII: 48-49 (im Katalog bei STIEF, 1986, 315-369 dagegen Nr. 105-120; *Suite* 1827, Lithographien Nr. 53-55);

1 zu Aen. VIII: 50 (im Katalog bei STIEF, 1986, 315-369 dagegen Nr. 121-136; *Suite* 1827, Lithographie Nr. 56);

6 zu Aen. IX: 51-56 (im Katalog bei STIEF, 1986, 315-369 dagegen Nr. 137-147; *Suite* 1827, Lithographien Nr. 57-65);

3 zu Aen. X: 57-59 (im Katalog bei STIEF, 1986, 315-369 dagegen Nr. 148-157; *Suite* 1827, Lithographien Nr. 66-71);

0 zu Aen. XI: keine Tafel (im Katalog bei STIEF, 1986, 315-369 ebenfalls keine Nr.; *Suite* 1827, keine Lithographie);

1 zu Aen. XII: Tafel 60 (im Katalog bei STIEF, 1986, 315-369 dagegen Nr. 158-166; *Suite* 1827, Lithographie Nr. 72).

Vergleichbar mit der Auswahl in ▶VP 1840 ist allerdings nicht die Gesamtzahl der Zeichnungen Girodets (60 : 166), sondern die Zahl der bereits als Lithographien vorhandenen Vorlagen von ▶VP 1827D zur Aeneis: 60 in ▶VP 1840 gegenüber 79 (nach STIEF bzw. 72 nach PASQUIER) in ▶VP 1827D. Wenn man es

z. B. unverständlich findet, dass in ▶VP 1840 kein einziges Bild zu Aen. II vorhanden ist, während sich für Girodet laut STIEF (Nr. 20-38) 19 einschlägige Zeichnungen nachweisen lassen (laut PASQUIER, 1992, S. 205 Anm. 4 sogar 22), muss man bedenken, dass in der *Suite* von ▶VP 1827D auch nur eine einzige Vorlage zur Verfügung stand (für Nr. 25 Der Schatten Hektors erscheint Aeneas). Ähnliches gilt für das eine Bild zu Aen. VIII in ▶VP 1840 (Schildübergabe; Taf. 50; Nr. 136 bei STIEF): von den 16 Zeichnungen Girodets war in der *Suite* von 1827 allein diese als Stich repräsentiert. Vgl. die Übersicht über die Verteilung der 72 Aen.-Bilder in der *Suite* von ▶VP 1827D zu ▶VP 1798A bzw. den Katalog bei PASQUIER, 1992, S. 202-205.

VP 1840 In der folgenden Liste sind (a) als Grundstock die 60 Tafeln des Zyklus Nr. 69 in ▶VP 1840 (Stiche ausgeführt unter Leitung von E. Schuler) aufgeführt. Die Sujet-Angabe besteht in einem Zitat der jeweiligen deutschen Unterschrift (mit Zusätzen von mir in runden Klammern). Ferner sind Hinweise auf die Katalog-Nr. sowie eine evtl. einschlägige Abb.-Nr. bei STIEF, 1986, und auf die von STIEF ermittelten Bezugsstellen in der Aen. gegeben. Wenn zur Abb.-Nr. bei STIEF der Zusatz „Lithogr(aphie)" gemacht wird (achtmal), fußt STIEF entweder direkt auf ▶VP 1840 oder auf der unmittelbare Vorlage für ▶VP 1840 in Gestalt der *Suite* von 1827. – (b) Erweitert habe ich die Liste von 60 Tafeln durch den Hinweis auch auf solche von Girodet stammenden Aen.-Illustrationen (16), die zwar nicht als Stiche in ▶VP 1840 vorliegen (deshalb das Negativsignal ----- in der Spalte „Taf."), aber als Abb. (nach verschiedenen Quellen) bei STIEF, 1986 (mit der von STIEF formulierten deutschen Übersetzung der französischen „originalen" Titel, deren genaue Quelle nicht ersichtlich ist). Weitere 3 von STIEF nicht abgebildete und von Schuler nicht nachgestochene Lithographien bietet der Katalog des Musée Girodet à Montargis von BOUTET-LOYER, 1983 (s. ▶VP 1798A); dazu kommt ferner noch eine Abb. bei PASQUIER, 1992, Nr. 354. - Insgesamt ist aber selbst auf diese Weise nicht einmal die Hälfte (60 + 16 + 3 + 1 = 80) der 166 nachweisbaren Entwürfe Girodets durch die Kombination von ▶VP 1840 mit STIEF (die insgesamt 41 Abb. aus der Illustrationsserie Girodets zur Aeneis bringt) bzw. BOUTET-LOYER bildlich dokumentiert. Selbst der Gesamtbestand der in ▶VP 1827D enthaltenen 79 oder 72 lithographierten Zeichnungen Girodets ist durch ▶VP 1840 zusammen mit STIEF und BOUTET-LOYER nicht vollständig repräsentiert. –

(c) Eine zweite Erweiterung der Liste der 60 Tafeln in ▶VP 1840 (Zyklus Nr. 69) besteht darin, dass ich in kleinerer Schriftgröße auch noch jene Nummern aus dem Katalog bei STIEF, 1986, 315-369 nachgetragen habe, für die ich mir keine Abb. zugänglich und damit Autopsie unmöglich war. Ich habe die deutschen Übersetzung der französischen Titel durch Stief und ihre Stellenangaben zur Aen. übernommen. Durch diese zusätzliche Erweiterung der folgenden Liste sind alle Sujets der insgesamt 166 noch vorhandenen neo-klassizistischen Zeichnungen Girodets dokumentiert.

	VP 1840 --- Aen. I - 8 Stahlstiche

Taf. 1 =   STIEF Nr. 1: Juno begiebt sich (auf ihrem Pfauen-Wagen) zu Aeolus. - Zu Aen. I 34-45.

Taf. 2 =   STIEF Nr. 2 mit Abb. 45 Lithogr.: Aeolus lässt die Winde gegen die trojanischen Schiffe los (auf Bitten der Juno, die ihm eine Nymphe zur Belohnung anbietet). - Zu Aen. I 65-83.

Taf. 3 =   STIEF Nr. 3 mit Abb. 4 Lithogr.: Sturm (mit betendem Aeneas auf dem bedrohten Schiff). - Zu Aen. I 84-123.

Taf. 4 =   STIEF Nr. 4 mit Abb. 3: Neptun, der auf seinem Wagen steht, befiehlt den Winden sich zurückzuziehen. - Zu Aen. I 124-136 (der „*Quos ego*"-Szene).

STIEF Nr. 5: Die Trojaner landen in der Nähe Karthagos. – Zu Aen. I 170-180; Abb. bei BOUTET-LOYER, 1983, Nr. 53.

Taf. 49 =   STIEF Nr. 6: Ascanius jagt in den Wäldern von Latium (so die Unterschrift in ▶VP 1840 zu Aen. VII 493-499 eingeordneten Tafel Nr. 49, doch STIEF Nr. 6 identifiziert mit Recht eine andere Szene: Aeneas erlegt sieben Hirsche, Aen. I 184-193).

STIEF Nr. 7: Die Trojaner bereiten ihr Mahl.- Zu Aen. I 194-213; Abb. bei BOUTET-LOYER, 1983, Nr. 54.

-----   STIEF Nr. 8 Abb. 61: Venus beklagt sich bei Jupiter über die Verfolgungen, denen die Trojaner ausgesetzt sind. - Zu Aen. I 194-213.

Taf. 5 =   STIEF Nr. 9 mit Abb. 1 (auch Abb. bei BOUET-LOYER, 1983, Kat.-Nr. 55): Venus erscheint dem Aeneas (und Achates) als Jägerin. - Zu Aen. I 314-320 (aber auch das Augurium von Aen. I 393-400 ist noch berücksichtigt, allerdings ist die Zahl der Vögel stark reduziert).

-----   STIEF Nr. 10 mit Abb. 7: Dido sieht im Traum den Geist ihres ermordeten Gatten. - Zu Aen. I 353-356.

Taf. 6 =   STIEF Nr. 11 mit Abb. 15: Dido (lässt ihre Schätze auf ein Schiff tragen und) entflieht von Cyrus [*sic*]. - Zu Aen. I 360-364.

-----   STIEF Nr. 12 ohne Abb., aber Abb. bei BOUET-LOYER, 1983, Kat.-Nr. 56): Venus nimmt wieder ihre eigentliche Gestalt an und verlässt Aeneas (und Achates). - Zu Aen. I 408f.

STIEF Nr. 13: Aeneas imd Achates rücken eingehüllt in einer Wolke vor.- Zu Aen. I 411-420; Abb. bei BOUTET-LOYER, 1983, Nr. 57.

Taf. 7 =   STIEF Nr. 14 mit Abb. 50 Lithogr.: Aeneas im Tempel von Karthago (mit Achates die Bilder an den Pforten betrachtend). - Aen. I 453-458.

-----   STIEF Nr. 15 mit Abb. 23: Aeneas gibt sich Dido zu erkennen. - Zu Aen. I 588-596.

Taf. 8 =   STIEF Nr. 16 mit Abb. 2: Venus beauftragt Amor (in den Wolken), den Ascanius zu ersetzen. - Zu Aen. I 657-688.

----- STIEF Nr. 17 ohne Abb., aber Abb. 353 bei PASQUIER, 1992, vgl. dort S. 202-206: Venus bringt Ascanius in die Wälder Idaliens (nach Idalium auf Zypern). - Zu Aen. I 691-694.

STIEF Nr. 18: Dido werden Geschenke überreicht. – Aen. I 707-709, vgl. auch I 647-655.

STIEF Nr. 19: Dido gibt ein Festmahl für die Trojaner. – Aen. I 700-705.

VP 1840 --- Aen. II - keine Stahlstiche

STIEF Nr. 20: Aeneas erzählt von der Einnahme Trojas und seinem Schicksal. – Aen. II 1ff.

STIEF Nr. 21: Die Griechen schließen sich in das Holzpferd ein.- Aen. II 18-20.

STIEF Nr. 22: Laokoon schleudert eine Lanze gegen das Holzpferd. – Aen. II 40-49.

STIEF Nr. 23: Sinon wird vor Priamus geführt. – Aen. II 57-66.

STIEF Nr. 24: Die Griechen verlassen das Holzpferd. – Aen. II 254-267.

----- STIEF Nr. 25 mit Abb. 42: Der Schatten Hektors erscheint Aeneas. - Zu Aen. II 270-279. - Abb. 354 bei PASQUIER, 1992, vgl. dort S. 202-206.

STIEF Nr. 26: Aeneas blickt auf das brennende Troja. – Aen. II 302-312.

STIEF Nr. 27: Aeneas trifft Panthus, den Priester Apollos. – Aen. II 318-331.

STIEF Nr. 28: Coroebus stiftet seine Gefährten dazu an, ihre Rüstungen gegen die der Griechen auszutauschen,. – Aen. II 386-395.

STIEF Nr. 29: Coroebus wird getötet, während er Kassandra zu retten versucht.- Aen. II 403-419.

----- STIEF Nr. 30 mit Abb. 47 (Erwähnung fehlt im Katalog bei STIEF): Sturm der Griechen auf den Palast des Priamus. - Zu Aen. II 437-444.

STIEF Nr. 31: Die Griechen schlagen die Tür des Palastes ein.- Aen. II 469-483.

STIEF Nr. 32: Die Griechen bringen einen Sturmbock herbei. - Aen. II 491-494.

STIEF Nr. 33: Pyrrhus tötet Polites zu Füßen Priamus'. – Aen. II 530-544; Abb. bei BOUTET-LOYER, 1983, Nr. 59 (in Wahrheit: Pyrrhus ist dabei, auch Priamus an der Leiche des Polites und in Gegenwart vieler Frauen zu erschlagen).

STIEF Nr. 34 (Variante zu Nr. 33): Pyrrhus tötet Polites zu Füßen Priamus'. – Aen. II 530-544; Abb. bei BOUTET-LOYER, 1983, Nr. 58 (s. zu STIEF Nr. 33).

STIEF Nr. 35: Pyrrus tötet Priamus. – Aen. II 550-558.

STIEF Nr. A 1: Aeneas versucht, Helena zu schlagen. – Aen. II 575-588.

STIEF Nr. 36: Aeneas versucht vergeblich, seinen Vater zur Flucht zu überreden. – Aen. II 634-650.

STIEF Nr. 37: Aeneas will sich wieder ins Kampfgewühl stürzen. - Aen. II 655-670.

STIEF Nr. A 2: Creusa versucht, Aeneas davon abzuhalten, sich wieder in den Kampf zu stürzen. – Aen. II 673-678.

STIEF Nr. 38: Anchises stimmt zu, Aeneas zu folgen. – Aen. II 701-704.

VP 1840 --- Aen. III - 7 Stahlstiche

Taf. 9 = STIEF Nr. 39 mit Abb. 5: Abschied der Trojaner (die am Heck ihrer Schiffe stehen) von ihrem Vaterlande. - Zu Aen. III 10-12.

STIEF Nr. 40: Aeneas am Grab des Polydorus. – Aen. III 20-35.

STIEF Nr. 41: Die Trojaner befragen das Orakel Apolls auf Delos. – Aen. III 90-95; Abb. bei BOUTET-LOYER, 1983, Nr. 60.

Taf. 10 =   STIEF Nr. 42: Die Pest (auf Kreta, mit verendendem Vieh und sterbenden Menschen). - Zu Aen. III 130-142.

-----   STIEF Nr. 43 mit Abb. 25: Die Götter Trojas (Penaten) erscheinen Aeneas. - Zu Aen. III 147-171.

STIEF Nr. 44: Kampf gegen die Harpyien. – Aen. III 225-244.

Taf. 11 =   STIEF Nr. 45 mit Abb. 6 (auch Abb. bei BOUET-LOYER, 1983, Kat.-Nr. 61): Aeneas begegnet Andromache in Epirus (sie sinkt in Ohnmacht). - Zu Aen. III 300-309.

STIEF Nr. 46: Aeneas verlässt Helenus und Andromache. – Aen. III 482-505; Abb. bei BOUTET-LOYER, 1983, Nr. 62.

Taf. 12 =   STIEF Nr. 47: Die Trojaner erblicken die Küsten Italiens (Anchises hebt betend die Hände).- Zu Aen. III 521-524.

Taf. 13 =   STIEF Nr. 48: Ach(a)emenides erfleht das Mitleid der Trojaner (während Schiffe ans Ufer gezogen werden). - Zu Aen. III 605-660.

Taf. 14 =   STIEF Nr. 49 (auch Abb. bei BOUET-LOYER, 1983, Kat.-Nr. 63): Ulisses und seine Gefährten stechen dem Polyphem das Auge aus. - Zu Aen. III 634-647.

Taf. 15 =   STIEF Nr. 50 mit Abb. 9: Polyphem verfolgt (im Meer watend) die trojanischen Schiffe. - Zu Aen. III 662-681.

-----   STIEF Nr. 51 mit Abb. 8: Tod des Anchises. - Zu Aen. III 708-715.

VP 1840 --- Aen. IV - 8 Stahlstiche

Taf. 16 =   STIEF Nr. 52: Dido bekennt (weinend auf einer Liege sitzend, ihrer Schwester Anna) ihre Liebe zu Aeneas. - Zu Aen. IV 6-30.

STIEF Nr. 53: Dido beschaut die Eingeweide geschlachteter Tiere. – Aen. IV 56-65.

STIEF Nr. 54: Dido und Askanius. – Aen. IV 84f.

STIEF Nr. 55 (kleineres Format als Nr. 54): Dido und Askanius. – Aen. IV 84f.

STIEF Nr. 56: Juno schlägt Venus vor, Aeneas mit Dido zu vermählen. – Aen. IV 90-114.

STIEF Nr. 57: Aufbruch zur Jagd. – Aen. IV 128-150; Abb. bei BOUTET-LOYER, 1 983, Nr. 64.

Taf. 17 =   STIEF Nr. 58: Aeneas und Dido flüchten (vor dem Unwetter) in eine Grotte. - Zu Aen. IV 159-168.

Taf. 18 =   STIEF Nr. 59: BILD 41 . Die Fama unterrichtet (den thronenden) Iarbus [sic] von Didos Liebschaft. - Zu Aen. IV 191-197.

STIEF Nr. 60: Jarbas beklagt sich bei Jupiter. – Aen. IV 206-219.

STIEF Nr. 61: Merkur, von Jupiter geschickt, findet Aeneas damit beschäftigt, Karthago zu erbauen. – Aen. IV 259-264.

STIEF Nr. 62: Dido macht Aeneas Vorwürfe, dass er sie verlassen will. – Aen. IV 304-330.

STIEF Nr. 63: Aeneas entschuldigt sich [bei Dido], indem er sich auf den Willen der Götter beruft. – Aen. IV 331-361; Abb. bei BOUTET-LOYER, 1983, Nr. 65.

Taf. 19 =   STIEF Nr. 64: Dido fleht die Hülfe ihrer Schwester an (während sich Aeneas entfernt). - Zu Aen. IV 416-436.

Taf. 20 = STIEF Nr. 65 mit Abb. 60 Lithogr.: Dido's Opfer (mit bösen Vorzei-
chen: tief herabwallendem Rauch). - Zu Aen. IV 457-463.

Taf. 21 = STIEF Nr. 66 mit Abb. 35 (auch Abb. bei BOUET-LOYER, 1983,
Kat.-Nr. 66): Traum der Dido (von einem entfliehenden Aeneas). - Zu
Aen. IV 465-468.

> STIEF Nr. 67: Merkur erscheint Aeneas im Traum und befiehlt ihm, abzurei-
> sen.- Aen. IV 554-570.

Taf. 22 = STIEF Nr. 68: Dido bemerkt (an einer Fensterbrüstung sitzend) die
Abfahrt des Aeneas. - Zu Aen. IV 584-590.

Taf. 23 = STIEF Nr. 69: Tod der Dido (auf dem Scheiterhaufen, in den Armen
von Frauen). - Zu Aen. IV 663-692.

VP 1840 --- Aen. V - 3 Stahlstiche

> STIEF Nr. 70: Cloanthus erhält den Preis nach dem Schiffswettkampf. – Aen. V
> 244-248.
> STIEF Nr. 71: Wettlauf. – Aen. V 323-339.
> STIEF Nr. 72: Faustkampf. – Aen. V 424-460.
> STIEF Nr. 73: Entelles (vielmehr: Entellus) tötet den Stier, den Preis des Kamp-
> fes. – Aen. V 477-484
> STIEF Nr. 74: Bogenschießen. – Aen. V 500-520.
> STIEF Nr. 75: Pferdewettrennen (vielmehr: Trojaspiel, ein Schaureiten). – Aen.
> V 580-587.
> STIEF Nr. 76: Jupiter löscht den Brand der trojanischen Schiffe. - Aen. V 693-
> 699.

Taf. 24 = STIEF Nr. 77: Anchises' Schatten erscheint (mit weisender Gebärde)
dem Aeneas. - Zu Aen. V 722-739.

----- STIEF Nr. 78 mit Abb. 16: Aeneas verlässt das neue Troja, das er
auf Sizilien gegründet hatte. - Zu Aen. V 769-776.

Taf. 25 = STIEF Nr. 79: Venus bittet Neptun (der seinen Wagen besteigt) um
Schutz für die Trojaner. - Zu Aen. V 779-798.

Taf. 26 = STIEF Nr. 80: Palinurus durch den (geflügelten) Schlaf(-Gott) in das
Meer gestürzt. - Zu Aen. V 834-861.

VP 1840 --- Aen. VI - 21 Stahlstiche

Taf. 27 = STIEF Nr. 81: Aeneas berathet sich mit der Sibille von Cumae (eher:
Aeneas fleht die unter Apollos Einfluss prophezeiende Sibylle von Cumae
um ein Orakel an). - Zu Aen. VI 77-123.

Taf. 28 = STIEF Nr. 82: Aeneas pflückt den goldenen Ast (von einer riesigen
Eiche). - Zu Aen. VI 210-211.

Taf. 29 = STIEF Nr. 83 mit Abb. 55 (auch Abb. bei BOUET-LOYER, 1983,
Kat.-Nr. 67): Leichenfeierlichkeiten für Misenus (der auf eine Bahre gelegt wird). - Zu Aen. VI 212-221.

Taf. 30 = STIEF Nr. 84: Aeneas und die Sibylle steigen in die Unterwelt
(indem sie eine Grotte betreten, während die anderen Trojaner sich ab-
wenden). - Zu Aen. VI 243-263.

Taf. 31 = STIEF Nr. 85 mit Abb. 10 Lithogr.: Aeneas an den Pforten der Hölle (von Monstren bedroht). - Zu Aen. VI 273-281.

Taf. 32 = STIEF Nr. 86 ohne Abb. (aber Abb. bei BOUET-LOYER, 1983, Kat.-Nr. 68): Charon nimmt die Seelen der (herandrängenden) Todten in seinen Nachen auf. - Zu Aen. VI 295-316.

Taf. 33 = STIEF Nr. 87 ohne Abb. (aber Abb. bei BOUET-LOYER, 1983, Kat.-Nr. 69): Palinurus' Schatten erscheint (kniend) dem Aeneas. - Zu Aen. VI 337-371.

Taf. 34 = STIEF Nr. 88: (Der löwenköpfige) Charon nimmt den Aeneas und die Sybille (in seinen Nachen) auf. - Zu Aen. VI 412-416.

Taf. 35 = STIEF Nr. 89 mit Abb. 11: Aeneas (mit der Sibylle im Nachen Charons) über den Styx fahrend (von Cerberus bedroht). - Zu Aen. VI 415-422.

> STIEF Nr. 89a: (Kopie nach Girodet Nr. 89) Aeneas überquert den Styx. – Aen. VI 415-422.
>
> STIEF Nr. 90: Aeneas hört das Seufzen der Kinder, nachdem er den Styx überquert hat. – Aen. VI 426-429.
>
> STIEF Nr. 91: Gericht der Unterwelt. – Aen. VI 430-433 und 565-574.

Taf. 36 = STIEF Nr. 91a (Variante zu Nr. 91): Gericht der Unterwelt (drei Richter erhöht über einem Gewimmel von Seelen thronend). - Zu Aen. VI 420-433. 565-574.

Taf. 37 = STIEF Nr. 92: Aeneas begegnet dem Schatten der Dido (die sich von ihm abwendet). - Zu Aen. VI 450-466.

Taf. 38 = STIEF Nr. 93 mit Abb. 12: Aeneas Aufnahme von seinen Waffengefährten (gemeint: aus dem Trojanischen Krieg, die ihn dicht gedrängt umringen). - Zu Aen. VI 477-493.

> STIEF Nr. 94: Aeneas trifft den Schatten des Deiphobus. – Aen. VI 494-535.

Taf. 39 = STIEF Nr. 95 mit Abb. 13: Der Tartarus (mit bestraften Frevlern, darunter Sisyphus). - Zu Aen. VI 577-627.

VP 1840 Taf. 40 = STIEF Nr. 96: Aeneas legt den goldenen Zweig ab (am Eingang zu den Elysischen Gefilden). - Zu Aen. VI 630-636.

> STIEF Nr. 97: (Variante zu Nr. 96): Aeneas legt den goldenen Zweig am Eingang von Plutos Palast ab. – Aen. VI 630-636.

Taf. 46 = STIEF Nr. 98 mit Abb. 63 Lithogr.: Die Elisaeischen Gefilde (darin u.a. der leierspielende Orpheus). - Zu Aen. VI 637-665. - In ▶ VP 1840 erst später eingeordnet, s.u.

Taf. 41 = STIEF Nr. 99: Musaeus führt Aeneas (und die Sibylle) zu Anchises. - Zu Aen. VI 676-679.

Taf. 42 = STIEF Nr. 100 (nicht nach der 1820 handsignierten Kreidezeichnung STIEF Nr. A 2 mit Abb. 29 gestaltet, sondern – wie immer - nach der darauf beruhenden Lithographie von 1827): Aeneas und Anchises (sich im Beisein der Sibylle umarmend). - Zu Aen. VI 687-702.

> STIEF Nr. A 2 mit Abb. 29 (eine Kreidezeichnung, die mit „Girodet-Trioson 1820" signiert ist", wohl Vorlage der Lithographie, die Taf. 42 =

Nr. 100 zugrundeliegt): Aeneas trifft den Schatten des Anchises. – Aen. VI 687-702.

Taf. 43 = STIEF Nr. 101 mit Abb. 14: Der Fluss Lethe (und die daraus trinkenden Seelen werden von Anchises dem Aeneas gezeigt). - Zu Aen. VI 703-709.

Taf. 44 = STIEF Nr. 102 mit Abb. 33: Anchises zeigt dem Aeneas die Entstehung Roms (unter den Helden der römischen Frühzeit in übermenschlicher Größe sitzend die Göttin ROMA) („Heldenschau"). - Zu Aen. VI 756-787.

Taf. 45 = STIEF Nr. 103 mit Abb. 34 Lithogr.: Entstehung des römischen Kaiserreichs (die Apotheose des von einem Adler emporgetragenen Augustus, dem MARCELLUS beigesellt ist; eine sich entfernende Dreiergruppe mit Caesar) („Heldenschau"). - Zu Aen. VI 788-886.

Taf. 46 = STIEF Nr. 98 mit Abb. 63 Lithogr.: Die Elisaeischen Felder (mit dem leierspielenden Orpheus). - Zu Aen. VI 637-665. In ▶VP 1840 zu spät eingeordnet, gehört hinter Taf. 40.

Taf. 47 = STIEF Nr. 104 ohne Abb. (aber Abb. bei BOUET-LOYER, 1983, Kat.-Nr. 70): Aeneas verläst [sic] die Unterwelt (mit der Sibylle; über ihm lässt eine Göttin einen Mantel mit Darstellungen der falschen Träume wehen). - Zu Aen. VI 893-898.

VP 1840 --- Aen. VII - 2 Stahlstiche

STIEF Nr. 105: Die trojanische Flotte fährt an der Insel der Circe vorbei. – Aen. VII 10-24.

STIEF Nr. 106: Die Trojaner landen an der Tibermündung. – Aen. VII 29-34.

Taf. 48 = STIEF Nr. 107: Die (in Gegenwart ihres Vaters, des Königs Latinus) opfernde Lavinia (genauer: ihr Haupt) wird von Flammen umgeben. - Zu Aen. VII 70-75.

----- STIEF Nr. 108 mit Abb. 17: Das Orakel (des Faunus) tut sich König Latinus (im Traum) kund. - Zu Aen. VII 81-106.

STIEF Nr. 109: Aeneas lässt Wälle errichten. – Aen. VII 157-159.

STIEF Nr. 110: Übungsspiele der jungen latinischen Krieger. - Aen. VII 160-165.

STIEF Nr. 111: Juno ruft Allekto aus der Unterwelt herauf. – Aen. VII 323-340.

----- STIEF Nr. 112 mit Abb. 18: Allekto entfacht die Königin Amata bis zur Raserei. - Zu Aen. VII 341-353.

Taf. 49 = STIEF Nr. 6: Ascanius jagt in den Wäldern von Latium (so die Unterschrift in ▶VP 1840 mit Bezug auf Aen. VII 493-499, doch STIEF Nr. 6 identifiziert mit Recht eine andere Szene: Aeneas erlegt zusammen mit Achates sieben Hirsche, Aen. I 184-193).

STIEF Nr. 113: Amata macht König Latinus Vorwürfe. – Aen. VII 354-372.

STIEF Nr. 114: Allekto entfacht den Hass des Turnus. – Aen. VII 445-463.

STIEF Nr. 115: Der Lieblingshirsch Silvias stirbt zu ihren Füßen. – Aen. VII 500-504; Abb. bei BOUET-LOYER, 1983, Nr. 71.

STIEF Nr. 116: Kampf zwischen Trojanern und latinischen Bauern. – Aen. VII 523-539; Abb. bei BOUET-LOYER, 1983, Nr. 72.

-----   S*tief* Nr. 117 mit Abb. 53 (auch Abb. bei B*outet*-L*oyer*, 1983, Kat.-Nr. 73): Die Leichname zweier von den Trojanern getöteter Männer werden zum König (Latinus) gebracht. - Zu Aen. VII 573-576.

S*tief* Nr. 118: Vorbereitungen zum Kriege. – Aen. VII 616-640; Abb. bei B*outet*-L*oyer*, 1983, Nr. 114.

S*tief* Nr. 119: Auszug der Krieger. - Aen. VII 624f.

S*tief* Nr. 120: Auszug des Turnus zum Kriege. – Aen. VII 783-792.

VP 1840 --- Aen. VIII - 1 Stahlstich

S*tief* Nr. 121: Diomedes empfängt die Gesandten des Turnus. – Aen. VIII 8 und XI 248-295.

S*tief* Nr. 122: Der Tiber erscheint Aeneas im Traum. – Aen. VIII 31-65.

S*tief* Nr. 123: Aeneas landet in der Nähe der Stadt Pallanteum. – Aen. VIII 102-116.

S*tief* Nr. 124: Evander empfängt Aeneas. – Aen. VIII 122-125.

S*tief* Nr. 125: Evander zeigt die Höhle des Cacus aus weiter Entfernung. – Aen. VIII 190-199.

S*tief* Nr. 126: Cacus stiehlt Herkules vier Stiere. – Aen. VIII 205-212.

-----   S*tief* Nr. 127 mit Abb. 46: Herkules tötet Cacus. - Zu Aen. VIII 258-261.

S*tief* Nr. 128: Herkules zieht den Leichnam des Cacus hinter sich her. – Aen. VIII 264-267.

S*tief* Nr. 129: Evander führt Aeneas in sein bescheidenes Haus. – Aen. VIII 358-365.

S*tief* Nr. 130: Venus bittet Vulkan, Waffen für Aeneas zu schmieden. – Aen. VIII 370-390.

S*tief* Nr. 131: Vulkan gibt Venus nach. – Aen. VIII 404-406.

S*tief* Nr. 132: Vulkan gebietet den Zyklopen, ihre Arbeit niederzulegen.- Aen. VIII 423-443.

S*tief* Nr. 133: Die Zyklopen schmieden die Waffen für Aeneas [Vulkan arbeitet daneben am Schild]. – Aen. VIII 4 45-453; Abb. bei B*outet*-L*oyer*, 1983, Nr. 75.

S*tief* Nr. 134: Evander verpflichtet Aeneas, die Tuscier (Etrusker) anzuführen. - Aen. VIII 511-519; Abb. bei B*outet*-L*oyer*, 1983, Nr. 76.

S*tief* Nr.135: Auszug von Aeneas und Pallas [Abschied von Euander]. – Aen. VIII 558-583; Abb. bei B*outet*-L*oyer*, 1983, Nr. 77.

Taf. 50 =   S*tief* Nr. 136: Venus giebt dem Aeneas die von Vulkan geschmiedeten Waffen (die an einen Baum gelehnt sind). - Zu Aen. VIII 608-625.

VP 1840 --- Aen. IX - 6 Stahlstiche

S*tief* Nr. 137: Iris erweckt Turnus auf Geheiß Junos. – Aen. IX 1-22; Abb. bei B*outet*-L*oyer*, 1983, Nr. 78.

Taf. 51 =   S*tief* Nr. 138 ohne Abb. (aber Abb. bei B*ouet*-L*oyer*, 1983, Kat.-Nr. 79): Nisus und Euryalus holen den Aeneas (vielmehr: ziehen aus dem Lager der Trojaner aus, um Aeneas zu holen). - Zu Aen. IX 306-313.

Taf. 52 =   S*tief* Nr. 139 mit Abb. 19: Nisus und Euryalus durchziehen (das Schwert zum Morden zückend) das feindliche Lager. - Zu Aen. IX 315-366.

Taf. 53 =   STIEF Nr. 140 ohne Abb. (aber Abb. bei BOUET-LOYER, 1983, Kat.-Nr. 80): Nisus eilt herbei, um (den von Feinden gestellten) Euryalus zu retten. - Zu Aen. IX 424-430.

Taf. 54 =   STIEF Nr. 141: Nisus rächt Eurialus und tödtet Volscens. - Zu Aen. IX 438-443.

Taf. 55 =   STIEF Nr. 142 ohne Abb. (aber Abb. bei BOUET-LOYER, 1983, Kat.-Nr. 81): Tod des Nisus (der von Geschossen durchbohrt über dem Leichnam des Euryalus zusammenbricht). - Zu Aen. IX 444-445.

-----   STIEF Nr. 143 mit Abb. 20: Verzweiflung der Mutter des Euryalus. - Zu Aen. IX 481-502.

-----   STIEF Nr. 144 mit Abb. 27 (auch Abb. bei BOUET-LOYER, 1983, Kat.-Nr. 82): Erste Kampfhandlung des Askanius (und seine Ehrung durch Apollo). - Zu Aen. IX 621-635.

Taf. 56 =   STIEF Nr. 145: Pandarus und Bitias (bekämpfen die Rutuler, die durch das geöffnete Tor in das trojanische Lager eindringen). - Zu Aen. IX 672-687.

              STIEF Nr. 146: Turnus tötet Pandarus und Bitias. – Aen. IX 743-760.

              STIEF Nr. 147: Turnus, von den Trojanern bestürmt, wirft sich in den Tiber. – Aen. IX 815-818.

VP 1840 --- Aen. X - 3 Stahlstiche

Taf. 57 =   STIEF Nr. 148 mit Abb. 62: Versammlung der Götter (mit dem in der Mitte sitzenden Jupiter der mit den Armen auf die sich gegenüberstehenden Juno und Venus zeigt). - Zu Aen. X 1-116.

              STIEF Nr. 149: Die in Nymphen verwandelten trojanischen Schiffe scharen sich um Aeneas. – Aen. X 219-223.

              STIEF Nr. A 3: Kampf des Aeneas nach der Landung in Latium. – Aen. X 310-335.

              STIEF Nr. 150: Kampf zwischen Turnus und Pallas. – Aen. X 474-478.

-----   STIEF Nr. 151 mit Abb. 36: Der Leichnam des Pallas wird von seinen Freunden vom Schlachtfeld weggetragen. - Zu Aen. X 505-509.

              STIEF Nr. 152: Tod des Magus. – Aen. X 517-536; Abb. bei BOUTET-LOYER, 1983, Nr. 83.

Taf. 58 =   STIEF Nr. 153: Turnus im Wahn, Aeneas zu verfolgen (folgt dem von Juno gesandten Phantom des Aeneas auf ein Boot). - Zu Aen. X 643-665.

              STIEF Nr. 154: Lausus rettet seinen Vater Mezentius. – Aen. X 796-802.

Taf. 59 =   STIEF Nr. 155 mit Abb. 21: (Der Leichnam des) Lausus wird (auf einer Bahre) seinem Vater (Mezentius) zurückgebracht (der sich über ihn wirft). - Zu Aen. X 841-845.

              STIEF Nr. 156: Kampf zwischen Aeneas und Mezentius. – Aen. X 882-887.

              STIEF Nr. 157: Aeneas tötet Mezentius. – Aen. X 888-908.

VP 1840 --- Aen. XI - kein Stahlstich

VP 1840 --- Aen. XII - 1 Stahlstich

STIEF Nr. 158: Juno befiehlt Juturna, den Kampf zwischen Aeneas und Turnus zu verhindern. – Aen. XII 134-153.

----- STIEF Nr. 159 mit Abb. 22: Schwur zwischen Latinus, Turnus und Aeneas. - Zu Aen. XII 164-215.

STIEF Nr. 160: Erscheinung eines von Vögeln gejagten Adlers. – Aen. XII 245-269.

STIEF Nr. 161: Der jüngste der neun arkadischen Brüder wird durch einen Pfeil verwundet. – Aen. XII 270-277.

Taf. 60 = STIEF Nr. 162 ohne Abb. (aber Abb. bei BOUET-LOYER, 1983, Kat.-Nr. 84): Kampf zwischen (Ebusus und Corynaeus ,dem reitenden) Messapus und Aulestes (Also und Podalirius am Altar). - Zu Aen. XII 289-310.

STIEF Nr. 163: Turnus lässt Aeneas herausfordern. – Aen. XII 324-327.

STIEF Nr. 164: Aeneas kehrt verwundet ins Lager zurück. – Aen. XII 384-390.

STIEF Nr. 165: Turnus beschwört Faunus und Mutter Erde, den Speer des Aeneas nicht freizugeben. – Aen. XII 776-779.

STIEF Nr. 166: Tod des Turnus. – Aen. XII 950-952; Abb. bei BOUTET-LOYER, 1983, Nr. 85. – Girodet lässt in singulär gesteigertem Triumphalismus einen Genius heranfliegen, der dem Aeneas, der das Schwert zum tödlichen Stoß gegen Turnus schwingt, einen Siegeskranz aufsetzen will.

__VP 1840__ *Würdigung/Abhängigkeiten*: In diesen Nachstichen sind offenbar die direkten Vorlagen, die Lithographien von ▶VP 1827D, getreu wiedergegeben. Jedenfalls zeigt das ein Vergleich mit den 8 Abbildungen, die STIEF, 1986, ausdrücklich als „Lithographie" bezeichnet und die aus der *Suite* von 182(7?) = ▶VP 1827D stammen müssen. Es sind dies Abb. 4 zu Katalog-Nr. 3 bei STIEF = ▶VP 1840, Taf. 4; Abb. 19 - Nr. 85 bei STIEF = ▶VP 1840, Taf. 31; Abb. 15 - Nr. 11 = Taf. 6; Abb. 34 - Nr. 103 = Taf. 45; Abb. 45 - Nr. 2 = Taf. 2; Abb. 50 - Nr. 14 = Taf. 7; Abb. 60 - Nr. 65 = Taf. 20; Abb. 63 - Nr. 98 bei STIEF, 1986 = ▶VP 1840, Taf. 46. -

Das Verhältnis der Stiche bei Schuler in ▶VP 1840 (Zyklus Nr. 69), die ihrerseits Lithographien in der *Suite* von ▶VP 1827D wiedergeben, zu den Originalzeichnungen Girodets, die in der Zeit von 1810-1824 entstanden und in verschiedenen Vollendungsstufen vorliegen (Zyklus Nr. 67), lässt sich am besten durch den Vergleich folgender Tafeln in ▶VP 1840 mit Abb. bei STIEF beobachten: Taf. 3 in ▶VP 1840 ~ Abb. 4 STIEF; Taf. 4 ~ Abb. 3; Taf. 6 ~ Abb. 15; Taf. 7 ~ 50; Taf. 8 ~ Abb. 2; Taf. 9 ~ Abb. 5; Taf. 11 ~ Abb. 6; Taf. 15 ~ Abb. 9; Taf. 21 ~ Abb. 35; Taf. 29 ~ Abb. 55; Taf. 35 ~ Abb. 11; Taf. 38 ~ Abb. 12; Taf. 39 ~ Abb. 13; Taf. 42 ~ Abb. 26; Taf. 43 ~ Abb. 14; Taf. 44 ~ Abb. 33; Taf. 52 ~ Abb. 19; Taf. 57 ~ Abb. 62; Taf. 59 in ▶VP 1840 ~ Abb. 21 STIEF.

__VP 1840__ Gegenüber den Zeichnungen Girodets wirken die Lithographien und entsprechend die Stiche noch stärker auf die Umrisse konzentriert; Schattierungen innerhalb der Figurendarstellungen treten zurück. Darin darf man (nach einer Anregung von Dr. Manfred Hein) einen Einfluss von John Flaxman erkennen. Schuler hatte bereits zuvor 39 (Ilias) plus 34 (Od.) Stahlstiche mit „Darstellungen aus Homers Iliade und Odysee. Nach Zeichnungen von John Flaxmann [*sic* je zweimal im Haupttitel der beiden Hefte, auf dem Umschlag dagegen richtig ‚Flaxman'] geaezt von E. Schuler, Carlsruhe, Kunstverlag, 1829, 2 Hefte" geboten, die im Untertitel der Hefte zutreffend „Umrisse" genannt werden. Flaxman's Umrisse zu Homer sind ursprünglich Rom 1793 (dort als ‚compositions' bezeichnet) erschienen; vgl. dazu und zu ihrer Rezeption Ingeborg KRUEGER, Illustrierte Ausgaben von Homers Ilias und Odyssee vom 16. bis ins 20. Jh., Diss. Tübingen 1971, 47-60 u.ö. - Aeneas erscheint in ▶VP 1840 in der Regel als nackter Heroe, doch immer mit trojanischer Mütze oder mit Helm, manchmal auch mit Überwurf. In heroischer Nacktheit treten auch Nisus und Euryalus auf, und zwar im Gegensatz zu ihren Gegnern. - Dreimal enthalten die 60 Stiche Namen: einmal (Taf. 43) den Namen des Flusses LETHE in großen griechischen Buchstaben; auf Taf. 44 („Heldenschau") zeigt der Schild der großen sitzenden Gottheit den Namen ROMA; auf der anderen Abb. zur „Heldenschau" (Taf. 45) ist die Figur unterhalb der Kaiser-Apotheose mit MARCELLUS gekennzeichnet (in der sich r. unten entfernenden Gruppe ist die li. Figur durch den Stern zu ihren Häupten als Caesar identifiziert). - Konzeptionell bemerkenswert (natürlich Girodet, nicht Schuler zuzurechnen) ist in Taf. 18 (Fama), dass unter den (nicht mit Augen, Ohren oder Zungen besetzten) Flügeln der Fama, die sich dem Ohr des Jarbas mit Einflüsterungen nähert, das Liebespaar Aeneas-Dido geborgen ist. - Ebenfalls auffällig ist, dass in das zweite Bild zur Heldenschau (Taf. 45) mit der Prophezeiung des römischen Kaisertums ein unauffälliger piktoraler Hinweis auf den Dichter Vergil eingefügt ist: in einer von Wolken umgebenen eingelegten kleinen Vignette schreibt Vergil in ein Buch, und zwar vor einer Herme - eine Variation des Orsini-Typs. - Zu den originellen Erfindungen möchte ich auch rechnen, dass in Taf. 27 die Sibylle und der sie inspirierende Apollo fast verschmolzen erscheinen und dass auf Taf. 47 ein Mantel der falschen Träume das Tor aus Elfenbein bezeichnet. Motivisch ist auffällig, dass unter den 76 + 1 erreichbaren Bildern relativ viele Aktionen von Göttern dargestellt sind: Taf. 1, 3, 4, 5, Abb. 61, Taf. 8, 25, 26, (27), (47), Abb. 17 und 18, Taf. 50, Abb. 27, Taf. 57, (58). Für die Aen.-Bücher IX-XII sind fast ausschließlich Kampf- und Tötungsszenen wiedergegeben: Taf. 52, 53, 54, 55, Abb. 20 und 27, Taf. 56, Abb. 36, Taf. 58, 59, 60.

VP 1840 Das Buch enthält keinerlei Hinweise auf die Herkunft der Bilder. Auch der Text von R. L. SCHMIDT nimmt nie Bezug auf die beigegebenen Bilder. Es handelt sich um eine recht getreue Prosa-Nacherzählung der Aeneis, die jedoch durch teils überraschende Überschriften wenigstens scheinbar neue Schwerpunkte setzt (von den 20 Kapiteln der Nacherzählung entsprechen die ersten vier dem Text von Aen. I-IV, danach aber ist die Zuordnung Kapitel/Buch aufgegeben und es erhält z. B. Aen. V vier Kapitel, darunter „Das Schiffsstechen" und „Das Wettrennen"; „Das Prinzip der Nichtintervention" bezieht sich auf Juppiters Einstellung in der Götterversammlung von Aen. X; das lange folgende Kapitel „Catalogus navium" S. 137-152 behandelt alle Kämpfe in Aen. X).

VP 1840 Der Gesamteindruck der Bebilderung von ▶VP 1840 ist unbefriedigend, da die dargestellten Sujets zu diskontinuierlich verteilt sind. Die Reduzierung der geplanten 200 Zeichnungen Girodets auf (mindestens?) 166 nachweislich ausgeführte Bilder ist an sich unproblematisch, weil diese Bilder nie mit einem Aen.-Text verbunden und damit sozusagen eigenständig waren. Das gilt auch noch für die Übertragung von nur 79 Zeichnungen in ausgeführte Lithographien (also die *Suite* von 1827, in der nach dem Katalog bei PASQUIER, 1992, S. 202-206 72 Lithographien faksimiliert waren, darunter eine einzige von den angeblich 22 - nach STIEF nur 19 - Zeichnungen Girodet zu Aen. II). Aber die weitere Reduzierung in ▶VP 1840 auf 60 Stiche und deren Einlage (in vier Blöcken von Bild-Tafeln im Exemplar der UB Mainz) oder Anfügung (in dem Exemplar im Privatbesitz von Dr. Manfred Hein sind die Stiche in einem einzigen Block nachgestellt) in eine kontinuierliche textnahe Nacherzählung der Aeneis folgt keiner überzeugenden Konzeption und wirkt willkürlich. Das ungleichmäßige Selektions- und Verteilungsprinzip schwankt zwischen den Extremen einer dichten Bildabfolge für Aen. VI (21 Bilder) sowie für die Nisus-und-Euryalus-Episode in Aen. IX (5 Bilder) oder für die Eingangssequenz von Aen. I (4 Bilder) einerseits und totaler Bildlosigkeit zweier ganzer Bücher, nämlich Aen. II (!) und XI, sowie der Bebilderung von nur einer unwichtigen Szene in Aen. XII andererseits. (Vgl. die Übersicht über die Verteilung der Bilder oben in der Einleitung zur Beschreibung: Aen. I 8; II 0; III 7; IV 8; V 3; VI 21; VII 2; VIII 1; IX 6; X 3; XI 0; Aen. XII 1).

Die einzelnen Illustrationen wirken durch ihre neo-klassizistische Stilisierung alles andere als aktualisierend, vielmehr antikisch, doch eher heroisch-pathetisch als historisierend. Durch die umrisshafte Zeichnung (ohne Binnenschraffuren oder Schattierungen) und den weitgehenden Verzicht auf eine Ausmalung des Ambientes ist die Darstellung stark auf die Personen als Einzelne (Aeneas allein auf Taf. 28, Dido allein auf Taf. 20-22), als Zweier- oder Dreier-Gruppe (etwa Taf. 8, 16, 17, 19, 24, 42, 50, 58); als größere Gruppe (etwa Taf. 3, 6, 12, 23, 29, 51, 57) oder auch als Masse (etwa Taf. 11, 31, 36, 39, 44, 45, 46, 56) konzentriert.

VP 1840 *Zugänglichkeit*: In München nicht vorhanden. Ich habe per Fernleihe ein Exemplar der Stadtbibl. Mainz eingesehen. Es gibt in Deutschland aber laut KVK noch weitere Exemplare von ▶VP 1840, z. B. in der UB Regensburg. Herr Dr. Manfred Hein (Mannheim) hat mir freundlicher Weise aus seinem Exemplar 15 der Stahlstiche zugänglich gemacht und zu publizieren erlaubt, ferner einige nützliche Hinweise gegeben.

G. Indizes

Generell gilt: Die angegebenen Zahlen bezeichnen die VP-Nummern; diese sind grundsätzlich identisch mit dem Erscheinungsjahr des Buches bzw. des jeweils ersten Bandes. Wenn ein Künstler, Verleger, Drucker, Herausgeber, Kommentator oder Übersetzer innerhalb eines VP-Lemmas nicht für das betreffende Buch, sondern nur beiläufig, etwa in einem Querverweis, genannt wird, steht vor der entsprechenden VP-Nummer ein „zu".

G 1. Index der Künstler (der Zeichner, Entwerfer, auch Stecher)

Für Signaturen durch Einzelbuchstaben siehe die Lemmata s.v. Monogrammist.

G 2. Index der Verlags- oder Druckorte

Einige wenige Publikationen ohne Ortsangabe siehe unter dem Lemma *sine loco*.

1688B, 1690A, 1690B, 1695D, 1696, 1700B, 1706, 1712B, 1714C, 1717A, 1719B, 1724A, 1725A, 1730A, 1744A, 1746A, 1788B, 1804C, 1810B?

Antwerpen 1512 ?, 1518A? (oder 1525?), 1556C, 1565, 1566A, 1568B, 1583B, 1589, 1630A, 1701A

Arnheim 1612A

Augsburg 1599, 1610B

Basel 1559F, 1561A, 1575, 1577B, 1586A, 1587C, 1596C, 1783C, 1815 (bei Paris 1813)

Bassano 1747A, 1768, 1777C

Baume 1839

Berlin 1753A

Birmingham 1757A, 1766

Braunschweig 1794, 1799

Brixen 1546A

Brüssel bei 1757B (1805), 1800A,

Caesaraugst 1513

Cambridge (1632), (1650B), 1701B

Den Haag 1662B, 1703, 1721A, 1723, 1753B (-1764) = 1757B, 1757B (= 1757-1765) 1765A = 1757B

Deventer 1515E

Dublin 1737B, 1742, 1772A, 1790F

Edinburgh 1791B, 1812B

Florenz 1543A, 1556B, 1558B, 1559A, 1559C, 1562C, 1563, 1572A, 1567A, 1576B, 1579A, 1585A, 1590, 1597A, 1608A, (1613 oder) 1614, 1629, 1671, 1697A, 1705, 1724B, 1741A, 1778A, 1822, 1826B, 1836A, 1836B

Genua 1648A

Glasgow 1769

Goslar 1623A, 1624B

Halle 1657B

Hamburg 1780C

Heidelberg 1816A

Ingolstadt 1596A

Jena 1606

Karlsruhe 1827A (1828), 1840

Köln 1582A, 1591A, 1597B, 1625A, 1628, 1642B (-1647), 1663A

Kopenhagen 1780A

Krakau 1640

Leeuwarden 1717B

Leiden 1622A, 1636, 1646A, 1652B, 1657, 1661, 1666, 1671A, 1672B, 1680A

Leipzig 1581A, 1584A, 1588A, 1591B, 1596B, 1606, 1623A, 1624A, 1673, 1680B, 1694, 1702, 1730B (und 1731), 1774A, 1778A, 1787A (-1789), 1797B (-1800), (1797-) 1800B, 1803A, 1816A, 1818A, 1830A (-1841)

London 1550 ?, 1562D, 1597, (1632), (sine anno 1634?), 1649A, 1650C, 1654A, 1658A, 1658C, 1663B, 1668B, 1675B, 1677A, 1682C, (1684), 1688C, 1695A, 1695B, 1697B (zweimal), 1698, 1707, 1709, 1712C, 1715, 1716A, 1721A, 1721C, 1730D, 1731, 1735, 1736B, 1740, 1741B, 1742, 1746C, 1748, 1750A, 1753C, 1753D, 1753E, 1754C, 1754D, 1755A, 1755C, 1759A, 1763B, 1763C, 1765B, 1772B, 1774B, 1777A, 1777B, 1778C, 1782A, 1787B, 1788A?, 1792A, 1793A, 1795E, 1800C, 1803B, 1806B, 1807, 1810A, 1811B, 1814, 1817, 1818C, 1821A, 1821B, 1923C, 1824A, 1824C, 1825C, 1830A (-1841), 1830B

Lucca 1829

Luzern 1783C

Lyon 1483, 1517, 1520E, 1520F, 1527A (und 1528), 1528A, 1529A, 1552B, 1554B, 1560A, 1604A, 1612B (-1619), 1669A, 1687, 1712A, 1719, 1721B

Madrid 1608A und (1613 oder) 1614 - Irrtum für Frankfurt a. M. 1608A und (1613 oder) 1614

Mailand 1503A, 1504, 1511, 1515A, 1516, 1520A, 1752A, 1812, 1816B, 1824B, 1826C

Mainz 1554A, 1556A

Mannheim 1779A

Mantua 1586E, 1587B

Modena 1821E

München 1617, 1780B (-1782), 1796C

G 3. Index der Drucker/Verleger

Hinter den Namen der Verleger und Drucker steht in Klammern der Druck- bzw. Verlagsort.
Kein Ort steht dagegen hinter den Namen der nur beiläufig erwähnten Personen.

C., M. (London): 1695A
Cadell, T. (London): 1777B
Caesanus, Bartholomaeus (Venedig):
1551A
Cancer, Matthias (Neapel): 1535
Cardon, Horatius (Lyon):
zu 1608A, 1612B, zu 1614
Caselli (Florenz): 1822
Catineau, P. (Paris): 1802A
Cavellat, Dionysia (Paris): 1609A
Chalcographia R.C.A. (= Romanae
Camerae Apostolicae) (Rom):
1714C
Cholinus, Gosvinus (Köln): 1597B
Churchill, A. und J. (London):1712C
Ciotti, Giovanni Battista (Venedig):
1597D
Clarendonianus s. Typographeus
Clarendonianus
Clarke (London): 1772B
Cnobbarus, Ioan (Antwepen):1630A
Cnoblochus, Ioannes s. Knoblouch,
Johannes
Cocus, Georgius: 1513
Coignard, J. B. (Paris): 1681B
Coler, Iohannes (Leipzig): 1694
Collet, Claude (Paris): 1618
Comelli (= Cornetti?), Giacomo (Ve-
nedig): 1586C, 1686B
Cometti (= Cornetti?) (Venedig):
1586C, 1686B
Comin, Antonio (Venedig): 1783B
Cominus, Josephus (Padua): 1738B
Commelin, Abraham (Leiden):1646A
Concordia (sub signo) (Venedig): 1602
Constant-Chanpie (Paris): 1823A
Cooke, William (London): 1634B
Copland, W. (London): 1550, 1562D
Cörner, Laurentius Sigism. und Ioannes
Christian (Leipzig):
zu 1650A, 1673
Cornetti, Giacomo (Venedig):
zu 1540B, 1586C
Cornish, J.D. (London): zu 1772B
Corrall, C. (London): 1824A
Corvin(us), Georg(ius) (Frankfurt):
1567A, 1572A, zu 1579A, 1585A
Coustelier, Ant. Urb. (Paris): 1745
Crato, M. Ioannes (Wittenberg):1598
Crespin(us), Jean (Joannes):
zu 1517, zu 1529A, zu 1543C

Crook, Andrew (London): zu 1649A,
1650C, zu 1654A, zu 1663B
Crook, John (London): 1649A

D : Namen, die mit d', da, de, de' oder di
beginnen, s. auch unter dem
folgenden Namensbestandteil
d' Aristotile (de' Rossi) Zoppino bzw.
detto Zoppino, Nicolò (Venedig):
1528B, 1530, 1540B, 1540C,
1540D,1540E, 1540F
d'Asola s. Torresano
da Ponte, Gottardo (Mailand):
zu 1510B, 1516
da Trino s. de Trino
Damme, Andries van (Amsterdam):
1696
Dannheimer, Tobias (Kempten):zu 1821D
David (Père) (Paris): 1752B
David, Michel(-Etienne) und Christophe
(Paris):zu 1687, 1726C, 1734B
Davidson, Joseph (London): 1754C
de' ist nach de eingeordnet
de Benedictis, Nic. (Turin): 1529G
de Boubers, J.(-)L. (Brüssel):
zu 1757B, 1800A
de Cavalli: zu 1540B
de Claustre, Louis (Lyon): 1721B
de Combis, Seb.: zu 1610A
de Coup, Willem (Amsterdam): 1696
de Farri, Giovanni (Venedig): 1545C
de Fontaneto, Gulielmus (Venedig):1522B
de Giunta s. Iunta, Luc' Antonio
de Gregoriis, Gregorius (Venedig): 1522A
de Guccij, N.: zu 1540D
de l'Orme s. Hopfer
de la Garde, Jehan: zu 1529F
de la Porte, Maurice (Paris): 1540A
de Luyne, Guillaume (Paris):
1655B, 1662A, zu 1681B, 1686A,
zu 1695D
de Marnef (auch: H.) (Paris):
1509A ?, 1580A, 1609A
de Paganinis, Alexander (Venedig):1515C
de Platea, Johannes (?): 1520E
de Roblés Hermanos, Lorenzo y Diego
(Saragossa): 1586D
de Romanis (Rom): 1819A
de Rusconibus, Georgius (Venedig):
1520C
de Sauzet, Henr.: zu 1676
de Sommaville, Antoine (Paris): 1648B

de Tortis, Aloisius (Paris): 1541B
de Tournes, Jean bzw. Ian (Lyon):
  1552B, 1560A
de Trino, Comin (Venedig):
  1540B, 1546B
de Vico: zu 1520A
de Water, van Guil. (Utrecht):   1704B
de Wees(ter), Abraham (auch: Weduwe)
  (Amsterdam):   1646B,
  1652C, zu 1655C, 1659B, 1660
de Zanni(s) s. de' Zanni
de Zannis, Bartolomeus (Venedig):
  1508B, 1510B, 1514A
de' Farri, Onofrio:
  zu 1540B, 1559B, zu 1568A
de' Ferrari, Gabriel Giolito (Venedig):
  1571, 1572C
de' Zanni, Agostino (Venedig):
  zu 1510B, 1519, zu 1534A, zu
  1543C
Declaustre s. de Claustre
Deer (Leipzig):   1730B
Degoin, André (Lyon): zu 1668C 1719
di Giunta s. Iunta, Luc' Antonio
di Nicolini, Giovanni Antonio (Venedig):
  1534B
di Vitali s. di Vituli
di Vituli, Bernardino (Venedig):
  1532D, zu 1540D
Didot, Petrus (maior) (Paris):
  1791A, 1793A, 1798A, 1798B,
  1798C, zu 1800C, 1819B, 1821C
Dodsley, R. (auch: J.) (London):
  1753E, 1763B, 1778C
Doesborcke, Johannes = Doesborgh, Jan
  van (Antwerpen):   1518A
Dorico, Valerio (Rom):   1554C
Dove, J. F. (London):   1821B
Draper, S. (London):   1748
Dring, T. (London):   1696A
du Bray, Toussaint (Paris):   1626
du Pré, Galliot: 1529E, 1529F, 1540A
du Sauzet, Henricus (Amsterdam): 1724A
Dulau, A. (London): zu 1798A, 1800C
Durand (Paris):   1752B
Dusinellus (Dusinello), Petrus (Venedig):
  zu 1562A, zu 1566B, zu 1572B, zu
  1574, 1578, 1580C, zu 1584B,
  1586B

Edwards, J. (London):   1793B
Ellerton (London):   1807

Elsevirius, Abraham (Leiden, Amsterdam;
  officina Elzeviriana): 1622A, 1636,
  1664B, 1676, zu 1685, 1688B,
  1690A, zu 1724A, zu 1746A
Elzevir(iana officina) s. Elsevirius
Emmerichus, Christianus (Leipzig):
  1702
Ewing, G. (Dublin):   1737B
Exshaw, J. (Dublin):   1790F

Fabri, Luigi (Rom):   1811
Fabrus, Bonaventura (Zerbst):1593B
Faciotto, Guglielmo (Rom):
  1601 (oder 1622), 1604C, 1622B
Farri (Venedig):   1559E ? 1567C, zu
  1568A, zu 1573B, zu 1686B
Farri, Domenico: zu 1540B, 1562B,
  1568A, 1573B
Farri, Onofrio s. de' Farri, Onofrio
Faulder, R. (London):   1793B
Faulkner, George (Dublin): zu 1753A
Fea, G. (Turin):   1795D
Feltrinus, Natalis (Venedig): 1713
Fenzo, M. (Venedig):   1758
Fey(e)rabend, Johann: zu 1579A
Feyerabend (Feyerabent), Sigmund (Frank-
  furt):   1563, 1567A, 1585A
Fezandat, Michael (Paris):   1541A
Fischer, Peter (Frankfurt a. M.):
  1585A, 1590
Flick, Johann Jakob (Basel): 1783C
Fontein, Thomas (Amsterdam):
  1655C, zu 1659B, 1660
Foulis, Andrew (Glasgow):   1769
Fritsch, Caspar (Leipzig):
  1774A, 1787A, 1797B, zu 1798B,
  1803A
Frommann, Georg Heinrich (Leipzig):
  1680B
Frommel, C. (Karlsruhe):   1827A
Frosch(ouerus), Christoph (auch: iunior;
  Froschoviana officina) (Zürich):
  1561B, 1564, 1567B, 1570, zu
  1572A, 1573A, 1577A, 1581B;
  1587A

Galliot du Pré s. du Pré, Galliot
Gallus, Wigandus (Frankfurt):
  1567A, 1572A
Garamond, Claude (Paris):   1641A
Gaudoul, Petrus (Paris):
  1529C, 1529D

Justice (Armigerus), Henricus (Den Haag): 1757B

Kinchius, Ioannes Anzonius (Köln): zu 1608A, zu 1628, 1642B, 1663A
Kingston, Felix: 1597E
Kirchner, Ambrosius (Zerbst): 1593B
Kitto, Johannes (Den Haag): 1703
Klose, Aug. (Karlsruhe): 1827A
Knaplock, N. (London): 1740
Knapton, J. und P. (London): 1750
Knoblouch, Johannes = Knoblochzer, Johann (Straßburg): 1509B, 1523, 1527B
Koene, S. und W. (Amsterdam): zu 1518B, 1788B, 1810B
Krafft, Heinrich: zu 1625A
Krauß, Joh. Paul (Nürnberg, **Wien**): 1738A, 1747B
Kunst-Verlag (Karlsruhe): zu 1827A, 1840

L' Angelier, Charles (Paris): 1554B
Lambert (Paris): zu 1798A
Lamsvelt, Willem (Amsterdam): 1696
Landes-Industrie-Comptoir (Weimar): 1826A
Langelier, Arnoul (Paris): 1540A
Langlois, Jacques und Emanuel (Paris): 1663C
Lantzenberger, Michael (Leipzig): 1591B
Lázárzowey, W Drukárni (Krakau): 1640
Laziale (Rom): zu 1811
Lazzaroni, Gian Maria (Venedig): 1746B, 1750B, 1755B
le Messier, Jacques (Paris): 1532B
le Noir, Michel (Paris): 1514B
le Noir, Philipp: zu 1529E
le Preux, Poncet (Paris): 1529D, zu 1529E, zu 1529F, zu 1532B
le Roy, Guillaume (Lyon): 1483
Leers, Arnold (auch: vidua, Reyner, Regnerus): 1681A, 1682A, 1704A
Lefèvre (Paris): 1821C
Lemaire, Nicolaus Eligius (Paris): 1819B
Lepard (London): 1824A
Leschender, Mich.: zu 1520B
Liesveldt, Jac. van (auch: veduwe) (Antwerpen): 1556C
Lindauer, Joseph (München): 1796C
Livrat, D. (Paris): 1532C ?

Loffredo, L.: zu 1717B
Londonienses, Bibliopolae (London): 1688C
Longis, Jean (Paris): 1540A, 1548
Longman, T. (London): 1777B, 1787B
Loschge, Leonhard (Nürnberg): 1688A
Loyson, Estienne (Paris): 1648C, 1658D, 1664A, 1669D
Luvia Prisidis (Paris): 1532C

M. C. s. C., M.: 1695A
M'Creery, J.: zu 1518A
Mäcken (Reutlingen): 1816A
Malherbe, Jean: zu 1668C, 1700B
Manfré, Ioannes (Padua): 1701C
Manfredi (Neapel): 1778B
Mang(en), Christoph (Augsburg): 1610B
Manni, A. (Rom): 1601 (oder 1622), zu 1622B
Mannianus (Florenz): 1741A
Manutius, s. Aldus
Maradan (Paris): zu 1798A, 1802B
Marechal, Iacobus s. Maresc(h)al, Jacques
Marelli, Giuseppe (Mailand): 1752A
Marescal, Iacobus = Mareschal, Jacques (Lyon): zu 1517, 1527A, zu 1529A
Mariette, Jean (Paris): 1717C
Martin: 1795E, zu 1772B
Marzocco (Florenz): 1819A
Mascardi, Vitale (Rom): 1642D
Maurice, D.S. (London): 1824A
Mavor (London): 1824A
Maxey, Thomas (London): 1650C
Mazocchi, A.: zu 1540D
Meadows, W. (London): 1755C
Mendoze (Paris): 1823A
Michaud (Paris): zu 1798A, 1804A, 1804B, 1809B, 1813
Midwinter, D. (London): 1740
Mifflin: 1654A
Migliaccio, C. (auch: Gaetano) (Neapel): 1764, 1770A
Milocho, P. (Venedig): zu 1540B, 1613A
Minutianus, Alexander (Mailand): 1504
Molin, Antoine und Horace (Lyon): zu 1681B, 1687, 1712A
Monaldini, Venantius (Rom): 1763A, 1776B, 1782B
Moreau, Pierre (Paris): 1648C, zu 1658D
Morrison, R. (auch: son) (Perth): 1791B

Mortier, Pierre (auch: B.) (Amsterdam):
  1695D, 1706,
Moseley, Humphrey (London):   1658C
Mudie, G. (Edinburgh):   1791B
Müller, Christian (Straßburg):   1559D
Muller, H.S.:   zu 1518B

Nicholson, J. (London):   1707, 1712C
Nivellius, Sebstianus (Paris):   1600
Noël (Paris):   zu 1798A
Nyuerd, Guillaume: zu 1518

Oporinus, Ioannes (Basel):   1559F
Orlandini, Stefano (Venedig):   1734A
Orlandini, U. (Modena):   zu 1821E
Osanna, Francesco (Mantua):
  1586E, 1587B

Padouano, Govanni: zu 1540B
Pafraet, Albert: 1515E
Palatinis Aedes (Parma):   1793A, 1798A
Palthen, Zacharias (Frankfurt a. M.) bzw.
  collegium Palthenianum:
  1608A, zu 1612B, 1614
Parker, Peter (London):   1675B
Parrino, Domenico-Antonio (Neapel):
  1699
Parthenianum (statt Palthenianum) colle-
  gium s. Palthen
Parvus, Ioannes s. Petit, Jean
Pascalius, Joannes Baptista (Venedig):
  1736A
Paslé, Jean (Paris):   1648C, 1658D
Pasquardi, Donato (auch: Domenico)
  (Padua):   zu 1608B, 1630B
Passigli, David (Florenz):   1836A, 1836B
Payne, T. (London):   1793B, zu 1797B
Peri, J. D. (Genua):   1648A
Perlini (Venedig):   1765C
Petit, A.:   zu 1540A
Petit, Jean bzw. Iehan (Paris) = Parvus,
  Ioannes: 1512A, zu 1529B, zu
  1529D, 1529E, 1540A
Petrus = Baguelier: 1520D
Petrus (Petri), Henricus (Basel):
  1559F, 1561A
Pettinelli s. Bettinelli
Pezzana, Nicola(us) (Venedig):
  1737A, 1744B
Pickering, William (auch: Chiswick und
  Gul.):   zu 1518A, zu 1697B
Pillehotte, Ioannes (Lyon):   1604A

Pincius, Aurelius (Venedig):
  1531, 1534A, 1536
Pincius, Philippus (Venedig):   1505C
Pine, Johannes (London):   1755A
Piscator s. Fischer
Pissot (Paris):   1752B
Plantin(us), Christopherus (Antwerpen):
  1565, 1566A, 1568B, zu 1688A
Plassan, P. (Paris):   zu 1760,
  1796B, 1802A
Pomba, Josephus (Turin):   1827B
Poncet s. le Preux, Poncet
Ponticus, Gotardus s. da Ponte, Gottardo
Porciello, Giuseppe Maria: zu 1699
Porta, Franciscus (Venedig):   1610A
Praetorius bzw. Praetor, Joannes (Augs-
  burg):   1599
Prault, Pierre: 1734B
Prevost, N. (Den Haag):   1723
Priestly, Richard (London):   1821B

Quillau (Père; auch: vedova) (Paris):
  1743, 1754B
Quinet (au Plais), Toussainct (Paris):
  1648B, 1649B, zu 1681B, zu
  1695D

R.C.A. s. Chalcographia R.C.A.
Rab(e), Georg, s. Corvinus
Raimondi, Giusepe (Neapel, Venedig):
  1755B
Rampazetto, Francesco (Venedig):   1560C
Ranotus, A. (Turin):   1529G
Ratteri, J. B.(Turin):   1579B
Rawlings, Guil.:   zu 1677A
Reale stamperia (Neapel):   1823B
Reffelerus, Paulus (Frankfurt a. M.):
  1576B
Regia bzw. Regius s. Typographia Regia
  bzw. Typographus Regius
Regnault, Franciscus bzw. François
  (Paris):   1515B, 1529B, zu
  1529E, 1537
Remondini (Venedig) und typographia
  Remondiniana: 1726A,
  1747A, 1755B, 1757C, 1768,
  1777C (Bassano), 1783B
Resch, Conrad: zu 1529E
Richardson, S. (London):   1753C
Richolff, Georgius (Münster):   1509C
Rickaby, T. (London):   1793B
Riegel (Nürnberg):   1825

Tooke, B. (London): 1707
Tormentino: zu 1540B
Tornaesius, Ioannes: zu 1688A
Torresano, Federico: zu 1540B, 1544
Tozzi, Pietro Paolo bzw. Paulo (Padua):
   1608B, 1609D, 1612C, 1613B,
   1621 ?, zu 1630B, 1662C ??
Trevisini (Mailand): zu 1811
Tro(i)jsi, Carlo: zu 1699, 1700C
Typographeus Clarendonianus (Oxford):
   1795A, 1820
Typographus Regius (Parma): 1793A
Typographia Academica (Dublin): 1772A
Typographia Regia (Paris): 1641A
Typographia Seminarii, (Padua): 1695C
Typographia Societatis (Zweibrücken):
   1783A

Ugolino, Paolo (Venedig): zu 1540B.
   1593A
Uylenbroek, Johannes: 1804C

Vaillant, Isaac (auch: fraters) (London,
   Den Haag): 1721A, 1723
Valentinus, Georgius (Venedig): 1624C
Valpy (London): 1830B
Valvasense, Giovanni Francesco (Vene-
   dig): 1681C
Vegius, Leonardus (Mailand): 1511
Verad, Anthoine s. Vérard, Anthoine
Vérard, Anthoine (Paris):
   1509D, zu 1532B
Verduss(en), Joannes Baptista (Antwer-
   pen): 1701A
Vernor (London): zu 1803B, zu 1806B
Veronese, Antonio (Vicenza): 1779B
Viart, P. (Paris): 1520B
Vidou(e), Pierre = Vidovaeus, Petrus
Vidovaeus, Petrus (Paris):
   1529C, 1529D, zu 1529E, zu
   1529F, 1532B
Vieweg, Friedrich (Braunschweig): 1799
Vincenti, G. (Modena): 1821E
Visser, Barent (Amsterdam): 1696
Vogtius, Iohannes (Goslar, Leipzig):
   1623A, 1624B (Leipzig)
Volfang s. Wolfgang

Volpini, Govanantonio und Dominico
   (Venedig): 1540B, 1540C,
   1540D, 1540F
Vorsterman, Willem (Antwerpen):
   zu 1518A, 1518B
Vötter, Joan. Paul. (München): 1780B

Waesberghe, J. van (Antwerpen):
   zu 1583B, 1589
Wagnerus, Georgius (Mainz): 1556A
Walker, J. (London): 1807, 1818C
Ward, A. (London): 1746C
Warren, Thomas (London): 1654A
Watts, Johannes (London): 1715
Wechel, Andreas (Frankfurt a. M.):
   1579A
Wechel, Chrestien (Paris): 1547B
Wees s. de Wees
Weidnern, Johan (Leipzig bzw. Jena):
   1606
Weybridge: 1811B
Wells, G. (London): 1695A
Wetste(i)n(ius), Henr. (auch: Richard und
   Jacob; auch officina Wetsteinia)
   (Amsterdam, London):
   1677A, zu 1685, 1712B, 1717A,
   1725A, 1730A, 1744A, 1746A
White, J. (London): 1793B, 1797B
Wießner (Nürnberg): 1825
Willers, Elias (Augsburg): 1610B
Wogan, P. (Dublin): 1790F
Wolfgang, Abraham (Leiden und Amster-
   dam): 1680A, zu 1695D

Young (London): 1830A

Zanetti, B. (Rom): 1608C
Zatta, Antonio (Venedig): 1792B, 1797A
Zempel, Joannes (Rom): 1763A
Zephelius s. Zöpfel
Zöpfel (Zephelius), David (Frankfurt):
   1559A, 1559C, 1562C
Zoppino, Nicolò s. d' Aristotile detto
   Zoppino
Zorzi, Giuseppe (Venedig): 1795C

G 4. Index der Herausgeber/ Kommentatoren/Übersetzer

Daniello, Bernardin(o) (Übers.):
1603, 1759B, 1764, 1770A, 1777C,
1783B, 1790C
Dassier, Jean:　1780C
Dati (Dathus), Agostino:　1512A,
1512B, 1515B
Davidson, Joseph (Übers.):　1754C
de Brasey s. Moreau de Brasey, Jacques
(Übers.):　zu 1695D, 1706
de Buglaris, Eugenius:　1791C
de Caylus, Anne Claude-Philippe: 1757D
de Crenne, Hélisenne (Übers.):　1542B
de Jorio, Andrea (Übers.):　1823B
de la Cerda, Ioannes Ludovicus:
1608A, 1612B, 1614A, 1628,
1642B, 1663A,1680A
de la Motte du Tertre (Übers.):　1626
de la Rue (Ruaeus), Charles:
zu 1652B, 1675A, 1682A, 1690B,
1695A, 1695B, 1707, 1712C, 1713,
1714B, 1722, 1723, 1726A, 1729A,
1730C, 1740, 1746C, 1747A,
1753C, 1759A, 1765B, 1772A,
1777A, 1787B, 1790F, 1812B,
1817
de Marolles, Michel (Übers.):
1649B, 1655B, 1662A, 1663C, zu
1706, zu 1712A
de Martignac, Étienne Algay (Übers.):
1681B, 1686A, 1687, 1697C, zu
1706, 1712A
de Medici, Ippolito bzw. Hip(p)olito
(Übers.):　1540B, 1540D
de Prétot = Philippe, Stephan Andreas:
1745, 1754A
del Grande, Carlo:　zu 1717B
de Saint-Gelais (de Sainct Gelaiz),
Octovien (Übers.):　1509D,
1514B, zu 1529D, 1529F, 1532B,
1532C ?, 1540A
de Segrais, Jean Regnauld (Übers.):
1668C, zu 1685, 1700B, 1719
de Tournay, Sieur (Übers.):　1648B
de Tours, Guillaume Michel (Übers.):
zu 529D, 1529F, 1532B, 1540A
de(s) Masure(s), Louis bzw. Loys (Übers.):
1 560A, 1612A
de' Rus oni, Giorgio:　zu 1507
Delille, Jacques (Übers.):　1793A,
1804A, 1804B, 1809B, 1813

des Fontaines, Guyot (Übers.):
1743, 1754B, 1796A, 1802A
Dolce, Lodovico:　1571, 1572C
Domenichi, Ludovico (Übers.):
1562B, 1567C, 1568A
Doncker, Dirck (Übers.): zu 1612A, 1703
Dryden, John (Übers.):
zu 1649A, zu 1654A, zu 1658A,
1697B, 1698, 1709, 1716A, 1721C,
1730D, 1748, 1763C, 1769, 1772B,
1782A, 1791B, 1792A, 1795E,
1803B, 1806B, 1807, 1810A,
1811B, 1818C, 1823C, 1824C,
1825B, 1825C, 1830B
du Pelliel (Übers.):　1626
du Tertre = de la Motte du Tertre (Übers):
1626

Egenolph, Christian (auch: filius):
zu 1576B, 1585A, 1590, 1597A
Egnazio (Egnatius), Giovanni Battista:
1507, zu 1508B
Emenes (Emmenessius), Jacob van:
1680A, zu 1741C
Erasmus:　1577A, 1587A, 1598
Erythraeus, Nicolaus:　1612B
Ewing, T.:　1772A
Exshaw, J.:　1772A

Fabre, Jean Claude (Übers.) :1721B
Fabricius, Georg:　1561A,
1566A, 1575, 1584A, 1586A, zu
1588A, 1591B, 1596B, 1597E
Fabrini, Giovanni (Übers):　1581C,
1588B, 1597C, 1604B, 1609B,
1623B, 1641B, 1654B, 1672A,
1683, 1710, 1726B, 1741D, 1751
Farnaby (Farnabius), Thomas:
zu 1636, 1642A, 1650A, 1652A,
1652B, 1669C, 1673, 1677A, 1685,
1694, 1701A, 1701C, 1702, 1730B
Feller, Joachim:　1680B
Fogginius, Petrus Franciscus:　1741A
Freig, Johannes Thomas:　1587C
Frisius, Ioannes:　1572A

Gessler, Jan:　1672C, 1788B, 1810B
Ghistele, Cornelius van (Übers.):
1556C, 1583B, 1589, 1609C
Godolphin, Sidney (Übers.):　1658C
Goethe, Johann Wolfgang von:
zu 1819A, zu 1827A

G. 5 Index der illustrierten Szenen der Aeneis (Sujet-Katalog)

Die Einteilung der Szenen in diesem Katalog erfolgt in erster Linie nach visuellen Gesichtspunkten. Deshalb hat ein Gleichbleiben der Personenkonstellation und besonders die Einheit des Ortes Vorrang vor einem äußeren oder inneren Vorschreiten der Handlung, also Vorrang vor zeitlichen Kriterien. (Wenn z.B. bei einem Treffen von zwei oder mehr Personen längere Reden gehalten werden, in denen womöglich auch erzählende Elemente vorkommen, ist das nach visuellen Kriterien eine einzige Szene.) Außerdem wird sozusagen proleptisch berücksichtigt, dass in der piktographischen Tradition bestimmte Szenen bevorzugt werden, die im Aen.-Text weder nach Umfang noch nach Bedeutung prominent sind (z.B. am Ende von Aen. VIII die äußeren Umstände der Übergabe des neuen Schildes an Aeneas und nicht, wie in der ‚Schildbeschreibung‘ Vergils, die Details der Einzelbilder auf diesem Schild). Deshalb unterscheidet sich die folgende Gliederung von jener, die ich in einer literarischen Aen-Einführung gegeben habe (SUERBAUM, 1999, 46-82).

Ich habe die ‚Szenen‘, also die Gliederungseinheiten dieses Sujet-Katalogs, nicht zu kleinteilig angesetzt, damit ich nicht genötigt werde, im Extremfall für jedes einzelne Bild einen eigenen Gliederungspunkt zu bilden. Die Bilder decken selten den ganzen Umfang der Szene ab. Es kann durchaus sein, dass in zwei für dasselbe Sujet (dieselbe ‚Szene‘) genannten Ausgaben ganz unterschiedliche Segmente oder Momente dieser Szene dargestellt sind.

Wenn in einer Ausgabe eine Szene nur als Nebensujet dargestellt ist, wird diese Ausgabe in Klammern angeführt. Wenn eine Illustration, insbesondere das Titelbild eines Aen.-Buches, nicht dem Text entsprechend *suo loco*, sondern an anderer Stelle eingefügt ist, wird das ‚falsche‘ Buch als römische Zahl in Klammern genannt. Wenn z.B. für die erste Szene von Aen. XI die Angabe „1626 (X)“ gemacht wird, bedeutet dies, dass in ▶ VP 1626 zwar eine Illustration zu Aen. XI enthalten, aber fälschlich zu Aen. X gestellt ist.

In diesem Sujet-Katalog sind natürlich nur solche Bilder aus solchen Ausgaben erfasst, für die ich Autopsie oder verlässliche Nachrichten besitze. Es sind alle jene, die in der **Übersicht über eigenständige Zyklen von Aeneis-Illustrationen (Kap. C 2)** fett gedruckt sind. Diese so hervorgehobenen Ausgaben bilden gewissermaßen die Positivliste.

Aus der Negativliste der von mir aus unterschiedlichen Gründen im Sujet-Index **nicht berücksichtigten Zyklen** bzw. Ausgaben nenne ich ausdrücklich:

(a) die Straßburger Ausgabe VP 1502 (Zyklus Nr. 2) – weil sie in gewisser Weise die Fundamentalausgabe unter allen illustrierten Vergil-Ausgaben ist und ihre Holzschnitte zudem praktisch in fast jeder Rubrik des Sujet-Index aufzuführen wären;

(b) die Vorläufer-Ausgabe VP 1483 (Zyklus Nr. 1) – weil sie sich auf eine Kompilation verschiedener Quellen bezieht und keine Aeneis-Illustration im engeren Sinne bietet;

(c) die vier Zyklen von ‚Argumentum‘-Titelbildern für die 12 Aeneis-Bücher (Zyklus Nr. 10, 15, 16 und Nr. 19, auch der Vorläufer-Zyklus Nr. 9) – weil diese Titelbilder immer mehrere, viele oder gar ‚alle‘ Einzelszenen des betreffenden Buches piktographisch anzitieren.

Aeneis I

I 1-33 Proömium 1528B ?, 1540B (V) ?, 1793A

I 34-156 Juno stiftet einen Seesturm, der die Trojaner vernichten soll
1552B, 1601, 1624B Nr. 3, 1626, 1648C, 1658A pict. 31, 1680A, 1688A fig. 2, 1699, 1700B, 1707 (= 1680A, ~1714A), 1714A (~1680A), 1717B, 1717C ?, 1741C (cod. R) = 1763A, 1835A, 1840 Taf. 3/Nr. 3

speziell **I 64-80** Juno und Aeolus, der Gott der Winde
1507, 1510B, 1520A, (1543B), 1624B Nr. 3, 1652C fig. 55, 1688A fig. 1, 1753F, 1811A Nr. 1, 1840 Taf. 1-2/Nr. 1-2

speziell **I 124-156** Eingreifen des Neptunus (*Quos ego*)
1555, 1558A, 1615, 1668D, 1688A fig. 3, 1726C (~1668D), 1745, 1746A, 1752B, 1753F, 1760, 1793A, 1796B (~1760), 1811A Nr. 2, 1840 Taf. 4/Nr. 4

I 157-222 Ein Teil der Trojaner rettet sich in den *Portus Libycus*
1658A pict. 32, 1688A fig. 4, 1821E, 1840 Nr. 5 und Nr. 7

speziell **I 180-193** Hirschjagd 1652C fig. 57, 1783B, 1811A Nr. 4, 1840 Taf.49/Nr. 6

I 223-304 Jupiter/Venus-Szene, Mercurius wird nach Karthago gesandt
1652C fig. 58, 1658A pict. 33, 1763A, 1811A Nr. 3, 1840 Nr. 8

I 305-417 Aeneas und Achates treffen Venus im Wald vor Karthago
1652C fig. 59, 1658A pict. 34, 1688A fig. 5, 1760, 1793A, 1811A Nr. 5, 1840 Taf. 5/Nr. 9 und Nr.10 und Taf. 6/Nr.11 und Nr. 12

I 418-493 Anblick Karthagos, Bilder am Junotempel 1624 Nr. 7, 1741C (cod. F), 1840 Nr. 13 und Taf. 7/Nr. 14

I 494-656 Didos Auftritt; Empfang und Aufnahme der Trojaner (Ilioneus; Aeneas)
1543B, 1612A, 1624B Nr. 8 und Nr. 9 (und Nr. 10 ?), 1649B (=1697C), 1652C fig. 60, 1658A pict. 35, 1712A (~1649B, ~1697C), 1741C (cod. F), 1743, 1753F, 1798A, 1802B, 1840 Nr. 15

I 657-694 Venus vertauscht Ascanius, den Sohn des Aeneas, mit Amor
1741C (cod. F), 1811A Nr. 6/7, 1840 Taf. 8/Nr.16 und Nr. 17

I 695-756 Fest am Hof Didos 1615, 1624B Nr. 11, 1652 C fig. 61, 1658A pict. 36, 1717B (II), 1741C (cod. R), 1811A Nr.8, 1835A, 1840 Nr. 18-19

Aeneis II

II 1-12 Aeneas erzählt am Hofe Didos (Rahmen) 1507, 1510B, 1528B (der Dichter erzählt), 1540B (I, Aeneas erzählt), 1540B (II, der Dichter erzählt), 1540B ? (IV), 1612A, 1717B, 1840 Nr. 20

II 13-227 Hölzernes Pferd, 1. Laokoon-Szene (Lanzenwurf); Sinon; 2. Laokoon-Szene (Schlangen) 1552B, 1624 Nr. 12 (=15) und Nr. 13, 1626, 1649B (=1697C), 1652C fig. 62, 1658A pict. 37/38, 1663D Nr.1, 1688A fig. 6/7/8, 1712A (~1649B, =1697C), (1736B), 1741C (cod. R/cod. F), 1743, 1811A Nr. 9, 1835A, 1840 Nr. 21-23

II 228-249 Das Hölzerne Pferd wird in die Stadt gezogen
1555, 1624B Nr. 14, 1652C fig. 63, 1663D Nr. 2, 1700B, 1763A, 1821E

II 250-267   Rückkehr der Griechen nach Troja
1543B, 1624B Nr. 15 ?, 1648C ?, 1741C (cod. F), 1840 Nr. 24

II 268-297   Hektor erscheint Aeneas im Traum
1624B Nr. 16, 1736B, 1741C (cod. F), 1811A Nr. 12, 1840 Nr. 25

II 298-335   Panthus vertraut Aeneas die Heiligtümer Trojas an   1840 Nr. 26-27

II 336-452   Aeneas und Coroebus im nächtlichen Kampf um Troja und um die Rettung
Cassandras (Nyktomachie)   1624B Nr. 17 und Nr. 18, auch Nr. 19, 1658A pict. 39, 1663D
Nr. 3, 1760, 1796B (~1760), 1840 Nr. 28-30

II 453-558   Aeneas beobachtet vom Dach des Königspalastes, wie Pyrrhus Polites und
dann dessen Vater, König Priamus, erschlägt   1624B Nr. 20, 1652C fig. 64, 1658A pict.
40, 1736B, 1760, 1811A Nr. 10, 1840 Nr. 31-35

II 559-633   Aeneas ist isoliert; er erblickt Helena (Helena-Szene); Venus hält ihn von ihrer
Ermordung ab;   1652C fig. 65, 1663D Nr. 4, 1763A, 1811A Nr. 11, 1840 Nr. A1

II 634-698   Im Hause des Aeneas; Anchises gibt unter dem Eindruck des Flammen-
Prodigiums am Haupt des Ascanius seine Weigerung auf, Troja zu verlassen
1658A pict. 41, 1663D Nr. 5, 1741C (cod. F), 1746A, 1804A, 1811A Nr. 13, 1840 Nr.
36-37 und Nr. A2

II 699-729   Flucht des *pius Aeneas* mit seiner Familie aus Troja (Vater Anchises, Sohn
Ascanius; auch Gattin Creusa)   1558A, 1601, 1624B Nr. 21, 1652C fig. 56, 1658A pict.
42, 1663D Nr. 6, 1668D, 1680A, 1688A fig. 9, 1699, 1707 (=1680A,   =1714A),
1714A (~1680A), 1717B, 1717C, 1726C (~1668D), 1745, 1743F, 1760,   1763A,
1783B *bis*, 1788A (~1745), 1793A, 1798A, 1802B, 1811A Nr. 14, 1840 Nr. 38

II 730-804   Creusas Verschwinden, die Suche nach ihr, ihre Erscheinung; Verlassen des
eroberten Troja   1663D Nr. 7, 1688A fig. 10, 1736B, 1811A Nr. 15

Aeneis III

III   1-12   Bau der Flotte bei Antandrus; Aufbruch aus der Troas
1507, 1510B, 1540B, 1543B, 1624B Nr. 22, 1741C (cod. F), 1840 Taf. 9/Nr. 39

III 13-68   Fahrtstation Thrakien mit Polydorus-Prodigium   1528B, 1540B, (1552B),
1555, 1652C fig. 66, 1658A pict. 43, 1663D Nr. 8, 1741C (cod. F), 1840 Nr. 40

III 69-120   Fahrtstation Delos mit Apollo-Orakel   1528B ? (VI-VIII), 1540B ? (V),
1658A pict. 44, 1663D Nr. 9, 1840 Nr. 41

III 121-191   Fahrtstation Kreta mit Seuche und Penaten-Erscheinung
(1528 ?), 1540B ? (V), 1615, 1624B Nr. 23, 1699 ?, 1741C (cod. F *bis*), 1798A,
1802B, 1840 Taf. 10/Nr. 42 und Nr. 43

III 192-267   Seesturm und Fahrtstation Strophaden mit den Harpyien
1624B Nr. 24, 1649B (=1697C), 1658A pict. 45, 1663D Nr. 10, 1668D, 1680A, 1707
(=1680A, =1714A), 1712A (~1649B, ~1697C), 1714A (~1680A), 1726C (~1668D),
1743, 1746A, 1760, 1811A Nr. 16, 1840 Nr. 44

III 268-293   Weiterfahrt nach Leucate, Spiele in Aktium; Überwintern; Weiterfahrt nach
Buthrotum   1652C fig. 67, 1688A fig. 11

III 294-505   Fahrtstation Buthrotum mit Begegnung mit Andromache und Helenus
1540B ? (IV), 1552B, 1601 ?, 1624B Nr. 25 ?, 1652C fig. 68-71, 1699 ?, 1717B,
1783B ? (V), 1793A

speziell **III 294-345**   Begegnung mit Andromache am Grabmal Hektors
1540B ?, 1658A pict. 46, 1717C, 1745, 1811A Nr. 17, 1840 Taf. 11/Nr. 45

speziell **III 463-505**   Abschied von Buthrotum   1658A pict. 47, 1840 Nr. 46

III 506-587   Weiterfahrt bis Sizilien

speziell **III 521-547**   erstmaliges Sichten Italiens (Südostküste) und Opfer für Juno
1663D Nr. 11, 1688A fig. 12, 1840 Taf. 12/Nr. 47

III 588-683   Begegnung am Aetna mit dem Griechen Achaemenides, der vom Polyphem-
Abenteuer mit Odysseus erzählt; Flucht vor den nahenden Kyklopen
1612A, 1626, 1648C, 1652C fig. 72, 1658A pict. 48, 1663D Nr. 12, 1700B, 1717B,
1760, 1796B (=1760), 1821E, 1840 Taf. 13-15/Nr. 48-50

III 684-715   Weiterfahrt an Sizilien entlang; Tod des Anchises in Drepanum; Erreichen
Karthagos   1688A fig. 13, 1741C (cod. F), 1783B, (1793A), 1793A *bis*, 1840 Nr. 51

III 716-718   Rahmen der Erzählung des Aeneas: Fest am Hofe Didos in Karthago   1507
(IV)

Aeneis IV

IV   1-89   Liebe Didos zu Aeneas, Aussprache Didos mit ihrer Schwester Anna darüber
(1510B), 1555, 1558A, 1612A, 1615, 1652 fig. 73, 1658A pict. 49/50, 1688A fig. 14,
1741C (cod. F), 1840 Taf. 16/Nr. 52 und Nr. 53-55

IV   90-128   Komplott zwischen Juno und Venus hinsichtlich Didos   1840 Nr. 56

IV 129-172   Jagd mit Vereinigung Didos und Aeneas' in der Grotte   1543B, (1601),
(1612A), 1624B Nr. 26 und Nr. 27, 1652C fig. 74/75, 1658A pict. 51, 1668D, 1688A
fig. 15, (1699), 1700B, 1726C (~1668D), 1741C (cod. R), 1745, 1746A, 1760, 1783B,
1796B (=1760), 1802B, 1811A Nr. 18, 1835A, 1840 Nr. 57 und Taf. 17/Nr. 58

IV 173-218   Die Fama und die Reaktion des Gätulerkönigs Jarbas   1652C fig. 76, 1840
Taf. 18/Nr. 59 und Nr. 60

IV 219-237   Jupiter entsendet Mercurius nach Karthago, um Aeneas an seine Mission zu
erinnern   (1601), 1652C fig. 77

IV 238-295   Mercurius übermittelt Jupiters Mahnung an Aeneas; dessen Reaktion; Vorbereitungen zur Abfahrt   (1552B), 1626, 1649B (=1697C), 1652C fig. 78, 1658A pict. 52,
(1699), 1712A (=1649B, =1697C), 1741C (cod. F), 1821E, 1840 Nr. 61

IV 296-392   Auseinandersetzung Didos mit Aeneas   1552B, 1624B Nr. 10 ?, 1652C fig.
79 ?, 1741C (cod. F), 1804A, 1840 Nr. 62-63

IV 393-449   Vergebliche Intervention Annas bei Aeneas, der zur Abfahrt entschlossen ist
1510B, 1528B, 1540B, 1688A fig. 16, 1840 Taf. 19/Nr. 64

IV 450-553   Verzweiflung Didos, Errichten eines Scheiterhaufens   1652C fig. 80,
1658A pict. 53, 1793A, 1840 Taf. 20-21/Nr. 65-66

IV 554-583   erneute Mahnung des Mercurius an Aeneas, Abfahrt der Trojaner von Karthago (1555), 1652C fig. 81, 1717B, 1840 Nr. 67

IV 584-641   Reaktion Didos auf die Abfahrt der Trojaner, Vorbereitungen zum Selbstmord
1652C fig. 82, 1741C (cod. F), 1840 Taf. 22/Nr. 68

IV 642-705   Tod Didos mit Klage ihrer Schwester Anna   (1555), 1555 (VI), 1558A,
1601, 1610A (III), 1612A (V), 1648C, 1652C fig. 83/84, 1688A fig. 17, 1707

(~1680A, ~1714A), 1714A (~1680A), 1717B, 1717C, 1741C (cod. F *bis*), 1760, 1798A, 1802B, 1811A Nr. 19, 1840 Taf. 23/Nr. 69

speziell **IV 693-705**   die von Juno entsandte Iris erlöst Dido im Todeskampf
1658A pict. 54, 1680A, 1699, 1743, 1753F

Aeneis V

V   Seefahrt der Trojaner allgemein   1507, 1510B, 1540B ?

V   1-7   Rückblick der Trojaner auf Karthago (eventuell mit Scheiterhaufen Didos)
1543B, 1610A ? (I), 1612A, 1700B

V   8-34   Ein Seesturm verschlägt die Trojaner erneut nach Sizilien

V   35-41   Aufnahme der Trojaner bei Acestes in Sizilien   1528B ?, 1783B

V 42-113   Aeneas kündigt Gedächtnisspiele für Anchises an und bringt an dessen Grab
ein Opfer dar, bei dem eine Schlange erscheint
(1555 ?), 1624B Nr. 28, 1626, 1652C fig.   85, 1658A pict. 55, 1688A fig. 18/19,
1717B, 1746A, 1752B, 1760, 1793A, 1796B   (~1760), 1798A, 1802B

V 114-603   Gedächtnisspiele für Anchises
(1626), 1668D, 1726C (~1668D), 1793A, 1835A

speziell **V 114-285**   Spiele: Wettrudern
1652C fig. 86-90, 1658A pict. 56, 1741C (cod. F *bis*), 1840 Nr. 70

speziell **V 286-361**   Spiele: Wettlauf
1658A pict. 57, 1745, 1788A (~1745), 1840 Nr. 71

speziell **V 362-484**   Spiele: Faustkampf (mit *caestus*) zwischen Dares und Entellus
1652C fig. 91, 1658A pict. 58, 1680A, 1707 (=1680A, =1714A), 1714A (~1680A),
1743, 1811A Nr. 20, 1840 Nr. 72-73

speziell **V 485-544**   Spiele: Bogenschießen
1652C fig. 92, 1658A pict. 59, 1840 Nr. 74

speziell **V 545-603**   Trojaspiel (Schaureiten)
1648C, 1652C fig. 93, 1658A pict. 60, 1840 Nr. 75

V 604-663   Iris (als Beroe) stiftet die Trojanerinnen an, die Schiffe anzuzünden
1555,   1601, 1624B Nr. 2 = Nr. 30, 1649B (= 1697C), 1652C fig. 94, (1699), 1712A
(~1649B, ~1697C), 1717C, 1760

V 664-745   Reaktion der Trojaner und des Aeneas auf den Schiffsbrand; Rat des Nautes an
Aeneas; Erscheinung des Anchises
1652C fig. 95/96, 1688A fig. 20, 1840 Nr. 76 und Taf. 24/Nr. 77

V 746-778   Stadtgründung auf Sizilien; Weiterfahrt
1540B ?, 1652C fig. 97, 1840 Nr. 78

V 779-826   Venus erbittet von Neptunus eine glückliche Weiterfahrt der Trojaner zum Ziel
1652C fig. 98, 1658A pict. 61, 1688A fig. 21, 1699, 1741C (cod. F), 1840 Taf. 25/Nr.
79

V 827-871   Der Schlafgott ertränkt Palinurus, den Steuermann des Aeneas, als Opfer für
eine glückliche Überfahrt
1652C fig. 99/100, 1688A fig. 22, (1760), 1821E, 1840 Taf.   26/Nr. 80

Aeneis VI

VI 1-8   Landung der Trojaner in Italien bei Cumae 1624B Nr. 31, 1652C fig. 101

VI 9-41   Der Apollo-Tempel von Cumae nebst Beschreibung seiner Tore
1507, 1510B, 1528B ?, 1540B ? (V), 1540B, 1793A

VI 42-155   Aeneas und Achates in der Höhle der Sibylle   1540B ? (V), 1652C fig.
102, 1658A pict. 62, 1741C (cod. F), 1746A, 1760, 1840 Taf. 27/Nr. 81

VI 156-185   Aeneas und Achates sehen, dass der Trompeter Misenus tot ist; Vorbereitungen
zu seiner Bestattung 1624B Nr. 5 = Nr. 33

VI 186-211   Zwei Tauben führen Aeneas zu dem Goldenen Zweig, der ihm Zugang zur
Unterwelt verschaffen kann 1658A pict. 63, 1688A fig. 23, 1840 Taf. 28/Nr. 82

VI 212-235   Bestattung des Misenus   1658A pict. 64, 1793A, 1840 Taf. 29/Nr. 83

VI 236-294   Aeneas und die Sibylle betreten die Unterwelt und gelangen in den Vorhof
1601, 1610A ? (II), 1612A, 1615, 1652C fig. 103, 1658A pict. 65, 1688A fig. 24/25,
1699, 1700B, 1741C (cod. F *bis*), 1811A Nr. 21, 1840 Taf. 30-31/Nr. 84-85

VI 295-893   Aeneas und die Sibylle in der Unterwelt
1543B, 1626, 1668D, 1717B, 1783B, 1793A ?, 1821E

speziell **VI 295-336**   Charon   1624B Nr. 34, 1811A Nr. 22, 1840 Taf. 32/Nr. 86

speziell **VI 337-383**   Begegnung mit Palinurus   1624B Nr. 35, 1840 Taf. 33/Nr. 87

speziell **VI 384-416**   Überfahrt über den Styx im Nachen Charons   1648C,
1652C fig. 104, 1658A pict. 66, 1680A, 1707 (= 1680A, = 1714A), 1714A (~1680A),
1745, 1760, 1796B (= 1760), 1802B, 1840 Taf. 34-35/Nr. 88-89 und Nr. 89a

speziell **VI 417-425**   Cerberus   1558A, (1717B), 1717C, 1741C (cod. F), 1811A
Nr. 23, (1840 Taf. 35/Nr. 89 und Nr. 89a)

speziell **VI 426-493**   Kinder, Selbstmörder u. a.
1688A fig. 26, 1840 Nr. 90-91 und   Taf. 36/Nr. 91a

speziell darunter **VI 450-476**   Begegnung mit Dido 1   624B Nr. 6 = Nr.
36,   1652C fig. 105, 1658A pict. 67, 1811A Nr. 24, 1840 Taf. 37/Nr. 92

speziell **VI 494-547**   Begegnung mit Deiphobus   1624B Nr. 37, 1652C fig. 106,
1658A pict. 68, 1741C (cod. F), 1811A Nr. 27, 1840 Taf. 38/Nr. 93 und Nr. 94

speziell **VI 548-627**   Blick in den Tartarus
1615, 1652C fig. 107, 1726C (~1668D), 1811A Nr. 25/26, (1840 Nr. 91), (1840 Taf.
36/Nr. 91a), 1840 Taf. 39/Nr. 95

speziell **VI 628-636**   Niederlegung des Goldenen Zweiges
1741C (cod. F), 1840 Taf. 40/Nr. 96 und Nr. 97

speziell **VI 637-678**   Das Elysium (*fortunata nemora*)   1624B Nr. 38, 1688A fig.
27, (1741C, (cod. F), (1753F), 1840 Taf. 46/Nr. 98 und Taf. 41/Nr. 99

speziell **VI 679-898**   Begegnung mit Anchises   1652C fig. 108, 1741C (cod. F),
(1753F), 1840 Taf. 42/Nr. 100 und Nr. 12 und Taf. 43/Nr. 101

speziell dabei **VI 752-892**   ,Heldenschau'
1624B Nr. 39 und Nr. 40 ?, 1649B (= 1697C), 1652C fig. 109, 1658A pict. 69, 1712A
(=1649B, =1697C), 1743, 1753F, 1798A, 1840 Taf. 44-45/Nr. 102-103

VI 893-901   Aeneas und die Sibylle verlassen die Unterwelt durch die Pforte aus Elfenbein
1741C (cod. F), 1760, 1840 Taf. 47/Nr. 104

Aeneis VII

VII   1-6   Bestattung der Amme Caieta   1652C fig. 110, 1688A fig. 28

VII   6-24   Vorbeifahrt der Trojaner an der Insel der Circe
1507, 1510B, 1540B (V), 1741C (cod. F), 1840 Nr. 105

VII   25-36   Einfahrt in die Tibermündung   1840 Nr. 106

VII   37-45   Musenanruf (‚zweites Proömium')

VII   45-106   Der Stand der Dinge in Latium: die Prodigien und Orakel für Lavinia und. das
Flammen-Prodigium   1528B, 1540B ? (V), 1652C fig. 111, 1741C (cod. F), 1840 Taf.
48/Nr. 107 und Nr. 108

VII 107-147   Das Eintreten des ‚Tisch-Prodigiums' für die Trojaner mit anschließendem von
Jupiter gesandtem *Augurium maximum*   1652C fig. 112/113, 1658A pict. 71, 1688A fig.
29, 1753F, 1798A, 1802B

VII 148-169   Gesandtschaft der Trojaner an König Latinus   1610A ?, 1652C fig. 114-
117, 1700B, 1717C, 1840 Nr. 109-110

VII 170-285   Der Palast des Latinus in der Königsstadt ‚Laurentum'; Empfang der
trojanischen Gesandten unter Führung des Ilioneus durch König Latinus, den Gatten Amatas
und Vater Lavinias   1543B, 1612A, 1658A pict. 72, 1688A fig. 30, 1741C (cod. F *bis*),
1760, 1783B, 1796B (~1760)

VII 286-340   Die über die für die Trojaner günstige Entwicklung erboste Juno wendet sich
an die Furie Allecto

VII 341-571   Das Wirken der Furie Allecto   1741C (cod. F), 1760, 1763A, 1793A,
1811A Nr. 28, 1840 Nr. 111

   speziell **VII 341-405** Allecto bringt die Königin Amata zu bacchantischer Raserei
   1652C fig. 118, 1658A pict. 73, 1793A, 1804A, 1840 Nr. 112 und Nr. 113

   speziell **VII 406-474** Allecto bei Turnus
   1652C fig. 119, 1688A fig. 31, 1840 Nr. 114

   speziell **VII 475-510** Allecto und die Hunde des Ascanius bei seiner Jagd auf den
   Hirsch Silvias   (1543B), 1558A, 1601 ?, 1658A pict. 74, 1688A fig. 32, 1699,
   1743, 1745, 1811A Nr. 30, 1835A, 1840 Taf. 49/Nr. 6 ?? und Nr. 115

   speziell **VII 511-539**   Das Horn der Allecto ruft die Landbevölkerung zum
   Kampf gegen die Trojaner unter Ascanius auf; erste Kämpfe und erste Tote
   1680A, 1688A fig. 33, 1699 ??, (1700B), 1707 (=1680A, =1714A), 1714A (~1680A),
   1726C (~1668D), 1741C (cod. F), (1745), 1811A Nr. 29, 1840 Nr. 116

   speziell **VII 540-571** Der Rückzug der Allecto

VII 572-600   Die Latiner drängen König Latinus zum Krieg gegen die Trojaner
1652C fig. 120, 1668D, 1811A Nr. 31, 1840 Nr. 117

VII 601-622   Anstelle des Latinus öffnet Juno die ‚Pforten des Krieges'   1626 (?), 1649B,
1658A pict. 70, 1712A (~1649B), 1717B, 1741C (cod. F), 1746A, 1793A, 1840 Nr.
118

VII 623-640   Bewaffnung der Latiner   1840 Nr. 118-119

VII 641-646 Musenanruf

VII 647-817 Truppenkatalog der italischen Alliierten gegen die Trojaner mit ihren 12 Führern und mit Camilla 1648C, 1688A fig. 34, 1821E

> speziell **VII 783-802** Turnus 1601 ?, 1652C fig. 121, 1658A pict. 75, 1699 ?, 1840 Nr. 120

> speziell **VII 803-817** Camilla 1652C fig. 122, 1658A pict. 75

Aeneis VIII

VIII 1-18 Unter Führung des Turnus erheben sich die Latiner zum Kampf gegen die Trojaner; Aufmarsch vor der Königsstadt ‚Laurentum' 1507, 1510B, 1540B (I), 1543B ?, 1610A ?, (1840 Nr. 121)

VIII 18-67 Der Flussgott Tiberinus erscheint dem Aeneas und rät ihm, die Arkader als Bundesgenossen zu gewinnen 1624B Nr. 42, 1658A pict. 76, 1688A fig. 35, 1717C, 1811A Nr. 32, 1821E, 1840 Nr. 122

VIII 68-101 Fahrt des Aeneas nach Pallanteum zu den Arkadern; er opfert Juno eine Sau mit 30 Frischlingen (‚Sau-Prodigium') 1615, 1652C fig. 123, 1688A fig. 36, 1741C (cod. F), 1760, 1796B (~1760)

VIII 102-124 Ankunft des Aeneas in Pallanteum, wo ein Opferfest für Hercules stattfindet; Begegnung mit Pallas 1652C fig. 124, 1700B, 1745, 1760, 1840 Nr. 123

VIII 125-183 Begrüßung des Aeneas in Pallanteum (an der Stelle des nachmaligen römischen Palatins) durch König Euander 1612A, 1652C fig. 125/126, 1840 Nr. 124

VIII 184-279 Erzählung Euanders von der Tötung des Rinderdiebes Cacus durch Hercules 1624B Nr. 43 ? und Nr. 44, 1652C fig. 127/128, 1743, 1763A, 1811A Nr. 33/34, 1840 Nr. 125-128

VIII 280-305 Opferfeierlichkeiten für Hercules in Pallanteum 1652C fig. 129

VIII 306-368 Euander zeigt Aeneas die Stätte des nachmaligen Rom (‚Perihegese Roms') 1652C fig. 130/131, 1658A pict. 77, 1840 Nr. 129

VIII 369-406 Venus bittet ihren Gatten Vulcanus um neue Waffen für Aeneas und schläft mit ihm 1652C fig. 132, 1793A, 1811A Nr. 36, 1840 Nr. 130-131

VIII 407-453 Vulcanus begibt sich in seine Werkstatt zu seinen Gehilfen, den Kyklopen, und lässt sie die neuen Waffen schmieden (‚Werkstatt Vulkans', nach dem Aeneis-Text ohne Venus) 1601 (mit Venus), 1615 (ohne Venus), 1652C nach fig. 132, 1658A pict. 78, 1688A fig. 37, 1699 (mit Venus), 1717B, 1746A, 1753F, 1763A, 1811A Nr. 35, 1840 Nr. 132-133

VIII 454-553 Aeneas bei Euander und den Arkadern; Waffen-Prodigium 1652C fig. 133, 1840 Nr. 134

VIII 554-607 Abschied Euanders von seinem Sohn Pallas und Auszug des Aeneas aus Pallanteum mit den Arkadern als Bundesgenossen; die Verbündeten erreichen das etruskische Heer bei Caere 1652C fig. 134/135, 1840 Nr. 135

VIII 608-731 Venus übergibt Aeneas die neuen Waffen 1626, 1648C, 1649B (=1697C), 1652C fig. 136, 1658A pict. 79, 1680A, 1688A fig. 38, 1706 (~1649B), 1707 (~1680A, ~1714A), 1712A (=1649B, ~1697C), 1714A (~1680A), 1717C, 1783B ??, 1798A, 1811A Nr. 37, 1840 Taf. 50/Nr. 136

speziell **VIII 626-728**   Beschreibung der auf dem Schild dargestellten Szenen
aus der römischen Geschichte (‚Schildbeschreibung'). 1652C fig. 137/138, 1753E

Aeneis IX

IX 1-24 Die Göttin Iris erscheint Turnus   1507, 1510B, 1652C fig. 139, 1658A pict.
80, 1688A fig. 39, 1717C, 1741C (cod. R), 1811A Nr. 38, 1835A, 1840 Nr. 137

IX 25-76 Die Latiner rücken vor das trojanische Schifflager; Turnus will die Schiffe in
Brand setzen   1601 ?, 1752B, 1821E

IX 77-122 Die trojanischen Schiffe werden auf Intervention der Kybele in Nymphen
verwandelt (Schiffsmetamorphose); dabei Rückgriff auf die Vorgeschichte, die Bitte Kybeles
an Jupiter   1624B Nr. 46, 1658A pict. 81, 1680A, 1688A fig. 40, 1707 (=1680A,
=1714A), 1714A (~1680A), 1741C (cod. F), (1752B), 1753F, 1760, 1783B, 1793A,
1796B (~1760), 1811A Nr. 39

IX 123-175 Turnus spricht zu den latinischen Alliierten und lässt das Lager der Trojaner
einschließen   (1507), (1510B), 1528B, 1540B (II), 1652C fig. 140, 1741C (cod. F), 1760

IX 176-313 Nisus und Euryalus fassen den Plan, aus dem trojanischen Lager einen Ausfall
zu machen, um zu Aeneas durchzubrechen, und tragen ihn im Kriegsrat vor   1626, 1652C
fig. 141-144, 1741C (cod. F), 1840 Taf. 51/Nr. 138

IX 314-366 Nisus und Euryalus richten im Lager der Latiner, die betrunken schlafen, ein
Blutbad an   1543B, 1624B Nr. 47, 1652C fig. 145/146, 1658A pict. 82, 1811A Nr. 40,
1840 Taf. 52/Nr. 139

IX 367-449 Nisus und Euryalus werden von einem latinischen Reitertrupp unter Volcens
gestellt; Volcens tötet Euryalus; Nisus stürzt sich aus seinem Versteck auf Volcens, tötet ihn
und wird selbst getötet   1624B Nr. 48 ?, 1649B (= 1697C), 1652C fig. 147-151, 1658A
pict. 83, 1688A fig. 41, 1706 (= 1649B), 1712A (~1649B, ~1697C), 1717B, 1743,
1802B, 1811A Nr. 41, 1840 Taf. 53-55/Nr. 140-142

IX 450-472 Klage der Rutuler um die von Nisus und Euryalus Erschlagenen; die aufge-
spießten Köpfe des Nisus und des Euryalus werden den belagerten Trojanern gezeigt
1652C fig. 152, 1700B

IX 473-502 Die Klage der Mutter des Euryalus   1615, 1652C fig. 153/154, 1811A Nr. 42,
1840 Nr. 143

IX 503-818 Angriff der latinischen Alliierten auf das trojanische Lager   1610A,
1624B Nr. 50, 1648C ?, 1652C fig. 155-157 und fig. 159, 1658A pict. 84, 1699 ??
(VIII), (1700B), 1741C (cod. F), 1745, 1746A

speziell **IX 590-671** der junge Ascanius tötet den Numanus, wird aber von Apollo an
weiteren Kriegstaten gehindert   1612A ?, 1624B Nr. 45 = Nr. 49, 1652C fig. 158,
(1746A), 1798A, 1840 Nr. 144

speziell **IX 672-755** die riesigen Trojaner Bitias und Pandarus werden von Turnus
erschlagen   1658A pict. 85, 1840 Taf. 56/Nr. 145 und Nr. 146

speziell **IX 815-818** Turnus kann sich aus dem trojanischen Lager, in das er
eingedrungen ist, nur durch einen Sprung in den Tiber retten   1555 (VIII), 1558A,
1610A, 1624B Nr. 51, 1652C fig. 160, 1760, 1840 Nr. 147

Aeneis X

X 1-117   Götterversammlung mit Auseinandersetzung zwischen Venus und Juno vor
Jupiter   1507, 1510B, 1528B, 1555, (1558A, VIII), (1601), 1610A, 1612A, 1624B Nr.
52, 1626 (XI), 1649B (=1697C), 1652C fig. 161/162, 1658A pict. 86, 1680A, 1706
(~1649B), 1707 (=1680A, ~1714A), 1712A (~1649B, =1697C), 1714A (~1680A),
1717B, 1717C, 1753F, 1760, 1763A, 1796B (~1760), 1798A, 1802B, 1835A *bis*, 1840
Taf. 57/Nr. 148

X 118-145   Die Trojaner verteidigen ihr Lager gegen die Angriffe der Latiner

X 146-307   Aeneas nähert sich auf dem Seeweg mit den neuen etruskischen
Bundesgenossen unter Tarchon dem trojanischen Lager am Tiber und landet dort; Turnus
spornt seine Leute an   1610A, 1648C, 1652C fig. 164/165, 1783B, (1700B ?)

speziell **X 215-259**   Aeneas begegnet den in Nymphen verwandelten ehemaligen
trojanischen Schiffen   1624B Nr. 53, 1652C fig. 163, 1688A fig. 42, 1746A, 1
840 Nr. 149

X 308-605   Schlacht vor dem trojanischen Lager   1835A ?

speziell **X 310-361**   Waffentaten (Aristie) des Aeneas   1624B Nr. 55 ?, 1658A
pict. 87, 1840 Nr. A3

speziell **X 362-438**   Waffentaten (Aristie) des Pallas   1652C fig. 166

speziell **X 439-509**   Turnus tötet Pallas im Zweikampf und nimmt dessen
Wehrgehenk als Beute   (1543B), 1652C fig. 167/168, 1658A pict. 88, 1688A fig.
43, 1699 ?, 1700V ?, 1745, 1763A, 1793A, 1811A Nr. 43, 1840 Nr. 150-151

speziell **X 510-605**   Wüten des rachedürstenden Aeneas im Kampf   1652C fig.
169, 1811A Nr. 44, 1840 Nr. 152

X 606-632   Dialog im Olymp zwischen Jupiter und Juno

X 633-688   Turnus lässt sich durch ein von Juno gesandtes Phantombild des Aeneas vom
Schlachtfeld weglocken   1615, 1624B Nr. 56, 1652C fig. 170, 1760, 1840 Taf. 58/Nr. 153

X 689-908   Schlacht vor dem trojanischen Lager in Abwesenheit des Turnus
1601 ?, 1717B

speziell **X 689-768**   Waffentaten (Aristie) des Mezentius

speziell **X 769-832**   Aeneas verwundet Mezentius und tötet dessen Sohn Lausus, der
den Vater retten will 1543B, 1558A (VIII), 1658A pict. 89, 1688A fig. 44, 1743,
1811A Nr. 45, 1840 Nr. 154

speziell **X 833-866**   Mezentius klagt um Lausus und spricht zu seinem Pferd
Rhaebus   1624B Nr. 57, 1652C fig. 171, 1840 Taf. 59/Nr. 155

speziell **X 867-908**   Aeneas tötet Mezentius im Zweikampf   1652C fig. 172,
1658A pict. 90, 1821E, 1840 Nr. 156-157

H. Inhaltsverzeichnis
für die beiden beigefügten DVDs

Liste der Ordner auf den beiden DVDs VP-DVD 1 und VP-DVD 2

Alle Rechte liegen bei der BSB (Bayerische Staatsbibliothek München).

Zusammenstellung des Inhalts der beiden DVDs (03.10.2007): Prof. Dr. Werner Suerbaum, Universität München, Email suerbaum@klassphil.uni-muenchen.de. Vgl. auch das Stichwort *DVD* in Kap. B 2 S. 24f.; zu den Aufdrucken auf den DVDs S. 401 *Anmerkung*.

Bei der BSB sind für alle hier aufgeführten und auf den beiden DVDs im JPG-Format (nur VP 1502 im PDF-Format) gespeicherten Digitalisate die Original-Digitalisate zugänglich, dort meist auch im TIF-Format. Aufrufbar sind sie durch Klick auf die blaue Rubrik (ganz unten) „sonstige URL", die bei der Vollanzeige im OPACplus der in der folgenden Liste angeführten BSB-Signaturen erscheint. Mindestens die Volldigitalisate sind auch aufrufbar über die „Digitale Bibliothek" der BSB, dort „Quelleneditionen" – „Buchillustrationen zu Vergils Aeneis 1502-1840". Auch die Teil-Digitalisate bei der BSB sollen in Zukunft auf einer gemeinsamen Plattform (wie bereits hier auf den beiden DVDs) zusammengeführt werden.

Aus technischen Gründen (für die Namen der Ordner ist ein / Schrägstrich nicht zulässig) mussten die Originalsignaturen der BSB, die mit Res/ oder ESlg/ (jeweils ohne folgendes 40patium) beginnen, ersetzt werden durch Res. oder ESlg. (jeweils mit folgendem Spatium). Der Ordner-Name VP 1502 Suerbaum BSB Res. 2 A.lat.a. 292 bezieht sich also auf die BSB-Signatur Res/2 A.lat.a. 292, der Ordner-Name VP 1576B Suerbaum BSB ESlg. 4 A.lat.a. 706 auf die BSB-Signatur ESlg/4 A.lat.a. 706.

Für einige Nummern besitzt die BSB Volldigitalisate, die nicht auf den beiden hier beigefügten DVDs enthalten sind (im vorliegenden Inhaltsverzeichnis dann ein Hinweis vom Typ „nur Bilder").

Die VP-Nummern (VP = Vergilius Pictus) beziehen sich auf das vorliegende Handbuch:
Werner Suerbaum
Handbuch der illustrierten Vergil-Ausgaben 1502-1840
Geschichte, Typologie, Zyklen und kommentierter Katalog
der Holzschnitte und Kupferstiche zur Aeneis in Alten Drucken
Hildesheim, Georg Olms Verlag, 2008

DVD 1	1502-1529
VP 1502	Suerbaum BSB Res. 2 A.lat.a. 292 nur Bilder (im JPG-Format)
VP 1502	Suerbaum BSB Res. 2 A.lat.a. 292 die komplette Ausgabe, nicht im JPG-, sondern im PDF-Format mit 96 dpi (908 zusätzliche Dateien): die Straßburger Ausgabe von S. Brant mit dem ersten großen, sehr oft übernommenen oder nachgeahmten Holzschnitt-Zyklus Nr. 2
VP 1507	Suerbaum BSB Res. 4 A.lat.a. 658 nur Bilder (im JPG-Format) der erste erreichbare Beleg für die erste venezianische, die „humanistische" Adaption der Holzschnitte aus VP 1502, verkürzt zu einem Zyklus von Titelbildern für die einzelnen Bücher, dem Zyklus Nr. 3
VP 1509C	Suerbaum BSB A.lat.a. 2613 e
VP 1509D	Suerbaum BSB ESlg. 2 A.lat.a. 345 nur Bilder
VP 1510A	Suerbaum BSB ESlg. A.lat.a. 2135 nur Bilder

VP 1510B	Suerbaum BSB Res. 2 A.lat.a. 297
VP 1511	Suerbaum BSB Res. 2 A.lat.a. 266
VP 1512A	Suerbaum BSB Res. 2 A.lat.a. 300
VP 1514A	Suerbaum BSB Res. 2 A.lat.a. 301
VP 1515B	Suerbaum BSB Res. 2 A.lat.a. 302 d
VP 1515F	Suerbaum BSB Res. 2 A.lat.a. 349 komplett (vollständig digitalisiert): die erste deutsche Aen.-Übers. von Thomas Murner mit mit den meisten originalen Aen.-Holzschnitten aus VP 1502 (Zyklus Nr. 2)
VP 1517	Suerbaum BSB Res. 2 A.lat.a. 304 komplett für Aen., sonst nur Bilder mit fast allen originalen Holzschnitten aus VP 1502 (Zyklus Nr. 2)
VP 1519	Suerbaum BSB Res. 2 A.lat.a. 305 komplett für Aen. Teil 1, hier nur Bilder für Titel, ecl., georg. I bis IV-A
VP 1519	Suerbaum BSB Res. 2 A.lat.a. 305 komplett für Aen. Teil 2, hier nur Bilder für georg. IVB, Aen. I bis V-A komplett
VP 1519	Suerbaum BSB Res. 2 A.lat.a. 305 komplett für Aen. Teil 3, hier Aen. V-B bis XI-A komplett
VP 1519	Suerbaum BSB Res. 2 A.lat.a. 305 komplett für Aen. Teil 4, hier Aen. XI-B bis XIII komplett, nur Bilder für opuscula In VP 1519 ist erstmals der Holzschnitt-Zyklus Nr. 6, die gotische Giunta-Adaption von VP 1502, enthalten
VP 1520A	Suerbaum BSB 2 A.lat.a. 268
VP 1529A	Suerbaum BSB Res. 2 A.lat.a. 306; hierin sind für die Holzschnitte letztmals die originalen Stöcke des Zyklus Nr. 2 benutzt
VP 1529D	Suerbaum BSB Res. 2 A.lat.a. 307
VP 1529F	Suerbaum BSB Res. 2 A.lat.a. 333 m VP 1529D und VP 1529F sind zwei Beispiele für den Pariser Zyklus Nr. 8, stark verkleinerte Adaptionen von Holzschnitten aus VP 1502 (Zyklus Nr. 2)

DVD 2   1531-1835

VP 1531	Suerbaum BSB 4 A.lat.a. 659
VP 1532D	Suerbaum BSB A.lat.a. 2336
VP 1536B	Suerbaum BSB Res. 2 A.lat.a. 310
VP 1540B	Suerbaum BSB Res. A.lat.a. 2337
VP 1541B	Suerbaum BSB Res. 2 A.lat.a. 311 Reduzierung der gotischen Giunta-Adaption (des Zyklus Nr. 6) von VP 1502 auf einen Zyklus von Titelbildern für die einzelnen Bücher, Nr. 6a
VP 1543B	Suerbaum BSB Res. A.lat.a. 2312 komplett
VP 1543B	Suerbaum BSB Res. A.lat.a. 2312 nur kolorierte Bilder VP 1543B (mit der deutschen Aen.-Übers. von Thomas Murner nach VP 1515F) stellt eine Vorstufe des Argumentum-Typus (Zyklus Nr. 9) dar, der in VP 1559C (Frankfurter Argumentum-Zyklus Nr. 15) und VP 1561B (Züricher Argumentum-Zyklus Nr. 16) voll ausgebildet ist
VP 1544	Suerbaum BSB A.lat.a. 2338 ein Beispiel für den Zyklus Nr. 7, den des *Virgilio volgare*
VP 1547B	Suerbaum BSB 4 A.gr.b. 830#Beibd. 2
VP 1552A	Suerbaum BSB 2 A.lat.a. 314
VP 1552B	Suerbaum BSB 4 A.lat.a. 691
VP 1554A	Suerbaum BSB A.lat.a. 2150
VP 1555	Suerbaum BSB 2 A.lat.a. 315
VP 1556A	Suerbaum BSB A.lat.a. 2152

VP 1558A	Suerbaum BSB 2 A.lat.a. 316
VP 1559C	Suerbaum BSB A.lat.a. 2313
VP 1559F	Suerbaum BSB Res. 2 A.lat.a. 334
VP 1560A	Suerbaum BSB Res. 4 A.lat.a. 692
	der voll ausgebildete Argumentum-Titelbild-Zyklus Nr. 10,
	der Bernard Salomon zugeschrieben wird
VP 1561A	Suerbaum BSB 2 A.lat.a. 317
VP 1561A	Suerbaum BSB 2 A.lat.a. 317 a
VP 1561B	Suerbaum BSB A.lat.a. 2154
VP 1562A	Suerbaum BSB 2 A.lat.a. 318
VP 1566B	Suerbaum BSB Res. 2 A.lat.a. 319
VP 1572A	Suerbaum BSB A.lat.a. 2614 u
VP 1572B	Suerbaum BSB 2 A.lat.a. 320
VP 1573A	Suerbaum BSB Res. A.lat.a. 2614 l
VP 1575	Suerbaum BSB 2 A.lat.a. 321
VP 1576B	Suerbaum BSB ESlg. 4 A.lat.a. 706 komplett (vollständig digitalisiert)
	die einzige Dramatisierung der Aen. durch Johannes Lützelberger, mit
	den Argumentum-Titelbildern des Frankfurter Typus (Zyklus Nr. 15)
VP 1576B	Suerbaum BSB ESlg. 4 A.lat.a. 706 nur Bilder
VP 1577A	Suerbaum BSB A.lat.a. 2158
VP 1579A	Suerbaum BSB A.lat.a. 2158 m
VP 1580 buc.-georg.	Suerbaum BSB A.lat.a. 2473#Beibd. 1
	nicht im Katalog berücksichtigt, da keine Aen.-Ausgabe
VP 1580B	Suerbaum BSB ESlg. A.lat.a. 2160
VP 1581A	Suerbaum BSB A.lat.a. 2161
VP 1581B	Suerbaum BSB A.lat.a. 2614 p
VP 1586A	Suerbaum BSB 2 A.lat.a. 323
VP 1586D	Suerbaum BSB A.lat.a. 2333
VP 1587A	Suerbaum BSB A.lat.a. 2163
VP 1590	Suerbaum BSB A.lat.a. 2164
VP 1591B	Suerbaum BSB Res. A.lat.a. 2615 f
VP 1593B	Suerbaum BSB 4 L.lat. 435
VP 1596A	Suerbaum BSB A.lat.a. 2165
VP 1596C	Suerbaum BSB 2 A.lat.a. 338
VP 1599	Suerbaum BSB 2 A.lat.a. 324
VP 1600	Suerbaum BSB Res. 2 A.lat.a. 324 t
VP 1604A	Suerbaum BSB 2 A.lat.a. 325
VP 1606	Suerbaum BSB A.lat.a. 2606 w
VP 1610A	Suerbaum BSB 2 A.lat.a. 326
VP 1610B	Suerbaum BSB Res. 2 A.gr.a. 33
VP 1612B	Suerbaum BSB 2 A.lat.a. 339-2
VP 1614	Suerbaum BSB 2 A.lat.a. 340
VP 1619	Suerbaum BSB A.lat.a. 2614 t
VP 1621	Suerbaum BSB A.lat.a. 2339
VP 1622A	Suerbaum BSB A.lat.a. 2168
VP 1622B	Suerbaum BSB A.lat.a. 2340
VP 1624B	Suerbaum BSB A.lat.a. 2169, in der Ausgabe von Gregor Bersmann
	der große anonyme Holzschnitt-Zyklus Nr. 24 mit Szenenbildern und
	die Argumentum-Titelbilder des Züricher Typus Nr. 16a
VP 1625A	Suerbaum BSB A.lat.a. 2169 m
VP 1628	Suerbaum BSB 2 A.lat.a 341
VP 1628	Suerbaum BSB 2 A.lat.a. 400 f

VP 1630A	Suerbaum BSB A.lat.a. 2170
VP 1640	Suerbaum BSB Res. 4 A.lat.a. 699
VP 1641A	Suerbaum BSB Res. 2 A.lat.a. 327
VP 1646A	Suerbaum BSB 4 A.lat.a. 663
VP 1646B	Suerbaum BSB 4 A.lat.a. 680
VP 1649B	Suerbaum BSB Res. 2 A.lat.a. 333 o
VP 1649B	Suerbaum BSB Res. 2 A.lat.a. 333 o, darin der Kupferstich-Zyklus Nr. 27 (Buch-Titelbilder) von François Chauveau
VP 1650A	Suerbaum BSB A.lat.a 2171
VP 1652A	Suerbaum BSB A.lat.a. 2171 c
VP 1658A	Suerbaum BSB Res. 2 A.lat.a. 328 Doppelseiten
VP 1658A	Suerbaum BSB Res. 2 A.lat.a. 328 nur Bildseiten
	VP 1658A enthält den einflussreichen, oft übernommenen Kupferstich-Zyklus Nr. 29 mit Szenenbildern von Franz Cleyn
VP 1658B	Suerbaum BSB Res. A.lat.a. 2612 t
VP 1659B	Suerbaum BSB A.lat.a. 2255
VP 1666	Suerbaum BSB A.lat.a. 2172
VP 1668D	Suerbaum BSB Res. P.o.gall. 2021 ob
VP 1669C	Suerbaum BSB A.lat.a. 2173
VP 1671A	Suerbaum BSB A.lat.a. 2175
VP 1672B	Suerbaum BSB A.lat.a. 2175
VP 1673	Suerbaum BSB A.lat.a. 2176
VP 1675A	Suerbaum BSB 4 A.lat.a. 664
VP 1676	Suerbaum BSB A.lat.a. 2178
VP 1680A	Suerbaum BSB A.lat.a. 2179-1
VP 1680A	Suerbaum BSB A.lat.a. 2179-2
VP 1680A	Suerbaum BSB A.lat.a. 2179-3
VP 1681A	Suerbaum BSB A.lat.a. 2180
VP 1685	Suerbaum BSB A.lat.a. 2181
VP 1688A	Suerbaum BSB Res. 4 A.lat.a. 704 nur Bilder
	der große Kupferstich-Zyklus Nr. 35 (Szenenbilder) von Georg Jacob Lang
VP 1694	Suerbaum BSB A.lat.a. 2181 p
VP 1695D	Suerbaum BSB P.o.gall. 2023
VP 1697A	Suerbaum BSB A.lat.a. 2266
VP 1697C	Suerbaum BSB A.lat.a. 2182-1
VP 1697C	Suerbaum BSB A.lat.a. 2182-2
VP 1697C	Suerbaum BSB A.lat.a. 2182-3
VP 1699	Suerbaum BSB A.lat.a. 2283-1
VP 1699	Suerbaum BSB A.lat.a. 2283-2
VP 1700B	Suerbaum BSB A.lat.a. 2306-1
VP 1700B	Suerbaum BSB A.lat.a. 2306-2
VP 1701C	Suerbaum BSB A.lat.a. 2183
VP 1702	Suerbaum BSB A.lat.a. 2184
VP 1704A	Suerbaum BSB A.lat.a. 2186
VP 1706	Suerbaum BSB P.o.gall. 2023 n-3
VP 1709	Suerbaum BSB A.lat.a. 2250-1
VP 1709	Suerbaum BSB A.lat.a. 2250-2
VP 1709	Suerbaum BSB A.lat.a. 2250-3
VP 1712A	Suerbaum BSB A.lat.a. 2187-1/2
VP 1712A	Suerbaum BSB A.lat.a. 2187-3
VP 1712B	Suerbaum BSB P.o.gall. 2023 n-1)2

VP 1713	Suerbaum BSB 4 A.lat.a. 666
VP 1714A	Suerbaum BSB A.lat.a. 2188
VP 1715	Suerbaum BSB A.lat.a. 2189-1
VP 1715	Suerbaum BSB A.lat.a. 2189-2
VP 1717B	Suerbaum BSB Res. 4 A.lat.a. 667
	der Kupferstich-Zyklus Nr. 39 (erweiterter Titelbild-Typus)
	von A. Houbraken
VP 1721A	Suerbaum BSB 2 A.lat.c. 2-1
VP 1726C	Suerbaum BSB P.o.gall. 2024-1
VP 1726C	Suerbaum BSB P.o.gall. 2024-2
VP 1729B	Suerbaum BSB A.lat.a. 2190 i-1/2
VP 1729B	Suerbaum BSB A.lat.a. 2190 i-3/4
VP 1734B	Suerbaum BSB P.o.gall. 2024 h-1
VP 1736A	Suerbaum BSB Res. 4 A.lat.a. 668
VP 1741A	Suerbaum BSB ESlg. 4 A.lat.a. 669
VP 1741C	Suerbaum BSB Res. 2 A.lat.a. 329 a
VP 1746A	Suerbaum BSB 4 A.lat.a. 670-1
VP 1746A	Suerbaum BSB 4 A.lat.a. 670-2
VP 1746A	Suerbaum BSB 4 A.lat.a. 670-3
VP 1746A	Suerbaum BSB 4 A.lat.a. 670-4
VP 1747B	Suerbaum BSB A.lat.a. 2616
VP 1750A	Suerbaum BSB A.lat.a. 2196-1
VP 1750A	Suerbaum BSB A.lat.a. 2196-2
VP 1752B	Suerbaum BSB P.o.gall. 2024 n-2
VP 1752B	Suerbaum BSB P.o.gall. 2024 n-3
VP 1752B	Suerbaum BSB P.o.gall. 2025-1
VP 1752B	Suerbaum BSB P.o.gall. 2025-2
VP 1752B	Suerbaum BSB P.o.gall. 2025-3
VP 1753A	Suerbaum BSB A.lat.a. 2198
VP 1754A	Suerbaum BSB A.lat.a. 2200-1
VP 1754A	Suerbaum BSB A.lat.a. 2200-2
VP 1754A	Suerbaum BSB A.lat.a. 2200-3
	darin ein Beispiel für den Kupferstich-Zyklus Nr. 46 (Titelbild-Typus),
	den zweiten von Charles-Nicolas Cochin fils entworfenen
VP 1757B	Suerbaum BSB Chalc. 35-1/2
VP 1757B	Suerbaum BSB Chalc. 35-3/4
VP 1757B	Suerbaum BSB Chalc. 35-5 teils
VP 1760	Suerbaum BSB A.lat.a. 2342-1
VP 1760	Suerbaum BSB A.lat.a. 2342-2
	der Kupferstich-Zyklus Nr. 53 (erweiterter Titelbild-Zyklus)
	von Giuseppe Zocchi
VP 1763A	Suerbaum BSB Res. 2 A.lat.a. 330
VP 1778A	Suerbaum BSB A.lat.a. 2202 k
VP 1780A	Suerbaum BSB A.lat.a. 2204-1
VP 1780B	Suerbaum BSB Seppiana 225
VP 1780C	Suerbaum BSB A.lat.a. 2317-1
VP 1780C	Suerbaum BSB A.lat.a. 2317-2
VP 1782A	Suerbaum BSB A.lat.a. 2251-1
VP 1782A	Suerbaum BSB A.lat.a. 2251-2
VP 1782A	Suerbaum BSB A.lat.a. 2251-3
VP 1782A	Suerbaum BSB A.lat.a. 2251-4
VP 1783A	Suerbaum BSB Bibl. Mont. 446-1

VP 1783A	Suerbaum BSB	Bibl. Mont. 446-2
VP 1783C	Suerbaum BSB	A.lat.a. 2318-1
VP 1790D	Suerbaum BSB	A.lat.a. 2343-1
VP 1791A	Suerbaum BSB	Res. 2 A.lat.a. 331
VP 1793A	Suerbaum BSB	4 A.lat.a. 673-1
VP 1793A	Suerbaum BSB	4 A.lat.a. 673-2
VP 1793A	Suerbaum BSB	4 A.lat.a. 673-3
VP 1793A	Suerbaum BSB	4 A.lat.a. 673-4
VP 1793A	Suerbaum BSB	4 A.lat.a. 673-5
VP 1793A	Suerbaum BSB	4 A.lat.a. 673-6
VP 1793A	Suerbaum BSB	4 A.lat.a. 673-7
VP 1793A	Suerbaum BSB	4 A.lat.a. 673-8
VP 1793 georg.	Suerbaum BSB	Bibl. Mont. 451
		nicht im Katalog berücksichtigt, da keine Aen.-Ausgabe
VP 1794	Suerbaum BSB	A.lat.a. 2287-2
VP 1796B	Suerbaum BSB	A.lat.a. 2211-1
VP 1796B	Suerbaum BSB	A.lat.a. 2211-2
VP 1796B	Suerbaum BSB	A.lat.a. 2211-3
VP 1796B	Suerbaum BSB	A.lat.a. 2211-4
VP 1796C	Suerbaum BSB	A.lat.a. 2319 und 2319 a
VP 1798A	Suerbaum BSB	Rar. 2033 nur Aen.-Bilder
		aus dieser großen Luxusausgabe die Aen.-Kupferstiche des Zyklus Nr. 59 von Anne-Louis Girodet-Trioson und François Gérard
VP 1798B	Suerbaum BSB	A.lat.a. 2214-1
VP 1798B	Suerbaum BSB	A.lat.a. 2214-2
VP 1802B	Suerbaum BSB	A.lat.a. 2217-1
VP 1802B	Suerbaum BSB	A.lat.a. 2217-2
VP 1802B	Suerbaum BSB	A.lat.a. 2217-3
VP 1804A	Suerbaum BSB	4 A.lat.a. 851-1
VP 1804A	Suerbaum BSB	4 A.lat.a. 851-2
VP 1804A	Suerbaum BSB	4 A.lat.a. 851-3
VP 1804A	Suerbaum BSB	4 A.lat.a. 851-4
VP 1806A	Suerbaum BSB	A.lat.a. 2219 d
VP 1807	Suerbaum BSB	A.lat.a. 2253
VP 1809	Suerbaum BSB	A.lat.a. 2290-1
VP 1816A	Suerbaum BSB	A.lat.a. 2321
VP 1818 georg.	Suerbaum BSB	Bibl. Mont. 453
		nicht im Katalog berücksichtigt, da keine Aen.-Ausgabe
VP 1818B	Suerbaum BSB	A.lat.a. 2292-1
VP 1821A	Suerbaum BSB	Rar. 17 b nur Antiporta und Titel
VP 1827C	Suerbaum BSB	A.lat.a. 2294-1
VP 1830A	Suerbaum BSB	A.lat.a. 2230-3
VP 1831 georg.	Suerbaum BSB	A.lat.a. 2443
		nicht im Katalog berücksichtigt, da keine Aen.-Ausgabe
VP 1835A	Suerbaum BSB	Hbh 2 Km 1101
VP 1835B	Suerbaum BSB	A.lat.a. 2322

[Ende]